國家社科基金重大項目

『徽人別集整理研究與數據庫建設』成果

安徽古籍叢書

徽人別集整理叢刊

趙吉士集

一

〔清〕趙吉士／撰
李睿 魏青平／校點

黃山書社

圖書在版編目(CIP)數據

趙吉士集/(清)趙吉士撰;李睿,魏青平校點. —合肥:黄山書社,2024.2
(安徽古籍叢書第二十九輯/安徽古籍叢書編審委員會編纂)
ISBN 978-7-5737-1052-9
Ⅰ.①趙…　Ⅱ.①趙…　②李…　③魏…　Ⅲ.①趙吉士—文集　Ⅳ.①Z429.49

中國國家版本館 CIP 數據核字(2024)第 005305 號

全國高等院校古籍整理研究工作委員會
安徽省古籍整理出版辦公室
資助項目

趙吉士集
ZHAOJISHIJI
(清)趙吉士撰

出品人　葛永波
選題策劃　胡中生
責任編輯　李　媛
裝幀設計　李　軍
責任印製　李　磊
出版發行　黄山書社
地　　址　安徽省合肥市蜀山區翡翠路 1118 號出版傳媒廣場 7 層 230071
印　　刷　合肥華苑印刷包裝有限公司
版　　次　2024 年 2 月第 1 版
印　　次　2024 年 2 月第 1 次印刷
開　　本　880mm×1230mm　1/32
字　　數　846 千字
印　　張　46.625
書　　號　ISBN 978-7-5737-1052-9
定　　價　240.00 圓(全三册)

服務熱綫　0551-63533706
銷售熱綫　0551-63533761
官方直營書店(https://hsss.tmall.com)

徽人别集整理叢刊編委會

（按姓氏筆畫排列）

主編　耿傳友

編委　石梅　付瓊　朱萬曙　李霜琴

　　　周生傑　胡中生　彭君華

安徽古籍叢書編印緣起

我國歷史悠久，典籍豐富。我省地處南北之交，學術尤擅其盛。數千年來，哲學、史學、文學、藝術、語言、科技，作者輩出，著述如林，或自名一家，或蔚然成派，多爲中華民族文化之菁華，有裨於社會主義文化之建設。允宜及時整理，以廣流傳。

粤自明清，以至近世，南北郡邑已有涇川叢書、龍眠叢書、貴池先哲遺書、南陵先哲遺書諸刻。一九三一年，復有安徽叢書之編刊，所收皆皖人著作，分期影印。出至第六期，以抗戰軍興而中止。盛業未竟，論者惜之。

今者，中央倡導整理古籍，我省領導對此尤爲關心。省古籍整理出版規劃委員會幾經商討，決定編纂安徽古籍叢書。編纂宗旨是在歷史唯物主義指導下，批判繼承，古爲今用，弘揚民族優秀傳統文化，爲建設中國特色社會主義服務。最其體例，約有數端：

一、所收皆爲歷代皖人著作，時間一般以辛亥革命之前爲限，内容以文、史、哲爲主，分類成輯。尤其注意稿本、稀見本之搜輯與傳布。

二、整理方式包括輯、校、標點和注釋、今譯。校勘，力求採用善本爲底本，校以他書，或加補輯、編次。標點，採用新式標點。注釋，務求精確，但不作煩瑣考證。整理中，儘量吸收國内外研究的新成果。

三、先秦、兩漢著作及語言、文字之類，皆用繁體字，其餘則酌用簡體字。版皆豎排，以期一律。

四、凡熱心於本叢書編印及捐貲助刊者，得於書内題名。

安徽古籍叢書編審委員會

趙吉士集目録

第一册

卷一

萬青閣自訂文集

論

序

祭文

記

傳

跋

文牒

策論

序

書

啓

卷三

萬青閣自訂詩

五言古

七言古

五言律

七言律

五言排律

整理説明

趙吉士（一六二八—一七〇六），字天羽，又字恒夫，號漸岸，又號寄園，清代安徽休寧人，後寄籍浙江杭州。清順治八年（一六五一）鄉試中舉，順治十八年（一六六一）簡選推官。康熙七年（一六六八），改授山西交城知縣。趙吉士在交城任上五年，修葺城池，選練鄉勇，嚴格保甲，取得了卓著的政績。交城山高谷深，盗寇猖獗，爲害一方，官府對此一直束手無策。趙吉士到任後，採取先招撫後剿滅的對策，於康熙十年（一六七一）十月將滋擾地方多年的盗寇一舉剷除。康熙十二年（一六七三），他以平寇功，奉特旨陞任户部山西清吏司主事。十四年（一六七五）遷奉直大夫，二十年（一六八一）奉使徵收揚州關鈔，二十三年（一六八四）授朝議大夫，二十五年（一六八六）擢户部給事中。然因勘河事被黜，罷職閑居，常居京城宣武門外的寄園，以雅集吟詠爲樂。後補國子監學正，卒於官。趙吉士爲官恫瘝在抱，以政績名於清初，清史稿有傳。

趙吉士少時適逢明清鼎革，飽受戰亂之苦，後隨父母舉家遷往浙江杭州。成年後，雖身處異鄉，然常懷桑梓之情。他在寄園寄所寄卷四倚杖寄中曾爲其故鄉山水專設大好山水，並云：『新安大好山水，梁帝言之矣，且余産也。古人云：「維桑與梓，必恭敬止。」附其末，以爲好遊者增一寤思。』又在卷十一泛葉寄首列新安理學云：『新安自紫陽峯峻，先儒名賢，比肩接踵，迄今風尚醇樸。雖僻村陋室，肩聖賢而躬實踐者，指蓋不勝屈也。嗚呼！千秋具在，豈徒尚口？』盛贊故鄉山水和新安鄉賢。晚年，他受徽州知府丁廷楗之邀，一同主持了（康熙）徽州府志的編纂。該書結構緊湊，體例完備，内容詳實，爲一千六百餘位鄉賢立傳，展現了徽州的人文風教。

趙吉士一生筆耕不輟，著述宏富。其中寄園寄所寄是筆記雜談類的著作，牧愛堂編是他在山西交城的爲政總結，二書現已有整理本面世。全面反映其文學成就的，則是其詩文集萬青閣全集。在各類文體中，趙吉士的詩歌成就尤高。其存詩五千餘首，抒發了真切的時代感受，對鼎革之變中的民生疾苦有所展現，將抒情性、感事性相結合，兼有理趣，具有很强的藝術表現力。他還創作了很多山水詩佳篇，注重研磨詩藝，情景交煉，音韻鏗鏘。趙吉士的詩歌創作與其詩學活動密切相關。他與當時的著名文人如王士禛、施閏章、朱彝尊、陳維崧、曹溶、姜宸英、閻爾梅、紀映鐘、梁清標、孫枝蔚、李符等都有交往，唱和頻繁。他經常參與各類詩歌雅集，如醉翁亭雅集、金山雅集、西湖社集等。康熙二十年（一六八一）四月，趙吉士視榷揚州，舉辦了大型的詩歌徵集活動，所徵詩題均與揚州各處景觀有關，分發揚州各學，選拔詩歌創作人才。此次詩歌徵集得到廣大文人的積極參與，所徵詩歌達千首，趙吉士將其結集爲江淮采風並加刊刻。夏九敘在歸隱詩序中言及此次大規模的詩歌活動時説：『且公餘之暇，觀風課士，始之以帖括，繼之以詩賦，糊名姓，絶請託，覆試至再至三，榜發而苦學知名之士盡入網羅。』可見這次活動組織嚴格有序，號召力强，增强了揚州的詩歌氛圍。

古典詩歌經過唐宋時期的巔峯之後，發展至清代，要想在題材與意境上超越古人，實屬不易。而清人另闢蹊徑，轉而在詩體形式上不斷推陳出新，亦是一種探索和創新。趙吉士晚年居於京郊的寄園，他頻繁地舉行詩歌唱和活動，寄園雅集參與者衆多，詩友們在切磋討論的過程中互相激發，對詩歌體式進行探討，創作出大量的疊韻詩、分韻詩，還有禁體詩、集字詩等詩中『變體』。以趙吉士爲中心的寄園雅集，以其豐富多彩的形式探索，在清代衆多的詩歌社集活動中別具特色，在清代前期文學界影響頗大。以疊韻詩而言，其林卧遥集疊韻至一千二百餘首，『言無複意，句無疊見』，若無精純的詩藝是難臻此境的。禁體詩規避習見字詞，避熟求生，出奇制勝；集字詩則要求『不溢不漏』，『積字成句，積句成章，珠聯璧合，無艱澀湊泊之迹』。這對詩人的才力提出了很高要求。時人對此給予了很高評價，龔翔麟云：『讀寄園先生詩，繪景摛詞，天然工妙，儼與香山、玉局並峙……至疊韻累千，如抽獨繭，如解連環，則又發古人所未發。』趙吉士在詩歌活動中致力於詩體形式的探索，拓寬了詩歌的功能，體現出卓越的創新精神，有助於形成獨具面目的清代詩歌。

在詩歌理論方面，趙吉士也有所建樹。他的寄園寄所寄卷四名爲『撚鬚寄』，乃趙吉士輯録他人詩學觀點而成，這種有選擇的輯録，正反映了趙吉士本人的詩學觀。其中輯録前人詩話探討次韻詩、集字詩、白戰體、藥名詩、姓名詩、疊字、聯句、集句詩等各類詩體的起源，『溯其原根，亦可以概詩之大凡矣』。此外，集中萬青閣自訂詩自序是一篇觀點鮮明而富於特色的詩論。趙吉士開篇首先指出『性靈』對於文學創作的重要性：『夫詩，性情之事也。性情失而爲詩，即問其所以爲詩而弗知，故曰自信之難。自信者，性情之道也』，『古今異世，不異性情』。接着對當今詩歌詩徒爲人作，詩必假人以傳的弊端給予了抨擊：如果詩歌矯情作僞，成了裝點門面的工具，就喪失了『詩言志，歌詠言，聲依詠，律和聲』的本質，背離了詩經以來的詩學傳統。他進一步提出删詩是保存詩歌的重要途徑，『故删詩者，正性之學也』，『删詩者，亦求自信之學也』；『作詩者知删詩之意，而後能自存其詩』，故趙吉士在編訂詩集時，將大量無所寄託的代言體詩、酬贈之作都加以删削，這正是在堅定地踐行其詩學主張。

除詩歌之外，趙吉士的文章亦可圈可點。多年爲官的經歷，使他的文章具有實用性的特點，不枝不蔓，言之有物，充實剛健。其奏疏精切詳明，祭文感人至深，遊記疏宕典雅。在交山平寇期間的文章、書牘，是趙吉士文集的重要組成部分，詳細地交代了交城平寇的經過。平寇過程頭緒紛繁複雜，但作者有條不紊地娓娓道來，脉絡分明，具體詳實，具有較强的可讀性。其中還著録了友人邵得愚的評點，對行文的精彩之處進行發掘，亦精到恰切。萬青閣自訂詳案又稱『晉陽詳案』，是趙吉士在交城知縣任上辦案的詳細記録，涉及『除惡』『勸善』『革弊』『營造』『丁賦』『興利』『户婚』『命案』『盗案』等各個方面，其中不乏十分棘手的刑事案件。趙吉士力求還原案件的本來面目，敢於堅持自己的觀點秉公處理，在處理案件的過程中可謂盡心盡職，充分展現出他治理一方的循吏才幹。對於那些反復審理的案件，作者不惜筆墨詳細交代，具細備陳，紋絲不亂，保存了豐富的社會史、法制史文獻，亦是交城地方風俗民情的珍貴史料。

趙吉士對於方志學的貢獻也值得一提。除了主持編纂徽州府志之外，休寧縣誌亦是在其敦促之下得以續修完成。他親自撰寫了休寧縣誌序，提出『治天下之理備於經而不及事，治天下之事詳於史，而非專爲一郡一邑言也。理與事具而又專爲一郡一邑言者，莫如志』，在他看來，縣誌堪與經史相並列，甚至可補經史之不足。趙吉士任山西交城縣令後，亦親自主持交城縣誌的續修。他在重修交城縣誌序中高度評價了地方誌的價值與意義，對於修志的體例與具體要求也有所思考：『邑誌，古史之遺，文之切於治者也，承平則修明，亂則湮廢』，『志亦史也。史之體以垂警戒，以明道法，不避忌諱』。他製訂了交城縣誌的編目凡例，還在每部分内容前作了小序，體現了較高的方志學造詣。

趙吉士對制藝十分投入，在萬青閣制藝自敘中，他談到自己的制藝創作經歷：少時爲科舉苦攻制藝，務求昌明博大，晚年則以此自娱，暢所欲言。趙吉士認爲制藝隨時而新，是性情之文與經史之文的結合：『夫制藝名曰時文，以其隨時而新也。然性情之文與經史之文則亘古長新，不隨時變。』可見，他是以超越功利的審美心態對待時文創作的，這也反映出明清人研習八股文的多元心態。

趙吉士集即據萬青閣全集爲底本整理而成。

萬青閣全集爲趙吉士晚年手訂的詩文全集，是經過其本人整理删汰的。比如康熙十二年刊刻的牧愛堂編本是趙吉士在山西交城爲宦生涯的實録。萬青閣全集卷二萬青閣自訂文集亦收録了其牧愛堂編的大部分文章，並在卷首標明乃『牧愛堂原本删存』，所收篇目、排列次序有所調整，文字亦不乏潤色改動。另外他的詞集萬青閣詩餘存詞五百餘首，但收入萬青閣全集卷五萬青閣詩餘的僅數十首。

再者，萬青閣全集卷五林卧遥集與康熙年間刊刻的同名單行本，二者差異較大。萬青閣全集本收詩九百九十六首，皆疊樓游流留秋、塵真人伸綸、余居書疏魚、論存孫樽墩韻，爲七言律詩。卷首有夏駰、煙霞隱者、汪光被、趙士麟序及嚴允弘跋。目録前有『漸岸趙吉士恒夫氏著』及『弟國士贊同訂』字樣。康熙年間單行本林卧遥集，除了首二卷一千首詩被冠名『林卧遥集』外，尚有千疊波餘一卷五百零八首、千疊波餘續編一卷五百四十八首、千疊波餘補遺一卷四十首、庚辰匝歲雜感詩四卷六百一十六首、辛巳匝歲雜感詩一卷六百七十二首，亦爲疊『樓游流留秋、塵真人伸綸、余居書疏魚、論存孫樽墩』韻的七言律詩，共三千三百八十四首，體量較大。卷首有徐秉義、趙士麟序，馮雲驌識，汪灝拜題及『恒夫小照』一幅。目録前有『漸岸趙吉士恒夫氏著』及『男景行孫繼抃校字』字樣。四庫全書存目叢書補編所收林卧遥集即據此影印。經過比對，萬青閣全集所收林卧遥集實乃單行本林卧遥集的前兩卷，字詞多有不同，個别篇目存有自注，詩題有提煉和删改的痕迹，相較單行本更爲凝練簡潔。

萬青閣全集目前所知主要有兩個版本。一是由趙吉士之孫趙繼抃（即趙吉士第二子趙景從之子）在康熙年間整理並刊刻的。此乃趙吉士晚年自訂本，共八卷。卷首有作於康熙二十九年（一六九〇）的江闓序和康熙三十三年（一六九四）姜宸英序。原本現藏於吉林大學圖書館，收録凡萬青閣自訂文集二卷；萬青閣自訂詩一卷；萬青閣勘河詩記、哭臨紀事、夏日吟、丹陽舟次唱和、問天嘯旅、寄園集字詩、萬青閣歸隱詩、玒青閣秋集八種合爲一卷；燕山秋吟、林卧遥集、萬青閣詩餘三種合爲一卷；萬青閣自訂制藝、文訓二種合爲一卷；交山平寇詳文、交山平寇書牘二種合爲一卷，卷首皆標注爲邵以發點評，後附交山平寇本末（夏駰撰，陸慶臻點評，分爲上中下三卷）、交山平寇詩（趙吉士與友人唱和合集）；萬青閣自訂詳案（又作『晉陽詳案』）一卷。這是萬青閣全集最早的版本，較爲精善，但亦存在缺失、漫漶和些許錯亂之處。四庫全書存目叢書所收萬青閣全集即據此影印，以下簡稱爲『康熙本』。

第二個版本便是今國家圖書館所藏乾隆年間刊本，這是趙吉士的侄子趙景徹（即趙吉士弟趙靖士之子）和孫趙繼抃共同整理刊刻的，具體刊刻情況不明，與康熙本有些許差别，以下簡稱爲『乾隆本』。

本次整理，即以四庫全書存目叢書所收康熙本萬青閣全集爲底本，遵照其編次，並加標點；同時以國家圖書館所藏乾隆本爲參校本，對康熙本的缺失加以補録，使内容更趨完備；康熙本漫漶處亦據乾隆本出校。

在本書出版過程中，安徽省古籍整理出版辦公室彭君華編審悉心審讀了全稿，責任編輯李媛女士爲本書的編校付出許多心血，黄漢博士幫助查找了若干資料，劉曉静女士協助考查了林卧遥集的版本情況，在此一併致謝。

末附拙作題趙吉士集詩一首，概括趙吉士的一生：

京塵未拂赴交城，循吏從兹遠擅名。獨出奇謀平久寇，力崇大雅振詩聲。甘棠絳帳黎元頌，白岳黄山夢寐縈。宦海迴舟何處繫，好將翰墨寄浮生。

李　睿　魏青平

二〇二三年四月

萬青閣全集序

昔子長、相如、康成、叔皮者流，文則傳矣，詩不概見；公幹、德璉、太白、子美之徒，詩固傳矣，文以詩掩。賢如子賤、子游，才如子康、仲康，吏治彰彰矣，不聞詩文流傳。嘗歎兼才不易，且猶有詞勝、理勝、氣勝、山林臺閣偏尚之弊。至若文事武備，求其隨地嫻習，百無一二。吾師恒夫先生其兼之乎！先生以部曹轉諫官，兼閣部兩館纂修，可謂遇矣，未竟其用，未足盡先生。

當其治交城也，交之山延袤鄰境千里，多寇盜盤踞，明末益熾。大同姜壤作亂，幾經重臣領大兵剿除，餘孽未盡。姜建雄旋入交山，雄死，雄黨依然竄伏出沒，復負險糾連煽應，實繁有徒。康熙七年，先生以李官改授交令，慨然以爲己責。初至即講武，利器械，習弓馬，明號令，信賞罰，善城守，嚴保甲團練，以是輿徒、皂隸、小胥、鄉農皆用命。其策賊約計有六：一，親率家丁捕役數十騎，至關頭佛寺；一，身臨河北，陰相山中險易；一，減騎從至惠家莊；一，請調守備祖光顯率兵屯東關，止作聲援而不用；一，書貽劉協鎮，解把總蘇成甫之厄，待罪立功；一，請調守備姚順率兵三百。先生率家丁、鄉兵、健役偕往，直擣東坡底三座崖，分兵堵去路，復分兵崖壑搜剿，兼請檄鄰封，更殲其餘。後先收撫允降惠守富輩三十六人，寬脅從黨類二千餘人，生擒任國海、鍾斗輩三十餘人，山中大盜略盡。而李宗盛、傅青山、任亮、鍾明節、惠艾安尤爲渠魁。宗盛、青山蚤擒獲，惟明節僞者死，真者復就縛。艾安追急自殺，亮獲最後，死杖下。優奬不從賊者三十七家。先是，請復南堡村水泉灘山民水廠，使無凍餒驅迫走險，義釋惠重生、王登仙間諜内應，故積數十年未能剿除之寇，先生不及三年，兵不過三百，將不過守備，親統鄉夫，入山掃蕩無噍類。至今三晉俎豆先生不稍衰。

逼者歸來林下，彙輯生平諫草、古文、詩詞、書啓、制藝、吏牘，裒然成集。疏則剴切詳明，文則疏宕典雅，詩則奇險清深，詞則雄麗雋永。至若流傳之書啓、揣摩之制藝、詳參之吏牘，無非精意所存，絶無一語支蔓，若是乎他人不易兼者，先生固兼之而有餘也。明經范眉生殁京師，先生代爲含殮，以柩歸。孫豹人哭范生，有『意氣請看趙司李，身騎白馬送還鄉』句，謂先生也。他如孝廉徐次璆、徵士蔡竹濤，以至計百周太守、質明胡主政，先生部署諸公身後事無遺憾，若皆有待于先生而始殁者。五倫唯朋友較輕于君父，疏于昆弟、妻孥，先生且然，他可知矣。

歲辛丑，先生從文字中知闓于童子列，時未覩先生面也。甲辰得與計偕入都，見先生于峨眉寺，甚期許，不啻蘇子遇樂全先生。乙巳，闓失偶，先生謂：『必得樂彦輔，乃可爲衛叔寶婦翁。』時外舅吴公園次官屯田郎，擇壻，先生曰：『是可謂嘉耦矣。』遂力助經營，以有室家焉。謭陋如闓，受知且然，他又可知矣。庚申面後，闓宦羈楚澤之南北，音問遂疏。己巳丁外艱歸，聞先生讀書江南山中，因訪至江上，先生亦適渡江來，相見真州城南，劇飲盡歡，先生不復言當世務，唯出其萬青閣全集相質證，且屬闓爲序。闓何能序先生之文，亦就平昔所知先生者述其梗概耳。如先生者，豈易幾哉！

時康熙二十九年歲庚午秋八月，門人江闓題于邗上之可堂。

序

君子之立言也，内必有其實之可循，外必有其事之可據。内無其實也，外無其事也，然而其言傳焉，則君子弗貴也；況乎其言之斷斷弗傳也，亦終歸於無有而已矣。所謂實之有可循者，其理足乎己，故其詞溢乎外，若宋儒先之説，關、閩、濂、洛之書是也。所謂事之有可據者，其見利害明，故其決成敗審，若趙營平之議兵事，陸敬輿之言治道是也。有莊周之人物灑落，故其言洸洋縱恣，辯博詼詭而不窮；有屈原之耿介絶俗，故其言忠憤悱惻，比物連類而不可厭。故君子貴知言，處千百世以下而得觀千百世以上之人者，以其言存也。若夫生同時而知其言之足以千百世也，吾不將以其人信之已乎？

客歲，錢塘趙給諫恒夫先生以其所訂萬青閣集屬序於予，予受而讀。其文鴻博奥衍，茫不可測其端涯，歎爲非苟作者，然久未有以應也。今年夏，從弟友棠晉游自交城來，爲予言其邑中勝概，且曰是本僻陋，往令趙公者，善於其政。瀦水城隅爲卻月湖，緣堤植楊柳，可泳而觴。及他所創建，遺迹猶存，邑遂稱勝。其父老爲言，邑交山聯塞距河，綿亘一千里，自明季，寇盤聚積，爲三晉害，累任兹土者噤不敢問，幸俸滿無事去。令甫下車，即計除賊，既鉤得其姓名與所囊橐，部署已定。一日，大會賓客飲酒，密諭司吏者促其籌。夜中報五鼓，客未散，裝出門，陽爲閲軍於邑西之静安堡者，雖所偕將卒逮丞尉俱不知。行四十里，黎明休軍，始下令分騎步入山搜剿。賊偵者見官軍不由西路，乃從北入，大驚相告，各奔潰墮崖塹，死者無算。留二句，盡誅其頭目三十餘人，餘或禽或降無脱者，招撫二千餘家，而民間寂然若不知。百年盜根株盡拔，邑遂安枕至今。臨行，復爲民開高離山，鑿巖石一千餘丈，通水道，出之龍門渠，溉田十萬四千餘頃。令既去，而生祠徧邑中，猶尸祝不絶。及秦警起，三晉宴然，益念公平寇功，祠之名宦。本朝仕晉諸君子未有俎豆學宫者，有之，自公始。余聞之而歎曰：『明之末季，盜起秦、晉。交、静諸山逼處太原，左掖交山，尤爲盜淵藪。當時經略督撫大臣輩出，撫剿失成算，寇起一方，蔓延楚、豫，卒之糜爛徧天下。使得先生者一二人付之兵柄，相犄角其間，則皇甫真、朱儁恢蕩之功不難再見。惜乎！先生所試止一邑，其生時之幸，而不可謂非其才之不幸也。其所上當事書及檄移案牘言用兵方略、賊平之後善後事宜，條析動中窾要，發越震掉，文采橫溢，彼豈暇沾沾爲文士之習哉！不期文而文自然生者，所謂利害明而成敗審也。』

先生既以功擢郎署，改授諫垣，會小人謡諑，翻然遠引。既上知其枉，詔起來京，而先生猶偃息寓園，往來信宿西巖僧寺間，與客把酒賦詩，鬥奇角險，一韻或疊至數十百首千首不止，發爲文章，無不極其工妙，或者謂先生於世果恝然耶？抑姑藉是以耗磨其壯心，然耶？否耶？然觀其窈渺巉刻，而一本於騷人之旨。其書具在，其中之所存，必有深思而默會于文字之外者，則請以俟後之君子。

康熙甲戌中秋，年同學晚弟姜宸英西溟氏頓首拜撰。

卷一

萬青閣自訂文集

御試制策

自古明體達用之學，必以心術爲本，經術爲先，何以使人務實學，明理正心，俾國家收真才之用？

户部主事加三級充閣部兩館纂修臣趙吉士謹對：臣聞善爲治者不自治也，必儲養人才，使不負所學以相助。爲理而治，乃進于古。惟其儲之也有素，故其養之也甚厚。是以聖賢學問，總不出帝王陶鑄之中。儒衣曰布，咸取衽焉，有授之者矣；士乘曰車，咸遵路焉，有推之者矣。天爲天下而生才，無不愛才之天子；人能爲天下而力學，亦更無不學之功名。天與之，人受之，君固有以顯之也。使非明理正心，亦何以體用兼致、出爲世用乎？唐、虞師濟尚矣，三代用才于學，戰國至秦用才於客，漢用才于郡縣吏，魏晉之才用之于九品中正，隋、唐、宋、明之才用之于科舉。代有升降，時有治亂，而才之真僞，每與學以相因，無他，名與實之分也。上欲以無益之名致天下之實，不若以可見之實較天下之名。凡盗虚聲者，究不敢以欺其上，而實學敦，真才出矣。

我皇上追蹤二帝，媲美三王，修聖訓以垂後，諭十六則以化民。頒孝經衍義、資治通鑑以淑世，定五經四書講義以備經筵，無非教人正心明理，以供朝廷用，亦既儲之有素、養之甚厚矣。乃猶慮實學寡而真才難，進臣等於殿廷問之。臣至愚極陋，竊嘗由古以驗之今，而知取人非無術也，顧用之何如耳。學以正心，躁於其心者其動妄，蕩於其心者其視浮，歉於其心者其氣餒，忽於其心者其貌惰，傲於其心者其色矜，心之不正，非明體之學也。心安則動必禮，心静則視必審，心平則氣舒，心專則容肅，心敬則色和，是明體之學必以心術爲本也。學以明理：易著陰陽，故長於變；禮敘人倫，故長於行；書記先王之事，故長於政；詩記山川鳥獸草木，故長於風；春秋辨是非，故長於治人。理之不明，非達用之學也。治乎易以窮理知命，治乎禮以立綱陳紀，治乎書以正德厚生，治乎詩以移風易俗，治乎春秋以褒善貶惡，是達用之學必以經術爲先也。蓋心正而理無不明，斯體明而用無不達。經術雖通，心術不正，則荀與楊之擇焉不精，語焉不詳，皆不足以稱實學，朝廷亦何樂得斯人而用之？皇上闢四門之典，三途並用，徵聘時行，分職課功，使人人不敢飾非，而先之以經術者，猶必本乎心術以成體用合一之學。唐、虞師濟之盛，于今再見，又何三代以下秦、漢人才之足云！

國家政事因革損益，務在隨時。當今應行事宜何者爲要？各抒所見，以備採擇。

户部主事加三級充閣部兩館纂修臣趙吉士謹對：臣聞政垂於後而無弊者，善敷政者也；事承於前而無改者，善立事者也。使必廢而章程，舍而科指，去而文誥詔令，欲以敷政立事，何以俾之承前垂後而咸宜？雖然，有時焉，亦貴變而通之耳。揖讓不行於征誅之世，井田必更於阡陌之朝。夏亂於侯而平於相，殷不以相而典兵。殷重於外而輕於内，周且以公而爲相。因也，革也，損也，益也，帝王不避創制之名，聖賢兼有德怨之事。若徒恃章程，則章程不足以一也。徒申科指，則科指不足以齊也。徒宣文誥詔令，則文誥詔令不足以勸也。惟隨時合宜，而章程、科指、文誥詔令皆足以爲整齊天下之具。故同一政也，敷之自得其道；同一事也，立之已臻其極。于以承前垂後，其要不外乎是。古之聖人平天成地以開政事之先，體國經野以立政事之本，通貨財、立器用以弘政事之益，制水旱、均豐嗇以通政事之窮，分政與事而承以大夫師長，合政與事而教以姻睦任恤。禮樂以爲政事之節宣，兵刑以爲政事之制防。其間議因議革，取損取益，莫不有委曲綢繆之意，因時而措其宜。古聖王敷政立事，不但詳且悉也，抑得其要矣。

我國家定鼎燕京，勝國之章程、科指、文誥詔令，所爲應因應革、應損應益者，亦既極其周詳。皇上御極二十五年，視朝有常期，御門無間日，凡吏治、國計、文教、武備、刑罰、工役由詳得要，無一政一事不在睿慮中矣，臣又安能敷陳其萬一？然使掌邦治者大法小廉，裁抑僥倖，則吏治不患不清也。掌邦賦者税畝維均，藏富於民，則國計不憂不足也。掌邦禮者抑浮尚實，革薄從忠，則文教可以復興也。掌邦政者軍不在衆，心欲其一，則武備可以不忘也。掌邦禁者治獄平恕，民自不冤，則刑罰咸得其當也。掌邦土者公旬有期，民力不竭，則工役必無廢時也。所以敷政者在此，所以立事者在此，所以一章程、齊科指、勸之以文誥詔令，俾之承前垂後而咸宜者亦無不在此。臣淺識寡聞，無見可抒以贊助高厚，惟殫忠盡職，竭此愚忱而已。

奏疏

題爲請定紅本收藏之所並陳會典編纂之宜以重憲章以嚴職掌事

臣一介豎儒，初任交城縣令，因拿交山逋賊百餘，特旨即陞。及官户曹八載，編輯鹽、漕二書，又充會典、全書兩館纂修官。近蒙皇上御試，拔置户垣，敢不竭其愚誠，上圖報稱？頃辦事垣中，伏查六科舊例，每年將内外各衙門章奏抄謄，名曰録疏，而以紅本交内閣典籍廳收貯及檢查。臣科自康熙二十一年至今，紅本尚存科房。其餘各科，則有自康熙十六、十八、十九、二十等年俱未送内閣，前月各科彙交典籍廳，因向年收貯紅本之所，歲久堆積，漸無隙地，未收仍貯科房。臣思每年章疏藏之策府，以備異日國史稽考之資，其典守最宜慎密。至於事關國計，底案文册，片紙不容遺失。臣在兩館纂修，每向部科移取文册。就臣科而論，如龍邊全書，世祖章皇帝特旨，命户部右侍郎王弘祚編撰，費累歲之功，始克告成，以順治十四年發刊，科房宜有底本。今全書館移取，臣科業已無存。由是推之，則文書堆積、歲久闕失者不少。

我國家億萬斯年無疆之基，以歲月積之，章疏之多，何能數計？目前收貯之所已無餘地可儲，將來章疏日繁，六科僅有連楹，勢難堆貯。庋閣之地，不可不預計也。考明宣德十年九月，置六科庋閣文書之所於承天門外，臣愚以爲宜仿故事，營度嚴密之地，爲庋閣之所。每歲各科録疏畢，將紅本編定字號，登記簿册，扃鑰收藏，輪管接代，庶可免闕失之虞矣。至若會典，乃當代憲章，與律令相表裏，先經禮部題准，將康熙二十年以前事件纂輯。嗣因九卿會議副憲臣趙之鼎疏，編至康熙二十四年。繼因禮部議覆科臣汪晉徵疏，將康熙二十五年事件一體編入，勒有定限矣。向來各衙門檔案有止載滿文而未譯漢文者，有事過並不紀載者，臣等編輯補綴甚難。我皇上聖政日新，大經大法靡歲不有，請自康熙二十六年以後，凡奉諭旨及題奏議覆並緑頭牌啓奏事宜，敕各衙門遴委司屬，將檔案逐一登記，滿漢對譯，毋致遺漏。每歲造册彙送内閣，或十年或二十年，再開局續修入今書之内，則目前成書既可頒行天下，而此後纂修較易矣。臣職掌所係，冒昧上陳，字稍逾格。如果臣言不謬，伏祈睿鑒，俯賜採擇施行。

康熙二十六年五月十三日啓奏。

十五日，奉旨：九卿詹事科道會議，具奏經筵講官禮部等衙門、尚書伊桑阿等會議，得户科給事中趙吉士疏稱，六科舊例，每年將内外各衙門章奏紅本，交内閣典籍廳收貯。前月各科彙交典籍廳，因向年收貯紅本之所，歲久堆積，漸無隙地，未收，仍貯科房。我國家億萬斯年無疆之基，以歲月積之，章疏之多，何能數計？六科僅有連楹，勢難堆貯。考明宣德十年九月，置六科庋閣文書之所於承天門外。宜仿故事，營度嚴密之地，爲庋閣之所。每歲各科録疏畢，將紅本編定字號，登記簿册，扃鑰收藏，輪管接代，庶可免闕失之虞等語。查紅本關係重大，收藏自宜敬慎，近内務府撥庫十間給與内閣，可以收貯紅本，相應將紅本仍照前，交内閣典籍廳收貯。

又疏稱會典乃當代憲章，與律令相表裏。康熙二十五年以前事件已經編輯，向來各衙門檔案有止載滿文而未譯漢文者，有事過並不記載者，編輯甚難。我皇上聖政日新，大經大法靡歲不有，請自康熙二十六年以後，凡奉諭旨及題奏議覆並緑頭啓奏事宜，敕各衙門遴委司屬，將檔案逐一登記，滿漢對譯，毋致遺漏。每歲造册彙送内閣，或十年或二十年，再開局續修入今書之内等語。查各部院衙門一應題行事宜，俱載入檔案，但緑頭牌白本啓奏事宜既有未載入漢檔者，自康熙二十六年起，凡奉諭旨及題奏議覆並緑頭牌白本啓奏事宜，各部院衙門應派官清造滿漢檔案，毋致遺漏，以備纂修可也。

六月初六日會議繕疏，初七日啓奏，奉旨依議。

題爲至孝原非服制可限聖心宜從典禮所安伏懇俯允諸臣哀籲之情以仰副祖宗付託之重事

本月二十五日，大行太皇太后慈馭賓天，普天同痛。臣協勘上下兩河，往返奔走六千餘里，復命未六日，即與哭泣之列。

皇上晨夕悲號，寢苫枕塊，至今未入水漿。臣即呼天愴地，思有以稍解我皇上之心而不可得，而王言旋下，必欲行三年之制，雖經親王諸臣題請以日易月，而聖裁已定，斷不可移。跪讀聖諭，哀泣嗚咽。竊歎大孝超軼千古，臣雖愚昧，敢不仰體皇上至情？親王諸臣引經衡古，曲爲陳請，一則以天地祖宗不便素服而進郊廟之蒸嘗，一則以歲時伏臘不能罷樂而停臣民之嫁娶，又況太皇太后易月之遺詔，準古酌今，因時制宜，更當永爲遵守。親王諸臣懇切詳言者，臣不敢復襲其說。臣竊謂帝王之與臣庶雖哀樂之情若一，而所居之宜實異。天子之位至尊，萬幾之政至大，羣臣之衆至廣，如必斤斤焉拘臣庶之節，哀傷迫於中，極務勞於外，一切服食起居，又皆謹於禮而過於薄，雖皇上罔極之痛本乎心之誠，然而哀毁骨立，列祖在天之靈，亦必有愀然不安者。

皇上既爲天地所子，又爲萬民父母，子過哀父則爲憔悴，父過戚子則爲憂傷。君持服而臣民不服，於心安乎？書稱：『一人有慶，兆民賴之。』一人過哀，黎元焉繫？羣臣顛殞震懼，率土危惶悚慄，非所以愛天下，是當以列祖之心爲心也。

太皇太后佐太宗文皇帝肇造丕基，啓世祖章皇帝混一區夏，親見皇上二十六載神功，已無毫髮遺恨。今慈馭一旦崩逝，太皇太后在天之靈惟冀早繁曾孫，以衍億萬載弘圖，則皇太子婚禮更不容緩。伏念青宫今十四齡，若待皇上三年服除而後行禮，則爲期太遠，螽斯則百之慶未免有待。我皇上奉侍太皇太后三十餘年，色養之隆，慎終之典，皆前古史册所未有，是又當以太皇太后之心爲心也。禮備諸侯之喪，而無天子之式。史稱諒闇之文，未聞久服之典。伏乞皇上仰副祖宗付託之重，俯允諸臣哀籲之請，上承金册遺訓，下稱億兆歡心，天下幸甚，臣等幸甚。臣不勝悲切哀慄之至。

康熙二十七年正月日彙奏。

奉旨：知道了。該部知道。

題爲詳陳勘河情形始終不敢異議仰祈睿鑑以盡愚衷事

竊照河工改圖一案，屢經内外諸臣會勘會議，互執異同，以致上廑宸衷，遂煩廷質。本月初八日，皇上御門傳集九卿詹事科道，命督臣董訥、河臣靳輔、撫臣于成龍及佛倫與臣等四人，齊跪乾清門，面加訊詰。臣小臣也，近經臺臣陸祖修以籍貫誣訐，父子三人一門全革。臣以去官削籍，不過功名之私，未敢即爲置辨，不意復對大廷，臣遂得以勘河大概，上瀆宸聰。因念我皇上如傷在抱、己饑己溺之心，苟有言者，不以人廢。又見諸臣依違反覆，各以私事互相攻訐，並未有以河工情形、利害得失，痛切敷陳於我皇上之前，臣又不禁痛哭流涕，有不忍不言、不敢不言者。今皇上既許臣以言，而臣不盡言，臣則有罪，是以敢詳言之，惟我皇上俯鑑焉。

臣於去年十月二十六日，同部臣佛倫等奉□□差陛辭，本日奔馳就道，至十一月十二日抵清河口，與督臣董訥、漕臣慕天顔相見，即日會同前往，將上河、下河次第踏勘。凡地形高下曲折，水面大小淺深，隄閘完缺，民情疾苦，一一閲視無遺。至十二月初五日回至宿遷，臣等六人齊至聖駕南巡駐蹕之所，望闕叩頭，焚香設誓，務期斟酌盡善，不許徇私偏執，以慰皇上宵旰之心。當即向河臣靳輔、侍郎孫在豐催趲河圖。初六日，公同看閲明白，初七早會議，臣等各出所見，將全河形勢互相商酌，實議得下河水患皆由洪澤湖從減水壩泛濫東注，以致民田湮没。若不攔塞上河，使滔滔之水日夕奔注，縱使海口通利，積者雖去而來者無窮，所以欲治下河，必先塞上流也。但欲塞上流，最難起手。

將謂增築高堰、盡塞減水諸壩，似矣。但今之河勢日下，前有汰黄、歸仁二隄逼盂山，白鹿湖水從東西兩溝入河，其全淮注洪澤湖水則從張福、清河兩口入河，四路流出，水勢分而力弱，故堅築高堰可以無患。然尚有湖水一分從周橋閘下洩入下河，今汰黄隄已廢，歸仁隄亦不復修，孟山、白鹿兩湖匯而爲一，改名祠堂湖，併歸洪澤。東西兩溝及張福口又皆湮塞，所賴以入河者，獨清河一口耳。以一隄當全湖水勢，合而力强，若不使之稍爲宣洩紓迴，但止增築高堰，而欲驟然盡塞減水諸壩，勢必隄高水高，隨築隨潰，即使勉强完工，一旦水發，必至大決，淮揚七州縣人民盡付流波，不幾負皇上一片惓惓救民至意乎！

將欲未塞諸壩，先開東西兩溝及張福諸口，使湖水照舊分道入河，似矣。但治水者須推前人所以設隄之意，與水口所以漸塞之由。蓋湖之東下，其勢較利於北，故欲水出東西兩溝，必有汰黄、歸仁兩隄以遏之；欲水出張福、清河兩口，必築高堰以遏之：此前人設隄之意所以束水就道也。及汰黄隄潰而東西兩溝塞，高堰潰而張福口又塞，此水口漸塞之由。以其無所鈐束，擇利而趨，雖有故道，不能强就也。今若不先求束水之法，但欲疏通諸口舊迹，無論久塞難開，即使竭力開通，而水無鈐束，東趨不顧，枉費氣力。

總而言之，全湖之水，其勢不可以無所束，而束之又不可太急：束之太急，則潰決之患更烈於前；無所束，則下河之民終無寧宇，而入河諸口亦終不可復，故爲今之計，不當力爲之遏，而但當寬爲之收。宛轉商量，始知前日督撫九卿開夾河、築重隄之説爲善。一則使上河之水涓滴不入下河，一則使湖水宣洩紆迴，高堰不致漲潰。而水性既平，水勢仍束。靳輔從前治河可否，臣未親歷，不得而知。若但據目前河勢而論，雖係一時補救，實爲永賴之基。所以當日公議主築重隄也。又慮史家刣以南至高隄頭二十五里，石隄正當湖水之衝，且地勢低窪，如東西兩邊夾水，必至堰隄危險。佛倫主議於二十五里石隄之東築一月隄，所減之水不得侵堰隄根基。又月隄居中，可以救護新舊兩隄，用力最便，衆議稱善，所以當日公議宜築月隄也。至於下河，臣初議丁溪、白駒二口工將垂成，仍宜開濬。董訥云派夫累民，慕天顔以前番會議停止已經移咨，會稿入告，不便更改，而衆議亦云岡門業已完工，通行無滯，況堵塞上流，水注清口，則下河不待挑濬，自然水勢漸減，再開海口，徒費金錢，所以當日公議停開海口也。又恐漕河水急，漕隄不保，關係重大。淮安以北舊有五叉河，應行開濬，引水由草灣入海。淮安以南，高寶以北，澗河、涇河、黄浦子嬰溝俱行開濬，由射陽湖達廟灣入海。又恐盱眙山水會聚，衝決漕隄，於邵伯鎮南二閘口再開寬澗，引水入人字河，從芒稻河入江。開此數處，則下河永久無患。此臣等所以公議治下河之法，非置下河於不問也。諸臣互相問難，苦心籌畫，衆情允愜，然後定議。董訥親筆繕稿，慕天顔踴躍畫題，是日三更方散。臣、佛倫等四人即於初八日五鼓起程，星馳復命，此當日勘河時實在情形議論也。

竊謂河工一事，上關國家百萬金錢，下係七邑百萬民命。人臣盡忠爲國，但當論其事之是非可否確不可移，寧可詳慎於未定議之先，不可屢更於既定議之後。況皇上虛懷，殷殷下問，會勘會題不止一次，當日河工改圖一案，果有未當，去年督撫會題，九卿會議，臣等會勘河工時，何以諸臣並無一字異議，而忽於今年二月初五日，漕臣慕天顏以修河勘議未符等事密奏？臣不知前此何所見而會題，今日又何所見而改議耶？夫國家之事莫大於河，災黎之苦莫甚於河，皇上之憂勤軫念亦莫切於河。爲臣子者自宜仰體聖心，始之詳慎，繼之畫一。天顏乃故陰陽其説，詭譎其蹤。若前有所見而不力持，已蹈依違之罪；若首鼠兩端以圖卸擔，更多反覆之奸。諸臣疏争又皆各發陰私，於河工全無補救，徒使皇上焦勞愈甚，窮黎衽席無期，議論屢更，益難任事。脱有失誤，咎將誰歸？

臣廢棄餘生，何敢非分妄言？但受皇上數十年覆載深恩，義不忍默，昨又許臣以言，故敢盡言之如此。臣自知既言之後，怒臣者必益甚，中臣者必益深。然臣寧受怨於奸人，不敢有負於皇上。謹瀝微忱，具疏哀籲，伏望皇上天地父母，憐而察之，使臣心得表天日。臣雖肝腦塗地，亦且世世不朽。緣係詳陳勘議始末，字多逾格，貼黄難盡，干冒宸威，臣不勝戰慄待命之至，伏乞睿鑑施行。

康熙二十七年三月初八日廷訊河案，初九日吉士奏明具疏，皇上御前收本，發憲臣馬奇捧出九卿會議。

論

無極太極論

天地之初，混混爾未有氣，安有陰陽？未有質，安有剛柔？未有陰陽剛柔，安有五行變化？然而混混之中，理自彌綸焉，理固先天地而具者也。有是理，則有是氣，而陰陽以分；有是氣，則有是形，而剛柔以著；有是氣與形，則有是變化，而五行以備。凡此者，皆一理之所散焉者也。太極者，即理之謂也。以其混混而莫可名，故又謂之無極。非太極之上更有一無極也，又非太極之外別有一無極也。羲始一畫，文始乾元，已寓太極之理，特未嘗明言之。至孔子而太極名焉，至濂溪周子而無極太極之義詳焉。羲文之不言極，從陰陽以後論之也。孔子之言太極，周子之言無極，從陰陽以前溯之也。周子之無極，正其深切著明以言極也，是即孔子之旨也。不言無極，則太極同於一物，而不足爲萬化之根。不言太極，則無極淪于空寂，而不能生萬物之用。其理一也。太極無體用，並無動靜，其云動而生陽、靜而生陰者，皆氣之爲耳。當其靜也，太極在其中，以其靜，因以爲太極之體。及其動也，太極亦在其中，以其動，因以爲太極之用。太極之沖漠無朕，則無時不然，不以動静而有間，亦何體用之有？故曰陰陽一太極，本無極也。二之則爲陰陽，五之則爲五行；故易言陰陽，不及五行；洪範言五行，不及陰陽。而周子則兼言之，其歸于太極則同也。且夫天地之間莫不有太極焉，河圖、洛書其尤著者矣。祈觀乎圖書之變，則虛實不同體，多寡不同用，生成奇偶不同方，紛淪盤互，莫可窮詰，是數也。何者非太極之流行乎？統觀乎圖書之數，則河圖而虛十，即洛書四十有五之數也。洛書之積五與十，亦河圖五十有五之數也。縱横變化，復歸於一，是理也。何者非太極之渾淪乎？由理以達數，則謂圖一書可也，謂書一圖可也，謂圖以作範可也，謂書以畫易亦可也。何也？以其爲太極之所生則同也。吾獨怪夫象山之以洪範皇極言太極也。彼皇極者，耑乎人身而言之，後天者也。太極者，統乎天地萬物而言之，先天者也。極雖同而所以爲極則不同，象山混而一之，其疑夫無極之贅也固宜。

抑又有説焉。周子既言無極矣，則固無體用、無動静者矣，否則亦兼體用、兼動静者矣。而乃以爲主静立人極者何居？曰主静者，是即所謂無極者也。分之爲兩，爲四，爲八，廣之爲六十四，極之爲萬有一千五百二十，而歸之則仍無極，斯固静之至矣。人之極備乎體用，體静也，用動也。然不可謂静耑屬體，何也？用在體中，則静固可包夫用也。惟静也，有以立乎寂之體；惟静也，有以通夫感之用。易曰：『寂然不動，感而遂通。』此主静之效也。以人身言之，喜怒哀樂之未發者，太極也；而不睹不聞，則固無極也。朱子以戒慎恐懼屬之静，其即此旨也矣，然則太極一未發之中也。

皇極經世論

天之爲覆於上者，氣也。地之爲載於下者，形也。而所以覆、所以載，閱千古而莫之變者，則理有以貞之，數有以運之也。知理外無數而後可以言數，知數外無理而後可以言理。聖人據其可知之理，以斷其不可知之數。子曰：『百世可知禮。』曰：『清明在躬，志氣如神。』言理也，即言數也。古之言數者始於易，著於洪範。彼五行、五事、五紀、八政、三德，孰非數乎？而用之者稽疑，宰之者皇極。皇極者，何理也？帝執之爲中，王主之爲敬，聖人存之爲誠，萬事萬物無不權輿於此。邵雍氏因之，而經世之書出焉。明天地之消息，推陰陽之度數，辯剛柔之形體。三十年爲一世，十二世爲一運，三十年爲一會〔一〕，壬二會爲一元〔二〕。元以經之，會以紀之，運以參之，世以終之，蓋得易與洪範之變而推廣之者也。人謂洪範之皇極，全乎理者也。邵子之皇極，全乎數者也。不知天下無離數之理，亦豈有離理之數？邵子自陰陽奇偶而推算至於十二萬八千，事物之變略盡，亦未嘗離用九用六之道以超於五行八卦之外，則是理即在數之中也。理爲經而數爲緯，理爲常而數爲變，理居其靜而數居其動。今觀其書，大約以四爲準。四者，二之倍也。一生二，二生四。氣化盈虛，陰陽消長，胥於四統之。日月星辰，天之象盡焉；水火土石，地之用盡焉。皇帝王霸，易、詩、書、春秋，人之事盡焉。分之爲四，合之爲二，而主之則惟一。一者，理也，數之原也。周子曰：『太極動而生陽，靜而生陰。』夫其由太極也，無數之可名。其形爲動靜也，則數生焉。此周、邵合一之旨也。獨是周子之言太極也，以主靜立人極，而邵子之書必緣動而生。靜者其體，動者其用乎！然則理爲體而數爲用，其閱千古而莫之變者乎！天之所以覆者此，地之所以載者此，又何有於人乎！何有於萬事萬物乎！

五行論

象於天也爲五星，位於地也爲五方，行於四時也爲五德，稟於人也爲五常，而總其精氣之用則曰五行。其氣之磅礴周流、錯綜蕃變、乘權謝事，如環無端，自有一定之數。若夫陰陽之氣時有沴戾，五行各以氣相應，謂之災異。如貌之不恭，木於是乎不曲直；言之不從，金於是乎不從革。推之而水火、稼穡皆然，此天地之所以戒人也。如水或沴，火必應之以哲；火或沴，水必應之以謀。推之而金木土皆然，此人之所以格天地也。天人之理協而五行之氣應矣，第其所謂生克之義則不易明也。雖然，無難也。以相生之序言之，由水而火而木而金而土者，一陰一陽相間，對待之數也，言乎其質也。由木而火而土而金而水者，二陽二陰相嬗，流行之用也，言乎其氣也，然總之一陰陽也。水火爲陰陽之盛，木金爲陰陽之穉。就質而溯其生出之始，則盛者居先而穉者居後。木火皆屬陽，金水皆屬陰。就氣而推其運行之常，則陽之用居先而陰之用居後。質之終以土者，所謂萬物始於土而終於土也。氣之土居中者，所謂居中以應四方而無乎不在也。此五行之序然也。得其所爲序而相生之故可識矣。若夫所謂相克者，非果克之也，克之正所以生之也。木不克土則山童矣，田萊矣，土不克水則四海澤國矣。由此以推，而水之克火、火之克金、金之克木，皆以相克而成其相濟也。且夫天下之理，陰陽而已矣。陰陽之變，合百千萬億而無所紀極，而使無所爲克者經緯錯綜於其間，則五行亦塊然之質而已。

吾嘗思木生火者也，而火或以燃木；火克金者也，而金反以入火而益精：是生者非必利，而克者非必害也。又嘗思雨露雖潤，不能溉無根之木，是木且借土之克以爲用也，然則克之正以生之無疑也。不然，凡物莫不愛其所生，即莫不愛其生者之所生。生其子而克其孫，彼五行無乃非情哉！蓋五行生克之義如是而已。他若董子之論、班氏之志，舉山川草木、喙息蠕動之物，一一爲之辨晰，指摘事應，各有占驗，是亦五行之支流也。然其弊且入於讖緯，流於術數矣，是固儒者所勿道也。

大法小廉論

立乎朝廷之上，爲天子立綱紀，董百官，均四海；外則爲牧伯屏翰，以倡其屬者，爲大臣。其下庶司百執事以逮郡縣之吏，趨走而承事者，爲小臣。無大臣則事權無所歸，無小臣則無以承流而逮下。是故大小相維，内外相輔，以佐天子，以養萬民，誠並重也。

竊嘗論之：古之時，爲大臣難，爲小臣易。洎乎後世，則爲大臣易，而爲小臣難。何以明其然也？古之時，天地初建，人物未寧，大利大害之事，與時而創見，而又有弼教、明刑、變禮、易樂之政隨其後，故其時爲大臣者，非有神聖之材如禹、皋、尹、旦，則無以勝其任而底其功。而至於府史、胥徒、鄉遂，吏之屬不過奉行成事而已，故其時大臣難而小臣易。後世固無事矣，坐論者主於承奉詔旨，而六官之長又皆有成法可遵，不勞施爲，坐以無事。其在外之大吏又皆聽於六官，非六官之所欲行則終不能以有所主，故體即崇貴，亦皆以從容坐鎮爲優。其無可如何者，特羣吏耳。簿書之賾、期會之煩、考成文網之密，既已紛擾弗堪，而事之難爲者，其長必下於所司，所司以行於外大吏，外大吏又層累而下之以至於郡縣。蓋至郡縣而更無可下矣，而又有誅求之不測，毁譽之無憑，瞻顧旁皇，救過不暇，其波及斯民者，吏之餘也。一不當而身與名即敗，故曰後世之大臣易而小臣難。

然則將以吏事責三公乎？將使庶司皆出入諷議，郡縣盡假便宜乎？是又不然。蓋天下既平之日，不患不能變法，而患乎更法而滋弊；不患乎奉法之無才，而患乎有才而不廉。昔曹參守法，民有畫一清静之歌。其時貴廉潔，賤貪汙，賈人贓吏俱不得推擇。漢治之隆，由兹而始。得是道也，誠使爲大臣者，不以紛更成法爲能，惟是澹泊無營，正己率屬，苞苴必絶，舉錯必公，則守一法即杜一弊；而庶司百執事以逮郡縣之吏，貪者知警，而廉者亦不必有善事上官之慮，神明自暇，手足自寬，皆將畢智竭力以盡其職而報國家矣，又安見大臣之必難，而小臣之不易易哉！記曰：『大臣法而小臣廉，國之肥也。』斯言其至矣夫！

序

家爾合僉都奏疏序

典謨所尚非辭，而古廷發語咸臻簡厚。西漢大臣章疏一本經術，陸贄之文俳麗而愷切，范仲淹之文弘整而真醇，其指世陳政，莫不各有以致其誠。受知於上，經國不朽，文章莫大乎是，要未嘗瑰異恢詭、飾爲可喜可愕之狀，徒齷齪工紙上言也。吾輩奮步而起，幸得昂首伸眉，侃侃言天下事。大者關國是，次之陳民瘼，竭我讜論，不疚不回，庶幾無負生平；即或格其議不得行，而補闕拾遺、昭德弼違之心，未敢一時少替。獨奈何顧望畏懦，委曲逐事變，摸寫相役爲哉！

家爾合先生以弟視余，余兄事先生者有年。其與人遊，能使人自輸其隱慝以相劑，故天下事靡不貫通。凡疆域要塞、軍民疾苦、吏治厖雜與夫賦役徵徭屯驛之緩急，今彼豎儒周行天壤白首莫晰者，先生不必以身歙歷，燎如指掌。而又習知我國家朝常憲典及上下千百年間理亂事。余兄事先生兼師事先生者又有年，先生正氣大度，久爲廷臣推許，掌計銓垣者再，得以辨論天下官材而進退之。以人事君視以言事君爲更重，然所資以靖獻於廷者，未焚之諫章具在。今復梓其丁未以後九年之草，予莊讀數過，既無亢激之偏，復鮮嘽緩之調。有敬輿之愷切而無其俳與麗，同仲淹之弘正而得其真與醇。非本經術立言，何簡厚乃爾！人弟知先生遭逢昌言無諱之朝，故敷奏詳明，絶去陳列瑣屑、摭拾風影陋習，而不知其胸懷原不罣世間瑰異恢詭、可喜可愕之狀，所以盱衡天下國家之故者，慮深見遠，十數年如一日，蓋無一念一事不出乎肝膈而動乎神明也。先生其真能有以致其誠哉！

乙卯秋仲，甄别垣臣，天子特簡卿貳，旌其直，仲子珣亦於是月登京兆賢書，行將繼梧鳳之音而接夔龍之武。世俗移人，得無傲兀得意乎？予流播入都，下榻先生所，察其意念欲然，常有以自下者。先生不即拜官，請假展先墓，時與族黨姻戚擊鮮把醇，歡然道故，枌榆老幼德之。督諸子以制舉藝，縷細指點，婉轉挑撥無倦容，先生蓋樂此忘疲也。一堂讌聚，極人間天倫樂事，而如水臣心，自朝至日中昃，凜然在帝左右。雖居里閈，不猶夫立螭頭補衮時耶！然則先生之識量，今之山巨源也；先生之清真，今之高孝基也。世俗云乎哉！予聞漢韋丞相、宋王魏公，父子相繼立朝，論世者肆譚其盛，然原兩家肇基，必曰孟之一經、祐之三槐。先生諫草，非先生經國不朽文章乎？繼往開來，在此一編。其亦毋忘所自也。

己卯冬，撰於燕平陽翠嶺之陵廬。

江淮采風序

采風何昉乎？粵稽王制，太史陳詩以觀民風。而周禮亦有撢人誦志之職。則采風之有專官，其來久矣。及讀小雅皇華之詩，即四牡馳驅，咸得諏謀詢度，以盡其每懷靡及之意，然後知宣上德、達下情，凡爲使臣者皆然，不必其專官而始得乘駿騑訪風景也。後世王事泯闕，盛典漸湮。漢揚子雲齎三寸油素，録輶軒方言，上之金馬門，則直以爲纂述之事，而非復官司之守矣。其在于今，凡銜尺一爲行臺使臣、莅官四方者，例得以下檄校士，名曰觀風，庶幾近古陳詩、誦志遺意。語云：『禮失而求之野。』矧著在令甲，可具文視哉！

余頃者奉簡命理榷邗關，適丁饑饉洊臻之後，流殍載途，輓餉旁午，江淮之間蕭然煩費，惟是夙夜惴惴守職，隕越是懼，奚暇問觴詠、談風雅哉！雖然，廣陵一大都會也，漕運咽喉，商旅輻輳，雖繁華殷富迴不如昔，而土俗民謠猶可褰帷而問也。況地多名勝，其間柳隄螢苑，風亭月觀，往往與殘碑斷礎出没于寒煙衰草中，類足動弔古者之欷歔，一發其俯仰登臨之感。苟非托諸歌詠，曷以見泱泱之風乎？乃前此榷關校士，第試以制舉義，亦且久廢不行。至于詩，則初未有以之校士者。余爲之慨然太息，爰集十邑之士子，取帖括殿最之。又課以聲詩，分題授簡，風檐寸晷之中，倚馬擊鉢，不乏長才。而余以鞅掌餘隙，焚膏而縱閲焉，遴其合作凡如千首，雖未可謂極風雅之能事，然亦庶乎粲然可觀者矣。既而遠近聞風，吟壇鉅篇率多投寄，不敢秘之笥衍，即同試卷以登剞劂，總顔其集曰采風，誌盛也。

或者謂維揚名郡，昔之宦遊兹土者如何水部、韓魏公、歐陽少師，政事文章，炳烺前史，即人才之生於斯者，遠而孟陽、季弼，近而莘老、太虚，文采風流，先後相望，是詹詹一編，烏足以踵盛美而誇勝事乎？余以爲不然，東南扶輿清淑之氣，蜿蟺鬱積于江淮間者，其靈秀多發皇于人文，方蘢葱未艾，余縱不敢跂水部諸公，而多士豈無孫泰其人者挺出制科之中、應聖天子右文之運？珥筆天禄、黼黻皇猷，將于是乎在，余亦豈徒藉手采風之役，遂云稱職也哉！刻成，漫題數言于卷端，以爲多士勖，且以紀一時風會之盛云。

時康熙二十年辛酉六月下澣。

淮海持風録序

天下有無形之動而心手寄之，以爲升降汙隆之道若左券取者，文之風是也。余詘南宫，第試爲令，謝文弗講。繼以分較晉闈，而習心生。茲又以榷使觀風揚州，益見獵喜。觀風者何？部使者奉天子命督關，例得陳風而觀也。觀察使者乃不知有風。余顧合一郡生儒及流寓士，咸給卷與試，或再試。卷入，濡毫繼火，以己意甲乙可否之，懸其名；復與諸士共甲乙而可否之。諸士曰：『大哉觀乎！』余曰：『觀止矣哉！』更刊其文，與天下之人甲乙而可否之。蓋至是而觀之之意可得而昌言之矣！

平野千里，山無峻峯，厥土泥塗，河洄濁流者，揚州之連勢也。萬斛魚鹽，帆隨返照，家操奇贏，雄推卓、鄭者，揚州之賈業也。朱簾教歌，争華綺縠，曲院琵琶多於飯甑者，揚州之習好也。以揚之地勢而爲文，則失之平；以揚之賈業而爲文，則失之侈；以揚之習好而爲文，則失之靡。名都巨麗，宛洛後先。居其土，習其趍尚，而文字之風若或因之，則文豈易言哉！天下惟志士弗與世移，茲幸諸士之多自曁也。又以觀者之鄭重無忽，而磨礪奮揚，言人人殊。即弗人人殊，期得當以自先儔黨，是固風之上者矣。

然余在晉闈，龍門、鳳池品騭既定，似無餘心，而於觀風試，則若咨咨介然弗安者，何也？世之較文也，好徇名，多吠聲，喜羣和，趍欲説。徇名詣尠實也，吠聲襲虚響也，羣和者雷同，欲説斯躍冶也。制舉藝技，取乎命中，然從風而靡，不知其所止，觀之者又鮮決擇焉，何以觀爲哉？故取文則命中兼收，而刊文則别寄心手，諸士第測我于聲名之表，雷同冶躍之外，各以意觀之，則余猶知文者歟？江河同水，何以異流？五嶽同岑，何以各狀？引弓同臂，何以飲羽？佩劍同刃，何以成龍？性有獨至，斯能軼倫；神有獨赴，斯能破習。事物猶然，况文乎哉？

子桓云：『千秋大業，不朽盛事。』子厚云：『思報國恩，獨惟文章。』剞劂之役，非日裒一家言孤行于世也，正以標舉定向而與爲開先。將大業盛事，儼然在兹。淮海洋洋，維揚州乃稱大國風也。則是役也，即余於國恩其有報乎？士合上庠試，凡千四百人；分各庠試，亦千八百餘卷。璆琳瑯玕，取且弗盡。而刊文則九十八藝，無分等第，無列生童及太學流寓。觀者心手攸寄，其風乃同。藝即九十八，其一藝也，其觀一也。觀一而持之，道得。即曰部使者將持是以報天子命乎亦可矣。

時康熙辛酉夏日。

黎城尉畫像序

夫人患無所可用以負官耳；苟無負，何分秩之崇卑哉！戊申，予令晉交城，習聞鄰封黎尉范君賢。癸丑丁艱還里，里人多稱范尉長者。越八年庚申，尉始去黎，黎人畫像祝之，如失慈母。是年冬，予適司榷廣陵，當舟車輿馬之匯，舊識自晉來者具述范尉去黎事，蓋賢范尉。嗟乎！尉，小吏耳，奉奔走不得自爲政，非能減租除繇以施惠也，亦未可令行禁止以見斷也，區區盡其慈愛之心，歷十六年如一日，黎人感之如此。彼坐食大官之俸而吏民不大信愛者，亦必有故矣。循吏傳稱黄、召、朱、龔等，所居民富，所去民思，生有榮號，死見奉祀，凡爲官者不當如是耶！而惜乎限之以尉也，秩之崇卑，究不能無分也。

張正甫處士遺稿序

此張處士正甫先生遺稿，方邵村侍御選存之，而余復加增輯者也。

正甫生承平之時，高肥遁之節，嘯傲丘壑，點染煙雲，與當時之名公卿、遊閑公子問水尋山，徵歌選伎于雨花桃葉、柳隄螢苑之間。其見諸詩者，一何温麗而多風，春容而有體也！吾觀昔之張處士承吉者，以詩有聲于中唐，所至多登臨之作，而宫詞豔體尤稱擅場。以正甫擬之，殆可後先絜美。然承吉不再傳，後嗣凋落如顔萱，皮日休所云可勝悼愴！而正甫有子石幢，能以翰墨世其家，文孫黄美復克繩其武而振之，則箕裘之盛，過承吉遠矣。

吾生也晚，不及見正甫、石幢，而幸識黄美于京師。其人魁梧倜儻，博物好古，兼有仲連、茂先之風。寶其大父遺稿，紙敝墨渝，什襲游囊中。先是，汪蛟門主政作張處士傳，而大司農梁公、張敦復宗伯皆爲之序，處士之詩遂籍籍傳于學士大夫之口，然猶未有刻也。余官廣陵，乃爲鏤板行世，以彰正甫之潛德，慰黄美之孝思，抑亦諸公之志也夫！刻成，並系數語，以諗天下後世之知處士者。

鄒可遠詩序

長安，天下之市朝也，四方之士趨之如趨其室廬。乙卯冬，晉陵鄒子可遠挾其所長，不遠數千里渡江絶淮，涉黄河，經泰岱，崎嶇至都，思大遇於時。既至都，謁予於邸，盡出其所爲詩示予。一再披詠，飄飄然如姑射仙人，婥約天半，御雲氣而往來也。復投予山水數幅，筆墨瀟灑，俱出塵表。大江以南固才藪，如鄒子者亦何可多得！以長安之大，王侯公卿、賢士大夫之衆，意鄒子必大遇，乃不數月來辭予，歸其故鄉。夫以長安之大，而鄒子不遇。以長安王侯公卿、賢士大夫之衆，而鄒子無一遇。且四方士之遊長安者多矣，其遇者亦往往而有，而鄒子卒不遇。四方士之遊長安而遇、且遊長安而大遇者亦往往而有，而鄒子卒無一遇。蓋其遇者未必皆才，其不遇者亦未必皆不才。而世之于于而來與黯黯而往者，每適相當也。則世亦第見獲遇者之榮而不知不遇之窮而歸者更千百也。

唐以詩取士，顧自神龍以前，尚沿五代餘習，獨陳子昂出，力追大雅，唐風始復於古。然其初自蜀至京，人無知者，不得已碎五十萬之琴而其名始振。今之遊長安者，其能有子昂賣琴資乎？吾爲策之，置田宅、訓子孫、種花、飲酒、賦詩自樂，計又不爲此已。鄒子臨別，乞序於余，鹿鹿農曹不能文，姑序其才而遊、遊而不遇者如此，且請以去長安爲題，賦詩十章。予將命一二吴僮調鵾絃，按檀板，歌以進酒，以風四方士之懷才好遊而入長安者，其亦可乎！

江門禪院遯菴和尚語録序

遯菴和尚得法弁山，杖錫涉江，偶過瓜渚，渚中人皈之，遂留江門禪院。院即先太常伯手搆飯僧閱藏處也。辛酉，予領榷揚關，渡京口，訪遯菴於院，則已先三日去。覩其退院詩，亟追請赴蕪城一譚，復啓請再主院事。蔡鎮公、徐江防並以歡喜心同聲應和，遯菴乃再入。

遯菴闡洞上宗風五年於兹矣。法録鏤板，予覽誦一過，因思世尊拈華，迦葉微笑，所謂『不立文字，教外别傳』，宗門中事自此始。第云教外，則文字且無何有于語，語既不有，録從何立？雖然，道不在語，大聖人不能已于語；道不在録，後之人自不能已于録。可曰語以口授，録以耳傳哉！且今世語録充棟矣。禪師之語録，幾如名客之詩集，人各一本，本各有序。是道乎？非道乎？皆教虖？皆非教虖？吾不得而知也。吾知遯菴于勇於退院，又其住江門，有不可及者二。二時梵唄，必身先之，五觀隨堂，堂無私食，一也；開法六載，龍象雲臻，印可不輕，未一記囑，二也。斯二者乃古德任道之高軌，當斯世而于此見之，可不謂希覯哉！

予學儒人也，儒門以躬行惇讓爲學，而以濟人利物爲心。未有己躬不立而能手援沉淪、措人安樂者。吾固以儒觀遯菴，而知之深也。若夫横拈倒弄，棒喝交馳，其妙際非吾思議所及。蓋吾所嘗聞，則解行相應，方名曰祖而已。問者曰：『遯菴以語顯道，子顧僅以行知遯菴，可謂誶啄用叶哉！』予曰：『非也，行不易也。』信位不真，焉知立行？遯菴以身顯道，人以虚接響，乃不知遯菴耳。由是言之，遯菴不以舌語而以身語，予不以耳聽而以眼聽。即遯菴語録，亦不以紙墨傳而以虚空傳。一食時頃盡，大地無央數，人各見一本，各各一江門院，一遯菴。趺坐默然，輒有白椎者曰：『諦觀法王法，法王法如是。』

重建新安會館序

王制：司空度地居民，民生其地，各適土宜，以成風俗。服習既久，重去其鄉，故有終身不出里閈者，謂之土著。吾郡新安不然，山川深秀，民俗饒裕，務節儉，耻游惰，往往寄迹四方，或數年數十年不歸，其子若孫即因僑寓立籍成名，所謂光遠而自它有耀者也，夫豈安土重遷哉！秦時郡置歙縣，以歙浦得名。或曰：歙，翕也。謂山川翕聚也。今其民析，其俗涣，漠然不相接矣。而京師衣冠輻輳，若楚、若豫、若吴越之以仕宦來者，本其家世，溯其土風，出新安居多。則退食而連紽緎，同舟合轍，聯分屬情，會館其亟哉！

甲午冬，予公車北上，先輩張黄岳官西曹，飲予正陽門外珠市南向客邸中，謂予曰：『新安舊有會館在内城，不可復識，吾欲置此邸爲館，然能招致同郡宦遊諸公及殷實家共成其事者，非君英絶領袖不可。』予唯唯，但當與鄉大夫共舉之，謀及賈人，無成也。予於是約金西白中翰、汪壽子同守合捐百金畀張公。張公首其事，益勸募，即市邸舍爲館，館始有基矣。嗣予南還，張公亦擢官去。館日頽圮，且仍客舍舊址，無廳事、無廊、無廡，未遑更建也。今上康熙十六年歲丁巳，予歷官民部，同郡多宦輦下者。予邀程侍御梓園謀再舉，徧告吾鄉，鄉大夫共輸千餘金爲鳩工費。予以憂去，侍御獨董其事，輸者半，不輸者亦半，而館於戊午歲落成，規模弘敞，堂廡翼如。歲時伏臘，以公事徵者，畢會於此焉。館有約，爲公讌，爲公謁，迎者、餞者釐然具舉。凡列仕籍，登科名，俱懸木榜，焕然改觀。

丁卯春，吴相國賡菴先生予告歸，同郡祖席者二十四人，俱歷清華，陟通顯。相國執斝，語諸君子曰：『方聖天子運際明良，吾儕共列三事，雖一郡，猶大省會。願諸君共勖此勿替。』相國去後，程侍御亦即假歸，以會館公匣授予終始之，而予方懼負荷之不克勝也。以今視昔，並以後視今，日月推遷，盛衰倚伏，能不慨然長念乎！吾郡自紫陽夫子倡明絶學，集諸儒之大成，嗣是家無異教，代有傳人。及明初，環谷汪公同先東山先生，俱以洪武二年聘修國史，研精六籍，爲後學宗主，至今猶慨慕其餘風焉。士大夫幸生賢哲之後，其尚弘此遠謨，以繼歷代人文之勝。而此日濟濟朝堂，更得從前所未有，不可不記以誌盛。至於講信修睦，則固吾鄉所有事也。爰爲序，而不敢没張公創始之意如此。

時康熙二十六年丁卯春日。

重修休寧建初寺序

建初寺居邑之南偏，與學宫排峙。臺殿嵬峨，棟宇弘麗，非止曰奉佛也。邑有大議，父老子弟集議其間。國有慶，則邑之大夫士趨蹌肄禮焉。自我先世不劇公創之，有宋爲一邑香火，子善積公復新之。積久而圮，則我霖宇公再新之。迄於今，蓋又數十載於兹矣。峻者頽，雕者落，丹甍畫棟，漸爲斷棘荒榛；莊嚴色相，露立飄摇風雨中。過之者莫不心傷，況累世成勞，身爲厥後如吉士者乎？顧修寺大役也，募非其人，衆不集，衆不能集貲不償，無貲則事將終同道築。余游行海内，閲方外人多矣，未有如家石菴上人之心透禪關而身饒經緯才者。每念欲新是寺，非石菴不可。

甲寅夏，吾邑方憂鄰寇，余適以内艱居里邑，長隋公請守禦之策甚力，一時邑紳士咸集寺中，余爲畫團練作固圉計，有成竹矣，而羣不逞之徒方利亂，攘臂蜂擁，力撓余議。余深憫若輩之愚且暴，甘使我桑梓之遭蹂躪而趨死亡，而奈之何立而待也？遂先期去，未閲月城破矣。先大人以丘墓戀罹於亂，舉家星散，骨肉各天。迴首故鄉，兵戈滿眼。當是時，石菴方卓錫於浙唐鄞之棲霞禪院。老父間關歷險，攜婦孺至其地。余時已濟江，復返棹來省覲。長兄、三弟、兩兒暨猶子、幼孫輩以次自四所遠集天涯，涕淚歡聚如家居。始得聞王師入新安，賊盡遁，信吉士雖不幸言而中，而吾邑遭殘不忍問矣，何暇與石菴謀新此寺哉！

年來，余離家日益久，寺日益壞，余懼其盡而不可救也，爰從京師走書，促石菴歸，並贈以四律壯其行。石菴亦扁舟溯流上，興工修葺。邑侯廖公首捐清俸以爲勸。竊以余輩生朱子道學之鄉，吉士讀東山公遺書，最先分辨儒、釋，其於一寺乎何急？顧以一邑糾衆集議、衣冠萃萃之地，聖朝禱祝習禮之區，過其所者，人惕綢繆陰雨，臧言不用之悔，而又值賢父母修廢舉墜之時，吾邑樂善君子孔多，莫不踴躍而恐後，傾囊笥不少慳惜，固不徒曰此吾祖所創所修，僅僅爲一家世守事，而捐金領率，實誼所不敢辭已也。石菴其急以余意遍告之邑人，諒無不有欣欣争先響應者。

汪我長農部詩序

丙寅歲暮，汪農部我長以辱菴偶吟見寄。余讀之，而不禁慨然以嘆也。因嗟乎榮與辱，豈有常哉！天之所辱者，每爲世之所榮；而天之所榮者，或反爲世之所辱。自古而然。唯超于世見之外，乃能知之耳。世不乏功名富貴、畢生無一挫折而坐致高位，衣繡綺，食粱肉，舉世羡之以爲榮，一旦身死名滅，與草木同腐。天之意，固以爲若而人如是以予之足矣。有賢人君子焉，讀書明道，身修行立，以視功名富貴若而人不啻什百倍，而往往顛躓不遇，何哉？蓋天之于賢人君子，猶父母之于子也。父母厚其子，必習之以勞苦，警之以譴怒；若其他室之人，不過予之温且飽而已。詎謂父母之待其子者薄而待室之人者厚乎？天之于賢人君子，亦如是而已。

我長以弱冠蜚聲藝林，成名進士，讀其文章者，毋論識與不識，莫不知有我長，其籬隱園刪存詩集》久爲海内稱頌。即從此而歷宦途，一歲九遷，致位通顯，亦分之常。乃僅以行人至郎署，亦既屈矣；無何監督通倉，竟以失察獲罪。于是，憂愁困抑，沉鬱而無所發，擊壺叩缶，一鳴之于詩，以紓其磊落。其所作視向之《籬隱園集》更有進焉，其必傳于後世無疑也。然則天之所以榮我長者，殆有在矣。

嗟乎！詩窮而後工，古人蓋嘗言之，而余猶以爲非定論也。吾嘗仰而觀，俯而察，而知宇宙之大，文非錯則不生。今夫五色錯而卿雲成，八音錯而韶濩出。日以晝，而星與月錯以夜；地本夷，而山錯之以峙、水錯之以流；而羽而飛、角而走、鱗而潛躍者，迭相錯也。而天地之大，文生焉。其在人也亦然。貧賤富貴患難顛倒相錯，而其人之憂喜、哀樂、恐懼始相遭而並出。故終身富貴者，其文章不工。何也？彼初不知有憂哀恐懼，而並其所爲可喜可樂者，亦習焉而不覺也。終其身于貧賤患難者，其文章亦不工。何也？彼初不知有喜與樂，而並其所爲可憂、可哀與恐懼者，亦習焉而不覺也。騷人之窮莫窮于屈子，然江潭未放之前，爲三閭大夫，懷王寵任，舉國莫與侔。詩人之窮莫如李、杜，然一則寶輦迎之，調羹賜之；一則布衣獻賦，天子動容，一朝而位補闕。世但見其囚潯陽，放夜郎，秦川、同谷拾橡栗以給，而豈知其實未嘗終身于貧賤患難中也？如但曰詩窮而後工，則今天下之富且貴者，不過萬之一，彼勞勞攘攘者舉皆窮者也，何工者之寥寥歟？故曰非定論也。

方我長爲諸生時，蕭然一室，兀首窮年，豈意其登賢書，捷南宫，聲馳四方哉？及其位郎署也，豈意其削籍獲罪哉？遇矣而復不遇，則安知不遇矣而或復遇，以使之愈出其憂喜哀樂恐懼之性情，以工其文章？天之不以功名富貴使我長終其身者，正天之所以錯我長也；天之所以錯我長者，正天之所以榮我長也。使天之所以榮之者未已，則所以錯之者亦將未已。我長其亦可以自慰矣，而何辱之有？

祝于母王太夫人壽序

今皇帝御極二十有八年，歲次己巳，律次蕤賓十有四日，我年親家母于母王太夫人七袠帨辰也。大江南北諸縉紳先生惟恐其視之後，咸期先一月登歌而往慶焉。顧予聞之，禮在不敢先，先則越，君子戒其越之也。又聞之親至則無文，文則飾，君子慮其飾之也。予與九扶公暨令嗣章雲兩世交，知太夫人最悉，旋又締姻盟，誼不當同世俗。先且文敬届期而質言吾兩世交親之誼，代申歌以遥爲太夫人祝。

憶予之識公，自辛卯公車始也。是時予年少，初入長安，公長予十數年，予雅敬公，不欲等肩行，而公獨奇予，每事必相咨。南北聚散凡十年，公辛丑捷南宫，復與予同謁選天官者七八年。此丁未以前，予與公在都門締交之誼蓋如是也。

戊申春受銓，公得襄垣，予交城，皆山右邑。山右險阻甲天下，叢山邃谷，周亘數千里，豺狼狐鼠與孑遺黎争出没，而襄與交尤處羊腸鳥道間。知者皆爲我兩人咋指，乃公與予顧以得同事一方也喜甚。春季並轡出彰義門，縱談山川風俗及政事張弛之所宜。屈指期三年，報政至榆次，公始引而南，予驅而西。其秋，章雲奉太夫人至自江南，予專使往賀。章雲奉公嚴命，至交署謁予，尊予一日之長。予一見異之。于氏爲江南望族，章雲承累世閥閲，少年舉賢書，宜其豪華跌蕩，不可拘以法度，否亦顧盼自喜，而乃恂恂然，如傳所稱廣而儉、文而有禮者。予以知章雲之必能大其門，而私慶九扶之有後也。居數日，閲其文，聽其譚論，予更知章雲之賢皆太夫人之訓，愈私慶我九扶之得賢内助也。無何，予平山寇，爲諸上官紳民稱許。公循良之聲已遍冀南，旦夕候徵，往來愈密。此辛亥以前，予在山右與公父子締交之誼蓋如是也。

其後，予辦事户曹，章雲晨夕過從。壬戌，章雲成進士，旋入中書，即下榻予寓。丙寅，予出繼子景從，以光禄寺寺丞假歸，與章雲訂兒女盟，此戊辰以前，予在都門與章雲締交締姻之誼又如是也。

自辛卯至今，凡所爲申之以盟誓、重之以婚姻者，其情事猶歷歷如在目前。曾幾何時，忽已三十八年矣。吾聞世之締姻，莫不喜近而畏遠。章雲與予新安祖居相去七八百里，予鄉望衡對宇，多簪纓世族，而予顧不畏遠而樂與章雲姻者，雖以兩世交情之故，亦寔以太夫人之德也。吾聞太夫人之爲人嚴而明，閫以内，無敢譁以嬉者，其持家識大體，待子若孫慈而有制，務詔之以遠且大。蓋既合鍾、郝兩媛而爲一人，故能相公成進士，爲聖世循良吏，又能啓章雲成進士，爲秘閣翰墨臣，非偶然也。夫太夫人既已能相公以啓後人，則凡内而所以訓其子若孫，以大衍夫京陵、東海之風者復奚疑？異日者，予孫繼抃得賢内助，並得聞太夫人之緒論，彌自激厲，以竊附于公暨章雲之後，以爲太夫人門楣光也，不亦大幸乎哉！此予之所以樂與章雲姻而私慶太夫人之純嘏無疆也。

予鹿鹿不能登堂進祝，思作長歌以佐檀板。適罷歸，避暑金、焦兩山間，西湖大江，東望滄海，日爲泱漭澎湃之氣所漸染，下筆輒徜徉恣肆，近漁樵人語，不足以頌太夫人懿德，故直敘疇昔吾兩氏交親之誼之篤如此，以爲太夫人侑一觴。若夫于氏之奕葉富盛，與章雲之功名事業彌昌彌熾，而太夫人之享貤封履福祉而無艾者，正不待予言也。是爲序。

程香升閩遊存草序

香升入幕臨汀，別予十四載。甲戌春暮，過訪燕山寄園，手示閩遊存草一册。予閱之憮然，遊止于閩，他不復遊矣；所存者止此，其不存者多矣。人壽幾何？而鬱鬱久處他人署中，弗克自豎，殊可歎也。

夫人而能詩也，每以虛聲浮響相尚，究不足發抒其性天。香升能力返近日濫觴之波，一歸沉健，思沉自應調響，力健益驗骨蒼。雖寄籬下，不爲所束縛，夫豈夫人而能詩者哉！回憶髫年同香升讀書三竺，作賦六橋，劇飲酣遊如日昨事，今者共學諸子，半瘞荒丘，予兩人白頭相對，詎能忘情！情之所關，相樂也，已而相泣。今香升又別我南矣，浮雲舒卷，安有定向？區區升沉顯晦之迹，又何足較予兩人！亦惟存其所可存者而已。

甲戌立夏後三日，識於京邸新又堂。

萬青閣制藝自敘

驥雖老，伏櫪長鳴。伏波南征，卧土窟中，聞鼓噪聲，輒曳足往觀，其天性也。余自垂髫受舉子業，矢志攻苦。拈一題，凡前人已徹之藴，已發之議，必欲謝絶，衝鋒破堅，闡幽入微，往往精思出神，清晝如在夢寢。至今數十年，雙鬢禿矣。顧念當時諸生習未忘也，稍暇，即拈題搆思不少休。庚午春盡，取生平所著制藝，更爲删訂。凡少年試牘、辛卯行牘及公車所著失大半，存者不過百餘首。自丙戌至辛丑鄉會試，前後八歷，或遇或不遇，實有數焉，不以得失論，存其可存者而已。戊辰，以河案放歸，攜兒子景行、孫繼抃寄寓通州司倉舊署者幾四月，晨夕咿唔。其秋歷遊常山、太岱，一無所作。明正入都門，住數日南還，寄迹金、焦、棲霞山中，絶去酬應，復藉四子藝以消磨歲月、研窮世故者又一載，共成林下稿三十篇。頽墮恣肆，不拘成檢，要以極其意之所欲言，非若曩昔少年雋逸與公車揣摩、務爲昌明博大者比也。閲既定，命景行合梓之，不以示人，以課子孫而已。

景行幼亦能攻苦，文有卓越之致，其闈墨行卷世頗傳頌，惜臨場削籍。然人生自有可傳者，不在此也。繼抃甫成童，能書大字，有顔、柳風格，余以大成期之，然天姿不足恃，必須學問。學問之要，志欲高，思欲微，氣欲壯，心欲虚。志不高，必爲時尚所汩，不能入古大家之林；思不微，則日與聖賢相對，而聲容杳然；氣不壯，則半途而倦；心不虚，則雖有良師益友，且拒之千里之外。彼世俗小器，少有得則昂首闊視，譬之鼹鼠之飲河、鷦鷯之一枝，彼自以爲至足矣，寧知有千仞之鳳、九萬里之鵬哉！小子勖之。

夫制義名曰時文，以其隨時而新也，然性情之文與經史之文，則亘古長新，不隨時變。余少所作，以今視之，猶有可觀。更十百年後，亦當復如是。兹編所存林下稿得三之一，老而彌篤，亦見吾精神之所寄，樂此不爲疲。凡我子若孫有能體我意者，以是編當宗廟之陳器可也。

庚午春日，題於真州城南小築。

汪我長農部辱菴二集序

余少以友朋爲性命，知交半四方，同鄉汪我長、朱若臣尤稱好友。若臣捧檄西陲，徒抱燕雲秦樹之感。我長羈差潞水，長安咫尺，音問時通。已而兩公俱被謫，若臣得河南中牟，我長則仍潞水也。無聊之況，唱酬往來甚多。頃復得手書並近作辱菴二集。其詩蒼老靈挺，直不肯讓古作者。境雖困而詩愈亨，顧其旨則甚哀，而讀者不之覺也。

念余往者，志得氣壯，常以爲皋、夔吾師，管、葛吾友耳。迨戊辰之役，衆鏑俱鳴，身家俄頃，親戚爲之股栗，友朋爲之絶交。顧影自悼，幾不復齒於人類。已而遁迹金、焦，復次蓼莊，再入香山，與木石居，鹿豕游，殊覺天加清而日加永，翻覺從前之僕僕京塵、聽晨鷄而覓朝冠之苦也。再聞兩公被謫，捫心自忖，更覺余之境遇猶勝於兩公。

然則人情之所厭，豈有窮哉！極而上之，則秦皇、漢武猶恨三山不可即；極而下之，則上蔡東門之黄犬與華亭之鶴唳豈可得乎！勉哉我長，努力自愛，世之求爲我長而不可得者正復不少。富貴在一時有盡，著述垂萬世無已。但造物忌名尤甚於富貴，所恐我長之詩日愈工，而將來之困正未有瘳，則奈何？然昌黎不云乎：『使子厚以彼易此，孰得孰失，必有能辨之者。』倘我長以爲然，將録一通，並質之若臣焉。

辛未秋八月二十八日。

休寧縣誌序

治天下之理備於經而不及事，治天下之事詳於史，而非專爲一郡一邑言也。理與事具而又專爲一郡一邑言者，莫如志。故良有司必於志焉亟亟。雖然，修廢舉墜，鏡古今得失之林以出其政教，守土諸公之職。蒐舊輯新，昌言公論，以備守土諸公之采擇者，鄉大夫先生之事也。

新安爲東南望郡，休爲望邑，而邑志自明萬曆丙午東山李公纂輯以來，八十餘年，屢修屢輟，卒無成緒。余切疚焉，而薄宦見羈。庚午去籍，寓居山左，適閩中廖蓮山公以宿望宰我邑，歷三載，政簡刑清，百廢具舉。而吴興夏徵君宛來方躡屐黄山、白嶽間，余乃致書廖公，託以纂修之任，猥不余拒。顧世歷兩代，網羅非易，述之雖與創者等。摭拾數月，甫得脱稿。夏子復游長安，未及告竣，余深爲惋惜。

癸酉夏，余蒙恩召用。甫入都赴補，姻家京兆汪公涵齋貽書余曰：『邑志不修，吾輩之責也。適以讀禮餘暇與貴及門汪明經紫滄詳探校定，幸已成書，敢正之有道。』余不禁瞿然起，盥手卒讀。簡而核，詳而不蕪，其去取也必嚴。因喟然歎曰：『嗟乎！是余數十年欲成之而未得者。涵齋不動聲色，不逾數月而燦如秩如。上以續八十餘年之廢墜，下以永垂之不朽也。豈不偉哉！』蓋是志之修，不難于學于才于識，而難于勇。吾里雖屢經兵燹，然遺編故碣老成耆舊猶有存者；且英雋間出，殫志于龍門、蘭臺之筆削者未嘗無人。獨是品流不齊，是非殊等，而姻婭世故之相持，其氣勢足以相壓，其紛華足以相移。非有至大至剛之守，毅然特立、其不爲所動者幾希，故曰莫難于勇也。今涵齋是志可以無憾矣。

余惟新安文獻一書，典章人物實與邑志相爲表裏，而自程篁墩先生創作至今百有餘年，杳無續者。今邑志賴涵齋而修，將來閒曹京邸，尚欲以投老寸陰蒐求討論，以維篁墩先生之志，以爲邑志羽翼計。涵齋亦且服闋赴闕，庶幾晨夕過從，以輔余所不逮。涵齋其許之否？

祭　文

祭葉又生業師文

嗚呼，夫子！其遂棄吉士而殁耶！夫子之殁，登其堂者莫不滂沱慟，聞其訃者無不悽愴泣。顧吉士之所以悼夫子，豈猶夫人之所以悼夫子者耶？蓋嘗聞之，哀之至者無言，其有言者非哀之至也。哀之至者即有言而無文，其言而文者非哀之至也。若吉士於夫子，其哀之也不能已於言，顧言之而實不能文也。戚於心而出於口，夫亦言乎吉士之所以哀而已矣。

古則有云：『經師易，人師難。』惟夫子於吉士，文師也，經師也，又人師也。夫子行誼足以風世，學術足以匡時，文章足以華國，乃僅以一青氈老也。吉士少逢兵革，負笈武林，遍訪名師，幸受業夫子。而閉户於靈隱山房者二載，凡夫子之殷勤而提命者，至今猶在耳也；凡巖居之偃息而嬉游者，至今猶在目也；外乎聖賢以爲人，非人也；外乎經史以爲學，非學也。外乎周秦、兩漢、唐宋諸大家以爲文，外乎風騷、漢魏、唐之初盛以爲詩，非文與詩也。吉士始聞而懼，已而思，請從事焉。油油乎若有得而未敢信也。乃夫子顧亟稱之，且許以大成，丹鉛討論，寒暑不間。制藝少暇，繼以唱酬。吉士少時吟詠聲最遠，寺僧以『響相公』稱之。空山岑寂，每至宵分，常聞虎嘯，若與書聲相答和者。因彙所著作，名曰臯嘯詩文集。其所鏤板，蓋猶有存者。吉士少而好奇，偶山行得長笋，將栽之庭，寺僧皆失笑，夫子亦笑曰：『試栽之。』無何，籜發而根生，今已成林。嗚呼！山房兩載，凡接於耳而寓於目者，俱歷歷如昨日事，忽已二十六年矣。

憶辛卯秋闈，同學程奕先、徐敬菴與予俱獲售，而夫子顧見刖。然夫子雖屢躓，名日以起，從游愈衆，最古園闈墨之選至今奉爲典型，乃終不一遇。何耶？豈天之所以厚夫子者，別自有在耶？其後吉士捧檄晉陽、備員曹署逾十載，每接夫子書，皆自傷偃蹇，詞甚悲愴。丁巳春，吉士力勸夫子小就司訓職，而吉士亦遭先大夫喪歸里。夫子辱書遠唁，讀之感且泣。吉士來杭謝孝，適夫子亦以送賓興抵省，晤語甚歡，音容矍鑠如昔也。已聞夫子病，倉皇往問，則已憊甚矣。嗚呼！在三之誼，有服勞之文，有心喪之制，惟夫子之易簀也，吉士與獲啓手而啓足，其屬纊也，亦得視殮而視含。追思疇昔，即言之無文，曷忍不一抒以哭於闔棺之頃？

嗚呼！湖山不改，靈鷲依然。皋嘯之餘編，猶若與於菟之遺音同琅琅也。空庭修竹，孫復生孫，夕陽明月，微風摇曳，再得與吾夫子徐步而長吟否也？昔之弱冠響書生，今已蒼然賦二毛。即使夫子未亡，與吉士再入故山而訪往日之殘僧，其尚能識否也？壯者不可復少，老者其獨肯久留乎？人生世上，可不痛哉！嗚呼！永嘉木鐸，齊雲苦塊，初不意其復會於斯土，更不意其復會於斯土而適送吾夫子終也。豈非數歟？數之定者，雖聖賢不能與之争。牙籤絳帳，往事空追；白日黄泉，從兹永訣。哀哉，尚饗！

祭同門道南胡公配享安定書院文

嗚呼我公，公輔弘才。不才附驥，賢書計偕。青燈白雨，古刹寒齋。公翬鳳翮，我馬虺頹。繼李常山，□晉西臺。風裁凜凜，品度規恢。銜天子詔，持斧兩淮。摘奸龕暴，商電悦來。出入要會，洞悉根荄。推誠杖信，城府洞開。破觚斲琱，胥吏畏懷。徵賁多士，鴻鸞漸階。維時吉士，實假半席。嫌猜兩忘，得恣胸臆。我盡厥忱，公鑑其直。既以最聞，用超卿職。待命甬東，復起于籍。征車方前，奄焉易簀。棟折梁摧，國人恫盡。公以祖系，專祠安定。花檽綺疏，奐輪稱盛。司鹺駐節，列名表姓。羣署去思，我公獨剩。情禮之闕，斯應更正。予榷揚關，追思既往。舊雨興懷，時欽精爽。好友淪忘，夢寐惝怳。長公公車，披裘過訪。握手欷歔，瞻祠稽顙。吉士涓日，迎公於祠。配享安定，彰厥典儀。紳士盡至，僉曰允宜。一時感念，千秋繫思。鼎俎弗備，素心在兹。維公有子，圭璋令器。天衢馳驟，先猷足繼。生死交情，敢不自勵。願言始終，金石弗替。公鑑我心，存亡莫異。巵酒無多，冰壺腑肺。式歆來格，文螭赤絥。嗚呼尚饗！

祭陝西督學洪谷一姻家文

嗚呼！歲月不居，幻化無窮。霜凋夏緑，雨泣春紅。山頹木壞，遂喪我公。十載都下，密戚希逢。未能良覿，僅託鱗鴻。驚傳哀挽，永絶芳蹤。嗚呼我公，三壽之中。悠游泉石，尚可過從。相見他年，一寫闊悰。豈意今歲，遘此鞠凶？疑信相伴，臚言不同。燕山越嶠，遠訃考終。人琴兩絶，几筵殯宫。南天遥遠，瞻拜無容。豚子弱媳，來侍經年。音容睽隔，於禮缺然。雲山萬疊，揮涕淪漣。獲交締姻，始自遊燕。于時辛卯，公車聯翩。鞭絲落日，席帽塵韉。一見歡洽，晨夕周旋。壬辰春仲，公先着鞭。長辭教鐸，得遂鵬騫。聽鶯上苑，釋褐九天。初簡司李，試手烹鮮。治中别駕，震耳闐闐。五嶺化雨，六邑鳴絃。治高龔卓，威清豪右。棠陰連疆，惠此黔首。歷階大行，使星映斗。歘歷登朝，星郎樞紐。粉署生香，儀曹無偶。秋闈方啓，旋膺典司。綱就珊瑚，以進彤墀。榷關淮上，惠愛及期。商舟官漕，一水逶迤。風清弊絶，額課無虧。帝曰惟能，進秩以差。壬子之夏，衡文古秦。玉樹風皎，冰壺魄明。學參同異，流分濁涇。材皆杞梓，調盡咸英。秉陽秋筆，嚴月旦評。鑪錘庶彙，陶冶諸生。終養全孝，早脱朝簪。知愛有加，遂結朱陳。以公愛女，予子委禽。愧非玉潤，得近冰清。郵筒往返，慰誨勤勤。遨遊林壑，白岳黄山。鹿冠鬢緑，萊舞衣斑。庭前五桂，玉樹繁殷。養生論就，樂志幽閒。他年黄綺，華髮朱顔。何圖仙馭，一去不還。遡公生平，長離别矣。欲追歡笑，杳無日矣。徙倚故鄉，關河千里。光大懿德，公有後起。奕葉蟬聯，公其不死。一杯遥酹，公其來止。嗚呼尚饗！

時乙丑二月八日。

祭太常少卿尹瀾柱先生文

嗚呼！古人有云，死生大矣，豈不痛哉！豈不信哉！夫人生如寄，當其未死，不知其悲也；死而又不能悲也。以生悲死而悲有限也；以死悲生而悲何窮也！故有觀之愈遠而悲愈甚者。慨逝者之茫茫，念生平之歷歷，俯仰今昔，總不堪懷，而老成之傷、知己之感不與焉。

憶吉士于公初非有素也。自辛卯公舉于粤，吉士舉于浙，始各以文相聞知。當是時，吉士方年少盛意氣，初何知人世間天竟何如，命竟何如哉！及明年壬辰，與公訂交燕邸，同被放。主司評予落卷，有君患才多之目。吉士猶自負，不甚屑屑也。乙未，公捷南宫，官于朝，而吉士屢困計偕。至己亥、辛丑，已得復失。吉士始疑之，念人生幾何，遇合不可知。年日壯，恐遂蹉跎無以自見，不得已乃就選人試。而公是時適官吏部，幸見知于公，以首卷拔司李。因竊自計，大丈夫得攝尺寸、就功名，雖取一郭而乘之，猶勝老死牖下者。況司李關一郡民命，予即得成進士，慚才非翰苑，無過是官，而次者又或受縣，且遲之十數年以後。因是辰、未兩罷公車，甘心小草，若惟恐倖售者，何圖需次甫及，而司李之職旋罷哉！嗚呼！向使曩者非得司李，則未必不復試南宮，試則何可遽量？今因得司李而不試，不試而仍不得司李，是幸而受知于公，又不幸而爲公所知也。天之顛倒斯人，固如此耶！既而謁選，得交城，五年勞吏，濫入爲郎。未幾，兩以憂去，及再入京師，乃始得朝夕于公。今年春，公内擢朝廷，方柄用公。公年未甚老，吉士幸得長侍側受誨，而孰意公竟忽焉逝耶！嗚呼！是亦大可悲矣！

方公與吉士之舉于鄉也，當時海内同舉者不下千百餘人，今尚無恙者幾何耶！吉士之受知于公也，與試者五百五十餘人，今皆安在耶？同選令者百五十餘人，不三年而去其半且過之矣，又不二年而所餘無幾矣，即所餘者，今又何如耶！惟公亦悲聚散之無常日者，乃有辛卯同譜之聚，聚者落落晨星，已不勝零落之感。而公復逝耶！頃于初八日見公于育嬰堂，公猶强飯善步，不二旬而遂至此耶！

迴想三十餘年間，眼中之人，升者、沉者、聚者、散者、存者、亡者、修者、短者，皆已倏忽遷化，不可究詰，而今且奪公！獨無狀如吉士者，尚幸後死，而一生坎坷違迕，則又如彼。

回首當年，竟同大夢。人生當此而猶不達，不尤大可悲耶！嗚呼，已矣！存順没寧，有美克世，惟公何悲矣！若夫人之云亡，朝野之人皆能哭公，而悲來填膺，有不盡于是者。昔昌黎之哭馬少監也，以爲人欲久不死，而觀居此世者何也？此言至今猶有深痛。有感于昔，故敢因一日之知而鳴其悲。嗚呼哀哉！

時乙丑十一月二十八日。

祭蔣飛占侍御文

嗚呼！存没無常，百年瞬息。倏爾朝露，天何莫測。屈指曩時，猶如昨日。傷哉我公，典型莫及。邈若山河，空餘追憶。人之云亡，喪我宿德。溯自辛卯，同試浙棘。公於是歲，選拔來北。維時識荆，鶏羣鶴立。分符山右，俱膺斗邑。予令交城，環堵皆賊。公等視余，愀然危岌。致身度外，數年殫力。賴國之庇，盡擒反側。中丞達公，受知特出。薦予於朝，百城表率。癸丑丁艱，予辭歸室。中丞垂問，同寅孰匹。予舉我公，孫任與白。時孫卧雲必振宰陵川，任希菴玥宰石樓，白田生良玉宰高平，甲寅俱列薦牘。連茹拔茅，何敢蔽塞？四君同徵，三授臺秩。朝陽得鳳，訏謨輔翊。司鹺長蘆，商民交恤。余官户曹，十載供職。久宦長安，公真予識。每爲追數，晨星俱失。去年寅秋，予忽篤疾。公來視予，榻前慰悉。何病者起，而强者卒。總計抱疴，惠顧涕泣。十有二人，旅出旅入。未及匝歲，俱成今昔。按其爵氏，歷歷可述。顔考功光敏、吴檢討任臣、孟評事纘祖、倪檢討燦、吴刑曹琮、任侍御玥、曹中翰鈖、謝户曹鼎元、章督捕欽允、黄編修士塤、徐中翰穎、家户曹廷錫皆至榻前視余病，未及一期，與公俱作古人。始得訃聞，予疑且惑。繼至素帷，淚落難拭。中丞所知，止餘予一。生死莫定，至於此極。考公生平，品行無忒。惠昭于野，功標於國。公視去世，粃糠塵沕。惟予交契，悲塡胸臆。雲霞情誼，非言能畢。謹布哀悰，聊陳慘筆。有酒載酤，生芻是飾。公靈如常，翩然來即。

祭封侍御叔石麟公文 代伯兄

嗚呼吾叔，先世毗陵。移家常熟，簪組相承。下逮孫子，上遡高曾。文毅抗疏，直聲飛騰。宮允敢諫，慷慨拊膺。繼起者誰，惟叔聿興。叔列諸父，克繩祖武。弱齡采芹，翕然膠序。管榻董帷，不廢寒暑。名士錢楊，班荊贈紵。共惜劉蕡，懷奇未吐。戊子鄉闈，車爲之副。初李湖湘，寇盜跳梁。闐闐師旅，左右劻勷。平反案牘，狐鼠潛藏。同守真定，畿輔洊荒。開倉賑廩，收聚逋亡。兩署郡篆，趙張三王。嗚呼吾叔，東萊作守。勞山仙真，王父拜手。返轡鄉閭，歡然白首。備兵鄜延，歲在丁酉。壁壘一新，森然刁斗。飛章蒙誣，四十解綬。嗚呼吾叔，家食廿年。伯兄弱冠，鄉會高騫。祕閣簪筆，隆慮揮絃。特晉烏府，丰采迴然。傳家五世，爵位蟬聯。鹿冠鳩杖，叔壽彭籛。胡天不弔，玉樓相召。癰腫腰圍，藥不可療。伯兄聞訃，晝夜號跳。望斷南天，風嗥雨嘯。同宗多英，愧予不肖。半刺晉陽，忽奉內調。車敝馬瘏，解鞘到都。仲弟遁迹，山路崎嶇。脊令分影，念此羈孤。蒙兄過從，執手躊躕。忽聞凶問，淚血雙枯。有芻一束，有酒一壺。惟叔有靈，鑑此區區。哀哉尚饗！

祭梁蒼巖相國文

嗚呼！相國其歿矣。念吉士削籍山居，久已絶迹人間，分不當復從諸大夫後，再預長安慶弔之列。顧吉士未謁選，即受知於公，旋爲部屬最久；同懷弟靖士、俊士，以甲辰、乙丑兩科俱出大賢門牆；兒景從陞職方，又備員於公部。審之於分固如彼，揆之於義則如此，弔則譏於人，不弔則忍於心，與其忍於心，毋寧譏於人乎！昔徐孺子三府交辟，雖終不就，及聞其歿，並不遠千里炙鷄絮酒以哭之，誠不忍負其知也。今相國之於吉士，更非特一辟召之知也。觸於禁，嫉於時，既不能不遠千里而哭之，並不能炙鷄絮酒爲文以哭之乎？

憶吉士前後歷户曹凡十載，以吉士之無狀，而相國顧以爲賢，且能諸事咸委之。當時內閣纂修，若會典、全書、部中諸手筆，若漕運議單、鹽法通考，或分任，或專任，公汲汲焉薦且引，不遺餘力。吉士生無媚骨，疏與戇相乘，從不虞人負，以致屢瀕於危殆。壬戌之難，事起同官，見誣於吏胥，幾遭不白，幸而濟，公汲汲焉左右而啓翼之不遺餘力。戊辰之禍，射獐者先兔，危言特立，卒入於陷穽而不知。庭訊之日，至親密友皆遠避，或因而下石焉。公獨枉駕過邸，一而再諄諄焉慰且送，察其意，實有欲拯之而不得者。即不幸而不濟，公之哀矜而冀生全之者，豈復有遺力哉！

嗚呼！公之屬官非一吉士也，吉士之獲侍于公非一日也，而終始待之若此，則其厚之也誠，而望之也至。此吉士所謂揆之於義，毋寧譏於人，而不負於心者也。若夫公之戮力兩朝，立身行道，其忠勤簡在帝心，其功業載在史册，其品望銘在四方，天下方共哀之，無俟吉士哀，吉士亦哀夫公之所以知吉士者如此而已。嗚呼哀哉！摇光西指，商吹南吕。白露瀼瀼，秋聲遍起。氣入風雲，身騎箕尾。黍谷增寒，桑乾涸水。民之無禄，哲人其萎。一滴桂漿，公其至止。嗚呼尚饗！

祭靳泰瞻文 泰瞻爲紫垣先生公子，德中樞部乃弟，扈從出口，中道而卒。

嗚呼哀哉！危室方中，律招南吕。涼月在天，白露如雨。一雁西來，商飆四起。胡草不黄，芳蘭獨萎。嗚呼哀哉！嗟予與君，班荆未覓。哀本情生，情忘曷戚？維君之孟，予金予石。因昆及弟，同聲豈隔？尚有縞紵，行求三益。奄忽青春，重泉是宅。嗚呼哀哉！悲君之殁，國爾匪躬。書稱冏伯，雅誦車攻。臂韝腰韔，夕糒晨饔。潮河幾曲，紫塞千重。神疲旰食，骨透邊風。征鞍躑躅，病也非慵。板輿言復，仰歎歸鴻。天之命矣，奈此海東。嗚呼哀哉！悲君之殁，永懷二人。蕭蕭白首，正待晨昏。心儀去路，指計歸旬。靈輀一旦，素旐翩翩。克恭克順，載笑載言。生行死復，天道寧論？嗚呼哀哉！悲君之殁，念兹同父。吹壎及篪，如組如舞。悲君之殁，念兹同母。言旋言歸，祝期祝耇。悲君之殁，念兹子姪。爲玉爲蘭，趨庭繞膝。漠漠昊天，沉沉白日。存罕遺言，終難一訣。徒御倉皇，馬駝嗚咽。信宿難延，彼蒼莫詰。嗚呼哀哉！羽爲旌兮韎韐衣，從六師兮揚天威。耑北口兮心悲，從二豎兮將安之？復而南兮已遲，瞻神都兮逶迤。戀定省兮魂遂飛，蒼鷹不下兮狐兔肥，巫陽遍招兮歸不歸？嗚呼尚饗！

辛未八月十六日。

祭撫軍斐菴章公文

嗚呼！憶六月之徂暑，忽夜隕乎星芒。既櫪馬之皆驚，定哲人之有傷。耿數月其不樂，杳莫知爲何祥。昨甫接乎哀音，讀訃述之琳瑯。雖行道爲涕泫，況誼切乎潘楊？唯余家乎白嶽，達銀浪于錢塘。經龍奔和鳳翥，鍾靈秀于富陽。有如此之江山，歎年少之孫郎。

公斯地其特出，真劍拔而弩張。下實奠乎黔黎，上自贊乎廟堂。卜總丱之非凡，發世德之攸長。值興朝之定鼎，早杖策而從王。奉櫜鞬以周旋，拜儒生於戎裝。揮貔貅於指顧，秘帷幄以劻勷。報贛廣之蕩平，靖萬祀之殘槍。始監造乎甲仗，即矛矢之堅良。旋剪滅乎萑苻，驅海鰐而康莊。乍聞潮人頌德，又見陝地開荒。快福曜之四照，晝澤潞之堂黃。更中都之移鎮，走五馬之驌驦。功無時而非偉，名何地而不香。判大江之匒匌，成入楚之艅艎。佐將軍之克敵，賴樓櫓之飛杭。勞賑躅乎瘡痏〔三〕，起壯健於仆僵。掌七載之糧儲，民鐫德之難忘。迨駐旌於湖北，復司讞於西江。遂陟總藩之座，連帥東南一方。洵皇仁之高厚，實臣職之騰驤。弊纖毫而必革，利曲折而咸彰。知天顏之有喜，列三本之輝煌。爰晉膺乎特簡，撫中原之重疆。化全省之州吏，僉荼蘗而冰霜。徙軒車而民便，縣枹鼓而寇藏。一司衡乎韜略，寒素爲之眉揚。一表舉乎節孝，潛德爲之生光。正沛澤於洋溢，忽解俎而徜徉〔四〕。决仁者之壽考，報節母之鏗鏘。何古稀之未艾，竟騎龍於雲鄉。痛令子之心碎，歎半毁乎萊裳。空駟車之熊黯，斷一縣之花香。馳素軒與白馬，咸涕泗而傍徨。吉士幸托葭莩之戚，時同鴛鷺之行。聆哀絃於天末，悼人琴之倏亡。摧銅柱於南海，熱漆燈於北邙。聽横笛以拭淚，念殘旆而迴腸。憾山川之綿邈，難絮酒以登牀。爰率兒以寄悃，捧一巵而遥將。唯鑒忱於雲路，下鹿駕以翱翔。嗚呼尚饗！

祭交城户部主事李靖如文

嗚呼！天下言有盡而情不可終者，若余之與君是也。余筮仕交山，簿書之暇，喜與邑之文士揚扢今古，月有試，歲有會，而交之士亦未嘗以俗吏目我，時請益而問業焉。一邑之秀，爲余所亟賞者君，竹林蓋其人已。

君爲名侍御卦嵐公子，折節好讀書，揣摩當世之要務，自錢穀、兵刑以至阨塞、户口之數，莫不成誦於心，若指諸掌。侍御公愛之，又舉古名臣言行録以爲之鵠。蓋君未離呫嗶，已具公輔之器。後以明經授國博士，慶得師其所以教俊秀者，有蘇湖之遺風焉。遷廷尉參佐，守三尺法，能矜全民命，務得其情，至今法曹猶稱述之。及任農部主政，鈎考精敏，雖老吏咸咋指退，莫敢售其欺。蓋君才大而濟以養，又得力於庭訓，故隨其所之，無不迎刃而解，如駿馬之注陂也，高屋之建瓴也，又如江河之流於溝澮澗沚也。苐人知君於二十餘年之後，余知君於二十餘年之前爲獨異耳。君感余一日之知，執禮謙謹。其在户曹也，數過余寄園，商榷詩文，往往流連至暮。及□予假歸里，君來别余，猶謂晤期不遠，將秣馬脂車候君於河之渚。疇意耿蘭之報遽至吾側哉！

余與李氏交三世矣。辛亥，侍御公捐館舍，余親視含殮，爲文以哭之。今君又逝，即欲一望繐帷以爲諸孤唁，其可得耶！君猶子楚成進士，他日服官臨民，可終君家未竟之緒。而今獨欷歔欲絶者，則以交游之日久，言有盡而情不可終也。嗚呼！死生異路，永從此辭。瞻望山川，白雲間之。尚饗！

祭相如何都掌科文 有序

予戊春放歸，久與世絶，午夏爲追封事奔控赴北，呼籲未成，遁迹蓼莊載餘矣。何公三致手札，從燕邸小孫繼抃處郵來，予僅和詩一章寄復。辛未閏月重七，知公于前月二十三日進朝歸邸，甫及門，不疾而殁。揮淚爲文，命猶子景徹偕孫抃代奠公靈，拜首陳詞云：

嗚呼哀哉！公今其殁耶！夫公與予情則友也，分則同官也，同官爲僚，亦友也。朋友之誼，喜有慶而喪有哀，然必揆乎其分而當乎其情，然後慶不爲諂，而哀不爲僞。故張老三言，君子謂之善頌善禱。而興公之悲真長也，反見訶于季野。嗚呼！公今其殁耶！揆乎分，當乎情，非公之慟而誰爲慟耶！

蓋聞五倫一也，然人固有終其身而不得遂其君臣、父子、昆弟、夫婦之義者，至于幼而嬉、由壯迄老相周旋而往來者，孰非斯人之徒耶！此而不用吾情，又烏乎用吾情耶！顧事亦有大不然者。張陳凶終于末隙，孝標廣絶于當年，往常疑之，今則信焉。念予自束髮以來，即願遍交于天下之賢豪長者。嗣辛卯公車渡江，暨候選都門，由邑宰而部而垣，數十年其爲縞紵結而歲月共者，不知其幾何，而與公交最晚；其爲意氣合而肝膽示者，不知其幾何，而與公交最澹。翟廷尉之題門：一死一生，交情乃見。自恨薑桂之性，疏與戇俱，致屢瀕于患難。當其時，即未嘗大聲疾呼，而卬須乎吾友，而亦何嘗不自恃其知吾者之多而愛吾者之切耶！嗚呼！溺于水、入于火屢矣，其不憚濡手足、焦毛髮而拯之者誰耶！其力不能而中夜撫膺咨于口而見于貌者誰耶！不惟是也，其不望望然而去之者豈少耶！其不鼓掌譏評而快心者又豈少耶！更不惟是也，其不惜斷之懸、下之石、操吾戈以入吾室者又豈無人耶！

念予與公交最淺而又最澹。自丙辰識公，距今十六載，及考選以至同事掖垣，晨夕譚讌者亦止二年耳。予之所望于公，豈猶余之所望于夫人者耶！公即恝然于余，余豈能致憾于公者耶！公懷余詩，有『選勝題詩鐫北固，懷人回首憶東垣』之句，余粘之座右，昕夕諷詠，公之手迹依然在壁，誰爲我撚鬚而苦吟者耶！公投我札，有『世態反覆，嚬笑非真；膠漆當年，轉眼敵國』之語儼然在笥，誰爲我傷心而致慰者耶！先人及予誥封叨恩俱復，從行兩兒亦還故物。公長篇勉慰，出乎心之誠然，墨淋漓其未乾也，非久要不忘者耶！空山遁迹，木石居而鹿豕遊；青綺門中，已久絶犢車之夢，猶欲望二三子弟附長途于騏驥，託松柏于歲寒。豈意喬木參天，無風忽殞；青蒲尚暖，執簡偏涼。嗚呼哀哉！服五石散，嗟無及矣！次道云亡，其誰襲矣！廢斤郢人，啜其泣矣！金、焦蠟屐，永難躡矣！白馬素車，痛惋深矣！臨文遥慟，神離合矣！靈其有知，嗚呼尚饗！

祭燦斗四兄文 兄諱璟，鑲紅旗漢軍都統。

嗚呼吾兄！竟先我而長逝耶！

己亥秋，予寓爾合邸中，吾兄驄馬馳至，得瞻丰采。時海氛熾，金陵告急，先帝傳警親征，兄赧然憂之。予曰：『賊何能爲？當自遁爾。』不數日，南中捷至，兄服予先幾之智，因訂同朝諸宗，聯兄弟好。韞退 諱進美 居長，炳公 諱之彪 最少，兄與爾合 諱之符、振公 諱之麟、圖南 諱之鵾、忍齋 諱濟美 及予，各以年庚序次，盟曰：『世世子孫無相紊。』一時同譜諸昆，勳名爛然朝宁，而予落落青袍，雁行其間，諸昆亦忘其爵與位也。

時兄巡視北城，北城兼理九門鹽法，勳貴第宅駢列其中，多干請撓法，號難治。兄務束以正，奸宄斂迹。嗣後諸兄弟官轍四散，予需次轂下，得與兄晨夕無間者十年。予令晉五載，丁内艱，兄已由右通政轉光禄寺卿矣。丁巳王正，予聞先君訃，開弔京邸，兄率諸子姪爲予經理喪事。甲子二月，兄長子世震掣陝漢陰，予兒景從掣光禄寺丞，兄授衣贈帶于兒，謂予曰：『兩家小兒幸入仕版，吾弟其以交城政譜訓爾姪，俾無忝家聲。』時兄晉秩少司空，經營陵工，備嘗艱瘁，而課子念切，囑予覓館師。予曰：『予所知倪明經，長者可任。』兄立延西席，至今館穀焉。

丁卯冬，予勘河還，值國恤，每日哭臨畢，宿垣中，時與兄聚首于月地霜天之下，兄曰：『吾弟此行勞而無功，且有指摘者，將若何？』予曰：『心無愧怍，聽之耳。』及河案廷鞫，予蒙恩放歸，兄率諸子姪來予邸，執手淚別予曰：『功名有數，無足介懷。但好弟兄別後，未識此生能再晤否。』予因泣數行下。今春從兒赴補樞部郎，兄已卧病。予手書寄兄，謂當時聯譜好兄弟，惟兄與予兩人存，不可不勉强自愛，終此餘生。兄閲書未竟，涕出滂然，問予居停地，必欲見。兒對曰：『父離京數百里，山路崎嶇，何敢勞伯駕？父當入都把晤耳。』未數月而兄訃至矣。嗚呼！吾兄竟先我而長逝耶！

予遁迹蓼莊，久與世絶，人亦無從物色，一切親朋慶賀不相聞問，然與吾兄三十四年手足至誼，忽得凶問，烏能恝置？因囑予兒及猶子在都者代予陳辭以奠。至若兄之宦業昭然國史，篤行垂諸家乘，無俟予言贅。但念存者兩人，今止遺一，予即頑鈍後死，亦何以爲情哉！兄其有靈，當鑑此哀忱也。嗚呼尚饗！

祭園菴侍御姪文 名蒼壁，字晉襄，甲戌十月初九日卒於京邸。

嗚呼！電之光不轉睫，漚之浮不移踵，空花甏夢不及逾晷。昂昂七尺軀忽與之等，玉樹瓊枝，繡衣豸冠，一朝塵土，詎不痛哉！吾宗支分流派，方以聚首都城爲慶幸，無端告歸者、外任者、出差者、事而繫者、死者，不絶于期月間，其爲感傷悼歎又何如耶！嗚呼！我侍御姪晉襄今竟溘然謝吾諸兄弟叔姪而永逝乎哉！今年春，曾哭用九侍御矣，又哭鍾嶺部郎矣，然謂彼齡將暮，命應致此，非若吾晉姪年方過艾，英特殊甚也。

晉姪以名進士宰麻城，經寇亂，卒全此邑，行取擢御史，抗疏大庭，巡西城有聲，吾宗之期晉姪與晉姪之力能自致者，未可意量，又非暮齡不及長待也，而竟溘然永逝，俾吾諸兄弟叔姪再不得一按音容笑談乎哉〔五〕！嗚呼晉襄，剛方骨鯁者，其天也；截絲斷鐵者，其才也；盤根錯節者，其遇也；急人之急而無復遲迴顧慮者，其血性也。而運之以和風霽月，渾渾乎不輕露鱗甲者，則又晉襄之所以莫測者也。余遁迹西巖，不復强與人間事，偶來都，晉姪必踵躍而至，促膝長談，殷殷懇懇，語不及私。前月二十日，晉姪方晤余寄園，神采不異疇昔，詎謂握手無幾，竟成永訣！地久天長，漫漫靡旦。一棺長閉，萬慮雲空。七尺之軀，竟如電如漚，如空花甏夢，倏忽而歸于無何有之鄉！吾于晉姪可勝悼痛哉！

顧吾因晉姪而轉加悲歎者。去秋九月集吾宗宦都者于新又堂，衣冠濟濟，自卿貳詞林以暨垣臺郎署二十有四人，一時稱盛。迄于今，中間期年耳，而婁先、煃晃、松五、申喬告歸，懔宜、鳳詔外任，惺居、心抃出差，玉斐、承烈繫獄，用九、旭鍾、嶺廷、嘉及、晉襄死者且幾人矣。嗚呼！聚散之感，誰獨無情！死別生分，忽然異路！想晉襄于九原之下魂而有知，當亦夜哭，而況生存者哉！然晉襄死而名留朝野間，聞晉襄之死者往往多悼惜，其視夫死而泯泯且使人以不死爲恨者，又奚啻霄壤也？晉襄諸郎皆矯矯出羣，有國士風，將來自克光大吾姪之業，其如同宗之兄弟叔姪，觸目心傷，悲不自已何！

予久絶世交，投閒山麓，未能撫吾姪之棺而告之，晉襄其鑑吾宗區區之心而一傾永別之觴，嗚呼尚饗！

祭河督紫垣靳公文

嗚呼！公遂溘然厭世而遊於九京乎！

憶乙卯六月，予溯流至皖，謁公於署，曰：『徽郡殘破，徽之不幸，朝廷之幸也。』公變色曰：『先生言無過乎？』予曰：『新安居南浙上流，嚴、衢、寧、池俱在四下，使賊據徽，稍示風聲四郡，江南半壁且簞食壺漿迎矣。今恣行劫掠，凡郡之士夫、耕販、羸老惸鰥罔不目之爲賊。誰無父母兄弟，肯從賊作亂乎？所以兵到寇逃，不血刃而恢復也。』公曰：『先生高論發人所未發，敢謂書生常譚哉？』予控倡亂者，公難之曰：『徽郡甫平，止宜撫恤，不應株連。』予曰：『寒家破矣，家君及婦孺幸無恙，亦可置之。但大逆吴澎以劫掠擁厚貲，出入鄉鄰，翩翩裘馬，闔郡咸以作賊爲榮，一旦再警，效尤益甚，人盡澎也，是豈地方福？當事可不預防乎？』公曰：『先生言良是，當按法處之。』予別公北上，晤長公樞部君于邸，因訂交。時逆案具題未結，公陞任河督，予丁外艱南旋，公出弔河干，語予曰：『逆案恐非繼我爲政者能了。』澎果以發配漏網，嗣雖冥誅，究未正法。公卓識纖悉不遺如此。

丁卯，予協勘兩河，隨佛、熊兩尚書後，風霜雪月，往返五旬，奔馳七千餘里，北還爲人指摘，一時同事解組。巳春，聖駕南巡，樞部君前導，予罷歸，停驂道傍，殷勤數語而別，乃不意突然遇公于紅花埠旅肆，挑燈夜話，漏至三下。予贈公詩曰：『投簪相見兩無慚，客路重逢歇晚驂。前年勘河亦晤此地。令子空羣來冀北，羈人捷徑過淮南。同箝紙尾何差錯，對簿廷前敢二三。目下南巡咨疾苦，老臣勞勩帝心諳。』亦逆知公必爲聖心所眷，不終老牖下也。嗚呼！豈知旅中載瞻芝宇，譺言款曲，遂爲予兩人長別之年、永訣之地乎！

以公矯世負俗之行，而竟以藉讒邪萋菲之資？非聖天子洞竭其勿欺，又安能排羣議而再起之？忌眸至今，尚側睨也。彼佻之子，曷不消縮？公一身方肩重寄，而殫力經營，以勞嬰疾，凡所以籌畫兩河爲善後計者，無不周悉。遺疏入告，乃使放逐姓名上膺天眄。予齒髮已暮，何能出爲世用，慚負公薦，然無辜受累，藉此白于天下。雖公之所恃以揭日月、亘宇宙而常存者固別有在，而偃蹇退遁如羈人，知己之感又何時而伸耶？

嗚呼！公則逝矣，後死奈何！予與公形睽意契十八年，聲光是炙，死生契闊，固非泛交，又與樞部君素稱莫逆，悉公家政，詩書之澤、孫枝之衍，凡今福履，孰如公全？公也無怛，我又何欷！堪輿間氣鍾于公之一身，知殁而未泯也。雷車風馬，忽然大還，公之精爽策箕尾，駕雲軿，磅礴于斗牛之域，而魂無不之也。予聞訃荒莊，爲位而祭，肅陳觴豆，酹以文字，山頹木壞，豈直以哭吾私哉！嗚呼尚饗！

祭李母瞿太夫人文 容齋相國母氏

嘗觀古國家當極盛昌隆之世，必有奇祥異瑞氤氲發毓於天地之間，以孕其氣而兆其先。其在上也，則爲景星卿雲；其在下也，則爲靈芝仙草；其在人也，外必生奇傑非常之人，文經武緯，戡禍亂而佐太平，作人才而興雅頌，內則更必有幽貞静一、厚德載物之淑人，宜家昌後，以仰毗關雎、葛覃之化。

竊觀宋史，至張文定太夫人之事，景其隆而羡其福，屈指古今來，母儀之盛殆不數數然矣。乃今於李母瞿太夫人一見之，而天究胡不畀之以百年無極之遐齡，以光前而絶後也耶？追惟太夫人之孝慈恭儉，自搢紳以迨鄉國莫不聞之；太夫人之敦書嫺禮，儀型九族，自搢紳以迨鄉國莫不聞之；太夫人之修身篤祜，義方再世，黄閣、玉堂後先輝映，自搢紳以迨鄉國，莫不聞之。亦何待吉士之侈以述、述以哀也？獨是以太夫人之四德全、五福備，其生也必有所自來，其逝也必有所自往。

竊太夫人誕生，正當明代神宗之世，四方寧謐〔六〕，風氣渾龐，而我國家之兆基發祥、龍翔鳳翥以開卜世卜年之祚者，亦適在是時。然則太夫人之生也，稟天地沖和之氣，儲山川靈秀之英，膺祖宗積累之德，於以育賢良而昌國家、綏兆民，豈徒然哉！夫始則必終、終則必始者，天之道也。黄河出於崑崙，蒼茫萬里，不能不終歸於溟渤，而崑崙之河如故也。旭日出於東海，上於扶桑，經於落棠，而終不能不入於崦嵫，而海東之出日如故也。然則形有盡而神無窮，太夫人逝矣，而太夫人之神，浩蕩去來，上而爲景星卿雲，下而爲靈芝仙草，其鍾於家而澤於世者，文經武緯，靖禍亂而佐太平，作人才而興雅頌，身雖亡而有不亡者存，其存也奚以慶，其亡也奚以悲！

惟是相國方將出其經綸參贊以潤澤斯民，而大沛唐、虞之化，乃甫陟黄扉，曾不二載，竟罹苫塊之痛，既上以爲國家惜而下以爲蒼生慟；況吉士往者檣傾柁折於狂瀾崩渦之間，公實戚戚焉欲援手拯之而無從者，寸心銘德，蓋未嘗忘於寤寐者耶！嗚呼哀哉，尚饗！

祭祖考靈位文

康熙三十四年歲次乙亥四月壬辰朔越二十有五日丙辰之辰，祀孫吉士等敬奉：高祖諱萬敬東泉公；曾祖光禄寺丞，郡縣大賓諱廷賢文水公；顯祖誥贈昭義將軍，列郡邑誌儒林，國學生諱完璧伯玉公；先伯太常寺卿，吏科都給事中，諱時用霖宇公；顯考諱時腴字味玄介菴府君，一封文林郎，山西交城縣知縣；一封奉直大夫，户部河南司主事加一級；一封明威將軍，浙江杭州前衛守備，上騎都尉，一贈文林郎，直隸撫寧縣知縣，一贈朝議大夫，户部四川司主事加三級，一贈昭義將軍，廣西潯州右營都司，上輕車都尉，一贈户科給事中，一贈山西太原府同知，一贈明威將軍，山西太原鎮守左營中軍守備。贈承德郎，光禄寺寺丞；亡弟烈侯元士，乙丑鄉進士，正白旗教習，考授知縣；亡弟廣侯竑功，加都督僉事，管遊擊事；亡姪獻臣應明，壬戌鄉進士，考授儒學訓導；亡姪魯松、景徠諸靈位于都城先賢祠之右座。謹以剛鬣柔毛、瓣香束帛、清酌庶饈之儀，百拜致祭而言曰：

維水有源，維木有本。春露秋霜，惻惻中悃。自余之先，肇迹新安。維書與詩，以誦以絃。弘兹儒術，以貽孫子。累官于朝，勿替厥美。廣承遺澤，克紹前聞。煌煌綸綍，振響流芳。顧慕松楸，山川伊阻。爰立家祠，以安神主。于陟于降，祀事孔時。靈爽在此，庶其歆之。

祭徐母馬安人文

果亭侍講夫人

弘惟漢廷，聿有賢后。正位承先，端型垂後。代毓名媛，作嬪華胄。望重姬姜，風齊顔柳。我聞茂宰，篤生恭人。冰姿綽約，荃性温純。間通翰墨，兼善組紃。四箴夙佩，七誡攸遵。于歸偉人，克佐碩彦。滫瀡虔供，蘋蘩敬薦。挽鹿能勤，鳴鷄警旦。定省高堂，倡隨文案。鴻名振起，逸藻紛飛。羊求偕至，潘陸來歸。醇醪爰設，雜佩是遺。器只蔬食，服惟澣衣。專志網羅，殫心披玩。桂就秋搴，杏瞻春宴。昆弟蟬聯，臚傳雲現。居貴不驕，閑家有憲。之官秘省，從宦帝京。晨開燕寢，夜聽車聲。金龜手捧，象笏親承。龍章寵錫，鸞誥榮膺。乃思尊嫜，遂返故里。常侍板輿，時羞甘旨。左右萱幃，逍遥蘭戺。幸免倚閭，毋勞陟屺。及遭大故，寔慰終天。制云備矣，棺復拳然。創興娣姒，跪奠几筵。耑歸無憾，妥侑咸安。霜露含悽，栖棬恪守。言稱先姑，動必中矩。周恤婚姻，問遺貧苦。匪惟才優，僉曰德裕。情深静好，夢阻熊羆。歡迎桃葉，愛逾柳枝。禮以弓韣，禱于神祇。閨幨之範，風化之遺。玉燕來投，石麒允錫。捫頂知英，聞啼卜吉。頭角峥嶸，神姿秀徹。輝輝鳳羽，奕奕瑶枝。抱持弱子，坐對芳姿。山峯環翠，湖水淪漪。飭爾廚傳，潔兹盤匜。以迓問字，并助談詩。勉辭簪裾，甘同丘壑。石畔栽花，松陰調鶴。偕老薜蘿，棲心寥廓。治比鴛鴦，春生簾幕。忽蒙内召，即就長途。邦人勸駕，闗吏脂車。金門再入，瑶闕重趨。西清纂紀，東觀編書。花飛翡翠，香繞氍毹。爰挈嗣君，隨攜女士。遠涉河山，來居京邸。内外肅雝，庭帷燕喜。僕御銜恩，姻親順軌。何期奔月，遽爾乘雲。洞房永寂，遺挂空存。哀聞子女，痛切夫君。悼亡有作，永逝成文。吉士夙仰儀光，稔聞賢淑。匪藉倉庚，自符樛木。敬設椒漿，悲纏蕙幄。用慰江淹，聊寬潘岳。

祭于太翁文 振甲總河太翁先生

歲乙亥首秋，光禄大夫于太翁卒于寢門，自名公巨卿及四方之士民莫不親齎束芻，走哭太翁于賜第，重德望也，感恩澤也，昭明訓也。

太翁世居遼左，僇力戎行，而智勇韜略屹然負干城之望。皇清定鼎，歸命投誠，平定楚、豫、滇南，厥勳爛焉。位次將軍，恩隆任子，史臣必有以紀之矣。若其啓迪大中丞公者至詳且慎，故未釋褐之先，才識明敏，風度端凝，而公輔之器亦已裕如。公自樂亭令遷通州牧，吏民詣闕請留，遂受上知。由此而擢守江寧矣，觀察安徽矣，巡撫順天矣，總督河道矣，皆出特簡，往往有逾舊典之外。公感念上恩，潔己愛民，知無不言。而朝廷稔知其忠，以天下爲己任，故言亦無不行也。大抵仁足以奠天下之人民，智足以析天下之是非，勇足以持天下之議論，廉足以勵天下之官方，投之所向，輒有功效。漢、唐以來，能如公之特立不撓者，豈易得哉！而太翁又時時以書勉之，每聞宣賜，則曰：『爾何功以堪此！爾能清白一心，保釐萬姓，上不虧水衡之金錢，下能免淮徐之民命，則可以受是而無慚矣。』蓋太翁欲以訓子者報國，而公即以忠上者慰父，天下食公之澤者遥望里居，祝太翁壽考無虚日。及聞太翁之訃，親齎束芻而相哭于邸第者，又不知其幾千人也。

吉士祖居新安，常沐公餘澤，會以勘河之役持論偶有微異，然同事皆從公起見，絕無他故。余子景從備員山左，爲公屬吏，公加以禮遇，不吝提命再三，有出于人情意計之外者，休休之量，可相天下而有餘矣。然非太翁有不伐之德，何以勵公之純忠？非太翁有能容之度，何以啓公之平恕？宜上嘗稱其教子，而欲八旗之爲父者法之也。余遁迹山莊，未能恭祭，虔遺致奠，太翁鑑之。嗚呼尚饗！

時十月有七日。

祭三先生靈位文

康熙三十四年歲次乙亥四月壬辰朔，越二十有五日丙辰之辰，門年愚弟趙吉士招同徐公門下士、大理寺右少卿梅鋗，内閣中書舍人于漢翔，胡公長郎、巡視北城御史德邁，兄子府同知璘、吏部主事珣，敬奉中憲大夫廷視兩淮鹽政、内陞正四品京卿、管河南道御史事胡諱文學道南公，總督漕運、兵部侍郎、都察院右副都御史謚清獻徐諱旭齡敬菴公，都察院左僉都御史、前吏科都給事中趙諱之符怡齋公三先生靈位於都門先賢祠之左座，謹以剛鬣柔毛、瓣香束帛、清酌庶饈之儀，再拜致祭而言曰：

凡朋友之誼，必終無以間其始，死無以渝其生者，始足以見交之真。自壯年而求舊，暨白首以如新。維三公之英烈，薄雲霄，貫金石，以久敬而加親。溯立朝之大節，或以直，或以清，或以和，總垂式乎縉紳。既得時而行道，自懋展其經綸。乃騎箕而入翼，名業不患其沉淪。思典型之未遠，真能挽薄俗之氛塵。予後死而孑立，徒慨慕乎好友之流風。爰奉神位于先賢之左，以薦春秋之芳馨。恍生平之執手，將永世而不泯。尚饗！

祭新安文獻神主文

康熙三十四年歲次乙亥四月壬辰朔，越二十有五日丙辰之辰，新安後學趙吉士敬奉宋徽國公謚文朱諱熹晦菴先生，宋龍圖閣學士、新安郡公謚文簡程諱大昌泰之先生，宋廣南西路安撫謚文肅吴諱儆竹洲先生，宋布衣汪諱莘柳塘先生，宋孝廉胡諱一桂雙湖先生，宋道一書院山長胡諱炳文雲峯先生，元孝廉陳諱櫟定宇先生，元翰林待制鄭諱玉師山先生，元布衣汪諱克寬環谷先生，明學士朱諱升楓林先生，明徵君八世祖諱汸東山先生，明禮部尚書程諱敏政篁墩先生諸公神位于都城新又堂先賢祠中，謹以剛鬣柔毛、瓣香束帛、清酌庶饈之儀，再拜稽首而言曰：

黄山白嶽，靈氣所鍾。文獻既足，儒術攸崇。峨峨晦翁，吾道之宗。諸儒繼起，是訓是從。實明正學，各播芳蹤。迨傳我祖，維東山公。正誼明道，著述恢弘。有裨後起，揭智發蒙。久尊祀典，垂世無窮。鄉邦遺澤，敢替敬恭。爰築祠宇，神妥其中。以享以祀，弘獎休風。尚饗！

祭交城張太翁文 令嗣諱鼎新，乙未進士。

嗚呼！詩不云乎『雖無老成，尚有典刑』，此風人因老成之凋謝而追思之之辭也。況夫德行聞於里閭，慈惠被於桑梓，撫今思昔，一時共事之情宛然在目，聞訃摧悲，曷其有極乎！

太翁束修潔行，夙爲一邑望，凡事關國計民生，必詣有司，慷慨敷陳，務如所請乃已，絶無囁嚅狀，邑人重之。長君峪繞公起家縣令，多惠政，先後兩爲昌平、耀州牧，廉平之稱載於道路。蓋奉太翁之訓以拊循此一方民，故能潔己自愛，興利除患，所至即有成效如此也。

某初仕交山，多盜，夙稱難治，且聯塞距河，綿亘八百餘里，頑民踞險爲賊，莫敢問焉。久之，悉得其要領，繪圖上撫軍，密陳討賊方略。中丞可其策，一委其事於吉士，未匝月而悉平。太翁聞之，率縉紳父老迎於道左，曰：『吾邑苦此寇百餘年矣，公孱弱文臣，乃能建此武功，殄滅之無遺種，吾三晉之民實受其賜。』又言：『除民患者必能興民利，交邑之苦旱潦者，以水去田遠而無所蓄洩於其間也。誠能鑿山通道以治水，水治則田亦治，自非仁人如我公必鮮濟，再拜敢請。』吉士善其議，欲決行之，遂相度山川形勢，與邑之大夫士歛財鳩工，以爲永遠計，而董其事者厥惟太翁。會吉士丁内艱歸，其役中寢，太翁寓書報余，憤恨成疾，今其札尚存，赫赫若前日事。

夫興利除患，宰職耳。若世族大家遇閭閻有重大之役至，囁嚅不能舉一詞，甚者又因以爲利，如太翁之櫛風沐雨，不憚勤勞以建永遠之計者，可多得耶？以此教長公，自能力任拊循之事，宜在邑邑治，在州州治也。仁人之利，不亦溥哉！乙卯，余候補部曹，過昌平，長公款余爲明十三陵之遊，士民愛公一如愛其私親，他可知已。

太翁享高年，蕃子姓，仁人之報，已有明徵。而吉士聞訃摧悲者，以捧檄交山，太翁能佐所不逮，又念余平寇之功，率邑人祀於澤宮，如桐鄉法，固知余之深者。後之有司，即留意民瘼，無太翁之實心任事，將何所咨而行耶！此吉士撫今思昔，不能無老成典刑之思也夫！

祭王母宋夫人文 王顓菴少司農夫人

長洲華胄，相國高門。簪纓世濟，弁冕人倫。邢譚貴盛，花蕚芳芬。猗歟閥閱，偉矣名勳。篤生恭人，克嫺內則。綽約冰姿，温純玉質。七誡是師，四箴永式。百兩于歸，三星協吉。弘惟夫子，文肅曾孫。家推鸑鷟，品重瑤琨。人投縞紵，羣仰盤敦。車徒雜沓，傔從繽紛。黽勉有無，勤勞風雨。遠近爭稱，閨幨交許。緗帙時陪，青燈夜語。梱內羊求，閨中嵇呂。桂林搴幟，杏苑題名。讀書中秘，視草明庭。魚軒既駕，象服斯榮。徘徊邸第，隨唱蓬瀛。校士燕齊，衡文吴越。絳帳高懸，鋒車爰發。勉以公明，勸之簡拔。敢謂顯榮，遂忘縫掖？識逾秋月，胸映澄潭。珊瑚盡網，騏驥無淹。望隆北斗，名重泰巖。無玉見刖，有珠必探。克副帝心，彌深天眷。報國各殊，進賢最善。階晉崇班，遷逾常憲。恭人之功，多士咸歎。旋膺閣學，即借司農。澣衣在御，蔬食是供。處貧如客，居貴益恭。芝倫之秀，鍾郝之宗。玉燕凝祥，石麟紀瑞。文采陸離，丰神俊異。紡績餘閒，逸勞申誨。器並青雲，聲齊赤驥。少年釋褐，弱冠登朝。木天清敞，藜閣逍遥。恭逢御試，首擢羣僚。詞鏘金石，調叶雲韶。步武西清，揚芬東觀。僉曰珪璋，亦云金箭。鳳沼英才，龍圖雅彦。庭訓固殷，母儀堪羨。一門雍肅，九族瞻依。風高樛木，德比螽斯。交遊戴澤，親串懷慈。下逮僕御，如承姆師。從宦京華，陪遊官舍。琴瑟和鳴，園亭幽雅。慧解能參，法輪時迓。屢範金容，亦葺檀廈。忽罹微疾，遽擁寒衾。名香寡驗，靈草安尋？姮娥歸月，婺女奔星。銀蠶虛設，金棗長沉。吉士夙仰徽音，久欽閫則。猶子門生，三兒年姪。哀訃忽臨，摧悲靡及。德曜云亡，宣文已失。欲慰孫楚，兼唁王修。敬陳清酌，遥望仙樓。靈旂旆旆，哀吹悠悠。榮光泉路，銘勒山丘。嗚呼尚饗！

祭鄢在公公祖文

嗚呼！公今逝矣，生平嘉言茂績，著在人寰，可筆於史官者，無俟予爲縷陳。公判新安，署府篆，余丁内艱歸故里，屬公治下生。適遭甲寅三藩之叛，民無固志。吾郡當江浙水陸之衝，饒衢寇發，余備陳團練之法于當事：曉諭六邑村落，人自爲戰，家自爲守，耕種收穫則農人持兵相衛，不致反齎盜糧；居則夜柝相聞，更番巡視；偶有警動，則一夫傳呼，四鄰並起相衛。在官無徵兵調餉之勞，在民有各爲爾父兄子弟、室廬寢廟、祖宗墳墓交相真切之志，鄰盜聞風，必不敢入吾郡界一步。乃爲劣紳之敗羣者憤事〔七〕，公亦無如之何。予料勢必燎原，急出里門謝弔，别公官署。公曰：『貴鄉作客者絡繹言歸，公反離故土者，何也？』予曰：『予今日尚得從容輿從而去，過一月即不能安驅而出此萬山矣。』公曰：『先生止此，復行團練何如？』予曰：『兵事貴鼓其氣，今氣散，無能爲矣。爲吾公計，且請挈眷屬住金陵。公堅守此地，即日飛章申請督撫，命將統兵速援新安急，援兵不至，非守土者責也。』言畢拜别。公申文力請兩院，未兩旬，巴將軍親領大兵至徽。賊已破徽三日，忽見巴公援至，如從天降，驚相謂曰：『兵臨何速！惟有一逃以緩死須臾耳。』而不知巴公之來，原爲守，非爲戰也。公親履行間，隨巴公後追亡逐北，六邑士民復得安堵，而吴頭楚尾，賊鋒喪氣，因得以次削平。

予過金陵，公之眷屬甚德予。此後，予與公音問不絶，同學程子香升久留公幕，亦具道公時時念予也。嗚呼！公今逝矣，余尚浮沉散秩，食息人間，每一追念交手相商時，如掩故鏡，如尋舊夢，歎古今之碩畫非難，而貽憾於吾謀適不用者不知幾許！此則予之所爲輾轉太息，思公之意氣相傾而不得見，而不覺涕淚之如泉也。當年恢復密謀，惟公與予心照，兩家子弟俱不聞也，特詳其説于誄章之中。有帛盈筐，有酒滿樽，惟公鑒之。嗚呼尚饗！

記

古城山放生潭後記

予所居海陽舊墅有古城山，北距松蘿山三十餘里，漸溪繞其南，下通三浙。唐初，越國公汪華保障六州，常治兵此山之上，故名『古城』。頂有公祠，亭閣錯列，松柏鬱葱，俯映溪流，如游鏡中。癸巳夏五，山忽崩巨石，瀦溪爲潭，潭窈而水縈，游魚聚焉。予少讀書於錢塘之西湖，往來六橋三竺間。孤山之陽，盧舍菴之隈有放生潭，明思宗時内臣盧某之所置也。游人過此，每以餺飥食物類投之，則羣魚競出，擲波噴沫，奮鰭以争食，有大至三四尺者，予心樂之。後既得是潭，亦名之曰『放生潭』。築蘭若於上，招住僧，禁網釣，於是潭上下數里圜圜者洋洋者，俱以是潭爲歸，而里之人與四方往來者，咸投食與魚爲戲，亦如孤山盧舍菴之放生潭焉。予有記載入邑乘。

滇、黔亂作，東南蠢動，郡中諸不逞素不善予所爲者，遂揭竿掠邑，並駐古城，盡取潭魚而食之，且曰：『趙某今尚能禁我輩之網釣否？』嗚呼！吾里自國初以來，生聚休養者幾三十年，一旦而與魚俱爛，悲夫！賊既恨予，戕予家尤甚。先大夫同子姪輩俱被擒入巢，幾不免爲俎上肉，又何有乎是潭與是潭之魚哉！治亂循環，衰極必盛。自甲寅迄今，復十有八年，邑里既漸復舊觀，潭之魚亦日漸滋長，顧予則已頽然老矣。遁迹山莊，追憶往事，念倚伏之無常，慨生生之不易，輒爲此記。命兒景從立石潭側，以望後之人永久保之，毋使莊子臨濠梁而獨羡也。

放生潭者，創置於家大人，迄今垂四十載，不特爲古城巖增闢一勝境，亦將於沙石風波之内變苦海而現極樂。乃甲寅之亂復逢竭澤之禍，豈所謂殺運未除，雖鱗族之微亦不能免耶？今固漸復舊觀，然盛衰無常，家大人有愍於中，敘而記焉，以告後之君子。予小子敬跋數語，立碑潭側。辛未冬日，出繼男景從百拜跋。

職思堂記

世輒傳舍官，則官所居益傳舍，宜矣。然推原用人之意，傳舍云乎哉！吾竊耻夫眎蔭而息、及瓜而代者，悠悠敗乃公事。吾更耻夫廨宇不治、署闌草深而雕艧攸處，以世子孫者之自侈多能也。然闢署則實傳舍矣，一寒暑瞬息耳，苐必傳舍之故，官非其官而舍非其舍也。予戴星而入，戴星而出，治闢若古人之治邑，然信賞必罰，刑不遺强，惠不遺弱，若古人之治國。然蝨蠹必去，稂莠必除，若穡人之治畝。然與之爲嬰兒，與之爲無町畦，又若養生家然。雖然，朝受命而夕飲冰，吾其内熱歟？則沈諸梁之志矣；棟折榱崩，僑將壓焉，則鄭大夫之儆懼矣。

蓋揚州之關，其壞久也，商賈困而國用詘也，前車之覆在焉，予惟不傳舍官，故益不傳舍其所舍也。考誌，關舍蓋移神廟爲之者。明成、弘間，撤差以付守土，署廢，民侵半之。嘉靖初復差經始，莫盡厥侵，迨倭變而城署益就隘。萬曆初計論脩飾，厥觀乃成。本朝因之，歲掄一官，或撤或復，或一或二，乃至三焉。

職思堂固漢官署也，儀部周君以差復至，故署曰『東閣』依然，爲今太史朱公錫鬯書，旋圮，余更新之，爲公餘晏客所。堂曰『職思』，好樂無荒、瞿瞿莫釋之謂也。樂而思，斯無時不思矣。堂之後有室有樓。代者至，無庸別營，即於是退食焉，先期而避舍焉，又何必後車相逼，前者躑躅，首鼠曷歸乎？迤北循牆東向爲軒，曰『非水槎』，種花築臺以坐客，如泛宅也。又迤北爲廐，官不可無乘也。又北以官渠爲廁，贖民居二間門之。由廐歷級而西，屋三十二楹。南向僕人處也，爲庖湢。循卧室而西，闢地丈許，軒曰『歃濤居』，則新澮菴鄭君之舊額以識飲水，間與諸士人飲食論藝於斯焉。聯曰：『作天際想，偃仰亦自翛然；勿傳舍觀，氾掃以俟來者。』吾意見乎詞矣。凡此，皆余莅關數月，經營以成也。往歲修署，動報千金而屋漏如故，余量材鳩工，估值中度，費半而功倍焉。

或曰：『此傳舍爾何勞勞心計爲？』則將應之曰：『傳舍者，非久處而即去也。雕牆峻宇，綺疏翠閣，將百年居乎？一登西樓，平泉癡淚，居成而人散者有矣，焉往而非傳舍哉！即以廣陵言，文游之臺，大觀之樓，平山之堂，皆傳舍也，然而至今存者，何也？進而言之，東閣梅花，千載遥矣，後之人即無東閣，而輒言東閣，傳舍云乎哉！夫官由國也，無敢忽也。則官所居抑國之居也，可忽乎哉？』予故舉其所廢而先其未來者，豫求所憩，謂於政體得人情協焉。後之君子其將踐我乎？予額公堂曰『修和』，説在禹謨也。關亭曰『澄心』，表城樓曰『江北第一關』，存舊也。存舊者何？示不與傳舍等也。燕、齊、吴、楚，魚鹽大賈，萬口喧豗，涌盪流洄，國脉榮衛，飽騰攸萃，濫觴漏巵，病國孰醫，如之何弗思！

時康熙二十年，歲次辛酉十二月朔。

重建峨眉寺石門記

都門西城内去彰義門里許，以『峨眉』名寺，則蜀中翠巖老禪始。予之托館舍，則辛卯公車，與同年吴方漣、程奕先、胡道南、方月江始。壬辰，方漣、道南、月江售，予與程子垂翅歸，翠巖與予流連把手不欲别，謂予福德獨厚於諸君。予笑應之曰：『德敢不勉？庸庸厚福，非予願也。』既别，期後三年來此長作居停，亦不解老禪何旨。乙未再入，同唐封君允思公車，强之别寓，老禪意不悦，咎予負約。自後，凡計偕以至候選作宰内遷，無不居此寺者。自予之居此寺也，凡余朋從賓友，亦多居此寺，並識老禪及其徒涵明云。

乙巳地震，僧寮五楹圮。越歲，予搆貲重葺之，顔曰『嘯旅』，集杜作聯云：『澮交隨聚散，薄宦走風塵。』己未居憂廬中，京師地又震，寺門圮。既赴，補心願重造。辛酉榷關揚州，涵明遠尋舊約。蓋至是，余因緣峨眉寺且三十年所，老禪西歸久矣。中間升沉聚散，猶如一瞬，惟方漣、道南、月江陟華膴，而方漣中蹶，月江弗終，其他或取上第，或試巖疆，或擅名高，或推行操，政事文章，擊劍馳馬，飲酒刻燭，豪詠歌呼，或住或去，吾友於寺鮮弗備者，由今溯之，殆晨星矣。

憶乙巳地震時，余與邵子峻奕，子峻驚佈走樹下，余徐徐斂子起，子峻亟呼余出，一楹正墜奕所，予心不爲之動，復思偕子峻逝。如戴山民、秦公麟、程奕先輩，均不可問，而孫吉嘡、吴星子、程石門、朱若臣諸君並遠官天末，班荆尠期。峨眉之緣，寧復得哉！庚申，偕伯兄又吕候補，余題云：『重來猶是古招提，掃壁難尋昔日題。廿載交遊零落盡，雙槐依舊覆窗西。』感慨情懷現乎辭矣！

舊侣既散，新懽正繁。釋氏以一切有爲都歸幻泡，然吾輩德慧術智正於幻泡中作功德事，斯爲善耳。峨眉寺大門，余固首任之，獨拍不鳴，當集衆臂，用成洪響。自兹以往，棲遲帝里，得遊斯寺，捫碑識姓名，布金長者且與祇樹同芳。則不二門開，將見天半峨眉普賢放光矣。余之俯今追昔，即事興思，猶不免世情未盡云。

赤山禪院記

昔廬陵歐陽公作有美堂記，謂物盛人聚，爲一都會而又兼有山水之美者，惟金陵、錢塘。余籍錢塘，獨有樂乎金陵。蓋金陵之勝，不惟山環江帶，氣象萬千，而塔寺之雄甲于南北，樓臺煙雨中，凡所傳四百八十寺，可望而數也。不惟邦君都士之賢，寓公之風雅可托交遊，而棲霞、靈谷、燕磯、牛首之中與夫寒山退院，類多古德，可與訂世外之知也。余游焉，樂之，竊欲卜築秦淮，而有願未酬。或搆兜率之巨宫，中置晨鐘暮鼓，他日遂初可賦，將足吾樂于雲山泉石之間，蓋此願誌之中心久矣。

歲辛酉，余視榷揚關，閱一周，授政于代者。壬戌春王，放棹金陵，寓城南之西天寺，籃輿蠟屐，暫尋吾樂焉。西天寺之東即報恩寺，而北則廬于山之麓者，爲赤山上人。上人出家淮陰，固余二十年前訂方外之交于靈隱者也。勵行翹勤，于佛乘中卓有遠志。跏趺之暇偶爲詩，雖不工而得自然之趣。相別有年，今春秋七十五矣。天涯聚首，殊慰生平。上人謂余曰：『吾自少皈心白業，蓋欲從事參學，自利利人，爲不朽計。自楚而吴越，今且久駐金陵。雖中牽世故，事與心違，然先後從遊俱宿望名師，荆州之水蓮菴、鹽城之大士放生菴、雲臺之白雲觀，皆力請于善信，締造有成。今規地于此，非隱也，將告之有力者，特新祇樹之林，與西天報恩相倚，奉一大部藏，延納十方雲水之僧，期適我願焉。而此事至大，不如前此之易爲。恐年逼桑榆，未能成功，夜寐夙興，每懷惴惴。』言訖，若欷歔不自禁者。余感其言，重嘉其志曰：『子願亦吾願也，當勉爲子就之。』惟是王程既迫，早駕星軺，度前後所費之資，舉以畀上人，俾耑其事。庀羣材，鳩衆工，經之營之，以次興舉。而棲像有殿，藏經有樓，説法有堂，接衆有廡有舍。雖未可與西天並古，報恩争雄，而規模肅然，有嚴有翼。工未訖，先題其名曰『赤山禪院』，庶吾二人之願兩無負矣乎！

或有詰予者曰：『子，儒者也，何交于釋者而成其不易成之志若此？豈亦黷心于福田之有報也？』余曰：『不然，吾儒之學莫先乎静，而其用莫大乎仁。開遠公之蓮社，非樂其道也，佐吾静也。仿摩詰之飯僧，非徼其果也，寄吾仁也。且安見釋者必見拒于儒者乎？昔昌黎寓書子厚，責其嗜浮圖言，訾其與浮圖游。而柳之交于浩初與韓之交于大顛，曾無以異。先東山公繼程子、朱子之學，其于儒釋辨之精矣，今觀所作雲山菴記，于寓上人三致意焉。余于赤山何獨不然！金陵，余所樂也，亦惟畢願于此，樂吾樂焉而已。』

爰次其始末，鑱之石上，俾上人永住此山，世守勿壞，並以誡夫繼赤山而起者。

古城山放生潭記

大鄣麗萬山之中，漸水帶於前。溯流而上者，危湍激浪，勢若驚雷。其平流而深菁者，匯而爲潭。然亦時有變遷焉，若萬歲山之放生潭，則自有印石始也。山去邑五里許，綿亘崒嵂，一方之地脉藉以奠安。其若蹲若踞，于道左者則爲獅山，文昌閣據其上，松籟際天，棟雲映日，尤稱偉觀焉。

丁亥季夏念一日，獅山之椒忽崩一石於澗中，震厲之聲聞於遠邇，其高闊約徑丈餘，形類印然。父老扶筇往觀，咸嘖嘖稱異曰：『此印浮水面之祥也。』因名曰『印石』。維時水勢南趨，石之旁粼粼沮洳耳。無何而水環石下，不逾時石僅露其囟，渟泓宕漾，深且不測，自此乃有潭之稱矣。年來巨魚驟集，洋洋石畔如適樂郊。父老益嘖嘖稱異，因相與謀曰：『羣鱗方依以爲生，顧令網罟之，藥毒之，多方恣捕之，非以遂物性也。且水之利溥矣，何在不足以展其業，乃必於樂生之地而肆其虔劉焉？』公禁之議於是乎起矣。然猶慮人心之不協也，詢諸通都之人，通都之人曰：『是宜禁。』徵諸邑中之紳士，邑中之紳士曰：『是宜禁。』則聞諸郡邑之大夫，郡邑之大夫亦曰：『是宜禁。』然後知好生之心有同然，蓋亦山川之靈有以啓其機也。

因念忽有石，忽有潭，又忽有魚，此造物適然之生機，當爲造物留之。如領取未潭未魚之先，殺念從何而萌？亦可以惻然動、翻然返矣。況更煩諸當事之鰓鰓然顧慮也哉！邑令尹張公天成題石上曰『放生潭』，屬余記其事，以予家於潭之上云。

重建海陽橋記

天下之害莫大于水，而利亦然；顧去其害則利自興，非二事也。昔禹治洪水，降丘宅土之後，禹貢起而聲教訖，不特納穗納秸已也。凡九州之内，筐篚、玉帛、瑯玕、羽毛、齒革之珍，無不泛河浮海而至，故曰害去而利即興也。獨吾郡盤錯萬山，中高而四下，川澤建瓴，十日不雨即涸，五日雨則驚濤跳沫，平地數丈，懷山而襄陵，但求去其害而已。害即去而沙石之餘，土毛無幾，南浙舟筏泝重灘而至者，仍等于登天，其亦何利之有？距縣治東北二十餘里，有山曰『梢雲』，一名『瑯源』，洪塢水出焉。南流二十餘里，經長汀而至舊市，匯于古城巖山前，東注于屯溪，出浦口，合流而爲新安江，由錢唐入海。舊市，古海陽邑址，舍下聚族村居，昔爲市，今爲墅矣。人民車馬往來之孔道，石梁跨焉。先曾祖光禄公因其圮而修之，五十餘年矣。今漸攲損，雖長不逾十仞，然當川谷泛溢，往往梁上雪浪數尺，以垂圮之橋而禦稽天之溜，行者與居者交苦之。

余惟春秋列國橋梁不治，道客即以卜其危，里有善人猶能出資以濟渡，况余從大夫後？若一任傾頹，非但行人怨懟，先曾祖當亦恫然泉下矣。因捐金命姪道洋聚石鳩工董其事，始于康熙二十八年四月，其秋告竣。凡石以丈計者若干，灰以石計者若干，用工凡幾，爲日百幾十日，爲洞者三。石欄崇而厚，橋址堅且固，計亦足支百年。夫是橋之成，亦第爲居者、行者去墊溺厲揭之害，而往來者、負擔輿馬者日以千百計已。去險而即之安，雖有大小，亦曷嘗害去而利不存哉！

橋既成，偶爲之記，非以自標，百年之後，庶里之君子或能繼余之功以無隳余之念爾。

西山見一軒記

自太行而東北極於京師，蜿蜒殆將千里，咸名西山，林巒窈冥，溪澗紛錯。燕之勝以西山爲最，而西山之境又以香山爲冠。明世宗有言，西山一帶，香山獨有翠色，是也。香山別一峯爲萬安山，太平寰宇記：『垣牆山，一名萬安山。』山有寺，即古黄公菴。光熹間有隱者建軒於其左而居焉，額曰『見一軒』。久廢，門無啓閉者且二十載。

庚午秋，予自蓼莊入山，將遍探諸勝，乃新是軒，以爲往來停宿之所。由是而躡香山，跳東麓，越杏子口以上盧師臺，陟蟲菴，訪平坡中峯諸廢剎，俯觀桑乾之洪流，攀翠微，登石景，凡歷寺菴亭臺、潭洞古迹，指不勝屈，到必有詩，名曰燕山秋吟。雖尚未盡西山之勝，而悠然嗒然，已幾不知有塵世，然則是軒之爲功大矣哉！

或曰：『軒名「見一」，何義？』予曰：『考元史及北平古今記、説學集，劉太保秉忠佐世祖用兵，役使鬼神，多奇效，命建太乙宫於兩京，燕京之祀在香山。乙者，一也。豈其義歟？又李東陽宿香山來青閣詩有「一軒縹緲閣空青」之句，軒之高樓遥望來青，又豈其義歟？是皆未可知。雖然，一之義無方，太極生兩儀，兩儀生四象，極其變，至於不可窮計，而要之一太極也。太極者無極。居是山也，目無視，耳無聽，久而久之，由動而得静，由静而得忘，由忘而得化。方將與造物者同游於無何有之鄉，尚安有一之可見乎？然則是軒之無而有，有而廢，廢而新，與隱者之與予或去或來，而卒未始有我。彼僅見一者，不見也。安得一遇見無一者而問之，若曰：「林下何曾見一人？」隱者以此命名，則陋已。』

都門寄園祠祀記

園也曷爲乎而寄？明非吾之所得而有也。園也，寄也，曷爲乎而有祠有祀？明非吾之所得有，而亦非人之所得有也。都城西南隅有曠土焉，垣以爲園，有堂有室，有樓有亭，有橋有池，喬木且合抱矣。始有之者，商丘相國朱公；繼有之者，山左大司寇艾公；又繼而有之者，錢塘漕督徐公；而今則予也。不四十年易其主者四，故曰『寄』也。

嘗考之古，自壇壝宗廟以至竈奥，莫不有祀。然其祀也，必於其國都鄉里堂宇，未有逾乎其境者也；有之，自予始。亦必共神祇宗祖，未有他及者也；有之，亦自予始。予曷乎敢始？不有今者，後何以古？自予作古可也。然則祀之人維何？寧波胡公道南、錢塘徐公敬菴、武清趙公爾合也。胡、徐予同年友，趙予宗兄。園始于朱，繼以艾，曷爲而獨徐乎爾？園吾受之乎徐者也。同年同宗甚多，曷爲而僅胡與徐？且武清也厚且久，倶作古人，予固不忍其愈遠而愈忘也。

嗚呼！胡公疏落大度，如古槐高松；徐公廉介貞静，如寒石幽泉；爾合温和厚重，如春風冬日，咸宜居是園。三公者，又皆好友也。歲時伏臘，瓣香杯酒，漱流而枕石，三公之音容儻於是焉遇之乎！即更數十年人事變遷，或有望平泉而思木石者，聞三公妥靈於其中，念興廢之無常，悼死生之一瞬，當亦有凄然如聽雍門之琴者，然則予固不得而有之，人亦孰得而有之哉！是爲記。

傳

同邑汪金黄三先生合傳

夫人之操詣，有不期其然而然者，有期其然而然者，有期其然而不然者，雖遭逢各異，而其人生平品行分焉。頃兒景從家問至，知汪公從祀本邑先賢，感觸予心，因取同鄉同時三先生論之，而合爲之傳。三先生者，汪公長源偉、金公正希聲、黄公仲霖澍也，生長休陽，分入南省、楚、浙三籍。汪、金同登崇禎戊辰進士榜，後十年丁丑而黄繼起，鼎峙新安，天下無不傳頌吾邑三先生者。

汪公作諸生時，行事多不羈，鄉人少所見，目爲儇佻士。公釋褐令慈谿，以卓異蒙殊典，授翰林簡討，晉東宮講官。甲申三月十九日，闖□薄北京，公度勢不支，挈四歲兒授一老役，俾攜歸故里，題壁畢，同繼室耿夫人從容投繯。太倉張受先太史采立有傳，國朝表忠，賜謚『文毅』，給祭田。予童年僅于先曾祖光禄公招飲時呼至席前，一揖而退，得識先生面，至今尚懷儀型。公死國難，報至，值端陽，汶溪近郭里許，駕龍驂螭、析波浮醴、駐賞競渡者數萬人，歡聲震天。一時得報奔散，山川黯寂，日未午也。金公聞公訃，哭甚哀，揮淚曰：『吾與長源同籍十七年，吾不知長源，吾無日不在長源包羅中。今乃先吾作忠，從大行皇帝地下也！』不期其然而然，賢者固不可測乎！

金公先人本程姓，遷住甌山，與寒舍海陽隔路無多，先大夫時執經問業焉。公制義無出，無有識之者，自艾東鄉評選後，名擅海内，至今傳之。官庶常，以越位薦舉不得當落職，明思宗原其心，不深罪也。家居杜門，絶干謁，每歲聚生徒，講學古城還古書院。乙酉，王師渡江，金陵不守。公建牙起兵，謀保據宣、歙以控引浙、閩、江右，我兵從間道突至，執公，公至南畿，不屈死。方公治兵古城，先大夫以及門攜兒子往謁。予時幼，睨公而笑。公詰之，予曰：『先生舉兵未一旬，鬚鬢頓白。』公憮然曰：『後生安知我心耶！』先大夫側目予，公謂：『此子可教，毋過督也。』公出游，遇絶壁，下臨無底，輒佇目俯視，足三分出外，旁觀者股戰，公曰：『吾鍊心耳，静氣行文，自足千古。』蓋軍旅非公所長，兼時世實無可爲，但一死報國。公于哭長源先生時已辨之久矣。軍興旁午，日搆文移書檄，夜分未休，不肯一字假手人，意謂事即未可知，亦將藉言以傳後。乃時值擾攘，散軼無存，天若爲公秘之。今行世者四子藝外，止燕貽閣文集數卷而已。或曰：『大兵之襲公也，黄實導之。』余未敢深信。

黄公負雄才大略，氣概不可一世，金帛去來如流水，金公振旅出叢關，公從湖陰還里，相對痛哭，抵掌譚時事竟夜。金公喜曰：『仲霖來，吾事濟矣。』未幾，新安兵解，金死，人以此歸咎公不置。

公初任開封李官，汴城受圍久，公謀決河隄以淹賊，賊西走，汴城亦墊。保衛周藩，入都陛見，淚隨疏落，且泣且奏，思宗動容而歎：『丰采嶷然。』授侍御史，旋命監左南寧軍。時南寧擁重兵駐漢口，跋扈甚。公至軍，南寧辭疾不見。公固請，即卧榻前雄譚快論，南寧心爲折，悦甚，立起置酒盡歡，凡軍事悉從公指麾。公片舸順流抵金陵，馬、阮斂手退聽，直聲震大江南北。耿親王督兵南渡，公納款，督學三楚，稱得人。轉入閩，參政公由海道擣鄭巢，朝議公啓釁，罷歸。先恭人以丙申五月五十初度，公里居，朝服來祝，先大夫及予兄弟辭不敢當。公必登堂下拜。時肅客者亦謂公過禮，公顧先大夫曰：『二郎風裁在我輩上，吾敢以年少忽之，不敬其尊人乎？』先大夫謙讓未遑也。嗚呼！曾幾何時，屈指遂逾三紀矣。汪死于繯，金死于白刃，公不繯不刃，今日安在？惜哉！

余竊謂三公皆吾里偉人，予生雖晚，尚得與鄉三先生晉接周旋，獨黄公以晚節見訾。有期其然而然者，天壤自有公論，何俟予爲金核其實，有期其然而不然者。黄公知予甚深，手札盈篋衍，予亦不能爲黄護其終也。汪、金兩公久宜從祀先賢，而金則以抗拒王師，無敢爲請者。汪清宦，其子我生孝廉早卒，一二後裔零落殆盡，寂寂四十年，申於朝而屈於邑。

己巳秋，邵廣文東宣倡之，兒景從力持其議，請於諸當事，始獲列俎豆。噫！祀不祀，于公何有！亦以見直道之在斯民未常絶耳。

歙諸生江子天一爲金入幕賓，金公舉兵，凡符牒調度咸與聞。公被執，揮之使去曰：『若有老母在。』江子馳歸，拜辭其母，復追及公，大呼曰：『吾金翰林贊畫也。』因並執之。公就刑，江子請先。悲夫！彼登進士、食朝廷禄者，獨汪、金二公乎哉！彼江子者，又曷常登進士、食朝廷禄哉！因附三先生後傳之。

兵部主事章鱗長傳

郡屬富陽有章村者，今兵部督捕主事章公生長之地，其先自閩之建寧徙而家焉。公諱欽允，字恭克，號鱗長，行四。父集之先生以仲子貴，誥贈通奉大夫。及其祖即公，同懷兄斐菴中丞邀錫寵綸，以並起家聲者也。公少負經濟才，常慷慨太息，謂齷齪小儒往往壞人家國事，不欲與邊幅鯫生較長短。每以男子生而志四方，弗克建功立名慰父母萬一，是自顧不成丈夫也。漢世以文學詞賦雄藝林如司馬相如，居然入貲爲郎，而卜式父子皆以助邊拜爵，積官至通顯，偉績炳然。假使相如當時竟袖手以儒冠老，所得孰優？卜式諫止武帝興利，欲罷鹽鐵船算，當時東閣石渠文學未嘗有言及此者。以貲奮迹，豈其玩世？蓋救世有足多焉。宇宙之大，何時何地不可以有爲？顧視其人何如耳。

公生四歲而孤，比丁内艱，則年已四十有三歲。方其失怙，蚤暮哭泣如成童。既長，侍慈幃，寢膳問視動依古人，必稱心乃已。母病，不解帶躬湯藥，俟母夫人安乃安，以禮義行。其至性自出，就外傅已然；逮壯有室復然；迄於歷久仕宦罔不然；乃至萱堂歛影，風木增悲，歲時伏臘祭享，淚淫淫下，終身乃常然。兄弟四人，伯子叔子俱蚤折，獨依依中丞仲兄，白首兄弟之情以之，没身不聞有片語齒及析箸，體先志也。公孝友性成，甫弱冠拜母堂下，誓欲以七尺軀樹不朽大業，遂仗策佐督漕王公幕，恢復海州，題授都閫。

是時，本朝定鼎伊始，山澤亡命嘯聚乘墉，所在虔劉，爲禍未已。當事者四顧躊躇，幾於撫劍無所用威，緩頰無所用辨，而生平文墨自怡、吮弄毛錐千百輩，莫不縮頸頓足，徒作楚囚對泣。王公需才甚急，非其人穎然見鋒鍔莫可任。公瞬玆蠢動，贊王公草薙而禽獮之，衆亂立洗，桑弧蓬矢，庶幾無負。追思稟命母夫人策馬離别時，母夫人固曰：『此余未亡人志也。』亡何，居母喪，服闋，棄去舊職，入籍宛平，翱翔太學中。又值四方多故，念中外蒼生，皇心不忍益賦，誠欲戢兵足餉，庚癸無呼，計無若輸委，以佐司國計者之經費。既拜秩，晉兵馬指揮，旋授樞部督捕，所緝六旗逃軍，尋根究柢，株連冤抑，爬梳無遺憾，歷事八載如一日，靡有困憊。會公卿薦充會典纂修官，公討論掌故，絲髮必理，館閣諸先生無不服其校讎詳明。萬柳堂育嬰勝舉爲柴道人創始，輦下諸公勇於爲善，而苦無任事之人。公鳩材庀工，規模加敞，其經緯成章，調劑周密，乳婦醫師咸有安置。每日全活嬰孩十數，人至今賴之。

長子紘官淮海，勉以恪恭職守，使兵民相安，無曠爾位。訓諸子皆似此。下逮臧獲，鮮不推仁，以爲是亦人子也，倣陶公教子家法善待之。撫伯氏子無異己子。叔氏無子，以其子嗣叔氏。後接三黨，恩意斐惻，皆可師法。友人薛賓之捐館，公閔遺孤，置之東牀。余際鴻没京師，亦復爲之經營含殮，不遺鉅細。忠孝之人必無涼德，於公蓋可見矣。余觀古人於大經根本之地曰盡心盡力，曰鞠躬，曰乃心罔不在王室，曰生死交，皆以勤勞不懈任爲己責而不可辭。公於君父、兄弟、朋友、婭戚間，可以無愧矣。

公生天啓丁卯四月十一日，卒時爲康熙丁卯三月一日。余竊恃葭莩之好，顧無能自效於公。中丞公以傳文見屬，弗能辭也，遂敘而志之，以自附於外史氏。

陶菴張公傳

張公諱□□，字陶菴，江南華亭人，徙嘉興，先世多有顯者。公性恬退，不樂仕進，獨好佳山水。每遇名勝，輒徘徊不忍去。自少學爲倪雲林、黄子久筆法，煙雲渲染，握管風流，四方多以金來購者，公亦不輕與也。

公爲園林有巧思，點綴布置，意外工妙。一石一樹，一亭一沼，稍經指畫，即成奇趣。雖在塵囂中，如入幽巖斷壑。諸貴人争延公爲上客，凡東南名園，大抵多公所搆也。常熟錢宗伯、太倉吴司業與公爲布衣交，極歡。益都馮相國于育嬰堂北築萬柳堂，元廉希憲讌遊所也。以書幣請公，至爲修葺，宦遊輦下者咸捐資相助，此園遂擅燕山之勝。予常讌集其地，今竟不知屬何人，殊增感歎，然自是諸王公園林多成公手。今上以萬機之暇，思得遊豫之所，命公董其役，且宿直瀛臺，屢加寵賚。久之請告歸，欲終老南湖之濱。南湖者，公所居地也。居有頃，上有暢春園之役，復召公至京師，以公老不能徒行，賜乘輿出入，人皆以爲榮。事竣，復請告歸。長銓侯元煒、次玉侯淑赴召來都，同食大官俸，兄弟遞任其勞者又數年。玉侯以歸養告假，銓侯欲歸未得。忽聞公訃，悲痛不勝，設靈于慈仁寺，之輦下諸公卿弔問者不絕。公以康熙丙子某月某日卒于家，年七十有五。

贊曰：以余所聞，張公不獨其擅治園亭而已。慷慨好義，能急人之困而事父母有孝謹稱。其父卒，爲營墓地不得，忽夢父攜遊郭外，指一阡隴而言曰：『此吾葬處也。』明日，有鄉人持一圖來求售，宛如所夢，遂售之。一日出遊，宿王尚書園亭，夢父撫其臂曰：『而母且逝矣，當急歸。』覺而奔至家，母果不起，得公訣乃卒，人皆以爲孝思所感。

予與公交最久，二子能傳父術，下榻寄園，向與余遊，知其孝行如此，敬爲之傳。

跋

先徵君存稿跋

先徵君東山公存稿七卷，吾祖父世藏家塾，遇亂輒攜以行，繼先君子手授吉士，命刊新板流通。中間兩經大故，一遭寇變，未及壽梓，蒼黄間失去第一本，懊恨久之。忽聞有手抄者，急求覓，適符所失，人以爲奇。己未客金陵，餘姚邵子得愚偶至，取讀讚歎不置，且謂聖學將墜，此書當亟傳也。許爲讎較，以無貲中止。吉士固未嘗刻忘剞劂也。及赴補笈之京師，庚申奉差揚關，朱太史錫鬯贈行詩曰：『處士東山卜宅深，百年論定首儒林。屬辭最善春秋教，作史無慚高尚心。棗木流傳終有待，蟫魚泯滅試重尋。發揚端藉雲孫力，早晚書成報好音。』亦以刻書勉我云。至關萬端交集，吉士亟鳩工專力從事，凡三月遂竣。第原本初刻不精，字多亥豕，兼以歲久漫漶，考訂間有未確。又虞伯生行狀缺二張。朱太史稱徵君遺稿季侍御滄葦家有之，亦莫從求借，姑存闕疑。先徵君猶有春秋屬辭一書，家藏舊編模糊，欲求善本較考重刊。四方君子如鄴架有存，並弗靳郵教，俾證訂獲全，精審無謬。

卷帙攸在，即先徵君神明皎皎千古，其於道學經濟或不但小補也，所爲踵頂報德，奚論世世萬子孫哉！敬跋。

先徵君題平山堂詩跋

先徵君東山公師豫章黄楚望先生，得程、朱之學，發明春秋大義。其學齋教授生徒，遇亂，部署土人策捍圉，即鄰邑亦稟受方略云。入明徵聘史局，與宋文憲、王文忠諸公齊名，有贈貽詩劄載在集中。集刻舊本世藏家塾，有平山堂次黄先生韻詩。兹領権揚州，重刊遺集，適閲揚州誌，則詩久入誌。公暇偶遊平山觀碑刻，則先句未有刻，吉士敬摹勒入石，踵原韻附之。嗟乎！江山風月，今古如斯。遊蹤題詠，莫可指數。要須詩以人傳，未必詩能傳人也。先徵君詩流傳三百年，寧待勒石？然海宇名勝，尤有以人增重者。自兹以往，遊目興思，或不但以楊柳春風徒作文人一曲也。

七峯閣跋

金山代出禪師，蓋七峯靈氣所鍾也。僧自秦來，搆得其地，鏟七峯，建刹于其上，靈氣減矣。歲己巳，予額其閣曰『七峯』。風晨月夕，江雲杳靄中，林林挺翠。或七峯鏟，而仍有不鏟者存乎？

無波艇跋

不繫園者，西湖舟名也。童年侍先大夫舟次，以三字命對，予曰『無波艇』。先大夫笑曰：『既謂之艇，乃無波乎？』當建陸舫，爲兒曹肄業耳。』舫成，命作詩，予有『似是張融屋，居然米芾船』之句，先大夫賜飲三爵。今五十餘載，童年詩久不存矣，偶搆數椽于寄園𤥨青閣下，適伯兄解部餉從太原到都，予亦自蓼莊至舊邸。藏身人海，未見一客，老年兄弟白首相聚，同坐卧者匝月，宛然當年南中讀書陸舫時也，因額曰『無波艇』。

像讚

成昭其夫子像讚

師于辛酉初夏西湖返邗，示以謝矅仙寫照，蓋自辛卯迄今三十一年矣。師貌未老，而吉士已見二毛。師洛社徜徉，吉士方鞅掌塵路，良由材德天壤，故境履亦殊。即如此圖，師之神體丰標，儼然無二。藉令未識師，猶當下拜，況三十年函丈之末者乎？師命書讚，吉士何能讚一詞？勉攄己意，博師開顔。或攜歸與諸世兄共瞻，亦冀點首云爾。讚曰：

師之貌温而恭，師之心恕而忠。惟其身心一如，所以動静適中。長頤而細眼，鬚黝而頟豐。翬如獨鳳，秀擬孤松。于何不陟秉乎鈞軸，于何蚤抽簪以息鵬？卷舒若雲，珠玉隨風。仙耶？儒耶？無論緇經之徒望洋莫測，即鄒、魯之士千百世之下，孰不曰子夫子其猶龍乎？

時康熙二十年辛酉五月二日，題于筦榷維揚關署。

題李南枝像

歲寒松柏此南枝，泛作仙槎到海湄。漫説風波天上少，只今星斗費推移。

劍繡書殘七尺身，長風破浪更逡巡。何人爲説西江月，渲染青山待問津。

題汪籬隱像

汪子我長，吾之老友。胸蟠萬卷，門栽五柳。箕踞徜徉，一官何有。大笑歸來，田蕪已久。

無絃在琴，有酒在手。千古淵明，誰先誰後？

跋

汪紫滄集唐跋

紫滄少工長短句，按譜成聲，周、秦、辛、柳爲之氣奪。癸酉，偕予孫繼抃北上，驢背風塵，安能燃膏弄墨？廣覽窮搜，輒心憶唐人五言警句，集爲律詩題壁。雖麗句精思半蕪後于冷煙荒草〔八〕，然一代唐音入紫滄手，遂能合初、盛、中、晚而一之，不難自我作唐。其對仗精致，當時原唱尚遜其工，覺唐人止各練其字句，而紫滄已全研其聲調。因以爲創，述竟成作，固應枕藉孟儲、死生李杜，集也之乎哉！

嚴敷五燕山草跋

士之遊京師者，莫不出其所作詩文，贄於諸公貴人，蓋徒以是爲報謁之具而已，未必能工也。諸公貴人亦或置不省視，而士之失職者輒曰：『公卿間無有能知才士而慕悦之者。』吾疑其說久矣。夫以其雷同酬應之篇，而欲得當於世，何其不自省也？

苕水嚴子敷五來京師既久，因以其燕山小草示余。其詩多雅健工絶，而其詞亦具有花間、草堂之遺，又其賦與記序諸篇，直方駕駛齊梁作者。敷五誠能超出於今之遊士矣，諸公貴人必有知敷五之才而慕悦之者。會敷五請余跋其簡端，余因書而歸之。

啓

同選履歷啓

日麗黄金臺，萬國簪裾咸集；姓列長名榜，千官銓注一新。雖學優則仕各有時，而服古人官從今始。誰是調羹手，鮮尚待烹；豈無補衮才，錦猶未製。幸俱列山公啓事，可虚負貢子彈冠。夏五驗到，南曹共快。茄連有慶，王正待除。北闕更喜，薪積無嗟。或同巷以聯扉，多望衡而對宇。從此人膺百雉，遐邇將隨處絃歌；即令歲得三遷，馳驅亦各攜琴鶴。夔龍之步武未接，萍水之聚散何常。願領一日清言，共瞻五雲王氣。雖列名列字，姓地固將炳於縉紳；然同選同官，家世尤宜詳乎履歷。由王曾而下各有譜系，何妨玉映珠聯；自甲乙以推均屬王臣，會見水融乳合。庶幾五方分綬，不忘此日芝蘭；且將百世登堂，猶識當年縞帶。願言好會，敢告同心。

丁未臘月，嘯旅主人啓。

徵刻續新安文獻志啓

潮翻黄海，丹爐之寶氣干霄；峯照紫陽，練水之晴波捲雪。惟山川之跌宕，實肇人文；斯今古之英奇，永流金石。所以吴晉陽之筆妙文城，直擣庾、徐；朱徽國之書成學海，遠宗洙、泗。潛溪學士，雅擅詞章；定宇布衣，功高傳註。讀蘄春之集，人重冠卿；詠洺水之篇，世欽懷古。藝窮秦、漢，裒然羅氏弟兄；易接羲、文，卓哉胡家父子。方秋厓之新辭跳脱，汪環谷之舊史森嚴。加以忠壯揮五代之戈，射隨蛟黑；越國分六州之鼎，陣暗烏聊。吕沆能不避鉅奸，吴訥實捐生殘土。芝香墳畔，黄孝子草木通靈；雨繞車前，淩令尹風雷效命。數不盡文章璀璨，都耀日而連雲；計無窮勳業嵬峨，悉摇天而震地。既輝煌于往昔，豈缺略于來兹？慨自斷簡殘編，半淪灰燼；遺文剩墨，盡墜煙塵。搜散帙而彙爲一家，討陳蹤而登之新乘，要莫善于程尚書篁墩先生新安文獻志一書者也。然而星移物换，何代無賢；兔走烏飛，後來多闕。問成、弘之代，已在二百年前；自正、嘉以來，早又萬千篇積。稍疏編輯，致古人奇烈蕩爲泠雨寒風；不急蒐羅，將前代苦心盡付醬瓿酒壁。及今時而續者，果緊誰之責歟？

吉士資愧張多，難記亡書三册；癖和杜共，日手古傳千章。每念東山公之遺徽，欲紹新安郡之舊志。況值郡公祖留心勸懲，修一國之傳書；邑父母加意訪咨，成百年之信史。補殘守缺，斯實其時；繼往開來，敢虛此任？但慮人分六邑，文非一家。搆咸陽之萬户千門，木石豈崇朝而辦；望瀛海之十洲三島，耳目將何自而新？爰是大肆搜求，廣加採請。闔郡諸公，或英賢宿搆，家多金軸之藏；或祖父遺文，珍同石室之秘。或片言剩義，尚得食殘脉望之餘；或潛德幽光，猶傳血冷寒燐之後。或詩或賦，擲地共訝金聲；或傳或文，照天皆成彩色。總望莫掩奇珍，速交寒舍。小史一經謄畢，即璧原編；總書粗俟刊成，仍酬全集。謹啓。

請遯菴和尚再住江門禪院啓

曹山真子，洞上心燈。妙叶正偏，拈寶鏡三昧而綱宗已明；應時敲唱，透君臣五位而法幢自樹。雲門一指，能令鑒水逆流；瓜渚千瀾，可吸西江至盡。惟先太常手建精藍，經營行布，與舍宅相同。大導師躬提法印，縱奪主賓，實出威音。那畔偶然退院，一衆無依；羣議紛紜，共圖延禮。

吉士忝存淨信，欲闡家風，首事攀留，順成祖窟。江門寶月，行看處處皆圓；藏閣香輪，隨喜時時常轉。有緣問道，他年一笑虎谿；入座迎機，此日先留寶帶。伏祈俞可，庶佩慈懷。謹啓。

江淮采風徵詩啓

蓋聞山川之美，以題詠而始傳；風雅之林，得倡酬而顯盛。彼巷咢衢謡，猶入輶軒之選；豈妍辭祕思，弗登壇坫之間？余謬筦榷政，蹔駐邗關，剸劇尠才，采風有志。喜聽絃歌，不羡竹西之鼓吹；會收玭縞，方知淮海之文章。乃一檄而至者，凡千有奇；爰三沐而登之，拔十得五。既列羣經而較藝，復羅八景以徵詩。揚葩掞藻，看揚州樹樹之花；握瑾懷瑜，獻江左家家之玉。固已極人文之妙選，攬勝地之菁英矣。

竊念鳳質龍章，大手尚虚臺閣；雲蒸霞蔚，著書猶隱名山。掩大曆、開元之盛藻，何代無才；追參軍、水部之風流，則吾豈敢？方殺青之伊始，屬翰素以相須。未聆簫韶，寧云觀止；待窮溟渤，不歎望洋。庶幾金聲遥擲，端致望於羣公；不靳夜光暗投，是所祈乎作者。古體今體，悉載瑶華；五言七言，同欽鴻寶。敢翹足以光棃棗，將拜手而勒琬琰。

辛酉孟夏月正陽日啓。

詩題

董子祠天人三策碑

文選樓懷古

楊柳風上平山堂作

安定書院

賦得二十四橋明月夜

金帶園芍藥

關署銀杏來鶯篇

公讌校射詩　退食公餘集爲公讌三爵之後爰及射侯各賦一詩紀事

以上八題揚州府江都暨外學同日面試。

射陽陂古意

狼山觀海行

竹西春遊曲

蕪城懷古

題上方寺坡公石刻

文游臺感舊

試第五泉

明月樓用趙文敦公韻

甓社湖泛月

紅橋紀遊

大觀樓晚眺

廣陵竹枝詞

以上十二題通發各學徵詩。

張亢友進士集唐詩跋〔九〕

亢友，今人也，詩爲今詩，吐其胸懷，不難自成一家言。然既自成一家言，今也云乎哉！亢友不局于今，借唐人齒牙，抒其嘯詠，于初度遺懷詩取諸老先生得意句，顛倒集之而爲亢友之六律。如製器然，融歸大冶，陶鑄以成。又如製錦然，裘腋千狐，亦何異天衣無縫哉！予不復以今人詩目亢友，反若唐諸老先生預探亢友今日之懷而遺之，而聯句以待之者，我更不復以唐人詩目亢友。唐乎？今乎？然否乎？究成亢友一家言而已。

韓崔岳農部梅花即事三十韻跋〔一〇〕

詩三百篇，雖婦人女子、田夫野老皆能吟詠。天籟自然，隱合聲調，豈逆知有休文製韻，必挨韻爲詩哉！然性情發抒，意不可盡，挨韻爲詩，亦足以透露心靈、追蹤三百。余夙負吟癖，林卧遥集疊至千二百首，興猶未已，益知詩學無窮。

農部性躭吟哦，矢口摇筆，往往得于酣飲嬉遊時。每過寄園，輒相唱和，偶示余以梅花即事三十詠，余閲之，不禁掩卷歎息曰：『有是哉！真能挨韻成詩者乎！』夫韻無倫次而詩必循序，一難也；興自此止而數必三十，二難也；始終本末，一以貫之，三難也。農部不畏三難，浩浩落落，能吐發其所欲言。倪迂畫竹，不知其是蓬是麻，曰：『吾揮灑吾胸中逸氣耳。』農部詩直追三百，應無有得而域之者！誰謂三十詠僅當消夏灣中熏風南來哉！

時康熙丙子中秋。

薦夏子宛來設帳都門啓　沈繹堂、余佺廬、徐敬菴、家爾合諸公館穀之。

蓋聞上林作賦，漢皇恨不同時；司馬遺碑，歐令坐觀三日。雖歌傳郢客，以寡和而彌高；顧竹隱柯亭，遇知音而必賞。吾友夏子宛來，浙西俊彦，苕上名家。屬襁神奇，每夢入芙蓉之渚；宛來少夢入一境，池館陰森，芰荷千頃，後數夢至其處。佩觿誦讀，三冬開芍藥之花。宛來讀書院中，牡丹自辛卯至癸巳秋冬三放花，游觀吟詠成帙。傳者云王粲非奇，識者以蘇公見目。關中劉紫封、北平谷霖蒼評其試牘，俱曰絶似東坡。況復心存千古，志究三才。黄輿、蒼蓋之經，仰觀俯察；鬼谷、邳橋之籙，夕考朝陳。譬洪河水自天來，自然萬里；使韶樂音非中出，豈有九成？顧乃慷慨數奇，蹉跎不偶。入平陵之徑，但有蓬蒿；焚北山之文，且辭猿鶴。十年謝屐，遍訪金函、石室之藏；一旦陳琴，忽來流水、高山之調。二三知己，夙昔醉心。旗亭楊柳之詞，雙鬟方唱；真臘薔薇之露，再浣生香。庶幾大雅同扶，清音共仰。何須逸少，始將玳瑁裝書；豈必徐陵，然後珊瑚架筆。聿期頒俸，同訂問奇。謹啓。

詩筒啓

篔簹未截，誰傳茅屋之吟；嶰谷空吹，莫寄草堂之韻。與勞渭竹，寧遣桃花。是用命爾楮生，代伊星使。長箋裝去，勒功不讓雙魚；短句封成，將命寧辭三管。往勤汝職，勿負余心。

澤州魚山陳太翁捐粟惠民跋〔一一〕

自俗之頹也，而人多懷自私自利之心，一身之外無所知也，一膜之外無所通也，於是乎，多寡相淩，貧富相軋，而天下益以多故。蓋先王之道之不行久矣。夫金穰、水毀、火旱、木饑，何代蔑有？周禮遺人掌邦之委積，以恤民之艱厄。而大司徒又有勸民之法，使比閭族黨互相賙救，故年雖凶而民可恃以無患。今以澤州封吏部尚書陳太公之事觀之，蓋猶有古之遺風焉。

先是，康熙二十七年，澤大饑，太公出所積粟數百萬斛與鄉里之貧者。明年大有秋，州人競欲償所輸，太公不許，盡舉券焚之。已而晉又饑，鄰縣之人多不得食，而澤之人以不償逋故，獨得不饑。于是，州人愈德太公，羣請建祠而頌德焉。巡撫都御史將上其事，太公固辭謝，乃止。州人無以遂其請也，乃環太公之居而立碑相望，以志不忘。

嗚呼！太公誠可謂有古之遺風而能救末俗之頹者矣。今天子惠養元元，遇有災眚，蠲租發粟之使冠蓋不絕于道，而大農説巖先生實爲翊贊。大農，太公之伯子也。大農既爲國霖雨，輔佐太平，而太公家居，又能保恤賙救，全活鄉里如此，此真一代之盛事而史乘之美談者矣。

往予官晉中，竊聞陳氏世多隱德，而太公當鼎革之際，屢禦大寇，保障族黨，皆有方略。余每欲登太公之堂，親炙太公之風範，而碌碌未遂其志也。今讀大農公所刊捐粟惠民録，爲之肅然以起也，于是乎書之。

書

謝别休寧同鄉賜弔賜唁諸親友書

不孝徂冬自晉走燕而南也，跣奔將五千里，幸得於先慈忌前一日號慟崩摧於柩前，稍展哀思之萬一。伏枕苫塊間，歷寒及熱，一切弔喪問疾、宴賀慶謁俱絶。過蒙郡邑公祖父母及諸親朋不我厭棄，唁慰辱臨。不孝斬然衰絰中，除稽首大門謝孝外，概不敢另刺請見，蓋所守者制，所遵者禮，棘人當如是耳。今夏五九日，暫扶母櫬附厝西充祖塋〔一二〕。自傷大事草襄，寸幣未敬，禮意有待，未敢刻忘。

竊念不孝生長兹地，豈無見聞？然皆不忍見、不願聞者，不孝概置之不見不聞，從未具片緘干當事以自私。縱不孝德薄言輕，無能洗故鄉蟻羶陋習，而自信卓然，無惑于流俗所云，不欲不爲之初心正自在也。五月二十日赴郡謁謝郡公祖，二十三日赴縣謁謝縣父母，此不孝奔喪至今，投刺郡縣之始。一時，鄰封失事，烽警疊聞，邑長隋令公撝謙露臆，商行團練保甲甚力，且憲檄嚴督，屬下敢不仰遵？寇在門庭，邑父母既代吾而謀其身家矣。而吾之所以爲吾邑人謀者，復不盡吾心力，殆非人情。昔歐陽詢遭母喪，非公事不語，識者是之。今事之公，孰大于團練保甲者？不孝雖哀毀餘生，其又安敢以未變縗辭？不孝竭一得之見，實足固吾圉以禦外寇，顧邑之官紳力行何如耳。邑之官紳二十九日齊集邑之建初寺，共訂二十九日誓衆，六月初一日舉行。

議尚未定也，已爲喜亂輩切齒，而又有愍不畏死者數人横生異議以倡之，薨爾蠅聲，猘而犬噬，蟻聚蜂屯，萬聲喧聒，焚輿碎傘，公爾揭竿。不孝隨從，尚有敢死慣戰者十數人，憤怒出鬭，冀與鼠輩争一旦之命。不孝力尼之曰：『此烏合者，易散耳。爾等鼓勇直前，不無殺戮，激之生變，禍亦及予，不若據寺樓以守，使鼠輩乘亂縱火，爾等衝突未遲。』過午，大雨如注，人難露立，予約束從人，由儒學大路出東門歸里，而摩肩昂首、觀望道旁者尚數千人，予相視一笑而過。

嗟乎！纔推予轂，即覆我車，蒼天祲氛，忽迷白晝，緑林兇醜，乃見青衿。不察曲突之原，頓起鼓噪之釁，得無盡狂者乃以不狂爲狂，而皆醉者翻以不醉爲醉耶？試取兩院行文及府縣條款以至吾輩約誓，平心細繹之，不識如醉如狂者，亦復猛然清醒否？夫劫紳者劫官之漸，燒轎者燒屋之機，以撫屬七郡三州，無不凜遵之事，吾邑不但梗化，且首禍焉，令不能禁，紳不敢議，釀成變亂，將更甚於浙之開化、江之廣信！誰無身家，轉瞬破壞，不亦悲乎！

我國家氣運方隆，鼠輩自取滅亡，何能反叛？今倡亂既有其人，則正法亦自不遠。不孝行矣，不即與鼠輩較是非也，惟是不孝喪未終，服未闋，四方君子遠來賜弔者尚未稽首踵謝，用是腰經出門，肅具長箋代別，以白去國苦衷。若復過譚時事，申説舊情，不惟有識嗤笑，自問亦復恧心。冀諸親朋愛我以德，無以不孝不叩謁、不答拜爲罪，願邑之人指吾議過激，終年宴然，以徼天幸，不孝甘受妄語之罪。若休陽爲開廣之續，邑之人且頌不孝先幾之明、先言之效，所以去父母之邦如此其急也，即大不幸矣。臨別黯然，曷勝哀感！

致家玉峯選君書

吾兄掌選一期，清通簡要，遠邁裴王，上下罔不景仰。有弟服闋候補，而謂吏得因緣爲奸，理所必無。惟是六曹正副郎主事皆以清吏名司試，一顧名思義，吏正有難清者乎？況選郎超諸郎上，體統冠絶羣曹，鍵門絶客，主爵執秩，天下士大夫入宦路者無不屏聲静氣以待命。在吾兄生平自許何等，寧徒執簿呼名已哉！前示兩單既詳且核，又駕過峨眉寺，久坐候弟未歸而回，蓋以選法大公至正，無容私毫偏倚其間，即此單足例其餘也，弟又何容置喙。然有不能已於言者，請就弟親歷數事宣之。

主事中行評博、内閣中書各有專行。所謂專行者，以其曾在衙門辦事，或差滿回部，或丁憂起復，或病痊赴用，皆令其遇缺即補，不與各部應補主事未任者同銓，以專行係已定之位，未任爲無定之缺也。今中行評博内閣中書俱讓專行先補，惟主政一項忽于中間借禹掌科覆疏，將『專行主事』四字插入『應補各部主事之員』八字之上，看來二項竟似一項，呈稿時輕輕點綴，後遂沿以爲例，舞弄之巧亦極矣。今中書分缺，除專行者一到即補外，捐納即用者一人，考定者一人，由知縣捐陞者一人，考定者又一人，名曰對分，其實捐納即用。中書四缺，止分一缺，未曾將專行插入。惟主事單月，專行、應補兩項與即用一項分缺，是每部各有專行之缺，盡爲捐納掣去。無論應補主事候補無期，即專行者亦安能恰好輪班挨補此專行主事？劉祚長坐候日久，每逢單月，見一户部缺出，以爲必得矣，届期爲捐納者掣去。別部僥倖補一人，下次又輪捐納者先掣。一年單得幾月？一部出得幾缺？是以劉君憤恨挂冠而歸，不復再作長安想矣。户部自開新例後，共出十四缺，由捐納得者十三員，應補者止劉君一員，未補，今去矣。繼補者惟弟，看此局，而弟即不欲歸，不可得，又安能鬱鬱久居此耶？

新例，禮部必須進士，各項捐納者皆不得與焉。今趙崙得補禮部，既算一應補之人，趙崙之後，禮部又有主事兩缺出，將補專行驗到之陶作楫、師若琪乎？抑揀擇進士中捐納者超補之乎？如將陶、師挨補，又與捐納分缺不合，若將進士捐納者超補，復無是理。吏必曰：『應補陶、師矣。』使陶、師盡算作應補之人，而四部出缺又皆讓捐納者找足，是四部專行及五部應補人員皆贅物也，永無補期矣。查部覆禹疏云，今户部既稱中行評博、内閣中書不論以前以後，捐納主事者俱准其離任分缺候用前來，此捐納主事各官應開缺離任。遇單月所出員缺與專行主事應補各部主事之員將缺，均分補用仍行接算等語，既不論前後，又復接算，其爲通盤打算無疑。

弟在衙門時，除邵延齡、鄭爲旭、趙隨、洪玗四名中書捐銀算俸陞轉者，未審在何項内；其郭士璟、林堯英、熊孟華、汪錞、任琪五名確以捐納補主事者，亦當按月查應補者五名，配之究屬何員。吏必曰：『此孔疏題定之例，非禹疏題定之例。』然于『離任分缺』四字，早已不協矣。又查定例及禹覆疏，離任各官仍於雙月初一日，投供驗到。以便補授，與專行一驗不再驗者不同。二月初一日，弟驗到時，實不聞有即用主事投供驗到。今三月乃忽有李鐸等掣選，何耶？十五年定例以後，大選推陞者甚多。吏必曰：『此照孔疏所行也。』前此並未將『專行主事』四字插入，今復照禹疏，既將專行主事、應補主事二項與捐銀者分缺，自當以部覆禹疏之日爲始，先補捐者一人，再補應者一人，即受屈亦可以無辨。今又將應補之方元啓扯在捐納之前，與捐納者接算，後之應補者又少去一員矣。蓋照定例，不論以前以後，即從郭士璟等五名接算。若將孔疏閣起，又由禹疏將專行者插入分缺爲例，即從覆禹疏之後接算，應查捐納得補之人爲始，萬萬不應將方元啓應補之員攙入也。

吾兄入署議官，弟留滯潞河，未能面宣，因將胸中所欲吐者細細寫陳座右，以事關切己，不得不大聲疾呼于兄前，毋曰徒以煩言慁青眸也。

乞言

嚴慈六十雙壽乞言 丙午年徵有介祉堂雙壽詩行世。

竊惟親誠有善，不以尚默而不稱；子或非材，不以引嫌而無述。蓋微如藟葛，亦念本根；採及葑菲，無以下體。寒門系源大業，支演南遷；遠遡邯鄲，邇承京汴。逮明洪武初，先大儒東山公德則移風，文稱華國，名彰海宇，家起新安。爰逮文水光禄公賑饑掩骼，除道成梁，載在誌書，聞於輿誦。畢萬之後必大，豈所望焉；韋相之裔將興，未敢期爾。先王父伯玉公纘茲祖烈，貽厥後昆，教以義方，積之隱善，用是趨庭弗倦，聞禮聞詩；有政克施，惟孝惟友。爰成篤行，亦美型家。

家君號介菴，幼擅英姿，早稱夙慧。遇果能對，驚四座之羣賓；見鵲成文，準千秋之往哲。東山公遺著有春秋屬辭、師説集傳、左氏補註、杜註諸編。先王父授等韋經，績同班史。家君燃膏鑽仰，焠掌咿唔，貫穿在心，丹黄行世。杜征南之篤好，豈直專家；井大春之紛綸，遂綜六籍。所居新安舊市，接松蘿之麓，漸水帶焉，海陽古邑舊址也。林煙羃䍥，溪影潺湲，綬鳥萃于講廬，帶草縈于書砌。絲桐奏響，可比河汾；金石流聲，出于牆屋。

家慈潁川汪氏，村鄰煙火，屋望桑麻，同爲翼翼之門，隔以盈盈之水。外大父秀寰公羊車每覿，雀屏因開。蹶父相攸，既因世德；王家擇壻，妙選人英。字以齔年，禮成合巹。家慈倣少君之去飾，希德曜以齊眉。佐讀鳴機，蓋無忝焉。於是簡練彌工，惴摩愈力。自弱冠補博士弟子員，旋游國學，春秋芹泮，稱異等之茂材；秋市槐壇，升四科于上舍。然而三獻頻刖，十上不收。家慈則擣練寒初，齎糧歲杪，脱珥貿釵，不以聞于邸舍也。家君雖屢躓鄉闈，文名籍甚，如顧瑞屏、鍾伯敬、金正希諸先達，莫不船訪張融，書貽王粲，識劍光于斗分，採笛韻于柯亭。目以棟梁，寶爲竹箭。

戊寅春，先王父捐館舍，家君將蔬立槁，溢米忘餐，絶意簪纓，遂焚筆研。蓋以崇臺雖耻，養不逮乎鷄豚；捧檄誰歡，辟無勞于羔雁者已。乃放舟吴、楚，挾筴江、淮，號以子皮，游同司馬。及甲申之始亂，呼庚癸以羣譁。七澤連營，大有脱巾之旅；千金之致，俄爲燒掇之餘。親朋悼心，問者盈户。家君灑然曾無戚容，曰：『多金多累，固長物耳。』敝廬自愛，薄田可耕。饘粥未憂，詩書可教。亡弓勿問，得失並去。其楚人失馬無驚，倚伏同觀于塞老，蓋其達也。衆攜家虎林，僦宅鳳里。六橋煙水，時泛蘭舟；三竺雲山，獨攜笻杖。躭兹名勝，愜以幽棲。端、吉士爰佔籍錢塘，列子衿焉。聚廬托處，既隱滄江；省墓言旋，更來白嶽。樓堪高卧，不求廬舍田園；槖剩微資，猶散貧交親戚。叔氏兵燹之餘，幾不免于難。在原孔急，百足誰援；廢著經營，千緡立罄。傾筐倒篋，竟至屢空。長枕大衾，置之不語。時則烽煙載道，甲馬蜂屯，嘯聚依山，宵人蟻附。羣情叵測，黄巾青犢之興；物態囂陵，蒼狗白衣之變。家君洛生方詠，梁父長吟，澹定爲懷，幽閒自得。迄乎平治，先後晏如。漸以固窮，親疏無間。家慈手龜澼絖，心敝方舟，用濟有無，佐其不逮，相與有成，能遂養高之志者矣。

家慈逮事先王母三十餘年，食必親嘗，疾斯露禱。求魚入饌，和葯言宜。割肉必方，斷葱皆教。端、吉士、靖士爲家慈出，俊士、竑、翊士爲庶母出，顧復無異，衣食咸均。下逮之恩周于嘒彼，如一之義類彼七兮。子婦雲從，諸孫頜辨，愛齊家介，仁被閭庖。乃若佚必思勞，儉而有禮，好聯棣蕚，無或私財，事競絲麻，敢忘操作？嘗曰『民生于勤，勤則不匱，保家在是，延壽由兹』，非徒夜績之名言，抑亦爲户樞之篤喻也。故家慈目營耳治，指絓口經，芻粟躬治，盤盂必飭，用使家君從容詩酒，笑傲琴棋。種花則紫翠彌軒，釀秫則縹青在盎。樂志之適，有相弘多已。家君高同栗里，樂效東平，扶義鄉邦，數難更僕。近舍横溪，堰修萬尺捍衆流。壬辰、癸巳間山水漲，堰圮，患及鄰田，乃下竹爲楗，鳩工採石。陂乎當復，無勞黄鵠之歌；隄以告成，有偃長虹之勢。灑沈澹災，至于今賴之。乃若大宗祠廟，棟宇幾頹，時饗祀田，豆籩不具。施之丹堊，翼瓦翬飛，畝取東南，疆疇鱗次。于是升香告備，右享孔安。其他舍己利人，解紛排患，不可殫述。而温温循道，抑抑爲恭。傍郭因家，纔逾數里；望城不入，且及十年。五馬初臨，但表式廬之敬；雙凫每下，難邀至室之歡。雖禮秩賓筵，典崇鄉飲，安車屢肅，前席長虚，挈榼承筐，器羅庭實，家君終辭讓不一赴也。若夫里有羣材，就子將而求目；人爲不善，畏彦方之或知。恒以投椽化爲守劍，息争勸讓，孚以不言。

其訓不肖兄弟也，行在設誠，學非干禄；五車具在，經貴誠通；一命如邀，仕期信可。忠，挾持之素也；孝，百行之本也。端叨與恩拔，考授同知州事。吉士辛卯倖列賢書，辛丑簡選秩郡司李。靖士癸卯中武舉，甲辰進士出身。俊士、竑庠生。翊等孜矻一經，尚未成立。譬諸荑稗，莫冀秋成；猶喜椿萱，鬱然並茂。惟是依依繞膝，戀戀同懷，共釜而炊，易衣而出，以和介福，雖賤猶歡云爾。

家慈以今年仲夏七日，家君以來歲孟夏十日稱六十壽，薛蘿身隱，綸誥未褒，荆布老偕，笄珈安在？莫盡鄙人之孝，敢求仁者之言。伏惟大人先生弘錫類之思，惠揚善之句，庶俾以聲依允，譜樂府之新絃；無曰以子及親，泯幽衡之潛德。端、吉士等感且不朽。謹述。

家嚴七十乞言

丁未，家大人六十雙壽，海内諸名公徧賜佳什，盡光棃棗，至今遠邇傳頌。自壬子先慈見背，復遭寇患，家嚴備歷顛險，得獲安全。今丁巳孟夏十日又值七旬，愚兄弟遠宦燕、晉，擬乞華衮褒寵，奉爲觴祝。而輦下同譜諸公，已撰鴻篇，代述梗概，咸謂覆巢得有完卵，剥牀能免切膚，尤宜稱頌，故於流播之事詳焉。伏懇早賜瓊瑶，俾愚兄弟緘寄介壽，傳爲世寶，榮幸實甚。

附　　臚頌耆英公啓

蓋聞玉衡永鎮南山，峙雲外之峯；金闕長開東海，現天邊之島。五百年而生申甫，鍾岳毓川；八千歲以作春秋，淩霄蔽日。是以周王柱史，猶號唐封；漢帝蒲輪，偏徵秦士。若乃望真人於漸水，耆舊知名；逢初度於清和，德門餘慶。仁者必壽，君子贈言。固應祝以三多，登之四始。

恭惟誥封奉直大夫、户部河南清吏司主事加一級介菴趙老年伯先生，邯鄲溯派，京汴分枝。珠履充盈，漫夸平原公子；金城十二，無逾上邽老臣。自徵君東山始徙新安，先生八世祖諱汸，前明洪武初徵辟不就，所著有春秋屬辭、師説、集傳、左氏補註、杜註諸書行世，學者稱爲東山先生。聿興理學；逮光禄文水數傳舊墅，先生所居里名。三國時海陽故址，隋移西十里建城，始改休寧。振起家聲。其後杞梓挺生，不數五荀人物；簪裾交映，何殊三眷門楣。先生則家傍紫陽，宗傳白鹿。象逸不驚於總角，月生能對於勝衣。鑿石上之雕胡，克爲孝子；披雪中之鶴氅，宛若神仙。聞詩禮而過庭，談古今於指掌。書帷坐榻，但擁青箱；研席論文，見推白社。井大椿同其博學，郭有道遜此人倫。一入膠庠，十趨鎖院。彩衣貼月，名雖見黜有司；寸晷含毫，文已受知當代。維時金閶諸彦，黄閣名卿，俱登元禮龍門，似過公超霧市。先生常從顧瑞屏、鍾伯敬、金正希三先達游，往來無間。望隆太傅，必求孫綽之碑；紙貴三都，猶請士安之序。及乎丁年讀禮，子舍支牀，絶意軒裳，怡情泉石。楸枰初歇，晚聽夏木黄鸝；先生手談絶高，刻有奕藪行世。杯杓頻傾，曉放雲巖白鶴。

迨夫甲申變亂，乙酉播遷，攜家西子湖邊，託迹富春江上。青簾白舫，泛楚澤之煙波；

布襪椶鞋，訪吴山之名勝。將車令子，便詠采芹。又吕、天羽皆隸籍錢塘。舉案賢媛，不辭負畚。二三兄弟，敦昭穆以來過；霜露春秋，望松筠而遄返。居巢囷粟，即及知交；范伯致金，俱頒親族。加以片言排難，百族移風。有廉頗之負荆，無太真之行酒。修横溪之堰，事重利民；堰離松蘿山二十里。壬辰、癸巳間，水漲堰壞，先生捐資修築，居人德之。立大宗之祠，功隆報本。趙爲海陽望族，宗支繁衍。先生修譜建祠，祀事備舉。長君姓字，既列升書；又吕癸卯恩貢部試第一。仲氏文章，復歌鳴鹿。盧川作宰，真如單父鳴絃；天羽由司李改授山西交城令。茂苑爲丞，應使昌黎題壁。又吕由州同知改授江南長洲二尹。羊開府他鄉誡子，數寄魚箋；薛彭城遠道迎親，不來山縣。交、長兩地迎養先生，但以廉潔相誡，無論遠近，概拒不往。復有才雄季子，試捷冬闈。武林遂以分旌，司馬爲之推轂。安侯癸卯、甲辰聯登武榜，授浙江杭州前衛守備。後來三鳳，佇見飛騰。章侯、廣侯已補博士弟子員，與弟鄺侯俱有文名。共有六龍，半紆青紫。既而慈顔見背内寢，令子恩還故廬。安豐失恃之秋，奉倩傷神之日。時維寅歲，變起西江。青犢成羣，烏聊失守。山隸郡治。賊來蓉嶺一帶，家避蘿山萬峯。甲寅八月，饒寇由婺源蓉嶺至休，九月破郡，先生眷屬俱避松蘿。時有未仕州丞，糾連僞帥，竟入康成之里，妄希猗頓之財。豈知清獻高風，惟隨琴鶴；元卿窮巷，不剪蓬蒿。橐囊莫賂於萑苻，長幼盡遭其縲絏。休邑有州同吴澎利趙所有，糾寇劫掠，不厭其欲，更肆拘縶。惟又吕、天羽葬太母畢，即客吴、越間，安侯供職杭署得免。嗣離虎穴，遠徙禹航。筍輿並載家人，幾於百乘；銀鹿分擔行李，祇有三肩。皆由歙流播浙中實事。一門正嘆流離，千頃又驚烽燧。先生遷餘杭未匝月，昌化千頃山又有揭竿之警。更向雪苕溪畔，迭奏塤篪；還經煙雨樓前，寄居婦孺。誰稱谷口，莫問花源。恰逢除夕佳辰，獨憩棲霞梵宇。昌邑寇警，又吕移家苕上，天羽移家禾中，先生亦同婦孺輩登舟過塘棲，命章侯送寄德清，獨止家人石菴棲霞寺。雁行星散，同日偕來；孫子肩隨，不期而會。亂山殘雪，相輝萊綵之衣；丈室禪燈，仍泛屠蘇之酒。殊方令節，重敘天倫。甲寅臘，天羽將渡江，聞警返棹，急詣棲霞省覲。安侯督餉嚴陵，從間道還。又吕偕諸少弟及諸孫亦從雪苕至，皆除夕前事也。天羽賦詩，同人和之，有刻集。

寇退城完，終牽鄉夢。由是命季鷹之駕，重社枌榆；尋元亮之居，已荒松菊。司空連乘之寶，散入塵埃；蘇卿負郭之田，鞠爲茂草。幸而覆巢之下，完卵猶存；兵燹之餘，四壁無恙。新安寇退，先生乙卯初春歸里。善人斯獲美報，大德自爾全昌。至若破産辱親，髮不勝指；奪鞶褫帶，膽應久寒。嗟彼黑山，畏兹白簡。鐵冠執法，知法網之無私；豸繡觸邪，豈邪謀之得脱？先生第五子廣侯列吴澎罪狀，奔控都御史臺，靳公飛章上聞，澎革職待勘，爰書定在旦夕。咸謂以直報怨，可稱移孝作忠。

往者，伯仲齊名，循良並著。長洲二尹因撫民奏績，移宰彌牟；又吕爲麻總制、馬撫軍合薦，丙辰遷介休令。交城令君以平寇論功，晉階民部。天羽平交山積寇，殲渠魁數十，餘黨盈萬，盡就撫，太、汾諸邑至今賴焉。中丞達公特薦，奉特旨内陞主政。後先奉詔，燕晉殊途。種花樹於縣門，不下堂而已治；握蘭香於畫省，每陪乘以稱賢。又況虎頭燕頷之姿，共言横海伏波之匹。盈庭玉樹，且勝五當；繞砌蘭芽，寧殊萬石？螽斯蟄蟄，羣誇鄉國蜚聲；瓜瓞綿綿，更向殿廷對景。諸孫入泮及太學共八人，是從膺歲薦。使非義方有訓，燕翼貽謀，何能冠蓋聯翩，聲名籍甚；允文允武，肯搆肯堂？

甲子一週，又過三千六百日；祖孫四世，已稱三十有九人。靈壽之杖交頭，蒙莊之書在掌。朱顔不改，華髮常新。里人奉爲典型，朝士欽其齒德。荃等忝隨賢嗣，叢桂同攀；夙企高風，喬松在望。岡陵仰止，東岱之仞五千；川瀆匯歸，南溟之程九萬。兹逢初夏十日，喜届大壽七旬。洗斝躋堂，修途雖阻；陳詞進履，我友宜招。在昔濟濟公車，列省賢書並中縞帶；迄今寥寥京闕，同官仕籍僅若晨星。念聚散之難期，效賡歌而彌切。誼均猶子，用述平生；冀惠瑶華，同登棗樹。立言如功德之峻，皆成潘、陸鴻裁；文光共山水之長，均屬燕、許鉅手。被諸金石，永爲惇典之光；協以宫商，佇俟採風之獻。謹啓。

年姪沈荃、蘇宣化、錢捷、項景襄、王曰高、胡簡敬、余國桂、陳肇昌、楊名耀、白夢鼐、王士禛、鄭蘊弘、許書、馮雲驤、任之琦、徐旭齡、吴子雲、鄭重、汪宗魯、趙之符同拜。

行述

先妣汪恭人行述

嗚呼！不孝吉士尚得爲人哉！尚得覥顔廁衣冠之後，藉口嚴檄候代以自解哉！小人有母，生不得奉甘旨，病不得侍藥餌，殁不得親唅殮，聞訃至今猶不得遂跣擗奔慟，尚得爲人子哉！不孝哀毁餘生，夢寐音容，纏綿酸咽，日遲伯兄以先慈行述示，竟未獲展慟，蓋謂不孝久已言旋矣，豈意此日猶羈荒署哉！蒙三晉諸憲以至同官同譜及鄉大夫門下諸士弔唁無虚日。而先慈一生闔德竟殞滅勿彰于上下，雖伸紙流涕、廢而置筆者再三，又不敢不抆淚代伯兄粗述其梗概也，嗚呼！

不孝自丙午夏四月歸里，植椿萱躋耆壽，邀海内名公大人衮言賁錫，偕伯兄羣季，率子姪孫曾輩凡三十餘人，跽而進觴，拜慶于庭。家嚴色喜，顧不孝輩曰：『爾曹幸稍能成立，各勵行立身，無貽玷家範足矣。』先慈復勉以忠孝大義，詞意懇切，聽之悚仄。蓋先慈居常無慢色譁語，閨中坐不肅而嚴，常戒諸媳曰：『婦人言不逾閫，多言非美事也。』不孝輩對而凜凜，絶不假嬉愉顔色。家嚴屢試秋闈，不得志于有司，廢書而歎，絶意科名仕進，圖史琴尊外，不復治家人産，命意山水，買輕舠，載筆牀茶竈，流連西湖、淮海間，至累歲忘歸。尤好坐隱，與客奕輒終日忘疲。故凡操筦籥、持門户，即米鹽細碎，悉先慈一人内外綜攝，庭除秩然。不孝即于是年十月自漸水發棹錢江，赴京謁選，拜違膝下，垂八載矣。身沾微禄，匏繫晉署。太行峻險，屢奉板輿迎養，先慈以家務無可他諉，復憚遥征，兩地暌違，母子隔塞，即家嚴亦意安菘韭，不屑一臨山城。不孝妻子因是終任不復之官邸。伯兄分符吴中，三弟備兵杭衛，亦未一往。是有子而不得享鷄豚菽水之歡，雖復家衆累累，膝前羅繞，即烏賴有不孝輩爲哉！

不孝兄弟六人，兄端及不孝吉士、弟靖士，並先慈出。初，靖士頗事游俠，不屑章句業，先慈嘗慨然曰：『使汝曹各幸成名，邀時一命，于老懷始愜，奈何縱靖士閒廢，不業不終，以白衣老哉！』不孝長跽曰：『竊觀三弟素慷慨有機略，非必用毛錐策勳，終當立名司馬，擅赳桓選耳。』家嚴笑睨之曰：『有是乎？』先慈亦笑曰：『果爾，則區區之願始愜也。』先是，家嚴客遊真州，聘娶包氏庶母，復生三弟：竑、俊士相繼遊庠，翊士尚幼，先慈撫愛之，無異己出。羣季亦皆孝恭，率迪于訓，雖分居宅里，仍雍睦和洽，無間彼此。凡家嚴所緘前後槖金，先慈必另貯，以售田業。比家嚴客況少闌，乃屢散黄金，挈屬還里，則悉將别置産收以贍給庶母諸弟輩，先慈怡然聽之無忤色。仍刻意振刷故業，佐賓朋餳飴酒茗需，將雜佩剉芻秣，無少怠。歲丙申，祖母施太安人晚年病，先慈敬順委至，伺饑飽，問寒燠，供匜盥，侍湯藥，非躬親不敢進，至出其溷穢無難色。是年五月，當先慈五旬初度，不孝輩謀展觴祝。先慈聞而正色曰：『烏有尊姑日理刀圭而下人居然歡讌？汝輩縱思孝親，反貽親以不孝，可乎？』乃止。至閏五月，祖母竟以疾終，時年八十一矣。先慈痛戚，喪殮偕家嚴易治，盡禮盡哀，百爾宗親無不感歎，謂家嚴無愧終身慕，亦由先慈内助賢耳。

且復資性明敏，庶務洞達，鄉鄰妯娌有訽誶齟齬，或積仇不解，爲出數言剖豁，兩家嫌怨悉平。庭帷上下間，雖纖微遐隱不遺，若悉經熟慮而出。蓋寒門數世同炊，食指盈千，一切尊卑内外降辰及先代忌日無慮百餘，凡一歲間率遇三數日一舉，雖登閲簿籍猶虞脱漏，而先慈周知靡遺，必先期密飭。或上自高曾以還，追遠必虔；下而卑幼孫曾自晬盤而上，盡加賚錫。其仁愛孝慈，蓋性成也。每黎明起，輒請廚作粥，令奴婢遍飲，然後服役，曰：『彼亦人子也。』課子孫晨讀，亦先令食茶點，洎諸子婦、女孫輩盡給果餌曰：『腹有滋補，令爾等元氣無餒耳。』肉非益人也，不常與；即與，皆大人餕羞之餘，故終身不爲幼輩特烹一雛。所給襦袴皆澣衣爲之，不製一新繒。不孝輩亦以此知作家勤苦。

幼時與伯兄篝燈夜讀過半，先慈慮其勞以病也，輒令女奴趣就寢，或自起滅燭曰：『學貴有恒，鋭進何益？』嘗愍外祖母家式微，由外祖汪公諱松瑩誤窆水坎，形家言敗殄無子遺，先慈毅然力圖遷瘞，更覓善地，營窀穸，備棺椁，不惜多金合葬外祖，後賴以少振。不孝長男道敳年甫弱冠列黌序，先聘淮揚范氏，俗例須不孝秩滿歸，始行婚禮，則歸妹愆期。先慈攜敳由武林至蘇門，過伯兄署，經營六禮，徑達淮陰迎娶孫婦以歸，語伯兄曰：『吾已過花甲，身尚健，天竺虎丘之奇，長江大河之陰，不可不一寓目也。』鄰里親族深歎先慈作事無愧鬚眉。同門胡道南侍御與提督張公傑兒女姻家，胡公内召北上，見不孝次男景從年長未室，念不孝遠宦，力爲從兒執柯，代聘張公長女爲予媳。先慈謝曰：『齊大非偶也，辭之。娶婦不若吾家，老身敢忘古訓耶？』聘同里黄氏，爲從兒完娶，指麾區置，犂然各當，嘉饗腆敬，羜牡速賓。觀者竊竊然曰：『交城緘金至矣。』豈知不孝吏交五載，並無少俸歸遺雙親，偶以土産羔襖寄歸禦寒，家嚴遽遺書誚讓，謂乖公爾之誼，非廉吏所爲。故不孝恪遵家訓，甘茲荼蘖耳。

噫！不孝稟兩尊人誡諭，一行作吏，業置身家性命于度外，惟知殫瘁竭忠。莅交以來，稍著成效，幸叨薦剡，竊意借此脱牛馬吏，歸家省覲，依依色笑，無負愛日初誠，則人子私心庶幾少慰。嗚呼！豈意今春二月三十日，遽聞先慈謝世？痛哉痛哉！不孝復何以爲人哉！戴天履地，中有鬼神。不孝罪釁深重，存殁分離，忍過絶裾，痛深伏劍。每覽昔人遠志、當歸之旨，讀而赧顔，豈謂不孝身自蹈此，即崩肌摧骨，髪白齒落，何足以贖此終天之恨！而猶嘵嘵向人曰：『一官羈縶，勢不自由。』嗚呼！且誰欺哉！且誰欺哉！四月，不孝晉秩户曹，益深悲悼，屢懇繳篆委署，列憲不允所請，蓋從地方起見，不暇計末吏烏私。不孝辜愆如山，不容于名教，爲海内士君子擯斥〔一三〕。然慘怛之私，未能自已，或冀四方名公大人寬以鈇鉞之誅，錫之瑶章，榮以華衮，俾銘諸麗牲之石，則不孝母子兄弟死生銜德，且世世嘉賴勿敢諼也。

先慈生于明萬曆三十五年丁未五月初七日卯時，殁于皇清康熙十一年壬子十二月十五日寅時，享年六十有六。以覃恩誥封恭人，敕封孺人。子六：長端，恩貢廷對授州同守第一，改江南蘇州府長洲縣協部丞，康熙十一年總督麻公、巡撫馬公合疏薦舉，娶蟾溪處士程公諱明揚女。次即不孝吉士，辛卯舉人，辛丑簡選推官，戊申改授山西太原府交城縣知縣，己酉本省同考，庚戌巡撫達公特疏薦舉，辛亥敕授文林郎，癸丑以平寇功奉特旨陞户部山西清吏司主事。娶汪氏，封孺人，爲先慈再從堂弟、貢生應登女。三靖士，癸卯武舉，甲辰進士，見任杭州前衛掌印守備。娶太學汪公球女。俱先慈出。四俊士，武庠生，娶吴氏，原任内閣中書舍人吴鶴祥胞妹。五竑，庠生，娶戊辰進士、翰林檢討、謚文烈汪公諱偉姪、貢生應彔女。六翊士，聘新陞廣西思明府同知鄭之禎女。女一，適候選州同知程文藻，爲甲辰翰林院庶吉士，改授刑部湖廣清吏司主事程文彝胞弟。俱庶母出。孫十九人：道敷，監生，娶武舉戴銓女。景徠、景衢、景衡未聘。三女：一女適程兆葵，二女未字，爲端出。道敳，庠生，娶萬曆甲戌進士、浙江布政范公諱淶從再姪、國學光昊女。景從出繼，入藉延慶衛，聘貢生、陞雲南晉寧州州守查函女，未過門歿，今娶居安黄端朋女。景行、景衍未聘。一女，許貢生、候選布政司經歷戴誠長子、監生嘉猷。爲吉士出。啓，庠生，援例入監，娶貢生、候選布政司經歷戴文衡女。敓，武庠生，娶戊辰進士、翰林院金公諱聲姪、生員金罍女。道致，聘庚辰武進士、前浙江總戎葉公諱士清子書女。道放未聘。景徹聘國學生范□□女。道煞未聘。爲靖士出。景律、景御、道敓未聘。二女未字。爲俊士出。景循、景衍未聘。一女未字。爲竑出。曾孫五人：繼咸、繼武，枚出；繼拭，敳出；繼抃、繼扎，從出。外孫二人，外曾孫四人。

不孝吉士苫塊餘生，語無論次，仰乞大人君子俯賜垂覽焉。不孝等曷勝泣血，哀感之至。

時康熙癸丑夏，哀子趙吉士泣血百拜，述于交署苫次。

先考介菴府君行述

嗚呼痛哉！不孝等永不得侍吾父膝下矣！壬子冬吾母見背，乙卯服闋，拜别吾父，甫逾年耳，孰謂吾父又棄不孝等長逝耶！五年間重罹大故，哭吾母未盡之淚，復哭吾父，搶地呼天，曷其有極！正月既望，有從家鄉來京師者，詢知吾父康彊，雖月餘無家報至，謂亦偶然。今四月十日，爲吾父七旬初度，方恨四千里外未能跪進觴祝，忽接三弟靖士字，傳吾父燈夕鄉黨會飲達曙，體疲卧牀可慮。不孝吉士倉皇無措，急請長假，冀星馳旋里以事吾父，乃未數日而凶問至矣，嗚呼痛哉！不孝等既不得奉甘毳於生前，又不得親含殮於殁後，尚得稱人子乎！不孝吉士在京邸聞訃比伯兄端早，五内摧裂，一切荒迷，不復省記。獨念吾父殁而行實勿彰，罪百死莫贖。伯兄端捧檄介休，詮次平生，遠不及待，不孝吉士敢不瀝血和墨，代伯兄泣陳梗概？

先大夫諱時腴，號介菴。先世南渡後，散處大江南北間。九世祖子常公諱汸，遷休寧之龍源，洪武初徵聘不就，築共學齋於東山，倡明絶學，學者稱爲『東山先生』。六世祖諱以清，由龍源遷舊墅。舊墅，海陽故邑址也，世居其里。曾祖文水公諱廷賢，官光禄寺署丞。先王父伯玉公諱完璧，太學生，文章行誼爲鄉國推重，邑誌列儒林中。先大夫生而穎異，入塾授書，經史百家無不讀，少屬文輒驚時彦，弱冠補邑諸生，旋游國學，屢躓秋闈，澹如也。崑山顧瑞屏、吾鄉金正希兩先生爲先伯都諫公諱時用研席友，因命先大夫負笈從王父寓真州。竟陵鍾伯敬先生往來燕楚，必主王父家，常出所著三注鈔屬王父商確授梓，先大夫從中參訂，遠邇賢士大夫皆聞聲相思，縞紵締交，所至多車轍馬迹。

王父捐館舍，先大夫哀毁骨立。自真州扶櫬返里，治窀穸事畢，乃喟然曰：『人生慕禄仕爲養耳，若累茵列鼎，事親不逮，富貴何爲？今母在，人子寧不能奉甘旨耶？』因絶意進取，間遊江淮，累致橐中裝，與先淑人竭力早夜，事先王母施三十餘年如一日也。仲父庶出，王父分授家資與先大夫等。仲父少倜儻負豪氣，喜與俠客壯士游，囊金逐手盡。先大夫復分所受王父家資與仲父均。又遘奇禍，先大夫揮金營救，事得已，親族以爲難。先大夫孝友門内類如此。寒門族繁，先大夫爲修家乘，立統宗祠，置祀田，歲時伏臘，饗事聿修，四方於此觀禮。近墅長汀堰壞，水漲，害禾稼，先大夫捐資修築，居人賴焉。宗人寒食省墓，經鄰莊，遇無賴數十輩毆辱横加，至失祭器，控於官，有司執法，將按以白晝搶奪律。先大夫念皆鄉愚無知，因代爲求免數四，請訟乃息，鄰莊人頌德泣謝。先大夫親睦宗黨又如此。乙酉，江南未定，所在揭竿，先大夫遷居武林，人心洶洶。同里中翰汪既明自燕歸，急詣先大夫，謂淳安梓潼源山水僻絶，可避寇，因同先大夫攜家往。自是，來者絡繹，人争此地爲桃源。先大夫見避者多富室，曰：『此盗招也，吾豈能爲處堂燕雀？』急别徙。先大夫行未三日，而方國安兵至，中翰全家被掠，先大夫得免於難，人咸服先大夫有卓識。不孝同母兄弟三人皆隸籍錢塘，必教以讀書明理。及伯兄端二尹長洲，不孝吉士令交城，季弟靖士守備杭州前衛，遠近迎養，先大夫概拒不往，謂人臣公爾忘私，毋因父母損廉吏所爲。不孝令交城時，曾製羊裘奉先大夫，輒遺書切責，自是不孝兄弟雖絲粟不敢寄。而先大夫日買輕舠，載棋奩硯匣，放情六橋三竺間，識者謂有林處士風，十數年間往來漸水、吴山以爲常。庶母包氏生弟三人，俊士、竑、翊士。先大夫嚴督勤學，一如教不孝兄弟時。

先淑人既謝世，不孝兄弟各自宦所歸葬。事畢，時饒寇倡亂，勢益張，不孝兄弟又將走吴、越，謝弔先淑人喪者，跪請於先大夫曰：『吾鄉去饒近，寇至奈何？大人曷往浙？』先大夫曰：『與汝俱去，先人阡隴誰爲守者？』勿聽。居無何，郡縣失守，里中惡少吴澎連和僞帥引羣賊大肆劫掠。先大夫挈家避松蘿。澎黨至，索先大夫急，因從危岡行，下臨絶壑，疾走而墜，有大樹承兩股，若趺坐然，得無恙，僅傷左足。蓋實有鬼神呵護云。質明，卒爲逆黨所獲，遭縲絏，慷慨駡賊，賊見先大夫狀貌奇偉，勿敢害，旋以計脱，而家資蕩然矣，復攜百口遷餘杭；餘杭又警，乃於吴興携李分寄婦孺，先大夫獨止塘棲棲霞寺。甲寅除夕，不孝兄弟及諸子姪各自他郡邑詣先大夫所，不期而會者十餘人，不孝等奉觴以進，慰先大夫憂，先大夫言笑如平時。

明年春，寇退，返里門，家徒四壁立，衆口仰食，止負郭田數頃耳。先大夫守先世餘緒，又克自振拔，由少至壯至老，雖屢經坎壈，而電光石火，卒然臨之而不驚；惡衣粗糲，恬然處之而無苦。且引往昔聖賢處變之事安於義命，故能履險如彝若此。於時不孝兄弟甫除先淑人喪，仇人猶靦顔處鄉里，不孝欲爲國剪叛，且報破家辱父讎，疾馳皖城，控都御史臺，然後歸。先是，不孝兄弟並叨薦量移，不孝因先大夫年高，不忍遽離左右，遲趣裝。先大夫艴然曰：『今天下方用兵，聖天子宵旰殷憂，司農仰屋，爾官户曹，不宜久處田里。吾雖老，筋力猶健爾，其無憂。』曩時，先大夫因東山公所著春秋屬辭、師説、集傳、左氏補注、杜注諸書鏤板散失，重梓告竣，藏於家。及返，見無一存者，又謂不孝曰：『餘皆長物不足惜，惟先人數種集爲吾家珍爾，他日毋忘剞劂也。』不孝凜奉嚴訓，策蹇就道。乙卯冬，不孝吉士受事民部。丙辰秋，伯兄端出宰彌牟。先大夫手書時至，諄諄以盡忠補過、無曠厥職爲戒。

先大夫豐頤廣額，美鬚髯，年及耆，未嘗一日伏枕，人咸謂百歲可期，不孝等竊易懼爲喜。同譜官都者以先大夫大壽，具啓徵詩，輦下諸公各賦詩褒寵，兩月間得五百餘章。值四弟俊士從介署至，不孝吉士敬緘篇什，授弟攜歸爲壽。於二月廿八日兼程歸，豈知吾父已易簀三十五日耶！嗚呼痛哉！

先大夫性寬洪坦易，與世無忤，尤重然諾，扶危周急，雖屢應不厭。戚友有不相能者，先大夫一言排解，即悦服交好如初。居恒杜門養晦，澹泊明志，郡縣遇公事或一往，未嘗私有干謁。與一二鄰翁野叟話桑麻，較晴雨，間發爲詩歌，陶寫性情，然不願人知。郡邑每舉鄉飲酒禮，必推爲大賓。安車敦促，固讓不赴，至送酒饌於門。而太守令謂德行無出其右，必欲得先大夫爲重。丙午始一出，時不孝輩雖已謁選，未除職家居，因得侍先大夫登正賓席，衣冠甚偉，子孫凡二三十輩侍立左右，洗觶進脯，觀者皆言嘉事隆禮，惟先大夫足以當之。

嗚呼痛哉！何天奪吾父之速也！不孝兄弟三人既南北薄宦，遠違定省，所慰尚有諸弟在。而四弟俊士復走燕、晉，五弟竑與逆澎對簿，又在皖。侍奉晨昏者止六弟翊士一人。不孝自旬月以來晝夜念，恨無縮地術，一息至吾父前，同促四弟倍道行，冀早達故里，及期稱觴，而吾父已不及待。嗚呼痛哉！十三日，三弟靖士計至，云吾父燈節後卧牀，一日復愈，更能不杖而行。忽於二十二日命治湯沐浴，次日辰刻諭六弟曰：『我今日當下世，汝輩各自努力。』又甚念不孝兄弟之在遠者。語畢，於未刻攬衣正坐而逝。嗚呼痛哉！吾父有子六人，不謂屬纊之頃止一少弟在也。吾父受封後，不孝吉士已製朝服冠帶，隨敕命齎歸，即一切歲制之具，平時奉父命，亦預爲之備，不然，幼弟煢煢孤立，倉卒間何能立辦耶？不孝兄弟自遭患難，困窮益甚，冀稍霑微禄以盡人子之養；早知吾父之有今日，雖千鍾粟不以易菽水歡也。終天抱恨，安有盡時？嗚呼痛哉！

先大夫生於明萬曆三十六年戊申四月初十日亥時，卒於康熙十六年丁巳正月二十三日未時〔一四〕，享年七十。康熙九年，恭遇覃恩，敕封文林郎、山西太原府交城縣知縣。康熙十四年，恭遇覃恩，誥封奉直大夫、户部河南清吏司主事加一級。元配先慈汪氏，潁川處士秀寰公諱松女，封淑人，封孺人，贈宜人。側室包氏，真州仲台公諱邦輔女。子六：長端，癸卯恩貢，見任山西汾州府介休縣知縣，娶程氏，前庚戌進士、廣西提學道參寰公諱策姪諱明揚女。次即不孝吉士，辛卯舉人，户部河南清吏司主事加一級，娶汪氏，累封宜人，先慈從堂弟貢生公升公諱應登女。三靖士，甲辰武進士，見任杭州前衛掌印守備，娶汪氏，太學生諱球女。俱先宜人出。四俊士，武庠生，娶吴氏，邑文學諱□□女。五竑，庠生，娶汪氏，戊辰進士、翰林院檢討謚文烈諱偉姪貢生諱應彔女。六翊士，例監生，娶鄭氏，原任内閣中書舍人陞廣西思明府同知諱之楨女。女一，適候選州同知程文藻，爲甲辰進士，見任福建道御史諱文彝胞弟。俱庶母出。孫二十二人：道敷，監生，娶戴氏，武舉諱詮女。景徠、景衢、景衡俱未聘。端出。道斆，庠生，取□氏，前甲戌進士浙江布政希暘公諱涞孫、太學清臣公諱光昊女。景從出繼，入籍延慶衛歲貢生，聘查氏，晉寧知州諱函女，未過門殁。今娶黄氏，前太常寺卿諱正賓姪諱端明女。景行、景衍俱未聘。吉士出。枚，附例監生，娶戴氏，貢生候選布政司經歷諱文衡女。道攽，武庠生，娶金氏，戊辰進士、翰林院修撰正希公諱聲姪、邑文學諱罍女。道致，聘葉氏，庚辰武進士諱士清子諱書女。道放，未聘。景徹，聘范氏。道敷，未聘。靖士出。景律、景御，道敭、道敦，俱未聘。俊士出。景循、景徖、景衎俱未聘。竑出。景徝，未聘。翊士出。孫女九人，一適庠生程棨，二未字。端出。一適例監生戴嘉猷，爲貢生、候選布政司經歷諱誠子。吉士出。一未字。靖士出。一許吴□□爲原任内閣中書舍人諱鶴祥子，一未字。俊士出。一未字。竑出。曾孫十人：繼咸、繼武、繼搸、繼成俱未聘。枚出。繼戬，未聘。敷出。繼拭、繼搢未聘。道斆出。繼抃，未聘。繼扎，聘見任工部虞衡司郎中汪諱震元子文學諱泳女。景從出。繼持，未聘。攽出。曾孫女二，一道斆出，一景從出，俱未字。

不孝成服京邸，行將戴星南奔，苫次昏瞀，語無倫次，舉筆淚泚，不敢溢美。伏冀大人先生俯加採擇，賜之片言，俾先大夫得藉鴻章以垂不朽。不孝兄弟雖死之年猶生之日，不勝激切哀號之至。

不孝孤哀子趙吉士泣血稽顙述，掌京畿道事湖廣道監察御史正五品加二級年眷姪徐旭齡頓首拜填諱。

校　記

〔一〕年　據文意，當作『運』。

〔二〕壬　據文意，當作『十』。

〔三〕痡　據文意，當作『痏』。

〔四〕徂　據文意，當作『組』。

〔五〕按　據文意，當作『接』。

〔六〕謚　據文意，當作『謐』。

〔七〕憒　據文意，當作『僨』。

〔八〕後　疑作『没』。

〔九〕本篇置於『啓』類目下，當誤。

〔一〇〕本篇置於『啓』類目下，當誤。

〔一一〕本篇置於『啓』類目下，當誤。

〔一二〕櫳　據文意，當作『櫬』。

〔一三〕斤　據文意，當作『斥』。

〔一四〕『康熙』以下至本卷末原缺，據乾隆本補。

卷二

萬青閣自訂文集

序

憶去年春，趙子天羽謁選得交城，客有謂予曰：『以趙子之文學丰采，蔭映海内，慮無不爲石渠、金馬重，而乃爲令。又趙子試上等，應受郡李，李與令級雖平，體貌懸甚，而趙子奉新令甲改授，得無有違情拂志、遂生騷屑不平之感乎？』又曰：『趙子少年豪俊，交遊最廣，所至車蓋侯門如織，今即爲令，亦應得吴、楚間通都大邑，有文物聲名，足以恣其鼓舞發攄之用，而乃就大行山邑，得無有傲情放志、遂著彝然不屑之態乎？』又曰：『趙子才負四應，天下何事足以當其意者？叢爾交城，固枳棘之棲也，得無逞其一往之氣，擊斷剸割，或涉於汎駕者乎？』予曰：『否也。趙子量遠，遠則不以目前所不足者自隘；趙子學静，静則不以一己所有餘者自恃：趙子正未可測也。』

後數月，客從晋來，謂予曰：『趙子固不以令也而輕易之也，趙子固不以交城也而鄙彝之也。』予曰：『何以徵之？』客曰：『趙子至邑，即集其父老子弟於庭，殷勤懇惻，求其疾苦，而謀所興革，次第舉。民輸租至者，雖窮鄉僻處之農，從未見縣城官署，皆得從容階下，自言其情。以訟至者，即孩穉婦嫗，必解顔下氣，不厭委曲察真僞，民樂而親之。以爲凡令兹者，齷齪叢闒，置勿論已；若英妙穎發，率尊嚴如神，伍伯震呼辟除，小民先怵惕喘汗莫能達，胥吏反得借威福爲奸慝。今似此，是與民揭雲霧而睹青天也〔一〕。又莅任有公費計里聽，云例也；徵租有羨餘以當耗，亦云例也；牙儈各分日應薪米鹽蔬以及布帛，價十給五中又有分蝕之者，亦無不云例也。凡此舉民所甘心趣赴，恬不驚怪，安固然。趙子一旦剗革，若恐浼焉，民以爲作吏者，方將强民所不願以困民也。歌之曰：「趙公齒，潄汾水。」又開濬渠利，躬自相度形勢高下、遠近利害，爲民設千百年計，以與雨暘平。嗟夫！吏之傳舍其官也久矣，又至邑輒共城隍神誓，毋以邑苴貽神羞。及五月告旱，甫禱神祠，雨隨車下，三日霑足，歲用稔。蓋趙子之與神相信也深矣。以故流移盡復，夜犬不吠。於是，聚學校士子，偕之講析經義，示之師承，訓以作文，勿爲俗囿。月有課，季有試，士風丕振，不翅文翁之治西蜀、吴公之守河南也。至於决獄通敏而莠民悉薙，執法嚴一而蠹胥悉袪，皆餘事耳。蓋趙子之不輕易其令，不鄙彝其民如此。』予聞之，笑曰：『予向者固嘗言趙子之量遠而學静也，奚俟今日哉！方今晉中大吏皆以豐沛勛臣用，明無所不達，廉無所不親，爲令者易于見守，易于見才，趙子旦夕登薦牘循吏，名徹帝座矣。』客又曰：『人非始之之難也，而終之之難。趙子勤於始也，得無怠厥終乎！』予曰：『向固謂趙子量遠而學静也，豈有遠與静者而終始之慮哉！行與院中同待漏矣。』客以爲然，遂攬筆述之爲序以寄。

時康熙八年四月朔三日，淮南龔鼎孳拜題。

序

恒夫先生治交五載，龕亂詰奸，教養備至，蔚然稱大治。晉大中丞達公上其功於朝，特旨議敘，後不爲例。煌煌曠典，人皆榮之。余曰：『繇今日以觀，恒夫誠可賀。』繇受任來，迹其勵志捐軀，出交民於刀兵水旱以有今日也，則毛髮有不寒而股有不爲之慄否？夫人才有全有偏，能爲劍者不必能爲筆，造父之御不必兼蠅衛之射，才限之矣。古賢君聽琴瑟，思忠義之臣；聆鼓鼙，思將帥之臣；聞鐘磬，則思死封疆之臣：是三臣者，國之寶也。然當其拊髀以思，謂得一已堪佐理，安望兼之者乎？

余與恒夫交二十載矣，始偕侍御道南胡公晤於姑蔑，日賦詠棋酒爲歡，恒夫年未請纓，雄文奪纛，俠概不可一世，縱談當世務，指顧風生。道南心折之，顧余曰：『異日斡造化機而卷舒在手，必吾同門趙子也。』戊申春，余遊燕山，再晤恒夫於峨嵋寺嘯旅軒，適梓兩尊人雙壽贈言成，亟索余詩補入。未幾，以郡李改授交城令，而余亦偕及門泓庭王子楚行，不相聞問五年。汔癸丑，余客純留，距交四百里，聞太夫人訃，策蹇盧川，申炙絮之奠。會恒夫已晉秩版曹，摧痛轉劇，對余嗚咽，但孺子泣而已。余亦涕出失聲，已執手相慰唁。久之，恒夫曰：『不孝待罪晉地，駭弩機伏，虎尾春冰，瀕危者數矣。賴大中丞弘推置之懷，曲垂誘迪，俾下吏得少展臂肘，不然皮骨久糜碎，即今日哀毁餘生，安復望耶？』

余熟察恒夫寢處苫次，飯漿水，茹瓜蔬，形容梏瘠，方寸忽忽如失，日强起視事外，一切筆墨都廢，舊所鐫牧愛堂編數卷，係始任時業，乃比歲簿牘詳案洎往來贈答諸文，悉散漫填委不復理。門下諸君子遠來襄事，彙葺成帙，竊相語曰：『師洽吾晉，無一事不可法，無一語不可訓。業有成編，曷續廣之付剞，以表式將來，俾一片苦心熱血，咸稟爲玉律金科，以當尸祝，不亦善乎？』

余觀昔人著能聲載在史册者，廉隅飾矣，而禦侮或不足；豈弟頌矣，而擊斷或非所長；能禦侮矣，擊斷矣，或顧忌縶束，中懷疑阻弗克騁。恒夫初莅交，一切耗羡陋例剗革悉盡，清積逋，平累都，均城守，端士習，奉己嚴潔，而政教一尚寬和，每斷獄，立與剖決；而定讞詞，判其曲直，受責者無不歎服去。至地方利病，必詳陳端委，纖屑洞達。當事鑒其誠，所請必遂，如斬蠹逐旗，復廠鑿山，皆創行驚俗之舉，而呼應如臂指標影，治化益蒸蒸□古所稱志義之臣非歟？其待山寇也，示以威信，初勸徠慰撫之，不矜聲色，恒如無事；然至沉機神算，瞬息倚伏，俾狃而莫予忌，卒之魚愕獸駭，罔知所措。蓋默範圍數百里山徑無逋形，遂操券而獲，不愧古名將方略。繇是境内平而全晉胥賴。寧宇封疆之寄無大是者，奚止一令長任耶？

昔章文懿功著旂常，一生以不得臨武爲恨。劉忠宣欲得一親民之職，不願驟躐京堂。恒夫之宰交也，師保而干城，循良而將帥，爲令之榮，於斯已極，不知兩先生眡此又當如何歎羡耳！抑聞之『大器不器』，恒夫萃數人之長爲時全才，奢取諸造物而莫爲概限，經緯弘通，誠不世出之奇，爲當事歎獎而倚信之，樂嘉與以有成也固宜，是堪上應當宁拊髀志矣。余促裝匆匆，輒翻閲兹編，深歎其本末綜貫，經術閎深，且復心剿形瘵，不顧身家利害，措民衽席而敓之刀兵水旱之餘。至今披其文，追維曩事，猶爲之毛寒股慄不能自已。藉非恃有卵翼之者，豈易奏鴻功而荷特達之知哉！異時服闋赴部應，黜管、商卑烈控馬鞭籌，如楊本菴少保仲絀爲贏，使國家不可一日無此人，固恒夫素裕之略，請以是編爲嚆矢矣。敬爲之序。

時康熙癸丑仲夏日，甬水年家眷弟李文纘昭武甫頓首拜撰。

序

竊嘗讀史而窺古今能臣偉略，以全材著者有幾哉！優於綏柔，或戡定則不足；饒於猷略，或文章病未遑。即有勳名蓋一世，智足利物，功足靖亂，未始不恢恢乎異也，然一旦利害攖其前，得失形乎遇，鮮不色動神沮，頓喪生平，爲有識所笑。舉昔日之經營區畫、雄視一切者，無非矯情飾望耳，曷貴哉！

辛亥秋，予隨家仲執齋宦游昭餘，偶訪公交署，抵掌縱譚，歷歷皆有底宿。及觀其政，聽斷如流，邑有利害，必調劑委悉，如身受疴癢，務釋焉後止，信公擅吏能如此。居無何，競傳交山平寇事，余曰：噫！異哉！兹寇蟠聚山谷，恣害三晉近百年矣，公以何術，而奏績之易，不啻縛小兒而縶之頸，抑何神哉！及聞定謀指麾，固知公胸有成畫，非恒理所能測矣。予嘗遊卦山、郤波諸勝，見公搆設閒曠，吟詠流連，居然東山賭墅風流，游刃之才無所不可。今春調審赴省，聞太夫人訃，徒跣奔署，晝夜哭不絕聲，闔邑紳士以至婦女兒童無不爲公破涕；僻嶠野人從不入城市者，皆以帛纏額，相顧泣曰：『公丁艱去，吾等難存活也。』嗚呼！非至德入人深，何以感孚至此？當事念地方重劇，堅檄候代。公廢櫛沐者兩月，會晉秩司農，例宜入省謁當事，且謝弔。及更衣，蟣蝨滿褟褶間。公年方壯，近以過哀，髮頓爲白。大中丞達公勉之曰：『爾母亦不虛在世間爲人矣！爾晉户曹，當保精神爲朝廷異日辦事。若毁傷滅性，亦非所以全孝。』公泣懇委篆，中丞曰：『爾數載勤苦，何惜兩月不以慰交人依戴之誠？』乃始墨衰視事。哀稍節，然飯蔬飲水，面墨枕塊，固不異曩聞訃時也。茲東裝行矣，予過署言别，適河東鹺司印檄行廳，有『交城縣已經疏參，無得模糊離任』之語見諸省報。予時在座，不勝驚愕。公坦然曰：『五載勞吏，自問無愧怍可爲指摘地，即或罣誤報罷，得終身廬墓，求不忝爲忠孝已耳，得失何容心耶？』徐起，握予手入室，予睨其裹槖，圖書數卷而外無長物。内庭雜沓者，惟門下士惜公將去，治迹無所率循，其訂牧愛堂編彙付剞劂而已。以視公家清獻琴鶴，其同異何如耶？

予還署，家仲遣急走河東，探前檄謬妄，郵書慰之，公手復云：『原不驚心，何須折齒？』予兄弟竊訝公不近情，而又未嘗不愧服於心也。夫哀痛之久，且及息肩，忽罷意外，即少感憤，何遽爲品望累？而公素帷獨處，非大賓大吏羣屬耳目之際，倘嗛嗛怨懟，幾微見於顔面，或營及家室一事，予雖偃蹇布衣，頗具冷眼，亦將持短長以議其後。而公之廉淡鎮静，真有不愧古名臣者。公合循吏、良將、才人、孝子爲一身，上下古今稱全才如公者，其有幾哉！予不暇述，述亦不足以盡，因書所目見，亦以知公夙昔表著，果皆本於學問天性，而予之論人，必窺隱微，不隨聲附會也。

癸丑重陽後三日，浙江舜水陳之湜雯若氏頓首撰。

序

趙恒夫先生治交城，鑿高離諸山以導水，使人享河渠之利，説者以爲其功在萬世。又入交山，蒐薙數十年逋寇之根株，以銷全晉肘腋腹心之禍，説者以爲其功在百年。先生之鑿山導水，乃史起之治鄴也；其戡亂除賊，乃龔、黄之治渤海、潁川也。然而史起、龔、黄身爲郡將，位高柄專，其事殊易。若夫先生以縣令而欲摻上下之機，奏焦爛之功，其勢較難。且史起、龔、黄之得紀循吏傳者，人各一事也。先生乃今合而有之，似其績尤偉也。余思先生所處，其勢誠難，然亦有無難者。蓋均之一事，我爲之，人亦能爲之，則闃然角捷者衆矣。惟彼交山之寇盤錮彌甚，朝廷爲之宵旰，督撫爲之憂勞，羣工百執事爲之奔命而惴栗，上與下旁皇卻顧，莫可如何，而先生獨徐徐言曰：『是則我能。』彼黠者共嗤其戇，惴者方愕其夸。然雖嗤之愕之，顧以功令督責之故，則又羣幸先生之濟以紓其旦夕之咎；即或不濟，亦可使先生犯難爲嚆矢，以分其前此養寇之名。是以先生得悠然爲之，惟其所用而莫之或忌也。嗚呼！先生其亦有天幸矣乎！

三晉及門爲裒其數年内所著之文以梓之，名曰牧愛堂集，皆治交城時事也。余讀而歎曰：『先生茲集，其功與言並立者歟！』夫功與言並立者，古今無有。其並有者，意惟陸敬輿、李文饒爲然。蓋昔絳侯、灌嬰能立功矣，椎魯無文，不能自述其事也。賈長沙、董江都能文矣，而漢文帝又不假之位。雖爾時長沙、江都援往迹之廢興，劘切當今之利害，吾則以爲越俎者機必左，代斲者議自疏，終不若敬輿、文饒之能深切著明也。敬輿、文饒佐德、武二宗，處置藩鎮，洞中機宜，迄今覽其文者莫不歎其詞筆之工。夫詞筆之工者，由其理之足也；理之足者，由其謀之周也；謀之周者，由其見之審也。使二公不當軸，則未必其言之確；使二公當軸而不能文，則他人未必能達其辭。今觀先生茲集，名爲先生之文，實先生之政也。以先生之政爲先生之言，策之精者文足以發之，文之麗者議足以張之。言以事爲之幹，事以言爲之華，誠合絳、灌、賈、董爲一途而出之者也，敬輿、文饒無能擅美而獨絶矣，詎不盛哉！

先生又言：『集中所載特其鉅者、著者，若夫除弊興利，區畫實繁，有不及言者，或圖功於不見之所，禍未稔而事先弭，有不必言者；更如户外二屨，機事貴密，有終不可以言者；其他憂畏譏讒，觸喉忌器，有必不敢言者：今皆略之。』嗟乎！先生之遇可云隆矣至矣，而言不盡意尚或如是，則彼庶僚孤臣，欲以微言撼虎豹、排閶闔者，又豈可以必遂也？余爲序先生之文而慨然及此，匪以歎其難，正以識其盛。然則世有能文之士，際可爲之時，而顧畏難苟安，以至機往會徂、惆悵空歸者，能不有羡於先生而爲之愧奮也與！

乙卯春日，年家同學晚弟卓人皋有枚氏頓首拜撰。

文牒

新任交城縣牒城隍文

古先聖王之治天下也，明既立之大夫師長、監司守令，幽復立之山川社稷、城隍土穀，凡以順四時，節六氣，福善禍淫，其權固與守土者等。故祭典曰：『有功于民則祀之，能捍大災、禦大患則祀之。』夫好惡不偏謂之父母，靈爽不忒謂之神。爲父母而好惡偏，爲神而靈爽忒，其負國家一也。況城隍爲一邑主，較之前賢往聖，則其祀專；揆之佛、老二氏，則其祀正。其責固不得與凡爲祠者比，明矣。

吉士奉朝廷簡任，令兹土，誓當洗心滌慮，撫養斯民。神受百姓黍稷，祐一方保障之任，其均之令。今與神約：自今後，凡四境之内，見利不興，見害不除，善惡混淆，是非顛倒，加派累民，枉法納賄，惟神降禍于令。令即無禄，令其無辭。自今後，四境之内，陰陽時，水旱節，夭厲不作，惠迪吉而從逆兇，亦惟神是求。苟不其然，是神受百姓黍稷而無功于民也，不能捍大災、禦大患也，其何靈爽之有？則吉士亦將歸過于神，神其鑒焉。

牒狐大夫祈雨文 狐公突、長公偃、次公毛，交城人，祠在北郭。

嗚呼！大夫生爲臣而忠以利晉也，殁爲神而靈亦以利晉也。生利晉而不能，故爲臣而忠；殁利晉而無不能，故爲神而靈。由是以推大夫之心，東距無棣，西訖河外，北起緐峙，南盡于華陰、虢、洛，舉晉之四境，苟有利于民，亦惟大夫焉是賴，而況生于斯，葬于斯，俎豆馨香于斯如交者乎！吉凶憂患，大夫之于交，固不得委之于罔聞知也。

夫晉之境與吴、楚異，無江淮池塘之利；而交之境又與三晉異，地少而多山，疏泉引渠之所不及，農功四時待澤于天而已。大夫之所知也。今仲夏矣，麥方實而久不雨，穗者且虛以稿也；豆方孕而久不雨，苞者且黄以萎也；禾方秧、百果蔬菜方遂以榮，而久不雨，甲者、結者、敷者且憔悴而隕以燼也。蒸民其咨大夫，其罔聞知耶？將令之不德也？民之有罪，其罰之也？抑有命自天，大夫不得而主也？令信不德，令莅治不及五旬，其可諒耶？民之有罪，有罪無罪，其可一視之耶？有命自天，大夫獨不能爲斯民請之于天耶？有酒一盛，有黍一豆，大夫其享之。三日其雨，五日其雨，大夫其圖之。

牒交城城隍祈雨文

交之境，十之一地也，其九山也。汲于井，泉深而微；引于渠，勢高而逆。既艱于地利，惟天惠此下民。五日風，十日雨，俾乃克有夏，克有秋。今五月矣，穟者麥，苞者豆，甲者禾，茁者、榮者爲果、爲蔬，均待雨以遂。雨既不至，民乃其咨，歲且告荒。嗚呼！天昔降災喪于晉，水旱薦臻，憔悴之未瘳，其堪重困此也？荒則饑，饑則流，流則亂，朝廷殆不得安享其租稅，神殆不得保歆其黍稷，患將若之何？夫爲百姓請命于國家，令請任之；爲百姓請命于上帝，神請任之。天油然作雲，涬然下雨，其庶幾有歲，以穀我婦子，無作神羞。

牒交城社稷文

於維大社，爰暨大稷。茫茫宇宙，德流罔極。不靳澤於九州，矧兹一域？惟交土亢水寡，力農艱食。神以平水土，明農配天，祈年是亟。今兹仲春秋，禮典宜敕。

牒交城南壇文 風、雲、雷、雨、山川、城隍。

於維列神，佑我黎元。承天時行，澤莫普焉。既高既深，蔑有變遷。爰若金湯，使民奠安。邑瘠而險，維神綏之罔艱。今兹仲春秋，敢告用虔。

牒交城八蠟文 先穡、司穡、司農、郵表畷、貓虎、隄防、昆蟲、水庸

於維列神，典崇上古。粒食蒸民，任職庶土。山農難於澇旱，鼠蝨是蟲。祈有豐年，咸有利於斯宇。今兹仲春秋，敬修祀祜。

牒馬明王文

廄之馬十有六匹，自辛亥四月迄壬子四月，爲日三十六旬，騾若馬死者二十有幾。嗚呼！馬之死，常也，何若是其多且速也？或齒老焉而死，或失芻飼焉而死，或勞極焉而死，馬之死，宜也，皆未必然而死，何也？皆未必然而死，又多且速若是，何也？明有官司，幽有鬼神，皆以稱其職爲賢。神之封曰馬明，凡馬之生死肥瘠，神皆主之。久欲禱之，神無暇。今逢神誕日，謹爲文以告。嗚呼！是非縣官之馬也，朝廷之馬也。

祭保定同守常公二河文 公名大忠，壬辰進士，交城人。

嗚呼！公今其亡矣。自古聖賢皆有死，在公亦又何悲？而在吉士兹不禁泫然涕之無從也。

夫公生於晉，吉士生吴、越，相去三千餘里，地如是其遠也； 生未嘗得一面，聆一語，交如是其疏也。 然公實非今之人，而吉士之所以哀公者，亦豈猶世俗之所以哀夫人者哀公乎？古道既衰，聞忠孝之風、廉耻之節，非姍然笑之，則漠然置之耳。 慨江河之日下，迴狂瀾於既倒，孰能以一身起而維持之？嗚呼！ 兩去邑而使其民悲思之如父母者，非公乎？甫下車而造孫徵君之廬者，誰乎？ 椒山先生之寢宮，其再新乎？ 羣忠羣烈，俎以豆乎？ 旌孝而不惜屈郡司馬之膝以拜其部民，今之人而有如公者乎？白璧之瑕可磨，而數年之汙女其貞女乎？ 鰥寡煢獨，自公之亡而誰其濟乎？ 吉士生也晚，雖有志乎古人之所爲，而聞其語，未見其人，則當吾世而所云求什一于千百者，非公之師而誰爲師乎？乃以相去三千餘里之人，而忽焉得吏于其鄉，庶幾十餘年嚮往而不得見其面、聆其語者，今且過其治而問業焉。嗚呼！ 孰謂一旦而公其亡也。 豈斯民之無禄，將天之慎重賢人君子，每不使久居人世？抑吉士之不幸，終不得就正先生，以幾于有成？

嗚呼！ 公今其亡矣，將遂冥冥泉下而淒然於荒崖蔓草中也？將存爲名臣，殁爲明神，昭其精靈以司吾下土也？將復生爲忠臣烈士，以佑吾皇家也？將一屈一伸，遂蕩然空虚而委之於大化之無窮也？以相去三千餘里，生不得見一面、聆一語之人，而哭公若是，誰復知之？非公知之而誰也？然在吉士，實則知公，而公其果能知吾否也？公即知吾，而吾亦何由知公之果知吾否也？嗚呼尚饗！

迎薛公入名宦祠文 公名國柱，陝西人，由明經知交城知事。

自古惟建百世之功者，斯能立百世之名，受百世之享而無愧。吉士令交二載，入文廟，歷數名宦從祀者無幾，明以來益寥寥。非立名受享之不易，亦建功之不易也。

秦中薛公生當明季，時重科名，拘資格，公負非常才，不屑屑計。及以成均謁選，願試一官以見功於世。治交數載，遺愛在人，縉紳頌其德政，赫赫若前日事。而其功最大，交民賴之者，莫如築城一事。崇禎末，流寇蹂躪三晉，郡邑破陷，公先事圖謀，易土城爲磚，樓櫓具備，遂使五里雉堞屹然爲太原保障〔二〕，公之功固可不朽矣。

吉士鮮才，日思所以利民而力不從心，即如東關四廂、北城一郭，目覩頽壞而不能修舉，安望百堵皆興？雖時與事不同，使公官今日，當亦有掣肘棘手而莫展者。然公既建其功，立其名，固宜受其享，使僅祝之私祠，未配文廟，則國人所以報公者猶未盡也。吉士既不能繼公之功而有所建樹，其敢没公之名、靳公之享，不與都人士大報功之典哉！歲庚戌閏二月，請于列憲，報曰可，是用敬卜良辰，位公於文廟左廡名宦之祠。報公不足，勵己有餘。後之來者對越吾公，均有惕於斯言也。

祭侍御卦嵐李公文 公名之奇，丁丑進士，交城人。

嗚呼！公其殁耶？其可哀也，夫其亦可慰也。夫顧公之殁，予不敢以世俗之所爲哀者哀公，蓋余與公固自有所以哀焉者也。公之殁，余不敢以世俗之所爲慰者慰公，蓋余與公固自有所以慰焉者也。彼世俗之所爲哀公、慰公者，吾知之：慎德積行，胡不百年？此其可以哀；富貴考終，多子孫而且賢，此其可以慰。若此所云，夫人而哀之，夫人而慰之，則亦又安用余之哀且慰也？嗚呼！公其殁耶？其可哀也夫！

己酉之秋，予與公暨武、胡、解、孔、孫、張諸公登王山之巔，四望興懷，酒酣樂甚，予時舉杯屬公曰：『勝游難再，金谷、蘭亭之會，寥寥千載無繼者，不知何時復得與諸公樂此樂也。』庚戌春，予始闢卻月之湖，予偕諸公泛舟中流，酒酣樂甚，公時舉杯屬予曰：『吾生長兹土，不意于城隅一識臨流之樂也。』其秋九日，予復邀諸公登石壁，諸公俱至，公以病不克偕。明年春，胡公、孔公相繼殁，迄今而公又告終。嗚呼！其可哀也。夫卻月之湖不改，王山之峯長在，公其復能與予泛此湖，登此峯，以樂其樂也夫！自亥春至今，曾不二載，而登山臨水之人，竟亡其三。昌黎有云：其于人世何如也？卻月之湖不改，王山之峯長在，予即欲復招曩同時諸公共樂其樂，其可得也夫？

然吾聞古之君子，其出也則憂天下，其退也則憂其鄉國。西山之寇自勝國迄今，終公之身，靡有寧日。去冬，諸山告平，班師之日，公與諸公持牛酒，深入惠家莊犒師，謂予曰：『微公，則吾夢魂中不得履此地也。』是公不幸而殁，猶幸而及見羣山蕩平與諸渠之授首。度君子不以一家之蕃衍富盛爲慰，而以一鄉一國之得安其衽席爲慰，則吾之所以哀公、慰公者，固有出于世俗常情之外；而公聞之，當亦必有以釋然瞑目于地下者。異日白雲滿山，春波蕩湖，或登高而歌，或臨流而賦，俯仰疇昔，舉酒酬公，不待巫陽而或來。公之身殁，而公樂山樂水之心，當不隨公之身而俱殁也。其然乎否乎？嗚呼尚饗！

祭襄垣令于九扶年兄文

嗚呼哀哉！憶吾與君，長江之滸，大海之濱。班荆傾蓋，意氣如雲。桃李翩翩，金沙磷磷。惟桑暨梓，況也良朋。

嗚呼哀哉！憶吾與君，款段都門。始自庚子，迄于戊申。峨眉晴雪，報國朝�。有酒斯醉，無謀不聞。

嗚呼哀哉！憶吾與君，連翩捧檄，並轡西征。清風明月，迭爲主賓。朝歌夕酬，非于則程。公同程蒼孚年兄與予共出都門。滹沱之陽，井陘之陰。從此別矣，逝如浮雲。

嗚呼哀哉！憶吾與君，羊陽仙掌，脉脉琴心。花開花落，曰有五春。去年七月，賀子揆晨。儀狀戲謔，周天卿雲。予以棋、緞二物爲公壽，有『周天三百六十，卿雲一萬二千』奉寄之戲。想君一笑，胡不予聞。

嗚呼哀哉！薰風南來，忽吹訃音。漠漠金蘭，慘慘燕雲。長途譚笑，無復此生。歌章初度，易作招魂。赴晉三子，餘予一人。戊申春同授晉令者，公與猗氏劉嶼亭、予三人耳，今兩公俱作古人，因及之。素車白馬，能乎不能。

嗚呼哀哉！生生死死，如火傳薪。公有令嗣，天池化鯤。克昌厥後，實大于門。公郎章雲弱冠舉江南丙午孝廉。何必眷戀，區區一身？瓣香裊裊，重泉九冥。吾爲吾慟，君爲吾歆。嗚呼哀哉！

祭代州馮秋水方伯文

嗚呼！先生之歿數月，予始得先生長公之所以狀先生者，爲文以奠先生也。

嗚呼！以先生爲今之人，而未嘗有以違乎今；以先生爲古之人，而又未嘗有以貌乎古也。夫不可以古今限，而又安能超於世之外，以别先生之爲人乎？嗚呼！予何以哀先生哉！

先生年甫壯，以明經應聘，敷陳天下利害是非、禮樂刑政、兵農財賦之故，挺然若視天下無不可爲之事與時者。嗟夫！世之士焉者，若先生可矣。

先生起家灤州刺史，三遷而至大方伯。所至爬革蠹舉無留事，若其持預定猝，講學論文，尤非俗吏所媚。嗟夫！世之官焉者，若先生可矣。

九齡見背，七載承歡，推先生之心，固不以三公易一日之養者。嗟夫！世之子焉者，若先生可矣。

宅東搆別墅以課藝，顔曰『知園』，蓋取知止、知足二義也。十年丘壑，于戚于友，無不灑然。嗟夫！世之鄉大夫焉者，若先生可矣。

而且，元凱之倫，後先輝映，一仕於朝，一舉於鄉，一貢於國。吉祥善事，備具無遺。而因抱其全以還之造化，予又何事斤斤焉以代爲無可哀之哀乎哉！而有不得不哀者，憶去秋晉闈事竣，先生以次君懿生偶爲予網所羅，貽之長箋，纏綿真摯，恍如昨也。

浮雲生於四表，其合也無端，而其離也必有裊裊不絶如縷者。殘碑廢址，於人非有故也，而顧之者猶徘徊而不忍去，而況夫因其子以及其親，因其所遺以思其所存，而又爲今之人所不及，古之人所未嘗遠者歟？其能已於哀歟？嗚呼！予之所以哀先生者盡此矣。嗚呼尚饗！

祭蔡竹濤湘文

嗚呼竹濤！胡爲而生？胡爲而夭？胡爲而適殁于交也？辛亥七月，予會竹濤于太原郡齋，太守周公取輦下諸名公贈行篇什，擲予兩人閲之，予始識竹濤之面，而因得讀竹濤之詩。秋深訪予卻波湖畔，下榻署内陶縱軒中，復得悉竹濤之生平與議論。竊以爲，竹濤之生，當不徒然生也，顧憤世太甚，恐終不爲世容耳。旬餘，始出龔宗伯、程職方手書，蓋兩公介竹濤以交予者，竹濤不以之介也。越兩月，竹濤形神俱瘁，醫者告技窮，予心知其不起。竹濤曰：『吾自信必不死，吾有父母、有妻、有子，薄田頗可自給。顧何爲而逾江涉淮，渡黄河而至燕，由燕而復抵晉，而死于交也？吾在京爲高陽徒所困而得病。吾既病，出京渡滹沱，逾井陘，而病且甚。及至太原，復北歷忻、代，登五臺之巔，望大漠之墟，而病愈甚。凡此者，皆可以死，乃竟不死，而死于交也？』此則竹濤之所不信者也。乃卒死于交，年僅二十有六。是不徒然而生者卒徒然而夭矣！

嗚呼竹濤！子之生也，胡爲其夭也？胡爲子之殁而竟殁于交水也？又胡爲豈真憤世太甚，不容于世耶？抑或若有待于予而始殁者耶？

憶辛丑春，嘉興孝廉徐次鏐病于京，移寓峨眉僧舍，與予晨夕，顧不肯死他人之手，而囑後于予以死。予親爲含殮且經營其喪以歸。甲辰之夏，予謁選京師，山陽范眉生明經病于家，顧不肯死于家，力疾赴長安，而囑後于予以死。予復棄選，行三千餘里之淮上，爲之定嗣卜葬而還。曾不十年，而眉生、次鏐之事乃復見于竹濤耶？予與竹濤訂交未深，曾未若次鏐之同年、眉生之同筆硯也，而竹濤亦復如次鏐、眉生之死而有待于予耶！

嗚呼竹濤！志廣遇窄，風流頓盡，憾也；死于夭，死于客，死于上不獲訣別兩尊人，下不克囑其妻與子，更憾也。然次鏐、眉生遺文在笥，都門哀誄二子之章盈篋，予至今不能即出之以問世。子之友潘君次耕既爲子作行狀，以廣求知名諸公之哀子者之詩，而周郡公更將爲子蒐輯其遺稿梓行，以傳不朽，子豈與世人較量一日之壽乎哉！

嗚呼竹濤！子亦可以無憾矣夫。使子不出遊，不夭于客，而夭于其家，必也。即使子夭于家，而獲上訣其兩尊人，下囑其妻與子，然其同于奄然而物化也一也。嗚呼竹濤！子亦可以無憾矣夫！

開龍門渠祭高離山神文

名山爲一方之鎮，而猶湮没不彰，豈顯晦有時，必待勢至事集而後著乎？閲山西通誌：交城西北四十里有獨峯高聳，遠離小山，因名曰高離。吉士下車數月，踏荒河北，經過縣屬西北曲裏諸處，即詢其所謂聳立者，將鋭志躋攀，以全覽太、汾之形勝。居民羣指培塿以應，余曰：『是塊然者，題爲小山而猶慚，又何高離之有？』疑誌乘不足信如此。及鑿山開渠之役興，集鄉士大夫耆庶量測水道，由萬佛崖起水，經由托鉢碟、予桑條至虎喊寺、青龍溝出水，一山特立於諸溝之西。予躋其巔，有順治十六年文民一碑，署此山爲『天台』。余曰：『異哉！前後皆交境，何突來文水之一峯？天台之改，更爲無據。』詳察形勢，洵乎獨峯高聳，遠離小山也。于是，高離之名頓還舊觀矣。

兹特具牲腯醴漿，敢昭告於高離山靈，俾我疏鑿順宜，灌溉咸普，使此邑胥爲沃壤，則是渠之利我交民，即山靈之大有造於兹土也。今當誓之神前，毋撓奸謀，毋生退志。凡塾費有數，悉於七月内齋付首事，不得吝出納而稽時日，請自予始。蓋力裕而勇往之氣自倍，心齊而猶豫之懷頓息。鑿交山以通交水，又何疑何畏而慮工之不成乎！盡吾力之所優，以俟後之同志，其永賴此山靈哉！

策論

課士策一道

國以民爲本，民以食爲天。勸農力穡，誠圖治急務也。自井田廢而溝洫之制壞，東南之民苦潦，西北之民苦旱。晉地最高，頻年饑困實甚。雖曰天災，或亦水利有未講歟！夫開陂築塘，荆、揚賴以灌溉；引渠濬井，秦、晉賴以耕耘。水之操勝於人力者半焉。然史起引漳水灌鄴而河内富饒；番係請引汾溉皮氏，汾陰引河溉蒲坂，而河數移徙，渠不利，其得與失可得聞歟？今滹沱、汾、漳、晉、絳、沁、潞，經緯全晉，無有善用之者。豈地形高下縣殊，固難逆水之性歟？秦、漢之間，下者爲河渠，如鄭國、白公是也；高可爲井渠，如龍首是也：能盡水利，何患天災？諸生籌之熟矣，特相咨以觀夙抱。

天下有無窮之水利，西北未必遂異於東南；天下有無不可興之水利，西北亦未必遂難於東南也。夫惟智者爲能相其勢而審其宜，以各爲之所。逮至人事盡，而下不能困之以地者，即上不能困之以天。今天下之策治者，莫不重言農事；天下之策農事者，莫不重言水利；天下之策水利者，莫不便言東南而重言西北。嗟乎！是亦未嘗取西北之利而深求之爾。天下未有無水之地也，天下未有無利之水也：用之而已矣。

嘗考禹貢一書，誌冀州厥賦上錯，誌雍州厥田惟上。上苟無水，利何以有此哉！即曰井田壞而溝洫之制廢，蓄洩無時，水旱罔備，今之時亦大異於古之時，然而長河巨澤見於史書者，於今如故也。

即以晉言之，最大者莫如汾，太原、臨汾、平陽之間，襟帶千有餘里。其次若滹沱之出於繁峙而東也，沁水之出於上黨而南也。又其次若漳、若潞、若晉、若絳之經緯而錯潤也。較之荆、揚之有江、漢、淮、湖，寧遽弱哉！然而荆、揚利而晉不利者，何也？蓋荆、揚之間有江、淮諸水，而自諸水以外，分之爲川，析之爲港，蓄之爲陂，彙之積之而爲塘爲沼，不可以千萬計。晉自汾、漳諸水正流而外，其爲支分而條達者蓋幾何也？夫極數州之水以澤數州之地，我尚見其有餘，而僅恃數州正流之水以遍達數州之地，則我亦見其不足。

然則當今世而欲爲晉地重農事、興水利，莫如開渠。渠之制有二：有河渠焉，有井渠焉。平原就下，與河相接，河渠之地也；高坡伏泉，與河相遠，井渠之地也。今試舉全晉之形勢論之。太原、臨汾、平陽之間，旋帶黄河，其地平以沃；上黨、潞、澤、忻、代、雲中之間，首尾恒岱，其地高以厚。其孰爲河渠而宜？孰爲井渠而宜？分之不厭，其分所以利河渠也，古之人有行之者而未必盡也；深之不厭，其深所以利井渠也，昔之時亦有行之者而未必盡也。由是，相水之勢，因地之宜，積之益久，而渠愈多、利愈遍，旱可以灌，而澇亦可以洩，得溝洫遺意莫善於此。推而及之，而畿内，而秦，而豫，而齊，而遼左，無不可爲者。彼史起、鄭國、白公諸人，區區於一州一郡間，何足慕哉！何足慕哉！

作策必先相題，題有題面，有題骨，有題眼，此當着力洗發者。題有援旨，有陪賓，有泛波，此當掉手不顧者。若一一鋪敘，既失輕重，而正旨亦復因之不暢。即如此問，晉地水利，其正面也；滹沱諸水及善用之，其骨也；河渠、井渠，其眼目也。操筆時，全幅精神當注於此。他若引漳、引汾、引河、鄭白渠、龍首渠，援古也，史起、番係，陪賓也。或富饒，或不利，泛波也。節略之，即全篇不出亦可。又貴鮮浄而有規矩，即雖開陳條暢，必期簡切不浮，令見者覺其學問之氣鬱然楮墨間，方是自出手眼，獨寫性靈。予困公車十數載，一行作吏，筆墨輒疏，況冊牘填委，了無生人之趣，乃復握管苦吟，與諸生考藝問業，心滋愧矣。康熙七年六月初十日，恒夫自識。

課士論一道

子曰：『近者悦，遠者來。』

天下之爲政不同，而聖人之言政亦異。夫非聖人之言之異也，爲政於多事之國與爲政於無事之國，固自異也。曷異乎爾？無事之國，其人弛弛，則當先嚴一國之大防；多事之國，其人解解，則當先收一國之大勢。勢者不專在内，亦不專在外，而在於内外之間，俱可合而不可離。説在夫子之與葉公言政也。夫當子高執政之初，正值昭王復位之後。於斯時也，戈矛起於同姓，板蕩及於國都。方城之内、漢水之外，疑而懼者幾何？流而散者幾何？近者不悦，遠者不來，豈顧問哉！幸也國人望君如望慈母焉，有一子高，則近者之悦不難；幸也國人望君如望歲焉，有一子高，則遠者之來亦不難。雖然，方其執干戈以衛社稷，正人心屬望之秋，則悦且來之易爲力；及其秉國鈞以定安危，又值賢者責難之日，則悦且來之難爲功。然則近者悦之，是必有其悦之之道也；遠者來之，是必有其來之之道也。夫子言之，夫固謂子高之思之、子高之反之也。惜也，子高不問也。

顧吾爲之考其時，顧吾爲之論其世，切有得焉。從來定大變者不多其求備，吾惟持之以寬，總其宏綱而捐其細過，既使安集者無危疑之阻，亦使反側者絶窺伺之心。全大功者不多其舉動，吾惟鎮之以静，仍以前猷而安於無事。既使在吾者無功高震主之憂，亦使在彼者享此日生全之樂。夫吾既已威震楚國，名聞諸侯，而又能寬以持之，静以鎮之，如是而近不悦、遠不來，未之前聞。不然者，以威服之，威烈而民愈動；以惠結之，惠褻而民愈驕：區區楚國，其何日之有？

聖人立説，往往因人作救。夫子與葉公論政，便當從葉公身上知人論世一番。則近悦遠來，自然別有至當不易見解。然此章夫子尚全未説到爲政上，正是引而不發之義。若使葉公再問，定當指示悦來妙用，則題後一層洗發正不可少。善作文者，立身題外，着眼題先，用筆在題之前後左右，故能操縱自我，題無餘憾。一爲句義、字義所縛，便失廬山真面目矣。恒夫識。

序

重修交城縣誌序

方域廣而時代遥，建置沿革、疆里分合之殊，樊然不一。其間治亂得失、往迹新猷，可法可垂之成效，不由紀載，後何述焉？周禮職方氏掌天下之籍；秦丞相府圖書周知郡國險要坑塞、户口多寡疆弱之數；班史誌地里兼及民風俗尚；後代方隅郡邑或記山川，或記風土，或記先賢耆舊，至今猶有傳者。逮明而一統，有全誌，下及府州縣衛，莫不修定誌書。發凡起例，要皆綜古人記載之體而備書之，存故實以俟將來，俾爲政者有所考據，誌之有禅於治也大矣。

交邑屬古晉陽，爲省會西南巖邑，地居四塞五原之間，舊誌修於歷城周君，迄今七十餘年，無繼而緝之者。予愧非史才，且寡識也，然既承乏兹土，老成未謝，軼事可稽，敢復因陋就簡，以逸所傳聞？交雖一邑，其能違天時、逆地利、倍往制、拂人情以爲治乎？吾考天文，吾得以省災祥，順四時之序以導吾民；吾考地利，吾得以辨土性，則三壤之宜以養吾民；吾考建置、食貨，吾得以察古今，鑒得失，因時損益，以利吾民；至於官政有考，某無聞、某賢以傳，吾因以自勵。選舉、人物有考，吾將以爲爲善者勸，爲不肖者慕。藝文有考，吾得以見世道人心之升降與政事之治忽。誌之修舉，又烏可已哉！

邑紳武公以洛宰擢秋垣，所纂洛誌與公奏議並傳，家居益不忘學，憫邑乘闕軼，留心采攬久矣。予與互相質正，考訂參稽，遴諸生能文者八人襄事焉。始於康熙己酉仲春，歷八月而告竣。於是，交邑之往迹新猷粲然垂諸簡册。

予因之有所感矣。邑誌，古史之遺，文之切於治者也，承平則修明，亂則湮廢。明之季，盗起秦關，躪三晉民，救死扶傷之不給，吏治日偷，何暇問圖籍事？我朝統一天下，除亂救民，登元元於衽席，釁甲之治成矣。然長吏碌碌，奉簿書期會，急催科，防草竊，日凛凛焉恐罣令甲之章程，不遑彬彬於文治。予大懼歲往事湮，久則莫可考述也。夫稽古成書，黼藻潤色，其事必在民安物阜之日，經久道化成之餘。

今予莅職甫匝歲，雖黽勉從事，百務漸舉，未敢云利畢興、害畢去也。而幸逢聖朝治化之翔洽，沐制府撫公清惠慈祥之施，重以方伯憲長諸君子仁恩軼於往昔，風聲播於遐邇。雖以予之駑鈍，不致隕越獲免於罪戾，庶幾獄訟簡，耕桑興，絃誦起，無復逋賦草竊之習，足煩司土者之隱憂，不及是時歌舞太平之盛，修舉廢墜，成紀載以示來者，予何以自安於心哉！予亦爲其必不可已者而已。皇朝億萬斯年，久安長治，則繼我而令交者，以時嗣爲纂述，無俾闕軼焉，是予所深望也夫！

附 縣誌編目凡例 並小序

誌亦史也。史之體以垂警戒，以明道法，不避忌諱。春秋托始于隱、桓，而日食星隕，不廢書于二公之世。綱鑒首册武乙暴雷之震，大書不諱。三國後主傳云：蜀無史官，故災祥靡聞。然則彼豈爲觀者悦目計哉！至如龍門進黄、老，蘭臺譏之；蔚宗惜武帝遺佛書，後史又譏之。知其譏之爲是，而躬自蹈之，亦使後人而復譏今人耶？史以天事紀人事，故魯以『春秋』名史，今舊誌闕天文，廣覽郡邑各誌皆然。又以分野屬地理，不知天上所分十二野係星辰緯度，得之仰觀，非關俯察，且有地理、人事而無天文，是三才之道有時而缺也。今邑誌首載諸圖，即以天文爲第一卷，而列分野于天文考中，以辨所轄，因以祥異附占驗後，蓋使讀者開卷有得，時深恐懼修省之思焉。古迹、丘墓確應屬地理。仙、釋不能外人物而成，予附仙、釋于人物後，以示放閑，蓋亦史氏不進異端之意。此外爲建置，爲食貨，爲官政，爲選舉，爲藝文，分六十二條，統以八卷盡之，雜誌可不立也。至卷末復載列憲爵里者，一時督撫藩臬俱簡勳舊，而主試特差詞臣，有晉至今得所未有。

予修誌而躬逢其盛，是又不可以無考也。予不敢以誌視誌，而以史視誌。以史視誌，即當以春秋爲宗，以班、馬爲法，諸誌失體，必爲識者所譏。予之編是目也，豈好立異于諸誌耶？

誌圖考小序

吾覽輿圖，思禹功也。天下甚大，又安能盡人而章步乎哉？然使邦國都鄙漫無可辨，問何者爲職方氏掌乎？交雖山陬，疆域有其界，城廟備其制，山川多其迹，行人往來不絶，一過焉而墟矣。予欲萃羣勝於寸眸，集千村於方幅，舍圖安稽？繪而列之，明若指螺，觀者可當卧遊也。有志之士記風土，考方輿，循覽考索，正非無據耳。

誌天文小序

天之高也，星辰之遠也，其於人事邈矣。然緯聚箕而齊桓霸，歲淫於玄枵而宋、鄭饑，蓋觀乎天文以察變，雖聖人亦重之。交雖一邑，其於天道有較然不誣者，舊誌乃略焉而不誌，或附焉而不詳。今重輯之，首以圖，昭懸象也；次分野，辨所轄也；次麗屬，備所統也；次占候，次災祥，明所省也。而天文之事備焉。

誌祥異小序

君子遇祥不喜，遇災則懼。故祥可略也，災不可略也。交自元以迄今，茲其爲災多矣，然其事見於地者，其兆必先見於天，故周禮保章氏掌日月星辰之政，九州封域各有分星，以察妖祥。春秋列國太史各省其國之所屬，辨其吉凶。交雖一邑，其爲大於陳、蔡、邾、滕之封多矣。夫惟識微之君子爲能仰觀其變，以思患而預防之。吾故列祥異而附之占候之後。

誌地里小序

易曰：『王公設險，以守其國。』孟子曰：『天時不如地利。』名山大川，國之寶也。交幅員幾五百餘里，吾嘗深入險阻，歷覽其山川，察其形勝，度其風俗，而知其爲邑則瘠，爲疆域則雄矣。世治則山林、鳥獸之利，可以給國賦而資衣食；天下有事則據險嘯聚，且爲全晉腹心之憂。整武備嚴，盜賊折之以威而結之以恩，使險常在國，是惟守土者之責，故備誌之，以俟後之君子焉。

誌山水小序

唐、虞之時，玉帛者萬國，至於周初尚千有八百，其時封建密矣，獨交境考之上世無專國焉。蓋古者名山大川不以封，則此地之險阻可知矣。前左汾河，右背呂梁、狐突，叢峯極天，覽其山川，可以知其人、知其俗矣。

誌古迹小序

詩有之『高岸爲谷，深谷爲陵』，古迹之磨滅，蓋不可勝記也。幸存矣而不可考，考矣而訛。交古迹十其然，豈其然乎？

誌陵墓小序

交自春秋以來，分割建都，屢爲畿内地，其爲窀域地多矣。今存而可考者不過十數，大抵皆王侯將相。然則賢人君子，不幸而不爲侯王將相，以至不得保其抔土者何限歟！雖然，其幸而存者果皆以侯王將相故耶？則其人與其骨俱朽矣。

誌風俗小序

交之俗，略知桑麻，不好文物；悍而輕生，易於犯上；然勤儉出自天性，習勞苦，少游惰。近頗豐裕，其輸情尚易，裁以法，柔以教，需之歲月，以輔其所善而去其所弊，庶幾陶唐氏之遺風云。

誌建置小序

古之君子過都歷邑，往往觀其國一切建置之修廢，以卜其政事之得失。蓋國無大小，其爲有城郭官舍以固封守，有庠序倉廩以隆教養，有社稷祠廟以大祈報一也；交邑險，安不忘危，故其建置也嚴；交俗悍，煩不如簡，故其建置也慎：考而訂之，比舊加審，有微意焉。

誌關城小序

縣之東關非制也。兵家者言：『攻瑕則堅者瑕。』雖有百仞之城，一陴崩潰，弗能守也。吾觀東關四圍土垣，又廢缺不固，防穿窬尚不足，安能禦捍犄角？幸而承平無事，一旦有警，即與賊分城而處矣，可乎？故爲百年計，必連築關城，合大城爲一，然後以守則固。吁！非常之舉，黎民所懼，交民偷不顧其後，及吾身而能計之，甚善否則後之君子幸思吾言。

誌堡寨小序

據險乘便，堅壁清野，使地各爲守，賊至無所掠，退則背腹擊之，莫善於堡寨。然必便芻牧，近水泉，大者可容千室，小亦百家，然後氣完而可守。否則齎寇兵而藉盜糧，徒聚而殄耳。交山勢盤錯，頻歷變亂，故多堡寨墩堠，然徒知扼險，于制未得，可暫而不可久持也。

誌器械小序

吾聞之，器械不利，以其卒予敵也。故攻守之道，軍器最重。器之用，莫猛於火，莫利於弓矢，短兵次之。然兵事尚秘，吾故詳其目而隱其數。

誌橋梁小序

交之山十倍於地，故患旱。然一遇大雨，輒羣山奔瀉，其滂也又不測。故修橋梁、興築渠堰，其急等。王制：十一月徒杠成，十二月輿梁成。爲廣川大河言也。交之地，冬則冰堅水涸，不病涉，其患在夏秋之間，當修之以時。

誌坊表小序

畢命之篇曰：『旌别淑慝，表厥宅里，樹之風聲，殊厥井疆，俾克畏慕。』先王之教天下，如此其至也。後世所爲殊厥井疆者無有矣，惟坊表之説猶有『樹之風聲』遺意。然吾考交邑名坊，大都科甲仕宦，而表義民者僅一見。交之坊，其亦魯之餼羊矣。附之學宫之後，誌感也。

誌公署小序

善哉言乎！弗備者缺也，犯麗者侈也。全察院諸公署圮壞甚矣，大行臺各司以時巡行封内，輿徒皂隸不免露處焉。吁！吾將葺之，而蚩者且以爲毒予也。

誌祠祀小序

入其疆，無廢祀，無淫祠，國有人焉。交之境，其庶幾乎？吾惡爾。

誌里甲小序

交舊編户四十三里，國初併里爲二十五。康熙六年又併甲或乙，里僅五六甲，則其凋敝不支可知矣。然吾考明崇禎四年爲户共六千四百零，口乙萬八千六百零。康熙六年審户一萬五千九百零，口一萬八千六百零。是今之口不減於明，而今之户且倍於明不止。而併里併甲，凋敝不支如此，何也？蓋古者户口增減，各得以其實上聞，後世計丁口征税，減一丁則一丁之税無出，故但可增而必不可減；苟有以户口虚耗上請者，必以爲失政所致。吁！即使尹鐸生於今日，其尚能損其户口之數耶？

誌恤典小序

朝廷恤民之典至矣，生則養，疾則療，死則有以葬。然則鰥寡孤獨，其果無憾乎？吾聞之，教化行而風俗厚，民且有好義恐後者焉，其爲窮民而無告者幾何也？

誌寺觀小序

二氏之教，其行於天下也盛矣。凡其所創造，未有爲之而不成，成之而不速，且垂之久遠而不毁也。以交俗之嗇，民多穴處，即有室廬，取足蔽風雨，而寺觀乃至五十有四，其餘無名者不數焉，可以觀世道矣。雖然，二氏皆以祈禱邀福重於世，今吾考交邑釋氏之寺四十有九，而道觀之類不過四五，則二氏之盛衰，又可得而見焉。

誌食貨小序

江、淮之間無可耕之地，大河南北無可耕之人。交户口不過萬五千，復介處行、霍之麓，其境十之九禽飛而獸奔，是不惟無可耕之人，並無可耕之地。無怪乎一遇災荒，輒强者四方而弱者溝壑也。晉，京畿右輔也；交，晉省偪邑也。因天之時，順地之利，衣食而生息之，令斯土者可弗念歟！

誌丁賦小序

交邑丁賦，明時以九則起征。變亂之後，丁户凋亡，所存者惟下四，則耳丁既不足，不得不派征之於田，於是而有田者益累。嗟夫！

誌田賦小序

交城平土無幾，大抵折山爲田以起科，故其賦亦不盡出於耕。凡草木鳥獸皆其黍稷稻粱也，然其流弊滋甚。古制，惟徹田爲糧。交則計糧而不計畝，往往强者日拓，弱者日虧，公私交困已。夫豈不能履畝丈量，按地起科，一準先王分田成賦之法，與之更始，以蘇民困乎？邑之士大夫咸謂山多平少，釐剔變通爲難，予欲畫一疆理而未能也，特存其説，以俟後之君子。

誌物産小序

土之所産，凡可資國用、利民生者，法皆當誌。雖然，荔枝出於嶺南而數州驛遞爲疲，明州貢蚶而役郵幾及萬人，彼其初之誌荔枝、蚶也，豈知其後之至是哉！是以君子慎微焉。交所産有不止所記者，舊誌既不載，予亦從而闕之，慎也。

誌官政小序

自公卿大夫降而至於令丞等，其爲秩十數而不止，其爲官也幾何矣。雖然，縣職雖異而於民則親，縣權雖輕而於事則專。今舉百里之内孰者興、孰者革、孰者當懲而當勸，彼貴官大吏不得而與也。故昔之賢人君子類有辭禁從朝列不爲，而願爲守牧者，有以也。交自置縣設官，歷唐、宋、元、明千餘載，其爲仕若而人，其仕之賢而爲史氏之所記、爲邑民之所尸祝者若而人，悉誌之於編，以備一邑之世系云。

誌選舉小序

漢以前，用人不拘資格，隋、唐以來，始重科甲，歷代因之。即有英君賢相欲一變之而不可，文之不能復返而忠質也，勢使然也。然奇才大節亦往往出其中，上所向，下所勸，何必盡同上古？交城之立始于隋開皇，科舉之興起于隋大業，蓋風氣所開，有不符而合者。

然五代以前邈矣，疑者闕之，宋不足徵也。吾考其可徵者，斷自有元，迄於國朝，得若而人。雜科附之，其亦猶鄉舉里選之遺意乎？

誌雜職小序

三代以後，得人之盛莫如漢，而其時名臣將相半出於吏胥。蓋吏胥之徒，皆習律令、明制度，其於人情物變，罔不周悉而無遺，故能小事詳慎，大事立斷，卓然可以爲世用。近代偏重科甲，凡士子自成童至老死遺器求道，游心于無用之精微。發於言，雖聖賢無以加；見之事，莫不方鑿而圓枘。以之處常尚不遑，而望其應變難矣。吾考交邑，歷明三百年，凡由吏胥進無顯者，豈胥吏果不足用耶？抑畫其途，俾終不得進也？噫！

誌人物小序

荆、揚之間多秀民，燕、趙之間多慷慨，非天之降才爾，殊也。山川靈氣所鍾，分剛分柔，雖天亦有不得而主者焉。交前後行、霍，左右河、汾，其山嵯峨而多奇，其水激蕩而奔駛，故其人大都崛然有以自立，而於君臣、父子、夫婦之際多烈節焉。吁！今之交猶古之交也，聞伯夷之風者，頑夫廉、懦夫有立志，吾蓋誌交之人物而竊有感也。

誌鄉賢小序

由春秋及今二千餘年，交之名賢可述者十數而已。然其間若狐氏父子及張承業等豐功大節，即上下史書有不多見者，雖與日月争光可也，豈交邑所得而私焉哉！其外數子固未可同日論，要皆卓然不凡，與世俗所稱者異。有之也奇，故其生之也不易。夫子曰才難，不其然乎？

誌孝義小序

子以孝名；夫以義名，倫之變也。然不幸而處其變，猶幸而孝焉義焉，則爲之親與爲之妻者，亦可以無憾矣。吾敘孝義，非樂道之，不忍没之云爾。

誌貞烈小序

忠臣孝子出於性，感於學，毅然爲之而不疑，卓矣。至若婦人女子，目不睹先王之書，耳不聞先王之言，彼固不知貞烈之義何居也，乃能臨難慷慨，寧死不辱，或終身嫠然，即死者復生，生者不愧，此豈有所爲而爲之者哉！有所爲而爲，君子固將取之，况於無所爲而爲歟！吾誌交人物，輯貞烈，哀其心，悲其遇，蓋爲之三復而流涕也。

誌仙釋小序

誌亦史也，司馬遷作史記，述黄、老，班固譏之。吾輯誌不廢仙、釋，無乃惑歟？子輿有云：『君子反經而已矣。』忠孝節義之風興，則報應虚無之説息，吾故取而列之人物之末云。

誌藝文小序

盛世之言厚以樸，衰世之言浮以華；樂土之言淡泊而舒徐，貧土之言悽愴而迫促。出於心而發於口，不知其所以然而無不然也。故虞舜在治忽，以出納五言；成周太史採風，輶軒遍於列國。聖人之視言深矣。吾誌交藝文，凡詔誥、碑記、詩賦，總得若干篇，損舊者十之二，益舊者十之六。覧其言，可以觀代焉，可以觀俗焉，可以觀政焉。故以藝文終之。

誌條議小序

古云：『安静之吏，悃愊無華。』今莅兹土，其得仍安静之治歟？予始至，官舍如寄，民情若驚獐，而形半鳩鵠，摇摇處其上，心如懸旌焉。乃多方規畫，相時宜，權輕重，次第詳請舉行，賴列憲神明，洞悉民隱，所請獲遂，甦此一方，下吏敢矜爲能乎？如木廠復而窮户恃以輸租餬口，游手之民各安其生矣；汛伍移而内地藉以聲援犄角，土著之兵始破所恃矣。然非守險分治末議具詳於未奉剿殺浄盡之先，官不足惜，交其有寧宇乎？幸而山平寇静，得以耑事審編，故絶之丁概除，疲累之甲維均。余力不遺而心已盡矣。至於士子廣額之請，使人才蔚興，則五載來惓惓不忘，亦適全予初志也。今復爲之鑿山引水，事屬創行，不免驚愚人耳目。余首倡捐資佐工，而鄉士大夫洎諸耆庶，同心鼓舞，竭力墊費，改瘠土爲衍沃，以成千百年無窮之利賴，又非區區綿薄所敢倖耳。嗣余而令交者，留心民瘼，踵而增華，竊不能無仰企焉。

誌爵里小序

交誌修於己酉之春，歷五月稿定，今庚戌夏梓成焉。雖誌一邑，亦晉乘也。晉之政教所施，自督撫行於藩臬，遞而至於縣官而止，有宣播諸邑者焉，有奉守一邑者焉。凡交之城關堡寨、林麓崖穴、溪澗村落，無不受治也；凡交之薦紳大夫士、耕商負販、羸老惸鰥，無不望治也。又況列憲俱以豐沛勳臣儼然下臨兹土，令行禁止，弊絶風清，使諸縣官皆得盡其心力，爲聖天子牧民，即如其身牧之，初不必其身自牧之也。百爾屬吏，靡不稟承肅將於所督所撫中，其誰敢不屬？誰忍不屬？三晉陶然化國，猶見二帝遺風也。兩年善政善教，深入民隱，既非一邑之書所得載，又安可不誌其人、誌其地、誌其爵、誌其莅官歲月，以光不朽哉？

胡質明詩集序

辛卯冬，予與胡子質明及道南公車北上，時方揣摩關中業，然每至山川奇勝及古人陳迹處，予三人未常不賦詩。惟質明咿哦精思，往往隋馬不覺也。既道南獲雋去，持斧兩淮，進秩京卿，功名日盛。而予與質明屢蹭蹬長安，寄迹峨眉僧舍，閒步慈仁寺中，古松晴雪，層閣峭風，每每相對，會心于文字之外，雖不遇，不以之介意也。別四載而質明遨游四方，凡五嶺以南，大河以北，莫不留轍迹焉。

戊申夏，予來交城，一行作吏，竟絶友朋之樂。臘月踏荒河北，越羊腸，涉狐突，遠望呂梁，風雪猝至。方與山民休息土穴中，忽來一函，啓之，則我質明不遠數千里過訪也。予因匆遽歸，缶樽土簋，譚讌周旋，復得道南手書。回思我三人往者公車道上，恍如夢寐。既盡出其數年所爲詩示予，秦、梁、楚、越，山川風俗，與夫古今人物興廢得失、友朋離合生死之故，俯仰興懷，殆成一史矣。嘆息之下，摘其内墮馬及解嘲數章戲之曰：『墮馬，險事也，而子以詩故屢蹈之。太白嘲子美爲詩所苦，不過于瘦，而子爲詩所苦，乃至于險，不亦甚乎？』質明曰：『不然，我無聊而游，游而賦詩，不得已也。今屈子百里之寄，雖安坐可以令行，顧乃入深山不毛之區，履荆棘，披虎豹，梯崖懸谷，晝則巢登，夕則穴處，足爲之胝，膚爲之裂，目爲之腫而不能視，大風盛雪而不爲之止，其險當過于墮馬，而子乃不之戒，何也？』予久之無以應。

質明數千里訪予，予無以償僕馬費。南行之日，乃不詈予，而索予言序其詩，予烏能序質明詩？偶述今昔聚散之感如此，並示道南，以助數千里故人一嘆。若夫其詩之老樸入化，天下能詩者皆知之，不待予言也。

康熙八年正月望日序。

建修交城縣署序

天子之下，縣令之上，自宰執部寺遞而至於郡守，雖官之大小不同，而其爲蚤作夜思，出政令以治此百姓，一也。天子所居曰宫，自宰執部寺以至守令，各有官廨，雖居之大小不同，而其爲安是居而蚤作夜思，出政令以治此百姓，一也。

吾嘗徧游江南、薊北、中州間，其縉紳巨族，往往翠檐朱甍，連雲蔽日。至官廨，恒任其傾欹破壞而莫之顧，何也？自封建廢而郡縣立，諸侯不以世相襲，居官者視其居如傳舍，近或數月，遠不過數年輒去，彼固以爲此非吾之所有也。非吾之所有而吾爲之，以利後人，内有經營拮据之苦，而外有傷財勞民之名，不亦大愚乎？充是心以往，故有明知其利之當興與害之當去，而彼亦以爲及吾之身而止耳。彼數十年數百年之利與害，吾何爲焉？嗚呼！職事之不修，天下之不治，舉是故也。

山右三代舊都，茅茨土階，其民固習於嗇。交城僻處萬山間，荒陋尤甚，縣署雖設，僅名焉耳。其大堂再建於明景泰；其内署自萬曆二年以至於今，無新之者。每官交代，必以修整衙舍派累里中，民頻其患；而吏役中飽，官亦無從清釐，遂成不破之陋弊。予未任前，此地已缺令五載，其内東西十數間敗不能葺，署篆者盡折之以爲薪。自三廳後僅五間，再後三小間耳。大都壘土爲牆架，拱把以爲梁爲棟，疾風則患飄摇，大雨即患滂沱。

予初至，予無所容偃仰焉。莅政五月，庶績稍清，用捐資鳩材，給餼興工，廓其舊趾而創築之。自二、三堂及内，皆廣三間爲五間，别建耳房、廚房共十六楹。室之東向有軒，爲予退食讀書處，顔曰『卧琴』，案牘所不入者。二堂之傍，南關玉鑒之堂；北築冰壺之宇；朗然中峙，則有雙清之亭，爲賓朋譚讌之地。冰壺之後有臺曰『遥集臺』，寬而中虚。爲齋曰『陶縱』，以供公餘之嘯詠。此外爲菜圃，爲馬廠，隔以重門，四圍俱磚砌，而内外始判然也。凡木以枚計者千數，磚以塊計、瓦以片計者共十二萬二千零。民食於予而用于官者，積三千六百餘工。費出于予而捐于官者，約金八百六十。自戊申秋仲至己酉春季，歷八月而告竣。

竣之日，置酒爲燕，客舉酒以祝曰：『是役也，唯子建之修之而成，唯子居之而安。』予曰：『吁！此天子之所置以居。交之令，治交之民者也。交之署壞而交之令建之修之，交之令居之。今之令有時去，則又後之令居之，後之令建之修之也。吾何爲也哉！』客瞿然起曰：『吾聞之，天下事唯其當爲者即爲之，而吾若無與，此古人之所行也，公何多讓焉？雖然，莫爲之前，無以創之；莫爲之後，無以繼之。請以子之言勒之石，以告後之繼子居此而蚤作夜思，出政令以治此百姓者，其無隳今日之功。』

予愧其言而不能易其説也，爲之序。

時己酉夏五。

春夜踏雪卻月湖隄序

三晉類多以水名其邑，交之左右文水、清源是也，而交邑亦以汾、孔交流得名。予初至，見環邑皆山，徒切濠、濮間想。任三日閲城，有水繞城隅，詢所從來，吏爲予言，窊下積水以漚皮革也。予就視之，自東門曲折而南約二里許，雉堞襟其前，樓臺枕其北，浮屠香刹，煙樹林巒，宛然湖山風致。相傳下有泉穴，雖寒暑不涸。予急命役夫廣植垂柳，名以『卻月』。誡居民毋汙此清泠一曲，行將搆紅橋、牽畫舫，與都人士游宴其間，爲風塵俗吏解嘲。

改歲十二日，予至汾陽寺勸農，依夕還署，酒闌月皎，同鄒子憲章、蔣子制名及予弟安侯緩步而至水濱。于時殘雪滿城，堅冰澈底，湖光月色逼人醉顔。予與二三子盤桓離相之寺，憑眺聖母之祠，尋長隄，轉曲渚，歸漏三下，塵氛頓洗。

因念予生長東南，使通闤帶闠之處得有此湖，久成勝地，豈必待趙子今日始爲開生而哉！況此地艱於得水，水與境俱佳，而人顧乃視爲畏途耶？自今後，吾願交人士以及繼我而治交者，勿棄此水復落賈豎手，斯幸矣。殘山剩水，吾輩當共爲天地寶之。晉邑類多以水名者，良以其不易得，欲人知所寶也夫。

時庚戌立春前二日。

重建北門城樓序

無治亂，交山常稱盜賊藪。縣逼山陽，而城北門其首衝也。戊申四月，予莅任三日，巡城至北門，樓傾門朽，迤東馬道決裂者百有餘丈。更幾載，雨水注塌，殆復隍矣。因慨然太息，志一新之。顧以初受事，庶務不遑。

迄庚戌政稍行，民稍信，身稍暇，乃罄橐中有，鳩工聚材，始於七月二十四日，成於十一月之朔。而門儼然，而樓巍然，而陴院馳道坦然。凡木植以百計者幾，瓦石以萬計者幾，灰以車計者若干，總工若干，而城始可守。府司上其事於督撫兩臺，過蒙温語奬勵，所捐所費之數，悉具報册詳案中。

夫築城鑿池，孟子以勉滕文；莒以城惡失國，春秋戒之。予惟後之君子念斯土之巖險，不可一日而不備，則凡所以繼予之志者，又豈獨是北門之營而已哉！

林浣亭涂水試藝序

人苟有所得于中，則凡境不得以亂之。事莫急于軍旅倥偬，而不能移昭烈之結髦；勢莫險于風波傾覆，而不能變安石之嘯詠；遇莫窮于流離播徙、橡栗以給、犴狴爲居，而不能輟太白、子美之歌詩：無他，其得于中者深也。今之居官者吾知之，高者騖聲名，植黨援，希旦夕赫然自立于天下；卑者循分苟安，幸免罪戾，稍自潤以美田宅而長子孫：一不遇而懼坎坷，則蒼皇失次，書空乞光之不暇，亦足悲矣。

同寅林子浣亭，其居官也無求于上，無索于下，淡然若將終身。適遇蜚語，列憲震怒，變且不測，而浣亭意黯黯無别營，似不難拱手待者。予私心訝之，既而疑曰：『噫！是殆有有得于中者耶！』已乃讀其公餘所作制義凡數十首，精深邃密，絕似諸生未遇時窮年兀首帷下者。繼復盡出其所課涂水試藝示予，渢渢乎蓋季札之所嘆，而唐風之不泯，于今猶有存者。

嗟夫！世之君子，其所爲慘淡經營，居無求安而食無求飽者，爲一第計耳。一旦致身爲朝廷一命吏，向之所爲殆不知爲何如物，所求者非所用，所用者非所求，蓋幾百年于兹矣。浣亭爲閩望族，諸雁行皆取高第，仕宦四方，與他人尤異，似更可娱樂遺目前，而浣亭獨樂之。己誨之人不倦如此，宜其功名富貴之慮，舉不足以入其胸中而亂之歟！夫結髦，英雄之僻也；嘯詠，達士之放也；犴狴、橡栗之歌詩，詩人之故態也：其得于中與不得于中，皆可無重輕。彼制義者上以闡聖賢之微旨，下以傳後學之正宗，其重輕于世何如？而浣亭獨于此有所得而不爲外境所摇奪。蓋于吾身所遇、耳所聞計之殆不數數也。異日者涂水人文蔚起，其亦無忘淵源之所自也歟！

康熙十年九月三日，撰于徐溝道中。

四望樓序

春秋晉大夫狐突，交人也，其材與品遠過其二子，從亡諸臣皆不及也。其墓在郊北境曰狐突山者，是以公之靈自交而及於晉之各境，宜無所不在。然没而窆於是，宜其尤眷眷於是山，顧災變祈禱，捷同影響，偏最著於郭北之廣惠廟，則何歟？蓋常深思而得之，夫生而爲人，殁而爲神，一也。凡人與神必有所擇而安，以自全其氣。

吾嘗入山望公之墓墟，崚嶒峭拔，盤旋萬峯。其左汾、孔二河合流，洶湧而奔注，殊多勇悍傑出之概，是乃魏武子顛頡之所喜，而非公之所安也。公仁義智勇人也，訓太子以孝，仁也；不召二子，義也；識偏衣金玦之必廢，智也；守正而死，勇也。全是四者，非得山水會合、沖和最勝之地，則其靈氣亦將惝怳去來而不留。茲廟面郭倚山，左汾右文，塔莎步渾，分合而映帶，下有靈泉山源鍾焉。蓋徧交之四境，所謂山水會合、沖和最勝之地，誠莫有過於此者，宜公之安於是而著靈獨異也。但地固形勝，獨其廟壓城逼山，不得層臺飛甍，一振拔而聳其勢，則中處而位卑，有陷象焉。予志欲營之而未果。

辛亥，僧性定以邑紳丁公作宰仁和，涉三千餘里，遠自吾杭募助至交，予亦捐俸佐之。壬子七月，鳩工聚材，既新其殿，更創危樓於後，其高十仞，基厚而勢雄，窗欄環敞，四閱月而成。予取仲宣賦中語，名之曰『四望』，一登而齒堞嶄嶄，若拱吾胸；而圍巒蒼蒼，若俯吾背；而臯水漾漾，若旋吾足；而平林廣疇與疏村遠堡，隱隱若圖畫之列於吾目也。夫然後而斯地之勝始浩乎大觀，雖使貪夫鄙士一高望而遠思，當爲之超然置心於塵垢之外，而況於懷才抱志，豪傑之徒歟！而況神爽如公，有不爲之悠然穆然，更眷眷於茲而不忍去歟！吾知自今而後，交之人登斯樓而感公之惠，慕公之風，必有奮乎百世之下者。公之靈往來於茲，念交之人能有以妥其靈而愈降之福，則是樓之成，豈獨備遊觀之盛而已哉！

客則有謂予者曰：『樓之成，美矣勝矣，顧後必有像神而居之者，則奈何？』予曰：『然！是殆有之。昔唐昭州郡圃有亭曰天繪，郡守李丕欲更之，有范滋者易名爲清暉。後李啓積壤，得丘濬石記云：「予擇勝地得此亭，名曰天繪，取其景物自然也。後某年月日，當有俗子易名清暉者，可發一笑。」考之月日無一異。予不能如丘公預知未來，願交之人士，後無爲范滋，以俗子預見笑於前之人則善矣。』

于章雲孝廉詩序

予往與夏子宛來渡汾，中流鼓舷，顧而樂之。夏子曰：『水之逸者，古稱洞庭、瀟湘、五湖、曲江、渼陂，與吾浙之鏡湖、西湖。西湖、五湖吾得而樂之，顧未得南浮漢江，西逾潼關而樂夫瀟湘、洞庭、曲江、渼陂焉。』予曰：『天下水之大者，莫如黄河、江、漢、長淮、濁漳、滹沱、桑乾與此汾也。而吾皆得而身歷之。』夏子曰：『黄河、江、漢諸水，天下之至險；洞庭、瀟湘諸水，天下之至逸。險者不可與共晨夕，逸者終身樂之而不厭。』予曰：『吾戊戌上公車不得意而還，讀書金山者數月。一日，順流弔焦徵君之遺迹。日將落，逆流而上，西風忽作，波濤洶涌。遠望金山，燈光如孤星，漸漸不可辨，兩岸汛兵復彀矢引炮相向。迨二鼓，操舵者力盡，舟冉冉退，勢將入海，舟中人皆哭。吾于時瞿然起，四望滂薄，竊以爲天下之大觀莫過于是。其樂至今未忘。』夏子瞿然無以應。

既莅交數月，見城東南隅有水逶迤曲折幾數里，其旁寺塔臨峙，多景致。予命邑人於水之淺者濬之，沿水栽柳數百株，復作小舫其中，名曰『卻月湖』，題其聯有『西子湖移官舫入，南屏山帶女牆來』之句。柳漸茂，水漸洋溢，公暇輒同邑之士大夫泛舟爲樂。而宛來赴試浙中已兩載，深以不得宛來游此湖爲恨。

辛亥六月九日，于子章雲孝廉同陸子從襄垣過荒署，夏子亦適然西來。孝廉出其新詠示予，清和澹遠，一彈而三唱，讀之不忍去手。即于是夕邀孝廉並陸、夏二子游湖。日色既盡，林光蒼翠，鳴禽上下，酒數行，月朦朧映水，涼風乍來，波瀲灩作黄金色。迴舟就浦，命優者歌荷池之曲。曲方終，簫鼓間作，四顧悠然。孝廉即席賦詩，取而詠之，覺清風拂拂几席間。坐客皆嘆賞，予亦竟忘是身之憔悴山城，作五斗俗吏也。夏子笑謂予曰：『甚矣，先生之好游是湖也；甚矣，先生之好于子詩也。然先生之好是湖，好其似西湖，非好其如黄河、江、漢也。先生之好于子是詩，好其清和遠澹，一彈而三唱，譬如春風秋月，兩峯參差，六橋斷續，泛西湖之中流，非若焦山夜泝、風濤起而舟人哭也。然則險者果不可以共晨夕，而逸者終身樂之而不厭歟？』予亦憮然無以應。

游既休，夜已闌矣。孝廉辭予，將以五鼓别，並乞予言爲敘。匆遽不暇苦思，偶憶汾上言並湖中數語，弁諸首。

張仁度春秋備要序

六經皆治世之書，獨春秋出於夫子之筆削，故司馬遷曰：『春秋者，禮義之大宗也。爲人君父、爲人臣子皆不可以不知春秋。』夫史遷之所爲不可不知者，豈徒欲其如後之人誦其詞、熟其事而已哉！固將謂正百王之賞罰，定萬世之是非，處常事知宜，處變事知權，有以明乎聖人知我罪我，不得已而作之意耳。然世愈不古，上不以此求，下不以此應，使明經取士之科不設，雖懸是經於國門，天子日幸辟雍而講焉，其不致於晦而不明、絶而不傳者幾希。故曰民可使由，不可使知。神而明之以爲文也，而道存焉，固聖王治世之微權也。惟是各經皆因文考義，明白易曉，獨春秋有單題、合題、傳題，其體不一，而傳題尤爲牽纏割裂，愈久愈甚，末學小子騁其私智，形影相射，探微索隱，務出乎人之所不及記、不及知以爲勝，而聖人是非賞罰、經權常變之道反茫焉不知，其爲何等？是與安石之廢春秋也無異，授受相承習而莫有知其非者，甚可怪也。

歲庚戌，金沙蔣夫子督學幾内，請於朝，革去傳題，悉以單、合較士。於是而天下之習是經者，始得專心一力於聖人之是非賞罰、經權常變之微，而不至於牽纏割裂，用心於無用之地。予本房澤州張子仁度以是經魁己酉，蓋其居恒，每以傳題爲非者。既頒新令，則逌然喜：其與志合也。壬子秋來，讀書于交之卦峯，偕其仲宗南孫子嶷然考訂三傳，折衷百家，纂爲單合題備要一書。成而示予，核而詳，簡而不遺。繼復乞敘於予，且將梓而公之海內，其用心也可謂精且厚矣。是書之行，寧獨爲呫嗶者具鄉道，佐餱糧？於以羽翼春秋而爲金沙蔣夫子助也豈小哉！

壬子涂月祀竈之夕，敘於晉祠望川亭。

晉撫達公文告敘

誥誓之作，始於商、周，其在唐、虞與夏之世，載於典謨者，大都告誡官牧之辭，而於百姓無聞：非獨其時異，亦其地異也。吾大中丞達公自任方伯以及撫晉，其居敬，其行簡，即有告諭爲郡邑諄諄者十之八。蓋山右固三古舊都，人民樸略，而大中丞公寔欲以唐、虞與夏之治治之，故其責屬吏深於責百姓。

吉士不肖，叨牧交城，仰荷大中丞知遇，薦剡所及，猥爲羣邑先，賜見不時，每見輒以古人相期許，其爲耳提面命者，寔多於告諭所載。所愧疏庸無狀，兼處山區盜賊之藪，未能仰體大中丞之心，純以德化，乃不得已而至於用兵，即所擒不過數十人。然大中丞公寔欲以唐、虞與夏之治治斯地，而吉士顧不能以商、周之治副之，恐遠近第見吉士之無能以德理，而並不悉大中丞公厚望羣牧之心與厚待三晉人民之意。雖每奉戒頒，隨行張挂，尤慮日久毁壞，未能長存耳目，或深山窮谷不及播聞，爰彙刊成帙，擇各都村邑與山中聚落之老成知書者，人授一集，使頌讀敷演，以教其子弟親戚，庶幾優游漸漬，無不革之面者，即無不格之心也云爾。

平遥張康恭詳稿序

言發於心達于心者，其發于言也必簡而决，故或有委曲千言而不足服人，或片言而可以折獄。晉之俗刁而多訟，聽理爲難。予同年康恭張子之宰平遥，不期月刑清政最，名聲馳于遠近。人皆訝其何以得此，予曰：『張子之爲人達于心，其言也簡而决，片言折獄，固不足爲康恭難也。』或以爲不足盡張子，予曰：『達于心者，何施而不可？折獄誠不足盡張子，舉折獄其難也。』

既二載，大中丞且將以薦剡上，而康恭適丁艱去。大中丞謂曰：『子且復出，顧吾獨爲此土百姓惜賢令耳。』瀕行，盡録其文告參詳示予，大都不事支蔓，直截痛快，能于數言之下使蒙者豁然而明，疑者爽然而信。予遍以示向所訝張子者，方瞿然服予之言爲不誣，知康恭之所以刑清而政最者，端不外此。且凡言之簡而决者，其爲人必達于心無疑也。夫達于心者，何施而不可？曲逆有云：『宰天下亦如是矣。』予不才，無能效光鄰壁，且以覘康恭之展驥于異日焉。

四書音辨敘

倉頡未生，先有言語，故書從音出，非音從書出也。西域梵經有音而無字者十之二三，上古方言里謡皆可播諸管絃：無他，審音也。沈約著四聲韻，後人議之，以約生長吳會，音多不叶中州。第唐去梁不遠，以此取士，後代遵之，然填詞入樂終用中原音韻。夫一字之詠有聲有音，有轉有收。聲者何？字之尖也。音者何？聲之永也。轉者何？音之回也。收者何？轉之歸也。今人誦讀，大都有聲而無音，至于轉且收，固無論已。又其甚者，並聲且訛焉。風土之不同，傳習之不同，齒牙喉舌賦稟之不同，一字也而此宫彼商，此平彼仄，等之天籟矣。

晉疆僻處西北，多喉音脣音，齒舌每不辨。偶與張子仁度、王子敬子語及，敬子輒以乃尊公心孩先生所著四書音辨示予，予披閲終帙，精審中正，始知博學君子何地無之？憶己酉晉闈，敬子業爲予綱所獲，乃以謄文謬誤置之備卷，今閲是書，益知敬子淵源有自。仁度亟勸敬子授之梓，以爲後學津梁。敬子手録父書，皆九成宫書法，字字端嚴不苟。予復嘉敬子之孝且敬焉，因爲之序。

壬子臘月朔日。

篋中存稿自序

予久困公車，始以才溢見放，繼以淡樸不售，揣摩愈深而愈與之左，既而歎曰：文章何常之有？成童而筮仕，一文章也；筮仕而致君澤民，亦一文章也。辛丑就選人試，待銓者六載，始令交城。每於簿書之暇，進士子課焉，其夜輒夢入場執管，搆思往往成篇，心甚異之。

壬子春，雲間陸子集生至交，留署數月。集生故以文名重海内，因復召諸士課藝，互爲參閲，第其甲乙取舍。其夜復夢如初。越數夕不已，伏枕恍惚，布簾殘燭，畫角提鈴，母語之音達旦也。心甚苦之，因語陸子曰：『八股之祟人如是哉！幼祟於窗户，長祟於棘闈，今作吏矣而不吾舍，如是可奈何？』陸子曰：『八股焉能祟人？君自遺祟耳。吾與君同公車，知君公車稿揣摩最精，而君以不遇故秘不示人。夫天地英華之物，久而遏鬱，則必將幻爲光怪，以自顯于世。荆之璞、軒之鏡、豐城之劍，鬱之石、鬱之井與獄，而其光怪且上達于天。今君篋中所存公車稿，是亦君之英華也。歷科衡文者既鬱之于上，而君復鬱之于下，其爲祟不亦宜乎？吾有術焉，能去君之祟，使君旦夕得優游于睡之鄉，可乎？』予愧其言而不能不求去其祟，長跪請教，集生曰：『付之梓。』予笑而授之。

晉祠望川亭序

天下遇合興廢之故，豈非數哉！吾於晉祠望川亭之修而竊有感也。

己酉春，吴興夏宛來游晉祠，登懸甕之嶺，坐望川之址，樂其俯可以盡斯祠之勝，遠可以覽汾河之流。惜斯亭之廢，可以登而不可以憩也，爲文以授道人清和者，使廣募重修之。既而宛來南歸，歲餘工不興，或捐或否，道人亦怠。辛亥二月，同守周公自雲中升任太原，江右萬君亦來宰是邑。萬君游于祠，登斯亭之址，俯仰興懷，捐俸以助，復手爲引以授道人，使愈募。於是道人怠而復奮，遠近捐者漸衆，顧工猶未興。壬子夏五，予至省，太守召飲，予以秋岳曹侍郎晉祠詩十二律進，太守即檄萬君勒石。偶及此亭，太守毅然舉以自任。六月，太守送總督羅公過祠，相其形勝，適邑有額外税，立捐以助工。不二月，廢亭復成，爲亭三間。俯祠面汾，弘敞堅固，縹緲雲際。

嗟夫！自有此山以來，其登于山而以爲不可不建是亭者，不知其幾也！自有此亭以來，其游于亭而以爲必不可廢是亭者，不知其幾也！自廢是亭以來百餘年間，其顧瞻于是亭之址，而以爲必不可不修是亭如宛來者，不知其幾也！乃無矣有時而建，建矣有時而廢，廢矣有時而修。微宛來誰爲倡修于始，微萬君誰爲繼修于今，微周公誰爲卒修以成？天下遇合興廢之故，各有數焉，豈獨斯亭也哉！宛來再入晉，吾知其欣然樂甚，灑巾荷鍤以往也。當同賦望川之十章，以示周公、萬君焉。

賀杭方伯擢大中丞開府秦中序 代督學道謝公作。

天下有愈試而愈堅者，抱乎其器之厚也；有愈歛而愈顯者，充乎其才之用也；有愈任而愈重者，副乎其德之全也。德非才不濟，才非器不成，三者萃於一身，故不干譽而譽隆，不期效而效捷，是以聲望鬱然，爲國家柱石之寄，而旬宣揚歷，億兆胥恃以爲命也。觀於我公，誠無間然。

公起家銓曹，歷典清要，以殿最天下羣吏，雖裴楷清通，阮咸雅素，何多讓焉？歲壬子，天子西顧，謂三晉屏藩，虞岳是隆。公陛見，親加崇獎，弘錫賚以旌倚毗之殷。維時達大中丞訓飭，庶位赫然，夙習不新。凡屬宇下，罔敢不恪。而藩憲爲國家泉貨管籥，尤足砥礪冰霜。得公協輔，允出明納，既廉以養威，復平以濟允。行之數月，屬下吏虔恪有位，朝夕祗惕，惟虞隕越貽羞。予每資注挹，而凡在帡覆者，沐戴方深。乃甫臨匝歲，寵眷彌稠，三晉牧伯未足罄乃猷略，惟秦中密邇邊陲，封疆攸賴，正藉韓、范夙望，畀之保釐。

昔周之定鼎也，陝以東旦主焉，陝以西奭主焉。今天子早以旦、奭之業望公矣，非公抱乎其器之厚，充乎其才之用，副乎其德之全，曷克堪之？屬下吏攀轅莫逮，台旆將移，莫不相顧黯然，謂天於秦、晉不無厚薄之殊。予慰之曰：『天之生公，爲天下也；天之視天下，無分晉與秦也。以公之器、之才、之德，自即入而膺保傅、夾輔之任，陝以西豈久居公哉！天不獨厚於晉，又豈獨厚於秦哉！』

予幸偕公共事一方，因諸屬吏之請，特述諸屬吏之戴我公所以銜頌勿諼者如此。

陳長恭家居詩序

今正小晦，陳子長恭訪予交署，而任石樓希菴亦便道自太原來。予三人並轡卦山之麓，登臨嘯詠。於時，長恭攖浮議，幾不安其位，然氣益遒上，笑談指顧，釃酒揮毫，訖無幾微少見顏色者。予與任子以是嘆長恭真如天風海濤，其中藏不可得而測已。越一月，予聞先慈之變，長恭遠來弔唁，情文兼至。予哀毁餘生，未得浹洽。夏五，予以新遷户曹赴省，自大中丞至藩臬驛學諸公嘉獎陳令不置口。傳有秦中奉調入都者，所過驛騷，至古陶尤甚。長恭能力繩以法，誠不得逞，由是古陶令治行丕振，遠邇慴服。長恭弱不勝衣，風力如此，其中藏誠不可得而測已。

長恭讀禮之餘，取古聖賢處己接物足爲一世可師可法者，臚爲三十六目，檃括四韻，題曰家居詩。今作宰，以之條晰勸曉，明且切矣。明則易知，切則易行。於以覺聾振聵，何啻桴鼓之應？進而六德、六行、六藝、五禮、六樂、十二教，漸臻大道之全可也，古陶父老子弟其尚有不率不變者乎？此又長恭道德齊禮之具，不僅向者以風力著聞也。

予不孝，求釋肩而不得，無能跣奔母喪，於家居詩孝親一則有愧焉。長恭囑予言爲弁，不孝之言何足爲長恭重？亦實述春夏之間所見所聞於長恭者如此，予其能測長恭之中藏乎哉？

癸丑夏，題於凜乎堂之苫次。

賀交城新令孫公涣同寅壽序

稱吏治者首神爵、甘露，豈非不拘以文法，二千石而下皆得行其志耶？比年以來，有司考成綦密矣，爲吏者補黥櫛垢，救過不暇，凜凜乎若踐薄冰，有不能終日之勢。惟我達大中丞峻潔神明之化，屬下罔不砥勵名節。于是三晉多循吏，吏治庶幾近古。予宰交五稔，風波撼蕩，幾遷謫而獲全，又何意哀毁餘生，遲至今日尚未言歸哉！

夏六月，般陽孫公掣授交城，繼予爲政。時士公以户部郎補山西方伯，而太守吴公則自江右郡丞晉今秩。交之鄉大夫以及士庶，急欲瞻諸新公丰采，藩郡兩臺先期以十月朔赴任，予望公如歲，而公駕無聞。九月廿四日，邑人忽傳曰：『公至矣！』予未之信。及手檄廿五日寅刻上任，予亦未之信。不移時而公駕果至。予自署出，公自署入，邑之鄉大夫以及士庶，若忘乎新舊令之遞嬗焉。翌日謁廟，公語諸生曰：『昨賓館揖讓者，主客之禮也。今學校坐講者，師生之誼也。自兹往，願以文字相勖。若嚚訟豪猾表裏爲奸利，則有長吏之法在。』諸生肅然起謝，投首山頑叩見。公勸之曰：『爾輩久革面矣，然不若從此革心，永作朝廷好百姓也。』予拮据數載，若難期其效者。公下車數語，大旨了然，其得政體如此。

公弱冠舉於鄉，己亥進士第二人，甲辰始就殿試，未嘗急急功名，蓋植根既深且久，故發之於用，條達扶蘇乃爾。今天子政尚寬和，念官吏動干文網，雖有才能，弗獲展布，改正條例，以符明作惇大之治。海内争自濯磨，而邸報抄傳之日，即予與公交代之日。將神爵、甘露之治再見于今，公得行其志，以無負所學。吾知交之窮鄉僻壤，雖三尺之童、垂白之叟，無不被公教而思有以自淑也。豈同予幅畔褊淺、無能以德理，乃不得已而至於用刑用兵也哉！

是月八日，爲公攬揆之辰，邑之人冠蓋壺漿，駢填逵路，躋公堂而稱觴者，公首不勝頷焉。予謂邑之人願壽考於公者不徒在此，公亦不樂此以爲觀美。苟面從其教而身違之，耳聆其訓而心悖之，則雖盛筵籩多、歌頌充溢於公之庭，又豈公之心哉？予棘人，安得爲祝嘏之詞，貽有識訕？然使借長安貴人姓氏亦泛不近情，且於舊令尹之政必以告新令尹，未有以處也，故祝其壽而更敘述之如此。

記

游卦山記

交城北境層巒疊翠，蜿蜒幾二百里，而卦山最名。誌云山斷續如卦然。去郭五里，蓋交之鎮山也。交之俗，五月六日自令長以及士女，皆擔簦攜壺以登以嬉。予莅交，適逢其期，與二三君肩輿游焉。崎嶇逶迤，由平而陂約二三里，而得少憩於其所爲天寧寺者。而寺之後，危欄飛甍，奮然躍出於山之坳者，毗羅閣也。舍輿而步，攝衣盤旋而上者又二里許，而頹垣古瓦穆然平敞於山之肩者，石佛巖也。俯毗羅之閣，翠柏游人參差交映，盡林壑之美焉。坐石佛之巖，汾水如帶，孤城如斗，平疇遠山如繡如畫，極眺望之遠焉。於斯時也，力已疲而興方酣，復求登夫所謂三十三天者，東西曲屈，足不可駐。又二三里，一峯屹立，蓋唐時所建石塔，而斯山之最高頂也。蒼然數松，於焉止息。俯伏萬山，迴合一氣，惕乎以驚，悄乎以思。南望綿山，北顧藏山，右盼文谷，左瞻晉陽。賦龍蛇之章，弔下宮之難。黯然傷懷，想子夏之休風餘韻與襄子之創業艱難，低徊者久之。日色漸西，再停再下，少飲於寺之左巖，微醺而後去。樂哉游已夫！

予浪游四方，方其自吴而楚而齊而燕而秦而梁而晉，泛五湖，涉大江，絶黄河，經泰岱，越桑乾而並滹沱，出井陘之口，逾固關之險，上太行以望鞏、洛，凡所經歷皆名山大川、古帝王豪傑成敗戰争之所，可喜可愕可歌可思。兹山雖名勝，豈得與是數者同乎哉！乃往者風塵奔走，憔悴帆檣馬足之間，徒見其苦，而今於是游，若獨有樂焉。蓋境以情移，情以事異，山水之勝，惟安以暇者得之也。雖然，令，煩職也，即兹土幸地僻而事省，顧方當水旱薦臻之後，流離者始復，饑者方待之以食，寒者方待之以衣，勞者方待之以息，遷徙者方待之以室家，其爲不安與不暇者多矣。且夫聚散何常？則兹山常在，而予與二三君其能數數尋是游乎？則於今日之樂而更不禁異日之感焉。筆而記之，所以志異日之感也。

時同游者，爲廣文耀崑王君琇，汾陽人；丞大劉鄭君萬善，河南郟縣人；尉燦如郭君景明，陝西富平人。

唐尚書李公創造卦山華嚴殿碑陰記

自交山而入，東北神師，西北吕梁，更西而躋劉王嶂，邑之巉險雄峭備歷之矣。其間荒村古寺、斷碣殘碑頗多，惜文不雅馴，無足摹勒，堪與語者惟石壁開元片石耳，此外卦山稱最。近郭平野繡錯，而兹山崒然起莽蒼之中，石徑松關，處處引勝，其復前者所歷，徒令人畏，邑諸先達讀書處也。山中最壯觀者爲毗盧閣，閣後爲華嚴普光明殿遺趾，三石塔猶存。有古碑巋然，文字剥蝕者十之三，乃唐貞元間尚書李説所豎。

予按唐史，回鶻梅録入貢，過太原，説與之宴，梅録争坐次，説不能遏，河東行軍司馬李景略叱之下堂，坐中皆屬目，而説又爲之不平。此公生平行事固不足述，然貞元迄今幾近千年，碣固舊物，且文辭華贍，不失爲一代聲律之體。乃舊有誌而不載，人日遊而不知，偶爲予心目之所及，爰勒於碑陰，補入邑乘而爲文以記。

時庚戌閏二月朔三日也。

側室劉氏壙記

嗚呼！此予側室劉氏壙也。氏儀真人，爲明鄉進士、兖州府同知印台公諱崇正孫女。

壬寅夏嫁予，予挈之家廣陵者六載。戊申，予宰交城，氏之父母同氏渡黄河，過太行，躑躅數千里之崎嶇而來交署，署内凡百綜理藉以安。己酉十月二十六日，氏産子不育，越四日，氏亦傷心而殁。氏生順治五年六月二十七日亥時，終康熙八年十一月初一日戌時，得年二十二耳。嗚呼！氏依我以身，我倚氏以家，氏之父母嫤我以女，今乃等幻於電光石火也，其何以爲情哉！

氏殁後二十七日，用陰陽家言，取癸巳時卜葬縣北萬卦山之麓，擁崗面城，坐壬向丙，加子午三。予礱隧石誌諸幽，且市近地田，命僧人歲收其租以祭。嗟夫！婦人而無壽無子，又死於客，恨也。然得此邑名山爲瘞所，邑之縉紳先生哀而誄之，士庶奠之，歲時羹飲無缺。氏之靈其將藉兹山以永也，氏亦善托其腐胔朽骼者矣，氏又何恨焉！曰必繼以子，世之子繼焉者何如也？曰必歸其櫬，世之櫬歸焉者何如也？

康熙己酉冬至前一日。

晉祠顧亭記

吾儕幸同志同方，分民而理，官守少暇，惟兹二三友邦勵節砥行，慎爾名檢，深自顧無負達太中丞獎率訓成至意，耻爲世俗吏，幾於循良，憩茇兹地，以各自振勵。後人瞻言道周，果低徊攀仰而不忍去乎？則顧亭不可不作也。

山海經云：『懸甕之山，晉水出焉。』昔封叔虞於唐，實始剪桐，蓋轉圜于王言無戲，遽封爵以實之。君子曰：成王于是知所顧矣。夫桐之爲圭猶類也，猶可言也；設以國爲戲，亦將實之乎？是以君子一出話言，不可罔所顧，而思爲踐矣。晉祠，三晉勝區，結飛梁于水上，清泉出祠下。凡太、汾、沁、澤所屬車馬往還，需此憩息，或佳辰良會觴詠其間，極歡娱，慰勞苦，載德歌風，俱于是寄焉。則是亭也，固吾二三友邦晤言舒嘯，于以考德鏡業者也。

凡人果于肆然恣僻，弗準繩矩者，特中無所顧，貿貿焉敢悖義耳；而不然者，天日在上，手目在列。方茹蘖也，而甘如飴；飲冰也，而味如醴。又況上之所以獎率訓成者，亦既梯航導其前、艤撻隨其後，二三友邦誰其匪彝慆德而罔所顧也乎？

在蓼莪之五章曰：『顧我復我。』漢儒説九字之義，未能精晰。惟宋之嚴華谷、謝疊山兩賢剔發最詳。嚴之言曰：『顧我父母，或去之，則迴顧之，顧而又顧曰復我，言不暫捨也。』謝之言曰：『顧者，父母前而兒後，則返顧之；復者，兒前而父母後，則追呼之也。』二三友邦，幸遘我中丞峻潔神明之化，不啻父母之翼覆其子，將終身篤踐勿替，以底厥修，使三晉人士咸指曰：『一時循良，中丞所造也。』其亦無負兹勝區以仰答生成。僉曰：誠如子言，宜以『顧』名亭。

前後來遊，其創是舉者：懷遠汪竹巖宗魯、梓潼白田生良玉、蕪湖陶隨菴延中、奉天徐静涵灝振、高密任希菴玥、蓋州卞仲舉三畏、開原家連城良璧及予吉士也。因次其説而具列姓名，俾後之覽者知所顧焉。

武祖太公碑記

今天子即位之十年，辛亥秋九月二十四日，原任拖沙喇哈番加一級武祖公諱某以疾卒於京師。嗣公六：長公某，張家口榷部；次公某，兵部侍郎；次公某，兵部員外；次公某，工部員外；次公某，翰林院，皆官京師；惟季達公奉簡命以大中丞撫晉，訃至，辟踴哀毁，章三上，懇辭任終制。天子深悉大中丞治行，温旨再留。大中丞不獲已，十一月乞假之京，展塋畢，上朝謁，天子嘉勞甚至。既陛辭，上諭以忠孝一理，其節哀，勉國報國，大中丞頓首受命。晉中縉紳士庶聞公將至，壺漿而慶於郊者夾道，俯仰援引，論列公之德者席相錯也。屬吏交城令趙吉士超列而言曰：

羣公先生皆知中丞公之於國忠，於親孝，於僚屬、百姓仁且義，而不知公之德皆武祖太公之德也。夫十二辰生物之氣發于寅，盛于卯，而天心來復，寔始於黄鐘之子。今太公舉丈夫子六，皆逢時握柄，致君澤民，其猶辰之寅卯。而太公之育生生於未形，其黄鐘之子乎？

自古一代聖人之興，必有名世之佐應運而起。至於功成名遂，不惟其身，而又能啓佑夫後之人世篤忠貞以佐太平，若伊尹、巫咸之於伊陟、巫賢，不多見之。方武祖太公與太祖同起東方，身經百戰，奄有天下。海内既定，已歷三世，諸嗣公官侍從，佐中樞，發聲曹郎間，而大中丞進晉方伯爲晉撫，皆身任朝廷重寄，志願遂矣。而太公皇皇焉，報國之心常若有所未盡，口諄諄忠與孝，期克負荷，每朝退，輒問所行事若何，當即喜，否則不怡，或爲之不食，以故諸嗣公愈兢惕自勵。由太公之事以推太公之隱，蓋不徒以今日之太平爲心，而且以奕世國家之太平爲心；不徒以吾身之忠爲忠，而且以後世子孫之忠爲忠，其爲德豈不大歟！今天下服天子聖仁，善任使者，莫不嘉諸嗣公與大中丞之忠賢能不負天子，而武祖太公之德無得而稱焉！其爲德豈不至歟？

晉之縉紳士庶聞之，皆瞿然起曰：『信哉！武祖太公之德大矣，至矣！』請以予言進大中丞公勒之貞珉，以顯告天下，俾咸知武祖太公之德。吉士不敢當。既念吉士以末縣令蒙大中丞不世之遇，教誡殷勤，動以古人相期許，蓋公之所取者，原不在職之大與小也。義不敢辭，謹再拜稽首，而獻銘曰：『巖巖長白，鴨緑南流。山峻水永，誕毓元侯。雲霞蒸變，鐵馬金鏊。功成身退，百禄優優。老臣體國，身後是憂。惟忠與孝，曰在箕裘。允文允武，與國同休。豐萬年年，式壯明幽。』

湖東別墅記

出盧川書院之後，循湖陽而東，或廣或窄，波水吐納，近西夾右而孤峙於中流者，爲廣生廟。又東斜亘如舌，與廣生廟雁行而參差者，爲離相寺，石塔峙其後。又最東傍城牆，舒臂左拱，直西望與盧川書院背對者，爲予創建之湖東別墅。地僻，四面皆水，最幽静，可以洗心。嵐氣湖光，常在几席。晨昏四時，各有得焉。每當夕陽半山，明月欲上，粉堞倒影而明滅，林木歛煙以徘徊，鳴禽遠鐸，微風徜徉。於斯時也，縱極塵心當爲減半，而況於誦詩讀書，雅負斯文之澤者乎？

人稟天地之氣以同形，鍾山水之氣以異性。形不可得而易，性則可得而移也。聖人移性之具：訓之禮文以正其心，廣之師友以開其意，習之誦讀以深其趣，博之琴瑟鐘鼓以和其情。游衍之於山川、鳥獸、草木，以泳陶變化其神明，蓋自言語飲食起居，以至偶聞偶見，無一而不與吾之性相洽。夫是以即有下愚不肖，而亦可進於道德之林。後世不得其術，徒以文章求之，教誡率之，宜乎士之剛柔智愚終一定而不可易也。

交士聰明特出者不乏，惜其囿於性，鮮克卓然出於風氣。一水澄泓也，而不知其可湖；諸峯羅列也，而不見其爲山。予之有別墅之建，蓋將以昔若無而今若有之山與湖樂交人士，惟交人士亦能以昔若無而今若有之山與湖樂其晨夕，則性之移也，其亦幾乎！

盧川書院記

盧川書院創建於康熙壬子七月二十五日，成於十一月初十日。爲堂三楹，拱以兩廊，傍南城而居，背卯面酉。其前通衢，其後臨水，即予新濬卻波湖者是也。昔之傳者曰：孔子設教於洙、泗，子夏設教於西河。夫泰山，五嶽之巨宗；行霍，亦西國之重鎮。洙、泗小流，汾、河非一地所屬，舍太山、行霍不名，而顧取重於洙、泗、西河，蓋此地水少山多，人固尊其所少而薄其所多也。

交城舊分有盧川縣，在河北都盧峪口，其取名不知何據，想亦因處汾水流繞之區故耶？交城舊址亦以汾、孔二水相交，故名，後移治卻波村。『卻波』名村，亦無據，要亦從水。此外若清源、文水各邑，其意皆可得而見也。晉地固多山，而交境尤高亢少水。顧郭以内有巨浸焉，杳淼洋溢，環齒東南。易云：『風行水上，涣。』蘇老泉云：『此天下之至文也。』然則交之人文，其殆興乎？

古之賢者居官居鄉，類皆建書院以行教化，明末漸多忌諱。交地僻而俗樸，士子徒守經書章句，少見聞講習。予不敢自附賢者，然亦不敢因循而不以教化行，爲斯邑深望。今都人士之創書院也，亦余願也，因以『盧川』名之。或曰盧川雖故縣名，此非其地。予應之曰：『名亦何常？名之則名耳。』夫子云：『夫政也者，蒲蘆也。』蘆者，盧也。禹貢：『九州之土，黑者爲盧。』土之近水者多黑。書院以廣教化，取發生斯地，復近水。取名以此，不亦宜乎！

開鑿龍門渠碑記

萬物産於土而資於水，故天下無水之地必瘠。山右爲境，恒山、大行亘其左，五臺、霍鎮峙其右，最艱於水，故瘠莫如晉，而交其尤也。然晉之水可得而名者十數，獨汾爲大。汾出於静樂之管涔山，南入交境，歷河北都盧川古交舊治，轉入陽、太、清三邑，復至交南境，折而西南去，歷交境殆將百里。又西有文谷河，勢亞汾源，發於交山之西峪。渾、峪二水歷中西、中東、水東、米東、西南諸都，東南行百里，逾文水之開栅界，復東入交境二十餘里而注汾。

以蕞爾邑，兩大水三面環繞，當稱樂土，乃交之苦無水滋甚，何也？平原、山谷異其勢也。平原則地高下無大殊，雖百十里可引而潤，水遠而利。山谷水往往無源，旱則涸，潦則滔天而襄陵，雖近水而未必利，且虞爲害。縱遇有源之川，然峯圍峽束之内，即尋丈間有不可得而蒙其澤者。交邑平原獨南境二十里爾，餘皆羣山盤礴，汾與文谷之出西北而東西入他境也，皆山爲之也。其東西流而兩會於交之南境也，則地爲之也。山不可爲而地可爲，然當二水交會之地，北亢南下，縱濬溝開洫，終不能驅逆流而使之常也。然則果無如之何耶？僉曰：山可鑿而通也。夫鑿山通水，古之人有行之者，雖非常之舉，黎民所懼，然不一勞者不永逸。

吾嘗四入交山，躡吕梁，遍察兩河形勢。汾河中貫最遠，且巨然嵐嶂重疊無算，非人力可爲。文谷河自西北出，亦重山障之。予登高離山西望，自武元城水泉灘至文水峪口開栅入邑之廣興村，瀠洄曲折，若衣帶之在右腋，可曲肱而挈。測其高下，則廣興以東卑於武元城之水泉灘者數十丈，勢若彎弓，若穴地，弦直不過六七里。誠能鑿山引水而東之，循卦峯逾北郭暨王山之陽而止，復身分股，股分指，條引而南，順流以達於汾，則郭南田千百餘頃，桔槔可廢，水稻可興。有時山水暴溢，溝洫多而害亦可平。吾知交之利不僅等於晉祠，宛然江浙水鄉也。

吾自戊申莅任，即署分流峪口之句於縣門，迄今五年，蓋無日不念及此。第城以内之憝不除，則役不可得而興。山中之憝不除，則深谷不可得而入，山民亦不樂爲之用。今二憝除矣，事適可爲，然交之紳士下及兒童婦女，歷世相傳無不欲爲究不能爲者，工大而費無所措也。給諫武公首主鑿山之議，諸紳士無不贊成。予適逢先妣淑人訃至，五内摧裂，一身且不自有，遑及其他？獨是難會者機，難合者人心。閤邑紳士圖之數十年，予謀之數年，顧乃坐失之一旦，豈不惜哉！夫城内土豪、山中積寇爲害，亦僅在十百年，此利一開且及百世。予不於此時肩其任，誰肩其任者？予上其事於大中丞達公，以事屬因民之利得允所請。復同邑紳先生及劉孝廉爾鼎、申貢生鉉量山測水，指畫浹旬，議始定。

所隔四梁則萬佛崖、閻王台、土地巖、高離山，梁下各有溝，曰托鉢、曰碟子、曰桑條、曰虎喊邑。人入交山，向從峪口開山紆行四十餘里，以山梁高入雲表，無路可攀，久爲緑林門徑。予新闢一徑，歷山腰竟過，不復取道文水矣。由萬佛崖起水，開山三十四丈至托鉢溝，由托鉢溝底通至碟子溝，則鑿閻王台山根四百一十三丈。由碟子溝底通至桑條溝，則鑿土地巖山根二百九十一丈五尺。由桑條溝底通至虎喊溝出水，則鑿高離山山根三百六丈。水出半崖龍口，因名龍門渠。

凡有田之家按畝出力恐後，其工資則武給諫攀龍、故侍御李之奇子貢生若沁、丁仁和世淳、吕參戎成名、解龍巖之麟、張贛榆奇英、孫善化浩常、州佐大孝李邑佐若湛、國學生常大臣、武舉田志德及予十二家塾應者也。總理渠工者，封君張純也。司錢穀者，進士張沖光、貢生李獻嶸也。掌出納而應用不窮者，國學生李若沆也。分其事不辭勞貫者，邑子衿燕國輔、李光斗、王雲拱、胡好古也。支銷不苟者，鄉耆韓守禮、游士淳、申維第、褚俊也。察工之勤惰以行勸懲者，邑丞汪潤斯、尉郭景明也。善陰陽家言、定山水之方向者，中州劉山人碩勛也。主疏鑿以調度衆工者，鄉民郝進旺也。自七月初一日破土，十三日興工，迄今一月，漸有成迹可循，吾固必渠工之不及期而成也。

昔李鄴侯牧杭，始濬二河。後樂天繼之，復濬六井。樂天濬六井，而東坡復繼之以濬西湖。予才不逮李、白二公，而具二公之志。般陽孫公繼予爲政，能如樂天、東坡，豈獨交邑之幸，予且藉以無憾也。

夫爲之記。

交城題名石記

令茲土者，寧僅以行其令哉！令無不行也，發其心之所存而有以善其行者，不越乎慈、嚴之兩端。慈於善良則令，反是不令矣；嚴於奸宄則令，反是不令矣。邑之題令名于石也，蓋亦顧其名不没其實，盡吾心之嚴與慈而無愧于行乎！儼然以令臨之，前乎我者，秩何由以遷？官何由以罷？抑何由老幼遮挽不忍其去，或恐去之不速，視如秦越人？嗚呼！有達於理者，可不歷審所由乎？夫令之肆其心之所爲而不顧聞望者有幾？宜令盡賢；令盡賢，宜邑盡康濟。令去後，宜邑之紳士吏民愛念愈深也。而何以不盡然也？令兹土者觸目警心，其敢不敬？其敢不畏？

交有題名石，自萬曆辛卯始，汔無繼者。吉士涼德，忝令兹土，於今五年，政無足書，有時而行吾嚴，有時而行吾慈，敢曰盡得其宜乎？亦出乎吾心敬畏之誠然者而已。去後之愛念，其能必之交之人乎？謬膺内擢，旋丁艱去，懼令名之遠而益泯，謹昉自順治初年汔今垂三十年内令交者，列其姓氏里族，虚左使續登之，是不能無望於繼予爲理而善其行者。

募　疏

募修狐大夫廟疏

聞城北半里爲晋狐大夫廟，傳自唐長史王及善徙縣卻波村特建。其存諸鑱石可考者，一見於韓給諫祐碑亭記，再見於楊刺史一奇新鑄銅象記。至隆慶五年重修，而邑孝廉田公西成復撰文以永其傳。斯廟之創置，文獻盡此矣。

戊申，予令兹土，夏五旱，予爲文禱雨，雨降。越明年四月又旱，予虔禱甫畢，雨復大降。兩年稱有秋，税無逋。語云：能爲國禦災捍患，則祀之。夫災與患何常之有？適然相值，人實有以成乎神也。而不然者，大夫樹庸於衆之所趨，近招矣；大夫爲惠而待人之求，近市矣。大夫以義尊君，以忠教子，豈肯自溷其清虛，爲招爲市，以與世俗交尋於名利之徑，而後自著其靈顯？吾知非大夫意也。唯是境之内外，咸藉祐大夫，莫不奔走香火，以共著大夫之靈顯。生于斯，長于斯，廟食于斯，大夫又何惡焉？

然而，頹垣敗壁，對越弗莊，因之與創，古今人即不相及，寧無課功倍半之思乎？予意一新之未遑也。易山丁令君宰仁和，廟僧性定行脚三千餘里入吾鄉，而謀修葺之舉。令尹倡之，而吾鄉紳士樂輸恐後，又介書請予襄厥事。予咨嗟再三，晉、越風土雖殊，而景仰古人忠孝實有同志，人情不甚相遠。異地之人尚且聞風興起，況屬大夫覆露之下者乎？詩曰：『維桑與梓，必恭敬止。』吾知此邦紳士勝緣信施，必有十百於余鄉者，正不俟予嘵嘵慫恿也。

是爲疏。

募修惠衆寺樓牆疏

邑古刹列於誌者四十有九，而汾陽村惠衆寺居其一。

癸丑仲春，予勸農至村，令民較司法，除耗羨，且講六諭，以迪夫人自有之心焉。黄門武公愍予勞，攜樽歡讌。於時，棃園雜作，觀者數千，殿廊出入尚通車馬，獨是內殿外爲大雄殿，又外爲二山門。旁兩廊焕然一新，而禪室無堂，鐘鼓無樓，周圍無牆，如人四肢稍具，元首耳目咸缺也。其可哉？席罷升輿，寺僧寂福長跽，以修本寺禪堂樓牆募簿進。

夫難於慮始、易於樂成者，人情也。斯寺歲久圮壞，凡吾士民四時祈禱、公議讌會罔所憑依，所慮費用不貲，無能後其身計而寺是謀。今黄門獨肩其鉅創修之，復有襄其事者，不難頓還舊觀也。黍米之積，將成丘山，其於區區之費何有焉！予既嘉黄門之倡始，又喜寺僧之能勤而有終，弁數言於首，以爲邑之好善者勉焉。

募修定慧寺疏

予自戊辰三月放歸，棄去人間事，南北棲止無定。陸則匹馬單行，水則空江孤棹，巖居川觀，一任逍遥，獨往獨來，脱然無累。生平熱心冰釋，天所以逸羈人者厚已。

徂冬，交城舊役持黄令公仙壇書至，謂羈人去任十有七載，老成目擊聲施，尸而祝也固宜，何以未生之幼稚到今懷念更切？予啓封，聳然增愧。人情誠至則感，感則入思，思可有心要乎？而況乎其欣欣俎豆我也，予何以得此於交之人士乎？予滋恧矣。舊役另負一笈，予詢此中何物，對曰此交之未了緣也。發其笈，則西南隅定慧寺一募簿。閲助者姓名，半登鬼籙，而羈人承乏作令時捐俸二十兩首其事，輸而未給，縣印尚赤也。予亦不自解何獨食言於此寺。

記予莅交五載，北門傾頽，復其舊矣。學宫修於前令王公，北墅予更爲藻飾矣。縣署全圮，改作矣，公堂、賓館、行臺罔不新矣。此寺爲講約讀法之所，正旦、長至，邑令偕僚友合縉紳以習朝儀者也，胡以任其風雨飄摇而不修？四望則有樓矣，柏交則有亭矣，盧川既建書院，湖東復築別墅，卻波之湖且濬矣，此寺則邑有大功大役、凡事之謀於衆者皆於此集議焉，懸有巨鐘，聲聞數十里，爲邑十景之一，撞之發人深省，驚四城之鼾夢也，胡以聽其蕩爲丘墟而不修？予誠不自解何獨食言於此寺，且爽信於此寺之老僧。

夫茀道除梁、修舉廢墮，固有司事也。黄令公下車，肅紀敦倫，甫及兩期，風移習正。予夏日吟次韻至五十有四，其贈令公一詩曰：『誰似公孫兼數曹，治聲久跨吕梁高。源能清矣流長潔，身獨先之事不勞。緩轡難堪齋馬瘠，揮絃已静繭絲騷。君家留得晶浮譜，早結山椒一柱蒿。』蓋實録也。聞今日交之百廢俱興，令公豈置此而釋然於懷？或亦以羈人首之，應俟羈人終之耶？亦將以紓民力而暫緩此耶？孔子讀易至益曰：『損上益下，民悦無疆。』土木之工，從人悦也。今令公政平民悦，其鄉士大夫以及諸耆老必各發歡喜，樂輸恐後，粟不陳於囷，錢不守於貫，吾知其願襄邑之新舊令以成此勝，因使古迹頓還舊觀，庶幾習禮拜亭，不復旅進旅退於荒煙蔓草中。即以因果論，如挈華旛珠網，以護幢燈篆香於淒風苦雨間，亦有目共睹功德也。予了宿緣於二十年前，而寺與老僧均可無恫矣，令公盍允此請乎？母笑曰：『羈人冰心猶熱也。』

庚午中秋，疏於燕山萬安禪林。

都門育嬰堂募疏

昔先王之治天下也，不獨親其親，不獨子其子，故老者以壽終，幼孤得遂長。猗歟何政之仁歟！其時，上以養老恤孤爲首務，而下之士大夫亦能助成德化之美，此所以民登仁壽而國無夭札也。

京師育嬰堂之建，其來已久，殆得先王恤孤之遺意歟？國初，曹村、山陰金、胡兩相國燮理之餘，萬物各得其所，曲示矜全，於育嬰尤摯。而一時諸先輩復爲之區畫，靡不盡善，是故鞠育有條，安置有法，獎勸有經，稽覈有序，醫藥有資，葬埋有所。又得襄明、夢緣兩道人實心撫字，不徒視爲具文。比其長也，爲人保抱攜持而去，則無父母而有父母矣。即不幸而殤，亦不致委棄漬溝壑中。三代之時不獨親其親、子其子者，大率類此。仁人之利不亦溥哉！自創建至今，所全活者不下數十萬命，而埋骨掩骴不與焉。所育既廣，則所費日不貲，況值歉年，供億爲艱。士大夫遊宦四方，善始不必善終，況襄明、夢緣之外，不無侵蝕于其中，亦漸使然也。及今不爲之所，無乃負前人之心力，而使襁褓之兒有爲德不卒之歎乎？此宛平王相國、翁大司寇及家少宰大呼于前，而余復爲之經理于其後也。

天下之事久則窮，窮則變，變則通。今國家承平，歲屢有年，恤孤之典前人既有成效，則踵而行之，以助成德化之美，亦余輩之所不得辭者乎？今人聞嬰兒之啼，必投以棗栗，爲之撫慰而後安，初不問其親與疏也。中路嬰兒失乳，其慘更甚。四方君子怵惕惻隱之情，感乎衷而形于外，必能共襄斯舉，固不待其詞之畢矣。書曰：『爲山九仞，功虧一簣。』傳曰：『行百里者半九十。』此言末路之難也。惟祈同志一雪此言，則嬉嬉稚子躋春臺而拜仁人之賜矣。

附　新建卦山文昌閣疏　時伯兄端同守太原，應交城黄仙壇令尹請，爲此疏以成予宿願，因附刻募疏後。

太原所屬交城，晉巖邑也。國初姜瓌亂，餘孽竄伏交山，負險數十年。予二弟天羽以李官改交令，剿撫兼施，千里萑苻，今爲秦晉孔道。邑甲歷來不均，弟勞怨兼任，革里長，去增徭，開除累丁六千七百七十餘，分都均户，至今賴之。兩經邑試，弟首拔童子十二名，餘以次送試。而督學所取之數，即邑令所拔之數，絶無有一衿以情面上干者。惟鑿山通水，值丁艱，交代未底，厥績留以有待。至於勸農積穀、修城立廠並諸建置，夫人而能之，不足記也。丙辰，予宰介赴省，路經交邑，遊卦山，邑紳士吏及耆艾緇黄以弟有功茲土，壺漿迎予者不絶於道。己巳，予佐刺太原，分駐平定，交人時來詢問，出乎本心誠然。今春，四弟章侯備兵平陽，戎行過從，邑之具壺漿而迎者，猶予宰介赴省時也。

卦山之麓，水秀沙明，今黄令尹爲政，語邑人曰：『是宜署文昌之閣以啓文明。』經營三月，傑閣巋然。予弟聞之喜曰：『向欲建趙介祠於茲麓，緣起未酬，閣成具見先後同心。』邑紳士吏及耆艾緇黄壺漿恐後，禮意更加焉，僉指城外東西四十里趙公柳驚，值荒歉，猶然全活我百姓也。

嗟乎！人情過去則倦，倦則厭心生，未有久而不忘者。予弟去交十八載，今巖棲退隱，世事久捐，胡此地人情至今日而愛念愈新乎？令此者夥矣，交之人何獨厚予弟？或亦平寇、均甲、拔萃諸事，足係人思於無斁耶？黄令君之建閣也，謂予弟志也，力卻捐金，徵予言記其事。予曰：此亦弟志也，其置閣之香火田以全予弟志。若令君之治交而交已大治，遠近頌交治者翕然，六郡一令矣。邑紳士吏及耆艾緇黄今日之不忘予弟，固知異日之不忘令君也。

吾聞天上有奎壁册府，奎主文章，壁主典籍，文昌帝子領之。山上太極一峯，岡巒重複，分列八卦六爻，故有爻峯卦嶺之目，亦帝子樂爲駐蹕者。邑之文明漸起，閣實憑依。恍惚緑衫白馬，令君庶幾目中遇之矣。

是爲疏，時庚午冬日。

説

禱雨説

神之於人，其果無間乎？吾不得而知也。然則神之于人，其果有間乎？吾亦不得而知也。有間無間，皆不可知，故人之求神不可以爲常也。然有間無間，既皆不可知，則人之求神不可以爲常者，亦未可以爲怪也。

康熙七年之夏五月，晉大旱。交，山邑也，危尤甚。予齋宿爲文，禱之城隍及狐大夫突，即日大雨，明日、次日連雨，越三日復大雨，蓋七日四雨，而遠近霑足。予曰：『嘻！神之於人，其果無間乎！』雖然，神之所以爲神者，以其公也。求而雨，不求而遂不雨耶？不求不雨，求之而即雨，而神始神耶？不待求而無不雨，而神不更神耶？固也，求而雨，求之而或不雨，人將其如神何耶？求亦雨，不求亦雨，則神之爲神其爲有耶？無耶？或曰適然也。夫適然者，幾幾乎不必然之辭也。不可必然而適然焉，人耶？神耶？

樹架説

戊申季冬二十六日，署中晨起，忽見林木皆白似積雪，然仰視太空及地，漠然無所睹也。署有臺曰『遥集』，登而望焉，則自郭中以及西北諸山，凡有林木之所莫不然。詢之土人，曰此樹架也。數十年一見之，見則次年果木枯槁。或云主歲登。予曰：吁！此霧耳。夫霧騰於空而散，沾於物而濡。濡而不勝陰氣之凝吸，故如是耳。

爲災歟？祥歟？予未能考其何如，獨以理論之：陽氣升則爲雨、爲露、爲霧，陰陽凝則爲霜〔三〕、爲雪、爲雹。大河以北冬少雨，陰氣盛也。五嶺以南冬少雪，陽氣盛也。陰陽之氣各得其候則祥。晋陽爲河北地，今臘月而地氣蚤升，陽氣其有餘耶？天一生水，地六成之，故質陰而氣陽莫如水。晋於辰爲子。子，水之旺也。太歲次明年爲酉。酉，水之敗也。水旺而敗，必泛濫而不收。水，木之母也。母有喜怒，而其端先見於子意者。晋地其患水歟？

頃者，燕齊、吴楚閩越、中州之間，水泛地震，同日見告，而晋獨否。夫禍福之機，相爲倚伏，君子不僥倖於災之獨免，而深慮夫後發者之遲而大也。嗚呼！可無念歟！

辨

參井分屬辨

白子鑒遠，邑諸生中善讀書者，録來列宿十二次，各註分野所入度數甚悉。然揣白子之意，得無疑于交城參、井兼屬之説耶？愚以爲費直、蔡邕、陳卓所著，皆概言郡國所屬耳，未及析言某縣所屬也。夫概言郡國，則所屬甚廣，故專屬某宿，則固曰屬某宿；至有其所屬之地，適當二宿之交，則某邑屬此，而某邑又或屬彼，不能獨舉也，則並舉二宿，而註之曰屬某某。今所修者縣誌，非郡誌，則或參或井，自應註其專屬，不當因郡誌而混註之曰參井之分也。

謹按：一統誌、武備誌，雲中、雁門俱曰入東井，汾州則曰參，太原北與雲中雁門界，西南與汾州界，當二宿之交，則所轄之地，豈能曲折如一？必有參差出入於二宿之間者，故曰參井。蓋言五州十二縣，半屬參半屬井耳。非謂太原所屬諸邑俱半參半井也。據陳卓云，太原入東井二十九度。夫二十九度，井之垂末度也，曰入者，侵而入之之辭也，非全屬也。

占驗之説，詳於春秋之世。子産又博物君子也，子産之言曰：成王封叔虞于唐，主祀參。唐人是因又曰參爲晉星。叔虞始封之地即今之晉祠，在晉祠已屬參，在汾州又屬參，豈交城獨半屬參半屬井耶？據陳卓云，代郡入東井，是太原府以北諸州縣自屬井，以南諸州縣自屬參，則交城特屬參星無疑也。是不可以無辨。

時己酉夏日。

跋

擷翠樓跋

康熙己酉七月，大雨，磁、瓦二河交流洶湧，衝突而不可砥，城裂數十丈，北門圮焉。今年春仲，予捐貲修築，歷四月工竣，遂與邑之薦紳先生飲酒落成。空翠遥集，爽人肌膚，因以『擷翠』顔其樓。於時，給諫武公藺石、侍御李公卦嵐舉巵顧予曰：『吾兩人數載未登此，不意窮吾目力，平野繡錯，老稚熙熙，竟成樂郊也。』歸功於予，予滋愧已。

飲光樓跋

東城之隅，郤月湖注焉。樓俯湖際，影相吞吐，詩所謂『川虹飲練光』也。聽斷之暇，予登樓高眺，環流入抱，澄瑩若鏡〔四〕。倚欄而歌，又不啻氣如長虹矣。霜晨月夜，凡我同志共登斯樓，當必有得其意者。

麗景樓跋

自南而望，平疇繡錯。方其土膏初動，東作皆興，桑麻黍稷，無不欣欣向榮，蔚然在目。景物之麗，孰麗於此？予以百里課農，期斯民力兹稼穡。回想河陽滿縣花，猶覺非作吏本計也。

來爽樓跋

交山疊峙羊腸，吕梁之奇在焉。宰是邑者，誠畏途也。然其巖壑競秀，綿亘千里，翠微縹緲，高入雲際，交之人習而不察，又不可謂非令之獨得者。柳子厚記馬退山茅亭曰：『諸山來朝，勢若星拱，蒼翠詭狀，綺繒繡錯，蓋天鍾於是。』回顧兹樓，正有不能讓美耳。

今年秋，予捐貲修城，親督工於畚鍾版築之間〔五〕。休息之頃，憑虛遠望，時覺西山爽氣在人襟袖，遂以『來爽』顔之。後之登者顧名思義，自能會心悦目，必不若向之習而不察，爲山靈笑，則更以予之獨得者公而予人已。

柏交亭跋

上卦麓螺劃蠡旋，顧盼含籥見奇，寺之左排岡列石，正對山闕。予恒坐此肆眺，覺會心不遠。上有古柏，駢根離立；下臨石泉，淙淙極饒幽韻。因立石亭其上，作異時遊賞勝區。聽鳴泉而撫琴，憑山闕而放鶴，登此應作羲皇上人想。

周雨亭跋

雨可得而周乎？曰可。喜雨亭記云：歸之太守，太守不居；歸之天子，天子不有；歸之太空，太空冥冥，不可得而名。然則雨可得而周乎？曰可。古有趙日，今奚不可周雨？且夫雨，天地得而主之。宜雨而不雨，不雨而禱，禱而雨，則天地且不得而主之。主之者既不在天，不在地，則將主之乎其人。然則雨可得而周乎？抑不可得而周乎？曰可。予不文，不敢厠筆於諸公之列，聊爲跋，以附不朽云爾。

王古直汾陽迎春賦跋

別王子古直數年，不意遇乎家孟仲啓之幕。尊酒促膝，索其近日所爲文，乃出汾陽迎春賦。讀之，綺句與深采並流，藻思共逸韻俱發。始覺古人高譚宫館，壯語田獵，都屬虚空揣摩，不若古直擷秀摛文，實追所見也。雖然，古直以嶔奇歷落之衷履多㦗之境，寄人廡下，筆興瀾翻，偶拈此以寫志耳。若徒駢麗稱工，霧縠貽譏，雕蟲追悔，夫豈王子作賦之意哉！

書

上高陽李坦園相國書

吉士自首春掣選交城，二月二十五日領憑，三月十五日出都，于四月初二日到任。謹録交邑地形風土及莅任事宜，惟賜覽焉。

交邑，古晉陽西境，東南二十里頗平曠，其西北負郭，則連峯插天，延亘千有餘里。而交邑所屬者凡二百里，其民大都重林幽谷，土居穴處，順則人，逆則鹿。又歷逢亢旱，汾水在其東，文水繞其南，而不知用也。故其民逋逃最多，雖税糧不過二萬，而徵納之難與東南等。地既荒僻，又正印缺官者四載餘，綱紀蕩然，弱肉疆食，夜郎王久不知有漢。且官吏借國課以徵羨餘于小民者，不啻加三。而隱冒於紳、衿者，且正額不足。令與紳、衿三分鼎立，以困齊民，而訟師奸吏復從而扇挾之，故其民日貧，事日煩，雖小縣也，同于大縣。

吉士受事以來，已將火耗革盡，訪訟師奸吏及子衿之刁訟者，置一二于法。其山谷十餘載稱逋逃藪，吉士開誠招諭，察得其土著可用者數人，推心布公，俾知國法，近日報狀復業者數百人矣。方將請于上司，按地形高下疏泉引水，復二渠之故迹，大興灌溉，未知果克有濟否。至于日用拮据，脱粟以食，種蔬以給，貧者士之常，終不敢以之自悔而自阻也。蓋古之王公大人其愛是人也，不惟其身之富且貴也，而憂其身之無成。而古之賢人君子其見愛于上之人，亦不惟其富且貴也，而務體其憂之之心。

吉士今者幸蒙相國夫子不世之遇，其心拳拳焉，惟恐夫子之憂之也。謹述其行一二事以獻于前，惟夫子論思之暇，示其可否，提而命之，使之有所遵守，以免於罪戾，吉士之幸也，非敢望也。

復長垣徐子遜督學書

仲夏得侍階墀，勤勤渠誨，惟寐忘之，不意寵以手書，假我造士之權，不材之木，一顧而與椅桐梓杞同觀，幸甚愧甚！切聞三代以上有化無治，三代以下亦治亦化。降及後世，求治于治而卒至于不可治。故曰：禮讓衰而争鬭起，絃歌作而訟獄息。士者，四民之首，不能化士而能化民者，未之聞也。

山右三代舊都交城，復僻處深山，每疑淳風未散，而其民刁悍倍于他邑。總因歷年宰邑乏人，其士子以抗挾公庭、武斷鄉曲爲能事。相習成風，賢者不免，何況愚夫愚婦乎！世之論者曰：躬行本也，文藝末也。顧古今勢異，古之士務求其有功，今之士但求其無過。果人人誦詩讀書，耳不聞外言，目不親外事，而其風亦善矣。

吉士四月受事，力爲諄誡，迨庶務漸清，刑訟漸息，即與諸生爲會課。晨鐘暮鼓之餘，間復執筆從而和之，庶幾朝夕收其放心。豈意洪鈞亦復偏私隅邑，煌煌明示，莠苗風動，莨乎鼓而軒乎舞。吉士敢不仰體盛心，益加策勵，嗣將月有課、年有試，除申候去取外，尚祈格外之榮一言而華衮之。楚子一巡而三軍之士如同挾纊，况于沐道德文章之澤歟？行見黨庠鄉塾，人習先王之言，士無異行，而四民從之，絃歌作而訟獄息，何在非大化所及也！

上金沙蔣虎臣座主書

吉士于三月十五日出都，于四月初二日抵治。萬山之中，民多穴居嵎負，以目所擊度之耳所聞，大率與川、廣間侗、僚相似。其黠者曾不畏死，動輒訐告官長。賦稅不過二萬，而前任侵那二千餘金不可楚。諸上臺廉而威，動以法繩下，火耗一革，遂至于盡。大都此土僻陋爲西晉最，兼以饑饉薦臻之後，流亡相繼。又正印無官者將近五載，一都事署篆，年及八旬，政歸羣小，蘊釀至今，紀綱法度竟不知爲何物矣。

吉士入境即矢之神明：一民不敢虐，一介不敢取，不率者一裁之以法，每月與諸生面試會課。兩月來，詞訟漸稀，紀綱粗立。然愚民固屬相安而奸宄亦銜恨入骨，旦暮凜凜，惟恐含沙者之伺人于不意也。然傳曰：『不爲威惕，不爲利疚。』吉士雖不肖，亦知窮達有命，豈敢以此稍自變易，以辱大賢之門牆？所可慮者，縣北境有河北一都，險僻尤甚，其民大都十室九亡，賦額千有六百，徵納三不得一。近復奉裁扣之旨，俸入之外一無所存，不知將來何自每年得此千餘金，以代不毛之入。憂心皇皇，惟此而已，其他固非吉士之所敢知也。

蓋聞古之賢人君子，其居官立節，固不獨恐自陷其身于不肖也。內則恐辱其親，外則恐辱其師，蓋世之賢否，人者未有不推原其所自出者也。其人而賢，必曰是某之子也，是出于某之門也，宜其賢如是也；其人而不肖，必曰是某之子也，是出于某之門也，宜其不肖如是也。夫既已居其身于不肖，而復使天下因以疑其親與師，此大不孝與不義者之所爲也。伏惟老夫子高節重望、明白顯著于天下，吉士此心亦欲使世之論者曰某也者是出于蔣夫子之門也，宜其賢如是也，則吉士之志也。若乃因薦舉復行區區，假此以沽名而希進，則亦非吉士之所敢知也。

與署事陳翁長公君錫書

尊翁署事將五載，疏棄骨肉，信任奸回，以致侵那庫銀，自罹大患，此非一朝夕之故也。但聞人子之事其親，親有過則諫，不聽則痛哭流涕以道之。親年衰老，則旦夕不去左右；聞有難，則奮不顧身以赴之。天下有可疏其子之親，未聞有可疏其親之子也。今尊翁所少庫鏹，武定邦、魏秉乾二役當堂口供鑿鑿。況奉新旨，凡侵欺錢糧之官，經督撫題參之日，將侵欺官照例處分，係旗下交與都統，民人交與督撫。侵欺錢糧年限内不能全完，將家産變價入官，如此功令森然。又值諸上臺新任，風馳霆擊。即尊翁或不諱，亦當移文原籍，變賣家産，追比家屬，萬難逃于覆照之下矣。夫尊翁即無事在官，年近八旬，遠迹數千里之外，旁無一子之侍，固已倫常之變聞變見，況患難如此乎？生即欲爲二公子置一辯焉而不得也。

生生平肝膽自許，雖從井救人有不能，苟有溺于水而爇于火，有可救之道，則未有不爲之救者。況同官之誼，更非路人所比。但尊翁子然龍鍾，視聽茫茫，生即有相爲之意，勢無可爲。惟二公子熟悉鄙言，星夜兼程，救尊翁于躑躅患難中，事尚可圖。蚤一日則有一日之益，闕文中韓大、韓二緊要人犯，惟緝之同來，此二人北首之日，即尊翁南旋之兆也。二公子其自爲計。

太谷旅次與交城修誌諸子書

十三日，有平陽梓人至，聞諸子在局，執事勤勞，幸各勉力不怠，庶幾有成功。考輿圖誌以靈川目邑，凡書札往來，俱有是稱。及閱縣誌，並無所謂靈川者，何也？禹貢志冀州『既載壺口，治梁及岐』，註曰：『梁，吕梁山也。』『既修太原，至于岳陽』，註曰：『太原，汾水之所出。』則今静樂是也。夫禹自西北迤邐而南，治梁既在治汾之前，則吕梁其在永寧、静樂之間乎？而輿圖備考乃曰交城，彼豈無所據而云然歟？按之縣志亦並不載，此之不正，無以修誌爲也。

前任薛公修廓城垣，興舉廢墜，數十年來兵戈盜賊，屹然有所恃以不恐，其有功于斯民甚大。二河常公人品政事實可以廉頑立懦。而諸君子以其起自比肩，意若有彝然不屑者。昔黄叔度出身微賤，又年甚幼，其時陳、郭諸公位高望重，若戴良之才氣不可一世，乃或爲之拜，或爲之臨朝而歎息，或爲之惘然自失。何也？德之所在，即尊之所在也。且人亦安必得古人而師之敬之乎？祭典曰：『有功德于民則祀之。』若此，則二公之宜入名宦，宜入鄉賢，無疑也。諸子宜急爲詳訪其軼事，俟生至邑，即具一呈，以憑申請。夫封山誌川，聖人之所以定疆里也；崇德報功，三代之所以厚風俗也。修誌之實務，莫大于此，惟諸子勿以虛文視之。

致陽曲宋蒸菴同寅書

頃奉貴牒關取上批，張勳所控人命于犯。切張勳者，敝治一積惡刁民也。近以妹死，索詐吕結不遂，而一控于縣，再控于府，三控于臬，因批送臺下。

案張氏之死，在弟未莅任之前，其時廉訪最確。總之，死于縊不死于毆，死于同裀赤子之無知，不死于同室老拳之不堪。乃勳平昔自恃攙名藩司舍人，横行一邑。本不假尺水以興波，及伊妹一死，而彼遂以爲吕之肉固張之食矣。於是，控于縣則不伏審，而控于府。及府批于縣，則更不伏檢，而又控于臬。遞易其情，遞變其詞，遞改其籍。始曰吕五奸其姊，丢姐兒同謀伊妹，繼則曰丢姊兒之代弟嫌婦也，家務相嚷也；始曰毆打身死，繼則曰火灶烙痕也；始曰本縣成村都人、交城縣人，終則曰陽曲縣人也。夫動户役田産現籍交城，母妻子女現居成村，而悍然出籍，抗拘抗審，爲鬼爲厲于青天白日之下。此風一長，則吾輩縣令之法遂不能行于户以外。

弟已具文申請，祈寅兄更爲婉達，一併批結。庶幾上全縣體，下懲刁風，非有私于同官也。

與石樓任希菴同寅

宦海風波，即精於防患之術者，有所不能自必。況弟疏慵不堪，處非其地，宜爲羣小切齒。孤危若此，益信彼蒼以石樓安頓吾兄，可安坐而致通顯，其受用處甚賒。弟之所謂受用者，極窮極窘有出無入，即欲周全一友而不能，即欲多用一文而不可得，乃吾輩真受用也。

復孫古喤傳臚書

數年來，南北奔馳，無歲不相聚，無事不相聞，誰復有如我兩人乎？自河梁執手，天各一方，年兄孑然古寺，弟塊然荒衙，思一面不可得。秋風汾水，寒雁數聲，歌李嶠之詩，又不獨富貴榮華之感也。仲夏接手書，纏綿往復，如對吾兄促膝而談。日内閲選單，復不見台諱，將因官蔭故耶？或别有高見也？

交邑叢峯若戟，殘黎若鬼，諸上臺若神，窮縣令如魚飲水，爲活而已。我馬既瘏，我僕既逋，紛然四散。作令三月，竟如説秦不合之蘇季子，裘敝金盡，形容枯槁，面目黎黑。每當破鼓晨鳴，疏梆夜警，徘回無聊，輒念吾兄此時不知在何處飲酒賦詩爲樂。夏季不得預選，復得享此六十日清興，正未可介介于此西風遍野，求一芹不可得，正無如此野人何。

邀諸子賞中秋小札

一年佳節，無過寒食、清明、中秋、重九。予莅交二載，每遇節届，常留滯省城，不獲與諸子酬酢。明日中秋，幸逢公暇，雖未能歌蘇學士瓊樓玉宇之詞，傾倒於廣寒深處，一瓜一餅，欲與諸子作竟日之雅焉。

與交邑衆紳議行鹽法

吉士待罪貴地兩載，凡親朋可緩急者，無不借貸；田宅可轉移者，無不典售。生平不屑作寒酸態，與諸公共處久，凡舉動又無不見聞也。署篆陳翁所行固多不善，以致羣小把持，民不安耕鑿，而以抗糧稱武；士不習詩書，而以控官見能：惡薄成風，醖釀已久。去夏交代不清，吉士甘受延緩之參罰。及至藩公轉報具題，陳翁身家無足惜，而晉中前任之撫藩、道府爲此案降級矣，南中見任之藩道、府縣又爲此案降俸矣。至今兩省去任、在任上司，恨吉士入骨。今幸各項徹底清釐，預備一倉草粟俱已補足，如協濟徐溝及添搭一切雜派，無不釐剔已盡。

惟貴邑鹽引，歷來派之里甲，今奉嚴禁矣，縣官敢以身試法乎？春間阻外商之不來，無非爲地方行所無事。若云開店賣鹽，有各縣之覆轍在，萬不可行。今太原縣鄉民郭朋星等見在申請加引增税，汾、文一帶商人亦然。其太、榆争控不已者，土販原欲煎鹽輸税，不願官商獨獲其利也。若以食私爲慣，而以行商納税爲不便者，太原所屬，止交城一邑耳。今將見徵課額俱已照引塾解，若據實申報，是闔縣食私鹽而縣官賠鹽課也，諸公豈樂聞此？至本縣竈户不滿數十，每月申報緝私尚不及額，而欲其銷納鹽課，勢必不支。無已，每都令各販行土鹽以納課。土販亦商也，庶幾上下無悖乎！

復劉玉少進士

屢以會讞經堯城，見吾兄旅店題壁，輒憶十數載前江都二許座上。同席諸子晨星落落，今亦不復全記姓名。惟公恒耿耿心目，宜其偶睹手筆，猶煩俗吏思念也。黄文節有言：『情異，則連屋不相往來；心親，則千里晤對。』遠辱翰教，捧詠贈章，令我蓬心雪洗。若得吾兄少室詩集十二卷置之座右，又何啻饑十日而啖大牢耶！

致胡道南侍御

兩度長安，一官裁缺，二親老矣。妄希升斗之禄，叨令交城。雖山郭僻小，然形勢險固，風俗强悍兼之。署篆者五載矣，積弛之後，加以恩，則以水濟水；束以法，則且爲鋌走之鹿。庸材匏落，未知何所税駕，惟公東山絲竹之暇不惜裁示，以爲韋弦之佩。

與臨汾張康明同寅

闈事竣，方得與寅翁接譚，聽者倦而思風方發，話欲止而言泉上流。宜其豐穎所指，千人辟易也。

蒲州名宿楊遷歷十二科得一第，喪偶三十年，無力續娶，至今尚未生子，蓋人世所難堪者。而此兄處之怡然，目能眎，腕能書，日以咿唔爲事，酬知一念耿耿未歇，尚復與山右少年爭勝魯陽之戈。吾服其勇，但自愧薄同蟬翼，不能庇人，不得不以大廈之依望公耳。

上晉藩達公

吉士疏戇性成，罔識忌諱。幸蒙覆載不遺，聖賢無我，雖嗔怒，總屬弘慈，故戒勸無非至教。敬竭區區誠悃，向再造前披露焉。

切吉士服官一命之始，即上憲秉簡三晉之初，百爾屬吏，罔不濯心袚慮，凜守繩尺。吉士親承音旨，即至愚不肖，亦斷不敢無狀以取戾，但求治欲速，去惡太甚。所獎者良善，則豪强難弛其威；所庇者鄉愚，即惡劣愈增其怒。賈禍招尤，釁由此起。前任陳都事署縣五載，衙役指使生員把持告官，則甘輸服辯；求息開倉，則不用借領取糧：瞶髦顛錯，廢弛已極。吉士莅任以來，力湔舊染，嘉與維新。況山賊近在門庭，累都幾填溝壑，不得不極慮殫思，息盜完課，以甦殘困。

至如民間詞訟，立爲判斷，或責或逐，原無成心，在吉士不過盡職分之當然，而向日挾官以作威福者，反指爲怪事。逮張明盛鬧罵公堂，本縣申請褫革，闔邑紳衿相率請見曰：『明盛告官矣。明盛譬頑石，父母譬玉也。玉石相撞，孰全孰毁？不若善安頓之。』吉士唯唯辭謝。不數日，而文水訟棍田繼碩代明盛上控矣。控院不准控，兩司又不准，於是復相率請見，曰明盛告官不准，幸也；今不主調停，勢難中止。吉士唯唯，辭謝如初。又不數日，揑誣各款，疊控於撫院前矣，流言四布，舉國若狂。吉士惟静以聽之，彼既粘單上控，即雖信如曾母，不免投杼，何況屬吏？吉士迫切陳情于臺前，謂非發審無以自明，非庭鞫何由置辨？自恃上憲真知灼見，不難爲吉士昭雪。前謁見時，聲淚俱咽，惟冀憲臺親訊，庶是非立白也；不然，吉士稍自樹立，亦欲世間勉强爲人，無負知遇，豈甘蒙耻忍辱，與劣生對簿公堂哉！及撫詞送臬，轉行府廳會審，吉士已是犯官，明盛儼然原告。雖静夜思維本無畏愧，而炎凉世態别有傷心。昨頌憲臺批詳該縣『問心無疚，何慮含沙』二語，未嘗不泣數行下也。

會審之日，證者數百，觀者近千。若使十五款有一兩贓私，府廳豈敢擔荷？若使數百喙有一人指實，府廳亦必申聞。寒門三代同居，家口百餘幾陷此地。人固有誤入網羅而伏首無所伸其舌者，豈盡法當其罪哉！幸而公心不昧，直道猶存，闔縣共來鳴鼓之攻，國人皆有可殺之議，而冤對如明盛，亦俯首無辭。否則，吉士即求解組，何可得耶？今事後思之，明盛屢控，憲臺不准其詞，非徒存下吏體面，實保下吏身家。自今以往，皆生全之日也。謹將申擬供招抄覽，惓惓下情，欲吐無已。

上巡撫達公謝薦書

本月初七日接邸報，見薦舉全抄，不謂鯫生、豎儒及此生而得逢千古莫遘之事也。感愧之下，不敢套用駢語啓謝，敬藉稟事以陳愫悃。

吉士書生，不諳吏治，徂秋緣事未結，調取進闈，心念弘慈，感奮欲泣。吉士久困公車，奔走長安道上，謬以浮名爲海内大人先生及輦下諸公所獎許，私冀服官有日，必多接引。及宰此邑，一時秦晉兩省督撫、藩臬諸臺，俱以特簡儼臨。吉士四顧躊躇，舉無一可恃者。以不勝任之身處不易治之地，而又無一可恃之上臺，或則惜之，或則憐之，前車已覆，繼此任者無復望生全矣。乃莅事尚未一載，而誣揑横加。當此之時，黄金半鑠於衆口，市虎幾成於三人。而下吏硜硜自守之信，獨憲臺一人見諒，冤情得以大白。蒙諭曰：『官只如此做去，不必改，自然不差。』吉士感法外之餘生，欲致身而無地，即力不從心，勢與願違，念服一日之官，則當盡一口之職〔六〕。古人得一知己死且不恨，自今而後，期不爲聖世棄人足矣。既而前院還旗，憲臺榮擢陜撫。吉士反覆展轉，五内抽裂，神氣凋悴，不能自存。仲冬十二日拜送道左，淚出如泉，自分數奇運厄，惟有解組歸耕，終養雙親，以遂素志，終不能戴冠束帶，朘民生以工容悦也。

天佑晉邦，再頒新命，憲臺仍撫兹土，報至之日踴躍奮興。竊幸雖甚駑駘，尚得盡力鞭箠，以效馳驅。乃歷俸未深，薦剡已及，自省疏庸，何以得此？齊桓公之用九九，燕昭王之禮郭隗，雖憲臺神鼓舞於激濁揚清之典，而吉士實跼蹐於高天厚地之間。隨蒙温諭曰：『汝知所以酬我乎？以汝爲諸縣榜樣，此後居官亦如今日之作宰，無累本院知人之明，便是酬我。』嗟乎！自登選之道乖，而薦舉有不得不停之勞，未薦之先，凡可以營夫薦之之術者，無不爲也。其薦也，薦其有以營之也。既薦之後，凡可以報夫薦之之恩者，亦無不極也。其薦也，薦其有以報之也。天下豈盡乏才？有才而誘之以彌縫，要之以貨利，則亦無怪乎才之不爲國用也。當此之時，有無所營於先、無所報於後，而薦之如吾憲臺者乎？世之所以薦者如彼，而憲臺之所以薦者如此；世之所以望夫人之酬者如彼，而憲臺之所以望人之酬者如此。吉士亦安敢不竭吾才、盡厥心，以憲臺之所望於吉士者酬憲臺乎？

又蒙諭曰：『該縣莫恃本院已行薦舉便爾包荒，此後稍有不謹，即時飛章糾劾，斷不護短姑容。』夫憲臺之爲是言也，屬望吉士甚深，故責備吉士愈切。然而是人也，世實有之，顧吉士則不敢也。天下之稱爲廉而忽以貪墨致敗者，費重而無所償也，其罪更深於不廉；

有慎於初而終以驕矜失之者，氣溢而無所憚也，其頑劣更過於不慎。吉士外無所費而內有所憚，生平讀書學道、立身事君之志，自矢必遂。行將究所未知，增所不能，庶幾身前身後無所復恨，敢墮從前之清慎，有負大賢之提衡乎？此固無煩諄囑者也。

再蒙問曰：『交山未盡銷弭，作何撫綏，更當着意。』吉士已面稟而未敢詳陳也。竊照交山接連寧武、静樂、永寧諸處，綿亘千里，轄交城者十之三四複嶺重巖，實巨寇淵藪。散則盜皆輸納之民，聚則民盡剽劫之盜，從無蹤迹可追，安有巢穴可破？此誅剿之所以難也。自康如江兄弟被擒之後，餘黨解散，其至今亡命不順者，不過任國鉉、申友、傅青山、王汝諫等數十人耳。梟此諸兇，萑苻自靖，然此輩雖作孽，而未嘗顯叛也，緩則養癰，急則鬭獸，縣官亦惟静以持之，尚不敢妄行申報，以激其變。所幸者山中風雨調匀，秋收可望，細民各安耕鑿，不爲煽惑。諸兇孤力而寡助，不難漸次就縛耳。然在下吏有何德能？亦恃憲臺風聲所及，無令不行，無禁不止。下吏遵守奉行，庶幾獄訟由是而簡，囹圄由是而空，耕桑由是而興，絃歌由是而起。

至於疏濬湖泉而旱地俱可耕，均平水利而豪强不敢佔，此吉士近事也。惟是明知地方有利當興，有害宜去，必俟之今日而後舉行不疑；若復早圖速效，又不知幾人起而發難矣。伏冀憲臺始終造就，俾巖疆末吏得竭蹶稱職，以砥礪官方，正不徒藉此薦爲進身之基，而遂因循苟且，圖便目前也。區區有心，不知忌諱，萬惟原宥幸甚。

庚戌五月初八日。

謝丁鄉紳惠馬

高門駕車，雖多騏驥，弟何得以駑駘之末輕拜上駟哉！里馬芻牧不給，斃者居半，方圖買補，爲置郵計，何意連騎昂昂下頒，古人有天馬來之歌，似代志明德矣，謝謝！然弟之内廐猶公之外廐也，從此，每有驅騁，不妨命國人見示耳。

陽春將半，詰朝於郊外約二三父老雜坐，一話農桑，奈棠陰未布，欲借扶風絳帳，以庇光風霽日，想樂爲助也。

上董督學

作令者每視童子試，率以爲戲，其得過郡而達于督學，所謂孤寒積學之士，十不得一焉，不啻長江天塹、龍門碣石之不可以徒步而過也。吉士傷心于此，雖邑試無足爲輕重，亦必屢考，以盡諸童之長，去其假冒，而真才自出。交雖山縣，亦復鼓勵，以無佚維新之造。縣中所取十名前，皆有志讀書而文可造者，此外不過附名觀場而已。

復程石門參軍

干旌指滇，弟亦莅晉屈指十年。兩聚峨眉僧舍，彦會難常，偏隔之南山南、北山北，使吾兩人兩地，日永暮雲春樹之思也。王郡丞從滇來晉，口傳尊旨，離緒縈懷。一部十七史從何處説起？姑托一卮將意，可謂善致相思已。每念京華並轡出入時，真如隔世。茫茫回首，不覺坐而欻寐，伏而忽興。雖秃千穎，何能盡萬一於左右？然不可竟置之無言也。

僻處巖邑，所履盡屬羊腸，負嵎伏莽，寬則習而玩，急又防變生。朝夕惴惴，不啻以朽索馭千百泛駕之馬。初下車，疊遭小醜狂吠，荷諸憲照臨，不爲所噬。催科最關考成，而此地頑梗逃亡十居其半，委曲招來，漸次樂輸復業，少有逋缺，稱貸報完。又陶唐之遺偏多虞芮之争，近亦日就清閒，但以調審别案，不免奔馳。向來作客，大都以我干人，今則人來干我。深山多石，無術點金，何以應之？吾兄才名爲上下敬信，雖處贊司，尚得高視闊步，綽然有餘，以視鞅掌不遑者爲何如也！魚雁不斷，雖天涯等若比鄰。夫子不云乎：『未之思也，夫何遠之有？』

復黄泰升祠部

十數載浪遊南北，諸君子强半識面，每傾耳當亭先生不可一世之豪氣，輒躍然神往；而汪汪千頃，思飲波以滿腹，不可得也。

僻令山城，自同鹿豕，不復挂諸貴人齒牙，即二三好友，大都以勢分懸殊，久絶聞問。忽接瑶函，兼之瓊貺，捧讀之下，覺滿庭秋色，盡入春風，孔北海乃復知世間有平原令耶！感且愧已。承諭即達廣川公，悉如台旨。知公應求所及，别有相通於言外者，何俟居間人慫恿也？

與太原萬輿菴同寅

晉祠游後，彈指二月，忽接新章，諷詠一再，恍如置身懸甕間，流水潺湲，時聞二三父老謳歌鼓腹也。

望川亭爲此祠最勝遺迹，在寅兄修舉不過反掌間耳。吾輩身任地方，凡一切風流韻事，慎勿當前錯過。在目下似亦無足係心，他日名成身退，驅車再過，便成一段山川佳話。此弟之所深望於寅兄者。

寄懷慶徐天碧別駕

歸署後，適舍親輩自南來，舟車馬足之所歷者四千里，而風土氣候之美獨稱河内，三年荼苦，今且薺甘矣。弟作令交邑三載，心血槁矣。本草云：『生地能生心血，出懷慶者爲上；菊花心者爲佳，十數枝一斤者爲最。』弟今以寸心恩公，企沐台惠，希如淮陰將兵，謹聚歛諸佐使以待。

復戴山民

兩載巖邑，又值風波之餘，親朋賜顧者，月無虛日。有臺不能避債，無術可以點金。强之飲酒，顏色不歡，亦付之無可奈何耳。昔年同兄謁選，尚可勉自支撑。一行作吏，凡輩下諸公，或贈以裘馬，或貽以杯緞；不則新詩旨酒，種種好情誰肯忘之？今即不欲相忘而不可得矣。弟作此語，兄必以爲太甚。榮選在即，無論好地方不好地方，各有必然之累，身肩其責方知之。

回思共事都城，午夜飛觴，連宵達曙，其可得耶？古喤讀禮家園，亦曾遣人過我。子峻新選商河，人地大相宜，但苦債累，正恐欲潔其身而未能。此身不潔，何以善後？心切爲好友慮之。子箕戀戀鄉土，不即出而作宰，自是高人數籌，亦別有所見也。

辛丑簡選，同譜之誼宜敦，兄於未選之先、已選之後，均當出爲領袖。此後東西南北，會聚正難，幸無虚此歲月耳。薄儀不足以供，守候薪水，惶愧惶愧！

復程婁東

甲辰別後，忽閱六秋。魂夢依依，時在幽草軒左右，今亦不識何人醉呼其下矣。弟當年弔眉生詩有『席門車轍空留迹，金屋嬋娟漸去帷』之句，不轉盼間而吾詩意之所不能盡、不忍盡者，遂爲人情世事所必至。嗟乎！淮海固多人，誰復念眉生者？獨君家伯仲耳。夏間，閻子百詩持尊札遠訪弟於羊腸狐突間，直弟風波之際，僅晤而別。昔人云：『以文求作友，何德敢稱師。』予愧矣！何時赴大冢宰之召，便道晉陽，猪肝之累，竊恐非吾兄本意，然非親歷其地，亦何由知唐風蟋蟀大異於淮南叢桂耶？

上晉省色臬司

一省爰書，盡屬憲臺平允；職係小令，安敢越次妄詳？至田福所犯，或有可寬之赦前者，或有不可寬之赦前者。職司一縣之牧，以交民之心爲心，則刑故無小，自不敢咈乎舉國欲殺之中。憲臺總一省之憲，以晉民之心爲心，則罪疑惟輕，自不妨出於如天好生之外。第福以一人而觸萬姓之怒，若過於從寬，猶恐人心愈激，一出縣門便無生理。倘蒙憲臺宥其一死，而亦不使之並生，則擬戍發遣追贓埋給，亦可以慰交民於痞瘵矣。

與徐敬菴侍御

客春家又吕兄南旋，附有寸言，小兒姻事遂蒙捐大俸以周之，雲霄高義，實非可望之他人者也。顧盼復二十有餘月，都中往來如織，而晉陽寸楮無達於左右者，非不暇執筆，每每執筆而中止也。人情苟有所不得已，必謀之親與故；至大不得已，則必擇其知我念我之最深者而與之謀。疇昔之好，知我念我之最深，孰有深於吾侍御公者？然而猶不能宣之言，當其不言則欲言者無窮，及言則又何者爲可言之言？以其信口縷縷，語不擇音，如村農老嫗刺刺訴愁苦不休，徒深知我念我者之歎息悲傷，而終於愛莫能助也，曾不若終歲無一言，俾知我念我者之怪其無狀，而猶或代爲之恬然適也。頃者，屢得家給諫信，知侍御公尚不知其無狀而怪之，因復執筆一通於前。

從來爲令之苦，不過數者掣肘也：誅求也，錢糧也，盜賊豪强也。而以吉士今日所履之地，上臺清明委任，小民從化急公，山寇蕩平，閭里率服，數者無一焉。顧方莅任之初，數者半集，而某處之安然。今數者無一，而地愈危，負愈重，皇皇焉殆不能終日，何也？此固言之無可言也。

太原周知府，其才可稱肆應，其名已列卓異，其位尊於州若縣，其遷轉僅俟歲月。功名之心，人孰無之？今已告病乞休矣。此間作令，履虎臨冰，又何俟言而後明哉？吉士今者，但得速離此土，策蹇於長安道中，誠無異登僊。然戴鰲山而仰首，縱有知我念我之深，其援手於九淵否也？同有長幅達家給諫，其中情形或備所未盡，仰冀洞察寥落況懷。語無次序，希鑒。

與閻百詩

近日，陽城張子藴生負笈來署，予合梓張子及百詩闈中兩副卷，以報同事歐陽先生於地下。張子渴慕百詩甚，今檢張子所集杜詩寄閱，可想見其爲人矣。蔣子荆名，臘盡自都城攜百詩手札西來，探其胸懷，絶不罣世間瑰異恢詭之累，故其賦物言志，心靡不肖於境，而腕靡不肖其心。予見其所爲詩，不敢以世之所爲詩者目之。數千里命駕，人不能阻荆名之不來，意中未曾有行路之難，目中亦絶不知有太行之險也。未兩月，忽以省親言别，予竟不能止荆名之不去，意中未曾有行路之難，亦絶不知有太行之險也。獨往獨來如此，蔣子其肯寄人籬下者乎？

與閻古古山人

水泉灘木廠向爲文水所據。己酉歲，不遺餘力，始復故利。數年來逃亡盡歸，民居日愈稠密，惟恐比屋難居。乃沖衢大道有地兩段，爲武黄門、張贛榆二公之業，獨置廢棄，居民不敢過問焉。客冬面商，曾有俟春之復。昨劉汾陰孝廉自山中讀書來謁，詢此地，仍然故土，竊爲不然。蓋此灘一帶居民之衰旺，實山西一帶盗賊動静之機。而縉紳乃一邑之倡也，作令者不能興利除害，猶望其左提右挈，鼓舞振興以爲桑梓計。顧尺地經營，人己兩利，亦何憚不爲？忍置之不毛不廛之區，或亦效不畜不察之義耶？

屢欲作小札致之，恐鄙言過戇，願公以鄙意婉致，如果以甌脱視之，當即備官價，請乞以爲是隅交易之所也。

復陽城星文喬太史

老先生負北斗之重望，養東山之高節，一言華衮，當不輕假。吉士五年巖邑，碌碌同人。即交山告靖，上托列憲威靈，下藉生民福祉，或可告無罪於地方耳。過蒙榮奬，徒滋汗背。

令郎天姿高邁，自爾不羣。鳳凰産於丹穴，龍馬出於渥窪，故不可望之一丘一澤間。畫初復遭卞刖，荆山之泣，深爲愴心。然功名有數，遇合正不争旦晚間。從此淬華陰土，使太阿光鋩在匣，一旦乘時吐燭虹之氣，正當垂聲名於天下耳。

與祁邑暢孝廉

公車伊邇，遂罹大故，深爲愍然。第既荷不棄，推爲一日之長，又不得不直抒胸臆，以表相愛之衷。

夫丁親喪日讀禮，以言循禮之中，尤恐失禮，且讀且循，慎之至也。接塵之頃，微見内服尚具緞羢，甚非苫塊之衣。雖達人風致不拘小節，阮步兵圍棋吐血，或别有至情，顧忝列縉紳，又不得與山林閒放之士同其率性。倘蒙見採，則細流土壤，足驗高深之未可量矣。薄奠聊當生芻一束。

與戴楓仲

徐、盧，狂薄士耳。裴聞喜有云：『當先器識而後文藝。』使青主先生竟欲與徐、盧二公較品格，予且薄之矣。『四知堂』三字確非此翁手筆，當出伊令嗣捉刀耶？生於書甚拙，然於筆墨蹊徑之外頗有微解，雖鐫而懸之，適爲傳公貶聲價也。

復陸集生

雅韻此自是年兄筆底煙霞，與卻波無與，然勺水實藉以聞之海内矣。謹謝！

閱宋雲倬離相寺序因與論文

古文有三要：一曰立意，二曰辨體，三曰定局。三者全而一言以蔽之曰『潔』。所謂意者：他人能發之意，我不必有是意；古人已發之意，吾不必襲是意。苟無出人意中之意，則雖體正局高，終難傳後。所謂體者，先秦之文不可雜以兩漢，六朝之文不可參以『八家』，以司馬龍門之文，蘇明允猶譏其列引經傳，以爲綾錦雜用，則體可知已。所謂局者，或逆以取奇，或離以見脱，取他人之言而斷以己意，一篇之中必有數峯遥映，如山嵐疊嶂中，來龍去脉，井然不亂，然後爲之成局。有此三者，而以蕪詞、纖句、嫩字雜之，復非老手，故潔不可不察也。篇中出離相寺無情，是意不立也。起用四六，是體不辨也。平鋪湖景，全無起伏，是局不定也。而又多用真州東園記、岳陽樓亭，套取左氏如棠觀魚等語，皆大不可。至若造浮屠廣無量福，尤爲古文中最惡累詞。勉之，勉之！

復傅藩臣涿州太守

易水魚鱗，蘆溝鴻影，未能頻寄汾河寸素。猥蒙賜之手札，獎許淋漓，汗且浹背矣。五年虎穴，萬死羊腸，幸獲奏此微功，而引領長安，徒滋西笑。想宿緣未盡，交山塊石終未許勞人推枕也。

與潘次耕

歸敝治，以文案山積，未能如姚元之一日裁決都盡。今者始得片暇，檢點竹濤蔡子詩稿並祭竹濤文一稿奉教。弟與竹濤交非有素，文止據事敘情，無能過爲深痛，未知不遺恨竹濤於泉下否。

與文縣令公王卜子

客歲晉陽，一話契闊，屈指年兄期月政成。清風惠澤，自當與太白之峯、天池之水同其高且永。但隴西風氣剛勁，恐文教爲艱。然文翁化蜀，常衮化閩，子厚化柳，地何能限人？年兄何遽不若三公耶？敢爲知己勵。

敝門人閻百詩有事犖昌，越險阻而西，乘暇且將望貴治，而通未泯之刺。夫寒苦如秦隴，總非游屐所堪，顧有一異人焉鳴琴其間，豈特足音空谷而已耶？百詩之亟亟以求介紹而見公，與弟之亟亟以作介紹而見之於公，未可爲不知者道，諒年兄亦復有爽然於心者。百詩嗜古，宏於中而肆於外，兄當識之。數千里外經年一信，捉筆無窮，托百詩三寸舌代布之左右。

復張東山侍郎

五載巖疆，簿書戎馬，備歷生平未有之苦。平泉緑野間，竟絶採芹一候。忽接賜函，不啻披五雲而捧白日矣。會城造次得承令弟先生笑言，恨未能暫屈車騎，稍盡主人之分。然剪蔬汲飲之況味聞則甚韻，諒終以不試爲佳。

復蔣聞大令尹

半生奔走南北，幸叨一命，又復憔悴巖疆，都忘甲子。接瑶函，滋之詠歎。回首二十年前澥墅唱和，竟同隔世。尊刻蒼涼俯仰，絶類秦風。所云名山大川，固能移人性情耶？咫尺故人，尚遲握手。何時匹馬東來，傾斗酒一談羌中風俗也。

致文水鄭淡菴督學

閲邸報，知公衡文荆土，不禁北望手額。楚文雄放而負奇，多跌宕不羈之才，鼓舞振作，一規之於正，便可甲海内。以公高望巨識，知一顧盼間，牝牡驪黄之外，必有追風絶塵者羣起獻渥窪之歌。文章與治化相爲盛衰。荆楚在寰區最爲形勝，公奉此簡書，於國家豈小補也？

弟蒙格外之知，圖報每恨無地，今竊有所進，冀仰報於萬一焉。楚，大邦也，衡文去取，必非一心目所能周。然能文之士易得，衡文之士難求。有才而無學，不可；有學而無識，不可；有才有學有識矣，而意見一偏又不可。然猶未足爲難，所難者，數者全而兼之以品。制科功令，今日最嚴；文人薄行，晚近愈甚，故必先問品而後數者從之。然數者可一望而見，品非深交而久驗不可見。

有浙江吴興夏子宛來諱駰者，弟與之交近十年，才宏學富而識最高，且持論極正。弟常評其古文詩賦，殆學史漢、李杜而未至者。其於制藝，則不爲名家而務爲大家，蓋已幾幾乎其至也！其爲人自命中行，然其志與言近於狂者，其所守與所不爲，則又幾於狷者也。公入楚，可以坦然任之無疑者，無逾此君，今尚留滯臨邑。倘不以鄙言爲妄，幸即賜復，當即邀致，爲之束裝耳。

復高平白田生同寅

三復回教，惜張子者何至，而爲張子計者又何其決也！理煩妙用，憐才盛心，尺幅中具見之矣。弟自札瀆以來，心頗不快，念吾輩名教自持，身膺百里，一門下士，不能檢之桀墨，反代爲之轉折。溺愛於有所蔽，而欲政行於所不信，得無大謬而爲有識者笑？乃弟既深諱此事，而張子亦頗自恧，有諸心不敢罄之口。每閒日，弟因課藝評閱，作宗門棒喝語。

望後數日，張子晝初自陽城來，入座見張子，大笑不已，舉座莫測其故。既張子去，弟問之，則其言張子此事甚詳。始知歌舞隊具有節烈，而張子兒女情中亦自有丈夫氣。正當矜且成就，未可過督之也。張子素狂縱不羈小節，家居或躭情花柳，然類皆浮雲視之，無耑戀。自遇此婦，遂有白頭之訂。此婦年尚稚，豪貴寵之者不少，一見張子，即以終身托。張子始猶未決，迨遍嘗之以諸所苦而終無怨，由是張子感之，其北來肆業於交也，此婦迫之至也，迫之以不成名無反也。其兩相訣而來交也，張子誓絶茂陵遇。倘有不意，一則請以地下從，一則功名人事不難敝屣棄也。尤可異者，張子之内閫董君，家本名族，粧奩頗豐，張子往時揮霍資罄盡，終不問之其閫君，而其閫君亦洋洋任之。及得此婦則歡甚，視之如娣，謂張子曰：『若而人果能入吾門，吾奩中貲不惜也。』晝初抵掌言之，時而惋惻，時而激昂，四座起立，不啻閲一編弇州豔異。弟隨使人細訪張子近所爲，則自上黨、晉陽往復去來千餘里，即聲色滿前，竟介然無復曩時態。即一端以概其餘，可以無疑矣。

漢、唐以來，中行實難，跅弛之士、瑕疵之徒，其建立反不可測。蓋其一片血性深至，扶而進之，固有非常人所能及者。牧之以一鵶頭女，謀爲湖州守，兩上執政書，迄十三年而不怠。而周美成黄澄一詞，幾瀕於死而不顧，終不失爲名臣才士。而昔時名公巨卿，若侯節度之於君平，韓晉公之於戎昱，亦往往因事成就，後世傳之爲美譚。夫子云：『觀過，斯知仁矣。』充張子是心，一言相信，終始不渝，亦似有足奇者。夫張子之事奇，其閫君復奇，即此婦亦奇。乃弟素矯然，忽兩書及於左右以代爲張子謀，尤奇。若老寅兄者，已與張子爲難，而破膽之神君遂不惜作古押衙也，則更奇。得無有傳奇者復從而奇之乎！身價百二十奉上斡旋佳事，張子且九頓於臺下焉。

啓

候徐督學啓 公諱謂弟，字子遜，北直長垣人。

并水無邊紫氣，歡傳冀北春回；恒山一路清光，共指海東月上。遥想百年造士，欣逢千里同文。天上石麟，人間冰鑒。恭惟臺下簪纓東海，譜牒南州。披二酉四庫之藏，笥廚失富；全五岳三光之氣，雲漢爲章。特簡宿望名賢，寄兹衡文重任。方玉坡初出，舉朝知西魯之大行；迨木鐸將周，到處若東家之在望。舉都邑七十餘郡，興見聞五百餘年。入渥窪而求天馬，原不慕紅騮紫燕之名；當聖世而獻唐風，亦寧取秋草春花之句。六經如日中天，四教如風動地。

吉士五車未睹，一榜徒慚。本安東海菰蘆，豈是西湖桃李？讀三章而佐郡，我則安能；叨百里以親民，吾斯未信。仰托鈞陶之宇，希成錘鑄之形。燕市三春，望鳳箋而未下；羊腸千里，歎馬足以不遑。伏願矜其初試簿書，未諳張弛之習；更祈頒以教令，免其覆餗之愆。心雖托夫葵傾，敬未耑乎芹獻。

候新安太守曹冠五啓 公諱鼎望，順天豐潤人。由庶常轉比部郎陞任。

經年旅選，重逢燕市之冰霜；千里春回，遥望故鄉之雨露。笑并水得城如斗，念清風問政何山？新安城堞横亘問政山巔。恭惟閣下望重幽都，才雄鄴下。蚤入玉堂之署，夜看蓮花；旋登鳩省之班，雲消貫索。既得士下明珠之網，三湘與七澤俱清；暫觀風借北斗之光，白嶽共黄山争媚。建旟多暇，保障不驚。小桃源傳李白之詩，清吟可繼；昉溪村垂任守之釣，勝賞長存。憶從容風月之間，徒惆悵雲霞之隔。

吉士一官階轉，百里恩新。貪豆區之禄以奉親，無寸尺之能而試縣。走羊腸之百折，邈矣白雲；歎鶴髪之雙飄，嗟哉愛日。藉蔭長春之宇，逍遥垂老之年。矢報何時，盟心徒切。若乃二三弟姪，就試臺端。敢曰闃其無人，必小子之有造；或曰焉知來者，念童蒙之我求。三事爲期，萬年以祝。有懷對月，徒目斷於晉陽；回首長天，祇夢親于越嶠。

迎侍御傅公巡鹺河東啓 公諱感丁，字雨臣，杭州仁和人。山司李轉比部郎，改吏垣，補御史。

參野百城雷動，争傳紫氣遥來；恒山一路霜飛，蚤識綉衣將至。寄股肱之重任，盈縮在心；摻西北之利權，澄清拭目。風馳三省，雷動屬僚。恭惟臺下築巖世裔，秉簡高風。

瀉浙西之江，文瀾動地；空冀北之野，腰裊自天。李署秋曹，内外獄咸中有慶；青蒲烏府，東西臺無知不言。惟秦晉魏在輿圖，自古爲雄；念軍民商困鹺政，于今實甚。公曰艱哉，臣執筴臣實愧給國之劉；帝曰往矣，爾惟鹽爾再作和羹之傅。行行驄馬，桃花逐赤綬以俱榮；颯颯旌麾，玉女望紅塵而並遁。連百城而喜深忘味，合三邦而待貢厥名。

吉士蔭托枌榆，榮逢雨露。十年江汜，仙登河上之舟；三度長安，席暖梁間之榻。夢寐廣寧門外，垂柳垂楊；仿佛陽關疊中，載言載笑。何幸賜尊而别，適然負弩而迎。策其馬恐或後焉，望爲龍喜可知也。伏願仰因天亦俯因地，順其自然；上計國更下計民，弗爲已甚。一輪秋月，長映水晶之盤；千里薰風，永結玉華之瑞。

復祁縣同寅王梧音啓 諱惟籌，陝西華州人。

參野光連千餘里，久照素靈之宫；汾河波潤十數州，獨湧祁奚之里。聽薰風一彈再鼓，景化日式舞且歌。幸際連城，榮增報珮。恭惟寅臺秦川一柱，宋代三槐。玉女明星，久仰蓮華于天上；碧鷄金馬，獨拈桂樹于人間。小試麓臺，廣栽花種。一泓秋水，坐鳴宓子之琴；萬里紅雲，拭目班生之駕。

弟吉士試鉛錯節，捧檄同對。德有鄰而不孤，慰深葭倚；賢在上而顛〔七〕，感極穆垂。

忽枉瑶函，兼承瓊惠。霏霧燦然而在笥，清風穆矣其陳詞。思公子兮未敢言，曷勝紫芝之慕；念美人兮何以報，徒懷青案之誠。莫識拜嘉，滋深仰止。西鄰餘照，引領東家；南指先迷，終慚北面。復八行以將燕賀，肅九頓以報鴻章。

賀提督柯公加宫保啓 公諱永盛，奉天遼陽人。

恩傳閫外九重，思鼙鼓之勳；望重師中千里，變旌旗之色。居虎座而通鶴座，帶參星以拱前星。文武同歡，兵民胥慶。恭惟麾下，兩朝汗馬，一代從龍。出遼左以長驅，百戰莫與爲敵；委晉陽而坐鎮，四方盡聞其名。藉開國之高勳，作神京之右輔。吴廣平之居漢代，隱然敵國在焉；李英公之置并州，賢於長城遠矣。當此丹書賜券之朝，寧是杯酒解兵之日？公曰臣老矣，無能爲也；帝曰汝勉之，予其念哉。謝塞上之風雲，方望八旗以迴八陣；捧天邊之日月，乍作三孤以統三軍。班都護遠而上書，未敢恩求漢郡；廉將軍老猶善飯，不忘思用趙人。三錫方新，元戎惟舊。

吉士才非投筆，政忝賣刀。訪徐、庾於幕中，有懷露布；揖孫、吴於堂下，未獲前籌。五服有章，想榴花之豔豔；寸心遥獻，托芹草以萋萋。伏願武以文經，威而惠濟。一星婁北，長映少陽之宫；千載斗南，獨步淩煙之閣。

迎太原太守秦公之任啓 公諱宗堯，字明宇，遼東義州人。由兩浙運同陞任。

晉水分符，姓氏初傳北闕；雲中望斗，春光直接西湖。江花隨五馬以俱飛，亭柳盼一鸞之至止。歡騰合郡，喜溢屬員。恭惟臺下萬石華宗，三韓名望。月挂巫關而朗照，仿佛光儀；波回鴨綠以漪漣，依稀宏度。種桃花于海岸，上佐聖世調羹；贊竹莢于漕津，下息蒼生呼癸。疑劉晏或再生于今日，陋桑羊空悖入于當年。九重廉采，方徵轉運以居中；三晉需才，再試分猷以典外。念河東七十餘郡，宣化始于太原；即王臣數百餘員，而親民莫如刺史。爰分碧竹，俾坐黃堂。秦望山前，共惜少游遂去；晉陽城上，遥待尹公再來。吉士利愧操刀，學慚製錦。讀三章以佐郡，李官已奉新裁；寄百里以親民，屬吏仍稱舊治。長安日近，方瞻馬首晨鳴；北極雲開，忽睹鴻章有粲。念桃李生成之不遠，悵庭階稽拜之猶遲。謹肅片函，遥同九頓。伏願陽春有脚，鶯花不獨媚于吴山；霖雨隨車，熊轂蚤生光于汾水。

附 小 啓

應運而興，得時以駕。足國名高于青史，酬功品重于丹墀。并水春回，天上花開五馬；錢江雷動，日邊望切雙旌。

吉士指李空司，看花待種。念故山鶴放，方承雨露之施；慶此日鳧飛，更及雲霞之覆。上羊腸之百折，馬首欲西；眺鳳嶺以千重，鸞旂載颭。敬陳尺素，曷勝寸心。庶申萬一于意中，希沐尋常于格外。

復清源同寅張夏鍾啓 諱汝瑚，福建晉江人。

閩雲毓秀，女宿垂光。學士家聲，人頌當年萬選；曲江世業，鑒遺此日千秋。洛陽橋未雲何龍，知歲旱作之霖雨；陶唐城無梧何鳳，念民愠解以薰風。天降神君，人曰父母。青燈夜户，聞歌叔度來遲；綠忝平疇，共望張公有喜。家晉水亦官晉水，夫豈偶乎？閩清源更並清源，斯已奇矣。當此監司佐郡之並，省知蒸民之倚守令方專；復值方伯連帥之一，新識盛世之重循良特甚。卓茂著聞褒德，班生行望登仙。

弟附驥徒慚，飲醪未醒。潘令之花待種，早問圃于東鄰；連師之琴未彈，已移情于北海。旦夕方願安承教，鏗鏘忽惠以好音。投琚投瑶，既莫辨辭多而受寡；報桃報李，更弗違厚往而薄來。答以尺函，銘之寸衷。高山在仰，近矣四十里之交；明月同看，悠哉五六宵之隔。嗣申稽謝，再領誨言。

元夕答讌七鄉紳啓

王正十四日，武黄門、李侍御、胡邵武、解龍巖、孫青城、張贛榆、孫孝廉七位，招飲于城西彩樓，次夕答讌。

經首春王，九陌花開遍地；省徵卿士，西樓月滿元宵。覓去黄柑，留將白雪。奏涼州不煩雲路，幾曲新番；酌北斗共獻春漿，七星東指。恭惟臺下會合逢元，光華成旦。啓高明之界，朗然百代傳燈；吹太乙之藜，何處半星爝火。吉士仰鰲山以思戴，值鶉火之相望。敢負花封，試開花市；漫辭竹葉，且效竹林。兔窟徐探，幸追陪于今夜；虹橋未斷，希再涉于明宵。佇聽鳴騶，當親擁篲。縹緲長春之宇，爛焉草木齊輝；留連不夜之天，只恨笙歌無妙。賦嘉賓之我有，惟賢者與人同。望彼巍巍乎成市成樓，庶周行之有示；聽彼欣欣然載歌載舞，實好樂以無荒。

請鄉紳武蘭石給諫啓 答賀家二人誕辰。

青山重疊，繞郭高風；緑樹陰濃，滿庭啼鳥。遡孔君於北海，想謝傅於東山。恭惟臺下好善不遺，因心錫類。念鳴琴之吏，榮其二親；分夢筆之花，章之九衮。展私何日，薄采其芹。雖慚白雪之歌，尚有幽禽上下；即少柘枝之舞，試看浮雲去來。預肅臨池，顒言待月。

請鄉紳李卦嵐侍御啓 答賀家二人誕辰

庭樹重陰，接西峯之爽氣；園鳥返哺，奏隔葉之好音。樂共舒長，感深仰止。恭惟臺下聖世達尊，人倫錫類。念安陽捧檄，志本爲親；嘉鹿門齊眉，榮及其子。增輝甚矣，報德何如。肅此公餘，薄伸私積。希淵明于彭澤，悉屏簿書；屈安石于東山，敢陳絲竹。

附　請沈太守小啓

攬風雲于坐末，不記何年；負弩矢以前驅，那知今日。汾水之夕陽沉照，西山之爽氣親人。秋色滿城，故倒新釀于陶令；月明千里，冀申清興于庾公。

賀汾州静園沈太守啓 公自臨洮二守陞守汾州。

井星北拱，三秋回北斗之光；汾水西翻，今日識西河之守。如望歲者一路，歌來暮者八城。庇屬鄰封，寵增舊里。恭惟臺下波澄滄海，望峙赭山。居登百尺之樓，望洋千里；出遍四方之澤，徹聽九重。刑本期於無刑，莅陶唐奏陶唐之化；武以不用爲武，鎮熙河立熙河之勳。久欲徵次公於廟廊，姑再試望之于民社。美哉山河之固，蔚然文教之邦。惠此高賢，式敷雅化。豈獨遠事君而邇事父，魏文則卜子爲師；蘭有秀兮菊有芳，漢武則佳人成曲。山登萬户，行看夜户不扃；水繞汾陽，共指秋陽作暴。望斷唐州竹馬，春回子嶺壺漿。

吉士廿載參商，支離一鶴；三年木石，憔悴孤琴。每憶落桂子於西湖，分得天香雲外；公與予辛卯同榜。豈意蔭甘棠於南朔，重延仙客人間。飲玉露而非遥，盼金莖之伊邇。梁懸明月，空切人倫師表之情；簾織清風，尚稽雲嶠登臨之慕。薄將不腆，俟炙新光。

迎楊介璜太原郡丞啓 公由府谷知縣陞任。

澤衍關西，波揚浙右。凜四知於桃洞，已頌神君；攬六轡於汾沔，競迎司馬。恰逢燈市，歌白雪之章；正放梅花，走陽春之脚。

吉士桑高方仰，匏落徒慚。八拜江干，依稀香火；昔曾同盟。十年府谷，夢寐關山。昨迴剡曲之扁舟，愧非安道；今負臨邛之隻弩，喜遇相如。敬耑使以迎塵，旋摳衣而向斗。

復陳葆初比部啓 陳公湖州人，其兩令弟係予同年。

人中湖海，天聚星辰。蚤傾苕霅之波，一身銀漢；乍解桁楊之氣，三敕畫衣。秋始中而白雲在天，斗方旋而紫微環極。

吉士名慚一稚，空希榻下梁間；令弟品重二方，曾共桂分雲外。尺素忽驚於日畔，寸心徒咎於山西。兹蒙令長君枉駕荒城，曾不信宿。雖竭野人之誠，未稱長者之命。統希海涵，臨楮翹切。

迎寧武關同山周郡丞啓 公金陵人。

天邊五馬，入并野以長驅；塞上牙旗，展秋風而動色。重此北門鎖鑰，式煩南土綸巾。氣動巖疆，神馳屬吏。恭惟臺下綿綿瓜瓞，奕奕金陵。巷口烏衣，先謝王而得姓；江東赤舄，鬱鍾石以生公。處則赤米白鹽，思天下之饑由己；出則緑葵紫蓼，推山中之藥於人。惟此神京右輔，設險在於三關；雄哉列障連雲，握樞在於中路。念封疆重司馬之選，乃坐鎮藉萬人之英。右偏關而左雁門，如指在臂；畏嚴師而懷慈母，置腹推心。彼西京則細柳爲營，北宋則蓮花遺愛。兼此竹帛，允矣箕裘。

吉士五斗虛縻，三年學製。少習濂溪太極之説，則思幼而學壯而行；近讀介山温食之文，方念稽之今以考之古。豈意冀北之野，重下汝南之車。念先世一鶴一琴，久折心於茂叔；喜今日五經五緯，早齊名于續之。惟向往之殊殷，敢進前而不御。謹將尺素，先達悃誠。

中秋復榆次林浣亭同寅啓 浣亭莆田人，時爲人所搆，故及之。

四時秋半，白帝方中；千里月明，美人誰共？過汾水數聲鴻雁，照西山一片琳瑯。恭惟寅臺家居玉宇瓊樓，人處紅雲寶幄。何須親友，盡識冰壺。恰遇雲宵，方飛玉鏡。飲二涂之流水，榆次縣有大小涂水。競本無心；爍百鎰之南金，憎兹多口。慨此夕陰晴未卜，則君子之思憂以深；感明年離合多端，則騷人之旨婉以惻。

弟吉士奏涼州之曲，偶與同遊；化廣寒之橋，原無妙術。每憶頻年皓魄，遇中秋必定成圓；請看往日浮雲，到今夜全無一點。逢時須行樂耳，對酒可無歌乎？望桂宇便欲乘風，姑讓伊問天學士；入壺公別有一月，遥念我子鶴仙人。羽爲斝兮霓爲裳〔八〕，盈庭秋色；玉爲龍兮晶爲兔，滿目清光。領不勝情，欲問君平之卜；晤期何日，同登庾亮之樓。

謝周子鄮山書感應經啓

靈篇鎮嶽，近勝宛委之神經；名手臨池，無異金錢之聖教。焚香展几，浣露開函。頓置身魏晉以前，遂卧我斯鴿之側。古書法汔今幾墜，安望蔡邕中興？今周子妙有餘姿，定是鍾繇破冢。力盡一身乃送畫，點經三折始成波。淅淅驚沙，振孤蓬而耀色；翩翩飛鳥，挾清氣以孤鳴。既奉爲蔡忠惠之典型，當珍如柳誠懸之碑誌。

邀諸子石壁登高小啓

快心爽目，莫過三秋；望遠登高，更逢重九。無龍山且遊石壁，有諸子不羨參軍。竟日爲歡，何待白衣送酒；依夕乃散，勿令黄花笑人。

請張意銘廣文鄉飲啓

學推廣武，賜麟角以成毫；教著横渠，布虎皮以爲席。惟詩書之澤，衍而彌長；斯道德之光，被而共仰。恭惟臺下懷寶不試，大器難名。比思曼之風流，居莫能測；得英才而教育，樂在其中。苜蓿花閒，競説春回絶塞；蓬蒿徑闢，還驚月滿東山。品既重於耆英，人俱奉爲律度。敬肅杖鄉之典，用迓輔世之尊。

請趙榮景文學鄉飲啓

聖人之道不枉己，視其隱而信其行；君子之教不出家，觀其述而知其作。俟命莫先於居易，貽謀無過於傳經。恭惟足下誦讀守先，淵源啓後。不夷不惠，高枕淡然終身；聞禮聞詩，過庭僉曰有子。見多士，歡林宗之過人；睹一方，識太丘之有道。涓兹九月，時届望辰。冀邀潛室之幽光，用副朝廷之大典。

請韓魚義鄉飲啓

籬外黄花，香泠九秋之露；風前白雁，聲徹萬重之雲。既夕英採而可餐，亦旭日矢而恒旦。兹惟足下孤高成性，貞介足風。辟同心之纑，居然於陵仲子；失齊眉之案，獨老吴門伯鸞。五十年有鰥之揚，備聞其語；廿一史守義之列，偶見其人。謹洽輿情，用迓鄉飲。

復稷山顧惠師同寅啓

北斗名高，南金品舊。如來巖畔，年年人遡春風；貫索垣中，歲歲光留夜月。下雪川之簾影，久望蒼生；奏稷岫之琴聲，乍傳青鳥。弟吉士三秋狐突，木石爲居；萬仞羊腸，風雲迷路。欲借西鄰餘照，恰瞻南國清光。愧尺羽之遲飛，訝雙魚之忽至。推衿送抱，何讓古人？酒檄詩筩，期之異日。

賀陽曲邢逸園同寅啓 逸園高淳人。舊任金華令，新補陽曲。

江左人倫，河間世德。鍾虎踞龍蟠之秀，楚澤雲深；發金星婺女之華，洞天春曉。頻回泉石，再問桑麻。衣冠子才之家，豈必嵩高作宅；婆娑仲文之樹，還向汾陽放花。念舊里之神君，作鄰封之寅長。歌隨月滿，雨逐車來。

弟吉士漸水波寒，吴山峯末。餘音鏗爾，久非清獻之琴；念載蕭然，乍捧安陽之檄。羊腸極目，歌同谷之不遑；虎穴頻年，望長安而不見。頓接先聲於南國，欣窺餘照於西鄰。喜同鄉更同地同官，纔隔盈盈帶水；敢一言願一心一德，何妨落落班荆。恨縮地之未能，有懷倚玉；諒披雲之不遠，暫布采芹。

賀清源陶隨菴同寅新任啓 隨菴蕪湖人。舊任興縣，補清源，於壬子十二月十二迎春日抵任。

三江遺澤，五柳流風。琴豈無絃，舊已播臨津之曲；錦非學製，新復放臺駘之花。陽春脚迤邐方來，適頒春曆；陶唐城依然如故，重識陶侯。

弟吉士誼切桑陰，任深巖險。棘行衣絜，芒刺背者五年；壁照鄰燈，光生毫者一旦。喜而不寐，恨未即逢。寧期木石之區，再接芝蘭之友。愛日可愛，愧無能趙德如冬；清源共清，敢共勵臣心如水。肅將不腆，以深燕賀；行且不遠，以覲鴻儀。

爲敳兒求婚范門啓

尺魚汾水，溯淮海以傳書；雙雁秋風，望江雲而就奠。薄宦長違南北，全家敢畏東西。遑念良辰，慶承嘉禮。恭惟親翁臺下丘園足樂，湖海自豪。登白嶽之舊峯，共憶希文高矩；泛射陽之極浦，長維少伯扁舟。

如吉士者，半世蘭金，已深於盟誓；十年葭玉，又重以婚姻。幸哉！白雪風清，獲此元婦；愧矣！烏衣望末，莫副佳兒。涓茲玄禽始至之時，適當玉露初霑之日。敢歌好合，用訂佳期。雖慚投李投瓜，爰望鼓琴鼓瑟。惟是許國者隔行山豫土而南三千餘里，攜家者泛兩浙五湖而北十五餘程。內人攜敳兒至淮陰迎娶。顧大典之難周，望遥途而誰主？沼沚共澗溪並獻，考書詩則敢略親迎；鼓鐘與玉帛雖陳，論禮樂則請從先進。伏冀匪儀及物，維德用嘉。挂新月於弄月，樓頭永映吹簫之客；覓玄霜於雲英，橋上式徵搗藥之章。此時孔雀徐開，共看一堂婉孌；他日鳳凰有卜，載歌百世和鳴。

上川撫約齋羅公爲蔣虎臣座主還櫬反葬啓

棨戟霜開，輶軒日麗。遠念南梁重寄，惟帝其難；誰爲西顧紓憂，非公不可。錦城篆水，早闢蠶叢。赤甲白鹽，追祀金馬。叱馭而馳大小劍，埋輪以肅東西坡。歲次亥冬，駕經晉水。下吏萑苻進剿，未遑負弩先驅；時奉剿殺交山之檄。上公節鉞遥臨，乃復搴帷寄語。祁陽孔道，齒及馬牛；署篆汪丞，備陳金玉。何幸孫陽一顧，頓啓雷焕雙鐔。咳唾九天，帡幪萬覆。

頃閲邸報，驚敝座主新亡；更奉綸音，感大中丞厚誼。空抱築場私願，不聞易簀遺言。萬里孤櫬空懸，止有青蠅爲弔客；一輀長旌獨表，惟餘白拂作遺氈。二十三年，絳帷虚設；八千餘里，白馬難前。在吾師了了浄因，塵埃何染；念世法依依故里，輓紼無期。昔馬援僑終，還棺魏里；梁鴻客死，反葬平陵。可憐雲水遊蹤，常傍玉壘；何忍關山夢路，遠逝金沙。夫子殁于蜀地金沙寺。

舍館業已長捐，泉扃何時永固。伏乞詳記月日，兼書偈辭。墓域向得佳城，葬田猶存舊畝。山迴素旐，敕護喪車；水導丹旐，旋瘞祖壟。庶幾松城路閉，勿泣松帳之茫茫；柏梆香填，無惻柏門之黯黯。頹山壞木，環泣及門；宿草陳根，奔號故友。子孫感戴百世，存殁銜結三生。

校記

〔一〕文首『憶去年春』至『睹青天也』原缺，據乾隆本補。
〔二〕蝶　據文意，當作『堞』。
〔三〕陰陽　疑作『陰氣』。
〔四〕塋　據文意，當作『瑩』。
〔五〕鍾　據文意，當作『鍤』。
〔六〕口　據文意，當作『日』。
〔七〕顙　據文意，當作『類』。
〔八〕犖　疑作『犨』。

卷三

萬青閣自訂詩

自序

予學詩三十年，而知學詩非難學焉，而自信之難也。夫詩，性情之事也。性情失而爲詩，即問其所以爲詩而弗知，故曰自信之難。自信者，性情之道也。自先大父與竟陵友，家有竟陵詩，少時悦之且學也。善我者曰似矣，不善我者曰是不足學也。乃更求北地、歷下諸名家詩學之，詔我者曰似矣，又詔我者曰是不足學也。於是縱觀古樂府歌行、選詩、三唐而下，至於宋人之詩，周旋而求之，亦折旋而求之，或以爲可、以爲不可，如昔也。繇今思之，可者是乎？爲不可者是乎？皆不可知也。何則？以爲可，未必自信其可；以爲不可，亦未或自信其不可也。則予之適從，又曷爲而確然弗失哉！

夫今猶古也，古野人之辭可備采風，今學士大夫之詩遽登清廟者誰乎？古學士大夫登高能賦，斷章取義以見意，今之人徒自作詩，臨風興會，述風雅以寄志者誰乎？古今異世，不異性情，顧不相及如此。是詩未必亡，性情失則謂詩亡亦可也。夥頤，天下之詩矣。無無姓氏之篇，亦無無名貴人姓氏之篇，是詩徒爲人作也。無無名士評次之刻，亦無無顯貴人敍讚之刻，是詩必假人以傳也。爲人作，假人以傳，性情云乎哉！且也人無良，詩不必皆無良；人無文，詩不必不文。故篇章多孝友而詠什並忠信。究之所言非所行，所行非所言。詩人云乎哉！故觀於天人之變與上下興衰之故，而歎風教之微，人心之薄，愈益不敢言詩云。

夫詩取裁於古，以比興爲宗，是矣。然漢廣江沱野人之詞，竭心力而弗似；而宗工碩學之製，一規仿輒得之：其遠近之故何歟？時遞降則遞相師是矣。三唐師漢魏，漢魏師『四詩』，『四詩』而上，又將誰師歟？人理茫茫，地天無主，予壹不知何因而忽有歌詠，極千百年而變幻靡止於此，辨貞邪，考升降，驗興亡，能令人喜，能令人怒，能令人悲哀激慷，隔世而思，同途而嫉，甚之遇而躋膴仕，禍而成殺身，莫得其所起，莫測其所止，可謂罔罔難辨者矣。獨操觚而豎曰：『吾詩當傳，吾詩似古人某，當並傳。』不愈罔罔難辨歟？說者謂詩本性情，世間無詩，是天壤無采藻，日月無光華也。雖然，一身即一世間也。人設不能詩，遂將亡失性情，無采藻，無光華哉！豈古今賢人傑客不能詩者，且黯然百世無聞哉！予甚駭夫涉世者謂必不可無詩，於是，家鈔户習，争長於詩。試遡風之始，必不可無詩而後詩歟？必不可無詩，可以無詩矣。奈何粉飾其人者必粉飾其詩，觀詩者曲謏劇揚以粉飾其性情，斯依詠之理失；依詠之理失，猶夢夢然争言詩，與夢夢然争言無詩，均無當耳。抑性情之失也，聖人起而正之；詩之溢也，聖人起而删之，詩存而性情始明。故删詩者，正性之學也。逸詩吾不得而盡見矣，然以删詩之意核今人之詩，幾何而不從廢逸之列哉！故予謂作詩者知删詩之意，而後能自存其詩。劉眘虚十四首之外豈遂無詩？東坡、放翁幾千首之存豈竟無删？删詩者，亦求自信之學也。

予作詩三十年，未嘗與人輕論詩，顧未嘗不知人之詩，自所作詩則失者大半。憶辛丑南歸舟中，與程奕先、家雝客角詩，未兩旬得七言律九十首，都失去，散宕可知也。其存者大書細草，積巾箱中，不以示人。以散宕之性，摇筆即詩，能必其篇篇自信哉！己未春三月，掩關金陵，百慮捐息，稍稍視巾箱紙牘，乃大愧，蓋自歎其馳騁汗漫而弗計其懷抱之所托也。於是，肆從删抹塗乙，無論酬應之作與友人一時之借筆，即當時自得且與名流贈答之什，不以苟存。予之詩失既半，存其所存，亦止十之三。才不逮人，寧以多爲貴哉！夫掩關求黄庭内景之妙詣耳，於詩獨不能忘障習之中人，如此，詩無異，刻詩亦無異，惟自删，顧别有旨焉。爰編次歷年删存之詩，序而刊之，題曰『自訂詩』。自訂者，求自信也。有問者：『子於詩視古人何居？』輒更端以對曰：『吾斯之未能信。』

恒夫趙吉士題于長干之赤石磯僧舍。

五言古

擬古

鶯鳩投枋榆，鴻鵠翔冥漠。分量相縣殊，意志各有託。横琴修竹廬，觀書亦崖略。因之念古人，高風宛如昨。俯仰多曠懷，天地一郛廓。

花繁貴未開，月朗貴未望。游觀須及時，平生屐幾兩。是以達者流，卓識定所向。潛志絶垢氛，清虚得遐暢。結廬林樾間，雲霞冠青嶂。物我兩忘情，終世鮮骯髒。

逝川無緩流，風林鮮静枝。歸鳥棲莫定，游鱗時復疑。鶩望縱煙駕，山川發静思。欲乘扶摇翰，寧同鷄鶩悲。濛汜暗相迫，萬象自推移。彭涓期未來，仰見浮雲馳。

贈吴田吴慎先

人不得其真，舉動多蹺蹋。所以古達人，任天無羈束。我獨重吴公，本來輕寵辱。數畝傍清溪，分種秫與粟。户外橘柚香，窗中巒岫緑。叩扉素心人，一尊醉醽醁。安居無所營，澹者乃知足。

瑯源山

平明登山巔，雲散衆峯見。蘿薜蔓前岡，松檜列平巘。幽禽高下飛，好音逐時變。採茶童叟忙，笋蕨充饔膳。静觀多會心，豈必盛游宴？勞人息塵鞅，永懷高士傳。昔避亂瑯源，即作結廬想。越二十六年而先嚴、慈卜葬其地，可知一山一水皆有夙緣。人心之萌，亦神物動之耶？偶尋舊稿，因存此詩。

柯城客樓坐雪

玉塵屑萬斛，空界生寒香。凍煙不出户，鬱鬱自昏黄。庭柯有殊態，衆鳥飛不翔。動蟄同一肅，江海空茫茫。夜作樓月觀，天半峨眉光。

趙姬墓 有序

廣陵趙姬，聰慧曉音律，善琵琶拍，西蜀瞿公守三衢納之。舟中見溪流清冽，喜曰：『渟泓若斯，邗關所無。』命侍兒挹水於盤，照以自怡者久之，睹山巒聳秀，以爲維揚梅花嶺部婁耳。年未滿十八，亡于署。太守自撰墓碑，葬城北鹿鳴山側。余偕書乘、道南、秋遠三同門低回壟畔，爲詩弔之。

步出城北門，空翠遠相擷。漸近鹿鳴岫，雲霞互明滅。青冢瘞紅顏，舞衫化飛蝶。山川有夙緣，心口自怡悦。照影半含愁，中懷託霜雪。纖手弄琵琶，一曲流泉咽。歡愛能幾時，人與絃俱絶。香魂不可招，荒隧風淒切。孤月照杜鵑，空山夜啼血。

往歲辛卯，前令鄒平成公以名進士參衡浙舉，所得士皆當代名臣，而漸岸趙太夫子尤其表表者也。嘗過柯城謁公，遇佳山水輒爲題詠，有弔趙姬墓詩膾炙一時，至今傳頌不置。厥後筮仕盧川，分較晉闈，得我太史雁門馮老夫子入服韓、歐精監，譬諸河漢之水歷崑崙至龍門、積石，其淵源有自來矣。己巳，予承乏茲土，緬懷前哲，網羅舊聞，心焉識之。適以勸農西郊，過姬墓側，爲之留連憑弔。溪流無恙，倩影焉歸？山色依然，翠鬟安在？亟取太夫子詩，臨風一讀，睇含原草，哀動江楓，婉惻感人，百端交集。太夫子風雅宗工，文壇宿將，益信瓊瑶片片是玉，旃檀寸寸皆香。敬勒名山，以寄成連海水之思，且志中郎黄絹之慕云。時康熙歲次庚午仲春中浣，西安令潁川鹿祐跋。

巖山前登眺

宿靄捲晴空，松飆沁心耳。石門隔塵氛，谷聲追杖履。白浪翻長汀，蒼翠擁舊市。魴鯉振采鱗，溪光疊羅綺。雲幔覆霞城，儼然新壁壘。小小丘壑奇，矚覽時徙倚。迴景嵐煙沉，天白翔陽紫。

叢蘿夾路深，清聲砭俗耳。伸脚絶束羈，誰度彭澤履。急溜激高舂，稌穲成小市。古塔摩曾穹，半空散霞綺。石溪勢迴縈，列岫排軍壘。苔蘚繡荒皋，翠屏恣攀倚。虚煙出水南，暝色變蒼紫。

南望湖

雲與水同光，冪歷失遠岫。岸柳澹於煙，無山亦自秀。急湍飛作雨，激浪駭雷吼。天地入冥濛，南北分濁溜。澤藪昔原田，萬頃草叢茂。獵騎任馳驅，發矢殪狡獸。羈客立斜陽，西風冷衣袖。

釣臺

盤旋上山椒，立壁攬空翠。掃苔得清陰，衆鳥静不避。磊砢千丈松，狂奴儼相值。朗朗客星懸，豈復攖世累？物色備安車，三反乃一至。公孤且不榮，菜傭笑益字。千秋一釣竿，煙波愜所寄。笑彼往來舟，紛紛競名利。

黄河崖失道贈蓼莊馮老

循河數十里，晨夕未饔飧。馬疲不復策，問道來孤村。微軀亦何堪，曲肱憩頹垣。蒼黄失盥櫛，踵息歛心魂。秋風捲林葉，疑是闤闠喧。老翁來問訊，爲我啓柴門。門前五童稚，繞膝皆其孫。大兒稍識字，小兒事櫜鞬。餬口閩與粤，二載别家園。今歲更苦旱，隴畝黍不蕃。且言徒四壁，無力倒一樽。慇懃具糠覈，瓦缶煮菜根。造次别爾去，敢忘一飯恩？

泰安道中三首

曲徑開深林，泉聲出暗谷。巖虚結雲根，練直瀉山腹。白日起扶桑，葱青辨樸樕。後鶻攫身起，雄飛更雌伏。動止愜所適，不受樊籠畜。吁嗟行役子，短轅空局促。

清曉渡柴關，雲石互爲一。萬景含朝暾，煙鬟浄逾碧。仄嶺既嶔崎，遠崖亦嵉嵂。瀑布濺虬柯，猱玃擲拳栗。伏式未移時，回首衆峯失。落葉墮我懷，秋林澹蕭瑟。曾聞稷丘君，黄冠古仙客。安得從之游，捫蘿探玉册。

清秋景色佳，山行殊不惡。萬點青芙蓉，突屼勢參錯。一一摩穹蒼，危嶂懸欲落。亂蛩鳴樹根，重泉注陰壑。入耳無凡響，心澹屏憂樂。茅宇倚巉巖，松楸作帷幕。樵牧煙中語，忘機遊渾噩。總駕起踟蹰，朗吟謝公作。山鬼嘯天風，客子衣裳薄。

望岱

兩日泰安道，平陸不復覩。舁輿山麓間，小憩種瓜圃。棗實如丹砂，旅行恣所取。矯首面岱宗，青冥插天柱。縹緲泰觀峯，日月精華吐。中有萬古雲，崇朝瀰齊魯。遥聞瀑布喧，聲怒若鬬虎。歌頌紀徂徠，升封禪梁父。諸山豈不尊？羅列成部伍。無字碑可捫，干霄柏難數。何時傍碧空，摩崖弔漢武。

查秦望赴補黔中訪予廣陵賦此贈别並慰令兄匡來于關外

癸卯八月秋，函也自北至。予時客廣陵，形神正憔悴。驚喜故人來，縱譚天下事。遠任羅施疆，予兄未附驥。秦望與家伯兄又昌同時謁選，秦望奉部檄先補黔中。呼童具盤飧，綢繆花前醉。將騁萬里程，此會良不易。君今至貴陽，開府掌奏記。未是老穆生，亦荷醴酒賜。水西一戰收，牛刀且暫試。何分土與流，均之勞撫字。伊予倦遊客，漫滅懷中刺。颯颯鬢毛蒼，歲月銷壯志。令兄數往還，一見一揮淚。關外苦風霜，欲歸願未遂。愛者力莫助，親昵半睚眦。雙珠留故園，英英頭角異。周戚無多人，受託敢言累。兄弟各天涯，何時共姜被？

題逋園詩

高蹈一潛夫，賦詩自怡悦。皎若孤山梅，其味最清洌。展卷生光芒，天地大文泄。盤盤方幅間，望之有凹凸。咫尺雲煙離，恍疑登九折。放眼閲滄桑，萬籟皆澄澈。悲歌慨以慷，一讀一擊節。雝雝鸞鳳鳴，春山罷啼鴂。

寄懷胡道南

珠巖矗海中，寶氣遥相望。百雉臨雙湖，一色清波漾。移家三十年，威質不復讓。計偕共赴燕，兩月奔塵坱。僧舍分禪燈，匡牀聯紙帳。師門止七人，聲名俱相抗。方子最少年，與公並臚唱。月江與道南同捷。賤子安足論，朱張亦見放。朱啓莊、張書乘爲浙名宿。大文出紺溪，天下尊宗匠。遊嶽過敝廬，躡屐尋山嶂。秋月澹林端，乘興浮夜舫。癸巳過舊墅，同遊白嶽，浮槎晚歸。富貴各乘時，緬懷此清況。

五贈詩

王子箕紹隆

萬綠化蒼黄，涼飔肅林樾。羣卉不再榮，菁英亦已竭。王生蘭桂姿，經秋獨秀發。孤根托深巖，清芬何馞馞。朱組思投簪，寧肯事干謁？遊燕不多時，行蹤滯吴越。清嘯見天真，煩言不如訥。忽聽西風起，願採徑山蕨。曉閣聽煙鐘，夜窗看松月。揮手謝吾曹，暫時棲巖窟。

孫古喤鉥

蜩固應笑鵬，鷙本不如鶚。同生天地間，氣類殊厚薄。孫子秀州彦，高文傳六幕。公等安在哉？今日見嚴樂。囊錐早脱穎，匣鐔尚歛鍔。臚唱歷五春，未得縻好爵。俯仰心易苦，徒爲世網縛。蔓草緣高岡，蒼松盤大壑。世俗較崇卑，那知異所託？雲流天局幻，事事分今昨。乘時自有因，相對談廓落。

戴山民弘烈

皖國尊二何，龍眠傳三李。千年彈指間，吾子乃秀峙。杵臼定交初，辨論亦鋒起。投分兩心合，澹然同乳水。始貴阮嗣宗，一生絶訾毁。同學曜朱軒，子今尚蓬累。帝紘罔不羅，棄爾如敝屣。譬彼江海崖，鳧雁任來止。咄哉公孫弘，四十猶牧豕。

邵子峻昆嶽

東陵有賢裔，卜宅舜江灣。遭時奮長翅，一鳴振區寰。飲酒不在酒，長嘯破愁顔。慷慨重然諾，屢空無寒慳。彼志温飽者，何以投鉅艱？腐儒過拘束，老子樂癡頑。不若工嘲謔，傲睨天地間。氣體自高妙，豈必儔揚班？

吴星子軫

閥閲本延陵，軫也名臣後。苦貧機杼忙，聲聲徹宵晝。犢鼻挂中庭，何羡北阮富？起家百粤中，萬里恣馳驟。好鳥不在山，良馬不戀廄。嗟彼膏粱子，華廡徒困守。需次赴南曹，泥滓日奔走。意氣横飛揚，清言發吾覆。

哭范眉生明經 有序

甲辰閏六月十二日，范子眉生卒於都城報國寺，越二旬發引，潤州潘江如，古歙孫夢在，星源潘南二，同邑吴子謀、汪禹成暨其内姪黄敬明扶櫬登舟。予從陸路馳淮陰，先爲經營家事，以待不負所託也。詩以代哭。

晨發廣寧門，秋雲薄如紙。南征何匆匆？爲我良友死。良友没兩旬，素幔發燕市。不聞妻妾啼，强半公卿誄。訃音未到家，親鬼先歸里。在日心相孚，膠漆差可擬。古處以論友，總非恒情揣。當其抱疾時，卧榻精舍裏。有叔隔垣居，有親簾外俟。忽聞麾從者，强起憑烏几。獨呼吴策來，諵諵托心肺。寄語兩弟昆，兼屬姑及姊。撫姪承宗祧，庶免若敖餒。移柯接本支，無分彼與此。還檢囊中詩，命獻龔夫子。言我赴都城，未得親音旨。倘不靳扶持，衰宗賴以起。更囑勿先洩，封識存吾匭。策出予乃入，告我今休矣。兒女婚未終，周親亦只爾。執手重叮嚀，身後獨爾恃。謹諾慰彌留，揮淚不能止。相知重一言，寧忍負所委？不邀朋儔譽，不畏羣小呰。慘淡代經營，惟行其所是。馳驅敢憚勞，粗糲亦自美。坦路沙塵深，馬疲藉鞭箠。行行百感生，風清夕陽紫。羈魂遠相隨，哀歌變成徵。

涿鹿道中贈家明遠 有序

予一載候選言歸，非期兄以下第旋里，那得復至？乃卒然相遇于涿鹿道中，行止不由人，南北固未可意計也。慨笑之餘，賦此志贈。

落葉罥秋林，林響忽以變。天色半蔚藍，絳氣時隱見。晴雲渡遥水，蒼黄目爲眩。已過涿鹿鄉，漸近新城縣。來往多軒車，不耐頻顧眄。邂逅塵土中，下馬拜芳甸。我南爲友行，予往淮陰爲眉生定繼。兄今何所牽。具道至廣陵，傳聞開揀選。不憚辛苦來，揮戈再一戰。豈意復改圖，空負皇恩眷。洛陽寧乏才，安得吴公薦？爲儒世所棄，永矢焚筆硯。慇懃慰阿兄，曲江未罷宴。老幹飽風霜，黄金貴鍛鍊。遇合自有時，莫憂長貧賤。三年轉瞬間，獻賦明光殿。區區南曹試，微官何足羡？夕陽催客行，分手猶戀戀。

過獻縣單家橋

經時苦積雨，康莊殫爲河。籬落罥荇藻，舴艋走叢柯。蛟龍出木末，馬牛没磧渦。漁師收網罟，乘輴拾蛤螺。老農荷鋤泣，織婦夜停梭。冬寒且勿顧，近秋已無禾。縣吏持符至，寧肯緩催科？傷心江南客，揮涕渡滹沱。

丙午首夏雨過新嶺

行行近故山，登躡亦已熟。颯然涼風生，空濛萬象伏。猛雨成波濤，倏忽滿陵谷。本是山間行，翻疑水次宿。頃刻天宇開，蒼黄觸我目。此身已百盤，猶在峯之麓。崖崩半空嵌，輿人偏投足。峭壁絶飛禽，嵐光繞石屋。回顧攀捫處，但見千章木。積陰生夏寒，炎景頓蕭肅。猿鶴闃無言，天籟發幽獨。

銷夏齊雲山嶽半山房

穿林陟丹崖，蒼翠滴人袖。夾路響清湍，幽篁暗白晝。雲癡助石頑，泉咽添松瘦。引領望天門，濃緑接煙岫。嶺畔嘯孫登，時聞鈞天奏。

至日金虬亭壽長公方籒索詩

北風動關山，積雪滿林岫。亞歲升辰星，登臺占物候。金子晨扣扉，告予高堂壽。乞爾倚樓吟，攜婦娱白首。予曰予有頌，藉爾斑襴袖。尊公磊落姿，羣書無不讀。一鳴空冀羣，風雲互馳驟。能使天下士，同聲競趨走。束髮讀公文，目眩蛟龍鬬。何爲九上書，不失劉蕡舊。慷慨發浩歌，百杯進清酬。

戊申重九遊石壁 有序

雁飛露下，木落霜高。喜菊英之可餐，製萸囊以爲佩。山名石壁，薜蘿長帶秋容；法演龍潭，鳩鴿皆爲靈鳥。紺殿創興於大魏，甘露三降於元和。陶令非吾，聊復折腰五斗；孟嘉君輩，何妨落帽重陽。不敢此日獨醒，試問明年誰健？黄花緑酒，幸無風雨滿城；碧樹青山，惟有煙霞入座。敢負登高之約，還期擲地之章。出郭無多路，山行從此起。巉巖出樹杪，清泉近杖履。曲磴天半懸，鳥道繞容趾。諸峯各有奇，石壁獨秀峙。谷轉聞鐘聲，香林望如咫。寺門爲我開，諸生出倒屣。析疑紅樹巾，文章共山水。世傳高氏碑，卧讀荆榛裏。坐石掃莓臺，烹泉試菊蕊。我有看山癖，屢游還屢止。到此恰重陽，嘉會偶然美。龍山始何年，石壁亦名龍山。虚名動遊子。回看向所歷，空青不可擬。馬迹逐秋陰，依然到城市。攜得落霞歸，山月來窗几。

曲阜謁林廟 有序

過汶上，單騎謁孔林。夜及城，曲阜令見。朝如林，贊者六人，贊恭甚。予自顧蒙茸敝裘，殊惶遽，就位，贊拜畢，復請謁廟，予以倉猝未具禮辭，贊者曰：『是禮也。』出林，進城北里許，遂謁廟，巋麗倍他廟。曲阜公朝衣冠先在，襴衫執事數十人雍肅成列，鐘鼓、笙竽、籩豆、尊彝之屬陳且備，製亦極古。予大踧踖，復以蒙茸主釋菜。禮畢，與曲阜公及諸在廟者晉接杏壇間，則又旅酬酢。信宿過舞雩下，曲阜公又在，餽贐碑誌種種乃別。至鄒界，更治餐。曲阜固世官，今令爲震浮公，官已三十餘年，嚴敬謙慎，諸聖裔服之。觀其人，真無忝聖裔者。第予謁林意雖誠，顧體貌草草，幾于越人適章甫也。嗟乎！禮樂既亡，經徒咕嗶，不遊聖門，又焉知周禮猶在，聖人之子孫穆然趨步如此哉！回首林光，雲開青碧，敬思莫諼，詩不盡言。因詳紀其事，並識我愧云。時癸丑冬日。

西周憚狐盡，東家萬古存。羲昊陵雖遠，曾無一子孫。伏羲、少昊陵俱在曲阜。嶧山千仞高，洙水見真源。松柏夾道立，孤直不可捫。其下絶寸棘，神著蟠靈根。蒼檜無生死，秦火安能燔？深林蔽白日，避巢鳥不喧。小子瞻拜晚，俯仰肅心魂。澗芷一昭忠，頌聖歸無言。

曲阜世令尹，肅我奠宫牆。宰牲列桂醑，尊彝韞古光。趨蹌雲礽胄，古壁響絲簧。敝裘慚執鬯，陪祭儼冠裳。哲配左右列，衮繡坐素王。顧瞻東西廡，諸儒首左肓。既拜聖人墓，又登聖人堂。欣展還踧踖，對越轉彷徨。

道經犴猶吴門周逐閒田叔藍兩子時從京東李副使署歸追至前途送予同行述及鄉情感而賦此

海東蕩紅波，曉月無顔色。寒空疑積水，白光盈四極。羈人踏清霜，坦行絶荊棘。籍籍兩書生，策蹇追吾軾。賤子傷心人，賤名久耳食。南奔及故鄉，邂逅如夙昔。緩轡手頻招，彼此吐胸臆。始知家吳關，訪友留東國。借問友爲誰？延津外臺客。歷塊過都多，詎止一相識？請各道官評，幾人克稱職。爲言清濁名，公論在草澤。晉中多循良，燕趙少英特。淮揚向蠲租，蘇杭近罷織。聖恩真浩蕩，下民尚冤抑。可惜三江區，徒爲官貨殖。譬此河流澌，珠玉□充塞。貪夫任網取，尚恨無多得。我聞愴以悲，揮涕長太息。安得齊威王，烹阿舉即墨。

甲寅飄泊宣城過敬亭山拜姜如農先生墓追憶疇昔爲輓長句

明季昔板蕩，讒諂秉國均。飄風振枯落，舉世同秋旻。蒼然松與柏，挺出東海濱。慷慨摇白筆，直言批逆鱗。萬死去廷尉，投戍宣城雲。大廈久矣頹，君恩留此身。終始三十祀，不忍歸丘園。没齒有遺囑，埋骨宛陵原。梅福之會稽，梁鴻春吳門。千載不復反，高風繼隱淪。垂髫憶疇昔，謬廁坐下賓。曲江奇小友，曰此伊何人。天馬來渥窪，逸足必絶塵。青春去如駛，跼蹐徒負轅。回首真州路，痞痳慚笑言。喪亂起吾里，崎嶇敬亭間。孤墳鬱道周，宿草離離寒。再拜增欷歔，丰神猶可攀。浮雲蕩秋飆，萬古愁蒼山。

江上有見 時赴皖剿倡亂者。

漁舟逐浪翻，遊鱗波中躍。咫尺共洪濤，誰甘受束縛？無端截網罟，神魚亦落魄。魚於人何讎，頃刻分憂樂。揮刀割素鬐，縱橫恣一嚼。江深蛟龍潛，豈盡填欲壑？殘忍天所怒，往往見誅縛。快意能幾時，哀爾徒作惡。

青山挂帆過燕子磯暢然書懷

昔泊燕子磯，登覽置清酌。今泊燕子磯，風景歎非昨。清飆天外颺，迅雷起篷脚。暗雨飛白門，雪浪灑碧落。撥棹放鳧鷗，江豚近欲搏。萬頃浩茫茫，泛梗將焉託？同客歛精魂，長江恣笑謔。挂席乘長風，予懷自寥廓。片時百里程，始得江行樂。推篷立驚濤，一嘯通冥漠。

寄贈王繼之觀察 有序

甲寅新安之變，予家受禍最深，觀察公振已亂之紀綱，廉得首從擒治，郡賴以安。丙辰，京邸暇日偶念往事，恫心未已，輒成三章貽贈。聞之磁石異類，尚能引鍼；

雷霆震餘，豈無遺魅？末章惓惓，不無餘慮耳。

夏日日以長，薰風煽寥廓。矯首彰義門，南望新安郭。浮雲何離奇，飄忽蔽廣漠。悠悠念君子，容光恍如昨。寂寞舊山阿，喬木欣有託。相思不可見，怨彼雲中鶴。南山逞豺狼，北山起狐兔。玄雲蔽蒼穹，白日倏焉暮。濯濯松蘿下，疇敢室家顧？哀哉百年間，一朝難保護。渤海引單車，談笑舒恐怖。纍纍獻前禽，春風滿行路。栽花必鋤棘，鋤棘須盡根。入穽虎爲羊，出穽還傷人。搶攘江湖間，四望風煙昏。君子慎其機，如螢防燎原。灼灼園中棘，磊磊堂前椿。徘徊故里閈，黯然傷心魂。永言望明德，黄鳥南飛翻。

下邳行

滄江豈無崖，黄河亦有畔。沿流徐邳間，茫然不見岸。非泗亦非灘，彙成溟與瀚。噴薄浪花中，包幕聯清漢。沃日復蕩雲，覆奩天爲幔。放眼川原失，千村歸淼漫。凡予舟所經，其下多里閈。既防屋角撑，又悸樹枝絆。櫓槳全無用，高下任湍悍。所恃只一帆，迅行如流彈。俄頃兩三程，長波未及半。龍舞大魚騰，遥空絶羽翰。誰揮魯陽戈，忽爾驚日旰。奔濤無停時，柁師方寸亂。履險道心生，趺坐窮水觀。

天闕唱和 有序

范子若思、叢子祇公、馮子玉持、汪子符尹、王子雪園爲家選君玉峯所授士。丁巳冬招遊牛首，同金容門人李子介蕃、孫子蔣如飲含虛閣留題。

晨發城南闉，遂及江之滸。霧餘出新煙，宿蘆覆舊雨。峯明翠漸微，了了過村塢。靈籟起深松，夾道蒼虬舞。仰看氣蔚藍，清磬空天宇。我心獨無營，山水恣所取。佳遊不待招，況多賢地主。

臨險竟忘疲，屐自刊其齒。浮屠矗蒼穹，雙峯天半峙。方鍾差比肩，三山部婁耳。晉殿化塵埃，齊梁成廢壘。俯視南北分，止一衣帶水。誰從伯氏遊，徐行七弟子。延我飲含虛，日暮千林紫。

古鼎閣詩 有序

鄧太史元昭得古鼎一、樽二，款製日月莫辨，斯曰古鼎，列之祠閣爲祭器，遂以名其閣。太史曰：『祭之以禮，予志也。』是真孝子也矣。維器也天實畀之，作古鼎閣詩。

太史敦至孝，終身天良中。禄養顧弗遂，燕言涕淚從。經徒感斯意，廢蓼與古同。爰稽大夫祭，用禮核卑崇。廟貌劇丹堊，高閣圖先容。陳設亦已具，籩俎及鼓鐘。告虔霜露殊，羊豕戒必恭。曰碁蒿悽愴，曖然形聲通。自信維齋明，展此不匱衷。觀禮稱大備，太史猶憧憧。此志通帝座，錫貺乃獨隆。寶鼎出西江，雙樽輔以東。神物在不意，傾城駭天工。摩挲發光華，日雲方曈曨。斑飛雙翡翠，亦碎丹砂紅。升之列几筵，焰焰如雕龍。太史色怡愉，誠辭告而翁。章甫轉相報，颺歌若陳風。愧思某不類，五年再憫凶。馬鬣偶然就，豚肩每未充。瞿瞿復藹藹，徒爾傷心胸。無非盡人子，乃莫追彝蹤。顧瞻青溪上，祠閣儼垂虹。左俯鳳凰臺，三山睎華嵩。古鼎鬱神光，夜氣淩蒼穹。應知新野傑，奮迹繇天鍾。良弓不易操，良冶難爲功。人非貞至性，何以成昌宗？

遊泰山八首 有序

五過泰山，未嘗一登，舊有望岱詩，想像天際而已。庚申冬仲，叱馭南行，次奉高李使君梅友爲地主，肩輿既具，遂登焉。身在雲中，心摇星漢，疇昔所望，似乎全嶽在目。今之既登，反不知所爲嶽矣，無垠浩攬，當何會歸。古之真人乘雲氣，騎日月，吾求其意乎心目所及，得韻語八章，視李供奉若或益之非多也。以詩記嶽，亦記吾意也；如曰小天下，則吾未敢。

萬峯青嶽勢乘剛風，一氣趨百靈。褰衣籋浮雲，乃覺扶輿輕。絶巘淩象緯，側看星河傾。不斷，顧盼相逢迎。籃輿上曲折，歷級四肩橫。去麓如下界，殘月吹天聲。

倏忽長海波眼底翻，低天一半赤。朝暾萬景含，虛空日氣射。層冰織水簾，古雪陰巖積。風生，雲奔松絡繹。礧礧石欲飛，蒼藤牽斷壁。神哉造化根，何年巨靈擘？

迴環勢濃澹氣色殊，勝處得其概。齊大鄒魯小，放眼總無礙。嵌空石丈奇，突兀青霞内。萬端，離立仍相對。瀑布結寒玉，聲静光破碎。松枯柏已秃，婆娑是何代？

匹練遠直上四十里，迴豁嘯天門。五嶽宗泰岱，丈人乃獨尊。徂徠不敢傲，梟嶧皆其孫。難見，五松久不存。尚餘東西觀，平臨秦越吞。

鴟尾曳摩崖矗穹蒼，開元天子置。小篆取八分，真得籀斯意。玉檢瘞山巔，登封七十二。天書，君相互作僞。祖龍若先知，空碑無一字。

秦封與黄帝乘龍至，青角振嵯峨。大舜東巡狩，羣聞卿雲歌。軒虞兩不作，三代亦易過。

漢時，茫茫付煙蘿。騎鹿逼霄漢，我欲挽天河。縹緲碧霞君，鸞笙吹玉宇。肸蠁奔寰區，投金亦獻紵。青帝不在岱，城南設鐘簴。悽愴蒿里下，啾啾鬼夜語。徘徊王迹熄，明堂竄鳥鼠。日晡下山椒，俯瞷已暈眩。山靈護我歸，脚下雲片片。晴雨共一時，汶河呈白練。嘯嶺伊何人，猿鶴如相餞。出入洪濛中，鳥道無一綫。投憩當昏鐘，方寸嶽萬變。

平山堂次韻

地脉通岷峨，崇岡起天半。繚城抱如屏，瞰野峙若案。隋宫竟何有，陵谷變昏旦。獨有六一翁，歷久聲施爛。古堂廢復興，丹雘開榛蔓。至今觴詠地，風流永不斷。政事與文章，可知兩無畔。我來訪遺迹，長嘯冠屢岸。看山憑危欄，集客啓高閈。詎云仕學優？寸陰分綌箄。編摩念先澤，真淳風未散。追和平山篇，敢辭語蕪亂。淵源幸可師，物我希同患。劓入龍虵壁，古今齊偉觀。

揚州之盛，唐時爲最。自畢師鐸、孫儒之亂，遂爲兵燹蕩廢。楊行密復葺之，而又燬于顯德。入宋，承平且久，然隋宫、迷樓、月觀、風亭之迹雖罷，而平山堂至今在人耳目，蓋宋慶曆八年歐陽文忠公建也。自劉敞、蘇軾兄弟、秦觀輩皆有詩，而元、明之際則趙東山公和韻尤著。山陰金公修平山堂既成，竊欲舉前後諸家詩鐫之四壁而未能。無何，東山公之裔恒夫先生來榷揚州，遂搜公詩刻之石，而復自爲賡和，其和章則幾欲繼武其先人而不相下者，因思紹定李全冠揚州，方駐師平山堂，蹂躪已極，及既平，而平山無恙，且題詠至今尊之，然則名勝之傳于後，夫豈不以其人哉！東山公學問、經濟實不愧文忠，而其詩越數百年至恒夫先生而益顯。雖倡和在一家，亦可以觀古迹盛衰興廢之故矣。惜劉敞、軾、轍、秦觀諸家詩，其子孫無有過而和之而勒之石上者，豈詩之傳又有幸不幸耶！辛酉嘉平朔許承家師六跋。

寄園八詠次慈谿王白民韻

緑陰深處

萬緑蔭林廬，岡巒横若帶。虚空延白光，方牀環煙靄。素磁旋乳花，琴聲静三籟。讀易愛龍潛，登朝慚鳳翽。出處敢違時，正當以意會。

叢桂小山

玲瓏結雲根，晴霞觸石起。品題得奇章，當門勒仰止。巖罅粲苔紋，吾丈在水溪。花叢霧雨深，破青扈籬芷。桂樹詠幽人，文心何麗綺。

曲澗

轆轤通水脉，石沼滀渟澄。一瀉哀湍沸，游儵漵漵升。蒲葜夾碕岸，瓊觴浮未曾。清沘花外轉，碧洗煙光凝。鴉鶻趁人噪，休咎總無徵。

超臺

卉木方跃蔓，陰森面面齊。文禽聲頡頏，拂檻嫩雛低。展席平臺上，譚謔忘簪珪。山腰橫石砌，童稚歡扶攜。廚煙增晚翠，浮沉任鳧鷖。

舟居

巖溜激清流，周遭畫舫屋。謦欬絶不聞，何異逃僻谷？四遊若舟行，虛空本無觸。列岫引遥青，憑欄恣静矚。雲水回互深，延蘿剪叢竹。

獨倚樓

巋然獨此存，山容呈妝靚。湯谷鎔爛銀，朱輪曜藻景。花光散石林，泉琴發聲永。雙闕紫霞連，層峯何炳炳。酒酣客停驂，夜遊燭可秉。

鶴皋

槐榆夾舊路，布葉放繁陰。皋禽翔天步，崑閬揚好音。師曠奏清徵，玉羽展煙岑。丘壑費經營，疏鑿亦難任。紅橋跨石澗，數過薜蘿深。

拄笏軒

拄頰致西爽，蒼陂路逶迤。交流浸玉砌，白間綠低垂。仰慚獻替少，空自步青規。棋翻松下局，酒賭囊中詩。雲行天局幻，昂首驗星旗。

次復汪我長農部並寄朱若臣同年 有序

青望新謫牟山，蘿隱長羈潞浦。青望、蘿隱爲二君齋名。駭機暗發，自來毀誼讒原；巧詆獨工，於今綫冶鞭越。可堪同鄉同學，今朝同病相憐；任爾移遂移郊，亦復移家作伴。流離無可告，抑鬱向誰陳？賤子挂去朝冠，尚能獨來獨往；二公譴留驛路，可得自在自由。綠字傳來，八十八言悲君苦句；我長以五古四章寄正。丹楓隔斷，三百餘里動我離思。蓼莊與潞水隔路三程耳。白首不歸，頻灑懷鄉老淚；黄山何處，空增遷客夢思。讀未終篇，泣數行下。雙林對禪客，韋應物先作此地佳吟；我長僑張灣雙林古寺。逆旅聞蟬聲，岑嘉州早贈兹晨雅詠。恨眼泉湧，同歎貧病交侵；愁腸火煎，共傷蹭蹬末路。當時震蕩，風浪不免人尤；此日閒暇，光陰始爲我有。含毫瀝思，寄去郵筒；言志緣情，布在縑簡。無由覿面，一語不妨叉手；

長哦勿訝，狂言請塵清覽。

萬壑沉空蒼，秋飆捲蒲蒻。孤處念雙羈，甫白長飄落。頋償同舍金，三言市虎確。流移幾人還，矯首邀貫索。辟咎敬離初，素履原不錯。雖爲法網牽，曠心馳大莫。吟詠足此生，精神今古託。名賢坎壈多，譴謫亦何怍。且登王粲樓，勿投揚雄閣。浮雲寧必歸？天遊自横廓。畿北共洛中，兩心付冥寞。

樟溪流瀰瀰，月潭石粼粼。舍下海陽里，一水聯朱陳。寒舍舊墅爲海陽故址，予三人所住村落一水相通。迍邅各契闊，竿尺猶頻頻。旅食捐鄉井，冰霜薄畸人。病鶴翅趾立，仰羨雁來賓。涕泣遺臧獲，無復舊交親。難堪此瞪眄，驛尉亦嶙峋。鬱鬱依亭障，素衣染垢塵。予幸安丘壑，松月結佳鄰。一笻了吾事，脱幘披山榛。久忘簪笏侶，念渠轉悲辛。

紫闥不可叫，鬱結斷剛腸。空囊乏金錯，安能慨以慷？衆女工謡諑，娥眉久不揚。中廢賓朋散，何路覓潘楊？越聲方淒斷，楚奏更悲涼。迢迢隔京洛，心傷舊夕郎。鹿裘常帶索，骨立自軒昂。我無求斯世，多口勿雌黄。長歎骨相屯，發聲尚球瑯。心坑語穽險，誰爲爾抗章？千秋無限淚，一指問蒼蒼。

胥靡且强耐，茹荼亦復甘。羈單無主人，寢興何以堪？棲閒詩過日，驚人益自躭。軒傲逢道友，髽髻喚南菴。追之已千里，渾河赤波涵。懷人鄉思深，清嘯咽煙嵐。賢同越石父，誰爲解左驂？小隱吾中立，周北對張南。西巖通一徑，紅塵隔碧潭。頭白讀書好，文史恣搜探。黄岳尋宿約，不速客來三。

寄朱陝州若臣中年 有序

樟溪　汪浩然

黄門趙恒夫先生見貽詩序，兼述朱陝州若臣近居中年。若臣别逾廿載，今居中牟，猶子之居沽河也。秋夕挑燈，感今憶昔，連得四章，寄呈黄門，轉寄中牟。情之所至，不自意筆端揮灑而聽凄風之蕭瑟也。

秋風拔蓬茅，補葺雜蘆蒻。籬下見來鴻，珠璣自天落。爲言長沙客，消息近聞確。陝州吾故人，廿載傷離索。如何命世豪，末路均盤錯。堅白君子心，緇磷白然莫。所以大聖人，中牟可棲託。況當陳蔡閒，絶糧又奚怍？暫偕鹿豕遊，休問麒麟閣。汝南顧薊北，天高等寥廓。願附搏風翼，音塵慰寂寞。

君家月潭上，水石光粼粼。先人嘗過從，兩世荀與陳。荒村羅美堂，太丘杖履頻。一水無百里，孤航兩三人。傾耳簞炊糜，趨庭揖嘉賓。兄也辱宅相，迭締葭莩親。門楣競冰玉，氣誼何嶙峋。聯轡上公車，文章謁後塵。風霜廿餘載，兩家泉下鄰。椿萱及棠棣，木拱悲荆榛。感此娛老懷，齏甕怡酸辛。

黄門天下才，好我傾中腸。千里月郵筒，聲調多慨慷。詩人信窮阨，異代方表揚。唐初盛開寶，盧駱首王楊。沈宋何瑋麗，嶺嶠音淒凉。少陵困同谷，太白流夜郎。柳州真踔厲，夢得尤激昂。有宋非無人，海内稱蘇黄。瓊儋更卓絶，黔宜益琳瑯。餘子多不傳，天豈憎文章？寄言同調侣，且勿呼彼蒼。

宦遊奚必達，命也諒同甘。憶君齒差長，吾老君何堪。乾坤真曠莽，歲月不慳躭。近傳西山爽，天水結茅菴。放眼豈易青，萬象胸淵涵。寄我招隱篇，叢桂棲雲嵐。君今在中土，何年命歸驂。春水正生時，予家樟溪南。一舟尋漸岸，數里通月潭。村醪可斟酌，丘壑恣幽探。果爾能偕隱，黄山老友三。

家少宰集香林亭看花作詩遠寄次韻寄正

白卉更鮮妍，英蕤簇香路。天容麗且温，脱幘憩嘉樹。芳徑緑茵鋪，嬌鶯時一呼。灣環步徙倚，紅素霏花霧。纖縟漸紛敷，游侣屐幾度。朱檻護金鈴，繁叢安可數。

新榮散林縝，睍睆鳥盤迴。芬葩將旖旎，盈階雜綺苔。光風入簾幕，數瓣落深杯。僧雛迎修檻，梵天出瘦孩。花事何曾了，暗香泛土垓。千苞含錦繡，丰神賞未開。

禪扉偶憩次家少宰韻

憩寂絶囂聲，虛窗延澹白。陽旭麗雕甍，清陰蔭階碧。京園草樹荒，安問平泉石。遥憶諸同遊，宗人誰在席。花繁蔓不分，新妍媚舊客。別我支公牀，坦坦行無蹐。

煙霽花光斂，屐齒穿香臺。浄梵供諸天，摻撾響法雷。萬青闈禪榻，茗碗共追陪。暫爾辭簪紱，高脱興幽哉。遠念羈棲子，詩箋寄驛梅。酬唱恣紬繹，半醉愁空罍。

登妙光閣次家少宰韻

澹然天宇闊，翠靄散喧風。盤旋幾曲上，精藍縹緲中。繁英飛雜樹，歷亂縈簾櫳。阡陌圍繡綺，紅碧粲晴空。雲樹互參錯，煙景正沖融。西望山環牖，萬堞緑葱葱。

丈夫志桑弧，胡能跼閫閾？奮目天之南，淩風矯翅翼。忽聽山鷓鴣，聲聲行不得。摘星賦危樓，文豪嗣楊億。宫樹插空青，憑欄眷宸極。爨煙萬屋齊，振衣聊一陟。

丙子春暮寄園同戴田有汪獻其王宛先汪紫滄秋屏尊士兒景行孫揀授坐曲澗小飲夏西山後至以盡疏珍禽添爾雅更書香草續離騷分韻

首分盡字

春殘萬卉新，紅白恰相準。穀雨催桐風，時光反淒緊。松石互糾纏，泉流剛接軫。雙屧印新泥，橫橋圍欄楯。緑草何茸茸，高空石欲隕。羣魚樂蒼波，藻荇斜牽引。小奚數行觴，盼睞寄松菌。環坐迴無塵，泠泠響未泯。王戴何風流，四汪俱警敏。夏子徒步來，不須通門尹。同調六七人，高吟趣不窘。縱然隔鄉關，何曾分畦畛？約期戰文壇，工苦鏤肝腎。揣摩争名地，各各心爲黽。君輩真滑稽，鄉譚吐復忍。看花傾紅友，揚觶涓滴盡。摘蔬竹籬邊，肉食可無哂。夢繞江之南，三月富櫻筍。

再分香字

煙霞遂老癖，石醉小山香。松槐參霄漢，斷壑豎紅梁。竹柏蒼然古，歷盡舊冰霜。僻徑引遊屩，春毛亂破荒。壘石圍水榭，浮荇蔓新塘。吟詠童冠共，角觶接羽觴。軟塵飛不到，嵐翠落杯鐺。竊月逢三巳，初一丁巳，十三己巳，廿五辛巳。解褉除不祥。三月逢巳爲除日，故古有祓除之會。池前三丈地，瀲灎浮陰涼。水天渾空碧，風浴得點狂。氍毹併肩坐，客主嫌猜忘。鬟眉照水緑，柔風怡剛腸。謔浪鶯花裏，去絆脱名繮。把巵先得句，慚未叶宫商。頻留榻者誰，汪汪夏戴王。競爽兩公子，我愧大父行。奮翮各有時，勿爲知己傷。吾復揮戈起，西日尚垂光。

三分騷字

大武震邊遽，征騎絶繹騷。無力從戎右，未獲擁干旄。餘生息閒秩，遥羨龍虎韜。止自安蹇劣，固應老蓬蒿。豎儒空蒿目，惟日飲醇醪。春坡細草緑，新釀待葡萄。招客亦須擇，下榻幾文豪。菰蘆翳君輩，天路待鵬翱。金門我吏隱，那復羨三高。官微叨禄米，何事挂檄逃？世故勿攖心，翻覺磬折勞。樹陰凝假蓋，松静無驚濤。水弩舍沙後，門杜畏朋曹。二兒官濟北，不敢潤脂膏。三兒初使割，正恐刀難操。時景行以中書先用。諸孫勤學殖，筆陣可能鏖？觸眼皆天趣，和風散鬱陶。傾心縱譚謔，終席奏琅璈。

題毛闇齋采芝圖

荷篠采芝來，置身丘與壑。雲白峯長青，曲砌翳蒲蒻。雨華石乳流，油然飲一勺。黯澹青華姿，椶帽躡朱屩。湛氣日清虚，行蹤何磊落。獨往還獨來，不爲世束縛。大文出甬東，心清窮亦樂。貴介滿京師，笑人太薰灼。跣奔歸故園，何事縻好爵。行囊少贈金，慚予實拙薄。汪子寫其真，丰姿何淖約。他年披此圖，顔色宛如昨。

七言古

古城溪漲觀捕魚有感

萬山昨夜奔新雨，連天走谷無行路。我從鵝峯過水南，山有鵝峯，水漲爲必由之路。寺僧摇手戒無渡。漁家意得蕩波濤，緑蓑青笠弄輕篙。迴旋不避陽侯怒，設網提綱縱横操。貪心乃冀一罟集，秃尾槎頭出復入。小舠大舸横截流，黿鼉駭散蛟龍泣。魚兮魚兮奈爾何，揚鬐不得寧洪波。朱門會食恣厭飫，金刀細膾香調和。五侯之鯖天下無，豈知道路多餓夫？隋末，越國汪公華保據六州，治兵此山，因名『古城』，溪環山下，通三浙，即浙江也。癸巳夏五，山落巨石成潭，潭深不掩鱗，予築蘭若于其上，禁網釣，爲放生所。魚樂此潭，不與水俱逝，遊人投食，各以類鼓波吹沫相争吞，今成勝景，無復有捕之者矣。此詩作于壬辰，附記。

乳　洞　有序

洞去遂安八十里。壬辰冬，余偕家弟安侯謁成夫子于柯城官署，道出遂安，因訪土著導遊。此中幽深窅邃，非集數十人相率執炬，不敢入洞。傍多居民，有從未得入者，亦欲藉以偕行。蒼頭數輩燎燭先驅，泉聲響石下。予入洞十數武，氣煖甚，搴裳解襪，不覺爲冬也。洞内門徑雜，必攜堊囊以記所經，否則盤複叢錯且迷矣。懸崖上纍纍如乳，有堅如石者，有柔如鷄實者，有若初含漿者，洞由以得名焉。行數里，讀壁間方書田相國題詩，無塵氛風日侵薄，故閱久墨瀋猶新。欲再進，土人泥勿前，余曰：『初欲得幽深之大略耳，又何必然犀如太真乎？』于是題名及歲月而返。土人復述洞中往昔事，大率皆怪幻不足記，記余所及見者。

我生三十六峯間，足迹多寄西湖裏。天都之奇奇於山，西湖之奇奇於水。惟兹異乎水與山，奧奇莫測何底止。呼羣秉燭探窅邃，洞門紛雜迷杖履。倒懸點點石乳垂，柔者如脂剛如齒。應有玄真此往還，如彼王烈吸石髓。

贈吴文仲鼓琴歌

剪燭樓頭拂朱絃，古懷漠漠意悠然。初疑泉溜響山谷，泠泠咽石松風前。更疑哀鴻鳴哽哽，江天斷續平沙影。簾静香細茗碗清，流水高山豔俗屏。君不見，岐王座上瑶柱横，彈罷秦聲變楚聲。又不見，華陽亭下月三更，中散調曲鬼來評。梨花梅花夜窗白，座中誰是傷心客？

次酬程奕先放歌行

同巷有士横今古，寒兔犁煙紫花吐。一卷冰雪手攜來，剡藤爛爛照華廡。展觀棐几生光茫，赤城天半雲霞舞。風概詞華兩傾人，高談展轉玉柄麈。寧肯輕從屠沽游，摻撾欲試漁陽鼓。無情造化亦小兒，何論文舉與德祖？白嶽峯高少見聞，移家共築浙江滸。長我十年三十六，如日麗空尚未午。君當振翼垂天雲，我亦决起逾環堵。

癸卯冬偕張青琱章含可孫古喤赴查王望給諫召座懸顧見山退谷圖同席各賦長句寄意並呈給諫公

黄塵盡日吹燕市，入户陰森净窗几。雲間墨妙具奇觀，煙樹蒼茫尺有咫。天地大文在丘壑，五日十日恣冥索。有無點染盡天真，開闢如同鬼斧鑿。昨宵夢遊入退谷，層巒歷歷留心目。忽爾披圖見此山，依然素練排林麓。蒼苔引緑上松根，大小虬龍舞石門。懸崖飛瀑浮空出，天際寒聲落諫垣。在垣者誰查諫議，太息虎頭不得意。唾壺缺盡酒杯寒，墨花瀲灩飛空翠。

柳敬亭說書歌

少時學書記姓氏，十五亡命盱眙市。江南古調盡淪亡，獨解含商與咀徵。壯年師事莫先生，詼嘲一座盡爲傾。南寧幕間稱上客，掉舌抵掌擅縱橫。憶昔重兵屯江滸，長揖軍前説左杜。箕踞高會任滑稽，公喜公怒短主薄。滄桑既更隱吴門，河懸三寸向誰論？空餘説劍丹青在，相對欷歔念舊恩。作傳梅村吴太史，天下争傳柳翁事。莫輕柳翁徒説書，古人至今賴不死。登壇拄頰動人聽，詹詹炎炎不肯停。玉尺一聲天地肅，笑啼無主形神冥。吁嗟乎！柳翁胸中網羅靡不有，賢奸鬼怪供奔走。宛若兒女話房櫳，倏爾虎豹空山吼。忽如黄河怒濤千里奔，排山倒海天爲昏。又似孤舟夜半風雨喧，隔林落葉啼清猿。五官七情一時觸，騰口嚬嚬吐珠玉。千百化身寸舌傳，哀樂窮通與榮辱。吁嗟乎！柳翁精神充斥文字外，造物蒼茫那可繪。

都門苦熱喜雨懷朱霱三恒陽道中兼慰潘雲從

燕山三伏行人苦，鑠石流金日當午。黑雲層合雨滂沱，江海魚龍落牖户。此時朱子正驅車，荒原百里無塵土。愁予偃蹇客招提，跣足科頭守環堵。憶從君坐識安仁，古道相期傾肺腑。結交寧必貴黄金，一見欣然投縞紵。莫傷遲暮歸田廬，釋褐多年未帶組。

贈程與山范仲良

新安風土輕離别，出門大半留楚浙。雲寒鳥凍天茫茫，兩君獨不因人熱。長髯如戟鬢毛蒼，青鞋布襪衣百結。坎坷歷盡老猶健，始悟快意多夭折。誰憐范叔寒，羣指程卿拙。世路盡崎嶇，出門困車轍。小兒裘馬多輕肥，老成飄泊空嗚咽。白嶽黄山待爾歸，東園綺里無優劣。

題查二瞻秋江晚棹圖贈范眉生

秋光清泛無起止，松欹石醉秋光裏。遥青空碧有無間，筆所不到雲煙瀰。借此丘壑寫真情，賞心今日得范子。雲間日下會何年，邂逅論交始癸巳。清言亹亹希阮嵇，已絶雌黄況苛訾。腕中屈宋作衙官，何況齊梁但綺靡。奇文自具天地中，山水清音任摩揣。一櫂載秋渡江南，模糊青點金焦峙。黜俗盡洗大江流，淡泊欲除妻肉累。惟吾有叔類處沖，魏山上下堪比似。君家兄弟數周旋，頭腹尾分龍足擬。柳葉殘黄楓半丹，圖中秋意長如此。驚看世事數變遷，與爾訪菊柴桑里。

課耕秦郵短歌

曉起出邗關，日暮秦郵曲。青畦傍水開，稻芽半抽緑。薄田數頃隔東湖，棄置十載荒溝塗。滿眼荼蓼燒痕没，年年輸税償官逋。生來未讀兔園册，偶治生産尋阡陌。呼童飲犢過南陂，箬笠蒙頭披襏襫。召我老農墾新土，胼手胝足日當午。面圃搆屋不暇歸，抱甕占星忘其苦。忘其苦，樂爾軀。昔無袴，今有襦。紫芒赤穮收亞旅，紅鮮白粲歡妻孥。田祖賽罷場功畢，豚酒相勞歌嗚嗚。君不見，陶栗里，倚杖田間聽流水。又不見，徐孺子，自食其力唯耘耔。安得稻粱生鹵瀉，太倉之粟皆露積。

庚子范眉生將扶先尊隱陶先生柩歸葬長句送行

秋潭竹塢先生卧，忽聞先生癸巳作。啼煙嘯雨已三年，徑荒猶有求羊過。甲午唁公令子良，良也練冠適小祥。揮殘血淚讀父書，三足烏棲雙鶴翔。服闋訪我江之滸，日日金山看樓櫓。白髮故人李與潘，叔則、江如。昂首高吟珠璣吐。亥秋聞警我南奔，海門戰鼓愁征魂。相逢爲告烽煙息，歡然留宿幽草軒。幽草軒中秋雨足，草經秋雨朝朝緑。主客不分皆酒徒，狂歌岸幘無拘束。今年再過淮陰城，淮陰拔幟又渡罌。猶記垂竿忍餓日，千金百錢最分明。慚予五上長安道，一劍空攜恩未報。轅車局促喚奈何，唾壺擊碎空潦倒。慇懃慰藉不吾欺，紫髯飄飄泣致詞。先人宅兆雖未卜，反葬日月已有期。春明扶櫬還故里，銘旌搖曳春光裏。姑蘇城外曉雲深，錢唐江上晚霞紫。天都路近盡羊腸，夾道悲風起白楊。停棺寧俟巨卿至，素車白馬紛成行。兩家本自通阡陌，分手關河燕越隔。未能執紼引靈輀，蒿里歌成寄窀穸。

舟發蕪關泊横港作

巴山雪釀江南水，江水滔滔南國紀。緑遍郊坰半楚天，魚市花村偏麗綺。蕭蕭蘆荻漾遥青，赤根長浸洪濤裏。蕩舟挽向峽口行，盤渦坼岸互囓齒。長夏泝流苦薫飆，薫，南風。飆，西風。艤榜安能展汝技？予帆高挂飽長風，瞬息驚看百餘里。江豚吹浪立江心，沃日浮天無底止。雷電呴激總虚空，過眼茫茫何所恃？朝發鳩兹午銅陵，横港停橈暮山紫。六代繁華煙草中，千百年來一彈指。

贈天津陳瑞吾總戎

秋風幾夜梧桐落，蟬聲凄咽長安郭。空庭搔首白雲飛，尺素光垂照簾幕。將軍意氣五原雄，將軍閥閱淩煙閣。忠孝傳家三百秋，弟兄文武榮花萼。烈烈英姿東海公，全家棄置西川壑。手扶半壁報朝廷，駐節榆林西沙漠。楊柳笛，芙蓉鍔，高旂大纛嫖姚霍。窮荒獨出擁貔貅，寒林掃盡橫鵰鶚。緩帶難逢鈴閣人，吹篪喜見刀環雀。湖海元龍國士豪，平原念我書生弱。十年萬里久神交，今朝霜苑聽吹角。天津月，燕臺酌。長歌贈爾干與鏌，魯陽山陡青天削。

登北高峯絶頂 有序

予髫年讀書靈隱五大夫樹下，窗對北高峯。峯半一僧每夜擊板念佛繞山行，山有虎，余夜讀聲高，與虎聲、念佛聲相間。復迹僧與語，則敝垢古貌，自號『桂峯』，住已三十年，視所擊板盡蝕，予爲鑄銅板易之。逾夜聲寂寂，駭問故，則山中一黑虎聞銅聲驚，舐其腓，血溢而仆。又有黄虎，若咎黑者，擠之去，得不死。未幾，予别去，往事夢中矣。今戊午中秋，同李子分虎登韜光翫月，忽聞念佛聲，爲憶此北高峯也。質明，走問桂峯，則年且八十，咨嗟道故者久之。予既登絶頂，復下山麓尋五松精舍，見桂峯方俯窗下視，念佛數聲送我，響振林谷，若蘇門嘯焉。因賦長句，用李峐留題靈隱寺七虞韻。分虎和之，明日擇工鏤板，懸桂峯所居之室。

崎磴千盤路曲紆，憑淩雲海天爲衢。龍鳳飛舞不模糊，留下西溪作陪都。宋移都鳳凰山云：『西溪且留下。』石骨玲瓏鬼斧刳，駭豹蹲獅誰刻鏤。萬嶺迴伏少樵蘇，北皋高處失浮屠。庚寅年圮。華光廟下走覡巫，歲歲祈蠶集苾蒭。宿雲霎靆嶺畔鋪，白衣蒼狗未可摹。巖花峯葉化魚鳧，半空碧浪翻來無。火輪推出扶桑烏，海水明滅轉天樞。江深湖白孤山孤，濃淡變態氣色殊。飛鳥下翔猿玃趨，俯尋流泉探僧厨。重逢老衲貌更癯，三十年來曾相須。青燈烏几對山隅，書聲佛號嘯於菟。僧忘乎虎吾忘吾，重話前因意躊躕。目送山椒足不逾，嘹嘹清梵空中呼，如聞天樂吹笙竽。

廣陵別 壬戌二月作。

分司南來督榷務，一載茫茫墮紅霧。今朝反旆向長安，揮手遥辭廣陵路。瓜步煙聯竹西雲，風亭月觀叢鳧鷺。隔水青蒼借江南，金焦雙峙横北固。寶馬頻嘶薄藹中，緑柳紅蕖恍回互。歲泛霜艖開利門，商家聚族河下住。連檣接院豎鹽旗，秦音徽音争馳騖。疊鼓鳴笳咽城闉，柔絃急管喧朝暮。蒹葭緑滿蕩蘭橈，綺閣珠燈歌玉樹。嬌女凝粧上繡輿，出門不識誰家娶。暗拋雙淚濕胭脂，止願此生隨紈袴。争鋤玉鈎出金鈿，紅橋一帶迷煙雨。二分明月十三樓，千里江潮供吞吐。平山山色有無中，到今六一傳佳句。揚州夢覺十年遊，薄幸青樓空怨慕。風嘷雨嘯丘隴殘，我更傷心蕪城賦。莫道繁華能久留，滔滔逝水東流去。

未抵都三日即有執書候旅邸索贈者因用前韻答之

三年三過任丘路，白水青山朝復暮。一騎紅塵入禁門，庚申服滿起補。隨鞭奏事近鑾輅。天子宵旰方省成，相臣延攬勤吐哺。人臣致主敢擇官，榷使誠勞身罔顧。廣陵散絶瑟更張，蠹賊雖除闒吏怒。未能免俗算舟車，意氣全銷强支柱。報羨那得復留餘，過客繹絡無新故。前冬積雪印馬蹄，今日鴻飛瓜北渡。所到之處盡空囊，琴鶴未隨公莫忤。劍不須按冠勿彈，此生總爲此行誤。

題洪谷一督學白雲巖墓廬

山腰細路流潺湲，石欄窈窕花藥攀。雜蔓四垂苔屐滑，煙樹蔽虧斷人寰。空堂素壁悲風木，思親甘謝鵷鸞班。三秦菁峨歌化雨，陳情菽水舞斑斕。佳城鬱鬱繞叢樾，廬墓數載凋朱顔。花迷石徑峯翠駐，寤寐不忍離故山。茶鐺藥竈到處有，撰杖逐籬獨往還。我亦臨風勤節止，白雲巖際白雲關。

祝楊昭武將軍捷

將軍蓋代之英豪，乘時建業功崇高。斗大金印懸肘後，折衝萬里麾旌旄。漢之衛霍唐李郭，智嚴仁勇堪同曹。少壯揮戈佐景運，用兵廣武抒龍韜。繼典中權出嶺表，削平僭亂容逋逃。劍水松門更跋扈，一劍橫行風怒號。靖逆除兇如拉朽，九江瞬息無波濤。旋征側貳下三瀧，梅峯桑浦□氛妖。烽□江上欃槍落，金陵瓜步回輕艘。楚尾吳頭□南北，江湖襟帶方逍遥。帝念青齊股肱郡，貔貅坐鎮須雄驍。黄河如帶泰如礪，丹書鐵券酬勳勞。俄承鳳詔赴丹闕，御前騎射真騰超。天子喜悦深歎賞，賜以泫酒兼宮袍。雄姿□□出天廐，雕鞬魚服彤弓弨。青門祖道盛供帳，都人嘖嘖恩重叨。棨戟遥臨東海畔，巖疆重鎮維澱泖。何期小醜煽荒服，昆明水立飛淫梟。百粤張皇閩海動，蠻煙瘴雨人蕭條。將軍奮武奪烏石，揮兵直取洛陽橋。賊衆披靡風捲籜，魑潛狐遁鋤萊蒿。乘風破浪阻突入，渠魁面縛歸天朝。三軍凱奏哀鴻集，海隅沾化興歌謡。版圖混一金甌固，論功行賞厚寵褒。聽鶴華亭還舊履，輕裘緩帶醉醇醪。昨者聖主忽東巡，翠華駐蹕迎江皋。扈從行盧承慰勞，淋漓翰墨頒層霄。更命天廚出珍膳，氤氲香氣凝金貂。報德酬功洵不忝，都俞今日逢唐堯。定爾自天申五福，况迺繞膝皆俊髦。公侯之後復其始，正意雲路恣遊遨。只今神體愈矍鑠，據鞍雄盻仍輕傈。腰間横插大羽箭，一發猶能中雙鵰。聞道青秋年七十，筵開海壖來商飆。太白熒熒入酒盞，露華皎皎滋蘭苕。鈴閣雍容坐元老，紅牙檀板奏雲璈。仙子乘鸞發瑶島，安期之棗王母桃。將軍自昔好儒雅，肯容揖客除矜驕。士也曾蒙交折節，芳樽北海常招邀。憶昔奉命榷邗上，惠我美醞逾葡萄。云是冬青實所釀，飲之臟腑滌煩歊。至今感紉未敢忘，何以報之鮮瓊瑶。亟欲躋堂一介壽，京華羈畢路迢迢。荒辭聊爾寄鴻雁，遥望天南焕斗杓。願公保艾益張王，岡陵之壽齊松喬。

題松菊圖祝海昌惕非陳太翁八十壽

虞山妙手王石谷，丹青海内推名宿。每逢佳士真迹留，神奇往往在尺幅。今見所作松菊圖，端爲陳翁八十祝。陳翁世德冠監官，理學淵源師乃叔。少年詞賦氣淩雲，不羡金紫服儒服。負米養母日永歡，閉户著書□幽獨。愛女求壻如道徽，太史風流稱坦腹。長安珠桂遠舅無，直將畫册傳海屋。恍疑彭澤舊家門，溪橋籬舍存松菊。松以似君節孤高，菊以儗君含真樸。□想圖中有未曾，壽酒香時葛巾漉。

五言律

初夏登韜光次韻題壁

澗水依山曲，層陰失晝天。一樓浮海日，百雉接江煙。篠簜留春意，松杉結大年。此間棲託好，聚石與譚玄。

積葉青無路，雲封尺五天。泉靈交竹木，石定泊嵐煙。巢鳥能知歲，山花自紀年。登臨雙不借，呼嘯逼蒼玄。

禪房憑絶壁，遠樹劃江天。林落圍青浪，村墟矗白煙。山行如昨日，候改又經年。了得楞嚴解，山僧思獨玄。

衆峯盤互出，草樹緑於天。澗瀑將無雨，山皴但有煙。篁孫孩个个，石丈老年年。願躡崆峒上，依風一問玄。

楊柳青舟中金跂宋施鼎升程奕先家雝客分賦

草舍澹春煙，南歸共黯然。平蕪青亘路，垂柳緑勻天。雨急波聲碎，帆開岸影遷。白雲頻引眺，迢遞未能前。

同顧修遠步孔家莊

虛落蒼煙外，人行葦岸西。入南天地狹，望嶽水雲低。酒舍喧鵝鶩，漁舟散鷺鷖。重來百感集，夢繞舊沙隄。

燕子磯晚泊

煙浪半空白，蒲帆落未收。山依城影盡，雲逐水聲流。小艇磯邊月，長蘆江上洲。雙眸今夕豁，浩蕩楚天浮。

招施屺雲北部泛槎文溪

春晴天淺碧，花盡蝶蜂閒。兩岸鳴叢葦，孤城傍小山。樵歌青藹外，棋響緑陰間。日落雲光歛，重過落石灣。

雨過迴龍寺

青藹圍山麓，春歸笋蕨肥。臨岐迷客屐，冒雨扣僧扉。獨鳥銜煙過，層雲帶濕歸。深篁溪□暗，野艇出漁磯。

清溪訪泊

寒氣依山重，溪雲凍不傾。板橋舟一葉，草閣月初更。葦折驚鷗夢，琴鳴静水聲。遥空蒼莽外，指點玉繩横。

曉發遂陽

旅夢驚殘角，行人動五更。山川同養晦，星月互爲明。細草青鞵濕，叢篁白露傾。翰音茅舍外，猶帶夜來聲。

柯署月下吴文仲彈琴

粲爾流徽發，枯桐寄妙思。定知魚出聽，應有鶴來隨。月好雲無礙，聲清夜正宜。明光留楚調，不覺我情移。

玉　蘭

辛夷方借質，薝蔔漫呼鄰。太素渾無飾，空香自有真。籠煙寒玉潤，濯露雪膚勻。别色難分樹，冰心早絶塵。

送許芳城還潭渡

江流望不極，雁陣戰晴沙。行李沾雲濕，歸帆壓浪斜。一灣天地合，兩岸薜蘿遮。潭渡風光好，煙蓑泛釣槎。

海潮冬復壯，寒浪蹴歸舟。餞酒紅亭别，吟箋白社留。霜顔披月冷，雪意駐雲流。江賦惟君續，山川資討求。許芳城著有新安江賦。

賦得梧桐一葉落

始華曾紀令，先落忽驚秋。有意銀牀聽，無聲石砌留。雁方空北塞，人已到南樓。從此濃陰減，横枝挂玉鈎。

乙未下第王阮亭以詩見慰次韻賦别

春花明上苑，高樹幾鶯遷。寧以科名重，必因文字傳。冷煙愁百六，熟路怯三千。爲問長安客，何人似仲宣？

連窩夜儆同舟王雨墀率湯肇生汪采臣戒嚴予獨醉寢

文人可有陸，暴客豈無淵？鉛槧成何用？圖書未肯捐。鹽車方躑躅，客路又迍邅。多難吾曹在，聞鷄任扣舷。

舟發東昌

數經聊攝地，光岳獨崔嵬。光岳爲東昌鎮樓。九點煙難辨，三春花未開。蓬心傾亂雨，鷁首轉輕雷。我本忘機客，羣鷗莫亂猜。

范眉生索題幽草軒

亦復甘藜藿，移家淮水濆。池塘新得句，書帶久成文。素闕春煙共，青蕪夜月分。繁華桃與李，孰似爾清芬。

家天醉叔荷鋤圖

酒中誰得趣？一鍤想劉伶。不事家人産，何須身後名？升沉悲世路，聞見笑書生。獨嘯蘭皋下，偏饒丘壑情。

清淵舟次閩中曾次思徐桐霞伍綦仲過飲

歸路誰爲主？妍譚肯見過。三人皆不連，五簋亦堪羅。時復中之可，其如粲者何？停舟閩越合，蓬蒻卷煙波。

夜過宿遷爲關吏留難作

英妙慚終子，關繻未可投。浮家星月戴，露立月空留。九域經徐兗，四時歷夏秋。此身無長物，任税滿船愁。

秋潭寺

精藍清梵静，紅葉滿龕前。雲鬘垂幢蓋，雨花散法筵。逐鳩呼木末，病柳薙秋先。日午寒潭曲，鬖髿石髮鮮。

秋日淳安舟行

淒緊篷窗雨，疏聲入夢寒。争灘百楫勇，釣石一竿閒。曲岸移城樹，飛湍漂屋山。萬峯青過眼，猿狖任躋攀。

溪聲如欲訴，流恨幾時窮。農畢平疇闊，樵勤絶巘空。秋來況客裏，病起又舟中。沙際何人住，漁家放晚罾。

煙樹蒼茫裹，推窗雨過時。叢篙方逆折，怪石忽橫披。砰磕鼉驚起，綿蠻鳥自知。山川相對峙，若爲我舟移。

風波未歷盡，晨夕此孤篷。十畝連瓜蔓，三家聚葦叢。頑雲成縞素，空嶂化蒼紅。萬象何淵浄，無殊静者衷。

牽纜懸蒼壁，林煙一抹橫。谿容行屢換，雲幔過相迎。斷靄連山碧，流波入漢清。秋砧時斷續，到耳盡寒聲。

幾曲清溪路，村煙出樹新。沿河聞上話，聯舫約鄉鄰。萬緑山如滌，餘紅葉半勻。寒蛩催晚泊，帶月破煙津。

丙申春日送黄羽公赴武林試

瓓珊花事了，雲鳥傍舟行。盡吸魚龍氣，爲吹鸞鳳聲。高峯迴絶壑，夕汐打層城。寄語諸同學，蘋蒿好彙征。

夏日朱若臣招集張漢昭程弢章非二金式如汪淥水河西舟泛文甑較書拈拖字爲韻即席賦

畫舫頻移處，踏莎一曲歌。空天飛野馬，落日擁青螺。獨鳥煙中没，横山緑半拖。諸君皆酒户，愧我酌無多。

近水芬葩豔，秋衣製芰荷。壺觴傾酒榼，箬笠覆漁蓑。曲斷紅牙引，山迴素練拖。掀篷邀月下，清嘯迫煙蘿。

祝程非二四旬

十載藏孤憤，無慚第一流。援琴何用碎，懷刺未曾投。鬚鬢追前輩，文章出我頭。年强不肯仕，總爲老親留。

丁酉冬同李闇仙姜尚父許仲將道韞徐新子次璆連舟北上闇仙過武城騎行詩以送之

一月帆蒲共，分行獨策驄。林風生月暈，沙浦夾煙叢。今昔人難合，川原路不同。高天好展翅，雁序共淩空。

查秦望送令兄匡來出塞南還賦此慰別

已分南北路，尚憶東西頭。隻影鴒堪念，孤飛雁正愁。夢魂留絶塞，風雨泣歸舟。同氣傷乖別，古今貉一丘。

京口別范眉生

漁火沙汀起，秋江泣白蘋。何須勤藥竈，但莫醉花茵。我固倦遊客，君真善病人。茫茫分手處，岐路各酸辛。

别叔

彼天原未醉，吾叔豈真癡？十載貧兼病，一庭友共師。酒難澆磥磈，愁不上鬚眉。何日乘歸棹，家人慰夢思。

游鶴林寺同李叔則查二瞻

鐵甕城邊路，三山起碧潯。蓮池翻鶴影，竹院落松陰。顧此雲林意，起予丘壑心。遺蹤留斷碣，披草共幽尋。

溪行

好風吹畫舫，春與我偕歸。石壁和雲濕，蒲帆帶岸飛。柳光清客眼，水氣潤苔衣。錦鳥啼花處，山山萬緑肥。

戴葭湄爲予寫鏡影索贈

獨擅傳神技，謝公弟子行。葭湄爲謝文侯高足。慚非裴叔則，賴有顧長康。已悟浮生幻，空餘故態狂。鏡中小影在，何處問行藏？

醉贈蕪湖張秩文

客至殘陽落，蕪關我舊遊。霜横江上戍，寒到水邊樓。未免千山外，寧無一日留？相看須縱飲，明月正當頭。

無錢

願學蘇公儉，曾無挂壁錢。豈真化蝶去？故不繞牀前。峽口囊真澀，壚頭杖未便。荒村煙數點，半爲客愁牽。

戊戌冬别葉又生業師

霜氣嚴冬夜，寒光歛衆星。校書次道宅，問字子雲亭。石朵和煙卧，蕉聲帶雨聽。孤燈愁對語，征雁叫空冥。

躡履從遊日，傳經最古園。移來三十乘，著就五千言。身隱腰難折，人歸舌尚存。有懷溧水尉，儒訓等君恩。

江天風雨暮，客思正茫茫。獨負年華過，空嘶鬢髮蒼。不才甘棄置，老學亦頽唐。歸夢青霜外，寒聲落草堂。

殘冬鄉夢迥，風雪布帆開。道廣太丘重，途窮阮籍哀。煙光着老樹，春信問寒梅。馬帳歌聲遠，狂吟啓臘醅。

留别程奕先同年

冬老山如滁，人歸歲欲除。古今皆蝶夢，天地一蝸廬。同巷何分客，連牀且著書。西湖重訂約，遲我蓼花初。

我本輕餘子，何人識大兒？噉名無利齒，入社獨攢眉。度勝方堪達，狂真乃不痴。黯然江上路，最苦是離思。

開河閘舍舟陸行感而有作

幾度征帆倦，依然舊路中。細流還曲折，平野入空濛。幸不爲飄梗，寧甘作爨桐。浮名成底事，投筆是英雄。

己亥朱弢菴年伯泛舟緑天亭月下看牡丹即席次韻

涵空煙浪碧，坐客醉花茵。自是香堪國，翻憐月照人。同舟登李郭，一座聚陳荀。露下看初濕，寒銷三月春。

宿蒙陰二首

天衢今已窄，何處着狂夫？藺熟忙機杼，泉深響轆轤。盤飡供棗栗，石翠上髭鬚。回望泰山頂，空青半有無。

荒鷄茅店發，晨起月光微。陰壑瀉哀玉，高峯挂石衣。柴門隨磴築，樵徑帶雲歸。短褐年年在，何須戀帝畿？

過平原

南行驅馬去，殷庶擅平原。砧杵清秋冷，炊煙白晝昏。桑麻連驛路，鷄犬互村門。過客無愁晚，日車今正翻。

再經新泰縣題壁

嗟此衝疲邑，殘黎應接煩。誅茅長作瓦，編席塹爲門。落日千山迴，荒城百竈存。昔年曾信宿，誰覓舊征魂？

泮城驛

浮生長旅食，買酒板橋邊。沙磧馬蹄澀，殘陽雁影偏。重雲半嶽隱，一水數村連。荒驛無留騎，歸樵入暮煙。

辛丑報國寺毗盧閣看雪同張書乘程奕先裘古苞徐次璆賦

岸立高寒共，郊壇瑞色開。白波隨處泛，青女破雲來。人盡龍門客，詩成兔苑才。荒荒陵谷變，望裏絶蒿萊。

花朝同魏善伯茅再馨越辰六小集園次水部吴船送善伯南歸 吴船，水部署齋名。

偶過張融屋，虚明上下同。兒曹傳撲蝶，我輩競雕蟲。柳浪翻簾外，鶯簧轉樹中。尊前同嘯詠，花信幾番風。

且盡杯中物，何須問歲華？寒餘連嶼雪，雲護小園花。偶坐讀書屋，疑登泛月槎。西江歸路渺，車笠帶煙霞。

徐新子考廣文南歸贈行

同客峨眉寺，君歸在我先。但無歌白雪，終不老青氈。瀲灩平欺暑，森陰半壓船。江南煙樹好，一月隔吴燕。

高楊相國人日招飲圍棋賭酒歸途漏下二十刻

開閣延春候，梅花玉盞同。名園宜洛下，賭墅近江東。真氣雲星上，忘年語笑中。酒徒猶我輩，歸馬夜生風。

丁未長安九日晚眺次吴興公韻

一年秋又老，雙屐可曾閒？有路驅車過，何人看菊還？空樽愁栗里，落帽笑龍山。帝里寒威早，冰霜見古顏。

烏桕半天赤，秋風不得閒。柴車破犢出，臘騎帶禽還。日冷沙邊樹，霞明郭外山。登臨多樂事，莫問鏡中顏。

惟無軒冕累，始覺我曹閒。共擬尋花去，拌隨列炬還。馬頭飛赭葉，雁底見蒼山。滿酌茱萸酒，西風解醉顏。

敢負登高約，招尋郭外遊。黄花霜信過，紅樹夕陽流。佳興濃如舊，雄心冷似秋。西山凝望久，新月照城樓。

勞勞車馬路，對菊且閒遊。共此重陽節，居然第一流。白雲遮古堞，黄葉落高秋。暝色催人去，簪花過酒樓。

蔣家開竹徑，二仲亦同遊。轉眼峯巒變，驚心歲月流。柴桑五柳宅，風雨滿城秋。歸騎分鞭後，愁予獨倚樓。

祭壇紀事 有序

侵曉出交邑北城里許，祭社稷壇畢，再詣南郊風雲雷雨山川壇。于時大雪初霽，輿行萬頃白波上，香光映發，都忘塵濁。贊禮諸生後至者罰以試卷，諭野老種柳護隄而歸。庚戌上丁後一日也。

雪曉排衙出，春郊二月天。馨香升社稷，光景動山川。喜卜上丁日，來祈大有年。穀神靈爽在，百里接炊煙。

宛轉城南路，風雷又一壇。神光天外落，祀事雪中看。律暖催桃李，香清結鳳鸞。春心嚴對越，豹袖不勝寒。

野人須藝樹，且莫具壺漿。可自懷郇雨，寧期念伯棠？駿奔來緑野，節序記青陽。笑指西門柳，春風似武昌。

村郭曉鷄鳴，東風卷旆旌。鞠躬來長吏，高卧笑諸生。須識蒲鞭重，休言紙價輕。三都如解賦，授簡任縱横。

甲寅孟夏四日同羅景明程聾叟及藴白廣明二上人小憩軒轅寺次施愚山大參壁間韻

遊蹤原不定，到處即吾家。天半雲爲海，空中石作花。煙開千嶂遠，路斷一松斜。古寺僧何去？前山獨採茶。

浴湯池

不盡丹砂液，温清貯一窪。碧流翻玉浪，赤脚踏金沙。煮石終年沸，凝脂竟日霞。本無煙火氣，安得落人家？

桃花菴坐響雪亭

曲徑青苔濕，森陰隔寺門。懸巖飛雪瀑，亂石碎雲根。萬響摇空碧，諸天抹一痕。虚亭吾獨立，亭爲曹賓及重構，額曰『響雪』。魚鳥向寒温。

葛子儼若遊嘉定家雍客招飲喜晤周孝威唐實君二子儼若以教授四明赴任去賦此贈行

芙蓉江岸滿，訪我舊僧樓。屈指十年別，傷心二日秋。時九月廿六日。講堂移甬上，令祖屺瞻先生講學湖南。戰鼓響湖頭。客路逢知己，亂離增百憂。

纔逢大海岸，即別古𨞄城。彈鋏來千里，班荆識兩生。烽煙愁半載，酒盞話深更。此地猶弦誦，吾鄉罷織耕。

秋暮家羲菴姪護送琉球貢使歸國聞閩警阻道吴門訪予𨞄城客舍感賦三律

貢使來閩海，弓旌出際門。際門爲羲菴吏隱處。王程兼雨雪，驛路戒晨昏。假館煩元老，騰書達至尊。撫軍題請爲之假館給俸。莫嗟歸道阻，食禄總君恩。

兵戈今梗塞，無路可之官。水氣千村暗，楓林萬葉丹。江城嚴鼓角，草澤揭旌竿。四望增憂思，南天不忍看。用魏蒼石中翰原韻。

如何今日聚，爾我轉酸辛。萬里隨槎使，三江訪棘人。雙揮孤客淚，長憶故園春。禁旅來羆虎，東南戰伐新。用張南溟比部原韻。

寓棲霞禪院作 有序

鄉里丘墟，門巷荆棘，家毁矣。老父避地禹航，以昌於竊發，復攜婦孺輩僦居吴羌山，過唐鄴棲霞禪院，知是吾宗石菴和尚卓錫地，因寄迹焉。時予已别老父渡江，聞警即返櫂省覲。又吕長兄往來苕、霅間，亦于除前一日同南枝李子詣丈室。安侯三弟督餉嚴陵，偕汪子明俊從間道至家，季章侯攜翊士幼弟，敳、從兩兒及諸小孫來。自餘不溪復有放船練江冒險而下者，猶子枚也。繞膝度歲于流播不定之中，幸矣。石菴曰：『是不可無詩記緣。』連得八章，情見乎辭。

甲寅除夕

結成方外契，煙水隔籬門。遠棹來猶子，分攜及稚孫。桃弧驅疫鬼，酒脯祭詩魂。半載傷心處，艱難忍細論？

何期離亂後，此地獲團圞。方惜三冬盡，已傷舊曆殘。寒鐘開梵唄，野火爆藁竿。相對渾如夢，猶疑故里看。

未遂幽棲意，禪關偶一探。柴門懸棘矢，陌路照田蠶。大父依方丈，諸孫傍佛龕。竹林惠遠在，清夢結優曇。

忽忽年光去，兵戈剩此生。離鄉纔一月，分歲正三更。甓爾伊蒲供，歡然菽水情。故園丘壑待，歸隱未寒盟。老父過節後即返故里。

乙卯元旦

夜半春播動，煙光萬屋齊。卜鄰新洛舍，德清北流，即予僦居處。嘯旅古唐棲。大地皆燃草，叢林亦磔鷄。辛盤羣獻祝，豈必别東西？

相攜支許伴，羅拜梵王家。霜竹全含翠，寒梅半着花。江南哀井里，直北憶京華。坐客皆名士，何須覓孟嘉？

始覺征鼙静，臘盡，王師度江。僧扉不復扃。救焚誰噀酒，奪席爾譚經。南枝與老父譚莊老，甚得玄旨。故國藏豺虎，寒原駐鶺鴒。塵襟滌欲盡，竹影舞空庭。

繞膝羣兒在，長文尚弱年。先拈傾白墮，舊物失青氈。天臘初開後，春光欲曉前。午餘花雪降，古渡起新煙。

舟次吴門夜漏已二下許子子柔邀步虎丘看月

分手敬亭路，驚心又一期。山尋今夜好，月傍此舟移。駕就將安税，驅來只爲饑。可中亭上坐，喧寂總相宜。

獨游無不可，好友適然逢。積水空明外，浮煙萬緑中。望瓶邀海月，倚石醉松風。短簿家園好，清光萬古同。

七里

七里西峯寺，層欄偶一憑。朽株游白螘，破壁蔓青藤。賣菜人争渡，銜蘆雁避矰。旅棺何者客，廡下礙行簦。

沙城遇同鄉汪德光詢老父興居即以德光所述成詩

老父曾相見，容顔今若何？病從前月減，愁比舊時多。婦孺新歸里，徽饒未罷戈。關心游宦子，長日陟嵯峨。

柏山渡

半生長逆旅，止作卧遊看。老樹千年秀，深溪五月寒。磴虚危石補，雲過亂峯攢。樵牧尋煙渡，山光尚未殘。

十月予兼程赴北程婁東蔣荆名追送清浦賦别

好友重離别，勞勞遠送行。悲涼須劇醉，寂寞轉多情。馬首三千里，羊裘十八程。傷心家破後，無以慰同聲。

送陳子遜之任睢寧

名士今爲吏，花封作宦遊。如何甘小試，不免借前籌。君自能驚座，予應愧倚樓。雙鳧棲息處，睢水即滄洲。

除夕和梁大司農作

滚滚京塵裏，輪蹄未許閒。峥嶸今歲盡，强健一年還。臘火傳宫燭，寒光泛雪山。不須勤問夜，咫尺對天顔。

自然無一事，不是馬曹閒。律琯從兹改，天心正好還。歲分今夜臘，家隔萬重山。故里紛戎馬，難開醉後顔。

丙辰人日和大司農作

餘寒全不減，晴雪澹晨曦。竹葉傾杯早，梅花落頭遲。綵增人勝節，青到上林枝。莫道春光少，春光未及時。

昂首蒼天下，浮雲閟午曦。東風花信遠，南陌緑光遲。頭鬢添金縷，蛾眉唱竹枝。蓂開方七莢，煙景正當時。

丁巳南還舟中贈吴民則廣文

苜蓿論文好，寧終老一經。慚予稱父執，羡爾正沖齡。鷄汁方文禮，蓴羹憶季鷹。曲欞風雨倚，三伏共揚舲。

過分水

纔覺溯流好，風高艤驛亭。遥空飛鷺白，近市爨煙青。水自分南北，舟無别徑庭。商音來草樹，蕭颯不堪聽。

題錢子湘先生半邏鄉讀書圃

誰繼湘靈賦？江峯聽曲終。席門深竹裏，箬笠澹煙中。游學迂騶衍，傳經薄馬融。披圖鶯樹好，半邏亦牆東。

泊舟東平家浮山廣文招飲未赴留宿安山古寺三日試茗馬跑泉而别

正苦長爲客，中都且繫船。講堂空下榻，禪院任高眠。水遞無人置，山檦一路穿。茶經傳陸羽，活火試新泉。

輓汪敷尹教習 有序

汪子敷尹能文而有守，里中兒忽之，寓都門意不自得，達大中丞聘入晉幕，長公文先從遊，文日進。中丞罷歸，偕來燕邸，特買別墅爲肄業所。予兒景從負笈就學，終歲服食咸仰藉中丞，兒文亦日進。予恨識敷尹晚，而喜世交及吾兒能得師也。未幾，聞先大夫訃跣奔。甫三月，敷尹竟病歿絳帳中。中丞爲之殯且還柩武林，待其子弟扶歸。予哭奠於北關野外，詩以哀之。

分手燕山路，傷予鬢髮斑。敷尹見予聞訃鬚鬢皓然，慰唁至再。誰知爲死別，無復見生還。粗糲長含恨，輕肥半厚顔。可憐孤櫬到，尚滯武林關。

晉陽開府幕，醴酒日慇勤。烏几三年共，青燈五夜分。人間驚絶筆，天上待修文。隔岸吹長笛，淒涼不忍聞。

扣關談到曉，夜雨一燈青。來學欽陶鑄，同人式典型。中年俄易簀，小子孰傳經。遺囑千行淚，傷心寄鶺鴒。敷尹家報，以二子托其同懷弟修遠。

十年終不字，坎壈到如今。書已等身讀，句仍叉手吟。相逢多按劍，好友未分金。意有所指。痛恨盧醫誤，無嗟二豎侵。

零落故交盡，新知只此人。傳柑浮綠蟻，對雪擁烏薪。乙卯除夕，邸舍同敷尹守歲，過燈節進館。死去知音少，魂來入夢頻。遺書燕邸至，未讀已酸辛。

潦倒才難試，重泉叩帝閽。生徒時啓手，予兒同文先親視含殮。僕從近招魂。譃浪何能再，風流竟不存。春深還唁我，爲我拭啼痕。

嘔盡心中血，鶩休名竟爾。敷尹用杜句，以『鶩休』名堂，予頗訝之，今成讖矣。束芻來孺子，挂劍愧延陵。家爲蒼鷹破，敷尹得修達字，知祀田以訟費，憤恨成病，作書寄予，手迹如新。葬應大鳥憑。京華朋舊滿，後事累中丞。

同學黯然別，深秋罷講幃。琴書傳有日，婚嫁畢無時。久擬青蠅弔，先知白石祠。哭親未盡淚，爲爾灑湖湄。

晚泊桐盧〔一〕

兩程一日到，帆落正黄昏。漁火成燈市，山雲擁縣門。江寬千壑彙，流急萬星奔。全藉風潮力，長年勿夜喧。

至淳安

重鼓溪東枻，仍過潭北莊。樵家尋鹿夢，牽路向羊腸。樹影翻書帙，波光潤筆牀。同歸小阮好，醫術解長桑。時起姪習醫舟中。

戊午四月金緘菴來浙訪予欲作秦遊未果悵然而返用分虎韻贈別

慟哭正斯日，途窮江上時。坐留一月雨，高詠廿年詩。予兄時諸作已棄去，緘菴尚能成誦。最苦遊囊澀，翻增歸棹遲。西瞻太華署，相見更何期？

六月十四日西湖月泛同邵得愚李南枝瞿止虛李武曾分虎汪符尹邵亦同二首

清香聞忽息，瞑曳且停橈。絳帳空南浦，葛公湖南書院已成廢址。紅樓墜斷橋。雙峯浮水面，萬堞抱山腰。好月長相伴，憑欄看斗杓。

酣遊不肯倦，晚吹動魚龍。小艇孤山月，空亭五夜鐘。波光翻白練，雲影覆青葑。爲問湖前路，猶存幾樹松。

嚴陵回棹

柔櫓輕波去，秋聲入夢寒。風收千樹綠，日薄一林丹。礱秫開雲碓，移罾過雪灘。推篷吹宿火，殘藹暗江干。

慈息菴和邵得愚韻

秋興今朝發，詩來秃筆拈。叢篁遮古剎，顛棘蔓前檐。脱粟成香飯，新蓴下白鹽。清涼堪結夏，雲幕遠山尖。

豁煩甘扣寂，曉步葛衣單。百戰猶餘子，得愚時自閩歸。三年已解官。空潭紅雨浄，細草緑光溥。我固欒欒者，何時復樹欒。

雪水之南爲白蘋洲晉大傅謝公舊宅近渚爲家文敏遺址予自餘不當湖流播至此家焉秋日登樓漫賦六章

放棹蓮花渚，南園門巷幽。三江通曲水，千嶂到層樓。樹老龍鱗秃，煙開雉堞浮。分明城郭裏，高枕亦山遊。

地偏塵事少，竟日絶輪蹄。東瀼如西瀼，苕溪又雪溪。暫爲六月息，聊借一枝棲。細雨輕煙外，秋光萬頃齊。

到眼雲霞變，翻驚亂後身。謝安遺故址，王翰作比鄰。宅爲王伊人竹林祖居。樵谷通黄檗，柴門對白蘋。漁娃罷盪槳，纖手劈霜鱗。

愛爾湖山秀，浮家卜此居。花船來水市，菊徑入蓬廬。白石堪磨剪，昇山有仙人磨剪石。清灣好釣魚。張志和釣魚處。松槐全繞屋，蒼翠滴庭除。

數里横塘路，重來又兩年。迴波翻晚照，落木響空天。客倚當樓月，人耕負郭田。諸峯面面拱，塔影倒牀前。

萬屋爨煙生，煙光與樹平。早春煎碧浪，千日釀烏程。雨歇秋聲碎，峯青塔火明。憑欄百感集，落月白盈盈。

冬日寓淮陰止園值顧茂倫六十諸同志賦詩遠寄吴門爲壽予附二律

登堂久負約，鬢鬢近何如。五柳三江迴，百城萬卷餘。家傳黄雀賦，人隱白茅居。廿載締交後，新詩數及予。

偶然客海岸，遠祝隔江河。翁自稱桑苧，人來訪薜蘿。一庭屏障少，千里郵筒多。碩果而今在，高蹤已不磨。

己未正月二十八日過句容青玄觀次邵得愚韻

驛路春偏早，幾番花信來。玄宮遭劫火，丹井絶塵埃。撾鼓雲旗展，揮戈日馭回。千畦麥未秀，壟上有餘哀。時有賑飢之舉。

繡毬花

春風吹不散，花轉繡毬看。衣剪雲千片，粧成玉一團。宮簾笑舞馬，殿月試霄鸞。落照無多影，微醺半倚闌。

杜鵑花

春歸啼不住，又看杜鵑花。丹鼎飛千火，珊瑚碎一叉。坐搴妖史袖，卧拂曉天霞。似憶西川路，東風斂日斜。杜鵑花夕斂。

同曹秋岳先生遊祖堂寺次臨淮李侯石壁韻

遺搆層巖下，空天獨鳥閒。曇花供白業，江練裹青山。南澗尋芝去，西鄰上冢還。曹公詩興發，灑墨竹成斑。禪心參竹柏，扣寂見僧閒。屐齒傳空谷，松聲匯半山。江峯青可數，春草緑初還。故國殘碑在，都餘鳥篆斑。

慰家壑舟移居 有序

家壑舟居室災，長物盡棄，獨老親負而避，徙倚流遷，迄無成構。其移居詩十首，高寄可風，意足悲也。杜少陵重跰犯難，詩益工，終無家焉，即壑舟可知矣。感而賦之。

失火曾聞賀，傾巢重可嗟。青焚原有劫，親老更無家。葦席孤吟夜，風煙隘巷斜。單棲存古意，萬里草堂花。

壬戌春過沂河宿李家莊

長征還往絶，暫爾省糾紛。白鷺雙停磧，昏鴉遠駭雲。山椒明野燒，馬足蹙冰紋。眼底殘詩在，推敲送落曛。

阜城曉發晤兩姪知浮山兄閬仙弟都門同寓

兩阮驛傍候，征車暫一停。寒沙聯曉白，高霧翳空青。回策同王湛，加觴愧管寧。時予以服闋赴補。長安艱邸舍，兄弟共冰廳。

四月初三日德州遇暴風馬不能前口占一律

春去無多日，行行緑正肥。光天新撥壘，老樹忽披衣。大地塵埃洗，高城屋瓦飛。馬疲足力竭，未午扣柴扉。

趙北口

我來趙北口，又見白溝河。橋斷迴車轍，風高走駱駝。沙隄青草没，門巷緑楊多。最喜斜陽下，呼牛脱短蓑。

吴古逸隱君子也設帳羽山麓偶遇于塗譚至初更别去詩以記之

傾蓋亭前路，皋比隱老儒。壺飱來父老，傳習列生徒。石亂溪聲咽，天空月魄孤。疏鐘催客去，尚復立須臾。

金山蘄王廟壁間熊相國紀遊有詩因次其韻

壁立清波上，何緣屢卧臨。人從閒裏健，秋向静中深。勝迹長留玉，精廬古澤心。寺在晉時初名『澤心』。空光孤迥處，我已隔塵襟。

香客分花甲，山僧按日奔。寺僧十二房輪派甲子迎客。浮圖雲半幕，陸海水遥吞。梵唄經壇浄，煙幢講席温。曉堂緣有待，陳迹莫重論。辛丑，余在胡侍御鹾署，蔣虎臣座師爲鐵舟和尚致書於余，是爲大徹堂緣起。

吞海亭中立，扶輪起大荒。汐潮喧日夜，蘆葦雜蒼黄。深汲驚龍窟，余度石箪，置錫筒懸繩數十丈取水，中泠風波甚惡，知此泉久爲龍禁。晚收滌鹿場。僧田在西津渡口。魚凫天外落，岸樹半微茫。

崛起能無倚，風波任爾生。棒頭參上乘，峯頂步虚聲。終古氣難静，爲誰鳴不平？人間閲歷盡，傾洞移吾情〔二〕。

雪浪空天捲，漁師倚棹歌。中流分楚越，萬派匯山河。結制曇雲現，禪參水觀多。憑欄舒嘯好，到處蔓藤蘿。

一島連焦固，孤標障橫流。石根盤曲岸，波面盪層樓。邃洞餘殘碣，齋厨缺庶羞。長空清漢外，瀉盡古今愁。

塵氛應不到，鷄犬絶聲聞。破碎流霞補，虚空卧榻分。當門青玉案，斷石白鷗羣。宛在冰壺裏，孤棲伴水雲。

潞　河

落日河干暗，昏鴉倦已還。長橋通太液，二水夾孤山。倉庾輸將遠，舟艫輓運艱。關津何擾擾，冰雪薄頽顔。太液池南出都城，至長橋下。白河之水自潮河，富河之水自白羊，俱入運河。孤山屹立在城東三十里。

燃燈傳古佛，石塔已無存。鐵斛雙鈎顯，豳圖兩字昏。青翰浮水驛，白粲擁倉門。勞役無時息，今朝返北轅。州治有燃燈古塔，唐貞觀七年建，康熙十八年地震無存。古鐵斛尚在，雙鈎『法則』二字。西倉門『豳圖』扁額，物色甚舊。青翰，御泛舟名。

寄園雅集分韻 有序

燕臺邸舍有類傳郵，而元、明以來，獨廉丞相之萬柳堂、張司徒之遂初堂、楊興濟之東郭草亭至今猶見傳記，以其有亭臺池館之勝，常爲名人傑士所登臨也。宣武門西南三里有園，爲商丘宋相公經始，艾司寇踵而成之，徐中丞敬菴寓焉。今年二月，中丞出撫山左，予幸得假館其地，因名之曰『寄』。念此園雖未屬余，余之無似，亦不足以永此園，而寢息於斯，頗有不能釋然者。殘暑初退，新涼襲人，爰集同志數友共飲南臺之上，依坐次分韻，各賦五言律詩二章，嗣將疊韻變體賡和，未有已焉，庶幾諸公之作傳，園亦因之以傳，則是余不能有益於園而園終益余也。

時康熙癸亥孟秋下弦前三日識。

新爽除殘暑，秋尋暫息勞。小山銜遠照，老樹湧蒼濤。清濁傾賢聖，詩歌繼雅騷。平池草閣上，磬響暝煙高。

坐見槐陰落，分曹政不苛。舊人今已少，名士本無多。三徑喧車騎，一丘翳薜蘿。清光不待月，面面盼瓊柯。

戊辰七月浮家南去過天津家濬公権部文玉孝廉仲琳進士齊集歸櫂行兒抃孫周旋之予倦卧未面以數月來人事盡絶也夜半舟開予獨從陸路東行賦此記事

南向鳴榔去，關河閲歷多。高樓吹斷角，曲岸聽回波。東署乘軺至，北倉載酒過。兒曹頻應接，我夢到松蘿。北倉去津門二十里，爲先僉憲爾合兄祖居。寒舍住松蘿山下。團圞原不易，莫恨别離多。人匯魚鹽路，水分南北波。千艘半夜發，匹馬五更過。家累從今釋，單行到薜蘿。

蓼莊

絶迹長埋照，幽屏賦遂初。常慚嘲襪線，正喜謝簪裾。半睡添新句，全閒校舊書。剪蔬頻自酌，箕踞嘯籧廬。琴心能會意，還息操將歸。緩步青芒履，臨風白葛衣。雲煙揮棐几，金石出荆扉。疏柳高梧下，故人車馬稀。

有指予尚留燕邸者其説不經然舊圃在都實縈予懷四律寫意

是處堪投足，依然夢舊廬。松高空長鬣，鶴瘦久無魚。前月曾分宅，何年更徙居。荒荒餘四壁，客館早丘墟。自予罷歸，園日荒蕪，因分其半爲繁陽馮侍御住宅。

多情賢地主，公子笑相迎。署内空懸榻，伻來遠捧罌。天衢方衮衮，古驛獨行行。留得辟疆半，幾時采杜蘅。時晉州執齋陳守命嗣君遠迎。

東西恣意適，回望北山蒼。行役經花縣，宿安平。客身卧草堂。我遊真漫浪，爾話亦荒唐。未絶京華夢，壯心尚激昂。

羈棲難問訊，世事讓君諳。懸揣轅來北，那知斗指南。危機駭已發，妄語吐還含。佇立郊西路，行篸今又擔。

客館疏簾

塵事今捐盡，何妨更下帷。卷舒無不可，疏密恰相宜。已絶蚊蠅入，猶來風月窺。絳侯勳業好，蠶薄織多時。

簷鈴聲轉韻，風細石牆低。潔不蒙溫蠖，養猶慚木鷄。革囊貯造化，竹箔卻塗泥。未賣君平卜，百錢我自齎。

巖棲雜詠四十律 有序

蓼莊爲寒宗舊築，庚午消夏此中，予構數椽於巖畔，酬酢既絶，山水日引入勝，耳目所接，泠泠然無意不觸，衝口成句，殊快言之不複也，忘乎暑矣。

重尋煙島路，獨雁極天翔。細雨涼初伏，空陰潤一牀。科頭忘櫛洗，調舌按宫商。荊棘無芟薙，投荒舊夕郎。

煢煢甘息景，趺坐足韜真。野遁猶依舊，朝除又朝新。松筠泯世故，丘壑佚勞人。喚醒螘窠夢，饔餐自勸頻。

蓬徑停車轍，無人榻久懸。長思高卧穩，莫怪杜門堅。花檻煙霞泊，梯橋雁鶩穿。天風梳石髮，香過翠痕鮮。

只合老青嶂，高翔塵不侵。蝸涎纏篆迹，蛛網織機心。縱覽攤書樂，孤吟鍊句深。閉門閒種菜，豪氣久消沉。

孤僻全天趣，無勞汝過存。青門長自種，白屋任吾尊。風嘯松濤吼，林紓鳥語温。村鄰真簡略，吾欲與論婚。

山田半種秫，酒榨滴涓涓。獨夢身安寢，單棲客盡捐。長髯白不鑷，短袷敝猶湔。小駐爲佳耳，休休構數椽。

嶽遊將有待，此亦足攀登。便腹無相負，蒼顔只自憎。幾經盟白犬，那免弔青蠅。絶迹長林下，深陰卧古藤。

平塍新雨足，十畝碧秧齊。破甕嘗新釀，開厨嚼斷齏。吾寧無愧怍，爾亦負提攜。得句誰收拾？相隨一小奚。

寂坐時清嘯，朋亡遁已嘉。山翁尋梵客，溪友訪樵家。石囪皴空靄，峯尖赭落霞。苔封人迹絶，瓜瓞蔓籬笆。

村落分林翠，空階長緑莎。不聞人欬唾，一任我吟哦。狂且輟嵇鍛，達無投謝梭。竹風敲午夢，清滌浣煩苛。

衮衮諸公在，好山容我居。羅門空有雀，食客已無魚。苔蘚繡文石，松槐擁敝廬。漁竿誰物色，一夢且蘧蘧。
梧桐花下客，别路到柴荆。伸脚籃輿適，放骸木榻横。逐羶蠅噂沓，投骨犬狰獰。塵事今捐盡，忍看蠻觸争。
年來懶起舞，鷄唱獨殷勤。竈不因人熱，光誰與我分。金聲聞擲賦，蕙帳免移文。徙倚空蒼下，無心過鹿羣。
可無矰繳設，鴻去已冥冥。獨酌茅柴酒，四圍錦繡屏。傾斜林屋古，斷續爨煙青。雲水互參錯，長鑱斸茯苓。
鳴雨戰山麓，林深伏日寒。斷畦吹犢背，叢薄鬬烏餐。足響傳空谷，泉聲撼考槃。西岡横小彴，棃棗半甘酸。
空天今展翅，自昔已傷弓。久絶周盧夢，曾無幰蓋通。蜂房省國税，鶴栅免車攻。短髮鬖鬖白，居然失馬翁。
遲暮壯心盡，何須碎唾壺。繚牆衣薜荔，曲砌罥蘼蕪。千里絲蘿結，時爲抃孫求婚于門。三年薪膽劬。文禽不苟下，飲啄伺山厨。

且問龍髯拂，何如避暑犀。檢書羞獺祭，充隱薄巢棲。朝展芭蕉雨，午澆茉莉泥。花惟茉莉宜日午灌溉。山靈容面熟，必不我排擠。

白晝遊魑魅，軒居足辟邪。羈單棲舊蓽，顆粒長新畬。梵放傳魚鼓，時供薦麥瓜。人情維追隘，何處可含沙？

敬爾深村叟，爲吾百世宗。披蓑横晚笛，餉黍出新舂。可是王官谷，終留隱士松。風檐翻雀毳，老屋白雲封。

旅食嶔崎裏，行囊止一擔。浮名吾不噉，佳句老猶躭。陌路誰傾蓋，巉巖絶盍簪。翛然濠濮意，不必憶江南。

最喜添詩學，山川都起予。一臠世味盡，百鍊心淫除。裴樂誰優劣，甯蘧任卷舒。不材甘見棄，剩得壽山樗。

長源真繆誤，可笑達空函。遠别三生石，來尋九空巖。忘形甘縱恣，失足聽冤讒。寄贈情何厚，及時惠葛衫。晉州遠寄紗葛。

消來磊磈盡，不用酒澆胸。耨水新流浪，耕煙老石農。天風横鸛鶴，夜雨響樫松。勿預此流可，道南有仲容。時徹姪在都，因及之。

石補曾穹隙，無門可籲天。鴻泥汙鶴氅，魚泳引龍涎。峭壁時昂首，長垣止及肩。錫棲誰講偈，梵唄半空傳。

宦迹三方隔，同懷三昆弟俱遠宦。生還亦主恩。一瓢新挂樹，五柳舊當門。攻苦課諸子，分甘抱弱孫。快吾遊戲志，自願作孤豚。

寥敻慵趨世，餘生剩此身。買山來逐客，看竹過比鄰。籬柱花光罩，莎階鶴脛伸。東曹鄉思罷，到處得魚蓴。

蒲緑梅黃後，山山翠幄裯。半林多鹿豕，一徑絶羊求。逆旅離羣慣，遂初出世幽。溝塍何繚繞，蓑笠日橫由。

白板蒼煙外，雨深湘簟涼。膽肝分楚越，生死等彭殤。磉濕蟻封穴，壕高魚跳梁。行雲遮磧樹，款款話耕桑。

山寂容高枕，鷄鐘伴寢興。敢云三不惑，止此百無能。叉樹張衣桁，長流設釣罾。東西渾不定，何地打包僧。入秋即有勞山之行。

家累無關白，听然了一生。免予牛馬走，聽爾鶩鶏争。摩詰輞川畫，子真谷口耕。林光深緑下，午夢展桃笙。

未挈妻孥隱，無人不可拋。飛沉何問主，棲宿亦營巢。脱粟成香飯，荒鶏充上庖。谷盤疑路盡，幽黛滴松梢。

牆東三畝宅，避世有君公。賣藥長安叟，灌園廣漢翁。篔簹延静緑，蓉芰夾深紅。尚憶淮南路，小山發桂叢。

癡鈍真無比，雙銘一訂頑。雨光新沐日，雲氣半涵山。天既容吾逸，人寧妬我閒。放歸已數載，尚未到鄉關。

無復攖人事，名安可得聞。筆花空有夢，諫草不須焚。故國三江阻，同懷五路分。伯兄留燕，三弟宦粤，四弟守平陽，六弟籍浙。濫交吾已苦，悔未别蕕薰。

蒙吏多詆訕，寓言本洸洋。未能追綺季，尚可踵高梁。小户難容聖，諸兒孰得狂。羲輪初湧樹，亦暈罩牆匡。

從無笳管至，勿復鼜垣過。量腹餐松木，製衣集芰荷。雖然甘曠放，敢不慎風波。小犢眠深草，何年扣角歌？

匹馬荒山路，懸空瀑布飛。鷗梟盟蓼嶼，猿狖款松扉。老大宜頭責，輕肥任腹非。絶交交絶我，我貴在知希。

傍巖開別墅，曲水繞花扃。葛蔓纏鴛瓦，蘋絲裊鶴汀。雲峯空漢碧，燐火半林青。目以書淫可，扶犁尚帶經。

慷慨悲燕筑，行歌易水濱。後詩題甲子，初度遡庚寅。七日爲三兒誕辰。花谷耕瑶草，石鐺進桂薪。長安不敢問，山處泣羈臣。

誕前一日值大雪朱子漢源作蓼莊圖賦詩寄祝即韻簡報 有序

投閒蓬蓽，雲拂石牀；托足巖棲，松蟠柴几。其中固應豁爾，此外正復蕭然。由庚午遡降庚寅，暮齡將至；自甲子逮今戊子，初度如新。予誕生之月，月逢甲子。恰逢日永于天，佇看陽升在地。門無一客，鹿豕直走牀前；僕僅四人，兒孫誰繞膝下？雪霙浮白，觸目到處獻璆琳；鳥韻侑觴，静聽空中奏竽瑟。黄精充野饌，石髓同供；紅友值山筵，瓔樽獨酌。長躭此時冷寂，永謝疇昔紛華。白盡千山，飛來五字；長慚一日，踵和十章。展册如對百年，通經寧愧萬備。二君爲漢源古宗。雖工拙不至壤隔，而追琢尚欠天成。卒教羈人，並正學士。時十一月二十八日。

放身能自得，緣絶五更心。常去屐前齒，早抽冠後簪。四山銀浪湧，夾路玉叢深。一卷橫冰雪，起予倚樹金。

嶙峋長對户，喬木蔭書堂。下第傳康了，時漢源場後失意。孤蹤伴傖荒。鹿車花檻外，魚網版僑傍。何意冀西麓，居然雲水鄉。

落落歡情少，柴桑日灌園。愁雲屯樹壘，枯葉響窗軒。白壓低煙色，寒空迫鳥喧。風波傷往日，恩怨且休論。

壯懷無可展，雙鬢已蒼浪。次道較書宅，康成通德鄉。空天翻玉篆，大畫皴雲莊。木榻相依慣，心齋到坐忘。

盈尺方呈瑞，豐穰歲庶幾。吟多杜甫瘦，戰勝卜商肥。主者誰東道，鄰哉傍北扉。漢源主于胡學士家。家人無掃徑，過客到門稀。

丹鉛銷歲月，今古問誰諳。吶吶言難出，星星髮半鬖。漁樵無忌諱，泉石恣婪貪。素具鷗鴂志，翅開早向南。

白戰何須禁，鹽梅覆九丘。長辭皺珮累，愈覺林塘幽。行没雙芒屩，風鑽破敝裘。同懷分晉粤，獨我住西頭。

鴻魚久已絶，爾獨寄音頻。安得移瓊樹，送來助桂薪。冰青勝所出，堅白得其真。炫晃迷銀海，曾無一緑筠。

數椽林薄外，曲徑上層巔。冷豔從天降，潛光破壁穿。鷄園宜梵唄，鶴鼇望神仙。詩恩灞橋上，山堂晚磬傳。

此地容高卧，寒聲撼草亭。據梧慚執簡，鳴鼓念横經。日掩迷氛靄，夜光失晦冥。舊交長絶迹，相望似晨星。

同抃孫守歲蓼莊 有序

歲行盡矣，形影增悽；星紀回乎，翁孫卜夜。憶壬辰衢署守歲，予有『冬春一夜共，亥子兩年分』之句，成昭其夫子極口首可。詩雖不存，四十年一瞬耳，即舊句以寫羈懷，命抃書十二律於山壁，日方昕也。庚午除夕識。

偶誦髫齡句，寒宵谷口聞。冬春一夜共，亥子兩年分。桃版門纔署，松盆曉尚熅。食麋衣
敝慣，何用送窮文？
年去人誰守，一觴止自將。雙燈照立壁，萬籟響方牀。霞散空天綺，梅勻隔歲粧。亂山殘
雪裏，草白野雲黄。
故國三千里，空天轉斗杓。過時抛舊曆，殘歲剩今宵。抱膝忘疲茶，支頤耐寂寥。座間無
一客，褚孟未相招。
村醪浮柏葉，數簋列山肴。禿帚祈絲穀，比門挂葦茭。天開三朔日，我戀一枝巢。遥憶孫
枝裊，蓮盆逐隊眺。
漸喜緇塵少，自然省拜趨。寒暄時局幻，雲水逐臣孤。商陸頻添火，屠蘇側佩壺。京園籬
落外，羯鼓鬧天衢。
饒遺終年絶，往來禮數删。畫屏圍獨坐，爆竹静空山。蓬蓽符初换，柴門曆不頒。阿咸南
去後，款段憶松關。時猶子徹除前歸里。
三百六旬盡，朝元肇此時。孱孫隨跋涉，八地念羈離。大兄任太原，三弟宦粤西，四弟守平陽，七弟僑

常山，徹數南旋，次泰安，三小孫寓儀真，景從家休寧，景行及四幼孫住杭郡。積雪融鴛瓦，殘寒散鳳枝。吟魂無乃苦，酒酹一年詩。

巖居無歲事，絃誦了三餘。甲竈殘臘失，午夜孟春初。倀子歡迎餞，儺翁强逐除。荊榛迷陌路，何地容軒車？

懸針題柱額，那用截蒲書。抃孫寫春聯綸莊□。武不須繩祖，詩真足起予。柴關印鹿馬，石广斷鴻魚。卒歲優游甚，寒梅素影舒。

天曙雲光好，星回首孟陬。青箱傳舊笏，白墮釀新篘。懷蕊花移檻，交春旦獻鳩。三休亭畔立，露井椒先投。

葱蒨含蒼秀，雪消山愈明。僑居疑土著，鄰屋繞田更。衹覺揶揄笑，不聞熚烞聲。韶光表令節，巖石獨峥嶸。

向累多年畢，嫁婚漸及孫。不慚居陋巷，無俟過高軒。未作朱旛護，誰開白獸樽。松楸垂墓路，遥奠具羔豚。

山程五日，小子到莊時日已夕矣，大父笑曰：『爆竹無聲山寂寂，爾來伴我守殘更，甚好。』因吟髫年衢署守歲句。遺落可惜，足成十二律，命書山壁，諭抃學詩。童子何知，即事一首呈大父，亦言意中所欲言者耳，敢以詩鳴乎？繼抃百拜識。

童年慚祖述，少日籍師資。小子負笈遊棣園師門，歲盡告赴山莊候大父。告坐先拈酒，過庭初學詩。三江羈伯叔，六水隱嚴慈。處處孫枝舞，除前梟一枝。

吴古逸寄蓼莊十詠即用原韻簡報

得逐遂初願，今朝谷口逢。殘垣牽棘補，古壁倩苔封。近水三間屋，環山萬壑松。柴門無客到，岸幘自從容。

突兀蒼崖古，高吟獨看山。井收窺瀏汋，井中一時有水，一時無水，曰瀏汋。溪溜響淙潺。草薄僧同藉，荆叢手自班。芒鞋試石路，是處可投閒。

鳥語静堪譯，雙雙唤客頻。藥香沾筆硯，竹色染衣巾。猿鶴無啼怨，牛蛇有鬼神。半林分夕綺，獨酌坐花茵。

叢翠隱村落，疏籬水隔聲。書成招雁繫，夢斷續鷗盟。峯遠天長接，雲深樹盡平。蒼頭給竈養，石髓任炊烹。

山姿頻舞黛，嶺勢半旋螺。緩步瑯玕殿，傷心窣堵坡。煙開天夾翠，啼幽鳥，梯雲躡曲阿。

遠山浮碧落，小爨熟黄粱。竹柏蕭外紫，谷響應樵歌。

爽籟吹噓切，哀禽牒訴忙。森處，幾家打稻場。

新英香石砌，老樹隔横塘。

精衛思填海，靈均應問天。青蒼交几案，翠黛罩紘綖。茗碗爐好風褰客幔，雨脚半空懸。香外，疏鐘破暝煙。

青鞋碎石甃，皂帽挂花枝。願向陶籬隱，何來阮路悲？高文題一雨燒痕没，林香四面披。陘峴，三日卧看碑。

清波凸處喧。充饑分橡栗，遺粒散鷄豚。水石相傾盪，谷丁步跳空度，石立溪中，度人爲丁步。雲互吐吞。無人共領略，立壁看鴉翻。

駕税心難老，車懸步不艱。漁樵清風浪幾時息，何曾到屋山？只宜灰共冷，長與石同頑。話處，雲氣濕苔斑。

辛未仲冬誕日于子章雲寄詩致祝以不得抃孫歸信爲念時家問適至即次八章簡報兼述山中近況

何侯詔金馬，丹墀早獻身。王綸心獨織，帝命口重申。釋褐無多日，絶裾已七春。郵筒如再到，江岸問西津。擬新正仍寄迹金、焦。

蓬藋無人剪，衡門久反關。梅魂迷斷月，倀鬼嘯空山。觀我成虛度，祝予愧厚顔。投詩贈旅興，遥和水雲間。

已卜牆東隱，千山竄獨身。冰堅紋不裂，瀑凍練難申。泛愛惭冬日，雙歸餞小春。抃于十一月朔到里。沙黄霜草白，匹馬渡煙津。

遡洄三浙上，孤棹返鄉關。錦繡嚴桐路，嚴州、桐廬俱以人姓得名，圖經誌其錦峯繡嶺。幽奇黄白山。任昉愛新都山水幽奇。小胥忙掃徑，大母一開顔。知爾童心去，過庭詩禮間。

書城南面擁，萬卷縱閒身。霜枕鷄聲咽，煙窗鳥喙申。離人懷舊雨，彫木盻新春。谷口雲深處，京塵隔要津。

花欄通井渫，蒼翠滴松關。雙陸東西住，二何大小山。時翊士字至，望予歸甚切。自從諍北面，不復覲天顔。約弟同樵汲，企予薄靄間。

誰念梧桐客，飄零去國身。雀羅門寂寂，燕處色申申。老樹髡而禿，寒巖慘不春。渾河風浪隔，何地是花津？

化作寒蟬去，無緣叩帝關。氿泉喧暗谷，冷雨潤殘山。高不慕嵇阮，樂惟尋孔顔。誅茅溪一曲，長嘯薜蘿間。

七言律

春前五日社集西湖

此余髫年學詩，初到湖上作也。鄉先輩汪既明亟賞「破湖心」句，謂後日當以詩名，因存於此。

長隄邐迤岸深深，百遍看山倚樹吟。幾頃煙嵐浮塔頂，一聲欸乃破湖心。綺筵畫舫來青靄，紺宇朱欄俯碧潯。只恐春深重繫纜，眼前楊柳蔽高岑。

莆田吴孟甫偕諸子唱和靈隱五松僧舍予適下帷其地貽詩索和即韻答之

梅花落盡客心慵，閩海詩人麗可宗。未得孟嘉酣飲趣，但傳康樂鑿山濃。聽徒遠聚峯頭石，譚麈新資澗底松。明日蒼蒼葭菼路，歸帆長憶北皋鐘。

用前韻再簡孟甫

我本無堪事事慵，多才許爾作譚宗。一春雨爲餻花積，二月寒猶中客濃。稚子窺園頻數竹，老僧解帶細量松。寧穿幾兩登山屐，徙倚殘陽聽暮鐘。

銷夏五松僧舍贈僧止恒

青山雨歇散晴暉，一徑穿林濕翠微。石上安經猿下聽，松間立錫鶴隨飛。汲泉試火禪心靜，鋤竹留陰暑氣稀。正好同看靈鷲月，鴛湖莫便挂帆歸。

送汪無波東歸

紅亭駐馬思依依，雲樹連天雁影稀。開到酴醾春已老，攀殘楊柳客將歸。有妻偕隱新椎髫，對子無慚敗絮衣。欲學玄真垂釣去，一竿海畔未曾非。

無波聞警阻行簡慰

裝成又解欲何依，古道斜陽遠樹稀。心戀蓬門遊已倦，眼驚堠火路難歸。相逢舊友仍彈鋏，莫怨他鄉未拂衣。多謝湖山容我輩，羽書消息聽來非。

清豫堂讌集

啼老春鶯度晚花，博山初熱篆煙斜。酒無小户呼從事，詩有長城重大家。楊柳風多吹白雪，杜鵑日暖散明霞。爲知湖海元龍意，百尺樓中未可賒。參差嫩緑護殘花，古幹風高葉葉斜。鼓吹蛙堪充樂部，雨晴鳩可作占家。孤雲一角收殘照，片月重城引暮霞。今夜酒酣雙耳熱，滿庭荒草客愁賒。

同方月江過遂安兑頭嶺謁成昭其夫子遂訂北上之期

插漢層峯路百盤，擔簦直上白雲端。山深愈覺人言別，秋老俄驚氣候寒。猿狖齊來銜我袂，藤蘿到處挂君冠。三衢立雪師門近，北道長征歲未殘。

壬辰三月舟中家𨓏客三十初度

三春憔悴總舟居，遊子將歸母倚閭。午夜東西分入夢，西山大小各藏書。難逢野渡浮江笠，每念家園下澤車。王掾不癡名豈爽，十年兄事我行徐。

舟過東昌登光岳樓

每于高眺便關情，況復春歸尚遠征。萬木排青封海岳，長河鋪練束山城。鬱葱氣合朝來爽，黯淡煙迷遠望平。觸緒傷心無一可，林間又聽伯勞鳴。

柯城送任文階還陽羨

竹舍青燈漏未沉，夜寒先入旅人衾。一簾煙雨難爲別，千里江雲共此心。意盡還聞巖半嘯，曲高止作郢中吟。莫愁我輩長貧賤，爨下枯桐有賞音。

甲午秋日同俞去文程非二汪文岫許裕卿徐次履曹聿修許芳城集白雪樓分賦

蒼蒼日暮客登樓，羈旅難堪笛裏秋。吾輩自然無媚骨，諸君那得不窮愁？紅分遠樹霜千嶂，緑浸平波月一洲。長嘯碧空清宴徹，銀燈人散板橋頭。

送許芳城之吴門次非二韻

一棹延緣入葦葭，秋林赭葉豔於花。薄同蟬翼難求庇，險盡羊腸莫用車。熱不因人猶見汝，貧雖在客亦如家。吴江未冷君先到，心逐南征雁雁斜。

桐江舟望

當年臺榭長蓬蒿，不盡秋風萬木飄。只覺山川隨地好，那知歲月一舟消。倚雲塔影横空浦，過雨蟬聲出畫橋。莫嘆江行波浪闊，憑高欲吸海門潮。

阻冰滸墅同徐道方郭疇生吴羽三蔣聞大郭龍威楊莘崖吴準平繆文萬諸子予舍棹陸行訂晤浦口用龍威韻誌别

霜凝樹介晚風號，十日吴門守一舠。凍合無聲魚夢穩，雲流有陣雁行高。關城到處羈遊屐，塵土何時洗客袍。敢着先鞭乘馬去，金陵古驛望勞勞。

戊戌秋范眉生招同關中李叔則汀水湯肇生京口潘江如錢馭少金沙高芝侯家天醉叔社集金山分賦

秋入蒼江蘭若分，二洲遥接海門雲。樓通帝座諸天肅，風引漁歌隔水聞。石隱難招焦處士，沉埋誰弔郭參軍。一樽長嘯流湍咽，千古興亡對落曛。飲泳思堂。

雲盤曲徑上荒臺，六代繁華安在哉？可是化城空設就，將無靈鷲遠飛來。長江煙静青螺湧，匝岸波澄碧鑒開。縱望海風吹落日，翻疑清夢到蓬萊。上妙高臺。

孤根屹立自何年，曲磴層欄面面遷。海氣空濛浮絶嶠，江流噴薄控遥天。玉屏石蹴千尋雪，瓜步洲連萬頃煙。俯視樓臺皆蟻垤，雲間日下片帆懸。登浮屠絶頂。

離離紅樹暮天低，躡屩攀蘿路轉迷。山徑崟崎人邂逅，竹林蘊藉客招攜。中泠浪拍疑風鶴，北府雲屯憶鼓鼙。到處荒苔埋姓字，獨留煙月伴幽棲。宿曉雲菴。

金山蘄王廟

古廟巋然控上游，雲沈戰艦夕陽收。江煙時帶魚龍氣，潮水猶傳鼓角愁。南渡衣冠空半壁，中泠俎豆竟千秋。可堪驢背投閒去，長使匡山作帝州。

題范眉生泛舟圖

疏林斜景浸江湄，雲水蒼茫任所之。玩世何妨長裸跣，勝人不但在鬚眉。一竿煙柳春歸後，兩岸風波日落時。頰上三毛無亦可，扁舟早識舊鴟夷。

陸左槭遠就滇幕賦詩以壯其行

聞道昆明已息戈，蓮花幕府待君過。西湖淚灑忠魂遠，謂令兄鯤庭先生。南詔人逢仡老多。午夜聞鷄應起舞，丁年躍馬漫悲歌。書生草檄從來事，萬里思鄉奈别何。據鞍揮手出皇州，琳瑀翩翩第一流。紫綬中丞期下榻，碧鷄蠻府共登樓。瘴鄉不顧征途險，大地難埋壯士憂。任俠自然輕遠別，狂歌倚劍破窮愁。

送同年徐次璆之上黨

長安折柳送行時，執手河梁各賦詩。名士何人堪指屈，舊交惟爾是心知。郵亭花發聽春鳥，野店燈昏問酒旗。黯黯停雲增悵望，太行山下馬行疲。

春閨

燕子年年入户斜，征人何地怨風沙。望凝歸路思芳草，步惜春陰數落花。多事水禽交鏡檻，無憑山鵲噪檐牙。東風吹到黄昏雨，一片相思度水涯。

高子奮工部司榷清淵予冬日北上招飲時糧艘充塞諸棹難前遣役遠送同人遂爾長征得免守候賦謝

煙横老樹翳荒臺，無數寒雲凍作堆。何幸梅村逢水部，乃來粉署酌金罍。感公驛吏持符至，護我篙師帶月開。值小陽春河未凍，免勞霜屩躡風埃。

吴賡菴太史還漢陽以犀觥畫扇贈别簡謝

蓀溪水落石嶙峋，蓬徑荒荒下榻頻。我也敢稱師作友，歸與翻以主爲賓。杯中清濁波痕漬，箑上山川淡墨皴。感爾素心雙贈别，霜横月冷幾逡巡。

喜同年吴方漣内召

久矣屏風列姓名，黔江闐石起天聲。鮓難啓甕慈幃教，鳳遠銜書玉座旌。左掖聯翩陳白簡，高岡摇曳佩葱珩。漢廷公輔如相問，知有吴公薦賈生。

午日同毛會侯金式如汪渌水赴胡邕藩汶上居之席試茗山泉郁芳女史佐飲即席二律

抱石騷魂事有無，年年競楫溷魚凫。巧描十樣供眉史，高愛三峯坐畫圖。綺閣虚空長泛碧，練溪曲折不停汙。石泉是處皆清滌，何事分筒調水符。

山涵空翠看來無，水戲迴波玩錦凫。龍鑒進呈猶待鑄，虎溪過送已成圖。舟輕更愛波瀾闊，寺古翻嫌點綴汙。秀壁如奩羣坐卧，兵休此日願焚符。

孟夏送汪吉臣還汶陽兼簡交臣明府

長安得意且盱衡，玉勒青驄出帝京。繞郭鶯啼千樹緑，遠天雲斷一峯晴。花間雉堞鳴琴對，汶上原田帶月耕。此去塤篪多倡和，何時燕市再班荆。

吴門訪程翼蒼時以庶常出爲吴郡教授

詞館冰銜署講堂，蘇湖師範見同鄉。相思命駕人千里，長嘯登臺月一方。高足無慚新絳帳，下帷猶見舊青箱。廣文不必嫌官冷，水榭山亭築半塘。

輓程貞士

草莽孤臣敢自寬，懷深北闕白雲寒。愁吟鵩賦生何益，痛哭龍髯死不難。玉步已更新海甸，精魂猶認舊衣冠。至今翁仲斜陽下，杜宇聲聲血未乾。

聖僧菴銷夏吴方漣侍御時時過訪

節序虚消楮墨中，篔簹谷裏隔煙叢。風瀾不住潺潺響，雲影無邊淡淡空。一帶山聲摇几席，四圍禽籟繞房櫳。禪關莫謂常岑寂，小徑時來御史驄。

仲夏遂陽方玉琮同吴赤琪過訪遂訂王枚士汪詵喻鮑羽六徐翰千程扶青羅姬生洪琅友集聖僧菴感念同門方月江學士經紀其家

蘿薜深深一徑開，籃輿遥自竹中來。琴援東市何人請，策獻燕京兩度回。鷄黍依然貧士約，風塵故向僕夫催。荒山不下名流榻，留取青光補緑苔。

環山煙樹緑天開，半嶺穿雲取次來。倒屣花間松約束，解衣林落鳥儃佪。一鳴反受文章累，數試翻愁老病催。知己何人酬地下，輪蹄幾處破荒苔。

秋日同慈谿王羽墀汀水湯肇生共舟南還

終年帖括爲名驅，自笑雕蟲作壯夫。更着岑牟撾譟鼓，横吹洞管卧荒蘆。湯鼓、王簫，各臻其妙。

亂蛩泣露聲爲濕，好月傷秋魄愈孤。九曲河流曾幾漲，遥天一片入菰蒲。

舟行無處覓秋山，煙合平蕪緑幾灣。蓼亂孤汀紅欲墮，瓜綿十畝蔓難删。人行冀北風波裏，心繫江南水石間。痛飲宜傾千日酒，醒來北上浣霜顔。

東溝晚泊

横江幔閣挂斜陽，赤岸青山是故鄉。曲渚沙明舟戴月，寒山雁落樹披霜。人家蘆荻供薪火，水市魚鰕足稻粱。歸去牛衣無對泣，荒田郭外學耕桑。

贈棲霞老僧

空江一葉雨泠泠，倚棹尋山客再經。泉眼沸時僧出定，石頭開處佛常醒。不知老宿何年別，剩得長松幾樹青。見説巖居十五載，俗塵消盡對瞿硎。

贈孫豹人處士

我輩從來禮法疏，何勞杖履過寒廬。詩傳三百皆删後，言授五千豈緒餘？江上鉦鼙今未絶，竹西歌吹近何如？坐穿木榻方當膝，五十年來止著書。

秋日都中聞南警

瀚海何年洗甲兵，鼓鼙八月動江城。幾番詩思消驢背，無限鄉愁入雁聲。日落平林明獵火，星輝別浦閃危旌。故山亂後無音息，愁聽南人説死生。

送程石門南歸

宦游未久念蓴鱸，正切烽煙繞故都。二十年來風土異，三千里外死生殊。裝成冀北秋將去，人到江南雁與俱。踏盡霜華歸路渺，還家誰賜賀公湖？

送同門張書乘還海昌

木落荒皋正泬寥，秋風一月送歸橈。人還東海蠅堪弔，廬敝南山病未消。客久君無憐趙旭，書成我自愧張昭。愁深又作今年別，河朔江南路不遥。

哭表弟汪石韞

盛年一過已難追，玉折松崩此一時。每念朋遊傷阮瑀，何堪葬地傍要離。石韞客死姑蘇。塵來古寺封朱帟，淚灑深閨濕素帷。宅相到今何處驗，北邙風雨響南枝。

武林同學盡酸辛，漬酒共澆泉下人。鬼録姓名偏載子，夜臺松柏永爲鄰。幾年鶴化歸華表，何日驢鳴赴衆賓。一慟郗公臨殯絶，伶仃兒女累嚴親。石韞遺孤並尊人汝爲姑丈撫養。

北還查二瞻以詩慰藉用韻答贈

茫茫煙樹對江分，客去書留白練裙。珍重投人惟一剌，慇懃課草已三焚。西風南浦催梧葉，北雁東皋度隴雲。本自不才甘放棄，何須爲我嘆劉蕡？

真州喜晤鄭詩言

比鄰一半屬焚餘，通德門高好卜居。來自牛醫慚叔度，薦由狗監薄相如。東籬剩有千株菊，四壁存猶滿架書。知爾閩歸纔兩月，暫將蹤迹寄樵漁。

于湖贈查幼安

渡江風景已非初，執手猶驚帶甲餘。青白無煩高士眼，丹黄且盡古人書。衣冠兒戲談優孟，出處龍分愧子魚。同客于湖忘歲晚，漫漫雨雪擁村墟。

自南陵至新嶺凡三日余坐篼輿采臣策羸馬山川所歷是處成勝漫賦紀事

時己亥陽月也

鄉關漸近數歸程，愁思還因内顧生。夢趁寒鐘尋舊榻，泉經夜雨換新聲。五更燈火催人去，十里霜華伴客行。曉發頻遷村店路，一灣煙樹小橋横。

竹柏參差出短垣，籃輿宛轉渡煙村。亂雲處處迷樵路，荒草叢叢閉墓門。小子三年疏菽水，野人一飯具鷄豚。新經殘破無遺物，剩有溪流浸石根。

點點煙横接大荒，短蓑牛背篴聲長。隔林溪響千山雨，近墅梅開十畝霜。何處高原封馬鬣，幾人岐路泣羊腸。行逢老衲霜天下，猶認當年舊酒狂。

荒陂駐馬看寒梅，落日登臨客轉哀。雲散幽汀山徑出，鐘沉晚浦寺門開。何來少婦當壚坐，止見兒童帶犢回。戰後人煙行處少，一天涼月照蒿萊。

賦成鸚鵡敢相誇，愁聽漁陽鼓幾撾。石路崟崎收馬勒，溪流曲折到人家。已憐故國繁華盡，猶説荒田賦税加。最是高岑愁絶處，殘陽古木集寒鴉。

舊時村舍半蒿蓬，曲水横陂一徑通。隔岸窮猿啼碧樹，疏籬小犬吠青驄。山光明滅浮雲外，鳥道紆迴暮靄中。入夜風高增旅思，翻嫌明月起寒空。

曉炊茅舍澹煙横，澗水潛流雜雨聲。名士垂紳趨幕府，健兒帶甲笑儒生。幽尋是處停遊屐，太息何人報輟耕。麥秀黍離愁過客，幾時攬轡話澄清。

山峯逐馬隔溪奔，斷續禽聲静客魂。夾路松杉開畫障，避人鷄犬入花源。水痕漸減魚梁落，雲氣平吞雪浪昏。聞道萑苻今已戢，行人猶自佩雙鞬。

程蓋臣還松陵索贈

平湖日落挂魚罾，舟曳迴瀾緑幾層。洞裹無人藏漢曆，山中有客謁前陵。蓋臣有十三陵記。愁同衛虎情難遣，豪類元龍氣不矜。更入雲間尋逸侣，九峯深處話秋燈。

庚子孟春招同張漢昭郝颺嘉盧聖傳毛會侯杜孟雅韓念先程非二吴于田家古雪諸公泛舟西干漫賦

畫障分明古輞川，煙波縈纜寺門前。論交一席分南北，縱飲今朝中聖賢。雨歇空山蒼玉碎，花殘斷壁緑雲聯。杜鵑隔岸啼春去，泉落松陰當管絃。

哭同年徐次璆四章 有序

辛丑三月，予客峨眉僧舍，徐子以病肺就寓，終日伏枕，不兩月而卒。嗟乎！賦鵩堪哀，未及三十三歲；夢鷄始驗，僅倍一十六年。何天予以才，不假以壽也！予與朱子霱三共營含殮事，同人贈賻歸櫬，詩以輓之。

風雨凋殘玉樹枝，五更淚灑讀書帷。天南一雁驚心早，膝下雙珠泣血遲。吾友忽然稱昔者，斯人今已嘆亡之。可憐萬里魂歸後，猶記峨眉永訣時。

同譜於今歷十春，公車幾度共昏晨。雲穿雪壓悲前讖，女嫁兒婚累老親。落魄自傷無禄子，斷腸難慰未亡人。死生此日交情定，感爾精魂入夢頻。

此人竟死已無天，若爲憂傷不永年。身病茂陵書未上，劍還南國樹空懸。定知兒女啼苫塊，愁見松楸挂紙錢。遠道一棺歸未易，荒亭細雨草芊芊。

風吹素幔捲黄沙，停柩河干傍葦葭。執紼但聞歌薤露，藉茅何處賦梨花。客懷縑素陳機杼，人裹餱糧會葬車。長別燕山空墮淚，窮泉異路爾音遐。

過飲吴船菌次索詩即席賦贈

金臺猶是舊山川，適意無妨搆數椽。非水欲浮張氏屋，有書長載米家船。雖然薊北風塵裏，宛在江南水石邊。前輩親朋零落盡，不堪對酒話當年。

十年游宦老燕山，歷盡艱危鬢未斑。故國煙波千萬頃，此中風雨兩三間。月涼如水齋疑舫，酒熟生香客扣關。樓角數聲天欲曙，醉中錯唤掉舟還。

裘古苞館都門忽作歸想濮漪園維舟以待又不果詩以慰之

幾迴鄉夢隔錢塘，碧樹蒼煙伴夕陽。好友方停將發棹，僕夫又解欲歸裝。半生强項埋書案，十載傷心困講堂。聞道故園芳草緑，不堪風雨對藜牀。

夏五吾宗贊皇溶琮仲戠述古君孚考叔次公楚璧雝客浮山玉譜婁先其武桓長星垣半眉勝千二唯陸濱再集劉莊次雍客韻

瀲灩晴空閣欲浮，一家再續烏衣遊。諸昆大半强而仕，有弟將無少者優。譜中余獨長陸濱二歲。酒泛荷筒時薦碧，風侵韭簟早分秋。鴻飛爪落渾無定，珍重燕山此日留。

和嚴子覽民歸懷六首 有序

五噫入越，歌聞廡下梁鴻；七哀適荆，客嘆樓中王粲。與夫歸耕愚谷，理釣蒙溪，皆古人不得志于時之所爲也。若乃身羈北道，典空酒肆春衣；廬敝南山，夢斷夜窗松月，宜其感深歌泣，悴入形神已。嗟夫！鶴氀毿而不舞，可堪垂翼來庭；鬼揶揄以相迎，偏見送人作郡。情何能已，病實相同。吴門周子俶、邗水宗鶴問各有次言，予亦踵和，寧待人言愁，我始欲愁哉！

傍城古寺對煙村，上苑花開日杜門。萬疊關山勞旅夢，半窗風雨伴唫魂。馳驅未解紅塵鞅，獻替空聞白獸樽。安得劉公長裸飲，寬然天地屋爲褌。

攬轡來都已隔年，流鶯聲裏數歸船。人心灩澦横三峽，宦海波濤拍九天。夢斷曲江春寂寂，思深盤谷月娟娟。何須擊筑悲同調，我亦趦趄足不前。

敢嗟未仕去留輕，婚嫁何曾畢向平。冀北羣空間鞚靮，終南徑絶滿榛荆。諸生有力空稽古，國士非虚敢定名。緑草滿窗侵筆硯，閒來好友話深更。

工拙無勞較短長，天涯邂逅且傳觴。筆牀茶竈消殘夏，釣艇漁磯憶故鄉。年少長沙甘外傳，才疏北海强登堂。沖霄老鶴垂雙翅，飲啄依人只道傍。驛路黄塵逐馬飛，禁城桃李任芳菲。山中捉鼻寧終隱，關上投繻可遽歸。日月無情人易老，君親未報學全非。十年一賦知音少，傖父誰能重陸機。多君臚唱五雲中，空盻瀛臺寂寂同。何事客分牀上下，不如家住瀼西東。未推鄭轂誰相勸，欲掃齊門客自通。慚愧不才甘小草，洛陽遠召待吴公。

送吴右舟出宰文邑

雙梟遥集古秦川，羌笛一聲心黯然。太白高峯留積雪，陰平古路帶寒煙。安絃訟少琴臺静，繞署花深木牘懸。□罕無煩兵力服，吾家老將止屯田。

家婁先兄改廣文歸里賦此贈行

北道花遲不見春，半肩行李出天津。未堪赤縣逢迎苦，敢厭青氈教授頻。去國出遊依老友，還家薄宦慰雙親。白雲南望三千里，水驛星郵定幾旬。

奠范眉生墓

遺書再讀涕雙垂，酒酹泉臺又一期。劍匣横窗呈鼠篆，琴囊挂壁束蛛絲。席門車轍空留迹，金屋嬋娟已去帷。當代名卿齊作誄，他年空説蔡邕碑。

丙午四月朔日立夏泊舟東梁山下登天門絶頂眺望作

遠眺鍾山何所存，齊梁花月盡荒墩。春歸昨夜飛紅雨，雲散清江見白門。空翠千重衣乍染，遥光萬疊水平吞。芳洲遠樹分南北，幾點漁舟傍野村。

丁未七月七日親政應制同金虬亭戴山民邵子峻孫古喤米紫來梁松圃賦

香光環繞紫雲車，彩吹彤闈舞翠華。銀漢雙星方整轡，玉階七日待宣麻。花留劍佩滋晨露，樹拂簪裾散綺霞。莫恨微臣沾澤晚，恩波久已遍天涯。

萬幾親決早臨軒，丹陛歡傳帝語温。五色慶雲開玉几，一鈎秋月耀金門。鳴鞭初罷傳中詔，委佩分班拜至尊。竊喜聖朝刑已措，無煩下吏問平反。時同諸子俱以李官奉裁。

勸農四首 有序

予承乏盧川三載矣，庚戌上春首行勸農之典。攜酒脯，卻騶從，披裘步草，無村不到。山氓扶老攜幼，羅列拜予前，乃命坐傳觴，問桑麻，申孝友，履彼隴畝，詢其疾苦，因爲經營區畫焉。有感嘆泣下者曰：『不圖今日復見古初盛事！』吏忘乎其爲吏，民亦忘乎其爲民也，爰賦詩紀事。

一年人事代天工，春酒先開綠野東。爲擊土牛邀父老，因看竹馬走兒童。登山瑞積三冬雪，鑿井歡騰百里風。樂話桑麻歸路晚，城闉不復避花驄。東郊勸農，踏雪登王山，薄暮方歸。

習射西郊穀日清，預邀田祖祝西成。閒看貍首驅馳遠，笑說豚蹄報賽輕。社散詼諧容曼倩，秋來宰割待陳平。耦耕耦進俱無競，揖讓春風醉兕觥。西郊勸農觀射。

北門山色曉氤氳，魚鑰初開羽騎分。一路桑麻知醉飽，千崖猿鶴解耕耘。牧童遠弄春前笛，螺女新歸隴上雲。宿草未除青草出，經過回首悵斜曛。北郊勸農，望卦山亡妾劉氏墓有感。

陌囀春鶯帶柳香，晉陽南望見汾陽。一條冰雪寒河白，萬井桑榆夕照黃。山鳥忘機鳴旆馬，野人解事捧壺漿。回車忽報鍾聲近，瀹茗棲遲到上方。南郊勸農，步汾陽寺看夕照。

盧川十景

蒼天遥接最高峯，錦列參差畫幾重。緑樹隔雲摇翡翠，丹崖懸日吐芙蓉。陽春有脚千村暖，桃李無言一路濃。野服來遊緣問俗，休教驚起住山農。錦屏春色

西北龍山積翠幽，千崖四序只三秋。風生松柏吹人面，露洗藤蘿挂石頭。渤海丹書高氏碣，上有高氏碑。延興碧瓦魏時樓。魏時臺殿。自公多暇心如水，愛聽泉聲日夜流。石壁秋容

石壁一名龍山，龍潭泉在寺北西巖下。

片石看書第一山，浮屠玉立俯郊關。鶴飛遠帶秋雲没，鐘静長留夜月閒。色相有情藏舍利，虚空無礙出塵寰。虎頭舊憶金皇統，多寶何年落世間。王山寶塔

形勝當城二水交，煙嵐如帶護西郊。一經問世傳周孔，百里看山得卦爻。月滿清泉龍入定，雲連古柏鶴來巢。高峯便是神仙境，何必天台遠結茅？卦岳爻峯

山縣迢遥般若臺，曉鐘初動夢初回。城頭暗逐天霜落，枕上虚隨海日來。差喜鳴琴清似水，不教戍鼓亂如雷。故園明發溪邊寺，縹緲聲中憶早梅。定慧晨鐘

城南日落對煙波，曠野村村稼穡多。單父不争夸父御，汾陽何用魯陽戈？虹收白水迷官渡，鏡壓青山照女蘿。自是行田春正好，秋風惱殺漢人歌。汾陽夕照

蒼生勿復嘆凋枯，霖雨猶存晉大夫。一邑往來皆井井，千秋忠孝只區區。清泉湧地蛟龍護，古木參天日月扶。出郭停車常再拜，多慚飲水不能無。北祠靈井

山谿天險抱崇墉，西社雲根積翠封。峭壁一聲飛霹靂，驚泉百道走蛟龍。晴空雨灑過眉杖，日午寒生仰面松。卻憶吕梁如未鑿，孟門何處可朝宗？西社龍門

畫舫新牽傲吏遊，城南彷彿鑒湖流。河陽夜月通花縣，王粲春風上酒樓。官柳暗窺青海眼，女牆晴對碧峯頭。魚龍從此問仙梵，一片波光炤十洲。卻月晴波

山雨南來雉堞低，鳩工疊石障迴溪。渾如陶侃貪栽柳，不比隋人浪築隄。千里可容春騎歇，三眠仍聽曉鶯啼。忍教鄰國長爲壑，把酒臨風笑白圭。卧虹煙柳

庚戌清明日招同陽城張晝初太原趙相辰小飲卦山擁清閣予過亡妾劉氏墓酹之

青郊羣嶺鬱相參，晉北春風似漸南。節到清明猶帶閏，人當圓月早成三。貞元有碣文難

續，易象無書石可譚。蜀鏡乍抛香骨冷，含情一嘯下煙嵐。墓在卦麓。

九日邀同吴堡薛昆樵山陰錢維銘餘姚袁元龍交邑孔衍泗解瑞徵胡甸方孫羲石劉汾陰白鑑遠石壁登高

絶壁苔封石浪收，環山蒼翠寺門幽。鴿鳩羽化遺雙像，秦越朋來聚一樓。鳥道殘紅垂老樹，龍潭飛練挂高丘。層層煙水迷歸路，傲吏何妨秉燭遊。

除夕同王古直鄒憲章戴子裕蔣荊名家伯兄又吕弟章侯守歲交署

爆竹聲高櫪馬鳴，家家列炬一宵明。天涯兄弟愁分首，時伯兄協運入都，特過署聚首，三日而别。官舍賓朋嘆遠征。細數今年翻舊曆，僅留此刻聽殘更。雙親故國椒盤進，顧盼兒曹念客旌。時諸子姪俱依兩尊人在里。

辛亥人日偕張清源夏鍾傅文水拱宸家徐溝連城宿晉祠穀日同謁達大中丞謾賦四章時同年周子雪菴署太原爲予勒石

同官結駟出山城，愛聽春泉繞郭鳴。七菜和羹看傅説，兩京剪綵待張衡。家鄰天水壎箎合，壤錯河汾錦繡生。思發花前歸雁後，今宵村店有琴聲。野田汩汩乍流澌，懸甕春風薄暮時。桐葉剪圭王子邑，泉聲漱玉女郎祠。寧聞月裏吹蘆管，何忍山前問繭絲。陰澗陽巖殊氣候，孤亭環翠少人知。名泉偏不戀煙霞，遠接河汾淺見沙。半嶺潺湲穿馬路，雙溪宛轉入人家。風塵誰洗征夫耳，簾幕堪浮静女紗。自覺新年雲物異，山扉對酒夕陽斜。上春七日逐人來，穀旦同登節鉞開。膳部檐前應賜餅，含章殿裏待飛梅。未隨御賞登高去，且卜年豐灑水回。一路農桑郇雨意，天教西顧有良材。

十二日追陪達大中丞及藩臬諸公迎神東郊中丞所乘馬駃去諸將士合圍得之即事一律

開府鳴鑾步後塵，東風暖送一郊春。魚生釜甑封疆吏，雲擁貔貅社稷臣。蒼玉隨班齊委珮，赭鞭行令盡垂紳。合圍喜得桃花馬，渥水重來太乙神。

十五早同藩臬諸公拜表

封章遥謙上元遊，鵠立嚴城聽曉籌。何幸雙鳧隨驥尾，也陪四岳拜螭頭。燕雲縹緲霓裳擁，晉水潆洄寶樹流。今夜金吾知不禁，恩暉飛出鳳凰樓。

寄懷邵子峻商河被劾

春風吹緑汶陽田，千里懷人隔禁煙。日冷天涯飛柳絮，宦貧樹底見榆錢。應留紫闕追隨地，未是青門種植年。薏苡明珠終自雪，爲歌伐木聽鶯遷。

清明過崇善古刹觀吴道子真迹時予同家連城以折獄淹留晉省漫賦

煙火誰家桃李芳，林間清磬出雲房。人看野祭喧春社，吏洗塵心對法王。飛舄漫隨花萼轉，簿書還爲舉牙忙。試開金粟如來影，暫許勞人接妙香。

交山凱旋題壁 有序

交山袤延八百里，民生長其中，率相習爲盗，負固久，晉州邑苦之。康熙辛亥九月廿一日，部議剿殺浄盡，奉俞旨咨行到晉，予秘其事，以討賊爲己任，兩臺亦不拘以文法。十月九夜，留汪丞潤斯守城，予同姚守備順、蘇把總成甫、郭尉景明督兵至水泉灘，未曉即分三路，直搗其巢。及夜大雨雪，諸賊奔踞山崖，我既奪險據險，又復用賊攻賊。兩旬寇平。邑紳先生家食者，武給諫攀龍、李侍御之奇、張封君純、解龍巖之麟、張贛榆奇英、丁仁和世淳、孫善化浩、常州佐大孝、張廣文紹載，孝廉張君沖光、劉君爾鼎，武孝廉李子敏覺、閻子斑，明經李子獻嶙、武子之望、李子若秘、申子鉉、李子若湛，咸來惠家莊犒軍。賦此紀事。

重疊寒峯繞旆旌，肯教狐鼠此縱横？穿雲遠望懸鐘嶺，列幕分屯下馬城。撲面腥風來萬仞，愴心燐火出三更。長驅蓐食争先發，草木應知盡甲兵。

偃蹇潢池一息間，天誅那許漏遺頑。羊腸百折今虚險，兔窟三營總破關。鋒接曉星隨礮落，陣移明月逐弓彎。紛紛面縛皆亡命，傳檄諸軍且莫還。

汾水蒼蒼出管涔，劉淵得劍此巖陰。幾多白骨成黄土，無數青峯盡緑林。風雨偶聞新鬼哭，山河長遂夜郎心。經旬策馬寒雲裏，指顧猶令感嘆深。

鼓角喧闐豹虎奔，數朝風雨蕩游魂。穴居老死無徭賦，草竊貽謀長子孫。邏卒圍山吹戍火，縣官散俸給壺飧。飛符插羽無停驛，連夜軍書報太原。古岸摩碑畫土疆，書生擁盾事戎行。葫蘆川指新屯寨，乳子河憐舊戰場。軍吏論功無刃血，村翁破涕進壺漿。由來不殺稱神武，此後何人更陸梁？羣公牛酒慰辛勤，吹角彈絃飲再巡。外吏三年忘衽席，將軍百戰老風塵。姚守戎起自行伍三十餘年。窮山此日知歌舞，野老從今識縉紳。惟仗皇威真赫濯，敢勞車騎越嶙峋？

壬子九月汾陽東境回至文邑宿張秀才元勳石家莊偶作

孤城隱隱碧雲浮，日落汾河雁未收。亂堡樓牆孤樹迴，小莊門巷一村幽。壺餐地主嗟勞吏，旌節鄰童認過侯。慚愧功歸烽火靜，張子以西山平後北里始慶安枕歸功于予，故及。深耕可有賣刀牛。

癸丑九月二十五日扶先宜人靈輿南奔

壺觴夾道馬前傾，跣足關山半萬程。羅雀一官輕去國，攀轅億姓早遮行。參差古堞黃塵滿，黯澹愁雲素旆縈。正是寒霜初降候，孝烏何處助哀鳴？

萬人揮淚湧成泉，我獨無聲暗籲天。卦麓孤墳迷蔓草，陽渠衰柳起寒煙。三旬汗馬平山冊，六載棲凫牧愛編。多謝遮留諸父老，離家三日擁行旃。

宿晉祠顧亭 顧亭爲予創建。

平臺日暮解征鞍，古柏當門路幾蟠。懸甕巖前開絶構，剪桐祠下響飛湍。千村煙火聯山麓，四邑雲林到石欄。太原、大谷、徐溝、榆次四邑皆列祠前。歸國迢遥從此去，朔風吹面正淒酸。

閻百詩甫自秦歸追至大原驛路送予賦此誌别

流澌結玉静無波，感汝西來策馬過。秦地關山尊華岳，晉陽城郭傍汾河。傷心故國勞魂夢，跣步荒丘泣薜蘿。知己不須揮别淚，百年草草旅中多。

芹泉驛贈宋雲倬

連朝血淚幾沾巾，古驛挑燈百感真。我比羈鷹新脱臂，子如飛鳥暫依人。何妨餓死存吾骨，不爲饑驅許此身。時太原周同守請爲西席，雲倬以母老堅辭。説劍譚文都不乏，及門讓爾獨敦倫。

登固關絶頂

望前稽顙出轅門，此日驅車別太原。四十里來爲柏井，兩三山外是桃園。地分燕晉稱天險，家獲團欒感國恩。白髮雙親遺一老，可憐八載未晨昏。

過東昌上光岳樓憶同程子奕先家雍客登此已廿餘載矣感賦

樓懸天半級層層，繞檻東西百感增。呼吸可能通帝座，鬱葱何處望春陵。綰符兩地分吴楚，奕先令石門，雍客令嘉定。乘傳今朝過魯滕。遥想當年飛矢日，壯懷愁對客窗燈。

楊干寺題壁 有序

爲先慈卜地，步出里門，人莫知予投足何所，偶遇羅景明、王守之兩老人及僧普聞、藴白、恒學輩坦步寺後，見程子非二題壁，感懷一首。

三春無刻是晴天，蔬食芒鞋到處眠。曲曲溪流蒼玉碎，離離麥秀碧珠圓。漆燈未爇佳城閉，巖腹將傾石槨懸。偶過精廬題壁處，四山煙樹恨無邊。

渡石壁洽川橋

萬仞淩霄翠色連，中通碧水聽濺濺。田家麥怨三春雨，茶市人忙四月天。野渡舟横深柳岸，小洲沙接斷橋煙。花時行客無停屐，妬殺鴛鴦淺水眠。

慈光寺

客到山門噪白鴉，凡客至，鴉輒鳴向禪堂，僧即出肅。佛光四面現曇華。鐘魚隱隱傳天梵，臺閣層層簇石霞。百囀時聞山樂鳥，一株獨放木蓮花。惟黄山有此花鳥。長空碧落流丹液，好向雲中泛月槎。

文殊院

曲磴天邊路百回，此身長傍白雲隈。看山有膽雙眸豁，鋪海無聲萬象來。夜放佛光人指月，四月初一宿文殊院，更深忽曉，山鳥齊鳴，神像鬚眉畢照。予異之，羅景明曰：『好月好月，夫朔安有月？』語未終，黑暗如舊，佛燈熒然。上昇旭日下鳴雷。文殊座出懸崖頂，趺坐亡年長緑苔。

蓮花峯

一望空蒼未有涯，海雲千頃泛蓮花。茫茫練影橫三浙，點點煙光簇九華。崖隙尚留春藥水，峯尖長挂鍊丹霞。懸松卧石皆成象，半壁晴光半雨遮。隨看各成一象，物形畢具，松石之奇，世間少有。

八月廿日宣城旅中病瘧許子柔邀予游敬亭散懷

小坐籃輿出野棲，家家粳稻剩青畦。他鄉伴我尋名迹，病骨扶人上石梯。萬頃蒼波浮百雉，千村翠靄落雙谿。欲追謝朓驚人句，到處堪供載筆題。

賦謝施愚山學使 有序

不見愚山先生二十年所，甲寅秋仲重逢宛水，顔色鮮好如昨也。昔人謂疏散風流，謝宣城緩步于應、劉之上，先生殆復過之。今夏，襄先慈大事畢，念非先生誰傳懿行？顧慨然應請爲吾母誌墓，感深矣，招飲寄雲樓，不敢以哀毁餘生辭。述懷一詩，用申百謝。

別來情事不堪論，碩果而今有幾存？纔拱雙亭臨畫閣，謝亭、敬亭俱羅列樓前。重尋別院對清樽。西湖賤子煩投轄，東國名流盡及門。百感高文傳壺行，早礱片石慰幽魂。

鄧埠同程公濟野步

郊原人曠晚風高，遲爾持螯醉濁醪。曲岸沙汀鴻爪落，隔籬茅屋犬聲嘷。漁家薄暮窺梁笱，農父終宵響桔槔。僻路從無征馬過，也傳烽火照江皋。

傳説溧陽勝地無過彭家夏林園者同人乘興去王卧雲道士借遊不内題詩門壁

主人謝客厭窺園，收拾秋光獨閉門。豈是三洲浮海嶠，不容一棹入花源？石家歌舞須臾盡，金屋嬋娟幾個存？慚愧爾邦投瀨女，餓夫乞食尚分餐。

秋日過金壇拜奠蔣虎臣夫子于西郭上莊揮涕之餘感賦四律

一自衡文別帝畿，誰知函丈永相違。昨春易簀留長偈，向日談經賸素幃。北闕騰書隨訃至，西川遺節護喪歸。吾師既殁知音少，淚灑秋畦黍不肥。

峨眉老衲是前身，乞食岷江不厭貧。二十四年門下士，八千餘里夢中因。殘編斷簡猶傳子，舊畝空廛已易鄰。淚灑重泉無限恨，那堪砌繞卧荒榛。

共哀楚些問天難，蜀國啼魂血未乾。遠載空棺來玉壘，不遺一老在金壇。已除諸想無生死，寧羡高僧入涅槃？兩載雲蹤成永訣，荒林稽首淚闌干。

兩代榮名重石渠，長辭禁闕老山居。酬心曾挂延陵劍，掃墓終慚子貢廬。遺囑先教同譜閲，夫子蜀中以遺囑寄予，傳致同譜。新碑猶藉故人書。施愚山先生爲誌墓。夢魂時繞松楸下，别後心喪敢暫除？

秋暮維舟訪雍客兄于畱署寓古昭慶寺樓漫賦三章

薊門拜别淚滂沱，十載傷心廢蓼莪。乙巳同謁選，兄内艱奔歸。一自鳧棲分晉越，遂令雁影隔江河。客驚舊柳揺金縷，農喜新畬穫玉禾。到處停舟多按板，棘人無聽到絃歌。

弟兄分手各天涯，今日重逢菊正華。一邑糧儲兼兩省，合滇、黔征輸，不及嘉定一邑。四城機杼響千家。大才應作江南宰，小草空懷上苑花。記得闈中風雨共，不堪夜半聽哀笳。同入春闈者，五兄以辛丑捷去，予亦罷役公車矣。

理繁無愧古名流，話舊翻然動百憂。客子方傾風木淚，家園又聽鼓鼙愁。故交緑野皆黄土，傷方學士月江、王鴻臚鶴山、胡侍御道南也。同學青年半白頭。身世茫茫渾不定，月明深竹倦登樓。

哀新安 有序

新安失守，羣盜縱横。人傳寒舍爲燼，老父攜家，深谷無恙。嗟乎！處堂賀燕雀，得食喧豺狼，皆不足責也，豈無任其責者乎？詩以志哀。

秋風灑淚入南天，通國何人見未然？長恨繞朝追贈策，深慚祖逖着先鞭。予議闔郡團練爲固守計，喜亂者百梗其議，當事亦姑置之，予亦安能久處此土耶？半千里内雙遭亂，廣、饒二郡爲亂之倡。三十年來兩播遷。薄宦跣奔無長物，隨身剩得舊寒氈。

海陽故址化爲烽，石丈何年得再逢？予築假山于空亭隙地，語兒輩曰：『此屋燼，此石不與俱燼也。』今驗矣。任爾椎埋誰敢禁，向時屠狗亦稱雄。賊來蓉嶺無多路，家徙蘿山第幾峯。蓉嶺高峻，休、婺界焉，先爲賊據矣。松蘿爲上人避兵處。共戴南天今異國，不聞消息到婁淞。時寓瞜城。

列陣誰分鸛與鵝，赤眉倡亂任横戈。堪憐六邑摧殘盡，可比饒江殺戮多。當日寢謀無汲黯，此時克敵少廉頗。懸知父老吞聲走，落日空村近若何？

童叟仳離仆路隅，壯夫束手半爲俘。巢傾尚欲思完卵，牀剥何能免切膚？處處喪家工組練，山山絶徑塞萑苻。寒風蕭瑟空樓上，悵望鄉關涕淚枯。

揭竿蔽日晝爲昏，老父高年亦出奔。三載塊苦聯棣萼，一天風雨散鴒原。萍蹤無計尋家室，麥飯何時拜墓門。葬先慈畢，即聞饒警。茅屋秋深山路窄，兒曹應苦覓饔飧。

皇家好爵爾空縻，戰壘何曾對一師。寇結隊來城不閉，官懷印去帶先褫。參戎匹馬投旌邑，胡參戎所部降賊，單騎出新嶺投旌德。援將中途轉貴池。制府諭鹽城姚游擊隨征，聞池郡告急，又復調用。幸有岳侯神算在，少留八日盡芟夷。時額將軍入徽界恢復。

嘉平九日程在兹招遊白雀寺知吾父離禹航避地塘棲即晚返棹賦别程子兼簡南枝宛來

誰移煙艇出横塘，載酒西來識大昌。市暨千家懸白膀，儒林半世寄青囊。寺前松翠環高座，天際鍾聲出上方。側望蒼茫三萬頃，一杯呼吸太湖光。

日落寒威斂客裝，桑村路滑過牛羊。正愁家破蘿山後，何意人游霅水傍。老父衰年愁旅食，故人無恙幸聯牀。明朝别爾趨庭去，應認皋亭似道場。

浮家德清城下

殘冬何處好淹留，郭外枯楊繫破舟。索食尚多妻子累，拂衣難學向禽遊。吴羌山好非吾土，餘不溪清借客樓。變姓未爲梅福隱，無家可别且依劉。

侯兔園明府過慰賦謝

江東烽燧逼吾廬，百口相依此僦居。過界趙咨誰折簡，乞留侯霸已遮車。常攜冰雪題山水，盡斬萑苻了簿書。今日令公多厭客，蓽門相訪近誰如？

棲霞寺侍老父治裝將歸故園

晨昏侍立進伊蒲，日日過庭不敢趨。五夜讀書分梵火，連朝洗藥借僧厨。空門任我彈長鋏，隔舍何人據槁梧。無限春山歸去好，故園有路未荒蕪。

訪吕用晦東莊别墅

溪尋幾曲到衡門，竹徑俄聞鳥語喧。豈有争田君子里，但傳飲水老人村。用晦精于岐黄。徵車有日來耕釣，遊嶽何須畢嫁婚。高手不曾輕下着，任從翻覆一枰存。

過卓火傳芳杜洲

辟疆無數已荒墩，小小雲林獨爾存。望盡桑田蒼島出，移來竹嶼緑天翻。魚蝦遠賈舟中市，樓閣新添水上園。文石縱横吾下拜，千家煙井隔仙源。

雲深草堂雅集

寒郊客到破蒼苔，深處雲封一徑開。竹柏分畦空翠逼，峯巒對户萬青來。香光斷續梅魂淡，樹色蒼茫鳥夢猜。痛飲無慚名下士，花溪月出且徘徊。

汪湛右招飲東山識舟亭

點綴雲林作畫屏，江流無恙繞孤亭。迎來返照諸峯赤，看盡空明彼岸青。百竈煙光迷雉堞，三山帆影落漁汀。情深地主能留客，細訴離愁不忍聽。

過太子磯風急帆駛纔轉盻磯已隱白波間

水光蕩漾夕陽紅，纔過危磯皖國東。萬里瀾迴層閣外，一拳石立大江中。恰逢五月分龍雨，已借三時破浪風。不異泛舟牛渚夜，何無謝尚話孤篷。

重遊靈隱 有序

靈隱五大夫樹下，余昔年下帷處也。羈遲四方，與勝地相隔倏廿年所，然夢魂無時不戀戀其間。乙卯夏，自白嶽抵武林，同又生葉師、汪子殿武、程子香升、兄鳴佩、弟安侯、家石菴和尚重遊故地，則頹垣破屋已在荒煙蔓草。及尋主僧，鮮有存者，蓋人事遷變久矣。初擬觀日聽潮于韜光，山雨驟霆，咫尺波濤，遂爾輟屐。于時掃薙塵萊，篝火浮杯，四壁在風雨中岑岑欲動。師友永夕以次詩成，逮所謂昔年靈山一會，儼然未散云。時夏之重六日也。

千迴青嶂白雲封，散步山亭聽晚鐘。紺宇已移前代寺，蒼顏猶識舊時松。羈魂長戀三生石，過客新來五老峯。記得讀書臯嘯處，深篁細雨恰重逢。

三十餘年此一登，悽然問舊淚如澠。亂穿鼠穴通禪座，久結蛛絲罥佛燈。莫嘆空山荒故徑，卻憐破屋剩孤僧。丹崖綠壑渾無恙，去住幽尋第幾層？

十三陵九詠 有序

予甫來京邸，過訪峪繞張使君于昌平，留三日別去。出城北不十里，下馬紅門，前代諸陵纍纍天半，極望丹堧粉堞，遠映蒼岑碧落間。石馬銅駝，至今未埋荆棘也。問何以得此，順治定鼎初年，設陵户，以時掃除，仍置内監司香，月給俸食，至今遣官致祭，禁樵蘇，深仁厚德，開萬年有道之長，近古未有。内監述遺事，多史册所不載，予既見所未見，更聞所未聞，九詠紀之，俾采風者擇焉。時乙卯冬日。

整步紅門百丈隄，黄沙衰草卧文犀。九龍水落千山暗，石琢九龍，首張頦噴，泉沫入池有聲，爲九龍池，今漸涸矣。五鳳雲深一徑迷。五鳳山，萬貴妃葬地。輦路東西封樹盡，寶城朝夕野烏啼。諸陵環列長陵下，瞻拜穹碑上玉梯。

北風昨夜鏤冰紋，駐馬寒山細路分。止見茂陵多古木，成化茂陵松柏獨存。但留康老一孤墳。長陵卜兆於康老，惟此墓不與俱遷，且得與祭。峋崖遠瀑横霜月，石洞飛濤渡隴雲。峋崖、石洞爲天壽山勝景。內侍萬餘零落盡，宫中軼事向誰聞？

峭壁寒風湧翠濤，石門半塌没蓬蒿。幽宫永閟龍長卧，華表空留虎夜嗥。薦食尚流中使淚，遺弓誰傍小臣號？當年王氣今消歇，馮弔低徊山月高。

停驂日午鳥關關，怪石層巖未易攀。百尺丹牆横碧瓦，九重黄屋傍青山。殘丁散落存三户，廢監荒涼剩數間。只有坊前翁仲石，終年執笏尚分班。

堪輿勝氣半空騰，天外雲霞大壑蒸。銀嶂虚明撐鐵壁，（銀山有石如壁，其色似鐵，迥出雲霄，殊爲奇觀。）玉魚永夜伴金燈。行厨野爨煙千縷，老衲危樵翠幾層。太息定陵遭劫火，（十三陵惟萬曆定陵被燬。）止留斷碣卧荒藤。

山迴水繞冢纍纍，陰殿羣靈儼在兹。赤脚園公懷慶曆，白頭宫監説光熹。曾探石匱來三浙，似向蒼梧弔九疑。碣署龜趺無一字，（各陵俱有碑，樓碑皆無字。）千秋金鑒景綸絲。

直北雲山十六州，霸昌清望冠諸侯。先公密奏存遺祀，（沈清遠先生初入關時，密疏保護明陵，今嗣公範先分巡霸昌，清聲特著。）勝國幽陵守一抔。誰禁鴿鳩巢寢殿，自然龍虎抱明樓。（明樓即寶城上樓，當時祠官俱不敢登。）可憐南渡冬青樹，朽骨何曾瘞故丘？

深深陰塢半蒙茸，石徑煙村過虎蹤。夜午紅燈朝二井，（明成祖崩，妃嬪殉者十六人，分葬長陵左右東井、西井，常有紅燈穿松楸夜朝，今不復見矣。天中紫極削三峯。紫極，山名。誰攀列帝龍髯墮，止剩前朝馬鬣封。傳説錦屏常駐蹕，荒陵酹酒泣思宗。田妃墓在錦屏山麓，士民開田妃壙，安葬思宗及周皇后，非復諸陵壯觀。順治十六年十一月十四日，我世祖駐思陵拜奠，大慟，從臣皆泣下。高峯落影暮雲横，玉鴿南來集北平。明初有玉鴿十二從南方來，飛集燕山，蓋兆十二陵也。破屋何勞賢守駕，巉崖又畏廣文迎。張使君同賡颺臧孝廉訪我陽翠嶺陵廬，夜深獵騎還署。長陵近接黄花鎮，遠隧幽通白玉京。坐到三更乘月去，空山一片馬啼聲。

丙辰元旦雪中迎駕和魏左司農同吴北海王思繩馮訥生宋子昭賦

雲開首祚獻頌長階鶴髮翁，左司農在署，雖簿牒旁午不廢吟詠，同官常追和不及。玉花到處兆春農。千門麗，瑞藹元辰四國充。天子焦勞龍輦上，朝臣瞻拜鳳樓中。西南烽燧何曾歇，諸將頻來報戰功。

持籌太府軍儲珠宫大樂聽騶虞，萬頃瑶光天路殊。一日樽開施白獸，兩班象舞飯青芻。亟，擊壤康衢帝力無。恃有雲中劉晏在，小臣何計佐良圖？騶虞，奏古樂名。

寄贈張秀升太守 有序

吾郡山水奇秀，至近郭諸區，當以河西一帶爲勝。憶客夏公招飲太平蘭若，于時雲煙淡蕩，風過鳥鳴，目眺溪山，手浮大白，縱談今古，落落然不知日之夕也。躑躅長安，追思此樂不可復得，漫成一章寄贈。

丁香開結又薰風，迢遞相攜隔歲中。越嶠夢回天外翠，燕臺書去日邊紅。每逢上苑看花獨，長憶西溪醉酒同。蕭索白雲增悵望，敢將遲暮託明公。

丁巳三月述哀十二首

無恙家書昨日開，忽驚凶信自南來。彌留尚念諸兒遠，長逝惟聞幼子哀。不孝兄弟五人俱在遠，先嚴臨終言念者再，親侍含殮止家六弟一人。升屋三嗥魂不返，徹帷一月夢先猜。二月二十三日，夢老父呼不孝曰：『我歸多日，兒竟不知耶？』醒時淚下心動，遂請長假。可堪官邸重罹變，腰絰纔除又斬縗。乙卯秋，甫除先宜人服。

避世牆東任觸蠻，青藤緑樹繞溪灣。遥傳投轄逢元夕，家三弟信至，知老父燈夕尚酣飲達曙。詎意乘箕謝故山。七日水漿慚未絶，連朝鬚鬢痛成斑。從今啜菽歡難盡，彼岵非高不忍攀。

白雲望斷海陽西，藹藹聲微孺子啼。賜弔敢勞丞相拜，還家猶藉冢卿題。時回籍守制之命下。

一兒屬纊哀難繼，五子聞喪路不齊。伯兄令介休，不孝在都門，三弟守備杭衛，四弟彙攜輦下祝詞由燕返里，尚在半途，五弟在皖城。苫塊相依朝夕奠，忍將苴杖漫提攜。

頻傾血淚瀉哀思，留得殘軀强進糜。鷄骨難支時絞帶，蝦鬚盡撤但垂帷。親朋豈止千人誄，遐邇都爲一老悲。請襲含珠魂夢裏，跣行未到尚如疑。

迢迢遊子缺冬温，邸舍招魂忍舉旛。燕晉分迎親未至，伯兄暨不孝兩地迎養，究成虚願。春秋上食父何存。三年枕塊晨昏哭，百里侵星晝夜奔。不孝餘生安足戀，尚留一息報深恩。

杜宇啼殘樹不春，聲聲紅血化青燐。黄壚路杳嚴慈聚，素斾塵封涕淚新。勉事共勷無雜客，徐、李諸君子偶集邸寓，互相主辦。勞賓作主半朝紳。受弔十有一日，承諸先生代爲肅客，共一百二十位。

痛心旬日形爲變，天地難容一棘人。

東山書院檢遺書，散去牙籤八百餘。老屋空空帷四壁〔三〕，孤村漠漠止荒墟。先世藏書最富，甲寅寇亂，悉成灰燼。前年家破逢青犢，此日棺留待素車。目斷南天天愈遠，秋風夜雨泣菰廬。古人居喪則設菰廬，計抵舍當在秋孟。

越嶠燕山尺一通，哭聲處處徹蒼穹。全家婦孺傳遺囑，滿幅兒孫訃考終。訃告稱名，幅爲之滿。可忍登牀同阮籍，敢因毀骨省王戎。居喪大少連稱善，始死克克如有窮。

酸風慘雨近蒲筵，稽首長號血濺天。纔授蒼藤扶白髮，忍傾緑蟻奠黄泉。盈庭棣萼分難聚，繞膝孫枝遠不前。亂後，不孝兄弟眷屬散居吴、越間。未得今生酬罔極，劬勞敢廢蓼莪篇〔四〕。

月犯星躔暗少微，終天抱恨失瞻依。椿枯竹閣音容絶，竹閣爲先嚴讀書處。枰歇蘭堂轍迹稀。先嚴時與諸國工集蘭堂手譚。哭卧偶逢鳴鶴助，倚廬難感孝烏飛。貤封兩沐覃恩重，馬鬣焚黄敢緩歸？乙卯冬遇覃恩，先慈受贈宜人。今返里合葬，方得焚黄。

弟賢分得阿兄憂，對簿轅門誓復讎。吴澎逆案爰書已定，家五弟獨任其勞。臚頌甫爲多壽祝，不孝同譜諸公爲老父七袠徵詩啓，有『臚頌耆英』四字題於簡端。獨陳俄作九原遊。『失氣亡神，形體獨陳』出白虎通。

君親兩誤生無補，師友相憐賻已周。五載雙傾風樹淚，徒然豐祭嘆椎牛。

禿髮羸骸永夜星，一燈雙淚伴幽靈。可能讀禮終廬墓，無復聞詩再過庭。小子何堪膺一命，時次兒景從廷試就教。先人原自守遺經。碑銘不愧中郎筆，前輩由來重典型。不孝乞吴大宗伯，魏、嚴兩司農，沈宫詹四先生撰誌表傳狀。

留别李南枝

避亂棲霞借一枝，曾同煙艇采江蘺。更名擬是前劉向，復姓依然舊范雎。喻非指更名，更生本姓李。不爲窮途長慟哭，何堪失路屢啼饑。爲言風景江南好，莫向京塵賦五噫。

中元阻雨南陽同吴廣文民則賦

闌風伏雨滯行裝，停棹河干路愈長。無地繙經譚老子，何人施食禮空王？芙蕖百頃縹緗色，藻荇連波組繡光。昔苦探丸今自絶，年來東國足倉廂。對此茫茫不忍看，雙眸淚漬白衣冠。衝飆頓起千層雪，驟雨新添七月寒。歸夢昨宵浮竹葉，齋心今夕赴盂蘭。夾洲茅屋蒹葭外，故國江山到眼難。

方淺乘風舟行甚疾懷家伯兄又吕尚留介署未得奔歸

跣行無奈病相催，卧起一苦任溯洄。解職不須辭北闕，養親何處詠南陔？逝波復向舟前送，來鷁翻從棹後開。運道皆曲，惟此處盤旋更甚，遠望來舟，疑從棹後至。卻憶伯兄歸未得，太行空鎖白雲堆。

羊山偶詠 有序

丁巳秋奔喪，病卧吴門慈泰寺，僅存一息，因訪長逸馬大師于羊山，譚玄習静，且示卻病之方，哀痛餘生，庶幾苟延。憶先大夫凶問至都，鬚鬢頓白，殊不自意卧病後復鬒也。即所見聞，賦六章紀事。

扁舟訪泊楚江邊，記别先生十九年。己亥冬，訪大師于蕪湖十柳園中。治篋有人通畫象，撤皋無地授韋編。豹林下拜傳种放，馬帳相依嘆鄭玄。師深于□□子君望以老宿來學，長在山中，始領其秘。賤子遠來分一席，自慚妙理未能研。

曲徑穿雲憩石亭，畫圖四面望如屏。山來逶邐雙天目，山脉發于天目。水際青蒼兩洞庭。几上焚香曾玩易，昔李嵩隱避迹此山，焚香玩易，額所居爲『學易處』。門前立雪更傳經。長逸師受易于新安程雲莊先生。筍輿蘭棹無虚日，雖設荆扉夜不扃。

形骸近日復何如？卧病空山世慮疏。一壁劃開成箭闕，諸峯對峙是秦餘。相傳秦始皇射山，一嶺爲鏃所穿，破而爲二，因號『箭闕』。秦餘杭亦由此得名。長生未學茅君術，大道惟傳老子書。鬚鬢皤然今復鬒，名心未死愧山樗。

九月山田稻正肥，盤車夜轉苦多機。長雲縹緲高千丈，兩爪奔騰勢四飛。長雲及南爪、北爪皆此山峯名，勢四面飛動，又名『四飛』。水湧靈湫龍欲出，月明華表鶴初歸。山爲丁令威化鶴處。雖教煉液繩牀坐，敢把麻衣換薜衣。

夕照浮光萬頃鎔，夕照峯最高，具區盡入目中。苔青石路濕行蹤。山開白墡成金穴，山産白墡，爐冶所必須，有力者鑿土成隧，以售高價。人祀青娥望玉龍。東晉繆氏女産白龍，山有白龍潭及龍母冢，土人祀之。蓑竹疏藤維客艇，斜風細雨帶村春。到門半屬滄霞侶，古貌翛然喜再逢。

山行百轉返蒸丘，山氣如炊曰蒸。石咽蘿封水暗流。相國孤忠睛已抉，公孫悲憤骨空投。子胥死，公孫聖直言，夫差殺而投之。蒸丘亦名蒸山。香巖桂止留三日，桂甫發，山人採而售焉，無留花也。繡壁濤頻撼九秋。遊宦半生何所據？坐憑烏几白雲浮。

遊牛首 有序

仙湖家玉峯選君典試南闈，李子介蕃以上谷名宿從遊。適四孝廉招飲牛首，予始識李子於雙峯高處，各賦古詩紀事。李子更出七言二律，同人喜其格調高渾，予復次韻請質。

鑿石酣遊興未央，又攜竹杖過山梁。叢雲直作優曇現，禪院有叢雲閣，直對獻花巖。倒影橫看舍利光。寺僧邀看浮圖倒影，予曰：『不但爾爾，人東走影乃西奔。』驗之果然。寺僧合掌作禮曰：『得居士指點，本山從此多一奇觀矣。』風落天門波浩瀚，煙開佛窟樹蒼茫。從今解得支公法，寶地時聞勝水香。

何年來此戴山巃，終古空翻萬頃濤。羣指爐盂遺舊洞，宋大明中，移郊壇于山之東峯，一僧趺坐，忽化去，但遺香爐瓶盂而已，今辟支洞是也。久遺松柏作征艘。時山中喬木俱供戰艦之用。巖花已獻諸天供，迦葉猶傳老衲袍。呼嘯東西峯頂上，楚雲遥接蜀江高。

唁張紫臣同守 並序

丙辰春，紫臣張公拜表入都，家忍齋修同門誼，設飲，予陪。三人者各以老親遂養志喜。未幾，忍齋丁外艱，解農部職歸。予方變喜爲懼，不意公之太翁竟終於是歲冬月，先嚴亦易簀今春。同席三人別一週耳，咸以官舍奔喪，終天抱恨，向相慰者今相弔矣。予既南奔過金陵，值公方徒跣走華池，揮淚對語，不勝嗚咽，賦詩一首，臨岐寫哀，即爲太翁輓歌，其亦鑒予之悲悃也夫。

舊年分手隔幽燕，鷄骨重逢足不前。相見一朝歡陟岵，忽聞三地恨終天。老人結伴乘箕去，孤子同哀解組還。竟日揮殘風樹淚，各歸躬種墓傍田。

過溧水登徽恩閣

俯瞰三吴眼界開，八窗列岫貢青來。漁村酒市煙如織，石磴風林翠作堆。十里胭脂流赤縣，明太祖命崇山侯李新焚石鑿河，石皆赤，因名胭脂河，離城西十里通運道。一池涵碧接烏臺。閣後有涵碧池，池左爲院署行臺。遥天半是江南路，指點歸程盡草萊。

遊禪寂寺

竹柏深深寺四圍，採樵路斷古苔磯。書堂我薄韓熙載，戰壘人傳杜伏威。寺有南堂，韓熙載讀書遺趾，與杜城山相連，爲杜伏威屯軍處。巧琢天然無斧迹，懸流到處有琴徽。雙扉不掩真禪寂，立馬空山對落暉。

戊午元旦

寒漏頻敲曙色開，小窗纔放隔年梅。初春曆日餘殘臘，時二十三日立春。新歲人家飲舊醅。遠宦頓驚兄弟散，俶裝又聽僕夫催。鄰翁問我何時到，除夕方從建業來。予除夕到平湖，初三日即發練江之棹。

八月十五夜同李子分虎坐月韜光天香閣重晤無聞上人

月轉千峯魄愈孤，上方下界一冰壺。餐來沆瀣空香共，看盡菁蕪匹練鋪。百折水泉通竹木，萬家煙火隔江湖。年年桂子今宵落，靈鷲山頭果有無？

綠漾清浮一鑒開，蒼茫海氣接經臺。十三年後逢圓澤，澤公與李源約後十三年中秋月夜會於天竺。百六日中訪辨才。東坡有『我在錢塘百六日，山中暫來不暖席』之句。老樹無聲天籟寂，空山未曉旭光來。雲垂眼底雷峯峙，湧到南屏玉作堆。

鄧尉山看梅 有序

己未上元日，吴次辰、許子柔招遊鄧尉山看梅。纔及虎山橋，風雷驟至，賓從散避，舟楫相失。余攜諸兒從依荒寺宿，三邵子草卧馮叟舍中，倉皇無次，杯茗不接，誠遊事之變調也。天候少常，我懷如一，山靈花信，還在夢中。余禪榻擁寒賦詩一首，邵子得愚亦有詩，次日復相評和，紀一時情事，仍書謝吴、許二子。

虎山橋下水紋斜，無數春叢岸綠遮。十里風濤迷客艇，千村霧雨妒梅花。如何天上霓裳舞，變作雲間霹靂車。雙屐難尋芳草路，多情地主隔天涯。

白兔鎮晚步同邵得愚

已過丹陽十里多，籬門竹巷綴煙蘿。亂山殘缺松杉補，野水縱橫荇藻拖。但指饑鴻呼大澤，不聞虓虎渡清河。壟頭緩步江天晚，茅頂雲開湧翠螺。

江南春色更無多，句曲光風始碧蘿。路指仙村芳樹引，山迴神佩晚雲拖。輖饑採薺人歸陌，趁市求魚網渡河。爲問塵勞何日息，石梁花下數煙螺。

題安定書院二首 有序

歲在辛酉，余視榷邗關，津梁鞅掌，卒卒靡少暇。陽生，月既望，始卜令辰，奉吾友故鹺臺道南胡公神主，入安定書院。蓋院建于公莅任時，余適在署中，力贊成事者也。亡何，沿爲交代駐車之所，丹堊剥落，榱桷頽欹，非復當年舊觀矣。余眷焉心傷，爰仿釋菜之禮，先祭安定先生，而後以公配食。祭畢，合郡之賢士大夫張樂設飲于院中，昔之士子受知于公者咸駿奔，走執豆籩，至有感歎泣下者。會公之令嗣卓人孝廉以計偕道出廣陵，適逢其會，余迺並招同北上諸君衎樂賦詩，流連竟日，不知户外之雪深也。嗟乎！丞相之府廢爲車廄，蓍宗之地鞠爲茂草，俛仰

今昔，感慨係之。是舉也，藉以崇先賢、振文教，庶不失公締造之初心云爾，寧獨
余敦友道之區區哉！既成禮，敬賦二詩，告于几筵，且以質與會諸君子。

丹雘雖湮堂構存，當年勝迹不堪論。儲胥紛列誰爲主，車廄荒涼只掩門。府海官山真學術，周情孔思舊淵源。故人送爾西州路，雪滿衣冠淚滿樽。是日大雪。

淮海蘇湖共一祠，儒風吏治盛于斯。香拈多士南豐瓣，蘋薦羣公畏壘思。趙壹故難忘死友，胡威端幸有佳兒。孝廉船共張憑至，瞻桷還吟感舊詩。卓人與張子亢友，同賦詩志感。

九月榜後招諸生平山登高　有啓

歲在鷄碑，候當鴻信。特特馬蹄，歸自槐花市裏；鄰鄰魚額，點來桃葉波間。雖窮通有命，達人恒任優游；而出處縈懷，志士能無侘傺？爰約登高之節，偕爲攬勝之辰。傾千杯醽醁，向蜀岡泉畔捫石攀蘿；鋪五色氍毹，踞六一堂前幕天席地。君等才俱上乘，名久前茅。横綵筆以賦詩，授蠻箋而擊鉢。要令牢騷盡滌，庶幾毷氉全銷。平山即匪龍山，此日何妨落帽；菊月依然桂月，將來取次彈冠。從我游乎，俯仰嘯歌，狂士猶思吾黨；爾其至止，江山風月，忙者亦是主人。笙簧有待，佇聽鳴鹿呦呦；金玉無遐，願賁白駒皎皎。座方虚左，來勿後期。

雅集欣逢令節晴，茱萸徧插有羣英。褰帷嘉樹當筵擁，倚檻遥嵐入望平。勝事莫因愁裏失，名心且向酒邊輕。相期茗艼酬高詠，我亦乘閑浣俗纓。

賓佐廬陵盛此堂，詞壇今日繼餘芳。紅牙聊侑鸕鷀杓，斑管齊拈翡翠牀。好借江山開意氣，豈從得失論文章？漫舒醉眼崇臺上，雲路雝雝雁正翔。

壬戌春過宿遷作

黄流幾曲繞林坰，何處風音動鐸鈴？月澹寒沙千頃白，春還舊樹半城青。殘冬冰雪鏤紋合，新節兒童爆竹停。最喜孤征無應接，短長一任舊郵亭。

癸亥除日同祝端辰進士胡次巖不器陳紫蛟王宛先四文學家五弟廣侯守歲次韻

不須桃杏爇黄昏，十日春來五畝園。十九日立春。空過三餘慚頌讀，静存一息念寒温。同爲我客愁分歲，患作人師畏及門。長憶雙丘松柏夜，先父母合葬瑯源。椒花何處獻盤飧？

甲子元旦早朝賜宴

星高鐘動旦明天，子夜初交別舊年。纔到鶴軒看爆竹，園中蓄有雙鶴。又趨鸞陛聽鳴鞭。鳳儀韶濩空中舞，香篆雲煙仗裏傳。夾道分班歡侍宴，金門日影過花磚。

人日端辰赴宋冢宰之召假館蕭寺爲公子講經諸及門咸集再次前韻贈別

相依研席共朝昏，雁後花前寓小園。盤薦五薰仍臘味，羹分七菜甫春温。上方静叟尚書履，高座遥傳通德門。應待君來懸一榻，莫嫌儉素供魚飧。

白雲南望隔旻天，端辰思母情切。書卷消磨少壯年。十歷干支猶待字，癸丑釋褐，至今十年未捧檄。又迎甲子好先鞭。可能免俗油爲卜，偶爾逢人勝遍傳。雙眼青垂門下士，誰明心鏡早拋甎？

哭奠高陽相國李夫子 有序

嗚呼！惟我夫子，禹彪濟美，夔龍燮和。膺枚卜於黑頭，作詢言之黄髮。二十七載濟時良相，二八結心膂之知；一十五邦定策元臣，六九弘匡濟之烈。五臣兼六、八元期九。調羹補衮，天子是毗；開閣杜門，百揆攸敘。鹽梅玉座，洛蜀無争；樽俎禁臺，滇黔再造。上弭天變，堯、湯之水旱非災；下擴輿圖，山澤之梯航益屆。時勤三吐，日贊萬機。度則休休，忠惟蹇蹇。夫何擎石先摧，讖成柱折；時天安門外擎天柱折。哀棃夜謝，夢到槐安。小寓寄園棃樹一株，自艾司寇傳來，每年棃熟即摘獻夫子，三十年矣，是月頽枯。自耄老以至兒童，聚觀擁馬望活；由公安而葬西洛，挂紙插竹生根。此吉士既爲生民悲不弔，復爲一己哭所私者也。自列門牆，常瞻衮繡。憫成勞於守土，推輓有加；鑒飛語之含沙，保全獨至。奸棍程可俶一案，科參部覆共十四疏，而吉士之冤始白。每蒙接見，惜郎署之沉淪；夫子嘗歎云：『趙子浮沉郎署，予之責也。』近屬校讎，稟師程於筆削。予充兩館纂修，皆夫子特薦。追惟高厚，曷勝悲思。敬賦六章，聊抒萬縷。嗚呼！言有盡而意無窮，靈非遥而聽則遠。湧泉垂露，未揚德業之萬千；歎蕙焚芝，惟寫悲哀於什一。蘭膏桂醑，聊佐生芻；玉宇瑶京，難攀仙馭。伏惟尚饗，鑒我哀忱。甲子六月十九日。

兩朝毗倚眷彤庭，此夕驂騑上九青。天子相君輝柱史，高曾制誥燦槐廳。正欣夏日逢郇雨，何意愁雲暗傳星？廿載感恩門下士，西州號慟不堪聽。

其二

緑綅黄樞二十秋，沙隄躡履奠金甌。善調將相和羹重，再造西南戰鼓收。桃李未通私室謁，芙蓉欲喚故人遊。大星昨夜三台暗，哀動君王減薦羞。

其三

緑野堂深繞藥欄，主恩深厚勉加餐。秉鈞二代推平韋，佐命多年重范韓。柱折朝門占賦鵩，樓成天上促驂鸞。遼東此去靈何在？應繞龍輿五夜寒。

其四

頻年拂拭在塵埃，玉筍班中愧不材。勞苦何緣超晉令，幺麽豈意照秦臺？二毛任事嗟遲暮，十載爲郎孰輓推？今日羊公牀下拜，搯膺哀嗷共崩摧。

其五

遺疏纔封已搤咽，繐帷血淚灑空天。深恩未報三千士，名世又過五百年。太白固應歸洞府，長源果否證真仙？朝來愁絶山陽笛，吹斷城西一抹煙。

其六

漫賦招魂學楚騷，榮哀生死薄人豪。淩煙此日蕭曹失，降嶽于今甫吕褒。罷市九閩聞痛哭，掇朝三日賜醇醪。龍門伯仲推龍種，三戟重懸日月高。

乙丑元夕南苑觀煙火賜宴恭紀

綺陌東西錦繡鋪，争趨陸海軟塵驅。聲流爆竹空花燦，宴勝傳柑夾路呼。硝焰生光飛霹靂，煙絲走火碎珊瑚。浮圖現出韶咸奏，爛醉堯天樂萬區。

贈宋牧仲大參新任北平 有序

予寓寄園，昔爲商丘相國别墅，南樓額曰『獨倚』，牧仲、昆仲讀書其中近三十載，今赴任過别，指點舊遊，歷歷如昨。雖丘壑已改，題額不存，而此樓固巋然魯靈光也。詩以贈行。

高閣髫年共嘯歌，到門乍認舊煙蘿。左迎近揖蒹葭路，前導今來蓄洩坡。坡在潞河土抔口之南。三世一經傳補衮，二難四部聽鳴珂。同令兄子昭歷四部曹。行旌過處詩囊滿，得句清新掃萬苛。

王子箕避迹山寺次韻簡報

兩月高眠衹樹林，芭蕉停午緑天深。沽方待賈寧求售？熱不因人止自焬。懷刺難投長滅字，抱琴未碎少知音。繁花細草縈亭曲，那有沙塵撲面侵？

七夕

青鳥西來泛白波，御前誰唱步虛歌。絲縈玉盒蛛呈巧，星渡銀橋鵲障河。半夜雲中橫繡幄，誰家瓜上擲金梭？麻姑指爪堪爬背，簫管盈階百斛羅。

送汪悔齋太史出使琉球

秦女秦童事有無，聖人別自有雄圖。王朝久卻珊瑚使，絶島重瞻日月符。地湧樓臺真海市，天開煙霧指彭湖。何曾晦朔占蓂草，嵩祝春王歲歲呼。

讀吴巢薇同寅述懷詩不勝牢騷憤激之感因念吾兩人以謁選司李時訂交中間廿年升沉幾易曩時舊人零落殆盡今復同事農曹幸矣正不必以淹蹇介介也謹步原唱廣意

映簾苔影石文斑，匝地塵氛意獨閒。百卷書城堪過日，多年使節愧司關。時上傳歷年諸關吏，詢利弊。東方少俸猶添鶴，園内雙鶴。西郭無鄰止傍山。堪笑新增忙事在，春來叢樹待重删。

頭白馮郎守此官，十年不調，予更過之。難移故步學邯鄲。笙歌庭院春光促，鶯燕郊原野色寬。老馬不鳴時伏櫪，羣鷄難立且爭飧。西山爽氣朝來翠，退食猶堪拄頰觀。

緩步城南抵暮還，公餘倚杖聽潺湲。忘機客語隨時應，如水臣心竟日閒。廿載故交難屈指，三杯新釀且開顔。少年共事皆先輩，莫悵無情造物慳。

索米長安又五春，誰堪絶世復超倫？田園已愧陶元亮，詩酒終懷賀季真。老我窗前仍蠹簡，任他門外逐雕輪。漫驅款段鶯花裏，步出右安門，乘駑馬至兒輩讀書處。卜築牆東不厭貧。

康熙丙寅十月二十六日御試保和殿次吴巢薇同館二律

微垣星朗泰階平，補衮何能逐隊行？爐列鳥薪宫尉爇，盤擎白粲大官烹。寒凝兔管書難疾，日過螭頭席又更。禽鳥無聲宫殿寂，白氈朱几費經營。

十載農曹早許身，不才何策對楓宸。羽林監試聲容肅，綸閣頒題口號新。青史天人真獨步，彤庭修獻敢猶人。莫愁汲黯言多戇，聖主由來任犯鱗。

七夕後二日招同館諸公寄園讌集 次顧宫諭伊在韻。

十二重樓接五城，微雲掃盡露空清。池横藻荇魚真樂，閣俯松槐景屢更。碧月漸依青嶂落，玉繩猶傍絳河明。新聲偏得周郎顧，一曲梁州最感情。時演中郎賞夏雜劇。

其二

相從摛藻九重城，掃徑歡迎劍佩清。半斂霞裳收散綺，羣催月御下深更。玉堂綺合韲冰雪，顧首倡，諸公和之。草徑朋簪慰晦明。敢道勝時無勝事，竹陰槐影有餘情。

其三

緑柯半赤起霞城，樹燈。松外楸枰落子清。何事羊求迷舊徑，同館十七人，熊、馮二太史未至。已憐牛女隔殘更。變成蒼狗天容幻，唱到紅兒醉眼明。相送尚嫌歸騎早，丁東玉漏不勝情。

附　宫諭顧伊在汧原唱

酒兵連日下愁城，又喜諸公賡和清。樂奏氍毹思卜夜，詩成珠玉到嚴更。繞庭火樹光猶燦，雙闕金莖影漸明。簪筆分曹逢鉅典，不妨讌飲共移情。

其二

堪愛雲停傍禁城，倚樓人静稱官清。君隨琴鶴棲郎署，我注蟲魚備率更。時撰青宫講章。祕館連茵煩考索，檀槽新曲記分明。公餘何日簪重盍？紫蟹黄花亦近情。

禮曹盛珍示符升和

超臺突兀倚南城，樹色秋光入夜清。聚散十年人耐久，醉醒一日酒頻更。相從渠閣論今古，特向高齋問晦明。會見玩芳題詠好，亭前涼月最關情。

其　二

曲臺池迥入青城，儤直人歸下紫清。休浣素風宜一壑，招尋新月愛初更。歌翻子夜聲常緩，賦就西園眼倍明。回首銀河仙會近，留將香粉話餘情。

宫諭陳謝浮論和

蘊藉爲郎擁百城，冰心常歎玉壺清。時逢休澣秋偏好，地有林泉景易更。觴詠繽紛宫漏杳，簪裾迴合夜珠明。兼旬文酒多高會，坐對溪山生遠情。

其　二

漸有金風拂帝城，碧梧疏柳近人清。爲傾家釀杯頻換，欲譜新詞調屢更。月榭芸窗同徙倚，星橋河渚半分明。人間樂事招尋易，天上空憐隔歲情。

檢討董方南閶和

君家雙璧重連城，才子爲郎如水清。愛客每開尊十日，吟詩常對月三更。歌聲迴合紅牙轉，燈影參差緑樹明。高會新秋宜夜飲，況逢投轄主人情。

其　二

曲徑高臺對鳳城，倚樓人静笛聲清。醇醪但使傾三雅，刻漏何妨報六更。入座好風雙袖拂，窺簾新月半鈎明。醉看煙景成丘壑，無限鄉園蘿薜情。

編修顔澹園光猷和

流火連鑣出鳳城，飛雲帶雨暑全清。已從殿閣逢三老，復坐園林識五更。竹裏彈棋秋景亂，溪邊聯步夕陽明。青山門外重重發，對此誰無不世情？

其　二

濁醪十斗破愁城，況復茗甌冠六清。歌近雕梁雲易遏，花催羯鼓盞頻更。簾前列岫迷深翠，屋隙殘星逗小明。最是主人能娱客，九微燈火倍含情。

編修張鹵臣廷瓚和〔五〕

古木千章繞禁城，綠天如洗晚煙清。乍迎碧月簾初上，細按紅牙酒數更。積蘚暗分蒼玉滑，叢燈亂落火珠明。迴思十載秦淮夜，艫畲秋風繫遠情。

其　二

氍毹爲地錦爲城，白雪歌翻四座清。華燭光中紛送影，紫簫聲裏緩傳更。鶴隨雅奏亭亭舞，月近幽棲特特明。聽徹霓裳渾欲醉，廣寒歸路不勝情。

寄贈黃仙壇赴任交城

雙鳧遥集古樓煩，一路歡迎竹馬喧。舊政願傳新令尹，遺民長念老黃門。卧虹垂柳猶堪折，卻月清波已不存。爲我寄聲諸庶士，冬來愛日即春温。記别巖城十六年，夢魂常到古盧川。薦紳大半成前哲，製錦終須讓後賢。渠鑿龍門滋灌溉，山藏狐突絶烽煙。花封早挹西江雨，第一聲名百吏先。

陳執齋年兄守晉州閱計册不免挂議寄慰

古巖雲卧泊煙岑，尺牘時聞謦欬音。一榜同年齊落魄，同年惟執齋尚列仕籍，今無矣。半生老友獨悲吟。何曾饕餮傳乾歿，頓起風波泣陸沉。悔不投簪歸去早，幾時鼓枻返山陰？

五言排律

壬辰秋同又呂伯兄歸自武林冬盡復偕安侯三弟作衢遊重經界口感賦

七月纔回棹，冬餘復遠征。往還皆此地，離合不同情。雲水渾無定，秋冬又兩更。殘霞看去歛，舊雨坐來傾。白露寒沙浄，丹崖老樹横。女蘿偏繾綣，丈石自峥嶸。孤雁衝煙過，寒蓑破浪行。清潭沉梵響，古壁落松聲。良友晨星散，深山鼓角驚。畏途猶帶甲，當路每呼庚。小榷來津吏，長年報水程。老孀充驛卒，穉子習漁丁。烏雀催羈夢，風波歷我生。别兄三日去，挈弟一舟行。静夜悲嚴漏，高懷對短檠。狂猶拘禮法，懶欲絶時名。未可醫書癖，幾曾少宦情。扶風紗帳近，受業愧康成。時成夫子宰西安。

喜曹良野擢典籍兼誌別懷

長安秋正好，新露散芙蕖。拄頰西山氣，校讎東觀書。蘭芬縈玉珮，葱翠織華裾。緑字宣天語，紅雲擁帝居。君今親藻火，我復困鹽車。失路傷浮梗，不材類散樗。心孤悲越鳥，病卧憶鱸魚。渺渺愁予甚，歸來賦遂初。

送戴簡廷中翰從軍江南

廟算敷宸極，皇威震海陬。臨軒宣羽衛，講武閱貔貅。克豈三年待，師無十日留。將軍懸鵲印，天子賜貂裘。更借金閨彦，還參玉帳謀。自然嚴步伐，不用肆虔劉。鼓振關山月，笳鳴水驛樓。詞鋒斜倚馬，劍氣上横秋。虎衛趨京口，龍旌駐石頭。鯨鯢滄海遁，檣櫓大江收。揮羽堪摧敵，投鞭足斷流。昇平奏凱日，鍾鼎紀勳猷。

上杜寶坻冢宰 何蕤音侍御徵送。

黍谷瑄灰動，玉河冰腹堅。盛年趨輦轂，名世産幽燕。諫草焚梧掖，秘書接木天。前籌方借箸，高足半淩煙。王佐推如晦，賢臣頌正玄。山陰還内降，洹水累超遷。主計同元凱，司空嗣茂先。歷官兼四部，秉軸掌三銓。每聽絲綸詔，常思岳牧聯。六曹尊管轄，百職樂陶甄。履曳星辰上，紳垂日月邊。才無遺側陋，世已絶夤緣。獨坐時專席，崇班孰比肩？禮賢超百六，食客厭三千。久荷宸衷眷，時聞禁闥宣。率人惟儉素，開閣少喧闐。賤子空干禄，微官未備員。掃門殊有日，庇廈在何年？空走黄塵道，愁吟白雪篇。通家慚小友，亦復待衡銓。

喜胡道南擢侍御賦寄

曰歸方卒歲，雙鯉到柴荆。未及登庸事，先深繾綣情。文章關國運，儒術起家聲。趙壹元無遇，胡威實至清。稍遷頻睿慮，特進愜臺評。聖水紗籠字，恒山石勒名。綈袍千里贈，緘書新安遠寄。彩筆八行横。令弟人琴杳，諸公絜酒行。時有仲氏佩公之戚。世皆疑畫餅，君但入調羹。下第歸于主，同門事以兄。金臺留未果，道南留予館都門，辭歸。玉署語猶明。鷄肋才華薄，貂裘物色輕。恩榮蓮炬好，寮宷筍班成。此日康侯學，方知莫與京。

上龔合肥總憲 何蕤音侍御徵送。

野分金斗勝，家傍紫芝春。洛下風流舊，天邊雨露新。大賢原有待，名世豈無因？虎觀尊先達，龍門接後人。楓宸重弄印，柏府早埋輪。彈壓千官肅，綱維百職循。倪寬經術貴，貢禹性情真。可但文章伯，斯稱社稷臣。次卿時晉秩，副相獨垂紳。賜宴曾專席，鳴騶盡後塵。嶺南詩數卷，冀北酒千巡。入幕皆名士，從游半隱淪。豪吟本不瘦，愛客耻言貧。孺子通名晚，中郎倒屣頻。倚樓慚趙嘏，投轄仰陳遵。咫尺燕臺側，何須更買鄰？予寓峨眉菴，與公邸不遠。

同蔡别駕宋陽曲奉陪藩臬學使諸公護月劉都閫署時庚戌二月十五日

重光大淵獻，單閼正花朝。撲蝶羣公會，攀龍百里招。賓僚瞻玉兔，文武接金貂。觀察埋輪久，承宣攬轡遥。西園窺董策，北府建劉標。郡佐千秋葉，琴鳴九辨調。班聯容下走，弩負入同寮。鼠雀誠難理，雲天豈易邀？還依開府節，只聽上軍鑣。桐葉圭曾剪，桃花雨正飄。鳴鑾憑左纛，伐鼓肅諸曹。不見蟾蜍窟，同登烏鵲橋。三撾先岳牧，百戲混漁樵。屐喜春泥濕，庭寬野服饒。鞠躬齊再拜，引領到殘宵。更也人皆仰，攀之桂未凋。争言霖潤麥，早幸雪生苗。顯晦看連璧，初終奏六幺。自然明似鏡，何處暈隨飆？願附青雲路，團圓照九霄。

卜葬卦麓

浮生非薄命，送死得名山。石鏡攜花縣，雷封表玉顔。聞喪奔士女，會葬隘郊關。燕姞蘭同瘞，螺江月獨閑。只疑新鬼樂，休望客魂還。添線黄泉下，飛灰碧嶂間。種松叨國老，鄭封君移松百株種墳畔。題墓忝朝班。武黄門誌墓碑。于古蕪城冢，淒涼莫汝攀。

駕幸闕里御書碑文恭頌十二韻

聖域啓天章，斯文契素王。一時瞻鳳德，萬載焕龍光。自有靈源接，欣看睿藻揚。緑文珠燦爛，丹篆玉琳琅。虹氣仍流斗，星占欲聚房。風高傳木鐸，天闊發秋陽。贔屭蒼螭動，昭回碧漢長。雲飛雙檜裏，日麗兩楹傍。道並君師重，文垂典誥莊。披香曾侍草，珥筆復升堂。滄海知何極，高山喜在望。一辭原莫贊，半部每難忘。

七言排律

峨眉僧舍遺懷同程石門朱若臣分韻

索米長安壯志磨，幾番清夢越關河。勞人最歷風霜久，古刹頻驚歲月過。門外荒墳明野燒，窗間獨樹立殘莎。乍交寒食花無數，已過清明雪尚多。紫燕銜簾來作壘，黄鸝穿柳去如梭。坐聞流水通階砌，步聽經聲出薜蘿。丈室繩牀心寂静，諸天龍鉢手摩挲。伊蒲久已安香積，瑣闥何須想玉珂？投轄有人來痛飲，倚樓容我獨高歌。空嗟青鬢塵埃老，擊碎銅壺喚奈何。

上坦園相國

高陽自昔稱才子，仙李於今出相公。開國文章華衮重，起家清白繡裳同。聲傳革履朝暉炫，色映金蓮夜院紅。七寶調羹分玉食，八磚侍輦對花叢。有時吏嘔車茵上，是處材儲藥籠中。共羨黑頭元輔早，咸推赤舄大臣忠。太平曾不言封禪，論道無煩策御戎。謀斷同心參藻座，規隨畫一佐宸楓。聞來絲竹槐堂静，調作鹽梅鼎鉉通。三接兩朝隆晉錫，十年繼世啓乾聰。半生松夢身難老，獨步沙隄業愈鴻。去副當年推魏相，救時今日薄姚崇。燕臺招就圍棋賦，人日趨看剪綵工。令酌醁醽仍臘味，坐分桃李笑春風。文饒舊望箴丹扆，廣漢新慚設鉦筩。每愧折腰汾水外，徒勞回首閣門東。陶潛無路辭彭澤，勾漏何心戀葛洪？不分横經青玉案，幾能奉席碧紗籠。九天光並璣衡朗，四國風宣翰墨雄。聞道講筵開日月，飄然雲步陟崆峒。

己巳冬仲羈棲儀之南郭思白汪太史念及淵源過訪邸中即事賦十二韻誌別

真州小築傍江沱，感爾徒行枉道過。赤岸流雲方雜錯，青山沓障亦嵯峨。自從歸棹盤桓後，前冬勘河，思白維舟晤于邵伯鎮。從此長驅反覆多。廷鞫九重當震怒，陛陳三日敢差訛。孤臣放逐辭簪組，聖主包容脱網羅。前輩睽離勞夢寐，鄉先生惟江漢石大參尚存。故人新死隔關河。詢及故交程非二近作古矣。鴒原暫別東西夜，思白令兄尚下帷故里。玉署新移上下坡。徵士空留黄叔度，甲子南巡，同里汪扶晨獻詩未遇。端人遠念尹公佗。懷馮編修懿生終養旋里。呼兒迎客開蒿徑，遲子題詩洗薜蘿。老以文章消歲月，閒將世事擲煙波。傷心南北情無已，分手儀揚唤奈何。蒼鬢清眸譚不了，依依風景共悲歌。

五言絶

次答黄山恒證和尚

一花含笑後，葉葉互相森。静覺華林好，悠然遠會心。

夜午鐘聲静，山空月照森。寒潭松柏影，此際見禪心。

大雪江上泥程香升行

我向練江來，予向練江去。練江何處尋？柳漾瀰天絮。
同雲黯不開，天地遥相接。獨憐予與女，此際偏言別。
試問門前雪，昨宵添幾尺？江上少行人，煙蓑舟一隻。
萬籟静相涵，山川無面目。爲我泥行人，寄言謝滕六。

寄祝查二瞻 有序

甲寅九月八日，偕程子公濟鼓枻吴門，薄暮次東埠，程子釃酒拜言曰：『今日二瞻大壽，當遥祝水干耳。』予聞之瞿然，不勝吾友今昔死生之感也。戊戌秋，予訂二瞻客金山，時關中李叔則、京口潘江如、金沙高芝佊、歙浦吴連叔及予叔天醉，無日不飲酒賦詩爲樂，淮陰范子眉生實主之。一日，過焦山尋瘞鶴銘，盤旋既久，將晚回棹，一葉江心，無月無火，惟見金山禪燈隱隱，幸不迷路。江聲蕩拍，洲戍呼喝不已，棹槳力盡，三更始登岸，至今思之心悸。轉盼十六年，同遊死者半矣。舊臘，予歸奔母喪，二瞻來唁，廣陵丰采，大勝疇昔。予哀毁餘生，不及寒温，僅一稽首而别。嗟乎！少者壯而壯者老，常也；老而死，或不即死，或不必死而死，亦常也；二瞻年六十，顔色鮮好如少年，無乃失其常乎！挑燈作五言短句十三首，藉公濟簡之，追憶昔游，觸緒成詠。雖不盡爲二瞻賦，而寄贈之意，情見乎辭。予之祝二瞻，異乎人之所以祝二瞻也。

勒詩蘄王廟，臨池妙入神。金山一片石，長署大江濱。

焦麓夜溯流，流險忽如棄。一點佛燈明，免作江魚餌。

好客范眉生，能文李叔則。骨朽歸本然，百年一瞬息。

潘子真嗜古，作詩何太苦。玄晏不同時，三都亦傖父。

作宰不及期，慟哭解印綬。秦中半舊交，誰爲子援手？謂高芝侯。

名山住已遍，贈妾散黄金。向平無一累，八十尚高吟。懷吴連叔。

吾叔豈長貧，有文文未試。笑我拙書生，空下憂時淚。

標也年六十，鬚鬢無一斑。幾多噉名子，誰似爾能閒？

厭客長謝病，有事亦高眠。一編風雨後，妙理静中傳。

問道長逸師，百日恣探索。丹砂永駐顔，鍊液勝服藥。

不慎何能達，出口無雌黄。獨饒山水癖，翰墨生奇光。

看山山隱隱，聽水水漫漫。落想在空際，莫作畫圖觀。程子出二瞻贈扇，致祝如對二瞻也，因題其畫。

可無傷伯道，不必嘆中郎。雙珠出老蚌，好上七旬觴。二瞻生女而未舉子，程子憂之，予曰：『精血過者晚歲多兒。』書此，預爲之讖。

丁巳秋病暑慈泰寺五日矣雪山和尚擲我銷夏吟霍然而起即韻六絶

傳是晉朝寺，晨昏幾度僧。空餘王輦路，石砌裂成冰。

白晝禪關閉，蕭然一病僧。不因人熱者，止覺我心冰。

何緣離世網，終日對山僧。靈瑞、清餘兩上人時時見過。前後茫茫事，無分炭與冰。

趺坐觀空際，都無佛法僧。拈來六月雪，徹映玉壺冰。

晨鐘兼暮梵，若個是真僧？笑破一花後，融來一片冰。
居然支許伴，遠過虎溪僧。千丈峨眉雪，微塵不着冰。

習静山菴兼旬廢飲謝鶴坪學使餉以上樽夜與道侶各盡一蕉葉悠然遠情劇懷風味此中見道指點銀瓶因拈小詩謝意

微風山月涼，美酒從何至？豈是對黄花，恰好陶然意。
自飲亦三合，人飲復五斗。此意今誰如？東皋子傳後。
悵悵謝公墩，絲竹今何處？偶爾醉黄冠，悠然悟風趣。
清談人定後，藤枕卧徐徐。中山從此去，近路到華胥。
醇飲亦春風，淵然臻至妙。還思八仙人，未免神情鬧。
攢眉何者客，遠公爲破戒。因知雜念人，尚在酒杯外。
少不容一滴，多吸盡西江。醉髡侈一石，應自望風降。

新緑手中影，藤花杯上香。笑它宗道者，赤臂捧樽忙。

狂士林中七，詩人溪上六。居然一世界，懷葛難爲續。

呼出海中月，浮來江上山。可與知者道，一酌九還丹。

嘯旅 有序

峨眉僧舍以地震圮於乙巳春，寓者露宿。余搆數椽方丈西，若舫然。于時，皖城戴山民、禹航王子箕、舜江邵子峻、武水孫古喤、毗陵吴星子、膠西李霞裳，晨夕此間，不知何者是客。丁未閏四月，余復棲遲舊地，古柳高槐，縈垂如昨，而彦會不再矣。因集少陵『澹交隨聚散，薄宦走風塵』句作聯，顔以『嘯旅』，恍如風雨舟中，時聞諸君謦咳也〔六〕。庚申春，予候補農曹，仍寓於此，回念曩友，存惟古喤尚宦閩中。用聯字爲韻，賦五言十絶誌感。

芳菲鬬豔陽，過眼賣花擔。古寺鍵重扉，游心我已澹。

分手感今昔，當年空膝膠。要津半後起，益念布衣交。

愁城白墮破，南郡黑甜迷。婆娑古槐下，琴焚鶴不隨。

風雨聽鐘魚，寒暄依井樹。永懷任彦升，不復蘭臺聚。當時同諸君需次南曹，龔合肥時招飲。
發言雖滑稽，罔不抒丹款。彦會何能常，摶沙終自散。
舊地屢棲遲，十年空躡屩。儒冠誤半生，自識功名薄。
死生兼别離，幾載斷魚雁。剩得一花封，天涯尚遠宦。
無負心期久，定交在杵臼。鷄壇舊日盟，南北傷奔走。
獨吟禪榻中，好句挂花叢。無事支頤坐，時披上苑風。
絶響成空寂，開窗野意新。馬蹄翻不了，又促入紅塵。

七言絶

桐江歌

亂峯無數指青空，雨店煙村處處同。幾曲溪流雲四面，不知身在一舟中。
遠山煙樹隔陰晴，細聽雲行若有聲。海外潮來江步闊，錢塘一怒幾時平？

次和西湖十無詩

徙倚重尋舊寺門，泉荒鶴去址空存。原非送別傷心處，何事勞勞斷客魂？無亭。

朱簾碧瑣望中虛，笑憶仙人島外居。便許元規清興劇，空教明月送歸輿。無樓。

青山静照緑漪中，四望虛明碧鑒空。桂槳蘭橈尋不得，斷橋流水一孤篷。無舫。

長條無復映章臺，笑看漁舟繫纜來。應有高人愛婀娜，一時移向宅邊栽。無柳。

遥天鶴影帶雲斜，冷落孤山處士家。樓外無人吹玉笛，空餘飛雪到寒涯。無梅。

平隄緑漲草萋萋，望斷仙源一水西。春去紅銷無片影，何人更問武陵谿？無桃。

十里凫鷖泛碧虛，白蘋紅蓼當芙蕖。櫂歌聲憶橋西去，粉墜香消月上初。無蓮。

一泓清水澤梁殘，誰着羊裘把釣竿？彈鋏歸來君莫問，三星今向罶中看。無魚。

青田誰寫出羣姿，閬苑書來歲月遲。仙羽不供人近翫，淩霄一去已多時。無鶴。

窈窕春風集翠裾，晚粧燈火憶香車。青殘蘇小墳前路，何處風流舊校書？無妓。

舟曉

昨夜霜花落水湄，曉看殘月挂松枝。數家草屋雲山畔，家在雲山樂不知。
曉溪浮氣若雲蒸，兩岸新煙半欲凝。欸乃一聲山影亂，篷窗相對緑層層。

送俞去文遊黄山

烏桕丹楓石磴斜，衲衣片片綴雲霞。蒲團松上跏趺去，六六峯開妙鬘華。山有蒲團松。

次清淵伍綦仲許遠心過舟對奕

征鴻叫破一天秋，梧葉飛殘古渡頭。無可遣愁唯有此，丁丁子落起沙鷗。
敢矜墨守與輪攻，殺活機鋒豈易窮？局未終時柯欲爛，只今坐隱亦仙風。
世事悠悠了此枰，淩人警着任縱横。水痕曳緑天容瘦，秋籟棋聲共一清。
誰從壁上覘輸贏，善勝由來貴不争。賦就方圓驚四座，鄴侯總角已知名。

失馬君無笑塞翁，滄桑更變局難同。試看歛子歸奩後，戰鬬紛紛總一空。
無心勝負自欣然，得勢何分腹與邊。静悟周天三百六，中藏一子妙誰詮？

鄖陽鄧月生明經不得與銓選而歸賦此贈行

豈同蒲柳望秋零？疏雨梧聲不忍聽。念爾先歸偏失意，江南江北數峯青。

題汪彦升女俠圖

不是吴宫教戰時，風流步伐錦綃垂。願攜劍器從軍去，斬盡人間薄倖兒。
細腰擐甲出平林，暮雨朝雲又一心。莫謂女戎容易禦，傾城傾國中人深。

緑珠井詩 有序

緑珠不徒以色事衛尉者也，不然，季倫豪士，何惜一侍兒哉！園名金谷，已絶新聲；井署桂林，未埋夙莽。閻蒼澵李其地，訪舊迹題之，詞甚悲惋，讀之不能無和。

腸斷新聲一曲歌，細腰舞罷力無多。佳人自古稱難得，十斛明珠值幾何？

四尺珊瑚六七株，皇家雖富讓齊奴。禍胎此日元無怪，錦帳終難遮緑珠。

一灣流水幾株花，雙角山前勝若耶。小女莫誇顔色好，須愁物色到梁家。

瘴雨蠻煙鎖碧溪，香魂疑向井邊啼。忍教豔事埋荒草，有客傷心獨品題。

卦山同閻古古陸集生張仁度夏宛來分賦

讀書堂傍古禪龕，汾水西來繞寺南。十日不妨河朔飲，舊年吾已釀霜柑。

雨過千峯積翠籠，雙河水漲大陵東。登臨不負詩人興，拄杖推敲緑樹中。

到眼山花踏作泥，平疇又見麥苗齊。朝雲夢斷三生石，細草青青冢樹西。亡妾葬卦山誌感。

參天老柏晝長陰，到處飛泉響碧岑。傲吏偏饒山水癖，也來結夏憩叢林。

寺門暗水出黄壚，探得奇峯石丈呼。俯瞰城闉真蟻壤，忽聞梵語落浮圖。

同任石樓希菴陳平遥長恭登四望樓和韻

山城列駟偶來游，無數煙光到寺樓。卻憶江南春半好，鶯啼花繞盪輕舟。

癸丑清明日同夏宛來宋雲倬家汝璣登四望樓題壁

出郭尋春緑不肥，半青冢樹亦春暉。家家石火新敲後，荷鍤攜樽掩淚歸。

雪積巖陰水漸肥，錦屏羅列伴殘暉。野魂望祭煙無禁，我亦傷心挂柏歸。

過石沙莊勸農題壁

城西百里過長斜，馬踏冰河裂石沙。辛苦年年農有幾，田租强半入豪家。

坐黄山狎浪閣

巖瀑長疑雷雨聲，宛然發棹練江行。天風吹落雲霞片，知是黄山第一程。

禮恒證和尚塔

不見恒公二十年，今朝稽首石錐前。升沉世事何須訴，止有晨鐘與暮煙。

半塘三絶句 有序

甲寅秋，舟過半塘，見諸祠巋然。及登虎丘寺門，止署侍御李公一石。憶戊戌夏，同門方月江學士繫西曹，予時攜斗酒周旋。一日，見有衣冠甚偉自廁中出，學士目予曰：『此即李琳枝先生，宇内奇人，不可不面。』移尊相對，詞氣藹如。予同學士陪公飲，時方溽暑，不敢脱帽露頂也。讀碑泫然，三章誌感。

半塘風雨客舟移，指點高丘有數祠。不及山門懸片碣，年年猶作去時思。

當年緹騎到金閶，十萬人聲哭淚長。晝日城昏齊罷市，胥靡都作繡衣香。

學士當年被繫時，公冤未白亦同羈。至今痛憶西曹裏，曾對南冠話一巵。

乙卯三月八日王冀良招飲道場山泛舟桃花深處同遊爲姚子瞻中翰李南枝王麗山聖標

絳桃十里勝玄都，樵塢漁村盡畫圖。故里徑荒歸不得，杜鵑莫聽聽提壺。

水白山青花正紅，明霞天半酒杯中。櫓聲摇曳波光碎，咫尺仙源路已通。

佳山佳水是吳興，處處風光似武陵。入勝不須漁父指，藤蘿對岸引人登。

千峯繞屋一溪横，桑下時聞戴勝鳴。笑指紅衣人未老，可能無恙過清明。

尋花斜過二峯菴，蝌蚪平浮響碧潭。山後山前鋪錦繡，一枰坐隱戰方酣。

半醉朱顔不易描，女郎三五弄霞綃。穠華偏襯羅裙舞，南浦春船隔小橋。

雨雨風風不可知，今朝爛熳恰當時。鶯聲漸老春如幾，莫惜銜杯倒接羅。

青林紅雨入溪流，無數垂絲繞客舟。南郭人歸殘照裏，太湖月色上樓頭。

輓吴魯山

別我錢唐又十年，山陽聽笛淚潸然。因思昔日魂銷處，怕到湖西紅樹邊。

新秋假館最古園園中薇花作紫白二種

紫薇初間白薇花，襆被西園風露賒。畫省朝來添侍史，粉粧新樣襯宫霞。

瑩潔天然冰雪姿，更看紫豔薄胭脂。珊瑚筆格琉璃硯，好賦横窗窈窕枝。

霞晚牆西縞袂揚，青簾纔捲受香光。欄杆静處無人到，憑仗秋風嫁省郎。

經秋爛熳互争妍，廿載移來若比肩。白雪紫雲雙入夢，長留顔色小樓前。此花予同又生師手植。

丙辰三月十四日家鴻臚爾合兄招飲雪香齋看海棠梨花同席爲蘇亮工學士楊大山兵部楊載菴進士家愛周侍御玉峯選部兩兄

高館開尊不厭頻，庭花爛熳正芳晨。年來雨露知多少，占得皇都第一春。

着眼春愁一灑然，花前留醉月留眠。新聲不用拈紅豆，早晚流鶯勝管絃。

天涯國士盡同心，檻外名花比上林。但得風光長似此，退朝騎馬日相尋。

海棠初放色如酣，更折梨雲鬟可簪。卻憶松蘿扶杖處，東風吹夢繞江南。

己未清明日招同曹秋岳先生王子明黄珥方邵得愚許子柔張永孚集雨花臺和韻

傾城士女踏青來，槐火新煙萬屋開。五月燈船初試鼓，調箏吹笛賽春臺。山下鼓吹皆預演燈船曲。

三素雲光到眼新，掃松尤幸值兹辰。故山麥飯何時薦，恨殺長干旅食人。

花底流鶯百囀圓，呼伻盡日飾厨傳。恰逢令節佳山水，轟飲亭皋欲倒鞭。

柳市花村步舊遊，分明楚尾即吴頭。深深竹裏青簾出，愛看晴江又上樓。

繡簾香轂遍青郊，三五分曹列蔌肴。舊内門荒荆棘滿，松杉髣髴舞長旓。

趙北長隄次壁間韻

長隄柳浪接煙嵐，百頃青田繞佛龕。小婦移舟封荇菜，原來趙北勝江南。

庚申赴補仍寓峨眉寺閲舊詩感賦

重來卧病古招提，掃壁難尋廿載題。昔日交遊零落盡，雙槐依舊小窗西。

予避迹棲霞别院久絶酬應己巳臘緘菴老兄輕舟遠訪因訂晤真州城南小築快譚三日口拈七言四絶誌别

此地先人昔結廬，得成今日水雲居。廿年宦迹皆春夢，止有江山興不除。

名場得失戰方旋，匹馬空山問舊阡。自揣平生無此樂，翻勞好友遠相憐。

舊市人家接古樓，横溪十里匝平疇。幾多年少消磨盡，燈火青熒兩白頭。

故山容易得佳城，翁宅胡然尚未塋？窀穸將開松柏植，猶兒揮淚代題旌。

題程功濟表弟小像 查子二瞻爲布圖景。

出手時揮青羽扇，科頭不着白綸巾。豈惟阿堵傳神妙？布置鬚眉亦勝人。

梅壑居然老畫師，補松補石更相宜。單衫越布垂蘿下，静翳無言獨締思。

感舊吟 有序

西席汪扶光，予同譜力先年兄孫也，偶手一箋，即予三十年前金陵僧舍贈乃祖之詩，詩曰：『古木煙含日半昏，江邊籬落自成村。十年待字誰爲聘，一劍空攜未報恩。我固有騷無可離，離，仄聲。君今蒙毀不須原。時爲人所搆。蘆花沙岸猶如舊，幾度河梁過寺門。』予近彙生平所詠，梓成一集，而此詩不存，遺者亦多矣。回閱曩詩，竟同隔世，寧僅存亡之感哉！爲賦三絶。

忽吟舊句更寒暄，過眼光陰不忍論。同學于今存有幾？十年泉下弔湘魂。公不得意于楚，故及之。

今日文孫作館師，豪華我復憶當時。良田大廈無分寸，剩得同年一箋詩。

少年手筆轉清真，高詠陳編似古人。銅狄摩娑今又幾，追隨疑我是前身。

山居家問 有序

放逐三年，投止無定。今夏五，重次蓼莊，踐予昔約。家孟伻來，京輦諸君有謂羈人已入内城者，有謂羈人久住舊邸者，意良厚；少宰兄兩寄手書，責以不面：言人人殊，正不自解何緣得挂諸君齒牙。率占十二絶寄復，以代家郵。

青屏翠幄久成圍，半榻松雲懶掩扉。不似彦倫重過從，林慚澗愧壑争譏。

深谷逶迤採紫芝，狂奴猶是舊鬚眉。絶交未斷山公札，不可不堪總不宜。家少宰時詢旅況。

我于人世已無求，到處羈縻卧一丘。曳尾泥塗恣縱逸，不須羡爾金籠頭。

早别梧岡出禁庭，無勞君輩訪居停。雖然人海藏身易，何事埋光隱我形。

花前酒後任徜徉，坐卧林泉薜荔香。心迹雙清無世事，風波决不到山莊。

誰爲輦下舊同聲，乃爾關心問姓名。我愛我憐皆我好，嵇康懶慢久相成。

巖畔蓼莊堪卜築，近能絶累除妻肉。忽來燕邸伯兄書，急遡上流呼飲犢。都城西園無力回贖，一任荒蕪倒塌，可感。

渾忘弔問絶紛煩，趨拜無人得自尊。獨念西園頻易主，松枯石爛草空蕃。

沈緡荷笠伍漁樵，多謝深情半道邀。陳晉州相招未赴。莫指終南爲捷徑，回軒我薄大夫橋。

西阡南陌樹周遭，傍水依山架屋牢。署易牀頭莊共老，著書我亦號東皋。

陰晴天局是黃梅，檻外瀾濤酒一杯。得失何須驚鹿夢，中山醉臥免嫌猜。
南飛烏鵲可安棲，幾樹横遮望眼迷。甃石松門雲半濕，夕陽斜炫種花泥。

次京口聖壽禪室曉起忽爲鄰火延燒口占一絶

花林宿霧半窗開，熚烞聲聲入座來。百轉風輪雲水赤，空王滅相頓成灰。

客從晉交邑來謂趙公柳且數圍矣三伏日經過咸受其蔭口占一絶答之

種柳道傍誰愛護，行人嘔喻馬蹄駐。念年風雨長長條，遮盡交城南北路。

帝京蹋燈詞 和沈客子韻。

狐帽茸裘遊冶郎，銀瓶索酒醉深坊。便邀綵妓嬉春去，閒殺紅壚宛轉房。
張燈不用錦爲棚，花鳥魚龍手自擎。引出畫槌羊鼓隊，唱歌消盡一更更。
鬟花填翠粵禽翎，玉腕相攜上繡軿。尚有看燈人未出，小樓簾額撤犀釘。
五夜春温脱紫貂，檐冰樓雪一時消。空中跳索兒童戲，怕聽春鷄報半宵。

南苑人人帶醉回，太平園裏歇歌臺。紅燈競買琉璃小，更向廠東門内來。

香門是處結齋壇，佛供珍奇掌内官。過了燒燈看燕九，天工遮莫做春寒。

校記

〔一〕盧　當作『廬』。

〔二〕傾洞　疑作『澒洞』。

〔三〕帷　據文意，當作『惟』。

〔四〕寥莪　據文意，當作『蓼莪』。

〔五〕張鹵臣廷瓚　『鹵臣』疑誤，張廷瓚字『卣臣』。

〔六〕罄咳　當作『謦咳』。

安徽古籍叢書

徽人別集整理叢刊

趙吉士集

三

〔清〕趙吉士／撰
李睿　魏青平／校點

黃山書社

第三册

卷六

萬青閣自訂制藝

下論

大學

中庸

上孟

下孟

萬青閣文訓

卷七

交山平寇詳文

交山平寇書牘

附

交山平寇本末 夏驅撰

交山平寇詩

卷八

萬青閣自訂詳案

附録

卷六

萬青閣自訂制藝

萬青閣制藝原序

孔門四科，文學、政事各耑其能，而後代相沿，舍是無由致通顯，然兼之者難矣。苟其兼之，則天下之所爲重且大者常操之我，而人世得失可以勿問。今夫人世之所豔慕，而不可必得者一第耳。得之則榮，失之則悲。然其中不必文學、政事之選也。庸庸者無論已；即世之名爲能文，與挾其所爲文而撊然擅世之衡以稱名家者，其人可數而知矣；即世之名爲能吏，因藉其所爲吏而屢遷其階，以爲親戚交遊光寵者，其人益可數而知矣。然其中不必盡文學、政事之選也。余行四方，交天下士，趙子天羽其兼之乎！

憶十餘年前，趙子與予同罷辛丑春官試。是年夏，又同就選人試，予兩人同授郡李。

天羽年最少，時以先生呼予。予慷慨生平遇合之故，不勝天不可知牢騷之感。天羽笑慰予曰：『今天下倖得一第者，其所爲文果有以賢於先生者耶？是決不然。吾操吾之業以聽之而已，寸心得失吾自知之。一日取舍之權，又何足以奪天下之是非哉？』予聽其言，重其品，心知天羽非常人，異時服官必不屑寄人籬下，而必卓然有以自命，一如生平下筆爲文時也。而予兩人忘年相交又特深。

越數載，奉新令甲，裁郡李，予已見擯於時。會天羽改授，得交城令，其令交也未及期，已取其邑數百年牢不可破之習更新之，遐邇蒸蒸嚮風，稱大治。晉中丞課其績，爲三晉最，薦於朝，浸徵入柄用矣。其後交山竊發，奉檄討平之，百年逋孽，三旬掃清。於是，天下知趙子具文武才，吏治爲海内第一。而是時予適居交，遊人過者如織，天羽終日周旋靡倦容，時偕諸過客登山臨水，猶然不廢嘯歌。屢讞大案，一心裁其出入，無留牘。稍暇，課士校文，又復銖兩不失。歲當比，士負笈問業而至者，履滿簪盍，無不人人自以爲有得於師訓。

予因歎吾輩一行作吏，筆墨輒疏，君於此道不彈久矣，何復精當乃爾。適趙子及門争欲得其師之文以爲式，而趙子亦終不能忘情於其疇昔之所爲制藝，無乃文人結習使然，予因得評而梓之。此中工苦，天羽已參上乘，經生三寸穎，實參握於千古聖賢帝王師相授受之統而無愧，初不與世之鈎棘其吻、靡曼其聲者争工拙。是誠趙子立言以應世之具也，是可傳也，又安得繩之以十餘年前、十餘年後乎哉？余故謂趙子非常人，故能卓然自命，兼人之所難，兼而得其重且大者，其於一第又何有焉？宜其不以一時之得失定其文，而高自期許於聖人之徒也與！

時康熙壬子閏七月朔日，雲間年弟陸慶臻題於卻波湖舫。

萬青閣制藝序

趙恒夫先生歸隱之二年，詩文絡繹郵寄潞河，最後乃授予萬青閣制藝，使爲序。予讀之躍然曰：『異哉！斯宜稿也，予目所未睹者五十年矣。』記兒時隨家長兄侍先君讀書虎丘，猶及見先達茅鹿門、顧瑞屏二公宦稿，顧公則多至三四集，皆如四子書，大字刊行傳世。先君指示不肖兄弟曰：『此先輩大家理學經術之文，抑亦舉業宗工也，小子識之。』是時，先君亦偕吴下諸公倡明先正之學，所著虎丘近稿，予兄弟竊比之茅、顧二公無少讓。先君即以是科雋南闈。會遘滄桑輟業，予兄弟則服習弗輟，故得以先後倖捷兩闈，始信制義似有淵源也，今讀先生之文而益信。

先生家世習祖汸東山公經學，早掇名魁，闈墨行牘，衣被海内已久。今宦成歸隱，天與人俱若私之，以讀書之日新藝三十餘篇，皆與令子文孫課業之作也，其闡明理學，原本經術，即先輩大家名世傳文奚以異？而令子文孫又能服習有成效。丁卯、庚午南北榜，季君景行早獲售，長公道敳、猶子景徵皆中副車，孫繼抃尤英英鵲起，是則先生制藝業已傳鉢一庭，奚俟予爲論定？然而，先生猶虚懷手示，謬謂予文稿已行世，更欲益以末論，使幼輩知予兩人老而好學，當愈有所憤發，則予又何敢不盡其説？

大抵制義一道，專則精，騖則雜而無當。某科某文出，輒詫曰時樣，規規然竭智慮以揣摩之，棄己所長而從所短，即使揣摩成，亦刻鵠類騖已耳。彼鴻鵠高翔於雲表，已脱棄其羽毛，而猶拾其餘唾，當復何益？語不云乎：『閉門造車，出而合轍。』轍則同，造則獨，惟其造，是以合。抑又非師心自造也，必有其本。本者何？即所謂家學之淵源也。龍門、蘭臺亦由世其家學，遂各擅絶而孤行乎千古。予於制義第守其一得，以求不謬於先輩大家之旨，而世遂過許以盧扁之技，則今者從先生所請，亦唯望諸君本家學之淵源，守而勿失。即或有所推廓，神明於變化之中，辟則時花歲發，絢彩呈妍，而終不離乎根株之老幹，分流委折，蕩漾漣漪，而皆本乎源泉之所從出，不特芥拾科名，即進而頡頏乎先輩大家如鹿門、瑞屏兩公，名世傳世，亦不過如是，而予父子兄弟之小就無成，又何足云？請以此論質之先生，而並爲諸君券。

時康熙庚午初冬望前二日，紫陽南里同學弟汪浩然書於潞河之匏繫軒。

序〔一〕

趙漸岸先生以所著林下稿三十餘篇示其門弟子汪薇，且論之曰：『此吾戊辰去官後由潞河南歸，寄迹金、焦、棲霞間之作，所以課子若孫者。子爲我序之。將藏諸家，俾我後人知老夫精力所注，雖久不忘，亦足以見此道之難而功力之不可懈也。』薇唯唯不敢辭。

竊惟制藝之道，隆替升降，實有不知其所以然者。聞昔有明諸巨公，雖位躋顯達，當會集時，亹亹談舉子業不厭；或久不相見，猝然握手，尋常慰勞外，問近日窗課有幾，出諸袖中互爲考質。近世士大夫甫得一第，榜墨未乾，遽視時文爲土龍芻狗之已陳，而裒然自命乃在詩歌古文詞，其於尊崇聖道、羽翼經傳之意蔑如矣，故宦稿之刻往往而絶也。先生弱冠登賢書，闈墨文稿，宿儒靡不歛然推服。嗣後爲邑宰、歷諫垣二十餘年，人疑先生捐去結習已久。今讀其文，方規圓矩似終日不離呫嗶者之所爲。至於闡發聖賢之微言而昌之以氣，則非虛辭剿說所能仿佛其萬一也。

蓋先生之祖東山公潛心經學，師九江黃楚望爲時碩儒，所著有春秋集傳諸書，先生悉爲重梓行世。木有根，水有源，宜先生之文與年俱進，經磨礪而愈新也。是編也，顧先生無秘篋中，亟公諸海内，俾海内知先生宦成，猶孳孳學殖如此。庶幾先輩風流不墜於地矣乎！

己巳臘月，門下晚生汪薇頓首書於真州南廓寓園。

跋〔二〕

丁卯京兆秋試，予披讀趙子驂期闈墨，學有根柢，非一時有聲場屋者所及，驚歎謂妙年何遽臻此，欲一識其人而未暇也。庚午，復踐緇塵，則驂期已爲忌者齮齕，不預計偕矣。今秋，乃得見其大人漸岸先生，不以潦倒粗疏用相鄙棄，示之生平著述，並略窺其宦稿，乃知驂期胚胎擩染，淵源甚深，非復旦夕傭僦苟且弋獲之功，宜乎其齒甚少，乃獨造乎鴻生魁儒之閫域也。

漸岸先生有萬青閣文訓，其指要在先祛四病，然後導以作法。綱有四，目有六，而歸宿則在鍊與靈之二訣，總稡昔藴，又參以心得。予逾立失學，一旦忽得躭味玩索，棄故方，受要道，有餘幸焉。乃先生之自序，謙言但以消磨日月，傳之子孫，不欲示人，則竊疑其少隘矣。聞之前輩茅順甫，自謂叩囊底餘智，足以辦海上之事，而坎壈失職。槖中每至論攻戰之事，紙上即若有鉦鼓並作、金戈鐵馬戛擊相摩之概。顧開雍生平以李文饒自許，晚年爲黨論排迮，不得柄用，亦時借制義以發其鱅解抉決、精强果毅之概，皆託於古人窮愁著書之義者也，故其文或待久而後出。今先生方自田間再起，而驂期亦得復試南宫。由此發揮經術，丹青景化，將如安平、汝南累葉文才，照耀史册，雖欲私爲一家之學，其可得乎？劉夢得有言：『文人争執所長，猶繁星麗天，芒寒色正，人望而敬者，五行而已。』然則先生之文，固宜懸之日月，使來學鑽仰，知所準格。若予則先得之於管窺者也。

康熙癸酉冬日，長洲何焯跋。

萬青閣制藝自敘

驥雖老，伏櫪長鳴。伏波南征，卧土窟中，聞鼓噪聲，輒曳足往觀，其天性也。余自垂髫受舉子業，矢志攻苦。拈一題，凡前人已徹之藴、已發之議，必欲謝絶，衝鋒破堅，闡幽入微，往往精思出神，清晝如在夢寐。至今數十年，雙鬢秃矣，顧念當時諸生習未忘也，稍暇即拈題構思不少休。庚午春，盡取生平所著制藝，更爲删訂，凡少年試牘、辛卯行牘及公車所著失大半，存者不過百餘首。自丙戌至辛丑鄉會試，前後八歷，或遇或不遇，實有數焉，不以得失論，存其可存者而已。戊辰，以河案放歸，攜兒子景行、孫繼抃寄寓通州司倉舊署者幾四月，晨夕咿唔。其秋，歷游常山、太岱，一無所作。明正入都門，住數日南還。寄迹金、焦、棲霞山中，絶去酬應，復藉四子藝以消磨歲月、研窮世故者又一載，共成林下稿三十餘。頹墮恣肆，不拘成檢，要以極其意之所欲言，非若曩昔少年儁逸，與公車揣摩、務爲昌明博大者比也。閱既定，命景行合梓之，不以示人，以課子孫而已。

景行幼，亦能攻苦，文有卓越之致。其闈墨行卷世頗傳頌，惜中讒削籍，然人生自有可傳者，不在此也。繼抃甫成童，能書大字，有顔、柳風格，余以大成期之，然天姿不足恃，必須學問。學問之要，志欲高，思欲微，氣欲壯，心欲虚。志不高，必爲時尚所汩，不能入古大家林；思不微，則日與聖賢相對，而聲容杳然；氣不壯，則半途而倦；心不虚，則雖有良師益友，且距之千里之外。彼世俗小器，少有得則昂首闊視。譬之鼴鼠之飲河、鷦鷯之一枝，彼自以爲至足矣，寧知有千仞之鳳、九萬里之鵬哉！小子勖之。

夫制義名曰時文，以其隨時而新也。然性情之文與經史之文則亘古長新，不隨時變。余少所作，以今視之，猶有可觀，更十百年後亦當復如是。兹編所存林下稿得三之一，老而彌篤，亦見吾精神之所寄，樂此不爲疲。凡我子若孫有能體我意者，以是編當宗廟之陳器可也。

漸岸趙吉士恒夫識於真州城南小築，時康熙庚午春社前二日。

上論

學而時習之，不亦説乎？

學有無窮之益，惟時習者得悦焉。蓋學未易量也，習而無間于時，則悦已，有以報我矣。且天下有一事焉，爲人所不能已，而人往往以因循忽之。貧賤困于經營，富貴躭于逸樂，卒使歲月逝于上，人事遷于下。少壯未幾而老將至，身名未立而悔無及，斯亦志士之大痛也。丘也不厭爲懷，蓋嘗終其身于學，而竊謂未嘗無所得焉矣。一身之聰明有限，不無裨益神智之方。探異書而窮其奥，友古人而得其心，曠世相感，有神遊而不覺者矣。一己之識見難憑，必有體驗敷施之實：遇倫物而察其理，當象數而窮其神，觸類引伸，有旁通而無際者矣。

且夫吾儒之學，正不僅虚談性命已也，誠見夫二帝三王之道，禮樂、刑政之法，日月之所以經天，江河之所以行地，鬼神之所以幽，人物之所以顯，以及飛潛動植、草木鳥獸之屬，何一可遺？何在可忽？誠以身入焉，未嘗不歎其業之全而理之同也。而要非時習不爲功。吾人積數十年之力，或得而或失，或存而或亡，迨清夜自思，究無甚與乎在我之事，有不禁憂從中來者矣。法天之繼而無忽乎故，而已知已能者，一一尋繹而可據，則情有所甚親矣，親則恬愉之致生矣。吾人積數十年之力，有勤而無惰，有進而無退，及循途以考，卒無大異乎前此之爲，有不覺愧形于色者矣。如日之躋而漸即于新，而未知未能者，一一探索而可尋，則幾有所甚動矣，動則鼓舞之趣永矣。天下快心之事百不得一，然而未嘗絕也，衆人見爲淡漠者，而我獨見其懽欣。此豈有異情歟？非其人不知，固有言之而適以滋其疑者，則亦俟其自得焉而已。天下拂意之舉十嘗居九，然而無難變也，始焉視爲艱苦者，久之漸視爲固然，此豈有殊致歟？非其時不喻，固有迫之而適以形其瘁者，則亦俟其自至焉而已。故夫悦之一境，惟時習者得之，而後此之應求漸廣，尤怨兩忘，皆自此而底于成焉，然則學蓋可忽乎哉？『學而時習之』『説乎』

弟子入則孝，出則弟，謹而信，汎愛衆而親仁。行有餘力，則以學文。其一

養蒙有道，所以正人才之原也。夫人之才不才，皆於弟子時命之矣，弗善爲計，可乎？子故一一示之。謂夫天之降才無廢人，而才有成有不成者，何也？成不成之效見於後，而至乎是者，必非一朝一夕之爲，此其故有基之者矣，則其道有豫之者矣，而其責有受之者矣。何則？生人之純乎天者，俄頃耳，繼此即皆人事之補。

古之人未生而養諸神，始生而命之志，其所以豫之甚微，而其義則難言也。可實而施吾教者，大約以弟子時爲斷。凡人之教於國者，成人耳，前此則固非君相之所及。古之人黨庠以處之，物行以興之，而引之爲上之責者甚詳而有制，而其事則已後也，必蚤而爲之所，非吾父兄之於弟子其誰歸？且夫我之所期於弟子者，非必遽於其甚深而全焉者也，則第爲之植其本，則第爲之端其範，則第爲之畢其材。入而詔之曰『子在則然溫清之文也』，而已著於孝之義矣。出而詔之曰『弟在則然觴席之讓也』，而已著於弟之義矣。是之謂植其本。其次重言行，所習必有業，以云謹也；常示無誑，以云信也。蓋浮僞自此消也。其次重交遊，在醜不争，衆之愛也。侍坐於長者，仁之親也。蓋囂淩於焉去也，是之謂端其範。之數者，於弟子無虛日也。行專而不分，吾甚樂乎其有力也。而之數者，於弟子有暇時也。力虛而不用，吾又甚慮乎其有餘也。蓋自象數方名，迄於學樂誦詩，文之淺深與時而異，而要皆納之於學，以收其力而益資乎行者，則莫善乎此也，是之謂畢其材。吾之所期於弟子者如是夫！

是故加焉而可受，受焉而可安，繼此者蔑不易也，而積之乃幾於聖賢之域夫！是故造之而有與成，成之而有與大，進此者弗可量也。而出之即以爲卿大夫之才，然則教豫之道蓋可忽乎哉？而不然者，教之不先則率之不謹，其基不立則其卒不成，古今來奇特英敏之

子失之少時而無可如何也，夫豈少哉！吾甚願有弟子者之勿視爲弟子也。『弟子入則』一節其一

弟子入則孝，出則弟，謹而信，汎愛衆而親仁。行有餘力，則以學文。其二

善教弟子者，善盡其力而已。夫惟弟子之力可以盡而不盡之，則甚不可也。行與文交用之，則力庶乎無餘矣，則善矣。且人欲有爲而恒患於力之弗優也；雖然，非力弗優之患，優於力而不知所以善之之爲患。夫優於力幸也，優於力而置之不用，抑可惜也；不用而或至於誤用，則又可危也。誤用，而其後竟至於不復可用，則尤大可憂、大可懼也，則反不如絀於力者之無大損益也，而豈然乎？

夫力莫優於弟子，故教弟子者，不可不因其力而善計之，而善用之，而善盡之。善計之，而後知其可以益而亦可損也，機捷而途懸也。善用之，而後有以收其益而去其損也，事半而功且倍也。善盡之，而後有以全其益而弗損也，業勤而體則順也，是故弟子之力不用而不可也。何以用之？有行焉，莫若量其力之所能而用之，與隨其力之所至而用之。何以量其力之所能而用之也？神明之通弗能也，愛敬而弗能乎？物恒弗能也，循飭而弗能乎？樂羣親師弗能也，善氣迎之、几杖從之而弗能乎？則第使之致其力於孝、於弟、於謹、於信、

於愛衆、於親仁而已，寬然行之，而無不足之憂。何以隨其力之所至而用之也？其所涉者非入即出也，所著者非事即言也，所與處者非衆即仁也，則第使之致其力於孝、於弟、於謹、於信、於愛衆、於親仁，不於彼即于此而已，幾幾乎行之，而更無有餘之勢，然而行之而力未必其無餘矣？然而行之而力又不可以有餘矣。是故弟子之力不盡而不可也。何以盡之？又有文焉，亦惟量其力之所能而盡之，與隨其力之所至而盡之。蓋其所爲文者，名象之微，粗習其數，不過略等於家庭淺近之爲。而其學之也，朝夕之間原無定時，要以彌縫於日用周旋、酬酢云爲之際。是所謂量其力之所能，與隨其力之所至而求以盡之之道也。夫而後弟子之力乃用焉而已盡，盡焉而已善。

蓋弟子之力，力之方鋭者也，吾乘其鋭，而使之優游充養於行與文之中焉。大約不失乎日行正事、日聞正言、日親正人之意，而引而伸之、觸類而長之，凡其可以得益者亦循循而至已。抑弟子之力，力之易縱者也，吾防其縱，而使之回翔馴擾於行與文之交焉。大約期乎耳目必有習，手足必有措，心思必有游，而範圍之不過，即曲成之不遺。凡其可以得損者亦往往而絶已。若夫不計其用，與無力同；用而不盡，與不用同。夫且不爲弟子矣，雖欲用而無力，可若何？夫且壞於弟子矣，雖有力而無用，又若何？『弟子入則』一節其二

弟子入則孝，出則弟，謹而信，汎愛衆而親仁。行有餘力，則以學文。其三

作聖有基，慎其習於始而已。夫弟子者，習之始也，聖與狂實分於此，可勿計之審哉！吾聞之『玉不琢，不成器』，雖然，未琢猶完玉也，一琢而弗可改矣。人之習，玉之琢也。弟子其未琢者也，良弗良弗可知也，爲其未成於習也。弟子其將琢者也，良弗良於是係焉，畏其遂成於習也。是故有弟子者，其務慎已焉。

百行之本莫先於孝，示以近仁，孺子弗堪耳。其愉爾色、其婉爾容，一入而即詔也，所以豫養至愛也。一本之推莫亟於弟，示以近義，童子何知焉？其徐爾行，其讓爾豆，一出而即詔也，所以豫遠不敬也。若夫幼者何事？灑掃非事乎？遷書布席之常，循循焉如有畔，豈曰能賢？期無妄動而已。幼者何言？應對非言乎？剿説儳言之戒，呐呐焉如不出，豈曰能工？期無逸口而已。幼者何接？進退之間，客與長者非所接乎？或肩隨從之，或侍坐請之，豈曰出門有功？期無矜氣而已。弟子行此數者，務全也，力有餘於行之中，弗可已也。弟子行此數者，或暇也，力有餘於行之外，伊可慮也。納諸名物之途以約其志，廣之涉略之趣以牖其心。毋曰少之，姑與儲焉；毋曰淺之，姑與入焉。俾以學文，力猶惡其棄於身耶？凡此者，以云習也。天性未遠，習即起而承之，則更無據乎其先者，循而導焉，其命

常續也。故其教不肅而自成，不疾而自至，期望何涯？吾即早而習之，則更無難乎其繼者，進而益焉，其意常安也。故其後任重而不懼，道遠而不驚，夫宴安酖毒不可懷也。蒙以養正，作聖之功也。聖而狂焉，誰之咎也？詩不云乎『追琢其章，金玉其相』？有弟子者，其實圖之。『弟子入則』一節其三

弟子入則孝，出則弟，謹而信，汎愛衆而親仁。行有餘力，則以學文。其四

爲教弟子者著之法，無棄時者，無棄材也。夫惟弟子時爲可用耳，行與文約略而教之。美哉，始基之矣。今夫時也者，功之藉也；材也者，德之輿也。時以資之，其材載而行之，故能事見焉。夫時已過而督之功，材已敝而命之德，則彼且有辭。雖然，向獨不有弟子時乎哉！從乎後而觀之，絶相遠矣。意其爲弟子時，當不若此，而竟已若此，則相遠者信相遠矣。由乎今而論之，殆不移矣。設於弟子時早爲之所，何遽至是？而聽其至是則不移者，誠不移矣。是故於弟子宜及時焉，則於弟子時務盡心焉，是非有精純之業也，特爲之粗立其質，使之有可加焉已耳，亦非責旦夕之成也，苐爲之豫啓其途，使之有可繼焉已耳。是故極其量而爲言，則夫横塞之能、物恒之大、尊師取友之道與夫側身大雅博物之稱，固非弟子之所敢與，而約其端，而爲之計，則所以厚其根本，飭其情性，化其氣質，而又以其間引之文

物以迪其聰明，則正無一爲弟子之所得辭也。

入則孝、出則弟也，根本得厚焉；謹而信也，性情得飭焉；汎愛而親仁也，氣質得化焉；而行有餘力，則以學文也，聰明亦得廣焉。是所謂粗立其質也，彬彬乎具質文之概焉。苟沿而不止，嗚呼，是又烏可量哉！是所謂豫啓其途也，斤斤乎有遲暮之慮焉。苟失此而不圖，嗚呼，是又烏可言哉！『弟子入則』一節其四

弟子入則孝，出則弟，謹而信，汎愛衆而親仁。行有餘力，則以學文。其五

人之所由成，於弟子宜加意焉。夫弟子未成乎人者也，然而成之本則係是。行與文，立之程焉，則教之道得焉耳。子若曰：『凡人之材，生之者天地，成之者君相。』然有時焉。天地既遠而君相又未及以有所爲，當此際者，於誰責乎？吾以爲非異人任，厥惟教弟子者之責。情識方開之始，萬物各貢其新奇以相悦。其志甚盛也，君子正恐其一涉而易流。善惡未分之日，二者各爭其先入以自堅。其材甚優也，君子正懼其一成而不變。於是，有謹始之道焉。異時驕縱之失，其初必先見於親長之前，而或蕩廢繩墨見棄有道，終其身而一物不知者，有由然也。當此春秋方富之時，其力可以進於德，其餘可以澤於古。不敬用之，而使至於莫可悔，則於弟子奚責也？謹司其所事，所審量於專與兼之間，務使囂薄之習不

中於心，怠易之氣毋設於體，而日引月長，即有令終之望，且於是有下學之義焉。極乎愛敬之全，其道初不外拜跪、坐立之細，而推之灑掃應對、進退周旋，以及於方名象數至纖且悉者，舉是物也，古來神聖難名之詣，於行無不備，於學無不窺。究其所爲，不過與知與能之事，而況於弟子尤急也。約略其大端，以斟酌於先與後之際，苐使之由焉而不必其即知，習焉而不必其即察，而增高繼長，即以爲上達之基。吾得爲教弟子者正告曰：『入則孝，出則弟，謹而信，汎愛衆而親仁，行有餘力，則以學文。』

吾嘗聞之矣：『成人有德，必曰小子有造。』爲此詩者，其知道乎！夫乃知公子而振振，公姓而又振振，公族而無不振振者，固不僅鍾毓之奇耳。抑又考之矣，大學既設，而幼儀更詳其文，凡爲此者，意良深也。不然，移之左而如故，移之右而又如故，移之郊、移之遂而終焉如故者，是豈真大樂正之過哉！『弟子入則』一節其五

詩云『如切如磋，如琢如磨』，其斯之謂與？

學功無窮，引況者有餘悟也。蓋切磋琢磨功彌懋，業彌加也。因聖言而悟及於詩，賜進矣，進乎學矣。子貢曰：『道不知損者不知益也，學不知棄者不知收也。』天下固有始之所見，一朝頓除，而前此所聞遂爾有會。不遇至人，則亦何能浩乎其有獲乎？賜今者承夫

子教而於貧富之外又進一解矣。理可恃而不可恃也：恃天者荒，恃人者怠。歷一事又有一事以相深，忽得之古人引喻之微。德可據而不可據也：有據者治形，無據者治心。涉一境又有一境以相進，偶有會於工人器治之末。其在詩曰：『如切如磋，如琢如磨。』賜嘗讀是詩而疑之，乃今讀是詩而信之。

天下所取彌觕者得彌觕，所取彌精者得彌精。由詩之言工與器，以兩無窮者相求，器不必訖，工不必訖，若翼而長也，相刃相劘而未有已。初以爲器業也，而惡知即神明之淵著歟？天下爲力彌疏者報彌疏，爲力彌密者報彌密。由詩之言工與器，以兩無間者相取，器不必止，工不必止，相悦以解也，以引以翼而未有竟。初以爲藝事也，而烏知即義藴之弘深與？

古今之理集於虚。虚者，實之所由造也。服習宜循也，淺之而得數焉；名象可捐也，深之而得忘焉。存乎我者，止此無竟之心，層折以通與爲實也，是殆不如勉爲虚也，虚則安有窮也？兹得之詩，聖賢之學通乎久。久者，漸之所繇集也。私與私習也，久之去私相見；理與理習也，久之去理相見。盡乎己者，只此日進之心，嗣續以往與爲久也，是殆不如勖以漸也，漸則安有盡也？兹得之詩，乃知讀古人書，不尚一日之悟，惟此相引而通之義；觀古人器，亦有自生之智，不外罕譬而喻之言。微子言，無以發吾覆也，賜益矣。『詩云如切』一節道之以德，齊之以禮。

進所治而觀其深，不必異道與齊之名也。蓋德禮非以强民，然以是而道之、齊之，所謂予民以甚深者也，寧猶是政刑之得於民者乎？今夫上之與民相遇者，神明之數也。而必恃文法以爲操，亦治之薄者矣。蓋性有自感而情足相通，一若得之於我，而還以迪夫人自有之心，故不必多求于治之外。而同乎其名者，已不復同乎其實也，亦可知起化之原矣。政刑之效如此，居上者曷忍聽民之匿其心乎？上有以及乎其心，不以相繩而以相勸，惠迪蓋出自皇躬也。上無以迫乎其心，不以相强而以相親，秩敘蓋昭自宸極也。則猶是道之也，而此則以德。德爲天下之所共有，率之一人成其獨者，率之人人著其同。有脊有倫，運以深宫之淵微而愈毖，在我后不過取諸懷而訓迪之耳。敢曰帝則之孚，遂可通下民之痦寐也？而天性中原無懸别之情焉。觀感既深，有不僅我后之敕躬者已。則猶是齊之也，而此則以禮。禮爲天下之共由，束之一人端其範者，束之人人修其紀。是彝是訓，本以威儀之度數而加嚴，在我王不過取其初以範圍之耳。敢曰天秩之動，遂可盡一世而胥匡也？而整飭中已具綢繆之意焉。服習既久，有不僅我王之敦行者已。

蓋勢使其民亦何所不可？而必洽乎理之所同然，蓋不敢以我之勢爲可强乎民之理也；而不自致其理，亦不敢以民之理爲不敵乎己之勢也，而不共致其理。即不廢令甲，而無不具其精微焉，夫亦上之淵然俱深者相喻爲至切哉！蓋法之所加必多所不及，而每動乎情之所自全，故不以法律身，而以情律心，必無不嚴之矩度；不以法惇庸，而以情秩序，自有可循之典章，即其申畫一而無不納于軌物焉。夫亦上之肅乎其紀者，相示爲甚深哉！請進而觀其效。『道之以德』二句

君使臣以禮，臣事君以忠。

聖人正事使之經，而魯有君臣矣。夫定公承昭公之逐，而季孫擅立君之權，君臣之間使事安在哉？夫子曰：『是不可不以禮忠正之。』意謂君臣之分自古爲昭矣。乃或以爲在天下與在一國異，在一國之承平與在一國之艱危又異，不知無異也。至變之中有至常之理在焉，亦各自盡而已矣。公問事使乎？疇不使臣？然奔走後先，每以爲在上應得之數。至問其何所挾以爲使，而殊無有矣。孰不事君？然尸位素餐，反以爲在下易盡之分。至問其何所據以爲事，而殊難言矣。說者謂積弱之後，君當振之以威，不知既積弱矣，何威之有？止速之禍耳。說者謂僭竊之久，臣姑責之以文，不知既僭竊矣，何文之爲？益釀之亂耳。

臣聞天下之氣難靖，惟禮足以靖之，故往往有刑罰所不得加者，責之所禮，而在彼亦無

所辭。非畏禮也，謂君既先出于禮，則其名正，名正而倘有不率，天下皆得而誅之，故禮有以濟兵刑之窮。臣聞我后之恩難報，惟忠可以報之，故往往有時勢所甚難者，竭之以忠，而其餘可以不問。故一忠耳，謂臣既已出于忠，則其心安，心安而即有不濟，後世皆得而諒之，故忠有以維時勢之變。

惟以禮，則不以寬而失之縱，亦不以嚴而失之刻。夫然後惟吾所使與不惟吾所使者，俱凜之以典章服物而不敢干，則君庶有以自處。惟以忠，則不以僞而失於内，亦不以略而失於外。不必問與人同事與不與人同事者，惟將之以盡瘁鞠躬而不敢辭，則臣庶有以自盡。上之可以作臣之忠，次之亦可以誅臣之不忠，所以問鼎請隧之謀以禮而廢。幸而可以報君之禮，不幸亦可解于君之不禮，所以除刑獻地之方固忠益勵。曠觀古今君臣之際，莫不皆然，豈以秉禮之魯而獨無盡忠闕下者哉！『君使臣以』二句

君子無終食之間違仁。

存仁非爲遇也，故無時不存也。夫必臨富貴貧賤而後仁，仁也幾何矣。君子無時違之，即終食猶然。今夫臨遇而見其心，必其心持乎遇前者也；臨遇而見其心，必其心並持乎遇後者也。蓋君子知富貴貧賤之類不可勝數，是以合遇之前後時而存者至焉。

天下之理，慎之於顯而忽之於隱者多矣，夫忽於隱，殆將無所不忽也，而君子治微如治大。天下之理，守之於常而失之於偶者多矣，夫失於偶，殆將無所不失也，而君子治暫如治常。即終食之間豈有違仁者乎？凡人富貴貧賤之心，原非臨境而生。與人同欲而違仁，欲之不自今始也；與人同惡而違仁，惡之不自今始也。終食之間其爲欲惡也深矣。大者爲忠爲孝，辨生死於臨時；次亦爲節爲名，衡理欲於當境。其間無餘地而有餘心，而能不勿勿焉！凡人富貴貧賤之心，原非及事而決。處不以道而仁違，恐處之早有日也；去不以道而仁違，恐去之早有日也。終食之間其爲去處也大矣。近之作謀作哲，治聲色之既行；遠之曰旦曰明，防嗜欲之未起。其間無暇時也而有暇力，而能不戰戰焉！

然則終食而違仁，違仁不止終食矣。敕天之命，惟時惟幾。夫惟時亦敕，凡味爽勤勞視此矣；惟幾亦敕，凡杖帶流連視此矣。而君子之存仁有大力，然則終食而不違仁，不違仁亦不止終食矣。不顯亦臨，無射亦保。夫恒若有臨，則燕寢大庭無異地矣；恒若有保，則疑丞旅賁無異人矣。而君子之爲仁有審功，主敬於齋明未動之前，克欲於磨礲既盡之後。夫如是，實至而名歸耳。『君子無終食之間違仁』

好仁者無以尚之，惡不仁者其爲仁矣，不使不仁者加乎其身。

推好惡之心而論之，各耑其情於仁而已。蓋好惡之情不耑，則仁之量未全。好則無所尚也，惡則不使加也，豈非成德之事哉！且天下之理有窮而不窮，於内治者之一心，乃羣焉具是心，而是心之内其離而去者何多也。心與理本一，患有以紛之；物與心本岐，患有以累之。審乎此，則仁道甚大，其理不越是矣。

彼好仁惡不仁者，吾何以未之見哉？時無分今古，未有聞仁而不生其慕，而終不得爲好之之人，何也？但見以爲當然，而不見以爲實然。夫當然者之于我何與乎？而好之之心異矣。人無問知愚，未有聞不仁而不生其畏，而終不得爲惡之之人，何也？始不絶之于未形，卒不及絶之于有形。夫未形者之于我何與乎？而惡之之心又異矣。

天下有好仁者，好仁之人不可見，好之心可見也。理之涉於外者，物得而乘之，仁具于心，與有生而並生，非外至之理也。好仁者，天之自動，以天合天，豈其間以人？性之自生，以性適性，豈其遷以習？舉天下之物無以尚之，誠無以尚之矣。天下有惡不仁者，惡不仁之人不可見，惡之心可見也。事之無足係者，吾得而容之。不仁危吾心，則惟微者愈微，非姑容之事也。惡不仁者，其爲仁矣，爲之于不可見之中，則静有以觀其心，而省察之功至；

爲之于可見之中，則動有以觀其身，而克治之功嚴。舉一息之不仁無以加之，則誠無以加之矣。

蓋嗜欲之來無方，惟聽人之善取，取不勝取，則畸之者至，惟奉一好以爲歸，則非幾不得以冒貢，雖其始亦自有誕先登岸之勤。迨入之久，而因心則獲相循也，已而相化矣，夫何安勉之殊塗也哉！朋從之擾多端，存乎人之能克，克不勝克，則蒙之者至，惟嚴一惡以爲拒，則羣私亦退而聽命，雖其初亦不少閑邪存誠之事。迨積之久，而盡人見天相治也，已而相忘矣，夫何神化之難幾也哉！

夫仁不仁，無日不交于吾身。理無中立，而好與惡亦無日不具于吾心，權豈他操？使我而未見好仁、惡不仁者可也；使天下而終無一好仁、惡不仁者，不亦可慨也乎？『好仁者無』二段

子曰：『參乎，吾道一以貫之。』曾子曰：『唯。』子出，門人問曰：『何謂也？』曾子曰：『夫子之道，忠恕而已矣。』

道無異教，聖賢言有同旨也。夫子言之爲『一貫』，參言之爲『忠恕』，一也，子統言之，參析言之已，又何疑？今夫道之所在，師以是教，弟子以是學，而以爲無特旨焉者非

道；抑道之所在，師以是教，弟子以是學，而以爲有畸旨焉者亦非道。蓋聖人高明，賢人平實，高明者統此者也，平實者幾此者也，知此可以言道矣。

天下恃才見道者，見才不見道；涉事見道者，見事不見道。夫閱萬物而不知一物爲多，觀萬理而不知一理不間，此其人必匪同堂授受之倫。天下略于求道者，弊多於遺忘；詳於求道者，功多于勞苦。夫仰觀焉而不知健順之時行，俯察焉而不知性命之各正，此其人亦非吾黨神明之列。故夫論道者亦因其人也：有其人之所已至而不即達者，道在詔之信也；有其人之所未至而不即解者，道在啓之疑也。若子於參，所謂因其所已至而詔之信者也，曰：『參乎，吾道一以貫之。』夫道無垠，子示以易矣，子示以簡矣。歷之而不盡者，吾道無多岐；歷之而必盡者，吾道有概括也。千聖各有淵源，而此日獨明宗旨。微參唯子，無以發參覆也。若參于門人，所謂因其所未至而啓之疑者也，曰：『夫子之道忠恕而已矣。』至道無名，參本之己矣，參參之人矣。體不立者無體，子之道不涉于虛也；用不著者無用，子之道不淪于寂也。凡人其有聖修，而此心自爲宗主。微門人問參，無以廣子蘊也。

由子言所言者一貫也，而忠恕之義全乎中。蓋支離汗漫之學托於吾道，而吾道勢將裂爲百家。子爲參正其本也，推之而天德無私，至誠可以感神，至人無我，羣倫所以立命。聖人之學之神也，故曰聖人高明。由參言所言者忠恕也，而一貫之學具乎内。蓋虛無澹泊之教托於夫子之道，而夫子之道甚且流爲異學。參爲門人寔以用也，推之而設誠致行，可登大道之高深，明恕及物，漸臻王事之福利。賢人之學之周也，故曰『賢人平寔』。『子曰參乎』全章

夫子之文章可得而聞也，夫子之言性與天道，不可得而聞也。

深有悟於聖教者，而見其得聞不得聞之異焉。夫文章性道，夫子固欲盡人而迪以聞哉！而得與不得之故，則惟學者自驗耳。賜其有進於聞乎？若謂吾人日習於聖教之中，而不知其有異也，殆從乎所得之淺深以歷之，而功候見焉：有喻我於行習之常者易親，有引我於神明之内者無竟。在聖人各予以道之當然，而深觀王教之攸存，則雖以一人驗之一日，終不能無殊致焉。賜從事夫子久矣，大道有何顯微，因乎心之所至，而顯微以分。故見以爲如是，而又見以爲不止如是，此中之引迪無窮。至道無分同異，存乎功之所及，而同異以見。故出乎此若可期，而進乎此又若無可期，其間之變化有候。

由今思之，夫子纘述以續微言，威儀爰徵定命，曷嘗有意彰于外哉！而人共見一夫子，則以爲夫子之文章已。雖日用之間，無在不具有淵微，而言所可喻，則不言而亦喻，引我於聲容律度之中者，有不可測而已，無不可窺也，可得而聞也。夫子刪書正恒性之原，繫易明

天道之旨，曷嘗有所秘于中哉！而人以言求夫子，則以爲夫子之言性與天道矣。雖甚深之理，無日不宣于訓迪，而言所難傳，罕言而愈不傳，阻我以參稽講論之數者，無不可示而已，有不可量也，不可得而聞也。蓋文章之得在聞後，性天之得在聞先，則有所得，必有所不可得。安見積悟未深，遽有會於器道之全？

夫以爲近乎我者，夫子也；以爲遠乎我者，亦夫子也。而動静有其殊觀，何敢淩節以倖所獲？抑有所得而不敢恃其聞，有所不得而必不安于不聞，則由其可以進乎無不可，安在深思有得，漫無見於形神之合？夫非其人不授者，夫子也；非其時不授者，亦夫子也。而始終歸於一致，所當循序以致其功。聞不以耳受，不聞不因言獲，夫子引人深矣。『夫子之文章』一節

顔淵季路侍。子曰：『盍各言爾志？』子路曰：『願車馬衣輕裘，與朋友共，敝之而無憾。』顔淵曰：『願無伐善，無施勞。』子路曰：『願聞子之志。』子曰：『老者安之，朋友信之，少者懷之。』

觀聖賢之言志，有未可强同者焉。夫士各有志，未可强也。賢且不同乎賢，而謂能同乎聖哉！今夫無志者，庸人而已矣；立志者，始事而已矣。若夫以其志而托之于言，則必

以目前之所造爲將來之可行，無不及量者，亦不憂夫過量，而氣象之大小從以見焉。吾於聖門言志，觀之賢人，有賢人之志焉，一堂之上，任有所不敢，讓亦所不必。相知有素，惟道其實而已。

維時，由與回各有願矣，共裘馬而至敝，敝裘馬而無憾，似不過一俠烈者所優爲，而由顧願之。蓋其志甚公，公則非徒事結納也；其志甚恕，恕則不止矜聲氣也。念善勞多至于伐施，欲伐施必至于兩無，似不過一謙抑者所共勵，而回顧願之。蓋其志無私，私去而理可漸忘也；其志無欲，欲盡而功幾達化也。推是志也，豈復有物之見存乎？豈復有我之見存乎？夫五倫之中，多以吝而相賊；百年之學，動以驕而見尤。賢如由、回，吾知免矣。

在聖人則又有聖人之志焉。萬物之中，在彼不能無所求，在我不能無所施。隨分各給，一因乎量而已。維時，子路有請，夫子有言矣。我之接乎天下，不一人而同患之思，無往不見其關切。即如老者、朋友、少者也，王制寢衰，幾無以底于生全也。大化不行，誰則能敦夫彝紀也？天下之望夫我非一事，而一體之誼，隨在當與以咸周。有如安之、信之、懷之也，因物而與，未嘗以己意與其間也。隨願各足，不復有遺憾于其後也。推是志也，豈復有一物之不得所乎？豈復有一民之不被澤乎？夫天地之化，每以無心而成。帝王之功，必以有爲而盛。聖如夫子，殆兼之矣。

嗟乎！時至春秋，養恬無聞也，傾詐日出也，幼孤勿恤也，安得夫子一治之？而且功能莫逮，意氣漸加，聞回之風可以愧矣；至于借乘風微而無衣莫賦如子路者，亦何可多得哉！『顔淵季路侍』全章

子華使於齊。

華國者優於使，亦服勤之誼也。夫子華可使則使之，顧使之之齊者，子也。兹役也，子豈不爲赤慮深遠與？昔夫子昌平一布衣，而身繫天下望於時，國君通詞，卿大夫修問，趾相錯也。夫往復者恒儀，贈答者大誼，一介伻來，束修境外，禮然而然，聖人何異焉？則通問嗣音安得不簡慎乃人乎？

我思泗水之教，風被多士，一時及門之彦，非具中大夫之才，則擅大行人之職者也。乃一日屬有齊之役登進，吾徒緊誰可使？昔者田常來伐，子路往，子不許；子張、子石行，子止之；至秉命而如齊之師者，則賜也。嗣荆之行，及門不一士，然先者子夏，中者冉有，如此其慎也。乃今者齊之使，則惟公西氏子華。余亟聞子之言矣，貌以擯禮，禮以擯辭，二三子欲學賓客之禮者，必於赤也。兹行也，庶有以將夫子之休命乎！

抑又思之，行色方將，入門而問家計；遠遊伊始，登堂而慰親心：人之情也。維赤有

母，赤可辭；維赤有母，赤不聞以母辭。覊壯遊之子，時目斷於流雲；勞垂暮之親，恒悵望於山屺：人所宜念也。維赤有母，子可無餽；維赤有母，子顧以有母使。夫勞使臣於周道，既揣情於將之不遑；而刺祈父之爪牙，亦致怨於尸之無主：赤情將無大遠於是乎哉！乃以余觀赤行矣，山川間之，白雲在望，嗟乎！有母在堂，此身未可以許人。赤不云也。齊與魯中間相去不甚遠，維爾母朝夕，計爾無憂。子不云也。

聞之，弟子商瞿，受夫子適齊之命，其母爲之請。乃公西氏之母，又不聞從商母之請，何也？抑聞之，昔者山甫徂齊，其友吉甫爲之頌。乃及門之二三子亦蔑聞有清風穆如，爲赤前一言也。然則子華使齊，子華計之審矣，子爲子擘計之審矣。『子華使於齊』

質勝文則野，文勝質則史，文質彬彬，然後君子。

道有貴乎得中者，非其人莫與歸也。夫惟君子德成于己，故不期而文質自彬彬耳；否則，一有所勝，能無野史之譏耶？今夫人持身接物，不能無威儀，言詞之發，一有偏則立弊，兩相濟則盡善：其弊也，氣習之爲也；其善也，學問之驗也。夫惟有以盡其學問于先，而氣習自不足以累之矣。

今夫生人之始，質而已矣，聖人懼其勝而流于野也，于是爲之文以輔之。迨其後，浸失其意而忘其初，遂有以文勝質而竟同于史者。嗟乎！相勝之弊一至于此，將無謂質之不可廢文，猶文之不可廢質，而自立于野史間耶？是又不然。蓋分文質而二之，以至于偏重者，是不知內外之相因者也。而等文質而一之，以至于無辨者，亦未知本末之權衡者也。然則將安所衷哉？蓋質也者，一定而無可損益者也；文也者，屢遷而有可損益者也。勝文則野，是文之不足也。文之不足，學者當有以補之，乃有無待于補，而自無不足者焉。質立于先，而文補于後，將見一言一動盈缺乎而文明賁，彬彬乎華實兼資，有不期而適均者，夫然後而君子之幹以見已。勝質則史，是文之有餘也。文之有餘，學者當有以損之，乃有無事于損，而不至有餘者焉。質宰于中而文飾諸外，將見可則可法，忠信昭而英華現，彬彬乎體用醇備，有無意而自稱者，夫然後而君子之光以昭已。

君子涵養甚優，久有以裕乎彬彬之始，故其時出有本，自有以得乎文質之中。自其質而觀之，和順積中，篤實也。而去其陋，則其質非椎魯之質，而還淳返樸，悉本盡人以合天者也。野人之鄙，寧復慮哉？自其文而觀之，物采有章，暉吉也。而黜其浮，則其文非過實之文，而有典有則，一皆積厚而流光者也。史氏之習，吾知勉矣。

噫！文質一也，野史則勝，君子則彬彬。學者鑒其流弊，定其指歸，審本末之相因，察輕重之權衡，縱不得一蹴而造君子之域，奈何鄙其野而日趨于史不止也？『質勝文則』一節子貢曰：『如有博施於民而能濟衆，何如？可謂仁乎？』子曰：『何事於仁？必也聖乎！堯、舜其猶病諸！夫仁者，己欲立而立人，己欲達而達人。能近取譬，可謂仁之方也已。』

聖賢仁天下，近取之己而已。夫博施爲務，而未得其方，鮮有濟矣。立人達人，取譬不遠，仁有待乎哉！今夫一人之心足以周給萬類而不匱，則仁之爲也。聖賢之學，不患無以仁天下，而患無以仁一心。誠恃一心以通乎天下，則功暨化覃，雖古帝王亦豈有加於此哉？彼誠有道以取之也。

昔聖門子貢有志於仁學者，彼蓋見夫井畝更而天下無田，民情仆而欲起，誰其扶之？曷亦念夫所以扶之者？城闕歌而天下無學，民行阻而欲通，誰其疏之？曷亦念夫所以疏之者？而子貢未知所務也，慨然曰：『如有博施於民而能濟衆，有志於仁之名與，有志於仁之實與！』惜也，其不知所本也。子曰：『仁，道之大也，必使人人可自盡，則天下無聖凡；必使世世可通行，則天下無古今。』信如子言，則是有聖而無凡也，則是有古而無今也。況乎聖亦有所不能，而古亦有所未盡者哉！聖如堯、舜，然天猶曰警焉，人猶曰咨焉，病矣。況乎聖不如堯、舜，而欲功施於無外，化被於無方，不愈病也哉！

雖然，堯、舜無不及而有不及焉，事也；堯、舜不可及而有可及焉，心也。夫仁者之心則何窮之有？嘉生未植，正當身有切膚之痛，己則欲立，而謂人能已乎？問何以立人，即己之欲立者。是庶民有憾，直一己有未暢之情。己則欲達，而謂人能已乎？問何以達人，即己之欲達者。是於己取之，是有方焉。取懽寄暢，無俟易體以相觀，而予取予求，莫予用匱，亦甚便之術矣。養欲給求，惟在反躬以自喻，而如取如攜，終莫予異，蓋甚裕之圖矣。

慎斯道也以往，又何博濟之難幾哉？而不然者，聖賢念大而力微，帝王權深而法遁，雖使棄子明農，豈能人菽粟之？雖使玄王敷教，豈能户詩書之？而民不立矣，而民不達矣。賜蓋病堯、舜之病者乎？而未知愈之之方也。『如有博施』全章

子曰：『飯疏食飲水，曲肱而枕之，樂亦在其中矣。不義而富且貴，於我如浮雲。』其一

隨所遇而自得焉，原無加於我也。夫我自有其至樂者，不因疏水曲肱而戚於中也，彼役役富貴者何爲？嘗謂生萬物者天，同萬物者聖也。然聖同萬物，而一物卒不得而累之，則必有超於有物之中者矣。猶之天生萬物，而一物卒不得而滯之，則殆有超於無物之上者矣。吾蓋於夫子疏水曲肱之旨而得之也。

子若謂世人以身視身，吾獨以心視身，凡有增於身之外者，皆有損於心之内者也。世人心在身中，吾獨身在心中。蓋心在身者，身反得以役其心；而身在心者，心實足以主乎身也。人能不食、不飲、不寢乎？不能不食、不飲、不寢以全其生，此夫人之所同也。人能得食不食、得飲不飲、得寢不寢乎？不能得食不食、得飲不飲、得寢不寢以適其性，此亦夫人之所同也。今使吾思吾食而必求之精，吾思吾飲而必求之甘，吾思吾寢而必求之安，夫我獨非猶夫人乎哉？飲食寢處之間，而顧以身爲形役，何自苦乃爾也？生人之所遇何？嘗有或然之境，有自然之境。或然者，孰與自然者之可必乎？無思無爲之中，覺自然者之於我甚適也。斯世之所營何已？有將來之獲，有當前之獲。將來者，孰與當前者之無待乎？不先不後之間，覺無待者之於我甚足也。飯不與疏期而疏至，則食之；飲不與水期而水至，則飲之；枕不必與曲肱期而曲肱于枕，則枕之樂亦在其中矣。此無他，有義在焉，惟義必權衡乎我。

天下有富而不貴者，亦有貴而不富者。富之欲貴，貴之欲富，固不合乎義；即貧賤自甘者，亦未合乎義也：斷之於我而後知。巢、由、隨、務，雖名山不愧。推其隱，先不免以富貴累心，抑有我在焉，惟我能裁制乎義。天下有因富以得貴者，亦有因貴而擅富者。富之致貴，貴之致富，固無取於我；即紛華是悦者，亦無取於我也：揆之以義而後知。堯、舜、湯、武，雖南面非奢，原其志，總不得目爲富貴中人，不義而富且貴，直浮雲視之耳。我安得不自樂其樂而樂人之樂乎？『子曰飯疏』一節

子曰：『飯疏食飲水，曲肱而枕之，樂亦在其中矣。不義而富且貴，于我如浮雲。』其二

有得於心者無慕乎外也，蓋樂者常存於心者也。疏水曲肱，何非心之所得？寧復世情外慕之紛紛乎？夫子意謂吾人之患，莫患乎以自主之心，入于不自主之境；更莫患乎以可自主之境，而淆以不自主之心。此何故哉？彼但見在我者之不足，而在世者之有餘，於是而戚戚終身，無足怪也。

吾竊有以自信矣，有可必者，有不可必者。可必者己，不可必者人，吾嘗優游以足乎己。有不可忘者，有可忘者。不可忘者心，可忘者世，吾嘗恬適以悦諸心。飯不與疏期而疏可飯也，飲不與水期而水可飲也，枕不與曲肱期而曲肱可枕也，何也？此其中樂亦在也。生人之奉，無過此日用起居之事，然其遇亦何常之有？等而上之，有什百于是者；等而下之，更有求是而不得者。必期之于未然。未然者，不知何時而然，而當前者先失矣。彼汲汲者何爲乎？性情之適，豈必在飲食寢處之間？然其境非暫焉而已。偶而一遇，或因之而

得勉；久而相處，或因之而得感。因思有以安其身，吾之身亦復有時而安，顧吾之心先瘁矣。彼融融者安在乎？吾竊有以自信矣。

今夫疏水曲肱之境，其爲貧且賤焉甚矣，試亦設富且貴之境思之。遇莫榮于富且貴。帝王君相、上古之聖人，皆富貴中人也，而我獨非人情乎哉？然匹夫而或撫四海，甽畝而或登社稷，彼非倖此而受之，曰是有義焉，不可以矯而去也。道莫行于富且貴。祖述憲章、今日之大業，皆富貴中業也，而我忍負初心乎哉？然鐘鼎致而或渺之不顧，軒冕集而或棄之如遺，我非惡此而逃之，曰義不在焉，烏可以不擇而處也？

其亦仰而觀之天，高高在上，浮雲過之，因風舒卷，盪乎空虛，曾不移時而散之于無何有之鄉。彼不義之富貴，萬鍾千乘，有邦有家，以我視之，何以異于是？曷若一疏一水，獨寐寤宿，日與我姬公相晤對之爲適耶？然則貧賤雖可去，富貴雖可期，惟義是衡，我終不以彼易此。『子曰飯疏』一節其二

其爲人也，發憤忘食，樂以忘憂，不知老之將至云爾。

聖學純而不已，可想見其爲人矣。夫憤樂以終身，非純亦不已者能之乎？夫子自明其爲人如此，語子路曰：『天下無所爲而成者，此任天而動，人之上焉者也；下此則必有所爲

而始成其爲人。夫有所爲而成其爲人，則夫終其身孜孜焉而不能已者，可以自信，即無不可以告人。

『女從事于丘久矣，奚不對葉公曰：「以子之問吾夫子也，得毋欲悉其爲人乎？」其爲人也，非一無所爲者也，亦非別有所爲者也。物之兩有所嗜者，必非情之深，學當拒乎其外也。故嗜欲既靜，而此中之神明自專。事之一往輒止者，亦非功之至，學當貞乎其內也。故歲月雖遷，而畢生之甘苦不異，則見夫萬物之理，未易安以幾之也。奮一己之精神研乎其精，亦不遺乎其粗，固有心與物俱者，而此外又何計焉！迨夫精粗畢貫而我能窮物，物不能窮我，則此日之愉快，當無有奪之者矣，則見夫萬事之變，未易坐以致之也。

『積百年之詣，力窮乎其始，即以究乎其終，因有心與事一者，而此外又何分焉！迨夫始終悉協而我能制事，事不能制我，則此際之歡欣更無有間之者矣。其未知也，不憚勞焉；其既知也，詎暇逸焉？勞與逸循環而不止，而此生已無餘矣。回思少壯，不已去日苦多歟！其未行也，所必勉焉；其既行也，寧即安焉。安與勉遞進于不窮，而此身已幾盡矣。遥念耋期，不已來日苦少歟！夫道必期其有本，遡大統于堯、舜、文、武，既憲章祖述以窮年；而學尤貴乎有用，寄微言於禮樂詩書，將删定贊修以終老。吾是以追念乎吾之爲人也，非一無所爲者也，亦非別有所爲者也。發憤忘食，樂以忘憂，不知老之將至云爾。

『噫！女從事于丘久矣，奚不以是對葉公乎？』『其爲人也』一節

子曰：『二三子以我爲隱乎？吾無隱乎爾。吾無行而不與二三子者，是丘也。』

聖人以身爲教，即所與而見其無隱焉。夫有無隱之我，其必無不與之吾，可知也。二三子誠見其是者，又何疑耶？今夫人終其身相長於不窮者，教與學而已。使教者之心無以喻於學者之心，而我固不免於學者之疑也，吾亦可無容以自解矣。然教者之心未嘗不喻於學者之心，而我終不免於學者之疑也，我亦安可不以之自白哉？

二三子從我也既久，則其信於我也必深，顧何爲而信我之深者，反若未信於我也？得無謂其見之我別有過高之行乎？二三子需於我也甚慇，則其習於我也必切，顧何爲時習於我者，反若未習於我也？得無謂衆著之我更有幽深之爲乎？使我有幽深之爲，則其中不能無所秘。夫自具之而自秘之，道之所不受，吾之所不受也。昭大義於當前，而嚮應適還其固有，吾誠無所隱於吾心爾。使我而有過高之行，則其中不能無所匿。夫欲顯之而故匿之，道失其所爲道，吾並失其所爲吾也。晰至理於當境，而擬議適符其當然，吾誠無所隱於吾身爾。

雖吾之教術無方，亦各因人以有造，此自其受者見之，若有淺深之殊，而在吾亦何嘗故立其同異哉！動無可隱而以動爲與者，無不可測也；靜無可隱而以靜爲與者，無不可窺也：是正二三子之習焉而相忘者。雖吾之率迪無窮，亦或因時以相授。此自其成者驗之，不無積累之勞，而在吾亦何嘗故分其難易哉！語以爲與其無隱者，正不耑以語求之也。默以爲與而無隱者，又未嘗不以默喻也。是正二三子之安焉而不覺者。

然則二三子所疑之我非丘也，二三子所求之吾亦非丘也，丘自有所以爲丘者，固燦然其莫掩也。謂我有所隱於二三子者，非丘也；謂吾無所與於二三子者，亦非丘也。丘自有所以爲丘者，固昭然其共著也，是丘也。『二三子以』一節

子在川上曰：『逝者如斯夫，不舍晝夜。』

即境而有會焉，聖心之不已也。夫川之流不舍，聖之心不已，故適相會也。然則如斯之歎，子其獨爲在川發哉？今夫至無窮者天地，至無盡者古今，而吾亦與之無窮無盡焉。將欲究其所以然，而不可得也。與爲究之，毋寧與爲遇之而已矣；將欲明其所以然，而亦不可得也。與爲明之，毋寧與爲喻之而已矣。說在夫子之在川上也。

緬大化之流行，自理而之氣，自氣而之形，而川不自知其何以川也。一自有在川上者，

而川出矣。任斯人之知識由性而感爲情，由情而感乎境，而人亦初不知川之何以川也。一自在川者有子，而川更出矣。蓋嘗記子川上之言曰：『逝者如斯夫，不舍晝夜。』子蓋偶在川也，即謂子在川言川，可也。川之來也必有所自，吾遡川之來，而水之去如故也，其來者皆其去者也。川之去也必有所歸，吾窮川之歸，而水之來如故也，其去者皆其來者也。

天地間無不逝之物，所争者久與暫之分耳。由其暫而言之，則一息爲暫，而晝夜爲久；由其久而言之，則晝夜爲暫，而古今爲久。如斯夫不舍，將久與暫之形俱泯，誰得而測之？天地間原無可舍之物，所不知者終與始之外耳。極其始而觀之，則在川之晝夜非始，而晝夜自有所以始；極其終而觀之，則在川之晝夜非終，而晝夜自有所以終。如斯夫逝者，將終與始之見俱忘，誰得而度之？

乾坤立而二氣成。能晝夜者，變化之一周也，乃變化周而更有神於變化之外者。川流有其不舍，外川流獨無其不舍者乎？化育開而五行並用。水者，生成之始事也，乃生成始而更有運於生成之表者。晝夜有川流，晝夜獨無人心乎？吁！此亦夫子在川言川云爾。惜也，浴沂之點、在汶之損，不獲與夫子同是游也夫！『子在川上曰』一節譬如爲山，未成一簣，止，吾止也。譬如平地，雖覆一簣，進，吾往也。

進止皆由乎己，不獨一事然矣。蓋進與止不同，而吾止吾往，則皆由乎己者也，爲山不較著耶？且夫天下事，與其任天而罔濟也，何如任人而多功？然既任人矣，而或荒于末路，或勵于始基，積于一念之微，而成敗往往殊焉，正不得推而遠之曰：『非我所得與也。』何則？天下無中立之勢，大約非進即止而已矣。

凡言進多言退，不言退而言止者，止甚于退也，蓋退極猶有進機，而甘止萬無進理也。抑言止多言作，不言作而言進者，進愈于作也，蓋振作猶有止時，而漸進斷無止日也。雖然，進止亦何嘗之有？無論方進而止之爲止也，即進極而止之亦爲止。是以一息之間常足以累生平之功，而古今聖賢覽其晚節，不惟不憐惜之，而且多責備之；不惟不寬假之，而且多刻求之。謂其力既可進此而止，即可以過此而尚不止也，而無如其竟止也，可歎也。無論進極而進之爲進也，即方進而進之亦爲進。

是以一日之謀常足以卜百年之業，而英雄豪傑挹其鋭志，不惟不易量之，而且即厚期之；不惟不輕毁之，而且即過譽之。謂其機既不止此而進，即可以過此而無不進也。而方見其竟進也，可幸也。幸則幸夫人之自强也，歎則歎夫人之自棄也。惟其自棄，怨我者方冀我之止，而我適快其饑也；德我者方憂我之止，而我已負其望也。以此思吾，能不悲哉？惟其自强，生我者能與我以心力，而不能代我之進也；成我者能示我以規矩，而不能强我之進也。以此思吾，復何諉哉？

自吾有止乃竟以爲吾止矣，止之外無復望矣，危乎吾乎！自吾有進尚不遽爲吾進也，進之途方將往耳，微乎吾乎！譬如爲山，未成一簣，止，吾止也；譬如平地，雖覆一簣，進，吾往也。嗟嗟！吾竊見夫在人者，人多求之不少倦；而在己者，曾不知其幾之甚捷，而權之無容旁貸也，是可慨已！『譬如爲山』一節

下論

顔淵問仁，子曰：『克己復禮爲仁。一日克己復禮，天下歸仁焉。爲仁由己，而由人乎哉！』其一

仁以克復而全，可信其機之在我者焉。蓋仁具於心，舍克復無以爲仁也。即極其效於天下，不愈以信其機之在我哉！且夫仁在天命以前者無論已，而自天之人之際，則必有所以致力者，見學問危微之辨焉。蓋静持其功，此心以外無餘功；動徵其效，此心以内有全

效。惟盡其受治於我者，而仁已無不得爾。

昔顔淵問仁，殆欲求其所以爲仁者與？子曰：『仁非外心可致之。』仁也，當考其心於見私見理之時。仁又非因心自致之。仁也，必治其心於爲損爲益之數。則與子言仁，亦言其克復者而已。夫有仁而即有累吾仁者，非己乎？習於己者忘乎其爲我累也，久且積焉而深矣。故己之未克，克之必盡；而己之既克，又不敢遽信爲克也。克之猶恐未盡也，尚何累之不損與？夫有仁，而即有與仁親者，非禮乎？離於禮者，忘乎其爲我親也，究且背之而馳矣。故禮之未復，復之不遠；而禮之既復，又不敢遽恃爲復也。復之猶恐其遠也，尚何禮之不親與？克己復禮爲仁，而仁不越是矣。

雖然，有爲之終身而忽違於一日者，前此之積累徒勞；有爲之一日而可决其終身者，外此之感乎立應，則但問其所以致功於此日者，何如耳。果其去一人之己以去天下之己，而舉世將共見其心；果其全一人之禮以全天下人之禮，而斯人亦共明其性。歸仁以此，安見仁之在於一己者，不可通於天下？安見仁之通於天下者，仍不可操之一己？

明乎己之爲分，則己固己也，禮亦己也，以己克己而己即化，以己復禮而己即全。内求以相深，亦可曠然而悟用功之有自，寧有代我而肩其任者哉？審乎己之爲權，則克由己也，復亦由己也。未克不可言復，而己不敢謝其功；既克始可信復，而己不敢弛其力。返觀以自驗，亦可悠然而識考德之非遥，寧有代我而膺其責者哉？由己不由人，回惟信其克復之在我者爾，宜其進而以日請也。『顔淵問仁』一節

顔淵問仁，子曰：『克己復禮爲仁。一日克己復禮，天下歸仁焉。爲仁由己，而由人乎哉！』其二

與問仁者言爲仁，不外于克己而已。蓋己克，而禮自復，爲仁不外乎是矣，天下之歸不摻之己而有餘乎！今夫自然之説，學者所不尚也。不恃私之不來，而恃我去私以返乎無私之始。蓋天下二三之念最足敗德，而苟且因循其貽誤終身者，更有甚焉。使非明健兼資，將驗之世而難通，返之心而莫據，亦何以爲仁人乎哉？顔子之在聖門，子嘗稱其不違仁矣，亦嘗稱其不遠復矣。至其所由復而以不違乎仁者，未之及也。故于其問仁也，曰仁之不易爲者，以無禮也；禮之不得復者，以有己也，尚其克之哉！

商史之贊成湯也，必以制事爲先。然制之爲言，但能使之伏而不得肆；克則一去而無餘，並無有伏焉者存矣。人事之盡而天則以昭焉，所由直返乎性始也。丹書之戒武王也，必以勝怠爲吉。然勝之爲言，但能使之退，而不敢干；克則一戰而已滅，並無有退焉者在矣。閑邪既至，而所存自誠焉，所爲日進于粹精也。非二候也，己無不克，禮即無不復；無

殊功也，禮無不復，仁即無不爲。若是者，豈爲天下歸仁而爲者哉？

雖然，不歸仁不可以爲仁也，一己之善，世何與焉？在中之美，人曷知焉？乃身爲之役而有其應求，心爲之動而生其愾慕，則何也？雖孝友或不諒于家庭，忠愛亦偶暌于聖世，要惟其變，不惟其常也，夫亦寔有其驗而已矣。雖然，既爲仁不可不念所由也。賦畀之初，天或制焉；成性以後，質或限焉。乃志之所之，而得其貞定；氣之所赴，而有其自强。又何也？雖感發或賴夫前賢箴規，亦資于師友，要惟其輔，不惟其主也，夫亦獨審其幾而已矣。回也誠知爲仁之不由人，則當致力于己矣；誠知歸仁之在克復，則當勉此一日矣；誠知仁必嚴于己，禮爲不外于克復，則當思復禮以爲仁，克己以復禮矣。『顔淵問仁』一節

足食足兵，民信之矣。

聖人籌王政之全，所以經常而永存也。蓋王者以富强之實而取仁義之效，政如是其全矣，豈非常存者乎？今以儒生而籌立政，要必審乎帝王之全而揆乎時勢之要，然後可以經久而不弊。故夫一切苟且之術與夫迂遠而寡效者，均無取焉。

嘗見夫盛王之世，其一時之政，上有免塞之主，而下無猜貳之心，未嘗不歎其治之成也。而要豈遽幾此？仰不足事，俯不足育，民方憂乎貧也；常不足存，變不足禦，民更慮其

弱也。則食所當先也：爲之畫井分疆以與之，爲之輕徭薄賦以取之。末作不事，則本富可得而理也；征求有度，則餘力不得而竭也。節省可以備大禮之供，儲蓄可以待非常之用，而朝夕之饔飧更無論已。則兵又其次也：爲之蒐苗獮狩以教之，爲之伍兩卒徒以習之。容民畜衆，不憂餉而養自裕也；因田出甲，不加賦而威自振也。京師可以鎮四方之變，祖宗可以貽孫子之安，而居常之防禦又其餘已。

且夫無兵食而遽求上理，則施爲無序，其治固不可進于王；然有兵食而狃于汔康，則教化未行，而其弊亦終流爲霸。夫惟食足矣，兵足矣，然後既富方穀，而明倫有其基；有勇知方，而忠愛著其效。起視其民，不已大異乎！聖王之行事斷無過舉，而民亦曉然于其立志之無他，故能静而亦能動；盛世之誥戒斷無二三，而民已確然于其出令之畫一，故可安而亦可危。將見向之未易遽求于民者，而今其信之矣。

粤稽井田有制，車乘有限，而上下相親固結而不可解。慨兹税畝已行，丘甲復作，而朝野俱困，汗漫而不可支。此治亂之由，而古今之變也，爲政者可以鑒矣。『足食足兵』一節樊遲問仁，子曰愛人；問知，子曰知人。樊遲未達。子曰：『舉直錯諸枉，能使枉者直。』樊遲退，見子夏曰：『鄉也，吾見於夫子而問知。子曰：「舉直錯諸枉，能使枉者直。」何謂也？』子夏曰：『富哉，言乎！舜有天下，選於衆，舉皋陶，不仁者遠矣。湯有天下，選於衆，舉伊尹，不仁者遠矣。』

聖賢論仁、知之用，徵諸古而悟其全焉。夫愛人、知人，仁、知原無異用也，而廣之舉錯以彰其能，雖古帝王亦豈有加於此哉？且吾心各足之理，其從乎接物以見端者，不妨分途以效。聖人循其名，以隱其意之所存；賢者廣其説，而得其旨之有在。即雖一日之辨論，已合數百代之治法；而立其通無，務以本量相盡也。今夫説之屢易而其道終不可窮者，仁、知非乎？仁、知有相深之理，故在我見心，天下既莫盡其藏；仁、知有兼周之量，故在世見用，天下皆得神其治。

遲問仁，而子曰愛人，亦就仁論仁也；遲問知，而子曰知人，亦就知論知也。然行吾之愛即無所不愛，而天下無不可愛之人；行吾之知即無所不知，而天下可知之人何即非行吾愛之人？宜其心有未達乎？夫子有以窺之，因就舉錯之能一解之。天下之大，非枉則直，是不可不有以使之也。意主於舉而舉者不耑於直，意主於錯而錯者不終於枉。天下而無枉者也，天下而有枉者亦直矣。是寧僅知者之能與？所爲循其名以隱其意之所存者如此。夫子不究言知之成乎仁，遲遂以爲不復言仁也；夫子亦不顯言仁之寓於知，遲遂以爲耑言知也。

夫始言其分者疑其合，既執其意於愛、知之偏；繼言其合者見其分，又未會其意於舉錯之全，宜其退有所證乎！子夏有以通之，因就舜、湯所舉一觀之。天下之大，非仁則不仁，是不可不有以選之也。舉一臯陶，而天下之不爲陶者退；舉一伊尹，而天下之不爲尹者愧。天下而無不仁者也，天下而有不仁者亦遠矣。是寧僅爲知者言與？所謂廣其説而得其旨之有在者如此。

故因端以窮緒，質之師友而後無歉者，賢人之實；立體以彰用，準之古今而無不然者，聖人之弘。富哉一歎，甚矣，子夏之言似夫子也！『樊遲問仁』全章

『鄉人皆好之，何如？』子曰：『未可也。』『鄉人皆惡之，何如？』子曰：『未可也。不如鄉人之善者好之，其不善者惡之。』

欲求善士于鄉，酌之而得其當焉。夫合善不善之好惡，而善士出矣；不然，皆好皆惡，鄉人可盡憑乎？且自悠悠當世，其無定評也久矣。苟因庸衆人之耳目以相天下士，吾恐百不得一焉。雖然，苟卓然自命，即未必有盡合之人心，亦必有不盡亡之古道；惟合異同以究其歸，而其真出焉矣。古者辨士于鄉，其升諸司馬而移之郊遂者，得無鄉人之好惡是問乎？夫好惡亦何常之有？好與惡兩忘者，上古之鄉人也。好與惡盡公者，中古之鄉人也。好與惡多謬者，後世之鄉人也。好惡誠何常之有？然欲舍好惡以求士，則又不可，此子貢所以有皆好皆惡之問也。

夫曰皆好，則必善者好之，不善者亦好之也；曰皆惡，則必不善者惡之，善者亦惡之也。然善不善皆好，善者之好固可受，不善者之好亦可受乎？善不善皆惡，不善者之惡固可解，善者之惡亦可解乎？闇修之士不飾于外，亦惟自謹其好惡耳，鄉人從何而好惡之？然善與善遇，而好自生；善與不善反，而惡自至。夫既爲善者之好，則必非不善可知也；既爲不善者之惡，則必爲善者可知也。

且夫士當憎茲多口之日，而欲無毁無譽，此必不得之數也，曷若分觀之爲愈也哉！邃養之儒必淡于中，則且自忘其好惡矣，鄉人又何從而好惡之？然善與好期，而善者自好；善不與惡期，而不善者自惡。夫好出于善者，是善者以好而表其善；惡出于不善者，是不善者亦以惡而彰其善也。且夫士當異學争鳴之世，而苟無非無刺，此又可懼之甚者，曷若類推之爲得也哉！有謂大道莫容，不難爲不善者之惡，而難爲善者之好。然上觀千世，下觀千世，此心此理之同，往往有無端之感發，而何况于鄉人？有謂德盛化神，不惟得善者之好，更當泯不善者之惡。然恩如父子，親如弟兄，至性至情之地，往往多不類于聖世，而又何疑夫鄉人？

嗟乎！處仁之里有好無惡，難言之鄉有惡無好，然此不數數也。其餘大抵善者好之，不善者惡之耳。而以較之皆好皆惡之未可，如乎，不如乎？雖然，善士固以善不善者之好惡見矣，向非在我之好惡無私，而鄉人之善不善亦未易辨也。然則，欲求善士，寧茀役役於鄉人之哉？『鄉人皆好之』一節

『何如斯可謂之士矣？』子曰：『切切偲偲，怡怡如也，可謂士矣。朋友切切偲偲，兄弟怡怡。』

士以養全而所施，自無不當矣。夫士甚貴乎養也，養全而所施豈或混乎？由亦可以知士矣。且天下有素不相識之人，一見而欽爲令器者，美在中而發于外，積之素而形于暫也。夫惟思其致此之由，則日用而不知，亦因類而各見。由非聖門高士哉？而猶必求其可謂者，何也？毋亦謂氣質未易底于中和，而彰施猶或憂其鮮當乎？夫子曰：『士不易言也。』久已從事于聖賢，而使人叩之而易量，其可乎？業已身列于儒林，而使人望之而難近，其可乎？

夫士未有不矜言意氣者也，然所謂意氣者，大抵皆僞耳：利害之際，或微言以謝後日之責，而其心未必不等諸路人；是非之間，或虛文以文平日之知，而其弊未必不甚于比匪：如是，而士之實安在乎？有人焉，情深而見其篤澤，志切而出以周詳，當兹悠悠人羣，而猶及見此厚意也，其自命已不凡矣。夫豪傑之所爲，未始不可以入道，要惟其真者爲可恃耳。士未有不矜言涵養者也，然所謂涵養者，大抵皆虛耳：一事稍屈而無窮之憂憤抑之而愈見其張；片語偶乖而多方之怨怒發之而莫知所止：如是，而士之名可竊乎？有人焉，與人而形其藹吉，臨事而應以從容。當兹皇皇斯世，而猶及見此雅量也，其氣象固不侔矣。夫人情之極至，未始不可以希聖，要惟其實者爲足賴耳。切切偲偲，怡怡如也，可謂士矣。

雖然，又豈可混于所施乎哉？吾竊慨夫天下之士，當其以義合者，可以直行吾意，反多方苟容以自虧其名節；而以恩勝者，無妨曲致其情，反徑遂殘忍而攸斁夫彝倫：凡此，雖其心術之不端，要亦識見之未至有以誤之也，則朋友不可不審也。凡乍見則情真，故生平之朋友不如傾蓋；勢移則心變，故安樂之朋友不如憂患。切偲焉，攻玉借錯于他山，斷金同心于蘭臭，聲氣中不可無是人也，而類乎朋友者可思矣，則兄弟不可不慎也。凡地疏則易感，故衰世之兄弟不如友生；多慾則多争，故富貴之兄弟不如貧賤。怡怡焉，急難興歌于脊令，和樂好合夫家室，庭闈中不可無是人也，而類乎兄弟者可推矣。

子與由論士如此，此以知恭儉莊敬未易竊其奥也，廣博易良詎得竟其施也！仁至義盡而人道立，樂和禮節而成德全。嗟乎！誰謂天下士可易量乎？『何如斯可謂』一節

『克、伐、怨、欲不行焉，可以爲仁矣。』子曰：『可以爲難矣，仁則吾不知也。』

以有制者言仁，惜其猶未能忘也。夫仁，所先者難，而難不即是仁。克、伐、怨、欲不行於境而行之心，制之爲仁，曷若忘之爲仁乎？今夫學道之士始貴其入道也，繼貴其忘道也。

世儒以爲存心在乎去私，久之，執去私之心爲心，而謂心存乎此。能忍能力，有道之堅苦；去忍去力，已失道之渾全矣。昔者夫子以仁訓天下，所尚者難而未嘗以難爲仁，蓋嚴其功而又化其迹也，乃及門遂有師其意而以克伐怨欲不行爲仁者。

天下互爭于私，决裂之禍往往始于人心。動而攸往者，皆與物相傷者也。與之爲無傷，則峻而防之，亦豈來物情之忌？天下各習於險，流弊之滋漸且中於學術。任性而安者，皆與道相反者也。與之爲無反，而堅而忍之，亦豈開畔道之尤？憲以爲仁，憲之意是也。夫因己之所有而克伐形焉，因己之所無而怨欲生焉。使必規規焉，未事而圖之則未至，已事而圖之則無及，則是日以身行於克伐怨欲之中，而與之爲敵也，何克、伐、怨、欲之多也！

子曰克、伐、怨、欲不可言仁，而爲仁者自有不至于克、伐、怨、欲之處。夫責躬以甚嚴而使之無所苟，去累以務盡而使之無所容，不亦事苦而功艱哉！剛制之心亦矯俗者所期，然外若有餘而中多不足。孤行之志亦違俗者所尚，然静以滋擾而動且益紛。可以爲難，仁則不知。子進憲哉！乃知仁人之心，私不習心也，心亦不習私。無端而有累心，無端而有去累之心。心之中有心而去累者，滋累仁人之學，理不勝心也，心亦不勝理。無故而思自勝，無故而思去其自勝，心與心相讎而日勝者曰負。然則知難之爲難，而仁豈在克伐怨欲不行哉？然則知難之爲難，而仁又安在克、伐、怨、欲不行哉！『克伐怨欲』一節世叔討論之。

稽古有臣，鄭命用典矣，蓋命甚貴乎討論也；不然，自作不典，誰爲爲之？鄭之職者，世叔有人也哉！夫子曰：『辭之不可以已也。』人臣有辭，國嘉賴之。雖然，有説造意之言易工，而稽古之文難核也。若然，維鄭有命，其繼草創後者，將無以不典貽寡君羞。非然也，先朝之掌故班班也，漁獵者非其材，則詳也失誣，簡也失略，而國無考古之榮。列國之志林炳炳也，蒐采者無其學，則事也或訛，言也或謬，而邦多啓戎之釁。維國有命，典而則利用討哉，辨而覈利用論哉。維鄭有命，討之典而則也，論之辨而覈也。緊維世叔，鄭用其良哉！

王室而既卑矣，然列國猶奉簡書也。蕞爾國而强鄰有意督過之，無稽之詞難傾聽矣。鑒往事也，故府是徵；晰來情也，諏咨是訪。持有故而言成理，世叔裕如已。彼晉之董狐、楚之倚相，良史材也，叔其良史材哉！宗邦而浸弱矣，然諸侯猶急尋盟也。不腆鄭而大國有意剪滅之，非法之論難應敵矣。成憲考也，盟府載書；時事咨也，風俗載考。先民程而大猷經，世叔優爾已。彼晉之執秩、楚之丘索，古史風也，叔其古史風哉！

雖其時明廷視草，國有謀野之臣，然而謀野長，謀邑短矣，度之不協于則乎？叔曰：

『非我也任。』文之不摛于藻乎？叔曰：『非我也任。』若乃援事之失其情，比詞之失其意，叔則曰：『寡君之辱也，實予之羞。』抑其時執簡通詞，朝多淹雅之雋，然而贍詞後考實先矣，執筆有不備之訊乎？叔曰：『職者有人。』言之有無文之懼乎？叔曰：『職者有人。』若乃則古稱先書用識哉，趨時立本詞無頗哉，叔則曰：『諸大夫斌斌矣！吉不文，敢參稽之。』所云世叔討論者如此。

史稱世叔『美秀而文』，不虚云。『世叔討論之』

子曰：『無爲而治者，其舜也與！夫何爲哉？恭己正南面而已矣。』

虞治有獨隆，故上嘉者著其實也。蓋己之不恭而猥云無爲，治日隳矣。恭己南面，如陟帝廷而見之。今夫善治天下者，不治天下者也。穆若無事，澹若無民，以大主敬者爲大居正之原，而天下已可得之氣象之間。吾蓋歷選古辟，三古之上皆以德而著號，故當奇績未開，其時儀度未立，神聖徒聞清淨之名。三古之下皆以德而敷政，故當人事日起，其時禮節煩多，帝王多有創闢之事。由斯論之，羲皇以前無可見之形，夏、商以後多可傳之政，無爲而治，殆鮮其人。

以今觀之，其舜也與！夫舜則何以無爲也？草野之子忽在社稷，此日以前有仁君，久已繫蒼生之望，舜何能以優游坐鎮者上期文祖之格，比肩之人俄焉北面？當日在廷多聖人，久已歎度越之難，舜何能以修飾邊隅者下慰同官之心？夫舜則何以無爲也？不知有君創治于上，咨岳命官數大事，前聖人有其成勞，則端拱而受乃成，何弗澹定于大麓之風雨？有臣襄治于下，教稼明倫幾大事，數聖人相爲底績，則憑几而乂乃政，實以廣闢乎天子之明聰。夫何爲哉？恭己正南面而已矣。端冕凝旒非以表儀，止此静而正者内求乎己，己與天下共見之。偃息于山龍黼黻間，而一羽一干已可平洞庭之險。垂衣拱手非以飾度，止此端而正者自足乎己，己與天下共覩之。逸豫于鳴球琴瑟間，而一吁一咈自足靖檮杌之奇。兹爲也，乃舜之所以無爲也。

升聞由于玄德，協帝亦本重華。敬修者，致治之基也。投足徧五岳而不以爲煩，拔身自側陋而不以爲僭。正位者，凝命之本也。舜之無爲，則誠無爲也矣。嗚呼！古之人君唯有虞氏爲不可及也夫！『子曰無爲而治者』一節

君子不以言舉人，不以人廢言。

君子權舉廢之用，人與言其交資已。蓋舉廢大權也，以言舉，以人廢，權亦曷由一乎？君子兩有以反之，而兩收其效矣。今夫人君執大柄以御天下，則人與言其兼收者矣。顧亦

有理之不兼者焉：建明可以立功，則養默者無士；成格可以庸賢，則效忠者無人。時乎用人而人重，時乎用言而言重，君子所以弘攬人材，而博收人與言之益者也。

天下不可無人也，君子三年俊造，三物賓興，簡國士而升之廷，曰厥惟人哉！大者公輔之器，固具静鎮之能；次者卿大夫之選，亦兼作行之事。至言則非所計也，即曰坐而論者維人，敷而奏者維人，言固其所優乎！而原其始進，固非取於雕琢蔓詞以登榮顯也。若夫昭晰是非，敷陳利害，人固有言，吾舉其言足矣，將並舉其人乎？彼所云庸而違者，奈何勢必至處士？盗虛聲末流滋，浮議家尚空言，人鮮實效矣。昔之王者九徵以觀士行，三載以考臣績，猶懼言之浮於人也，矧其以兹長華競也？夫大言入而望大禄，小言入而望小禄，儒者論理則然，而豈朝廷簡賢録士之典也哉？不以言舉人，君子用人之道一準於此。

天下不可無言也，君子建鼓以招，懸鞀以待，采輿論而登之陛，曰厥惟言哉！上者公孤之佐，固期論道以升；下者工瞽之微，亦或執藝以諫。至人則非所論也，即曰僻而堅者有言，夸而靡者有言，人或不可知乎！而當其公聽，固無取於拘泥聞見，以重陰抑也。若夫異流著書，畸士立説，言非其人，吾廢其人已矣，將並廢其言乎？彼所云言而中者，奈何勢必至朝士？盛聲援僚屬分，朋黨士毁鄉評，人卑巷議矣。昔之王者乞言者鹿鳴之三，周咨者皇華之五，猶懼人之伏乎言也，矧其以兹爲規箴也？夫葑菲下體而不之采，芻蕘賤品而不之詢，人主偏聽則然，而豈國家合謀博咨之道也哉！不以人廢言，君子用言之道一準於此。

『君子不以言』一節

『有一言而可以終身行之者乎？』子曰：『其恕乎！己所不欲，勿施於人。』

約行於一言，所當推吾心而出之矣。蓋惟無間於人己，而後可以言行，約其旨於恕，雖終身焉可也。且吾人以身入乎世，而一無所據以應乎世，必其身無所據者也。抑吾人以心準夫情，而究無所循以見其情，必其心無所循者也。故求所據於吾之身，必先有所循於吾之心，則泛用其心而有所不可者，深用其心而愈有所不可耳。

今夫歷人我而全其用，統内外而著其功者，非行也哉！子貢誠有見於行之非易也，以爲踐履無窮，將何端之足恃？行之一事以爲宜，行之事事而有不宜者矣。逐物以應，而始知博爲謀者之擾乎吾也，顧安所得持循之要也？因應難周，覺所操之無主，行之一日以爲安，行之日日而有難安者矣。反躬以求，而始悟多爲備者之勞乎我也，顧安所得守約之術也？有一言而可以終身行之者乎？子曰：『行之事無窮也，行之理至簡也。夫求行於身，天下之身或有異乎一人之身；求行於心，天下之心必無異乎一人之心，其恕乎！』

夫所謂恕者，由乎己以推之人者也。爲己之所不悦者，必爲人之所不願。我不敢必人之心盡如己也，而能必己之心之無不如人，終其身皆大同之量也。夫大同之量，天地所不能外也，而況吾之身與？抑所謂恕者，因乎己以驗之人者也，而己之所甚戾者，必爲人之所甚拂。我能必我之心之無間於己也，自能必己之心之無間於人，終其身皆大公之度也。夫大公之度，古今所不能外也，而況終吾身與？己所不欲，勿施於人，恕之事盡矣，而行之事盡矣，尚何一言之不可終身也哉！

惟恕無私，而天下之有私者不能越；惟恕無我，而天下之有我者自相通。賜其有會於一貫之旨與！『有一言而』『於人』

恭則不侮，寬則得衆，信則人任焉，敏則有功，惠則足以使人。

效著而功斯全，仁當求之于實矣；夫效未及于天下，而謂功之已全，則其仁猶虛也，能行者豈其然？且夫爲其事而期其報者，應爲聖賢所不出。然終其身一無以自驗，則我亦有難信之時，而天下或疑爲欺世之術。是故舍外無以徵內，而從事于心與理者必通之。如恭、寬、信、敏、惠，亦何以見其能行哉？

空虛之學必屏棄。夫身世其真也？人不得而知；其僞也？人亦不得而知。即使内美克全，君子猶或議其有體而無用。馳騖之流每遽求夫廣博：其始也，本既不立；其卒也，效亦不成。即使文具偶彰，識者已窺其循名而鮮實。凡此皆不能行，而僞托于仁者也。實能行者，必極之不侮，得衆人，任有功，足使而後，吾之恭、寬、信、敏、惠始無間于天下。

然吾于此而知其易至焉，即于此而愈信其難至焉。夫天下之所貴乎仁人者，亦以大與小均有以自見，偏與全皆有以自效。使必遲之百年必世，則迂疏之誚，雖欲自解而不能，而況此心此理之同，固有環至而立應者也。雖道全謗興、德高毁來，容或有其意外之事，然如此者鮮矣。觀我如是，觀民已如是矣，維彼天下豈難求哉？且天下之所望于仁人者，亦以心與事有其相符，久與暫有其一致。使欲希之朝令夕至，則欲速之害，後將自悔而無及，而況至愚至神之民，固有密伺而過督者也。雖虚聲駭俗、諛聞動衆，容或有其倖至之人，然如此者鮮矣。問心如是，問世始如是矣，相彼天下豈易厭哉？

吾嘗見夫匹夫有善，謂僅自淑云爾，而異類者爲之化，同類者爲之助。彼非必有恩澤之及人，而惟恃心性之精純，有以推暨于遠大。故要其至，幽足以動天地鬼神，明足以感昆蟲草木，而知識之倫又無論已。又常見夫至人御世，非盡優柔已也，而怨我者生其愧，德我者生其慕。彼或偶蹈夫堅忍之奇節，而要其意念之無私，有以大白于今古。故極其效，近足以貽孫燕子，遠足以顯世卜年，而親炙之下更可知已。蓋必至是而後爲能行，必至是而後爲仁也，張毋徒求諸天下可矣。『恭則不侮』五句趨而辟之，不得與之言。長沮、桀溺耦而耕。孔子過之，使子路問津焉。長沮曰：『夫執輿者爲誰？』子路曰：『爲孔丘。』曰：『是魯孔丘與？』曰：『是也。』曰：『是知津矣。』問於桀溺，桀溺曰：『子爲誰？』曰：『爲仲由。』曰：『是魯孔丘之徒與？』對曰：『然。』曰：『滔滔者天下皆是也，而誰以易之？且而與其從辟人之士也，豈若從辟世之士哉！』耰而不輟。子路行以告。夫子憮然曰：『鳥獸不可與同羣，吾非斯人之徒與而誰與？天下有道，丘不與易也。』子路從而後，遇丈人，以杖荷蓧。子路問曰：『子見夫子乎？』丈人曰：『四體不勤，五穀不分，孰爲夫子？』植其杖而耘。子路拱而立。止子路宿，殺鷄爲黍而食之，見其二子焉。明日，子路行以告。子曰：『隱者也。』使子路反見之，至則行矣。

辟世者辟言，有異行而同情者焉，蓋忍於忘世者豈恤人言乎？趨辟之狂，意等沮溺，行同丈人矣。魯論次第之以志慨云。

嘗謂時之亂也，治之而治，非不治而治也，所當扶而匡者，正此山林學道之身。無如士以石隱爲高，而沈冥者接迹，遂致與用世者不可同日語也。春秋何時乎？天地閉，賢人隱，否甚矣。高志者爲上九之蠱，靡爵者無九五之孚。吾夫子亦惟此斯人之徒致關胞與，自傷可以圖，維卒瑩瘁，不忍辟也。鬱鬱楚、蔡、陳、衛間，獨有接輿數語，旅人氣壯，彼蓋可與微言者乎？而無奈其趨而辟之者，何也？噫！異矣。或曰：『彼狂者言可聞，人不可見。』或曰：『彼蓋辟言也。』令當日者車前片地握手道意與？或憣然悟焉，相與招弓于田，刻像于野，庶地無遺賢乎！惜也，維子有心，予志之爾。

車驅之，車驅之，率彼曠野，瞻此平疇，欣慨交集，又有耦耕之沮、溺過吾目也。嗟乎！歧路無之，關山難越，茫茫雲津，於焉是問？乃沮既無言，溺復不告，獨於魯國之孔丘、之仲由勤勤問訊，田間人亦夫有心哉！蓋聖賢欲招隱士，隱士亦欲招聖賢，此辟人辟世所爲惓惓也。夫子聞而嘆，嘆而言，彼沮、溺者豈非斯人之徒與？吾子一往深情，祇吾徒依依車上，疇復聞之，而疇復告之？草澤之間，顧安得有高人焉？呼之或出，與之聚家人，數晨夕，以消我壯懷，抒此憤結乎？

亡何，一日者，又有子路遇丈人一事。丈人蓋勤四體、分五穀者也。其言簡，其意傲，繼也款客也有情，見子也有禮，子聞之而後喜可知也。曰：『古之碩隱哉！顧一見焉，道吾意。由也其反。』然而丈人固已遠矣。辟地與辟言也，夫子有懷，何能已已。

嗚呼！彼狂者流趨而辟之，固其所也，丈人將無同哉？蓋接輿，狂而隱者也，惜也孤；沮、溺，農而隱者也，惜也癖；丈人，有禮而隱者也，惜也貞。惜之者何？爲世惜也！吾故曰：『聖人辟人，沮、溺辟世，接輿、丈人辟言。』『趨而辟之』『行矣』

入於海。周公謂魯公。

入海以存樂，能式周公之訓者也。夫維魯之樂不尚有舊矣，故紀樂官者，以入海殿。若曰古樂而可作也，其尚有周公之訓在。今夫魯之有樂，紀曰禽父始也，天王錫之。雖然，禽父始也，實本周公。何則？周公明禮制樂，以底安海寓。『王曰叔父，建爾元子』，於時，畀之大樂，羣伶世守之，蓋薄海內外罔不式時周公訓也。越至今，而魯浸弱矣。萬舞龍旂，何來大夫之宮？執籥秉翟，不錫公庭之爵。識者傷之，知其非元公之舊也，周公其哀矣。故一時伶倫稍稍引去，獨所爲陽與襄者，乃相率入于海。

夫海，吾不知其幾千里也。入焉者何？或曰：『齊濱于海，少師入焉，而從太師後也。』或曰：『海山多玉石，取爲磬有異聲，襄入焉意采磬乎？』是二說者，余未信之，維是海水汩沒，山林窅冥，望焉心悲。二人者將無曰：『吾師乎，吾師乎！其移我情。』而不然者，望龜山而嗟斧柯，操猗蘭以傷王者，願言姬公宛在中央，遥瞻禽父問諸水涘，而今而後將終海若以相羊也。

嗚呼！我聞在昔，識海水以來王，驗東風而入貢，洋洋乎固周公之風也。而顧令海水羣飛，泣天外之孤臣；稽天大浸，嗟水鄉之客子，則雖挈瓶之智不失守器，南冠之囚尚操故音，而周公肇封之遺訓已蕩然矣。于稽周公當日者，朝讀書百篇，暮見七十士，故其時海國重譯來朝，曰中國其有聖人乎。海不揚波者三年矣。逮魯公秉周公訓，莅國之初，猶三郊三遂，故一時聲教迄于海邦，樂歌閟宫，諸伶雜進，以妥侑周公焉，豈非訓詞深厚與？惜也，魯之子孫日失其序，强家作威，伶人荒遁，周公之廟其墟矣，工歌何人哉！

魯論紀樂官以入海殿，悲之也。何悲爾？悲陸沈也。以周公謂魯公，始期之也，何期爾？期復古也。君子取異事于同情，取異人與同觀，合載焉。何合爾？諸伶去而魯廷虚弱甚矣。終則有始，我猶志夫肇封之始也。『入於海』『魯公』

衛公孫朝問於子貢曰：『仲尼焉學？』子貢曰：『文、武之道，未墜於地，在人。賢者識其大者，不賢者識其小者，莫不有文、武之道焉。夫子焉不學？而亦何常師之有？』

惟備道者大其傳，無泥所學以求聖也。夫道萃於文武而紹於仲尼，不惟其人惟其道，則賢不賢皆師矣，聖亦安往而不學哉！且世有至人，天下所恃爲備道者也，然考其所自表述，固臣子之心；大其所傳哲愚，亦高深之助。而學廣者道尊，誠有體備無遺者焉。言學者斷自仲尼，仲尼所學非即道之所歸者乎？道合古今以爲量，自仲尼衍之爲教，而道以行。故正其傳於删定，以弘開繼之任，而其學大而有本。道閱世數以相周，自仲尼統之爲師，而道以明。故寓其權於褒刺，以匡帝王之闕，而其學尊而可久。

公孫朝『仲尼焉學』之問，疑之也。何疑爾？亦曰古之學者必有師云耳，則亦未嘗於夫子之學一推求之也。夫子之學，上有所宗也，下有所統也，虛而能受，博而不遺也。堯、舜一中之旨，歷文、武而作述在家庭，故禮樂文章，無不予後人以修明之責。道而未墜於地，道之幸也，然渙而不可紀矣。子得其可紀者焉。今日者過柱下而習禮，過郯子而知官，賢不賢皆共予我以則傚者也。盡乎見聞之所遺，而無一非學，即無一非師，有隨所在而會其微者矣。夏、商二代之遺，至文、武而父子爲師弟，故岐、豐、鎬、洛，無不動後人以憲章之思。道未墜而猶在人也，道之幸，亦人之幸也。然散而不可收矣，子得其可收者焉。今日者名卿之所睹記，野老之所傳留，大與小皆其示我以典型者也。廣夫咨詢之所及，而學之所在即師之所在，有隨所取而徵其用者矣。

然則上有所宗，宗文、武也；下有所統，統夫賢不賢之大小也。其虚而能受也，故無不學也；其博而不遺也，故無常師也。而又安可執一以求我夫子哉！夫子學以行道，道在則學在；而人處道之散者，聖攬道之全。夫子學以行道，學存則道存；而人分道之寄者，聖總道之兼。仲尼焉學？學以此也。賜真善言聖哉！『衛公孫朝』全章

帝臣不蔽，簡在帝心。

得臣本乎帝，商所以無遺賢也。夫既曰帝臣，則皆帝心之所寄也。奉命以簡之，而知湯之善用賢也，能無私也。自古聖王開國，百爲未興，務必陳殷置輔，以爲致理之先圖。蓋占天曆者以士氣，卜世數者以人才，故朝有從龍之彦，野有思皇之英。此豈獨人力然哉？蓋必有天意焉。如湯之用賢，足紀已。

國家何代無賢？經暴主之淹抑而不足者，當聖主之簡拔而有餘，而苐懼恃一己之私以

爲進退，則無以膺帝眷而開基，朝廷亦何患無士？棄之不勝棄者，失以之亡；收之不勝收者，得以之昌。而但恐任一人之情以爲黜陟，亦何以答帝貺而凝命？乃湯之請命於帝又有詞也，其辭曰：『帝臣不蔽，簡在帝心。』以爲予今日者，其敢曰賢人君子從吾游者，吾能尊顯之乎哉？予惟兢兢奉上帝命以周旋已矣。其自一命以上以至左右輔弼，則皆帝之股肱心膂也。以爲予臣，予能主；以爲帝臣，予惡能主？擢之儔伍而不以爲奇，升之朝右而不以爲侈，予亦惟效薦剡之職於帝已矣，而敢有蔽焉！其自一德以下以及百司庶職，則皆帝之翼爲明聽也。臣爲予來，予專司；臣爲帝來，予惡能專司？明廷墨車，以待英人；巖野弓旌，以招姝子。予亦惟勤汲引之事於帝已矣，而敢有蔽焉！

此非援帝之權以自尊也。簡畀者維皇，帝亦豈其有謂？究之簡畀之事仍藉於予，而啓予心以簡畀者，則帝心也。予固有言矣，曰『聿求元聖』。求者，求之帝也。當其山阿澗畔，蕭然物外而識者，已知天心之所繫屬，則惟茲帝臣，政非竊帝之靈以自擅也。迪簡者維帝，彼蒼亦豈有言？即或迪簡之司予寔爲主，而牖予心以迪簡者，抑帝心也。人亦有言矣，曰『降於卿士』。降者，帝降之也。當其陶堯鑄舜，怡然高望而知者，已斷爲天眷之所特隆，亦惟茲帝臣。帝則簡之，予則蔽之，命曰褻天。帝心簡之，予心蔽之，命曰違天。則予亦與簡賢棄士者等爾，又何能以有罪伐有罪也哉？

噫！此湯之所以王也。今日興朝之佐命，前此之遺民也；今日肇基之元臣，前此之棄老也。人才之際，曆數繫之，豈不以天哉！

大學

知止而後有定，定而後能静，静而後能安，安而後能慮，慮而後能得。

詳止學之功，皆由知後而得之者也。夫學之在此之後者，必有異於在彼之後，由止中歷至之境推之，止不以知得乎！今夫求至善而不詳善之所由入與善之所由歸，則其學亦烏可以已哉？惟出我之神明以與之，遞進於可據，故以一善貫衆善而多其功者，即以衆善要一善而立其極，非漸歷焉，亦安能與之相深於有成也乎？大學統明新於止至善，則止者，明新之極也。夫極明新之止，聖賢以此盡性而達天帝，王以此窮神而至化，其效無可量，其學未易殫，而豈可遽責之成均之□子哉？

蓋非知無由入，非知以後無由得也。惟知止而知期乎止，既晰其至一之途止因乎知，即獲其不遷之則，則定境生焉。雖止不止乎定，不必於定竟其功，而全其有於知後者，定也。惟有定而知之，見於定者不淆於中，則知之進乎定者，有主於内得静境焉。雖定不止於静，不必於静窮其量，而徵其能於定後者，静也。静矣，而能之止於静者，寧能之僅止於静而已乎？静與安固知後所必歷。何以求安？於安而有未安者驗之，静後而無不安也，安矣。而能之止於安者，寧能之僅止於安而已乎？安與慮固知後所必致。何以求慮？於慮而慮未出者考之，安後而慮以出也。夫至於慮，則相因而見者無不可持循連類，而形者已全其功效，何必言止？何必不言止？要惟此爲得之矣。然非知之遞深於慮後者，曷能之哉？

蓋定以前之爲功虚，虚則循其所有；定以後之爲功實，實則究其所能。學以漸而彌精，明新無不至之量。定静安類乎止，而一得已統乎止之全；慮近乎知，而一知已盡得之要。學以進而有序，明新無倖至之功，斯至善所由止矣。『知止而後有』一節

定而後能静，静而後能安，安而後能慮，慮而後能得。

論止於定後，其馴至有全能也。蓋學至有定，綦止矣。乃歷静安慮而後得之，如是云止，如是云知也。今夫大人之學先於立志，嗣是而歷之境，嗣是而見之功。歷之境者境有以報，而閲境非艱；見之功者功有以深，而致功不易。蓋至學成，而天下之理不外始知。初之馴至者，雖有層折之勞，而究歸自然之樂也。知止有定矣，定生於止，而定不可言

止。定之於止，積漸以往也，去紛去擾，而有守自兼乎猷爲，吾道有從容之獲。定近於止，而止不即屬定。定之於止，數累而上也，爲寧爲謐，而介石能斷幾終日，吾學有神明之通。夫學之在後者，必有異於在前者；抑學之在此之後者，必有異於在彼之後者，繇定而之焉。止之得也，豈一蹴至哉？未定紛拏，既定澹穆，而主於克一，則静氣自生，不必所遇皆静境也，恃吾定後有能静者存焉耳。未静躁率，既静舒徐，而藏心於淵，則安處自永，不必所值皆安日也，恃吾静後有能安者存焉耳。未安昏惘，既安精研，而存身既固，則文思自湛，不必所接皆慮時也，恃吾安後有能慮者存焉耳。

學至此其全乎？未也，未慮失其所有，既慮創於所無。夫大事既濟，必歸多學之人；疑謀有成，必屬深究之子。所以數變而貞一自如，屢遷而澹寧有據，蓋止于是乎得矣。夫得不僅於慮致之，而若不能不自慮後致之也。乃知學貴其能入也，則尤貴其能出也。達沈潛之功於光昭，而後名理無間於深阻，吾心如故物之獲矣。學貴其能分也，則尤貴其能合也。極層累之致於大通，而後設境不患於遥睽，至理有取攜之便矣。

定静安與止爲類者也，慮與知爲類者也。與止爲類而得乎止，與知爲類而得乎知，何弗知？何弗止哉？『定而後能』一節欲修其身者，先正其心；欲正其心者，先誠其意；欲誠其意者，先致其知。

由修身而遞推所先適，全其明德之量而已。夫修之事自身而始者，修之功必不自身而止。合正、誠、致遞推之，古人知先之學其全哉！今天下國家之責我者此身，則由身出者皆繼起者也。而疾敬有耑圖，則必驗之于神明之際矣。蓋德本實而以無妄端其原，明本虚而以有覺全其體，身之所必盡者，無乎不盡，而皇極之内有精功焉。

然則欲修其身者，豈遂于身修之哉？身不自爲身也，使非有主于形色之表者，何以寂則存而感則通？修不自爲修也，使非有深于節制之中者，何以内可貞而外可大？是則曰心曰意曰知。不于身以内求之，與混于身以内求之，皆不可也。遡所由來，存發各著，其理爲正爲誠爲致，不進乎修而求之，與進乎身而漫求之皆不可也。推所必至，虚實互見其功。是故古大人有所欲以修其身者，主之于心：心益乎身，惟心有以成其是；心累乎身，亦惟心有以去其非。先之以正，而猶不敢遽恃爲正也，而有所欲以正其心者，持之以意：意足害心，而任意遂足以見過；意足衛心，而斂意亦足以見功。先之以誠，而猶不敢輕用其誠也，而且有所欲以誠其意者，操之于知：知可導意，而非知無以辨意之真；知可制意，而非知亦無以晰意之妄。先之以致，而古人終不敢冥道以致也。吾身遞運之能攝之于心，而正之用愈出。故不恃吾意無不誠，而恃吾心無不誠之意；不恃吾知無不致，而恃吾意無不致之知。

相引彌深，宥密之間有通理。吾身相須之數遡之于正，而心之用不窮。故心主虛而意主感，誠乎其意之初，則感去而虛存；知近天而意近人，致乎其知之良，則人盡而天見。漸進益密，層折之至有分名。至于知，則無『復』欲與『先』之可得而言矣。『欲修其身』六句

欲誠其意者，先致其知，致知在格物。

德全乎意，知其功可遞遡也。夫明德未有外於誠意、致知者也。極於所當先，而指其有定在，非知先之，人人曷至是？且經言『大學』，而首之以明，蓋凡爲新爲止，總以全此明之之量而已矣。俗學務求之踐履，能感而不能通，非明也；異學務求之幽深，能入而不能出，亦非明也：故是二者皆遠於道焉。乃吾觀於欲明明德，於天下之大人則不然。

大人之先誠意固矣。意之紛乘不窮：從心而生意者，一心之中可百其意也；從意而復生意者，一意之中又不啻百其意。此非已實欲誠，夫亦何自而得誠乎？然同一意於此，愚者不誠而智者誠：一則誤於所昧，一則快於所覺也。同一意於此，智者或誠，智者亦或不誠：一則僅悉其已然，一則實悉其所以然也。則甚矣，知之重也！夫里巷小民，時或傲

聖賢以獨得，豈必古今之無窮？目前細事，每多愧日用而不知，何況九州之寥闊？惟有以致之：即一事而致之，無遺力始無遺理也；即事事而致之，有全功斯有全量也。古之人身心之與天下國家，無一非意所必誠，即無一非知所必致。豈非有見於所先也哉？

大人之先致知固矣。知之遞變何限？從意而得知者，知動於内，尚未驗於外也；從知而得知者，知通於外，將無外之非内。故不復言欲致，而惟思其所以致乎！然同一知於此，虚者不致而實者致：一則苦於無據，一則樂其可徵。同一知於此，實者或致，實者亦或不致：一則滯於其偏，一則攬乎其全也。則甚矣，物之重也！夫飛、潛、動、植，昔賢直窮其情性，後世至莫别其方名；水、火、工、虞，古聖且世其氏族，今人豈遽備於一身？惟有以格之：昧於前者忽悟於後，歷一事始諳一事也；得於此者可通於彼，生一智即長一智也。古之人誠、正之與修、齊、治、平，無一非知所當致，即無一非物所當格，豈非實得其所在也哉！由是可因所先而進推所後矣。『欲誠其意』三句

物格而後知至，知至而後意誠。

學至無物，而天下見大人之意矣。夫大人以及物爲意者也。使格至不先，亦安知其意之誠有若是哉？且古大人出，而天下萬物之數，莫不統于吾明德之中。豈倖致哉？静焉而

内無不通，斯動焉而外無不實，此其故有遞臻而功亦有遞深矣。大人既以格物爲學矣：學在遠古，物以不見其性爲大；學在近古，物以各正其命爲公。格物而物格其效，豈以物格已哉！

夫古無博雅之學，如後世詩書之詳，盡而可考，然意之所至，天地山川之幽隱，嘗有無因而解其故者。大人不謂知之遂至於是，惟大名物而物有其名，化物而物尊其化，而後知嚮之恢廓而及之者，乃以開物而成務也，而何有於詩書？

古無聰明之學，如後世道術之觀，感而自通，然物之所期，貌言視聽之情形，當有類觸而動其中者。大人不謂意之遂誠於是，惟夫博知而知無不博，約知而知無不約，而後知嚮之篤至而冀之者，乃以知通而見遠也，而何有於道術？

然吾思河馬象而風雷有文，雒蔡書而雨暘有序，物未有作之先意非不誠，古大人特懸其意，以俟萬物之來，而合變通神，爰以用期夫後效。璣衡察而日星有歷，臻璜陳而寒暑有馨。知當未至之時，誠先及物，古大人特虚其誠，以豫亶聰之質，而閑邪制行，且以徐俟其終圖。此知求知於所止，則物格而即徵協應之端，求序於所知，則意誠而已具會歸之勢。故大學以誠意爲進德之基。『物格而後』二句

爲人君止於仁，爲人臣止於敬，爲人子止於孝，爲人父止於慈，與國人交止於信。其一

文王協衆，止於一善，列言之而益見其至焉。夫無有一事焉，無善之止者也。由君臣、父子以及國人，而文之備善者如此，是可以教天下之求止者矣。今夫善之至者，非一善而止也，必無不善而止也；亦非無不善而止也，必無一不至乎善而止也。故觀古人而見其止之之心，即詳其止之之事。

尊親上下之間，夫固有克備無遺者深，後人以推求焉爾。如詩詠文王而頌其敬止，豈非以文爲得止之極者乎？然文初無甚異乎人，而有無歉乎人之理。凡翼翼以本諸性情者，無非祈全乎人也，亦初非甚異乎爲人，而有克盡乎爲人之事。凡亹亹以深諸學問者，未嘗或越乎人之倫也。蓋文之爲文，一敬止焉，無不貫矣。顧有道在敬而或異乎其稱者，有道在敬而仍無異乎其稱者，則於君臣、父子、國人之間亦大可見矣，猶是君也必如文，而後可以爲人君。蓋善之中原具一仁，仁不止於爲君，而爲君必以仁爲止也，文則止於仁，猶是臣也必如文，而後可以爲人臣。蓋善之中原具一敬，敬不止於爲臣，而爲臣必以敬爲止也，文則止於敬。

雖然，文所處之異無如君臣，而所遇之隆無如父子。況子臣之理相通，孝同於敬，而情更篤於敬者也。文則全乎！其爲子而止善以止於孝也如此。君父之倫並重，慈類於仁，而誼更親於仁者也。文則全乎！其爲父而止善以止於慈也如此。至於國人，各安其臣子之職，而我臨之以君父之尊，是不可不孚之以孝敬，而格之以仁慈也。文則止善以止於信也又如此。

以爲文之止俱於此見之，不可也；以爲文之止不於此見之，不可也：則凡求止於彝倫之中者，可以勉矣。然即一事而以爲文之止不盡乎此，不可也；即數事而以爲文之止咸盡乎此，不可也：則凡求止於彝倫之外者，可以推矣。敬則無不敬也，止則無不止也，故列言之以教天下之爲人者。『爲人君止』五段其一

爲人君止於仁，爲人臣止於敬，爲人子止於孝，爲人父止於慈，與國人交止於信。其二

止善不外爲人，可以教天下人矣。蓋善在人，盡其爲則止矣。君臣、父子、國人之間，文王不可風哉！且夫人莫不有善而有止、有不止者，誠以問其名，則曰人也；循其實而考之，則所以愧乎人之爲者不少矣。夫人生得爲之事，苟一一爲之而至乎其極，使千百載後

讀其文，猶穆然想見其爲人，自非至聖，孰能當此而無憾乎？有如文之敬止也，豈非以其能盡乎爲人，而求全夫君臣、父子、國人者，無一不止於至善哉！

乃或謂文王當日之所爲，則有倍難於人者。難莫難於六州之歸命，恐以孔邇形如燬之傷；難莫難於有二之三分，恐以陰行掩服事之志；難莫難於因心之則友，恐以似續墜箕裘之緒；難莫難於年世之永卜，恐以涼薄靳昌後之模；難莫難於殷商之遺民，恐以征伐滋猜二之漸：則甚矣，文王之難也！乃文王不敢以爲難而怠之，迄今睹謨烈之昭垂，孰非境屢嘗其險阻，而不爲人倫遺憂患之階者乎！夫學者之自待甚恕，往往淺近緣飾之處，曲爲己寬，而不知莫寬者正在此，最難處之事能爲其難，則臣樂我之爲君，君樂我之爲臣，父樂我之爲子，子樂我之爲父，國人樂我之爲友。此仁、敬、孝、慈、信之善所爲，亘千古而獨至者也。斯何如止也？

抑或謂文王當日之所爲，則有較易於人者，易莫易於魴魚之赬尾，而洛西之請以伸；易莫易於獨夫之肆虐，而羑里之囚以釋；易莫易於帝度之明類，可以寢膳揚世子之風；易莫易於末年之受命，可以篤祐大燕天之業；易莫易於西土之士女，可以如傷結父母之歡：則甚矣，文王之易也！乃文王不敢以爲易而忽之，迄今慨音容之已杳，孰非意孤行於天地，而不爲人倫留增飾之端者乎？夫學者之自命過高，往往耳目不至之物引爲己耻，而不知可恥者已在此，最易盡之遇能爲其易，則我不愧乎爲君，不愧乎爲臣，不愧乎爲父，不愧乎爲子，不愧乎爲交。此仁、敬、孝、慈、信之善所爲，盡斯人而可至者也！斯何如止也？

夫爲人而至文王，可以止矣。學爲人而至文王，亦可以無譏矣。不然，而苟曰我善是，是亦足矣，不惟不得爲文也，而尚得爲人乎哉？『爲人君止』五段其二

詩云：『瞻彼淇奥，綠竹猗猗。有斐君子，如切如磋，如琢如磨。瑟兮僩兮，赫兮喧兮〔三〕。有斐君子，終不可諠兮。』如切如磋者，道學也。如琢如磨者，自修也。瑟兮僩兮者，恂慄也。赫兮咺兮者，威儀也。有斐君子終不可諠兮者，道盛德至善，民之不能忘也。

夫淇奥之詩未嘗言止也，而無在不取詩之詠君子者遞詳之，而深有合於明德之止焉。今夫求止而欲一日即見其止，與求止而無一可以見止也。宜傳者由繹於此而遞詳之與？故有人焉，期乎止而黽勉以爲之，斯有人焉，日得見其止者，皆不足深人以無窮之慕者也。吾從其傳之之詞，以推其爲之之意，則見其用功深而效亦無不得因所止而委曲以傳之。止之量貴乎能安，然亦有由勉以幾於安者，此其功候未易喻人也，爾。止善至文王尚矣。止之理貴其甚全，然亦有由偏以幾於全者，此其體驗未可明言乃詩人已先我而喻之矣。

也，乃詩人已先我而言之矣。

淇奥之詩以詠君子也，其擬之以切磋琢磨，繼稱之以瑟僩赫咺，而終之以有斐不諠也，何其稱頌不一詞，而感慕之無極哉！吾讀詩至此，若爲明明德者進一解焉。吾有德而知與行之未盡，不可云止；吾有德而心與身之未治，不可云止；吾有德而聞與望之未彰，不可云止。則必有由淺以及其深者，而止之基立焉；則必有由存以徵諸發者，而止之體見焉；則必有由身以應乎世者，而止之詣全焉。甚矣，詩之善言止也！

夫以治物之相加，明治心之無已。詩所謂如切如磋、如琢如磨者安指乎？吾取而繹之：其所以迪此德者何其精，其所以勵此德者何其密也！則以爲道學也，自修也，以中藏之嚴毖，兼外治之光昭。詩所謂『瑟兮僩兮，赫兮咺兮』者，安寄乎？吾進而思之：其所以凝此德者不可喻，其所以宜此德者不可推也。則以爲恂慄也，威儀也，以一時之淑慎，繫一世之歌思。詩所謂『有斐君子，終不可諠兮』者，何無斁乎？吾推而求之：其德之在己者，静而愈正；其德之感人者，久而愈深也。則以爲道盛德至善，民之不能忘也。甚矣，詩之善言止也！

無遽見其止之功，故體於身心意知者無不備；有共見其止之實，故通於家國天下者無不全。則明之所極，又爲新之所始也。『詩云瞻彼淇奥』一節

民之所好好之，民之所惡惡之。

道貴同民，而矩有由絜矣。夫絜矩之道，以惡而見其端，即以好而全其量者也，平天下者，敢外民而自異乎？且有志天下者，未嘗不欲得民心而用之也。心微而不可見，而莫不各有寄其心之處：驅之以勢，將易動而難靜；任其爲權，亦一發而難收。絜矩之君子，寧無道以處此？詩詠父母，斯豈漫得之民哉？耕鑿相安以來，不必代爲謀也；至若無端而喜，無端而怒，隱告以情之所動，而忍恝置歟？智識日紛以後，未易盡爲合也；至若歌也有思，泣也有懷，明示以念之所注，而尚坐視歟？則甚矣，民之好惡可思，而所好所惡尤足念也。

天下無不愛惜百姓之君父，特或出於優柔，則每有狃於固然之憂。故視天下之欣拂，明知有一二當更張者，而才力不及，苟且因循，雖貽後世子孫之患，而目前尚可以粗安。此不得已而已之隱衷，幾同於民之好惡漠不關切。今古無不痛念草野之朝廷，特或近於英明，則每有好行其意之慮。故視閭閻之愛憎，明知有一二當因仍者，而聰明發越，好大喜功，雖幸一己政令之行，而黎元已大失其望。此得已而不已之隱禍，必至於民之好惡有所甚乖。嗟夫！民有所好而不能自爲好也，責在好之者也；民有所惡而不能自爲惡也，責在惡之者也。而今竟若此，民復何望哉！

君子曰：『吾知所以絜之矣。』蓋不能好之惡之者，以未端乎好惡之源也，君子已於誠意而端其源矣。愼持夫欺慊之幾，無一不爲萬邦赤子所誠求，故恩既深入人心，而威亦大快人意。抑未清乎好惡之幾也，君子已於致知而清其幾矣。嚴察夫美惡之端，無一不爲四海蒼生所托命，故賞嘗足以令人感，而罰亦不至使人讎。且夫世之盛也，衣食足而禮義明，民方奉上之好惡耳。至民有所好所惡，而風已遞降矣。雖然，天下鬱鬱不得伸者，一旦有以洽其私，雖父母於子寧有過歟？『民之所好』二句

中庸

天地位焉，萬物育焉。

彰性功於位育，一心備其全焉。蓋中和不極其致，何有於天地萬物乎？觀於位育之大，而知其性有獨優矣。今天下何以尊至人哉？一人盡性，相涵於澹漠之中，而天下咸進而推其量之所暨焉，故有靜而益深者以養福，則有動而口出者以成功。人見其效之顯著也，而不知其積於中者有甚裕焉耳。

吾由中和之致而進觀其效：兼三才者天所命，其業在心而不在世也。致則因心以及世，而性復無遺，茂昭直專之大德。統萬彙者我之性，其道治理而不治事也。致則出理以及事，而推行不越，獨著咸若之弘功。以言乎天地，則位焉矣。變著四時，野别五土，天地固甚歧，而不歧於中，中所以見天地之心也。彼肅乂而時著雨暘，哲謀而氣通寒燠，豈虚言其理哉？實有其應已。雖懷襄咨帝，旱暵憂王，天地亦原有不得其位之時，而聖人卒以致一中者位之矣。然則在内之無頗無偏，即在外之仰觀俯察，辨高卑者不在兩間，而在室中之劼毖已。以言乎萬物，則育焉矣。

性别剛柔，類殊靈蠢，萬物固不一，而一之於和，和所以立萬物之命也。彼陽生而萬族作其歡愛，陰生而庶職斂其性情，豈空期其效哉？實有其據已。雖草木芸黄，卵胎夭扎，萬物亦原有不得其育之時，而聖人卒以致一和者育之矣。然則在我之心順時若采，即在世之復性遂生，資生殆者不徵四靈，而徵乃心之康阜已。蓋凡人于兩大視天地，故嘗見其遠；聖人于吾性中視天地，則嘗見其近。兩大之天地不可褻，吾性之天地其可褻乎？亦臨亦保，此戒懼之功所必嚴也。不然者，不聞不覩之中，君子亦何爲是兢兢也哉？凡人于芸生視萬物，故嘗見其疏；聖人于吾性中見萬物，則嘗見其親。芸生之萬物不可瀆，吾性之萬物其可瀆乎？曰旦曰明，此慎獨之功所必凛也。不然者，莫見莫顯之内，君子亦何爲是皇皇也哉？

夫萬物不出天地之中，而位育又不出吾性之中，此中和之所以不可不致，而率性之極功即不外此未發已發者是。『天地位焉』二句

詩云：『鳶飛戾天，魚躍于淵。』言其上下察也。君子之道，造端乎夫婦，及其至也察乎天地。

道察于上下，惟君子能極其量焉。夫上下察，則察天地矣。雖察者道，察之者君子，其費同也，而徒隱乎哉！且異端之學，往往從事于不可見者以爲道，是以邇之無可循，而遠之無可推也。乃天下後世不聞聖賢之教，遂相與棄耳目以求知，外踐履以求能，而道遂因之不明、不行于天下。

今世之索隱者，亦曷知有道哉？夫索在隱者必不費，費而隱者必不索也。何也？察也。道有無爲而自察者，請爲讀旱麓之詩。詩以美作人也，初未嘗言道也，然吾由與知能而語小，由不知不能而語大，此猶分大與小而言之也。抑知觀于詩言，並有大與小不得而分者乎？試仰而觀之天，飛者非鳶耶？鳶何爲而飛，飛胡爲而戾于天？有飛之者耶？試俯而觀之淵，躍者非魚耶？魚胡爲而躍？躍胡爲而于淵？有躍之者耶？其知也能也，吾不得而知也；其不知也不能也，吾亦不得而知也。斯言也何言也哉！蓋爲不同而其性同，性不

同而其率同道也。然則舉一鳶魚，而凡視上之與視下者，咸視之此矣。何其費乎！

抑彼世之索隱者，亦曷知有君子之道哉！夫索在隱者，索之于無可索，而費者亦隱。費而隱者，索之于有可索，而隱者亦費也。何也？造也，察也。道有有爲而後察者，請爲言君子之道，君子亦遵道而行也。初未嘗冀後世之述也，然吾因語大而極之，天下莫載；因語小而極之，天下莫破。此猶渾大與小而虛言之也。抑知觀于君子之道，誠有大與小之可得而實指者乎？一家之中夫爲天，其正位乎外者耶？然愚不肖之爲夫與君子之爲夫何以異？而齊家者曷以獨歸之君子？一室之中婦爲地，其正位乎内者耶？然愚不肖之有婦與君子之有婦何以異？而宜家者曷以獨歸之君子？其莫見也，莫顯也，吾無以測其知且能也。其不覩也不聞也，吾更無以極其知能之所造也。斯端也，何端也哉！吾見推其施寡妻者，而至于育萬物；推其宜一室者，而至于調二氣：君子之道也。然則舉一夫婦，而凡上清之與下寧者，咸備之此矣，何其費乎！

夫道之費如是，君子之道之費如是，彼徒索隱者亦何以止矣，而行怪者又何爲也哉！吾更請以不遠人之道告之。『詩云鳶飛』二節言其上下察也。君子之道，造端乎夫婦，及其至也，察乎天地。

言道者著於詩，可由君子而竟言之也。蓋上下察者，道也；察天地者，君子之道也。由造端而及之，不愈見其費與？今天下亦何一非道之所著哉！道之在人也與其在物也，亦無以異，而道之麗於人也與人之麗於道也，或未必同。故始之無以盡其知能，而終之無以形其著察，亦何怪乎言道者愈紛而愈不可竟與？

旱麓之詩何言乎？天下觀理則無，觀形則有，無不足以見道，而有足以見道也。鳶魚亦其有之未空者耳，而道莫著焉。天下據象則虛，據意則實，虛不足以礙道，而實足以礙道也。飛躍亦其虛之可見者耳，而道莫著焉。蓋善觀物者，即物亦爲道；不善觀道者，即道亦爲物。由詩言之，盈天地間皆物也，盈天地間皆道也。散之宇宙者，一如聚之當身者之仁昭而義烈；衍之流行者，一如弘之體備者之智明而愚曉。推此類也，鳶魚亦可見性，而況夫婦者人之靈；飛躍亦可徵情，而況知能者人之事。道之察也不已，下寥廓而無地，上蟠際而無天哉！之道也，何道也？即吾所云君子之道也。

道何始？始乎夫婦。道何終？終乎天地。而爲始爲終者，微君子亦何能始之終之哉？君子以爲，一室之夫婦，兩間之天地也。故王化雍睦，始於閨門，而推之即地平天成之所由準。人以爲奇偶之常，而君子直以爲陰陽之合德，而不敢稍渝其秖廸。由一知而及之無不知，由一能而及之無不能，其可知可能者，皆其共知共能者也。天地之間，何莫非充周之用矣。夫道之充周也有如此哉！抑夫婦一小天地，天地一大夫婦也，固帝德觀刑，肇於房幃，而推之即横天塞地之所由基。人以爲咸恒之象，而君子直以爲乾坤之定位，而不敢或寬其劼毖。由與知而及所不知，由與能而及所不能，其不知不能者，皆其不以知知、不以能能者也。天地之間，何莫非昭晰之功矣。夫道之昭晰也有如此哉！以爲愚不肖而君子有其端，以爲有憾而君子有其察。

天地者，上下之極也。上下察者，由乎自然；察天地者，循乎功用。微君子亦何以快盡道之費乎？『言其上下』『天地』

所求乎朋友。

道存乎朋友，君子未易言求矣。夫即不能無求於朋友，盍思自反之道乎？是在君子。且士生斯世，既不能淡然而無求以合於道，則其難有不可勝言者，不獨君臣、父子、兄弟之間也。君臣主義亦有分，不等於君臣，而合以義則同；父子、兄弟主恩亦有親，不等於父子、兄弟，而推以恩則同。然則君臣、父子、兄弟之外，不更有朋友焉，同我於不遠人之道之中者乎？朋友不比途人，然有時甚於途人者，則必非與我始爲朋友之時，而在與我久爲朋友之時也。何也？有所求也。朋友非同仇敵，然有時竟成仇敵者，則必非與淺爲朋友之日，而在與我深爲朋友之日也。何也？有所求也。

我與朋友同貧則無求，求因我貧而朋友富。富不求，誰當求者？是朋友之富，正貧者求之之所也。然求者固苦，而爲所求者又豈甘乎哉？所蓄有限，不得沾目前慷慨之名，而滋日後困乏之憂；其來無窮，不得徇一時情面之私，而開衆人效尤之請。此朋友之忠心，所望求之者或恕之也。我與朋友皆賤則無求，求因我賤而朋友貴。貴不求，誰當求者？是朋友之貴，正賤者求之之所也。然求者固難，而爲所求者又豈易乎哉？仕宦既登，不得任布衣義俠之風，而貽黨禁身家之累；權位日盛，不得避遺棄知交之議，而干君父功令之嚴。此朋友之忠心，安得求之者盡恕之也？

求而不應所難堪也；而尤不堪者，隱其心而微形其狀，遂使親之無益，疏之可惜；而仍不得不目之爲朋友也，則求之者當亦知所變計也。求而見憐已可辱也；而尤足辱者，吝其與而反生其謗，遂使容之難忍，快之不能，而已不得復望之爲朋友也。則求之者，當亦知所自重也。

嗟乎！履崇高而席富厚，亦朋友之命實爲之，於我何與？使其有情，不待求也；如其無良，又何必求也？而況人情不甚相遠，盍思我於朋友何如？而顧不畏君子之議其後乎！

「所求乎朋友」

詩曰：『嘉樂君子，憲憲令德。宜民宜人，受禄于天。保佑命之，自天申之。』故大德者必受命。

德之至者，命亦至焉，引詩而斷其必然也。蓋有命既集，集於令德，故其受焉必也。惟德動天，吾益徵信於詩。自古人主未有身無過人之資，而能崛起在位，以當天眷者也。然惟人之天全而天之天斯見。苟德洽矣而功不至，功至矣而應不至，以至受命用希，則是美報不臻，而艱難獨集也，即何以章受命之符乎？

虞舜大德見於前事矣，吾於是廣引而明其故也。三代而後，類高舉乎天以侈其詞，而惟本德美以明報，則入廟見祖，其言不近於矯誣。後世頌君，類盛稱乎天以神其説，而唯隆德範以昭應，則陳詩答貺，其辭有尚乎體要。由虞而下，亦越有夏而明德之遠者；嗣曆開基，亦越有商而懋德之建者。崇冠元后，詩書之間未缺有間也。然廣引天符而侈陳瑞應，斷自德元以明有本，則我周嘉樂之詩爲最詳矣。

嘉樂之詩，公尸答鳧鷖也，迄今一頌其章而知有周受命之隆，與虞一轍焉。其曰『嘉樂君子，憲憲令德』，其言德也能立本也，天之所主也。繼曰『宜民宜人，受禄于天』，其言宜也，能立業也，德之所暨也，而後終之曰：『保佑命之，自天申之。』蓋言君子有嘉德而無違心，用能協於上下，以承天休也。嗟乎！天難諶也，命靡常也。主有自絶於天，而上無以正朝廷，下無以正百姓，天禄未終斷然耳，又安望其申命用休，保世滋大也哉？吾於詩而知周之所以王也，吾於詩而益知虞之所以帝也。

草野之子，忽在朝廷，此非適然之數也。曆數之傳，天亦不能自主，而惟大德則克主之。神聖文武之資，雖在簡賤，亦必嗣天曆而爲昊天之子，豈必天之命之曰『爾當世主，而盛德者無降席，山川河嶽皆爲有道之符已』？寒畯之人俄爲社稷，此非自然之遇也。神器攸屬，天亦不能預定，而惟大德則克定之。聰明廣淵之哲即當側微，亦必開明堂而爲天亶之后，豈必天之命之曰『爾天下君，而豐德者無嗇報，鬼神風雨皆爲真人之助已』？所以識微之士，見一二事而識帝王之有真；觀氣之夫，聽一二言而歎神聖之天授。故大德者必受命，有周之興，同符虞祖，即又何疑於聖人而不爲天子者也？（『詩曰嘉樂』二節）

郊社之禮，所以事上帝也。宗廟之禮，所以祀乎其先也。

禮制聿新，天與親一視之矣。蓋本天本祖，人之始也，孝達而著之，帝與先，郊社宗廟故並隆焉。今天子撫有天下，以爲社稷宗廟主，故必上格乎天，下格乎地，遠格乎宗祖，而後可名爲昊天之子、有道之孫。蓋物本乎天，人本乎祖，而不因時創典以著其隆，則尊親未極其制，猶未見孝思之維則也。如武周，達孝至矣。

我蓋由宗廟之禮而推所爲郊社之禮，蓋常丘而郊、澤而社矣。掃地南郊，而陶匏繭栗以明簡；封土大社，而立表植基以昭虔：是果何爲而然哉？以爲報天地之德也。而天地大德豈能報之？亦曰所以事之云爾。王者父天而母地，皇天后土實監臨之。其所以奉若畏威、無所不爲昭事，計特藉於冬至、夏至之儀，舉國家安阜之功，不敢自有而歸之天地，而因以表其寅畏，蓋兢兢乎其事之也！顧天地不同，而概之曰上帝者何？考之大易而致役維坤，考之月令而中央維帝，夫亦從所統也，亦猶地風地雨而上之天之謂也。武周之爲斯禮也，曰天神其隆乎！曰地祇其出乎！維帝其右之，而仁人享帝之心於是一慰。

我蓋由郊社之禮，而又推所爲宗廟之禮，蓋嘗離而宗合而廟矣。或五年一行而名尊於天子，或三月一舉而禮通於天下：是又何爲而然哉？以爲報祖宗之澤也。而祖宗厚澤豈能報之？亦曰所以祀之云爾。王者宗功而祖德，祖廟先靈實覆露之。其所以修德紹業，無所不爲承祀，計特藉於四時大袷之典，舉歲時興革之迹，不敢自隱而告之宗祖，而因以表其繼述，蓋粥粥乎其祀之也！顧祖禰不同，而概之曰其先者何？如帝嚳郊稷而百世不祧，如失官竄翟而五世或遷，玆蓋從所始也，亦合大宗小宗而統之祖之意也。武周之爲斯禮也，曰先公無怨乎！曰先王無恫乎！維祖其臨之，而孝子享親之心於是一慰。『郊社之禮』一節

人道敏政，地道敏樹。

進推舉政之道，而人無異于地矣。夫人存而政即舉，此其道何敏也！雖地之于樹，寧有過歟？若謂祖宗之可爲子孫法者，非徒具文已也。當日咨儆一堂之上，而卜世卜年之慶，已蚤有以培其本而裕其枝。是以後之人雖創守異趨，侯王易軌，而此凜然共由者，歷百世未之有改焉。于以知文、武之傳政，其即所以傳道也。道之存乎人者，君有君之道，臣有臣之道，此固豐、鎬之主臣交敕，而睢麟之精意所由以傳者也。有以立其體而學問以深，天不得而限之也；有以致其用而功業以茂，人不得而制之也。

以是立政，豈猶有不敏者乎？敏不於廢弛而於精勤，一日二日敕其幾；敏不于躁急而于積漸，百年必世要其成。由是大綱以舉，庸主以爲難，而聖朝以爲易也；諸目畢張，後人享其逸，前人亦不覺其勞也。雖我周肇迹，視夏、商而較遲，然蓄之愈久者，有不發之愈盛乎？今日者信圭瞀冕〔四〕，穆然念姬公制作之初；礪山帶河，慨然思元子就封之始：其所以百度釐舉者，何莫非此人道爲之也？要豈獨人道爲然哉？猶夫道之存乎地者，柔有柔

之道，剛有剛之道，此固陰陽之向背不同，而高下之躁濕亦異者也。時而春夏而品物流形，氣以亨而得通也；時而秋冬而性命各正，機以終而裕始也。

以是種樹，豈猶有不敏者乎？敏莫敏于承天以順行，而通復有一定之數；敏莫敏於因人以圖功，而灌溉有獨優之能。由是條幹紛披，莫與爲傅〔五〕，而遠近已一色也；枝葉猗那，不見其長，而朝夕已改觀也。雖東南形勢較西北而異宜，然別之愈詳者，有不植之愈茂乎？今日者澗水東由，非無喬木之休息，黿蒙皐繹，且多棫樸之薪標。其所以四時遞盛者，何莫非此地道爲之也？而又何疑于人道也哉！況乎夫政之尤速，又有等于蒲蘆者，公能無對方策而念文、武乎？『人道敏政』二句

取人以身，修身以道，修道以仁。

取人以舉政，亦仁其身而已。夫不以仁修道，則身曷賴焉？取人者所爲遞以之。若謂政之必賴乎人也，固已；然君擇臣，臣亦擇君，苟外有以不失其望，而內又有以深服其心，聞風者方將賦『彙征』而歌『允升』焉，況煌煌明詔實式臨之乎！然則取人之道斷可識矣。

古今取人之難，莫難於文：以祖宗之培養，委草莽則有遺棄之傷；以天子之國楨，供

藩封則有籠絡之謗。故千城腹心，散布於山林而不敢用；奔走疏附，斂抑其精鋭而不敢揚。使非有以一其心德，聚之甚難，散之甚易，亦何以貽燕翼乎？古今取人之盛，莫盛於武：家庭之手足皆將相，無事千里之求；從龍之碩彦備文武，適符五百之運。故師師濟濟，非夏、商所能侔；都都俞俞，雖唐、虞無多讓。然非有以正其本源，可與爲治，亦可與爲亂，何以歌耆定乎？吾觀當日，服事維勤，文以身立，人臣之則也；顯名不失，或以身大，人才之用也。相須殷而相遇不疏，豈偶然哉？

然則後世人主亦有以身爲招，而人顧去之者，何也？道未修則身無由修也。以父母之身而事人，功名富貴罔不足動賢者之隱微，其實亦欲得君行道耳。而君先不道，禮貌雖親，情愫亦切，特不足以有爲，碌碌相隨，徒縻歲月，復何益乎？文、武之世，百度彰明，五品時敘，蓋誠見修身之當以道耳。抑後世人主亦有以道爲準，而身顧未修者，何也？不以仁則道無由修，而身益無由修也。本聖賢之學以圖功，權謀術數固不足以辱儒者之舉動，其心亦欲輔君行仁耳。而君先未仁，文具徒張，嗜欲未泯，即□斷難與久處。昧昧不行，終罹禍患，不亦惑乎？文、武之世，惠鮮有詠，怙冒興歌，蓋誠見修道之必以仁耳。

公今者誠能本睢麟以行官禮，則厥躬永保，當有盡忠信而趨闕下者，於以覲光揚烈，安見文、武不至今存乎？『取人以身』三句

誠者，天之道也。

尊誠於天，隆厥初以治人也。夫天道不遠於人，原在身之中也。歸之誠者，亦以期盡天之實云耳。且言善而不推其所自始，無以定所尊也；言身而不本其所由來，無以隆所出也。夫虛中以立，即萬物無相離之理；應感未開，豈上哲有相多之塗？揆厥攸本，可以最初之致統之。

誠身有道，抑先觀於誠者之道乎！物之有欲者遠乎天，遠乎天者天亦遠之。誠者，身不外形氣，而不爲形氣所雜。在皇衷方降之初，物之有私者離乎天，離乎天者天亦離之。誠者，身不遠嗜欲，而不與嗜欲爲緣。在厥初生民之始，謂之誠者，殆天之道乎？凡人莫不有才，以自爲引伸之致。誠者，無才而有性。君臣親友人不外貸，君臣親友道亦不外貸，本始以求之已耳。不貽天以憂，而無損於其寔。身在善中，天在身中，萬物不攖而始見，吾一物無加也，如皇矣之嘿相耳已。凡人莫不有氣，以自爲通復之機。誠者，無氣而有理。言行事道，未脱一誠，言行事道，既麗猶一誠，主一以全之已耳。能釋天之懼，而不問於其初。善全乎身，身全乎天，衆妄不生而始見，吾物與無妄也，儼帝謂之親承耳已。此其爲道，殆象帝之先乎！

天道雖有常變，而誠者因任乎自然，故雖緣感後起，而已準乎天德王道之所由該。此其爲道，殆維皇之極乎！皇主亦有性反，而誠者玄同於一致，故雖事變紛來，而已稟乎内聖外王之所由備。雖然，天道無間於誠者，而誠者終無褻天之心。體乾合漠，不以爲履道之坦坦，而以爲成性之存存，此理遂爲誠者之獨擅矣。天道亦無私於誠者，而誠者自有統天之學。出王遊衍，不以爲高高者之在上，而以爲赫赫者之女臨，此理遂爲誠者以下之所不可幾矣。『誠者天之道也』

能盡其性，則能盡人之性。能盡人之性，則能盡物之性。能盡物之性，則可以贊天地之化育。

性之所統者全，合人物天地于一誠也。蓋在人物爲性者，在天地爲化育而總之，皆其性之所統也。然非誠之至者，亦安見其無不盡即無不贊哉？且吾人自繼善成性以後，不徒爲一己之謀，而必有以大其功者，非虚願也：實能静存動察，而曲成不遺矣；實能戒慎恐懼，而範圍不過矣。何也？同乎人超乎物而命乎天地者，性也。天地能予人物以性，而不能以人物之性之盡責諸天地；天地日望人物以盡性，而不能不以人物之性之盡歸諸至誠：則以至誠能盡其性者也。

性之體本至明，吾無論後起者之明與不明，要必有以復其本然之明之爲盡，而果有能之者歟？上古人性多愚，每以無爲而蔽之；中古人性多智，又以有爲而失之。乃觀于至誠，抑何日用飲食之間，君臣父子之際，莫不洞其原而悉其委也？性之用本至誠，吾無論後起者之誠與未誠，要必有以復其本然之誠之爲盡，而果有能之者歟？賢智之性多過，每以好奇流於隱怪；庸衆之性不及，又以自晝廢于半塗。乃觀于至誠，抑何厚生利用之資，惇典防淫之具，莫不有以協于中而納于軌也？

雖然，至誠生于天地，天地豈獨生至誠者哉？既生至誠，又生人，又生物，蓋化育之量固甚大也。至誠爲天地所生，而天地之生至誠何爲也哉？於天地之中而生物，于物之中而生人，于人之中而生至誠，蓋贊化育之量又有在也。向唯是無有能盡其性者耳；誠其性能盡，則自是而人物之不足于天地者，不終憂其不足也。無所用而一身均足以爲累，無所歸而百族俱易于爲非。惟輔相有至誠，而遺憾者殆寬然有餘矣。雖夭扎疵癘亦偶見于兩間，而形有所囿者，神即有以周之，有不終與爲終、始與爲始者哉？則自是而人物之有餘于天地者，不終慮其有餘也。無所節而四時皆足以爲厲，無所剋而五行不足以爲功。惟裁成有至誠，而太過者殆油然各正矣。雖水旱崩騫，亦偶洛于聖世，而氣有所溢者，理即有以閑之，有不通與爲通、復與爲復者哉？盡人以盡物，而天地之化育，直以其性贊之而可矣。

盡之者，至誠有權，而人物無爲者也。故獨推其能，以明爲胞爲與，皆其性之所統該。贊之者，天地爲主，而至誠爲輔者也。故特明其可，以見爲清爲寧，皆其性之所奠麗〔六〕。誰謂與參猶足爲至誠難乎？『能盡其性』六句

誠者，物之終始。

原誠於物，亦愈知自成矣。夫有終有始，物以之成，而一皆誠者爲之，於此知物，於此知誠矣。今天地間皆物也，而有宰乎物者，羣物之所不得離也。物有窮，物物者無窮，知乎物而不知物物，其於誠者自成之説，猶無當耳。

物有終也，無以成之，物胡以終？夫羣然衆有，而當其理盡，忽已盪於空無，則安得舍誠者而問歸藏？物有始也，無以成之，物胡以始？夫芒乎無朕，而當夫氣至，忽已生其蕃變，則安得離誠者而言肇造？故夫誠亦何終而物之終也，誠亦何始而物之始也。

物之或終或始也，物之情也；而終之始之者，伊何物乎？減其所有而損其陳，造其所無而好其新。究物之數不勝煩，而精而求之，則清明强固之理，實瀰貫於一物不有之先，終者盡而始者繼也，則皆誠者之爲矣。物之有終有始也，物之理也；而爲終爲始者，究竟物耳。動而之静，静極不見不足；静而之動，動極益見有餘。極物之數不勝變，而冥而觀之，

則貞良博大之德，實鼓動於萬物流行之際，終者息而始者生也，則皆誠者之衍矣。是故物無不生，則天下一物也；物無不存，則終古一物也。誠豈周萬殊而運之乎？非誠之不能離物，物之不能離誠也。一物有一物之終始，則一物具有氣機。彼夫生養收藏，本乎時數之有至有不至焉，非較然可見者哉！物有所化，而化者非物也；物有所育，而育者非物也。誠豈真四應而給之乎？非物之用乎誠，誠之體乎物也。物物有物物之終始，則物物各有功候。彼夫稚壯枯菀，本乎精氣之或全或不全焉，非昭然可紀者哉！

本乎天者自然，而無終無始，誠之所以常綿于宇宙。嚴乎質者無盡，而終焉始焉，物之所以自見其精神。其斯以爲自成云爾。『誠者物之終始』

今夫天，斯昭昭之多，及其無窮也，日月星辰繫焉，萬物覆焉。今夫地，一撮土之多，及其廣厚，載華嶽而不重，振河海而不洩，萬物載焉。今夫山，一卷石之多，及其廣大，草木生之，禽獸居之，寶藏興焉。今夫水，一勺之多，及其不測，黿鼉、蛟龍、魚鱉生焉，貨財殖焉。

詳生物之盛，天地一誠也。夫言天地而山水在其中矣，生物之盛如此夫！孰非誠爲之乎？今夫人於見聞所未及者，雖平平無奇，鮮不以爲可慕，至終日俯仰間，即有甚異而亦不之察，故少所見者，多所怪者也。且今天下亦曷嘗知夫怪哉？夫怪者，非至奇者爲之，至庸者爲之；非至變者爲之，至實者爲之。故曰誠也。試思胡然天也，胡然天之下有地也，胡然天地之間有山復有水也。噫嘻！斯已奇矣，況乎無端而天生物，無端而地生物，無端而天地之山水亦生物，則又奇。

今夫昭昭之多，天也，而天無窮也。陽之精，日也；陰之精，月也。二十八宿爲經，五行爲緯，星也。日月一會而成月，十二會而成歲，其所會之次，辰也。天有繫乎？無繫乎？不得而知也，而所知者日月星辰，則繫於天。彼或謂天左旋，日月星辰右轉，退而進之，便於數，違於理術者之言也，其實皆左旋也，故曰繫也。然止言繫，而不與萬物同言覆者，何也？繫猶與天近，覆則與天遠也。此可意測者也，而其所以繫之覆之者，究莫得而測也。

豈惟天不測，其在地也亦然。地非不測於撮土，而不測於廣厚。何以言之？嶽有五，而華居其一，舉一華而四嶽視此矣。川有百，而河海總其名，舉一河海而百川視此矣。夫華嶽不讓土壤，故能成其大，乃誰爲載之，而華嶽失其重？河海不擇細流，故能遂其深，乃誰爲振之，而河海忘其洩？地也。此其故可測乎？不可測乎？且夫華嶽河海，特地所載之一二物耳。如是者萬，又烏乎測之？

雖然，高明莫如天，博厚莫如地，吾無以測天地，試更以測天地者測山水，山以静爲物，安敦者象之，此其理可知也。人無一日不見天地之時，而有一日不見山之時，然山未嘗一日遠乎人也。吾未暇窮山之何以始、何以終，即山以言山，要不得謂一卷石之非山矣。水以動爲物，周流者取之，此其理可知也。人有一日不見天地之時，而無一日不見水之時，然人實未嘗一日知有水也。吾未暇究水之何以息、何以消，即水以言水，要不得謂一勺之非水矣。

試一游心於燧食巢居之代，試更置身於隨刊焚烈之前，凡夭者、喬者、飛者、走者，鱗而游，介而處，升騰變化、品彙而錯陳者，吾不知其於何生，於何居，於何殖也。蓋自草昧開而倫物辨，凡夭者、喬者，吾知其爲草爲木；飛者、走者，吾知其爲禽爲獸；鱗而游，介而處，升騰變化、品彙而錯陳者，吾知其爲黿鼉、蛟龍、魚鱉與寶藏貨財。其生且居也，居且殖也，吾知其不於山即於水也。夫非猶是一卷石、一勺水之多也哉！而何以不測如是也？

然凡此山水之所生，孰非天地之所生哉！夫山水能生物，而又有所爲生山生水者焉！天地能生山水，更有所爲生天生地者焉！此其故，問之山，山不測；問之水，水不測；問之天地，天地亦不測；則請得舉而歸之於誠。『今夫天斯』一節

優優大哉，禮儀三百，威儀三千。

道散而爲禮，聖人之坊世者至裕也。蓋無以立隆爲極，道未全乎大也。禮儀、威儀詳且晰矣，優優者豈有所未足乎？今以聖人之道之大，其始不詳，其終將不勝弊，後世有執一節以議聖人者矣。不知聖人嘗以充乎有餘者，治天下之不足。大道無名有時，率天下於委曲繁重之中，而不以爲煩苦者，大爲之坊而道濟不匱也。聖道之大洋洋者如此矣，而未盡也，盈天地間皆道也。無象者道之虚，有象者道之寔。虚而寔之，道乃推之靡間矣，盈天下間皆道之大也，日生者道之聚，日用者道之散，聚而散之，道始充之不窮矣，吾益知聖人之道之大也。蓋優優也，人情不能已者，聖人不禁，聖人有緣人情而爲之則者。優優乎，使天下畏其嚴而又樂其寬，從容之力有以入人之深也。人性所弗近者，聖人不强，聖人有依人性而制之節者。優優乎，使天下苦其難而又便其易，漸漬之教有以服習之裕也。

夫嚴君臣而篤父子，形孝弟而顯仁義者，莫善於禮。今使君臣不嚴，父子不篤，孝弟不形，仁義不顯，而聖人之道之大於是乎窮。矧細行必矜，至纖至悉者乎！禮儀三百，威儀三千，甚矣！聖道之大，推之而靡間，充之而不窮也。禮有知其經者，有知其曲者，亦道之經之曲之也。吾人耳目、手足無所持循，聖人裁之爲禮書，而一世之心志以定。大之肅雍，必有其儀；小之觴豆，亦有其節：曰昔之聖人已教我也。夫昔之聖人，旁皇周浹而無所於歉，固如此哉！禮有以少爲貴者，有以多爲貴者，亦道之少之多之也。吾人豐約隆殺，無所止域，聖人定之爲禮教，而萬世之中正以立。大義以明天地之經，一節亦垂動静之極：曰前之聖人先我爲之也。夫前之聖人，範圍曲成而未之有間，又如此哉！吾益知聖人之道之大也，何優優也！

明於萬物之理者，蓋數可通神明；通於天地之先者，經緯足參性始。優優大哉，美德乎！立隆以爲極，而天下莫之能損益也。人曰禮也，而吾曰聖人之道。『優優大哉』『三千』

致廣大而盡精微。

兼致盡以爲功，所以全性學之始也。蓋道之體自大也，而因大得廣焉，又得精微焉。致之盡之，非性學之首功哉！且君子無異性也，亦未嘗有異學，惟合天人以交致之，使天下日受範於吾性，而無有一之或遺；日受治於吾學，而無有一之不析：斯修凝之事起焉，亦可徐詳以觀其後矣。

夫君子之德性，曷由而尊哉？本乎天之所受，因以得廣生大生之道焉。自倫類繁而有物我之分，畛域生而多情識之用，同一道也，於是有廣狹、大小之别矣。夫道本廣而我蔽於物則狹，道本大而我間於妄則小，是何可不思所以致之哉？致非有加也，無損吾性之所自有而已。去欲之盡而得無欲之始，曠然者何窮乎！去妄之盡而見無妄之初，浩然者何窮乎！夫性達於發育峻極，則以致中和者致之；性未達於發育峻極，則以款曲者致之。是未致之前，廣大在天地；既致之後，天地之廣大無一不在吾性。而凡道之備於性者，自裕克擴之能，道無外，吾亦與之爲無外也。所謂致廣大者以此。

而君子之學問，又曷由而道哉？全乎人之所賦，因以得惟精惟微之道焉。自恃耳目而有累夫聰明，習名象而僅事其形器，同一道也，於是有精粗微顯之分矣。夫道本精而理之未窮，則亦僅得其粗；道本微而識之未廣，則亦僅得其顯：是又可不思所以盡之哉！盡則無餘也，亦殫吾學之當然而已。虛以審之，而靜以驗其通，其尚有遺理乎？實以體之，而動以徵其復，其尚有遺識乎？夫以三百、三千，爲獨明吾一人之學，則以書己者盡之；以三千、三百，爲不獨明吾一人之學，則以書人盡物者盡之。是未盡之前，精微在經曲；既盡之後，經曲之精微無一不在吾學。而凡道之具於學者，自深研極之力，道無間，吾亦與之爲無間也。所謂盡精微者以此。『致廣大而』一句

發强剛毅，足以有執也。

詳至聖之義德，以執之者臨之也。夫使待臨天下而始求其執，有不有未可知也；至聖足於發强剛毅者，豈其然？且春生與秋肅不同，故仁育與義正亦異。使第知用恩而不知用威，則不待臨御之日，而天下已有以窮。至聖謂其德足於容者，無乃不足於執乎？夫有不足於執者，則必有足於執者。此其事非一端，而其實可約舉也。

膺莫大之弘圖，能濟與不能濟，俱未可知，所可知者有必不失之機，則發之難也。會未可乘或幾先不密，志欲圖功而術多僨事。時既可動，倘舉之稍遲，勞即百倍而效已難收。古今大快人意之事，不易得之庸主，又豈易得之英主哉？至聖審慎于未發之先，勇往於方發之際，有其心思即徵之聲色，奮其志氣即驗諸猷爲，雖駿厲之中，或亦留其餘以貽孫子，而因循阻抑者無有矣。嗣無疆之大業，能任與不能任，俱未可必，所可必者有決不挫之志，則所難者强也。深宮燕處既習與性成，情昵於私而法難驟用，大庭廣衆又力與心疲，志荒於外而權自漸替，古今振作有爲之辟，不易望其善始，又豈易望其慎終哉？至聖固大異乎不强之人，而且勝乎能强之輩，不矜血氣必本之性情，既作福威尤歸之道德。雖勇敢之餘，或亦存忠厚以綏兆姓，而委靡不振者無有矣。

夫世有素號優柔，而大綱大紀一旦有以慰蒼生之望；亦有好言振厲，而施仁施義平日難以欺臣下之心。何則？剛與不剛之別也。若夫理有餘者，物不得而屈之；性本堅者，欲不得而撓之，則不憂其易廢也，又豈憂其易折乎？吾觀至聖在上，强僕戢志，而奸宄不生，豈非英斷有以攝服之也哉！抑世有舉動非常而中道廢弛，不若庸流之晚成；亦有隱忍太過而末路愈嚴，遂肩聖賢之重遠。何則？毅與不毅之辨也。若夫定於内者，外不得而渝之；守其常者，變不得而奪之，則既見其可大也，不更見其可久乎！

吾觀至聖御世，反側咸宜，而年世是卜，豈非貞固有以永奠之也哉！若是者，得其一而勸懲已行，攬其全而賞罰愈肅，分用之而萬幾咸當，合運之而一事互形。至聖之有執，不於此而信其足哉！而要其臨天下者，又豈但已也？『發强剛毅』二句

行而民莫不説。

行無不當，其感爲甚深也。夫聖人時出而爲行罔不當者，民之説也莫不然，人情大可見矣。今以至聖臨天下，亦既驗之動容出話之際矣。使措施未善，隱痛於中，必有形之慨嘆者，人各有心，日益其苦而不見可樂，寧恃以爲當乎？惟以咸宜之理，感同具之情，無不各極其心之所快。而情之同然者，即理之必然也。觀時出之宜，又當徵吾民于敬信之後

矣。民敬君王，不若愛父母，親疏之分則然。父母輒欲如願，君王未必肯遂其願也；果肯遂其願而愛加于敬，自動從欲之懷民信章程，何如感教化虛實所在自別章程？止可宣意教化，必有以克致其意也。果克致其意而感深于信，每多親切之思，亦顧其行何如耳。

在民誠冀其無事也，而君心則何可以無事？積威之朝必積怨，重法之國必重憂，行無異，所以行者不能無異。仁義禮知各立其名，至聖隨時以措，斯綱紀所敷，無一不洽乎民情之至。能使人樂，能使人思，其䀰然不生歡忭者，誰乎？在民甚望其休息也，而王心則又欲其不息。刑罰之下無歡心，督責之深多顧畏，行則同，所由行者正大不同。容執敬別分見其端，至聖因時而動，斯謀猷所播，無在不協乎民事之宜。相感甚深，相喻甚神，其漠然不懷樂利者，誰乎？

民莫不説于至聖之行，實莫不説于有臨之德也。如此，九重制作之純疵，盈廷不敢異議，而郊圻輒論其是非。威則民震，術則民疑，大君有勢不能入民隱微也，兹何以行其所當行？合天下皆在鼓舞中而不自覺，乃知民雖至愚而實神，必無有終隱之天性。一人區畫之精詳，左右未常周知，而草茅先徵之色笑。視自民視，聽自民聽，我王敷政，正足導民和豫也。若是乎行其所不得不行，盡天下罔不踴躍而忘其所以，乃知民雖甚散而能聚，必無不感召之人心，是可進而極聖化之所及矣。『行而民莫不説』

孟上

天子適諸侯曰巡狩。巡狩者，巡所守也。諸侯朝於天子曰述職。述職者，述所職也。無非事者。春省耕而補不足，秋省斂而助不給。

詳述先王之觀，而賢者之樂見矣。夫惟賢者有樂，雖先王莫與易也。巡狩、述職而外，惟耕斂是省焉，敢易言觀哉！晏子謂夫人君舉動莫不有禮焉以制之，而後事無過舉之虞。大約君與臣有常分，而上與下無遺情。在當日止自謹其所得爲，非以爲觀也。雖然，可悉述焉。

夫先王者，尊爲天子以統制諸侯者也。天子之有諸侯，所以共治此天下，蓋相與有成，非止居重馭輕而已。自後世之天子過於尊，有安受其享王而不報者，其究也，難乎爲下而心德離矣。亦後世之天子積於弱，有坐視其强大而莫制者，其究也，難乎爲上而威權替矣。先王豈得有此？考之古，虞五載巡狩，羣后四朝；周則易以十二年與六年焉。雖因時創制，或疏或數之不同，而統御方夏，其規模未嘗不嚴而有則也。即今者車轍已東，無復睹六飛之駕；會同久廢，不易見五瑞之頌。而方策具存，猶可考而知其義焉。天子之適爲巡所守，諸侯之朝爲述所職，然則先王之觀，亦安有一無所事者也？君恩下濟而臣道上行，不亦中正爲觀也哉！

抑先王者，又合諸侯以撫綏百姓者也。人主之有百姓，所以共守此天下。蓋民惟邦本，非止食租衣稅而已。自後世之人主好聚斂，有增收其田畝而不顧者，其卒也誅求無藝而荒蕪告矣。亦後之人主務虚名，有蠲賜其賦稅而不取者，其卒也，中飽堪憂而流離見矣。先王焉得有此？考之古，王巡行畿甸，賦濟乏絶，侯亦遍閲於郊圻而布惠焉。雖隨地勸相，或遠或近之不一，而勤恤民隱，其德意未嘗不厚而能繼也。即今者于耜舉趾，不獲見解澤之敷；獲稚斂穧，惟切望雨膏之布，而遺文猶在，尚可想而見其隆焉。省耕于春，爲補不足；省斂于秋，爲助不給。然則先王之觀又不僅巡狩、述職已也。主德時勘而民情洞悉，不亦洋洋大觀也哉！由是而頌聲有由作矣。『天子適』『不給』

孔子曰：『德之流行，速於置郵而傳命。』

明德行之速，益取衷於聖訓矣〔七〕。夫乘時易王，唯有德者能之，亦唯身有其德者知之。此孔子之言爲正而可法也。今夫審德之務，功與時立，名因勢彰，此爲及量之言。要之，時與勢非德匹也。蓋德之所屆，能生勢，乃能乘勢；能爲時，乃無後時。假以文王之德，即暴不生商，位不及伯，亦不過遲之數十年之後，須之一二世之間，將終不王乎？此德之過於時勢萬萬也。

乃或者以修德如孔子，生衰周之末緒，際聖人之後興，一時時與勢未爲不可，而煢煢抱德以終身，將所爲修德易王之説不驗乎？迄今誦其言曰：『德之流行，速於置郵而傳命。』抑何鑿鑿而可徵也？是知德有常與變。迨其變，雖以天縱之姿，不能頡頏於齊、陳、楚、衛之間；迨其常，雖以及門之材，亦且埒勢於王公卿相之上，而孔子則寧言其常者。德有伸與詘。處其詘，雖以春秋之國，不能一置其詩、書、禮、樂之身；處其伸，雖以泗水之旁，亦且博集夫英華果達之器，而孔子則寧言其伸者。

夫言其常，則其所爲累變之常更可知也；言其伸，則其所爲際詘之伸又可知也。而孔子不言也，非不言也，君子之貴德也，觀所自奮而已。有藉者施於所不足，無藉者施於所有餘等奮也。而從其自命，已不必於假物爲資。殆入於人世之應求，遂有究謀圖度之功。若其乘尺寸而致風雲，抑又爲人謀之所自奮矣。君子之訓德也，貴所自致而已。自外至者，非我之所得辭；自内出者，非人之所得與：等致也。而馴所自極，已不必以取資爲用。殆相於人情之彼此，遂有從宜審便之圖。若其盡人事以投天隙，抑又爲我心之所自致矣。

此置郵傳命之言，孔子所斷以屬之德而不疑也。世有襲屢勝之業，而或歉於克纘之無

資；裕積修之素，而或病於乘時之無烈，即何不引孔子之言以觀之耶？『孔子曰德』一節

取諸人以爲善，是與人爲善者也，故君子莫大乎與人爲善。

即取以爲與，可進推其善量之弘矣。夫善量，本大人自隘之耳，與有窮而因取以爲與者，無窮不可，即舜而推之乎？且天下庸人不齊，而聖人不偶，可集衆庸人之心，而各現一聖人之心，即可分一聖人之心，而遍入衆庸人之心，由繹古人而其量出。後之學古人者，亦思有以至乎其量矣。

吾論聖賢樂善之誠，而獨大夫舜。舜之同夫人者，非即取乎人者哉！雖然，使於己得益者而於人得損，度亦非聖人之意也。使於己見多者，而於人見少，未必非聖德之偏也。夫己與人有異，己與人之善亦有異乎？是可即其取人者而進思之矣。夫己與人之善有異，己與人之爲善亦有異乎？是可即其取人以爲善者而深推之矣。凡人一念之幾於善而不克自覺者，不知如是之爲善，並不知不如是之爲不善也。自舜有以取之，始知我之善得同乎聖人而可以有爲，且知我之善並有以助乎聖人，而益不可不爲也。而爲善何如也？人有一事之合於善，而不克有終者，以爲爲善而無以見收，即不爲善而亦不至見棄也。自舜有以取之，將日望我之有當於聖人之取而有必爲，且惟恐聖人之取之不及於我，而愈不得不爲

也。而與人爲善何如也？

君子曰：善莫大於此矣。爲善者亦莫大於此矣。始因有人而聖增其聖，既因有聖而愚化其愚。是合天下人以與一人者常嗇，而出一人以與天下人者反奢也。善固有如是之不可圉者與？以己取人而人不覺其不足，以己與人而己愈覺其有餘，是以與爲與，而善之出於表彰者有盡；以無所與爲與，而善之出於觀感者無窮也。善固有如是之不可量者與？此舜之所以稱大也。何大乎爾？大之乎能與也，大之乎能取以爲與也。故君子莫大乎與人爲善。『取諸人以』一節

放勳曰：『勞之來之，匡之直之，輔之翼之，使自得之，又從而振德之。

聖人之憂民如此。』

聖人重教官，述其詞而見其心焉。夫敷教如契，堯之命之，堯之憂之也，故至今頌放勳不衰。嘗讀堯典一書，莫詳于羲和之命，蓋其時憂方在天也。憂在天，則地與人之可憂者，當在所緩。乃既傳其命鯀治水，而復記其命契敷教，何也？水不治，禽獸之逼人可憂；教不敷，近于禽獸者之逼人，更可憂也。唐史之贊堯也，曰放勳，放勳，有云矣。

揣其命契之日，正舜使契之初。詞曰：『以予起家侯服，否德忝帝位。幸賴元相，慎選

羣有司，弼予不逮。山澤焚，湷洞乂，嘉種播。惟此蚩蚩下民，尚未軌道，咨汝契敬聽朕命。其有厚生之餘，即謀正德。既富之後，克敦彝倫。況瘁勤苦，朕實憫焉。汝其敬宣德意，俾勿困憊。』于是有勞之之命。『其有愚賤之氓，咸遵道路；閭閻之衆，聿睹會歸。心役身附，朕實嘉焉。汝其招徠恐後，俾知嚮方。』于是有來之之命。『其有慆淫是即，誤納于邪，非幾冒貢，尚干予正，糾繆繩愆，朕實賴焉。汝其救過不遑，俾無終枯。』于是有匡之之命。『其有智識日紛，生理漸遠，機巧是作，人謀不臧，背道違理，朕實悼焉。女其矯枉歸順，俾識從繩。』于是有直之之命。『其有資稟本下，不無跛倚，力量未優，難語强固，志委氣靡，朕實矜焉。女其前扶後挈，俾得卓立。』于是有輔之之命。『其有是非已明，邁征未逮，曲直既判，踐履維艱，心多力少，朕實痛焉。女其左承右弼，俾利攸往。』于是有翼之之命。『若是者，啓迪惟勤，而遐邇丕變。教在上，奉教仍在下也；教固勞，受教仍見逸也。民自得矣，使之之心其慰矣乎！』而曰否否。且有後命：『善作者，不必善成；善始者，不必善終。非藉女提撕警覺，幾何其不即于玩也？同降衷而綏猷惟后，盡恒性而建極惟皇。非賴女布澤施惠，幾何其不淪于恝也？』予于是又有振德之命：『欽哉，司徒！爾尚殫心盡瘁，一一次第與行，其克有勳，毋荒棄朕命。』嗚呼！何其愛民之深、教民之切至于如此！

吾因得從千載而下，穆然想見其心曰，是殆其爲聖人之憂也夫！是殆其爲聖人之憂也夫！奈何不近述放勳可據之詞，而必遠爲神農無稽之言，欲使不暇耕者而亦並耕也？『放勳曰勞』『如此』

爲天下得人者謂之仁。

大賢明仁之實，所以闢並耕之不仁也。夫惟爲天下得人，自不暇耕矣，以是謂仁，則並耕能逃于不仁哉！且吾儒立説，亦期于仁天下而已。如不察乎聖君賢相所以圖治之大體，而徒鰓鰓然以其身下同于匹夫之爲，則其説雖似不出于厲民，而不知其不仁也實甚。此堯、舜憂所當憂，而不憂所不當憂者，正可由惠忠而進斷也。夫惠亦仁之發，謂惠而不謂仁者，小與大異也。忠亦仁之施，謂忠而不謂仁者，暫與久殊也。然則，必如何而後謂之仁哉？夫惟堯憂天下之無相，而爲天下得舜之人；舜憂天下之無羣有司，而爲天下得禹、皋陶之人：若是者，其事未易量，而其心誠可推也。

吾獨怪夫古今得人之勞，莫勞于堯之得舜。夫使堯不居其勞，則僅求之于明明者，而已失之于側陋。故一堂已備三代之祖，而總不以釋其有鯀之思，方得而有二女之試，豈以予聞而遽用也？既得則有文祖之受，寧以百揆而中止也？勞矣哉，堯乎！而堯不敢弛其勞者，彼誠見夫天下之大，非一君足以仁之也；而君之道盡，即君之仁全矣。吾又歎夫古今得人之逸，莫逸于舜之得禹、皋陶。夫使舜不居其逸，則旁求之于遠方者，或反失之于四岳，將終身不聞喜起之盛，而兹已盡遇諸先朝之臣：得禹以開治之始，故丕績嘉而卒禪天下者，禹也；得皋陶以成治之終，故邁種著而併讓天下者，亦皋陶也。逸矣哉，舜乎！而舜正樂用其逸者，彼誠見夫天下之大，非一相足以仁之也；而相之道盡，即相之仁至矣。

由是任土作貢，而嘉種可以誕降，一世之天下得其養，萬世之天下亦得其養。惟明克允，而五典有以弼成，一代之天下賴其教，百代之天下亦賴其教。此固非僅區區之惠與忠所能盡也。其必如是，而後謂之仁也哉！向使堯、舜當日不以得人爲心，而分其憂于百畝，吾未見農夫之能仁天下也。子欲辭厲民之名，而使天下不獲被仁之實，其爲不仁也，不亦大乎！『爲天下得』一句

天下大悦。書曰：『丕顯哉，文王謨；丕承哉，武王烈！佑啓我後人，咸以正無缺。』

相臣得人心，治之所及者遠矣。夫能悦一時之天下，而後人無賴焉，治猶易量也。公相武以承文，豈若是乎？且天下之亂，惟聖人能憂之；而天下之治，不必聖人能樂之。夫惟天下後世皆以聖人之樂爲樂，聖人方自釋其憂，而天下始有治而無亂。自禹以來，周公爲盛。

益嘗觀其治于天下矣〔八〕，夫天下之當殷末也，其苦紂也甚矣，其望武也殷矣。計此時不可無公也，惟公起而相之，則拯民水火，孰不歡欣鼓舞乎？牧野陳師，而前戈遂倒，仇我者且后我矣，而友邦冢君又無論也；會朝清明，而四方耆定，作君者亦作師矣，而汝墳、江漢更可知也。當其時，天下不惟悦也，且大悦矣：悦公之能相武也，公于是不愧爲臣；悦公之能相武以承文也，公于是不愧爲子。迨至祖伊奔告，惟自咎其大命之不摯，而毫無歸怨我周之一言。即使夷、齊叩諫，止以伸其義士之隱痛，而終無損于仁人之顯名。不然，載主誓師，君臣父子之間，人言當嘖嘖矣，何以共傾心于家相，爲之歌克咸而頌迪光哉！是公之治之及于天下者如此。

又嘗考其治于書矣。夫穆王之命君牙也，其述文謨也以丕顯，揚武烈也以丕承。雖其言未嘗及公也，然非公默而成之，則末年受命，亦何以貽謀燕翼乎？制禮作樂，而繩武配京，格天者且尊祖也，而敬勝之學不殊勤止矣；建都立學，而受祜來賀，光前者即裕後也，而綏邦之治適協求寧矣。迄于今，後人且藉佑啓也，咸以正無缺矣。公相武以成文之正也，既可法而可傳；公相武以補文之缺也，更盡美而盡善。迨乎成王復辟，惟推迓衡之德，而勤施遍乎四方。即至康王畢命，尚賴慎始之功，而式化歷乎三紀。不然，南征不復，蹈虎涉水之危，我周亦岌岌矣，尚得命股肱於予翼，相與率攸行而昭有乂哉！是公之治之及乎後人者又如此。

雖然，使常治而不亂也，孔子豈復有春秋乎？『天子大悦』『無缺』〔九〕

孟 下

聖人，人倫之至也。

倫立於不可易，尊聖以爲之準焉。蓋人同此倫，而居其至者惟聖。然則聖人亦第全人道之常耳，寧絶遠乎人哉？且人生而有聖之名，人之所不敢居者也；抑人生而有倫之實，亦人之所不可辭者也。然何以不可辭者？辭之而不敢居者，究無以居之。將人人所共由，終爲一人所獨擅乎？則亦因其名，而愈思其實之有不易已。以今天下而求所以規矩，夫人者豈能外聖人哉？

夫聖未嘗不爲人，人未嘗不可聖，然不能即世之人而推之爲聖，則惟聖無歉乎人也。聖人不越乎倫之中，庸人亦不出乎倫之外，然不能槩人之倫而稱之爲至，則惟聖獨居其至也，謂非人倫之至乎？行乎性之所安，而不行乎性之所不安，故敦庸秩敘，究以全吾性之固有，而必不忍留人心以可議之端。即雖倫有常變，而情之所洽，處常而得其至，遇變而亦得其至也。如有準焉以則之，無過量不及量之虞矣。行乎情之所勉，而不行乎情之所不勉。故建極亮工，適以致吾情之當然，而必不忍遺人道以不全之數。即雖倫有奇正，而心之所通，守正而有其其至〔一〇〕，用奇而亦不失其獨至也。如有型焉以範之，無爲損與爲益之殊矣。

天下有未至乎聖之人，而必無不至乎倫之聖。夫未至乎聖、次乎聖者，猶可以爲聖；而未至乎倫、失乎倫者，將並不得爲人也。吾將舉一二倫，以勵天下之至乎倫者。天下有自外乎聖之人，而必無甘外乎倫之人。夫合天下人而倫爲共安之倫，則無人不可以至倫；合古今聖而聖爲至倫之聖，則必如聖始可以盡倫也。吾將舉一二聖，以勉天下之學爲聖者。其所爲數大倫，君臣是也；所爲一二聖，堯、舜是也。是可進而究言之矣。『聖人人倫一句』

舜流共工于幽州，放驩兜于崇山，殺三苗于三危，殛鯀于羽山。

投兇人於遠裔，將以爲近者例也。夫共、驩諸人，堯不之罪，而舜罪之者，云稔惡耳。君子曰：『此刑書也。凡在四兇之例者將無同？且夫秉國成者，其於當世一二奸人，能用則用之，不能用則除之，慎勿以小慈而怙大惡，致使小人長禍於無窮。』雖然，鋤奸去疾，聖人不得已而用其權，而亟亟然摻之爲已蹷者，吾恐援例徵情，又將以滋後人之議也。

問嘗讀虞書所載舜時事，有窮奇、混沌、饕餮、禱杌〔一一〕，其人號曰『四兇』，何其時之多奇惡也！意有虞去古未遠，人禽雜居，其性多不雅馴耶？抑舜實攝唐帝政，若者方比肩事主，堯能容之而舜不之容，必欲一大創爲快？論者且謂堯仁有餘，而舜仁不足也。然舜當日斷非冥冥決計者。今且一詳述當日人與地，以爲除兇者例。其霸九州，長諸侯，維共工；融炎之遺職司徒，維驩兜；乃系縉雲伏菁篁巖險間，維三苗；欽哉帝命，勳高而望重，維鯀。之四臣者，一時之窮兇，天下之元惡也。而舜何以刑之，且刑之平允哉？考史，共工氏有三：一在太昊世；一爲炎帝裔；兹則少皞庶孫，世守高陽，所云『静言庸違』者耳。其人喜讒蒐慝，誣德象恭，故案罪論法，必共工爲首。而次第以糾苞蘗，則驩兜其人也。觀於鳩功一薦，帝已深察之。夫禍莫大於朋黨，惡莫甚於陰賊。人臣而樹黨聲援，其心必異。況三苗與驩均出帝鴻，以方侯儲員朝廷，有洞庭、彭澤之險，鑾服材武之資，進可取天下，退亦可固其圉。若有强武之重臣以啓之，禍莫大矣。迺鯀方治水，閲山經水圖、平原險阻而熟於地利，有窺伺天下之心，其人方命圮族，久爲帝所識，又何難搆變伺釁，以與共、驩、三苗等相呼應者？族黨既合，因之内連外結，於以俶擾而有餘；羽翼已成，勢將左支右詘，漸且削平而不足。

舜於是計地遠近，准罪巨纖，定爲刑書曰：若者流宜幽州，若者放宜崇山，若者殺宜三危，若者殛宜羽山。極東西南北之遥，離其黨也；肆放流誅殛之典，殲其魁也。嗚呼！法行自遠則不諱，自近可知矣；法行自疏則不遺，自親可知矣。故書法曰：舜者，志專也。何專爾？猶曰舜主之而堯無與焉爾：前此者放與流矣，後此者殺與殛矣。則凡不共、驩而共、驩，不苗、鯀而苗、鯀者，亦惟一流之、放之、殺之、殛之而無異，其餘從同同。『舜流共工』四句

舜、禹、益相去久遠。

申論歷年之異，而若爲三聖原其故焉。蓋舜、禹、益不異，而相去久遠者，歷年之異也。歷年何若斯之異歟？今夫尚論古人而不知其同，不知聖人者也；抑尚論古人而不知其異，與於不知聖人者也。至同爲聖人，而同之中有異，異之中有甚異者，非取其懸殊相爲申較，未可以定古人案矣。

吾論禹德而及於歷年，前乎禹者有舜，舜若處其同；後乎禹者爲益，益若處其異：舜、禹、益可申論也。夫虞之績以助大廷之理，我不敢知，曰不其延，其勿若有虞歷年；火政之修以襄水政之成，我不敢知，曰不其延，其勿若有夏歷年。乃以舜、禹若彼，以益若此，何相

去久遠乎？

聖人不能爲時，時至則因焉。無所期之而當其久，無所期之而當其暫，即聖人亦所不自解也。彼夏后之薦，亦豈與放勳、重華有殊？而或薦之而受，或薦之而不受，則年久而澤長，七載之老臣，一若有所獨靳也，誰實靳之與？聖人不能爲勢，勢在則應焉。非有意焉而當其遠，非有意焉而當其近，即聖人亦衹順爲受也。彼箕山之避，亦豈與南河、陽城有異？而或避之而遂，或避之而不遂，則年遠而澤渥，七年之舊相，一若有所獨嗇也，誰實嗇之與？

蓋補弼仔肩，三聖皆有相天下之事，益豈有遜於舜、禹？而獨是登朝敷政，視禹三之一矣，視舜四之一矣，雖有至德，難繫夫朝覲訟獄之心，而況兩朝所擅，又不徒多歷年所也。開闢草萊，三聖皆有君天下之才，舜、禹亦豈有加於益？而獨是佐主匡治，禹去之過半矣，舜去之又過半矣，縱有深仁，未見於謳歌祝誦之口，而況當時所詘，又非但未假以年也。

故人論三聖者知其同，則禹若詘於德，吾論三聖者明其異，則益終嗇於遇：相去久遠如此，而加以胤子之賢，豈非天哉？豈非天哉？『舜禹益相』一句知虞公之不可諫而去。之秦，年已七十矣。曾不知以食牛干秦穆公之爲汙也，可謂智乎？不可諫而不諫，可謂不智乎？知虞公之將亡而先去之，不可謂不智也。時舉於秦，知穆公之可與有行也而相之，可謂不智乎？相秦而顯其君於天下，可傳於後世，不賢而能之乎？自鬻以成其君，鄉黨自好者不爲，而謂賢者爲之乎？

申論秦大夫可反覆，而明其誣焉。夫奚智於去虞，賢於相秦，豈有闇於潔身者乎？此奚之行事，可一一詳明也。且夫論天下人者，貴觀其人之本末，而後其人之品行以見；不觀其人之本末，而但以世俗悠悠之論指誣前人，爲當世口實，夫亦考論之未詳歟！何識之闇也。予觀於百里奚不諫，而有以斷乎奚也，奚蓋智老而多者也。

虞公貪而好寶，非獨敵國知之，奚亦知之。君志荒矣，諫將焉入？番番黃髮，夫非少不更事而干主無術，計出食牛，則是有知人之明，而無善身之術也，奚其得爲智士乎哉？且其時老臣舌徒敝耳，奚即能言，曷有加於奇乎？而默默無所建説，若是者，奚智。抑君爲己死而爲己亡，奚非私暱，誰其任之？而並其臣僕夫何爲焉？若是者，奚不爲不智。且奚非忘虞也，何行如之？度齊、楚之君不足事，而下此則又無可制晉者，於是挾策西向入秦，臣能擇主在兹相也，若是者，奚終爲智。予蓋於奚之去國懷君三致意焉，而有以斷乎奚之智也。

然而奚之功業，奚非無所表見，而泯没於後也。以彼相秦時，秦固附庸之國也，傳至繆公，闢地千里，秦以稱伯，越數世沐浴歌詠，迄今傳五羖大夫之德不衰。然則奚非特智士也，奚固賢者也。奚固賢者也，自鬻又何疑焉？夫五羊，末利也；食牛，賤業也，鄉黨之士智數無聞，功業鮮見，猶羞爲之，而況奚固賢者，遇不世之主，建有爲之業，度越若等且什百哉！

由此觀之，智可知虞，賢可相繆，豈其智於人而不智於其身，賢於人而不賢於其身乎？非予攸聞矣。余固列其行事，詳其本末，庶使後之君子可無惑於好事之説焉。『知虞公之』一節

人性之善也，猶水之就下也。

以善明性，即水以申喻焉。蓋人性之善，以水爲喻，特問所爲就下者何如耳，故即以彼之喻竟我之喻。且性學之不明也，彼或一説，此又一説，是滋惑也。若以彼之説通我之意，意申而旨明，而後知自然之理之不可易。取譬不遠，正深人以未竟矣。夫水，東西無分，上

下有分也。子未知水之上下也，又烏知性哉？而後可與言水，而後可與言性。

人言性，岐視之；吾言性，一視之也。岐視之則無分，一視之則有分也。則求之民生之初，而非所爲粹然者乎？則善者乎！人言性，渾言之；吾言性，顯言之也。渾言之則無分，顯言之則有分也。則質之皇降之始，而非所謂劃然者乎？則善者乎！吾爲進斷之曰，人性之善也，猶水之就下也。性立於静耳，一涉於人，而遂有不能自已之勢者，動也。然而性之静者，仍自如也，言性者亦一於静而已。必謂性之静者同於動者，則性之善終無由見。譬之臨淵者，往來浩浩而終無以定其指歸也，此亦昧於大較者矣。性本乎理耳，一麗於人，而遂有過此以往之端者氣也。然而性之爲理，仍自如也，論性者亦一於理而已。必謂性之爲理同於爲氣，則性之善終無由見。譬之涉深者，游溯勞勞而終無以明其致一也，此亦闇於大指者矣。

説之無取更端者，則引伸之水，明可引伸之者也。吾且觀水於東西之間，其避東而就西者，非性乎西也，西者必下；其避西而就東者，非性乎東也，東者必下。夫水亦以就爲事而已，而性又何異焉？理之貴乎紬繹者則推進之，水則可推進之者也。吾固論水於上下之間，有所決而東者，非下無所決，而東者水之下也；有所決而西者，非下無所決，而西者水之下也。

夫水亦以下爲道而已，而性又何異焉！異説滔天，而君子平以理之自然；畸旨溺人，而君子折以勢之必至：由是可進而斷言之矣。『人性之善』二句

爲人臣者，懷仁義以事其君。爲人子者，懷仁義以事其父。爲人弟者，懷仁義以事其兄。是君臣、父子、兄弟，去利懷仁義以相接也。

爲説君者正其指，仁義之風可倡也。夫倡以仁義而懷之以相事者，胥君臣、父子、兄弟，無不衆著于仁義矣，又安可不爲宋牼正其旨乎？孟子若曰：『不明上下之大分者，不可以正人心；而不審古今之至情者，不可以維風俗。』蓋必有以全乎情之所固然，而後有以盡乎分之所當致。即雖一日辨論，可合數百代之治法而立其通，指固有在，正不必以説爲諱也。如使秦、楚罷兵，咸知仁義之可説，倡之者不賴有先生哉！

夫有所慕，則有所不必慕。無慕乎彼而彼輕，有慕乎此而此重。上既端其感召，誰不各易其意以相深？有所期則有所不必期，無期乎心之所不安，則必期乎心之所甚安。下既深其觀感，孰不共正其誼以相求？是情之至者，無過于仁與義；而分之大者，已盡乎君臣、父子、兄弟也。夫非猶是君也與哉！今日之所事，不異夫前日之所事；而今日之所懷，則大異于前日之所懷也。如是而後，全乎爲臣之職也。又非猶是父也與哉！有不同人之事

者，必能大正其所懷；而有不同人之懷者，必能克盡其所事也。如是而後，全乎爲子之分也。與我共事君父者，非兄也哉？有懷于心，而偶有不懷于心，不可言懷，所事皆然，而或一事之不然，並不可言事也。兹何以復全乎爲弟之誼也？是固君樂得之以爲臣，父樂得之以爲子，兄樂得之以爲弟者也，不亦淡然相忘於仁育義漸之域哉！

公私無並存之理，去私之盡，而大公見焉。公其仁于天下，而共有其不忍；公其義于天下，而共有其不貪。蓋實相洽于中，而未有已者已。吾不意始自一人，而遂比然成俗如斯也，夫豈策士之高談也哉！理欲無中立之形，去欲之盡，而至理寓焉。全乎仁之理，而天下可以無戰；全乎義之理，而天下可以無兵。蓋實相深于内，而未有極者已。吾不意創之一言，而遂翕然向風如此也，夫豈遊士之横説也哉！

『爲人臣者』『接也』

相接以此，其去利也，去其害仁義者也；其懷仁義也，懷其無不利者也，于王何有？

孟子居鄒，季任爲任處守，以幣交，受之而不報。處於平陸，儲子爲相，以幣交，受之而不報。

交，受有同誌，亦記者書法也。夫交同，受同，不報又同，始則同矣；書地，書人，吾將以觀其異。蓋嘗觀古君臣交泰，儀節闊疏，未嘗不慨然志嘆，曰：嗟乎！士君子生不逢君與相，爰居爰處，老耳，道少貶矣。抑或異國寓書，當塗清問，往復之儀猶及見之。然而志異人以同事，記異地以同情，筆述其間，亦將以觀當世得失之林也。如吾孟子抱道匡時，懷猷濟世，而徒流覽宗邦，遠托異國，道愈高，遇愈奇，且交、辯寡也。間有下交者及門，皆得而詳識之：識其地，識其人，識其爵。識其地，其地異：一則鄒，一則平陸也。識其人，其人異：一則季任，一則儲子也。識其爵，其爵異：一則處守，一則爲相也。嘻，異矣！雖然，無異也。

鄒，父母國也；任，鄰國也：一居一守，地異矣，道遠矣。任之君睦鄰邦與聘大國與？皆不可知。然而季實守之，則國實君之國也。越國都而問訊賢者，懼人之議吾後也。季若曰：『鄰有高賢，縱我不往，而寧不嗣音乎？』使前致詞曰：『惟兹不腆，季之命也，使下臣獻執事。』孟子亦曰：『辱君之貺，惠及遠人，敢不拜嘉？』於時受矣，中心藏之乎！且不報矣，聊以俟之乎！其所以處季任者，蓋如此也。抑平陸，下邑也；相，高位也。一處一相，地逼矣，勢親矣。平陸去齊都山川幾何，里道幾何，要不必問，然而儲實攝齊事，則平陸固齊之平陸也。缺尺一以結納賢豪，懼人之議其後也。儲子若曰：『國有賢人，束帛問止，其無落吾事矣。』伻來獻詞曰：『相君有命，惟兹戔戔，敢以獻於從者。』孟子亦曰：『相之惠也，敢不受賜？拜命之辱。』於時受矣，猶夫季任也；且不報矣，亦猶夫季任也。其所以處儲子者，又如此也。嘻，異矣！雖然，無異也。

交同矣，幣之隆殺或異乎？然季交，儲亦交也。受同矣，受之多寡或異乎？然季受，儲亦受也。不報同矣，不報之後日或異乎？然季不報，儲亦不報也。當日者，鄒與平陸如此，季任與儲子如此，守與相如此，交同、受同、不報同又如此。嘻，異矣！雖然，無異也。吾將以觀吾孟子於他日也。『孟子居鄒』兩段

萬物皆備於我矣。反身而誠，樂莫大焉。强恕而行，求仁莫近焉。

明性量之弘，安其已然，而勉所未至也。蓋萬物皆備此性量也，其誠者足樂而仁者可求，性量固有弗全乎哉！且夫人之有性，本之自天，而理已大足於中。君子有盡性之功，則務循乎理之所安，而無辭於其勞。是以自然之名君子不尚，慮其循乎自然，究至併其固然而亡之，以淪於媟薄苟且之爲也，斯失之遠矣。

今夫號物之數蓋有萬也，以我之一身入於物之中，而名所自命，事所自定；以我之一身出於物之外，而體由茲立，用由茲著。蓋我之所具者，物之質也；而我之所遇者，物之情也。萬物皆備於我焉，備也，斯蓋天之所爲與我者矣。抑天之所爲與我者豈偶然哉？立乎

至一而御乎至變也，故誠於其中，乃可以無疑於外；誠於其本，乃可以無疑於末。

古之君子有反躬自得之功，而又有内省無疚之學，良以物之備者，實有可據而無所於歉也。反身而誠，樂顧不大與？雖然，物物而誠，一物而不誠，不誠矣；物物備焉而誠，一物備焉而不誠，不備矣，此不可安，因任之利，而乏類推之情也。設誠致行者，强勉之功；體信達順者，明恕之用。是以無私之志告見鬼神，不惑之情通諸天地。强恕而行，有所强而行之，則將有不必强而行之者矣。以此求仁，良莫近哉！

由此觀之，仁者體乎萬物，此性量之所由大全；抑仁者安乎中心，此又性功之所由克實也。是以君子莫要乎求仁也；而不然者，我亦物也，烏乎備？『萬物皆備』全

形色，天性也，惟聖人然後可以踐形。

形以載性，惟盡性者能踐形焉，蓋因形有色而天性存焉。然非性之盡，性不易踐也。其惟聖人乎？且異端之學往往不遁于無，即滯于有。抑知無物，而則于何寄？無理，而氣于何行？兩者均無當于大道也。今夫人盡有形也，而色已因之矣。

四海之廣，形每各異，而宰乎形者不殊焉，則由器以考道，不得謂五事之外有五行矣。一日之間，色或遞變，而主乎色者不遷焉，則因象以窮神，亦可知四體之中皆四德矣。故人

亦以形色視形色耳，孰知即天性所不外乎？夫即形即性，宜凡有性者皆可無虧乎形，乃降衷遍于下民，而私欲多間，衆人有之而不知。彝秉原于好德而功力未深，賢者體之而不盡，則甚矣，形之難踐也。抑即形即性，宜凡有性者皆可克全乎形；乃安于不及者，耳目口鼻未嘗闕，徐思之，已覺其無餘。好爲大過者，貌言視聽未嘗多，熟察之已覺其甚贅，則甚矣，踐形之難其人也。

惟聖人知之無不明，故始雖或由乎生，或由乎學，迨至人而名之以聖，則生學有同歸矣。其不予性以未足之知者，即不與形以未足之知者也，夫然後由盡己以盡人，由盡人以盡物，總爲吾身所必周，則復其初以踐之者不已至哉！惟聖人行之無不當，故始雖或出于安，或出于勉，迨至人而進之以聖，則安勉無殊致矣。其不予性以未盡之行者，即不與形以未盡之行者也，夫然後由中和而位育，由位育而參贊，悉爲吾躬所必備，則充其量以踐之者，寧有窮哉！惟聖人然後可以踐形，而色可知已。

言形色，必言性者，形既具而性已無不賦者也。夫未有形而天無所用其力，故義理氣質相因而見，尊其統于天，以明非人之所得而異也。言踐形不言性者，形既踐而性自無不盡者也。蓋自有性而人有以大其功，故亶聰綏猷爰推元后，隆其事于聖，以明盡人之所得而求也。奈何悠悠當世，而竟無全人也乎！『形色天性』一節

仁者無不愛也，急親賢之爲務。

因賢以廣愛，行仁有專圖矣，蓋賢之不圖，愛於何有？仁人務其急者，其親賢也，能廣愛也。今以天下之大而托命一人，則此一人者，天懷有獨摯也。一人出其天懷以與天下相見，而無所區於其間，則能行於所及，不能行於所不及，天下甚大，則有懷而自爲隘也。

吾謂仁者，宜審所務。仁者，有通於天下之理，然而理難恃矣，孤行則無以爲給也。馳乎天下而曰兼容，此豈足以盡萬物之材？仁者，有冒於天下之量，然而量難竟矣，任獨則無以爲繼也。勤乎民物而云暨汔，又豈能以久百族之好？仁者無不愛也，固也，而或意有所遺，情有所忌，則所務非所急，所急非所務也，蓋尊賢要已。人主勤恤民隱，而路鼓不足以達窮，非其慈力少也，正其惠心泛也。民氓至繁所傾注者只一二人。吾取此一二人，而已有統攝千萬之勢，則不擴而弘也。蓋士無伏處，則民無匿情，鴻飛嗷嗷，緊寔矜此肅羽，其藉茲爲慈惠之師已。人主念切民依，而勞止未見其汔康，非其所存狹也，正其所施混也。在庭至衆，而所馮翼者惟一二士。吾進此一二士，而已有什伯庸衆之材，則不恢而遠也。蓋臣無壅聞，則君無屯澤，禾黍油油，緊寔膏之陰雨，其藉茲爲豈弟之後已。

蓋賢者亦有性情，而惟仁者之性情與之爲近，此仁，彼亦仁也。博施廣濟之事，其願弘而難愜，而苟存心愛物，則一命亦能有濟。仁者以所親及所不親，而子惠之良蒸之即爲國俗，夫豈一手一足之烈哉！賢者自有學識，而惟仁者之學識與之相通上親賢，下亦親賢也。胞與民物之懷，其功大而難周，而苟軫念民生，則無術終難有用。仁者無不愛，斯有獨愛，而愷惻之誠被之即爲民風，夫非以引以翼之助哉！

所以君有衣裳，不以衣被方州，而必笥之以贈良士，蓋澤下者後，而章俊者先也。國有車馬，不以驅駕凡庸，而必陳之以待吉人，蓋治民者緩，而論吏者要也〔一二〕。嗚呼！仁君亦可審所務矣。『仁者無不』『爲務』

口之於味也，目之於色也，耳之於聲也，鼻之於臭也，四肢之於安佚也，性也，有命焉，君子不謂性也。仁之於父子也，義之於君臣也，禮之於賓主也，智之於賢者也，聖人之於天道也，命也，有性焉，君子不謂命也。

正性命於天下，君子兩存之而得所主焉。夫任性於人，委命於天，皆無所主於心者也。然則，安命盡性之學，不耑之君子哉！且人生而同得之理，以其不甚相遠也；而稟天之性；以各正其命，與本天之命以各正其性者，則非君子莫主之矣。故去所恃以得其可據，斯性命之理兩存，而不失其正焉。

如樂乎性之自然而縱之，則情無可制，必有過情之累。囿於命之固然而安之，則量有所限，必多不及量之虞。何則？人生而静之始，無欲可名也，亦並無理之可名。迨受性于人，而原於秉彝者，爲性之理；原於嗜好者，爲性之欲：同一性也，而性之所從者分矣。

人不能舍乎耳、目、口、鼻、四肢以爲人，則不得不因乎耳、目、口、鼻、四肢以爲性。而性爲適情之具，即殫力以圖其必進，無非藉以行私。人以爲性，吾何必不以爲性也？然有不可越者存焉，吾得于天者歉，必安其分之常；吾得於人者優，亦循其理之則。有命以制性，則命重而性不得不輕，雖吾有所謂性者，未嘗不可托，而此則非君子所自謂也，何可托也？蓋伸命以存性，而抑性亦以存性也如此。一物未有之先，無數可倚也，亦並無理之可倚。迨賦命于天，而足乎其理者，命無不全；拘之於數者，命無由立：同一命也，而命之凝承者異矣。

人不能命乎仁、義、禮、智、天道以爲人，則不得不諉之仁、義、禮、智、天道以爲命。而命無可造之功，則姑安以謝其修能，適足便其自怠。人以爲命，吾何必不以爲命也？然有無容已者在焉，操之于天，順逆或不可知；主之於人，常變無不可必。有性以衡命，則性重而命不得不輕，雖吾有所謂命者，未嘗不可安，而此則非君子之所謂也，何可安也？蓋伸性以立命，而抑命亦以立命也如此。然則君子有命，而性亦可用，必無或過之情；君子有性，

而命亦可憑，必無不及之量也。曷不並濟以爲功哉！『口之於味』全章

由堯、舜至於湯，五百有餘歲，若禹、皋陶則見而知之，若湯則聞而知之。由湯至於文王，五百有餘歲，若伊尹、萊朱則見而知之，若文王則聞而知之。由文王至於孔子，五百有餘歲，若太公望、散宜生則見而知之，若孔子則聞而知之。

道非其人不傳，歷稽諸古而得所宗焉。夫有傳人，斯有傳道，要未有不藉見聞而知者也。孟子歷敘之意有在矣。若曰千百年道，至今何以無弊？其中恃有人焉以持之。然不推道之何自而始，則不知道之大而可尊；不究道之何自而傳，則不知道之久而弗絶。開先者不數聖，紹聞者亦無多人，寧徒予我以景企之思也哉！

今夫聖人之生，凡以爲道也，逆遡其所由，道已統古今而立極；遞推其所至，道已貫功德而稱隆：則必斷自堯、舜始。千餘年間，有相受於同堂而爲見知者，若禹、皋，若伊、萊，若吕、散，以一身兼俯仰之責，固不藉所見而知也。夫不藉所見而知者，因所見而益知，蓋有以啓後聖於將來矣。有合揆於異代而爲聞知者，若湯，若文王，若孔子，以一心弘開繼之任，固不恃所聞而知也。夫不恃所聞而知者，因所聞而益知，蓋有以承先聖於既往矣。嗟

乎！自非聖人輩起，亦何以善其後乎？

嘗試總而論之，由堯、舜而後，越五百餘歲而生湯，其所傳者堯、舜之心也，而道屬之湯矣。又越五百餘歲而生文王，其所傳者湯之心也，而即堯、舜之心也，而道屬之文王矣。又越五百餘歲而生孔子，其所傳者文之心也，而即堯、舜與湯之心也，而道屬之孔子矣。吾孔子不幸，而不得與禹、皋諸人同時而奏其績，猶幸而得與商、周數聖相繼以永其傳。雖所見有異，所聞有異，一歸於知，則伐夏事殷，總不殊虞庭之揖讓；而韋布刪定，亦得進而大修明之權。雖見者倍親於聞，而聞者實賴於見，統之於知，則湯銘、周易，無在非執中之精一；而匹夫纘修，亦可上而講紹述之事。道之所以不絕者如此，寧孔子後遂嘆無人乎？

『由堯舜至於』三節

由堯、舜至於湯五百有餘歲，若禹、皋陶則見而知之，若湯則聞而知之。由湯至於文王五百有餘歲，若伊尹、萊朱則見而知之，若文王則聞而知之。由文王至於孔子五百有餘歲，若太公望、散宜生則見而知之，若孔子則聞而知之。其二

聞道必因乎見知之在古者，然矣。夫有見而後有聞，知道者自古已然也。由堯、舜以

迄孔子，不可以歷溯哉！且道在天地間，未嘗一日息也，要不能强不知者而使之傳。然同一知也，又不能無異。當其相見一堂而有以知此道也，則爲見知焉；因而傳聞于後，亦有以知此道也，則爲聞知焉。然不溯其所由，不知道之始，未可與窮源也；不推其所至，不知道之終，未可與盡神也。

試各就五百餘歲觀之，益以信先後之同符已。一則道之統在于上也。三代以上不可無治，故以堯、舜、湯、文主之，而道之遞盛者不衰。然其所由以聞者，未始不得之於見知也，若禹、皋陶，若伊尹、萊朱，此其彰明較著者也。一則道之統在于下也。三代以下不可無學，故以孔子主之，而道之幾絶者復續。然其所由以聞者，未始不賴乎見知也，若太公望、散宜生，要亦不可泯滅者也。

而吾獨有異于其見焉：傅子之舉，豈有見于堯、舜乎？復辟之役，豈有見于成湯乎？伐商之事，豈有見于文考乎？創自古未有之奇，雖起禹與伊尹諸人而問之，當亦不能指其何者之見於何人也。而謂其見知也，則何説也？得無見者不必盡知，知者别有所見乎？而吾又有異於其聞焉：以臣代君，堯、舜之時不聞也；以二事一，成湯之世不聞也；以師繼君，文王之代不聞也。歷人生遞變之遇，雖起湯、文、孔子而問之，當亦不能悉其何者之聞於何人也。而謂其聞知也，又何説也？得無聞者不必盡知，知者别有所聞乎？

蓋不曰見知而曰見而知者，見有窮，因見而知者無窮也。不然，見一代止知一代，將禹、皋不及知成湯之所知矣，況其後焉者歟！抑不曰聞知而曰聞而知者，聞有限，因聞而知者無限也。不然，聞一世止知一世，將孔子不及知伊、萊之所知矣，況其前此者歟！或謂開創之聰明，非守成所及，故禹、皋而外，不易附於見知焉。然此即足以服啓與太甲之心，而周公、武王何以亦不得而與焉？總之，爲取爲置，各有指歸，未易爲不知者道耳。抑謂人主之英略，非臣下敢望，故禹、皋而降，僅得列於見知焉。然此固足以尊堯、舜、湯、文之統，而布衣韋素又何以反得而與焉？總之，爲見爲聞，因乎運數，未可爲不知者告耳。

雖然，禹、皋、伊、萊、望、散之于堯、舜、湯、文也，皆生同時而非又同國者也。知之者既可聞之於其臣，當亦可聞之於其君，則見知似不足輕重，而必推之不置者，蓋上承君父之緒，下開英哲之傳，五百年中綿綿不絕者，皆諸人力也，則夫游、夏所不能贊，而諸人得以私淑者能〔一三〕

萬青閣文訓

總　論

行文之病甚多，總其大端則有四，約之則有二，更約之則惟一耳。四者惟何？一曰正意發不出，一曰閒文删不清，一曰古文請不來，一曰時調推不去。然正意不足則閒文必多，古文不來則時調必集，一定之理，所謂約之爲二也。要之只一：苟且不肯用心而已。不用心之病，平日在讀，臨時在做。假如題目到手，須先將大意解明，隨於大意之中分出每股意思。既立股頭，便要想此一股中如何起，如何承，如何開，如何闔。有不妥處，有未盡處，必不輕放，務須求妥求盡而後止。譬如對敵者，必破堅擒賊，然後旋師。如此，何患意思不足？至於用筆，即如對敵時器械，務要便捷爽快，動中窾會，方能刀刀見血，克敵制勝。今作文者，大抵每股合掌未必有意，即有意思，只是股頭數語，到得要緊處，又力量不濟，竟自歇了，反於没要緊處刺刺不休。尤可恨者，要緊所在正要一語道破，又字句拖沓。意思雖好，説來畢竟一場没趣，最敗人意。譬如臨敵時，一戰可破，偏費盡周折，弄得半尷不尬，及力量不濟，即便虚掩一刀，抽身而走，倒在無敵處支手舞脚，拖刀弄劍，其有不大敗者乎？

經史、古文俱是聖賢先儒闡明事物之理，其理與四子相通，旨趣最深，文字最妙，真是採木於鄧林，探珠於合浦，取之不窮，用之不竭。臨文時，須將題意解明，隨於古文中想取結構、議論、機調、字句，則自然無一不佳。至於時文，不過備格式、習法度而已。即其佳者，亦必自古文得來，豈可將古文概置庋閣。而所取時文又皆庸惡陋劣者，止求其便，不求其美，其亦不思之甚矣。然得力處全在讀時用心，譬如用兵者，須於平日訓練，或正兵，或奇兵，或水攻，或火攻，或多或寡，或分或合，天時地利、金鼓號令、步伐止齊之法，一一熟習，使千萬之耳目手足，俱聽命於一人之心。如臂使指，投之所向，無不如意。以此衆戰，誰能禦之？若使平日全不訓練，不過執簿呼名，臨時豈能調發？倉卒無計，只得將打馬草、馱帳房、供樵爨一班火頭軍支應搪塞，然而不敗者未之有也。所以然者，只是苟且門面不肯用心之故。夫『門面』二字，掤得來固難，打得破尤難。若一被他掤定，則終身墮坑落塹，永無出頭之日矣。今特開示小子輩打破門面之法，其法有二：一做法，一讀法，列於左。

作文法

作法有四綱領，六條目，一歸宿。其要訣則有二。所謂四綱領，一曰理，二曰氣，三曰骨，四曰法。

即以人身譬之，所謂理者，如生初之性，天命之以成人者。人而無性不成爲人，文而無理豈成爲文乎？然理有真有僞，其似是而非者毫釐千里，辨之不可不精。大全諸説甚雜，分別最難。今之奉爲蓍蔡者，高頭説約耳。此書最爲可笑。總之，要以朱註爲主，今人何嘗不云遵註，只是看註不細。呂晚村所謂知其當然，而不知其所以然，往往爲似是而非者所誤。此高頭説約之所以可惡也。看書須將白文涵泳數過，粗領其概，然後將朱註細細磨勘，以求白文之解，必使白文之中字字還他着落，節節還他貫通，析之細入秋毫〔一四〕，合之融成一片，然後放手。如有所疑，不妨參看他書，卻不要依樣葫蘆，隨他脚跟便轉。苟有一説，只與朱註對勘，合者取之，不合者棄之，必要實實有得於心而後止，決不可含胡放過。再時時將白文涵泳，朱註磨勘，則道理越精越熟。一部四書竟可鎔成汁，瀉成錠，觸處靈通，頭頭是道，豈不快哉！此非旦夕可到，然識見必須一年長一年方妙。

所謂氣者，如人身之元氣，目視、耳聽、手持、足行，皆有元氣運乎其中。人而無氣，則尸居木偶，痿痺不仁；文而無氣，則嬝婀萎薾，板腐拘晦，雖有道理，亦何取焉？孟子曰：『其爲氣也，配義與道，無是餒也。』可見雖有道義，而無浩然之氣以充之，則道義亦有時而餒。人之於文何獨不然？浩然之氣集義所生。吾嘗云理足則氣充，此語亦止道得一半。行文之法，理必取於先儒，氣必取於大家。無大家之氣，以談先儒之理，總使明白透快，亦不過絶妙講章而已。然又有一種俗氣似乎堂皇，浮氣似乎灝瀚，最是害事，不可不戒。其取氣訣詳讀法中。

所謂骨者，文家之氣體品格，所以分清濁貴賤者也。如人身之骨相，有神仙，有帝王，有公卿大夫，有山林隱逸，以至農工商賈、僧道九流，其最下者乃有篾片、乞丐、娼優、隷卒之類，莫不有骨，而清濁貴賤判然不同。骨有本乎天者，有移乎人者，天不可憑，要以人爲主。孟子曰：『居移氣，養移體。』此言移乎人者也。以公卿大夫之子而日與厮養伍，不期而居然厮養矣。以農工商賈之子日與貴家遊，不期而居然貴家矣。蓋其耳目之所接，心思之所向，氣味之所親，涵濡浸潤，久之而易其形，又久之而易其神，又久之而淪肌浹體，入於骨而不可解。於是，清者益清，濁者益濁，貴者益貴，賤者益賤，清者忽濁，濁者忽清，貴者忽賤，賤者忽貴：潛移默奪而倏不知其所以然。是以君子慎言習也，文品喜清貴，惡濁賤。然可惡者尤在賤相。所謂賤相者，卑靡也，柔媚也，佻達也，假闊綽也，要吉言也，諸如此類，竟如一大户家娼優狎客，獻笑一堂，而門外乃有一乞丐，摇長進板，唱蓮花落、善富進門諸詞，非不句句好話，卻是十足賤相，令人欲嘔。此文家之最忌者也。文家之骨，須端疑超邁，其次則莫如秀，然秀忌甜，甜即媚，不可不審也。奪胎换骨，在古文内沉浸濃郁而得之，詳讀法中。語云：『近朱者赤，近墨者黑。』可不慎哉！

所謂法者，規矩準繩之謂，而巧即寓乎其中。局有局法，股有股法，句有句法，字有字法，以至正有正法，奇有奇法，濃有濃法，淡有淡法，整有整法，散有散法，長有長法，短有短法，密有密法，疏有疏法。總之，要活法，不要死法。法不一法，而實有一定之法，夫是之謂真法。譬人之身，五官百骸，其一定者也。至於長短肥瘦、行住坐卧、正側屈伸之法，不可一律，然又莫不有一定之法，須相其宜而用之，非言可盡，其法亦莫備於古文詳讀法中。

此四者，作文之綱領也。

何謂六條目？一曰局，二曰意，三曰機，四曰調，五曰句，六曰字。此六者，只完得一『法』字。蓋行文者，理爲主，氣骨爲輔，而行之以法。理與氣骨不易言，所可言者法而已。故統之爲法，分之則有此六者。立局之法，不論奇正、整散，只『天然』二字足以盡之。每怪拘腐之徒執其成見，謂必如題，此乃假先輩，非真先輩也。先輩立局，只是相題要害而布置之，非有一定而實如一定。正固正，奇亦正，所謂天然是也。而近來好異之徒，不顧題義，專在局上求新，勉强割裂，顛倒支離。如人之一身，目居眉上，足出胸前，奇形異狀，直如怪物，自以爲奇，而不知此乃文字之妖，尤當亟爲剿滅者也。總之，一題到手，必先看題之全旨、節旨以及本句中眼目，來蹤去迹，遠脉近脉，或正或反，或虚或實，或賓或主，或全或半，一一分明。至於縮脚截搭，更屬無定。譬之形家，移步换形，移步换勢，尤當息心静氣，相其分寸，而設爲布置之方。忽縱忽擒，左摩右盪。及至要害所在，則以全力注之，令其精神溢涌，脱跳而出。直如鷹之攫物，龍之點睛，方其盤旋秋空，布設雲氣，此時騰那惝怳，千態百狀，令人目眩神迷。逮一攫而得，一點而飛，不覺鼓掌快絶。究之平心而觀，實有如此則快，不如此則不快者，此天然之極致，所謂無一定而實如一定。正固正，奇亦正，論局之法盡乎此矣。須知能極天然之妙，則奇固奇，正亦奇，『奇正』二字可不設也。故凡立奇正之名，有意爲之者，非板腐則怪誕矣。

至於意者，乃題義中所有之條理，謂之題蘊。有大意，起講是也。有題前意，起比是也。有正意，中比是也。有餘意及題後意，後比與結處是也。此其大略也。猶有旁意、翻意，借上文意照下文意。至於枯寂題無中生有意，截搭題有自出主張意，議論題有立説翻案意，典制題有援證辨駁意，諸如此類，往往有出於題意之外者，要在聞見廣，識解高，讀書時用心講究，臨文方有手眼。大約没意思題忌其窘而縮，有意思題忌其多而雜。窘而縮，則兩比而止一意，名爲合掌。多而雜，則一比而有兩意，名爲雙頭。此皆文家之大病也。所以窘者須有生發，多者須有剪裁，總要一比必有一意，一意必須到底，而通篇前後融合貫串，所謂篇如股，股如句，此命意之法也。昔人論文，云意不足則氣不充，又曰意多則傷氣，正爲此二病而言也。

機者，文之勢也。如急來緩受，緩來急受，或欲抑而先揚，或欲揚而先抑。或前整矣，懼其板，重作數散行以疏之；或前散矣，懼其慢，衍作數整語以束之。或用正峯而入，有堂皇環璘之觀；或用側峯而入，有突兀寵嵸之概。或一氣奔放，忽然一語束住；或一路平衍，忽然一語突典。或忽然掉轉，或忽然放開。或曠然而來，或悠然而去。忽起忽伏，忽縱忽擒，皆故作勢以達其情。矢激則遠，水揮則躍，此之謂也。然發機者，遲不得，密不得，少一語不得，多一語不得。静如處女，動如脱兔，屋上建瓴，帆隨湘轉。妙哉，機也！其文章之大觀乎！

文之風韻在乎調。人而無韻，西子不爲佳，子都不足姣也。用調處亦只在起句、轉句、收句間一露風韻耳。總之，要辨雅俗，捉鼻微吟，顰眉深坐，正是絶世風神。若使高麗起舞，嫫母捧心，又不知是何腔調？

句與調相似而實不同，調偶一見，句則通篇皆是也。有意而句不佳則意不顯，有機而句不佳則機不靈，有調而句不佳則調不發。蓋句者，鋪埶於意與機、調之間以增其美，一句未安則衆美削色，可不講與？文不可有閒句，然古人每於閒處傳神，看來似閒，其實不閒，其無要緊没着落之謂也。句法不可太長，然史公一句每至二三十字，甚至五六十字，蓋其長句乃是一氣卷舒，渾灝流轉，而非蕪冗累墜之謂也。大約要妥當而不平庸，蒼老而不枯拙，生新而不杜撰，濃而不癡，雋而不纖，長而不冗，短而不禿，曲折而不晦澀。

圓轉而冶之鍊金，千鎚百鍊，去其頑鈍，久之而鋒鍔爛然，繞指截鐵，則靈矣。惟文亦然。鍊氣也，鍊骨也，鍊局也，鍊意也，鍊機也，鍊調也，鍊句、鍊字也。種種鍊，時時鍊，始鍊之有得矣，未已也；更鍊之又有進矣；又鍊之而至於心手相應，左右逢源，則靈矣。且吾之所謂鍊與世不同。世之所謂鍊者，不過整齊格局，修飾字句，使之妥當而已。吾則不然：格局板而不化者，鍊之使化；字句舊而不新者，鍊之使新；始之無定者，鍊之使有定；繼之有定者，鍊之使無定。其所謂無定者，非破壞規矩、鹵莽滅裂之謂也，蓋即規矩之中求其神明變通之意。士衡所云爲體屢遷，昌黎所云陳言務去，是皆心追手摹，懸一靈境而鍊之。靈鍊相兼，而文之能事日進矣。鍊是工夫，靈是進見。是故靈不一靈，鍊亦不一鍊。譬如鍊步者，未鍊步先鍊爬，能爬則靈矣；再鍊步，能步則靈矣；進而爲趨，爲跑，無不皆然。是知未得手則用鍊，既得手則爲靈。鍊無定功，靈亦無盡境。學者不可自足，亦不可躐等，但取前一境而鍊之，俟其有得，而又進焉。所謂盈科而進，成章而達，日鍊日靈，即以幾於神不難矣。

讀文法

文章之體變矣。然體雖變而法則同。古文者，散八股也。八股者，整古文也。學八股而不學於古，惟觀乎今，是猶取水於潢汙，而資明於爝火也。蓋讀古文者，太上取神，其次取識見氣格，其次取議論、意致、機局，最下者字句而已。

讀之之法，必先息心静氣，心不散亂，意不粗浮，凝其神，調其聲，審端而讀之。先將通首涉獵數過，觀其命意之所有，所謂眼光落處是也。得其概矣，然後逐段細分，觀其章法。如起承開合，分總收放，虛實劫解，緊緩詳略，淩駕脱卸，跌顯過渡，順走倒追，來龍結穴之類。得其概矣，然後逐句細分，觀其用筆。如提轉、點逗、聯斷、擱卷、罩留、伏應、補偃、曲直、明暗、增減、吞吐、錯歷、鋪襯，聲東擊西，以此形彼，欲取姑予，借端引喻，淺深遞進，賓主互换，一語雙關，一意單注，以至琢句措字之類。又得其概矣，然後又統而讀之，觀其奇正、濃淡、整散、長短、疏密之法。又得其概矣，然後從而熟讀之。當其讀之也，吾之神與作者遊，而吾之口又與神相赴。作者之辭激烈，則讀者亦激烈；作者之辭春容，則讀者亦春容。推是而堂皇也，駘宕也，雋永也，悲咽也，突兀淋漓也，紆徐委備也，忽起忽落也，若斷若聯也，凡古人之文情有萬端，而讀者之精神節奏與之俱應，若身處其地而手著其辭者，則其神氣有以相取。至乎其極，乃不知歌泣之何從矣。然後又平其心，歛其氣，或急讀，或緩讀，或沉吟讀，或流連反復讀，或掩卷不讀。逮其後也，或無字讀，或無聲讀，蓋不見一字不出一聲，而瀾翻渤潏，常若有無數古文滿於胸中，而溢於舌底。此所謂神來之候。以是臨文，則自泉湧河決，沛乎其莫禦，而浩乎其不窮，氣骨則古文之氣骨也，法亦古文之法也。局意、機調、字句一以貫之，而後鍊而後靈，即以幾於神，不難矣。凡此皆從讀時得法中來。

子曰：『興於詩。』朱子云：『抑揚吟詠，感人易入。』此讀法也。諺云：『讀書有三到：眼到，口到，心到。』此亦讀法也。不然，徒舉其辭，弗領其趣，猶嚼木耳，浪費光陰耳，雖多，亦奚以爲？讀時文亦準此法。

校記

〔一〕標題原無，乃整理者後加。
〔二〕標題原無，乃整理者後加。
〔三〕喧　當作『咺』。
〔四〕瞥冕　當作『鶩冕』。
〔五〕傳　疑作『儔』。
〔六〕奠麗　疑作『莫麗』。

〔七〕益　當作『蓋』。

〔八〕益　當作『蓋』。

〔九〕子　據本篇標題，當作『下』。

〔一〇〕其至　疑作『獨至』。

〔一一〕禱杌　當作『檮杌』。

〔一二〕論　據文意，當作『諭』。

〔一三〕私淑者能　下有缺文。

〔一四〕柝　據文意，當作『拆』。

卷七

交山平寇詳文

交山平寇文案序

鎦都護云：『朝廷養兵三十年，大功乃出儒臣手，應愧死矣。』蓋爲虞丞相采石之戰也，則武功必武臣任虖？然在古文士尠不武。晚世偏於矜尚，乃高視進賢而兜牟鄙，然攖少變輒驚，非鼠匿則鷄縛耳，黄河濁流，慨笑千古。人奈何不自立哉！故吾以爲虞丞相寧獨武臣愧？惟儒臣乃當愧耳。

近代文臣武功亦多矣，若夫除腹心之患，掃百年之寇，惟陽明先生贛州功最著。而兹復有交城令，以蕩交山之賊。聞交山聯塞距河，綿亘八百里，頑民踞險爲賊，自三晉以至燕、秦、齊、豫，皆嚆矢所及，歷百餘年莫敢問焉。蓋勢久則民盡爲賊，賊與兵通，睚眦殺人，探丸斬吏。守臣但惴惴倖無事，及瓜而去耳，以故賊益恣，自喜能生殺長吏云。交城令，今司農官趙公恒夫也，比得選，人爲之懼。既至，則一無所問，賊、民與兵以爲令固無能問賊也。無何，令悉得賊首姓名、出没鈎黨、營窟險要與掠害之實，並疏記繪圖上撫軍，密陳討賊計。會賊殺它邑學博，又劫殺人。事上，朝議切責，大吏乃倉猝召交城令問故。令笑曰：『向所陳者何耶？許便宜，悉得賊耳。』於是諸大吏俱願聽交城令討賊。令旋復無所問。一日大會賓客，方縱飲，夜雪忽起，領兵直入賊巢奪險，一山盡驚。於是下令：凡所欲得茀賊首某某，民無罪，許諸民擒賊自效，賊亦擒賊自效。須臾，争縛賊出，賊孤潛遁伏，起輒獲，賊以爲神。匝月而賊平。蓋所全活亦數千萬人云。

其平寇始末，吴興夏宛來有紀，而其文移書牘並載交城牧愛堂編。邵子閲且竟，拍案而起曰：嗟乎，有志之士不當如是哉！文人自任文事，固無用武，然文人之文能盡當於經綸天下乎？冬夏讀書，秋春講武，謂古人分言之，於是，操觚染翰而爲文，投戈躍馬而爲武：是皆不知文武之意者也。陽明之用兵也，詭幻奇變，權謀不測，或闚擬於術數之末，不知皆先生致良知之學也，故臨難制變全身以之，成敗利鈍弗以動中，斯神明出焉。即如交城君陰謀勝算，入險乘危，幾以身徇。然觀其文告多篇，周詳完密，其脩辭之誠，有泣鬼神而動天聽者，宜乎剛毅不撓，上下桴應；藉令藏身與人，稍稍欺誕，鮮弗敗矣。然考陽明先生任事，於滁陽講學以後，人情既孚，而又握符開府，以晉豁爲之主，猶云揮斥不易。乃交城君僅一令長，且又當武臣崇貴之時，内無所援，外無所恃，堅忍深智，除箐攀崖，鼓鄉農之力勇，靖百年之蔓孽，寧徼倖得之？即事有不同，其心一也。方諸古人，亦奚忝焉？

顧文士之弗豎久矣。文士之弗豎，繇於才氣不逮而立志卑也。才不逮則肩荷難，猶曰天限之。立志卑即見小利苟且依回，無敢果以自奮，爲僞而已。故曰志不立則心不誠，心不誠則氣不勇，兜牟而巾幗矣，况咿唔呫嗶之士乎！故予摘牧愛堂編之事關平寇者，别爲一書，評論而用之，俾知渤海朝歌未爲敻績，而儒生志趨有合於聖賢之學，安危治亂少有賴焉，庶幾文武之道未墜於地云。

於越鬘士邵以發撰，並書於秦淮水榭。時屠維協洽日在鶉首之次。

移汛地换營兵以嚴防守事

牒呈太原協轉詳總督、巡撫兩院批，布政司議，復具咨兵部，允行。

竊交城西北兩山，從古萑苻嘯聚之所。故明天啓間，原建營房於孔河、都岔口等村，防兵二百餘人，特立守備統之。嗣因流寇渡河，兩山爲賊衆盤踞，岔口營房燒毁，防兵暫退文水之開栅鎮，遂屯駐焉。崇禎十一年，本縣復擇中西都寨子村建營房，名曰静安堡，離縣一百四十里，增兵三百名，坐鎮交山，盜風稍戢。至我朝順治五年，姜瓖倡亂，全晉騷動。事平，止設把總，統兵百餘，復駐開柵，相沿至今。靜安堡毀，而營伍不入山鄉矣。夫以交城守禦之兵，寄營文水所駐，非扼要地，緩急何濟？此防守之汛地，不可不急移者也。移汛換兵，滅賊要謀始于此。且交城營半以本縣山民而充官兵，當年遺孽多其族類，鄉火情深，無復顧忌，未免藏奸豢寇矣。夫藉土兵以招徠羣賊，固當用於變亂之時，而設官兵以彈壓山頑，尤當更於太平之日：此防守之營兵又不可不急換者也。縣官既有守土之責，縣官自深未雨之防，但事屬貴協嵩掌，理應據實具聞，乞轉詳督撫兩院，將交城營馬步移汛靜安古堡，乘高列哨，永駐山寨，則東西兩葫蘆可控制也。土軍既編入伍籍，給月餉而領口糧，豈與官軍有別？調彼換此，不但均營兵之勞逸，亦以肅山民之耳目，敢復有跳梁者乎？至於再建營房，重築堡堞，此地方官之事，俟詳允日，另有處置，不敢以興造瑣事瀆及列憲也。

康熙九年十二月十六日，牒協鎮山西節制太原等處署都督僉事管副將事劉，轉詳兩院。蒙巡撫達批：仰候督院詳行繳。蒙總督山陝部院莫批：仰山西布政司從長確議通詳，報本司移查太原協照會到縣。該本縣覆：看得交山古獷狁地，從不知王化者也。雖近來萑苻稍靖，魑魅潛形，然防兵自當駐扼要之地，而戍卒不宜用土著之人。此本縣移汛換兵之請，前看已悉，所謂處安思危、一勞永逸，實非無確見而建是議也。抑更有請者：本縣守城城總六十四名，每夜城夫一百二十名，民自爲守，可保無虞。本營因城守關係，撥有兵丁二十餘人散處四城，城内軍民兩相疑而不相安。合擇附近城關處所，另立營房。守城兵丁應駐城外，内外相倚，兵民一心，斯又永固城守之良圖也。『内外相倚，兵民一心』八字，今古壯猷實政盡於此。

康熙十年二月十二日，移覆本協，轉司詳院，蒙總督山陝部院莫批：據該司呈詳交城營兵移汛更兵緣由到部院，據此查得詳稱上著之兵，既與昔年遺孽鄉火情深，今遽行盡換，是否永無後患？既一年一更，換兵駐居，日久保無仍然交接匪類之虞。再查，静安堡係原防故址，因毁廢，移駐於開栅鎮，不知防日移駐之時曾否報部。今次移汛應否再行咨明，均未詳晰，難以酌奪，合行駁議。爲此，仰司查照駁牌事理。文到，即同太原副將確行查議，明白具詳，以憑酌奪施行。本司移查太原協照會到縣。該本縣三看得静安堡係崇禎三年創建，我朝順治五年姜瓖倡亂，官兵退駐開栅，非移駐開栅也。既非移駐，安得達部？兵丁一年一換，實可經久通行，永免交接匪類之虞，議無有確於此者矣。移覆本協去後，准署太原營參將署中軍守備祖關移。前據交城營把總蘇成甫回本協，蒙批：前奉督憲行查，意非不欲換兵，止因原駐静安堡，後移駐開栅，曾否報部，該營豈無案卷可查？況一年一換，揆情度理，自無可虞。此事交城縣備悉情形，該營即日會同該縣，從長酌議妥報。本協票行太原營，移關到縣。該本縣四查得移汛換兵之條議，實爲地方綢繆未雨，以圖經久無弊也。

非確有所見，其可以牧民者談兵耶？『確有所見』四字須著眼。查季報等册，俱造駐劄静安堡，是静安堡實係原防故址。彼時兵寡賊衆，因而移營開栅爲退駐地，以爲權宜計，非移駐也。卷雖無考，必不便於咨部。至於一年一换，兵丁之精力既耑，山民之耳目俱肅。交城土著之兵既給月餉，寧復與官軍有别？昨蒙協鎮移會本縣，已如前議具覆。至於逯家嶺適中之地，可堡可營，蘇把總職掌所關，自非無見。然不若駐劄静安堡，而分兵巡緝逯家嶺，彼此犄角，更爲妥便也。四月二十日，移覆太原協，轉司詳院，蒙山陝總督羅咨兵部。九月十五日准兵部咨，職方清吏司案呈奉本部送准山陝總督羅咨前事到部。送司准山陝總督羅咨稱，山西交城縣營官兵舊駐静安堡，後因姜逆變亂，將防兵移駐文水縣地方開栅鎮。今交山一帶乃從古緑林嘯聚之地，該營兵丁半係土著山民，與昔年餘孽鄉火情深，惟恐藏奸，將營汛仍移静安堡。至交城經制之兵更换太原營經制之兵，一年一换，營伍不動，照舊設官管理等因。查係咨明更調營兵防守事理，應無容議，仍咨該督知照可也。

守險分治永靖交山以安晉省事

竊照治民猶治田也，治田者不去其蟊賊，則雖終歲勤劬，而其田必荒；去盗猶去癰也，去癰者不消之未形，則雖有萬金良藥，而其癰必潰。晉省全疆環亘恒、霍、太行之麓，地少山多，而交城、静樂壹帶叢峯邃谷，尤爲盗賊嘯聚藪。自古至今，久踞横行而未能絶其根株者，亦必有故矣。

職令交四載，招撫者二，踏荒者一。曾深入窮山數百里，相其險阻，察其情形，又時召民之老於山中者細心訪問，繪成圖勢。後屢據各處關提，親拿計緝，擒康如江四名於關頭寺，擒楊芳青、楊芳林於惠家莊，擒李宗盛於刁窩，擒趙應龍於史家谷，擒閻六於静樂之青簡皮，擒袁世虎於中西都之左演溝石崖窑，皆誘以酒食，按圖勢指示，究問其出入，乃知此山實天生賊窟；此山之安與亂，非特一郡一邑之利與害也。

今夫神京以晉省爲右臂，晉省以太原爲腹心，而交、静諸山逼處太原右腋。南起交城、文水、汾陽，西極黄河，北逾偏老、寧朔，盤亘千餘里，其中若神師、羊腸、孝文、呂梁、劉王嵲、管涔、蘆芽、離石、石峽、鹿徑、兩嶺、周洪諸山，皆前古所稱名區天險，是趙武靈王闢之以爲强，劉淵都之以定伯者也。歷考前代，交境西北常列爲雄鎮，宿以重兵。唐於岢嵐置岢嵐軍，於盧峪口立盧川縣。宋於静樂置静樂軍，於樓煩鎮立金縣，於嵐縣立節度使。金亦於嵐縣立節度使。元於静樂置河北都元帥府，又於交城西治村置大通鐵冶監，設都提舉司鐵冶所巡檢。明初，静樂兩嶺關婆娑嶺隘，皆以太原左衛兵分屯守險。崇禎三年，特建營房於静安堡，設一守備，屯兵五百以鎮西北兩山。

夫唐至明，往往加意於此數百里之内者，豈非以偏雁之險尚在門庭，而此地之險近在堂户耶？今日環境，既無往者建軍、置帥、立縣、設檢之逼，内之静安堡，又無重兵彈壓其間。僅一把總，防兵百數，復退而駐於隔縣之文水開栅，除分戍擺站傳報外，實在官兵與弁相依爲命者，二十餘人而已。夫險固之地雖數十里，猶足容賊，況列嶂連雲莫知紀極，而以五里孤城僻處東南一隅，遥制此數百里天險不毛之地，竊恐龔遂有所難言撫，而虞詡有所難言剿者也。全晉山川險易了了胸中，交山賊自在掌上，非留心講求之至，豈能倉猝道得、倉猝做得？

蓋交山之盗與他境異。他境之盗非起於荒亂，必迫於罪死；非發於土著，必聚於流移。獨交山之盗無所不有，時而放羊牧馬民也，時而揭竿制挺盗也，時而散處峒窑民也，時而千百成羣，又盗也。言撫則陽順而陰逆，言剿則此散而彼聚。且村民土戍，非其親戚即其交知，官府動静朝發夕聞。兵少則不敢深入，兵多則不能久駐。其匿也無迹，其合也不測，旋滅旋興，旋衰旋盛。是豈生而好亂，人盡賊哉？地勢使然也。且非獨於此也，小寇不萌，大盗不興。交、静諸山既雄峻四越，其民又生長崖谷，勇捷輕生，自米家溝、惠家莊、上下横嶺、東西葫蘆數之，習鳥鎗打鳥獸爲生活者約二千七百有奇，推之全境可知。又静樂石峽南北産良馬，即左傳所載晉屈地也。當國家一統海内垂三十載，復屢值年豐，而負嵎伏莽終未革面。設一旦饑荒或四方小警，切恐羣山響應：出山陽則蹂躪及於平、汾，越兩嶺則太原震驚。而西北之道不通：據管涔、鹿徑，則宣太河保隔而爲二，而偏頭、寧武直拊其背而扼其吭。即如往者，大同姜瓌之變，相去尚八百餘里，而山盗萬餘首破交城，招引僞劉都督等遂統領步騎逾南山，下越忻州，經静樂，連破汾州、文水、清源、徐溝、太谷數城。後端重親王督大兵至晉祠，羣賊始散，歸匿故巢。然則賊氛之不靖，實因於交、静諸山之險；而諸山之險，顧不爲朝廷有而爲盗賊有者，實因於兵備之太少而立治之太偏也。兵備太少人易知，立治太偏非明于扼據者不知。

職深求其故，爲弊有二：

一曰盗扼險而我備之疏。交東南境近縣治，與平原接，無足憂。其西北與臨縣、永寧界，其山若孝文、昌梁、劉王嶂皆絶險，凡臨、嵐、永寧等盗皆由此出没，而東西兩葫蘆承其沖，右西峪、左文峪二水夾之，此守險者必據之地也。東北與静樂、陽曲界，其山若神師、羊腸、交山皆絶險，凡忻州、静樂、陽曲盗皆由此出入，而河北都古交村當其奥。左汾、右孔二河夾之，此亦守險者必據之地也。至於外接縣治、内接兩葫蘆，則静安堡實居中遥應之地。國初廢棄，職具文詳請捐資修築，已於本年七月初四日起工，建成之日另文申報。聚米畫籌，不過如是。今縱未能如明時屯兵伍百，終當益兵二百，合見屯、開栅百名共成三百，進駐静安堡，而分兵巡守於河北古交、惠家莊、鍾家溝、横賓、逯家嶺等處，於以鎮土著而静流移，可無意外之虞矣。然而兵數换則勞，且與地利不相諳。久駐則兵與民狎，兵之黠者既不難養盗以殃民，而民之黠者又且將勾兵而爲盗。職移汛换兵一詳，業荷憲允咨部。一年一换，誠未雨綢繆至計也。

一曰地遼闊而官難爲治。隋開皇中，始建縣治於汾、孔二河之交，因名『交城』，即今古交村也。去今治直北百里，較之四履，頗爲得中。自唐時移治於山南郤波驛，去舊治太遠，復於古交之盧峪口分立盧川縣，旋立復廢。今統計本縣四境之所及，自縣城而南不過十里，東不過二十里，而東北則二百里，西北則二百二十里，且綿延連接，極河逾塞，而不知所盡，無論鞭長不及，盗賊易生，即使太平無事，納糧聽理，民亦苦之。切計交邑地雖巖險，然民寡賦薄，一令一尉亦足以就理。況古交舊治實形勝不可棄，莫若分移縣丞，立署於古交廢址，凡山中詞訟税糧，使皆得就近聽斷徵比。山民既無逾越之苦，而縣令亦無耳目難周之患。汛兵往來其地，亦不敢恣肆以虐民，而民亦且積漸馴擾，因消其桀驁喜亂之心。境内之盗不生，他境之盗亦無由而入，所謂不用剿、不用撫，實則兼剿與撫而持之於無窮，計無善於此者矣。

然猶有慮者：兵以衛民，而山中之民實不利於有兵；兵以除盗，而民在山中實無惡於有盜。民既不惡盜，而又無利於有兵，少有牴牾，激而生亂，是所憂又不在賊，而且在兵也。把總職微權小，既不能節制官兵，又何以制服山賊？非復設守備一員，不足以資彈壓也。誠如職所請，良民無騷擾之憂，奸宄無挺走之慮。戍兵調换之日，正在山寒木落遁迹無所之候，乘機掩緝，凡屢叛屢服有名賊首不過十數人，何難束縛？請梟懸首兩山，使歷年負固山頑皆知朝廷之法制，從此根株永絶矣。職所請者，長治久安之計，若此日山中年稱大有，山民各安耕鑿，且巨魁就擒後，餘兇喪氣斂迹，可保目前無竊發之憂，正不煩憲臺顧慮也。

十年八月二十八日通詳，蒙太原府周批：『言終言始而不窮，且俱得之身歷，非留心軍國大計者，安能周詳如此？仰候轉達軍門，以爲久安長治之計。繳。』蒙提督通省學政董批：『險要形勢，燦若指掌，足見良吏苦心，仰候院司詳示。繳。』蒙整飭分守雁平道張批：『覽詳及圖，具見該縣留心地方，其中山谷夷險，兵民維繫，燎如指掌，言言石畫。果如此未雨綢繆，何患不久安長治哉？除本道虚心採擇，仍候院司詳行。繳。』蒙整飭山西通省驛傳道謝批：『該詳於地勢形勝，言之鑿鑿，洞若觀火。至於增兵置官於要道，尤爲扼隘披吭之至計，綢繆未雨之深思。計畫地方，巨細畢周，可謂無遺算矣。仍候布、按二司詳行。繳。』蒙山西等處承宣布政使司帶管按察司事穆批：『仰候兩院批示行。繳。』蒙巡撫達批：『仰布政司查議妥確通詳報。』蒙總督山陝部院羅批：『仰山西布政司會同大原副將查議通詳報。司轉府行縣確議申覆。』該本縣覆：『看得本府屬縣二十，令尉而外，仍設丞以爲佐者，陽、太、交、文四邑耳。三邑丁糧陪於交〔一〕，而交之不毛山地，且數陪於三邑。古以汾、孔二水交流，因名交城，即今河北古交村，與中西静安堡相去一百八十里。西北兩山遥相控制，而今之縣治實處東南平地，以鎖萬山之口。山民來縣，近亦百里，遠或二三百里。算其本身差徭，大約以分錢計者爲多。今俱自封上納，奔走殊苦，且往回途費竟有過於所納者。夫設丞以佐縣官之不及，陽、太、文三丞各有職掌，惟交丞一無所司。誠移糧署於古交適中之地，山中錢糧聽其就近徵催，關解本縣，不特恤山民之勞，抑且省山民之費，是更冗官爲要員也。至新築之静安堡，逼近兩葫蘆盜窟，扼要守險，控禦最捷，然非戍兵三百，山民又何恃以無恐？夫防兵可恃，不但良民是民，民亦可兵，雖梗化積賊，亦盡化而爲民矣。防兵不可恃，不但積盜是盜，兵亦黨盜，雖耕鑿良民，亦盡脅之爲盜矣。然使静安堡無戍兵三百，即令移丞古交，亦無以制盜之命。若屯駐如數，而不統以守備，又何以振兵之威？是添馬步以備剿緝，夥盜先絶，不煩剿緝而盜風自息也。設守備以資彈壓，士兵既换，有所彈壓而兵律愈嚴也。移縣丞以至調協，民情大悦，無容調協而民心已安也。三者相須爲用，其杜之者微而待之者預矣。當今守令誰肯作如此想？伏乞上臺轉請列憲，俯從末議。所用者經制之官，所調者經制之兵，一轉移間，而盜且日就銷亡而至於盡，又何憂竊發哉？

交山古稱天險，雖數百里亦屬朝廷疆土，豈可置之化外？列憲身任重寄，則凡所以圖久遠、防未形者，自罔不周，又不俟下吏之呼籲者也。』

九月二十八日，申覆本府轉詳。十月初一日，蒙總督山陝部院羅憲牌：『據該縣申詳，並呈交山圖勢到部院，除詳批仰山西布政司會同太原副將查議通詳外，至該縣所稱圖内計有七處，俱稱賊巢等語，合行密查。爲此，仰該縣官吏照牌事理，即將賊巢渠魁若干、羽黨若干，確查姓名，曾否辦納徭糧，及此七村之内，或俱係賊黨盤踞，或尚有良民雜處，又此賊起自何年，逐一查明，限文到三日内據實密報，毋得遲延到縣。』

該本縣查看得交山盤亘千餘里，轄交城者十之三，轄静樂者十之三，轄永寧、岢嵐二州者十之二，轄臨、嵐二縣者十之一，轄寧武者十之一，統名交山，非交城一縣之山也。其中複嶺重巖，從古大盜淵藪，而賊巢多在諸州縣分界之間。明天啓丙寅，山盜王宏才哨聚亡命，焚劫村堡。崇禎初年，賊首短毛子、王剛等盤踞本縣西北兩山，防兵不能制。嗣後，特建營房於静安堡，駐兵五百，守備薛敏忠、張有名、李紳等相繼鎮守，羣盜解散，民賴以安。本朝鼎定，裁去守備，止設把總一員，防兵百名，弁微兵少，兩山復爲山賊霸踞。順治五年十二月二十三日，突至本縣東關，焚燬一空。明年三月十四日，山賊大至，兵盡爲盜，縣官周邦翰被殺，連破汾、文、清、徐數城，設有僞官。五月，王師西來，山盜竄匿，故巢未經誅剿，從此負嵎伏莽，終未革面。歷來上憲俱以化外置之，然亦不聞地方官敢拿交山一賊者，是以盜風愈熾，遠邇播聞，無不知有交山之賊。康熙七年，秦晉督撫諸憲俱蒙特簡，而職亦於是年四月新任。誰非王土，豈容化外？職即於是冬單騎入山，開誠勸諭，山民向化，則惡黨自孤。續據各處關提，撫院嚴諭，職計擒親緝，共獲有名盜首十六人，有已經疏請梟示者，有見在律擬具題者。渠魁既擒，則羽黨自遁，不但數年交城無憂竊發，且喜近來鄰邑亦俱安眠。

今蒙行查賊起何年，雖遠年者不可考，而自有明至今數十年，忽起忽散之故，旋興旋滅之由，尚可據實具報也。至憲查據詳，七處俱稱賊巢，職亦俱就交城西山言之耳。夫東西兩葫蘆爲羣盜嘯聚之統名，而横嶺、鍾家溝、惠家莊、小麥溝俱在兩葫蘆中。其最險一寨名曰三座崖，賊若分守葫蘆口，而官兵不得進；賊若合駐三座崖，而官兵不能登。或大兵圍剿，必圖撲滅。崖後又有一小徑，可由刁窩、劉王崕西走吕梁，而遁於黄河之畔。從來交山之賊未經誅剿，而官兵往往受其害者，以賊聚實有險可恃，賊散則無蹤可尋，非是賊巢七處屬之七村，而爲賊黨霸踞也。

至奉憲查渠魁若干、羽黨若干，曾否辦納徭糧，或尚有良民雜處，職又不敢不據實詳報矣。夫交山渠魁，以李宗盛即小黄毛者爲首，其霸踞静樂周洪山也已非一日，羣山之盜皆其羽黨。如任國鉉、任國海兄弟住横嶺，是横嶺一賊巢也；鍾斗、鍾名節父子及流來逃軍傅青山俱住鍾家溝，是鍾家溝一賊巢也；惠首富、惠岐山、惠艾安、惠孝文住惠家莊，是惠家莊一賊巢也；申友住小麥溝，是小麥溝一賊巢也。其奔走臨、嵐、永寧界上聯絡西山之賊線者，有劉正、王汝諫兩人；其奔走静樂、陽曲、寧武界上而聯絡北山之盗線者，有殷景陽、温國輔兩人。是皆交山有名賊首，而稱李宗盛之羽黨者。今雖歛迹，終難逋誅。職初詳，乘機掩緝，不難束縛，請梟以儆山頑者，即此十數賊也。其餘山民無知，實屬脅從。兵威可恃，民亦可兵，何有於盗？賊風一熾，兵且是賊，何況於民？山地多屬不毛，山民相習打鳥獸爲生，未可全責之以輸納糧徭。即雖與羣兇雜處，然化頑歸良者多，又未可概棄之爲賊也。職入山三次，周歷賊穴，備悉地形，是以繪圖上請，無非爲地方圖久安之計。中西静安堡設一守備防禦，則臨、嵐、永寧山盗不相聯絡，而西山盗源絶矣。河北古交村移一縣丞協理，則静陽、寧武山盗不相聯絡，而北山盗源絶矣。兩山一靖，交盗永除。指説情形明白透快，近代名臣奏疏間或有之，實不多得，總是實實留心者少。交盗除而晉省安，是數十年不平之逋寇，憲臺聲教所及，無煩勞師動旅而已平之也。

蒙憲臺諭令密報，職不敢欺隱，具實交山逋誅賊首，盡此有名十數人，憲臺允詳之日，職乘便用間，當即其黨計獲之，以盡職分之所當爲，不敢言功。若以職所報羣盗姓名，勒令職全緝，萬一一賊漏網，且增職過，是職地方本無事，而招此盜案也。擒賊之後，尚查縱盜職名，此先説破，亦洞見時事之難耳。非藉憲臺恩覆末吏，下情又安敢上達哉？

十月初三日申詳。十一月初三日，蒙總督山陜部院羅批：『該縣前後敷陳，殊見留心地方，現經太原協撥發官兵，暫住静安堡，會同該縣相機行事，仰設法盡獲真賊，不得妄拿良善，致擾民生。至該縣所稱功過之言，本部院已悉之矣。此繳。』

十月初四日，本府蒙總督山陜部院羅憲牌：『照得本年九月二十一日准兵部咨文，題覆本部院題參汾陽縣劉應熊家，於三月十九日被八十餘賊劫財殺人一案，議行酌差官兵剿殺盡浄。奉旨依議，欽遵備咨前來。隨經轉行太原協，速行酌量作何剿殺去後。查得交山住賊地方，係該府所屬，合將部咨抄發，爲此牌仰該府官吏速遵部覆奉旨事理，即便會同該協並交城縣，將剿殺情事作何調度進剿，確議飛詳本部院，以憑定奪等因，備行到縣。』

該本縣看得交山環州帶邑，逾塞極河，本縣以孤城處東南而緊鎖山口。静樂北峙，承寧西繞，此中俱多盜窟。職熟悉賊情山勢，用撫用緝，務絶根株，尚幸任内從無盜案。今年春，山盜賊猖，不意清源教官李開秀被殺於三月十四，而汾陽監生劉應熊又被劫于三月十九。兩邑失事隔五日，耳探得交山逋寇横行四出，實静樂渠魁李宗盛即小黄毛者爲坐主。職密稟撫院，蒙諭管副將帶兵三百屯駐樓煩鎮，顯示圍剿。職算此賊必棄其所踞周洪山，而糾連兩葫蘆。料定葫蘆羣賊不敢應，必由劉王崞西走永寧、吕梁，而奔黄河畔。是以職四月二十二日密關本縣防弁蘇成甫，設伏要徑，果于二十四日早束縛李宗盛及文水大盜弓進于劉王崞之刁窩。『算定』『料定』『密關』等字，總自繪確有所見。凡羽黨之在静樂者，彼時亦被擒獲矣。蒙臬司審明，李宗盛係清源殺官案内大窩，弓進自認爲打劫劉應熊案内劇盜，即將兩賊分入二案題報。職又拿本縣大盜趙應龍、閻禄、張朝忭，嵐縣大盜袁世虎關送清源入殺李教官一案。又拿寧鄉大盜武之龍、劉天正、劉成庫三名關送汾陽入劫劉應熊一案。至部咨查武之龍所供東村失事未報，夫東村，即汾陽劉仁德大盜之處所也。此案疏請梟示者十五名，内有永寧大盜楊芳林、楊芳清兄弟，及惠文通、王朝友、蔚化鳳五人，又俱係職入山親拿關送者。所緝諸盜既屬各縣有名諸盜，所住地方豈屬交城一縣地方哉？竊幸渠魁擒而羣賊獲，職可無故縱之愆矣。惟是交山羽黨十數人，赦無可赦，又念交山脅從皆百姓，誅不勝誅，是以舊冬有移汛復兵之詳，今秋復呈守險分治之議，俱蒙列憲採擇，職亦可免不行預報之咎矣。此處洗發正是不得已，總見任事之難。

兹蒙督憲抄發部咨，備咨本府，會同本協與職酌量，且有剿殺事情作何調度之憲票。職未奉之先早已上陳，伏乞上臺轉覆，俯從末議，速行本協，調兵三百，統以守備，職即同兵弁刻日入山屯駐。職新築静安堡，山民安心不疑，羽黨自難漏網，再報獲盜緣由，斯爲妥確。若候上臺詳請調兵，往返羈延，山中一聞剿殺淨盡之部文，不但羽黨多人亡命作賊，竊恐全山向化頑民亦且懼剿畏誅，而甘爲之助。雖大兵一到，不難玉石俱焚，而官民爲此受累，有不忍言者。職不申說在先，真無所逃罪矣。

十月初五日申詳，蒙太原府周批：『據詳如隆中數語，可以起而見諸行，諸葛君真名士哉！即轉達之制府，拭目聽凱音矣。』大主意、大見識不可及也。李卓吾藏書入范文正於大將傳，不知者議之。吾以爲此處極堪著想。書生眼如豆，豈易語此？十月初八日，據交城縣牒呈：『該太原協劉，看得交山屯賊多人，該縣歷任年久，剿撫情形熟悉在胸，故于未奉之前，具有條議轉報。今蒙憲牌，本協即會同太原府並交城縣共相商酌。茲據縣文，竟請守備一員，統兵三百，同入交山，借設官添兵移駐静安堡爲名，就中或剿或撫，相機行事，山民相安，真賊可以盡擒，最甚善也。且有「兵貴神速，不敢候詳定奪」等語。因此本協于本月初七日先差守備姚順，即同該縣統兵三百進山訖，俟作何剿撫、獲賊多寡另文呈報。』蒙總督羅批：『據詳撥發官兵，會同交城縣令相機行事，務期真賊全獲。須嚴束兵丁，不得妄拿良民。仍將獲過賊數不時馳報。繳。』同日，又據交城縣申覆：『該太原府周看得交山在太、汾二府之間，有分轄于太原之交静、嵐武、岢嵐諸地方者，有分轄于汾州之永寧、臨縣諸地方者，原不止交城一縣也，爲大盜淵藪，匪朝伊夕。茲奉部文剿殺盡淨，卑府安敢養癰？今與協縣密議，若止密執剿殺之説，又恐玉石俱焚，莫如即借添兵移駐之名發兵三百，以一守備領之，刻期隨趙知縣入山，使百姓不驚，大盗自可就擒。卑府已于本月初七日面諭趙知縣，偕守備姚順領兵起行，其必殺不赦之鉅寇任國鉉、任國海、鍾斗、鍾名節、傅青山、惠守富、惠岐山、惠艾安、惠孝文、申友等，賊線劉正、王汝諫、殷景閣、温國輔等，卑府已與該縣密議擒拿，俟有情形另報，兵不厭詐，非敢於先發後聞也。至於部文山寨多賊，聚集年月，備在該縣，初詳曾經預報，並無故縱之情。所謂東村即劉仁德失盗之所，理合一併詳明。』蒙總督羅批：『前據太原協交城縣詳報，已經批示矣。該府仍移行該協該縣，務期真賊全獲，不得妄拿良民，滋擾地方，並將獲過賊數不時報繳。』

具報入山日期事

竊職於初九夜三更，同姚守備帶領防兵，聲言静安堡防守，行四十里，過文水峪口，至本縣水泉灘山岔口，即分兵三路，出其不意竟進兩葫蘆。晝夜兼程一百六十里，屯駐東坡底。以此地係東西兩葫蘆要道也，我兵屯駐此地，而賊先失其所恃矣。前是擒賊之説，此下是擒賊之事。事與説無二，確有所見，方信之矣。盗魁惠岐山、劉正見我兵突至，假來投首，即時擒獲。諸賊散走山崖，誠恐逃躲他山，非本縣所轄之地，兵役不便搜尋，伏乞上臺行票永寧、静樂二州縣，永寧發兵役至上葫塔候緝，静樂調樓煩兩巡檢帶兵並捕役至柴長村、窑溝村兩處候緝。仍諭永、静、臨、嵐諸州邑大張聲勢，有交山逸賊經過，即便協拿。而數州縣中，又以静樂爲主，以静、交兩山之賊原屬相聯者也。其黄河畔必由之路，職已遣兵暗伏矣。十月十一日申府轉報。十七日奉巡撫達憲牌：『仰静樂縣官吏照牌事理，速調樓煩兩巡檢帶兵並捕役至柴長村、窑溝村兩處，遇交山逸賊，協力擒拿，毋致免脱漏網。如獲真賊，飛報本府。立等轉報。牌行静樂縣。』據故鎮巡檢王三錫申稱，賊徑甚多，弓兵已裁，止留十數人，何濟於事？憲牌諭令巡檢帶兵，所帶何兵，應請批示。據此，該縣詳府，移撥防兵。蒙太原府周看得交城請兵協拿賊犯，事關緊急，卑府已經批行静樂縣，徑移該管防汛各兵，協同巡檢入山。伏乞憲批庶弁兵不敢推諉也。蒙巡撫達批：『據太原協呈報已批，令密會寧武協拿矣。此繳。』

申報擒盗情狀事

竊照職於本月初九日夜三更，同姚守備、蘇把總督領防兵三百，聲言赴任静安堡，出其不意，直入葫蘆屯，駐東坡底，以破賊之所恃，已於十一日申報在案。大窩惠岐山同賊首劉正見我兵突至，投戈叩首，立刻拿下。即於初十晚分兵三路，至惠家莊、横嶺、鍾家溝三賊巢撲緝，業已竈冷窑空，不但賊首揣其必死，齊踞山崖，而山民懼難並生，皆爲守險。職密傳弁兵解鞍歇伍，以示不用。是夜大雪，山峯盡白，木葉俱脱，勢難露立。不但指畫可觀，且文亦生動靈活，閲者心躍，真是奇構。職示諭山民寧家，母從賊凍死。兩日，本縣編審人丁，不在家者便以賊論。初報山寇滿山，不能計數，兵欲退駐。職曰：『是吾民也，而非賊。』再報山寇千餘，職曰：『仍是吾民也，而非賊。』以次漸減，最至二百有餘，職曰：『賊矣。』然係賊之眷屬，而非真正賊首也。所云真正賊首者，不過報明此十數名耳。設此十數名盡無眷屬，以繫其心而累其身，吾又何以制其命？是可擒也。十二夜，着百總王國振統百兵守黄土溝，而賊不敢過静樂之白刁嶺，一過白刁嶺而走細磨出，愈難獲矣。着把總蘇成甫統百兵守韓丸嶺，而賊不敢入静樂之獨石河，一入獨石河而走和龍山，更難獲矣。又諭中西約保率鄉夫二百守永寧之王葫嶺，而賊不敢渡吕梁，一渡吕梁而走黄河畔，必不獲矣。又諭原瓶約保率鄉夫二百守黑黑煙山洞，而賊不敢逾臨、嵐，一逾臨、嵐諸山便是陝地，必不獲矣。職同姚守備即於是晚統官兵家丁百餘人，進駐横嶺賊巢，示諭兩葫蘆歸民，許其拿賊贖罪，强盗拿盗立功，亦准投首，無不鼓舞踴躍，願效死力。

十三日，盗首傅青山爲鄉夫馬奐、惠崇生等擒矣。盗首任國鉉棄其家屬，帶數騎走白刁，伏兵突起，擒盗任國海，惟國鉉走山如飛，追拿無影，今見在探緝未獲也。惠首富自來投首，願拿鍾斗、惠孝文等立功，以免其死，許之。數日之前，河北鄉夫殷耀龍又獲大盗殷景恪來報。除投首一名外，生擒大盗共五名，今俱押解到縣監禁訖。至獲賊之家屬、馬、騾、器械，每日眼同姚守備註明，俟全獲日，另册呈驗。是交山頭目漸次全拿。山頑知戒，永無叛心，亦可以免於剿之殺之矣。且交山盤亘千里，古稱盗藪，原非剿殺所能净盡。『剿殺』『盡净』四字，此處洗發方妙。若必事剿殺，正恐耕鑿山民不免有無辜受害之家，而真正爲賊者藏身山穴，反多漏網，非朝廷好生之大德也。伏乞上臺爲職通報，以慰憲懷。十月十四日，申詳太原府飛報兩院。

再報擒盗情狀事

竊查交山盤據數州邑，歷稱盗藪，而剿殺未加者，以交、静轄太原，而永寧又轄汾府，此兩府文教之不相統攝者也。交城屬南協，而静樂又屬北協，此兩協武威之不相統攝者也。其間若三座崖、爛團山、穀積嶺，袤延環迴六七百里，山徑崎嶮，石穴數千，賊藏其身，莫可蹤迹。屬交城者爲三座崖，崖畔賊巢統名兩葫蘆，如上横嶺、惠家莊、鍾家溝、小麥溝等處是也。屬静樂者爲和龍山，即爛團山，山畔賊巢半在細磨川。此外若周洪山、窑溝裏、潘家莊、圖囫村、康家溝、池東溝、光塔村等處是也。屬永寧者爲吕梁，即穀積嶺，嶺底賊巢半在穀積溝。此外若狐突廟、馬槽、馮家莊、羊圪台、薛家溝等處是也。其接臨縣者爲紫金山所有，臨縣賊巢如插家會、神溝裏、周家溝、温家莊是也。先正有云：做過守令者方堪作宰相，可見坐論與身歷不同。讀此足令廟堂深省。職若不跋涉而根極之，諸山皆鳥道，惟虎狼行走，悉兵馬未到之地。

原着把總蘇成甫守韓九嶺，防賊走入獨石河。十六日，盜首鍾斗、鍾明節等盡棄眷屬，果奔獨石，官兵鄉夫圍捉，獲其眷屬及賊温國輔、任國疆二名。是夜將半，突有静樂數十賊騎，接應鍾斗等逃入爛團山。十七早，職同守備姚順進駐獨石河，四面圍搜爛團山，不意又有永寧數十賊騎接應而走穀積嶺。即於是午，官兵鄉夫追上，賊盡棄所乘之馬與所執之械，分竄深巖，鄉夫打死一虎，時天已黑，不敢搜山。獲馬十三疋、騾二頭、鳥鎗六杆、弓二張、箭袋二付、無鞘刀一把，捉賊二名：一係静樂賊首郭三法，一係臨縣賊首張二。審供汾陽劉仁德失事，原係永寧大盜馮養成，糾連交、静、臨、嵐五州縣之賊而行劫者。劫後，各散各地，並無山寨，今接應鍾斗、鍾明節等走入穀積嶺，即大盜馮養成也。職以地係汾府，不便統兵久駐，即於十八早收兵，退駐獨石河。當移關永寧州協拿訖。

職此行原係領兵駐防静安堡，意主於生擒而不敢擅殺，意主於撫綏而無所用剿。初懼山頑據險負嵎，不得不急襲，以散羣兇之勢。今見盜首獸奔鳥散，又當用緩緝以安衆姓之心。緩急操縱，定見確然，先後一絲不紊。職見在山内編審人丁，除逸賊任國鉉、王汝諫、鍾斗、鍾明節、惠艾安、惠孝文、申友七名，一面設法查緝，務獲另報外，仍祈上臺行文静、永、臨、嵐協緝諸賊，以免漏網。今將大盗郭三法、任國疆、温國輔、張二四名發縣監禁，先行具聞，以憑轉報。十月十八日，申詳太原府，轉報兩院，仍檄行各州縣。

三報擒盗情狀事

竊職同姚守備十八日收兵屯駐獨石河，着落賊之族屬各帶鄉夫細緝。有惠艾安同手卒二人，帶娼婦程二寧子走至臨縣君德溝，一鄉夫追擒，被發鳥鎗傷臂，伏路兵丁急救，又被艾安刀傷其額，練總楊時中連射二矢中之，艾安自刎身死，拿其手卒及馬疋眷屬。又於爛團山石穴，搜出大盗惠灰葫蘆即惠天德。是夜三更，投首惠首富同其族屬多人，亦於穀積溝生擒盗魁鍾斗、惠孝文到案，共獲賊馬一十五疋、鳥鎗五杆、刀二把。查鍾斗之父鍾明節下落，據鍾斗供，三日前伊父縊死爛團山巖，除將二死賊舁回驗明是實，懸屍示衆外，即將大盗鍾斗、惠孝文、惠灰葫蘆及死賊惠艾安手卒孫貴、高自福伍名，押縣監禁訖。所不即獲者，止王汝諫、申友、任國鉉三盗耳。謹聞上憲，以憑轉報。十月十九日，申詳太原府，轉報兩院。

交山渠魁既擒永静大盜宜緝事

竊職所報交山有名盜首，漸次全擒，逸盜王汝諫，又爲其家屬王登先等二十二夜初更窑溝穴内搜拿到案。其未即獲者，止申友、任國鉉二名耳。夫盜聚當用兵圍拿，盜散宜用役密緝。交山數百里，巉巖深穴，何隙不可藏賊之身？若不用賊拿賊，得其内應，預爲指示，雖萬兵徒滋擾耳，盜何能獲？

查得静樂有名大盜，以尹三盛、李繼實、李繼福、李六斤、周時花五名爲首，而李惠明是窩主，從之者小賊數十，不足計也。永寧有名大盜，以郝成章、馮養成、范一虎、曹豹子四名爲首，而李旺是窩主，從之者小賊數十，不足計也。

職確探尹三盛躲在静樂龍門嶺，即遣兵役密拿，家丁董友昆傷矢，追至細磨川，而大窩李惠明、大盜李六斤等執械放鎗擁接上堡，僅獲空馬二匹、弓箭二付而歸。

又確探任國鉉手卒歡虎兒寄馬于永寧段家皮郭三知家内，密遣捕役暗緝。而大盜馮養成等同歡虎兒騎馬踞巖，役不敢近。及還獨石，職增兵進剿，又藏山穴矣。使此等大盜不就今日擒到，兵役一退，將見散者不難復聚，異時別案事發，害及鄰邑，又歸其咎於交山，誰爲之分別也？茲將兩州縣盜窩姓名、住址確查明白，另册開呈。伏乞上臺密報撫憲，密諭各汛弁兵協拿；仍行文永、静兩州縣，按名躧緝，照數盡獲，從此根株永絶矣。

十月廿三日，申詳太原府，密報撫院，仍通報督院批行。二十七日蒙巡撫達批：『據該府驗報前事，仰按察司密移協營，併行兩府轉飭，各照册内姓名、住址，作速協拿，務期盡獲，以静地方，繳。册併發，蒙此合亟密行。』爲此牌仰該府官吏照牌事理。文到，即便密差能幹謹慎負役，查照單開姓名、住址，會同協營官兵，相機密擒，務期盡獲，星夜押解赴司轉報，勿致疏虞。此係密擒渠黨事理，靖盗安民，諒該府自有同心。慎切慎切！

賊首已擒山頑就撫特報旋師日期事

竊職兵屯惠家莊，前月二十四日，蘇把總於背坡山溝内搜出静樂大盗李雅秋。二十八日，本山鄉夫于鍾家溝石穴中，搜出静樂大盗劉三，即劉湖。二十九日，投首惠首富率鄉夫至静樂圪須溝，陣擒臨縣大盗杜名宇，各獲器械馬匹。此三名者，皆積案候緝之大盗也。除未獲逸賊任國鉉、申友，現在分路緝拿外，俱經押縣監禁訖。

查此山兵分二協，地轄兩府，歷世相傳，從無疆限。數州縣愚民，長子孫于其地，但畏賊令而不知官法。職親歷窮山，馬足所至，始立坊以定其界。計此不毛之地，屬交城者約三百里，交之界定而静樂、永寧各無混土矣。計此三百里中，穴居者一百二十五處，其從無糧徭，不編赤歷，耑以打鳥獸爲生者，除婦女老幼不計外，共壯丁一千四百三十七名。訪其耆舊，自順治六年變亂以至今日，終其身不作賊且不爲賊首所脅者，止三十七家耳。職賞羊酒，給扁額，宣布憲諭，以旌良善，俾山頑知所效法。即舉此三十七人，或十里，或十數里，或數里，就地遠近立爲約正，家諭户曉。既以賊攻賊，此又以良民化良民也。無此一番撫綏，焉爲善後之策？取土穴百餘處山民，具連名甘結，各自畫押存案。嗣後一人爲賊，情願剿殺净盡，可必其無越志矣。按其户口，有係别州縣流來者，有係山中生長者，俟職回縣，另開花名清册呈報。編審在即，自當爲之分都定甲，造入新丁。再設社學四處，教以禮法，不難盡化山頑爲良善也。

今將擒獲大盗姓名，並盗之贓物、器械、馬疋、粟米、眷屬，每日眼同姚守備及兵役等查明，彙册造呈。于民固秋毫無犯，于物亦絲忽不漏。懇祈上臺轉報，以憑憲奪。職同姚守備于本月初二日移駐静安堡，仍諭蘇把總暫帶防兵百名，分守山界。念諸兵役此行殊苦，初五日還縣，初六日職犒軍一日，初七日可以唱凱旋省矣。十一月初三日，申詳太原府，轉報兩院。

續報擒賊事

竊職差縣快石大法、胡德同鄉夫搜山，於本月初三夜又拿大盜二名于中圈溝内：一係温連雲即温良榮，交城縣人；一係張法，文水縣人。皆汾陽案内候緝有名之盜也。又獲温連雲青騍馬一疋、鳥鎗一杆，即將二賊押縣監禁訖。前後節拿大盜共二十二名，理應續報。伏乞上臺入職初三日詳内，統行申報。初四日，申詳太原府續報。

申覆剿撫山寇事

案查十月初三日職詳報後，嗣奉太原府帖文，爲執結文狀事。蒙憲臺抄發部咨，行文本府，會同太原協並交城縣剿殺情事，作何調度，飛報定奪等因到縣。時職以公事赴省，初五日詳覆府協，轉報兩院在案，即於初七日同太原左營守備姚順統馬步官兵三百進駐交城東關。休息一日，初九夜照會交城營把總蘇成甫，帶彼所領防兵百名，共兵四百，直搗賊穴。票諭各處鄉夫分頭圍繞，除前後訪實申詳協緝各案大盜不另敘外，統計入山二十六日，節擒賊首二十二名，除自刎自縊二名，現在押解太原者共二十名。其擒賊情狀，又投首賊夥三十六名，及新撫山民從不編徭入曆者，共一千四百三十七家，並節經申府轉報訖。

獲賊之馬疋、器械、贓物、眷屬與賊所遺之騾、驢、牛、羊、粟、豆，確查明白，並無遺漏，俱經各另分別造册，申府轉報在案。仍諭蘇把總暫帶防兵，分守山界，已於十一月初三日，職同姚守備旋師矣。

前此申報者，係真正盜首諸姓名，雖脅從山頑、罪應同羈者，職尚准投首，冀欲保全其生，何敢妄拿良善？至于行間鄉夫需用日食、兵役、犒賞等費，悉職捐資備辦。山民鷄犬未驚，豈復致擾民生？是故無煩憲慮者。惟不費公帑，所以事後極易措詞，然亦太難矣。三十餘年中，肯如此任事者有第二人否？惟是新撫山民，土流不一，今應作何安插？所獲賊馬，職暫行喂養，今應作何歸着？所獲賊屬，俱令賊之親族保領在山。惟任國鉉、申友二名未獲。夫大盜既逸，家屬豈容寬縱？職暫行羈倉，今應作何發落？所獲賊之器械贓物俱貯縣庫，而已經查報之牲口粟豆與未經查報之山地土窑，皆盜產也，今應作何追給？懇祈憲臺批示，以便遵行。所幸者渠魁李小黄毛被拿之後，羽黨逋誅多人；今兵未血刃，而應擒者擒，就撫者撫，千里窮山變爲樂土，何一非憲臺威靈所播？故能不戰而屈也。下吏適逢其會，惟與晉民同其歡忭耳。十一月初六日申覆，蒙巡撫達批：『仰按察司速查通詳報。』

初七日，太原府周據交城縣申驗，看得交山積寇盤踞多年，仰借憲威，先將李小黄毛拿獲，各賊皆其羽黨，次第就擒，兵不血刃，而得賊首二十二名。雖有未獲之二盜，終難免脱也。即太原所屬之静樂，又拿積寇五名，從此交山一帶可必太平。其馬匹、器械自應入官，新撫山民一千四百三十七家，自應安插得所，編爲保甲，互相稽察。所獲贓屬並牲口、粟豆、山地、土窑，查盗案與叛案不同，仍宜查例確議。逸賊家屬自應羈禁。其有功文武官弁、鄉夫官兵作何獎勵，伏候憲裁。蒙巡撫達批：『仰按察司一併確議通詳報。』

十一年二月初八日，蒙總督羅批：『據詳縣備兵不血刃，而得賊首二十二名，足見調度有方。其有功官弁夫兵，應候本部院酌行。至所獲各賊家屬以及牲口、粟豆等項，既稱盗案與叛案不同，例應作何發落，其新撫山民作何安插得所，再查劉應熊失盗一案，原報强賊八十人，今獲二十二名，未獲二名。此賊是否打劫應熊之賊？如係此案之賊，則餘黨向往何處，仰山西按察司一併查議，妥確通詳報，仍候撫院詳行。繳。司仰府行縣。該本縣看得擒賊方略，本皆定算於事前；而静盗機宜，尤當永杜於事後。事前事後，總如一線，只是籌畫明主見定，到底摇惑不得。向賊所恃者叢山邃谷，若形勢既悉，不難奪險據險，以散其羣。又賊所恃者，聚黨脅衆，使間諜得行，不難用賊攻賊，以折其首。業經遞報，詳册在案。蒙查劉應熊失盗，原報强賊八十人，今獲二十二名，餘黨向往何處？』

查職九年移汛换兵咨部詳文，實在清源教官未殺，嵐縣决鷄村未搶，汾陽張家莊未劫之先。十年春夏之交，賊勢方熾，職蒙撫臺面諭，設謀用間，願以身先，渠魁羽黨大半就擒。

於是復有守險分治，請以山寒木落乘機掩緝之條議。查條議時，又在執結文狀内剿殺淨盡、部文未下兩月之前，幸而一如條議所算，永絶伏莽。在職任内本無盜案，則是歷年經畫，身入不測，實欲爲太汾兩府、南北二協去害而擒賊，非爲清、嵐、汾陽三縣結案而擒賊也。如此分晰明白，尚有行查職名之舉。噫，可危也！然雖不爲三縣結案擒賊，而汾陽執結文狀案内報部强賊原數，實盡於職前後所擒之中。初，張家莊三月上盜時，汾陽官兵追拿，今查被殺者係惠天成，現獲者止一馮開耳。職四月内首捕賊線武之龍等三名，繼緝趙應龍、袁世虎等十四名，又弓進一名。十月入山，擒傅青山、鍾斗等二十二名，續拿鍾名節、安二、申友三名。據職册報，發静樂縣拿解李惠明等七名，又段南强、李七兒、三元兒三名。據職册報，發永寧州拿解郝成章等三名，决鷄村案内攀出大窩王武一名，入山投首夥盜惠首富等三十六名，黄河畔大盜來太原府城投首，被拿杜廷禎一名，通共九十六名。除審係無辜而釋者，高自福、李雅秋、范一虎三人。因係賊屬，懼罪而投首者，王汝全等七人。通計打劫張家莊强賊共八十三名，大窩三名，以應熊案内計之，已無餘黨通誅矣。所云『擒賊方略，本皆定算於事前』者，此也。

又奉查議牲口、粟豆等項，及新撫山民安插緣由，除粟豆應俟變抵失主外，查所獲器械應請貯本縣以備賊守，所獲山馬六十二疋與賊之産屬不同，皆職自備草料喂養，候詳發落，自應遵例分發各驛行差。至新撫山民王登先等一千四百三十七家，正值編審，職已爲分入山鄉十都，散處每都各甲之後，願納下下則丁差，以增户口，俱已得所樂業矣。夫築堡屯兵，乃爲交、静弭已成之釁，而移丞分治，實爲太、汾消未萌之憂。以古交之形勝，必不可棄，而數百里遼闊，未可以一隅遥制也。且以本縣自有之丞，處本縣舊治之地，理鞭長不及之民，不增一官，不添一役，因人情之便而轉移之，非同勉强難行者比。今交山一帶，自劉王嶂直通黄河畔，商賈往來如織，已成秦晉孔道。静安古堡，職捐建一新，設一守備駐防，萬不可緩。但静樂向屬北協。如爛團、周洪兩山，細磨一川，古今大盗嘯聚，亦須責成静安守備分汛，庶無彼此牽制之憂。幸逢兩院安内攘外，房謀杜斷，兼而有之，職處此要害之區，欲有所建立以興利除害。若不就是時堅請，奠此嚴疆，不惟失此有爲之地，且失此有爲之時矣。所云『静盗機宜，尤當永杜於事後』者，此也。伏惟上臺轉報，務俾採擇允行。

活賊方擒死賊乃顯事

案查十月十八夜三更，投首賊犯惠首富等生擒盗魁鍾斗、惠孝文於永寧之觳積嶺，綁解來營，究問鍾斗之父、大盗鍾名節下落。據鍾斗供，三日前伊父縊死静樂爛團山。立遣典史郭景明馳至彼山查看，果有縊死一屍。十九日辰刻，將屍舁至營内驗明，即時具報。

職將屍懸掛樹間示衆，着本山土人認識，有云小的認得者，有云小的不識面者。夫鍾名節出身交城營馬兵，父子大盗，豈有名節自縊，山民不復識面之理？因喚其妻李氏認屍，堅供實是故夫，然聽其哭而不哀，職早已心知其僞矣。因票諭鄉夫惠重生等四山密緝，聲言名節既報縊死，雖出山來不妨。此等智慧，自從學古中來，不可草草看過。本月十六日，假死鍾名節汲水入穴，山民看破蹤迹，因被惠重生等搜獲，方知縊死之屍原是案緝大盗任國輔懼殺自死，而鍾斗乃冒之爲父也。已取任國輔親屬甘結存案。本日，又據蘇把總關報，在山兵丁於後嶺底緝到任國鉉貼身手卒一，名安二，除即押兩賊犯解府聽審外，理合先申，以憑轉報。其强盗惠首富等自來投首，拿賊贖罪，作何發落，亦祈憲示中府，詳司轉報。蒙巡撫達批：『仰按察司審明確議通詳報。』

司行到府，帖仰本縣。查照前經駁查事理，即將自首之惠首富等開明某某姓名，及獲鍾名節等原係何案有名夥盗，與縊死之任國輔果是本屍，確係何案所緝，立速分晰訊明妥招，報府到縣。蒙此，除將鍾名節、安二兩賊犯于本月初一日解府，另取口供，一併敘詳定招外，案查投首惠首富原係交城營逃兵，職確探其爲山賊頭目，不敢以各案無名而聽其漏網，已經申報在案。十月十四日，職統兵屯駐横嶺，惠首富、惠運通、鍾名俊、鍾名鼎各領其脅從者共三十六名，跪赴軍營投首，具有首詞在卷。職許其拿賊立功贖罪，即用賊黨以拿賊，因此盜魁全擒，且與本年强盜自首之例相符。謹將姓名逐一開報，伏候上裁。

至於任國輔一犯，乃大盜任國海、任國疆嫡親兄弟。同行上盜係張家莊案内候緝有名之盜，見其兄弟被拿，懼殺，于十四日自縊爛團山。十八夜三更，投首惠首富等生擒鍾斗在案。職細訊伊父鍾名節下落，據鍾斗供，伊父三日前縊死爛團山。時兵屯獨石，離爛團山二十餘里，即諭典史查勘明白，據報果有一屍挂在巉巖。一面諭鄉夫舁回驗實，一面具文申府轉報，皆十九日巳刻事也。聞言可信，見欺以方，職又豈料其僞哉？及屍懸於樹，人有異詞；妻哭其夫，聲無哀慟：職曉其故而不即明言者，誠慮鍾名節遠逃他屬，一被别處擒解，職罔上之罪百口難分也。今假死之鍾名節以緩而獲，即真縊之任國輔不查自明。任國輔幸保首領而死，遺妻馬氏、子大娃子仍當變價給償失主，正不僅據其族屬任旺等一結爲憑耳。職此番剿撫，但有明首得生之真賊，確無暗抵屈死之良民，又不煩職之申辨者矣。

十二月初二日覆府申司，轉詳兩院。蒙巡撫達批：『賊首惠首富率黨投誠，緝賊贖罪，與自首之例相符，自應宥免，予以自新。但某人係某案之賊，當日分得何贓，俱未審明，仰司逐一親訊。並獲盜鍾名節、安二速即確審，並招歸結，仍候督院示行。繳。』十一年二月初四日，蒙總督羅批：『據太原府呈，投首賊犯惠首富等應作何發落，仰山西按察司查例妥議通詳報，獲賊鍾名節等審明速報。』三月十六日又蒙總督羅批：『據按察司呈鍾名節等前據太原府申報，已批該司確審矣，仰速審明通報。惠首富等悔過嚮化，率黨來投，既經該司查與例符，自應安頓得所。仍於此案審定之日，查明先今定例妥議通報，以憑酌奪具題，仍候撫院詳行。繳。』

執結文狀事

十年十月初一日，蒙總督羅案驗，行司到府。仰本縣官吏查照原文內事理，即將交、靜住賊情形並地方各官職名，一併查敘明白妥詳，即刻報府，立等轉報，毋得刻遲。該本縣看得，執結文狀一案，大部覆核，夥賊確數若干，於是有聚集何年月日之查。即以住賊地方不行預報擒勦，於是有各官職名之取。又因賊竄山寨，各有住址，於是有勦殺淨盡之咨。此十年十月初四日，奉督憲行府發縣之部文也。職即于初五日具詳本府本協轉報兩院，業蒙督憲批府協覆詳及職前後條議在案。今蒙臬司票行太、汾兩府，坐取各官職名到縣，立候轉報題參。職不敢不細繹部文以申前說。

切思部咨聚集何年月日一查，蓋欲覆核夥賊確數若干也。職未奉此案之先，已查渠魁羽黨姓名，一一具報。且將山賊忽起忽散、旋興旋滅之由，數十年來誅勦難加之故，業已詳覆列憲矣。部咨查取各官職名，蓋爲住賊地方，不行預報擒勦也。職未奉此案之先，九年冬移汛換兵條議，業蒙督憲咨部允行。幾個『未奉此案之先』，剔出苦心劇任，不如此，不但無功，且蒙過矣。十年秋，守險分治詳文，復荷兩院發司確覆，不徒虛以預報塞責，而且實具擒剿機宜，故縱之罪可以幸免。查此山直通黄河之畔，地轄兩府，文教難以兼施；兵分二協，武威不相統攝。豈但遠逾關塞，抑且近逼延綏。賊非一縣之賊，山非一府之山，其得以任賊地方專責之交、静兩縣耶？部文有剿殺净盡之咨，蓋爲賊竄山寨各有住址也。夫賊夥一聚，無險不可恃；賊黨一分，有蹤亦難尋。散處千里窮山，又何曾踞有寨子哉！職未奉此案之先，已將擒賊方略呈報。入山兩旬，渠魁盡縛，除投首以外，山民無不悉心嚮化。此固仰體督憲檄行確議之仁，未敢拘牽部議，必盡行剿殺而後爲快也。

查督憲來文，止將部咨抄發，未曾另有『查取職名』字樣。即督憲批職原詳，亦有『該縣功過之言，本部院已悉』等語。職兩番條議實爲地方圖謀久安，原不因劉應熊執結文狀一案，而後有擒賊之舉。且失事屬汾陽，與交城全無干涉，在汾陽失盗，例有處分，今反因交城拿賊而全銷汾陽失盗之案。交城拿賊本出急公，今反因汾陽失盗而波及交城拿賊之官。部咨懸揣遥度，不得不嚴；列憲灼見親知，自當有别。伏乞上臺轉文臬司，據實回詳，以憑督憲題覆，庶下吏得免無妄之愆矣。詳覆太原府，蒙本府『看得交山擒賊全案，皆交城縣知縣趙吉士功也。披閲該令前後條陳，慨然以擒賊爲己任，原不徒以預報二字塞地方之責，本無故縱，安用隱諱？且移汛换兵之呈先經達部，守險分治之議復經詳院。初不因奉有大部執結文狀之查，然後奮而爲擒賊之謀也。今幸不煩剿殺，諸賊就擒，而執結文狀一案之夥盜，亦盡以此案全獲。其在事有功文武，本府現在詳明督憲，請敘在案。其在汾陽失盜一案，各官久已處分，兹既將賊全擒，即從前督緝接緝各官，尚欲邀恩以消案，豈有山賊盡平，盜案全結，反可追取地方拿賊各官職名轉報題參乎？部文在諸賊未擒之先，督憲止抄部咨，併無「查取職名」字樣，本府不敢混間以灰有功文武之心，據實詳報，伏候憲裁，呈詳按察司，檄駁到府行縣』。該本縣謹按憲駁三段備録原詳，復申前説；若必待今日行查而始奉覆，下吏誠無所逃罪矣。

奉憲駁，細繹部文行查者，謂：山寨夥賊於何年月日聚集，確有若干。今該府不將夥賊聚集年月、盜賊數目，逐一分晰明白，混云旋興旋滅、數十年來等語，大與部文有悖一段。查原詳，看得交山盤亘千餘里，轄交城者十之三云云，尚可據實具報也。是夥賊聚集年月以及盜賊數目，早已逐一分晰明白矣。奉憲駁，住賊地方在汾府，以賊烏合交、静等山，無憑開報。在該府與交令又稱，賊非一縣之賊，山非一府之山，互相推諉。究竟住賊之山，既非一府一縣，亦應查明的係某府某縣，其各賊地方官爲何不行報剿，果否有無故縱一段。查原詳，看得交山盤據數州邑，歷稱盜藪，而剿殺未加者，以交、静轄太原，而永寧又轄汾府云云，悉兵馬未到之地也。是住賊之山，賊但將身歷者具報，業已查明在案矣。奉駁部咨『明明顯列住賊地方官職名，該督均未查明指參〔二〕』十五字，載在原行『均可覆按，今該府不行查明開報，反云院無職名字樣，恐難葫蘆混轉』一段。查兵部咨文，蒙總督于十年十月初四日釘封行府，而職開報夥賊姓名。查明聚集年月，以至住賊地方，既詳且悉，俱在督憲未奉部文之先。是以部文顯列『剿殺』『淨盡』四字，督憲批詳，但令職相機行事，盡獲真賊，不得妄拿良善。部文顯列『住賊地方官職名，該督均未查明據參』十五字。督憲票行到府，查得交山住賊地方係該府所屬，合將部咨抄發，亦未嘗復載開報職名等語。是夥賊、住賊、報賊、擒賊始末情形，職既詳言之，列憲亦無不心悉之矣。

不幸職所屬名曰交城，而各州縣夥賊聚散無常，難以防捕，均嫁其禍於交山，職繪圖上獻，形勢備悉，一若預知有今日之事者。今賊黨既擒，地方寧謐，交山兩葫蘆如惠家莊、鍾家溝等處，已爲山、陝通衢商賈經由之地。至如就撫山民，悉安耕鑿，保無越志。萬一鄰封防禦不嚴，别有鼠竊，交城之山正不獨任咎也。百年萑苻未平，不聞一矢加賊，今日根株盡絶，反蒙屢檄參官，責地方以住賊，歷世傳至於今，職誠無所逃；責地方官不行預報，而罪以故縱，職實不任咎。至職與捕官職名應否開報，統惟上裁。而擒賊有功，即註原職名之下，亦惟憲奪，皆非職所敢擅者也。緣係駁查事理，合應摘録原詳申覆，伏候轉報詳府。蒙本府批：『該縣身冒不測之賊穴，生擒積賊數十人，本府現在具詳督院，特請題敘在案。茲奉臬司遵照未擒賊之先部文查取職名，本府一面開報職名，仍將職名之下註明功次。此本府奉督院面諭之事，安肯掩該縣浄盡山寇之奇功耶？候轉詳。繳。』

遵例具呈懇題議敘事

本府奉司，蒙巡撫達案驗准吏部咨呈，該本部題爲投誠復逃等事。議得先經刑部衙門題覆直隸巡撫金疏稱：知縣梁舟、把總梁永鎮拿獲别屬窩隱之賊，或酌量獎敘，應交吏、兵二部議。臣部覆臺臣顧豹文條議，疏稱文職因獲别處之賊，若行加級，不論俸滿即陞，恐有不肖之徒希圖功績，拿遊行良民捏爲盗賊，拷逼訊問，濫充賊數，亦未可知。其文職不便與武職一體定例，奉旨：『依議，欽遵在案。相應將知縣梁舟等無庸議，具題。奉旨：據奏，前顧豹文條陳文職因獲别處之賊，若行議敘，恐有不肖之徒希圖功績，拿獲良民，捏爲盗賊等語。誣良爲盗，自有重處定例，若獲别處之賊，不准議敘，則人皆推諉，盗賊愈多。這議敘之例，着再定議具奏，梁舟等仍着議敘，餘依議。欽此欽遵。』查兵部移咨内稱：武職查緝拿獲别屬盗賊一二名，審出夥賊十五名者，㟁管官紀録一次；拿獲三十名者，兼轄官紀録一次；查緝拿獲十五名盗賊者，㟁管官加一級；查緝拿獲三十名者，兼轄官加一級；查緝拿獲三十名者，耑管官不論俸滿即陞；查緝拿獲五十名者，兼轄官不論俸滿即陞等語。以後文職官員，除自己承緝盜賊外，查緝拿獲別屬盜賊一二名，審出夥賊十五名者，將耑管官紀録一次；查緝拿獲十五名者，加一級；查緝拿獲三十名者，不論俸滿即陞；其兼轄官員查緝拿獲一二名者，審出三十名者，紀録一次；查緝拿獲三十名者，加一級；查緝拿獲五十名者，不論俸滿即陞。以後拿獲賊犯與定數克及者，京内官員具呈刑部，在外官員具呈督撫。具題到日，俱俟刑部審明是實，於此例相符者，題送臣部議敘。俟命下之日，通行直隸各省，載添入例册内遵行。據兵部稱，把總梁永鎮止拿獲侯昌嗣等五名，未及議敘之數，無庸議敘等語具題。奉旨依議。今知縣梁舟等拿獲侯昌嗣等五名，未及議敘之數，亦無庸議。五月初三日奉旨：『依議，欽此欽遵。』抄部送司，案呈到部，備咨撫院，行司到府，帖仰到縣，查照粘抄事理，一體欽遵施行。該交城縣知縣趙吉士看得文職緝獲別屬盜賊一例，向來未載令典，新奉特旨，添入例册遵行。在京具呈刑部，在外具呈督撫題核，照數議敘。無非嚴盜賊以安民生，録勞苦而勵官吏也。職仰遵功令，不敢不據實具呈。

切職於康熙七年四月初二日到任交城，迄今四載有餘，自己屬内，從無承緝盜賊之案，而查緝拿獲別屬各案盜賊，有已經疏請梟示者，有見在律擬具疏者，有因其投誠拿賊免死者，皆經兩院題准而核實於刑部者也。案查七年八月初一日，擒獲大盜康如江、康如海、康

四、王有志等四名，乃直隸順德府邢臺縣李世珍家失事案内盗也，已經遞解邢臺審實，具題正法，蒙總督自咨覆前院阿在案。八年十二月十三日，擒獲大盗惠文通、蔚化鳳、王朝友三名。九年二月初四日，擒獲大盗楊芳清、楊芳林二名，乃汾州府汾陽縣東村失事案内盗也，已經關解汾陽審實，具題在案。十年四月十三日，擒獲大盗趙應龍一名，審出夥盗十五名，備開住址，申文分緝後，四月二十四日，又擒獲大盗李宗盛一名。四月二十八日，又擒獲夥盗閻六、張朝忭二名。七月二十八日，又擒獲夥盗袁世虎一名。其夥賊蘇正明、蘇萬遇、曹伏虎、强三、劉福、劉遇祥、張五、董三、李少林、李三虎十名，蒙憲檄行静樂照册拿解，審實招擬，皆清源縣殺死教官李開秀案内盗也，已經憲臺具題到部。四月初十日，擒獲線盗武之龍、劉天正、劉成庫三名。四月二十四日，擒獲夥盗弓進一名。又照會静樂巡檢，擒獲夥盗段南强、李七兒、三元兒三名。十月初九日，同守備姚順統兵入山，擒獲各州縣夥盗傅青山、鍾斗、惠孝文、王汝諫、郭三法、杜名宇、劉正、惠天德、任國海、任國疆、温國輔、温連雲、陰景格、孫貴、惠岐山、張二、惠艾安、張法、任國輔、劉三、李雅秋、高自福二十二名。又據職册報静樂夥賊居址，蒙憲檄該縣擒解周時花、李六斤、李惠明、小黄蟲、李繼福、李繼實、尹三盛七名。又據職册報永寧夥賊居址，蒙憲檄該州擒解郝成章、李旺、范一虎三名。十月十三日，軍前投首山、陜各州縣夥賊，願擒賊贖罪，惠首富、鍾名俊、鐘名鼎、惠運通、張一龍、張一寧、李二小子、馬登成、惠珍吾、孫闊哥子、任二反城兒、王汝全、王萬禄、胡仲福、任反城、任國禎、惠重德、張謀小子、王汝昌、尚德、李天福、李正五、惠巴和尚、申□、任國元、鍾名世、王萬仲、劉應虎、惠珍黄、韓三八九、惠景洪、胡三奇、耿應宿、任國選、任國玉、覃奉云三十六名。十一月二十二日，赴太原省投首賊犯杜廷禎一名。又搜鍾明節於鍾家溝之石穴，闗王武於静樂之樓煩，獲安二於臨縣之嶺後底，擒申友於嵐縣之闗部村，共四名。又皆汾州府汾陽縣張家莊案内盗也，亦經撫臺具題到部。以上共拿獲一百四名。除李雅秋、高自福、范一虎三名審釋外，其爲職計緝、陣擒、投首者，計七十八名。其爲職審出夥盗，密行申憲檄拿者，計二十三名。通共真盗一百一名。又拿獲賊馬陸十一匹、器械數十件，俱經册報兩院咨部訖。

念職一介書生，當兹巖邑，受事至今，强半與山盗相爲終始。若使誣拿一賊，豈止不保功名？設或深入受傷，亦止空送性命。今職拿獲者，不但盡係别屬之案，抑且多係别處之盗、在别屬案緝者，且因職拿賊而消案矣。即兼轄降級者，亦且因職拿賊而復級矣。屢蒙撫臺諭以供職大義，方愧致身無日，何敢告痒言功？今值新例許其在外自呈，恰與拿賊相符，又安可避嫌違令？所當據實呈明，以憑核奪者也。

五月二十四日通詳，蒙本府清軍廳楊批：『擒賊静盗，寧謐地方，具見良吏苦心，其功實不可泯。既符新例，優敘可期，仰候撫憲具題，並司道及本府批示行。繳。』蒙太原府周批：『仰候各憲批示到府，以便加看轉詳。繳。』蒙雁平道張批：『該縣廣施方略，屢擒逋寇，晉盜奔秦，遜兹經緯，朝歌渤海，不得獨擅美矣。遵例議敘，允符功令。仰候院司示行。繳。』蒙驛傳道謝批：『查拿獲賊犯，與定數充足，許其自呈。今詳內檄拿真盜一百一名，恰與拿賊之例相符，仍候兩司轉詳批示行。繳。』蒙按察司賽批：『仰候撫院批示。繳。』蒙布政司穆批：『仰候撫院詳行。繳。』蒙巡撫達：『仰按察司查報，司行到府。該本府議看得緝獲別屬盜賊一事，向無成例。今奉部文，載入例册，凡在外官員許具呈。督撫具題到日，俱候刑部審明是實，於例相符，題送議敘在案。今據交城縣知縣趙吉士詳稱，緝獲別屬盜賊一百一名，委與耑管官不論俸滿即陞之例相符，理合據實回覆。至於兼轄官拿獲五十名者，亦有議敘之例。今除邢臺縣四名、汾陽縣東村案內五名，在本府未任之先不計外，本府兼轄拿獲別屬盜賊，似亦與例無違。伏乞本司核明轉詳，以信功令可也。』

六月初七日，蒙按察司牌：據該府呈報交城縣拿獲別屬盜賊詳由到司，除詳批仰照另牌確議報奪外，查得交城縣緝獲別屬賊犯七十八名。又該縣審出夥盜密行申拿者二十三名。通共緝獲真賊一百一名，厥功自是難泯。但查擒獲傅青山等，並投首惠首富等，係奉部酌差汛兵剿殺。該縣方同守備姚順統兵入山，擒獲並致投首多盜，是否與該縣自獲者相同？且凡奉部文，俱以准到之日爲始，遵行已久。今閲查閲查緝拿獲別屬盜犯照數紀録加級即陞部文，係康熙十一年五月初三日奉旨。本月十九日准到部咨，内開以後文職官員查緝拿獲別案盜犯，在外官員具呈督撫具題等語，是部文明開『以後』二字。歷查交城縣所拿各盜，俱在康熙七、八、九、十年，係未奉部文以前拿獲者，今稱與例相符，果否妥確，事關具題重案，不便率轉，合駁確議。爲此，仰本府官吏即將交城縣同兵入山拿獲盜犯，是否與部文吻合，應否照例呈報，逐加確議明晰妥詳報司，以憑核轉，萬勿朦混率覆，致干違例駁詰。干係匪細，慎之速速行府，仰縣確覆。該本縣遵查得緝獲別屬盜賊之例，向無令典，新因直撫金題安肅知縣梁舟等擒緝侯昌嗣一案，致奉特旨議敘，載例通行，則雖符例尚未有一人在題，而比例實有梁舟等可據。職遵例懇題一呈，蒙憲駁：傅青山等係該縣同守備姚順入山擒獲，是否與自獲相同？切梁舟之獲侯昌嗣，實同保定營汛把總梁永鎮緝獲。而兵部自敘梁永鎮之功，吏部自敘梁舟之功，止以不及數不敘梁永鎮，未嘗因梁舟見格，而梁舟亦未嘗因梁永鎮見格也。見姚守備雖隨職入山，然設間運謀，俱由縣令；殲渠獲醜，盡出鄉夫。營無血刃之兵，陣無折矢之卒，業將擒盜情狀，節次申報兩院可查，是與例無不符者也。

又憲駁議敘新例部文明開『以後』二字，今所拿各盜俱在未奉部文之先，職細繹『以後』云者，謂以後督撫題敘，當核其與新例相合，非謂止敘以後之功也。如謂止敘以後之功，則梁舟等拿賊在十年八、九月，實新例未定之前。今查部覆，但稱『今知縣梁舟等拿獲五名未及議敘之數，亦無庸議』。夫梁舟等止因獲盜之數不及定例之數，故不議敘，未嘗因獲盜之期不在定例之後，故不議敘也。然則使梁舟等獲盜之數與例充足，必首膺仍着議敘之典矣。今職所擒之盜既與例充足，而擒賊之期在去年十月，更在梁舟擒賊數月之後，又與例無不符者也。且直隸所拿侯昌嗣等不過五名，而具題及于兩縣令、一把總，當時無一例可比，尚邀特疏上聞。今職一身所獲之盜且過百數，兼復有例可援。況清源、汾陽兩案見在刑部審明，確與部文吻合，自應具呈請敘。

初十日申府，蒙本府看得拿獲別處盜賊，新奉特旨議敘。交城縣知縣趙吉士拿獲別案別屬盜賊一百零一名，遵例呈請轉院具題。蒙本司駁府行縣確查去後，今據該縣援比安肅知縣梁舟緝獲侯昌嗣等原案情由前來。按：文武二職，共事立功，從來吏、兵二部，各自議敘，初不必功出一人。安肅知縣之擒侯昌嗣亦同把總梁永鎮緝獲，部覆止以不及數不敘，未嘗問及安肅縣之果否自獲也。況該縣于未奉剿殺淨盡部文之前，業已密謀用計，具有成算。及姚守備隨後入山，坐縛渠魁，兵不血刃。即使自獲者方行議敘，亦功與例符，況功令原不必自獲乎？又部文『以後』二字，原謂定例之後，各官合遵此例具呈，督撫合照此例具題，大部合用此例核敘，非謂止敘定例以後之功也。如止敘定例以後之功，則安肅一案原在未定例之前，不當僅以不及數無容議矣。以不及數而不敘，則及數者必當議敘可知。揆此，則該縣拿獲別處多盜之功，委與新例吻合。而本府到任之後，兼轄拿獲別處盜賊及數，似亦與例無違。伏懇憲臺仍賜轉詳，以沛新恩，以獎下吏可也。

二十日申按察司，該本司賽看得交城縣趙令申報拿獲別屬盜賊一案，蒙憲批司確查遵行，太原府確查去後。茲據該府呈稱，交令緝獲陣殺投首別屬盜犯七十八名，審出夥盜密行申憲檄拿又二十三名，通共真盜一百一名，委與耑管官不論俸滿即陞之例相符；即該府任後兼轄拿獲別屬盜賊，亦與定數充足等情，呈詳到司。本司再四思維，該令拿獲別屬盜犯如此之多，膚功克奏，固稱一時經緯之吏。第細繹部文，内開以後文職官員查緝拿獲別屬盜賊與定數充足者，在外官員具呈督撫具題之語，駁府確議。今據該府詳稱部文『以後』二字，原令各官合遵此例具呈，非謂止敘以後之功也。復行詳請議敘前來，然應否特疏題敘，用勸賢能，恩出憲裁，本司未可擅便。

二十二日申院，蒙巡撫達批：『據詳交令獲盜數合定例，呈請題敘。第詳繹部議「別屬」字樣，乃兼言別屬盜犯與失事之地方也。該縣所獲各盜，雖失事在於別縣，而各賊實住交山，查住賊地方，原有協緝之責。今所獲者果否盡係別屬之人，再查地方失事，名列參處者方爲兼轄。該府並無參處責成，何亦稱兼轄邀功也？仰再確查獲過盜犯，某某係交山賊犯，某某係別境竄來，某係該縣設法自擒，某係同兵入山搜捕。查對前招，分晰明白，妥議詳奪。牌行本司發府，備仰到縣。』

該本縣覆：看得交山非一縣之山，所獲各盜亦非一縣之盜，今蒙憲查某某係交山賊犯，某某係別境竄來，似將交山統歸交城一縣耑管矣。切交山形勢，蔓連太、汾兩郡，已經繪圖條陳在案。各賊勾結錯綜秦、晉兩省，已經歷審口供在案。即係一縣耑管地方，而職爲耑管之官，亦當詳明具呈，非因今日批查，始委之別屬，以邀題敘者也。今即統以交山言之，查職獲過交山賊犯，聞有康如江等四十四名；獲過別境竄來賊犯，則有王有志等三十四名。此七十八名者，盡係別屬案內失事之賊，而大半皆別屬之人，又大半拿獲於別屬之地。此七十八名之數，内爲職自行設法擒獲者六十二名，爲職同兵入山搜捕者十六名，此外又有静樂、永寧兩州縣，照職審實册報，擒獲賊犯蘇正明等二十三名，不在自行擒獲同兵搜捕之中。此前報所獲一百一名之數，俱經分晰清楚者也。以言乎失事地方，則殺官劫財皆係汾陽、清、嵐三縣，參案可據，與職實無耑緝之責。以言乎別屬盜犯，則藏賊山穴、擒賊處所，多係臨、嵐、永、静、汾、文各州縣，報册可查，與職更無協緝之責。事關駁查，理合備細申覆，伏乞上裁酌轉。奇功已成，尚須如此分剖，猶不得敘養晦善藏之徒，不爲無見。

十月十六日申府，該本府看得交城縣知縣趙吉士獲盗請題一案，本府奉憲批查，分晰交山别境與該縣自獲同兵搜捕確數去後，兹據該縣申覆，並據册報所獲各盗數目、籍貫、月日前來，本府覆查。該令深入不毛窮山者數百里，確獲各屬大盗者百餘名，原其捐軀不顧，非因協緝而畏題參核，其引例不虚委，宜邀恩題敘，以彰功令。相應照轉，俟候憲臺俯賜轉詳議敘，以鼓勞吏。至蒙憲駁名列參處者方爲兼轄，此指承緝盗賊兼轄之地方而言也。本府原無承緝之責與兼轄拿獲别處盗賊之例，如實符，非敢邀功，理合一併申覆。

十一月初四日申詳，蒙按察司賽批：『據詳查康如江、康如海、康四、王有志四名，該縣詳稱於康熙七年遞解直隸邢臺縣，審實具題正法。本司衙門查無卷案可考，且係遠年之事，似應删去。其餘諸盗有與原案拿獲地方日期不符者，有係别屬拿獲者，且有册詳互異者，難以備述。仰府行縣逐一查確更正，另造清册具詳報奪。』本月十一日，有府備仰到縣。該本縣覆查康如江、康如海、康四、王有志四名，乃直隸邢臺縣失事案内之大盗也。職於康熙七年七月二十六日，准順德府邢臺縣關文，即行密緝，於康熙七年八月初一日拿獲。隨經數次研審，確係邢臺案内大盗，於本年八月十二日具文，爲失盗事申詳院司府廳。此本縣獲賊申詳之案卷歷歷可考也。

康熙七年十一月初七日，三省總督白移咨山西巡撫覺羅阿，院行司，司行府，府行本縣，縣復申詳各憲，此又直隸移覆。已經獲有康如江等之案卷，歷歷可考也。雖事在康熙七年，俱係職自行緝拿之巨盜，正合部文内所謂拿獲别屬盜賊之例，所當遵例據實具呈者也。至與原案拿獲地方、日期不符，及册詳互異，如蔚化鳳、王朝友等俱經改正。至有别屬拿獲者，則係職審出各賊姓名、住址，隨即備細開列具呈撫憲，移關别屬，别屬照職所開姓名、住址循拿，果無差誤。是拿獲雖在别屬，而審出姓名、住址是職，正合部文内所謂查緝拿獲之例，所當遵例據實具呈者也。至若楊芳清、楊芳林係職於康熙九年二月初四日親自入山至惠家莊拿獲，即於本月二十日遞解汾陽縣，轉解永寧州。因此招内遂載永寧州拿解，而不知爲交城拿獲，遞解永寧也。當日職雖未經申報各憲，但現有移解州縣牒呈關文，並覆牒覆關可據，是又正合部文内所謂查緝拿獲别屬盜賊，所當遵例具呈者也。至各屬照職所開賊犯姓名、住址拿獲者，在各屬自有拿獲之地方申詳在案。既經憲駁，逐一查明，另造清册呈覽，伏乞照册轉詳。

十一月十八日申府。本府加看詳司，蒙按察司賽批：『據詳查康如海等四盜，前因係移送直隸遠年之案。楊芳林、楊芳清二盜，原招係永寧州拿解而不題交城，故行駁删。今該縣必欲以大盜入册，一同請敘。覆查該縣緝過盜犯，較定例業已倍之，若去此六名，無礙於敘功。若入此六盜，惟恐以遠年及冒功駁查，反爲不便。如照該縣詳稱，謂拿獲清、林二盜，關送汾陽，轉解永寧，故前招止言永寧而不題交城轉詳，則是該縣前之不申，與前之承問者均屬失詳，是又一不便也。本司之駁，原令從妥，非抑之也。仰府仍查明行縣，刪去大盜，另册詳報。』行府到縣。該本縣覆查康如江、康如海、康四、王有志等四盜，係職未奉憲行，首先緝拿，移送直隸。前蒙撫憲於薦舉必不可停等事疏内，將拿獲康如江等開列事實，欽奉俞旨，亦以微勞當勵，創舉難泯，業蒙睿鑒。且職於康熙七年到任以後，節年俱有緝獲，各盜雖隔年分，實係接續擒拿。況康如江等實爲首先拿獲各屬之盜，似難刪除。其楊芳清、楊芳林二盜亦係職拿獲移解，前册未蒙開列職名，今應遵駁刪去。伏候照轉。

十二月初五日申詳，蒙太原府督糧廳署府事蔡覆：『查康如海等四盜，原係趙令於康熙七年拿獲，曾經開列薦牘。雖非本職之事，但接續緝拿，節年未經斷絶，似非竟屬統年者。此又據稱首先擒獲之盜，似應仍爲開列。具楊芳清、楊芳林二盜，則已遵駁刪去，相應轉呈。』於本年十二月初五日申覆按察司，本司加看照轉，具詳本院。十二年正月十六日，蒙巡撫達批：『仰候具題。繳。』

本月二十四日，蒙晉撫達題爲遵例具呈懇題議敘事。據按察司呈，該臣看得吏部題定文職查緝拿獲别屬盜賊及數議敘之例，交城縣知縣趙吉士遵照部行，將緝獲别屬盜賊九十九名，申請議敘到臣，隨批按察司確查去後。兹據詳稱，本官獲過别屬失事本縣之賊，並别境竄來，與自行投首及審實招拿之盜姓名、數目、獲賊日月，備造清册，呈詳前來。查部行新例，原以鼓勵勞員。今知縣趙吉士設法查緝，冒險擒拿，獲盜溢於定數。但例係創行，作何議敘，聽候部覆。除原册送部查核外，相應具題，伏乞敕部議覆施行。奉旨：『該部議奏。』初八日發刻抄。二月二十四日，蒙吏部題爲遵例具呈懇題議敘事。吏科抄出晉撫達題前事，奉旨：『該部議奏，欽此。』該臣等議得山西巡撫達疏稱，交城縣知縣趙吉士將緝獲別屬盜賊九十九名，申請議敘。查知縣趙吉士設法查緝，冒險擒拿，獲盜溢於定數，但係創行，作何議敘，備造清册，聽候部覆等因前來。查康熙十一年十二月内，兵部等衙門覆科臣田六善條奏，會議定例：嗣後二年之内，不論是否同夥，將別汛盜賊查緝拿獲十五名者，將專管官加一級；拿獲三十名者，兼轄官加一級；專管官查獲三十名者，不論俸滿即陞；兼轄官查獲五十名者，不論俸滿即陞；如借緝賊之端妄拏良民者，照誣拿良民例處分。所緝賊數與此例相符者，令該督撫提鎮以文到之日算起，二年終查明具題到部之日，照例議敘等語。查交城縣知縣趙吉士所獲盜賊，俱在未定此例以前之事，係康熙七、八、十等年内拿獲者，與例不合，應無可議。奉旨：『趙吉士拿獲別屬盜賊甚多，着照新例議敘具奏，後不爲例。』三月初四日發抄。初六日吏部咨刑部，查得先經山西巡撫達疏稱，交城縣知縣趙吉士將緝獲別屬盜賊九十九名，作何議敘，備造清册，聽候部覆。本部查康熙十一年十二月内，兵部等衙門會議定例，將别汛盗賊查緝拿獲與例相符者，令該督撫提鎮以文到之日算起，二年終查明具題到部之日，照例議敘等語。交城縣知縣趙吉士所獲盗賊，俱在未定此例以前之事，係康熙七、八、十等年内拿獲者，與例不合，應無可議。具題。奉旨：『趙吉士拿獲别屬盗賊甚多，着照新例議敘具奏，後不爲例。欽此。』案查康熙十一年五月内，刑部題爲投誠復逃等事一案。本部議覆文職官員拿獲别屬盗賊，與定數充足，及在京内官員具呈刑部，在外官員具呈督撫。具題到日，俱俟刑部審明是實，於此例相符者，題送臣部議敘。奉有依議之旨，通行在案。今將知縣趙吉士獲盗九十九名原册一本，相應一併移咨刑部，逐一查明各案盗賊名數是否相符，速開過部以憑議敘。本月十六日，刑部咨覆吏部，蒙吏部題爲遵例具呈懇題議敘事。該臣等再議得先經山西巡撫達疏稱，交城縣知縣趙吉士將緝獲别屬盗賊九十九名，作何議敘，備造清册，聽候部覆。臣部查康熙十一年十一月内，兵部等衙門會議定例，將别汛盗賊查獲與例相符者，令該督撫提鎮以文到之日算起。二年終查明，具題到日照例議敘等語。知縣趙吉士所獲盗賊，俱在未定例以前拿獲者，與例不合，應無庸議。具題。奉旨：『趙吉士拿獲别屬盗賊甚多，着照新例議敘具奏。後不爲例。欽此。』案查康熙十一年五月内，刑部題爲投誠復逃等事一案。臣部議覆文職官員拿獲别屬盗賊與定數充足，及在京官員具呈刑部，在外官員具呈督撫，具題到日，俱候刑部審明是實，於此例相符者，題送臣部議敘，通行在案。今將知縣趙吉士獲盜九十九名，原册一本應咨刑部，查明各案盜賊名數，是否相符，速開過部，以憑議敘。咨行去後，隨准刑部咨稱，交城縣知縣趙吉士所獲盜賊蘇正明等殺死清源縣教官案内，册上有名共一十四名。傅青山等行劫劉應熊家案内，册上有名共七十八名。又王朝友等行劫劉仁德家案内，册上有名共三名。又康如江等行劫直隸順德府邢臺縣李世珍家案内，册上有名共四名。以上共九十九名。與原册查對名數相符等因，咨覆前來。定例内專管查獲別汛盜賊三十名者，不論俸滿即陞等語。今交城縣知縣趙吉士拿獲別屬盜賊九十九名，既經刑部查明各案盜數相符，准其不論俸滿即陞。恭候命下，臣部遵奉施行，奉旨依議。

吏部題爲補授主事事。户部山西司主事于肖龍已經休致，所遺員缺應補主事。擬趙吉士，浙江舉人，見任山西交城縣知縣，康熙七年四月内任，連閏歷俸五年二個月十八日。康熙十二年四月内，拿獲別屬盜賊，照新例准其不論俸滿即陞，薦一次，紀録四次。今陞户部山西司主事，照定例仍准帶薦一次、紀録四次於新任。奉旨：『趙吉士依擬用。』

交山平寇書牘

上覺羅阿巡撫書

切照交城僻處萬山，夙稱盜藪，兼以頻年水旱流離相屬，良民化爲盜賊久矣。某未任之先，遍行訪問，已知有康如海、康如江、康四者兄弟三人，爲交山渠盜，搆黨劫掠，遠近受害。及某到任探緝，則如海等並無升合之糧，且蹤迹無定。忽于七月二十七日，接到直隸邢臺縣拿盜關文，而康如海兄弟姓名，果鑿鑿開列于邢臺之盜供矣。某即晚督捕快密緝，幸而拿獲於陽曲縣界之關頭寺中，並一夥同行之劉㕒、張旺俱拘到縣，發其騾背包裹，皆邢臺贓物也。其時理當申解，念交城小邑既獲巨盜，不無意外之防，況鄰邑亦有邢臺關文，又恐播露，則同關之盜難以拘緝。展轉深思，獲盜不申請上臺，竟解旁省，罪也；待申不解，而虞及本邑並虞及鄰邑，亦罪也：均之罪也，毋寧辭其重者。況憲臺舉賢斥不肖，無非期進斯民于衽席，苟屬吏果能靖盜以安民，即行事稍不循規矩，其必有喜而無怒可知也。一從功名身家起見則識智昏，此等正主意立不定。因此，即將關内有名之康如海三人並所獲贓物，連夜解赴邢臺，而職所轄地方，藉此以首除三大害矣。其劉㕒、張旺暫行羈倉。職細鞫張旺，則自供大同邊上人，原是王有志，小名金瓶子，昔年打劫縣邑事發，前官曾經懲責，至今捕快有識其面者。續據邢臺關提盜供人犯，又有王有志小名金瓶子之名，則張旺與如海等實係同夥無疑矣。劉厤與大盜同獲，盜雖未扳，似難輕釋，應發静樂縣取保。

統候憲奪，曷勝惶悚之至。

與文水傅拱辰同寅關會請兵書

前以誼切同舟，偶爾聞警，是以具商。交山遠跨數州邑，諸賊搶此匿彼，故敢肆其披猖，而文、汾一帶居民苦累尤甚。我輩既莅此地，自應深憂遠計，絶此根株；若任其滋蔓難圖，順治六年之患可爲殷鑒。某即晚具文撫司及協鎮，請兵三百守敝治。老寅臺亦須詳文，請兵三百至峪口坐鎮，遥爲聲勢，暫固吾圉。某親身進山撫諭，亦惟以至誠感動羣盜令解散，爲苟安目前計耳。聯絡安頓，種種實著都從至誠中來，無或草草閲過。百年逋寇，豢養至今，勢必燎原，我輩將來定以身家徇之，功名顯晦又屬二義。

惟高明急圖焉。

請兵朱協臺書

邇者交山遺孽，復爲秦中汰卒、本省開墾逃兵，所摇惑北門静樂康家溝，西則永寧狐突廟，而本縣之兩嶺、三座崖實爲蜂屯蟻聚之處，公然肆横于汾、文、陽、太間而莫爲之禁。昨據交城營蘇防守關來，意欲通詳各憲，又慮發而難收，是以密請老鎮臺即諭將官一員，調兵三百，聲言進剿，其實借駐關外或屯山口以爲援，俾鼠輩稍知忌憚，然後親入深山，開誠勸諭，庶可潛消默化，以苟安于目前。不然，撫不成撫，剿不能剿，縣官其如之何？列憲詢及，不妨以實情上陳也。

復朱協臺書

交城劉王嶂與吕梁接界，過嵐縣峻嶺爲黄河畔，便屬秦中。從來兩省鼠竊輩恃此天險，嘯聚不常。某撫輯三載，歷來王化不及處，無不親行勸諭，即恃頑梗化者，某未嘗不得其歡心也。不誠未有能動者。

近日四鄰亢旱，幸而交山麥苗甚好，乃有秦中汰弁黄姓，率逃來開墾閩兵及永、静兩地饑民，蜂屯蟻合於山中，蓋兩省不能拘□而三州縣所難查緝者也。渠魁鍾斗、任國鉉等借勢煽惑，山民半爲摇動，大有揭竿而起之勢。交城營蘇成甫久爲羣賊輕視，食糧士兵鍾明節公然作賊而不敢問，又安懼有王法？蘇防守延至今日始行具報，不知山中早已釀成燎原之勢矣。今幸祖守備督兵駐邑，某大張先聲，謂係協臺前站，即日大兵入山撲殺，是以特來招撫爾等。蓋山賊左右業已有人陰爲我用，始得以行吾之離間。其秦中汰弁黄姓相顧，謂鍾斗等曰：『爾來騙我到交山，殺我獻功，幾乎自送了命。』立時退走黄河畔。而逃來開墾閩卒亦命永、静各處飢民俱鳥獸散。兩葫蘆渠魁已避入深箐絶壁中。山民持貳心者二千餘人，俱到縣投遞清白結狀，辨其不從盜爲亂。此亦不過苟安目前之計耳，鍾、任等不誅，終不敢保交山永無竊發也。誠使縣官力量可爲，又何必請兵？請兵而未奉制臺之命，又不敢竟行剿殺。若不如此設施，縣官方且束手待斃，其又安能謀賊乎？再留祖守備駐防三日，便可旋師矣。

上高陽李相國書

自戊冬具候，迄今三載，寸楮無達階墀者，誠以相國方操天下進退之權，而不肖復辱與門牆之末，頻通問候，天下有以諒大賢之無私，而不肖或不免干進營求之誚，故每沉吟，輒爾中止。而兹復有啓者，民情地勢念慮所及，誠不自識其言之可採與否，以進之左右，惟相國不惜留神及之。

某自莅任以來，開渠築城，諸廢漸興，鋤奸懲蠹，諸害漸息。去年四月，謬膺薦舉，乃僅循例註册，未獲與歷俸三年無錢糧盜案者同考選。不意今春交山一帶，流民嘯聚，大肆披猖，汾、太、河東所在震動。簿書下吏，過蒙撫臺委以蕩緝之任，旦夕皇皇。天誘其衷，渠魁李宗盛就縛，餘黨四散。然而緦緦過計，不無隱憂者，除一時之寇易，保百年之無寇難也。

縣令作百年計者誰乎？

切念交山亘延千里，而交城所屬居十之三，西達汾州、平陽，北通興、嵐、忻州，其中層峯幽谷，雖生長斯土者莫知其所紀極。時平則爲逋糧匿罪之區，稍警即爲狼突蜂屯之所。即如順治五年大同姜逆之變，交賊乘機倡亂，勾連僞黨，直破縣城，清、文、汾、介諸邑皆被蹂躪。由此觀之，交賊之不静，不獨交邑一縣之憂，實全晉腹心之患也。切交城縣治立自隋初，其地當汾、孔二河之交，較之四境所轄，頗爲得中。自唐天授時長史王及善移置由南卻波驛，即今之交城縣治也，去舊治百二十里。先天二年分置廬川縣於盧峪口，開元二年復併入焉。於是，西北交山一境五六百里，有至死不見長吏之面者。縣令即有才能，往往鞭長不及，宜乎自故明以迄今，兹終無寧定之日也。

某兩次深入險阻，相其形勢，每嘆此地實天生賊窟，非區區剿撫之議所能靖也。蓋剿者止可施於揭竿負隅之時，而不可施於革面伏莽之日；撫者止可行於悔過投誠之輩，而不可行於旋招復叛之徒。『剿』『撫』二字疏得明快，總是確有所見，非一時浮議徒取虛聲也，當于古人中求之。惟有分司扼要，潛消逆萌，爲百年之計耳。量度縣城西北二百餘里，有地名東西葫蘆者，乃永寧、臨嵐諸山，奸人出入必經之所。縣治東北百二十里，古交城舊治，乃陽曲、靜樂諸山奸人出入必經之所。又其地頗有村落可以依據，誠設營兵於中西靜安古堡，以控制兩葫蘆，而移本縣縣丞於古交舊治，犄角縣城，三方鼎足，以巡以撫。小有不靜，即時搜緝，庶幾彼此相應，奸人屏迹，日漸月摩，馴至革心。

某一小令耳，設官建置，極知位卑而言高，無所逃罪，然聞之，封疆之事，當其任而不熟計其利與害者，愚也；知之而畏其難，不敢言且爲者，不忠也。某既已熟計之矣，敢畏其難而不言且爲與？茲已籲詳各憲具題上請，未知其果克如議否耳。

伏惟相國，恕其狂瞽而鑒其曲突徙薪之意，以定三晉腹心之至計焉。

與清源張夏鍾同寅書

前擾貴署，即以山賊披猖，必欲甘心我輩爲慮。老寅翁謂：『賊且揶揄貧官，何慮之有？』某正色云：『守土有責，及今防之已晚，況不爲防乎？』別未兩日，即傳貴治殺官。

某已密遣練總帶鄉勇二百餘名，阻賊入山之路，料此時已爲吾困。貴縣立發捕賊關文一紙照會，某好拿賊關解前來。藉此一舉，使山中頭目俱畢命于是案，此全晉之幸，不僅爲李廣文報仇也。佇望。

關文不至，使羣賊逸去，未五日復有汾陽劫殺之事。閲之悶恨。

致劉副將書

交山餘孽，近有解機。静樂積窩，漸成孤立。前具詳撫臺，蒙調管公帶兵三百，屯駐樓煩，去積窩、何家莊且二十五里。屈指此日兵至其地，窩主李宗盛必走交山糾餘黨倡亂；如不相從，再投黄河畔以圖後舉。某密諭蘇防弁統交營之兵，馳入兩葫蘆，密駐雕窠，待其至而擒之。此賊一擒之後，交山頭目數十剿捕甚易。離則易圖，合則難治，此最難得之機也。不意蘇防弁爲伍卒所控，老協臺令箭提解來省，蘇防弁回兵對簿，新來王百總交代，前功從此盡棄，某將何以報撫公之命耶？

夫兵機貴速而勝算難，逢蘇防弁赴省質審，王百總新到，未諳地利，未悉人情，惟坐文水開栅鎮。諸兵丁止以送舊迎新爲事，山中消息不相聞問，必爲静樂、積窩糾聯。將來剿之撫之，權不在我。特爲蘇防弁請命，伏冀立賜飛票，令蘇防弁待罪行間，拿賊立功，即隨新來王百總入山屯劄，俟静賊逃至交城西山即便擒拿。功成之日，寬蘇防弁之罪，委補王百總以守交城營。蘇既全職，王復超陞，二弁不遺餘力，可必馬到功成；即列憲亦以某所料不謬，而老協臺所委爲得人矣。倘不就羣盜解散之日，調兵入兩葫蘆，此後竟不敢問津也。此中機宜間不容髮，惟可與知者道耳。

四月二十一日，劉協鎮提解交城營蘇防守聽勘，密書保留。次晚，促蘇防守帶兵入山，果於二十四日擒獲李宗盛。

附　劉協鎮回札

伍卒任全勝控其本弁，必山賊有以使之。謹如台命，仍令蘇成甫照舊管事，王百總可助一臂之力，亦令其協同入山。若果有功，再行定奪可耳。此復。

復劉副將書

暫留蘇成甫，非爲成甫也。以今日山賊驚疑解散，正當借彼巢穴爲吾營壘時，此機萬不可失。是以囑成甫將防守兵丁盡數撤進，竟屯駐於惠家莊也。老協臺不以某言爲謬，慨允所請，又加兩旗牌協同入山，可謂周匝之至。此間弁兵奮力前驅，大異同時，古人往往使過以成功，某料三日内必能致宗盛於麾下撫公前，即道此意以慰懸切。『三日内』奇甚。

三致劉副將書 辛亥六月二十二日。

自五月初旬渠魁擒解後，與老協臺密喚王希照定計以來，未嘗頃刻忘也。近撫臺亦屢屢詢及，但此事必乘其間，得其間即一舉撲滅無難；否則，雖有大兵，無所用之。今幸雨暘時若，稱大有年，羣賊見撫憲綏輯之示，又見某絶無緝拿之心，亦漸漸解去就農。獨傅青山等心腹黨羽百餘，猶然屯駐鍾家溝而未散，此時倘明徵兵馬入山進剿，彼一呼嘯聚，反有不可測者。某數年籌畫，至今日始可見諸施行。如移營换兵之詳，賊輩早已知之。但于是詳留意，而擒賊之機盡在是矣。今某乘此時和賊解之日，調點近村民夫修緝静安古堡。堡與賊巢相隔不及五十里，明調蘇防守徵聚在縣在汛各處營兵，暫同督工，使兵集而兵不知。兵既不知，賊亦無疑，卻暗諭王希照爲内導，乘間統兵，直入盗穴，所謂迅雷不及掩耳，盡縛羣醜無難也。今某已面授蘇防守以此意，又密諭王希照伺間立功。一弁一兵，情願立功折罪，效死無二，此外不聞于一人。

某料功成之日，當在初冬山寒木落時耳。某具詳上請，伏祈俯察微機，悉從擬批，發下交城營，使賊不疑，並各兵亦不疑。若形露而賊知，此機一失，山中斷無可静之日。西成甫畢，遠近餘黨煽結，害及太、汾兩府，而某又何以報督、撫兩憲之命？賊首姓名附覽，幸密之。

復周太守書

二十八日接鈞示，傳院憲面諭云：交山鉅寇，交令竟置不問。職讀之，不勝惶悚。切職經營慘淡，每飯不忘；置之不問者，正所以深問之也。此山盜氛，嘯聚既非一朝，蔓延亦非一縣，未可以旦夕必其剿除者。必定其謀，深其間，密其機，伺時而後動，乃可幾於有成功。近者，沿山一帶，四出彼猖，一自李宗盛就縛，餘黨解散，數十賊首竄伏鍾家溝，似不難即行撲滅。然剿山寇者，秋冬易而春夏難。秋冬之際，欲匿則山枯木落，一望蕭然；欲逃則風寒雪沍，寢食無所。方今盛夏，草木蓊蒙，在處可以藏身；又天氣炎熱，夜行露宿，無所復顧。況今交營之兵未換，民脅於寇，兵即是賊，吾一舉動而彼立知，機立泄。機一泄，則交山遠近寇黨皆知必死，不西走黄河，必嘯集守險以自固。若復請兵誅剿，民心愈惶，寇勢愈張矣。故近者寂然無聞，正欲使之懈而自安，漸離巢穴，脅從者日散而從事於耕耘。兵自兵，民自民，賊自賊，三者各不相謀，然後得以用吾之間而掩其不備。

前謁院憲時，亦云稍寬時日，不難次第就擒，未嘗即敢屈指於目下，此間深意尚有不可以言盡者。前致劉協一書，頗具擒賊方略。詳列諸盜首姓名，先行録覽。

四致劉副將書

前以修堡方略具陳左右，籌之數月，止擒袁世虎一盜。其餘巨魁，幾就縛而復失，甚可惜也。總因兵與盜相通，將與兵相格，不換兵則賊必不可得。『兵與盜相通，將與兵相格』，致亂、靖亂根源兼于此。往者換兵文書已露其機，今則羣卒洶洶，沙中之謀殊爲可慮。聞前日合營復控蘇防守於臺下，爲將者身之不保，安能擒賊？

深維今日之勢，換兵一着必不可已。然兵機貴速，兵事貴密，伏乞老協臺因告發一事，顯提蘇弁，續傳令箭，盡提合營各兵對質。俟悉到轅門，即委能員挑選練卒，星夜赴汛。將以智而有膽者爲上，兵以愚而敢勇者爲宜。萬乞勿參以新補晉兵，庶幾山中耳目從此判然，不難收桑榆之效耳。

五致劉副將書

制臺批詳，意實不主剿而主撫，是以某條議即詳内意也。候督院批守險分治詳語，再覆老協臺轉報，庶爲妥確。不煩鎮將顧慮，豈惟文臣不敢言？即武臣亦不敢言。然亦大難爲鎮將。

近日盜首鍾明節、劉正等俱已赴縣投首，某開誠，仍令其入山招緝羣兇。山中事某不煩協臺顧慮，俟月盡静安堡築成，某詳報各憲後，即請調兵三百，某同入山中，名爲增換，俾山民不疑我兵。既駐要地，不難直擣其巢。斯時開誠者盡令投首，抗拘者即時成擒。此一勞永逸之策，某實胸有成算，幸勿先聞左右也。

報周太守擒盜劄子

初九夜統領官兵直入葫蘆賊巢，據東坡底兩嶺廟屯駐。諸賊東西不相聯絡，山頑盡爲我用矣。若至静安堡然後調遣，恐諸兇一聞部議剿殺浄盡之旨，勢必塞葫蘆之口，盡脅山頑而爲賊，雖萬兵不能進也。今諸兇數百各攜眷屬踞三座崖，崖巉險，可望而不可登。我兵西離惠家莊賊巢三十里，東離横嶺賊巢二十里，中離此崖亦止三十五里。

夫殺賊固所以安民，而不知撫民實所以拿賊。某此行意主于撫民，使山民皆吾民，諸兇所踞之險其能長恃耶？惠岐山、劉正業已就擒，惜防兵稍洩機關，不能一鼓而獲，又背籌盡也。交城營防兵不可用，調來太原標兵亦不可用，久不講武，即荷戈過嶺，先已告疲，明明有賊山行，追之莫及。□□□所□□□此□□□講□□□從□□知吾□識罔罔□功者步驟抑□爲之耶？况實踞險乎！某三日前密調向時練就鄉勇，行吾之法，用賊拿賊，務使有名諸兇無一漏網，然後申報兩院題覆，庶山民保有其身命耳。

復交城諸鄉紳書

山賊横行，傳播京師，致奉剿殺淨盡之文。幸而某條議在先，兩院不拘下吏以文法，得以一身肩荷其事。今則首惡俱擒，脅從罔治，山頑不但得全首領，而室廬依然鷄犬無恙，總出列憲之賜也。在某不過盡職分之當爲，以求免於戾耳，何敢言功？諸先生越山度嶺，遠來犒軍，軍氣爲振，從此草昧之地盡變而爲文明紳士。夫身之所歷，關係正自不小，但山川崎嶮，過煩車騎，爲不安耳。

復陽曲宋蒸菴同寅書

鄉兵擒捕，倍勝營兵，然不若編山民爲兵，其擒捕更捷也。山民懷畏遠過鄉民，又不若准投首爲民，其懷畏更深也。三舍弟靖士謁選司馬，見剿殺邸報，自都中七日而馳荒署。昨至屯駐處，全軍踴躍，此間局陣既定，無煩顧慮。但諸兇聚于縣監，拚卻一死，何不可爲？某所憂不在山而在城矣。凡静、交接壤已有鄉兵伏路，料山賊無是謀也。果能謀，安肯爲我縛乎？但不得不深爲意外之防耳。

壬子夏，獄成，諸盜反陽曲獄。達撫臺單騎出，閉城，諸軍囚獄數匝，不敢入。撫臺曰：『交城令從深山中縛至，今在獄，乃無如何耶？』各兵弁争入，盡縛反者，惟傅青山檫杻如舊，笑曰：『若等深山不能活，欲此間求活？』越二日得旨，盡置法。

與鄭淡菴樞部書

古有受千金之賜而等於浮雲，有膺一言之知而感於没齒。非一言之重於千金也，其言之誠於中而發於外者，蓋實深愛夫斯人而思有以濟其身。及惟力是視，而力有所不能，則又不能自已而出之爲言，庶幾吾力不及濟。的的老泉之文，然一片苦心溢於楮墨，讀之興慨。或因吾言之所及，而終有以濟夫斯人也。是故其言而行，則濟其身；其言而未行，則感其心。彼千金之賜，吾何有焉？

西山擒寇之舉，本非萬全，捐軀一决：不捷罪也，戮也；幸而捷，列憲之威，令之職也，某何功之有？豈意公始揚之於朝，繼稱之大中丞，且欲與全晉輦下諸公列疏而達之九重？嗟乎！此何心哉，此何心哉！某與公訂交未深，非有左右爲之先容；高門咫尺，又無有違道干譽之一及於其鄉。即直道自在人心，然稱道之已耳。從而揚之朝，復從而及之於大中丞，更復從而思及達之於九重，嗟乎！此何心哉，此何心哉！言之行與未行，固無論，而出於心之誠，然以冀夫人之有濟者，豈復遺力耶？行取挨次，纍纍在前，近遵部覆，安肅獲賊題叙之例，具有詳案。但某素性疏誕，本非吏才，誠恐因即陞而再轉外員，則息肩之望，杳無期日，故復徘徊未決，亦不樂以此事上聞也。夫狂病之夫，方其盛氣之時，踴躍超距而不知止；迨其性定，則坐立喘息，且顛仆而思卧。某今者殆有類於是，故復述其區區之懷，以誌私感云耳。

上賽臬司書

汾陽剿殺一案，某同守備姚順入山，官兵三百、防兵一百、鄉勇二千，在山月餘。一切犒賚飲食，所費不貲，悉係捐橐，並未派擾民間粒米寸薪。及奉發審勘，各盜獄中衣食，俱某措置不缺，直至正法後，某之苦累始釋。至變贓一項，盜至八十，不爲不多，復逐變其家屬，林總老幼，盡係山中赤子，生離死別，情實可矜。又當歲旱，謀生無計，焉有多金？承買盜屬，某親至交山，勸令親族具領，官爲出值，令其撫養。至投首惠首富等二十六人各贓，毫無所措。各犯出萬死而得一生，尚自畏惜，但候審年餘，狼狽不堪，斷難完納，按贓酌價亦係官補。

某因百年逋寇殲滅一朝，肅殺之後，即當繼以陽春。庶幾撫兹孑遺，使之改過遷善，所全於兩府者甚大，不僅爲交城奠此三百里之土而已。若搜獲馬匹，每日僅算豆草銀八厘，數合之豆，盈掬之草，豈足供伺秣？在某俸入有限，何能爲别屬喂養盜賊之馬匹耶？某竭一年奔馳之勞，窮百端無藝之費，祇求寧謐地方，原不曾耑爲劉應熊家拿賊，何失主竟無人心，尚有觥觥不已之視耶？

伏乞垂照，早結欽案，幸甚！

上巡撫達公書

某聞之，天下有處萬不得已之勢，而適未遇夫有求必應之人。達者安之，愚者號焉，處其勢矣。而幸遇其人，則雖仁聖賢人，如所稱樂天俟命者，亦將竭盡無餘以陳之于其前，況下焉者乎？今有墜于萬仞之谷而匍匐于華山之巔者，其號呼而待救也急矣，雖途之人遇之，亦未有不咨嗟而悼之者也。然咨嗟焉而已，及其親若友遇之，則未有不俯仰哀傷而不忍去焉者也。至于遇之者爲若父與母，則又豈止如是而已哉！則必將盡力而不止，冒險而不惜，必出之于谷而降之于巔乃得已焉。有强悍之子于此，恃父母之必將救之也，安坐恬然而待之。彼爲之父若母者，亦寧遂不盡力蹈險以救之乎？然及其出于谷而降于巔，其不怒而詈且責者幾希矣。某今者處其勢矣，安敢不號呼而一陳之于憲臺之前？真痛哭流涕之書也。以深謀密斷始，以踴躍鼓舞用，以痛苦流涕終焉。設無達撫軍，又將何如？噫，亦險矣！

某不肖，然自垂髫受書，即慕古人行事；及莅任交邑，復蒙憲臺不世之遇。數載以來，風波撼蕩，濱于遷謫者數矣，卒獲保全，屬吏百數而獨于某仁至義盡，不啻若父母之于子。夫憲臺之所爲厚於某若此者，豈徒如世之所謂私其屬者比哉？誠見其尚可以黽勉，以上不負朝廷，下不負百姓故耳。出此感奮，夙夜自勵，每惟當今守令所重，莫若清廉，而交城土地荒瘠，户口逃亡，其需清廉尤甚。當今功令所嚴，莫如盜賊，而交城叢峯邃谷，極河逾塞，其苦盜賊尤甚。自戊申四月任事迄今，凡日用飲食以及親朋酬應，無一非老父拮据經營以給其用。自聽訟徵糧以外，凡晝而食，夜而寐，無一不心在窮山而剿且撫。若乃静安古堡已成荒山，兀然重建；入山剿捕，馬步官兵四百餘名，各鄉鄉夫不下二千，往返匝月，一應軍資犒賞，咸取給于縣官：無非東西假貸，以累老父家鄉兑償。幸而有名諸寇悉已就擒，遠近生民保無竊發。私心自慶，以爲庶幾可藉手少副憲臺特遇之恩，其次微勞稍著或旦夕得脱離此地。豈意歷年逋寇，甫爾剿除，而縱盜職名隨蒙部取。

某凜奉功令，敢不遵報？夫功名得失，自有天數；條列降革，亦有公評。某何敢妄生怨尤？第以某數年所爲之事，而逆計今後所居之勢，實有萬不得已而不容默默于憲臺之前者，其故有四：

某素心懶放，本非吏才，謬膺百里，寅而作，戌而息，莅任已及四載，一切上下文移，從未假手于人，年甫壯而鬚髮已有二三白者。日内編審，凡歷年來堅不可破之積弊，矢志清剔，每户每丁逐家面訊，舌存已敝。審編未及十之三而食爲之減，夜爲之漸不能寐。過此以往，更不知何如。是某之心力已盡，不得不陳者一。

又某遠宦山右，妻子均未之官。恭逢憲臺一塵不染，屬吏莫不潔清自守。某自揣可以無費，然相隨家丁馬匹，晝夜巡緝，所需實繁。少經歷四方，交知頗廣，往來如織，情不可恝。服職至今，家計半爲官賠，即老父亦難爲某繼矣。是某之生業將竭，不得不陳者一。

老父今年六十有五，老母六十有六矣。胞兄端遠佐縣於江南之長洲，胞弟靖士近復謁選都門，其下三弟雖列諸生，然皆年幼無知識。某自入都至今六年，去家四千餘里，晨昏不獲奉侍。每思作一清白吏，少轉京階，以歸榮二親。自去冬入山剿盜，家父聞之，爲之屢日徬徨不食；及聞山中蕩平，手書諄囑，僥倖遷移，便當告養。今縱盜之職名既上，倘定例之參罰旋加，是歸省終於無期，二親垂老，必且憂而成疾。是某之方寸已亂，不得不陳者一。

又交盜自故明迄今，百餘年來，縱横出没，從未聞當事有敢捕一寇、斃一賊者。屈指某任中，著名魁率陸續擒緝，將及百數，豈獨交城所轄之盜？其爲永、静、臨、嵐之盜實多。孰無父子兄弟？孰無親知姻好？其于某爲仇，痛心切骨，某亦聞之熟矣。今交邑山民開誠勸誠，已漸格心；至於各邑辠頑，寧能保無他志？誠恐一夫決命，卒不及防。是某之首領可危，不得不陳者一。

夫自古豪傑之士，亦每每有居官特立、一往不顧者，然功名可以無營，遷謫可以無懼，而父母之慮必不可一日而忘，身命之憂必不能一日而不計，況去秋蒙憲臺面諭，朝廷今方破格用人，但當努力任職，毋以行取係心。某凜奉不敢忘，今交邑之寇幸已全除，交邑之民幸已就治，交邑諸務幸已悉理，而某今後方且日入于萬不得已之中。以憲臺之仁至義盡厚于某若此，而又處某今日之勢，而尚有所疑且待，隱忍無求，是則某之罪也。縱盜職名某不敢辭，倘力爲疏白，少敘微勞，實邀洪恩。是盡力不惜若父母之於子，思出之於谷而降之於巔者，非憲臺之望而誰望與？

附　交城闔邑鄉紳致謝周太守書

原任刑科給事中轉江南兵備道布政使司參政武攀龍　原任福建監察御史調外用候補李之奇　現任直隸涿州等處參將呂成名　原任福建龍巖縣知縣解之麟　原任江南贛榆縣知縣張奇英　原任浙江仁和縣知縣今奉旨終養丁世淳　現任廣西融縣知縣張鼎新　現任湖廣善化縣知縣孫浩　原任陝西寧夏屯田守備張錡　原任太原偏關老營堡

訓導張紹載　癸卯科舉人候選教諭張沖光　貢生候選縣丞王拱斑　貢生候選訓導陳于寧、李獻嶸　貢生候選州同知常大孝　貢監候選縣丞李若湛　己酉科舉人劉爾鼒

武舉李敏覺、閻斑　廕生武之奭　副榜貢生李若涊　貢生武之望

恭惟老公祖台臺：清時重望，淇水哲人。五馬從容，識大才之肆應；四郊豐稔，即劇郡之賢聲。庶遺風將繼叔虞，而保障何慚尹鐸？治生等性成質樸，閉户長年，日在覆幬，未能趨謁，老公祖必恕而亮之也。茲所啓者：敝邑西山夙稱盜藪，緣左連嵐、静，右接汾、寧，千里延袤，易爲出没。茂林密樹，平居借以潛蹤；疊嶂層巒，竊發因而走險。曩者闖姜蹂躪鄉城，治生等俱遭荼毒，然勢大力强，凡爲邑父母者，未敢輒典問罪之師，至今切齒醜類。

自趙父母來交，即單車赴賊，招撫踏荒，數入虎穴。諭之以義，不減郭令公；撫之以恩，有如太丘長。謂宜多方誥誡，必無後舉之狼煙；詎意再四叮嚀，尚有現存之鷹眼。趙父母遂用計擒獲，巨魁授首，遠近快心。顧賊首尚多，時猶剽掠。前月，趙父母以官軍三百掩至山中，賊急不知所措，卒獲數人。後以賊捕賊，俱以次成擒。往返匝月，而山中雞犬不驚，居民自若。從此西山無盜，豈特交人受福？使太、汾兩府得安枕而卧者，皆趙父母之賜也。治生等深入窮山，皆夢想不到之地，見馬步四百而外，尚有鄉勇二千餘人，既禁兵役秋毫無犯，自不得不日爲供給，悉趙父母捐囊以應，所費不貲。不但地方免剿殺之累，而各軍亦無庚癸之呼。旋師之日，汾、文、交、静數邑父老兒童同至，焚香而叩馬首者數萬餘人，功

德之感人如此。治生等以趙父母深仁厚澤，無可酬報，當斂金以償軍費，而趙父母堅執不從，分文不受。每談及滅寇一舉，輒不自居功云。若非老公祖一力擔荷，列憲主持，正恐住賊地方皆遭屠戮，縣官救過不暇，敢誇功矜德乎？始知勞于兵者趙父母，而主其事者老公祖也。治生等陰受福庇，倉卒未喻，謹此公修蕪牘，以明同邑佩德之意。

臨楮無任歡忭之至。

周太守答鄉紳書　諱令樹，字計百，壬辰進士，河南延津人。

潢池弄兵，平世所不能無。但詰奸禁暴之無術，遂使滋蔓難圖耳。貴縣僻處山巖，蠢兹小醜負隅肆惡，使都人士有剥牀之虞，此固當事者之羞也。涓涓弗塞，將爲江河；萑蒲取人，子太叔所以利用猛也。貴邑令趙君膽略過人，胸有成算，不難身發難端，始則單車諭賊，既乃間道出奇，遂使耕者不驚，渠魁就縛，畏壘之尸祝庚桑，固其宜矣。運籌帷幄，樹則焉能？不過如杜預、張華力贊平吴而已。是役也，誠國家之靈也，諸臺之績也，貴邦士民之福也，樹何勞之有焉？

瑶札爛然，不敢攘善口碑之愛，敬心勒之。冗次裁答，不宣。

附 交山平寇本末 三卷 夏駰撰

交山平寇本末序

自古治盗之方，除盗之吏，前史載之詳矣。然而治小盗易，治大盗難；治烏合之盗易，治負嵎之盗難；治境内之盗易，治蔓延之盗難。大盗實繁有徒，未可輕言撲滅。重以守土者情多瞻顧，憚言大舉，坐令賊勢益張。難治者一。盗據險爲巢，出没登降如猿鳥，根株日固，多長子孫於其中，黄口孤雛生而鷹眼，何況好手健兒？難治者二。疊嶂蜿蜒，延袤千里，朝廷雖有分土，而若屬聲勢犄角，往往刺探官府動静，往來策應，蜂聚獸散，窟穴無常。難治者三。以故長令苟安一隅，救過不給，奚暇問鄰封哉！

余往客都門，習聞三晉苦交山寇者垂數十年。辛亥初冬，由雁、代南遊，道徑交城，謁趙使君天羽。開尊宴客，酒酣賦詩，席未散，使君忽起謝客，提兵入山去。私怪向來雜坐轟飲時，何絶不聞出師一語也？迨嘉平初臘，余還憩交，則使君凱旋已浹月，兵不血刃，交山告平。逆命者纍纍就縛，而歸誠者紛紛編户。嗟乎，又何其神速也！暨余返都門，而都人士則交口使君平寇功。暨余歸江南，而江南士大夫則又交口使君平寇功，余輒應之曰唯唯，是固向者鄙人之所目睹也。

居無何，余友夏子宛來，以其所著交山平寇本末郵，屬余爲評。夏子之言曰：『吾與此事相終始，故紀之也特詳。書凡三卷：上溯盗起之由，誌蓄禍也；中述定策之豫，誌伐謀也；終陳制勝之略，誌成功也。其敘事簡而核，贍而有體，人地必詳，月日必確。無他，務以傳信而已。』昔之爲兵家言者，恒樂侈大其文，以悦天下好異之目。今讀此書，卒無能摘一字以爲過情者，則是夏子之書誠爲實録，而後且將爲信史之藉也。

嗟乎！交寇何寇？平交寇之功何功？歸諸大中丞，大中丞不居，讓善遜膚，大臣之度也。歸諸邵侯，邵侯不有，左提右挈，用底於成。汝唯弗矜，莫與争能也。歸諸使君，使君不受，曰：『此朝廷之慶也，羣公之威德而民社之福也，小臣何力之有焉？』雖然，諸公即口不言功，功亦安可泯哉？夏子好奇，多讀書，長於兵事，故其著述有古良史風若此。

雲間弟陸慶臻生氏題於瀟照草堂。

敘

國史之敝，其山野史之雜乎！野史者，國史之權輿也；微野史，則國史無所據依。雖以司馬子長之才，非據摭百家不能成史記，況其下乎？乃古之書苦少，今之書苦多。古之作史者難於網羅，今之作史者難於裁擇。漢、魏多纂言之書，紀事者蓋寡。六朝以降，稗官盛行，大抵齊諧、志怪之流，詼笑類俳而已，不侵史事。宋、元人著書始多及朝事，後人因採以作史，史稱最劣。至明而無人不有劄記，其見存者無慮千百家，專紀時事者尚三四百種，可謂多矣。然體亦滋雜，其中荒誕不根、鄙俚舛錯、剿説雷同，病難枚舉，可裨正史、供採掇者十不得一二。自非好學深思之君子精擇而慎言焉，欲望良史於將來，其可得乎？此其病，原於世之學者速求名而好著書，不得之目見耳聞，影響傳説輒著於篇，取增卷帙、資談論而已，亂事實而誤正史不暇計也。夫所爲作野史者，正以身不當史官之職，懼賢人傑士奇績異能之日就泯滅，故及時書之，以待後之人。苟其不足傳信，且將以吾書之紕漏而反疑所紀之人之事爲虛，不與立言之旨大相刺謬乎哉！善著書者則不然，必親見其人，親預其事，度非吾莫能紀也而後爲書，必覆核較量，審無一言不可以傳信也而後成書。斯其書可行於今，可據於後，即與國史相表裏可也。

交山平寇本末者，夏子宛來客晉陽作也。交山阻河並塞，綿絡千里，伏莽數十年，調發數郡不能定。趙君，一文吏，玩之股掌之上，不頓一戟，不絶一弦，浹旬之間，渠魁坐縛，此其事於史當大書特書，及今無述，後將何徵？乃其間以賊制賊，以間用間，情狀萬端，非洞悉機宜者疇能筆之於書？此本末一書所以不可不作，而作之惟宛來最宜也。宛來故閑於詞，趙君此舉功又最奇，宜其鋪張揚厲有侈辭焉。乃今讀其書，於地形事勢曲折變化如指諸掌；而其敘功伐也，有遺勞，無溢美。如末次第，條理秩然，核而明，詳而有體。後之史氏有録交山功而傳趙君者，於此取裁焉，猶製錦而衣之也。令野史而盡若是，又何病其多？而作史者亦何擇言之難耶？

交城故隸太原。是役也，太原守周君力持之，趙君賴以集事。余適客太原，具知其事，有屬余纂記者，余謝未遑。既得宛來之書，爲之擊節稱善，乃述余所以不敢輕作之意，質諸宛來，且告世人，使知此書爲信史也。

松陵潘耒次耕氏題。

卷之上

夏駟曰：交之山，自古多寇，盛於明季，大烈於國初。然迄五六十載，無有能平之者，何也？其形勢，其風土，其習俗，其渠黨，其出没居址，一不詳焉，儼然絶域矣。平交寇在内地，顧其功乃與絶域等。世之能入絶域立功者幾人？首卷具列其故，以見其平之難。

交山者，山西太原府交城縣之北境山也，距郭九十里，山周圍僅十數里。然自交山而南，若王山、卦山、石壁。自交山而北，若羊腸、神師、狐突、馬鞍，以及静樂縣之周洪、石峽、爛團、石樓、蘆芽、管涔等山。自交山而西，若三座崖、黑黑煙山洞、煉銀、孝文、劉王嶂以及永寧州之吕梁、離石，臨縣之紫金等山。延廣千餘里，晉之人統名之爲交山，因交名，故並概以爲交城之山云。此總敘交山非一山。

考隋開皇二年，始置交城縣，今縣北境河北都古交村是也。其地左孔河，右汾河，二水相交合而東南流，以故水曰交水，村曰交村，山曰交山，縣曰交城。此總敘交山因水不因山。唐武后天授初，長史王及善移縣於山南九十里之郤波村。先天元年，復於舊縣東汾河之左盧峪口分立盧川縣，不數十年復廢，併入交城。元時於西冶村置大通鐵冶監，設都提舉司鐵冶所巡檢，明時廢不置。此敘交城立縣移治，故爲條陳移丞分治張本。接境萬山盤錯，東起太原省城，西至黄河，南壓交城、汾州、孝義，北逾三關、忻、代。若永寧、岢嵐、静樂、臨、嵐各州縣，皆包絡其中。此敘交山形勝，爲後條陳設兵守險張本。歷代爲盜賊淵藪，而交城所轄諸山，尤險峻多盜。明末流賊蹂躪，山盜王才宏嘯聚亡命，劫掠村堡。知縣芮浩申請院道創建營房於孔河都、此都今併入屯蘭。岔口等村，駐兵百人。此交山建營設兵之始。久之，才宏勢愈張，臨縣被陷，遠近震恐。又益兵二百，守禦加嚴。崇禎三年庚午，流寇西來，步騎數十萬，山鄉焚劫一空。未幾，渡河而南，留賊王剛、賀地草、豹五、短毛子等立營三座崖，山中賊任亮、王堇英、郭彦、李叔孔、王全與汾西人巴山虎高某者，各聚衆千餘，分據羣山爲剛等聲援。後巴山虎得罪於剛，剛欲殺之，任亮爲之叩頭求免。以此巴山虎怨剛而深德任亮，結爲兄弟。伏三卷任亮不肯投誠，欲走依巴山虎。各賊盤據山中數載，岔山營房悉行燒毁，防兵退駐文水縣之開栅，緩急無濟。崇禎十一年，復於中西都寨子村築堡曰静安，建營房官署，守備薛敏忠統馬步官兵五百名守之。招集流亡，彈壓羣寇，剛等稍斂戢。

國朝定鼎，追剿闖□餘黨。剛欲挾亮等俱西去，巴山虎不從，剛乃自率所部去。順治二年，巡撫馬國柱遣官招撫之，任亮、巴山虎、王全、王堇英、郭彦等皆出山降，隸籍太原營。李叔孔居静樂，周洪山之河家莊，黨羽尤多，見亮等皆降，亦就撫。時嵐縣吴家莊有高九雲者，夙爲盜魁。有妖民王某不知所自，來往各縣，以風鑒星命惑百姓。一日遇九雲，佯大驚，説以天命有歸，九雲愕然。王取水一盂，命九雲鑒之，則垂旒衮龍，左右翟扇，儼然如王者儀，驚且喜，信之不疑。王復言文武勳佐諸人俱不遠，手出一册，則皆近山居民姓名。九雲悉呼至，以次睹水中，大小將相冠服悉現，羣山煽動。王説九雲先聚衆破嵐縣首事，請得二千金往各路説諸應運者起兵來會。九雲斂金二千，命二人與俱。至澤州，王約黨殺二人，挈金去。九雲遂率衆攻嵐縣，圍之數周，日夕苦攻，城幾陷。馬國柱命署副將游擊楊某，率兵三百馳救之，九雲收衆遁。游擊躡之，至草子寨圍之，兵少不能匝，請濟師。時李叔孔新聽撫，國柱檄其衆往助。叔孔部落鷙悍，素有名，遠近呼之爲李黄毛。九雲初聞黄毛兵至，震恐。及黄毛至，則不用命，且陰與往來，游擊密白其事。國柱乃愈大發兵往赴而撤黄毛回，圍困十餘日。夜大雨，九雲乘官兵不備，越圍北遁，官兵追擒之，諸山始静。静安備亦弛，屯兵百名而已。然諸餘黨逋伏山中者甚多，時時爲患。

交山既巖險，耕種地十不得一二，其民多習鳥鎗打飛走爲生，技精甚，童子、婦女皆能之。伏後屢用鳥鎗敗傷官軍。山之饒者頗富林木，堪販賣，又利畜牧，界北有石峽，伏後西山木廠。屬静樂境，故左氏所稱屈地也，多産良馬。西境劉王嵋山中多生藥草，騾馬放秣其中輒無病，壯健善走，異他産，以故馬大蕃息，雖不耕種而富饒。起下查馬激變事。順治五年，禁民間不得畜馬。九月，巡寧副史王昌齡遣標下千總路時運入山巡查。路時運者故貪黷，率五十餘騎至静安堡，諷把總尤玉入山斂村民金玉，以路奉差遣而命己索賂，市山民怨，不從。路乃舍其騎於堡，身從數騎，入至梁家掌長坂塔村，集村民，大言：『朝廷禁馬，吾奉憲委查，若等俱冒禁，死生在我耳，其熟思爲計。』民恐，獻酒肉鷄黍饗之。路解刀脱衣踞土炕，且啖且議賂。摹寫庸鄙處如畫。民懇少減，路愈益脅之。民忿甚，有梁四、張繼成、王顯明、齊三夏、張成志者，直前罵曰：『吾山民貧苦，汝乃欲吾等命耶？』即拔路刀砍之。路方持杯飲酒，未及咽，首已斷，遂盡縛其從騎，徑抵静安堡。是時，堡中兵且近百，又路從兵留堡者五十騎，而倡亂民僅十二人耳。顧堡兵皆山中民，妻子多留山内，反共持尤玉，使不得動。伏後移汛换兵。王顯明入堡説玉曰：『路千總被殺，若爲守汛將官，罪得薄耶？不若從吾等同舉大事。稍猶豫，則吾不能活若。』玉懼從之，解其刀，分其親近家丁，悉撥於各賊隊負行李，悉部署堡中兵。鎖玉項，與之一驢騎從後，使二賊押之。距静安堡東百里關頭岔口村者，肘逼東西兩葫蘆，故有太原千總温師珩統兵三百駐守，名曰貼防。梁四等既殺路時運，劫降尤玉，以貼防兵近駐腹心地，連夜率衆襲之。適師珩聞變，悉兵南出，至樹頭領，岔口南十里。猝與賊遇。師珩大敗，賊乘勝追至岔口，死亡者大半。賊遂分路四出，劫掠村邑。是時，任亮、巴山虎、王全、王景英、郭彦等既投誠，隸籍太原營。營守備周自新移鎮山東高唐州，值州賊三帽沿子反，城空不守，自新率亮等撫定州城。賊平，凡廢産盡給亮等爲業，亮等安之。

三年春，馬巡撫升宣大總督，李黃毛聽用標下爲材官。五年，馬復總督江南，慮黃毛終爲患，挈之去。凡異時交山宿盜魁無在者，而梁四、張成志、王明山、王國印、王顯明、張繼成、鍾明節、任國昌、齊三夏、杜養、申應發、應旺等，新倡變特起，勢張甚。總束一段，承上起下。遠近諸山盜一時響應，最著名者爲静樂之河北莊賊武安宇，永寧之龍王山賊李崇孝，與裴家馬坊賊裴奇芳、樹林村賊六豹。裴家馬坊者，距孝文山西北五十餘里，處交、静、臨、嵐各界間，故爲太原左衛裴指揮屯田地，居民千餘家。四圍石牆，内有樓曰孟樓，高十餘丈，爲層十數，可望數十里。有裴四者，村中巨族，與其族武舉人裴奇芳皆勇悍。且家富饒，裴四投王昌齡標下效用。奇芳家居，聞梁四等起事，慮爲所掠，亦聚衆起。而武安宇者故與奇芳善，遂並發。

九月，巡撫祝世昌令箭調寧武副將李吉老、營堡參將羅映壇、汾州營參將甯獻功、山西都司僉書署偏關參將張柱石、撫標左營游擊李好賢等，會合各部兵三千，剿馬坊、龍王山、河北莊、童子崖、樹林村各賊。此段一總提明，以下分敘。檄巡寧副使王昌齡、太原營參將賈恩、左營游擊高國盛、守備苗成龍、千總陳倫、李惠民等統兵二千，往剿梁四。即剿梁四事，小總一段，下分應。十九日，昌齡令國盛部兵五百，自靜樂入山。昌齡同賈恩、陳倫、李惠民由交城水泉灘入山。二十二日，昌齡兵至岔口，並帶温師珩兵，命爲導。二十三日，大戰於柴長村，官兵敗死者數十，退兵岔口，温師珩、陳倫俱以怯敵不前細打，師珩革職。其夜，梁四、張成志、王國印入煉銀山，昌齡等待國盛兵不至，進兵攻之。時國盛兵從臨井溝兩嶺關入靜樂，與寧武道金某遇，駐兵會飲，醉相争，國盛拳擊金。明日至樓煩鎮，前哨兵報王顯明、鍾明節率衆屯南山頂，縛掠去兵民，命尤玉砍殺。旋去玉項鎖，與之弓刀、乘馬。國盛急督兵進剿，顯明率衆拒敵，鳥鎗叠發，官兵多中傷，退兵靜樂。應前鎖項解刀並不使乘馬。二十二日，世昌檄國盛回省，以前飲酒醉争事，爲金所搆也。是時，昌齡等攻煉銀山已數日，賊守堅甚。一日，東南營失火炮發，死者百餘人，西北圍兵復死於鳥鎗者十數，乃收兵退至梁家莊。其夜，梁四、王國印率精勇賊千餘砍營入。昌齡、恩俱棄營走，惟成龍與寧武營丘千總據營拒戰，賊不得入。明日，復退至靜安堡，申文世昌請益師。遣兵三百，運糧於米家莊，回至中途爲賊圍，急命李惠民率騎兵五十救之。賊始退，糧得入堡。乃大犒兵衆，愈操練。三日進兵，出堡十餘里遇賊，下令曰：『殺一賊賞銀五兩，生擒者倍之。』衆踴躍競進，殺賊百餘人。有驍賊九條龍者據嶺殿，矢盡持巨挺突擊，衆兵披靡退走。九條龍追下嶺，失足仆，爲成龍部兵韓喜文所擒，收兵行賞。其日，世昌調滿洲大人艾松、游擊高國盛、左營千總闞進福、中營千總張勇、常道明，率滿漢兵二千助剿亦至，軍聲大振。梁四等復退守煉銀山，遣人乞降，艾松不許，令進兵攻之。攻數日，丘千總者死於炮，乃緩攻，乞糧於省。時右營守備李進忠率兵五百，方運糧千石入山。王顯明、國元、張繼成、齊三夏等聞之，伏衆數千於米家莊之西十里乳子河山下石鎖關側。進忠兵至，賊斷其前後，集鳥鎗乘高夾打，自辰至午，進忠死，五百兵無得脱者。報至，舉軍喪氣，諸將議退軍。王昌齡曰：『賊破在旦夕，兵如韭，割之復壯，多殺何害？』數語爲後叛兵殺昌齡張本。乃築長圍以困之。

初，各路將奉世昌令刻期會兵。十月初二日，李好賢統標兵五百，調利民營五百；李吉統寧武兵五百，東路營兵五百，至樓煩。駐兵十餘日，利民營所調兵不至，而王顯明、尤玉、張繼成等方劫掠羊圪塔等處，殺掠甚衆。二將遂率三營兵往剿，道河北莊。莊有娼奴毛三兒者，素與裴奇芳繾綣。其日武安宇適邀奇芳挾妓縱飲，聞吉等兵過，即跨馬率衆横擊，官兵圍其村攻之。日且暮，山險，賊衆甚，且將截官兵後，吉乃復回樓煩。次日，利民兵至，遂從進牛口至嵐縣普明堡，遇羅映壇亦率兵六百至，遂合兵逾石天嶺。嵐縣、永寧交界。至臨縣，聞顯明方劫永寧中第村，急督兵進。至戴武店峪口鎮，與汾州營甯獻功、張柱石等兵合。各路兵既齊集，諸將會議，以衆賊連衡，恐彼此應援，難成功，謀分路進剿各巢，使各不相顧。又總束段，承上啓下。二十五日，遂分兵：李吉、李好賢、羅映壇率中軍守備王應聘、撫標千總梁汝貴、利民把總許秉忠等，攻取裴家馬坊；甯獻功、張柱石等率兵攻取龍王山。李吉等至馬坊，裴奇芳置其家屬於孟樓，悉力拒戰，而間道遣人求救於王顯明、武安宇等。時顯明方攻没李進忠兵，□前。謀救煉銀山，旁映。因馬坊急，落下。乃糾合武安宇並樹林賊六豹，合衆數千，於十一月初二日至馬坊南山，將劫官兵營。吉等知之，分兵設伏以待，賊至，伏兵起夾擊，大敗之。王國元、張繼成皆中箭死，顯明、安宇等四散走，追殺十餘里。其夜，吉與好賢、映壇令兵掣布爲小囊，貯火藥繫箭鏃，四面射入。至二更，堡中火起，兵入堡，奇芳登孟樓，盡殺其妻子，縱火自刎，賊黨擒殺無算。馬坊既平，李吉、羅映壇、王應聘等復分兵剿殺靜樂雁門村、童子崖、孝文山東距樓煩兩三十餘里。大夫莊等處。不斷不連，敘事至此有不可名言之妙。賊黨李好賢率梁汝貴、許秉忠等分兵，由永寧境峪口東出往煉銀山□□梁四，時裴四方從昌齡在軍中，聞馬坊捷報至□□即日告假歸。至馬坊，復聚衆反，與王顯明等合□□六日，甯獻功、張柱石等兵至龍王山。李崇孝乘官兵遠至，困疲未安營，即率衆迎擊。官兵敗，崇孝乘勝追逐二十餘里，適大同總兵姜瓖遣游擊李世華、高之蛟領騎兵六百馳至，大敗崇孝。追至山頂，崇孝馳入寨門，未及閉，追兵入，崇孝急閉第二門自守，山頂僅一泉在二寨門外。官兵既據其外門，水道絶。

十一月初二日，崇孝縋其妻子從後山走，寨遂破。龍王山平，高之蛟等由靜樂回大同，後汾州道徐養高標下兵擒獲崇孝於交山解省。世昌命好賢斬其二子於小店鎮北門外，斬崇孝於省。各賊俱平，獨煉銀山險峭，攻久不下。脉絡收放處，峭健無迹。艾松令各營分番遞攻，滿營兵先進，傷砲石死者十數。乃遣闞進福守其寨西門，常道明守其寨東門，苗成龍、張勇絶其汲道。十一月初七日，李好賢等兵出峪口，自范家莊穿嶺經煉銀山西溝，盛旗幟、鳴金鼓至寨下，賊皆登寨望，怖恐。地勢、軍容燦然如畫。此等處乃真得史氏神髓。昌齡令材官劉永忠至山下傳諭賊等：『適西來將軍乃撫標左營李將軍也，最善殺賊，馬坊賊已殺盡，今來殺爾等，亟下山降，免一死。』梁四、張成志乃遣窑匠申標者下山求撫。昌齡、好賢謂標：『汝能殺梁四、張成志，賞銀百兩。』標回寨，言新來兵精勇狀，乘左右無人，給梁四升壁西女牆觀兵，推墮寨下死，標逸下崖。是夜，張成志棄寨東走，餘黨四逸。好賢追至三座崖，擒回斬之，給還標之妻女子婦，賞銀二十兩。

煉銀山平，昌齡命許秉忠率所部由柴長入静樂回利民堡，明日回兵至静安堡。探兵報王顯明、尤玉等攻汾州羅城甚急，遂拔太原營管隊徐虎山爲千總，命分率步兵逾山南出，騎兵盡從水泉灘出山，期日午會兵於羅城，夾擊賊。其夜至文水。二鼓，世昌令箭至，傳大同總兵姜瓖反，盡撤諸軍回省。此交山復熾之由。昌齡以王顯明等黨猶盛，命賈恩留統步兵駐開栅，防鎮交、文各邑。前事至此一齊收結。五鼓，諸軍拔營起，一日行百六十里入省。姜瓖者，故明大同總兵也。闖□之犯京城，經大同，壤不戰迎降。及國朝破逐闖□，壤以城歸，攝政王仍其職授之。部下故多驍勇，久蓄異志，及見交山亂，愈心動思逞。適聞英王至大同打圍，十二月初六日，壤與總督耿焞俱出城迎。方過玉橋至東塘坡，在東門外十里。遇壤標下差官王副將者，從京馳馬報壤言，英王來，且縛總戎。壤馳環城，一軍盡甲，襲殺收馬滿兵，率部下襲擊英王，追至陽和方回。遂遣姜建雄等分陷各屬邑。

時李吉方平雁門等賊，聞變，馳回亭武，嚴兵固守。乃標下材官劉偉、李秀、楊鳳山等已俱陰受姜壤僞總兵副將等劄，遂於十二月十八日殺吉並寧武道金某，而與建雄連兵。於時，老營堡參將羅映壇、利民堡參將劉秉鉞、偏關署參將張柱石，及水泉河保等營將備俱望風降附。偏關故明鄉官萬練遂自稱偏關道，全晉震動。初十日，英王自陽和整兵至大同，壤迎戰，敗入城，王列營圍之，四面作壕，防其奔逸。十五日，世昌命艾大人、高國盛、左營中軍守備楊應麟、千總梁汝貴統滿漢官兵守代州，令王昌齡率千總張勇、宋國忠統馬兵往大同王營議兵。十八日，又令李好賢率千總關進福統兵守忻州，又令千總常道明率兵往寧武，協同李吉守寧武。道明至崞縣懸崗村，距寧武五十里，聞寧武兵變，李吉被殺，馳報世昌，世昌遂令道明回守崞縣。二十八日，世昌令好賢署寧武副將事，關進福署寧武中軍守備事，檄太原推官王胤祚署寧武道事，同好賢守忻州。

二十九日，王昌齡從大同歸，聞東路營參將吕繼盛係姜瓖義子，挾回省。六年正月初六日，世昌復令昌齡解餉銀萬兩，偕張勇往大同，並請兵恢復寧武，令賈恩鎮守原平驛。昌齡與恩行至原平，值寧武叛兵與建雄等攻圍崞縣，聞昌齡至，怒曰：『是故欲韭割吾曹者。』遂釋崞縣圍，圍原平。□□。賈恩與張勇出城迎擊，大敗走。賊追至，不及入城，盡爲賊所擄。恩、勇及衆兵皆割辮脅降。昌齡督標下兵，嬰城固守。材官劉永忠、張斗光從城東角繩繫賊上堞。城破，縛昌齡於驛庭。衆兵駡曰：『若昔以吾曹爲韭，今若且□□吾曹試割若，視若能復生否？』遂斷其右腕。原任守寧道中軍張仲奇故爲昌齡因事革職，恨之，手殺昌齡。初八日，建雄至忻州，知州劉德炎開東門引賊入。好賢、進福從胤祚率兵出南門，過七里河，列陣後敵。頃之，退守石嶺關。忻州南二十里。其日張勇帶兵十數，自賊營逃回見好賢，好賢命勇馳赴省報世昌。世昌急令苗成龍統騎三百援應好賢，好賢以兵少賊衆，復退回黄頭寨。離省六十里。

時有陝西更代回京固山谷録打喇領滿兵千餘至省。布政孫茂蘭亦滿洲人，世昌命孫往説固山，借其兵，恢復忻州，固山許之。世昌遂令好賢同中營游擊白璧偕固山兵進。初九日，至小店鎮，固山令滿兵四騎同標兵張名虎哨至石嶺關，遇賊探馬百餘騎，即與戰，殺其九騎，奪其馬，追至忻州城下而還。其夜，大兵進屯城東之石家莊，次日攻城，城臨河，矢石不能及。轉至曲家莊過河，直營於城南出村。次日，姜建雄、劉秉鉞率僞總兵姚通、高之蛟、李世華統兵數千，分十三路至。别令劉永忠率騎三百，繞出石嶺關絶官兵後，固山、好賢、白壁亦分兵各路迎擊。好賢以失忻州之慚，身先士卒，大敗賊衆。固山督兵追殺至西南城下，賈恩不得入城，歸命固山，固山付白壁解省。十一日夜，建雄棄城遁，固山、好賢追至上陽五塔不及。十二日，劉德炎自投首，解省。定襄知縣暢悦獻印迎賊，賊敗，亦逃回省。

朝廷命董謹親王督兵自固關至太原，斬德炎、悦恩，釋張勇。先是，代州有故明參將劉遷者素與姜瓖善，其親郎枋家傳村。代州東四十里。有瓖部下持瓖僞劄至遷所，遂至枋家定議。正月二十五日，遷自稱總兵，起兵反。二月破繁峙，五臺人張五桂、張五常、高盟，靈丘、廣昌人薛進臣、張新等，皆率衆歸之。劉永忠自忻州敗後，逃匿山中，聞遷反，亦往投之。於是繁峙、五臺、靈丘、廣昌等縣皆反，與遷應。二月初五日，董謹王自省起程至忻州，命陽曲主簿何顯祖爲忻州知州，内院辦事官陳宗義爲定襄知縣，次日至崞縣駐兵。初十日，從陽五峪攻寧武，僞總兵劉偉率衆駐長鎮村離寧武南十五里。北山上，據險拒敵。山峻削，兩崖壁立，中石峽僅容一騎上，冰厚數寸。王令敢勇數騎馳上頂，矢石不能遏，偉兵退走十餘里，至黄沙梁，復擊敗之。偉退入城，王遂四面合圍，偉急呼中西兩路僞參將自救。

王合兵擊殺，死者數千。前降老營參將羅映壇至營謁見王。初，映壇之從壤，預綰辮髮一縷匿辮根際，及壤使命割辮，中縷故在。索印，作驚印失。及王圍寧武，映壇自老營投謁，王驗其辮、印俱存，令復職。隨軍攻城月餘，城中危急。

三月，攝政王以大同久不下，親至大同督戰。令董謹親王撤寧武，圍攻朔州。左衛建雄乘兵退，遂從寧武、静樂南入交山，與王顯明等合，給僞劄付，以顯明爲總兵，齊三夏、閻虎爲副總兵，杜養、王國獻爲參將，鍾明節等皆爲守備，選練精勇，長驅南出。交山一段，筆勢蒼莽，如黃河之下龍門。是時，標營各將俱北征，省中無將，止東路營參將呂繼盛前被王昌齡挾回在省。世昌遂令繼盛赴鎮交城，掌印都司張聖德鎮守文水。繼盛至交，潛遣家丁以探賊爲名，夜入西山峪口與賊盟。三月十四日，顯明、三夏圍城，日晐進東關。城兵内應，東門啓，城遂不守。殺署縣事周邦翰於魁星閣下，建雄、秉鉞等遂入城，以交山人燕化鵬爲交城知縣。二十五日，命顯明、尤玉等西破文水，以静樂人蘇國化爲文水知縣。四月初二日，攻汾州，時徐虎山與汾州把總沈海守汾州，尤玉故與虎山、海等善，遂以城降。秉鉞遂自稱冀南道，以陝西三原舉人李昌言爲汾州知府，孫某爲汾陽知縣，沈海、虎山等皆爲參將從軍。置酒高會半月，復東破清源。清源知縣成觀光挈印走省，以交城人陳敏學爲清源知縣。分遣其黨南掠徐溝、太谷。五月初六日，徐溝知縣王惟敘亦挈印逃入省，徐溝、太谷以次破，以交城縣丞李某爲太谷知縣，交城人曹邦禎爲徐溝知縣。太原省南屬縣，惟榆次知縣楊三知、太原知縣郜焕元督率紳衿，固守未失。

世昌急遣人赴大同求救，羽書相望。劉偉命其僞副將楊奉山與忻口鎮賊首李茂蘭盤據忻口，扼南北道。攝政王命端重王分兵南下，適劉遷部賊萬餘攻代州，艾松、梁汝貴俱入城自守。雁平道徐可用督東路中軍，王應聘北路中軍，郭金都、楊應麟、梁汝貴等分門堅守。數日，東關破，城垂陷，值端重王兵至百草口，在代北七十里。聞之，親率精騎馳至突擊，劉遷大敗，追至平城，代東四十里。斬郎枋於陣，殺死萬計，劉遷逃入黃香寨。繁峙東南一百餘里，五臺山華嚴嶺東北五十里。高鼎、劉永忠率餘衆走入五臺山，端重王兵至忻口。忻口城西南即滹沱河，城外河岸爲南北往來道。楊奉山、李茂蘭率忻、静賊數千，據河東西兩岸山頂，阻險拒守。王從解溝鋪北渡河分兵：一從東山北上山，驅殺賊衆下山，一從東山南址河岸截殺，東山營賊殆盡。西山賊望見，皆潰走。李茂蘭等棄忻口，越西山走入寧化，爲崞縣民所擒。王師至忻州，遇世昌羽書報建雄、顯明等已入晉祠，方攻太原縣，省城危急。王倍道至省，就食於西門演武場。食畢，馳至太原縣古城南，晉祠北十里。與姜建雄等遇。建雄命交山賊衆持鳥鎗伏稻田中，疊擊王師。前鋒死者數十，王疊樹蓋，以鞭擊鐙，督戰愈厲，大槖中槍仆，後兵挺起，移時賊敗，退入晋祠。

王遂伏千兵於白雲山甃瓮山後十餘里。下，大兵進圍晋祠，數日未克。高山衛守備梁化鳳方以署參將從征，令道標千總宋國鎮舊營中軍王廷衡率兵五百，從晋祠北門外樂樓後，穴地百餘步至城牆下，納火藥滿，未及封，火淬發，二將並五百兵俱燬爐，城牆亦陷，賊棄城越山西走。至白雲山後，伏兵起，殺死萬計，谿谷爲滿，尤玉、王顯明等皆死，明節等逃入山，建雄、秉鉞由清源逃入汾州，徐虎山、沈海率數人逃至平遥上東山至南關，糾其黨雷雙羽、張魁吾南入沁州，路遇張斗光亦率黨數人自遼州出山，遂同至屯留。時潞澤營參將周某統兵防守屯留始至，斗光等率黨二十餘人夜至城下，大呼『姜撫院、劉都督大兵即至，先投順者即授官職』，澤潞營兵遂反，縛周獻城。海即率澤潞兵襲破潞安，道府官俱被害。海自稱大元帥，安設官吏於各屬邑。

初，王師已破晋祠，盡復清源、交城、祁縣、徐溝、太谷、文水各縣，王遂進兵攻圍汾州。世昌復慮遺黨南逸，潞、澤有失。時高國盛與艾松從代州回省，世昌遂命國盛同滿洲章京率滿漢官兵千餘往鎮潞安。至沁州南，則潞安已陷。先是，有故明總兵侯和尚者，明亡後，爲僧於介休縣綿山之抱佛巖。及亂作，侯和尚亦聚黨襲破介休，立營於抱佛巖。又有陝西榆林人平門自稱總兵，率陝西黄河畔賊渡河，合故明閣部李建泰兵攻陷平陽各州邑，進圍府城。平陽道王無黨副將范承宗督兵民守城。時巴山虎以吉州把總調守平陽，竭力捍禦，困守月餘。六月，大同破，殺姜瓖，攝政王、英王俱班師，從居庸回京。命多羅王從朔州、寧武、静樂、交山招撫各賊。石固山同八旗固山從雁門、代州、忻州至省城剿撫潞、澤。平西親王從漢中、西安渡河，剿殺平四、李建泰等。多羅王至汾州，端重王命多羅王從石樓山出隰州至平陽，會平西王攻剿平四。七月，平四兵敗，遂請降，建泰走死，平陽各州縣俱平。姜黨牛化麟竊據保德州，平四降，餘黨多逃入化麟黨中。平西王復率兵同固山李適泰進圍保德州，後至七年始平。多羅王由翼城東西烏嶺出沁水，攻取澤州。張斗光棄澤州逃入濟源山。石固山、八旗固山兵至潞安，沈海戰敗，棄城南走，入澤州之九仙臺。王與固山等合兵攻圍，以紅彝炮擊之，賊不支，沈海單騎走入王營乞招撫，王許之。海至九仙臺，招其黨張魁吾、雷雙羽殺僞巡撫劉繼漢首級來獻，餘黨皆降。徐虎山逃去，潞、澤俱平。端重王時圍汾州，分兵攻取抱佛巖，侯和尚敗逃。七月破汾州，建雄、秉鉞等俱死，汾州平。端重王由固關班師，世昌具題敘諸將功。以敘功作結，絕不費力。命下升李好賢爲太平參將，苗成龍爲撫標游擊，楊應麟爲山西都司僉書，張勇爲撫標中軍守備，關進福爲撫標左營守備，常道明爲雁平道中軍守備，高國盛部推利民堡參將，巴山虎爲保德州守備。

王師既回京，高鼎、劉承忠據五臺山曹家寨，劉遷據黃香寨，僞劉總兵據臨縣，復爲亂。

朝廷命宣府總兵剛阿泰統兵剿高鼎等。世昌命白壁攻臨縣。壁至臨縣，與賊戰不勝；復命好賢往，一戰破之，僞閣部賈同春、總兵劉某皆授首，臨縣復定，好賢旋師。復至五臺，隨剛阿泰攻圍曹寨。至十年，真定府推官胡文學獻策於總督李廕祖、巡道陳安國，命標弁李佺招高鼎降之。於是，山西各府已略定。

而交山中前時倡亂，受姜瓖僞職餘黨若鍾明節、鍾印、齊三夏、惠貞、杜虎山、申應發、惠岐山、任國玘、劉正、楊時中、惠天厲、郝成章、萬虎、馬奐、閻禄、惠希厚、王鵬等，尚皆竄伏於煉銀、劉王嶂、東西兩葫蘆間，時時出没爲患。而順治二年間，馬國柱招撫諸賊，惟巴山虎以軍功歷守備，任亮等居高唐數年，俱富裕。嗣聞交山亂，大兵剿殺，復思鄉逃歸。十一年，國柱自江南離任，李黄毛亦歸静樂居周洪山内，二人既皆隨任標營，多歷省會，經變更，遠近諸山盗皆推服。而黄毛在國柱標下，久積貲，尤富，山中築堡如城，廣畜騾馬，積芻糧。又故爲材官，家藏鎧甲兵器甚備。十六年，黄毛死，其子宗盛稱小黄毛，羣盗奉之如黄毛。而任亮之子國鉉、國禎，姪國海、國玘、國輔、國强，鍾名節之子鍾斗、弟鍾名俊，鍾印之子鍾名鼎，惠岐山之子惠孝文，姪首富、弟艾安，惠希厚之子惠崇德，王鵬之族王汝諫、王登仙，前僞交城知縣燕化鵬之族燕顯清，申應發之子申友等，皆壯大相糾結，盗風復萌。敘交山賊源流處，精細不可當。

於是，臨縣則杜虎山、杜召宇、李玘、張二，永寧則李旺、郝成章、范一虎、馮養成、曹豹子，静樂則王武、李惠明、李繼實、段應、李六斤、尹三盛、周時化、董三、蘇正明，皆同時煽應爲亂。正明者，即前僞文水知縣蘇國化之姪也，爲宗盛妹夫，最勇敢，宗盛倚之。時汾州石樓縣有曹某者，勇力絶人，能左右射，負膽氣。初充按察司承差，以事革，改姓婁，充都司壯役，復以事革，投入交城營爲兵，旋逃入西葫蘆鍾家溝、大皮溝，更名傅青山，羣盗推服之爲首，賊黨日愈盛。山中殺人視爲常，凡避罪及逋糧者，一入山官即不敢問。惠岐山、鍾斗尤淫惡，岐山居惠家莊，遇羣盗他出，即入其家淫其妻女，斗行劫輒創裸婦人，油漬牝，火燃之，或刀穿其牝兩輔，鎖鎖之而去，其惡如此。

康熙三年，巡撫白某募鳥鎗手，交城營把總李國威以鍾明節、王希照、惠首富等二十餘人名上，希羈縻之，後不用。明節、希照、首富遂食糧爲交營兵，國威待之甚厚，欲陰以探賊情。其年月，任國鉉、劉正、郝成章統衆劫文水縣某村。國威得文水關文，率兵追至山口，陣斬一人，生獲郝成章、張某、王某等四人，國威密以其情詳提督請剿，歲餘，國威被斥革，成章竟得脱。繼國威爲交城營把總者蘇成甫，愈不敢言剿捕事。結處若斷若連，高手。

卷之中

夏駰曰：『有謀人之心而無謀人之形，知兵者也。』陰符中語。交之寇皆土著，世相仍，互爲婚姻。其平居爲民，出入郡邑無禁，多奸細，萬山衛之。彼不云乎『利則攻，不利則守，更不利則走，即萬衆如我何？』爲虺爲蛇，自戊迄辛，摧之殆無遺策，恬然若無事者，嗚呼深矣！微乎微乎！

康熙七年正月十四日，錢塘趙吉士以辛丑簡選推官，改授交城縣知縣。其月，左副都御史莫洛兼兵部侍郎，總督山、陝，大理寺卿覺羅阿塔進右副都御史，巡撫山西，吏部郎中達爾布陞山西布政使，刑部郎中色忒陞山西按察使。時晉省督撫藩臬皆新易滿洲。交城又夙稱太原巖邑，以險聞，人皆難之。而吉士故豪俠，喜功名。既受銓，按圖籍，考利害，遍詢晉中諸縉紳與朝士之故嘗吏於晉者，僉曰：『交邑環境將六七百里，平地不得二十之一，賦僅逾二萬，多逋負，其民悍獷健訟，而尤苦者交山之寇。縣治處東南隅，折箠使者二三十里，出西北郭數里，萬山挺旋，自故明迄今百餘年間，縱橫出没，縣官尺符無敢入者。是則交邑之憂也。』吉士曰：『吁！果若公等言，是豈獨一邑之憂耶？吾方慮之。』

吴興諸生夏駰者，家貧落魄，屢試不第，游四方。適至燕，客吉士所，謂吉士曰：『晉陽險阻，故唐晉興王地，今山頑負固不靖，爲日已久，設有雄黠之徒因之以起，其爲生民憂，豈可量耶？公負文武材，任此地，碌碌簿書，非公事也。』吉士曰：『吾慮之熟矣。除盜之策，非撫即剿，顧百年逋寇，非可以空言撫也。以今日之情形度之，必剿撫兼用，然必先撫而後剿乎？不先撫，無以攜其黨；不終剿，無以絶其根。君謂何如？』即落落數語，自是非常人識慮。騆曰：『然。昔故明神宗朝，楊應龍逆命，調川、楚、貴三省師會討，兵興歲餘未定。時先大父比部公爋，適以執法忤權璫，謫黔陽，請於黔撫郭子章，單騎深入九股苗洞，説其渠謝仰牙等，降其衆萬三千有餘。應龍失援，遂一鼓而播州平。今交山時勢未甚于此，然情形類是。公已見及此，相機行之而已。』

既三月二十八日抵交，從騎甚衆，聲容赫然，交民改觀。四月朔有二日，受代。越十日，縣北境河北都山民郝芳名、閻武等數十人連名投撫。遂人給一示，令入山招集流民。第一次告示招撫。五月重午節，大閲於郭南，率丞以下會讌演武堂。吉士曰：『器械不利，弓馬不習，以其身予敵也；號令不明，賞罰不信，以其卒予敵也。』下令曰：『營兵次左，鄉兵次右，五爲隊。先弓矢，砲次之，騎演次之。技精者受上賞，次者中賞，不及者斥。秋閲復不進，軍法從事。自武舉、武生以迨胥役，願與者聽。』人人踴躍，材勇畢奮，如赴大敵。入賞者百，捐錢萬，觀者蔽野。薄暮歸縣，喜謂坐客曰：『民可用也。一年教訓，輿徒、皂隸皆可驅而死戰矣。』此節□士氣。

其月大雨，署中垣牆悉傾。初，交署自明萬曆二年一修至今，内堂僅三舍，堂之後即北城牆，内外殆無限隔。前署事爲布政司都事陳方舟，毫不任事，其廊廡頹廢者，舉毁之以爲薪。吉士至，居止無所，思葺之，慮勞百姓，躊躇久之，曰：『吾得策矣。山中民方若歲饑，羣盜煽之共爲非，吾姑給以食而用其力，以息其邪心。且因以探山中情事，可用者厚待之，使爲内應，計無善於此者矣。即有以勞民費財上聞者，吾無恤焉。』遂傳諭山中各村，藉貧民無食者得七十餘人，出槖中金易米爲食，大興行。陰使家人輩與之雜處，日以山中事詢，山民故愚戇喜得食，言無不詳，知山中盜固無日不思劫縣署也。此節探賊情。

嘗夜風雨晦冥，從數騎自東門登周巡，見警陴者率衣藍縷，僬弱不堪。問其故，皆以貧富不均告。明日，集諸縉紳士於明倫堂，諭以固守城隍，實爲巨室大家計，彼貧民六尺之外何慮焉？今富貴者擁厚資，高枕卧，而朝不夕謀者，率數夕一擊柝，於心安乎？且非獨於此，勞苦不均則怨生，怨生則釁作，而或不顧，切恐城垣之内未得高枕而卧也。諸縉紳士聞之，皆矍然請均役惟命。遂出示，不論紳士吏民，家出一丁，署其名於堞，計九百二十堞。每鋪五人，計二十四鋪，以次輪及，每夜得一百二十人。門設有城總督之，城垣外址，距五丈許，燃一燈以燭奸人。昏次炮一聲，行人絶。署内傳一更箭，巡一周，報初更訖，易二更箭，終五更如之。令以下分夕巡，勤者勞之酒，怠卧者責。不到及僱老弱代者，倍其罰，並罪城總，城中肅然。此節嚴城守。

城守既均，遂嚴行保甲團練之法。十家爲牌，牌遞輪，輪牌之家即爲甲長。凡九家出入必訊，每户壯丁一人。人具器械，急相救，暇相習。十甲爲保，保立一人爲練總。各村堡地聯勢接者或百家數百家，擇一人爲衆素推服者爲鄉督。甲中一人犯約，各家隱而不申者聯坐，俱聽鄉督申飭，練總察訪申報。凡編户之外，皆以奸民論。法即行，鄰盜無逸入境者。此節嚴鄉堡。

七月二十七日初鼓，方讌談，報直隸邢臺役有機密求見。吉士起，如外良久，入屏左右，以順德守李佳胤、邢臺令高顯手書並關文示諸幕中，則順德府於本月十二日三鼓，有大盜數十餘逾城入縱劫，其魁康如海、康如江、康四、王有志等數人，交山賊也。吉士問曰：『君等之見若何？』寧波張翮曰：『急捕之，緩且遁矣。』吉士曰：『吾問近作令，凡鄰近關捕盜賊，概回稱無是人而已。既交邑亦以是故，本境並未失事，得毋不可乎？且捕而得即已，或不得，將奈何？』騆曰：『不獲盜過小，諱盜不捕罪大。且縱盜不捕，是養盜也。吾恐各邑盜賊凡行劫，必且動稱交山以冀免。異日一盜就縛，公何辭受諱盜之罪？且公平日自負何如，而顧效庸庸者所爲乎？』吉士笑曰：『吾聊試君等耳。吾方將盡縛郡醜，以一雪數十年全晉生民之恨，顧肯爲若輩作梁山泊耶？』即命閉邢臺來役於内署，毋令出，喚山民之役内署者，詢以如江等居址出入處。即率家丁捕役數十騎親入山。第一次入山擒賊。時已三鼓，啓鑰出城，馳百里至梁莊，則如江等已遁。急追之，及於陽曲縣界之關頭佛寺，盡縛之。發其裝，邢臺物具在，不煩訊鞫而服。遂召邢臺役械付之。誡曰：『出吾境，非吾事也。』或曰：『獲大盜，不報府司督撫可乎？毋乃觸諸上臺怒？』吉士曰：『山中盜風方熾，吾山城淺薄，守禦單弱。此數盜者又素稱巨擘，一報上臺，文移往來，動淹五六日，保無有破械出柙之事乎？今方獲即解，賊黨未知，所謂迅雷不及掩耳者此也。』駟曰：『諸上臺新任，方以除盜責各屬，必不如往者拘率文法。』時太原同知傅鎮邦署府事，恐爲邢臺盜案所累，深加憂慮。吉士不得已，上書巡撫，巡撫果大喜，不之罪也。乃如江等至邢臺，隨口供贓甚多，且以悉責交城各質户對，邢臺復關至。吉士曰：『是狡賊挾恨且訐累吾民。』秘其事，立坐堂，籤提各質户月計出入簿，查與如江等口供日月合者，立取驗，關送邢臺，捏指者決詞復縣中，各質户脱然無累。

交城賦額載全書者二萬二千有奇，而山賦居其大半，胥役既不敢入山，前令亦不敢徵比，恒遣人齎名刺敦致，順其意。或稍納二三，或持羊皮羢襪相抵；少拂，且挺刃起，逋負歲積。而汾之陽有河北都者，具賦倍諸都，逋負特甚。是年秋旱，山中雨雹，大損麥豆。吉士曰：『歲荒，良民將迫而爲盜，盜且愈張。不撫，無以安民心；不身入，無以示撫。』十一月朔，從十數騎，親入河北都，隸役聞命，皆戰慄失色，然不敢不從。行數十里，卻輿而騎。又數十里，騎不能行，卻騎而步。懸崖峭削，鳥道斷續，從者眩悸，吉士故趨捷，升降如坦途。山中民聞縣官至其地，皆驚愕出不意，傳相告語來迎，獻餅酒，老稚婦女奔走出觀使君。吉士開誠勸諭，戒以朝廷威德，各上臺仁廉愛百姓，非往日比，若等慎毋爲盜賊所煽脅，自取誅滅。詞旨慨切，聞者怵息。日暮，山民爭留宿土窑中，其婦女執爨炊灑掃服役如家人。有爭控者立爲訊，理曲者即命居民執杖杖之。時所居止及左右供應皆賊也，吉士故爲不知。明日，復深入，所至勸誡安撫，而陰縱觀山中出入險易、村落遠近多寡與民情之順逆。地有名木欒窑者，勢尤險惡，殆無人迹。方按轡覓路，忽隔山口有三四十騎，持弓矢火器突出，從役大驚欲走，吉士遣一騎往前傳語曰：『使君踏荒來此，汝輩何爲者？盜耶？可遣爲首者前致語。』既近，則把總蘇成甫聞吉士深入山，愕甚，率兵尋覓至此也，因大笑共出。會天大雪數日，壑谷皆滿，四望無行迹，乃命旋輿出山。第二次入山招撫。蓋自明以來，朝廷官吏至始一歷其地也，而是歲山中雖無年，少警動，糧無逋負。

初，交山之民雖耕獲地少，然茂林深澗便芻牧。應首卷。順治五年，禁民間養馬，山民始困山中。又產木，歲採伐，貯山口之南堡村廠場交易，歲納布政司稅六兩。鄰近府縣販賣者四集，連山數百里藉以給。而山口貧民遇貯賣，役力拖撑，無凍餒者，以故南堡村落煙火頗盛。康熙二年，文水民争利搆訟，前巡撫楊熙示不許立廠，聽山民沿河變賣，商販不至，而文水民遂立私廠於文水之峪口，去南堡村十有五里。交山水不到峪口，即不得賣，力費利薄，山民愈困。八年正月初七日，吉士語坐客曰：『不爲民謀衣食，而責民之爲盜，不可得也。山中衣食，唯畜馬賣水，今馬禁方嚴，無能爲計。獨南堡廠場採交山自有之木，就交山自有之水貯交山自有之地，交易相沿至今，何與於文水？何礙於功令？而廢此以利彼耶？吾將請於上臺復故利，以稍蘇山中之困，何如？』震澤鄒斌曰：『詳不明白，無以信於上；身不親歷，無以信於下。吾與宛來願爲公至彼訪之。』宛來，夏駰字也。乃皆微服赴南堡村。村北鎖山口，東距郭三十餘里，沿山坡高下往往廢址，居民不滿百，見二人至，競問所自。以買木商人偶游告，競邀過家，出鷄酒相款。語次問其疾苦，皆言吾村往者山木積貯，商四集，人煙稠密。自文水奸民攫利搆訟，廠場廢而人民逃散至此。有老人白承志者，年八十餘，其言本廠興廢及彼此搆訟始末曲直尤悉。斌曰：『果如叟言，盍亦控之本縣及上司？』承志曰：『文水民富且合力，吾村民逃往四散，其存者又貧且心不齊，知新縣主風力，能主持，若上司不公廉，可奈何？』駰曰：『今布政達公，公廉甚，叟等不乘此時控復故利，望且絶矣。』老人首肯，聚語者十數，聞言皆踴躍起。既歸，以其言復。情景慘淡，儼然一幅山村偶訪畫圖，妙筆。吉士撫掌曰：『文水民即積金百萬，其能行於今日晉中之上臺耶？吾志决矣。』翼日，村民數十人連名呈懇申詳，重立廠場，救民命。吉士復一一而訊，委曲既悉，爲文詳布政司。

二月，吉士赴省謁布政使。布政使曰：『汝木廠詳文固善，然前撫批照沿河變賣，未嘗禁其不賣。必求立廠，廠之名其可居耶？且每年納税，安知官吏不假此侵漁，自肥囊橐？』吉士曰：『山木之出，必乘水漲，水漲不時。若無廠場，即不能隨到隨貯。山木貯積，豈無偷盜？必須人守，無廠場則無地王，即不能自往自來。且沿河非一定之地，沿河變賣又無一定之時，是賣者、買者嘗兩不可必也。賣木之民撑木出山，嘗數百十里。販木之民挈資入境，亦嘗數百十里，而皆待交易於不可必得之中。此所以廠場一廢，交易兩絶也。至税課六兩，於朝廷不過太倉之粒粟，牙行吏役，日久弊生，分外抽取，亦未可知。或自今竟免其納税，税名不立，奸牙蠹役諒亦無自而剥民。』摹人意中事、意中語，玲瓏透徹乃至此耶！布政司允之。既出至公寓，或報曰：『文水民八十餘畝血盟，斂金，今入省且擊鼓控矣！』左右皆驚。吉士厲聲曰：『鼠輩安敢無禮？吾頃白此事，上臺盛怒。此輩倚豪富，魚肉吾交，方牌提重懲如律，今乃敢送死耶？』居頃，使人偵之，則已鳥獸散矣，遂復爲詳文申府。

三月，布政司如議，遂出示於西山谷口之水泉灘，復立場交易。山民歡呼，商販日至，不一月，自逋逃而復業者數百家，山口一帶與賊通者漸寡。此節絶盗源。其月，巡撫阿塔出巡各郡邑。至交城時已薄暮，命巡城。自東門登，砲一聲，五方旗幟森立，堞有卒，伍有長，軍容肅然。比昏暮，燈火照野。轉歷北門，有羣呼而角崩於城下者數百人。巡撫驚問，則皆交山中新撫盗也。其夕二鼓，旗牌官俾巡撫令，命召標兵入城，索鎖鑰。吉士曰：『奉旨兵馬不得入城，且大中丞得毋以新撫盗故乎？令在是，即啓門達旦，請以身任。』旗牌官以其言復，巡撫壯之。五月，夏駰歸浙江，臨行餞别，謂吉士曰：『邇來百姓元氣漸復，與賊通者漸寡。但賊手足猶衆，腹心未潰，上兵伐謀，方在此時。』吉士曰：『然比君再至，吾且遲露布以待君耳。』八月，山西鄉試，吉士入闈閲卷。甫入簾，而蘇家崖礦盗大集，幾二千人，屯集者二旬，出闈聞報，或請急發兵捕之。吉士曰：『人衆難犯，發兵必且激而生變，且此烏合争利，未有刦掠殺人罪也。吾以計散之，易易耳。』立發票數紙，令近村各糴米豆草若干。賊聞之，以爲官兵大至，悉分散去。隨發役，捕得數人，置之法。

十一月，布政使達爾布進右都御史，巡撫陝西。既命下，會巡撫阿塔還旗去任，復奉旨達爾布改巡撫山西。達公素知交山賊爲害久，稔知吉士才可用，委信責成。交山之最險爲羣盗窩者曰東葫蘆、西葫蘆，兩葫蘆之中有崖曰三坐崖，形勢陡削，横亘南北約八九十里，即故王剛、短毛子等立寨處也。中川形勢，一經疏示，便如伏波聚米，真神品也。崖下東溝名東葫蘆川，川之中爲横嶺村、武家莊、冶西溝、兑九村、王家溝、黄土溝、後嶺底、白刁嶺、柴長村，最北即静樂境之河北莊。崖下西溝名西葫蘆川，川之中爲惠家莊、杜黎會、小麥溝、中圏村、鍾家溝、大皮溝、陽坡，再西爲韓九嶺、刁窩，再北爲獨石河，入静樂境。兩葫蘆川之外，神師、羊腸、狐突諸山峙其左，煉銀、劉王嶂、爛團、穀積、孝文諸山疊其右。前有關頭岔口與石鎖關之隘，後有石峽、周洪、黑黑煙山之險。羣盗分處其中，居横嶺者爲任亮、國鉉等，居兑九者爲王登仙，居黄家溝者爲王汝諫，居惠家莊者爲惠貞、岐山、艾安等，居鍾家溝者爲鍾明節、鍾斗等，居大皮溝者爲傅青山、劉三、張二等，居刁窩者爲劉振，居李家溝者爲申友，居中圏村者爲鍾名鼎、名俊等。諸賊皆姻婭，唇齒相勾結，獨惠氏、鍾氏九族繁人衆，而惠尤甚。

惠氏籍本陝西，即故明兵科給事惠世揚族也，徙居交山已數世。順治十年間，世揚以廢紳避難至交山，寄居惠家莊，諸賊以世揚故顯官，有名望，敬之。世揚顧不善衆等所爲，屢勸誡之。岐山、艾安等佯聽受，内無悛心，唯崇德頗悔過。先將三人提明，爲三卷擒賊張本。時楊時中以家頗裕，不欲久處賊中，徙居屯蘭都。而馬奥者，因與惠家莊有隙，於順治七年襲殺惠崇德之父惠希厚及其族三十餘人，遂不敢居葫蘆中，亦徙居屯蘭，與楊時中俱糾衆自保，爲良民。吉士知之，團練法行，遂簽時中、奥爲練總將，藉以制賊。時永寧州有楊芳林、楊芳清、楊芳周者兄弟三人，稍知書。芳林寓惠家莊，惠岐山延訓二子。芳周充汾陽縣會手，專捕賊。而芳清爲汾州道陸光旭承差。光旭去任，命芳清持書幣遺驛糧道繆正心爲別，且薦芳清，正心用之，以書幣復，亦命芳清往。芳清受命，不之汾州而入山，至岐山所，給諸賊言：『吾新授石樓守備，將之任，欲覓馬數騎。』諸賊信之。鍾明節與之騾一，約與任所償，芳清僞命從者先往石樓，騎騾去。既芳清居山中累月，又正心行文各州縣捕芳清甚急，諸賊漸聞之，而芳清又自與諸賊飲博，銀罄，鑿銀杯用。艾安等語侵之：『若行止乃並吾曹相欺耶？有所得，急分遺我。』芳清不得已，以一銀壺償明節，羣賊亦遂與之暱。距汾陽西六十里東村，有生員劉仁德者富而慳，家衆多怨之。芳清數以動青山等，顧未得間。十月，有仁德雇工人蘇海偕其僕王存庫、車明高、王良貴夜飲酒，共訴窮苦，恨仁德無御下恩，同謀劫之。適仁德命海迎其塾師賀生於永寧，途遇郝成章，具以其謀告。青山等亦故因芳清兄弟，耳仁德名久，遂共糾約。十一月二十六日，齊集於紅花溝，二更攻寨，海等內應，遂入户，傷數人，方縱掠，火延屋焚。適巡兵游奕至其地，協同地方羣呼捕賊，衆盜乃徐整部伍入山去。事關府廳，縣嚴督捕役，緝甚急。芳清復與惠岐山謀，命其弟芳周率捕役掩護艾安子惠滿洲兒、惠標子、惠發鎖兒，並其媳馬氏於永寧之馬槽村。汾陽知縣趙其星審二子及馬氏，皆年幼無與，逐之出。芳清使人要之，謂曰：『官有意寬汝，然非重賂不得脱，吾且與汝父謀救汝。』遂入山索惠標銀八十兩、艾安銀四十兩救二子，標等不疑，青山與艾安善助之。滿洲兒得釋，惠標貧，銀不時付，芳清故縱鎖兒還，而留馬氏於別所以急標。標與銀十兩、驢四，馬氏之父馬爵亦與驢二。數未足，芳清諷其馬氏以償，希以爲妾，且謂山中諸殷實者曰：『東村之露矣，官且捕若，能以金與我，我爲若解。』村民懼，争以金餉，芳清兄弟復得利。

吉士陰偵得其狀，曰：『是二賊不擒，山中之禍未有艾也。』九年正月，示諭山中，於二月朔有九日入山勸農。第二次入山，兼撫兼捕。明日至下長斜。又明日至戴家莊，危峯仄嶺，鳥道如綫，溪流奔瀉，下臨不測。方緩騎徐行，忽崖凹一人突出，跪馬前。問之，曰：『某即惠崇德也。姜瓖之亂，某父子曾爲首領，今改行已久，舊冬汾陽被劫，實不與事，而各處關緝甚迫，故出山投死耳。』吉士曰：『汝既能束身自首，即投生，何死之有？且汝名犯年號諱，吾爲汝改名重生。與汝約，後三日我至惠家莊勸農，汝當來迎。』重生叩頭去。十二日至陽坡，次日至雕窠，又次日至惠家莊，重生果率村民來迎。是夜宿重生家，令明日宰猪四、羊十，聚山中遠近村民大犒之。密唤重生謂曰：『汝爲盗首數十年，死不足贖，然吾今宥汝，凡山中事汝能爲我盡力，汝且不特不死也。』重生願效死力。因問曰：『楊芳林、芳清二人何在？』曰：『趙家汊，去莊里許耳。』曰：『聞吾至，得無逃乎？』曰：『不逃。』

曰：『吾明日大犒，彼來乎？』曰：『不來，彼恃山中皆其黨，固無如之何。』曰：『此有徑可別通縣者乎？』曰：『下莊而左有嶺曰逯家嶺，逾嶺而南，循西冶川而出，人無知也。』乃密選健役十人，謂曰：『楊芳林、楊芳清匿居趙家汊，明日大犒，汝十人者分路伏。二役備鐵鍊以待，聽吾命擒二賊。立擒至，命汝帶回寓，佯諾，即鎖肘從莊左出，越逯嶺而赴西冶，即日到縣，少疏脱，汝等代死。』

明晨，山盜雲集受犒，約八百餘人。且飲且諭以各盡力耕種保家室，衆叩首，誓不敢爲非。見數童子頗穎秀，因嘆息曰：『使汝輩生長城市，良父兄訓之，獨不能博科與甲耶？不幸生此中，所聞見非殺即劫，稍長即與俱，一被擒捉，身受非刑，首領不保，痛哉！』語訖，童子有墮淚者，指謂衆曰：『爾曹視此何爲者？良心人盡有之，惟是生長深山，爲匪人煽誘，漸汩没，以至身爲人類，竟與禽獸無異耳。』山盜聽者皆感動。吉士見衆心漸服，猝問曰：『楊芳林、芳清二人何獨不至？』羣盜皆驚愕。或言曰：『芳林等自知罪大，聞官至山，已逃永寧州去矣。』吉士笑曰：『彼在是，若輩毋諱。』叱左右曰：『速擒以來。』羣盜相視，不知所爲。刻許，擒二賊至，兀立不跪。吉士曰：『汝積惡盈貫，誘良民盡爲非，自恃山險莫爾治。吾方爲山民除害，爾尚敢倔强耶？』滿握籤，鎗然投地。羣盜百餘俱起跪，爲二人乞命。吉士厲聲曰：『爾等皆吾好百姓，爲此二賊煽惑爲非。及官司捕渠，渠又乘機脅詐汝等。吾今除二賊，正爲汝等身家計耳，反爲彼乞活？』叱隸役與大杖。隸役故夙受誡，五六十人傳呼聲如雷，羣盜皆慴伏不敢動。杖二十而膚無肉矣。杖畢，命押回寓。因復談笑，好語撫慰，故數數命酒賜飲。移時，度行者二十里許，乃起歸整部從行，四十里出東坡底。山民追送，以爲芳林等故在，而所遣十人者已挾二賊穿嶺東出至縣矣。復四十里至匯裏，時已昏，方與蘇成甫會飲，瞥兵鍾明節突至，大言曰：『賊首任國鉉聞芳林等被擒，統衆千餘來奪，今至矣。』成甫大懼，欲馳避之，村民競請登樓。吉士怒，唤家丁直縛明節，加刀於頸曰：『賊至，先砍汝。』傳集近堡壯丁約三百，點防兵從役六十餘人，統五爲之長，宰猪十、羊二十犒之。近二鼓，身騎馬先，衆以隊進。一人持刀驅明節於前爲導，約行二十里，報者曰：『賊聞官不走，且統衆人悉鳥獸散矣。』吉士曰：『速追之，一人毋縱。』山民皆叩頭言愚民無知，死固當，第兒童婦女，驚惶逃越，墮崖谷死虎狼可哀，願官天恩少憐之。成甫亦力勸。乃命旋旅，釋明節。既歸縣，庭訊芳清以縱指羣賊、劫東莊及據山抗官故，不待刑，悉吐無諱。且曰：『吾固知公且拚我，然不謂入吾穴縛吾如是易也。』芳林擒，汾陽被劫之盜始得主名，而名節竟亡入山中，復爲盜。顧國鉉等既失芳林，亦慴服不敢動，西山一帶稍寧謐。

其四月，期當薦舉，巡撫故深知吉士治行，遂上疏言交城縣知縣趙吉士，催科則禁包除耗，積逋全完；靖盜則擒渠撫黨，四境寧謐；申立木場而山民稱便；捐資建署而派累永除；招回逃亡數百户，野無流離；修築隄岸四百丈，城無水患：有才有守，足當薦舉，以備陟明之選。奉旨下部，吏部覆允註册。

五月，有陝西流兵姓黃者，部衆二百餘，自黃河畔突至葫蘆中。時鍾斗、國鉉等方失芳林二人，無與謀，惶惑失勢，見黃以衆至，則大喜。賊中有頗涉星緯者，且妄言天文有變，晉中當首事，遂四集羣盜約二千餘人。時汾陽朱翰林家牧羊萬餘頭於西山坡，黃命衆悉驅之入山，日烹羊置酒犒衆，整弓矢火器，圖大舉。而國鉉妻弟閻英者，故出山爲山鄉收吏，伺動静。警聞，巡撫憂甚。吉士策山賊烏合無謀，間以計，可不煩兵而散。乃故爲好語，時時使閻英聞，且曰：『國鉉、鍾斗等皆誤爲盜，不足深罪。』國鉉等聞之，猶豫未發。卦山有老僧允紳者，方以修刹募捐至城，吉士密令沿山村遍募，漸入兩葫蘆中，賊不疑。凡旬日，盡得黃與羣賊客主情狀，密報吉士，喜曰：『吾得策矣。』遂貽書太原副將朱龍，請兵三百至交屯駐，以張聲勢。朱龍曰：『寄語汝官，謹守城郭，若兩葫蘆未可輕問也。』吉士再致書堅請，因調守備祖光顯率兵三百至交屯東關。吉士密遣山民持一函，封命入山付國鉉等，且誡曰：『必俟黃某與國鉉、斗等大集飲酒，乃付之。』

山民如誡，以函授國鉉。函上署曰：『付鍾斗、任國鉉拆。』重以縣印。羣賊聞縣官有手札，聚觀。國鉉不知書，鍾斗識字，欲拆視，國鉉不肯，曰授黄將軍。黄將軍者啓視，大驚起，袖書駡曰：『汝交山夥險狠無賴，乃欲以吾爲奇貨耶？』立率部衆馳馬往劉王嶀西去。摹寫入神處，絶似太史公列傳。羣盗不知所爲，而祖守備且率兵入山，縣中縉紳故爲懇留，請身入山撫。有劉孝廉父劉必飈，同城總鄉耆申爲第、任道遠等三十人，先至葫蘆，告以大兵將入山故。國鉉輩皆叩頭，哭誓不復反。必飈等撫慰再三，羣盗悉散，賊之親屬千餘人，悉入城就撫。祖守備整旅歸，竟不入山也。

交城營兵所屯開栅鎮者，去葫蘆口約百里，戍兵百名，屯駐歲久，其中十之二三故交山百姓，投營食糧，或别邑充募，因取交山婦女爲妻室者。名爲戍兵，皆賊心腹，官府動静，朝發夕聞。蘇成甫雖爲把總，顧反畏憚，稍束以法，即嗾山民控黜之。如往年李國威稍任事，圖剿賊，旋反爲賊陷。伏後蘇成甫被控迫應前李國威被斥，是敘事中血脉處。鍾明節之子鍾斗，弟鍾明俊、鍾明鼎等，皆山中有名盗魁，而明節身充汛兵爲應庇。方楊芳清等被擒時，賊猶惶惑，明節陰趣賊集衆，而身張皇賊勢以脅官弁，冀吉士稍懼退走，則賊勢愈熾，而山中良民且盡脅以爲盗。

是年秋，吉士赴省，白巡撫曰：『山中盗故多，然能發縱號召者，止十數人而已。除此十數人，其餘脅從可不煩兵而服。第開栅戍兵久與賊通，戍兵一日不易，則此十數人者一日不可除。』巡撫曰：『此總督事也，汝可具詳。』吉士曰：『汛兵屯駐久，婚姻土業相顧戀，必不肯移。即副將以下各武職衙門，類有賊腹心，文書上下稍不密，彼且激而生變。若得請竟行，秘其事，別調赴省，因而易之，方可無意外慮。』巡撫曰：『汝第詳，吾當爲汝致書總督。』吉士遂以移汛換兵事詳總督。總督准咨部，已而文書竟下布政司，司行府，府行交城營。營兵聞之洶洶，陰語羣盜曰：『官今且易吾曹，吾曹去，後來者且盡剿殺汝等矣。』羣盜曰：『爲之奈何？』營兵王希照者，故大盜王顯明親弟，投入營食糧，家故饒，妻妾六七，畜善馬十數，素勇悍，與賊通，爲賊倚信。爲之謀曰：『吾等久據山中數十年，歷官四五，無敢謀吾曹。今忽爲此舉，皆縣官一人謀也。除縣官一人，山中安枕無事矣。』羣盜以爲然，遂陰定計伺便。

初，交城有田福者，曾爲巡撫舍人，恃勢暴横，行於遠近，道府皆厚待之，縣官與之抗坐。生子彌月，署官具金麒麟爲賀，鄉紳以下無敢忤視者。吉士出都門，即聞其狀。至，首欲除之。福知之，廣求長安巨公書爲先容；不效，乃陰使土豪共爲流言萋菲，希播聞上臺，以動摇吉士。顧上臺知吉士深，廉得其故，重懲之，俾禁交城城中不得出。福既深怨吉士，且素與賊往來，遂於九年正月十三日舍盜於其家，伺吉士省回，乘上元夕將甘心焉。而吉士適爲巡撫留訊別案，不果發。十九日返署，山中諜者密以聞，心識之。二十四日，赴家居給事中武攀龍宴。三更歸，秉燭坐，治文書，聞城上柝聲忽止，負楚聲殷然，即出户，呵家丁數人起，馳馬疾上城，遥見北門隱隱攀堞下者數人。北門距山口不一里，夜暝慮有他虞，命母逐。顧巡城規，每鋪五人，夾門樓東西鋪十夫，被挺擊仆者一人，而餘寂然。即執巡堞者訊，一人色動，知爲賊黨，入内署鞫之，盡得其前後謀刺狀。顧無迹可按，置之。私計曰：『吾向第謂汛兵皆賊，乃城郭内亦皆賊耶！城郭賊未除，而顧謀山中賊，吾過矣。』翼午，蘇成甫至，飲之酒，將闌，悉屏左右，獨召王希照謂曰：『若通盜刺吾，吾不殺汝，第能爲吾盡縛諸賊，且保汝爲把總。』希照驚跪曰：『某誠無狀，罪萬死，公今不殺，願以身報。』吉士秘之，然逆揣賊勢且愈猖獗，城守加嚴，廣布間諜，備不虞。空處最是筋節處。

三月，以希照赴省，謁副將劉朝輔，具陳其事。朝輔謂希照曰：『若果能擒賊自贖，自題汝爲千總，何把總爲？』希照叩頭受命。初十日，自省旋，過清源，執邑令張汝瑚手曰：『山賊大起矣！吾輩左右皆賊，吾備之無刻忘，顧君屬民情太懈，不能無憂。』汝瑚曰：『吾邑貧甚，吾庫無分文，即有警，不在城，其村落乎！』吉士曰：『吾言有自來，謹備之。』既歸縣數日，嵐、永、臨、汾時聞警，交城城中每晚飛石，男婦夜驚，城外近山鄉村，每夜聞炮聲不絶。三月十三日，方出示，期望日補行鄉飲酒禮。十四日午，諜者報，靜樂境賊部衆將百人，自周洪山南出，不知所向。吉士憂甚，復貽書汝瑚爲備。清源縣南社村有温姓者家頗裕，羣盜謀劫之，聚議於李宗盛家。交城原瓶都賊首趙應龍者壯健，力敵十夫，諸賊俱兄事焉，家居懸崗嶺。宗盛慕之，厚幣結交，舍於其家。十四日，議既定，遂集衆。應龍爲率，蘇正明與劉遇祥、閻禄、蘇萬遇四人先至縣，具糗糧。應龍統黨段應等隨後，期西山半嶺取齊。是日，清源令張汝瑚以事同訓導李開秀、禮生某等伍人，偕至西山無梁殿飲酒。將暮，天大風，塵沙漲天，宗盛等方至半嶺候四人回，而劉遇祥以訛聞逸。暮夜風沙中，倉卒兩悞處如晝。至日，彼三人者，悉爲官兵獲矣，羣盜惶遽喧亂。而汝瑚等適回城間，譁聲振野，或奔傳狼至，俱四散走。汝瑚易輿人服得免，而開秀以馬逸且風沙不辨，反衝入賊隊。賊方聞信驚恐，見匹馬突至，以爲官兵捕我，争格戰，袁世虎者手持刀砍之墮馬，羣賊紛擊，立死。應龍遂乘開秀馬，偕衆賊入山去。

其夜三鼓，諜者密報狀。吉士得信，立傳密令，命屯蘭都練總馬奥、楊時中急率鄉兵扼山中要道，絶其歸路，戒左右毋敢泄。晨出公庭，選快役四人，解餉銀五千赴省，且誡曰：『與汝期，今晚必至省。即途有異聞，毋反，反且死。遵吾命，即意外虞，吾無爾責。』銀已出郭，隨偕縣丞、典史、訓導等，請賓介舉鄉飲禮畢，復邀訓導登卦山，五禮生與俱。酒數行，縣中報清源教官被殺，坐中大驚。吉士笑曰：『無恐，吾固已知之。諸君姑少飲，賊且就縛。』顧師生輩俱戰色欲走，堅懇吉士，乃顧笑升輿起。其日解餉者出郭三十里，聞清源事，股栗不敢前。既念吉士臨行誡，驚且異，卒赴省，無他虞。其夜五鼓，馬奥等馳報應龍等衆已被困馬鞍山馬鞍山即狐突墳山。谷中。吉士喜曰：『此山扼隘，第堅守，不出三日，賊饑且死矣。』復貽書汝瑚言狀，急索捕賊關。顧汝瑚關文不至，且清源縣中俱言開秀墮馬死，非賊。不得已，命奥等第退守村落，無迫殺，應龍等遂得逸去。吉士恨曰：『賊風從此熾矣！』

時羣盗漸聞殺者爲教官，心甚悔。宗盛曰：『殺朝廷命官事滋大，留此馬，必且生釁。』謂羣盗曰：『能送此馬出山者，以弓矢酬。』袁世虎應命，遂夜乘馬出山，放蒿泊鎮坡田中。蓋賊能先登有膽氣者，方束弓矢乘馬，爲上盗也。乃賊既不得志於清源，而往年所刧汾陽之劉仁德族弟劉應熊者，居張家莊，富與仁德埒。轉落捷甚遒甚。石樓縣有弄猴者武之龍，素出入其村。三月中入山，因青山故其里人，過訪，語及應熊，共謀刧之。樓煩鎮有王武或稱王五，『武』『五』，土音莫辨。者，静樂巨窩也。家殷富，圍牆四周内建迷天樓，危檐飛甍，屋脊瓦獸，俱飾龍形。家藏匠，製造鳥鎗弓矢以給羣賊，刧回則數倍其價償之。四山盗黨凡集議，非宗盛即武家。於是青山等遂羣議於武家，定約於十六日齊集大西溝。時段應之子南强來迎其父同往，適應龍等亦回，至山梁上相遇。聞之心動，即日馳至大西溝，與青山等合。

於是，靜樂則趙應龍、尹三盛、李繼實、李惠明、李六斤、周時化，寧鄉縣則劉成庫、劉天正，汾陽縣則武之龍，永寧則郝成章、曹豹子、馮開，嵐縣則袁世虎，臨縣則張二，文水縣則弓進、劉振，交城縣則任國海、傅青山、鍾斗、鍾名鼎、鍾名俊、惠艾安、惠孝文、惠天成等，統衆八十餘名，於十七日至克不嶺溝，十八日至黑嶺山。十九夜至張家莊，青山令弓進二十一人伏寨門外把風，令惠首富等十七人伏寨側山上堵水。把風者謂斷往來，堵水者謂絶救應，皆賊中號也。青山與鍾斗、任國海、趙應龍等三十二人執器械，布雲梯，直上寨垣。應熊家驚起奔逃，青山箭斃一人，鍾斗、惠孝文等繼入，殺傷數人。地方聞警飛報，汾州守備陳國柱急統兵追之。二十一日，官兵至黑虎塔北大山扼其歸路，賊至，各兵圍之數重。青山、國海、艾安等以數騎先登突圍，衆賊繼進，死戰，官兵爲所傷者數人。箭盡，取官兵箭返射。馮開酒醉馬蹶被擒，惠天成死於陣，官兵取其首級。青山身中三矢，仆鞍上。艾安、國海左右翼之衡入山口，官兵追之，艾安與國海殿，彀弓反向，追兵莫敢迫。時相距五日，清源教官被殺，汾陽被劫，兩縣俱失事，遠近振恐。

吉士密督捕役等入兩葫蘆，蹤迹之。四月初五日，鄉民王貴於惠家莊，偵知武之龍、劉成庫、劉天正三人同劫汾陽狀，給出山，縛以獻，訊問得趙應龍首謀往劫事。乃密召惠重生謂之曰：『吾欲得趙應龍，非汝不可。』重生曰：『諾。』明日入山，謂任國鉉等曰：『殺清源教官者皆静樂賊也，今皆歸罪交山，若省城發兵會剿，是吾交山代静樂受敵也。今縣間第得趙應龍一人，申解省城，則吾交山永無事矣。』國鉉等謀之，皆曰：『殺朝廷命官，道府且得罪，必盡力剿吾，不如縛獻以紓吾山中憂。』於是同惠孝文等作信，給宗盛曰：『嵐縣有巨室，堪供給吾曹。若趙將軍來，吾等當與同往。』趙將軍者，謂應龍也。初九日，宗盛遣應龍率黨百餘赴約，而任國鉉、惠艾安、惠孝文、鍾斗等數人，亦率衆乘馬逆至中途史家谷，邀應龍飲酒。應龍下馬坐山頂，共席地飲，方食鷄，應龍拔刀割鷄，孝文曰：『吾代兄用手。』遽奪其刀，國鉉自後抱持之，艾安即持鐵尺打折其兩臂，羣盜驚散。應龍不能動，曰：『吾與汝相約結，素無隙，奈何至此？』國鉉曰：『縣間索汝急，汝不出，吾等代汝死。無益，不得已耳。』應龍駡曰：『吾死矣。若等行且就縛，同汝俱死。』遂縛以付重生等獻出。應龍至，吉士訊之。應龍恨爲宗盛、國鉉等所賣，慨慷指畫，悉供羣賊，且曰：『羣賊之往來連絡，皆李宗盛一人主之也。擒宗盛，則各山賊易易耳。且宗盛家富甚，積糧數千石，鎧甲、弓矢、馬匹無算，是不除，且圖大逆。』吉士曰：『宗盛事若急，彼將安往？』應龍曰：『交城兵自南入，彼必北走蘆芽、管涔等山。静樂兵自北入，彼必南走兩葫蘆合夥。若交、静南北並進，則必西走劉王崋刀窩，約劉振同入黄河畔大夥合勢矣。』其言餘盗擒緝方略甚悉。遂械應龍赴省，應龍沿途據鞍高唱，洋洋去，無怖容。

數日，吉士至省，將謁巡撫，先謁按察使色忒，密白見巡撫且請兵擒宗盛。按察使曰：『兵易言而難行，民易動而難静。果萬全則可，否則且止。功過不兩立，吾滿洲言無戲也。』吉士曰：『某揣之熟矣，當不致貽公憂。』既入，巡撫曰：『賊披猖愈甚，皆汝等縣官不能撫循所致。吾今且給示，傳諭山中。』吉士曰不可。巡撫正色曰：『尚未見示，言不可，何也？』吉士曰：『公將剿之耶，固無所用示，用示必撫之也。切賊之所以狼突無忌，徒以往者用兵失利，近任事諸人遂絶口不敢言剿故耳。今某方播言撫，憲已密具疏。且發兵會剿以振脅其餘黨，而顧出示撫之，則機敗矣，故曰不可。』巡撫色霽，曰：『汝言是。吾示果撫，當留異時擒賊後用之耳。』明日，静樂署印都司經歷馬思才報盗勢甚急。巡撫傳按察司及吉士入内，問擒賊方略。吉士曰：『賊無多寡，心合則難擒，心散則易制。某探知各縣之賊，皆以静樂周洪山李宗盛爲窩主。擒宗盛則各山不相連絡，而賊之勢散。公誠能假便宜，發寧武協兵自北入，太原協兵自東入，宗盛見勢大，静樂羽黨不能支，必南引兩葫蘆賊以自救。某密用間，使兩葫蘆賊不敢與之合，則勢孤望絶，惟有逾劉王嶂以入黄河畔。伏兵待之，不出十日，擒宗盛必矣。』巡撫曰：『汝等略似鑿鑿，然得無爲趙括乎？』吉士曰：『賊中情形知之稍未悉，敢易言耶？今已得要領，實可見之行，非徒言也。』巡撫曰：『汝能任，即傳吾諭，檄諸路移兵屯駐，聽汝調度。然事之濟否，吾亦悉責之汝。』

吉士既出，隨入府，時署府事者，爲偏關同知趙蕙芽，與吉士同世系相善，因共定計夜草檄關寧武協請兵三百，則於一十二日屯駐樓煩鎮。檄汾州參將集兵戒嚴，示發兵狀。而密請太原協日詣演武場，挑點精壯，整器械，秣馬，聲言大舉。十九日夜歸縣，遣惠重生等先入山，謂諸賊任國鉉等曰：『都院今已奉旨會勦，大兵分三路入山，擒静樂賊李宗盛等。汝等一動，族滅矣。第各安居家中，有静樂賊逃至者，即擒以獻，官當力保全汝等。』賊聞之果懼，不敢應。隨召蘇成甫趣其入山，先安撫交山賊，悉如諭重生者。成甫初猶豫，已知山中業有内應，乃敢統兵入。

二十日，吉士方宴鄉紳於二堂，私屈指計捷期。忽報蘇成甫被山民控，協鎮兩旗牌奉令箭即營中縛成甫赴省，代者爲百總王國振，擇二十四日宰牲赴任，今已至東關。吉士大驚曰：『此舉敗矣！』立命請兩旗牌並成甫、國振入署，慶且餞。國振等甫入，内門扃，吉士謂旗牌速釋成甫縛曰：『此封疆大事，軍機一失，罪且莫逭，雖協鎮有令，然王百總必不得入山，蘇把總必不得赴省，俟明日別定行止。』旗牌無如之何，其夕作書貽劉朝輔，令蘇防弁待罪，行間拿賊立功，即隨新來王百總入山屯劄，俟静賊逃過即便擒拿。功成之日，寬蘇防弁之罪，委補王百總以守交城營。蘇既全職，王復超陞，二將不遺餘力，可必馬到功成。

二十一日未刻，方與成甫等飲，而朝輔書至，悉如命行。仍令蘇成甫照舊管事，王百總亦令其協同入山，相機行事。吉士大喜，隨示兩旗牌並王百總，立趣成甫即晚入山，且曰：『山中知君被提赴省，其心必變，宜速入惠家莊，而分兵以伏鵰窠，若念三日宗盛不獲，必走劉王嶂矣。君宜星夜走鵰窠，合兵捕之，行必成功。』捷聞之日，吾將出郭十里以迎君。』成甫感激踴躍去，隨選家丁快役並鄉兵等百餘人，付尉郭景明率之，命自雙溝入，爲成甫繼。二十二日，寧武協副將管良璧統兵三百至樓煩，山中競傳汾陽兵由永寧西至。太原協復調兵入山，賊黨振懼。宗盛欲集衆，慮勢不敵，將走葫蘆間，交營兵已至惠家莊，匆遽無措，乃與心腹十數騎西南走。二十四日午刻至鵰窠，就食於劉振家。食已，方備鞍，伏兵起，成甫統兵亦至，愈集鄉民，圍之數十匝。第五次用兵剿賊。其手下驍賊弓進者，率羽黨乘馬出戰，射官兵一人踣之，兵民爭奮齊進，鋭矢並發。宗盛知勢不得脱，出門呼曰：『吾李宗盛也，任縛吾去。』衆兵縛之，弓進等皆就執。

宗盛久據周洪山，恃險負固，謂官兵必不敢入，築牆垣如城郭，聚糧千餘石，騾馬、盔甲、器械不可勝數。凡永寧、嵐臨、石樓各縣賊有所謀，皆徒手至宗盛所。謀定，宗盛分給馬匹、器械。劫歸，每一馬一械皆以人數論，坐而得利。嘗謂羣賊曰：『官不急吾則已，少急，合各山夥不下萬餘，逾山四出，誰能禦吾？事成則爲趙武靈，不成就招撫，亦不失總兵職。』故横甚，不意羣山賊聞大兵三路入，各惶懼自保。又聞購者止宗盛一黨，兩葫蘆賊復觀望，無與合勢，因孤立西走，卒就擒。宗盛擒，而山中盜或謂吉士有異術，能前知，轉相傳布驚恐。喜之甚，不禁言之津津。而宗盛之黨，若蘇正明、張朝忭、閻禄等散逸静樂各山者亦同時被獲。

吉士聞成甫已獲宗盛等歸縣，喜曰：『宗盛擒，吾事集矣！』具威儀金鼓，出郊迎之，笑謂成甫曰：『吾不負前言也。』宗盛狀貌魁偉，久爲盜魁，即被擒，氣勃勃，遠近士民素耳其名，未及郭數里，觀者萬計，坡野爲滿。予在晉陽聞宗盛，實亦盜中奇人，得如此筆力爲之傳寫，死可以不恨。已入城，雖婦女亦上垣籬縱目，指顧笑語。至庭，設筵二。吉士與成甫東西列，南向坐慶宴。下設一席，賜宗盛飲，謂曰：『聞首名久矣，今乃得一識面。』宗盛滿飲大嚼，初不對。吉士笑曰：『大丈夫成則王，敗則寇，若亦山中好男子，一死耳，何諱爲？』宗盛輟箸笑曰：『公言是。吾豈畏一死耶？吾第恨生不讀書，故至此。然吾有二子，將以丐公。』豪甚，他賊不能。吉士許之，賜帽衣服，復問以滅盜計將安出。妙甚，他人不能。宗盛間陳指示，凡山谷險夷與羣盜出没居址，及用兵奇正分合處，燦若圖畫。且曰：『吾輩據山中久，今遇公，吾固死，公必且盡擒諸賊，吾亦不惜盡言之爲公助也。』

初，巡撫即從吉士計調兵，以山深恐易匿，既數日，交城申報杳然，謂司府各官曰：『趙令計兵一發，李黃毛可立擒，今發兵久，得無逃乎？』司府不敢對。頃之報至，方肩輿有所過。聞之大笑，靴按輿板聲閣然。巡撫素嚴毅，寡言笑，爲地方喜，不覺至是。

吉士既深知賊中情狀，遂謀蕩平，然終慮山深徑雜，賊中間諜多，或有逃逸。謀遣人入賊中爲内應，恐賊疑，聞王登仙者雖久處賊中，近不與賊共事，且謹密能任，頗有悔心，可與謀。山中適有逃人被緝，遂命役以竄逃事召登仙至庭，詰甚嚴，曰：『若竄逃，罪且流徙矣！』登先哀乞甚至，叱之退。其夜，屏左右，召入，怵以利害，授以計。翌日，備文解京，差縣役一名、府役二名押解，復陰以旨授尉役。將出山西界，曉發，行數里，尉役驚曰：『解文悮遺邸中，奈何？』縣役遽反邸取文，比至途，則二役與登仙俱遁，無蹤迹。縣役惶恐欲走，慮妻子受刑。越數日，歸縣自首。時吉士赴省，丞汪潤斯大驚，備文申吉士。吉士佯大怒，立命役入山，取登仙妻子下獄，重責押解役，併收尉役妻子，皆禁之倉。縣中喧傳登仙同解役畏罪逃也，乃二役與登仙連夜走入葫蘆，亡命青山、國鉉等夥中。青山等故與同黨復聞其事，深信之不疑。第五次用賊間賊。

卷之下

夏駰曰：歲戊子，官兵常一入山矣。岔口之役、石鎖關之役、煉銀山之役，前者亡卒以千數，勞師半載，終漏天誅。是行，將不過守備，兵不過三百，不逾月，不血刃，渠魁盡縛。何難易爾殊耶？掩其不備，則童子可以殺賁、育；披其腹心，則手足雖具而無用。擒賊方略，盡此數語。語有之：『謀事非難，成功難。』是舉也，吾服其能成。言足蔽下卷。

康熙十年二月二十五日，大同府同知周令樹陞太原府知府。時令樹方以巡撫卓異舉，又向署篆太原保舉吉士者也。報下，吉士喜甚，曰：『上下交孚，吾事濟矣。』四月，吉士弟靖士甲辰科武進士。同夏駟自江浙赴晉。已渡河至武陟，聞清源殺教官事。靖士大驚曰：『吁！是必爲交山賊無疑也。』五月，疾趨至交署。吉士甚喜，置酒飲，談山盜披猖事。謂駟曰：『别後兩年，甚爲山盜所苦，無與謀，子何不早來耶！』駟曰：『李宗盛就擒，賊根本仆矣。』吉士曰：『葫蘆賊未除，憂方大耳。窮山千里，擒一宗盛，其能絕根株乎？』駟曰：『然。昔李文饒節度西川，日詢諸僚佐及歸附屬番以山川險要，築籌邊樓，有所得悉圖之於上。不一月，而形勝萬里皆如身歷，以故能制吐蕃。今交山羣賊分據各巢，且生長其中，東逾西越，如走其室廬。而君第經歷二三，過問山民，指示數語，其何以制賊乎？』吉士曰：『善。』遂命山中都具一圖，圖列某山溝村徑，鱗次集，布爲大圖。日唤山中父老之熟於徑路者，問其曲折，詳注圖間，旁及静樂、臨縣、永寧等山，無不究。

其月，給事中姜希轍題請巡撫管兵一疏，内云：『山西一省實屬遼闊，且交城一帶逼近延綏，伏莽正多可虞。』是時，交城盗名至動朝諭如此。六月，總督羅多赴任，入太原境，副將劉朝輔、知府周令樹迎謁。總督謂朝輔曰：『交山賊盗肆行劫掠，殺命官，若爲副將，奈何擁兵玩寇？』朝輔具言山深險，羣盗蔓延勾結，恐用兵難萬全。總督曰：『姑爲汝期一月，盡捕諸盗以報。』令樹曰：『以某度之，賊勢雖猖獗，至十月必可平。』總督曰：『若何據，乃爾言之易？』令樹曰：『交城趙令才且莅任久，山中情事深悉之。近與商，方略已定，所待山寒木落，兵一入，平可必也。』總督喜，而徐溝令趙良璧復密爲總督言，交山盗盤據百年，根深勢險，即用兵難成功，總督憂之。

朝輔既奉督撫命，欲發兵，密以書問吉士，吉士復書未可。逾月，探知袁世虎方謀糾黨劫某邑，獨身至中西都之左演溝石崖窑，密諭典史郭景明擒之。不數日而袁世虎縛至。世虎精悍，上下峻嶺如飛，逾垣墻如履平地，故殺清源教官及運馬至蒿泊鎮者也。照應處好。世既至，賜之酒肉，召入内，命鄒斌等與語，誘以擒賊自贖。世虎曰：『山中頭領就擒者且半，今惟傅青山、鍾斗、任國鉉、尹三盛、李六斤等十餘人耳。然此數人者勇而狡，日夕爲備，未易擒也。』斌曰：『試以爾言，果若何乃可擒？』世虎曰：『彼消息甚近，官剿捕兵未出城已先知。沿山中瞽目乞丐多吾黨，鳥鎗一聲，各村羣集。況山深徑雜，外人止知大路，安能處處斷截耶？』駟曰：『山中路徑固多，然吾已無處不到矣。』因按圖畫地，指示之曰此某某所居，此爲某前路，此爲某後路，此路通某路，問曰是否。世虎大驚曰：『吾作賊山中久，亦未能詳悉如此。』因密告曰：『官謀青山，青山亦且謀官，早晚當防之。』駟悉其言白吉士，且曰：『世虎言彼消息甚近，青山等亦且謀官，語非無謂也。』吉士曰：『吾佈置已定，青山等縱有舉動，必不能行，所慮者彼棄妻子預走耳。』

時青山、國鉉等因宗盛擒後，静樂賊深恨交山賊，鄰縣諸山夥亦俱懷疑，不復心合，深悔之。復作一束洗發，便覺前後靈動。青山謂羣賊曰：『趙知縣雖是好官，一日不死，吾等必爲所擒，不如先發制之。縣間雖有城守，易易耳。誠以吾之勇，挑選精悍三十騎出山，乘夜破北門入，誰敢敵者？』羣賊或以爲然。王登仙曰：『不可，縣間城守嚴甚，警埤者每夕百有二十人。典史無夕不巡城。衙内家丁多操練，慣用弓箭、鳥鎗。設吾等入城，城上號砲起，内外合圍，而分遣兵役守據山口，吾等走無路矣。』國鉉等皆猶豫不敢發。青山嘆曰：『不聽吾言，早晚同汝等被縛矣。』蓋青山夙主足謀，世虎固知之，故微露其言。任國鉉等兄弟見事急，謀出山投誠，議已定，告其父任亮。亮曰：『吾作賊一生，未嘗見官兵能入山殺一賊，爾等奈何自投死耶？』即勢不敵，走汾西，巴山虎足庇我。應首卷救巴山虎。』國鉉等乃止。

是時，山中賊日愈窘，無刻不爲備，往往聚議，或對妻子泣，且謀致死。吉士聞之曰：『有謀人之心而使人知之者殆也。』日夕治簿書不休，稍暇則共賓客登山游。獸將搏必伏，鷹將擊必摩。詳敘節緩一節處，正是一節緊鄰一節處。會靖士且入京候選，盛張筵飲餞，絶口不及山中。或語及，輒曰：『諸盗首已爲吾捕盡，山中今已太平。所慮者，錢糧未能及期辦耳。』怠其心。覘者以告，山中心少怠。復出示傳布沿山村落：『吾境中百姓素不爲盗，皆各處奸民入山煽誘，共爲非。今後不論有無他故，但入山即奸民，立處死。』各山口俱立木牌大書示禁，凡旬日，山中民杳不知外事。絶其耳目。乃密謂夏駰曰：『兩葫蘆去縣百六十里，吾卷甲趨，非日夕不至。至而人馬疲罷不可用，設賊或據險要吾，危道也。靜安堡距葫蘆口三十里，故昔屯兵地，今雖廢已久，尚可修。今吾藉山中民葺之，外以護築爲名集兵，而陰乘機以掩其不備，賊庶可圖也。』遂通詳督撫司道，請發堡進屯，山中民可不煩兵而服，故露文移使賊黨聞之。詳既下，捐資燒磚瓦，牛騾車大小往來，運灰石不絶。多方以悞之。七月初四日起工，命典史郭景明董其事，命惠重生、王希照等點撥近村丁役，命蘇成甫集各路站兵俱入堡監護，時時羊酒往勞。將合忽離，筆勢矯捷。

謀未行，適有田福毆城總之事。初，福既被錮在縣久，鬱鬱無聊。一日，乘門卒不備，竟出城去。吉士知之，重懲門守，錮之愈嚴，心益憤恨。其月望，南門城總李啓焕點派城丁，時福家僮田自友以次當守堞，福怒不從，啓焕恐官查閲受責，迫之。福佯爲好語，召之入，扃户，命家僮輩捶之，幾死乃釋之。且揚言曰：『城破即在月内，何守爲？』福既兇横，言有的歷，聞者驚恐，是夕南城警陴者率散。明晨，啓焕以其事控。吉士謂鄒斌等曰：『袁世虎之言信矣。君輩獨不憶出都門道中語耶？吾赴任途次，備聞其暴横不軌狀，隱忍至今，非縱之也，殺之無名耳。今逆狀已著，當除之以絶賊内應。』遂命捕福下之獄，具以福抗違城守、妖言惑衆通詳院司道府。鄰邑聞之，凡向爲福所詐害，含冤畏勢未伸者，悉以其事告，遠近控者百餘詞。其最異者，有韓魚禛於康熙元年間，因福以賭博占其産相争，爲福毆死。死之日，遺言妻子無釘棺，此冤終得白。迄九載，啓其棺，面如生，聞者皆駭嘆，因復以其事詳巡撫，嚴批逐訊。福初猶崛强展轉辯，言無死狀。吉士笑謂曰：『若猶憶正月十三夜事乎？』福驚不能對。歸獄，自知罪大不能免，三鼓，乘人睡，投繯死。

吉士謂夏駰曰：『福死，山中耳目斷絶，賊可指日殄矣。』此非經生所解。駰曰：『不然。公在，盗即不滅無憂；公去，盗即滅且復起。』吉士曰：『吾非不知之，但慮古交村迫近賊巢，去縣治甚遠，鞭長莫及耳。』駰曰：『古築城立邑必據形勝，故冉璡、冉璞謂徙合州城於釣魚山，賢於十萬師。宋史亦稱釣魚城，而蜀始可守。今縣治僻處東南一隅，鎖萬山之口而逆制之，勢實難矣。切交境形勝莫如河北，且較四履頗爲得中，誠能於古交村分立一縣治，則形格勢禁，可永久無事矣。種種識慮絶大絶遠。夫有非常之人，亦必遇非常之時，然後可以行非常之功。公適官此地，督撫諸公又信任公如一人，言無不聽。誠能建此議爲地方長久計，真千載一時也。』吉士曰：『君言固善，然分立縣治其事甚大，即督撫能以其事請，部中方謹守舊章，必不聽。不如移本縣丞於古交，分地而治，既不立縣、不增官，而實亦可以彈壓山民，督撫固易於陳請，内部或不重難其事，斯爲得計。』鄒斌曰：『此真通達時務，不易之策也。』

八月二十八日，因具守險分治、永靖交山條議並繪成地圖通詳，各上司奬厲備至。十月朔，總督行牌至縣，曰：『據該縣申詳，並呈交山圖勢，内計有七處俱稱賊巢等語。仰縣即將賊巢渠魁若干、羽黨若干確查姓名，或俱係賊黨盤踞，或尚有良民雜處，又此賊起自何年，逐一查明密報，毋得遲延。』初三日，吉士將逋誅賊首姓名盡數密詳，曰陳剿賊方略。詳既上未下，而兵部文移『總督以九年汾陽縣劉應熊家被劫一案，奉旨酌調官兵，剿殺淨盡』。初四日，總督檄下，嚴責副將劉朝輔並行太原府，會同該協並交城縣調度進剿。朝輔復致書吉士問事宜。吉士曰：『此其時矣。』即赴省與令樹謀。令樹曰：『兵事至密，間不容髮，即督府來文有飛詳定奪等語，然先發後聞可也。』遂共謁巡撫，白發兵期。吉士出，密謂朝輔曰：『兵不在多，三百足矣，第將非姚守備不可。』蓋吉士故新安人，順治三年，大兵渡江，明翰林金聲者起兵，據新安郡圖恢復，經略洪承疇調兵從間道襲破之。吉士方垂髫，見諸將所過多擄掠，獨千總姚順一軍不動，心識之。及官交城，而姚順者適爲守備，時方慮兵入山不戢，令良民不苦盗，顧苦官兵，故獨舉順也。朝輔允之。令樹遂爲文報總督曰：『交山分轄汾、太，爲大盗淵藪。若止執剿殺之説，又恐玉石俱焚。莫若如縣議，即借添兵移駐之名乘機入山，大盗自可就擒。卑府已於本月初七日，面諭趙令偕守備姚順領兵三百入山，兵不厭詐，非卑府之敢於先發後聞也。』

兵行既有期，又慮各縣軍機飛報，往來經山中，或爲賊所得，泄其事，密傳諭永寧、臨嵐、静樂等官弁，凡軍符傳達，皆取路陽曲以達交城，復於陽曲境沿路置飛遞。自臨縣至交五百里，約一日夕可達。都置既定，初七日，吉士同姚順統兵三縣，諭山民速葺静安堡，官兵且擇十三日進屯，因置酒爲宴，賓朋滿座。城内東南隅有積水，周二里許。吉士沿水濱遍植柳，置畫船其中，名曰『卻月湖』。署中讌不足，則命移席舫中游湖，笙歌徹夜，觀者夾岸。初八日，大閲於演武場，傳諭静安堡速運酒米、蒭豆，備軍食。初九日昏次，密召司夜者，令促其籌曰：『夜之子發五鼓。』其夜，山東成晉徵，松江陸慶臻、蔡湘，蘇州顧炎武，寧波周翰皆集，會飲劇談。席未散，忽五鼓，座中客訝之。吉士起，整服開門，則姚守備、蘇把總等統合步騎四百，已嚴部伍，擐甲執兵，集南門外候起行。吉士謂諸賓曰：『吾且入山，公等有能偕吾行者乎？』四座大驚，翰以書生不閑軍旅辭。吉士曰：『惜夏宛來不在此。』駰時適以事往河東，故及之。

既會師，出南關，令曰：『疾驅之！未五鼓。』行四十里至水泉灘，少休軍飲犒。吉士獨與姚順、蘇成甫及百總王國振、韓喜文、王奇光等數騎登山。上武元城，謂順等曰：『吾等此行，乃奉旨入山剿寇，進屯靜安，爲怠敵計耳，非實也。當即從此分兵，東西並進。』順等從不知用兵事，猝聞入葫蘆，皆愕然驚。吉士曰：『此行奉旨進剿，吾已承撫臺面諭，少逗遛，且得失機罪。』遂令韓喜文、王國振率騎兵五十、步兵百，由西冶川雙村進襲，剿東葫蘆川橫嶺賊。**第七次大舉入山平賊。**吉士偕姚順、蘇成甫等率家丁、官兵、捕快等四百餘，由米家莊匯裏進襲，取東坡底。日將暮，至坡底。安營畢，謂姚順曰：『賊謂吾築堡進兵，近堡以東，必盡力爲備。今吾不由靜安，取徑路竟至此，故賊不及知。此地爲兩葫蘆要道，據此則兩葫蘆聲勢絶矣。』

賊黨初不聞發兵狀，且吉士日游讌，又靜安堡功未畢，心尚懈。約曰官兵至堡，即傳集各山守兩葫蘆口，彼雖萬衆，如吾何？既省中覘者回，聞姚守備出兵狀，艾安與國鉉等計曰：『姚守備進堡，吾等姑以厚賂餌。』預挑選精壯三百，爲五隊，日以六十人爲率，遞往就撫，彼不動即已，動則環起砍殺，集鳥鎗干打之，直盡耳。衆以爲然。陰購貂裘一、狐裘四爲賂，訂十四日兩葫蘆各戒嚴，聞鳥鎗一聲則羣集。計始定，命鍾名節至靜安堡大岔口，僞迎官軍探伺。名節至岔口，見官軍不西入，乃北進，始知大兵掩不備進剿，遂慟哭鞭馬疾走，大聲呼：『官兵入山矣！』惠岐山、劉振倉卒不知爲計，赴軍前乞降，縛之。餘賊膽落無措，羣率老弱婦女走匿山崖間。

其夕犒衆畢，後分兵，令蘇成甫借王希照統部兵二百，襲剿鍾家溝；王奇光統兵百餘，襲剿惠家莊；吉士同姚順統家丁、官兵、鄉兵、衙役等五百餘，列屯東坡底，東西策應。十一日丑刻，成甫兵未至鍾家溝數里，探者報鍾名節等二百餘人方駐溝側造飯，驅兵急進。王希照曰：『夜黑路險難行，恐不測，少憩進。』則名節等去已久，村中無一人。惠孝文等初十日聞大兵已駐東坡底，知事不濟，挈妻子乘夜上三座崖，布誑村中百姓：『官兵已至，將盡殺吾兩葫蘆中，爾等速隨吾上三座崖保性命。』惠家莊左右村民悉從之。而喜文、國振等兵至橫嶺，任國鉉等各巢亦空，蓋各兵中俱有與賊應者，此處忽收住，作斷論一段文。而王希照則實未革心，故危言阻衆，以此三路兵俱無所獲。氣最緊最醒。日將午，各路報至，吉士曰：『賊挈妻子走，必不遠，必上三座崖據險以守，而脅各村民自助。宜速進，不可緩，緩且逃。』遂統兵進，將至，前鋒報曰：『遍山頭悉寇，不知其數。』或請縱兵，或曰姑少退。吉士曰：『各安營，解鞍歇伍，明晨聽令。』

其夜，暴風起，大雪，兵士俱寒栗。天將曉，羣峯皎然。吉士令人至崖下傳諭：『爾輩皆良民，毋從賊凍死，吾比且按村稽户，不在者即以賊論，殺無赦。』至午，負嵎視者漸寡。及暮，山頭起立不去者約二百許。吉士曰：『此盡賊矣。即非盡賊，殆渠戚屬，是不可縱。』親策馬至崖下縱觀久之，謂順等曰：『此崖險峻，賊致死據守，吾兵仰攻，必多損傷。諒賊出不意，所帶糧草有限，崖後細徑多，不數日必且四散奔逸。不如收兵緩攻，而分兵各路以待之，策之上也。計賊逃逸之路，東走必由白刁嶺，北走必由獨石河以入和龍山，西走則必由吕梁以入黄河畔，又西走則必逾臨、嵐諸山。』順等唯唯。其夜，命韓喜文、王國振統兵百餘，守黄土溝，以扼白刁嶺之道。令蘇成甫統兵百，守韓九嶺，以扼獨石河之道。令王奇光統兵百，偕中西約保，率鄉兵二百，守永寧西葫蘆，以扼吕梁之道。令原瓶約保率鄉兵二百，守黑煙山洞，以扼臨、嵐諸山要道。吉士同姚順統官兵、家丁、鄉兵等五百餘人，駐横嶺，示諭兩葫蘆歸民，許其擒賊贖罪；即賊黨有能擒賊自贖，亦准投首。山民聞命，皆踴躍鼓舞願效死。

十三日，賊衆見退兵惶惑，或欲固守，或恐兵再至走無路，衆心不一。傳青山獨身乘青騾，仍走大皮溝，遇練總馬奥並惠重生等伏路邀殺。青山故悍勇，顧前劫汾陽歸山，官兵射其足脛筋斷，不能敵，生擒之。任國鉉、國海、國强、國輔、王汝諫等與其妻子痛哭訣别，率十數騎，夜逾黄土溝，將走白刀。至玉兒山，遇喜文、國振等伏兵起，賊各不相顧，四散走。將近中山寺，爲喜文迫及。國海發鳥鎗不中，棄鎗走，追至李家溝，度不得脱，坐地上就縛。縛急，謂韓『稍寬我』，韓不聽。國海嘆曰：『吾死命也。吾發鎗，即飛鳥無得脱，今擊爾乃不中，肯復逃耶？』乃稍寬之。唯國鉉與國强、國輔同裨卒安二越山復走回崖。其夜，賊首惠首富、惠運通、鍾明俊、鍾明鼎等三十六人，至軍前乞降，願擒鍾斗、鍾明節等以贖死。許而遣之。姚順諫曰：『此巨魁，數捕不得，今幸自投死，奈何縱去耶？』吉士笑曰：『此非君所解也。』卒遣之。十六日，崖上食盡，鍾斗父子與任國輔、任國强挈家屬北奔獨石，蘇成甫率兵邀擊。任國强逸無路，自詣軍前請死，縛之。鍾明節、鍾斗、任國輔奮力衝圍西走。夜將半，兵役追至北山下，有數十騎自山坳突出，邀擊官兵，鍾斗等得脱，遂入爛團山。官兵恐深入重地，回報。其日，崖下鄉夫捕任亮至。吉士詰之曰：『汝子尚悔過思投誠，汝顧教之抗拒吾，汝謂據險共守，不勝尚可走，今何不走，爲吾擒耶？』亮叩頭無語，杖殺之。曳傳青山至前，謂曰：『壯哉！欲以三十騎破城取吾者，非若也耶？』青山仰面對曰：『衆人不聽吾言，吾早知有今日矣，死耳，無足言者。』乃選兵役五十人，械諸賊付縣獄。

十七日，吉士同姚順益兵進駐獨石河，分路入爛團山。而永寧賊馬養成者，數日前聞東坡底信，已知官兵勢大，葫蘆賊不敵必西走，預挑選精壯數百騎，約静樂賊郭三法、臨縣賊張二等，至爛團山接應。十六夜，三法先至，適遇官兵追鍾斗、明節，急救接入爛團山。次日官兵大進，而養成、張三亦統衆至，與三法、明節、斗等衆合。顧官兵及鄉兵集山下者且二千餘，賊知不敵，遂棄爛團，西南走穀積，且戰且走。吉士令曰：『賊雖有接應，皆連日走，困疲不支，諸軍盡力追殺，先登者有上賞。』各兵奮勇争進。日將午，至穀積山下，賊銃矢俱盡，遂盡棄乘馬、弓刀，猿猱上山。薄暮，官兵鄉兵分路上嶺搜剿，殺聲振巖谷。忽有數虎自叢薄中突出，衆軍驚，騎馬斷繮奔逃，乃羣發火器、弩矢格之死。吉士以日暮山險，多猛獸，慮傷衆，收兵扎營，分據各險要山口。獲馬騾數十，鳥鎗、刀弓箭百計。其夜，命各營分遣人上下山嶺探伺。鄉兵某聞隔溝人行聲，越溝從之，佯爲静樂夥賊音，問之，知爲郭三法，乃紿言蘇把總兵屯前坡，宜北走。賊不疑來就，縛之。問鍾斗等所在，言斗等爲官兵追急，入巖穴，無蹤迹，其妻子在某巖，某適攜飯往餉耳。遂命爲導，盡獲其母、妻、子女等六人。而張二者以追急失隊，伏土穴中，亦被獲。

穀積山者，即吕梁山，禹貢：『治梁及岐。』註：梁，吕梁山，即此山也。盤踞交城、永寧、嵐縣界上，形勢險惡，崗巒四越。十八日，吉士、順等召土人問其概，欲分兵搜剿。慮勢弱爲賊所邀，欲合兵進，則徑路岐甚，且溝以西俱汾府界，難久駐。乃收兵退駐獨石河，馳報令聞、令樹，申請巡撫傳令各州縣俱發汛兵夾剿。其日，惠艾安率孫貴，高自福挈所戀妓程二寧子以四騎西北走，逾黑黑煙山洞，至臨縣界君德溝。奇光覺之，率衆急追，一鄉夫逐將及，孫貴鳥鎗一發中其臂，仆地，將砍之，後兵韓富急救，艾安馳馬挺刀劈其額，血流被面，衆兵懼卻。練總楊時中自後射之不中，復射中肩。艾安知不免，自刎死。孫貴、高自福、程二寧子俱就縛。是時，惠首富等已投誠，各賊並未知。鍾斗、惠孝文等既入穀積山，惠首富、鍾明俊等率族黨亦僞爲逃逸入巖，與共守，斗等不疑。夜三鼓，斗、孝文困憊熟睡，首富等率衆縛之，收其馬十五疋、器械十數，至營獻功。吉士笑謂順等曰：『曩從君盡縛首富等，彼數寇者安得至此乎？山深賊易匿，固非用賊擒賊不可。且吾非漫縱之也，彼妻子家屬悉在是，駑馬戀棧豆，必不能竄也。』順等皆服。

吉士詢鍾斗父明節所往，斗供父明節知事急，三日前已縊死爛團山巖。即命典史郭景明至巖舁回查驗。而惠天德號惠灰葫蘆者，適匿崖左右窟中，聞兵過即遁，並獲之。十九日，靜樂搜山兵解劉湖家屬至，吉士遣役械鍾斗、孫貴、高自福、惠天德等各賊赴縣獄，召解劉湖家屬兵，責曰：『劉湖居山素良善，不與盜賊往來，兼各案無名，若等何得妄拿其家屬耶？』立命釋之。命懸鍾明節屍於樹，喚其妻李氏視之，李氏撫屍哭，淚不下，聲殷殷然。復命諸土人視之，或認或否，置不問。命懸惠艾安、鍾明節二屍於樹，號令山中，密票諭惠重生各訪山緝。

初，王登仙同二役入鍾斗夥，官兵入山，登仙等同衆賊上三座崖，時脅從者千數。鍾斗、青山等相與謀，欲伏兵兩崖側，乘官兵遠來困疲，據險合擊，登仙沮之。及吉士出示傳諭山民，復陰語脅從者，言『都院奉旨捕剿，大兵各路俱進，今至崖前者，特縣官所領交城營兵及鄉兵耳；脱抗拒，不日大兵至，身死，妻子盡入官矣。且縣官有示：止擒爲首者十數人。吾輩何苦隨之同死？』衆稍稍恐怖四散。賊等見勢孤難守，次日青山下崖走，被獲。又數日，鍾斗、明節、任國疆、任國輔、温國輔、惠孝文北走獨石，王汝諫東走窑溝。登仙欲與鍾斗等俱北走，乘便擒之，畏其人衆，乃同汝諫走窑溝。二十二夜，登仙縛汝諫以獻，並探知尹三盛已走上静樂之龍門嶺，任國鉉手卒歡虎兒走永寧之段家皮郭三知家。吉士即命家丁董友崑率兵役六十名捕三盛，命王國振率兵役六十名捕歡虎兒。

三盛同手卒二人西走，方就食於龍門嶺賊李正五家，聞信，急走細磨川之四頭村，將投李惠民。友崑追之，幾就擒，適李六斤、李惠民並馬至，六斤大呼曰：『營副將三百兵不敢入吾川，數人乃來送死耶？』彀弓一矢，射友崑中臂，營兵杜長雲、毛協力挺刀救之。惠明持鳥鎗突擊，刀折，後兵披靡，俱退走，三盛等遂上堡。國振等至段家皮，馮養成率賊二十餘騎，同歡虎兒等各持鋭器立馬巖上，兵役不敢近，還獨石報。吉士隨撥兵夫百餘同進，則已遁矣。

二十三日，報令樹，轉詳巡撫，具列各州縣盜窩姓名居址，請行文各汛兵按册協緝。二十四日，蘇成甫於背坡山溝擒静樂賊李雅秋。時劉湖者即劉三。知官兵入山，連夜西走，已至黑黑煙山洞，後聞其妻子被擒，方悲泣，繼聞吉士稱劉湖良民非賊，釋其妻子，大喜，復回探其家。其日，吉士諭典史郭景明曰：『君可率兵士至鍾家溝縛劉湖以來。』景明曰：『前釋其妻孥，今又擒之，何也？』吉士曰：『惟欲擒之，故釋之耳。君第往，必不徒手返也。』景明至鍾家溝，而劉湖獲。二十九日，惠首富率鄉夫搜山至静樂圪𩯭溝，遇杜召宇率數騎至，相格殺，擒之。二十七日，巡撫令寧武副將周定鼎及鄰近州縣各發兵，照交城册開各盜住址協緝。某日，定鼎率兵三百至樓煩，分路搜捕。初二日至細磨川，擒李惠民、李繼實、李六斤。初六日，擒李繼福、周時化、小黄蟲。静樂縣汛兵至臨縣界周家溝，擒尹三盛。永寧州汛兵擒郝成章、李壯。清源縣汛兵同静樂汛兵擒李七兒、段南强、三元兒。報至，吉士大喜。

交城家居給事中武攀龍，御史李之奇，前龍巖令解之鱗，贛榆令張奇英，仁和令丁世淳，舉人張沖光、劉爾鼎，武解元李敏覺等，齎羊酒米果至惠家莊勞師。攀龍、之奇各以五百金助犒，吉士卻之。攀龍、之奇曰：『微公，某等夢魂不得至此地也，受賜大矣！少爲士卒犒，何拒焉？』吉士謝曰：『某竭力供軍行，幸已卒事，誓不敢費邑中一文也。』卒不受。

時官兵入山已二十日，凡有名諸盜傅青山、任國海、任國强、劉三、鍾斗、杜召宇、王汝諫、惠孝文、惠天德、孫貴、郭三法、温國輔、張二、惠岐山、劉正、劉湖，並自刎自縊二賊，前後就擒獲共十八名，又投首惠首富等三十六名。交山盜首略盡，唯任國鉉、申友等五六人未獲。吉士遂同順等遍歷各山，凡交城、静樂、永寧相接疆土，各立石爲界。計交城所屬之山，約三百餘里，其中穴居村落一百二十五處。其以打鳥鎗爲生，從無糧役不編赤曆，除老幼婦女不計外，共丁壯一千四百三十七家。其終身不爲賊所脅誘者三十七人，各賞羊酒，給扁額旌表。或十里或數十里，就地遠近立爲約正，以勸率各村落。十一月初二日，遂命蘇成甫統交營汛兵百名，分守山界。吉士同姚順班師，回駐静安堡。

初三日，鍾明鼎解温連雲、張法獻功。初，明鼎縛鍾斗後，與惠重生復分路至各巢緝諸賊黨，初二日至中圈溝，遇連雲等二人挾鳥鎗騎馬出巖。明鼎紿言：『初二日官兵悉回縣，吾等當急往爛團山西走。』連雲、法信之，同明鼎出溝，猝遇縣快石大法、胡德等率衆扼溝口，明鼎抱連雲大呼，大法等羣上執之。吉士謂順成甫曰：『盜略盡矣。縱任國鉉、申友、馮養成三渠魁未擒，然亦魚游釜中耳，不足煩大兵。』次日，遂振旅回縣。汾陽、文水、清源諸縉紳士庶壺漿而迎者不絕，歡呼載道。初六日大犒各兵，而惠重生等解鍾明節至。初，明節、任國輔與鍾斗、國海等自三座崖走獨石，爲蘇成甫邀殺，各賊俱身受重傷，其夜入爛團山。國輔謂斗等：『官兵明日進山，吾傷重，走亦死，不走亦死，等死耳，毋死人手。』遂自縊。四日，馮養成、張法援鍾斗、郭三法等西走。明節不能上馬，持斗米匿山中石穴内，地險，人無知者。及斗被擒，遂認國輔屍爲明節，希免其父死。吉士故心疑之，命惠重生密訪，不得。既逾月，米盡，飢渴甚，夜出汲，爲山民所見，以告重生，疑其爲明節，搜捕得之，果是。始知前縊者，爲任國輔也。其日，蘇把總復報，搜山兵於後嶺底獲任國鉉手卒安二。初八日，惠重生、惠首富等受吉士密票，馳至嵐縣黄河岸側，襲執申友父子三人於閣部村，解至交營。王希照者驚悸甚，數日死。遂總開前後殺獲及投誠各賊數，具册報令樹，上之督撫。

交山始平，商賈往來自黑黑煙山洞以達臨縣，保德遂成秦晋往來孔道。總結處遒古之極。布政司穆成格坐官廳中，笑語督學道謝觀曰：『爾江南乃有北人耶？』初，總督雖奉旨檄朝輔發兵進剿，心難其事，嗣報吉士偕順止統兵三百已入山，大驚。總督標下副將苗成龍者，故屢入交山征剿梁四、王顯明等，熟其形勢，亦陳之總督，深爲吉士等憂。及捷至，喜甚。夏駰在稷山，適與諸文士狂歌酣飲，得小抄，知吉士與順等率兵進山，鼓掌笑曰：『交山平矣。第惜吾不在，無能作鐃歌曲以奏凱耳。』此兩段疏疏落落，别作餘波，卻□□于里來龍至。明年正月元夕至晋陽，總其本末作紀事。此結穴之妙。

交山平寇詩

凱旋題壁 有序

趙吉士 天羽

交山袤延八百里，民生長其中，率相習爲盜。負固久，晉州邑苦之。康熙辛亥九月二十一日，部議剿殺浄盡，奉俞旨咨行到晉。予秘其事，以討賊爲己任，兩臺亦不拘以文法。十月九夜，留汪丞潤斯守城，予同姚守備順、蘇把總成甫、郭尉景明，督兵至水泉灘。未曉，即分三路直搗其巢。時已過初更，大雨雪，諸賊奔踞山崖。予既奪險據險，又復用賊攻賊，兩旬寇平。邑紳先生家食者，武給諫攀龍，李侍御之奇，張封君純，解龍巖之麟，張贛榆奇英，丁仁和世淳，孫善化浩，常州佐大孝，張廣文紹載，孝廉張君沖光、劉君爾鼎，武孝廉李子敏覺、閻子珽，明經李子獻嶸、武子之望、李子若沁、申子鉉、李子若湛，咸來惠家莊犒軍，賦此紀事。

重疊寒峯繞旆旌，肯教狐鼠此縱横？穿雲遠望懸鐘嶺，列幕分屯下馬城。撲面腥風來萬仞，愴心燐火出三更。長驅蓐食争先發，草木應知盡甲兵。

偃蹇潢池一息閒，天誅那許漏遺頑？羊腸百折今虚險，兔窟三營爾久閒。鋒接曉星隨礮落，陣移明月逐弓彎。紛紛面縛皆亡命，傳檄諸軍且莫還。

汾水蒼蒼出管涔，劉淵得劍此巖陰。幾多白骨成黄土，無數青峯盡緑林。風雨偶聞新鬼哭，山河長遂夜郎心。經旬策馬浮雲裏，俯仰殊令感慨深。

鼓角喧闐豹虎奔，數朝風雨蕩游魂。穴居老死無徭賦，草竊貽謀長子孫。邏卒圍山吹戍火，縣官散俸給晨飧。飛符插羽無停驛，連夜軍書報太原。

古岸摩碑畫土疆，書生擁盾事戎行。葫蘆川指新屯寨，乳子河憐舊戰場。軍吏論功無刃血，村翁破涕進壺漿。由來不殺稱神武，此後何人更陸梁？

羣公牛酒慰辛勤，吹角彈絃飲再巡。外吏三年忘衽席，將軍百戰老風塵。姚守戎起自行伍三十餘年。窮山此日知歌舞，野老從今識縉紳。惟仗皇威真赫濯，敢勞車騎越嶙峋。

喜聞交山蕩平四律

夏　騆　宛來

翩翩裘帶朔風閒，午夜潛師入萬山。練卒漫誇犀甲健，將軍何謝鬢毛斑。黄雲夢穩葫蘆窟，白月燐驚石鎖關。從此西山無寇盜，太平好共一開顏。

揚旄直搗上長斜，列幕星分静不譁。薈蔚夜明千嶂雪，猿猱朝散五更笳。陰符未載攻心術，露布懸知獲首嘉。珍重壺漿新士女，石田原可種桑麻。

蜿蜒重峯接太行，累朝弧矢射天狼。蘆芽北壓三關黑，縠積西臨一壍黄。地利久荒文命貢，山形長抱武靈疆。兵威乍失羊腸險，車馬駸駸滿夕陽。

北風蕭瑟曉煙開，姑射山頭首重回。時予適游稷山。已笑書生真借箸，不勞戎服更銜枚。旌旗儼映千峯轉，鐃吹疑傳並塞來。莫道揮毫難倚馬，青衫從少上雲臺。

聞平山寇寄贈

陳敳永 學山

交山險接太行高，自昔多藏新市豪。已課棠陰環雉隴，更清萑澤仗龍韜。朝歌入境聞增竈，渤海歸田頌賣刀。争似使君談笑暇，功成保障不言勞。

彈琴白晝静鳴笳，從此青山長放衙。軍度重關猶勸酒，郊除伏莽盡栽花。人推定算如克國，邑可更名作獲嘉。早晚論勳看内召，快聆樽俎在京華。

奉賀趙使君平交山寇歸並以爲懸弧壽

陸慶臻 集生

羽扇胡牀早定謀，指麾勦賊一時收。知君自有神仙骨，身是留侯並鄴侯。
盛年才子練戎機，十日提師吉問飛。見説書生能破寇，綸巾親縛亂人歸。
我來正及視師期，牛酒轅門大饗時。明府好生分首從，臨行環甲更顰眉。
西山得寇莫縱横，直挽黄河爲洗兵。欲識威名早罷拜，少年儒將趙營平。
婆娑天險亂峯排，石峽蘆芽白日霾。生縛俘内齊貫槊，手題日月更摩崖。
渠魁懸首更如何？買犢春耕速偃戈。寄語朝歌虞令長，從今不用設三科。
籌時立草數千言，聚米爲山指掌屯。手致太平良策在，長城君是漢西門。
使君方略本多奇，一紙軍符便出師。數策治安應報可，坐看千里静潢池。
中丞草奏上論功，翠輦初回校獵風。西顧并州山萬疊，聖人含笑五雲中。
休虞玉石總成灰，網自仁君一面開。父老壺漿紛載路，長生齊獻壽觥來。

雪霽千山瑞色披，開筵初度酒盈巵。鐃歌自譜新聲按，絶勝袁宏露布辭。

彤弓將錫正懸弧，桴鼓無驚樂大酺。歌板酒旗天不夜，春風先到卻波湖。

交山平寇寄贈

程可則 周量

銜枚無事鸛鵝分，按轡親穿虎豹羣。肉袒何妨收死士，檻車仍與徇全軍。蘆芽春和鐃歌奏，轂積秋清成堠耘。自是三旬能破賊，威名從此静河汾。

平交山 有序

閻爾梅 古古

天羽使君，文士也，而善將兵。交山巨寇盤踞百年，一朝而盡破之，且散其餘黨，歸田者不下數千，悉泣涕感再生也，仁人哉！余西游龍門社，睹峯峽奇險，竊壯之。後乃知是使君出兵路，因賦此爲贈云。

霜宵秣馬静銜枚，昧爽登陴一鼓摧。緩帶輕裘傳檄去，前歌後舞獻俘來。峯尖破裂旌旗閃，峽口猙獰虎豹歷。功懋汾西應不朽，磨碑刻向錦屏隈。

久客交署時與諸賢泛卻波湖爲樂目睹使君交山破賊之舉因即所見成詩

蔡　湘 竹濤

先生筮仕何草草，縣令争如司李好？十里絃歌總割鷄，那能盡拓佳懷抱？湖海當年得自由，今爲局促交城侯。才高氣卑無不可，賢哉柳惠同其儔。江南去晉陽，迢遞三千里。詞客紛然遠道來，俱言願見荆州耳。先生歡笑飲壺觴，有酒頻過水一方。畫船早到杯盤迴，明月孤飛城郭涼。須臾絲管中流急，晉地兒童歌數什。訝道吴儂唱竹枝，近來水調諸郎得。夜深水勢更玲瓏，野寺村墟點綴工。徐向窗前窺曲折，疑從郭外看鴻濛。土人不解乘船走，岸上隨行齊拍手。一水新開便放舟，江南舊俗曾知否？曲中讌罷維舟住，歸向衙齋重促塵。又見華堂緑醑陳，少年紅板歌金縷。先生爲政本閒閒，公餘展卷几席間。不謂治平稱第一，還看閭井悉依山。山中之人持矛戟，狼虎來奔輕一敵。强種腴田歲不租，吏胥從未相嗔責。聚黨欻然竟百千，水濱木末聲相連。有時城邊過玉勒，居然市上擁金鈿。官長相逢輒相禍，交城一令真瑣瑣。誰料頻年隱忍多，一朝剪賊爲謀妥。單騎登山盜不疑，萬山扼塞心先知。爾有數人佯助順，用之出入行所私。歸畫崎嶇上方略，旋捧絲綸教執縛。此際賢豪又一流，依然繞座中宵樂。余久客兹土，設醴必見呼。閒中達旦窺色笑，可知能事終舒徐。黎明送客隨乘馬，壯士不嫌三百寡。直上巉巖抵賊營，地幽倉卒無知者。渠魁擒就野不驚，健兒奮臂驅之行。其材皆可一當百，路窮勢盡無支撑。大盜憑山久克斥，煙巒雲樹無顔色。重聽樵歌唱太平，玄猿白鶴歸相識。山縣兵銷數郡安，功成一令世所難。論議何當宣室召，鬚眉直向淩煙看。且與先生語夜闌，早趨三殿近鳴鑾。野夫自憶安期輩，將歸東海營金丹。

鼓吹鐃歌和宋何衡陽韻並序

蔣　楷 荊名

交城古晉陽地，地多巉巖邃谷，綿亘千里，遠通秦塞，天險所集，異類之窟宅也，官長不敢過而問焉。趙夫子治交二年，威信遠播，田野闢，教化行，羣黎樂業，百廢具興，不下堂而治。列憲交章薦，天子將徵入柏臺薇省。無何，鄰境盜起，白晝戒嚴。夫子顧而憂之，夙夜靡寧，條陳當事，山在目中，賊擒掌上。當事素倚夫子爲三晉長城，善其籌畫，假以便宜。先是，奉有剿殺淨盡之部文，夫子執以爲不可，遂請守備一員，統兵三百從之。結以誠信，窺以機智，震以神威，終於不殺。山中人僉曰：『吾父母來矣，若崩厥角稽首。』康熙十年辛亥十月初九日入山，十一月初二日至静安堡，椎牛犒軍，告厥成功。功成匝月，不費公帑一文，四境扶老攜幼，歡呼闐溢。夫子一出，而太、汾兩府間夜户不閉，道不拾遺如初，從此深山無事矣。然則吾夫子之再造晉陽也，豈僅如尹鐸所云區區保障哉？門下士蔣�聞之，獻鐃歌，以鼓吹膚功，和宋何承天舊韻云。

右朱路篇韻

晉陽連紫塞，桐葉拱京華。羊腸落虎豹，鳥道俯煙霞。頑民伏草莽，神宰興戎車。父老扶杖觀，拭目奏凱歌。不用天山箭，如吹越石笳。天時讓算勝，地利歸人和。壺漿擁赤子，戈甲洗洪波。膚功收屏翰，絃頌滿巖阿。鷹眼化爲鳩，春風德澤遐。破産佐軍實，籌國能忘家。

右思公篇韻

請能羆，領儒衣，蒼生革面投戈歸。投戈歸，頌方叔，直擣葫蘆聲教復。聲教復，令五申，猩猩狒狒皆良民。皆良民，福星明，五原四塞讋先聲。讋先聲，集禎祥，錫馬蕃庶晉侯康。晉侯康，西憂已，守險分治駐甲士。體憲情，碩畫周，聖主深宫側席求。

交山平寇鼓吹歌有序

劉梁嵩　玉少

交山巖谷邃密，箐莽叢蓊，天然盜藪也。歷代悉宿兵爲備，本朝顧度外置之，蔓衍勾踞，負險滋久。我天羽趙公，略自隆中，望傾江左。語其辭賦，則枚、馬前驅；遡爾襟期，則劉、盧北面。適出經綸之萬一，牧此巖疆；爰計治安之十分，靖茲孽寇。始也單騎深入，目空險阻，遂如雨沙；已而屢牘詳陳，指畫情形，無殊聚米。於是，台司壯其經略，協營結壘巖山，狐鼠憚其威慈，覆巢授首麾下。比渤海之惠潢池，而公兼能用武，誰謂行間可薄我輩？較當陽之治襄海，而公意主全民。豈云馬上不用書生？至於條陳善後，信是神君；佐領分猷，依然慈父。數十年狼心鷹眼，一日間賣劍買牛。猗歟場圃盡罷青燐，爲我朝廷添此赤子。上功幕府，指顧臺烏掖鳳，藉公之入而言；書氏御屏，異時列戟宣麻，待公之坐而論。誠哉！儒臣經緯，克振其猷；昭代循卓，鮮出其右者也。聊賡長句，用展謳思；兼綴序言，附申仰止云爾。

聖朝西顧綏甸服，豈謂交人不我穀？山深林密負嵎驕，恃我寬大置茲族。蜂屯皆盜聚仍民，伏莽勾盤晉自秦。歷來賢牧事姑息，坐使青巖遍赤燐。我公領袖久英絕，海內鷄林推管葛。車指交山十日塵，卧側豈能容扈跋？誘脅計擒渠寇驚，夜半前山拔漢旌。兼程一百六十里，令人不敢信書生。險守汛移鷹眼化，分吏增兵成豫暇。當年畏壘盡烽銷，揭竿人歸事納稼。卓哉我公文更武，萬壑千巖皆樂土。始知訓蜀有文翁，不但移桑懷杜母。當今循吏正旁求，奏最如公孰與儔？指顧排雲動閶闔，他時建節鞏金甌。我以江鄉漫辭客，偶憩故園慚落魄。羨公偉績爲公歌，莫云我輩無頗牧。

功勒旂常詩四章 有引

武之生

維彼西山，實繁醜類。左連嵐静，右接汾寧。茂林密樹，平居借以潛蹤；壘嶂層巒，竊發因而走險。數遭變更以來，頑殘愈熾；屢經肆赦之後，荼毒尤深。恭遇吾師諭之以義，不減郭令公；撫之以恩，有如太丘長。謂宜多方誥誡，必無復燃之狼煙；誰意再四叮嚀，尚有現存之鷹眼。吾師乃仗彼三尺劍，以靖此一方民。不忍玉石俱焚，自然兵民咸輯。妙在因賊攻賊，故風聲鶴唳皆驚；巧於即人安人，乃犬卧鷄棲不擾。從此賊鋒永息，宜勒燕然之碑；由兹我武維揚，當鐫交趾之石。爰賦俚言，用彰威德。

小醜跳梁，逆我顔行。王赫斯怒，授鉞循良。
授鉞循良，靖此一方。稱干比戈，擊鼓其鏜。
擊鼓其鏜，殲彼猖狂。渠魁授首，乃武維揚。

乃武維揚，固吾之疆。樂只君子，功勒旂常。

恭賀奏凱　　白生明

伏莽何時息，山蹊多阻兵。深林久雨黑，險嶂與雲平。一卒當先立，千夫遂莫爭。裹糧勞歲戍，枹鼓不時鳴。明府何來此？書生豈盜名？三科求壯士，屢檄播皇靈。要害如身到，情形指掌成。飛符陽換部，緩帶暗連營。鐵馬銜宵發，牙旗掩雪行。游魂方假息，破砦忽黎明。鵝鸛無煩亂，鯨鯢已就烹。帳房催置酒，陶穴互彈箏。反側皆供侍，吾人何必更？渠兇生獻捷，小蠢盡歸耕。磨石方留績，圍棋未矯情。周巡平扼塞，蘊藉立功名。只作登臨興，何曾戰伐攖？北風鐃吹出，歷落萬峯清。

交城北門外同樓子沖宵登四望樓山色拱帶如屏嶂因念吾家天羽此間有靖寇勳偶然成詠　　趙作舟　浮山

□況登樓意不羣，招攜長嘯九天聞。橫看文水迷青□，旁楫梁山疊彩雲。幾樹飛烏歸遠翼，近城寒日散餘曛。白鱗一對如堪續，已請長纓答聖君。

交城山水十絶

陳祖法　執齋

山右多川而少水，獨交城有水盈二頃，向亦資灌溉，助洗濯，鮮有寄情其間者。趙子天羽令交，築隄植柳，設舫開筵，名爲『卻波湖』，於是乎有水。又交山險阻連數邑，數十年爲盜藪。趙子寒夜進兵，搗巢穴，殲巨魁，於是乎有山。諸名流賦詩，諸體畢備，紀盛一時，垂名萬祀。予不能步後塵，各系七言絶句五首，而以湖、光、連、月、白、山、色、帶、煙、青爲韻。

一水盈盈數畝區，疏穿不止浴輕鳧。文人涕淚追思處，父老千年説趙湖。

我來秋深木葉黄，重與殷勤泛酒航。自從初拭蹄塵後，置我煙波明月光。時到甫五日。

設酌重開玳瑁筵，笙簧嘹喨繞湖邊。居人初識乘流樂，槎影疑從天漢連。

欸乃一聲神焕發，波中荇藻浄如髮。應憐一種清幽處，楊柳風高來夜月。

五湖堪作高人宅，何似使君重與闢。田田荷葉曉煙青，隱隱漁燈夜露白。

吕梁險共龍門闢，百載於兹藏巨奸。何幸書生能滅寇，一朝風雨浄青山。

蒙叢樹葉參差棘，何幸今朝净如拭。寂寂曉寒刁斗聲，溶溶落日旌旗色。
曾將險阻託圖繪，志略雄奇氣慷慨。要識經營素有時，草成露布藏衣帶。
功成擒蔡美當年，今日提兵正雪天。不負專城百里寄，何圖名姓上淩煙。
永折瑚弓與雁□，已將王化語山靈。令君韜略山靈伏，不數嫖姚與衛青。

題壁紀事

陸慶臻 集生

逋逃久矣漏天誅，草檄驚看勝算殊。虎穴霧腥呼唱入，狐篝月黑笑談驅。羞將劇盗遺君父，手挈窮山上版圖。敢道書生輕命將，風流江左是夷吾。

奉贈交山平寇二律

洪 琮 谷一

彈琴伊昔頌神明，豺虎聞聲膽盡驚。正醉畫船邀夜月，忽傳深莽走欃槍。龍光匣響三千劍，豹略胸藏百萬兵。漫羨河汾多老將，軍中韓范本書生。
躭躭嵎負百年牢，一夜雄風鏟賊壕。豈惜壯猷輕虎穴？聊將宰割試牛刀。蘆芽雲净開阡陌，狐突春回遍柳桃。姓字久傳鸞陛重，澄清攬轡莫辭勞。

交城平寇賦呈　程守 非二

羊腸山下勒燕然，曾聽談兵在一氈。大武遠敷花影外，通儒新起柳營前。三年參井成安土，一代欃槍落上天。公道大僚時考最，家傳方略趙屯田。

趙夫子恩威並著殲寇安民奠晉國于苞桑紓廟堂之右顧督撫題績天語褒崇賦紀弘功用備輶採　張恕楨 仁度

壯猷聚米識山形，半夜潛師入翠屏。裹甲銜枚傳號令，輕裘緩帶播皇靈。捷書交奏油幢碧，天語深加汗簡青。采石爻峯松柏裏，豐碑永勒晉陽銘。

聞天羽弟交山平寇功寄賀　趙增 講村

書生仗劍入深山，緩帶輕裘指顧間。雪夜銜枚神策遠，月中敲鐙凱歌還。貔貅暗度兵無血，鷄犬宵寧户不關。下馬揮毫馳露布，遥知喜氣動天顔。

昔年並馬映垂楊，分手歸來兩度霜。天顯一家分越魯，政聲兩地傲龔黄。煙清交嶺絃歌徧，露冷文河道路長。羨爾笑談平伏莽，行看肘後繫金章。

喜聞蕩平山寇二律　　姚廷讓

峭嶺懸崖翼虎飛，羆貅從未倒戈歸。將軍側目求銀甕，從前將吏多索金帛，故屢喪師。戰士寒心卸鐵衣。秦晉關山滋蔓遠，太原、平陽等郡險要處俱爲賊所據。陶唐封邑繭絲稀。與陝川羣盜相爲表裏。百年四野無耕稼，從此鋒消犢漸肥。

煙湖放舸棹歌揚，時使君與賓從泛舟卻波湖爲樂，夜分便潛師疾搗，衆不知往。留客潛師入吕梁。羽扇風流揮麈尾，牙旌星轉過羊腸。吹笳午夜鐃歌接，傳檄千山露布長。吾欲從軍願未遂，空教達旦醉壺觴。

趙夫子平交山恭賀　　張蘊生 晝初

交山不獨晉陽山，盤亘三秦類洞蠻。狡似虎狼潛出没，捷如猿狖善躋攀。使君緩帶輕裘至，巖邑神謀秘策間。秣馬厲兵仍撫字，搗清巢穴凱歌還。

恭記大捷　　張元樞

父老懸懸望捷旌，渠魁已縛脅從清。子龍自是渾身膽，小范休誇滿腹兵。

丙夜讀恒夫先生交山平寇記走筆書贈　龍　燮 雷岸

趙君風流復儒雅，十載詩名滿天下。只有泚筆解雕蟲，誰道挽弓能躍馬。山西交城大如斗，負險憑崖原賊藪。日耕隴上夜帶刀，將吏聞之但摇手。公初捧檄爲縣官，此曹猶作文士看。機杼獨運在胸次，形勢熟悉歸掌端。夜半風寒天正雪，提戈深入豺狼穴。白刃嶺上刁斗鳴，黑煙洞口烽煙滅。百年逋盜一朝空，汾河水碧正花紅。徵書雖云出特簡，司計安能酬奇功？我昔髫年氣吞虎，手攜三尺龍泉舞。每嗟李廣未封侯，自詫隨何偏好武。雄心漸耗鬢欲蒼，雨滴空階秋夜長。把君書卷一快讀，不覺了然神揚揚。海内方罹兵火後，仍苦赤丸飛自晝。廟廊誰兼搏擊才，看公持斧行衣繡。

奉和交山平寇奇功一律　夏九敘 次功

兵甲槊戟耀文茵，雪夜神機鵝鸛陳。據險奪山驚妙略，搴旗擣穴駭天人。賣刀買犢耕桑遍，化梗歸誠雨露新。文事武功誰並美，姚江勳業足爲鄰。

遊交城卦山天寧寺讀趙恒夫明府勒石平寇詩六章續貂一篇以誌景仰

杜首昌 湘草

霜白千山曉角鳴，指揮談笑立功名。令行迅速風猶慢，師出從容寇已平。盾墨據鞍親草檄，鐃歌奏凱各歸耕。將軍本是真才子，裘帶原來只緩輕。

聞趙交城平山寇有作

越 闓 辰六

諭蒙憐瘠土，盤錯恐難支。減竈心良苦，單車績自奇。謳歌劉晏石，伏臘狄公祠。足解宵旰慮，非徒畏四知。

寄贈天羽年兄

宋實穎 既庭

清秋落木響征鴻，高卧南窗詠快風。漫喜平原趙公子，遠從千里問郵筒。書生白袷軍容壯，晉塞霜笳幕府雄。一曲河湟新奏凱，何勞頗牧出雲中？

寄懷趙交城

王紹隆 子箕

十年京國恣翱翔，别去雲山各一方。我命那堪鄰虎穴，公才早已奠羊腸。買絲争指平原俠，愛日還推成季良。怪我寸腔填五嶽，何時長嘯向河陽？

公舉從祀名宦祠〔三〕

太原府交城縣爲特舉當代循良，祈申從祀名宦以光吏治，以協輿情事。

據現任陝西耀州知州張鼎新、國子監學録李若沆、原任福建龍巖縣知縣解之麟等呈前事呈稱，竊照功推保障，晉陽傅尹鐸之賢；慮廑土桑，并州著綦震之治。惟愛戴實有同心，斯禱祀於焉勿替。如本縣前任知縣趙吉士者，千秋間氣，一代偉人，有守有爲，無偏無黨〔四〕。兩字廉明，在在羣歌來暮；五年怙恃，人人共切去思。招集則悉起瘡痍，固已奠牛羊而安鴻雁；育養則彙進寒素，果然薦鵬鶚而起蛟龍。逐販皮之旗丁，市廛不擾；除插翼之虎蠹，虐焰頓消。勸農而荒土盡開，每見躬巡隴畝；憂旱而甘霖立沛，不憚步禱郊壇。修邑乘彰千年之公道，編户口除萬姓之累差。公堂聽訟當面剖，幾見城狐社鼠；夾道垂楊皆手植，至今趙柳召棠。城垣廠署，興土木不悞三時，勞可忘而逸可永；父老兒童，逢朔望歡聽六諭，善以勸而惡以懲。誠哉無利不興，無害不除者也。

至於靖寇一節，以諸葛綸巾之雅量，成裴度雪夜之宏功。不糜民財，不暇兵力，據險守險，用賊攻賊，殲厥渠魁，散其餘黨，迄今千里窮山，盡成樂土。甲寅，吴逆變起，川、陝動摇，交山案堵，是其功不獨在交城，亦且在全晉；不獨在全晉，亦且在天下矣。雖朝野倚望，將來史策增輝；而俎豆宫牆，今日專城報德。伏祈俯從公議，申請列憲，俾本官崇祀名宦，置主賢闕。豈但社稷生光，抒子民愛父母之意；抑且循良食報，彰國家任賢良之功。爲此合詞具呈到縣。

該山西布政使司經歷司署交城縣事周在浚，看得事有似緩而實急者，惟兹風勵之機權；人有雖去而如存者，祇此安全之德澤。如前任知縣趙吉士學足有爲，才堪巨任，莅交五載，善政多端。里甲均平，羣黎無偏差之累；瘡痍招集，流亡獲樂土之安。憂旱而步禱郊壇，天心感格；勸農而躬巡隴畝，民樂輸將。以書生兼韓、范之謀，身入窮山，百年逋寇俱静；以吏事運董狐之筆，手訂邑乘，千秋公道全彰。允矣三晉循令，洵哉當代名臣。高山在望，堪爲繼至典型；崇祀可隆，永作後人則傚。既經紳士里民具呈到職，合從闔邑所請，以昭三代之公。緣係從祀名宦，事理合行詳請。伏乞憲奪施行。

現任陝西耀州知州張鼎新　國子監學録李若沆　原任福建龍巖縣知縣解之麟　陝西府谷縣知縣張沖光　受封河南遂平縣知縣張純　候選府同知李若泌　候選州同孫啓周　李麓　李埜　乙卯科舉人郝進□　辛酉科舉人宋漢　丁巳科舉人張元樞　候選縣丞李若湛　趙城縣訓導李獻嶸　候選訓導薛嗣瑄　李光斗　原任守備吕景　武舉李敏覺　張學孔　田志德　張爾烈　白太坤

恩拔貢生孫佑周　國子監廩膳增附生員李楚　武之生　游雲衢　丁世宰　丁作航　呂夢熊　鄧若芝　田馥　郝進昇　張爾勳　高大成　趙凌漢　韓紹晉　申三省　申典　孫淳　白珩　孫明綸　陳瓏　潘國瑞　高文淳　田爾登　孫晉　解文衡　白太素　薛維周　解文熤　呂鑣　陳珏　武于宣　康榮爵　劉英　張象樞　覃明訓　武于翰　解作棟　胡宗虞　單貞憲　吴成望　閻奇弼　里民申桂廷　覃貞度　胡從彦　宋顯光　田明　田生琰　張松年　徐士俊　劉文元　覃大化　李公賢　郝濬　劉漢鼎　褚俊　常世奇　覃萬川　陳所知　李恭　覃聖化　康縉　王萬成　田本　覃敷教　曹一林　康永富　覃勛良　覃敷瑞　孫應祖　王文才　江福文　任弘略　康榮錫　高奇　任道蘊　梁光　徐進虎　張書紳　韓貴月　陳定求　任道遠　閻永貞　任道統　覃敷義　侯任　覃杏　宋顯才　解貴　張貴　覃茂化　李應奎　李成　薛士紳　李之京　陳琦　李生金　李生華　宋好謀　王治寧　陳國祥　薛萬龍　孫珍　田爾功　李若南　李遇仙　蘇□　梁璽　孫明德　梁相　李純仁

據詳，趙令善政，種種昭然，在人耳目。即平寇一事，其功甚大，愛戴既有，同心表章，宜崇秩祀，即詳列憲，以彰鄉士紳民厚道可也。康熙二十五年十二月初十日申詳。蒙督學道高龍光批：『名宦鄉賢，必須論定，從無生前從祀之例，惟生祠聽自便。如果該縣鄉紳士民追思善政，聽其建立生祠可也。』蒙此，該山西布政司經歷署交城縣事周在浚覆：『詳查得交城士民懇求前任趙令名宦一案，蒙憲批詳，敢不仰遵？但據紳衿堅稱，趙令曾爲去任薛知縣申請名宦，其時薛令尚存，業蒙從前列憲批允。今趙令有例可比，伏乞俯允，以孚輿論。又蒙批，令建生祠，但趙令去後，闔縣已立有生祠，今請者從祀名宦，應比薛令之例，以慰紳民愛戴至情，卑職不敢擅專，伏候憲裁。』康熙二十六年二月初一日，蒙督學道照詳申轉，蒙批：『據詳，前令趙吉士善政多端，闔縣鄉紳士民追思不忘，准照薛令之例，置主擇吉，入名宦祠可也。此繳。』蒙批：『卑職遵蒙批示，隨於二月初二日率同鄉紳士民置主迎入名宦祠訖。』

校記

〔一〕陪　據文意，當作『倍』。

〔二〕指　疑作『據』。

〔三〕本篇原無，據乾隆本補。

〔四〕徧　當作『偏』。

卷八

萬青閣自訂詳案 晉陽詳案

除惡

申報事 詳太原府

看得吕結之子吕五，娶張勳妹爲妻，未半載而張氏自縊，勳遂以打死人命控。庭鞫吕五乳尚臭也，衾枕之歡從未之講。張氏年已二九，覩景傷情非一日矣。今三月晦，勳遣僕婦迎妹。結因其子伉儷不合，又與勳異母，力禁不許。張氏始以怨，繼以憤，午夜自縊身殞。吕五尚在夢中，黄口無知，紅顔飲恨，繫足之絲乃移而繫之頸耶？張勳一聞凶訃，隨捏五奸親姐，致死其妹。五稚子耳，情竇未開。勳於異母之妹死猶冤之，而謂五于同母之姊生則亂之乎？刁健情形，實宜重懲。姑念妹死情真，免其擬究。吕結爲子擇配失宜，致釀人命，罪坐不應從重，追贖穀貯倉備賑。伏乞本府批詳結案。

張勳控府，本府批審。勳抗不服拘，復赴司控。司批府，府批陽曲，因具由詳請。

看得張勳之妹嫁呂結之子呂五爲妻，五稚子也，有室家之名，無夫婦之實。寢處數月，張氏怨望深矣。結四子婦俱慣田家生活，惟新媳不善作農家婦。以十八歲風流之女，既壓于儉嗇之舅姑，復憔悴于勤耕力作之家務，尤苦于赤子同衾，琴瑟在御而不能鼓。揣氏之心，以爲如是之生也，固不如死矣。本年三月晦，張氏欲歸母家，結以勳與氏異母，且家道不正，嚴阻其歸。張氏即對來人有『寄語母兄早來哭我』之言。迨夜將半，五在睡夢中，張氏自縊身殞。職奉府批庭鞫兩造，因結爲子擇配失宜，致釀人命，坐以不應之杖，原被允服。而交城刁風，每遇人命，屍親之宗族鄰友或告或首，或證或處，羣起嚇詐。先求檢驗，驗日糾黨横索，直至罄家蕩産，各逞其欲，即行求和。若有一人稍不遂意，挑釁扛幇，經年累月投告不休。見職審出真情，詐端難施，張勳之表親郭鳳龍、王應聘等唆勳復告。職查張勳初詞告呂五與親姊丟姐兒通奸，同謀打死伊妹。及職審出呂五年幼無知，奸不能誣，又告丟姐代弟嫌婦，毆打身死，用繩勒痕。比控臬臺，又告丟姐兒家務相嚷打死，火柱烙痕。倏告繩勒，倏告烙痕，三詞自相背謬，誣指顯然。及審郭鳳龍、王應聘等，亦供自縊是真。職恐刁頑未服，令原、被俱立認狀，檢實抵命，檢虚反坐，勳垂首無言。結之鄰佑稟稱，檢有致命，甘與連坐，願遞結狀候檢。職以一行檢實，反坐斷難輕宥，愛惜生者之民命，因不忍輕易暴露死者之屍骸，俾其心服即已。不料張勳不候檢審，冒籍陽曲，投控按察司。蒙批本府，今嚴拘張勳赴縣審結，抗不服拘，原、被不齊，礙難結案。乞將按察司一詞批縣審結詳報，以完憲件，伏候上裁。

詳府未批，再行申請。

竊照縣有分土，民有專籍。抗法而法不能施，欺憲而憲莫之測，未有如張勳命案者也。張勳住居本縣成村都，左鄰張錦，右鄰張田，其應納錢糧户役則在本都五甲，初控本府狀内現書交城人。本府發縣審問。職據理執法，頗得真情。勳嚇詐計拙，僞稱陽曲縣人控司，自恃舍人之尊，差役莫敢拘拿，徒存文案，無憑審鞫，不但憲件難完，其藐視卑縣、欺罔上臺，寧復知有三尺乎？謹具文申請，懇將張勳命案批發審結，報憲定奪，庶下吏稍得展布四體立于民上，而奸徒無所肆其跳梁矣。

勳復上控轅門，本縣將各案呈質，撫院面諭審明解報，因檢審擬解。

看得張勳誣告吕結打死人命一案。細檢張氏身屍，喉上繩痕紫色，耳後八字不交。除自縊外，别無致命傷痕。屍親、干證眼同檢驗，卑縣之屍格、仵作之結狀明白在案，其爲縊死無疑。且張勳稱伊妹係繼母親女，然母見女屍，絶無哀痛情形，據吕結供非親生，似不誣也。張勳初意原主打詐，職審得情，不遂其欲，是以疊控無休。若非憲令檢審解報，巨憝漏網矣。張勳初因未檢猶得藉口，今既經檢實，反坐何辭？·張勳初狀告吕結等，以意在滅口，將妹惡打重傷，當即身死，是誣吕結以尊長謀殺卑幼矣。查律：尊長謀殺卑幼，已殺者依故殺法，按故殺子孫之婦杖一百，流二千里，今虚反坐。是張勳合依誣告人流罪未决律罪止杖一百，流三千里，候詳允發遣。郭鳳龍、張勉助勳爲惡，均依不應得爲而爲之事理，重者律杖八十；係民審無力，照例折責三十板。吕結剿掠一詞，據干證蘇自好口供，張勳之母曾將伊女衣裳拿去，是亦雖云剿掠，而其擇配失宜致釀人命，合依不應爲而爲之事，律杖八十，係民審有力，前審時已經追贖穀貯倉備賑，相應作正項支銷。前蒙申飭，詳文務須明白，不許襲用套語，重複填寫，故不敢照全招舊式，擬合一併詳明。

申本府結案。

張勳之誣告吕結也，據狀三詞互異。檢屍自縊分明，全無戚容，必非親女。攔檢下體，自是真屍。論奸惡兇險之態，一死尚有餘辜。按誣告反坐之條，滿流斷無疑義。至借屍抄嚇一詞，雖持去衣物難云抄家，姑免深究。郭鳳龍、張勉助勳爲惡，擬杖以警。吕結爲子擇配失宜，致釀人命，並杖。餘犯無辜，應蒙寬宥。

申報劣衿事 申督學道。

竊照本縣劣衿張明盛，先年侵佔同族張自振祖墳葬父。前任王知縣斷令起舉，抗斷不起。今正以遠年謊帳呈告自振。職審逐在案，明盛詐不遂願，復同伊子式孔竟將自振祖墳蔭木强伐，自振遂以盜砍具控。不思明盛之父久已侵葬，自振墳前是自振祖墳蔭木，亦明盛父墳蔭木也，何以伐爲？職研訊得情，薄責式孔，量追明盛木價一兩祭墳，安死者之魄，正以全族誼也。詎料明盛攘臂縣堂，肆駡無忌。在職存官體，固應存學校之體，而法堂一鬧，憲綱安存？夫侵墳盜木，重于武斷鄉曲；詈駡官長，顯然犯上淩尊；抗法違斷，不止把持衙門：是循環簿所列五款，明盛已犯三條，揆情按律，更重於簿内所載也。擬合申報，伏乞准賜褫革，批發審究，以儆刁頑。須至申者。

蒙提督通省學政徐批：『據詳，生員張明盛不遵教條，有犯五款，仰縣行學革去衣頂，審究確情報奪。繳。』

巨憨未除〔一〕，汙衊先受，仰祈鑒案正法事。詳撫院藩臬驛糧道。

竊照山右一省，官箴之臧否，俱在上臺冰鑒中，況屬在太原，耳目最近，聞見更真者乎！下吏清夜可以問心，内省實是無疚，豈懼劣衿噴血反誣？前蒙憲諭，縣官果得民心，不怕光棍誣害。職書紳久矣，但既設縣令，欲其政事清理，亦須聽斷分明。若容忍包荒，是非不白，坐令豪右横行，良懦含屈，又非上臺訓迪屬吏本旨也。

交城大惡張明盛，向爲黜革衣頂之鄭立心養子，謂他人父，久玷宫牆。先年侵葬族人自振祖墳，前縣斷令起釁不起。本年正月二十三日，捏帳呈告自振，已經審明叱逐。明盛索詐不遂，率同伊子式孔强伐自振蔭木。自振控縣，又經審實責究。詎明盛抗斷鬧堂，卑職即將明盛發學，四月初三日，填註督學循環簿内，申請褫革。初四日，紳袍代明盛求寬。卑職自法當其罪，豈容徇縱？乃明盛懷憤妄控，所捏款單前後互異，所告款證彼此不同。卑職自信可對天日，任彼梟惡跳梁可也。交城數萬人丁，縣官歷審事件，並不聞一事含冤，一人越控，何以獨屈明盛耶？責得百姓十五板，捏告知縣十五條。問官追盗人木價一兩，祭其祖墳，盗人誣問官得贓三十五兩入己。始害民以肆其横，今告官以張其威，積惡滅身，網難逃矣。憲臺虚公發審，一件是實，縣令甘心聽參；諸款俱虚，梟惡何所逃罪？擬合粘連原詳督學道文，以見卑職受誣受害所由起。伏乞嚴批確審，律擬反坐，警刁風以彰公道，幸甚。

蒙布政使司達批：『據詳，該縣問心無疚，何慮含沙？此案既蒙發審，執法者自有公斷，静聽審理可也。繳。』

申報訟棍事 詳糧驛道。

看得積年訟棍田繼碩，鼓其刀筆之鋒，布成殺人之陣：有以病亡，而指稱關天人命者；有以債負，而架作劫奪公行者。歷案可稽也。今朝匿揭刷黄，暗箭流毒，明目揑情列款，含沙射人，興尺水之風波，幻空中之樓閣，苦我交城父老久矣。即以梟衿張明盛一事按之，明盛抗斷鬧堂，卑縣申請褫革。在明盛挾讎害官，即誣告亦該明盛出面，何煩繼碩包攬？乃四控藩臬，兩告撫臺，呼冤叫屈，攔馬攀轅，儼有不共深讎，非呼籲斷難昭雪者。揣其胸中，以爲官長可欺，則平民易虐者俯首受騙矣；虚無可揑，則有隙可乘者甘心納賄矣。不思棍徒受人僱托，代爲控告。本年七月初九日之嚴綸若特爲繼碩諭也。刁民挾制官吏，起滅詞訟，結黨揑詞，枷號充軍之律，不能爲繼碩寬也。卑職詳請憲臺奉文緝獲，褫衿既行反坐，訟棍尚未伏辜。緣係隔屬刁民，又是誣告本縣，雖繼碩庭訊認罪無辭，而縣審招擬嫌疑應避，理合取供申報，或賜親提審究，或批别屬另擬報奪。訟棍一除，訟端自息。

七月二十一日申詳，蒙糧驛道繆批：『據詳，刁民田繼碩挾制官吏，包攬詞訟，結黨揑詞，誣告官吏，深違法紀。仰陽曲縣照律嚴究，妥招報奪。繳。』該陽曲縣宋看得田繼碩係文水人，而張明盛則交城人，何以文水人而爲交城人代告也？至詢其故，據供爲師徒之情，誼不容辭。又何以徒而爲師代告也？即爲之代告，亦必問其情之真僞、事之虛實，然又何以織無影之款捏告官長，而悍無顧忌也？蓋明盛非無弟兄子姪，選擇而使繼碩，固知繼碩之爲訟師也。繼碩慨然允諾，受其盤費，歷控藩臬兩憲而無憚，則固以訟師自負矣。按律載，受雇誣告人者與自誣告同。訟師何未之知耶？應擬城旦以息訟棍之焰。九月初三日申請，蒙糧驛道繆批：『據詳，審擬田繼碩杖一百，徒四年。是否合律，仰縣再一確詳報奪。繳。』蒙此，該陽曲縣宋覆：『看得田繼碩既黨惡於神奸，旋流毒於隔縣。今張明盛以審虛發配，則繼碩之代控，其爲誣告無疑也；得其盤費，其爲受雇無疑也。因情議罪，於律允協。』十三日申詳，蒙糧驛道繆批：『既經該縣覆審，與律相合，仰照前詳發落。繳。』

申請憲禁以固城守事 詳撫院布政司、按察司、太原府。

竊照交城屬太原巖邑，所轄交山，從古萑苻嘯聚，爲患全晉已非一日。幸憲臺莅任以來，懷畏所及，遺孽解散，無復向時跳梁矣。但孤城逼處萬山，卑職設立城總，重修城垣，編派城夫，兩載至今，晝夜防守，不敢稍懈。然藉以無虞者，不過保甲嚴而彼此各知其姓名，户籍清而往來咸識其面目，雖有奸宄，實無所容耳。乃有一種販皮之人，不列保甲，莫查户籍，自稱京客，聲言旂下夥計，懷萬千之重資，合三五以成羣。始猶借寓假店於關內，今則比屋雜處於城中。入山買皮，騾駝車載而至，從不納分文官稅，誰敢稽其來歷？數百遊民爲之硝洗，腥穢滿城，釀爲瘟疫。居民初爲利而終畏勢，飲恨吞聲猶其小者，萬一山賊逃人藉此藏奸竊發，咎將誰歸？況懷資實招盜之囮，而探信布謠半屬洗皮烏合之輩。交城地僻，素不通商，民貧從無土客，豈容若輩盤踞，貽累地方？是縣令之令所不能令，而禁城之禁所不敢禁者，不得不仰瀆憲臺嚴行驅除矣。查康熙八年七月二十六日部頒積蠹濫昌横行一示内開：如有奸徒倚力横行，霸佔關口，照光棍例治罪。該管官不能覺察者，例有處分。通行在案。卑職上畏功令，下爲地方，據實詳請，伏乞憲臺嚴批禁逐，庶民生安而城守固矣。

康熙九年五月初八日申請，十二日蒙太原府鄧批：『仰候列憲批行。繳。』十三日蒙山西提刑按察使司色批：『查旗下人不許遠出經營，奉有嚴禁。若係商販，又不許假稱旗下。據詳販皮之人三五成羣，自稱京客，聲言旗丁。要知若輩是何名姓，如果係旗丁，須查其旗色主名，曾否奉主差遣。如係販客，緣何假稱旗下？仰縣立速確查明白報司，以憑酌奪。仍候撫院詳行。繳。』十四日蒙山西承宣布政使司穆批：『仰縣一面嚴查確報，仍候撫院詳行。繳。』十六日奉本府帖文，蒙提督雁門等關兼巡撫山西都察院右副都御史達批：『旗下出京貿易，久經嚴禁。據詳販皮之輩，自稱旗下夥計，明屬假冒。皮張有無輸稅則例，仰布政司確查報。』

詳覆按察司。

看得旗下不許遠出經營，地方難容倚勢霸佔，奉禁久矣。蕞爾交城，非商賈聚集處也，皮販王印夥藉旗丁朱應龍等堆資積貨，倚力横行，非曰赴憲即是叩閽，鄉紳鄉士絶不敢與之往來，城總城夫又安能禁彼出入？洗皮者數百人蜂屯烏合而至大都，深山鼠竊藉以探聽城内虚實，將從何處辨其爲善爲慝耶？是交城地方業爲此輩盤踞矣。今奉憲批查，卑職遵奉研訊，查得首惡王印實係藉旗行勢。至於朱應龍等，據其口供甘結，確有旗色主名。卑職亦無憑核其真僞，擬合據實具申，懇乞憲臺俯電原委，果在旗下者作何禁逐？倚力横行者作何處分？卑職不敢擅便，伏候憲臺酌奪，以便遵行。

十四日具詳。十六日蒙按察司色批：『邑城有獄庫所關，豈容烏合之人數百屯聚洗皮其中？萬一致生不測，干係匪細。據訊朱應龍等雖供有旗色主名，而並無檔票的據，顯係假冒。奸販王印等倚勢盤踞，均應重究。姑念愚民，又時逢熱審，仰縣立速驅逐出城，以固禁圉可也。仍候撫院詳示行。繳。』

詳本府轉報布政司申撫院。

五月十六日，本府帖文到縣，奉布政司劄付，蒙巡撫達批：『前事擬合確查。』爲此，仰本府官吏照劄備蒙批詳内事理，即將交城縣所申販皮之人，果係何處何項之輩自稱旗下夥計，況旗下出京貿易久經嚴禁，何得假冒名色？且查羊羔皮、牛羔皮俱有徵稅則例，此輩所販者的係何樣皮張，因何不行納稅，逐一嚴查的確，詳解本司，以憑轉報撫院，批示施行。蒙此擬合就行。爲此，仰本縣官吏即將該縣所申販皮之人，逐一研審明白妥詳，連人解府審究。本縣覆加研訊，取具王印等確供、朱應龍等旗色主名甘結，申報在案。今奉憲查皮張有無輸税則例。卑職又不敢不即此事研審前因具報也。

查販皮京客，車載而來交邑，騾馱而赴都城，從不納税，誰敢過而問焉？本縣詳報之後，延至今日而始敢問之。乃供曰：『税出賣主，毋與我事。』是赤貧山民一張二張者爲賣主，而挾資富販千箱百捆者非賣主也。是設立商税則例，僅與貧民計錙銖而不與販客較多寡也。未詳之先，皮販已經硝洗發京者，卑職實無從查其數目。既詳之後，皮販未經運至交城者，卑職亦無憑核其萬千。但以不税之皮而來納税之地，招地方徵商之虚名，貽縣官隱税之實累，是又難逃憲臺之冰鑒者也。然不足計也，若彼背旨恃旗，霸佔地方，縣官失於覺察，縣官之罪尚可受；萬一城禁難稽，奸宄竊發，縣官失於防守，縣官之責將安歸？卑職身任地方，不得不申請憲禁，雖旗丁力大勢雄，將來不難禍及下吏，卑職亦且甘之矣。王印藉勢霸佔，抗納官税，斷難寬縱。至於旗丁朱應龍等假冒有人，違禁有人，或應驅逐，或應處分，悉候上裁。

二十四日將王印、朱應龍等申解本府研訊。蒙太原府鄧『看得王印等一案，以爲旗下則旗下，不得遠出經營以爲商販，則商販不得冒稱旗下名色，二者皆非，且久奉嚴禁矣。況應龍等稱有旗下主名，而實無檔票可據。王印等皆係陝西商民，而旁托爲旗本經營，千百成羣，往來山邑，馱載無税，渺難稽核。縣官責關地方，交城例有税額，執而盤問非過也，宜也。但據印等各供春來夏去，憑牙交易，似與霸占關口有異。從前税額有係牙家代納，稍與全然匿税者不同。時逢熱審，與民休息，應遵憲批斥逐，仍行申飭，以防奸宄，以靖地方可也。』布政司穆：『看得交城縣申報皮販王印等，蒙批司確查，隨經轉行太原府確查詳報。今據該府行縣查訊前來本司。查皮販王印、賀守業、李彦、王金、朱應龍等，或係西安人氏，或係永平人氏，遞年來交城收買羔皮，運京發賣，在先聲言旗下夥計，今則實無檔票可憑，至稱買皮憑牙交銀，而税銀又稱牙家代納。雖情近假勢揚聲，實非霸佔關口。本當研究，但時逢熱審，應如府議斥逐。本司未敢擅專，擬合呈詳，統祈憲臺批示，以便遵行。』蒙巡撫達批：『久奉嚴禁，不許旗下離京遠出貿易。皮販王印等假冒旗下，盤踞强横，殊屬非法。念事在赦前，姑免深究，如詳驅逐。仍行縣嚴示禁飭，嗣後除民間商販許來交貿易外，若再敢指稱旗下憑淩肆横者，即以逃人拿解，督捕堂審究。繳。』

斬蠹安民事 申按察司。

看得交城一縣，緊逼西山，爲太原以南諸縣之門户。莽伏叢潛，恐生竊發，故守禦嚴密，不敢一夜稍弛其防。卑職莅任之初，以城守大事，盡革從前賣富差貧積弊。每夜城夫一百二十名，悉照保甲丁册挨門派撥，週而復始。大約每門不過每月守城一夜，於民爲不勞。近因山賊嘯聚，挨門所撥之夫止可用以巡更，而不能資之守禦。於是，將閤城丁册遴選城壯一千二百名，按垜註名，各有汛地。除每晚照常巡邏外，一聞警報，放砲爲號，所選城壯盡數守垜。田自友原充城壯，自應登城。伊叔田福倚蠹抗官，不但毆傷城總，喝散城夫，阻撓守禦，抑且布散流言，聲張賊勢，摇惑良民，立心叵測。如此若不申究，必致人人解體，蕞爾山城誰與爲守耶？事關蠹棍違令把持，非奉憲不敢拘審，伏乞嚴批究擬，務使蠹棍伏辜，又不僅城守一事稱幸也。

四月十五日具詳，十七日蒙山西提刑按察使司色批：『據詳，該縣地逼西山，誠恐伏莽乘墉，特遴丁壯巡防，洵爲城池獄庫至計。何物田福，輒敢布散流言，摇惑良民，且阻撓把持，貽誤城守，殊干法紀。仰縣嚴拿究擬報司，以憑報院盡法懲處，速速。繳。』

劉必颺告爲抄殺事，高朝告爲勢嚇事，張三珍告爲蠹害事，韓貴奇告爲九載奇冤事。

覆看得革蠹田福，原屬人奴，而闃身縣役，害僅及於交民；繼充院舍，而躭視省城，毒遂流於全晉。青天霹靂，黑海波濤，列憲未任以前，無日非田福作惡造孽之日也。去年蒙撫憲拿懲，發回原籍收管，使其悔過安分，猶不失爲盛世良民。豈期法網幸逃，兇鋒愈熾，養虎山城，日肆吞噬。三月間，山盜竊發，官民隱憂，田福獨喜，毆傷城總，喝散城夫，聲張賊勢，布散流言，是其心久懷不軌矣。卑職報憲拘鞫，律擬申詳。豈料田福甫審出縣，即挾浼情不遂之憾，統兇持械打入生員劉必颺家內，將從傍勸解之張育初毆傷垂斃。卑職驗明傷痕，令田福保辜在案。一經拘繫，萬姓歡呼。而高朝、張三珍、韓貴奇等紛紛具控，即福亦不自解受害者如此之衆，含冤者若是之多也。夫抗守布謡，甚於衙蠹之把持官府；抄家糾衆，甚於土豪之嚇詐鄉愚。田福以一身而兼衙蠹、土豪之惡，已不容於死矣。況乃過之地方有此真正光棍，印官不據實申報，非屬隱縱，定是昏瞶，即卑職亦難免於參處也。事關革蠹流言猖亂，惡棍糾黨抄殺。卑職不敢擅便，伏乞嚴批鞫擬，仍賜轉請斬一蠹以快闔省之人心，亂萌杜而良善安矣。

四月二十四日具詳，二十八日蒙按察司色批：『據詳，田福率領多人打傷張育初。本犯具有保辜，應俟限内有無傷斃，再行報奪。至高朝等所告各詞，該縣從公審明，詳報可也。此繳。』

審明發批諸詞具報，其未經詳請及別縣來控者共十九案，不便混列看語上申。

三看得田福窮兇積惡，蔑法抗良，庭訊諸案，闔縣環呼不下千人，無不切齒，思得其肉而食之也。毆打李啓焕一案，顯行喝散城壯之謀，隱逗旦夕破城之語，其包藏禍心，不特抗官立威已也。卑職遵批查訊，枷責國臣，律擬田福、白玉秋、崔廷秀等供墨未乾，即統黨挺棍直入央情不允之生員劉必颺家，門窗書籍悉行打毁，而迎鋒顱破，則颺之甥張育初已幾斃於磚棍之下矣。且乘機席捲，則室中所有狐皮、緞套、制錢蕩然於羣兇之手矣。據稱，索負忿争，夫債約自有定期，催取應同中保。不索於央情未允之先，而索於對簿方審之頃。且統衆多人持械深入，何爲者？幸張育初未死於保辜限内，僅以白晝搶奪科罪，分别追擬，有剩辜焉。再訊高朝一案，一馬耳。始壓之以不得不買之勢，隨揹之以不得不找之威。四十五兩之贓，韓進等指證鑿鑿也。再審張三珍一案，以二年之里長畜一當官揀退之老騾耳。乃始之首官者，但聞有曹四舅爺之名；終之交銀者，實入于田三舍人之手。嚴訊之下，犯證一辭，福雖百口欲卸此五十兩之贓於始終無一面之曹四舅爺，不能也。此二案者，罪雖免于赦前，贓應追于赦後，福何辭哉？再審韓貴奇一案，沉冤已積九年，異事驚傳萬姓。福于從無交易之産指田智賭帳，輒行開壟韓魚禎之田，反怒理論，逞兇肆毒。始毆之于大路，已入死途；旋刑之于公堂，遂無生理。魚禎一年三月身斃非命。福至今日，夢寐中亦以爲七尺禎屍螻蟻無餘食矣。豈意問其棺，棺猶未釘；驗其屍，屍尚儼然。即田福亦俯首階前，不禁魄落。卑職以事出尋常，未必非冤魂含恨留此不爛之屍，以昭不瞑之目。但屢逢恩詔，不敢擅議，或援赦前寬免着其殮埋，或念九載沉冤仍行檢抵。伏候憲批裁奪。再查詳後王之相等具告多人。卑職因事酌斷，又未敢列詳混瀆者也。

五月二十日具招申詳，蒙按察司色批：『據詳，田福率領多人尋毆劉必颺于家，因必颺未值，遂打毁其門窗，並搶其室内之衣錢狐皮等物。但搶物者或爲福所帶之人，或爲從旁勸解之人，該縣尚未查審的實，今擬追賠刺配，于例是否允協？至高朝等三案，查俱赦前舊事，仍議究追檢抵，于律是否妥確？仰縣再行詳審確擬報奪。繳。』

四看得田福始以抗官不軌之心，繼行白晝抄搶之事，避鋒者家破，攖鋒者頭碎，人心洶洶，闔縣驚傳。原非偶爾尋毆未直，較之本與人鬬毆因而竊取者未可一律論也。至于搶擄事情，則無論實爲福所帶之人搶散，即使爲從旁勸解之人乘機竊取，福不統衆操戈，必颺之室何人得入？必颺之物何由得失？盜首罪魁，福無辭也。況今奉駁，查提錢串斷者，則爲田自友；狐皮入衣者，則爲侯國成。指證鑿鑿，福更何辭乎？刺配之律，實有求其輕而不得者。若乃高朝、張三珍二案，則有不可一律論者。查朝等二案雖屬赦前，然福之贓實朝與珍揭之。人之債、福之贓，可寬之赦前；朝與珍之債，孰寬之赦後？追之此，償之彼，以活數年逋債，求死不得之貧命，揆情似妥，而據理爲確矣。獨是韓貴奇父命一案，更有不可一例論者。查福之死魚禎于赦前，固也。第有毆而無鬭，既不與鬭毆殺人者同形；有致命之私毆而速其命于不致命之官刑，又不與鬭毆殺人者同情。推田福殺人之機深入于三昧，致魚禎不瞑之目莫伸于九年。覆訊之下，貴奇呼天求檢，誓不俱生。卑職以事屬多年，不檢則無以慰死者之死，必檢則無以求生者之生。再四思維，仍以檢埋兩請，于魚禎若有歉者。仰祈批示，以便遵行。至于田福等所犯罪名相應，仍照原招追擬，各無枉縱。伏候憲裁定奪。

六月初九日粘同原招覆詳。二十三日蒙按察司色批：『事關贓私人命，仰縣詳請撫憲批示定奪。繳。』

查得田福案内所犯，不敢不據實申請。憲臺三晉總憲，通省人命贓私盡歸平允，一經憲裁，自成鐵案。卑職安敢越次妄詳？伏祈憲批定奪。卑職遵奉發落。

二十四日具詳，二十九日蒙按察司色批：『田福既係地方惡棍，始而喝散城夫，繼而統兇毆搶，目中尚知有法紀乎？復據該縣詳稱，福有真贓應追，更有冤命宜檢。如此情罪，自應詳請撫憲批示遵行，豈本司所得擅主者？仰縣仍遵照前批速行，詳請院示可也。此繳。』

詳撫院

看得田福惡積十年，讎深萬姓。自憲臺諭陽曲縣押福回籍之後，虎阱雖嚴，狼心愈毒，惟恐怨積通都，一朝告發，日夜結黨，圖謀逞兇立威，以箝人之口。始乘山寇氛祲，毆散城夫，而觸目者魂飛。旋因請托不允，搶奪子衿，而呼天者蜂起。一經詳審，萬姓歡呼。除續控多詞未敢概申，至于同詳三案，若指詐良善也，則高、張兩家立破；若殺害不幸也，則魚禎一命沉冤。贓明供確，卑職屢看無枉，雖遠犯赦前，近犯赦後，憲臺如天之仁或可寬其一死；而殺人之父、破人之家。交民搶地之痛，終難與之並生。卑職身爲交令，不敢不以交民之心爲心。今將李啓煥等四案，按福應得罪名分别追擬，恭候憲臺批示外，其韓貴奇九載奇冤一詞，或行檢抵，或行給埋，統候憲臺裁奪。

七月初三日申詳，初七日蒙巡撫達批：『律例有一定之條，赦詔無不遵之款，非以本犯之惡迹可意爲輕重也。田福積蠹窮兇，業經本院訪拿枷責，押回原籍。乃仍怙惡不悛，輒敢阻撓守禦，毆傷城總，喝散城夫，且復造流惑衆，誠愍不畏死者也。該縣審訊既真，何難立斃杖下，除元惡以快人心？不則亦當大加創懲，折逆謀以安百姓，何以僅責家奴？請詳發落，將無姑息太甚乎！抑且懾其餘威也。至甫審出門即挾浼情不遂之憾，率黨行兇打入劉必颺之家，碎其門窗，毀其書籍，毆人搶物，似此兇横幾于白日爲昏矣。二事各有應得之罪，自應從重律擬，又奚煩多口之交攻乎？但擬以搶奪刺配，似猶未妥。夫所謂搶奪者，志在于財物也。今福因不爲説情之故，遷怒于必颺，遂乘其悻悻之忿，糾黨入室，思欲得必颺父子而甘心焉，與搶奪者有異。若夫措詐高朝、張三珍二案，情固可恨，犯在赦前。查赦款内開有以赦前事訐告者，不與審理；即以其罪之今斷，追贓免罪，是否允協。再，韓貴奇之控父命，雖讎深不共，奈所犯亦在赦前；即使檢出真傷，恐難違赦擬抵，是愈重死者之冤也。仰按察司覆加嚴訊，確擬妥招報奪。初九日司票行縣，仰將田福等一案犯證作速確審，依律妥招詳報，以憑核明提審。繳。」

詳按察司轉報撫院

五看得田福一案，歷經嚴訊，供明證確，詳擬搶奪刺配，遵詳撫院送憲批審。切福當寇氛方熾之時，阻撓城禦，毆傷城總，喝散城夫，造流惑衆，按律則有謀叛未行之條，有造言惑衆之款，絞斬何辭？但原情則逆謀雖露，核實則勾煽無形，事屬矜疑，情非輕縱。至打搶劉必颺一案，按律，凡白晝搶奪人財者，杖一百，刺徒三年。按例，凡兇徒因事忿争，執持兇器傷人，及圍繞房屋棄毁器物、搶檢家財者，發邊衛永遠充軍。卑職因福率衆打搶劉必颺之時，口稱索債，是志不在財而其迹猶在財也，故從搶奪定辜。今蒙憲駁，福因爲不爲説情之故遷怒，乘忿糾黨入室，思得必颺父子而甘心焉，與搶奪者有異。是卑職三復引條，終成泥迹，而憲臺一言明照，直無遁情。田福等應得之罪，允宜舍律而從例，卑職不敢辭誤引之愆也。再如韓貴奇父命一案，原屬赦前，但控縣之詞，死未詳其歲月，及盈庭之證，情又涉乎故謀，似福所犯原屬不赦之典，故以檢埋兩請，非敢故違恩詔也。今福等遣戍，已足創元兇而快萬姓，亦安忍出之好生之內，入之必死之中？況貴奇見福等遠徙他鄉，稍足伸不共而慰九泉，亦不忍出重傷之屍再受一檢之慘。自當仰奉憲批，遵赦免究。若乃高、張二案初擬追給，實以二人受害傾家遺逋莫楚，不得已而爲平情之斷。今魚禎一命已叨解網之仁，則二案贓私自無容追給者也。白玉秋、崔廷秀仍以杖儆。

十六日，將田福、田自友、侯國成等擬戍招詳，二十四日蒙按察司色批：『田福阻撓守禦，毆傷城總，喝散城夫，且造流惑衆，以致當夜南城一帶並無一人登陴，倘有不測，其罪可勝誅乎？二事並發，自應從重律擬。撫憲駁批甚明，今僅以戍遣，所擬尚屬未協。況該縣前詳福統領二十餘兇，今所擬又何僅止三人耶？事關阻撓守禦，不便輕縱，仰縣務遵照憲駁情節，秉公研訊，究提餘兇，妥招報司，以憑轉報。繳。』

申報撫院按察司

看得田福律應重擬，死有餘辜。今于本月初二夜畏罪自縊，雖未經刃戮，已合繯刑。至于附從兇黨，仍當擬罪，但首惡既除，似宜從寬。伏乞批示，以便遵行。

蒙巡撫達批：『仰按察司查報，司據縣詳，加看報院。』又蒙巡撫達批：『昨據縣詳已批司查報矣。此繳。』初七日，司票行縣：『仰縣嚴查確情報，仍候轉詳院示行。繳。』

申按察司轉報撫院

看得田福屢犯重辜，未蒙定案，雖身羈囹圄，不便鎖鈕。兼之積惡素彰，餘威尚在，頤指禁卒無異家奴，偃仰重牢有同客舍。卑職奉憲批定擬重究餘兇。福自揣罪惡貫盈，難逃三尺，乘夜自縊。嚴訊禁卒吕名成等，並無受賄情弊，似應免擬。福既斃獄，不啻閤邑歡呼，喜其死而恨其遲。即伊親兄田富、嫡姪田自德及伊妻奴，亦莫不恍然若出之水火而予以更生。平日剛狠横行若此，今得保首領而死，幸也。業經屍親領埋在案，無庸另議。至若已審在官之田自友，在逃之侯國成，並未經查明之餘黨，實係懼黨威而從指使，情有可矜。大憝既除，當寬一面，已擬者嚴加責懲，未擬者免其拘究。恩自憲開，卑職不敢擅便。合無申詳憲臺，轉申結案。

十二日蒙按察司色批：『仰候轉詳示行。繳。』司據縣詳，加看報院。十五日蒙巡撫達批：『田福縊死，既經查明，姑如詳結案。繳。』

劣衿蠹役表裏作奸沉匿案卷報憲黜審事 申撫院藩臬道府。

竊照交山積賊，仰藉憲威掃除，年來路不拾遺，真成太平景象。近復有無知山民挖取鉛砂，夜聚曉散，已經地方密報，到縣詳查。從前山民聚集情由，皆因城内劣衿勢棍糾結本縣書吏，因以號召山民挖鉛取利，無事則安坐而分肥，有事則挾黨以制官。即間有執法縣令，亦不過將挖鉛山民枷責而已。旋止旋興，卒不可禁。而所謂劣衿勢棍者，訪其人，城中確有姓名；窮其實，山民不敢指證。此釀盜之根，歷世相傳而不能絶也。職任事久，始窮其故。本年正月十七日，嚴飭快役孫承榮密拘在山挖鉛人犯武振父子等到案，而劣衿任相治恃棍閆福、張三舉、吕海等四人，素係爲首，運粟接濟，坐本分利者，此番復在縣門内指揮調度。職立拘到案，審明輸服，情願自立甘結。如以後再有聚集挖鉛之事，相治情甘坐罪。即將閆福、吕海、張三舉責懲。又傳教官到縣，將生員任相治戒飭訖。當發一審單，寫明歷來挖鉛緣由，四人願立甘結附卷。三日後查取案卷，申憲請示禁飭，而案卷早已無存。新充刑書王仲禄自供：『是小的自不小心失落了。』嚴加刑訊，而王仲禄始供是同房房一霞説：『他們與了咱幾兩銀子，把這案卷與了他罷。』房一霞供：『原是任相治與了小的銀子，立逼將案卷取去，他是主謀。挖鉛的生員，一縣人都害怕。他要小的命也與他的，小的不與就要害小的了。正月十九日，小的同張獻光、王仲禄三個人眼同在刑房内與了他了』等語。取有各犯口供在卷，俟審日另詳外查。除盜必除其源，而審事務審其實。聚衆挖鉛，盜源所伏；沉匿文卷，法度難寬。但任相治係生員，懇祈批革發審定案詳解，庶黨棍不致鼓惑山民，而蠹役不敢恃黨藐法矣。

康熙十二年二月初六日申詳，初七日蒙巡撫達批：『任相治身列青衿，輒敢接濟奸民，挖鉛分利。業經審明具結，復敢賄蠹盜卷，大干法紀。仰詳提學道褫革除名，仍確訊究擬招報。』初八日蒙按察司賽批：『仰候撫院藩司詳行。繳。』蒙本府批：『劣衿蠹役表裏作奸，沉匿案卷，大干法紀。仰執法嚴究，仍候院司各憲批示行。繳。』初九日蒙布政司批：『仰候撫院詳行。繳。』初十日蒙學道董批：『仰即行學除名，仍候院司批示。繳。』各俱批發到縣，

於本年二月二十六日審明，看得劣衿任相治等糾衆挖鉛，被山主郭計虎密首到官。舍無知犯法之羣愚，而究主謀耑利之四惡，既取甘結立案，再請憲示嚴飭，亦足以永禁之矣。蠹書房一霞輒將原卷盜與相治攜歸，燒毁滅迹，致縣官無案可申。查明具詳，黜革嚴審。犯證初次所索，實止一兩五錢，獨取一半者一霞，各分其半者同役張獻光、王仲禄也。卷成灰燼後，復索六錢，則三役瓜分各得二錢也。任、閆、張、吕爲首，糾衆出力挖鉛，計其月日，則始自本年正月十五之夜，次夜遂爾被拿矣。計其贓則鉛砂四十觔，連人獲送，驗明封庫矣。房一霞婪贓賣法，但受賄未及一兩，僅與拱手聽命之二役一例，責革實有剩辜。四惡倡首挖鉛，若止擬相治以盜官文書之杖，反失之縱。今相治既革頂爲民，應與閆福、張五、

呂海照盜掘礦砂不曾拒捕，人數不及二十名，初犯律杖枷，亦足以償盜卷之罪。武振父子及任仲旺等十四名爲從，計贓一兩以下，各杖六十，與現獲鉛砂照例變價并詐贓入官，伏候憲臺批奪。查此案，職係二月二十六日審明，二十八日赴省招詳。緣三十日聞訃丁艱，徒跣奔署，未經申報，遂爾遲延，非敢故緩也。

於三月二十三日申覆，蒙巡撫達批：『依擬發落。繳。』

勸善

特舉賢令循良乞申從祀名宦以風吏治事

原任刑科給事中武攀龍等，公舉明季本縣薛知縣從祀名宦。

看得明季交城縣知縣薛國柱，視縣如家，覆民如子，遺愛在人，久而愈新。交邑僻處萬山之址，出郭數武，連峯插天。北距静樂，西極永寧、臨縣，周圍幾五百餘里。在承平之日，不免逃亡嘯聚，其在干戈搶攘之時，危可知矣。薛知縣當故明末年，流氛方甚，獨能包築城垣，不糜民財，不苦民力，不假刑撲，而大功克就。迄明末既恬然免交民兵火之災，在本朝亦屹然作晉省西南之障。是其功不獨在民，亦且在國；不獨在勝國，亦且在興朝矣。雖興利禦害固守土之當然，而崇德報功亦祀典所宜載。合無申請從祀名宦，四時侑享，以報勤勞。

蒙督學道徐批：『據詳，前令薛國柱筮仕晉陽，善政種種。愛戴既有同心，表章宜崇秩祀。仰縣置主入祠報。繳。』九年閏二月初八日，迎牌位從祀宦所，紳士里民改前祠爲遺愛祠。

循良已入名宦懿德宜進鄉賢公舉從祀以彰風化事 原任福建道監察御史李之奇等，公舉本邑已故直隸保定府同守常大忠從祀鄉賢。

看得本宦一介獨嚴，三立足式，本治家者治國，既興讓以興仁；惟知人者知天，能不愧而不怍。由其行堪砥俗，是以德可維風。幼讀公之文章，吾師乎想見聖人百世；公鄉墨孟義『聖人，百世之師也』，久爲天下傳頌。近悉公之政事，其成也不待用我三年。棺甫蓋而輿論僉孚，蒸嘗早祀名宦；骨已寒而典型如在，俎豆宜配學宫。合申上臺，俯從輿論，轉請從祀，以勵人心。

康熙九年三月二十日，蒙太原府鄧批：『據詳，已故常鄉宦政迹名行翩翩可宗，輿論公評奕奕推重，允堪崇祀，以爲表揚，仍候學憲批行。繳。』蒙督學道徐批：『仰太原府確查報，三月二十四日本府查取本宦實事到縣。覆看得本宦形影不愧，心迹雙清。輕財利而賑饑，恤患之必周；篤君親而竭力，致身之兼盡。除茲害馬者，長江桴鼓無驚；來彼澤鴻兮，上谷桑麻增色。走卒兒童，俱識行景高山；天地爾我，都知心同止水。真能獨立故不懼，若稍有欲焉得剛？士稟爲師，是處皆尊。壇坫里宗其範，無人不仰典型。應配蒸嘗，亟崇俎豆。擬合申覆。』四月初九日，蒙太原府鄧批：『看得故宦常大忠，一代偉人，兩儀正氣。文優行潔，諸生早已知名；怨釋恩敷，健兒皆爲悔禍。在鄉爲太丘之望，格人則彦方之間。七年賢書，足迹不入城市；兩宰巖邑，棠蔭且遍郊圻。教士新梓潼之宮，重儒與重道並篤；剿寇固潛山之土，允武與允文兼傳。冀以北江以南，走卒亦欽司馬；朝之上野之下，公論向道士龍。生爲廉能之官，匕鬯已崇名宦；没則正直之鬼，俎豆應薦鄉賢。』四月十六日轉詳，蒙督學道徐批：『仰府再行確查本宦履歷，取具事實甘結，一樣五本速報。繳。』

三看得故宦常大忠，氣骨嶙峋，文章彪炳。經營廟學，起文運之將衰；修築河隄，砥狂瀾於既倒。武緯文經並著，神君慈母兼稱。蠲穀立倉，人方懷其至德；捨棺掩骼，鬼亦感其深恩。流民招自劍門，既牧牛羊而奠鴻雁；巨寇殲於天柱，能驅豺虎以靖鯨鯢。惟重道所以崇儒，門可入而廬可式；真愛民自能潔己，葵爲拔而魚爲懸。共推有守有爲，可追蹤於外王内聖；欲得不屑不潔，又何愧乎孝子忠臣？斷宜列於賢祠，急當置之聖域。

四月十五日，蒙太原府鄧批：『仰候轉詳，學道批示。繳。』該太原府看得故宦常大忠，行洵稱賢，政集書善。文章之美，前在闆中讀之即已知名；德化之醇，舊過保定聞之依稀若面。至於孝親敬長，報恩忘讎，交城附省，一採便已盡知；若夫下士禮賢，招攜懷遠，直道在人，三復委無異議。前據紳衿呈請，該縣磨核宦迹各在備詳；兹奉功令謹嚴，憲臺覆查事實敢不確見？允宜崇祀，匪愧名賢，相應轉詳，伏聽上酌。』爲此呈詳，蒙督學道徐批：『仰候轉詳撫院批示行。繳。』該督學道看得交城縣故宦，原任直隸保定府同知常大忠，品望超時，文章冠世。孝親兼能友弟，忘讎且復報恩。節廉隅而耻干營，介節終身不易；本潔清以敷善政，治行歷任可師。讀書探濂、洛之宗，作吏紹龔、黄之績。宜崇俎豆，以表名賢。既經該府縣確查明白，取具册結前來，相應轉詳，合候憲臺批示施行。』蒙巡撫達批：『鄉賢事關大典，新准部咨，嚴飭未可輕徇。據詳常宦事實多在任中，從何開報，有何確據？且本宦去世未久，遽請從祀，是否合例，仰再加確查詳報，以憑酌奪。繳。册結併發。』

四看得賢者誠爲難得，康熙七年三月旨意昭然；祀典豈容濫及，山東六百餘人部覆概革。使本宦果有毫髮之可議，則縣官何敢冒昧以申聞？豈但後學楷模？實爲先民懿矩。在任勝其任，巴以東、江以南、冀以北，歷宦宦迹足千秋；居鄉重於鄉，選之里、舉之國、登之朝，立心心能如一日。憲批去世未久，惟其未久而無時不深，人慕久而彌光；憲查有何確據，確有所據而無事不足，相師據之以德。一鄉稱爲善，好非所阿；國人皆曰賢，察而後可。又況糧無擔石，子甫玖齡。由其家貧且孤，是以論公而直。惟斯人請從聖祀，愈是聖世無私；當此日得列鄉賢，庶幾鄉評不愧。

六月初八日，蒙太原府鄧批：『仰候轉詳。繳。該太原府看得故宦常大忠，政迹雖在屢任之中，行實已遍萬人之口。部例至重，大典不容輕徇；直道猶存，公論果爾難掩。去世未久，已爲蓋棺論定之時；闔邑共言，宜從奉璋崇祀之典。不敢妄論，相應再詳。』蒙督學道董批：『據詳，常宦取具事實册結前來，是否實迹再查。本宦於康熙七年病故，與事久論定之例果否相合，仰府再加確查妥看詳道，以憑轉院裁奪。繳。』

五看得故宦常大忠請祀鄉賢一案，奉上查核者四次矣。當此至公至明之日，益深其難其慎之思。本縣雖欲中輟，而不容已也！夫鄉賢之典，古今重之。人但知所以崇德報功，而不知實以維風範世。本縣毅然爲之申請者，非爲生者也。屢查屢核，務得其實者，又非徒爲死者也。使勢利之鄉皆好善而忘勢，重義而輕利，不依然二帝遺民、三代直道乎！夫述前者據信後者實況，本宦之正氣直節，真真希聖希賢，爲乾坤第一乘人物。前此載之詳文看語者，亦不過略舉其可見者耳。本縣非無據而虛指也，亦非無實而溢美也。實而可據，衆論既已，無間樂善〔二〕，諒有同心。即雖宮牆萬仞，固應俎豆千秋。

蒙太原府鄧批：『仰候轉詳。繳。該太原府看得故宦常大忠鄉賢一案，屢奉憲駁，疊據縣詳。在任在鄉，果皆古人之德；摭行摭實，宜祀名賢之班。夫壅於上聞，下屬不敢有泯没君子之迹；而遽爲中止，後日無以企尚論古人之心。直道猶在，公論不泯。此該縣毅然請稱非爲生，而本府屢次具詳亦非爲死也。相應表德，以慰輿情。』蒙提督通省學政董批：『仰候轉詳撫院批示行。繳。該督學道覆看得交城縣故宦、原任保定府同知常大忠德性醇謹，顯然當世鴻儒；行誼端嚴，卓爾後學宗匠。至鬻穀賑饑、舍棺掩骨種種善政，前看已悉，似應崇奉宫牆，以光祀典者也。』蒙巡撫達批：『鄉賢近日濫觴已極，是以奉旨嚴飾。本院前批常宦事實有何確據。且去世未久，遽請從祀，是否合例，原非過爲苛刻，良以俎豆宫牆，事關大典，誠重之也。今據詳仍止一味揄揚，恐其中不無溢美。仰再俟數年時，事久論定，徐議從祀未爲晚耳。此繳。』

興　利

復廠全生事 詳布政司、太原府。

看得交城平地不過三十里，其西北境周圍五百餘里皆山也。山民蓄木代耕，變價完糧，從無逋欠。歷來積貯山口南堡廠場以便交易，每年解納布政司税銀六兩。自康熙二年奸民争牙搆訟，前任巡撫楊因之革税廢廠。而文水奸民竟立私廠於文水之峪口，從此交山之木勢不得不拖至峪口變賣，而沿山數百里納賦良民俱不聊生矣。竊思山中不賣木無以辦賦，山口無廠場無以積木。今搬運鄰邑既苦民力，投牙别縣益費民財，守賣他鄉又失民時，木植幾何？得不償失，宜近歲之丁逃糧逋也。職屢據郭邦等具呈到縣，及臘月踏荒河北，身入窮山數百里，山民莫不涕泣陳情。職忝居民牧，敢不代爲申請？伏乞憲臺俯從民便，仍聽本地照舊立廠納税，庶幾殘黎更生、國課無悮矣。

二月初三日申行，初七日，蒙太原府秦批：『仰候藩憲批示行。繳。』初六日，蒙布政司達批：『仰太原府確議詳報。』二月初九日，蒙太原府查訊：『果否利害，審議妥確具詳，連人解府。』

覆看得交城錢糧之完欠，實由本廠之廢興，山鄉以木代耕，故輸納不難；交易得所，故買賣兩便：此本縣設立廠場，歷來相傳而不可廢也。自康熙二年，奉文不許設牙立廠，山口雖有空地，不敢堆木。既地無積貯之木，故買木者遂絶足不至，貧民上迫追呼，下苦饑寒，則雖廢時虧價，勢不得不寄賣於峪口之私廠，實出無奈，非民本心，是沿河變賣一説止可託諸空言，萬難見之行事者也。職喚齊各都山民，再三審問確議，得西山谷口水泉灘一處，地勢空闊，與河相近，允宜立場，聽山民自行貯木以爲交易之所，庶國課易完、窮民少蘇。惟是照舊納税，誠恐奸民不無指公攫利，致啓釁端。倘蒙免其納税，尤出憲臺恤民至意。原蒙發縣妥確具詳，理合連人解府覆審轉報。

蒙太原府秦覆：『詳看得交屬强半皆山，居民伐賣木植以爲完糧糊口之計，舊設大廠於武元關，山民售木最爲稱便。康熙二年止因牙儈就中射利，文民具控，蒙前任撫臺斷令不許立廠設牙，任民自行貨賣。蓋自廠廢之後，無地貯木，而買木者亦裹足不至，是以交民無奈，遂將所伐木植遠運文水。往返艱苦，得不償失，民疲糧逋，職是故耳，此該縣所以有復廠便民之請也。既經覆議，前來相應，准其於西山谷口水泉灘立廠，申詳本司。』蒙布政司達批：『仰將前院禁止立廠原案送閱，並查文水峪口於何年私設，有無抽税，一並查明詳報。』該太原府秦覆：『看得交民告立木廠一案，前詳已悉不贅。兹蒙憲駁，本府凛遵行文水縣確查。今據該縣申稱，文水峪口地方並無立廠及抽牙税情由，取有文峪都里地馮自榮等結狀在卷。既經該縣查覆，前來相應回報。』蒙布政司達批：『備閲原案，交、文二縣俱奉前院嚴禁、不許立廠截排收税擾害矣。奸牙何敢不遵，希圖罔利。若文水果無設廠，交城何以具申？本當拿究，姑從寬宥，仰府通行飾禁，聽民自便。如敢再違，即據實申報，立拿奸牙，重處縣官，揭報題參，决不姑貸。此繳。卷並發牌行到縣。』

三月二十九日，本縣親至山口水泉灘等處，傳集各都山民，諭以憲批，無不歡欣頂頌遵行。嗣後交山木植聽民自貯，本縣山口地方任其自行變賣，仍勒石嚴禁立廠，截排抽税、罔利擾民等弊，申報在案。

霸殺萬命事 康熙九年十一月二十七日，奉布政司轉奉撫院，仰交城會同清源、太原兩縣公審。

布政司穆批：『永濟一渠，雖年遠湮没，而載在縣乘，且清民執有明季萬曆年間買地開濬之印，信夫簿可考，非無據而然也。據詳，此渠昔自馬村流來後，汾水别流，河非故道，但查舊簿内開有洛陽村央各地主費過羊肉酒禮等項，則昔日之渠道在洛陽村似已有據，不僅在馬村矣。事關民利，仰勿拘成案，秉公確查明白，可否開濬，另具妥詳報該交城縣會。』

看得清源永濟一渠，源本汾河，路由太原洛陽村界行水。據萬曆三十九年印册，地畝四至開載分明，確爲清源羅郭、羅白兩都醵金共買。查其渠糧，因萬曆九年清丈時早已豁免，是清民原有渠地而無渠糧也。嗣因河流遷徙，渠徑漸湮，洛陽村民已經開墾成地，或廬渠上，或墓渠中，又不知更易幾主。白、郭兩都非不欲與之發難，其如路遥人散、契失糧空何？乃四年楊院一控，而詳允其開。七年阿院再控，而票押其塞。及至今歲紛紛疊訟，欲罷不能，於是有兩縣縣官捐俸買地之議，復有兩邑邑民認税開渠之説。是欲其息而適啓其争，宜憲臺有勿拘成案之駁查也。職平心而論，均屬民計所關，則當權其大小；果係地力可盡，又須辨其重輕。苟利吾民，何論隔代？夫以渠作地，利於洛陽一村之富户者不過數家；復地爲渠，利於郭、白兩都之貧民者何止萬口？且水之所趨，到處皆能灌溉，則渠成亦太原之利也。洛陽村民又何惜十數畝渠地，久假不歸，而必欲與鄰相阻以自雄耶？據趙川等供，太原鱗册俱載渠道，郭月祖墳見葬渠地洛陽村民。何不執鱗册一證，取郭契一驗，此案將不辨自明，而口説無渠，誰其信之？若謂汾河昔日南流，因此馬村有故道；今漸北注，是以洛陽無舊渠：其説近是，然舊簿内開有央洛陽村各地主費過羊酒一項，憲駁甚明，是河原經洛陽而不止於馬村也。且爾等何不指當日汾流故道以塞趙川口，而混賴無渠？又何以服兩都衆姓之心耶？近奉撫憲興利除弊之行，務期實力修舉，舉民興復，是凡爲民利所在，百世攸賴者，尚欲訪之耆老，搜之誌乘；即清民無地，尚當借太地以開渠，況實有可據者哉！職詳考原委，即簿籍昭昭可查；親看地址，則形勢了了在目：挹彼注兹，無容兩可也。然洛陽村民屢控不允者，其間亦自有故，以爲渠道久墾作地，每畝價值數金，必不肯聽人受水利而我賠田糧也，盍亦原其初一思之乎？相應准郭、白兩都順路開渠，凡洛陽村墓廬有礙渠地者，自當另濬。再丈所開之渠，折算地畝若干，令清源照地出糧，衆村受大惠而一村亦無大損，或可結此不結之案也。

康熙十年三月十八日，蒙布政司達批：『據清源羅郭、羅白二都趙川、郝滿等告爲逆天叛殺事。蒙批此渠前經該縣踏看明白，照舊開濬。其有礙廬墓之處，着令逶迤開導。渠成之後，按所占地畝多寡，俾清民認糧補價，有利於此，無損於彼，可謂曲盡民情。業已呈院，允詳在案。夫何奸民目無三尺，而敢於抗法横行如是耶？仰交城縣同清、太兩縣親詣督濬，如有抗阻，即將爲首藐法之人指名申報，以憑拿究。其占過地畝，即同兩縣查照時價，令清民給補，並地色糧石認明詳報。繳。』到縣。

會看得永濟一渠，清源闔縣之田望此汾水以灌溉者三分之一，不僅郭、白兩都也。自汾河口繞洛陽村至馬村而止，共長一千八百步，闊十三步，折算五里。自馬村至清源長頭村北而止，共長七百二十步，闊十步，折算二里。二截共七里，計地一百二十七畝五分，此渠路之經過太原者也。自長頭界歷羅白都至鵝池村而止，共長六千六百一十三步，闊十步，折算十八里零一百六十三步，計地二百七十五畝六分六釐六毫六絲，此渠路之經過清源者也。洛陽士民所霸者，門前咫尺必由之地，因以絶彼二十五里有零之長渠，誰則甘之？雖買自至元，開於洪武，年久難考，然地税已經過割清源，因萬曆九年清丈，概免渠糧，而永濟一渠遂成無糧之地。清民歷世相傳管業，所謂古渠者是也。至萬曆三十九年汾水南流，河口遠徙，又於洛陽村西買地半截，接濬馬村，印册開載甚明，價已付而糧未割，至今太民種地，清民即其租以完税，所謂西渠者是也。古渠即開西渠，今汾河復舊渠，路由古洛陽，士民盡滅門前古迹，清民疊控不休，乃指開西渠以塞責。嗟夫！清民所欲得者，水也。西渠不便引水，豈肯用工於無益之地哉？今蒙憲批，照舊開濬，職等督工六日而渠成。李監盧前、郭月墓左逶迤開通，幸所開皆李、郭之地，可以無争，偶有大樹塞渠，職等諭其紆迴數步而不能得之，渠傍之地主且曰樹生古渠，應伐彼樹，無削我田，是洛陽寸土尚不通融，清源古渠豈容久假乎？細查渠糧，糧無可認。糧尚難認，價將安補？若謂渠經洛陽是太原之地也，自然有税，然渠經馬村亦太原之地也，何以至今無太原之税？若謂渠經洛陽非清源之地也，因不納租，然渠經馬村，亦非清源之地也，何以至今納清源之租？詳識再三，不見洛陽士民片紙呈驗，李渭陽等雖甚惡劣，又何説之辭？最可恨者，清民積萬千之工而開之，劣生唤十百人而填之，種種强横，難以枚舉。執法當罪以覇佔，論理應追其租苗。今憲臺寬恩，職等不敢復爲究擬。事屬永遠水利，伏冀憲臺批府，仍行太原縣確查渠税果無具結，申覆再行，清源勒石，以傳永久。兩縣百姓，無不沐浩蕩之恩波矣。

爲請開無窮之地利以防不測之天時鑿渠引水用甦民困事 康熙十二年五月初六日，據闔縣士民呈通詳院司道府廳。

看得本縣西北山孝文一嶂，界連呂梁，長流不竭，實可資本縣之灌溉。因遠隔峻嶺，必假道文水而紆迴，以入於交邑。文民堵路買木，交民已困；索錢賣水，交民又困。交山之利，不能以養交民，反能以困交民。歷世相傳，有『兩河無用水，三座害民山』之謡。今三座崖積盗已平，文峪口私立木廠久奉憲禁，交之士民因害除而復思利興，是以合詞公請，情願竭力開渠也。職雖處苦私痛，勉力任事，但見士民呈詞迫切，呼號動地，隨即會同僚屬紳衿士庶登山循視，止隔東崖一嶺，山勢雖高，不難穿鑿。今士民但願各開山地，紳袍亦量捐己資。且沿山礦洞復相去不遠，既通山道，則此路爲康衢，人迹絡繹不絶，而奸宄可消。山中樵採達於村邑，則深山一草一木，俱足供窮民之饔飧，而合邑瘠田磽地皆可化爲膏腴。衣食有藉，盗賊潛消。雖一時疏鑿之謀，實百年樂利之計。職久任巖疆，熟知民困。在五日京兆，似不必代百姓而言情；然六載牧民，又何忍任千家之呼籲？民情激切，分應申聞。伏叩俯順輿情，救民疾苦，使無用之水化爲有用，害民之山足以利民，亦適符上臺興利除害之素心也。除將興工日期並疏引山道另文續報外，所有開鑿事宜先行呈請，伏候批奪。

六月十五日，蒙太原府軍廳周批：『鑿山非常之事，不遇其時不舉也，不得其人舉亦弗成也。人與時俱有，其舉之何慮不成？交民其無疑畏哉！仍候列憲批示行。繳。』蒙太原府署府事蔡批：『鑿山引水，使無用者化爲有用，害民者反以利民，具見該縣興除素心，但有無病民費力，仍候院司道批示行。繳。』蒙督學道謝批：『鑿山引水，爲利窮民，洵稱美舉。既係通詳，仍候院憲兩司批示行。繳。』蒙巡撫達批：『據詳，士民情願各出己力鑿山引水，開渠灌田，事屬因民之利，如詳舉行。但勿令衙役作奸，借端滋厲。繳。』

康熙十二年六月十九日批發到縣，職即會同僚屬紳衿庶民，於城隍廟中詢其開鑿事宜果否衆人允服，協力疏通，有無資費累及窮民。俱稱倡議由於庶民，鼓舞出自紳士，但工程浩大，不能無食用之費。衆紳情願出銀購工。職亦即捐貲助費，僉謀已定。職於本年七月初一日親至開山處所，相度地形，若從東崖嶺起手穿山，至石榴溝出水，則遠隔峻嶺拾層，爲力較難。登高四望，見本縣廣興村東，卑於武元城水泉灘者數十丈，中隔文水峪口開栅三十里，勢若弓彎，若穴地，弦直不過六七里，胡爲舍逸就勞？咨詢情形，蓋因本縣界山名曰『高離』。順治十八年，文民私立木廠於峪口，擅改此山爲『天台』，立碑其巔。本縣士民以荒山無主，荒地無糧，任其竊據，莫與之争，寧從遠處鑿山，不從近地疏水，懼之至也。職查閱通誌、郡誌、邑誌，俱載高離山屬交城，西北四十里。註云：『獨峯高聳，遠離小山，因名高離。』復查文水新舊誌，不但高離山不載，亦並無所謂天台山者。況縣界西北惟此山獨聳，餘皆培塿，益見古人命名有意。鄉耆言改名立石非遥，而碑文年月不久，其爲文民竊據無疑。職思疆界未可勢佔，誌書亦難突更，高離自成其爲高離，正不更爲改正也。

於是，從水泉灘下萬佛崖起水，開山三十四丈至托鉢溝底，通至碟子溝，則鑿閻王台山根四百一十三丈，由碟子溝底通至桑條溝，則鑿土地嚴山根二百九十一丈五尺。由桑條溝底通至虎喊溝出水，則鑿高離山山根三百六丈。源出本縣西渾二峪，經流半崖龍口，因名龍門渠。分晝夜兩班，七處興工，每處用夫十六名，粗工八名，鐵匠二名，管工四名。共用善椎鑿者一百十二人，粗工五十六人，鐵匠十四人，管工二十八人。善椎鑿者每人給銀五分，管工匠役每人給銀四分，粗工每人給銀三分，五日一領。

其所捐之費，則本縣陞任丁憂知縣趙吉士捐銀一千兩，鄉紳原任刑科給事中武攀龍捐銀五百兩，已故御史李之奇子貢生若泌、監生若沆共捐銀五百兩，現任直隸涿州等處地方參將吕成名捐銀三百兩，原任浙江仁知縣告終養知縣丁世淳捐銀三百兩，原任福建龍巖縣知縣解之麟捐銀一百二十兩，原任江南贛榆縣知縣張奇英捐銀一百三十兩，現任湖廣善化縣知縣孫浩捐銀一百五十兩，候選州同知常大孝捐銀一百兩，候選縣丞李若湛捐銀一百五十兩，壬子科武舉田志德捐銀五十兩。

其所用之工匠人役，則交山遊食貧民與挖煤偷礦之窮户，每日資工食以養生，而盗砂之衆皆爲良民，緑林之中咸成大道，數百年荆棘之地盡爲通衢，人迹絡繹不絶，而嚴冬可免竊發之虞。其引水灌溉所及之地，則本縣郭南二十里計十萬四千餘畝。凡有田之家，情願按畝出力以助工，而羣情踴躍，無不鼓舞樂從。其督工監視，則闔邑信服之敕封文林郎張純也，邑庠生燕國輔、李光斗、王雲拱、胡好古登簿籍，鄉耆申維弟、游士淳、韓守禮、褚俊掌出納，本縣縣丞汪潤斯、典史郭景明巡視，並無差役督催，决不擾累窮民。職復屢行查察，庶不至上煩清慮。

職雖去任在即，而從中經營區畫，不敢爲自己諉難任之勞，亦不肯爲後人留難守之法。自七月十三日興工，迄今月餘，漸有成迹可循；官紳樂助，現有資費可用。而此後小民按畝之人力將日用不窮。其成功遲速引濬公平，則在後日之繼起而任此事者也。謹將興工日期、開鑿事宜逐一備具緣由，繪圖呈閲，擬合申報。

八月十八日通詳，蒙太原府軍廳周批：『據詳圖，目空羣山，思通遠水，經營獨苦，利賴無窮，誠創見之偉績也。仍候院司道府批示行。繳。』蒙太原府糧廳署府事蔡批：『據詳，開鑿事宜井井有條，具見該縣留心民瘼。俟功成之日另文報奪，仍候列憲批示行。繳。』蒙督糧道署布政使司魏批：『詳覽圖形，該縣實心實政，誠可嘉，尚仰候撫院詳行。繳。』

蒙巡撫達批：『披閱詳圖，開山引水，具見該縣經營區畫爲民苦心，既有成績，仰速督竣工，以垂永利。繳。』

復行鼓鑄事 詳糧廳。

職奉來文，既不可派之里民，復不能取於縣帑。欲購之城鄉，則價廉而不肯賣；欲委之胥吏，則役貧而不能賠。疲困小邑，採買是艱。然鼓鑄出自奉旨，而銅價皆經部議，敢不竭力辦解？但交邑所屬雖有二十五都，深山疊嶂，沙礫不毛，河北民逃，錢糧賠補止得三十里平原，亦皆鹵瘠，實與土肥壤沃之鄰封迥別，民不聊生久矣。今派發銅價，則本邑與忻州、太原並皆三百兩，而接壤平衍之清源、徐溝並皆二百兩。若因糧而派，則忻州、太原倍交城，而徐溝、清源與交城等；若因地而派，則交城土瘠民貧，豈得與清、徐一例而施？今較之忻、太，果否一例？較之清、徐，果否高下？從公派撥，自應竭蹶以圖。此番既經派定，發價即不敢求縮於清、徐，而且復增其半倍，是不能無訴於上臺也！俯察交城，地糧土俗，固不能仰邀復減，然率土照臨，下邑偏受重累，似非覆載無私之意。伏乞垂照下情，寬之時日，鈞票守提，勢難旦夕完解，更冀撤回原差，免受困疲邑，則恤吏愛下均戴弘慈矣。

疏壅杜私以完商課事 通詳鹽院道府廳。

看得交城額定鹽引四百五十五張，歷年引課俱派里下。職七年到任，恪遵功令，招商行鹽，然而引壅課虧，恐累考成，敢不如額賠解？是從來累民而民不覺其累者，今日苦官而官愈覺其苦也。交城平下户口不及山鄉十分之一，商人賣鹽，一引額定淨鹽二百斤，山民計口買鹽，不過數兩數斤而止，部引萬不能碎給，勢不得不發與土販肩擔易賣。是賣官鹽者此肩擔土販也，賣私鹽者亦此肩擔土販也。山鄉窵遠，誰辨其爲公爲私？今據商人胡友組等具呈，設法銷引，合應俯從商便。凡屬商人招定官販，准報名印照，另給一籤，仍編號註其年貌於籤上。有籤者即爲銷引之官販，山民買鹽知所適從。私販無憑影射，官引自疏，商民兩便矣。

二月初九日通詳，蒙批行在案。

咨詢利弊事 申覆撫院布政司、太原府。

太原府奉布政司劄付，據蔚州申詳報院，蒙巡撫達批：『如詳通飭，勒石永禁，實力奉行。繳。』仰該縣查照蔚州批詳事理，即將包納等弊勒石永禁，先具遵依，徑報本院』等因到縣。

該交城縣看得交城夙弊釐革殆盡，既任民牧，凡一應興除皆分内事，又何敢以微細仰瀆憲聰？故前件於閏二月十九日具覆在案，今蒙憲行照蔚州申詳勒石到縣。職以爲利弊興除，不但州邑不同，即各邑亦且有別，正未可以一州之利弊概行通省也。有弊固當永革，革之惟恐不永，固當勒石以永革之，又未可以原無其事而虛空勒石，以革其事之弊也。即如文内蔚州徵收錢糧，有傳單代交不無酒飯銀錢諸費一款。查得交城徵收，並無傳單代交諸費之弊，惟有里長包收侵蝕累官之弊。職莅任之初，按赤曆令花户各照本身錢糧自封投櫃，里長經催，收吏經看，俱不經手，是包收之弊久除矣，不待今日勒石而後禁也。再如蔚州丁糧止憑傳單開數，是以告辨飛糧不一而止，今將九則科額刊入糧票以杜欺朦一款。查得交城各户錢糧俱挨赤曆細數備填易知，由單未開徵以前按户遍給，小民照單封納，絲毫不爽，若將科額復刊糧票，是由單反屬虛設。本無傳單欺朦之弊，原不待今日勒石而後禁也。再如蔚州歷年糧票銀袋，從來係裱匠發賣小民買票糜費一款。查得交城串單銀封，原係本縣辦就鈐印給與該書，花户自秤自封投櫃，該書分割串票，給一張與民備照，存一張繳縣備查，並無小民買票糜費之弊，亦不待今日勒石而後禁也。又如蔚州每年攢造赤曆各册，選擇里下善書之人幫寫，約費四五百金一款。查得交邑二十五都三屯造派赤曆由單陋例相沿，雖多寡不齊，亦有此費。職莅任至今，凡攢造赤曆由單召募書辦繕寫，用其辛力不償工價，以圖可繼，所用紙筆飯食官給有限，而省民之費無窮，如此陋弊除之久矣，誠不待今日勒石而後禁也。至於蔚州缸房有養賣官猪之弊，蔚州錢行有官銀換錢低假之弊，查交邑雖有缸房不賣官猪，交邑並無錢行，誰換官錢？不但無其弊，且無其事，又無容勒石者也。爲政不在多言，固當本實心而行實事；職分貴乎自盡，保必奉虛文以飾虛聲。卑縣確查明白，不敢套具遵依，理合據實申覆。

九年四月初七日申文，初九日蒙巡撫達批：『各屬利弊原自不同，前批通飭者，蓋就大同一府言之耳，非令通省一例勒禁也。仰布政司再行各府州轉飭所屬，如有與蔚州前詳諸弊相同者，則嚴行禁革；如無此弊，則不必勒石虛應故事也。仍行該縣知照。繳。』

革弊

嚴查假冒以清學校事 申督學道、太原府。

看得文武一體，假冒必嚴，所以重學校也。有他縣之人而寄籍於此縣者，籍貫必用此縣之都坊，保呈必係此縣之廩膳，互結必屬此縣之鄰里。即奉文清查冒籍，縣官尚得有辭申説，曰某生雖是他縣之人，所住都坊實是此縣籍貫，所以此縣之廩膳願爲保呈，此縣之鄰里甘爲互結，有分土而無分民，亦不必過爲深求矣。獨交城儒學武生麻琦、丘奠鼎、王享三人，册註待賢都人，里長程一柱、老人程攀先、鄰佑戴君召等甘結。戴珊册註大理都人，里長楊宦、老人王哲、鄰佑潘芬等甘結。周大成册註人和都人，里長李自貴、老人李德、鄰佑王付等甘結。岳成武竟不註何都人氏，亦無里鄰甘結。此儒學送縣之册可據也。職覆加查核，交城二十八坊都並無待賢、大理、人和等地方，交城里老、鄰佑亦並無楊宦、程一柱、李自貴等姓名。及詢本縣武生，無有一人出名肯爲互保。再詢本縣廩膳，亦無有一人出名肯爲結呈。康熙八年十月初五日爲武舉事，職遵奉駁牌，已經備詳在府。今覆蒙憲票嚴查到縣，又值考試在邇，職既不識武生麻琦等是何縣之人，又無保結可據，雖有倩代冒考之弊、過犯刑喪之事，將從何處辨之？一經發覺，是卑縣無辜而代此輩受過也。查順治十三年二月二十一日，部復禁革冒籍一疏，議得入學爲士子進身之始，冒籍一途委宜禁革，以後各學臣考務，責成提調官，於童生考試時，取本縣廩生的當保結真正籍貫，然後收録。如有朦朧事發，一體參究等因通行在案。今武生麻琦六人既無的當保結，又非真正籍貫，顯係假冒。職恪遵功令，理合申報，伏乞憲臺親行審奪，或賜批發查究，庶假冒杜而學校清，卑職可告無過矣。

九年八月二十五日申詳，蒙太原府鄧批：『仰候學憲批行。繳。』蒙督學道董批：『麻琦等既非真正籍貫，又無的當保結，仰縣確查緣由速報。繳。』

覆看得麻琦、丘奠鼎、王享、岳成武、戴珊、周大成六人，康熙三年以文、祁、盂三縣之武童未經府縣考試，突撥交城儒學，其籍貫則文、祁、盂之籍貫也，其里鄰保廩則文、祁、盂之里鄰保廩也。越一載，儒學不察來歷，昧冒具結送縣，前縣署事陳方舟未行清釐，因而送府轉道，此麻琦等所以得與前督學之考而附名學册也。至康熙八年，應試武舉武生陳大忠等具呈控告，而徐督學始憂之矣。今憲臺新任，弊絶風清，儒學依樣葫蘆朦朧送縣，職若復同前任，一例混結起送，是麻琦等業已冒籍而職又冒送也，有同罪矣。夫欺人以不知謂之冒，今明明别縣籍而又欲交城縣官具結送考，上下扶同，罪更甚於冒籍一等。今日即荷憲臺寬其既往之咎，不復過求；倘六生中僥倖一人中式，同學必有起而攻發者，一經部駁，難以申辨矣。

九月二十一日申詳，蒙督學道董批：『據申，武生麻琦等六人既係冒籍，自應除名，但查各生於三年入學，該縣至今有無地糧入籍，仰縣再一確查，妥詳報奪。繳。』

三看得武生麻琦等，既以他縣之人民而冒入交庠，且以他縣之都圖而混充交籍。職凛守功令，是以據實申詳，致蒙憲臺兩次批查，並查有無地糧入籍。職仰遵上行，隨經屢訊。據麻琦等供，以前任史學道考校太原，交城習武少人，遂爲一時權宜之法，移多就少，將麻琦等六名撥入交城儒學肄業。是以麻琦等仍以各縣籍貫附充交城縣，學業經儒學混送前縣，轉府報道考試在案。雖前道雅意作人，而殊不計及於有干冒籍之例也。但麻琦等原從文、祁、盂三縣赴考，均用該縣籍貫，以隔縣之人冒入交城，職不敢代人受過，理宜申請嚴究。而審其冒籍之由，委係前道所撥，即麻琦等尚有可原，且從來嚴禁冒籍本縣生童，慮其分占本籍名次，以故務行清查。今麻琦等自入交庠有年，同學亦已相安，除令更正本縣都坊籍貫外，並據地鄰里保稟生情願甘結前來，應否除留，伏候裁奪。

十一月初六日申詳，蒙督學道董批：『據詳麻琦等籍貫既經更正，准照應考等第入案。繳。』

申查武舉結册互異事 申詳督學道、本府，轉申撫院布政司。

看得設官分職，各有耑司，凡文武生員三代履歷及丁憂事故，必由該學牒呈到縣，本縣止據儒學牒呈代報，一切册結俱用學印，即以儒學原文申送本府者，責有專司也。今本縣壬子科中式第五十二名武舉田志德，八年儒學送考，三代結册註祖田讓正故不仕，父福存不仕。本年儒學送考，三代册結註祖讓正、父福俱故。夫父一而已，前註存，今註歿，中間三年並不見該學申報丁憂。職行查到學，又據該學牒覆，武舉田志德原係田貴之子，親伯田富撫養成人，並無過繼田福匿喪之事。將學書責戒前來細查，田志德確非田福之子。但志德既非田福子，何以册註田福爲父？既註田福爲父，又何以福死不報丁艱？雖取有師生里鄰印信甘結存縣，若不查明混結，咨部一經駁查，職難辭疏忽之愆。或係學書無心錯寫，或係志德有意匿喪，或係學官知而聽行，既經查發，自應據實詳報，伏乞憲臺訊究裁奪施行。

十一年十月二十九日申詳，蒙太原府知府周：『看得武舉一途與文舉並重，則預此選者自應慎重。今據交城詳稱，新中武舉田志德歷年册結皆爲田福之子，茲忽改爲田貴之子，豈歷年册結皆係差訛耶？雖本府於武科之日已在告病，止據原來册結起送，但事關科場弊端，自應轉詳。伏乞憲臺批行該管衙門嚴行訊究可也。』十一月初二日通詳院司道，蒙巡撫達批：『武生應試，例由府縣查明，取結起送。田志德既三代互異，當日何不確查，及今乃稱科場弊端也？仰提學道查明詳報。』蒙布政使司杭批：『據詳，新中武舉田志德册結皆係田福之子，又稱田貴之子，親伯田富撫養成人，顯係過繼匿喪，今何稱並無過繼匿喪？且田福既故，田貴存亡未明。仰將田福身亡月日、有無事故並田貴存亡情由查訊明白，以憑酌轉。繳。』蒙督學道董牌行本府：『仰本府官吏照批詳內事理，文到即刻嚴查。武舉田志德册結互異，情由果係學書作弊，抑或教官受賄，該府執法嚴審，務獲真情明白，依律呈詳報道，以憑轉院究處施行。事關達部，毋得遲緩。』俱蒙批發到縣，於十一月十四日嚴審，取供在案。

覆看得郭環、陳五福身充學書，朦混造册，以致田貴之子田志德於康熙七年三月進學時，竟填寫志德之叔田福爲志德之父。雖因田福自開三代，手付郭環，但郭環既知志德爲田貴之子，當日何不照會志德，而乃使其暗中謂他人父耶？及册報數年，田福身故，學書陳五福又不稟明學官，竟自改存爲故，照舊填寫志德三代送考。職素知志德非田福之子，但就該學來册照轉代報，及志德新中式武舉。職磨對三代，而志德册註田福爲父，又前後存殁互異，是以不敢扶同具結，而有申查武舉之詳也。蒙憲批發到縣，職齊集官役師生里鄰人等嚴行究訊。雖志德有父，未嘗尊田福爲父，而田福多男，實昧認志德爲男，其開寫父福而居之不疑者，則係福存之日素羡兄子勝己子，遂填姪兒作親兒，此固無與外人事，即其家人亦初不計及此也。舊學書郭環遵田福之命而註册，新學書陳五福又依郭環之樣以畫蘆，從中職掌所在應行覺察者，復憒憒無知，所以待職詳明，始煩上臺查駁也。學書郭環、陳五福不應造册朦混，除另詳招擬外，其該學訓導職有專司，茫無覺察，自應記過。至憲駁作弊受賄等事，卑職細鞫田志德之鄰里師友宗族人等，俱稱並無過繼情弊，且田貴止生一子，安肯過繼其弟？田福生有五兒，何須過繼伊姪？既非過繼，自然不應丁憂，既不丁憂，自然非係匿喪，非係匿喪，即非作弊，既不作弊，又安用賄此保廩之李白生、互結之魏國秀等？並里鄰宗族衆口一詞，共保無他，總係學書填寫之誤，所當改正前册，另行具結詳報者也。

本月十四日申詳府道，蒙督學道董查：『看得新中式武舉田志德乃田貴之子。貴於順治十一年二月内身故，志德年方二歲，其母孟氏亦亡，向賴伯父田富撫養。祗因康熙七年應考武童，例具三代履歷册結，而叔父田福時在省居住，素因愛姪志德生得伶俐，故將三代填福爲父。彼時舊學書郭環照寫註册，嗣後新學書陳五福並該學訓導王琇俱不覺察，亦依樣葫蘆。事隔數載，而田福已經物故。今志德中式，宜行該縣查取無礙印結，該縣是以有册結互異之詳也。兹蒙憲批道查報，隨行縣嚴查去後。今據該縣嚴審志德之鄰里、師友、宗族人等，衆口一詞，皆曰實係田貴之子，並無過繼丁憂等情，學書、教官亦無受賄情弊，總緣學書依樣填寫之誤，所當改正前册，另行具結詳報者也。其學書郭環、陳五福朦混造册，除另詳招擬外，教官茫無覺察，自應記過。』十一月十九日轉詳，蒙巡撫達批：『據詳，田志德既非田福之子，當日該縣何不查明？竟憑學册朦朧起送，今又仍前具結，其失察各官應否不議，仰再查明詳報，牌行本道備仰到縣。』

三看得生員三代履歷及丁憂事故，例由儒學確查具結，由縣申府，由府申道，府縣止照學結代報。一切册呈俱係學印，即用該學原文轉送府縣，未嘗另行申册者。蓋以府縣學應試生員，多者五六百以上，少者二三百以上，未有一日生員無事故者。正以府縣事務繁多，不能兼管，因設教官專管之。其丁憂事故，實係教官之事，而非府縣之事也。新中武舉田志德，職素知其原非田福之子，而不知其册内開填田福爲父。及田福死後，志德既不報丁憂，舊册亦應改正。孰知教官全無覺察，初因門斗之混填，遂憑學書而錯造，以致縣申府，府申道，道申院，總因有耑管之教官，所以遞相申報而不覺其誤。若志德實爲田福之子，而福死不報丁憂，是職之朦朧起送也。今志德終非田福之子，是志德不應丁憂，原應起送，當起送而起送，非朦朧起送也。及志德中式，例應本縣具無礙甘結達部，是則職有耑責矣。因取學册磨對，而志德之父竟註田福。職立時發查到學，即行通詳在案。是查發者縣官，而申報者亦係縣官，職未嘗失察也。至奉有今又仍前具結之查，從前難免朦混自應詳明，今日既無疑礙，又當具結。至教官王琇失察，職未敢擅議，相應詳報。

十一月廿六日覆詳本道，蒙督學道董覆：『看得田志德册結互異一案，前詳備悉，無容復贅。兹蒙憲駁，失察各官應否不議，仰再查明詳報等因到道。蒙此隨即牌行該縣，確議去後。今據縣詳稱，田志德的係田貴之子，終非田福之子，實係當日學書錯填，别無情弊，且已經檢舉詳明。合將學書郭環、陳五福批行該縣重責，教官記過外，相應免議，前册仍宜改正，另行具結。伏候憲裁。』十一年十二月初二日覆詳本院，蒙巡撫達批：『生員册結雖由學造，然必從府縣核明，具結轉送。今田志德三代混填，教官固不能辭咎，該府縣何竟以非專管藉口？尚稱未嘗失察，脱然事外。試部承訛襲舛朦朧出結者，果能無罪否耶？仰再確查妥議詳奪。牌行本道，備仰到縣。』

四看得設官以知縣命名，必知一縣之事，乃稱厥職。一縣之事有一不知，自難辭罪，又安敢脱然事外乎？在田志德本非田福之子，故應考不疑。職亦素知田志德非田福之子，故送考不疑，又豈料其入學底册，伊叔田福未故之先，久已捏填爲父哉？雖承訛襲舛失察固在教官，而照册轉送疏忽實由知縣。今蒙憲臺查及轉送各官，職自不能辭咎，但申送册結以後，未奉憲行，業已查明詳報，是職之照册轉送固難逃憲臺之責備，而職之查明通詳又當邀憲臺之恩宥者也。縱有疏忽，仰祈原情轉達，得邀寬恕。上臺樂育之弘仁與剔釐之大權並行不悖矣。

十二月初五日覆申本道，蒙督學道董覆：『看得武舉田志德實田貴之子，祇因其叔田福捏填爲父，其教官固不能辭記過之咎，而學書亦難免重責之條。至該縣照册轉送不爲覺察，疏忽之愆亦難逃也。但未奉憲行之先，該縣曾經查明通詳，似當邀憲恩宥恕，俾下吏得沾弘仁者也，本道未敢擅專。至於前册理宜改正，以便遵行。』十二月十四日覆申本院，蒙巡撫達批：『失察各官固難辭咎，但念自行查出，姑如詳改正，具結呈送。繳。』

蠹兵殺命事 詳按察司。

看得樂户最賤，日受人欺，安敢欺人？且納糧當差，亦係交城百姓也。王福即是營兵，縱有屈抑，應赴該管衙門控理，何得串差周文煥、臧伏卿持無印之票，竟從太原來至外縣，口稱奉司鎖拘人犯？設非稟縣查追，正不辨所奉之司何司也。竊恐此風一倡，縣官不能保有其地方，而盡一縣之百姓無一人不可執無印之票鎖拿矣。謹粘原票具詳，伏乞憲臺嚴批審奪。

蒙按察司賽批：『仰太原府查報。』

營造

申報捐修事 詳太原府，轉申布政司，報督撫兩院。

竊照交邑城垣，周圍五里，高下數尋，内土外磚，原不堅固。縣鎖萬山之口，路當太、汾之衝。國朝定鼎，戎馬頻仍，日遭蹂踐。自明季薛知縣修城，至今四十餘載。康熙二年七月磁、瓦二河交流，城中水深三尺，北城圮壞，北樓傾倒，其餘雉堞頹裂者百十餘丈。本縣城逼交山，非鄰封可比，若不亟築城守，雖嚴無憑捍衛。職莅任之始，不得已急治其標，待築長隄四百丈，以禦磁、瓦兩河水患。後查四城頹壞處所，悉令城總開明某城樓角殘毁幾所，需用木植若干；某城牆垣塌裂幾丈幾尺，需用磚石幾許，備開在案。邑中紳士既不慨輸，境内人民誰堪勝任？職既任地方之責，自應次第修理。先捐資二百兩，將坍毁之北城北樓於閏二月二十三日起工更新建築。所費不敷，又捐資一百二十兩。今北城樓牆於六月二十六日俱已修理完固，而工料尚有未給之銀。三城仍多崩裂之處，又不容不悉行修整，估費不下千金，職又輸資一百九十二兩。三次共捐資五百一十二兩。見今易買磚植，僱募人工，完日另册呈報。倘蒙上臺委官勘驗，或蒙撫院踏勘荒地經過交邑，親閲城垣，職所建工程正自一目了然也。事關修城重務，理合申報，伏乞電照，俯賜轉報施行。

康熙九年七月二十四日，申府照轉本司，蒙布政司穆批：『查該縣塌裂城垣從前並未報聞，今稱捐過之銀已修北門樓牆，而未完之工又復捐資，易買磚植，是否明確，仰府查明另詳報。』本年七月三十日牌行本府，備仰到縣。

覆：看得交邑城垣歷經數十餘載，頻遭水患，崩毁多年。備查所需磚植等項不下千兩，募捐罔應，設措無從。職任地方之責，不敢坐視頹壞，擇其坍毁殆盡之所先行修築，但事與請開正帑有異，初不敢遽以捐修細事仰干憲聽。不意工程浩大，一舉百興，北門雖焕然聿新，百廢實難容中輟。職復行勉捐，環城修葺，殆非一隅可比，用是報明。今奉駁查，自應停工候奪。修完者屹然在目，未修者塌裂依然，易買之磚植細數可稽，未動之捐銀絲毫見在。謹將已未完城工並易買磚植見在銀兩，一樣清册各二本申驗。或賜委别官勘驗，或仍敕職修理，伏乞上臺俯電，轉詳批示。

本年八月二十五日申府照轉本司，蒙布政司穆：『看得交邑城垣自明迄今，久歷歲月未修，是以北門樓牆傾倒，而其餘雉堞頽裂者百十餘丈。趙知縣築隄禦河後，再將坍毁樓牆次第修理，申府轉詳到司，本司隨駁該府確查。兹據該府申稱，交邑城垣久罹兵戎，水患崩毁已非一日，趙令身任地方之責，不敢坐視頽壞，然捐資修葺與請動正帑有異，所以初未申報。今查三次共捐銀五百一十二兩，將已修、未修處所造册及見在銀兩申驗前來。既經該縣自行捐修，其申驗之銀仰發回及時修理，完日該府委官驗明，取結册報，擬合先行申詳督撫兩院。』九月二十六日，蒙巡撫達批：『據詳交令捐資修城，具見急公任事。但轉瞬嚴寒，仰飭及時竣工，委員查驗具報，仍候督院詳行。繳。』十月初七日，蒙總督山陜部院莫批：『仰候修完之日通報。』十月初十日，蒙太原府知府鄧：『委本府經歷謝淳親詣交城勘驗明白，具結到府照轉本司。』蒙布政司穆查：『看得交城縣城樓雉堞年久未修，頽裂者百十餘丈，又兼磁、瓦兩河交流爲患。該縣職任地方之責，築隄禦河，捐資修理，前經具詳本院，蒙批及時竣工，委員查驗，俟修完通報在案。兹據該府委本府經歷謝淳查驗，堅固合式，並無派累里民，取具各結前來。則該縣之留心地方，深可嘉尚。相應呈詳，合候本院批示獎勵，以鼓勞吏者也。』十一月十七日蒙巡撫達批：『據詳趙令以城垣保障捐資修葺，具見該縣實心實政，如詳獎勵，以鼓勤勞，册結存案，仍候督院詳行。繳。』十二月初九日，蒙總督山陝部院批：『如詳獎勵，仍候撫院詳行。繳。』

爲移汛地換營兵以嚴防守事 申本府。

查得静安一堡，本縣於故明崇禎年間創建，開銷文水、清源三縣正項錢糧，所費不貲。明末遭闖□之亂，國初值姜逆之變，拆毁一空，片瓦無存。今故址尚在交屬中西都寨子村，去縣城一百四十里。小路崎險，不通車牛，一木一磚必須人工運送。職量材度勢，力任其事，計費銀八百六十六兩，堡建一新。本府及各縣並縣屬官員共捐銀一百五十四兩，闔邑文武鄉紳捐銀一百七十八兩，職自捐銀五百三十四兩。本年七月初九日興工，十一月初一日工竣，並無派累里民絲毫，所有修過衙門營房、動用物件等項數目，用過木植磚瓦、匠役人夫等項銀兩，備造清册三本，擬合申報。

赦宥

奉詔稽程事

竊照交城去省會一百二十里，赦詔頒行，可朝發夕至也，故君言不宿，誰敢稽遲？而制書有違，按日加罪。職舊臘二十一日省城郊外，隨各憲後接詔。正月初四日，又蒙本府票取教官王琇齎詔，近聞鄰邑清、文等處，謄黄發縣俱已接到，交雖荒陬，莫非王土，職引領東望，渺若無聞，監内援赦重犯又不便擅行發落，不得不具詳申請，苟非齎詔書生不諳律法，必然病卧家園。伏乞上臺立賜查詢，早行頒發，庶幾下邑囹空梏解，春氣早遍獄門之草矣。

九年正月十五日，蒙太原府周批：『已於初七日頒發，爲何尚未到縣？仰候查飭行。繳。』

蠹殺人命事 奉按察司。

看得徐步魁、武定邦、魏秉乾均婪奸蠹役，而李萬良亦刁惡頑民也。康熙五年，本縣河北都里長該李萬良應值，良推伊兄萬倉暫管。萬倉將花户錢糧侵收入己，前署縣都事陳方舟嚴比監追，萬倉欲催花户則已經侵收，欲自完納又花費殆盡，自揣囹圄幽羈夾打不免，於康熙六年七月初一夜自縊獄中。萬倉死而萬良逃躲不出。至本年四月職到任，彼見新舊不曾交代，錢糧款項未清，希糊塗抵賴以緩追比，乃於四月十一日到縣控告，即時拘審，萬良已赴省上控矣。四月二十日接憲批，職以人命重情，密令快役四處緝拿，於四月二十六日拘到，二十七日審鞫。據萬良口供，前陳都事追比錢糧五日，四五夾棍將兄致死。嚴訊犯證，俱供自縊，刑訊管慶並無行賄受賄之實。據隨問萬良，亦復俯首無辭。至火耗一百八十兩，據告徐步魁串通王之相收去。職嚴審徐步魁，而步魁乃馬夫也，王之相則係徵糧收頭，口稱正項尚未肯納，以致在監縊死，豈肯另納火耗？刑訊犯證俱莫招承，難以懸擬。至攤票一節，徐步魁招收十兩，爲央做保家之銀，與武定邦朋分，則其爲兩人入己之贓無疑矣。另有糧銀二十兩，嚴訊徐步魁並不招認，即誌之李萬良亦無確據。騾二頭、馬一匹，徐步魁、武定邦收領到官，前任陳都事以河北都歷年逋欠難完，將里下物件不論騾馬等項，追徵變賣完糧。所收騾馬三頭匹，陳都事已經變價五十五兩，凑補工部項下正項錢糧訖。查季禮一節，據李法供稱，武定邦受羢氈二條、狐皮一張，共算銀二兩，魏秉乾受銀一兩一錢。二犯亦即招承。徐步魁身應馬夫，受庶人在官之禄，應以衙役擬罪。武定邦、魏秉乾俱係糧書，皆爲衙役，三人贓浮一兩以上，照例流徙。管慶犯人在監不能防範，照獄囚失于點檢致囚自盡律。李萬良誣人賄買致死，合依誣告人死罪未決律，餘犯無干免議。但查徐步魁、武定邦、魏秉乾事犯俱在上年九月，則在康熙六年十一月二十六日赦前，相應均邀寬宥，仍行追贓入官。管慶事犯在上年七月，亦係赦前免究。其李萬良告狀於本年四月十六日，事在赦後，但狀内頗有實款，且李萬倉係伊胞兄，縊死雖無人賄買，而身死是真，或得並邀寬宥，是在憲臺法外之仁也。具招詳報，伏候憲裁。

覆看得蠹殺人命一案，徐步魁、武定邦、魏秉乾婪蠹情真，照例擬流，情罪相協。至人命一事，李萬倉實係自縊，與武定邦等毫不相涉。蒙批細訊，仰見憲臺慎重人命至意。職嚴鞫犯證，李萬倉因當五年里長，侵收花户錢糧，署官嚴比，萬倉既侵收而無可追之欠户，又花費而無可吐之家資，徵比既嚴，進退無路，故爾輕生。若止因催納不前以致欠糧，何難呈告花户，指名拘比？里長罪不至死，並亦可免監追。惟其侵收花費無可補納，一日不完一日難脱，財盡計窮，夜半自縊。至科派横索，酷刑斃命，嚴訊無憑。其馬騾三匹徐步魁收交，武定邦送縣，驗明變價五十五兩，於康熙六年十月十三日，凑解康熙五年分工部項下柴夫銀二百兩，有批差杜文成赴府交納，批迴在卷，委非武定邦等入己。職初任交城，寬以待民，嚴以御役，就事斷事。武定邦等貪蠹是真，人命無涉。且職於本年四月初二日到任，次日查攬權舊役，即將武定邦、魏秉乾責革收禁，因無贓款，未經擬解。列憲新莅，正當剔蠹蠹奸，肯令奸蠹漏網？徐步魁、武定邦、魏秉乾、管慶前招應得之罪，惜在赦前。李萬良兄死妄控，致蹈誣告之條，姑念伊胞兄縊死，雖無人賄買，而身死是實，或因激切過甚其辭，且狀内贓款頗實，倘邀寬宥，恩自上出，非職所敢擅請也。餘犯悉照原招，統候憲臺裁奪。

本年五月二十日，奉按察使司批：『據本縣具頂詳狀人李萬良狀告前事。狀稱積蠹徐步魁等告赴天案，蒙批本縣。不料糧書魏秉乾等手段通天，背取供招，未審一人，將良監禁黑獄。死者冤魂未伸，生者黑獄待斃。萬懇代天老爺掣詞親審，庶生死冤魂得申，積蠹不致横行。爲此投天頂詳上告，蒙批仰交城縣速結報。』蒙此，竊照蠹殺人命一案，本年四月二十日奉憲臺批發審問，即行出票拘審，於四月二十六日拘到，二十七日當官審訊，口供明白在案，二十八日具招詳報。本年五月初五日，又蒙憲臺批發覆審。職於本月十五日拘齊犯證，當官審訊。據各犯證口供，於二十七日確擬具詳。縣官衙門雖小，法度頗嚴，奉批審事前一日，上挂牌審日，大門外懸聽審牌，皂隸有押審小照牌。合縣人民、衙役衆耳衆口，共見共聞，勢難掩飾，豈有未審一人而即行申報？至李萬良原招反坐，照例擬流，未蒙詳允發落，不敢擅發，寧家送倉羈候。各犯則發監羈候，俱聽憲臺發落。況職兩次招詳，俱爲李萬良懇求寬宥，一片至誠待民，而反被誣控。誣縣令尚復如此，待百姓更當何如？據告魏秉乾等手段通天，背取口供，職招詳俱出己裁，非惟革役擬罪監禁候結之蠹役、蠹書不假詞色，即刑書、快皂絶不咨訪一言。職初任小吏，頗知自愛，况當上臺振飭剔釐之下，不敢糢糊混報，而職廉潔自矢，又無所容，其庇護徇縱豈有憑？在監犯人背取供招，自行申詳之理，稍識官箴斷不至此，刁頑誣告之風即此已見。伏乞憲臺俯察頑民捏告情狀，禁飭刁頑下吏。幸甚！

蠹國陷命事 奉清軍廳轉奉糧道。

看得徐步魁婪贓蠹役，而李奇亦健訟頑民也。康熙五年，本縣河北都里長李萬倉侵收花户錢糧。徐步魁身充馬夫，敢于鑽謀承票，往拘里長，恣肆欺淩。迨後來萬倉監比難脱，自縊於獄，萬倉弟姪不能忘情於步魁。李萬倉死於康熙六年七月初一日，越半載而李奇以蠹國陷命事詞控道臺，李萬良以蠹殺人命事詞控臬憲，一事兩詞，贓款無異，輪班黨告，俱批職審。再四嚴訊，霸贓田、收火耗、攤票糧銀絶不供招，似難懸坐。其騾馬三頭匹，則係牽來變賣，價銀五十五兩，凑解康熙五年分工部項下柴夫銀，批案足據，而非徐步魁入己之贓。惟得央保銀七兩，既有證據，步魁亦自招承。徐步魁合依衙役犯贓一兩以上例流徙。查事在上年九月，則在康熙六年十一月二十六日赦前，相應免罪，仍行追贓。除招報按察司，候詳允發落外，擬合一併詳明。李奇以赦前事控告，姑念頗有實款，或得上請寬宥，是在上憲解網之仁也。更有請者，據王之相等二十人稱係無辜受累，已經半年，今值天旱農忙，懇求免解。即李奇亦自供一時差誤，皆因步魁承票施威欺侮鄉黨，今亦叩求免累衆人，哀懇豁罪。伏乞憲慈俯察輿情，恩准免解，交民仰沐膏澤，不啻彼蒼之大注甘霖矣。相應詳請，伏候上裁。

貪酷虐民事 參府轉奉提督軍門。

看得兵以衛民，不得殘民，民以養兵，豈容縱兵？提臺素有愛民輯兵之威德，所以貪酷一案，必令府縣公同會審也。第兵民原屬一體，而憲批難容草率。本縣莅任旬日，從前地方事務未甚詳悉，遵批密訪查照。本縣崖底村等處設有駐防，把總蘇成甫禦寇防奸，兵民素協，各村稱頌貴府知人善任之德。一日，兵民口舌相争，互行告訐，亦即悔過，彼此相安。比差拘解登龍等到官，問其貪酷虐民一節，據供一時傳聞。問其竊礦一節，則指本縣巡捕典史郭景明，並蘇家塢十一村村保房汝奈等不致容隱，甘結爲據。總之，一時告訐，彼此俱無善言，貪酷盜礦之詞，皆屬子虛。至詰其不該謊告，則惟叩頭懇免。會審庶不致有荒農業，本縣非不念此，秋禾未佈、夏麥將收之時，一經提審，奔走伺候，動經月餘，廢棄農功，必至逋負國課。但憲案未敢擅便，相應關請貴府或擇定期審所公同鞫問，或詳請提臺恩准免審，或據情轉詳以憑憲奪，相應關請貴府裁酌施行。

飛嚇殃民事 詳學道。

看得飛嚇殃民一事，係奸民孫光星捏控者也。生員孟淑泗有栗色騾在陰三國家喂養，被陳應才、吳全盜去，光星爲之輾轉估賣，竟歸無着。孟生控光星，于府批清源縣審時，陳應才、吳全去留蹤迹莫測，周有仁、小武姓名隱昧難明。及追原騾還失主，而孟、陰未經收領。光星陽爲輸情服罪，陰行投控憲臺，希圖得志于淑泗。蒙批，職審行關提鞫，除陳應才、吳全脱逃未收外，據關到犯證口供，俱稱審明求息。職因其均係隔屬士民，既經處明，應請俯從士民之便，准其如議息訟。孟淑泗所失原騾，着照議赴清源縣領給。孫光星既已服禮求和，復行捏詞上控，奸險情態，擬杖以警。陳應才、吳全緝獲關到之日，另行詳報，伏候憲裁。

勢宦陷害父命累世奇冤莫伸事 奉驛糧道。

看得鄭立忠、鄭立功原係同族雁行，積仇二十餘載，訐告卷案盈梁充棟，而立功勢宦陷害父命一控，則波之餘也。立忠生性狠戾，罔顧友恭，因寇亂而挾詐立功之銀。立功控前院伸理，憑親處息，量償立功銀一千二百兩。乃立忠不償銀而以産抵，且不交業不開糧，而以空券抵。立功因復控，前臬批廳批縣，於是各處産糧始得開收，獨交城縣税糧一石六斗有零，則迄今不曾過割，猶爲紙上石田也。職研訊得情，立忠父子亦俯首無辭，情願開糧，中證李玘等合供糧開訟息等語。職即查鄭立忠之子鄭澄名下原抵與立功鄭□都廣會渠糧石地畝，立令兩家當堂過割清楚，仍令各具開收在案。立忠因亂挾詐，不控告則産不抵，不屢控則糧不開，本應律擬，姑念同宗兄弟，立忠縱欲自同秦、越，立功亦豈願終於參、商？既糧明事直，相應免擬，則變鬩牆爲既翕，悉在憲臺恩宥中矣。今將前由具申，伏乞照詳施行。

爲科歲併一事 詳督學道。

看得開報優劣，貴乎妥確，雖皆稱賢而必察，即曰可殺亦勿聽，非敢拘一己愛憎也。前蒙學臺查取生員優劣，職行學外仍細加廉訪，諸生中不無微疵小善，實不足以當憲臺之勸懲，是以不敢循套混舉，當據儒學並無可舉之呈，申覆在案。不意教官王琇又將生員邢國興列款呈送，今蒙審虛補考，提究學書。職查儒學學書郭環實係老病，未可加刑。況教官既以塞責認過，學書亦有可原。伏乞上臺憐其貧老待斃，姑寬申解，或批飭懲戒，非職所敢擅也。

九年十月十六日申府，蒙本府加看詳道：『奉督學道董批：「儒學送劣不實，仰將學書行縣責戒。繳。」』

爲請復衣頂以勵悔過事 詳督學道、本府。

竊照士以衣頂爲進身之階，人以廉耻爲守身之本。本之不立，不足以爲人，何得復名之曰士？職任事五載，仰體列憲實政實心，時以實行勵民，而于士行尤兢兢。公務之暇，率邑之譽髦同履四郊，申明六諭，勸諭農夫。數年躍冶者，漸歸陶鑄矣。本年二月，復修講鄉約之典，於聖諭每句之下加以勸戒，一善一否，即以本縣現在共知之事爲之申説，使愚民易於醒悟。而『和睦鄉里』之下其宜戒者，有本縣秀才申典好做狀、好拿訛，即極相好的朋友，也要嚇詐他。所以人人都怕他，叫他申惡人，他如今改過就是好人了；若不改過，你們鄉里也就容不得他了。這樣不和睦鄉里的人總是自家喫虧，所以教你們和睦鄉里，原欲因一善以勸衆善，因一惡以儆衆惡，使惡者皆化而爲善也。乃申典聞諭，翻然自悔，情願告給衣頂，改過自新，以杜外事。職聞之，不勝欣躍。夫天下惟頑鈍無耻者，不可以教誨。今申典有此知耻一念，耻于爲惡，即能勇于爲善。昔周處爲患于鄉里，人比之爲虎蛟，一朝翻然自改，令名亦即歸之。彼世之爲虎蛟者聞人言，且益鼓濤浪而肆搏噬矣。職傳申典至明倫堂，獎勵而勸戒之，申典亦唯唯受教，是尚可與進取者。況年纔逾壯，亦未及告頂之期，伏乞上臺俯念改過之一念，復其所告衣頂，使得有進身之階，以開其自新之路，將教施無窮，刑措不用，一轉移間，合邑士民頑無不廉、懦無不立矣。爲此，今將前由開具畫册，同已講六諭一併具申。

十二年二月二十三日詳請，蒙督學道董批：『如詳收復。繳。』

科歲併一事 詳督學道。

看得學校之勸懲肅，而後士習端；士習之甄別嚴，而後風俗正。此凡爲師保父母之責所最先，亦惇勵教訓之典所首重者也。交邑士習歷來囂譁，職莅任惓惓，爲之飭廉隅，敦行誼，循環簿記季月課程，五年於兹，所以兢兢範士者，毫不敢忽也。自康熙八年，劣衿張明盛捏款告官，蒙院司審明反誣，責革發配，是害馬者已去，不復敗羣矣。嗣於朔望講行鄉約，志在除莠護苗。隨有生員申典向冒惡人之名，自知譴罪，立告衣頂，悔過戢斂，較之頑劣怙終者有間。職念其悛改，許聽自新，已詳前任學臺，籲請復學存案。又有惡衿王名世，雖籍交城，實住陽曲，其囂訟不倫，久爲闔學不齒。職正在採訪劣迹，以該生久居陽曲，無由申報。近爲逆惡虧國剿士等事，院司審其反誣，移文督學，發儒學除名，人人稱快。蓋自張明盛遠配以來，人思濯磨，動色相戒，無有顯悖名教如王名世者。職雖不敢擬化蜀之文翁，竊自附於平原之史弼，借有梗化，亦寧肯使延至今日不亟爲之剪除耶？若使王名世家住交城，職早揭報矣。今蒙憲檄查取真正劣生，再三嚴切。職素懷疾惡，寧蹈庇奸，敢不亟爲凜遵，故違憲典？第交邑儒户，落落晨星，燭照數計，不俟察訪而盡周知。即有瘢瑕，總屬微細。該儒學王琇所報，亦不過循行故事。職實不與聞，若求其真正巨憝兇慝，實實難以强加。況奉嚴諭，不得以微過塞責。仰見憲臺矜慎至仁，何敢冒昧揑呈，有辜德意？職願甘具結存案。

八月初六日，蒙提督通省學政謝批：『數載鳴琴，澤加學校，諒無敗羣劣惡。既經具結請免，如詳寬免。餘縣不得援例。此繳。』

丁　賦

請旨事 詳府轉報。

覆看得原任布政司都事署交城縣印、今休致陳方舟，自康熙二年九月二十六日署事起，至康熙七年二月初七日止，在任四載零四月有餘，逐年正項錢糧纍纍侵欠，已經册報本官，在縣具結賠補，詳明批追在案。在府具呈寬限，本府批准。在案國課，安得寄家庫藏？豈容控騙？既係本官費用，自應本官補賠。但今五月有餘，所償未及十之一二，有賠之名，無補之實。且本官年近八旬，其子生員陳環又復逃歸原籍江南太和縣，往返四千餘里，是此處萬難完結者也。懇祈上臺具詳憲司轉報，照例移文原籍變償，庶國課不致久懸矣。

本府照轉布政司達加看詳院，蒙巡撫阿批：『仰候具題。繳。』

急保殘黎事 奉本府轉奉糧屯驛傳道。

看得交城土少山多，地衝民瘠，逃亡十已五六，僅存之百姓力不能支，十甲者或併爲八甲、七甲，或併爲六甲、五甲，其最困苦者併爲四甲。若一都十甲，一甲輪管一年，餘甲尚有九年之逸。今一都四甲，一甲輪管一年，三年一轉，民力愈困。兼之前任不無攤派，民窮財盡，實難措辦，所以大造之榜一懸，閻溥等遂有急保殘黎之控。蒙批縣審未報。職到任奉檄嚴催，思事干里役小民，疾苦攸關，務在酌議妥確，斯不負憲臺惠安百姓至意，因集奈西都士民當堂公議。據閻溥等供稱，無名之派向年實多，今自新任以來雜派既無，上差不擾，旬日之間當里役者已省費七八兩，若此輕徭薄役，即照舊十甲當差，各各允服。職猶恐反覆多端，再令士庶往外從公確議，停妥回報。隨據閻溥等具有情願照舊十甲應里結狀在案。職據理推情，一都十甲不易之經，因時合併變通之法，變通而未見得宜，曷若一守成法爲愈也？今士民既經允服，合無仍請照舊十甲應管里役。上既不倍國法，下亦不拂民情，相應詳報，伏候裁轉。

冒死陳情舉首錢糧事 奉府轉奉布政司。

本年六月二十日，蒙本府批據太原縣申詳前事。蒙批：『仰交城縣會同太原縣從公踏勘，奉憲催甚嚴，該縣毋得請辭，限文到二日内報繳。』蒙此，職理應奉批會勘，但交代未清，事務煩賾，河北逃荒撫慰招徠，日無寧晷。未奉批勘之前，又蒙按察司批委會審打死人命一案，已經太谷縣約日會審。今奉憲批踏勘，勢非旦夕之事。交城刁頑疲邑，縣丞鄭萬善又奉委解糧，城池倉庫典史不能獨力管揖，職豈能安心出外？倘有疏虞，又將誰責？且踏勘一節，自有該管官經理；即蒙撥勘，亦祈於附近遴委。今交城越清源而至太原，相距八十餘里，而太谷至太原止六十里，陽曲至太原止四十里，合無請憲臺另委附近鄰縣各官踏勘，以結憲案，以全縣務。緣係批勘事理，擬合申繳。爲此，今將前由粘同原發批詳，理合具申，伏乞照驗施行，仍牌仰本縣踏勘。

看得冒死陳情舉首錢糧一案，乃王爾吉欺隱地畝事也。太原周知縣據首審，實王爾吉改稻地爲沙坡，改平地爲山岡，飛灑包攬，那移詭寄，種種不一。職奉委清丈，因思平坡沙岡地形難掩，總撒新舊册籍可查，爾吉縱係神奸，即其現在之地，合之歷來之册，改自何年，灑之何户，舉足即見，舉目即定者也。但職於本月初一日，准清源縣關會同前去太原縣晉祠地方，即欲清丈，而霖雨連朝，大水滿地，禾苗滿田，勢難踏勘。清丈一節，原須地無種植，然後可施步弓。今正值秋成之候，黄雲遍野，步弓一無所施，即欲勉强畢事，勢且奸弊百出。職等一二人耳目有限，地有障蔽必不能清，有清丈之名而無清丈之實，反滋豪惡之弊叢。合無懇乞憲臺稍寬時日，俟秋盡冬初禾稼既登之後，遴委清丈，勒限終事。地畝一清，王爾吉自有應得之罪。今雖未經踏勘，王爾吉已於應納糧石之外，情願加認地糧六石，其爲情虚理屈可知。然即欲據此以定其罪名，則詭寄灑派與移丘换段，並那移等則減瞞欺隱諸條，未經丈實，勢難懸擬。懇乞俯察今日難丈之情形，准批展限，得俟冬初，無不可清之地畝，無不可定之罪案，亦無不可完之上件矣。

看得冒死陳情舉首錢糧一案，職等奉委清丈，按册查對，王爾吉名下，其全不報户入册之地共三十畝二分四釐三毫一絲五忽，從未納絲粒國課。今照地起科，每年該納糧二石三斗一升三合一勺七抄一撮，該納銀二兩八錢一分六釐五毫，其那移等則以高作下、減瞞糧石之地，共一頃七十五畝二釐四毫五絲六忽。除按年輸納改則糧銀外，每年隱糧八石四斗二升零五勺二抄二撮，銀九兩零六分九釐一毫。二項地畝，每年共該糧一十石七斗二升三合六勺九抄四撮，銀一十一兩一錢八分五釐六毫。謹將丈明地畝備造總撒清册呈報。職等奉有使地糧無虧之憲票，按畝科算，亦已公平。至或應節年追補，或應照康熙三年造有魚鱗册追補，並王爾吉應得罪名，俱因未蒙審擬字樣，未敢擅便，具由申報，伏候上裁。

清查絶丁累民事

看得河北一都山廣人稀，難施耕鑿，兼之數年災旱，以致丁逃糧逋，此都久成廢壞矣。職自本年四月到任，遍行招徠，其逃散他鄉者，稍稍復業。今職查得原額户丁，較之今日，十亡七八矣。以十亡七八之丁户，種十存一二之山地，完合都舊額之錢糧，則雖斧鉞在前，惟有死與逃而已。竊思國賦考成關係，職將捐俸賠納，則縣俸無幾；將賣産補償，而家産有盡。今歲勉完，明歲復逋，則職賠無可賠矣。幸蒙各憲軫念殘黎，春回窮谷。職遵奉實查備册申送，懇乞俯電轉詳。倘蒙具題，得邀恩恤無窮矣。

爲審丁三苦當除編徭九則宜復務革牢不可破之弊以甦民困事

案查本縣明季户口六千四百六十餘家，在籍人丁一萬八千六百六十餘口。門分九則，上上等則徵徭銀八錢一分，推而至於下下等，則止徵徭銀九分。加以胖襖、顔料二項派在丁内，共銀一百一十一兩零，通共額載丁銀六千九百五十六兩四錢二分八釐有奇。遭闖□傷殘，死亡過半，順治二年編審，闔邑丁不滿萬。當時本縣知縣高選懼缺部額，照舊編差，增虚丁二千五百名，共編一萬二千二百丁，編銀四千二百四十兩五錢七分一釐，丁之額銀尚未足也。乃聽士紳吏役顛倒其間，將上上至中中門則概行删去，由中下則起至下下則止，每則加銀一倍，共編丁銀四千四百二十三兩八分八釐。本縣下下一則原納九分者倍加一錢八分二釐，而貧民累矣。然丁之額銀猶未足也，又於地糧内每糧一石派徭銀一錢九分四釐，至今尚加地差銀二千五百二十五兩二錢有零。補虚丁以足部額，而貧富俱累矣。

切思地税亦輸，丁差亦納，絲毫皆屬國賦，似不必分。然糧從地起，徭自丁生，款項各載全書，實無容混。使地畝果旱果荒，尚當請蠲請免；豈人丁真窮真絶，不許議擦議除？嗟此巖邑，三十年來二千五百虚丁，皆實在人數代爲賠納，當時派納虚丁之人雖已故已絶，而虚丁不除，及至五年，編審又必求其人之親屬以補之。官問其由，曰此成例也，不可減。

當時幼丁未經入册，不但虛丁不管，抑且本身無徭。傳至今日，多有四五十歲絶不納差者，官問其由，亦曰此成例也，何可增？門單竟給婦人，赤曆半登鬼籙，此中弊竇何忍盡述？是交民之苦於虛丁者，一也。九則多寡有數，五年消長自分。縣官果能審實，上下其則，而不聽胥役；上下其手，邑無遺丁。原額自足，豪强歛迹；公道自明，何患不均哉！今減門則而增徭於衆多之貧民，民何以堪？是交民之苦於加則者，二也。地既有税矣，按税徵糧，原有定額。今丁數不足，又將缺丁銀派入地糧之中，由單明明呈部，地差明明加派，百姓既已賠糧，又賠糧中之丁，窮無所歸不流，而入於盗賊不止。是交民之苦於重科者，三也。職檢閲舊卷，並查從前編審各册及歷年申送由單，小民飲恨吞聲，莫可控訴；縣官傳訛習舛，誰爲改更？若不就憲臺令行禁止之時，本縣民安盗息之日，盡行清釐，交民苦中之苦不知所止也。

查職任内，招過河北復業之家及西山就撫之民，據册細核，生聚林林，除故絶老幼盡數擦除外，不但二千五百虛丁一時填實，足數之外尚多贏餘。若將目前增丁銀數盡加，而昔日丁差不敷，派入地糧，銀數不減，是交民三苦之外又多一苦，職得罪地方更甚於前任之高令也。合無申請憲臺批令，交城編審仍照部頒三門九則，按則均徭，定其上下。現在增丁若干，即將缺丁派入地糧銀内扣除若干。再過兩輪，生聚日多，漸次除盡，丁愈增而糧不累。上既無損於國課，下實有益於民生也。未經編審言亦無益，既過編審亦不復言。職適逢其時而隱忍無説，不但負民負國，實負憲臺矣。懇祈憲裁批示，以便遵行。仰縣照依編審，仍候院司批示行。繳。』蒙糧驛道謝批：『三門九則，歷有成規。按則均徭，定其上下，則丁益增而糧不累，國計民生均有攸賴。仍候院司詳行。繳。』蒙布政司穆批：『仰候撫院詳行。繳。』蒙巡撫達批：『據詳，從前苦累，值今編審，自應力爲清釐，但陞擦門則務須虛公審定，必期民累盡除。即於此舉，覘該縣之留心民隱矣。此繳。』

爲嚴飭虛公編審等事 具詳本府申驗撫院司道。

看得審編一舉，非審定人丁未易編成户口也。五年貧富消長，新老存亡，尚當陞擦收除，況交城□壞屠戮以後，歷世因循至今，所爲應陞應擦應收應除者不盡，取從前積弊而更張之不可。且赤曆姓名半登鬼籙，虛丁頂補原無是公。有貧苦之氓，妻子不保而賠納十數丁者；有富貴之家，宗黨實繁而應差無數則者。已經職於去年十一月十五日通詳列憲，批行在案。使非入歷來從不入之丁，加見在必不加之則，勾積年永不勾之差，則更張適滋擾耳。職手口不停，勞怨兼任，舊曆塗抹漸盡，現册添註一新，所入、所加、所勾無不虛公審定，必期民累盡除，以無負憲批而後止。除清出屯丁應另造册，凡本縣土著、寺院、廟觀、僧道，編入民籍，一體當差。其抄募雲遊輩本無定迹，概不徵徭，無憑併造外，查本縣二十五坊都，額載均徭銀七千二百六十兩六錢八分六釐六絲二忽七纖一沙四塵，康熙五年編定舊管除優，免其二百七十四丁不開外，實在行差人一萬四千九百五十九丁，徵徭銀四千四百二十三兩八分八釐。又土著幼丁一百六十七丁，徵徭銀三十兩三錢九分四釐。又久寓流民二百五十九丁，徵徭銀四十七兩一錢三分八釐。停免紳衿供丁五百一十二丁，各徵徭銀不等，共銀一百三十七兩三錢五分八釐。停免吏承人三丁，徵徭銀一兩九分八釐。以上通共人一萬五千九百丁，通共實徵徭銀四千六百三十九兩七分六釐。丁差不足，由單加入地差補缺丁額銀二千五百一十七兩五分三毫六絲二忽七纖一沙四塵。又外縣寄莊本縣糧四百七十五石二斗七升一合五勺二抄六撮二粒，由單加入地差補缺丁額銀一百四兩五錢五分九釐七毫，通共加補地差銀二千六百二十一兩六錢一分六絲二忽七纖一沙四塵，合成額載全書均徭銀兩之數。

今審得本縣各都新收新丁幼丁及就撫山民從不編徭入曆者，通共一萬一千四百五十丁。開除過捏名虛丁共一千二百七十二丁，開除過無後絶丁九百六十六丁，開除過故丁有子姪者二千五百一十二丁，開除過孤老無子姪者共三十九丁，開除過年老有子姪者共一千八百五十四丁，開除過病廢殘疾共九十九丁，開除過乞丐共一十五丁，開除過婦女共一十丁，開除過久逃不歸丁共六丁。以上九項，共開除過六千七百七十三丁，内除優免本身二百三十三丁另册造報不開外，實在行差人二萬三百四十四丁。陞過中中、中下、下上、下中等則共一千三百六丁，擦過中下、下上、下中等則共一千六百三十五丁。查舊額中中則無，照全書編派每丁編銀一兩七分，今審定中中則一十四丁，共徵銀一十四兩九錢八分。舊額中下七則照全書每丁編銀八錢九分，共徵銀六兩二錢三分，今審定中下則九十八丁，共徵銀八十七兩二錢二分。舊額下上則一千七十九丁，照全書每丁編銀五錢五分六釐，共徵銀五百九十九兩九錢二分四釐，今審定下上則八百五十四丁，共徵銀四百七十四兩八錢二分四釐。舊額下中則七千二十二丁，照全書每丁編銀三錢六分六釐，共徵銀二千五百七十兩五分二釐，今審定下中則五千三百九十九丁，共徵銀一千九百七十六兩三分四釐。舊額下下則六千八百五十一丁，照全書每丁編銀一錢八分二釐，共徵銀一千二百四十六兩八錢八分二釐，今審定下下則一萬三千三十八丁，共徵銀二千三百七十二兩九錢一分六釐。又土著幼丁一百六十七丁，編銀三十兩三錢九分四釐。久寓流民二百五十九丁，編銀四十七兩一錢三分八釐。停免紳衿供丁五百一十二丁，編銀一百三十七兩三錢五分八釐。停免吏承優免人三丁，編銀一兩九分八釐，仍照額徵派。通共徵徭銀五千一百四十一兩九錢六分二釐。除將新收各項人丁頂補開除各項人丁外，共增人四千四百四十四丁，共徵徭銀五百二兩八錢八分六釐。又清出外縣寄莊本縣糧一百二十八石九斗五升九合一勺二抄六撮五圭，照由單加入地差銀二十八兩三錢七分一釐。以上二項增出銀兩，俱應在丁徭不敷、加入地糧銀兩數内扣除抵算。俟下回編審再有增丁銀兩，漸次除盡；若復溢額，另增徭銀可也。

其晉府屯舊管人一十六丁，徵銀二兩四錢六分，内下中九丁每丁編銀一錢八分，共編銀一兩六錢二分，今審定下中則三丁，共徵銀五錢四分。舊管下下則七丁，每丁編銀一錢二分，共銀八錢四分，今審定下下則四十丁，共徵銀四兩八錢。又新清出永和屯丁五十三丁，俱係下下則，照晉府屯例每丁編銀一錢二分，共徵銀六兩三錢六分，二屯共增出人八十丁，共增銀九兩二錢四分。相應作爲溢額另造清册，刊入十二年由單，照數徵收解部。今虚丁概除，實數已足，里甲丁糧懸絶，勢不得不按甲爲之均平。除均甲清册另行造呈外，再查職通詳列憲九則宜復，今奉部文，增丁務照前全書門則編派，不便更易，恐滋駁查。

又職自去年十月入山擒賊，由冬迄春赴省會審，直至本年三月初六日，始得回縣編審。晝夜不輟，匝月竣事，並不敢稍違定限，理合一併呈明。至於編審册籍一切紙張筆墨併書役飯食等項，俱係職關防内署捐資自辦，並不絲毫派累民間。所有審定編審，均徭丁册五十四本及優免清册二本，總册二本，清出寄莊地糧花名册二本，並原審硃批陞擦收除草册二十七本，本縣印結二本，各里老公正甘結五十四本，一併呈驗，擬合申送。

本年四月二十六日申詳。本月三十日蒙太原府周批：『仰候轉詳。繳。』該本府周看得交城縣編審人丁一案，除開除老故久逃人丁外，共增出人四千四百四十四丁，增出徭銀五百二兩八錢八分六釐，又清出外縣寄莊本縣地糧一百二十八石九斗五升零，照單加入地差銀二十八兩三錢七分零。二項增出銀兩應在丁徭不敷、加入地糧銀内抵算。俟下回編審再有新增，漸次除盡。其晉府、永和二屯共增人八十丁，增徭銀九兩二錢四分，應作溢額刊入由單，徵解再查。該縣前詳憲臺九則宜復，但今奉有增丁照全書編銀之文，不便更張。查該縣於去年十月入山擒盜，由冬迄春赴省會審，直至本年三月初六日始得回縣編審，理合一併詳明。今據備造花名清册詳送前來，合候憲臺批示施行。』五月初七日申詳，蒙布政司穆批：『仰候核明彙造。繳。』蒙巡撫達批：『仰布政司確查彙詳報。繳。』

爲里甲今已均平懇憲嚴批以興除百年利害事 通詳撫院、藩司、糧道、本府。

竊照交城故明分里四十有三，順治二年遭闖逆屠戮，攢爲二十五里。俗尚詐力，而人畏豪强，富室圖與富民合併，則貧人自不得不與貧户相依。三十年來，河北荒糧，西山累地，無歲非現年里老賠納，兼以雜派加耗，月無虚日，應里一輪，必倒數甲。有一都而全甲累絶者，如陽渠之十甲，覃東之九十等甲，水東之一甲、九十等甲是也。有一甲而僅存數丁、十數丁者，如鄭段之一、三、六等甲，覃東之一、二等甲，河北之一甲，原瓶之八甲，屯蘭之一甲，中東之九甲，中西之一、二、五、九等甲，米東之一、三等甲是也。有僅存糧數石甚至二三石不等而亦充應一甲者，如市東之一甲，市崇之一甲，來蘇之九甲，義東之五甲，義西之五甲，覃東之一、三等甲，屯蘭之一甲，米東之一、七等甲，西南之九甲是也。有累糧數十石而人丁逃盡、闔都賠納，亦名爲一甲者，如河北之二甲，中西之一、二等甲是也。

職莅任四載，熟悉輿情，新值編審，故絶病逃諸丁擦除已盡，檢點累甲殘黎，幸而生存者不過數丁，乃與糧多户衆諸甲一體輪充里役，雖今日雜派概革，人人可支，安保將來終如此日？竊懼貧甲散而富户亦累，不同歸於盡不止。隱憂如是，歷任縣官亦非不願爲釐正，非因情求而不便改易，即以勢挾而不敢動移。至康熙六年編審，闔邑累丁控撫控道，批府批縣，必欲均平。究之紛紛搆訟，今日千人會議於省城，明日數都聚訟於各憲，必致照舊編甲，依然不均不平而後已。使自今不爲之更定，則永無更定之時矣。職晝爲此都審丁，晚即爲此都分甲。新撫山民亦俱就近細爲編派。或兩甲糧石相同，查其糧之實與不實，即不能不以人丁多寡相配。或丁多糧廣原屬一姓不願分開者，即以小甲均併如數，亦無偏重不齊之患。或丁糧相去不遠，自願守舊不動者。或結稱願與某某同甲，願求撥入別甲者。或有苦甲求益、累甲求分者。或丁糧相符可以不動者。或本甲富盛不能分開、貼以小甲户口幇成兩甲者。補偏救弊，務順人情；益寡裒多，惟持公道。總以本縣縣官一人之心，求合乎闔縣人之心而止，終無勉强割裂之事。榜示之日，罔不信從。但期二萬餘丁之得所，又何恤數十豪家之怨尤？亦可免於不均之患、不平之鳴矣。

又陋習相沿，同一納糧里民，而有里長、户甲、首户之分：甲首之畏里長也，如子畏父；里長之役甲首也，如主役奴。縣官每里科派一分，里長欣然樂從；里長每甲科派數倍，甲首不敢不應：此三百年來牢不可破者。職以爲納糧之丁均爲花户，應里之年即係里長，從前甲首名色概行革去，無人不可以充應里長，而科索之弊不禁自除矣。是非憲臺嚴批勒石，永遠興除，數年之後，必有豪富借名復舊以行其私者，貧民莫與之争矣。所有造完均甲丁糧清册各五十本，及新撫山民分都定甲册二本，擬合申送，伏祈轉報。

本年四月二十八日申詳。五月初二日，蒙太原府周批：『交邑里甲不均不平，匪朝伊夕，非大破情面毅然力任，不克永除萬年之害而無憾。本府於編審之初，即與該縣面議，務求順人情而張公道。今據詳内所列，其補偏救弊、裒多益寡，具見留心民瘼。至革除甲首名色，尤屬有見。仰縣勒石垂久。本府一面轉詳，仍候院司道批詳行。繳。』蒙糧驛道批：

『仰候布政司詳行。繳。』蒙布政司穆批：『仰太原府查議報，仍候撫院詳行。繳。』五月初一日，蒙巡撫達批：『仰布政司查明彙詳報。』

夏税秋糧宜仍復舊事 詳府彙報。

康熙十一年九月二十二日，奉本府奉本司劄付，蒙巡撫達案驗准户部咨前事，奉旨：『這本内事情，着直省各該督撫議奏，不必令其會同。欽此。』抄出到部，咨院送司行府，備仰到縣。即將該縣夏税秋糧自正月起徵，民人有致極苦。於五六月、九十月徵收，實有益於民人，而錢糧不致拖欠。歲内徵收全完，解送兵餉無誤。作速酌議妥確，申府轉詳。該本縣查得仁民實政，莫過緩徵，原不待旁咨而始悉者。然而國家大計首在理財，有司考成最嚴辦賦，是必上爲國家計，中爲有司計，下爲百姓計，然後可通行而無弊。今天下兵餉之所需，水旱災荒之所備，每歲盈虚出入之緩急，有大部籌之於上，非職之所可得而預言。至於民生之疾苦與州縣之利害，職誠計之熟矣。

夫國徵賦於民，民取賦於地，麥豆熟於夏，稻熟於冬。因時起徵，人情物理大公至當。然亦有不盡然者，西北與東南不同。東南之賦盡出於田地，春夏二時耕耘正急，民耕於野，吏呼於門，剜肉醫瘡，逃亡死絶，頻年拖欠，新舊雜徵。愈迫愈荒，上無益於國，下有害於民，而有司以身家隨之。誠能稍緩須臾，其爲便於民殆不可言。至於西北則不然，地少山多，隨俗謀利，往往不同。即以山西一省論之，平陽、汾州多商賈，利出於居積；潞、澤多機杼，利出於販賣；大同、太原多孳生樹藝，利出於幽林畜牧。雖有夏稅秋糧之名，原不盡待夏麥秋禾之熟。若定於六月、九月開徵，誠恐急公之民，財不納賦，易行費用；梗義之民，賦不蚤徵，愈至延挨。身任錢糧之責者，實不能不慮及此也。

夫民可使由，不可使知。今但將徵比二字分明，而上下胥賴矣。夫國賦本有常期，開徵宜寬而貴早；民力不可遽盡，比較當緩而必嚴。自應於二月出示，照舊開徵，但聽小民自封自納，不許有司擅行催科。如夏稅延至五六月，秋糧延至九十月之後，方許有司限期比較。仍於每年奏銷，稍寬時日，民不煩比較，而錢糧全完者爲良民；官不用比較，而錢糧全完者爲良吏。俾州縣各得因其民情地利，酌量緩急，則官民兩便，而國課亦不致有誤矣。

蒙太原府周批：『仰候彙詳。繳。』

哭訴旱災事

康熙九年六月初七日，蒙巡撫達批：『據定襄縣申前事，如有真正旱災果未得雨、秋收無望者，確查申詳，以憑轉報』等因，備仰到縣。該本縣查得本年一春少雨，二麥將枯。職於三月二十四日建壇默禱，殘春數日疊降甘霖。入夏至今，不絶時雨，業已申報在案。職又復履畝清查，凡有一抔未耕、一犁未種者必懲之，惡其失天時而棄地利也。今山鄉平下無曠土無隙地矣。乘時樹藝，可卜屢豐之年；滿目菁葱，實爲大有之慶。天本不旱，人何由災？但聽歡騰，不聞哭訴。職確查明白，何敢妄報？

蒙太原府周批：『仰候彙詳。繳。』

爲報雨事

竊照交城地少而山多，無泉可疏，無渠可引，農家終歲辛苦，惟有待澤於天而已。入春至夏，久亢不雨，麥根漸枯，禾秧難種，是所憂者不僅在夏，而在秋也。職上體上臺己饑己溺之心，下切下民爲雲爲霓之望，敬擇三月二十四日齋戒建壇，誠求默禱。是午雨降，越二日又雨至，二十七日雷雨大降，河流横溢，交山數百里無不沾足。二十九日未時起，細雨連綿，自夕至朝不歇，麥枯已蘇，禾秧可種。職雖不敢貪天功爲己力，亦當具文上報，以慰上臺霖雨蒼生之心。爲此，今將得雨情由理合具報。

户婚

興販人口賣良爲娼事

看得清源李姓有女，父母雙亡，寄食母舅杜豹家。年甫十四，豹受交民張全聘金八兩，以甥女妻之。時張全年二十七矣，以稚女配壯男，既失摽梅之吉；以舅家收甥聘，復乖奠雁之儀。而當時不聞李氏有一人起而問之者。逮張全依妻家住清源十餘載，李氏養男育女，母家並無往來。及與劉福成通奸背夫而逃，母家亦並無一人理説。此爲煢煢孑身也確矣。張全控告清源縣，枷責遊示，斷令奸婦聽夫去留，此於律例允合。全既恨其婦，復利四十金之身價，甘賣與樂户張悞年。悞年明識其私奔，張全明知爲落水，兩無異也。何物李現，冒稱李氏族兄，以賣良爲娼具控。本府批行徐溝縣照買良律，斷李氏歸宗；而本夫所得財禮追半入官備賑，且尚在候詳。現遽領李氏嫁與徐溝趙之旺矣，朋奸勾結，情弊顯然，似不可不直窮到底者也。夫淫婦逃獲，何名爲良？本夫去妻，何宗可斷？縱現爲李氏胞兄，亦難背律張主，況素昧平生乎？職酌律原情，期於允愜，張全係本夫，財禮不便追官；張悞年既失本婦，自當斷償身價；而李現之憑空作梗，累及三邑，一杖何辭？

十年二月初九日詳府，蒙太原府鄧批：『據詳，奸婦李氏桑濮私奔，淫蕩可耻，從夫嫁賣，律允協矣。但其夫張全娶經一十七載，育有兩男，衹貪樂户張悮年四十金之資，遽賣作娼，事屬已甚。奸徒李現冒稱兄妹，節外生枝，平地起波，此中必有染指。鄉民趙之旺因其斷歸，用銀聘娶，係屬無罪。樂户張悮年銀没人去，情屬可憫。應嚴鞫李現收過之旺財禮若干，斷還悮年。其有未足，李氏于年三月煙花亦足以償其身價矣。仰即遵行，以斷訟藤可也。李現仍加責二十板。繳。』

眛孫滅門事〔三〕奉撫院面諭交、徐兩縣會審。

康熙十年正月初九日，蒙巡撫達憲票，據平陽府呈詳鄭師顔一案招由到院，因疑情種種，故批解院親審。今本院親審各犯口供，與前審互異，合行發勘確擬，爲此仰交城縣官吏即會同徐溝縣查照批解姓名，嚴加研審，務得真情，妥詳具報，以憑酌奪。該交城縣知縣趙吉士會同徐溝縣知縣趙良璧，看得翼城縣續、鄭兩姓争兒一案，經年不决，以致波累多家。在楊氏、鄭氏、左氏三婦人積淫狡訟，固不可恒情窺測；而釀此禍端，以啓人倫異常之變者，實生員鄭州奇因奸所致也。楊氏再醮未終，三嫁而歸續聖道爲繼室，是其始進已不正矣。鄭師顔之妻左氏親生子女二人，男曰虎虎，女曰竹娃。竹娃者，鄭氏乳名也，年十三出嫁聖道之子王典，而爲婦續門者僅二載，康熙六年續聖道客死，其子王典七年三月扶父櫬歸，歸未數旬而王典又病故，父子繼亡，姑媳孀居，亦大不幸事也。劣生鄭州奇原借資本爲聖道營運，又以鄰屋假聖道居停，買娼婦雙紅爲妾，因與楊氏往來甚密。原其初意不過連愛妾之好而通其繼妻，及至喪心，又復因孀婆之淫以奸其寡媳，雨約雲期業非一日。在州奇則曰此予別宅耳，而積淫之婆楊氏、狡訟之母左氏且以是爲奇貨可居也。鄭氏身懷私胎匿産，母室左氏實爲收生，胎甫落而孩死，鄰舍亦不相聞，知此事者惟楊、左兩親母及行奸之鄭州奇耳。若謂左氏實不賣奸女，胎未墜即應急告州奇；若謂左氏恐楊家醜，胎既離腹亦應議嫁鄭氏，何爲隱忍不言而甘心至兩年之久？是狡訟左氏無日不以奸情詐嚇奸夫也。州奇自揣情虧，主唆積淫楊氏以毒謀滅殺控縣，索王典遺孩於鄭門以存續祀，無非欲塞鄭氏父母之口而先發制之耳，胡乃嫁禍移災、分其罪於風馬牛不相及之人左氏？受拶宜矣，而左氏親弟光燦且受責矣，左氏親兒虎虎又受夾矣。於是痛恨州奇入骨，欲保其子若弟，自不得不首親女之奸。鄭氏亦且讎視其母，堅供左氏匿孩以累母家親族，疊訟無休，竟成疑案。此憲臺有十不可解之駁查也。

然左氏告親生愛女以奸情，鄭氏捏私産血娃爲遺子，職反覆前案，任從府縣推敲，總無一供確據，是以冀城縣初審有俯容採訪之語，平陽府再詳有暫准註銷之請，而洪翼會審復有究未敢爲山案之看也。若非憲臺嚴諭，面飾務得真情，則中冓曖昧之事，陰騭名節所關，職等亦不欲直窮到底，過爲深求矣。生員鄭州奇誘奸是實，鄭氏業已和盤托出，而臂右黑黶、背面疤痕出之奸婦口中者，俱已驗實確證，褫其衿而擬以杖，有剩辜焉。鄭氏、楊氏犯奸果真，亦應的杖。按律載有奸婦從夫嫁賣之條，今兩婦無夫，自當官賣，財物入官備賑。州奇之妾雙紅雖未經官審，然以娼婦從良，又復誘良娼夫，行縣一拶，明正其罪，庶稍慰受累諸媪之心。鄭師顔告奸得實，則前擬城旦自應開釋，但師顔、左氏縱奸在前，發奸在後，均擬以杖不枉。快皂衛國寧等四人各受賍有差，照例責革，係告發之賍應追給主，仍嚴敕該縣以儆將來。至於多差衙役，原因牽告者多，則押審者自不能少，實非故縱縣役也。鄭虎虎畏刑脱逃，事寢自歸，均無容議。餘犯多人拖累已久，所當亟請憲臺詳允早發，寧家以結此案者也。

十三日招詳。十四日蒙巡撫達批：『據詳，鄭州奇以娼妾作餌，引奸楊氏婆媳，又復唆訟索孩以爲先發之計，敗檢喪心，真封狐而檮杌也。但鄭師顔與左氏係鄭氏之父母，其女恣鶉奔而責其父母以發其中冓之醜，是人情乎？查律有親屬容隱之文，今以隱忍不言，擬以賣奸，是否允協。且看云左氏以州奇爲奇貨而日以奸情嚇詐，何詳中並未審有嚇詐實迹？至州奇奸淫，雖鄭氏供稱鑿鑿，未經取有州奇與楊氏確認口供，亦無楊氏夥奸年月，難成信案。仰即申學道，將鄭州奇先行褫革，仍會同徐溝縣逐一嚴訊。當日商同雙紅作何引奸，是何年月，務使情形畢露，和盤盡出，並查是否赦前確擬妥招速報。其案內無干人犯，查明發放寧家。繳。』

覆看得鄭州奇之誘奸兩寡也，得其情不必盡其辭；而左氏之縱奸親女也，窺其隱，實欲誅其心：所以前詳未成信案而蒙憲臺之駁訊也。職等仰體詳慎之心，即日申請督學道褫革州奇衣頂，覆加審鞫。不但通奸月日州奇自寫供招甚明，而積淫楊氏從前堅供不認者，亦俱和盤盡出矣。在左氏知女奸而不發其醜，固有協於親屬容隱之條。然詢翼城土風，婦人再醮者仍須稟命母家，母家不允則人家不娶。是鄭氏之嫁，非如母家不能耑主者之比。以鶉奔之女當寡居之候，胡不亟議他適而聽州奇之私通者，且至二年？律以縱奸，非刻也。前審鄭氏供有『小的娘説我要告你婆家』一語，夫要告而不即告，既不告而聲言要告，雖未有嚇詐之迹，而已懷嚇詐之心矣。按律，奸婦從夫嫁賣。查續聖道猶有幼子孝娃，既然兩婦無夫，身價應給聖道之幼子爲養孤計，又未可執官賣備賑之説也。但兩寡俱去，孤兒安歸？或令楊氏攜子復居上韓村，永絕州奇行走，免其官賣以撫孤，於將來仍追聖道所負遺券，當堂焚燬，不許州奇復索，庶幾聖道父子幽魂藉以稍慰。此法外之恩，非職等所擅議者也。州奇有玷宫牆，允宜褫革。衙役衛國寧等贓係告發，合追給主，革役。所擬決杖九名，查在赦前者，相應分別免責。餘犯鄭居正等審屬無辜，遵批釋放。

十五日招詳。十七日蒙巡撫達批：『如詳發落。但楊氏犯奸情真，律當官賣。既查有遺孤孝娃，姑令速歸上韓村，留資撫養。然以三醮老嫗既自失身，復穽其媳，與續聖道夫婦之倫已絶，則在孝娃母子之稱應除，以㜸下老婦蓄之可耳。鄭州奇蕩越無忌，一褫未足弊辜。而楊氏、鄭氏乃匿其聚麀之醜，鼓其長舌之厲，風化所關，各重責四十板以爲男婦宣淫者戒。至鄭師顔、左氏縱奸無據，且所供服滿改適，持論甚正，應行免議。其黄之奇等各役承票需索，目無三尺，各重責四十板，革役示懲。及翼城令，衙役詐贓全無覺察；平陽府歷審朦混，洪、翼兩縣扶同率詳：均應參處，姑免深究。嗣後務須浄浣肺腸，力除錮弊，勿得以詞訟作生涯，以致智昏於瞻徇也。仰將招案抄申該府，令其展卷自慚。繳。』

盗母殺弟事 奉按察司。

看得孫琴與叔孫良周以沁源人攜家文水，堂兄孫應然因子孫禄不順於親，亦至文邑依琴等而居。康熙七年，然娶周門王氏爲繼室，隨來一子馬莊兒。又過門未旬日，生子改門兒，亦周種也。八年四月，然挈家復回沁源，旋徙襄垣。是年十一月二十八日，然病身故，王氏胞兄王國運聞知妹復喪夫，疾赴襄垣。九年二月初五日，將王氏並二子接回文水。閏二月十二日三醮而歸牛富林爲妻，主婚者琴母翟氏與孫良周也。越二載，孫禄始來文水清其故父所典屋業，孫琴執契不與，且索其故父原欠五錢之債，互爭以至於毆，因來孫禄盜母殺弟之控。使孫禄真心爲其父鳴冤，潞、太相去不遠，叔姪服制非疏，兩年中間何以音問不通，直至今歲正月而始發此難端乎？庭訊之時，孫琴以孫禄手字呈驗，有『日後出門改嫁不可留』之語，此既非爲子者所當出諸口，亦實開琴等以擅婚之端矣。不知夫死從子，琴等非王氏的親舅姑，何以竟不通知孫禄而即主婚受財以嫁禄之繼母耶？良周髦矣。念係房長免議，仍追其所得財禮銀九兩入官。孫琴與串通説合之王國運各應擬杖。牛富林明知王氏有子亦不與聞；孫禄母嫁二載，因争産而始搆訟：均應杖治。王氏夫骨未寒即行改嫁，念續娶無結髪之情，晚母少相顧之義，姑免懲責。房價二兩五錢，除扣還原借五錢外，仍應於孫琴名下追銀二兩給還孫禄。改門兒既係痘殤，又非應然骨血，應置不論。伏候憲裁。

蒙按察司批：『如詳發落。繳。』

冒死乞天斧斷奇冤以救蟻命事

康熙十一年三月二十五日，據汾州府汾陽縣朱思賢告前事，二十七日蒙巡撫達批：

『仰交城縣弔卷確查報。』即日申文汾州府弔卷行關汾陽縣提人。初六日人到卷至，即於是午研訊，取供在案。該本縣看得朱思賢乃故明宗室也，其父友蘭與叔友梅、友柏爲同胞兄弟。蘭子有四：長俊德，次順德，三思義，四即思賢也。俊德元配黄氏生一子明高，一女嫁宋姓。繼妻張氏生一子，即光裕也。俊德、順德於順治二年俱死於兵，明高亦爲兵奪去，時張氏年甫十七，光裕生未及期。蘭以宗亡國滅，媳幼孫孤，聽氏挈之別嫁賀門，蓋亦逃生免累之是亟，何暇主婚受禮、憑媒立約，爲異日計哉！氏既適賀，不三月而賀又歿，氏復挈孤而嫁趙還初。還初既娶氏於賀門，第知氏爲賀氏之婦，則光裕亦賀家子耳。在張氏自以青年三醮，既諱朱而不言友蘭，復因屬籍勝朝，希易姓以存胤，彼此含情，各緘其口。及友蘭年將就木，哀兩子骨朽多年，冀二孫生還有日，遂於順治十三年二月，將所生存家業撥立分書三紙，思義、思賢各分其一，留其一以待明高、光裕歸宗爲左券。其時起稿者友蘭，代書者友梅之子朱發祥，居間者友梅、友柏也。蘭以乃孫分書手授弟梅，梅不肯受，因寄存於俊德之女宋家。其年夏五月，友蘭棄世。越九載康熙三年，思義又故。蘭雖生有四子，此時儼然得爲友蘭之存子者，惟思賢一人。蘭雖衍有數孫，此時顯然得爲友蘭之嫡孫者，惟思義之子明禮一人。詎意思賢既忘其父若兄，而明禮更不念其祖與叔，反幸二孤之不復，而因以爲利，竟將分書所遺之窑産一典於李慶，得銀十五兩，在三年之七月，而友梅、友柏無一言。再典於李慶，得銀三十兩，在八年之八月，而友梅、友柏遂不能無言。其前無一言者以居間故，其後之不能無一言者以未居間故。於是，張氏之兄張近安轉將友梅索孤之語直告光裕，裕駭而問之母，始得托體之詳。裕知而索之姊，復得分書之據。趙還初一旦有子而無子，朱俊德歷年無嗣而有嗣矣。控縣歸宗，縣照現在控府清産，府批經歷司呈詳，原卷可查。梅、柏實主之，固思賢、明禮之所不欲者也。今明禮遠颺揚州，而思賢不惟不贖産付姪以蓋前愆，乃復揑詞控憲，致批職弔卷查報。職覆閲原詳，細訊各犯，前後真情俱已和盤托出，思賢亦不復偏辭巧辯矣。

思賢、明禮唯利是視，棄父祖之遺命，忍兄叔之絶嗣，不仁孰甚！友梅、友柏亦唯利是視，初以居間而聽其典，繼以不居間而首原情以逞其忿，不義何辭！除朱明禮照提擬結外，朱思賢與其叔朱友梅、朱友柏三名俱各擬杖示儆。李慶恃財謀産，致釀訟端，杖亦難免。其光裕應得窑産，雖據汾經歷詳由，因朱思賢曾供葬父有費，故於所典十五兩一契内，議令朱光裕貼思賢贖房銀七兩五錢以償葬費，然據朱友梅等供窑産内仍有羣房，先係思賢折賣，姑因分書未載數目，無從追還，即此亦足償葬費矣。斷令思賢速贖兩典李慶之房並所占住者，盡給光裕。其明禮得過之價，俟其回日聽思賢自取，再照此房原書内係友蘭遺之兩孫者。倘朱明高復還故土，此房光裕又應與明高均執所當頂定，以杜他日之紛擾者也。

本月初十日申詳，蒙巡撫達據此除詳批：『仰照另檄確審妥議，報外爲照。歸宗承產，先當核血胤之真贋，尤必驗分單之假真，方可瞑九原之目而服兩造之心。據招朱光裕爲廢宗朱友蘭冢男，朱俊德繼妻張氏所生。因逢改革，俊德兄弟二人俱死於兵，長子明高亦被兵搶去。時光裕生纔數月，方在呱呱，蘭以媳幼孫孤，聽其哺兒改醮，但氏非淫奔，即時值亂離，媒聘未能求備，豈高堂白髮主婚亦不與聞乎？張氏既母子相依，是友蘭已明知孤雛之有托矣。未幾，氏復失所天，又襁孤而適趙，遂名趙光裕，撫育成人，則朱門一點血，非趙氏一塊肉也。友蘭年將就木，立分單以待遺孤，不可謂非貽謀慮遠。獨怪蘭與光裕居住同城，非明高被搶無蹤者比，彼時何不呼之來？祖孫一面，天親繫戀，必然迥異尋常，便可斷此葛藤，何竟置之不相聞問、不相往來，一何忍而恝耶！且據朱友梅供，伊兄在時還叫朱思賢背地裏到趙家看看他孫子等語，果係自己男孫，何妨明目張膽？還初縱有撫孤之思，豈能斬他人之祀？胡爲作此曖昧行徑，致留後日之疑端也？至友梅、友蘭誼屬同胞，當日不肯收單，是何意見？豈遂逆知思賢之背父忍兄，吞孤占產，日後之成訟乎？今分書既從俊德之女朱氏取出，自當喚朱氏質明張氏果否係伊繼母，光裕果否係同父之弟，分單是否係伊祖所遺，則是趙是朱，真贋立剖矣。查友蘭所立分單，既有三紙在思義者，即物故而不可問，在思質者自當追出，驗對筆迹花押，則真僞自明。至李慶用價典房，抑有何罪？合行駁勘。爲此仰本縣官吏查照牌内事理，即將朱光裕等各情由逐一研訊明白，務令各犯證供吐實情，立剖真贋，妥議詳院以憑核奪施行，毋得游移草率，取咎未便。』

四月二十二日奉駁覆審，本縣覆看得朱思賢所控趙光裕，實朱俊德親生子，而張氏則俊德妾也，非繼妻也。使非憲鑒詳駁，推見至隱，職雖服其心而未析其疑，終難成信案矣。張氏年十四而歸朱，年十七而生光裕，在順治元年孟冬之近晦二日。是時明祚告終，宗潢遍索，俊德且不保其身，何有於妾？二年二月遣張氏歸於母家，聽其别嫁，乃氏去並呱呱泣者，説命挈之俱去。默默此心，蓋亦懼朱氏之不血食也。夫氏既出於俊德生前自遣，正不藉高堂白髪爲之主婚，又安問媒妁乎？死後嫁媳之供直妄語耳。乃於三月挈光裕而嫁賀，不三月而復死。其九月俊德與順德死於兵，俊德之長子明高搶於兵，思賢幸免死且搶，遂不免以其身爲兵。友蘭、友梅等不能爲兵，更不免移名易姓以免於兵，是時友蘭一家鳥獸散矣。張氏喪賀之明年，年僅十九，遂復挈光裕以嫁還初。十餘年間索緝廢宗之令一日未弛，蘭與光裕即居住同城，固未敢明召光裕而謂之曰『爾吾孫也』。越順治之十三年，時事漸遠，友蘭老矣，因立分書三紙以待二孤之復，其時一付思義，一付思賢。思賢方遠汛沁源，遂並所留二孫一紙俱付友梅，蓋在友梅並無辭單之言，在朱氏亦實無存單之事。憲駁宜也。至康熙元年而索緝廢宗之令始除，至明年而友蘭死，蓋距除禁之令不一載，固未敢遽爲藐遺孤歸宗計，當亦人情所有者矣。若友梅前供友蘭死於十三年，亦妄語也。繼而思賢同明禮將父祖所遺兩孤之産一典再典，因而不欲光裕歸宗之心愈切愈真。友梅、友柏始利其居間，終恨其見卻，一識光裕於棉花肆中，繼款光裕於狐侯廟内，又再携光裕拜認親姊於宋家，控縣報府，而光裕之爲朱氏子，友梅等證之，張氏言之，鄰里公結之，思賢獨不從而認之，何也？蓋光裕之爲俊德子，真也；顧其所控之事與所供之情真而僞也。光裕分單，實出於友柏手授，而云出於宋門朱氏，究其情，友梅、友柏正在祖孫交怨，恐復出分書於己手，爲斷理者見疑也。思賢所受友蘭原單，末行本云同胞兩弟，幅尾本無友柏作中，而光裕之單末行竟去兩字，增入友柏作證。究其故，友柏本以繼出立單，因不列名；今友柏既挺身爲光裕興詞，不便原單之無名無證，故假筆易之，在思賢前此不出原單，徒礙於單内『産遺兩孫』並『第二孫隨母嫁後夫爲義子』之句，今既真情難掩，投閲皎然，光裕所執之單雖僞而真矣。在朱氏固以分晚免拘，不能面訊其始終，而其子宋可興代母言之亦詳且確矣。李慶租産於友蘭未死之前，既久知爲厥祖授孫之物，顧圖之唯恐不盡，與用價典房者不同。友梅等受單於友蘭將死之歲，竟不念亡兄托孤之重，顧利之不得而争，與貪財盗賣者何異？所應與思賢同律以應得之罪者也。

二十六日申詳，二十七日申解各犯，蒙巡撫達親審畢，二十八日批縣發落。蒙批：『此案供吐譸張變幻，幾同牛鬼蛇神，疑竇難以悉數。總之，光裕謂他人父，水木固已久迷；祇緣梅、柏恨不爲中，風波遂爾頓起。不然，豈仗義存孤能執言於今日，何居間分潤甘書押於當年也？假令思賢後契亦經兩人之手，知必無此訟矣。彼婦之口既不足憑，老奸之言尤不可信。若以想當然之事，遽定莫須有之案，恐合浦之還反餒若敖之鬼也。九原難問，滴血無從，光裕是否朱裔，姑置弗論；即果係朱門骨血，祖歿未聞一號，既葬未澆一奠，春秋曾未拜掃，而遽欲承朱氏之遺産，揆情度理，誰則甘心？朱思賢雖似背父忍兄，尚係友蘭嫡子，其單内窑房應仍令思賢執業。若光裕實屬俊德遺胤，異日果能繩武亢宗，溯源薦享，友蘭父子有知，諒不吐棄也。各罪姑從寬免。汾守以承宗奪産之事輕批銜幕，殊屬違例。嗣後務須詳慎，姑免深求。仰縣遵照發落立案。繳。原單典契並發。』

富殺貧命事

看得趙茂，李巨鰲之佃户也，立約受價，爲巨鰲耕種地土。今秋禾已熟，自應呼田主看驗收割，而茂乃私自割歸。鰲子李二來收秋禾，見田無粍粒，因向趙茂而問之，茂復欺其穉子一人獨至，抗不爲禮。李二血氣方剛，鬬狠之狀勃勃欲舒，持拳相向。茂拒不容毆，李二大聲疾呼，而地鄰韓邦奉途人李進福勸解散去。茂揣巨鰲必行告己，先揑證誣控於本府蒙批。職審庭鞫時，趙茂干證無一到官，而巨鰲二證述其當日勸解情形，鑿鑿有據。驗趙茂之妻，刺腿瘡疤平復無痕；至詰其所告兇器，亦並無寸鐵；查巨鰲所議工價，則按時給發無負。趙茂既不問田主而割其禾，又復捏虛誣控，本應重懲。姑念貧民無知，擬杖以警。至巨鰲盜毆之訴，茂既係佃人，私割歸家，難同盜論。至毆打李二，嚴審犯證俱未招認，似難懸擬。餘犯無干，相應免議。伏候上裁。

命案

急救人命事 申府。

查急救人命一案，乃康熙六年十一月二十八日事也。本縣覃東都里老花巧結報王有長、王喜、鄭虎、武名甫夤夜鳴鐘，押送不知姓名一人到寺身死。前本縣署印陳都事隨行捕查。康熙六年十二月二十一日，據本縣巡捕典史郭景明將王有長等拿送到縣，王喜脱逃無蹤。有文水縣人張成，據稱係已死張明洪姪男，認識屍骸，因知已死之人乃文水縣人張明洪也。張成於去年十二月十五日，以乞天嚴查急救人命事詞控告文水縣；十二月二十四日又有張友以打殺人命事亦控告文水縣：此則一認爲叔，一認爲父而已，死之姓名皆指稱張明洪。康熙七年正月初六日，又有王友以劫財殺父事詞投控文水關提人犯到縣，因扳告二十人中有鬼名，人多未齊，未經關送。而王友於本年二月十一日，以打殺人命事詞投控本縣，則已死之人又指稱爲王自洪，而非張明洪也。本月十二日，王友乞檢前署縣行捕檢驗，據典史郭景明、仵作高崇金檢稱，右肋臁脅有傷有疤，右肘刺字，是屍曾被傷而人乃竊盜也。本年三月初四日署縣尤經歷查審口供，未經詳結，而王友又告。府批發文水尚未審報，王福又投控本府，蒙批到縣，不候審而往控，按察司批提矣。至鄭湖等大膀奇冤一事，則被王友等株連之各犯異詞而同事者也。

該縣看得訊鞫必憑原被，申冤全藉審理，而屍親尤防詐認。張成之認識死屍，則曰張明洪。後來告狀之屍親，張成、張友一認爲姪，一認爲子也。倏而再告則曰王友，而死屍亦改姓名曰王自洪。事經半載，倏又有王福出而告狀，則又認屍爲王志洪。死屍屢易姓名，屍親屢易原告，其情弊之難揣測者一。文水未審而往交城告狀，交城未審而往文水告狀，交、文未審而又往司府告狀，事經四五衙門，時閱半載，終不靜候審理，而苦累提解之差犯，其情弊之難揣測者一。人命即實，抵命不過一人，加功不過一二人，而乃扳扯二十人，原告到而被犯未齊，被犯齊而原告又上控，原被未齊，終難訊斷，其情弊之難揣測者一。職詳閱前卷，細察情由，路旁之屍骸難窮根蒂，故張明洪、王自洪、王志洪，死者固有游移不定之姓名，隔屬之苦主難查真贋，故張成、張友、王友、王福，生者乃有紛見錯出之屍親。總之，屍經檢過，有傷是實；右肘刺字，竊盜是真。王喜當即脱逃，餘犯遂爾展辨，即使抵命有人，亦恐屍主未確。職蒙批審報，正欲關取原告，而文水復奉臬憲關提，被犯礙難審理。謹將此事始末緣由並反覆不常之情節具由申報，或改批文水並審，或候文水審報之日再行發審，相應詳繳，伏候憲裁。

打死人命事 司批太谷縣會同審報。未審閱案，因將疑端擬問太谷。

擬得冉正隆打死陳貴林一案，奉臬臺牌内駁云『人命重大，並無確證，可疑者一』，此乃不易之論。又云：『雖三檢傷符，而指點傷、掌傷、拳傷俱紅色，則傷不重可知，何以遽能殞命？可疑者二。』然紅色之傷正未知傷在何處，即傷在致命處所，而屍親陳貴林所供又云，惡僕各持短棒磚石。及詰其惡僕是誰，棒與磚石誰拿，又供原不曾見，但是告狀，不得不是這樣，其爲奸民之誣告可知。及臬臺又詰，供稱：『他拿牛骨頭打死，見有致命傷痕，將骷髏上骨頭都打爛了，如不是打死，小的情願反坐。』既供原不曾見，又供牛骨打死，究竟棒在何處，磚石在何處，牛骨在何處。人命一憑傷痕，一憑證佐，閲臬臺詰詞，屍單上除了跌磕的傷，止有拳掌與手指等傷，傷痕與口供不符矣。即傷痕與口供相符，亦須兇器現獲，相比恰合，方可定罪。又必須有親見之確證，否則即係打死，不見誰打，勢難揣度懸擬，此臬臺所以有『緊鄰同院絶不聞知，可疑者三』之駁也。即據憲牌謂醫生張永在陽曲縣供有打得血灌心之語，明係毆證，而陽曲又稱一拳亦足戕生，是貴成的係毆死矣。但貴成即係毆死，而無人見爲冉正隆之毆死，以屍有毆傷，而即指平日合夥開鋪被傷，傭人送回之夥計爲應償命之人，則凡身死不明之人皆應夥計償命，天下之凡爲夥計者皆危矣。況打得血灌心之一語，張永于臬臺詰問時並不承認。據屍親王氏之供而即信爲有，豈有憑屍親一語而遂令人抵死者乎？要曉得張永即有打得血灌心之一言，而總未曾有冉正隆將陳貴成打得血灌心之言也。豈在别人不能打得陳貴成血灌心，而唯冉正隆能打得陳貴成血灌心乎？欲以揣測之詞定人抵死之罪，人命重情，死者之冤未雪而復欲强置生者以殉其死，朝廷設有抵罪之律，未必如是也。總之，陳貴成之死實係不明，審問者當不立成見，細訪肉房左右鄰近之人，平日陳貴成之做人若何，有無夙疾，有無怨仇，有無與人奸通，其妻子在家有何人往來，詳查密訪，或得真兇。

至若查無指證而必欲指爲冉正隆之打死，則斷斷不可者也。蓋毒打被傷之人，兇手在前，口或能言，手或能指，目或能視，接取其妻王氏至而絶無一點怨恨可疑情狀，是正隆之無干可知矣。再查王氏于夫垂危之際，嚷鬧一場，不顧而去，得無太忍心乎？是亦微有疑寶焉。至若陳貴林供冉正隆送祁縣銀五十兩，當堂退還，縣堂何地？豈並無一人見證？據稱原没有人見這些事，都不必説了，其爲誣指可知。縣官尚復妄扳，則冉正隆曾許王氏銀布求免告狀之説，頡居炳、張永既稱未聞，誣指正隆益鑿鑿矣。誣指平人罪尚難寬，誣指問官，則摭拾問官過失之條，恐不能爲陳貴林逭也。證佐既齊，住址不遠，屍骸尚在，檢審訪察可得真情。房主岳二禮馳逐報信，果有可疑，案内牽累多人，令速審以免無辜拖累，益見臬臺憐恤小民之至意，承問者不可不仰體也。

前件 擬定看語，關送太谷申司。

看得陳貴林告冉正隆打死人命一案，雖三檢傷符，三審擬絞，一審擬杖，而細加研鞫，則誠有如憲臺所駁者，請據理按法而詳陳其説於憲臺之前：

世之鬭毆殺人者，大抵從語言争鬧而起，始於一言不合，終則拳棍交加，兩相互擊，傷在致命，方足殞身。然必有傍人見聞，决無兩人未交一言而即相打致死者，此理之曉然易明者也。查例云，果係鬥殺，未檢之先，詳鞫屍親、證佐、兇犯人等，令其實招何物傷何致命之處，立爲一案，隨即親詣屍所，督令仵作如法檢報，定執要害致命去處，細驗其圓長、斜正、青赤、分寸，果否係某物所傷，公同一干人衆質對，明白各情輸服，然後成招，此法之斷然當遵者也。今查，冉正隆之於陳貴成也，其住居前後，與肉房左右鄰佑，現在衆口一辭，絶無相嚷情由，衹因屍格紅傷數處，擬以鬪毆殺人，此亦原無服人之理。若暮夜無人，或深林曠野，設計毆勒，致死莫知，則是謀殺而非鬪毆，必因積怨深讎，多係財利色欲。今即據冉正隆在祁縣初供『小的與陳貴成合夥做生意，他没本錢，穿吃俱是我家的，原是小的凑備數十兩銀子』，即祁縣初審亦曰『正隆富而强有力，希分微息以瞻妻孥，酒間横撲，以致遍體鱗傷垂斃』，由初審之口供看語觀之，則肉坊俱係正隆資本，其分利之多寡有無，一唯正隆是聽，是貴成不能疆之於正隆者也。謀財害命可無疑矣。且肉坊非盈千累百之資本也，些須微利尚不肯與，而打死人命便可分文不費，竟逞一擊於更深，是勤苦謀利、嗔夥計於赴集回遲之人所爲，固若是乎？設使正隆毒打貴成，傷重垂危之際，冉正隆延醫調治，現在其前，李明貴是其外甥，王氏係伊髮妻，貴成果有怨憾於正隆，一見親人，口或能言，目或能視，手或能指，絶不聞有忿怒正隆之狀，聚觀諸人從無一人供其可疑之隙，非正隆打死可知矣。

至祁縣初審時以爲正隆自供打死，及憲臺廷鞫又供迫於刑招，今正隆嚴審不伏。再鞫醫人張永血灌心之言，則云出自婦人添設之供，初非出諸張永之口。至銀布之許張永，亦云並未曾聞，則俱爲誣捏可知。再據陽曲縣看語有云一拳亦足戕生，而左太陽穴雖爲致命之處，拳傷紅色則非致命之傷。及審諸鄰佑與同飲同歸互訐互證之郝明貴、程鵬、李明貴等，俱供原曾吃酒，並未有相打之供。再詰緊鄰之程永昌、同院之武二，俱供並不曾相嚷。再詰馳逐報信之岳二存，留言雖閃爍，至打死之事堅供未見未聞。是冉正隆之毆死陳貴成，據理而斷，爲必無之事。此職之不避嫌隙而可直陳於憲臺之前者，此其一。

查陳貴林之初告冉正隆也，狀稱惡僕各持短棒磚石惡打，遍體砌傷。及按之屍格諸紅傷，則撞傷擦傷而外，俱係拳傷、掌傷、指點傷，則傷痕與口供不符矣。及憲臺親詰，則又供告狀不得不如是。又詰，則又供牛骨頭打死骷髏上，骨頭都打爛了，如不是打死情願反坐等語。今檢驗骷髏，絶不打爛。職等親坐屍傍，指與陳貴林細看。又供稱『牛骨打爛之語，小的並不曾在按察司老爺前説』，即此口供游移，已見情虚。即屍有拳掌指點諸傷，終非短棒磚石牛骨之傷，傷痕不對，兇器全無，被犯强招，證佐絶少，遽欲定以抵死之律，其與未檢先問屍親證佐何物傷何致命、立案檢審、輸服成招之法大相悖謬矣，何以使死者瞑目而生者無冤？且冉正隆初審原係刑招，二審時已供受刑不過招的，陽曲三審時亦供『小的夾了兩夾棍教招，小的説是拿刀子扎，又夾小的』，説『離了刀子不過是拳頭手掌，就定了小的罪』，則是受刑强招之一語，不是始供於憲臺親審之一日也。據屢檢之屍格與歷審之口供，傷則甚輕，證則杳無。傷痕原狀矛盾而不符，棒石骨頭游移而不一，據刑訊强招之一語而欲定人以死罪，正恐死者之冤未雪，而復入生者以死，似非讞鞫之平而能符聽斷之法者也。此職之所不避嫌而可直陳於憲臺之前者，此其一。

總之，紅色雖係輕傷，據供原有酒病，亦難全信。既有傷痕，必非無因而致貴成之死，雖無人見爲正隆毆死，亦必有死貴成者。正如府審所謂傷痕鑿鑿，倘非正隆所毆，此傷從何而至？此言誠爲定論。若必俟真正兇犯拿獲而後審詰，恐無干株累，有負憲臺憐恤無辜之至意。合無懇乞憲臺嚴飭捕役勒限訪拿，四處躧緝，務得真兇，以抵死者之命而安生者之情，庶無辜不至株連而奸惡不致網漏。

至冉正隆則審無罪名，所當與無干波及之各證早行釋放，以免干天和者也。陳貴林誣捏妄控，本應照律反坐，姑念貴成屍傷頗實，俟緝獲真兇之日，再正其誣指冉正隆之罪。至其妄供祁縣王知縣退銀情由，審無證據，擬杖似足蔽辜。岳二存留口供游移，杖懲不枉。王氏屢行誣捏，亦應治罪，姑念夫死情切，免其擬究。餘犯無干免擬。事關人命，重情屢審，已有成案。職等本不敢擅耑，第有縣審歸縣之功令，既蒙批審，不得不據實宜陳，隨招詳解，伏候憲裁。

打死人命事 詳府

看得田玘之毆死雷一月也。玘與一月、覃奇旺合夥開鋪，本年五月二十四日，雷一月放羊歸，酒醉，以麵杆擊玘，玘以磁罐毆之，逞兇力擊，偏左額顱，致命處受傷出血。申一堂偶遇救解，扶月至家，業已昏迷，次日天明即斃。職親檢屍骸，致命之傷痕偏左額顱，班班具在。據屍親干證之口供，兇器傷痕之符合鬭毆之律，田玘允服無辭。除將雷一月身屍責雷一亮收領候詳外，其店中合夥資本，令鄉鄰公同分給各取領結存照，田玘依鬭毆殺人律絞。覃奇旺前此合夥三年，打時同處一室，不行勸解，擬杖以警。餘犯無干免議。至王氏借屍剿殺一詞，查鋪係三人合夥之處，一亮、一振擡屍入鋪，原係公地，且審無打搶情由，無容究擬。伏候上裁。

覆看得田玘之毆死雷一月也，傷真證確，按律絞抵，允無疑竇。憲駁謂雷一月持趕麵捧打田玘，玘取磁罐打月，則田玘似屬被打情急，因而抛擊磁罐，不幸中及致命，其情有無可原？仰見聽獄哀矜於犯人死處求生之意，但查律內，耳目之所不及、思慮之所不到，初無心於害人而偶致殺傷人故難擬抵罪。今田玘雖被雷一月將趕麵捧打他，玘亦非小弱也，縱使力不能敵，豈遂不能疾馳而避耶？一經持物打人，未有不受傷者，難云無心害人，況偏左額顱非可被打之處，其所持又堅硬之磁罐，並非偶致傷人者比，傷重而次早即斃，是玘之不幸也。即在辜限之内，亦有檢實方坐之條。今則因其素鮮讎怨，一時鬬毆致命，依律擬絞，誠非枉縱。至憲牌謂面左有傷，詳内並無是語，田玘等合照前招。死者瞑目，抵者甘心，而生者之情諒亦各無遺憾。事關人命，相應詳解。伏候憲裁。

本年七月初四日奉本府批據，本縣覆詳前事，蒙批：『仰候院司批示。據詳稱，本府所批面左有傷，詳内並無是語，現載詳内。何該縣竟不寓目，一聽經承顛倒混朦？仰該縣立將經承解府究治，以警將來。此繳。』奉此，查田玘打死雷一月，初詳内原有『仰面偏左致命青紅傷一處』字樣，並無『面左有傷』字樣，蓋因檢屍先從屍骸仰面檢起，由頂心自上而下至十趾甲，其仰面方完，纔將屍骸覆將轉來，謂之合面。由腦後起，自上而下至十趾甲縫，其合面方完。前詳文仰面偏左致命青紅傷，非面左也，乃屍格之所謂仰面也。偏左是以頂心爲中，頂心之傍左謂之偏左，即屍格之所謂偏左也。若憲臺之所謂面左，則屍格並無面左，止謂之兩腮脥。查田玘並無兩腮脥之傷。詳文因亦無『面左』字樣，憲臺將『仰面偏左』摘去『仰偏』字樣，合言之曰『面左』，面左乃臉上兩腮脥偏左，乃頭頂心之偏處，面左、偏左大相迴别，人命重情，礙難混覆，故不敢將『偏左』認作『面左』。且交城疲玩之後，違法書役盡行革逐，現在者俱新進不諳文移，一應申詳，皆職親手起稿，發出謄清，再行磨對，然後申請，此詳並非錯誤。如必欲究治經承，候批示申解。至謂『顛倒朦混』，下吏亦不能强争，止自任咎耳。伏候上裁。

看得田玘、雷一月素鮮仇怨，忿争互毆，田玘手持磁罐毆月，偏左額顱受傷出血，次日殞命。申一堂、覃奇旺見證分明，兇器現獲。當堂審問田玘，亦俯首服罪。按鬬毆殺人者，不論手足、他物、金刃，律絞，羈監候詳。覃奇旺合夥開鋪，見兩人打完方救，擬以不應得爲而爲之事理，重者律杖八十；係民審無力，照例折責三十板：候詳允發落。餘犯無干，俱應釋放。事關人命，絞抵重犯，擬合詳報，伏候上裁。前蒙憲臺申飭，詳文不許重複填寫，故不敢用全招舊式，相應一並詳明。

前　件 申按察司。

覆看得田玘打死雷一月一案，傷真證確，口供分明，兇器現獲，按律擬絞，允無疑竇。覃奇旺雖不同毆，相應解救，竟絶不相顧，聽其鬬毆，坐以不應得爲之杖，亦爲情罪相當。至初檢皮未破、骨未塌，今檢皮爛骨損，則因初檢屍未潰爛，但可驗其骨之塌與不塌，不能知其骨之損與不損。今檢相隔二十餘日，皮皆潰爛，骨損可見。至兩額角，初檢無故，今檢有白色横傷，左右俱係五分。職仔細觀看兩傷，左右停勻横列，但是白色，全無血癊，明係死後傷痕。叱罵雷一亮，唯有俯首認罪。據供，報仇心切，恐田玘因傷輕脱罪，原將木棍打傷，其牙齒因打震動脱落。雷一亮合依毆。緦麻以上卑幼，各依凡人遞減一等，律杖七十，徒一年半。田玘、覃奇旺俱照前招。餘犯無干免議。伏候上裁。

辯白屍傷事

查田玘打死雷一月一案，職初檢止有偏左額顱致命二傷。次檢忽有額角白楂，左右停匀，實雷一亮領屍擊破。愚民無知，一則冀兇手傷多罪重，一則圖賴仵作漏報。當場親認，共見共聞，職非不憐之，然毁屍有律，實不敢屈法以罔上也。及按察司批府轉發太原縣檢審，周知縣獨抒臆見，謂白傷係棺檔磕損，始取雷一亮甘結具詳，而一亮從此改供矣。迨至駁審清源縣，則前此再檢、三檢，鑿鑿棍傷者，不難指爲磕傷，而各犯無不改之供矣。切思真情難掩，初招臆斷，豈成信獄？當日果有磕傷之事，何以初審於縣、再解按察司、首供太原研訊三月，一亮並無磕傷一字之供招？使當場果有錐扎之舉，何以擡屍之時並不見喧嚷？觀者如堵，又將誰欺？職即就太原縣棺檔磕傷臆説辯之，凡擡屍必用棺蓋，屍定仰面。使田玘畏扎失手，則屍與棺蓋震磕，其傷當在腦後，不當在兩額。若使覆面磕下，則其傷當滿兩顴口鼻，不止兩額角。若側釻卸下，則其傷當在傍面及半邊額角，不當兩額整齊受傷。

若云一磕於棺蓋，再磕於棺檔，則兩人擡屍，高不三尺，離棺不過咫尺，人死屍僵，一撲即住，安得左右滚傷？總之，承問諸縣官希體上臺慎獄之心，故權其説以脱愚民之罪，各犯久苦推問，冀圖趸結，因而改變前供，宛若信獄，致令職以守法不敢罔上之心，反成舛錯罔下之罪，是不得不辯也。仰乞憲臺傳唤承問縣官與職面質，或賜批發覆鞫，確係何傷，虚實自見。事干審問舛錯，擬合具詳，爲此，謹將本府發縣全招，摘録前後供詳一册並前由申行。

劫財殺父事

案查王喜等打死王志洪一案，乃康熙六年十一月二十八日事也。王喜即時脱逃，至今緝拿未獲。高崇金於本年某月某日關送文水縣，在文水脱逃，於本月某日自行投到本縣，准太原縣奉按察司批審打死人命一案，關取仵作於某月某日關送太原縣審理，訖至諱盗不報緣由。查前署交城縣陳都事拿獲王有長時，但據地方報有打死人命一事，並未報有某地方被賊竊去某物。但查驗打死之人，止見右肘刺字是實，是因犯過竊盗之人被人打死，非謂犯過竊盗之人今日又曾竊交城某家也。本未失事，有何諱盗？且諱盗必有失主，自康熙六年至今屢經審駁，從未審有失主，是未失盗可知。移查前任陳署事有此回覆，合關貴縣，煩爲查照施行。

案查高崇金關送文水解司脱逃後，太原縣因按察司批審打死人命一案，十日五次關文提取高崇金，本縣差人嚴拘未獲，忽爾自行投到，口稱文水差人魏三明索詐，命銀一空，又復拷逼，祇得逃避，今寧受官法，難受私刑等情。本縣惡其逃遁，責二十板，關送太原審理。其不申報按察司而關送太原者，則因高崇金在文水起解脱逃，本司批文水查緝，並未批本縣查緝。文水亦因自己解役疏防脱逃，理難問之交城，亦未向本縣關查。即貴縣亦未行關前來。唯太原屢次關取，所以止就來關之處送去太原審明，自能申報，故本縣不敢冒昧申解臬臺。高崇金脱逃於文水，其解役逼索情由，雖事關隔，屬未經查審，而疏防之責實非本縣。今置疏防之解役不問，而反歸咎於獲解逃犯之縣令，高崇金縱爲大奸極惡，既經關送審理，其非匿庇，不辨自明。本縣詰問高崇金何故脱逃，則據稱爲解役逼索，無奈而逃，解役見在憲案，何從審問？且上臺審及此事，自能擬究。本縣止因其脱逃，當時責懲。若上臺批提而不解，則爲蔑法；上臺查緝而不發，則爲侮上。今憲案批發太原，太原來關，一獲即發，有何蔑法侮上？至謂交城縣諱盜不報，則事在康熙六年十一月，係前署事都事陳方舟任内之事。若謂王志洪是盜，查本縣康熙七年四月初二日到任以前之案，止有已死之人右臂刺字，未見『劫竊』字様。若謂王有長等是盜，查本縣未到任以前之案，亦止有打死王志洪之實迹，而未見有劫竊之實贓實證。總之，是盜非盜，曾諱不諱，俱係前任，與新任無涉。高崇金關送太原審理，未經發還，貴縣相應移文太原關取可也。王喜自康熙六年犯事即逃，已經設法嚴拘未獲，前將家屬王有申關送貴縣，其正犯相應追比家屬，本縣亦在四處查緝。其高崇金業已關解太原，並未敢匿庇蔑侮，並本縣並非諱盗緣由，煩貴縣明白轉詳，須至關者。關覆清源。

慘死子命事

本年三月初三日，蒙按察司批：『據太原府管糧廳詳解前事緣由，蒙批朱九瑞縊死緣由，若不窮究實據，何以定案？仰交城縣虚公確審，務得真情報奪。該縣夙稱公明，片言可折，故特批審，勿以隔郡推諉可也。繳。』奉此，隨傳一干人犯到忠烈廟，各取口供。

該職看得絳縣朱天敕告王乘時，一詞三審兩駁，而爰書未定者，存疑愈以滋疑也。職反覆原詳，備鞫兩造，無煩刑訊而真情畢露矣。監生王乘時同父王敷惠爲富不仁，全宗切齒。有族衿王𤈦者家道中落，其子作肅賭飲情真，雖比匪人而未入賊黨。乘時父子疾之太甚，早已防爲家盗矣。八年，盧賓偷王文斌之騾，扳出作肅。該縣審係無干而開之，始而曖昧受拿，繼而王大任等取酒賠情，王𤈦口供鑿鑿，是乘時父子益復不能忘情於作肅矣。九年，娼婦李美女被劫，鄉保將宿娼馬承運送官，先扳苗培生，再扳朱九州、王作肅等十五人。

及真賊八名全獲，而前後誣扳者始得釋放，在承運與培生、九州、作肅等非有不解深仇，何苦必陷諸人於死地？設非真賊全獲，培生等幾斃囹圄，雖馬承運未認王乘時指使，而民壯王真秀入監傳知培生，謂乘時係注意作肅、九州之語，既先入承運之耳，而真秀又復面命承運以所必扳之數卒之供報無漏，槩罹冤獄，寧非乘時手授而誰授乎？此唆扳情弊，職實不能爲王乘時諱也。事白之後，於十年六月，王龘、朱天敕等以其子被害，自不能不挺身出控，龘詞已經紳衿爲之和處而敕狀未審，延至七月二十五日，兩造赴縣投票，乘時父子相遇朱九州四門樓前，九州受毆，重傷伏地，郭麟瑞扶之數步，交與王之魯送回酒鋪，是恃勢兇毆，職更不能爲乘時父子諱也。正當搆怨興訟，時不十日，而有天敕次子九瑞縊死一事，天敕具告，以爲報仇洩恨之地。前經縣府審斷，俱成疑案，亦以移屍謀害俱未見的據耳。職再三細訊，天敕説到情切痛哭之時，不覺露出一語，初四日早辰，止見兒子弔在東門，則知非乘時謀害矣。蓋緣九瑞弱齡讀書南城外，初三日城中秋賽，九瑞爲看戲而來。伊父天敕詈促回館，九瑞童心未去，又赴臺前。迨晚，城門已閉，進退維谷，徘徊無路，因而自縊迫真。總之，乘時父子狼毒成性，暗害明毆，欲置九州於死地；而天敕父子遂乘少子之不幸，因而移屍報復，此又情理之明白易見者。職即以天敕親供，斷其移屍朱家父子，其又何辭以解？然職既得其情而不復即深究者，亦以怨毒於人既甚。未繩乘時敷惠以唆誣之罪，而加天赦、九州以移屍之律，亦死不心服者也。緣係批職虛公確審，務得真情報奪，理合據實呈詳。伏乞憲臺親審定擬，發本府縣成招，非職所敢擅便也。

結狀事

康熙十一年五月十七日，蒙按察司賽批：『據文水縣申詳，犯人孟兆祥等招由前事到府。查得孟兆祥以甥謀殺母舅，郝復元以兄謀殺胞弟，俱親筆自寫供單承認，分別斬流似矣。但郝復元久銜伊弟肇元，先年持刀砍傷，及後毆索不休，謀害全家之恨固不忘情。若孟兆祥與肇元亦係親母舅，既稱素無仇隙，向以輕聽大母舅之言，遂同謀死二母舅耶？此中定有隱情分別，尚未審出。更可異者，使復元果要謀殺肇元，何時不可暗算於道途僻處？乃肯預約於三月十三日到縣算帳，次日被殺，豈不慮人疑忌？況十三日雞鳴時，喚子郝尹同行，無非使之加功焉，有未與同謀，至彼又不下手打時，反跪央數次求饒，是否狡飾？伊父一力承當，以致惡少漏網，還須直窮到底。至於徐北村真武廟後溝口，既是通行大路，復元等自十三日巳時打死肇元，至晚候兆祥自城裏仍回至溝，方抬屍往宜亭村去，此多半日工夫，路上豈再無一行走之人看見乎？如曰此爲偏僻，何以有剜地之曹柱親見最真，與拾糞之小孩子傳語乎？種種疑團，殊可駭異。在郝復元親供，十一年郝肇元輸下吴世隆等銀一百兩，值今賭博新例森嚴，亦當研訊，明確命案倫紀攸繫，難容一竇含糊，合行駁勘，爲此仰本府官吏查照所駁情節，擇行鄰近廉能官虚公細檢，確訊致命傷痕，誰先下手爲重，首兇應否孟兆祥與郝肇元，舅甥有何深仇，彼時宜亭村等處曾否驚聞被盜，逐一設法細究水落石出，務得真情，妥招報奪，勿枉勿縱。事關大獄新例，承問動有參罰，萬勿疏忽草率，自貽厥咎。未便審明，無干之人先行摘釋，以免拖累，速速。孟兆祥辯詞併發批行，本府牌仰到縣，其原招並人犯赴文水縣關取，本年六月初二日取供在案。』

該本縣看得郝復元與郝肇元爲同胞兄弟，則其爲孟兆祥之親母舅一也，復元之死肇元，實爲積仇；而肇元之於兆祥，並無間隙。職遵提檢訊，即有文水生員文鳳翥等四十六人連名具呈，爲兆祥稱冤。細問原招，三月十二日，兆祥與復元同謀，夜候肇元於徐北村，至十三日巳時而肇元至，斃於棍石，取有復元、兆祥親筆供招，可無疑竇。及至職虚衷細訊，不惟兆祥極口稱枉，即干證之吴璧、王宏祚及指證稱眼見之曹柱，堅執同行之郝復元、郝尹亦俱改口直供，與原招無一合者。職深爲駭異。夫兆祥之毆死肇元，並無人見，惟憑一曹柱、鬌圈鬍、藍袍子之言爲證耳。兹審曹柱實不得之於肇元死日當場之目擊，而妄聽之於復元審日盈庭之耳聞，則可疑甚矣。兆祥之不毆死肇元，亦並無人見，惟憑一十二日城中同宿之吴璧，與十三日城中晨會之王宏祚。今審吴璧則云其夜同炕抵足，審宏祚則云會於清晨，與吴璧前供晚不同宿，宏祚午方相遇之語判然懸别，則可疑尤甚矣。雖此時孟靈鳳堅供並無賄囑曹柱、張明儒陷指兆祥之事，而當時兆祥因屍横靈鳳之地，實有托馬鵬程往脅靈鳳行成之情，則仇由此生，而禍由此伏。疑竇種種，可一言決也。至於郝尹，果係年幼，實無殺叔之心，則伊父挈之同去何爲？白挺交加之下，三寸舌遂足以當被髮纓冠之救耶？況郝尹之母白氏直供父子謀打真情，其父復元雖欲曲庇其子，亦供同行是實，而謂並無加功，亦難信也。合無申請上裁，敕提親審，備訊口供，以定大案。抑或以文令係屬原問之官定擬。本自有見，批發覆訊，庶重獄不致游移而憲件得以迅結矣。六月初六日呈詳本府。蒙太原府知府周批：『仰縣會同文水縣虚公研審，勿執成見。繳。』

該交城縣知縣趙吉士會同文水縣知縣傅星看得奉駁孟兆祥同母舅郝復元毆死母舅郝肇元一案。在文水初審，各犯互質俱明，兆祥自認甚確，似無疑竇矣。迨奉駁，交城覆審，不特兆祥極其稱冤，而案内犯證無不改口，此詳奉上批，所以覆有虚公會審之駁也。今職等弔犯會勘，内止郝尹一犯仍照文水初供，其餘諸犯則悉如交城所招。夫承問之官何敢偏執己見？要不過憑犯證之供吐以定爰書耳。大獄不厭詳慎，職等一爲初審，一爲次審，又會審，犯證譸張之口俱難遽以爲據，合懇憲臺俯賜親審，照臨所及，庶無遁情，抑或另敕别衙門覆勘，庶大案定而憲件結矣。六月二十四日呈詳本府，蒙太原府知府周批：『仰縣仍會同文水縣並徐溝縣秉公確審，務得真情。繳。』

該交城縣知縣趙吉士會同文水縣知縣傅星、徐溝縣知縣趙良璧看得郝復元之與弟肇元生雖同胞，仇不共戴，其欲甘心於肇元也業非一日，是以計賺其算帳，因而伏挺於中途，必至箠楚畢其命而後已。此復元始終自認之口，並無異詞者也。惟是孟兆祥一犯，因曹柱先有鬢圈鬍子之供，復又認指於庭質之際，致復元與子郝尹亦遂硬質爲同謀共毆，是欲承問者之不盡法推敲，其可得乎？迨奉駁覆勘，曹柱頓改初供，而復元等始覺良心難泯，亦俱並爲開脱。雌黄之口，生死攸關，曹柱之誣證陷人其危矣哉！然肇元同爲兆祥母舅，既素無嫌隙，而復元毆弟之日，兆祥又在城與任吉士因訐訟請和，此自當以覆供之詞爲確，而未便以殺舅之罪罪之也。特屍横孟靈鳳地内之時，兆祥瞯其殷實，即同復元就商於馬鵬程，聲言要告靈鳳，且囑鵬程行成于靈鳳之家。今鵬程雖故，而從前鑿鑿之供尚能掩其以屍圖賴之迹乎？若郝尹係其父誘之隨行，研訊實未助毆。而所毆肇元之傷，復元俱一一自認，則郝尹之罪似難深入矣。郝復元行兇殺弟，傷真供確，擬流允宜。孟兆祥將屍圖賴情真，毆舅斃命無據，擬徒足蔽厥辜。曹柱不言實情，誣證人罪，按律宜配，誠不爲枉。郝尹雖未同父毆叔，然誣陷兆祥，合與曹柱同罪。吴璧雖後力辯十二日夜與兆祥同宿於城，然城中並無房屋之語，獨非吴璧之初辭乎？懼拖累而昧本心，殊非讀書明理者所爲，贖杖之懲亦所難免。其王宏祚等初供亦與附會，特念愚民一時畏刑所致，概難繩之以法，從寬免議可也。緣奉有秉公確審之批，是以未敢遽檢，合先敘招申解，聽候親審定奪。

閏七月二十一日申覆本府，該太原府知府周：『看得郝復元謀殺胞弟郝肇元一案，文水縣初以曹柱供證鑿鑿，又有復元與兆祥親筆招認，是以該縣將兆祥、復元分別斬流。及奉憲批駁，轉行交城縣嚴訊，而曹柱與兆祥之供辯與初招大相矛盾。夫人命重情，難容前後互異，復駁交、文兩縣再審。其口供情節又無一定，所以再駁交、文、徐三縣會勘。及本府親審，據郝復元供稱，委因郝肇元不守本分，敗蕩非爲，屢向復元索要財物，曾將復元持刀砍傷，結恨在心，思欲報復，非朝伊夕。遂於本年三月十三日假以到縣清算帳目爲由，暗伏中途，棍石交加，致肇元身負重傷，已無生理；又扶於驢上，駝至孟靈鳳地内，當即斃命。傷真證確，按律擬流，洵不爲枉。所可恨者，孟兆祥以舅屍爲奇貨，徑將服兄孟靈鳳要行告嚇，縣擬徒懲，似未盡辜。今查律例，有服親屬以屍圖賴者，依干名犯義之律。查干名犯義條内，若誣罪重者，加所誣罪三等。兆祥改徒擬流，庶足蔽辜。曹柱等供不以實，悉照原擬，伏候憲裁，轉詳本司。』蒙按察使司賽批：『查得此案初審，郝復元與孟兆祥同殺郝肇元，取有各親筆供招，情節最真。及駁行復勘，復元竟獨自承當，脱卸兆祥於局外，是蓋初審不暇計慮，故道其實。及日久長智，兼以甥舅親昵，賄浼囑托，郝復元情知罪不至死，故不難擵一流以自認而爲兆祥出脱也。兼之羣衿鼓動，妄翻成案，遂致各犯盡改前供。假使兆祥於十二日晚十三日蚤，果同生員吴璧等在城未歸，初審吴璧等何不即仗義執言，明其寃枉？奚亦供稱此兩日早晚兆祥並不在縣，何也？再閱郝尹、曹柱、張二老虎等口供，吞吐不明，囁嚅閃爍，是皆教而爲之；不然，何前供如何直捷而後供盡游移支離耶？如此大案，該府縣竟不嚴究真情，一味爲兇犯開脱，即不恤死者之冤，獨不畏功令自愛乎？且謀殺，密事也，復元既約肇元而來，殺而不返，寧不慮其家見疑？此節疑竇亦須審明。郝尹既與其父偕行，果否並未加功命案，倫紀攸關，難容憑臆出入，合駁確勘。爲此，仰本府官吏查照所駁情節，逐加確審，取其各犯的供，毋枉毋縱，妥招連人解司，以憑親審，萬勿執一偏之見，愼之，速速』等因行府。該太原府知府周覆：『看得郝復元之謀殺胞弟郝肇元一案，兹奉憲駁者謂文水縣初審，復元與孟兆祥並郝尹俱招認明白，同行毆打肇元是實，且復元與兆祥又各有親筆口供在案。及駁行交、文二縣會勘，各犯盡改前供，似有以甥舅親昵，賄浼囑托情弊。本府研訊之下，郝覆元挺身獨認，殺死肇元與夫移屍皆己所爲。及審孟兆祥並伊子郝尹，俱堅供委無共毆之情。再審吴璧等，亦皆供文水初供係屬妄招，但孟兆祥雖供無同行毆舅之情，而以屍圖賴服兄孟靈鳳，架禍最真，應與郝復元、郝尹、曹柱、吴璧等均照原擬。伏候憲裁，申覆本司。』蒙按察使司賽批：『仰交城縣查照另繳，確審妥招報。據此，隨經本司親審各犯口供繕稿轉詳問，查得兄姊故殺弟妹，于康熙七年六月二十三日奉有新例，通行已久。今郝復元故殺胞弟郝肇元，該府引律擬流，有無寬縱，可否從律從例，應再確議。再如孟兆祥一犯，雖據馬鵬程在日供稱兆祥説「郝肇元死在我二兄地内，不得不告孟靈鳳了，如今你去問孟靈鳳」，説教他買口棺才完事罷等語，又據孟靈鳳供「那孟兆祥與小的是三服弟兄，小的没有見他移屍，也没有告小的打死郝肇元的狀，衹是那已故馬鵬程到小的家説，那郝復元、孟兆祥到我家説，如今郝肇元屍首在你地内，孟兆祥教我與你説，先教你完事哩，完了事好告别人也，不曾要了小的銀子」等語。及審郝復元，亦供孟兆祥原有此説，是兆祥欲圖嚇靈鳳，有心而尚未指名具告，今該府引擬兆祥以舅屍圖賴服兄，依干名犯義加所誣罪三等律，杖一百，流三千里。但細查律内「若將已死期親尊長身屍圖賴人者，杖八十，徒二年，大功小功緦麻各遞減一等」，註云：「以上俱指未告官言。」又查律例「一有服親屬互相以屍圖賴者，依干名犯義律」，味「互相」二字，似謂係有服親屬彼此以屍圖賴者方依此律。今兆祥與靈鳳無互相之圖賴，而又未告在官，所引干名犯義之例，未悉果爾允協。兆祥、靈鳳係三服兄弟，委何服制，應指説明，毋得含糊。事關重大，失出失入，均屬不便。此案原係該府轉詳，今已告病，查原招係該縣定擬，合徑駁勘確議。爲此仰本縣官吏照牌事理，即將郝復元等毆殺胞弟郝肇元一案，逐一研審，取其各犯的供，將二犯罪名查照律例，酌議妥確，具招報奪。仍將前後招情鋪敘明白，慎速批行到縣。』

該交城縣知縣趙吉士覆。看得郝復元之毆死親弟郝肇元也，職等擬杖一百，流二千里，律定之矣。若康熙六年黄鉞持刀殺弟，貴撫羅援故殺擬斬，部覆改流，查取舛錯職名，奉旨黄鉞着即處斬，其查取各官職名，與該撫一併免交吏部，此未通行之例也。康熙七年王瘋子持刀砍死伊弟，擬流，奉旨王瘋子依議，刑部再議：兄姊故殺弟妹者擬絞監候，秋後處決。此已通行之例也。然律者，法之經，不敢以意擅爲增減。而例者，法之權，又當因事衡其重輕。殺弟雖一，而持刀與持挺不同，登時砍死殺死與毆傷緩死者不同，殺無罪之弟與殺有罪之弟又不同。今復元之毆殺肇元，其傷則棍拳與石，其死則更深墮驢，其罪則肇元夙有毆兄之事、殺兄之言，雖拜墓相訂已動殺心，而扶驢同歸實萌悔念，情事本與黄鉞、王瘋子兩案殊爲有間。又查康熙十年，浙督劉等題爲報明地方事：丁孟玉因伊弟丁浩敗其醜行，將丁浩毆死。三法司會議，將丁孟玉所擬光棍例絞罪改擬，按律故殺弟流罪，奉旨依議。則復元毆死肇元之罪，確應從律，非寬縱也。至於孟兆祥之圖詐孟靈鳳也，查律『將已死期親尊長身屍圖賴人者，杖八十，徒二年，按服遞減』，註云：『俱指未告官言。』又律有『服親屬互相以屍圖賴者，依干名犯義』。查干名犯義又專爲告官而設，所以載有『若誣告，罪重于干犯，本罪加所誣罪三等』。府定滿杖遠流，是引干名犯義條内加所誣之罪矣，然兩味律意，加所誣必因其所誣而加，若未告官，安知其所誣何等？今兆祥誣詐靈鳳，有其心有其言而實無其事，雖兆祥爲靈鳳大功卑屬，不無干名犯義，然下則非互相之圖賴，上則並未告于在官，似未可引以此條，則減杖從輕，減流從徙，仍從小功服制，坐以一年之配，可蔽厥辜，亦非寬縱也。此案駁讞已經再三供證，委無疑義，謹遵憲繳確議。餘犯悉照原擬。

十月十八日申覆本司，蒙按察使司賽批：『仰候轉詳行。繳。』

不明人命事

康熙十一年七月十四日，據汾州府申李汝祥等詳由到院，蒙巡撫達批：『此案狡情百出，幻態千端，似可信而復可疑，雖可憐而更可恨。李汝祥之仇謀既無確據，李三堯之生死尚屬難明，何僅憑風影之訪聞，輒淫刑以煅鍊？查乞氏母子控府原詞，一稱祥兄李汝禄假喚伊家詢問緣由，至今杳無蹤影，一稱祥壻趙大米妻弟郎光美等將夫採捉祥家，謀滅無蹤。兩詞先已自相矛盾，況汝禄爲汝祥親兄，諒無假義滅親、挺身首弟之理。今府審汝禄，果堅供首狀「不是小的遞的，都是李汝棟、李汝蘭調詞捏遞」其中，顯係匿名詭計。至稟尾逼身遠遁，祥妻捲取契券之語，益足徵其反間之奸。應即就汝棟、汝蘭究訊捏名、投匿、陷害真情。再，段應變等赴廳報屍。據審，俱係段國禎賄囑所爲，國禎乃田堡村鄉約，仙台村人命與彼何干，而輒呼飲許銀，從中唆撥也？此處明與一班訟棍商通串謀，自應嚴訊確情，豈可聽其狡飾？乞登英、李汝蘭既從身邊搜出狀稿私書，則三堯之去向，或送往何方，或寄藏某處，二犯自必知情，便當嚴刑訊鞫。其稿内未明十八字，更當窮研到底，何得任其推病頑寫支吾？且李武安兩縣初審時供，伊母乞氏在李三虎家睡住三日，李汝蘭家也睡來，又供伊父黑夜裏到李汝棟家看小的們來，在窑裏同李汝棟睡住了一夜，早就走了，歷歷可憑，是三堯明明不死矣。雖覆審武安改供，顯有教唆情弊，還當設法訊明，俾無狡遁，合駁確勘。爲此仰徐溝縣即便會同交城縣查照駁款，先行研訊，明白詳報。其久淹各犯暫取的保候結，務毋枉縱。』蒙按察使司賽批：『仰徐溝縣會同交城縣查照院駁情節，一併確審，務得真情詳報。繳。』於閏七月二十一日，兩縣取供在案。

會看得奉駁李汝祥等一案，從前汾州府屬請以此獄作疑案者，皆因乞氏、李汝蘭等狡口捏詞，致李三堯之生死莫明，而李汝祥謀殺之有無難定耳。職等凜遵憲駁，未審餘人，先誘訊乞氏之子李武安，始尚含糊，嗣乃實吐，而三堯出門之月日、潛逃之去向，無不鑿然。繼訊田保鄉約段國楨，合之武安初供，如出一人之口，於是，乞氏與乞登英等真情難掩，罔不輸情。況十月初四日汝蘭、汝棟、汝剛、三龍、三虎謀告汝祥，立約攤銀，聚議於李應海家，段國楨獨爲居間，自供不諱，尤屬確據，即汝蘭、汝剛等亦復俛首莫辨矣。夫人命重獄，必據身屍，必憑干證，今不惟段應變之報屍係汝蘭邀同國楨醉酒賄銀所致，即趕車客人所對段一燦『前面打人，勿攬干證』之言，亦係汝蘭諭令汝剛預扮伏機，以爲異日指證之地。奸謀一露而李汝禄之首廳、乞登英之遞狀，以致李三堯十二日一控，無不出自汝蘭之手，宜自搆訟以來乞氏登英日費，李汝蘭甘心措給而無悔也。此案據迹以斷，乞氏則冶容鐵口，汝蘭等歛費挺身，若非攢謀誣訟，希圖與乞氏縱容苟合，當不至此，此則汝祥之供是也。據理以斷，汝蘭、應海、三虎等同爲祖孫叔姪兄弟，又似無一家之人共奸一婦之事，而李汝祥原與汝蘭等訐訟深仇，汝祥復重於財而薄於姪，致三堯控於官。處於家究未能一慰其谿壑，於是汝蘭等遂乘隙朋謀，故令三堯遠逃，借人命一題，不難盡汝祥之所有而有之，此則段國禎之供是也。夫捏誣投匿，具有實情，各犯罪名不難定擬。惟據供三堯見在大同，況前經平、介二縣已關獲乞大乾中途遁逸，顯有情弊。除將李汝蘭等同謀六人關回介休羈倉，餘俱保釋候詳，仍移交大同縣密緝，俟三堯有無確實，再行定案外，緣蒙繳行照駁研訊事，理合將審明情由先行詳報等因具由，於康熙十一年閏七月二十九日申詳院司。蒙巡撫達批：『據審，李汝蘭等挾李汝祥稟縣枷責之仇，乘祥姪三堯與叔有爭産之隙，串黨商謀，將三堯藏匿，立約攤銀，扛幫堯妻乞氏以謀失刁告，插身硬證，牽累多人，復敢投匿反間，聳官暗豁，假扮客人，揚聲伏案，抑何狡毒至此哉！閱之真堪髮指。今李武安、段國禎既已供吐真情，羣兇亦皆俛認，則李應海所收攤銀原約，應先追附卷至。廳差王禎相明係受賄同謀，謈稟煅煉，不然廳官之密訪，果出自何人之口也？自應併提嚴訊。仰即將乞氏奸情究明，律擬確招報奪。』蒙按察使司賽批：『仰速移緝李三堯，務獲質訊明白，確擬妥招報，仍候撫院詳行。繳』等因，俱批到縣。

覆看得不明人命一案，批歷肆縣，讞經府廳，蓋三堯實死而非逃，實死於李汝蘭而非死於李汝祥也。汝蘭懷汝祥平素之憾，乘三堯與汝祥有斷銀不完之釁，挾汝棟、汝剛舊日爲汝祥同稟見懲之隙，始也惟恐機之不發，串其黨而挑之訟，而機發矣。繼也惟恐發之不毒，與毒之不深，陷以命而發愈毒，漂其屍而毒愈深矣。彼時明供暗伏，幻報訛傳，縱有如神，誠難測鬼。迨疊經覆勘，而成案一移爲疑案，疑案再移爲豁案。然猶僅白三堯之非汝祥殺，而未悉汝蘭之實殺三堯也。及再奉憲駁，並大同查無三堯形影，宛轉推求，而孔家堡側酒肆座中之言，段國楨供之於先，李汝棟、李三虎吐之於後，因而推敲首惡，盡露奸謀，而師家莊河内渺渺孤魂始不與沉沙俱汩矣。若謂人命必據屍傷，無屍難以定擬，今無論巨河漂疾，汩没難求，但據情與理斷之：三堯安坐家中，因汝蘭、三虎、汝棟勾之而出也。三堯既與若等同出，竟不與若等同入，顧以爲汝祥殺之，豈若等拱手視之而莫之救，與將故知其兩相讎，復縱之獨往以快讎人之心也？抑既稔知其殺矣，嗚鼓疾呼之恐後，旬日而始控，又何遲遲我行耶？總之，汝蘭之死三堯者，無非欲死汝祥也。汾軍廳以三堯爲必死矣。平介會審而死無可據，不得不向死中求生。及沈知府覆審，汝蘭有『人死了，那裏在大同？難道死了的人怎麼在大同』等供，是汝蘭獨知三堯之已死，誠恐問官虛指其生，以釋被誣者而悔用心於無益也。迨其疑三堯遠遁，而乞大乾復與俱遁，職等亦以三堯爲必生矣。兩次會審而生無可據，又不得不向生中求死，嚴詢報死之汝蘭跟究着落，汝蘭又有『李三堯往大同去了，三堯兩條腿，天涯海角都去了，小的又不曾跟着他』等供，是汝蘭獨知三堯必不生，誠恐問官實究其死，將窮及於真正下手之人而懼水落石出也。職等身歷商謀之地，隔別供招如由一人，彼此指引不移寸步，即雖情事各殊，而其狡已甚，誠誅不勝誅者也。李汝蘭狡而毒，有必死汝祥之心，因行必死三堯之事，造謀行兇，手推李三堯落水斃命，應依本宗尊長故殺卑幼之，律擬以繯首何辭？李三虎、李汝楝狡而狠，共商寺内，同宿店間，偕行河上，二犯無在不與其謀，見汝蘭已試行兇然後返，難辭爲從之條矣。應各擬流不枉。李汝剛、段國楨狡而滑，一則從汝蘭之謀，假扮客人，揚聲伏案，以指陷汝祥，合比誣告爲從，律擬以徒配，方足蔽辜。一則兩次知情，俱匿不舉，更復祖奸勾買報信，擬以知人謀害杖百之懲，猶屬寬政。李應海、李三龍立約屠族，均難從寬，特與謀斃人命無與，姑與受財抱狀之乞登英，利金妄報之段應變，揑供改口之段得耀、段國才、段一燦各從杖懲。乞氏奸情無據，而妄聽唆使誣告尊屬，姑念夫死，從寬贖杖。廳差王禎相奉差查屍，而乃受汝蘭之銀布，串通揑報，合依新例：衙役受贓一兩以上者，責四十板，流徙尚陽堡，情法允宜。至供詞不確之李武安，年方孩提，似應免議。王禎相、乞登英等銀追入官。李三堯身死，河水漂失無憑，檢驗李應海收存議約，已經扯毁，無從查追。

十月初八日申覆院司，蒙巡撫達批：『據徐溝、交城兩縣申李汝蘭等招由到院，據此除詳批，仰按察司查照，另檄嚴訊確情，律擬招報外爲照。此案變幻多端，疑情種種，初據乞氏詞控伊夫李三堯爲叔李汝祥打死，因屍無着落，生死未明，駁行會訊。又稱三堯遁匿大同。及兩次關提，究無蹤影。今兩縣覆審，乞氏乃供「小的丈夫係李汝蘭喚去了，死也問他要，活也問他要」，段國禎方將孔家堡酒肆之言説出，李汝棟遂將師家莊推何情狀供明，反覆嚴訊，汝蘭方始俛認。但汝蘭推河是實，則前審李武安又何供伊父「黑夜來看，早就走了，在窑内同李汝棟睡」之語？今雖稱屍逐波流，仍無確據。汝蘭之殺三堯以陷汝祥是否實情？若謀殺是實，李汝棟、李三虎供在仙台村廟上商量，且汝蘭供有「小的與三虎、汝棟同李三堯到河邊都是商量就的」等語，後又供有「原是小的同李汝棟、李三虎推在河裏了」，寧止商量告狀，並不商量謀殺者？況汝蘭殺命陷命，其蓄謀諒非一日，兩次去喚具係三虎偕往，豈謀殺之情三虎竟不與聞乎？據汝棟河邊推水之供歷歷如繪，而汝棟、三虎曾否與謀，尚須訊確再查。李汝蘭與三堯既已無服，擬絞是否協律？至段國楨以局外之人偏與聞謀殺之事，且獨爲歛銀之中，甚至唤飲給銀、嗾使首報，無一不經其手，杖擬豈足蔽辜？事關人命，務須嚴究真情，按律確擬，合行駁勘。爲此仰本司官吏即將李汝蘭等一案，查照牌駁情節逐一研審明白，確議妥招報院以憑核奪施行，慎勿延緩，速速，蒙此擬合確勘。爲此仰交城縣官吏查照憲駁情節，即會同徐溝縣，即將犯人李汝蘭等一干犯證行提到官，逐一研審明白。確擬妥招，連人解司以憑覆審，轉院施行，批行本司牌仰到縣。』

該交城縣知縣趙吉士會同徐溝知縣趙良璧覆。看得李汝蘭之謀死其堂姪李三堯也，緣汝蘭素恨李汝祥，常思報復。初則糾結李應海、李三龍等立約攤銀，扛幫三堯以啓訟端，繼而蓄謀愈毒，遂與李三虎、李汝棟三人商謀仙台村廟内，必欲致死三堯以遂毒謀。因於昨年之十月初十日，汝蘭、三虎二人先至三堯之室，激其赴府告狀，比登途而復有同謀之李汝棟，肆人偕行，同宿孔家堡，次早路過師家莊，此莊在汾、介兩邑界上。是日風高雪大，是地岸陡水深，汝蘭乘其不備，手推三堯墮落汾水。三堯已登鬼籙，而十一早汾府告狀，猶是三堯姓名，又親填『李汝郎』三字作抱告。今覽府卷，天實先有以奪其魄也，雖河水湍急，屍骸無着，羣兇初尚展辨，今則隱微盡吐，無疑竇無遁情矣。造謀下手者，汝蘭也；與謀同行者，三虎、汝棟也；黨同誣陷假扮客人設計粧點以捏段一燦之作證者，李汝剛也；餌之酒食、賂其報信以誘段應變之出首者，段國楨也。他如李應海、李三龍，則立約幫訟之惡黨，乞登英則受財誣告之鷹犬，段應變、段得耀、段國才、段一燦隨口附和，反覆多端，遂至紛紜多事。設非憲臺如神之見，愈駁愈明，不終成一不了之案耶？至李武安『父親告後又來』之言，則出自伊母乞氏安慰幼子之詭言。爲之反覆詰問，武安亦供『未見父形，未聞父聲，但出自我母之口』，斯言似爲可信。乞氏妄信惡黨之誣指，告無干之尊屬，雖夫死情切，亦應薄懲。至李汝蘭與李三堯係同堂兄弟之子，的係小功服姪，李汝蘭絢首允宜，李三虎、李汝棟擬流匪縱，李汝剛、段國禎擬徒不枉，李應海、李三龍、乞登英、段應變、段得耀、段國才、段一燦、乞氏杖足蔽辜。王禎相受賄情真，仍照前擬。李武安口供不實，念其年幼無知，所當與株累之餘人俱爲省釋者也。其李三堯屍流急湍無蹤，衆犯供同，似無別議。至若李三虎等之擬流，李汝剛等之擬配，律不言，皆應以從論。再查盜命重案，例有一年之限，此案雖查係十年十月發覺，而職等承奉則在十一年七月十四日，且因供吐游移，隔屬提犯，往返躭延，相應一併呈明，以候憲奪。

十一月初五日申覆本司，蒙按察司賽批：『仰候轉詳行。繳。』蒙巡撫達：『題爲不明人命哭准急救全家姓命，不致寃蔽天日苦陷不白事。據按察司呈，該臣看得李汝蘭與李汝祥有仇隙，每懷報復，乘李三堯與叔汝祥告爭家産，遂糾李汝棟等立約攤銀，邀段國禎作證，商謀幫告，乃於康熙十年十月初十日，汝蘭、汝棟、李三虎往三堯之家，呼其赴府告狀。次日行至汾河岸邊，汝蘭瞷三堯不備，即將堯推入水中，屍漂無蹤，隨捏寫堯詞投府，復唆乞氏告汝祥謀殺伊夫，又多方設計，匿名捏首局嚇段一燦等誑稱見屍，到官報信，陷害汝祥，希洩夙怨。至十一年三月内汝祥將寃誣情由控告到臣，隨批府審，汝蘭詭計百出，致令承讞各官莫揣三堯生死，疑案未敢驟結，幾經詳臣復批，縣會審駁司確勘，汝蘭等方將挾仇圖陷、同謀立約、推水漂屍、捏狀教唆、設計誘嚇始末各情供出。歷審供證明確，自認情真。李汝蘭按律擬斬監候。李汝棟、李三虎與同謀行審未加功，均應擬流。李汝剛、段國楨立約作證，黨同誣陷，擬徒。李應海、李三龍共商寫約，乞登英代告，扶同段應變、段得耀、段國才、段一燦聽誘妄供，王明貞捏逃誑稟，乞氏依唆誣論，各分别杖贖革役。王禎相承差受賄，照例流徙。贓各照追入官。其汾州府同知郭一鵬將謀死真情未經審出，濫刑無辜，縱役失察，相應查議，但本官被參革職，無容議。今經該司審擬招解前來，臣復親審無異，除全招咨送部院道外，相應具題，伏乞敕下三法司核覆施行。』奉旨：『三法司核擬具。』奏刑部題覆：『奉旨，李汝蘭依擬應斬，着監候秋後處決。餘依議。』

盗案

殺死教官事

看得李宗盛窩煽羣兇而爲劇寇，趙應龍統領夥黨而殺命官，合後事與前謀，分殺官與行劫，而爰書定矣。夫盗莫重於窩主，而李宗盛者是；盗莫惡於殺人，而趙應龍、董三、李少林與未獲之袁世虎者是；盗莫真於執持鎗刀夥行原野，而蘇正明、閻禄、張三、劉福、曹伏虎、張五、李三虎、劉遇祥、蘇萬遇與未獲之段應者是；同行即爲盗，而張朝忭者是；無線則無盗，而車登魁者是。前後口供歷歷，皆不待桁楊而俛首服辜以求緩須臾死者也。按律，强盗窩主共謀分贓而不行者斬，律宗盛以盗窩，則不惟共謀分贓，抑且授械齎糧，擬斬何辭？按例，强盗殺人不分曾否得財，奏請梟示，趙應龍五盗得財殺官，蘇正明分鎗首謀，閻禄驚羣黨以行兇，劉福等七盗放鳥鎗而助勢，均梟請非枉。車登魁實係引線而與蘇正明閻禄前後同行，應照强盗議罪；然其所引者乃南社行劫之線，非半嶺殺人之線，此一線者斬之，非律意也，照强盗已行未得財之律擬流，法無枉縱矣。至若李延寧、李興法爲大窩宗盛之子，李中興爲大盗三虎之父，衆賊一口，素不與聞。較之常情，似難曲信。茀果係同類，即異姓合于漆膠；果不同情，即一氣自分涇渭：必欲父子相及，似屬深文，姑從寬宥。段南强係段應之子，合俟逸賊袁世虎與段應獲日另議。生員賈良弼、程萬里、孫獻祀、王家英、郭之藩借祭風之名，行請酒之實；門斗孫伏、滎啜林、張名臣雖稱馬步勢殊，然既隨本官同往，不行救護：均難免於杖懲。李七兒據應龍稱爲錯供，應否保釋，統候上裁。至賊供永寧、嵐縣失事緣由，俟本府查審統報，非職所敢擅者也。

覆看得李宗盛負嵎于靜樂縣之周洪山，恃險作窩，交、嵐、臨、永各山積盜皆其羽黨，逋誅久矣。甫聞車線打劫温姓之謀，指麾蘇正明，一招趙應龍等接踵而至，授兵器、齎盜糧，雖未行劫温囊，而中途圍殺教官，劫衣乘馬。賊之至劇者，業經職等審擬招詳，分別斬梟無剩義矣。今遵憲臺駁訊，其所持木棍丢棄，刀與鳥鎗各械，非擲李宗盛之家，即分藏山溝各處，若再合夥，又復取用，所供甚確。但分擒諸盜在奔散之後，若必欲與原執器械並獲無遺，此必不得之數也。查車登魁央劉際盛寫書之時，車宗殷偶不在家，故假筆於他人，既不在家，當以未曾偕往劉家之供爲確，況車宗殷寄語分財亦已實認，是其情又不關于浼寫書與未浼寫書也。又當時踏探温家富厚，欲勾賊打劫者，此意實爲車登魁造之踏後，告語於其叔宗殷，互相許可，確是共謀而非造意。即登魁造意，亦不過造意勾引耳，非窩主之造意也。然其所勾引者，乃南社行劫之線，非南堰殺官之線，究竟温家不果行劫，此造意同行者又有間矣。且强盗已行而不得財，律止流罪。勾引作線之罪，未必過于强盗，則因登魁造意，而擬之以流。因宗殷共謀，褫其衿而擬之以杖，亦均足蔽其辜矣。至于李中興爲李三虎之父，雖屬至親，但據供分居已久，素不與聞，情似止于不能教子。若李延寧、李興法俱李宗盛之子，各止一十九歲，據供一辦納錢糧，一讀書他處，實爲不知，固不足信，然父作非爲而子未舉發，似亦人情之常，杖中興而寬延寧等，似亦匪縱。續獲三元兒與趙應龍等，實屬夥盗，其堅供未入夥者，未入殺官之夥也。段南强原因未獲其父，因拿其子，今則三元兒又供其爲汾陽案内夥盗矣。李七兒前止供故買盗贓，今則袁世虎質爲近獲大盗李六斤等同夥矣。此三犯者皆不得以此一夥論之，應候别案審結。餘犯仍照原招。段應嚴緝另結。

爲詳明事申府轉報，查事關强盗重情，以首告到官之日爲始，定限一年題結。若罪犯已獲、證佐已齊、情事已真，至一年已滿，承問官再爲遲延，不行詳結，應聽該督撫查明題參，交該部議處。此遵行定例也。職於舊年十月初五日，奉本府轉奉督憲，備准有剿殺净盡部咨。初九日，職統兵入山，不及一月鄰封夥賊全獲，十一月初七日解省，十五日奉憲檄發交、汾兩縣會審，此職承問汾陽劉應熊家失盗一案之始也。犯多案大，逐一細訊。十二月初九日已成初招，申府轉報在案。後雖屢奉駁覆，亦係隨審隨詳，未敢刻緩。昨蒙撫憲面諭，逾限有參職等，自宜静聽，雖於太於汾，撫憲本自無岐視，然承緝承問，下吏實各有分司。汾陽住俸緝賊有案，則應參者自是汾府承緝之官。職本無承緝之責，若議承問之條，則職所奉部文係是剿殺浄盡之部文，原非奉發審劉家盜案之部文。即蒙憲委，距今尚未五月，亦不在一年逾限題參之例，職因剿獲鄰封承緝各案之盜，反與鄰封各官同受逾限之參，當亦撫憲之所心憫者。懇祈上台立賜詳奪，庶職得免無辜之參罰矣。

康熙十一年四月初十日詳府，蒙太原府周：『看得汾州府汾陽縣劉應熊失事一案，原分承緝、承問二項，其失事在康熙十年三月十九日，於二十日首告到官，扣至康熙十一年三月二十日限滿，此則承緝者之責也。其承問在康熙十年十一月十五日，扣至康熙十一年十一月十五日限滿，此則承問者之責也。承緝有一定之官，則今日之汾軍廳汾陽縣是也。承問無一定之官，則今日之太原府交城縣是也。今承緝限滿，當先查承緝職名。而承問限未逾，當免查承問職名。況卑府所審者，係兵部覆劉應熊家失事行今剿殺浄盡之文，並不係刑部覆劉應熊家失事發審盜賊全獲之文。查參職名，自有分別。伏乞憲臺先將汾軍廳汾陽縣承緝限滿職名查參，於憲臺亦無遲延之事。若云盜賊全獲，不妨將現在發審緣由，具題明白，庶承問者不代承緝者受過，而此案之頭緒清矣。』十一日本府申詳。

執結文狀事 交城、汾陽兩縣會審。

會看得交山非一邑之山，交山之盜非一邑之盜，按名而稽，鍾斗、惠孝文爲交城兩葫蘆之盜，郭三法、周時花爲静樂縣細磨川之盜，郝成章爲永寧之盜，杜召宇爲臨縣之盜，弓進爲文水之盜，其分處于交、静、永、臨諸山，號召匪類爲窩而又兼盜者，王武、李惠明、李旺惠、岐山、鍾名節也，然皆推石樓之傅青山爲盜首。今職等奉文會審，除投首惠首富等三十七名外，計生擒緝獲並被殺、自刎、自縊、病故共盜四十三名，逐一細訊，總屬汾陽張家莊劉應熊家一案之盜，而近經東村案内結正，梟首斃獄者不與焉，其傅青山、郭三法、王汝諫、劉正、郝成章、李六斤、杜召宇、尹三盛、申友與投首惠運通，並半路逃回惠天德及與死賊惠艾安，蓋强劫東村劉仁德後，遲至年餘，因武之龍引線，又打劫張家莊者也。其趙應龍一名，蓋殺清源教官後不及五日，復打劫張家莊者也。案内兵殺者惠天成，獄斃者馮開，自刎者惠艾安，自縊者任國輔，病死者李旺，除此五名無庸議，及趙應龍已於清源案内同大窩李宗盛分别梟斬定罪，惠運通投首免罪外，其傅青山等十名均應與夥盜鍾斗、惠孝文、周時花、任國海、任國疆、弓進、温國輔、温連雲、陰景格、安二、劉三、王武惠、岐山、鍾名節、李惠明、李繼實、李繼福、小黄蟲、李七、張法、段南强、孫貴、三元兒、武之龍、劉天正、劉成庫及先行劫劉仁德家，半路逃回後，又行劫劉應熊家惠天德二十七名，俱照强盗得財傷人律斬梟示。研審范一虎既非夥盗，係屬妄扳，高自福隨惠艾安避兵而未嘗隨惠艾案上盗，李雅秋與郭三法共母而未嘗與郭三法同謀，申二小子係申友之弟，申店脚牛係申友之子，原未同盗，剿山之日固當拿所當拿，審盗之時又宜釋所宜釋者也。投首惠首富、鍾名俊、鍾名鼎、惠運通並杜廷楨五名，所供原分賍物俱已花費，自應照數追賠失主。至惠首富等帶領投首張一龍等三十二名堅供俱係在山農夫，爲傅青山等威脅，除馬登成、申堂、惠景洪、惠崇德、李正五、張一寧、惠巴和尚、惠珍黄、耿應宿、王汝昌、尚德、李天福等一十二名，審供係半路逃回並未分賍外，其同行上盗張一龍等二十名，俱將原分賍物一一自供不諱，應與惠首富一例照數追賠，仍各遵見行例免死，俾令自新。其武之龍，等前供惠保兒、任五兒等三名，嚴審之龍堅供實無是人，委係畏刑妄招。及將馮開所供甯大惠、天育二人嚴訊，傅青山等確供當日上盗夥内並無其人姓名，似難深究。逃盗歡虎兒之馬寄養郭三知廐内，三知不行舉首，依例懲責奚辭？若失主所開失賍纍纍，不惟見獲無幾，即備加刑訊，而各盗供吐寥寥，總因就擒在數月之後，而欲各盗留原賍以待起取，必不可得也。查例原有變賠妻子之條，相應同賊産賊屬並無主賍物及所獲馬匹變價，與獲賍統給失主，在劉應熊等亦所心甘而無過求矣。所獲賊械查貯交城縣庫以備城守。在查張家莊原案報盗八十名，今計已故、見獲、投首及另案擬結者適符前數。所有招内供出任國鉉、馮養成逸賊二名，據青山等供，係强劫劉仁德家夥盗，且國鉉賍物見經劉仁德認識，二犯應入東村案内，同原招照提。歡虎兒等嚴緝另結。再照東村即係劉仁德住處，其劫劉仁德之王應夏等已經題結，此外並無失事，相應一併詳明。

覆會看得大盗傅青山等所供行劫汾陽劉應熊家，賍仗既明，分別梟斬，無疑竇矣。兹奉憲駁，夥盗八十名應分入内、把風、堵水等數。職按駁細訊，三月十六日聚齊大西溝時，確係八十人，當晚逃回馬登成等五人。十八日黑嶺山逃回張一寧等七人。其入寨者，則傅青山、鍾斗、惠孝文、王汝諫等三十三人也。把風者則弓進、鍾名鼎等二十人也。堵水者則惠首富、鍾名俊等一十五人也。又奉駁投首三十六名有無在東村案内照提之數，今雖訊有把風、堵水各異之確情，皆係應熊家案内，並未往劫東村。至范一虎一名，各盗俱不供係同夥，終難以青山無稽之言即指之爲真盗。李雅秋嚴刑夾訊，堅供非盗，申二小子等原因申友逃走，懼累相隨，研究並無同盗實迹。武之龍從汾陽來山入夥，故其所記賊之姓名必不如青山等之真確，況張家莊盗已全獲，則任國鉉等衆盗俱不承認同劫張家莊，自應歸入東村照提。又任五兒等原由武之龍等胡招，今盗已全獲，似無庸吹求于虚亡幻渺之名姓。惠天成、任國輔各俱分賍有據，國輔自應變追其家屬。其天成被殺在途，各盗既不承認，營兵又無搜獲，難以懸追。至失主供認賍物不符失單，反覆推訊，祇鍾斗、惠岐山二犯供出銀錢布疋，餘盜俱堅供如前。若前招未供明之衣服等賍俱經備悉供明，再若失主被劫賍物所報原多，前議將賊屬賊産盡行變抵，定以未開細數于照追之下。今遵駁註明，應按各盜確賍係無主之賍，並所獲之馬變抵外，仍應各變賠其産屬結案。又招内雖有傷人情節，查惠首富等投首月日俱在未奉新定例以前，應各照初詳免罪，仍行責治。内仍有馬登成等十二名，查俱中途逃回，更與惠首富等上盜分賍者有間，應否免責，同審非真盜之范一虎等概從省釋，聽候裁酌。其永寧州解到賊屬馮養志，應押其速緝馮養成，以結東村之案可也。

會看得盜犯傅青山等一案，覆奉駁勘而爰書莫定者，祇因失主賍單甚多，前供尚有未符。今職嚴加細鞫，而青山等自料法網難逃，始將彼時劫分之賍一一罄吐在案，查與失單相符。但查未獲賍，多恐有隱情。及再推敲，又據青山等各供，得賍至今爲時已久，實俱花費無存，再將失單所開刀鐗弓箭等械究之各盜，據鍾斗、王汝諫、温國輔三犯供吐，拿出刀一口，弓二張，箭四十枝，鳥鎗一杆，俱經丟毁，其餘供係已死之惠艾安等所拿，但安等已斃，無從追究。至于劉仁德一案，各犯雖有口供，然犯未全獲，終不能合于原單。青山等均照原擬，其賍應照前招，於各犯産屬變賠失主可也。

校記

〔一〕憨　據文意，當作『憝』。

〔二〕『無間樂善』至下文霸殺萬命事『又不知更易幾主』原缺，據乾隆本補。

〔三〕本篇至卷末原無，據乾隆本補。

附録

四庫全書總目提要·集部·萬青閣全集 八卷 内府藏本

國朝趙吉士撰。吉士有續表忠記，已著録。是集爲吉士所自編，凡雜文二卷，詩一卷，勘河詩紀等十三種共一卷，制藝一卷，平交山寇公牘詩文一卷，讞牘一卷。交山在交城境，姜瓌平後，餘孽竄伏山中，出没爲患，吉士以計討平之，材略有足稱者，文章則非專門也。

附　安徽古籍叢書已版書目

舊聞隨筆
定本莊子故
張籍集注
文學研究法
桐城文學淵源考・撰述考
包拯集編年校補
康輶紀行・東槎紀略
北山樓集
桐城耆舊傳
疑庵詩
三餘札記
方望溪遺集
爾雅翼
識小録・寸陰叢録

東萊詩詞集
明太祖集
王侍郎奏議
程氏家塾讀書分年日程
朱楓林集
敬孚類稿
施愚山集（四册）
吴敬梓吴烺詩文合集
張孝祥詞箋校
竇山公家議校注
翠微南征録・北征録合集
阮大鋮戲曲四種
老子注三種
杜詩説

朱書集
論語解注合編
郭祥正集
皖人詩話八種
唐詩評三種
左傳微
績學堂詩文鈔
鈍齋詩選
老子注譯
莊子詮詁
説文假借義證
劉銘傳文集
包世臣全集（三册）
戴震全書（七册）

田間易學
莊屈合詁
田間詩集
田間文集
古事比（二冊）
安徽出土金文訂補
秋崖詩詞校注
道聽途説
蘭茗館外史
青泥蓮花記
舌華録
明語林
夜雨秋燈録・續録（二冊）
包拯集校注
毛詩後箋（二冊）

劉文典全集（四冊，列入特輯）
壹齋集（二冊）
孟子講義
楊仁山全集
戣翁藏書年譜（列入附輯）
不得已 附二種
歙事閑譚（二冊）
惜抱軒詩集訓纂
張孝祥詩文集
吴汝綸全集（四冊）
朱子全書（二十七冊）
明實録安徽經濟史料類編（列入附輯）
姚瑩年譜（列入附輯）
青溪集
藏山閣集
田間詩學

俞正燮全集（三冊）
皖人戲曲選刊・鄭之珍卷
詠懷堂詩集
所知録 附四種
文選箋證（二冊）
歙紀
方孝標文集
七頌堂集
劉文典全集補編（列入特輯）
程瑤田全集（四冊）
皖人戲曲選刊・方成培卷
皖人戲曲選刊・龍燮卷
凌廷堪全集（四冊）
黄生全集（四冊）
東輶紀程

蕭雲從詩文輯注
程文炳文集
程恩培集
方盦山詩集（二册）
趙紹祖金石學三種
小爾雅義證
勉行堂詩文集
貴池唐人集
龍眠風雅全編（十册）
無爲集校箋
杜詩提要
分篇水經注（二册）
松泉集（二册）
梅鼎祚戲曲集
通鑒注商・新舊唐書互證

杜徵三友朋手札
吴應箕文集
舒鴻貽著述二種
皖雅初集（三册）
桓譚新論校注
宛雅全編（二册）
李宗棠文集・東游紀念
李宗棠文集・考察日本學校記（二册）
李宗棠文集・光緒徵要録
李宗棠文集・奏議輯覽初編
李宗棠文集・學詩堂經解
李宗棠文集・千倉詩史初編
吴芝瑛集
施愚山集（增訂版　四册）
桐城方氏七代遺書

方以智全書（十册）
徽州杜詩學二種
白鹿山房詩集
金粟齋遺集
文字蒙求廣義
施愚山集外編二種
安徽文獻總目（六册，列入特輯）
國朝詩品（二册）
吕美蓀詩文集
姚鼐詩文集（三册）
張潮全集（五册）
朱書全集（二册）
喻林（六册）
張樹聲文集
廬江詩雋・廬州詩苑

馬其昶文集
徐子苓集
王尚辰集（二册）
朱景昭集
説文段注撰要
詩學女爲
古桐鄉詩選
趙吉士集（三册）

安徽古籍叢書

徽人別集整理叢刊

趙吉士集

二

〔清〕趙吉士／撰
李睿 魏青平／校點

黃山書社

第二册

卷四

萬青閣勘河詩記

哭臨紀事

夏日吟

丹陽舟次唱和

問天旅嘯

寄園集字詩

萬青閣歸隱詩

玒青閣秋集

卷五

燕山秋吟

林卧遥集

採术雜詠

萬青閣詩餘

卷四

萬青閣勘河詩記

勘河詩記序

古今詩人不可勝紀，獨三百篇垂之爲經，杜子美尊之爲史。夫三百篇之爲經，尚矣；杜之爲史，不幾與晉之乘、楚之檮杌、魯之春秋等乎？蓋史，人事也。夫以太白之逸而放之曰仙，以摩詰之適而外之曰禪，以長吉之奇而幽之曰鬼：無他，謂其與人無與也。子美流離四方，撫時抒意，一寓之於詩，其言惓惓哀君父也，憫黎民也，傷僭竊也，思盛明也，皆人事也，欲不史之，得乎？

勘河詩記者，趙黄門恒夫先生所作也。恒夫長於經濟，於天下務無所不究，而於河道尤悉。其勘河之言曰：『河之患，患其不東而南且北也；淮之患，患其不北而東也，何以不北而東？黄强而淮弱，則不能出清口而與黄敵，於是乎壅，壅則溢，溢則高堰潰，而以高寶諸邑爲壑。黄乘淮之弱□蹑清口而進焉，乃隨進隨淤，黄亦卒不能入也，反失長淮之援而黄亦弱。由是，二瀆皆失，其故溯湃四出而不知所止，而淮左之區無桑土矣。然則治之之法，奈何？曰：不觀醫者之視疾乎？不察夫疾之所從生，雖百藥而百不效。誠察其所從生，則應手霍然。吾言河亦言其病之所從生而已。毋分其力，毋攖其怒，致之使不得不然，亦引之使不知其然而然，而治之之事畢矣。』其言如此。

余非知河者也，亦並不知詩，顧即恒夫之言，以讀恒夫之詩，籌决排而傷昏墊，一篇之中三致意焉。謂其與人無與也，得乎？然則即以恒夫勘河詩記作恒夫勘河之史觀，亦無不可。因序而弁之，並質之恒夫，以爲何如？

時康熙二十六年丁卯臘月星迴節日，同學弟錢珏朗亭氏頓首拜題。

丁卯十月二十六日同佛司農熊司空達都掌垣陛見上温諭畢即日南行勘河

去年憶兹日，對策太和殿。今年值兹日，玉座宣陛見。革履近聞聲，啓奏上稱善。掖垣兩小臣，亦復蒙聖眷。帝曰往欽哉，無負朕所遣。昏墊數十年，哀此七州縣。披圖憫兩河，及早安淮甸。郵驛太疲勞，輿騶任爾便。臣倫再稽首，無才慚襪線。河决固不常，河流亦屢變。勘閱盡各心，豈敢徇情面？拜命辭國門，潦收踏平衍。征袍惹鑪香，不復愁霜霰。過耳驊騮嘶，大農近瞪眄。貂裘甫及腰，玉鞭拂羽箭。馬光如燦花，馬蹄聲一片。時予已前征，據鞍側纓弁。長發未午餐，乃煩設精饌。高菰村掌科飯予道右。少頃司空來，大輿須挽牽。門生齊鞠躬，司屬次第餞。我行屏藥囊，長驅頭不眩。身苦氣自完，習勞乃忘倦。小子記斯言，敗名在安晏。初程路不多，兒還色戀戀。從行兩兒同抃孫相隨二十里還京邸。回頫西山雲，蒼赤尚未暝。

宿長新店夢同徐敬菴督漕坐譚當年湖上書齋若于予有所慊者書此記之

頹槐禿柳夾壇坫，行旆夜駐長新店。家家燈火照茅檐，一聲觱栗雲光斂。旅次亦復敬皇華，土瓶瓦罇魚菜贍。麯生素與我無緣，不怪主人酒不釅。憶昔此地兩别公，敬菴出撫山東，總漕江南，均在此店話别。籠燈踏雪譚不厭。感爾今夜夢魂來，湖水當門正瀲灩。宛坐髫年讀書堂，慇勤向我相針砭。隻鷄絮酒在何時，西陵墓樹空懸劍。

廿七日曉過良鄉小憩琉璃河口占三絶

參横月澹趁黎明，走聽嚴城鬧五更。騶僕行糧頻自給，不煩驛吏苦經營。

霜風幾陣曳行旌，敕使初經第一城。當日不從安史亂，到今固節尚留聲。唐以良鄉不從安、史之叛，改名『固節』。

燈下題壁

紅翎白鏃窄衣縈，百里長驅絶塹阬。草屋沙汀煙數點，桑乾水落石梁横。

分持關傳出楓宸，青綺門西踏凍新。寒撥紅爐增氣焰，醉題素壁拂埃塵。陛辭愈覺臣心歛，客夢時聞帝語頻。寄問兩河諸父老，平疇今日免沉淪。

二十八日曉行

彌轡青驪結束輕，殘星明滅伴霓旌。我辭紅友母多酌，馬戀青蒭不肯行。峭岸鋪霜人迹滑，荒林鈎月曉痕清。繞牆犬吠鷄登樹，日色纔開已半程。

二十九日謁毛公祠

毛註傳千祀，祠堂署路隈。蝸涎滋碧蘚，蟲迹篆蒼苔。魯趙真兄弟，融玄互挽推。一經扶漢馬，六義起秦灰。愧我勞勞者，停驂首重回。

河間西關值佛司農誕招飲邸館長歌四十韻

大月小春蓀乃榮，雲屯日冷水泉清。霜風斷續過寒聲，農工已畢樂田更。唐叔分封綺陌平，雄峙五壘控幽并。俗尚淳樸務織耕，亦復悲歌企高荆。九河故道留空名，易溽漳衛環滄瀛。獻王博士聘毛生，傳經大小重萇亨。後王驕縱相張衡，嚴整法度進款誠。董帷久下絶塵嬰，天人繁露搆思精。惟我大農三代英，九列伊誰與之京。貂裘錦帶擁飛旌，金鑾玲瓏自攜擎。我無長物書一嬴，亦逐尚書隊中行。舉鑣連鞍踏冬菁，日暮弭弓駐西城。城上樓角何崢嶸，城中吏出盡簪纓。良二千石歙浦程，名汲，字公引。辛苦花封雲間彭。名開祐，字椒巖。越鄉鷄壇有舊盟，何勞斂版折腰迎？相期邸舍祝長庚，爐熾獸炭四座頳。宰羔剥兔出珍烹，芼薑屑桂調香羹。羅列磁盤上銀鐺，春酒介眉稱兕觥。予小一月愧同生，十一月廿九日賤誕。倚醉題詩恣縱横。星疏河澮鷄忽鳴，客寢不安夢魂驚，從騎又促向南征。

十一月初一日坐小輿過景州傷同年鄆繡羈獄甫曉策騎而前

白水蕩疏星，未曉天半紫。小春昨夜歸，冬仲從此始。輿罅尖風攢，宛坐波濤裏。煙高醮樓青，孤塔倚百雉。慚昔空下帷，緬懷董家里。緣事舊知州，相去尺有咫。寄聲縲絏中，何時得脱爾？沙軟任馳驅，仍復事鞭弭。此身豈好勞，誠恐肉生髀。驛吏將無疲，低頭叩馬箠。前站整行廚，小憩日中市。飯香出瓦甑，乃覺肉食鄙。沙浦何泠泠，一掬漱予齒。

然明姪隨竑弟南歸九月十四日歿于德水未及二月櫬歸矣予適經其地詩以哭之

攬轡駐德水，淚落不可止。何事過酸辛？嗚呼我猶子。猶子八九齡，善騎慣弧矢。於菟氣吞牛，勇力無與比。我行藉護持，左右得所恃。書不求甚解，章句而已矣。兩入江南闈，虛負穿揚技。自恨本不文，應爲叔父訾。予同懷弟靖士爲之父，俊士爲之叔，俱武甲榜起家，姪兩試弓馬上上，皆以第三場見斥。奮身行伍間，勞苦事鞭箠。從征破雲南，軍功屢積累。領咨赴樞曹，選職已在邇。寶馬耀香鬃，蟒服謁燕市。叩予拄笏軒，方知改名氏。放姪童年入武學，以行伍隨征，改名然明，功加都督僉事。丈夫恥不侯，科第何足齒？不意竟停推，裂眦復消髀。慷慨隨舟歸，棄此如敝屣。但愁弟病深，時竑教習鑲白旗，以病告假。豈料姪即死。如何熊虎姿，忽然入蒿里。客途艱含殮，賴有家司李。姪歿于高官屯，離德州三十里，家司李兄仲啓經營其喪事。野魂何日歸，旅櫬何岸艤？遺腹尚未生，當不絶爾嗣。

初二日德水道中蘇侍衛進乳茶畢復遺雙兔

馬上冰髭結玉璣，一壺酥酪出氈幃。殷勤向我呈雙兔，傳説將軍夜打圍。

郊外仲啓兄過晤

昔日同爲令，今逢德水阿。别時鬚鬢好，相見雪霜多。似此勞車馬，何如老薜蘿？王程有定限，未得草堂過。

山行

山禽野鹿共徘徊，馬踏層冰絶點埃。曲徑欲迷尋路轉，寒峯忽斷覺天開。夕陽煙裏鐘魚度，小築溪邊竹柏栽。應是風塵勞節使，未能登眺白雲隈。

初三日曉過齊河錢朗亭撫軍同藩臬諸公留飲道左賦此誌别

稀星明滅驛夫促，騰空野霧蒙初旭。候吏低心引鳴騶，故人握手齊河曲。次公内外本寬明，司藩黄天馭。風度久識宋廣平。司臬宋牧仲。素與君家兄弟好，到今二鮑尚傳聲。予與克廣郎中久交，今得晤乃兄重光運使。我來同據元龍榻，驛道陳鄰公。駝載氈廬車盈榼。光浮兩頰飲正酣，宫子趣同行更合。督學宫定山。便路山東訪僑郟，諸君别我濟水南。雲容百變起寒嶂，入山九折瘏羸驂。

齊河午發更盡宿章夏馬上作

纔經泰岱麓，問渡復河涯。山斷雲封隙，橋傾水齧沙。桑榆千百樹，鷄犬兩三家。疲馬思蒭秣，饑驅不復譁。

其二

數朝平曠盡，又入萬山行。郵傳停供給，官司遠送迎。燒燈排水驛，帶甲護宵征。不覺柴門近，星河半欲傾。

初四日山口曉行

竟是家鄉路，縈迴歷幾層。嶺頭籠曉霧，樹杪見殘星。泉濺深溪玉，嵐横一幅屏。頓忘行役苦，緩轡入空青。

界口驛見周青士乙丑北上題壁詩次韻

北道遊三載，甘心麤糲餐。梁鴻不就熱，范叔始能寒。斷磧空橫彴，危灘急作湍。澗槃時一坐，始羡碩人寬。

其二

風松來一塢，倦臥竟忘餐。石碎馬蹄澀，溪深魚夢寒。何意紅塵走，得觀清錦湍。三徑歸來好，湖山路正寬。

初五日山徑晚行

霜風脱葉夕陽斜，半壁煙雲變幻賖。疊疊層巒衣素霧，泠泠曲水帶流霞。藤蘿引蔓纏林屋，鷄鶩争餐鬭水涯。安得殺湍成樂土，九重化雨遍蠶麻。

崔莊道中

正值飛沙撲馬時，着鞭珍重過山崥。松枝壓雪寒偏勁，槲葉經霜落愈遲。土堠長頹猶設戍，冰河未合尚流澌。夕陽將下雲千變，不辨荆扉與竹籬。

初六日輿憶 有小序

蒙陰道傍署徐敬菴中丞去思碑石，下馬哭之，哭畢輿行。心有所觸，情何能已？生死隱顯親故間，或人或地，咸拈七言絶句以致吾憶之所及，詩之工拙毋論已。

下馬横坡涕淚傾，夕陽明滅古蒙城。寒風聞笛誰能賦？高碣長留孺子名。

漕鹽纂輯我心勞，手爾封章血淚高。聞道江淮千萬艇，一傳公死盡號咷。

負骨千山故土埋，貤封疊疊慰幽骸。公髫年有負骨圖。題棺甫畢奔猶子，冰玉空依泣兩娃。公止生二女。

君恩賜葬聖湖東，翁仲班排馬鬣封。四十年來真耐久，兩無相負獲交終。

憶讀書靈隱僧舍

冷泉聲咽瀉哀音，栽筍梢雲十畝陰。予移筍窗前，山僧笑之，今竟成林矣。紙帳布衾遮雨雪，夜深虎嘯助高吟。每夜書聲與虎聲相應，習以爲常。

憶汪采臣炳 舊名『若』。

手把殘書晝夜攤，半窗風雨一燈寒。同燃瓦竈煨黄獨，絶粒空山且飽餐。讀書齊雲之岳半，偶爾絶糧，煮黄精食之。

憶同戴山民王子箕邵子峻吴星子孫古喤守選李官者六載丁未改令後不復相見今止古喤存

旅嘯燕山共六秋，峨眉古寺苦淹留。花封前後分南北，四子黄泉爾白頭。

憶范眉生與良明經

每年北上過淮城，詎浪譚鋒四座傾。今日題碑須老友，夜臺何處續天聲？眉生選有詩苑天聲行世。

憶程守金簡兩老友

烏聊城下留非二，白嶽山中隱象三。守字非二，簡字象三。舊侶重逢知有幾，浮槎印石數煙嵐。

古城山落石成潭，今爲印石，時同二子過此。

憶先兄爾合之符僉憲

清班十載老黄門，引我徐行到掖垣。每恨青蒲難洒淚，長思白簡代酬恩。孤燈細雨話慇懃，執手牆東不忍分。徂春寄園一宿，遂成永别。委骨松楸寒宿草，何時涕淚灑高墳。

憶王偉度曰曾 時分巡大名。

獨倚樓前傳習真，偉度久住寄園獨倚樓。無慚清獻舊門人。徐公謚『清獻』。萱堂白髮方迎養，歷宦多年止苦貧。

憶海陽舊市父老

海陽故址近何如？幾許丘塋弔唁疏。清俸無多分未遍，百年耆舊守寒廬。三國吴置海陽縣于舊市。唐天寶中徙西北十里，改爲休寧。

憶兩先人墓

雙棺合葬北鄉源，大樹千章列墓門。薄宦東西誰守冢？春秋辯省止招魂。予自戊午合葬兩先人于鄉源，至今十年未省墓。

憶叔天醉

青門瓜好足長貧，荷鍤行歌漸水濱。叔本不癡癡又絶，花源欲往已迷津。

憶伯兄端

綿山峯隔首陽峯，回看浮雲千萬重。珍重着鞭先五馬，長驅應異舊疆封。伯兄任介休、撫寧兩邑。

高卧三年未北征，故園何事久留行？鴒原早傍燕山石，接蕚聯柎長舊荆。

憶三弟靖士分駐懷集

記得樓□捲旆時，千山匹馬獨從師。辛亥，三弟在都謁選，見剿殺邸抄，七日至交山。近聞殺賊平□

郡，制府何曾出一咨？
瘴雨蠻煙隔粵西，亡兒新鬼夢中啼。然明督僉姪訃尚未到粵西。春來池草長相憶，末路開顏話舊谿。

憶五弟竑歸里養病兼囑四弟俊士好爲調理

良醫何處覓盧俞，卧病終年不肯蘇。餌朮茹參勤藥鼎，入門二豎可能驅？
還家屈指歲之餘，弟望兄歸母倚閭。一榻東西談午夜，病顏相對莫生疏。

憶六弟贊

薄宦分馳各一陬，諸昆勞爾獨持籌。予兄弟六人，遊宦者五，止六弟經營家事。足當自止師懷祖，卧念吾家有少游。

憶兒道斅

曾赴長廊試廣文，遠攜妻子住江濆。移家于儀真南郭。副車今傍公車發，三舍回戈戰夕曛。

憶兒景從

六曹黜陟屬延評，至慎能清自著聲。郎署同官多父執，敢因共事即平行？

憶兒景行

筆舞機流信手拈，三餘課藝更須嚴。看花上苑春風近，莫學而翁老孝廉。

憶長孫繼抃

吾家琴鶴本雙清，小子將無負此名。念爾講堂傳習日，皋比敬事兩先生。師事王白民、張子韶。

曾經三折以成波，愛汝髫齡作擘窠。李俗宋寒名浪得，可能持此換羊鵝？抃孫弱齡即能方書大字。

憶諸小孫

歷傳此宅不生兒，司寇司空兩驗之。艾長人、徐敬菴兩公住此宅三十餘年，俱不宜男。自我來居剛五載，孫枝蔭蔚舞軒墀。予移居此屋，產有五孫。

踉蹌竹馬畫平沙，繞膝聲聲拜阿爺。赤子何曾知世故，也來争獻石巖花。

憶寄園春

纖纖新緑早鶯天，叢薄香生花未然。洗术松間安藥臼，紅橋白石瀉青泉。

小山風景似淮南，翠竹横遮水滿潭。囀罷黄鸝春漸老，曾攜斗酒劈雙柑。

一池荇藻任縱横，細數遊鱗唼浪輕。花塢槿籬隨處得，含煙拂水步深菁。

憶寄園夏

高樓獨倚俯超臺，瘦柏長槐兩岸栽。市上軟塵飛不到，西山繹絡貢青來。

粉蝶花亭亦畫圖，百年老樹自扶疏。眼前何物開胸臆，跣足科頭讀漢書。

□額猶□拄笏軒，歷來地主有誰存？流光過隙真如寄，石丈年年伴竹孫。園創始于宋文康公，由艾、徐以傳，于今三易主矣，故額之曰『寄』。

憶寄園秋

傍檐竹影緑層層，碎砌巉巖偶一登。菊滿疏籬霜更好，秋尋小住倚書塍。

秋雲薄薄澹銀河，露滴叢花桂子多。無數横枝斜挂月，清光湧出泛層阿。

可憐夜雨泣蘋花，窗隙微明叫曉鴉。催着朝衣猶戀枕，愁聽西郭五更笳。

憶寄園冬

月冷花房早已封，留青止剩數株松。寒聲夜半摇清夢，細浪吹來第幾重？

寒皋鶴立展雙翎，探雪横橋上小亭。卻就疏檽呼酒盞，遥山已换舊時青。

涷雲冷雨釀深寒，細草團團裹竹竿。到得冬來無一可，梅花尚在屋中看。

初七日蒙山歌

蒙山突兀泰山邊，泰山之雲常往還。縹緲晴峯翠華疊，雲氣時欲摩青天。青天倒插層巒樹，盡日啼猿不知處。山澗幽深才可尋，谷鳥溪禽自來去。樵夫牧豎採山頭，行人錯認蜀雅州。誤將苔蘚充茗荈，亦復苦口潤乾喉。西蜀雅州蒙山五頂産茶最佳，此地採取石衣竟冒蒙頂之名，特爲辨之。魯甸齊郊千餘里，一片松聲亂風水。響石誰吟白傅詩，鹿鹿風塵揮馬箠。遠看霞氣雜長虹，玉漱空山聲玲瓏。陰崖結屋東蒙客，落日鳴機汶上翁。山口依稀雲外路，黯黯林端日將暮。他日登臨絶頂峯，黄山終被蒙山誤。

初八日鵝莊懷古

池涸已無人滌硯，莊荒不見客籠鵝。右軍故宅無尋處，衰草寒煙渡水莎。

大風雪馬過浮橋幾陷長歌簡李浣廬 時分巡東兖。

沂河南來水浩瀚，祊汶涑洙千壑漫。波濤傾溶迫霄漢，雨霪雪雰暗日觀。沙浦棲鴻林宿鸛，冰封石竇泉將斷。颸風飃飃號日旰，沫跳波馳湍復悍。崖腹奔頹水齧岸，大艘横繫纜欲判。驊騮不復騁踠腕，我據高鞍轡難按。近聽驛夫渡頭喚，心驚行急無涯畔。昂頭層山何粲爛，層山在州南，蘭桂諸山附之。列岫皚皚耳目换。武清李君稱廉幹，分巡亦足作屏翰。萬屋煙光出樵爨，棗熟繭成樂里閈。單騎迎我宿公館，雪滿狐裘泥滿骭。手皸面皴不及盥，急向紅爐熾獸炭。夜深候胥未敢散，馬嚼枯萁不解絆。

初九日沙墩道中積雪

滿地珠璣絶旅塵，平原一色少行人。同雲散盡林叢合，錯認梅花萬樹春。

午發十里鋪

使節今從東國去，征鴻早向塞邊飛。萬青過眼聯皛皞，七水分頭下沭沂。未到茅茨先掃榻，纔燒豆筴亂烘衣。斜陽細靄柴門下，疲馬嘶風客共饑。

郯城

歌臺零落土埋花，樹拂斜輝屋半遮。傾蓋亭前空弔古，荒城近繞羽山霞。

宿青駝寺

積雪埋蒼山，空林無剩葉。凍雲裂復凝，泥爛濕行笈。雉兔任縱横，過客誰射獵。人語雜溪聲，褰裳争晚涉。店主認舊賓，烹龥來相饁。呼婦出拜迎，襁兒何妥帖。店主舊曾識面，呼婦出拜。袖手方苦皺，疲馬難振鬣。遊宦二十年，老色上眉睫。小飲暫開顔，霜風戰醉頰。

初十日入江南境口占一絶

已入江南界，關心黯落暉。故園雖在望，王事未能歸。

十一日宿遷道中

馬陵山北未桑田，愁聽行人説往年。千頃平疇翻白浪，幾家茅屋帶寒煙。可憐絲穀無餘種，獨有魚鰕不論錢。今日棹歌聲起處，亂帆争引隔隄船。

謁霸王廟題壁

嗚呼項王力拔山，梧桐巷北水潺潺。梧桐巷爲項王故里。杜默一死一千載，遺慟使我摧心肝。會稽拔劍斬守起，釜破舟沉天地紫。呼聲動天壁上觀，膝行入門誰仰視。四十萬軍屯新豐，何地不可殺沛公？萬古乾坤兩兄弟，杯酒殺人非英雄。黄河滔滔去不回，隆準隆準安在哉！

弔虞姬

烏騅不渡烏江，碧草先凝碧血。香魂長逐劍光，流水至今嗚咽。

十二日清河

南淮北沭兩無侵，水瘦霜皚驛雪深。湖海樓頭高百尺，王孫胯下擁千金。韓淮陰、陳廣陵俱產清河。舳艫相接環公署，鴛鷺同羣秣故林。一自河分三汊口，清流直濁到於今。

附記：是日早到清河，由仲家莊勘新中河，一水由平望湖入海，一水倒入黄河，其源發自沂水駱馬湖，黄水若漲，又從中河入海。即午，慕總漕天顔、董江督訥、靳總河輔，道左叩聖安畢，同過黄河，至惠濟祠，勘甘羅城西淮、黄交匯處舊運口淤墊，天妃閘已拆，開新閘行漕，再由運河北岸勘王公隄磯嘴，晚次清江浦。

深更駐清江浦

雪晴横岸冷霜槎，尚復揮鞭跨紫驊。近聽畫樓傳鼓角，走看漁火隔蒹葭。夢回千里青燈暗，愁閲諸河白髮加。莫訝黄淮風浪闊，自來清濁隔隄沙。

十三日議築古溝重隄贈靳紫垣總河

河工原不易，版築日千夫。勞怨身兼任，毀譽言各殊。墳廬沉澤藪，天地入菰蒲。何日元圭奏，平成數合符。

其二

勘河尋故道，昏墊已多時。疏築譚何易，決排到始知。湖連虹泗近，隄共白潘比。寧使黄流弱，前人不我欺。

其三

爲問元龍没，安瀾屬那家？空分黄入海，終合水攻沙。野荻雲中樹，孤帆鏡裏槎。七州民力足，煎辦結霜花。

次高堰

老子山前萬壑傾，高家舊堰障淮城。疏開土脉拖泥撻，署穩竿頭測水平。水平以定河之高下。湖闊翻嫌塵世窄，雁呼似聽海潮生。江南制府羣相過，董、慕諸公咸集草邸。霜月横天晚更明。

附記：是早離清浦，由運河南岸勘七里閘。閘以七里墩得名，分三叉口，一水到閘，名新河。再勘高堰大隄，新加丁頭石，甚固。議於堰外築一重隄，由唐埂南減水壩迤南，至周橋止。又開一口，出史家刲隄，西至運口大墩對過止，約長一萬二千丈，攔住減下湖水，涓滴不入下河，仍歸清口入黄河出海。

十四日翟壩巡行

長隄移革履，緩步踏深霜。酒茗羅葭岸，旌旄駐草堂。清波漫斷埂，白鷺起方塘。敢憚巡行苦，重譏潘孟陽。

附記：是早自高堰十里至六安溝，再十里至老隄頭，十五里至高良澗，二十里至周橋閘。再勘古溝，由茆家園夏橋唐埂至是壩止，五處向無隄，湖埂即爲天然灘。十八年新築隄，湖水無處宣洩，泗州被淹，因將高堰一帶滚水壩俱塞，五處新建減水壩五座，將開夾河以歸清口。

十五日早發翟壩更盡到淮城翌午晤李爻臣侍御晚同程婁東蔣荆名飲邸中

沙隄曉行星未没，轣轆車聲碾淮月。征騑不辨路縱横，幾過平田又林樾。草煙牛迹駐霓旌，導吏時復具肥腯。佇望城闉眼長寒，簇簇霜花堆版揭。朝來雲亂如崩濤，昂首蒼天懷補闕。補闕家住湖嘴邊，怪事書空時咄咄。垂翅終年歛羽翰，風力猶然獨擊鶻。雙雙老友破寒來，直入官廨相排突。白浮綠泛醉波傾，讀我新詩高興發。夜半春回凍壁温，綺席紅燈照白髮。時董公送席公館。

十七日拜冬後舟發淮浦翌早泊灣頭

一雁隨陽自北來，扁舟南下浪雲開。嘗新鑽燧烹冬笋，應節書雲飲舊醅。白水有聲星歷亂，蒼山無影月徘徊。清潭黃浦經過盡，嗚櫓空摇疊鼓催。

過露筋廟

十年歸夢繞梼旃，載月南來夜刺船。罥樹雲霞升古廟，出城鼓角隔寒煙。清波白石長如此，玉骨冰心本自然。一自貞魂招不得，欲尋唐史續殘編。

附記：是日拜牌畢，即登舟勘涇河。河水從洪澤來，上高下低，直衝閘下。今將閘口閉塞，運河東岸距寶應城南五十六里有子嬰減水壩一座，距高郵城北五十二里有永平減水壩一座。永平壩三十二里至永安隄，即清水潭也。高郵城南有大減水壩一座，又下爲五里減水壩，又下爲八里減水壩，又七里爲柏家墩減水壩，又里許爲車邏鎮減水壩，以上諸閘壩之水俱流入下河。

十八日揚州東關晚宿

水國冰霜警使舟，片帆昨夜下高郵。三旬暫伴尚書履，薄暮重逢御史騶。陶鹺使九月別都城，即晚舟中枉顧。城柝頻敲揚子渡，梔燈遥接酒家樓。及門諸子羣相訊，兩渡蕪城續舊遊。辛丑，予幕胡道南鹺署；辛酉，司榷揚關：皆寓廣陵。

關署感舊

六年蹤迹滯京師，東閣遥留水部思。公署依然題額在，諸生猶憶論文時。未摇畫舫雷塘路，先憶紅橋杜牧詩。安得青春渾不改，艕船長與竹西期？時諸公皆從灣頭赴泰州，予過廣陵，留半日别去。

十九日舟中對月

繞匝孤村幾樹鴉，寒河月皎静無譁。冰壺一片能分否？白岳黄山是我家。

附記：自車邏而下四十餘里爲鰍魚減水壩，今廢。又十餘里，有金灣減水壩。恐盱眙山水衝决漕隄，應于邵伯鎮南二閘口再濬寬闊，引水由人字河出芒稻河入江。

二十日晚照

村前亂水映斜暉，帆落疏林鳥下磯。無限滄桑圖不得，落霞休傍棹前飛。

附記：是日舟行，泰州田地，一望盡是汪洋。

二十一日泰州霄征

夢覺羅浮遠，途長古驛迷。夜分弦月上，寒警岸禽棲。槳急衝波迴，風迴擺櫓齊。卸鞍驅我馬，暫惜雪霜蹄。

二十二日巡行范公隄長歌誌慨

海濤齧隄隄久湮，三州大半蕩波臣。范公慨然議修築，抗疏天聖頌張綸。海陵舊宰胡子繼，三賢香火到今新。隄長百四十七里，狂瀾一障東南垠。垂虹蜿蜒卧不起，淮南半壁免沉淪。碧柳摇金映緑水，串場千曲鷗成羣。舊日治隄皆植楊柳。沙岡石磋瀉湖水，鹽車絡繹日轔轔。嗚呼！范公哀此七邑民，於今嗣者是何人？富安馬不鬣，梁垛樓成塵，翔禽哀響動高旻。海波不静潮難捍，誰憐破屋帶荒榛。天半雲霞迷海角，萬夫骨肉苦凍皴。慚予奉簡行隄畔，東西引領空逡巡。嗚呼！范公哀此七邑民，至今嗣者是何人？

附記：是日勘串場河，再巡看范公隄。外竈内民，分屋而住。河爲運鹽要路，每年原有挑濬公費，十數年來徒存虚名，以致泥淤。況丁溪諸口俱從此河入海，竈丁商人恐開溝疏通即串場水涸，不便行鹽，故不願開。

二十三日丁溪海口

憶昔壬寅年，夏五到樊汊。王守賢地主，孤舟夜相迓。假館宫家園，花洲小橋跨。今我過西溪，鹽倉訪舊舍。停棹串場河，已無古臺榭。鎮北中洲山，久已絶桑柘。巡行范公隄，土平南北壩。海鹵遠不來，積流近不下。鐵門開闔奇，傳言無乃差？七邑滙爲湖，安問禾與稼？龍門港一開，吴陵水直瀉。好語孫司空，此工未可罷。

小東港勘河由當查覓捷徑還丁溪

一望蒼茫半葦葭，滔滔東注盡人家。可憐萬頃青苗地，化作千層緑水窪。海口奔流分五港，渡頭歸騎越三查。熊尚書當查覓小舟還，余從捷路騎歸。三查者，當查、東查、西查，皆沿河土名。揮鞭指點來朝路，日落湖西擁赤霞。

附記：是日勘丁溪，直至龍開港止，今挑至范家壩，已有七分工程。丁溪洩泰州、高、寶等水，白駒洩興化等水，岡門洩鹽城等水，廟灣洩山陽、白馬等湖之水，雲梯開洩淮、黄交會之水，名爲五港。

二十四日夜渡十八里太湖

夜半狂風嘯，舟人互語喧。浪迎孤棹白，天落衆星昏。燈火知漁艇，雲霾失海門。忽聞岸上語，候吏在前村。

附記：是日勘草堰工程，止挑過二分；又勘白駒至門龍港工程，已完八分。

二十五日入鹽城境

裘毛禿盡織霜花，凍岸饑烏噪曲窪。導吏卑躬蹲荻葦，行旌立馬問桑麻。熬波浮出千塍雪，向旭分開萬縷霞。城枕滄溟鄰海角，平疇剩得幾人家。

岡門懷古

一望盡汪洋，田沉尚有莊。種瓜傳漢井，孫種瓜井。繫馬識秦岡。始皇繫馬處，至今有鐵柱岡。婦女窺旌節，官胥進酒漿。無輕鹽瀆尹，歲歲祀孫郎。

附記：是日勘興化，水没田地，興化湖内水深九尺，田中水深四尺五寸。再勘岡門至天妃口止，岡門業已完工。

二十六日舍舟而陸

朝霞擁起半天紅，忽見朱光出海東。偶踐霜泥鴻爪印，幾經野燒樹腔空。枝梧屋架撑高埠，散漫河流滯短篷。水驛津亭留不住，復來陌路策花驄。

二十七日看張福口

星馳一月可曾閒，踣鐵霜蹄血迹斑。幸有流霞匀醉頰，佛公勸飲藥酒。那堪霏雪冒衰顔。廿年宦海波濤裏，九曲天河指顧間。蠻語吴音雙入耳，東風吹夢到家山。

曉發陶家港

青史茫茫陳迹盡，場煙幾縷堞雲齊。參軍羽檄漳河畔，丞相衣冠瘴海西。陳參軍孔彰琳殁于鄴，陸丞相君實秀夫葬衣冠于香山海島，俱鹽城人。瓢城城外草萋萋，野艇枯蘆警鷗鶬。潮起樓臺千蜃氣，户分民竈一虹隄。西隄住民，東隄住竈。

附記：是日，勘廟灣，廟灣有射陽湖通海。

二十八日渡射陽湖

煙迷雲樹澹模糊，隔岸人家半有無。一月馳驅淮海遍，片帆還渡射陽湖。

附記：是日，勘安東隔岸所築之隄。

二十九日曉發安東

僅留一迹誌前賢，墨尚留池説米顛。黯澹晨熹迷霧雨，縱横雁陣破霜天。魚鹽近市千家繞，河海分流一閘連。横隄建閘，内河外海。正是羣公高卧候，長隄我已着先鞭。時余行最早。

草灣過午

煎波草堰半商家，滚滚黄流暗刷沙。貂帽風團飛雪蕊，馬蹄狼藉踏霜花。柳園隔岸田千頃，柳園在草灣南岸。楊渡臨河隔一涯。由楊柳渡過河。重載荻蘆來海市，雲梯西望簇煙霞。

小憩上峯頭值予誕日感賦二律晚宿王家營

未能息踵葆天真，乃復勞勞役此身。官曆看來餘一頁，同年數去剩三人。辛卯出蔣、李兩夫子之門者百二十七人，今在仕籍内則許中翰日琮，外則朱州守鎔、陳州守祖法，三人而已。病駒伏櫪飼陳秣，饑鳥巡檐喙積囷〔一〕。旅店纔傾生日酒，又隨使節逐征塵。

其二

拜命南來敢賦歸？奚囊撿點諫書稀。我生此日悲親背，今是無時悔昨非。清浦千家傳鼓角，黄流十里列旌旂。兩河念載全昏墊，禹稷何年拯溺饑？

附記：是日勘五里，又勘上峯頭及柳園諸處。

十二月初一日桃源道中

章華逸事已煙消，野柳於今尚楚腰。章華臺舊址猶存。挂日孤帆天外影，抱城黄水夜來潮。扁舟使者頻經過，東海波臣久寂寥。笑問渡頭何處是，雪風衰草總蕭條。

附記：是日勘桃源各口。

贈餘杭同年沈公亮仲寅 舊桃源令，十載候代未歸。

黄沙漫漫迷古道，斷岸横灣鋪衰草。此間那得避世人，渡口花源無處討。河流終古不平聲，一瀉千里空灝灝。章華金屋長蒿萊，楚腰滿目誰懷抱？石家空傳打鼓墩，伍營陸壘迹全掃。安得四封永安瀾，平田萬頃種紅稻。予返旆時臘之初，日瘦霜深凍行潦。賢尹十載苦羈棲，未及門楗屐已倒。燈青月黑共寒温，感舊傷心心如擣。嚴王俞董瘞荒丘，吾家雪嵊去世早。嚴灝亭、王子基、俞吉人、董子長、家雪嵊俱餘杭人，今作古矣。同年剩得幾人存，白頭腰折無懊惱。兩家兒子會公車，依然卯闈結紵縞。公子與行兒同年。天目天都峯各青，期爾入山尋綺皓。

宿隨山寓園 吴令諱世貢，起家縣佐，兩任劇邑。

不負當年野井丞，雷封兩地頌聲興。柳眠曲徑陶彭澤，花浣深溪杜少陵。破我羈愁傾緑蟻，悲君客路弔青蠅。十年坎坷才難展，引手提攜愧未能。

初二日勘白洋河

寒風凜冽晚霞過，憶昔孫恩戰艦多。聞道當年逃白馬，亦從此地渡黃河。横戈一夕收豺虎，吹角千軍唱駱駝。零落霜花彫百卉，冰蒲凍柳挽頹波。

初三日勘歸仁隄予與董公並轡前驅口拈長句爲贈

歸仁隄上風蕭蕭，同行八座擁三貂。枯蘆雁起天爲黑，石畔寒波凍不摇。我策紫騮未敢逞，制府一騎雪花飄。吴絲絡腦黄金鞍，鏤膺錦幢壓轡鐶。振鬣踢地如得意，長鳴嚼嚙碧琅玕。蹴來塵土染髭鬚，肩挂雉兔逐麏麏。東西溝塞恣遊獵，着鞭愧余無珊瑚。爲言下車六月終，已經十渡黄河中。董公語予莅任止六月，曾十渡黄河。南望梁園西芒碭，遠霞一片天地紅。薄暮霜風起林薄，又聽樓角鼓逢逢。

附記：是日勘東西二溝，現淤塞。歸仁隄中，闇寬五十丈，闇口水深七尺，祠堂湖水深五尺，南入洪澤。

初四日出白洋河

輪蹄雜還競喧呼，分隊齊驅不戒途。估客刀錐争市暨，田家樵爨傍桑樞。蒼鷹搏兔鞲韝下，白雁穿雲翅漸無。七邑兼旬巡歷盡，眼前上下兩河圖。

初五日次宿遷

馬蹄鬆快趁新晴，笑面嗔拳臘鼓迎。古柏近依寒影瘦，斷雲遥傍燒痕生。江山秀出天初闊，淮海風高水未平。小飲頻呼明月上，霜風冷落濕干旌。

初六日顧子小謝自吴門遠訪厷猶旅館譚上下河形勢甚悉長言贈别

遲暮歲寒時，羣物歡索饗。征騑踏軟紅，而我獨鞅掌。黄河日流澌，波聲尚震蕩。霜風裂行雲，北地凍一丈。客路艱同心，好友集遐想。三絶來虎頭，早發胥門槳。爾住蓮花幕，向入孫司空幕。胡然駕過枉？鑿落傾醍醐，笑眼青光盪。風標邁等倫，長嘯傳清響。兩河看爛熟，發言關痛癢。燕邸昔綢繆，我輩互推獎。集字能渾成，寄園同諸君集字爲詩，小謝獨得自然。解杜得心賞。小謝解杜特妙，足稱少陵知己。口吻真滑稽，傲骨更骯髒。莫上黄金臺，黄金翳榛莽。莫誇璣珠落，璣珠等糞壤。無逾家老臣，金城圖未上。鑷白理髭鬚，我實愧俯仰。星月炯簪裾，霧雨濕簾幌。何日謝塵勞，同作丘壑長。

初七日宿遷公館會稿

皇華飛旆駐淮渦，石水汙泥數斗多。分手何須頻繾綣，前行敢不慎風波？雲瀾已見銀河近，草路曾經玉輦過。會議公館，即南巡駐蹕之所。奏事金華應不遠，風簾官燭共觀摩。

附記：是夜四鼓繕稿畢，即長行入都。

初八日宿紅花埠

瘏馬難驅力不勝，着鞭空爾羨驍騰。千山戴雪宵浮白，雨岸潛狐夜聽冰。斷續疏更傳戍柝，荒涼破驛闇窗燈。行行已盡淮南路，起舞聞鷄睡未曾。

初九日青駝寺至杜莊口占

彴略横過又一津，琢成石骨自嶙峋。分明是幅雲林畫，點染寒空淡墨皴。

其二

天然位置好園林，沙白泉清轉石陰。立馬看山雲百變，煙中鳥語自相尋。

初十日將至沂州城作

寒村樹外互喧囂，知是騶輿半道邀。水面乍流菱更結，土膏未發麥先苗。塵沙如砥新官路，刁斗連營舊板橋。翹首京華途未半，高城使館暫停鑣。

十一日過泮城

茅簷未曉已吹煙，驛吏倉皇拜道前。問我過沂多少路，四更策馬正寒天。

其二

粼粼白石水潺潺，未到山村先見山。童叟莫誇旌節好，馳驅正苦宦途難。

其三

頹垣插棘補殘籬，喔喔村門絡繭絲。夜績晨舂猶未歇，又來陌上課烏桿。

十二日蒙陰道中

斜穿臂箭束腰弓，白馬書生習五戎。客店聞鷄棲上下，陂塘積水埭西東。重峯亂插雲堆裏，大海横鋪曉旭中。慣耐冰霜行北路，又懸旌旆過東蒙。

汶河候熊公久不至憶壬辰公車同胡道南侍御方月江學士洪谷一督學程奕先及家雍客大令北上值大風雨會文河畔昌家莊今莊已遠徙諸公無存者撫今追昔情見乎辭

孤村破驛盡荒榛，剩得寒流汶上存。三十年來過一世，四千里路走兼旬。卧輿抱病愁羈路，熊公卧病輿中。分席拈題弔舊人。賴有癡頑容後死，逡巡沙磧指迷津。

其二

空林着雨漸溟濛，獵獵霜風折葦叢。手版遠來迎舊路，肩輿時復傍寒驄。正當反命言旋後，恰值先生病卧中。近望諸峯巉似槊，雪泥落爪憶冥鴻。

望岱宗

曾登絶頂歷嶔崎，膚寸雲生四面垂。獨秀高峯流翠靄，靈光古殿蔓青絲。閶門繫馬拖吴練，嶽囟磨崖印隸碑。使節兩經山麓下，此來又是夕陽時。前月自張夏至泰安，今由翟莊行百八十里住界首，日暮兩過泰山，一望而已。

十三日禹城贈許香谷大令

令尹真名士，探丸盡買牛。祝阿盟魯甸，野井唁齊侯。擊壤歌非遠，臨河澤尚流。莫嫌作縣苦，古迹任搜求。

其二

五斗腰甘折，無羞見督郵。育嬰將十載，吴門育嬰堂，許令主之。保赤又三秋。小品能先輩，諸公出一頭。時許令以所刻小品見貽。高陽傳古社，吹夢到長洲。

長清道中過峒山懷古

古柏盈巔一廟横，石梯直上接丹楹。花驄踻足淩冰雪，翠鳥垂翎啄蔓青。哭麥女郎留古量沙老將壞長城。檀道濟唱籌量沙之處。六時羈客渾忘倦，回首崓山夕照明。家，焦母思麥，女哭而麥黄，母食之病愈，今冢存焉。

宿晏城驛夏宛來駰乘月遠顧譚至四更分手

踏月叩荆扉，爲誰停遊屐？云自東署來，訪友晏城驛。繁霜送入門，寒光净肝膈。眉端積深愁，相對色不懌。棲棲亦胡爲，長作蓮幕客。同時應賢良，吾子獨落魄。宛來徵入都門，以意外挂彈章，不得與詞林之選。憶昔宰晉陽，逢君長安陌。晨夕相追隨，澹交締金石。交山平緑林，亦復恣籌畫。今勘兩河還，爾箸不我借。天子正焦勞，欲起溝中瘠。串埸河不開，依然成藪澤。慨我鱗未潛，已作衝飆翮。勘閲止徒勞，空爲人指摘。駰也聽斯言，慷慨投巾幘。先生氣本豪，胡爲乎跼蹐？予笑語徵君，南行苦兹役。是非且勿論，予心實咄咄。剪燭擁紅爐，浮之以大白。爾我兩心知，唾壺擊欲折。扈養趨晴暾，各自揮鞭策。

十四日過嶅陽

一峯秀出指嶅陽，百里山城擁石岡。纂纂棗林無片葉，沙溪冰雪簇寒光。

深更到翟家莊

騶從紛馳雜後先，荒郊夜静絶風煙。蟾蜍將滿光仍缺，蓂莢雖開葉未全。燐火凝青迷野燒，霜花放豔傲春妍。殘詩遠挂寒叢上，手自推敲馬上研。

十五日早過德州浮橋作

橋欄徙倚暫徘徊，畫角横吹曉更哀。蕭颯寒楊愁劍冢，杈枒老樹護書臺。北流漳衛河先合，南去檣帆凍不開。回望諸峯青萬疊，好風已捲嶽雲來。

漫河口占

千疊煙螺萬疊雲，鷄聲如慰客辛勤。驛邊茅屋青簾近，可許中山醉子文？

薄暮次阜城佛司農同達掌科及舒費兩從事夜發兼程進都予以熊公病候之遂爾後期二律贈行

荒皋晚照隔林明，八日追趨到阜城。初八日自宿遷起程。今夜疏星占二使，連宵明月照同行。

纔過暮隧松楸影，又聽村門絡緯聲。側帽軟裘衝雪去，天河横看半空傾。

其二

一年易過已殘冬，來去同行日日逢。可但征衣難解脱，何曾旅食得從容？青尊駐馬斟三爵，白簡先鞭達九重。輦路不妨先後奏，諸君勞苦伴司農。

十六日鄭州中火

橐駝南走白沙隄，我馬方瘏向櫪嘶。亦識蓴羹宜下豉，何如麥飯暫嘗齏？九河故道迷荆棘，三輔神京静鼓鼙。已近長安天尺五，煙霞遠映日平西。

高橋

我曾由此渡滹沱，文叔王郎總逝波。河凍竟成官馬路，雲來忽翳舊陵阿。五旬閲歷編詩苑，三省風謡上諫坡。眼下滄桑今古異，不知銅狄幾摩挲。

十七日曉發涿州城

曉星未没叫城烏，人語喧譁滿四隅。明滅煙霏勞應接，紅雲深處近皇都。

駐馬蘆溝橋畔

擁節橋東石路傍，横看雲樹半蒼茫。西山雪映征鞍净，北闕雲連禁籞長。撲面寒沙鬚鬢改，因人熱竈稻粱香。牛車草滿遮前道，勿趣行人半槖裝。

偶閲嚴孫二子題壁即韻慰之

卞玉何須泣，阮途不必悲。翻因游宦日，轉憶下帷時。

十九日從竇店曉行七十里進朝復命熊司空病益甚予亦憊極同憩垣中暮歸各有江湖之志賦此寫意

上林日暝鳥歸遲，頓觸勞人故國思。柙鹿何曾忘在野，籠牛終不願爲犧。孤山處士梅千樹，五柳先生菊一籬。追迹兩公歸已晚，太平丘壑任遊嬉。

哭臨紀事

序

丁卯臘月二十有五日，臣重隨公卿後，哭臨太皇太后於雍門内，時户科給事中臣趙吉士奉命勘河淮海，兼程入臨，同宿于左掖者幾一月。于時，霜雪沍寒，兼以哀慕之下，寢不成寐，剪燭徬徨，共作輓章。臣重正在搆思，臣吉士已得十二律，運腕如飛，而雄麗悽惋，一時情事曲盡，雖同出于眷戀之誠，而臣吉士之天才卓越，爲不可及已。

都察院協理院事左副都御史臣鄭重謹記。

康熙二十六年十二月二十五日哭臨太皇太后紀事十二律〔一〕

猶謂宫車偶晏還，何期仙馭永難攀。花摇鳳翣歸神路，玉慘駝苦泣聖顔。丹陛一時移物采，白雲千頃護朝班。深宫母德儀天下，遺誥哀聲已蚤頒。

龍驂屬輅列紅牆，四六青駝負帳房。海甸同悲新縞素，宫人環泣舊筐箱。三年誓命終哀經，七日霜天屏水漿。輦下臣工咸悚慄，摧心厥角上封章。聯翩駿騄曜靈旗，玉勒金鞍五色垂。六輦齊驅都尉駕，八旗先列漢官隨。白衣分給君王賜，丹旐遥纏帝子悲。三叩長號晨夕奠，鴻臚一月罷朝儀。

人氣薰蒸雜火煙，洞門小憩敢酣眠？天街兒女愁分歲，玉牒王公涕送年。四世重闈超馬鄧，一人純孝邁參騫。玉簫午夜迎仙蹕，彷彿雲端過素軿。

雲螭月駟共酸嘶，稽首長牆哭淚齊。除夕不曾聞竹爆，籌人那復報鷄啼。重簾寶鴨飄香霧，繞殿哀猿卧雪泥。新故送迎都謝絶，曉鐘空到午門西。以上二首除夕

大饗元辰且暫停，庭燎不設罷春醽。貢琛赴闕更花幕，奉表來都易綵亭。太學生徒齊拜疏，迦維象教共繙經。彤闈堯母除華勝，止换宫門一日青。

軒星夜夜暗天垣，毁性深哀到至尊。左掖樽空漸白獸，上林苑近罷朱旛。金甌遏密乾坤静，玉燭淋漓雨露温。懿諌自慚顔謝筆，哀吟空憶二招魂。以上二首元旦

雍門内外木橋横，纔過珉欄涕淚傾。簪白舊年傳素柰，嘗新春日薦朱櫻。薰天有路聯煎餅，剪綵無人且啜羹。吉仗喪儀齊擺列，寒風悽愴曳銘旌。人日

微臣近勘兩河來，黼座纔瞻忽換縗。破涕川流揮舊雨，蟄雷冬震咽餘哀。玉泉衛尉開冰窖，金殿兒童掃雪堆。霧暗雲愁移月御，九門風静起黄埃。

不因易日暫從權，罔極情真出性天。蔬膳尚須絺布冪，廬居仍用苧麻纏。諸王焚帛分年齒，九列捐車雜後先。玉宇瓊臺披聖孝，六街黯淡歇春筵。

夏日吟〔三〕

夏日吟序

次韻疊韻，初、盛諸大家未之有也。夫詩以道性情，有諸中而不能自已，因發之爲詩。故但出其褒歡忻刺、登臨離别之言，聲出而韻從，非以我從韻也。太樸既雕，諸體競作。元、白、皮、陸諸公，往復唱和，鬬險以矜奇，累疊以鬬富。游神入化，幾欲湧峨眉於座側，羅太行於筆端，動心眩目，致足樂已。然或才學不逮若人而妄襲邯鄲之步者，亦往往掣襟肘露，狼狽而不知止。

夏日吟者，予同學恒夫給諫流寓潞河之所作也。用韻既險，疊次遂至六十餘章，使事融洽，遣調從容，反復夷猶，無一字寄人籬下，無一語拾人唾餘，但覺自然，而不見其險且疊。噫！殆亦難矣！蓋給諫既擅瑰瑋不羣之姿，而曠懷異遇，又足以供其筆底。如謝康樂、宗少文輩，天資既逸，有濟勝之具，更得華騮緑耳以爲之御，則雖陟峨嵋、太行之崎嶇，叢峯插天，幽谷萬仞，而振策於羊腸鳥道之間，視之如夷途，邈之同歷塊。

若余則且望塵而心怖，不能附，並不敢附也。雖然，使余誠得濟勝之具，又得華騮緑耳爲之御，方將登崑崙，溯弱水，觴王母於瑶池之上而聽白雲、黄竹之謡，亦何用振策於羊腸鳥道，爲虞坂九折之區！予且思一丸泥爲給諫封之，倘給諫復能役五丁，驅金牛，闢不毛而前，使予長驅而思東歸，則予不能知矣。

同學程光裋香升氏寄自閩中新羅官署。

夏日吟序

夏日吟，寄園夫子寓潞河作也。潞河距京師三十里，飄塵不染，一水潆洄，岸柳依依，野雲漠漠。人之棲遲於此，翛然自遠，又復慨然長思，不自知其置身在何許也。時維盛夏，清風徐來，涼生竹簟，興酣落筆，笑傲自如，又安知人世間有榮有辱，有得有喪，如是之紛紜而擾攘乎？黔婁有言：『不汲汲於富貴，不戚戚於貧賤。』先生雅尚，正有同揆。

獨是感念疇昔，觸緒紛披，未免有情，欲歌欲泣。此平子四愁之所以作乎？何其愷至而悠長也？嘗觀貞臣之詩，其情摯，其辭切，巧言六章、巷伯七章是也。勞臣之詩，其情迫，其辭哀，北山是也。夫子之詩猶此志也。賢勞足以集事，而謗者隨之；忠貞實以爲國，而忌者間之。以視囁嚅選愞輩，容頭過身，茍全禄位，其相去何啻霄壤耶！方今，泰運休隆，俊傑之士莫不效能輸蓋。以夫子懷才抱奇，必將竟其大用，卷舒隨時，是固有未可知者。勉爾優游，慎爾遁思，夫子幸勿爲山澤之癯，可也。

朱星渚序。

夏日吟序

太夫子人倫淵鑒，風教朝宗，凡後學之一長一藝，尤樂爲汲引。忽罹意外，士論冤之，太夫子處之怡然。今讀夏日吟一卷，如少陵諸詠，忠君愛國之思時溢言表，而絶無幾微悱惻，於此徵太夫子平日經濟弘猷，皆本之定識定力，其天懷澹足，洵非後生淺學所能測識也。

戊辰秋日，門下晚生華亭馮瑞拜識。

夏日吟 有序

全家寄寓潞河，昔年司倉故署地也。西席張子子韶病卧初愈，四弟章侯適攜徹姪南來，予自東鹿蓼莊返寓，即命姪同行兒、抃孫共傳習，示以二詩。子韶和之，觸予平昔，連次十八詠。偶聞楚警，蓋以七章。時張子竹林過訪，攜許太史時菴手書致慰，汪農部我長和詩見寄。予浮家歸去，又成六首。舊緒近懷，盡之諸律中。時戊辰夏日也，因以名題。漸岸羈人趙吉士恒夫氏著。

皋比坐擁拜兒曹，儒術無慚絳帳高。言自不煩誰領要，病纔新起那堪勞？清虛石室傳周易，寂寞雲亭續楚騷。我復豪吟拋酒碗，三旬散髮卧藜蒿。

留侯家世列仙曹，强食難從辟穀高。敢道冰壺能玉映，暫迎水閣避塵勞。講堂晚遇三鱣集，禁苑秋零兩鬢騷。爲憶蓴羹鄉思切，平陵一徑没蓬蒿。子韶病數日不食，急訂令姪昆貽歸里，因以二律贈行。

次張子韶韻寫懷十八律〔四〕

當時應辟赴功曹，斗大山城嶂霧高。鳩眼肯隨春日化，羊腸長繞朔風勞。漸芟荆棘聞絃誦，可有萑苻苦繹騷。慚愧桐鄉遺愛在，年年俎豆芼蘋蒿。予戊申令交城，辛亥十月平交山寇。甲寅，秦中賊起，晉地安然。予以去後思，得祠名宦。

相依五載坐閒曹，散步花甎日影高。玉署攤書鉛槧共，牙籤珥筆校讎勞。嘲師愧爾便便腹，悼屈傷心反反騷。海潤星輝儲禁下，受經進饌卻邪蒿。癸戌五月用詞林十二人，部屬六人，同入紫禁纂修會典。同館李諫臣洗馬、閻詒竇諭德俱出顧伊在學士之門。予於丁駿公、馮懿生兩編修亦有一日之長。吴志伊、倪闇公兩檢討、馬椒浦吏部、章鱗長督捕相繼作古，因及之。

鷁首歡呼舊吏曹，輕帆一夜過山高。繁霜摇落關河暮，短筆將迎驛路勞。淮水竿投争楚漢，廣陵散絶罷風騷。橋門禁石依然在，永止當年権葦蒿。予辛酉司権揚關。丁卯冬勘河，由淮發棹，一夜至廣陵關橋，禁碣如故。

十載滔天苦爾曹，浪雲深處哭聲高。北辰旋轉勤宵旰，南國周遭任怨勞。雙壩波連洪澤怒，三溝形易兩河騷。重隄想像如虹亘，萬頃桑麻絶野蒿。汰黄、歸仁二隄久湮，河高于湖。東西兩溝、張福一口俱塞，洪澤泛漲，止一清口出水，重隄之築，正自不得不爾。

閉門我已謝朋曹，那識游楊立雪高。小隱身藏薪置路，清吟魂苦酒酬勞。騶牙早辨宫中物，魚腦新抄古本騷。多病遠來供藥餌，永除鬼疰服青蒿。朱子漢源工詩，馮子懿生博古。予已絶客，二君時來存問，因用朱百年、馮盛二事貺之。時許時菴太史寄惠蜀中藥物。

司倉曾佐大農曹，過眼浮雲雉堞高。四百萬糧杼軸苦，三千餘里轉輸勞。昔經地震增壇壝，今坐風薰解鬱騷。值我重來清署改，繞河零露濕蘩蒿。壬戌，以地震倉圮，再行修築，予適差委中南倉。

纔上坡班別版曹，宦遊何若早歸高？人將笑汝徒爲拙，我自捫心不耐勞。愁絶空齋書咄咄，啼殘新鬼雨騷騷。浮生轉盼都陳迹，儵忽魂歸下里蒿。時左右鄰俱有新喪。

蘭臺嘯詠兩分曹，得句何心紙價高。風草月松歌纂纂，山郵水驛望勞勞。採芝首憶東園秉，受粟長懷北郭騷。梵放比鄰簫鼓雜，喪車並發罷焄蒿。時鄰喪，日作佛事，殯出方静。家督部玉峯遠惠茶米。

參軍莫問署何曹，拄頰西山爽氣高。往事非非今日是，百年草草半生勞。宫門未補韓王牘，澤畔空吟屈子騷。減竈復燃時冷熱，樵青細劚馬薪蒿。

喜無一事白諸曹，僻巷難容駟馬高。歸路千山雲樹斷，旅行百日水薪勞。推開日御催人老，傾倒天河瀉客騷。借得村莊堪屏迹，低垣矮屋隱長蒿。

宗人別墅傍劉曹，十畝陰陰古木高。羈旅艱危僮僕散，居停隱僻往來勞。相逢樵牧稱親串，到處山川入賦騷。暫住爲佳留亦好，横塘半築隔萊蒿。時予寓鹿巖宗人莊園，劉、曹兩姓環繞其間，咸業樵牧。

易水悲歌故我曹，白衣何處送荆高？石填東海疑精衛，缶擊南山和博勞。幸得身閒窮子史，敢因官罷擅詩騷。浮生蹤迹原無定，立馬荒陵盡藋蒿。鹿巖近易水，予寓蓼莊，去巖四十里，最幽僻。

盡日清吟步水曹，浮雲遥望岱宗高。便思鼓棹東西瀼，得共支笻大小勞。坐石泝溪甘澹寂，攜壺荷鍤破牢騷。天台亦是終南徑，隨意青山可結蒿。予師成昭其先生，去勞山不遠，擬過山東謁之。

可堪嶽立冠人曹，珍重諸兒效伯高。眼下風波幾不測，身前心事總徒勞。文章未得衙官宋，詩句那能僕命騷。入廟純犧緣分薄，願隨呦鹿飽蘋蒿。

緑陰匝地罷花曹，烏鵲初翻枕正高。飯顆相逢何太瘦，糟牀自老不知勞。喜同兒子論文字，時伴羈人註雅騷。近水魚肥容易得，調羹作饌刈蔞蒿。

三語何堪辟掾曹，嵇康本懶悮成高。夢中尚苦趨朝早，輦下誰思税駕勞？閃電浮雲天局幻，闌風伏雨夜窗騷。覺來徙倚層冰畔，指點園丁採藾蒿。

新息還書誡汝曹，零陵不復畏門高。犬傳家問心爲苦，牛鬬牀塵耳作勞。長夏雨餘桑葚熟，平田水漲麥苗騷。可憐物候經時變，蓼蓼青莪一半蒿。家兄弟不知予投足何地，竟無家報。

十操傳來邁等曹，嵇心羊體慕琴高。三年刻棘終傷巧，一旦驚蟬敢憚勞。畫角淒酸無限恨，漆文斷續有餘騷。家山萬疊同明月，老圃荒蕪未剪蒿。四弟清彈一曲，予情爲移，連次十八律寫懷。

聞楚警七律〔五〕

武事終難罷議曹，閒揮麈尾坐譚高。欃槍示象潢池沸，刁斗傳更禁旅勞。宧況升沉思爛熟，歸懷去住夢蕭騷。陰符卻憶攻心術，一矢當年笑剡蒿。時有楚警聞，即發禁旅。

登躡長隨故尉曹，晚年宧拙興偏高。據鞍顧盼猶堪角，運甓朝昏且習勞。捲地貔貅屯漢水，跳梁狐鼠竄蒲騷。南風傾耳南音到，麥飯芹羹煮牝蒿。舊役蘭應泰時來趨事，傳言大兵進□□□□盛。

腰弓且復屬兵曹，恥事書生束閣高。長笛聲移椽竹異，故車脚供爨薪勞。潯陽漢口樓船迮，楚尾吴頭驛騎騷。喜爾乘時方建節，憑欄南望目空蒿。四弟善笛，時方以守戍謁選樞部。

歷經吏牘事蕭曹，薦剡重標治行高。展足花封飛舃逸，迎人手版折腰勞。脊令斷影聲聲咽，掌夢招魂句句騷。何日東皋來五馬，杖藜郭外互簪蒿。大兄又吕兩任燕、晉劇邑，今補同守，因五弟廣侯病没故里，改稽選期，賦此以遲其來。

羣從等之莫與曹，清譚喜共阿戎高。果能絶響長篇就，不負三餘一歲勞。海月遙臨天籟寂，槐龍夜□□聲騷。傳來烽火歸無日，竹塢花房蔓舊蒿。徹姪來自里門，欲歸不得，因留京中，賦此勉慰。

倉廒三面署官曹，潞水周圍白浪高。到處分飛鴻雁斷，欲歸中梗夢魂勞。貪嗔已絶餘憔悴，塊壘難澆剩屑騷。雨鏃縱横檐霤注，家家困窌覆蘆蒿。予同懷兄弟尚存五人，伯兄端留休寧故里，弟靖士宦粤西，俊士謁選都門，翊士在杭城，予寓鹿巖莊園，往來潞水，尚無定居。

釜底遊魂貸若曹，楚山巉絶陣雲高。繡文近脱籠牛苦，露布新經汗馬勞。隕雹頓成三伏冷，嚴綸早禁一軍騷。今朝得暇除書蠹，檢點行囊置角蒿。荆州報捷，王侍御雪園疏請安輯，早奉有温綸矣，以上聞警，即事七律。

張昆貽進士同弟貞符過别二律〔六〕

偶然縱博習烏曹，五白成盧叫喝高。刺及柴門迎屣倒，酒來桑落勸杯勞。未能發憤傳三史，且畔牢愁作廣騷。共步嚴城風露濕，青圍緑繞雜皤蒿。喜昆貽同令叔子和至寓，予修鹽漕賦役三書甫竣，罷歸。

轉盼三年領簿曹，欲知今古問齊高。春花苑發歸心切，暮雨閣開望眼勞。拱手八叉追沈謝，卷頭五尺讀莊騷。孝廉船去同行好，一夜西風挂艾蒿。子韶、竹林俱設帳寒門，今昆貽成進士，同令弟真符歸里，爲尊人稱觴。

許時庵太史手書遠慰答之〔七〕

聞予失意愍其曹，待詔陳言薦子高。白水論交今耐久，蒼天遷汝早矜勞。衡文遍歷三巴路，尺牘開來一部騷。袖手傷心終强項，兒孫共學夜燃蒿。許太史典試蜀中，歸路聞予被劾，大聲疾呼於當事前，手書寄慰，詩以答之。

汪農部我長羈身潞水次韻寄慰〔八〕

思曼才名繼二曹，柔風徐拂紫荊高。披帷旦晚煙雲繞，隱几丹黄手腕勞。買得鼠鬚臨醉帖，裁成魚網寫離騷。緑樽相對渾無事，圭竇清光翳藿蒿。子和爲子韶難兄，寫予近詩，筆力遒勁。

繞匝棲遲舊部曹，吟成冰雪和彌高。十年句疏庭藩積，三載胥靡版築勞。一恨可堪填別調，新聲早已入吴騷。歸來莫負黄山約，爲爾先驅作矢蒿。汪農部以司倉獲戾，羈身潞水。行復三年，閲予夏日吟，連和十章，以此寄答，兼訂歸隱。

眷屬附糧艘還里〔九〕

攜家泛宅卧倉曹，水氣遥連渤海高。客櫂南征方蕩漾，戎車北伐正焦勞。蒼顔已許山中老，白額難容塞外騷。且喜津門新漲緑，牙檣兩岸擁蒲蒿。楚燧將歇，邊烽未報，時攜眷屬附糧艘還里，予亦從此隱矣，六律贈别諸子。

江洲步月 有序

庚午三月初八日，同汪扶光、戴廷獻及諸孫踏月至江深閣。閣已燬，丘壑猶存，抃孫忽吟『水氣遥連渤海高』句，予忘所自，詢之，對曰：『此大父夏日吟次韻至三十三章第二句也。韻再無可次者。』予曰：『韻安有窮？即景即事皆詩也，特未思耳。』仍次前韻，以豁小子見解。

尋春踏月過戎曹，營房建洲上。江笛更深調轉高。三起三眠供嘯傲，一丘一壑釋悁勞。蘆中解劍酬漁櫂，岷麓投書弔屈騷。夕汐横通隄樹緑，狺狺逐影吠籬蒿。

許子湛明鬚鬢皓然遲暮謁選訪予真州城南同汪耳公明經荆石中翰小飲即席慰之

適然雜坐兩爲曹，對酒能忘量自高。赤手問天天步遠，白頭作客客行勞。莫將金鑷髡殘鬢，聊用毛錐作感騷。旅食難辭亭長辱，何堪解佩洫黄蒿？

移卧城南小築題壁

官舍梅花詠法曹，何如卧石閉門高？遂初甘向深山隱，適願長抛半世勞。月色横空天漢注，蟲聲入夜旅魂騷。倚窗緣砌皆生趣，斷續江雲簇莠蒿。

韓君望久隱羊山史學詩才俱極精妙白首窮經以殁吾兒景行殮之作詩代奠

半石平分八斗曹，羊山較比他山高。醉生夢死誰先覺，暑扇寒爐不釋勞。邴腹華頭聯管尾，左盲遷腐隔原騷。祠韓有館何年建，爲買桐棺瘞草蒿。

棲霞别院作

呫嚅不效女兒曹，豈果生來體氣高？蔗養分畦甘作苦，時從荒田課耕還。鼎銘鏤迹孰書勞。雲封谷口鐘聲濕，月印潭心竹影騷。欲了山僧蔬茗願，沙洲一棹入叢蒿。

離青駝寺北行三十五里地名埠口四山圍繞一帶溪流宛是江南境界抃孫高詠山郵水驛望勞勞句有觸予懷因次一律

愛山寧復讓騎曹，夾路深蒼柳瘦高。流水會心聲響別，亂峯到眼應酬勞。碧畦青隴桑麻密，白犬黄鷄巷陌騷。到處籬門堪寄榻，無煩燃火束香蒿。

次蓼莊消夏園丁釀酒甚佳獨酌書懷

誰尋寂寞向吾曹，獨築糟丘百仞高。剩水殘山容我隱，傾羲頹魄逼人勞。花飛曲檻香光逝，風嘯前除柏葉騷。箕踞蓬頭忘應接，青青入目遍莪蒿。

家少宰玉峯先生奉養慈闈晨興察色審音夜寢揣喘息體稍不佳輒候牀下孺慕終身如一日今夏五太夫人齒耋卧痾延醫不效先生籲天三日勿藥而愈孝感如是詩以誌喜

山公啓事重天曹，御板輿遊歷攬高。八十七春忘耋耄，萬千廿里致劬勞。滂沱不歇桑成海，來札喜雨，今不止，憂甚。風氣難回雅變騷。有所指。延遍盧俞無一效，齋心呼籲薦蕭蒿。

又吕伯兄分守平定家報以事簡爲樂賦寄

伯也耑司賊捕曹，行行車蓋可曾高。途銜不免逢迎苦，訟簡全無案牘勞。長史遺行圖可按，遽人職辦驛無騷。分麾坐嘯屏星燦，譚笑鞭蒲獄滿蒿。

方喜伯兄新任事簡忽報解餉赴都千二百驛路跋涉維艱三十萬軍需輸納不易愛莫可助力誠難支寄詩遠慰其亦無輕此行哉

長驅北向挂豪曹，劍名。萬樹陰森石磴高。雲白太行空騁望，眼青上艾獨賢勞。三晉撫藩，尚以解北爲善差。車脂馬秣星郵趲，雨嘯風嘷織路騷。静念空腸吞蘖苦，遠看雁影掠秋蒿。屈指秋深，方得還署。

曉發蓼莊宿鹿巖作

纔斷村煙失故曹，薄醨不稱酒簾高。深林避暑鋪籧曲，簟。獨卧驚心伴孟勞。刀。未得揚衡工嫵媚，那堪盛鬋白刁騷。空山我已爲遷客，伊爾何人獨織蒿？

交城黄令君建閣卦麓不日告成喜其能以身先勞賦寄

誰似公孫兼數曹，治聲久跨吕梁高。源能清矣流長潔，一時晉中大吏俱清正。身獨先之事不勞。緩轡難堪齋馬瘠，馮元淑作令，馬不秣豆，人謂齋馬。揮絃已静藺絲騷。君家留得晶浮譜，兩君黄姓爲令，俱稱神明。早結山椒一柱蒿。

田舍爲蚊所苦驅以白團不去火殲其類戲賦一章

至死貪膏盡此曹，深深刺血尻方高。噆膚利嘴斑斕漬，薨耳啾聲拂掠勞。飛鏃懸針紅腹漲，殷雷密霰白間騷。白間，窗也，出文選景福殿賦。微形暗伺難防毒，燎壁薰檐艾共蒿。

鹿巖題諸葛武侯祠

當年廬卧料孫曹，丞相威名萬古高。東顧無憂盟會數，南人不反縱擒勞。扇巾愈見招麾雅，牛馬不聞挽運騷。巖畔長留諸葛廟，蜀桑八百久成蒿。

憶三兒景行讀書湖上兼訊子韶張子病

拋去儒冠不詣曹，西湖歸卧讀書高。無求此世何須出，甚愛吾兒可勿勞。桂魄已虧金粟落，蕉心欲展緑天騷。寄聲仲蔚猶沉疴，數過方塘幾碧蒿。

過吴古逸别墅閲其藏書索予次韻以贈

石倉萬卷久藏曹，宅傍春明僦價高。註五千言翹望切，載三十乘徙居勞。京都累稔工爲賦，淮海崇朝學作騷。過爾山齋人俗斷，無鳩飾杖削藜蒿。

燕山行二首

昨夜花開夢省曹，虚檐雲白瓦松高。玲瓏石竇彫鏤巧，清激溪聲曲折勞。遠絶紛華真可隱，久經放逐始能騷。入秋天地何開朗，沙路桑開接藘蒿。

三年羈客别詞曹，咫尺楓宸紫霧高。起伏松濤山響更，增删屐齒雨程勞。青巒碧澗雲霞互，粉堞丹堧上木騷。鬱鬱關河含暝色，銅駝石馬卧荆蒿？

坐見一軒高樓作

哀鴻獨叫苦離曹，綠浪浮空麥隴高。三載杜門甘澹寂，六時開卷省煩勞。聲傳塔鐸雲光罩，風入林皋地籟騷。蕪穢芳馨同一盡，誅鋤何用辨蘭蒿？

喜家婁先兄陞禮曹寄贈

南宮秀峙重禋曹，仙闥冰廳冷秩高。廢印纍纍敲石碎，唐舊說禮曹廳有大石，凡天下廢印皆于石上碎之。囂塵衮衮上朝勞。夏冬畏愛思繩祖，劉柳文章欲續騷。儀曹雖閒暇，然必文章如劉禹錫、柳宗元輩乃稱。是出紹興廳記。程判無多公事畢，雙摩睡眼莫憂蒿。

蓼莊鄰人邀飲感賦

山行招飲醉同曹，雲氣常隨鶴影高。喚雨中林傷婦逐，探珠空島採姑勞。姑勞如車螯而殼薄。五爭不勝空孤憤，九死何懲獨怨騷。幸得深林長長育，不材樗櫟伴蘿蒿。

古逸訪我蓼莊手書盤谷序相贈即前韻復之

石隱巖阿不就曹，藤枯樹老棘叢高。柴桑半道相邀早，巢谷千山遠涉勞。偶爾揮毫橫筆陣，何須傳檄主壇騷？榮期三樂公無愧，蔣徑同歸耨草蒿。

題東巖古刹老松

聞響欣然願侍曹，伏龜千歲壽嵩高。西來梵唄聲聞淨，北注河流日夜勞。偃蹇蒼官膚漸脱，支離老叟韻偏騷。石蟠風碎貞心在，一葉五釵不類蒿。

家維翰姪滑稽士也以廣文謁選特詣山莊請質詩以勖之

莫道儒官是冷曹，蘇湖弟子盡名高。書淫傳癖縹緗富，石脊山砠僕馬勞。鬼谷縱橫工詖説，鷄林贈荅擅吟騷。階前欒爾佳蘭蕙，忍聽瓊茅化作蒿。

三弟靖士備兵西粵四弟俊士備兵平陽俱以壬申拜表入覲四弟先到三弟尚未至伻來山居用舊韻寄懷兩弟

晉粵分疆掌鎧曹，雙看碧落鶴情高。有山正好肥吾遁，無事何須節我勞。拜表龍墀同凜凜，齊鑣燕陌勿騷騷。劉禹錫送張盥入都有『第如京師，無騷騷，亦無忻忻』之囑。容梧道上無霜雪，作柱人間用大蒿。粵西蒿大者可作屋柱。

吴古逸自泰安來快飲竹塢袖近詩請質知其出婦繼娶次韻嘲之

凋疏兩鬢入吟曹，孤篠横斜醉格高。陰逐自難平婦怨，同心何用嘆媒勞。抽思秘笈時摛藻，泥飲瓊漿對詠騷。泰嶽頻過遺址在，明堂不毁倚官蒿。

移館翠巖寺率賦

書聲嘹喨小兒曹，一瓣清香細縷高。井汲當門除遞運，山樵近竈省肩勞。峴碑建後誰無涕，秦火焚餘尚有騷。青壁猿啼聯院磬，修籬繚徑擁殘蒿。

方石僧至知楊秋野廣文赴召修誌因楚警沉歿荆江詩以哀之

薙髮空王別市曹，錫飛巖半月方高。是非永負春秋志，賢否空思月旦勞。紫蓋難銷先主憤，紫蓋山在當陽縣。滄浪扣和大夫騷。高堂教授今安在？絳帳荒涼瘞薙蒿。馬融絳帳臺在荆州府。

武林伻來知三兒景行杜門苦讀詩以勵之

敢希勳業建蕭曹？坐擁書城亦自高。母念寒窗催宴息，兒勤夜讀失疲勞。幸無空乏招秦贅，那得離愁續楚騷？久閉柴關無謁客，蔀門長翳舊園蒿。

詠　燕

秋去春來戀舊曹，雙雙對舞畫梁高。掠花過影香光趁，入幕銜泥羽翼勞。繚繞朱軒親地主，呢喃繡户話風騷。傍檐拂水匆忙甚，又伴新鶯逐碧蒿。

詠雉

乍聞咿喔喚羣曹，决起何能一尺高？燦爾斑紋身獻繡，時哉飲啄口忘勞。朱冠耿介含情遠，赤羽離披曳尾騷。麥隴桑陰頻鼓翅，引雛出谷入疏蒿。

詠鷹

搏擊縱橫藉爾曹，雲霄萬里朔風高。愁看鼠雀星眸閃，遠攫狐狸玉爪勞。白錦毛孳鳩眼化，碧絲絛解兔心騷。下韝指顧摩天去，又聽人呼獵野蒿。

丹陽舟次唱和 有序

省齋王大參出清獻徐公門，清獻性矜嚴寡合，得獲交終者，予兩人耳。辰春，予放歸，大參亦丁内艱解組。己巳閏月，避迹金、焦，訂晤丹陽七里橋。大參執手揮淚，信宿舟還，出六、七言諸絶贈别。嗟乎！心知不易，勞思想同，終此一生，真交有幾？返棹和詩如韻，年來胸臆藉以傾吐，正當滿引十大白也。

漸岸恒夫趙吉士識。

次和六言二十二絶

七里橋邊訪泊，三山江上撑來。雙傾風木餘淚，樽酒何能寫哀？

北門近司鎖鑰，南宫久委儀文。官邸忽罹凶問，孺啼藹藹難聞。

鄰里爲君罷社，松蘿約我還山。麤衣麻薛相對，賜玦不須賜環。

獨倚樓前兩客，同悲當日烏臺。西陵宿草幾度，清獻墓柏誰栽？

自昔多慚鳳翮，于今喜遂鴻冥。一竈不因人熱，雙眸特爲爾青。

於菟食狗則醉，猵狚取猿爲雌。物情多出想外，勸汝剖破藩籬。省齋行事過執，以此勖之。

歲箭離弦去括，雙丸晝夜兼催。甘心保我衰懶，且盡季鷹一杯。

小山堪招大隱，幽岫何曾蠹才？鬢白已難化雪，心寒終不燃灰。

窺半長慚管豹，亡多不問岐羊。一臠早嘗世味，從此割斷愁腸。

山色非煙非黛，鳥聲一唱一酬。願爲游龜掉尾，不作杖驅籠牛。

朝露春華有限，君家鬼谷名言。那能斷絶人俗，且檥舟居避喧。

老樹丹霞半罩，新篁緑籜重包。不負青山初諾，何來隴笑岳嘲？

海雲遠拖鳳髻，山月半落蛾眉。莫嘆風波滿眼，羈人棘子心知。

海上扶桑早展，旭光滲入鎔金。操絲共爾心賞，漁父摇來聽琴。

韶光染遍樹色，緑濕紅鮮低迷。倏爾顛風聒浪，東西客棹分棲。

嗚咽河流細訴，零星鳥語空招。覆蕉鹿夢方醒，依舊深山負樵。
是處容吾浪迹，五湖煙水宜遊。故里雲山萬疊，欲浮竹葉爲舟。
到眼疏紅新碧，勾留合老聖湖。歸棹浪花猶濕，釣絲半罥岸蘆。
山中松石不乏，退谷名續逍遥。苔蘚盡成綺繡，人間華膴冰銷。
滔滔日下何極，洩水全歸沃焦。小住都成小築，一枝且寄鷦鷯。
白波長卷晴雪，到處風光獻詩。櫓竅動摇甫定，春融夢路歸遲。
盤驥蟻封上下，乘舟雪夜縈迴。卧閣援琴獨嘯，君來看竹方開。

次和七言四絶

蒲帆摇曳早經過，已隔京江萬頃波。今夜夢溪疑泛雪，沙汀月映小藤蘿。
海霞近壓高城樹，漁火宵分小市橋。先具紼維渾不用，灣頭暫艤趁歸潮。
雙峯擁髻靄雲遥，三月花天香霧高。千古屈情誰與洗，空留九辨楚人騷。

一陣鸍䳗腥未收，仍尋舊路泛莎洲。青青細細江邊柳，冷眼斜看過客愁。

原唱六言二十二絶

溧陽　王曰曾

歸雁天邊信杳，故人江上書來。苦次多勞遠唁，支牀鷄骨增哀。

氣豪畢竟難免，身隱將焉用文？自從諫草焚後，兩載不復登聞。

雲表回瞻紅日，江干坐對青山。漸逵非冀儀羽，天家自爾賜環。

鸞鷟曾翔梧掖，鷹鸇忽下霜臺。楚客心期扈佩，蕙蘭離芷堪栽。

方聽鳴岡翽翽，胡然垂翼冥冥。深巖時留屐齒，古瓦近簇螺青。

呼應向勞牛馬，升沉那論雄雌？删去胸中荆棘，方消世上藩籬。

赤手狂瀾未障，白雲黄鳥頻催。萬斛新詩坐湧，一輪明月分杯。

破巢既無完卵，欲殺誰肯憐才？瞥眼滄桑變幻，劫盡莫辨沉灰。

世事渾如塞馬，浮生半類藩羊。我輩自無媚骨，公今尚具剛腸。

憶别三年蕉夢，一舸今日獻酬。重對江村社燕，空驚沙嶼蝸牛。

别久漸如隔世，情真轉覺無言。古寺疏林相對，鳥啼花落不喧。

庭鞫是非立白，同時荒穢宜包。蘇子本無誹語，揚雄多費解嘲。

向日門前車馬，而今世外鬚眉。金盡方看意氣，雀羅乃見交知。

浮家長在浮玉，斷俗真能斷金。心許猶懸古劍，黄門時念清獻師。爨餘誰識焦琴？

中夜棹歌欸乃，平明煙草離迷。夢裏千山難覓，醒來半榻同棲。

多病棘人遠訪，練湖一棹相招。詞賦無慚屈宋，江山共狎漁樵。

是處山川成勝，幾時魚鳥同遊。看來空翻覆局，任觸不繫虚舟。

過眼都成波浪，投身仍在江湖。完我本來面目，任他依樣葫蘆。

夜雨侵牀蕭瑟，曉風分手迢遥。恰值鶗啼春去，不堪賦别魂銷。

高卧氣傾淮海，倚樓詩壓金焦。山半忽聞嘯鳳，林中聊爾棲鷯。

學士山中留玉，黄門江畔題詩。是處松軒鶴塢，任憑舒嘯棲遲。
老子道居雌後，禪那法説輪迴。有時窗高月度，自爾霧散雲開。

原唱七言四絶

細雨輕風一笠過，春江無處不煙波。清歌招隱無人和，山鬼相驚話女蘿。
扁舟夜度三更月，一巷煙開七里橋。豈是釣磯尋舊約，卻憐花落漲春潮。
坐對三山海氣遥，横天孤鶴唳空高。新詩千首珍囊篋，人道黄門有反騷。
一曲琵琶淚不收，青衫誰共濕江洲？窮來我亦雕肝腎，分得煙波萬斛愁。

問天旅嘯

自序

余自戊辰見放，寓居潞河東巖間凡半載，時則有夏日吟、賦歸、集陶諸詩。巳春南旋，念既見棄於世，並不欲還故里，客居大儀南郭，曩受友朋累，杜門絶客，惟頌讀以課子孫，或放浪金、焦兩山，棲霞精舍。呫嗶之餘，繼以吟詠，清興無極，天真日遠，觸目會心，恍若有得。追憶往者都門供辦應酬之苦，真不啻如脱桎梏、釋重負、出荆棘而問桃源渡也。南行歸隱一集，蓋余浩然長往之志决矣。

居無何，聞銓部移文，追奪削籍者封誥凡五十三員，而余與兒景從與焉，駭目愴心，悲慟累日。已復思皇上前歲三月初八、初九兩日廷詰勘河諸臣，小臣已經廢黜，尚許陳奏並發廷議，感激涕零，固知濬哲之世必無容光不照之明；顧被誣之故，終不敢辨者，則以時方以下河一案聚訟盈廷，國家之事大而身家之事小也。今者情迫矣，予既見錮於清時，父母復含冤於地下，有君如此，而隱忍逡巡，徒號呼泣涕於草莽，是懟吾君也，遺吾親也，尚得爲人乎哉！因復決計入都，北征所歷，登山臨水，望白雲以增思，聽烏烏而歎息。弔前賢之不遇，傷車轍之終窮。叩馬鐙而歌呼嗚嗚，共得各體詩五十一首，彙成一編，集曰問天旅嘯。

客有見而笑之者曰：『先生其三閭大夫歟？何天之問也？』余曰：『否否，余與三閭大夫同而異者也。生人之義，五倫而已。五倫之内，莫大於君父。大夫不得有其君，憔悴行吟；余不得有其君，並不得事其親，憔悴行吟：是大夫處一而余處二也。且夫人窮則反本，故勞苦倦極，未嘗不呼天也。然天不同，不可問而問，則爲逆天。逆天者，罪無赦。可問而不問，則爲棄天。棄天者，亦罪無赦。大夫前事懷王，後事頃襄，天難問矣，故不問天而天問，若曰天可問乎？姑呵壁焉，無可奈何之思存其意而已。余生逢聖主，天雖高而聽則卑，夫惟無問，必無問而不應者，故不天問而問天。旅行長嘯，皆胸臆中所必欲吐者也。子奈何三閭大夫吾歟？嗚呼！委身致主，孰無君臣？揚名顯親，誰無父母？一之爲甚，何爲使吾至於此極！此吾天問嘯旅所以皇皇然而萬不獲已者也。不然，一門削籍且逾二載，年近懸車，將來之日月尚復有幾？寧肯舍江瀆之禽魚雲樹，而僕僕數千里以入於可畏之途乎？是詩之集，夫亦欲海内之人臣人子讀而哀之痛之，俾知余之是問是嘯，實有萬不獲已之心云爾。故曰余與三閭大夫同而異者也。』語未竟，客矍然起而謝曰：『鄙人不敏，黯於大義，微先生言，何由知大夫與先生同而異若此？請亟梓而傳之，使咸知焉。』

庚午伏月夏至後第三庚日，題於都門西南門外慈廕僧舍。

渡江北發 有序

遁迹棲霞山麓，已絶世交，庚午三月伻自都來，知吏部題爲追封事，將予父母及出繼子景從誥敕追奪，予心傷而慟。伏讀康熙二十年十二月二十日詔開，凡失陷城池，行間獲罪及貪贓革職官員，封贈仍行追奪外，其因公詿誤革職官員，封贈永停追奪。嗟乎！予既以分籍寄居議革矣，然亦何至于奪封！國家功令，方垂法天下萬世，而乃恣意行乎？予雖已身居草莽，然舊列諫職，安忍無言？予久作抱樹寒蟬，忽復爲不擇音之鹿，豈得已哉？星馳北發，情見乎辭。

蘿徑雲封久絶客，坐擁瓊沙卧錦磧。空山吟眺自崚嶒，蒼翠四圍絶行迹。羈棲乃在巖之凹，白業黄庭了晨夕。忽然尺素郵京師，一鞭夜渡大江湄。紫誥多卷予忽奪，蒼頭泣血細陳辭。擠排落穽仍下石，清晝又見魅與魑。拔劍砍案斜倚柱，奮臂一呼身毛豎。闔門削籍可無言，天乎何辜辱吾父！呼僮牽馬入塵區，飛舸剪江别花塢。父子分居亦尋常，乃同陷地等婪贓。皇皇恩詔頒天下，胡爲牽入亂典章？淚盡家人誰會意，髮禿面皺鬢髭蒼。願持剛斧斫月桂，清光萬里無掩蔽。午日迴戈駐魯陽，誓叩九閽謁上帝。事白歸山盟不寒，牖北牆東甘避世。

將登岸

嚮人蘆洲釣艇橫，殘陽斜湧半江明。危檣搶過祈無恙，新燕飛來話不平。

過儀真城南小築月下看牡丹用舊韻

移來瓊島種，綺麗殿殘春。瑞羽迎風舞，清香入夜真。丰容增酒態，月魄繞花身。赭豔光難辨，印痕顔色新。

五更獨酌廣陵旅館過徐念茲園兩易主矣當年借寓聽秋臺畔賓主酣飲今止羈人存耳次舊韻誌感

遥憶高門車軼深，今日空悲隴上吟。好友黄泉傷偶影，殘燈紅淚照孤斟。水亭花榭誰留客，月觀雷塘獨弔心。榆莢已青遮舊路，筍輿寂過忍重尋？

附舊詩　己亥徐念茲招飲聽秋臺同許岱雲汪淥水徐敬菴

丹楓紅蓼值秋深，同邑雙分楚越吟。淥水籍漢口，予同敬菴籍錢塘，皆休人。坐擁百城書可假，挽留十日酒頻斟。相思命駕尋嵇吕，一諾聞聲重布心。石友桐孫羅砌檻，瞑煙籠月共幽尋。

四月初四日至高郵鄒憲章程功濟以小棹遠送晚泊湖心懷余公肅廣文司鐸此地多年因念其座主徐敬菴督漕

征帆風飽已弓張，撾鼓吹簫自頡頏。籬落分門通緑野，王文通舊園。風輪引水插青秧。傍湖網户浮雲幕，繞郭糟丘大内牆。王宫監造酒，河隄一帶，圍牆與居民迴别。漢石織成飛練白，雪濤溶就爛銀光。雲中鶩合平疇暗，木末煙横萬落蒼。鷗鷺淩波真浩蕩，鳧鷖展翼各回翔。漁村蟹舍孤舟入，楓渚蓼磯古刹藏。墜絮沾泥原不净，流駒過隙又何忙？笑君壯歲飄髯雪，爲我單行拂鬢霜。萬屋新炊煙正白，長淮晚渡月初黄。盂城此日櫻桃熟，甓社今朝苜蓿香。曾記程門深雪立，莫瞋陸子一莊荒。近惭梧掖徒焚草，遠念蘭臺屢抗章。醜老長征來練水，弱齡同學住錢塘。百年石火傷空擊，三載人琴悼俱忘。荇萊横搴吟澤畔〔一〇〕，鮒魚初喫戀江鄉。删除食筈捐炊釜，檢點醫方配藥囊。俯側河流分涇渭，仰看列宿别參商。楸枰勝負争終局，傀儡機關戲幾場。爛醉千觴傾白墮，豪華一夢隔黄粱。馳驅未上新沙路，魂夢時歸舊草堂。數卷殘書留敝篋，畏途無復戒行裝。

王家營突遇朱喬三督學南北分手小詩贈別

續食當年共計偕，花封晉楚各天涯。尋梅靈谷詩安在，壬戌，予遊金陵，陳太守招飲靈谷看梅，時喬三及田督學紫綸同遊。予題詩四律，囑喬三勒石，石未勒，詩亦不存矣。視殮峨眉淚共揩。同年，徐次璆死于峨眉菴，予與喬三共爲含殮。半世那堪三聚散，一時又隔兩河淮。人情反覆同茲水，歷盡風波任擠排。

王家營別功濟

江汀遠訪棹空停，舊夏至京口訪我不直。今日歡迎麥正青。子向桑榆爭晚失，我從蒲柳歎先零。葭莩久倚誇冰玉，喬三爲家叔文兄婿。荆樹雙殘泣鶺鴒。令長兄石年，予五弟廣侯，别後俱作古。北發南旋無一可，兩心默照莫叮嚀。

長風鼓棹渡淮流，不肯言歸又小留。水陸平分南北走，我過下相爾高郵。

閬石道中忽逢于子文水坐譚許刻即景一律

榆構今到眼，閬石數驂停。過客呼騶從，羈人憩驛亭。雲湍摇濇碧，麥浪泛深青。春漲無多日，殘籬挂水萍。

曉過煙花集

路向松楸指點勞，殘星賸月過林皋。年增暮景馳雙轂，水匯中河利萬艘。岸轉黃沙迷老樹，馬摇素鬣躍深壕。泥韉風帽隨行旆，坦路空囊亦建櫜。

宿悦來集

接天濃緑覆莊家，涸出閒田好種瓜。荷蓋雨珠空散亂，主家忽貯盆荷，此地僅見。帽檐風帶任欹斜。四圍弱柳翻青浪，百里新隄漱白沙。高卧懸簾垂燭穗，環廬聚欀不停檛。

王昊廬侍郎手簡遠慰即書中意致復故不作稱頌語

放歸久絶國卿書，旅路忽烹雙鯉魚。何事向空長咄咄，有時入夢已蘧蘧。蒲塘翠靄攢眉展，麥隴蒼黃病眼舒。鑾觸相争徒着力，問誰盤筭不乘除。

初七日次順水鎮新集行者無渡河之險南北取道甚便客店人滿艱于投宿記之

蒼陌纔開客路分，從今免渡舊河濆。黄流近漲桃花水，緑野遥鋪泰岱雲。旅舍虚迎新節使，時淮揚道新任。郵亭呵止故將軍。道旁廢井重開濬，深汲歸來日已曛。

初八日紅花埠旅肆遇顧伊在侍郎丁艱南歸譚心許刻分手

古驛黄沙捲素旌，逢公苴杖向南行。白縗突見紅花埠，青簡同編紫禁城。間歲别來曾幾夢，片時話舊又分程。生芻未向靈牀展，呼籲傷心敢匿情？

三載予寧出帝州，故人意外對王修。正思籲帝排閶闔，恰值歸廬趣置郵。重慶一朝悲永感，曾孫五世慰彌留。停驂道左相傾吐，行止何能得自由？

初九日宿李家莊醉憶舊作復成一律

僕馬長隨已屢經，寧因瓠落遂鴻冥？河流直瀉源頭碧，山斷翻從樹上青。不問醇醨三碗醉，可堪昏曉一燈熒。盡搜舊句題新壁，過此知音屐應停。

出李家莊渡河至車輞作

屢過此地渡浮槎，昔歎汪洋今一窪。日午暑煙昏獨店，春回花露隔殘笆。深黄麥色涵金柳，澹白雲陰覆玉沙。倦翮投林難選樹，蝸廬鼀坎盡爲家。

己巳王正駕駐青駝寺店予題壁數詩乃蒙天盼詢及十一日北行宿此書二絶紀之

豈有文章報國恩，殘詩數首寫空垣。遥臨翠輦行宫駐，顧盼何緣動至尊。

掃壁留題又一年，逐臣無願上箋天。自從警趕南巡後，旅店長留舊墨鮮。

趙店橋作

一曲清溪碧玉灣，横斜蝌斗篆文班。山光晃躍雲容變，空翠長拖幾髻鬟。

山行望伯陽仙人丹爐作

横河泥濘没行鞍，又過蟻封馬苦盤。屋角西東雲亂擁，山腰凹凸石争攢。空爐有藥成黄白，病骨能仙學懶殘。翠色滿畦初種麥，繁陰已放緑光溥。

三年四過清沙店時候遷移人情變幻均于行路驗之感賦一絶

季鷹豈必戀家鄉，杜老寧須矜省郎？早起披裘今解帢，天公何在不炎涼？

早發蒙陰望嶅峯作

早發蒙陰城，軒眉一髩撑。坦路平如案，卻是山中行。山行迤邐四十里，翠壁青鬟煙樹裏。宛似江南叢桂林，蘆藩茅茨圍棗柿。

偶見

布穀何曾有一聲，老農赤脚執鞭行。牛瘡見骨無痊日，苦向荒阡晝夜耕。

憩郵亭

桑遮古屋夕霞明，岐路風傳雜樹聲。長短園垣斜砌石，高低野水曲通營。積成一色空青碧，掃盡三春萬紫赬。爲愛長亭頻坐倚，四邊柳浪泛舟行。

浮丘莊

山東氣候後江南，四月麥鬚尚未鬖。種得平坡千百棗，緑陰已罩小茅菴。

十三日半店過午

日午炊煙半店昏，層層新緑繞籬門。倦游我亦停車轍，逆旅經過屢斷魂。

泰安吴古逸攜高足毛生持酒挈榼過訪旅次譚及家太常閬仙出關大爲扼腕即席賦謝

瓦盆瓷杓佐壺餐，客路重逢理舊歡。錐漸處囊君脱穎，髀方長肉我消鞍。泰山久卧孫明復，遼水空留管幼安。從此交情應不盡，敢翻白眼向儂看。

萊蕪令君李傅菴同祝子漢清過訪旅肆詩以贈之

江皋卜築幽，羈人久晦迹。何事復孤征，晝夜長額額。旅次迫山程，問穿幾緉屐。忽傳香令來，初更月正白。柳黄麥青青，控羈鳴繡陌。李子濟時才，曲江早通籍。甑釜生塵魚，萊蕪亦已闢。遠訪過泰安，百里探泉脉。時傅菴奉文閱河，因過界相訪。我自愧龍門，君仍親玉尺。祝生畫幕中，惟子有此客。接席止三人，開懷岸巾幘。岱遊舊有詩，爲予勒山石。鼓角空天喧，往來雙鳧舄。

離濟南五十里土名馬寨遇一壯夫獨獵顧盼非常呼之飲連舉數觴臨別自言善畫然未有以試之也

邂逅相呼到酒爐〔一二〕，清羸憐我老山臞。張弓到處尋狐兔，掃筆何時入畫圖？新緑千層翻柿棗，碧光萬頃蘸菰蒲。坦行莫謂無荆棘，歷盡艱蘄總畏途。

平原懷古

未經曲陸道，先騁平原城。草長河橋合，煙開驛柳縈。儈牛終避世，治鬼早逃名。立馬空懷古，寸心我自傾。管輅、王君公俱産平原。

十八日輿行阻風住留智廟作

早發黄河涯，一路絶村塢。初曉已昏黄，大風何跛扈。坡壟起高濤，喧豗振林莽。脚底轟春雷，飛沙捲白雨。人行陸海中，驚浪蕩江滸。百罅喧萬聲，簾箔如飄羽。輿人肩已頳，聲齊力難努。輓推總不前，牽夫空傴僂。我頭方岑岑，磨蟻旋無數。顔汗不能歡，羸軀苦撑柱。遑問征路賒，小住即安堵。壁上看舊題，可作長行譜。解衣洗塵埃，穩眠過日午。

過景州城外絶句

繞麥穿桑古道邊，浮屠玉立插空天。南門横接西關路，一帶青林罩午煙。

山東北直兩省旱司農蘇公奉敕禱泰山大雨喜爲長歌

驛吏傳呼撾戍鼓，衛漳水涸農嘆咻。三春未蒙霡霂沾，旱暵乃復憂吾主。大農陛見捧敕來，細草平郊衝日午。玉鞭金轡從數騶，步躡天門問天拄。沙煎石爛拆龜紋，忍令膏腴成瘠鹵。四十萬艘挽運難，至今尚艤河之滸。嗷嗷哀鴻何所依，安得漏甕沃焦釜？湫底龍眠久不醒，炎官失職全無補。帝怒鞭龍鱗甲張，列缺迸火金蛇舞。豐隆輳輷號屏迎，膚寸雲合天下雨。農呼烏烏樂豐穰，民間一飽忘百苦。他年玉輦再東巡，秦封漢峙何足數？

丙寅秋周子青士及徐卓倫潘雙南諸君咸集都門寄園丁卯夏青士南還諸子亦散去不相聞問者數年丁卯冬予勘河過界口驛見青士題壁次韻二律今二十一日晚宿任丘西關曉起見壁間前後唱和即諸君次青士界口詩以挽青士者予不能無離合生死之感再和唁之諸君他日過此其感慨又當何如耶

作客何言易，全歸亦復難。馬行尋舊驛，水落露新灘。皓首黃塵老，青山白骨寒。高吟題壁句，爲子罷晨餐。

修文召爾去，長夜竟漫漫。得句仍叉手，信心可析肝。半生今薤露，一夢永槐安。爲語諸名士，寄園舊會難。

南還成永别，廡下寄人難。赤穳停雲雒，緑蓑冷雪灘。羸軀長蹭蹬，末路更單寒。重壤無知己，誰爲餔一餐？

窮途慟哭去，易水正瀰漫。犢鼻纔遮骭，鼠鬚時鉥肝。魂來三徑繞，心向九泉安。齷齪塵緣盡，生天脱苦難。

新城三家店過午同鄉范子岸公自都出先在焉記從漸水附予舟至浙同登嚴陵釣臺予賦古詩一首今廿餘年矣突遇此店不可不飲而別更不可無詩以記此別

廿載誰憐范叔寒，旅中乍見雜悲歡。塵沙屢歇三家店，煙水長懷七里灘。爾醉宜留仍別去，吾冠已解不勞彈。出山意興闌珊甚，爲買漁蓑挂漸干。

行屋吟 程子葛人送一藤輿，長行甚適。涿州先峯坡道中作。

逸我勞人感卧輿，孱軀藉爾四肩舁。紗籠塵隔敲新句，櫓罅光生理舊書。是處雲山供刻畫，豈從筆墨乞殘餘？北征竟忘長行苦，一夢蘧然得遂初。

次香光寺

不作鼎鐘夢，宦情早已無。珠瓔垂佛老，果餌走僧雛。松鼠穿藤葉，竹鷄竄柳株。澗花炫日吐，真足酬清娛。

將至都門客舍曉起有感題壁

月痕初没驛窗明，鷄唱頻催非惡聲。諸子誰堪供父事，孱孫獨自伴翁行。恩仇未絶雄心在，因想難忘客恨縈。擊碎唾壺慷以慨，敢辭呼籲戀餘生。

言歸寫懷

昨别香光寺，白衣染蒼翠。寢飯輿騶中，骯髒忘勞勩。艱哉此遐征，誰解心底事？雪刺盈華顛，泣血增鼠思。肯傷罔極恩，何曾怨擯棄。局蹐無所容，頻揮孤憤淚。罔弗遵憲章，乃任爾文致。振臂時一呼，怒號撼天地。敢不畏雷霆，犯顔甘觸忌。申此不平鳴，臣亦得行意。豪氣終不撓，孝義期無愧。餘年話幾時，寧復要榮利？露臆以披宣，開誠蒙指示。循環有自然，胡可以身試？静聽金石宣，斂手且相避。降志返林泉，長安居不易。願留以待時，心堅勿亟亟。

端　午

杜鵑聲苦早焦脣，五月猶啼已去春。拭眼榴花空結子，辟邪艾葉枉爲人。捕梟三載離燕闕，烹鶩今年過海濱。誰續懷沙千古命，汨羅江畔五絲新。

抃孫負笈入都師事汪棣園太史同柴六階文學肄業予至蓼莊息心遁迹消此長夏用八虞韻率賦四章寄兩君子兼勖吾孫

燕山青斷馬分驅，岐路翁孫戒外虞。豈意擘窩工點畫〔一二〕，何曾懷抱識之無？麥苗半熟蒼黄雜，裘葛初更冷熱殊。息景屏居抛汝去，雲山認得舊臞儒。蓼莊爲東鹿宗人園，前冬居停三月，今復過此消夏。

翛然一榻繫桑樞，井汲深深響轆轤。避世避人從桀溺，學農學圃老樊須。青門傍水瓜三畝，碧隴連塍芋數區。欒畏兒知聊獨酌，半生難得此羈孤。

何須浮海擬乘桴？此地真堪着老夫。綺陌縱横鋪錦繡，瓊茅翕赩展氍毹。通經幸不慚儒吏，計事仍須藉監奴。時伯兄以明經分守太原，解餉入都，特遣舊役楊茂代辦。行笈殘編讀未竟，更深對月自提壺。

山居早已别青梧，兩載心灰貌亦癯。元祐五經尤善易，宋儒柴益之通五經，尤長于易。龍溪七卷又操觚。翰林汪彦章先生著有龍溪集七卷。先生三省傳須習，小子終身學愈愚。風雨一檠師友共，窗前何日驗雙趺？

夏日遣懷

天涯何處着疏頑，帶病三分未老孱。裁籜紉荷工日課，髩霜斸雪理秋顔。醒攤書卷眠安枕，渴飲流泉飽看山。不道巖坳藏有寺，殘僧盡日負暄閒。

山村沽酒小簾斜，水響空巖篆白沙。緑鬢幾莖將變雪，青眸數轉頓開花。偶來桑上譚龐老，又到池邊臥習家。乘月登樓天忽暗，浮雲好向圓時遮。

四月八日爲家玉峯少宰誕辰詩以懷之

朱櫻再摘薦時新，山櫻將熟，御尉懸旗環守。進御後，予偶摘小筐寄之。愁隔京華十丈塵。臧獲肩筵羅主伯，孝廉膝席視庚寅。青山疊疊藏羈客，白髮朝朝拜老親。寄我澂江家吏部，目爲冰鑒玉衡匀。

山靈布緑眼光新，灌佛龍華去幻塵。銓綜堪司比馬載，載爲吏侍郎，銓綜流品。儒門特起薄胡寅。公著敬一集，爲理學之宗。滇黔萬里情偏篤，兄弟幾人老更親。聖主至今憂旱甚，連朝化雨一天匀。三春無雨，四月初五、六兩日甘霖大注。

寄園集字詩

寄園集字詩序

集字詩者，趙恒夫先生招諸同人讌集作也。其法隨手拈盤中百字，錯綜之爲古詩，不溢不漏者稱工。嘻！其可謂難也已。而先生與諸君子競爲其難，何哉？鉅手鴻筆，日從事詩文之役，久之心思益以習，蹊徑益以平，則不覺其樂，乃爲此以自困，俾智勇俱無所施設，忽而巧心濬發，指揮驅策，咸就條理于一經一緯中，而後其樂乃拊掌頓足而不能已。譬諸駕八駿馳康莊，耳後生風，瞬息千里，非不可樂，而累日不止，則亦厭苦之。試與之歷乎懸厓斷壑間，草樹蒙翳，鉤巾棘履，徑路俱絶，始未嘗不側足徬徨，苦不得出。既出，而心開目明，回視故處，輒不禁相顧叫絶，自詫以爲樂也。

夫古人之爲詩也，裁所抒寫懷抱以寄其不得已，後世浸淫既久，雕鏤工巧，各極其致，如六朝諸人好爲迴文離合，四色六甲，八音十二屬，以至龜兆卦名諸體詩，由今觀之，頗淺鄙可笑，而當時一唱衆和，若有至樂存乎其間。今以先生暨諸君子集字詩較之，其難易工拙，奚啻什伯倍？惜不令六朝諸人見此帙，當使焚棄筆研，終身不敢爭妍鬬巧于詩也。而謂樂有逾於此者乎？獨是先生方官户部，佐大司農以典邦本而繫生民，移用要會，分判紛然。又方以文章與史事排纂而檢校之，其肩任甚繁，而猶得日出其閒情逸興，偕諸君子爲此，自非有絶人之才不能。兹帙中，諸君子各得一章，而先生獨自限九十字，得詩九章。嘻！其尤可謂難也已。

遴拙陋不能爲詩，見先生與諸君子之詩經營愜適，如出天成，無襞績填綴之迹，輒驚歎其神。又私念先生與諸君子之才，難者易之，苦者樂之，恐一再集字後，又將以爲不足困其智勇，而更求難者爲之也。則其詩之日新月異，當必有非意計所及者矣。衛敬曰：『在心爲志，發言爲詩。』夫心志亦何所不至哉！

時康熙二十五年歲次丙寅重九日，華亭姜遴萬青氏頓首拜撰。

寄園集字詩序

昔余見交山平寇一書，蓋恒夫趙先生知盧川時，夏子宛來所紀，陸集生、潘次耕兩公訂正者也。盧川處萬山中，嶂嶺盤疊，林莽鬱窅，走險者聚窟於此數十年所矣。先生至，則屏從騎，徒步入深巖邃谷中，陰察其山川險易，人情惠逆。適奉詔剿寇，先生設奇蹈險，發無不中，殲渠魁，撫脅從，不三旬而境以平。寅卯間，秦、晉煽亂，交獨無事，土人愈以思先生功，至今俎豆先生於宫牆不衰。余讀之，作而曰：『嗟乎！先生之政事其見於是乎？始基之矣。』

今年，謁先生於京師，相見如舊識，邸寓過從，追陪觴詠，乃又熟悉先生之文章大異於人。一日，出踏青集字詩序見示，囑弁之言。展卷不覺驚絶，斯豈當世才人學士所能猝辦耶？從來負縱横之才者以馳騁爲雄，具淵博之識者以絢染爲麗，猶且句追字琢，廣搴博攬而後結撰始成。今僅取材於百八十字之中，積字成句，積句成章，珠聯壁合，無艱澀湊泊之迹，即揮灑自如，未必工穩若此。文人能事，何其變化於耳目之外哉！抑余聞之，不遇盤根錯節，無以别利器。以交山數十年穴險之寇，舉手而就平，則其措思於毫芒，而騁詞於偪仄，要亦經緯若神，吐緒餘而爲之，理有固然，無足怪者。然先生不以爲奇，而非此無以見先生，乃益歎政事與文章至先生而俱絶也。

同時和者，如吾鄉高菰邨及秦中張振六，京江于魯齋、章雲，嘉禾周青士，梁谿顧天石諸君子，皆海内名宿，各呈其妙。知諸君子固才大，而主人之精於求友爲更不可及也。異日者，敞平津之閣，傾北海之樽，其將綴先生之嘉績盛業而詠歌之乎？恐未可以字額限已。

丁卯夏五，華亭徐賓題。

詩牌共十盤，每盤九十字。隨手拈一盤，限定十韻，各以百字成詩。

秋前一日雨集寄園舟居

限「灑」「下」「雅」「瀉」「罣」「把」「野」「瓦」「社」「者」十韻，不拘前後。

然響蓑冷乾池天松砧昔
舞車繡聲者蓼輪野轉長
層護石繁匝幽沉閣移席
發花瀑扇榻添興牽乍山
無霧日宿面半把新淡憩
瓊悠羅扉釣永瀉風憶陰
翻潤灑梧罣所網雙竿下
頳向交緑留真醅瓦覆屐
懷瞑社正曠蕉雅存快能
酲只語供春解繫夏柴賞

長日無乾響，層陰潤繡野。松閣扇山風，宿霧冷然灑。天半翻車輪，石沉瀑乍瀉。覆蕉繫緑蓑，池面釣竿把。舞蓼護幽花，牽羅網頳瓦。雙屐留柴扉，交新憶昔者。發興悠所向，春醅供夏社。真賞只淡永，匝席添瓊斝。快語能解酲，曠懷存正雅。暝砧聲轉繁，移榻憩梧下。

其二　即用前盤詩字，翻覆成韻，復集三首。

乾池翻春瀑，梧聲發緑野。層閣沉輪竿，向日蕉扇灑。夏霧潤繁花，蘿陰覆繡瓦。舞蓑添幽賞，屐響松風下。暝扉繫蓼天，牽車柴匝把。護砧只頽石，網釣留山社。乍憩憶昔存，快然冷語瀉。淡交永無面，所懷真曠雅。半席轉雙瓊，正榻移長斝。新醅解宿酲，恣興供能者。

其三

蓼閣轉層陰，昔霧匝松瓦。日暝憶春蘿，柴車宿曠野。繫屐憩梧扉，長夏賞花社。繡池瓊石供，釣蓑網能把。舞扇護風輪，懷山沉瀑瀉。砧聲向榻留，緑竿蕉半灑。冷面發天真，繁響恣潤下。新語快所解，幽興添醒者。乍交無翻覆，永存只淡雅。頽然醅正乾，移席牽雙斝。

其四

宿車轉雙輪，冷風扇幽野。移屐繫瓊竿，梧陰半匝瓦。護閣只添蘿，蕉扇緑天瀉。春池花正舞，憩石蓼交把。聲響瀑長存，乾潤恣所灑。牽蓑網面沉，留釣頽山下。真淡快無懷，向夏賞松社。乍瞑發繁砧，柴榻供繡罘。霧語翻然醒，層席能解雅。興曠永日新，憶昔覆醅者。

四盤集剩百二十字

剩字既成一盤，亦可集詩否？魯齋曰：『字中無風雲月露，安得秋興雨意乎？』予曰：『無可生有，庶不爲許洞所困。』因再集二首，盤内剩字無一遺者。雖勉强牽合，貽誚雕蟲，然舍熟就生，因險得平，發我旅嘯，冀不虚此秋雨舟居也。諸公共和之。

闢遂細圃臨娟倩才岫險廚肯川奈省
舟烹聊寥宜室主刻寬暖拙芝單昨間
盟節蟬篩擁上頭眉愛蜜牆柔暈禁脂
麗撩稀擲猜讀根美皆荔辭切伐銜耀
恐攬耐縱圓粉從姬絳着豔樵講冬森
鍾避雀健唱董遮齊漢惱安支城嚻許
乏涵貪曙梟招暉羞葭海檢憐佩鹿籠

圖滴邊教聚蹤怡斂印搜甲帆漸渺絃

川葭耀絳漢，暈圓渺籠野。荔闢曙暉遮，單帆舟上把。蜜室擁冬暖，圃奈漸森灑。樵蹤細印岫，聊從支許社。講圖攬芝檢，避險愛搜雅。健讀拙羞辭，斂才耐海瀉。美豔招眉間，肯教姬擲瓦。撩裊刻節稀，遂怡鍾絃下。安廚烹柔脂，臨篩齊縱罩。寥寥乏主盟，恐皆鹿聚者。

其二

寥漢斂昨暉，健滴牆頭灑。暈銜乏麗娟，寬海舟帆瀉。拙圃省囂惱，荔根裊邊瓦。蟬恐漸聚暖，伐葭遂遮野。森稀曙雀猜，樵唱鹿蹤下。柔節着粉豔，室芝耐細把。川上教安絃，岫間倩支罩。招攬許齊臨，單廚羞主者。才乏宜愛憐，佩美皆涵雅。刻切禁貪縱，董甲搜城社。

再集六盤集剩百六十字

以百二十字集成二古，每首止餘三十字，尚空六十字可以游衍。若以所剩百六十字集成二古，每首雖剩七十字，止空二十字，難以搆思。于子魯齋可謂獨爲其難矣。予性不耐思，又心雜不能苦吟，推敲百六，融會三章，雖不及于子之鏤刻，然側弁而哦，惟意所適，間有自然之句，亦不失吾性情也。請以質之諸君子。

卷棹朵駐瓜拾猿馥品覓莖翎壓裛囊妨
勞艇納機末鬟灰磬綴得翁粧暫于蝶元
法干驅挂知冶魂那封衫扃强女忽果邦
皎泣隈鏡囀筍浴揖娥礙寺剛班狹蕭抱
麓佛認迢骨課宮忙雛種陣迴鸝童波目
曛費洞北蘚肌衲袍菲姤訪鎖恰至唇僧
閨塞段綃即島憎攬誤了芽爲魚廬插瘦
懸燒悲榴没小牧怯齋沼敞痕逆融易鳳
浸彈袖何緒管減離嘆少沁掩仍今罍寸
多地調漿闊烏舉敲去潛餐度缸籌難潭

筍班抱蘚隈，納曛蕭齋下。了了潭波融，燒痕没迴野。島敞魚陣忙，雛鸝攬宮瓦。迢迢麓爲沼，牧童認廬社。塞北易插榴，課種茅費把。瘦骨怯浸肌，目送悲難瀉。小沁懸漿缸，舉籌拾罍斝。鳳管寸寸度，敲彈調何雅。離緒今多少，掩袖潛仍灑。地闊減烏餐，嘆女勞勞者。

其二

懸磬敲北宫，水王所居曰北宫，天子擊石磬則應。波痕浸茅野。離棹逆艇去，島没闊潭瀉。拾翎彈童烏，悲猿目易灑。洞榴仍綴綴，朵壓莖挂瓦。裛馥駐麓隈，暫舉瓜果社。囊灰燒魚筍，何妨覓多罜？機緒末難得，品度于今雅。雛蝶插小鬟，冶粧衫袖把。强干少翁法，驅魄攪地下。有用點水法于育嬰堂者，孩一着水，永無生理，朝紳禁之。元封漢武年號。那忽忽，誤認爲知者。

其三

茅蕭掩地骨，離馥菲菲灑。瓜莖剛礙日，没洞蘚封瓦。皎鏡納潭痕，去波陣陣瀉。浴佛寺廬扃，揖僧訪衲社。挂袍駐沼干，缸至爲懸罜。即今鷴囀忙，何多費唇者。島瘦壓卷難，緒末那得雅？機綃果恰恰，闊狹段寸把。娥班易妬憎，泣鎖宫闈下。舉管課法度，調元牧邦野。

附　于魯齋彭雋集剩字二律

綴麓鎖迢曛，蕭蕭烏泣野。强齋即納僧，燒筍攬佛社。浸痕没茅扃，挂陣壓宫瓦。掩鏡灰瘦骨，品段妨魚雅。榴朵裛蝶懸，駐罍囀鷴下。小艇逆潭波，狹島迥洞瀉。悲調于何彈，末緒礙多罜。班女插綃機，暫課寸管把。少童忽易翁，舉目了今者。莖菲馥仍減，沁肌離袍灑。

其二

皎魄融小衫，悲猿恰潛灑。寺磬法地忙，驅童牧敞野。敲扃剛得鳳，抱卷訪知者。覓餐那强干，掩袖嘆元雅。闊沼至浴烏，雛蝶認蘚瓦。宮娥妬冶裝，閨鬟怯鏡把。何邦納去棹，費囊勞籌畢。拾果難沁唇，缸漿懸波瀉。迢翎度北限，離管憎塞下。爲揖茅廬翁，誤封種瓜社。

丁卯清明郊外踏青序 限集詩牌一百八十字。

薄遠時幾舊垂午荷亂挂冷一兩小高

白不片欲疑低烏逢踏耕吹松節半三

山閣石堪天飛呼百染淡初尋深插寒

春柳紅情青洗氣郊風五莎成掃起横

芳處竹煙心眼雨嵐楊畢豔燕眠在步

喚絮屢早火生看輕積翁聽淺未野農

纖柰雲光酒緑經傾又寸流陰翠仲啼

霞沙老花蘿何路阿簇多蟻過城更草

鶯罩明下聲佳遥歸四近浮笑分迷鴉
望度二行上點曲斜誰荒叢月廚林臨
帶家原裏摇破懷鳳客覆穿弄共殘禁
溪蒼玉改年憐照邊鶯箏舍層葉徑響

雲横舊路，風度層阿。百年近在寸心，三春又經一月。芳郊成玉積，飛飛柳絮高低；緑酒簇霞明，處處眼光上下。歸鴉唤起，踏沙屨更行廚；啼鳥驚眠，改火時逢冷節。溪翁荷插，步青欲破林蘿；野老耕莎，呼白共分農雨。掃徑遥臨二仲，尋山笑帶雨生。看天氣初晴，輕嵐小染；奈客懷未洗，浮蟻早傾。燕舍迷家，點點深穿淺葉；鶯聲過午，纖纖半挂垂楊。亂響聽何多，蒼煙疑四罩。遠望五原斜照，草閣荒殘；誰憐片石佳城，松陰淡薄。寒叢覆翠，幾堪花裏弄流箏；鳳罼摇紅，不禁竹邊吹豔曲。

集序中百八十字得詩六律

挂松踏竹過佳城，冷節寒煙火又更。一半春心生寸草，兩三柳眼看流鶯。小山紅雨輕陰罩，遠閣晴嵐積翠明。白石青楊翁仲在，不堪荷插聽啼聲。

其　二

時逢百五步纖蘿，幾踏晴莎喚奈何。舊雨染成青草路，垂楊淡掃白雲阿。春耕早起煙光簇，午吹初横絮酒多。洗斝臨流傾緑蟻，花溪竹舍屢經過。

其　三

欲尋松徑迷山曲，半覆花陰片石邊。寒薄層林誰禁火，草生舊路又經年。三眠三起垂青眼，叢竹叢蘿簇白煙。吹鳳弄箏懷不淺，輕紅亂緑更堪憐。

其　四

山厨幾洗客遥臨，叢薄春生緑未深。絮積郊原疑步玉，光浮柳葉共分陰。家家舊燕穿芳徑，點點殘煙度火林。雲白天青風弄響，初鶯喚起百花心。

其　五

燕山四望氣蒼蒼，一帶鶯花近白楊。野徑紅深摇月黯，春城緑洗破天荒。心驚舊火更寒節，步踏輕莎過冷光。晴鳥呼耕聲又改，斜飛淺度兩三行。

其　六

天邊紅起半城霞，野步山尋喚酒家。輕薄笑看青白眼，高低亂踏淺深沙。老農過望三春雨，小徑初分二月花。處處掃松殘照裏，寒光上下罩林鴉。

補春夜宴桃李園詩 集序中字。

佳會煙光秀，我懷何以伸。百花飛數羽，獨月旅羣倫。大谷清譚客，高陽醉酒人。歡康開萬古，觴詠過芳春。

其二

歡賞伸幽事，詩歌況我生。依人懷季雅，作客景康成。煙過高天醉，光浮古月清。萬花飛秀谷，百罰數金瓊。

其三

如月開清景，春天獨秉陽。醉歌歡旅況，遊事數花光。塊坐金爲地，羽飛瓊代觴。文園譚詠夜，何客不成章？

其四

谷轉清陰逆，飛光若過煙。有生假物我，大夢開人天。燭夜歌譚作，花春景物連。鷄名燭夜，酒名花春。文遊伸賞罰，召月醉瓊筵。

其五

金李飛花幾，花飛春已而。開懷事有數，不樂作何爲？清夜人遊夢，幽光客詠詩。吾生慚獨醉，假酒以浮之。

其　六

代序春陽高，清光可召也。連天旅客遊，幾夜花陰假。獨秀懷佳人，大文數作者。桃園煙月生，歡坐成清雅。

補冒雨尋菊詩 集序中字。

曳步投秋浦，風低亂葉爭。黄花舒玉砌，白露泛金英。斷岸飛濤響，空山滴雨聲。還聞庭竹折，雲濕應留行。

其　二

不辭山水契，問字泛松舟。露下金風葉，涼生竹閣秋。琴書成雅敘，山斗接名流。雲物秋中勝，疏聲斷雨留。

其　三

愛花心不競，坐石酒流行。雨岸巾將折，山廚雁可烹。封苔印鶴步，墜雨濕松聲。姓字無相混，金蘭敘友生。

其四

邀人遊勝迹，投足雨聲中。花挹涼秋露，雲留斷浦鴻。落英不可問，流響將無同。斗酒松風共，琴心曳遠空。

其五

雲低山雨亂，花岸不生塵。空谷流清響，斷金謝雅倫。相將還瀝酒，于野可同人。石砌飄秋帶，芝英落滿巾。

其六

天步鴻泥落，山行可共留。錦鷄學雁序，玉海曳龍遊。塵斷飛花雨，雲封落木秋。紫藤白石下，文字競風流。

戊戌客金山，陳實菴太史訂文遊社，招同人用春宴秋尋序字補詩，余集十二律，太史彙刻成帙，久不存矣。今春次大儀，遊桃花塢，偶憶當年社集詩句，十忘其六，挑燈足成，入寄園集字詩內，未審少時纖巧習氣能盡删否。庚午二月廿六日自識。

補蘭亭詩 集序中字。

可無虚此日，知己惠然臨。幽事隨觴詠，清言抱古今。放骸流浪外，寄迹朗山陰。萬類咸欣暢，春風集竹林。

其　二

一晤欣殊遇，大文盡在斯。相觀羣向日，爲樂合隨時。竹浪流修管，春懷化萬絲。少年何後至，虛與老人期。

其　三

無嗟春事畢，帶水集諸賢。自敘言無妄，齊年坐不還。歲時今可以，人地固當然。曲嶺清湍外，臨風寄九絃。

其　四

萬山同一靜，蘭若竹修修。暫與林間樂，永懷世外遊。曲終猶坐聽，禊畢合臨流。極覽娱時會，相期事事幽。

其　五

樂羣天作合，蘭室靜相於。嶺竹風生後，林亭日映初。因時崇所有，稽古集其虛。一帶春陰在，文遊可舍諸？

其　六

九山稽得一，何謂九山？會稽、泰山、五臺、首陽、華山、岐山、太行、羊腸、孟門，出呂春秋。春禊敘蘭生。蘭生，酒名。風激天流浪，觴陳水映清。放言悲世事，流目騁時情。信古誰賢者，無人述老彭。

其　七

風流今已矣，事外得其宜。豈可虛斯日？猶當及是時。天絲游不盡，山帶俯相隨。春色娱人目，内觀何所悲。

其　八

化日暢人懷，古今同一己。遊亭俯故山，虛室聽流水。可是由情生，終當以樂死。萬羣雖不齊，天地無殊視。

其　九

蘭契誰相引，其能有是夫。水觀化躁妄，日永足清娱。山古林於静，天虛風色殊。同懷隨所取，大惠寄文無？

其　十

騁殊無倦色，能事豈其然？萬古同今日，異時慨盛年。咸悲春老日，少坐暮陰天。水抱幽林曲，虛亭昔已遷。

辛未春日憶諸同鄉集字 有序

丁卯春，吴賡菴相國予告歸，以正五誕，同鄉集寄園稱觴，十九日公席祖道，與者汪鐘如錞、鄭方旦爲旭、汪浩然我長、程梓園文彝、黄伯和士塤、汪東川霦、吴楞香苑、汪涵齋晉徵、許師六承家、黄予望雲企、汪文漪灝、蘇仍山瑋、吴魯園琮、汪致遠以澄、吴子盤肇新、朱駿文昌緒、張衡書曰任、汪帶溪煤、戴瀾石璁、汪璞霞兆基、朱西仲光圉、程天石兆麟及予子景從、景行。相國執斝曰：『吾鄉共事朝端，郡猶省然，彦會難常，諸君勖之。』未四年零落過半，病者去，死者以櫬還，左降補外者四散。予同兒輩放歸，又有緣事久羈潞水者，留京邸有幾哉！即用同席姓氏集五律以傳。甫瞥眼間，悲凉何限，覽者其亦有感於斯已。

朝士師承久，天家許佩衡。黄山雲正爛，朱圉水方傾。任石仍瀾釣，戴溪帶月行。川光長練白，菴半企鐘聲。

二方爲伯仲，相國難弟平輿。燕許大文章。和景三光正，天都六水長。朱張黄石路，阮肇白雲莊。桑梓山程遠，治任新俶裝。

方旦霞如許，仍雲天羽翻。汪汪從遠逝，灝灝任東喧。吴苑麟書戴，梓園山帶掀。澄瀾涵浩景，鐘石賡箎塤。

長樂晉鐘應，錞釪賡六和。家園予企望，負戴子行歌。東苑雲光帶，西山石景羅。天吴任水伯，川上兆汪波。時運河忽漲。

雲瀾肇旭旦，川望長涵漪。鄭璞方和璋，黄琮晉六彝。盤山文石倚，帶水楞香披。爲企從行子，東西任我之。

一賓二十五主，盡集其姓字於四十字中，琢句天成，絶無牽强。申以五律，各具深意。昔東坡贈魯生有『窗摇細浪魚吹日』之句，韓康公喜其記姓之巧。太夫子心細如髮，膽大於身，則自蒼頡、沮誦造字來，未見其兩也，敢以雕蟲小技目之乎？同里門下晚生汪薇思白氏拜識。

家大父避迹蓼莊，久絶世交，即家人亦罕見面。庚午臘月，小子出南西門，跋涉至莊，席牀瓦竈，竟同山衲。點勘丹黄，午夜不休，敗紙退筆成堆，小子以勞思非宜進言，大父曰：『吾幸而得全，即圖爲樂生計，不吟詩口吻嗝，不把筆指節瘃，生趣且盡，我樂此不疲耳。』敬擇集中偶有所憶者另梓以行，雖偶然托之嘯詠，亦一往情深也。孫男繼抃百拜記。

祝洪東亭廣文 集吴祖修諸子徵詩引字。

經籍當年重講堂，高山望海夙懷黄。儒宗共學氈齋老，聖教同文木鐸張。鄒魯長傳朱子里，詩書復擅鄭公鄉。秋岡聽雁聲聲在，故國名流景彦方。一座早圍書帶日，百年將數海籌時。傳經稽古譚心賢兄在昔獨心知，每共鴛行羡令儀。學，課士從風奉業師。遥祝華堂羣彦會，對揮玉篆樂題詩。

丁丑閏月望前三日小飲緑陰深處席上檢牙牌集字以方香塘狂爲韻同于臨九史胄司張萬山程香升王宛先分賦

閒窗白晝永，朋至集何方。曉岫籠嵐翠，寒濤濕茗香。蒹葭邀北雁，霧露鎖南塘。滴落梧桐院，幽清鳥語狂。

萬青閣歸隱詩

集歸去來辭序

予家距柴桑不數百里，曩兩拜靖節祠，輒不禁慨慕低徊，留詩志愧。因誦蘇子瞻和陶諸什，又歎古人雖出處不同，而其高風曠韻，超然萬物之表，不以境遇累其中者，蓋異世而一揆也。今念餘年茫茫若夢，久愧前賢。近者，病廢餘生，筆墨都捐，長與世絶。迺趙黄門天羽先生寄示集陶賦歸字詩十章，沖淡夷猶，蒼涼沉摯，其于二公幾幾神似，不覺見獵心萌，爲之一唱三歎。

嗟乎！以黄門之才名建樹，噪宇内者數十載，尚友子瞻，曾何軒輊？至于蘭襟雪抱，表裏洞然，浩浩落落，不可一世，此賦歸詩具在夫！豈人生境遇紛紜之有一可以動其中者乎？歸舟先後，尚于月白風清之際一倚棹而和之，他日倘能問津蘇公隄畔，一訊黄門琴鶴無恙，我知其上下千古間，中之所得，當更有不能測其涯涘者。不則，或命扁舟道柴桑，過我徐亭蘇圃之側，爾時東皋衡宇，松菊依然，我且爲公酌酒，而續『歸雲』『榮木』

之歌，公其許我乎？若夫彼此得失之辨，古人已有先我而及之者，予與先生又何言哉！因泚筆附數言，併以爲别。

南州弟熊一瀟漢若氏題于潞河舟次。

序

憶丙寅仲冬，余居潞河，曾以辱菴偶吟寄黄門趙恒夫先生。先生弁其首，繆以少陵秦州、東坡齊安之詩與事相比，余愧謝弗敢居。今戊辰首夏，黄門亦以賦歸集字十古詩寄余，余讀之而滋感焉。夫黄門何取於詩？詩何取於集字之十古？其殆以淵明自況也歟？蓋嘗論之，淵明一生高風峻節，盡於歸去來之一辭，而田園、飲酒諸什所寄託，皆其辭中之餘也。若黄門之名業經濟烜赫當世，前此非無所表見，而什未獲展一。即其爲詩，洋洋大集，傳誦海内者已久，亦豈盡於集字之十古？則十古亦黄門之餘也。然吾觀古人爲詩，觸乎情之所不容已，而處乎境之所不得不然。淵明之賦歸也，其時其勢本乎其志，千古稱靖節焉。今黄門之賦歸也，其時其勢蓋亦有不得不然者乎？而其志則滋感矣。

夫詩亦有幸不幸焉：幸則爲歌爲頌，爲清廟明堂，其言穆如清風，其音肆好；訖乎早朝應制、銘鐘勒鼎，皆得志於時者之所爲。不幸則爲歸去來辭，繼之者爲集字十古，即余之辱菴偶吟亦頗類是。以視夫少陵秦州、東坡齊安之詩與事，古今人同不同未可知也。然而淵明、少陵、東坡，固不僅以詩人名，而詩則傳；今黄門亦豈僅以詩人名？而詩亦傳。余固不敢竊比於詩人，亦將賴黄門之詩之序以傳，此其所以讀集字十古，而尤不能不滋感也夫！

樟溪同學弟汪浩然拜稿。

序

戊辰夏，余再入都門，訪趙恒夫先生於西城别業，則已於閲視河工案内被論去。無何，得先生塗中去國詩十章，則皆集淵明歸去來辭中字也。余讀而異之。余自丙午越大江而北，所遇賢豪長者甚衆，其最久而且密者，無如恒夫先生，意氣才思俯視一世，而余獨偉其交山之績，謂其終不可磨滅。蓋其地山川險阻，其民又勇悍輕生，大抵世治後服、世亂先叛，自勝國啓、禎以來，覆軍夫將不可勝紀。至乙酉之亂，通省五郡且陷其三，竄伏剽掠由來遠矣。乃先生以一縣令積謀伺隙，兵不血刃，一舉而縛羣醜。故當時有識者之論，咸以爲是舉也功在全晉，而余猶以爲不然。夫山右據天下之脊，設使交寇未平，當三叛連衡，川、陝交警之時，必且不旋踵而揭竿蜂起，其患可勝言哉！乃時平而事已久，而忘之更久，而且媒孽之。嗚呼！此從古曲突徙薪者，所以不得列於上客也。先生才高而數奇，偃蹇曹署者十載，甫入省中，期年見斥，此去國之詩所爲作歟？

顧余獨念先生異時每好爲新奇光怪之論，今失意挂冠，且波及二嗣，連翩去籍，宜其叩壺擊缶以發爲不平之鳴者，必皆變徵之聲。乃十章之内，齊物我，忘得喪，幾欲與漆園叟同游於無何有之鄉。豈識與年俱進，浮雲富貴，曾不足以動其中？抑誠慕靖節之風，將有託而逃焉者也？昔鬬子文三已無愠，古今稱之，世未有能學之者也。先生其進於道歟？或曰矯也。夫詩者，性情之事，故小戎、駟鐵之風必不能矯而爲溱洧『采蘭』之詠；唐魏『蟋蟀』之俗必不能矯而爲齊風之洋洋。信斯言也！先生其誠進於道矣，我於去國之十章也異之。

吴興夏駰敘。

敘

昔人有和陶詩，有反陶詩：和陶者，依其聲，襲其意，欲求似陶而陶卒不可似；反陶者，矯其意，飾其辭，欲與陶争衡而陶究不可並。何則？陶靖節静者也，其神淡遠，其氣沖穆，音節自然而絶無所緣飾，故不可及也。

吾寄園夫子以廊廟之器，蹈丘園之節，於去國時集歸去來辭，作古詩十首以見志。星渚受而讀之，覺其情辭悱惻，忠愛纏綿，非和陶者，亦非反陶者。此乃所以深得於陶也歟！

夫人各有懷，貴自抒寫。元亮優游松菊，三徑棲遲，固其天性所至。若昌黎、少陵輩，拳拳忠悃，每飯不忘，即卑棲播越，亦動念時艱，誠志之所之，不可强而同也。今人違患全身，不得已而託於幽人逸士，因飾爲疏放之詩、蕭閒之作，以自文其迂拙。元亮豈其然？夫子豈其然？

禾中受業門人朱星渚序。

集歸去來辭 有序

戊辰春仲，同兒輩削籍去。予以河案未竣，暫寄婦孺於通州舊署。三月初，庭質兩日，會議兼旬，案方結。念六日出都，即由潞水鼓棹津門。偶歌歸去來辭，盡三百三十八字，無遺無複，集十古寫意。我與我週旋，非拾五柳先生唾餘也。漸岸趙吉士著。

帝臨欣就日，庭審問是非。諫書將自盡，天顔盼征衣。僮來追杖策，晨吹清光微。門東室有委，流寓聊寄歸。鄉關窈以窕，乃爲岫雲迷。園柯獨鳥憩，南向未飛飛。或問予奚自，春歸出帝關。内人親迎候，戚戚化歡顔。心知盡請絶，不去有任安。西景今復入，東流無時還。有生何非寄，交木植爲桓。迷者猶可悟，吾將欲息觀。諸友散盡，惟張子子韶同行，兒至潞水。春蕪日盈盈，摇棹盼孤征。相將扶攜去，迷途問已經。入門尋幼稚，及膝盡出迎。歡欣引生趣，于今無世情。曷以寄遐心？獨善絶時榮。容容雲景易，天宇自來清。風子遠來問，留行車不前。獨駕尋鄉路，萬木翳南天。三春農有候，乘時耘我田。颺雲登遠岫，絶壑引奔泉。息遊經庭徑，風物常清涓。臨皋自孤嘯，向人可復還。三關留清泉盈欲出，行矣駕輕舟。役形覺已倦，盤膝亦何求。農事來經始，春耔易其疇。

三關留絶壑，成皋存荒丘。飛光雖可感，息心自不憂。行生撫萬化，聊以安天休。

奔迎崎復嶇，吾願觀其復。出話胡可追？問心貴無欲。世路將焉之，任天樂予獨。臨窗風入松，尋徑蕪翳菊。吹萬得行時，榮光及老木。化日常舒清，役者何僕僕。

命駕時遊涉，引首盼天門。歸兮惆遠路，悵悵欲何奔。老成容易盡，今復幾人存。安樂告休去，我生非不辰。無懷消萬恨，獨酌引清樽。攜琴予有賦，嘯傲倚松雲。

悲風自東來，飄飀任孤吹。遐瞻既不遑，乃遥及三稚。往復何容心，疑是昨日事。引酌飛萬觴，盈壺以相遺。詩書樂將攜，巾衣亦未委。候我庭乎而，安車可無出。

相交言無實，夫夫盡可疑。矯矯吾非傲，孤懷我自知。田光易委命，形絶心不遺。觀生感物候，消息良有時。請瞻入岫景，復出扶晨熹。世既不吾與，願言事安期。

休復復何迷，悲戚有時絶。無事亦無言，我心自怡悦。載酒不盈車，聊爲子雲設。春老皋丘榮，有物盡富植。萬壑獨追尋，相期來得得。衡門盼日西，老夫將入息。

于子左舒别予客天雄幕偶見賦歸集字十古因以六律遠寄仍集賦字次原韻簡報兼復朱子漢源

乘風棹已向南飛，子獨關情遠遺衣。清嘯有時人事絶，内觀還覺世情非。荒園老木迎雲入，蕪徑盤柯候我歸。聊倚庭皋瞻物化，光天孤鳥景微微。眷屬南去，予從天津至蓼莊寄寓，時朱子漢源遠惠廣紗。

幾載松門憩息時，寓書存問感心期。人還自樂歸田賦，駕去何來徑路悲。萬岫孤行猶倚嘯，三春遠役獨留詩。南征未及吾安寄，策策西風向日吹。

行路前迷問役夫，登臨欲倦憩征途。常時瞻盼消生趣，向日吹求覺我孤。盡絶將迎悲往復，聊尋幼稚問之無。荒荒雲翳東西路，委策南來徑已蕪。

孤皋絶景幾經臨，歸日無期獨戚心。萬感化成人物我，三生悟盡去來今。寄懷遠路時輕駕，得趣無言自撫琴。扶杖將車攜幼子，盤桓雲壑樂追尋。

田僮息役就西成，歸路荒蕪悵獨征。今日已休經世願，將晨復引遠遊情。松風入室琴心得，觴酌留人酒趣清。歡悦盡消悲感絶，樂天老去話無生。

已載歸舟不可留，未舒帝子東南憂。將遺世路尋天問，獨去時榮絶貴遊。盤岫出雲揺日景，臨泉設酌引觴流。追奔未得容車願，爲話于門向自求。

歸隱詩序

余少時，從友人篋笥中得讀趙恒夫先生詩文，竊有天人之歎。南北之士舟車臨邗者輒云先生曠代奇才，常以天下事爲己任，文章聲氣交滿海内。是時即欲追隨，奈天各一方，恨未能也。

後出宰交城，交山聯塞距河，萑苻嘯聚，前令惴惴焉莫能制。先生下車時，視爲心腹憂，出其韜略智謀，不一載而搗巢潰穴，賊黨悉平，交人安堵而居，春秋德之。余聞其戰功，惟望風景慕而歎『小范老子胸中有數萬甲兵』也。及内陞户曹，督關揚州，興利革弊之事不可枚舉。害苗者去其莠草，亂羣者逐其敗羊，商賈銜恩，謳歌不絶。且公餘之暇，觀風課士，始之以帖括，繼之以詩賦，糊名姓，絶請託，覆試至再至三，榜發而苦學知名之士盡入網羅，士林咸謂歐陽公復見今日。余時奔走四方，以不與平山文酒爲憾。事竣還朝，帝心簡其才能，特擢垣省。余把酒遥祝曰：『趙先生登左掖，白馬生可比美矣。』列班時多所建白，嘖嘖朝野間。未幾，奉旨勘河，先生蒿目咨嗟，欲拯昏墊疾苦，竟以議論齟齬，遂致解組而退。先生怡然出都，怨尤俱泯。凡山川道路之經歷，賓客友朋之贈答，以至花鳥流連、風雲繾綣，無不寄之於詩，名其集曰『歸隱』。道過燕城，余始得識荆州於旅次，稍慰數十年私淑之心，因發其縹緗而披讀焉。

嗟乎！余不識先生於皇路馳驟之日，而識先生於東山高卧之時，是余之不幸也。先生之詩，宜鼓吹於青瑣朝班之會，而忽發舒於滄江白石之間，是亦先生之不幸也。然而先生固樂天知命人也，讀其篇什，忠厚和平，不以得失介意，處去國懷鄉之境，而無窮愁抑鬱之鳴，殆視富貴如浮雲乎？豈尋常胸臆可同論也？雖然，良玉不剖，尚有泣血以相明者，況先生心迹公案，久而自定，吾知猿鶴雖攜，必不偕丘壑而終老也。先生命余爲序，究不敢作招隱詩以成煙霞痼疾，惟舉先生之行事不朽者而反復焉，以示世之知先生者，初非阿所好也。

康熙己巳春三月清明後二日，年通家眷世姪夏九敘頓首拜撰。

序

余識先生于車掌垣邸中，自揣樸鈍，非長安道上客，急作歸計。而先生一見投分，招至寄園，同令弟廣侯明經共硯席者三載。先生愛之愈篤，先生知余至矣。然余之所以知先生而敬佩之深者，較他人亦異。夫先生之文章、政事、德行，表表寰宇，人盡能言之，豈俟余贅？惟是昕夕相聚，每見先生進而服官，退而家政，近自羣從，以至宗族親戚，下及臧獲，往來交錯，皆斷之一心，事事周詳而得其整暇。海内寒士識與不識，皆願納交先生，冀片言吹噓，真如黍谷陽春。先生實心汲引無倦容，以故履滿簪盍，人人自以爲得先生繁翰短章，各慰所願。先生手口不停，而掾輩筆不勝書，自朝至暮無停晷，以庸人處此懷抱間，不知作何擾擾。先生篝燈相對，頹然自放，胸無長物，一如空山老衲，時而作賦吟詩，時而填詞集字，先生興致勃發，刻燭先成，争奇走險，遠駕古人。座客無不拍案叫絶，以是見先生固自有超乎流俗者，其器深廣，難測量也。久歷部屬，特晉諫垣，門庭愈廣，意氣愈恭。雖日以補闕拾遺爲念，而好士之心始終靡間。

戊辰春，勘河入都，乃以非意失官，先生默然不辨。及至皇上赫然廷訊時，先生抗聲直奏，無支辭，無異議，天子因而改容，九卿爲之動色。今讀其詳陳勘河情形一疏，又豈經生常譚？是其藴于中者，尚未一二見之行事也。嗟乎！天生先生，肯令其終老泉石間哉！片舸南下，意色蕭然，絶不以得喪攖心，惟聞廣侯訃，一慟幾絶。予亦爲亡友破涕，其至性過人如此。先生遊屐無定，樂與樵漁牧豎伍，時人罕睹其面。芒履布袍，登山涉水，往往獨嘯高吟，以葆其真，忘乎爲舊黄門也。

余浪寄沙麓，偶見先生賦歸集陶十古，作詩緘寄，以敘别悰。先生賜和六律，有『萬感化成人物我，三生晤盡去來今』之句，此予輩讀書十年，搆思十日而不能到者。先生即于集陶三百餘字中得之，先生悟矣。寄我歸隱草，即先生羈旅行役、唱和投贈之作。凡身所歷，無非詩境。先生含吐風雅，不名一家，自訂詩業已行世，而兹草獨寄托于七言五十六字中。先生腹笥萬卷，道廣才大，俯而就繩，言成于心，韻以出之。其身中律乎？若其切響鑄辭，無非先生情性之所寄。李、杜光焰萬丈，咄咄迫人，先生今且歛其華而就寔矣。予言何足以弁先生詩，亦自識予昕夕見聞，以盡予敬佩之忱云爾。

良常後學于彭雋左舒氏頓首拜具。

序

昔歐陽文忠云：『士之學古懷道者，其仕於時，不得爲宰相，必爲諫官。』蓋生民之利害，社稷之大計，惟所見聞不繫職司者，宰相得而行之，諫官得而言之也。吾寄園夫子懷名世之具，有聲郎署，維時軍興旁午，度支仰屋，大農倚吾夫子如左右手。前令交城，以平寇有功三晉，春秋祠名宦，去後之思久而愈熾。及御試簡拔黄門，芳霖竊幸以爲夫子得以施之一邑者，見於天下；施之農部者，見於六曹也。丁卯冬，奉命閲視河工，其輶軒所至，靡不廣咨博訪以爲入告獻。凡經閲歷，必詩以記事，論思篤切，天下想見丰采。無何被謗去國，且波及兩嗣君。意吾夫子見之詞章者，必多不平之鳴，此古昔放臣遷客所不能自已於言者也。

己巳春，夫子束裝南歸，道經邗上，暫息城東寓齋。芳霖偕譚子世植、楊子湝冒雨往候侍坐。慰勞外，出歸隱詩一帙見示，自出都以至廣陵，其往來贈答、登臨懷古之什悉載焉。展讀之際，見其和平肆好，恬然悠然，惓惓君父外，唯以昆弟朋友、山川耕釣爲念，絶無憤懣不平、抑鬱無聊之感，寵辱不驚，得喪胥泯，吾夫子過人遠矣。至若擊鉢詩成，敏而且工，筆意在杜、韓、蘇、陸之間，猶餘事耳。傳聞今正聖駕南巡，駐蹕青駝寺，見夫子題壁過汶河蒙陰四律，大其賞識，侍從諸鉅公一時傳誦。

吾夫子歸棹錢塘，遊詠自適，則誠得矣。然夫子素爲聖天子心知，用舍隨時，將見罷而復起，以慰蒼生望。夫子雖欲自託於騷人逸士，嘲風弄月，放浪湖山以獨善其身，其可得乎？

廣陵受業門人徐芳霖百拜具草。

序

凡物之性情，必皆有所寄。寄也者，無所爲而爲之者也。無所爲而爲之，則天機存焉。以昭烈之才也，而好結氂；以嵇康、阮咸之達也，而好鍛與蠟屐。彼豈有所爲而爲之者哉！

吾宗恒夫老弟，少以才氣雄四方，其所交盡天下知名士。其在晉陽，取累朝來百年之逋寇，不血刃而盡縛之。予壬子遊太原，過交城，念吾弟此間有靖寇勳，曾以二詠記事。其在諫垣，朝野方想望風采，忽以蜚言去籍。客夏，偶得集字十章，其言澹而古，其音中羽。有間，復得其去國詩三十三首，其言跌蕩，其音中徵。今夏，更得其歸隱詩幾及百篇，其言博大而和平，其音中宮。嗚呼！吾弟恒夫豈徒詩人者流歟？何其爲之多且工也？夫莊子，文章之雄也，極其揚而至於放；屈子，騷賦之祖也，極其抑而至於怨：彼各有其天焉而不自知也。今較吾弟恒夫之所遇近於怨，度其所爲，必將過於放。乃今讀其詩，二者皆無之，吾有以得其天機之所存矣。狻猊威服百獸，而及其就斂也，彈丸之毬馴之而有餘。吾弟恒夫，非受馴於人者，聊自馴焉。則即以此七言律者爲恒夫之氂也，鍛與蠟也，彈丸也，可也。

膠西愚兄作舟浮山氏題於燕邸。

宿山寺次韻題壁

深林霧雨溼禪扉，半道羈棲老翠微。過客時揮岐路淚，放臣未拂出都衣。遊同麋鹿交纔息，揲及天山遯正肥。已畢向平婚嫁願，寸心長與世人違。

次南西門增壽寺翁司空鐵菴太史朱西邕許時菴丁駿公黄硯芝錢掌科再亭張庶常來菴蔣中書葭友于内翰章雲家督部玉峯太常閬仙部郎浮山出城慰問賦此誌别

重入燕山甫解驂，諸公遥集暫清譚。子文自昔三無愠，叔夜而今七不堪。未便追隨留冀北，何妨馳驟返江南。從兹隔闊疏音問，世味嘗來已飽諳。

其　二

南西門外梵王家，咫尺園林水一窪。館閣藉公施藻粉，江湖容我老蒹葭。鴒原兄弟終相好，馬帳生徒不復誇。白首林間初願遂，客魂那得戀京華？

其　三

解冠何敢挂東門，恩許歸田謝紫閽。久已封情除健羨，幸無言事止寒温。一從别路分南北，幾箇同心寄夢魂。那得多時方外樂，寺前長揖上車旛。

重來都下復過寄園信宿而出感賦一律

逐客何緣再入都，藏身人海自踟躕。塵封屈戍門長閉，水涸軍持硯久枯。滿架圖書空壁立，盈階孫子孰庭趨。窺檐喜鵲飛還集，舊主重來故叫呼。

簡諸同垣 有序

丙寅冬仲，同垣十二人：未及期，龍需五待紀，孟起愈作古，王公垂紳、劉禹美國紱丁艱，予同王廉夫連瑛罷去，汪符尹晉徵，劉蘧菴楷内陞；留垣中者止楊敬菴爾淑、卞仲華三畏、何相如金蘭、錢再亭晉錫四人。

清班曉漏侍冬温，白簡聯翩各建言。拜手撩衣分御路，譚心挈榼聚梧垣。死生黄壤期年事，榮落青蒲四子存。留得莊周堪化蝶，夢回仍自過西園。元旦垣中應于午門分班拜賀，丁卯復舉行。

得粵西三弟靖士家報

家問郵來不忍看，一官萬里耐飢寒。雙兒舊臘方歸骨雙兒，係然明督僉姪乳名。五弟新正又闔棺。春草池塘勞夢想，夜牀風雨話悲酸。瘴煙五載長漂泊，何日安棲歛羽翰？

歸隱 有序

己巳正五日，從王園復還增壽寺，得三兒景行信。鄉思轉深，即期翼日俶裝南行，感賦六首寫意。

早去超然事外身，征衣不染帝京塵。逆流急打回帆鼓，過隙如乘下阪輪。茅店荒鷄頻促駕，霜坡寒月靜迎人。故園煙柳春無限，箕踞狂吟憩水濱。

其二

一曲高歌獨倚樓，曠懷安用地埋憂？青山白屋渾無恙，紫禁黃扉未可留。老驥不妨長伏櫪，飢鷹何幸早離韝。擠排正足當針砭，此日身輕得縱遊。

其三

憶昔浮家聖水邊，斷橋花柳鬬新妍。曾隨父老迎春社，早督兒孫種墓田。白眼看人聊復爾，低頭就世豈其然？年來屏迹歸何暮，團扇經今已棄捐。

其四

今是將無悔昨非，役形久與素心違。勿思公子牽黄犬，已作山人着白衣。代步何妨乘下澤，抽身早已謝輕肥。故村老屋渾難認，新長兒童識面稀。

其五

了無一事浄三宗，壘甓空山自築墉。偶設箵箵移晚釣，定交杵臼賃高舂。翔鴻何必留遺爪，老犉依然踏舊蹤。此日休官歸白社，蓬頭跣足任疏慵。

其六

年來遁迹見人稀，忽憶家園笋蕨肥。已愧出山成小草，多因久客覓當歸。松存栗里來元亮，廬卜天台卧子徽。寄語兒曹無拱俟，收燈三日到淮沂。屈指二十一日可以到淮。

人日良鄉道中懷古

金臺舊迹已冥冥，横看西山又一經。臘杪從山東來，今復過此。古塔光沉時燎石，離宫煙滅久成汀。薫天餅餌煎人日，分野幽燕占客星。固節亭前妃子死，到今驛樹尚留青。唐以不從安、史之叛，改名『固節』。金主亮荒淫，召葛王烏禄妃烏林答氏。妃行至良鄉，問驛何名，左右以『固節』對，妃即自殺。

琉璃河口占

又向冰河上石梁，南行不似昔年忙。卯冬勘河，曾兩過此。桑乾別匯燕丹淀，桃水長連督亢岡。樹外寒山棲雁鶩，沙中細浪卧鴛鴦。放臣久已無封事，亦復前驅侍輦傍。聞駕南巡。

病起出竇店吳胡二吏拜迎道左

病魔不去苦縈纏，真似遊鰥夜不眠。舊吏停車迎故主，老人戴勝怯新年。遥瞻半麓千層翠，回看高城萬點煙。滿目韶光渾似昔，隔垣小女自鞦韆。

八日新城過午

梅花消息未曾傳，野燒横林簇白煙。歲事尚須占穀日，吾生那怕值蛇年。凍皴霜片髭鬚斷，蹩踏冰菱蹏腕堅。轉盼舊遊無一在，單行偶影蹋高天。

高橋遇劉尉送至白溝河 予平交山寇時，尉曾前導。

似從鹿邑過滹沱，冰合何曾見碧波。獨卧聞鷄猶起舞，相逢擊筑共悲歌。廿年大夢尋蝴蝶，兩岸寒沙走駱駝。遼宋當時分界處，土人指點白溝河。

春前五日曉行二十里過雄縣書所見聞

苦茆架木兩三家，亦簇春盤度歲華。聚火傳餐焚豆筴，揮鞭馳騎碎菱花。戍樓漏盡收更箭，驛樹煙籠叫曉鴉。百里長牆欄賊馬，緑林昨夜繞官衙。于撫築長牆，禦響馬。

薄暮過阜城錢令公留宿甚慇予停驂道傍數語而别即疾驅漫河

半天殘靄卯城紅，車上相逢恕鞠躬。久絶是非人我想，適從南北馬牛風。何勞設榻留逋客，虚負攀輿立令公。有約故山歸去早，羞來廡下寄梁鴻。

發漫河四更過景州作

得喪渾忘百念枯，急還江上卧菰蘆。横橋雪磧留鴻爪，斷岸沙灘印馬蹄。有愧酒民非醉士，無慚男子是狂奴。更殘月落明還晦，又聽深林鳥亂呼。

其二

歸卧衡門夢亦欣，一慵聊補往年勤。霜披馬首裘茸捲，月過雲頭樹影分。石塔光弢流梵放，銀河響絶貢冰紋。意行倏忽三千里，早岸綸巾漸水漬。

早發商家林

月伴清霜斗柄横，殘更破曉向南征。人離燕闕剛三日，氣近龍文止一程。駕駐卧佛堂，相隔九千里。老馬行來空識路，寒蟬化去竟無聲。兩河庶士方遮道，猶説羈臣舊姓名。時有爲河事叩閽歸者，叩予，予不受也。

倦卧富莊驛天曉方行

最怕寒檠照五更，天光緩轡短長行。嫁婚雖畢遊難遠，琴鶴全捐迹始清。坦坦久消胸塊壘，空空那管歲峥嶸。煙蓑雨笠湖山好，鱸鱠蓴絲過此生。

小憩劉智廟

廿年遊宦伴人忙，負郭山田一半荒。病眼何堪皴霧雨，孱顔久慣飽冰霜。隧前翁仲埋荆棘，天外雲霞接莽蒼。纔解鞍韁看秣馬，伻來又促束歸裝。

德州關南十五里遇錢撫軍坐譚沙上許久方别

旌旄已過黄河涯，馬踏煙蕪静不譁。慷慨論心迴目馭，殷勤對語晝寒沙。泰山雲起知將雨，越嶠田荒想種瓜。獨座待君甌卜近，無緣紫禁聽宣麻。

宿禹城廿里鋪

縱轡燕關去又回，天風時帶市塵來。屢經舊路嘲殘客，猶及新春醉臘醅。時十四日立春。槲葉晚隨冰窖落，梅花早向火堆催。負暄偏戀虞淵日，愁聽寒城畫角哀。

甸臺過界首作

躑躅輪蹄歷險艱，宦情如許一時删。編茅砌石雲濤裏，負笈擔囊雪浪間。日落高峯横翠巃，風迴峭壁亂青鬟。從今得遂閒遊願，又過寒沙水一灣。

平原道中

布衣不復到端門，白石青泉盡主恩。雲路往來新雁影，河流消長舊沙痕。人從墟落平肩過，鴉趁行輿背面翻。猶記呼鷹圍獵日，兔狐直向棗林奔。前冬勘河，在此打圍。

曉發平原二十里鋪望嶽作

春風拂拭變冬容，蒼點頳紋第幾重。石屋煙横青嶂合，寺樓鐘出白雲封。飛空野鶴遺雙毳，卧雪寒駝露半峯。老死天門千萬樹，遊人獨弔大夫松。

夜發齊河卧騾輿行五十里方曉有行歌輿左者聲甚哀予給以百錢不顧而去究不知其意所在也

長輿夜半架雙騾，卧過齊河路已多。孤月終宵翻白浪，萬峯初曉泛紅波。靜聞孫阮蘇門嘯，似聽荆高易水歌。海澨山陬無不可，何緣向我獨婆娑？

宿晏城驛醉後縱筆三律

楚中刁斗已無聲，塞外貔貅未撤營。出使共驚投筆子，過關猶認棄繻生。將期馬革償初願，安得龍泉斬不平？但塞牆垣閒種菜，髀銷空老淚縱横。

其　二

隔林空翠半霏煙，日出霜消淺碧天。狗監無勞知姓字，龍門何處望神仙。閒拋青瑣尋鄉夢，醉擁紅爐煖客氈。若使西湖無隱吏，清流丹嶂向誰妍？

其　三

故國將歸尚少留，春山無處聽嚶呦。似曾夢裏分蕉鹿，一任人前呼馬牛。三策未逢宣室召，遺書豈望茂陵求？故人那得長如故，傾蓋相交到白頭。

立春日過杜家林舊役有攜榼至者醉成二律

久客蒼顏凍不開，何勞載酒遠村來。峯尖擁出青螺髻，水面鏤成白玉堆。莫苦山川勞轍迹，止憑冰雪洗塵埃。懸知兒輩西湖上，結伴尋春早探梅。

其　二

鹿裘帶索獨高吟，羨爾山居樂不禁。榮啓期隱于泰山，孔子問之，以三樂對。日暖梢頭開柳眼，鳥啼谷口探春心。迎陽彩燕臨時貼，餞臘泥牛到處尋。敝帚遺簪均莫問，頹然爛醉杜家林。

宿張夏

村墟日暮啓荆扉，斷靄殘煙送落暉。羈夢已先春燕去，客心猶逐塞鴻飛。青尊佐膳思鹽豉，白帢行歌采蕨薇。偶值齋日。寄語故園猿鶴道，蚤邀明月照魚磯。

家連城弟赴京謁選予適罷歸同宿張夏旅店詩以贈行

金門霜曉五更殘，未束朝衣興早闌。數碗芳醪顔頰赤，一簾冷雨髮根寒。機雲共卧東西榻，欽業分傳大小冠。弟字與家寧台兄同。挈手岐亭揮别淚，在都兄弟好盤桓。

宿楊柳店

連朝縱騁過沂東，送盡殘山踏野叢。新火初燃虚室白，枯柴盡燎夕爐紅。倦遊司馬書空著，高卧元龍氣尚雄。回首岱宗雲萬疊，諸峯縹緲有無中。

連恕菴大參枉顧楊柳店旅中二詩代刺無以不往拜爲咎

同事農曹兩載餘，近來宦況更何如？寧期此日抽身後，猶是當年把臂初。慣歷人情悲世事，暫勞官驛寄家書。時有家問，相煩寄武城。從今契闊逢無日，雲水浮沉問雁魚。

其二

旅店何煩車騎過，慇懃對語客情多。羈人偶隱愚公谷，予隱迹山東恕菴處，未授一剌。惠澤長流孝婦河。自是無才躭放逸，非關去國始蹉跎。別離兩地同明月，南北浮雲看逝波。

上元次泰安前一日立春。

春風昨夜播東郊，晴日新來醒柳梢。火樹流光燃爆竹，霜柑下酒擘包茅。予適破雙柑過節。朱衣黃卷留陳迹，皓首青山結故交。兩次奉差，俱登岱頂。我向岱峯瞻好日，虹橋何處競鳴鐃。

泰安山行

棲棲那得愛吾廬？此日方能賦遂初。馬印平沙留篆迹，雁臨寒浦寫蟲書。詩囊未滿仍收拾，客肆纔過即掃除。愁絕空山聞剥啄，老藤壽櫟路盤紆。

過汶河

繁雲簇簇冒山椒，日暖空天雪意消。桑眼綻開枝半寄，栗芽抽出葉纔凋。餓夫乞米寒無袴，駑馬臨河水没腰。聞道濟南方駐駕，軍人擐甲守危橋。守橋候駕，行人無得竟過。

其二

馬蹴冰菱渡汶川，春寒釀雪暗遥天。荒涼客店摇青旆，破碎僧廚裊白煙。河水盡從泉脉出，山峯遥與嶽雲連。壯懷此日消磨未？熟睡加餐老一廛。

蒙陰城北遇李德中京堂不及一敘記得徂春予與李公同罷彼此慰問絶無歎恨賦此寄意

城上煙光繞石岑，暮笳逐客過蒙陰。乍逢無暇分車笠，最喜同時解紱簪。壁立風高疏石髮，山行雪古洗蓬心。春來幾許公知否，止聽圓吭變鳥音。

蒙陰無店可住再行十里宿保墩予借寓僧舍

獨據征鞍日幾盤，朝來腰膂苦辛酸。重經驛路餘殘燒，别注河流失故灘。冷竈灰深寒雪積，敝裘毛秃晚風攢。山行得寄僧檐宿，到眼青青竹數竿。

張黄美過山店慰問譚至更深

鶴唳寒空不可尋，高天哀響落平林。任教妄語傳三虎，自覺勞生戲五禽。雨後雲屯千嶂白，午餘日薄半山陰。賴君過我除岑寂，尺許長檠話夜深。

贈張黄美

長途風雨日周旋，病思羈懷已兩捐。叉手看君匀醉頰，皺眉笑我聳詩肩。菰蘆有客非窮士，粳秫無分種薄田。似爾始能輕富貴，布衣雄世豈徒然？

鵝　莊

四經此地駐旌旄，今即孤征亦建櫜。草色全枯春已到，雪花未舞凍先牢。索綯老稚編茅蓋，汲水晨昏擔瓦陶。樂死千年懷逸少，行人弔古撿鵝毛。

過沂州

桑林環繞古琅邪，小市人家響繭車。擁被愁聽長夜雨，探春偶見隔籬花。天中日出千峯列，眼下雲横百疊遮。世事變更同此幻，獨登蒙頂細烹茶。

其二

雪山巉絶擁冰輪，到眼光風又一新。澤筆池邊空有水，散金臺畔已無鄰。灰心不灼三年艾，撲面難揮九陌塵。記得沙間停使節，衝寒元禮慰辛勤。時李浣廬分巡東兗。

其三

皇穹春意及纖茸，嶽麓雲來盪我胸。百吏咸瞻天子氣，四年兩識丈人峯。乙丑王正，上曾登岱。山中荒戍新懸鼓，橋上長欄盡畫龍。懸擬泗沂經過日，定然駐蹕聽寒淙。

拜太尉休徵王公祥墓

我來憑弔冢中人，正藉暄風掃墓塵。覆幕初開投數雀，層冰頓解曜雙鱗。雲峯萬變山如舊，石埭横沖路又新。莫恨西芒無甓石，到今孝行勒瑶珉。太尉葬西芒，遺誡墳上勿用甓石。

沂水驛避雨一老酣眠有拱立其側者詢知此老是聖裔攜徒謝子還汶完娶爲家講村兄周親邀飲許時而别

驛舍安眠汶上翁，少年拱立小安豐。曠觀活活長流水，愈表泱泱大國風。先世通家連孔李，幾年卜築傍龜蒙。從分手處雙回首，均在殘煙斷靄中。

青駝寺得陳子執年兄手字

忽然尺素下柴荆，別有傷心減宦情。曉起寒星猶北拱，西來雪水盡東傾。屬車繹絡青駝寺，岐路逡巡白馬生。多謝故人遥慰問，長閒那有不平鳴？

舊河督靳紫垣迎駕突然遇予于紅花埠知長公樞部郎德中前導至淮予從沭陽問道過清浦未晤書此寄意

投簪相見兩無慚，客路重逢歇晚驂。前年勘河，亦晤此地。令子空羣來冀北，羈人捷徑過淮南。同箝紙尾何差錯，對簿廷前敢二三？目下南巡咨疾苦，老臣勞勚帝心諳。

高流鎮

寒漪兩渡到高流，午吹煙横小市幽。客氣已同殘鬢減，天懷長與素心留。白首方能齊得喪，青萍何用快恩讎？行行漸近江南路，柳拂春城月滿舟。

沭陽道中

馬迹車輪曉夜驅，空天盡處入寒蕪。凍雲遠逐暄風散，困柳新經愛日蘇。河决尚輸原額賦，田沉難覓半犁鋤。寄聲吏部同年子，曾到黄公舊酒壚。胡家集爲又弓侍郎別墅。

從沭陽至胡家集霧行三十五里

白飯燈前嚼凍齏，兀殘歸夢過沙隄。霜堆草栅鷄聲冷，霧暗葑山馬首迷。牧豎尋牛呼隴上，行人等伴立橋西。少時日起茅檐出，一曲青寒未漲溪。

新灘集曉行

鷄鳴停漏促晨炊，遊子鄉思已坐馳。行矣我無冠可挂，歸與妻有髻堪椎。星月煜煜將無旦，歲去堂堂那得追。霜曉壟空冰未泮，繞林寒雀啅空枝。

茆店小飲

那有春光上柳枝，野僧招我歇茆茨。卻寒早飲新篘酒，掃竈重然舊豆萁。青几烏藤供嘯傲，白襦皂帽任棲遲。層冰不斷人行路，草殁鼀趹載斷碑。

王家營過午

瓊鑾未到王家營，老稚遥呼萬壽聲。午吹纔過煙欲歛，斜陽未下雪初晴。掬泉瓦勺新烹茗，燒笱磁盤早煮羹。喜近鄉關尋水驛，五更高卧罷嚴程。

舟泊烏沙河懷李文臣侍御

龍亭突兀署沙岑，碑勒恩綸沛澤深。清水黄流高幾尺，小山叢桂杳難尋。爨煙絡岸青湖嘴，花浪翻天縞樹林。是日雪。驄馬依然行舊路，重來禁禦立班心。

二月十六日

平流水弩慣含沙，豈意光天值夜叉？伎倆止堪爲小祟，糾彈何事及全家？不妨我面乾人唾，安用予名挂爾牙？遷汝矜勞應有意，胡然末路自悲嗟？聞其歸宿處，必駡呼予名者再。

寓廣陵作

雲樹蒼蒼路萬重，浪遊誰覓我行蹤？是非判決陶元亮，臧否含糊阮嗣宗。招飲尚堪拚十日，學書翻悔棄三冬。那知故我非今我，變服維揚作客慵。

大患

大患原因有此身，勞生强半可憐人。久知豚犬空芻豢，何事馬牛自劇辛。耐性桂薑彌老辣，不材樗櫟任輪囷。蓬萊海水今清淺，勿戀塵寰絆六親。

徐雨新芳霖譚茂嘉世植楊滙南湝過訪即席賦贈

一尊今雨話長茵，記別星軺迹便陳。前冬勘河，三子送予至邵伯而別。春到平分剛二月，客來不速恰三人。攔牛圈鹿難名載，横鳥捲藤易字新。他日紫霄棲隱處，煙霞伴我與仙鄰。

其二

平山秋讌坐花茵，擲賦敲詩務去陳。諸子文章終問世，當年桃李故依人。疏風着樹金衣囀，細雨皴階石髮新。小飲清譚無局促，竹陰森萃廕牆鄰。

其　三

同擁書城接座茵，縱横詩卷互羅陳。偶浮小棹尋西子，時泛深杯中聖人。快士入門青眼舊，老夫對酒白頭新。自離北闕言歸後，泉石爲親月作鄰。

其　四

尋花小住各分茵，野蔌山餚已雜陳。與我周旋寧作我，對人款曲不如人。一旗握手金芽出，叢篠盤根箭茁新。投足廣陵尋舊屋，能文王翰久爲鄰。夏孝廉次功居址不遠。

其　五

幾度譚經奪席茵，不將靡麗鬬梁陳。爾懷一剌輕餘子，我渡空江祝丈人。社鼓初撾停線早，春犂未下賣絲新。下河荒莊催種甚急。灌園疏水無寒餓，勿著五悲泣照鄰。

其　六

漂泊難分溷與茵，此生好歹任鋪陳。長年旅路稱浮客，高卧江煙作浪人。細葉籠筐蠶食足，蟄雷展翅雨聲新。端溪温潤真吾友，鏤管相邀兩結鄰。時汪大參交臣寄惠端硯。

附　夏孝廉次功見贈四首　和韻

兵車桀戟耀文茵，雪夜神機鵝鸛陳。據險奪山驚妙略，搴旗擣穴駭天人。賣刀買犢耕桑徧，化梗歸誠雨露新。文事武功誰並美，姚江勳業足爲鄰。謂交城平寇奇功。

其　二

河渠銜命碾車茵，利弊咨諏早具陳。精白自能知聖主，才華未免妬庸人。風霜諫草忠誠著，湖海詩篇咳唾新。功罪悠悠終可定，不妨松菊暫依鄰。謂奉旨勘河，抗疏心迹。

其　三

玉麈頻揮坐講茵，先生模楷儼荀陳。自躭丘壑偕高士，漫卷經綸讓要人。清獻鶴琴仍似昔，揚州櫻笋又重新。追思文酒平山會，桃李深陰永作鄰。謂旅寓蕪城，門下士朝夕侍教。

其　四

落梅點地染香茵，緗管桐箋左右陳。遣興裁詩存故我，出門驅馬向何人。白衣蒼狗看雲變，碧草紅英對月新。簡要清通傾教誨，春明坊裏恰相鄰。謂先生不以得失介懷，閉户高吟，浩然自得，竊幸敝廬與寓齋咫尺，時叨清誨，謹識以附不朽。

和前韻

徐芳霖

春風猶憶侍文茵，坐雨今沾旨酒陳。官解垣中聊避俗，詩成馬上悉驚人。勳名已識碑文舊，膏澤還思諫草新。翹首蒼生安石起，幽棲未得與山鄰。

其二

深庭草色翠如茵，此地離懷得共陳。試卷昔年叨國士，布衣今日愧門人。銜寒正喜丹顏渥，隔歲旋驚白髮新。細雨清尊留話久，鷄聲傍晚出南鄰。

其三

欣然倒屣撤重茵，款洽兼蒙細指陳。自是憐才收下士，不緣解組作閒人。磁盤色貯青芹美，銀斝香浮白墮新。請業竊思勤過從，安能到處若比鄰？

其四

左右圖書滿席茵，吾師好學鄙粱陳。道途得暇搜詩思，羈旅偷閒對昔人。四部羅胸真奥博，七言琢句最生新。一從要地離青瑣，日事喻麋與結鄰。

其五

山堂高會憶聯茵，無數氍毹匝地陳。菊綻黄花逢九日，杯浮素螘醉千人。龍山文酒雖云盛，榷部風流更覺新。從此蜀岡稱僅事，至今八載竟無鄰。

其六

繁花錯繡草成茵，青雀横斜傍岸陳。故里欲歸憑遣興，西湖雖好不留人。抗言久負東臺直，錫命應來御墨新。早晚被徵歸瑣闥，又將補闕慶臣鄰。

和前韻

譚世植

又坐春風侍錦茵，年來離思席前陳。吾師端屬斯文主，下士俱非得意人。細雨梅花清晝靜，深杯竹葉酒痕新。安公暫息東山卧，未許煙霞便卜鄰。

和前韻

楊湝

絳帳高懸列繡茵，昔年侍坐六經陳。酬恩已負三千士，赴義真慚七十人。泰岱重瞻雲氣迴，黄河倒瀉墨痕新。蒼生正切東山望，衹恐煙霞未可鄰。

三月三日廣陵郊外踏青即事二律以紀勝遊

社雨無多昨日晴，佩壺上冢訪諸生。犢車隱隱波心出，雉堞隆隆練影横。入幕參軍蠻語作，臨江洗馬璧人傾。閒遊不定無尋處，桑白桃紅叫乳鶯。

其二

水亭花榭是誰家，好趁春光玩物華。修禊未逢留客雨，踏青及早拂桐葩。夾城婦女祈蠶市，十孏兒童賣薺花。昔日朱顔今在否，餘紅遠映玉勾斜。

夏孝廉次功和詩四律書箋見寄仍用原韻贈答

正在江干藉草茵，忽來素箋遠披陳。非偕用綺躭高隱，不附范張號黨人。桐葉秋風冰玉倚，茂嘉爲次功令坦。石槐寒食火泉新。時清明前四日。望衡對宇無多路，百萬何能買爾鄰？予廣陵居停，與次功住屋同巷。

其二

公車四上敝行茵，槐橘年年過眼陳。綠綺空彈懷彼美，蒼葭落照望伊人。傳經伯氏聞聲舊，次功爲家玉峯兄丁巳所拔士。傾蓋程門識面新。過江日，突遇次功于程表弟公濟宅中，始識面。多少金扉頻易主，桂叢獨與八公鄰。

其三

殘梅落瓣疊成茵，對面横山翠黛陳。得處空囊能脱穎，重燃冷竈不因人。次功爲二酉先生文孫。忽來舊雨天容幻，乍踏初青野色新。聞掩雙扉常謝客，過車愁聽晚鄰鄰。

其四

慚予禁苑累朝茵，舊物今成隔歲陳。六代繁華同逝水，三江花鳥引歸人。青園老樹雲空矗，二酉先生所居青園有矗雲亭。綠雪高吟句更新。次功惠寄綠雪堂詩。南北行蹤渾不定，天涯兄弟等比鄰。

江岸小憩汪與參知化書來因得閲其試牘

幾許殘紅染醉茵，隨行步障早横陳。困鳴鹽阪非無驥，窮迫蘆漪尚有人。時眼大都迷粉黛，試言何以獨清新。踏歌岸上聲悲切，千尺花潭止隔鄰。

沙洲渡江

單行無客可聯茵，麥酪菱糕以次陳。煙雨横天留釣叟，鐘魚隔寺鬧僧人。宦情久冷驚心少，春色争妍到眼新。一自解維南岸去，蒼波萬頃總無鄰。

寓澹園 園主人林古直。

鳬眠沙草樂春茵，小小峯稜四面陳。豹谷自堪容退士，花源何必問漁人。空濤落響松杉老，古砌留青薜蘚新。千畝竹光時浣俗，藏春廢塢是吾鄰。宋才約築藏春塢于潤州。

曇花菴午齋老衲月嵒送予十里别去

瞿曇趺坐老禪茵，花雨繽紛貝葉陳。飛錫傳燈猶見子，踏蘆面壁是何人？繡衣翠羽橫斜去，玉萼瓊葩次第新。行客方慚陶靖節，胡然送過虎溪鄰？

空天鶴過

迴翔天步踏雲茵，不復氄氅涉我陳。縱無吴門寘士女，獨歸遼海痛民人。偶逢重巳浮杯好，十三日。近逼清明折柳新。沙草危檣江岸立，星星仙語落香鄰。

宿黎莊 主人强飲，予不任杯勺。

柳眼斜開看客茵，雙囷穀積已陳陳。春耕重整扶犁手，我醉誰爲荷鍤人。滿樹哀聲啼血後，一株傅粉洗粧新。野田茅屋煙初暝，火食薪傳不乞鄰。

清　明

到處灰飛簇白茵，家家掃墓酒樽陳。逃來南郭吹竽子，羞見東墦乞食人。祓去不祥圈柳早，鑚開活火試茶新。可憐風雨邙山畔，高冢纍纍萬鬼鄰。

其　二

多年遥奠拜苫茵，麥飯何曾隧道陳？戊午葬兩先人後，至今未歸里。得白從衰悲暮齒，焚黄無日泣羈人。萬家守冢心空切，三詗追歡慕愈新。何事椎牛籩豆側，西鄰禴祭勝東鄰？

附　次功和清明原韻二首時並送歸西泠

踏青士女簇紅茵，處處提壺豔冶陳。剛遇清明鑚火節，卻懷憔悴渡江人。雲瞻北闕憐三素，柳插南天愛一新。無恙風帆休惜别，邗濤終與浙潮鄰。

其　二

忽憶家山淚溼茵，莫嗟碑字已成陳。牛眠自是逢嘉穴，鳳翽何曾愧後人。到眼松杉千尺古，登筵俎豆一時新。故鄉童叟來相慰，醉飽衎衎聚四鄰。

寶蓋山訪三茅仙君遺迹僧人林澗設茗予一舉而盡小飲山亭日已夕矣

屐没春苔印緑茵，杏花無恙舊朱陳。三茅道士真仙侣，五柳先生古放人。座上聲聞雙解脱，杯中色味兩鮮新。鶯飛燕舞山光裏，孤塔相尋認梵鄰。

其二

縱横藻荇織魚茵，沙篆波文細碎陳。半道亭前齋酒具，三生石畔訪情人。金鈴長護花鬟老，玉版同參犢角新。京口安流南國紀，滔滔東下海天鄰。

銀山坐月

盤藤縷絡引山茵，星紀昭回已爛陳。誰到柱峯邀月姊，難憑天塹限鮫人。潮迴瓜步江聲壯，雲鬬甕頭夜色新。放眼空明塵土絶，金焦對峙是佳鄰。

予以目病就醫京口次聖壽寺服何子繩源藥而愈用前韻贈别

下榻歡迎日接茵，禁方不吝座前陳。足音屢聽江干寺，心術無慚我輩人。上古俞跗湯液去，至今董奉杏林新。雙眸已豁歸舟具，回顧三山戀德鄰。

其二

旃檀法座布華茵，早晚伽陀杖鉢陳。三折續承三世業，十年再見十全人。昔寓金山，曾就醫嗣充令先伯。炊成雲子香空積，主僧茂生設齋，予病未赴。傾倒麯生味更新。戒酒月餘，繩源勸予飲。南北已分江上路，吴頭楚尾總相鄰。

衢幕汪采臣寄詩相慰次韻簡報

佐郡十年重典籖，參軍如舊但無髯。一言執手升𧽕蕆，三語同心辟阮瞻。漸水曾招童子浴，黄峯自合老夫潛。鹿鳴山半瞿姬墓，記得題詩秃筆拈。昔遊西安，曾作詩弔舊守姬人墓。

答汪我長户部 有序

予新安祖居與我長相隔百里，令先兄蓬峯爲方公月江丁酉所得士，我長爲徐公敬菴丙午所得士。兩公皆予同門友，因獲交君家兄弟。丙寅，我長受累倉糧，留滯潞水。予以戊辰夏寄家於其地，我長時來周旋，婦孺德之，近復手書遠來，詩以答謝。

潁川天水共濤瀧，百里溪行過石矼。雪立師門瞻二陸，家鄰戚里隔三江。千倉紅朽君飂𩙪，一飯青精我擣撞。婦孺歸來稱德意，晨興緘報倚南窗。

懷羊山兩高隱

記拜牀前詣德公，家人作黍聚煙叢。莫言後世無韓愈，久識先生薄馬融。曾削牡荆三折筆，早藏腹笥五經筒。雲山疊疊尋何處，小棹西湖放鶴籠。

由鎮屏躡蒜峯頂

墮盡深紅絮亂飛，上人迎客啓巖扉。將還白嶽雙芒履，暫作丹徒老布衣。鶺鴒樹間啼欲咽，鰣鰉江上網來肥。西津渡口無閒地，孤石空留釣月磯。蘇子瞻詩：『蒜山幸有閑田地，著此無家一房客。』今孤峯獨臨江岸，田地没入水中，無有存者。

閏三月二日何子繩源招飲甘露寺多景樓同畢佩鵬朱翰屏家敬五僧茂生

穿樹籃輿曲磴攀，一龕梵火出深灣。白沙碧嶂空明外，紫髻青鬟滉漾間。洗盡繁華移六代，飛來峭崿立三山。我曾獨詣藏春塢，坐候龐公上冢還。藏春塢在城内，爲何子祖居。

其　二

石帆倒影入江深，木末雲光覆碧潯。淚灑新亭悲美日，劍横狼石寄雄心。春歸再賴鶯聲續，客醉何勞屐齒尋。背面煙沉千堞没，空飆遥集海潮音。

其　三

空天金碧罩城郛，指顧雲山景萬殊。漆汁早髹方竹杖，鈴聲近落鐵浮圖。滿船百斛長持畢，千里層樓更上朱。多謝高情賢地主，冬青九醞佐行廚。時飲女真子酒。

其　四

圖岫焦巖截海天，中流網户傍濤眠。跨鰲俯視西津渡，試馬盤旋北固巔。拍岸寒潮千頃雪，拂城高柳萬家煙。浄名勝地無尋處，護法空門識米顛。

戊戌秋，范子眉生介天醉趙子，招予金山。一時李叔則、潘江如、錢馭少、張虞山輩同趙司諫恒夫唱和有集，予書司諫詩，勒石山壁，摹印者多，石爲之刓。轉盼三十二年，諸公骨已朽，而予與司諫兩存。己巳春，司諫罷歸謝客，片舸南渡，予甥程公濟手示司諫甘露寺樓四律，骨采風調總非凡響，予喜書長箋〔一三〕，甥欲壽之石，曰：『以司諫詩律配舅書法，固應並傳不朽。』予愧其言，敬跋數語，以誌今昔之感。閏三月望日，梅壑查士標記。

次和甘露寺樓四律

畢　振

峭壁垂藤未可攀，半空翠靄罨溪灣。疏鐘斷續層巒下，曲檻高低一水間。風渡石帆飄寶蓋，潮訇鐵塔撼銀山。漁人穩卧風波裏，短笛横吹任往還。

其二

古殿雲屯萬木深，春陰淡薄散江潯。山川偶爾供青眼，林木翳然會遠心。左掖簪裾新解脱，先生杖履舊追尋。家大人昔年曾附先生南歸。登臨不盡孫劉恨，秋月潭前喜足音。

其三

寒家卜築傍西郛，風景多年已不殊。玉尺曾量天下士，金城已獻老臣圖。浪翻兩岸千層緑，霞起孤城一半朱。得共竹林方外契，春朝陪飲步兵廚。

其四

春波蕩漾欲浮天，酌我無多已醉眠。何處雙麟埋古冢，此中一綫達高巔。青青草樹留春閏，歷歷檣帆帶晚煙。識鑒自來欽水鏡，喜逢采葉話桑顛。

次甘露寺石刻四首寄正 有序

王治皞

先生旅迹屢遷，皞老畏馳逐，未得追隨左右，讀任安句，座客均爲愧死。皞於去就間自信無負，然聞先生北則匹馬單行，南則空江孤棹，皞又安能不恧於中乎？年老北留，大非得已。南還不死，尚冀相從於黄山、漸水間，先生幸無署門拒我。

野寺盤紆昔已攀，海天日暖蹴沙灣。鐘聲風咽層霄外，劍氣光寒白石間。到處澄江凝暮靄，誰知好鳥戀空山？臨杯沆瀣來天地，恰見琴高駕鯉還。

其二

積翠叢煙碧樹深，一天魚鳥大江潯。地銜鼓角那經眼，人倚風騷實繫心。況有行藏可自足，從他鑾觸更相尋。別來高閣看花地，何事關山不寄音？

其三

籃輿多景矗晴郛，湖海生平氣自殊。歸去何嫌書帶草，人前且穩泛舟圖。半輪明月當筵白，一片江城返照朱。我欲披襟訊近事，急將櫻筍敕山廚。

其四

躑躅春風鼓瑟天，興來多病那須眠。祇宜竹葉浮花下，卻訝青銅冷鬢巔。紫燕霑泥原藉草，黄鸝藏柳不關煙。招尋勝地渾忘返，老愛登臨問米顛。

清獻徐公歿已三載令弟麗天石文過訪鐵甕以詩贈別即韻次荅

江干遁迹已埋名，樵牧空山寄我生。友死三年墳未掃，客來五月座重驚。放臣從此躭高卧，醉尉何由叱夜行。時夜禁甚嚴。下榻衡門愁二仲，不堪瘦鶴跨蕪城。二徐午節前過此，索逋維揚，望後素手歸。

其　二

賦歸久已謝時名，風味雖忘伴麯生。五柳田園隨處好，三山猿鶴不吾驚。長從漁父回花棹，莫告舍人趣治行。斗酒隻鷄叢桂畔，故人灑淚奠佳城。秋以爲期，拜清獻墓於湖畔。

己巳夏過訪鐵甕賦別　　徐日焗

幾年梧掖早垂名，前席胡然少賈生？疏入嘉謨經國是，詩成好句動宸驚。先生題壁詩，御覽嘉賞。閒遊暫着東山屐，載酒時攜北固行。誰向窗間呼隱去，乃甘遁迹老江城。

己巳夏日遊焦山四律

攀躋獨上最高岑，半棧縈蟠翠靄深。海外雙丸空出没，雲中一髻任浮沉。恰逢醉石容安寢，偶試丹泉可熱心。羡爾祇林無世故，禽聲梵響雜挐音。

其　二

詔書歷世貯經函，衮冕難移處士衫。焦公舊像用衮冕，今易以深衣大帶。煙縷懶飛南北路，僧檐低拂往來帆。雙峯飄渺雲鬟挽，空谷谽谺鬼斧劖。自是旃檀無雜樹，朝搴夕攬伴松杉。

其三

靈壇竹籟應宫商，静漱浮丘沆瀣漿。絶壁翻江浮廣殿，沓潮噴閣濕空王。灘沙半印黿鼉迹，林落長垂薜荔裳。佳處結茅初願遂，白頭重訪讀書堂。

其四

周遭島樹簇風欞，半谷僧樵韻可聽。望去江花千頃碧，定中蓮座一燈青。耐傳太上鑽丹石，贋撰華陽瘞鶴銘。亭午陰森生洞壑，長持不律静繙經。

己巳六月避暑金山七峯閣尋戊戌舊題長廊片石依然無恙續十六章以補今昔所未及嗟乎江山放逐望海移情風雨迷離睨天發藻一時成詠千載見心山靈識之哉

避人檥榜憩江皋〔一四〕，小小方壺迹可逃。趵漲盤渦呈巧石，孤標插漢負靈鼇。孕金浮玉雲根穩，沃日轟雷雪浪高。薜引山茵延我坐，瞿曇静照釋塵勞。

其二

悵别砯巖又十年，庚申，予督關廣陵曾過此。經龕禪版兩依然。青囊早度金刀厄，白業長留玉帶緣。近海樓臺嘘蜃氣，拍天波浪噴龍涎。白齏甕醬堆香積，我厭朱門肉食羶。

其　三

桑旭鎔光海若傾，天鷄叫破玉繩横。林隈採藥調鹽豉，石隙烹泉截竹罌。取水中泠，必用竹竿深汲。未得燃犀翻百怪，卻思掣劍斬長鯨。眼前莫訝蓬萊窄，可似神州環大瀛。

其　四

眺盡清波岸緑翳，朝光入户綺雲低。摩肩夥渡争歸棹，覆手摹崖賣舊題。一鉢曇花繙貝葉，四圍玉砌繞招提。萬聲喧聒無時寂，鎮水何年作石犀。

其　五

松篁分緑蔭香臺，崩浪空礧閣欲摧。貯得殘雲牽衲補，琢成圓玉向盤堆。晨潮晚汐吞還吐，健席高檣落復開。金現貞元初建刹，頭陀長坐古巖隈。

其　六

泛瀲潮波遏北流，長拖素練繫瓜州。滂飛海左浮天日，嶽峙江中絶馬牛。雲翅覆停三石囟，夏日蜻蜓萬餘，飛繞石頂。沙門高冠七峯頭。秦僧平七峯爲佛屋，亦山靈恨事。舳艫競逐煙光上，利纜名牽不肯休。

其　七

觸岸洪濤蘸冷光，秣陵雲樹半蒼茫。巖阿道侶祠煙客，江畔羈臣泣夕郎。投老不妨親水石，抱孫時復課文章。繼抃自杭來山中肄業。喚回塵夢遊方外，盡吸西流浣胃腸。

其八

徐淮雲匯湧靈胥，水鑒空明萬頃餘。一氣森茫涵覺岸，層陰蓊蔚覆精廬。孤高不逐江波去，變幻疑同海市虛。繡壁丹青堆玉案，半開菡萏出芙蕖。

其九

陰巖長日冷松扃，蒼翠層層列畫屏。山頂鐘聲浮兩岸，江心水脉失中泠。中泠泉在郭墓上，流水味與寺西龍井迴別。石簰湧浪迴龍洞，筆架騰風折葦汀。貯得京清三十甕，喧呼醉舞任揚舲。

其十

花光空發現優曇，貝闕琳宮傍佛龕。萬壑瀾迴青髻矗，三山鼎峙綠天涵。別來塵世東西岸，分得禪那上下菴。舊堞改成新石砌，上諭改城爲欄，未分木石，寺僧博文求換石檻，永成壯觀。憑高指點數煙嵐。

其十一

駭浪驚湍立海豨，淩虛三伏湛寒輝。高低塔影移蘿徑，長落潮痕驗石磯。經閣重開方丈改，講堂無恙住持非。戊戌，讀書蒼濤僧舍，時與鐵舟清譚，今俱作古。峨然虛峙叢林繞，誰削璘珣玉一圍。

其十二

巖麓何曾匹馬過，空光四泛碧嵯峨。聲聞梵放尋青果，風雨龍吟卷白波。孤嶂無鄰容偃蹇，層樓獨倚慰蹉跎。長江天限分吴楚，面面檣帆織水梭。

其十三

名勝都從寺後登，躡空高步踏崚嶒。江通門檻留横石，日照磐陀卧古藤。願結遊方行脚伴，真同退院罷參僧。客來莫怪無毛物，買得葫蘆已爛蒸。

其十四

緑潤清眸暑不霑，巖棲心迹兩安恬。諸天花雨彌螺髻，千葉幡幢拭鏡奩。保障東南撑一柱，浮圖俯仰合雙尖。直廬無夢纏圓嶠，絶去嫌猜世累殲。

其十五

飛廬分向飽長風，風帆四開，各順其所適，此爲江行實境。搦棹迴波各轉蓬。江客霧迷僧擊鐵，霧起，僧擊鐵板指迷。山廚飯熟鳥窺籠。數峯明滅奔湍上，萬屋縱横積氣中。多少罍罍喧夕照，漁艭摇破半天紅。

其十六

谷口巑岏不可耕，南泠過櫓買香粳。時登塔頂占衰健，細測雲頭卜雨晴。瀑濺巖廊寒雪起，松盤石徑瘦根生。全無塵事勞青眄，漁火星星隔岸明。

己巳夏，余爲鼠牙所誣，南馳傷暑，卧疴浮玉。案列墨榻數種，則我同年趙給諫恒夫舊題也。石署長廊，凡攬勝者必善價售去。余别恒夫幾二載，高吟壁間詩，既快而慨。寺僧曰：『趙公避迹此山兩月矣。時過當年讀書處，僧知之，人無知者。』余亟起把晤，神采迥别，病魔頓爲退舍。復讀金山續詠，擒才琢句，語語驚人，正如潮迴浪疊，日殊其狀，較舊題又進一格。張處士僅以鐘聲塔景擅名，對此應泚汗避席。余同年兄弟落落晨星，存者有幾？固知給諫經國不朽，尚有未竟之業在，寧遂爲山水間人乎？厚丘年眷弟胡簡敬跋於金鰲海嶽樓。

金山屹立江心，題詠夥矣，寧無疥壁者乎？吾夫子曠懷上與山埒，鏤勝搜奇，足空作者，此杜陵夔門之詠，眉山海外之篇也。幸承乏兹邑，敬勒爲山靈增色。己巳中秋，知丹徒縣事山陰受業朱城立石。

城南小築 有序

儀之南郭，先大父廬焉。廬外旌竿，予舉於鄉時署也。庚子，王詹事阮亭李維揚，取『真州城南天下稀』句寄詩屬和，未報，轉盼間已一世矣。己巳冬，眷屬自都旋，寄家於此，門巷蕭然，雙竿已朽。木猶如此，我何以堪！廬傍隙地，搆數椽退隱。薙平陵之蓬蒿，移栗里之松菊，層巒當户，鏡瀾列窗，朗彈獨嘯，亦頗自適。廬前舊有帶江閣，秣陵諸峯羅列几案間，偶然市隱，無異巖棲。時同懷兄端、弟俊士新赴太原、平陽任，憶前題，述八章以代家郵，並踐阮亭三十年舊約。長至前一日識。

真州城南天下稀，百里江灣一帶圍。雪浪縱横來楚蜀，霜艖百萬競西徽。臨流湛閣迎遥岫，落港寒潮露曲碕。市隱偏能塵不染，林禽嘲哳發天機。

其　二

真州城南天下稀，淺沙深荻互憑依。會心水石勤穿鑿，過眼雲霞冷是非。曲不曾高人和寡，我何常貴世知希。頹齡悟得乾初九，讀易幾時一絶韋。

其　三

真州城南天下稀，雨過花林到處霏。婦孺南來兒北發，時徹子兼程北上。弟兄西向我東歸。交遊斷絶親魚鳥，眠食從容補凍饑。石隙疏開珠玉濺，倚欄顧盼數崔巍。

其　四

真州城南天下稀，水光煙靄薦清暉。當年五馬東南渡，竟日江帆上下飛。徙石他山開竹徑，避人深巷掩柴扉。冰柎凍萼窗前簇，生氣潛蘇愛日晞。

其　五

真州城南天下稀，薜荔長留結石衣。靈籟空生檐竹嘯，香雲散布竈煙霏。百年安宅何須潤，半畝閒園不暫違。詹事風流無恙否，舊題一和一歔欷。

其　六

真州城南天下稀，衆卉經冬尚未腓。五會衝郵疲水陸，兩淮大賈炫輕肥。江波近撼迎鑾鎮，山勢橫鋪采石磯。百種好花移舊本，臨池澆溉益芳菲。

其　七

真州城南天下稀，千家煙火簇江畿。虛窗月度空牀冷，隔水峯攢遠樹微。孤憤永留沉劍浦，英華長憶讀書幃。昭明太子選有英華集。東園三絕何能續，坐卧林樊免謷譏。

其　八

真州城南天下稀，竹洲花塢斂寒輝。有時露立餐松术，何事巢棲茹蕨薇。赤岸洪濤流灝灝，漫沙冷月白皚皚。沙漫洲，土人訛爲沙帽洲。華纓金絡無相苦，從此長林不受鞿。

原唱　　濟南　王士禛

真州城南天下稀，人家終日在清暉。長橋漁浦晚潮落，曲港叢祠水鶴飛。新月初黄映江出，遠山一碧送船歸。白沙洲上樓臺静，好與提壺坐翠微。

己巳同長兒道斆孫繼抃繼揀繼掄真州分歲座無一客醉書遣懷

兒孫環坐五辛陳，葦茭桃符守逐臣。幼輩增年翁漸減，人間舊物曆方新。鄉儺不用臨朝服，家饌何須列幕賓？餞臘迎春分夜午，東西宦路暫停輪。時大兒、三弟、四弟俱遠宦。

庚午元旦

歲酒拈嘗稚子先，羈臣江畔獨潸然。一輪擁出祥光播，五色鏤成景物妍。偶值僧來開寶鏡，時金山僧至。慵看女伴擲金錢。城南小築今逃迹，天臘初開百井煙。

玒青閣秋集

詩牌八盤，盤百字眼，『輕』『清』『迎』『情』『聲』『横』韻，每盤集排律二首。

玒青閣秋集詩序

即集詩盤原字。

余入都門，適逢秋半。殘葩攢砌，羈客魂消。積葉滿庭，還家夢斷。漂泊難償舊願，雁塞霜高；登臨漫道當歸，龍沙雪暗。撩情汀水，挹藻麗於東南；縱眺關山，泣萍蹤之西北。飲緣愁減，蕭條旅況誰堪；病逐貧多，嘯傲襟期如昨。過從此夕，真覺忘憂。

吾夫子望重梧岡，性躭松徑，四方結友，五嶽藏胸。十載宦成，那許綸竿投老；三年偕隱，憑教鬢髮催人。羅雀堂前，尚存車笠；釣魚灣畔，懶掃蓬蒿。時邀漏院餘閑，日涉寄園好景。亭皋繫舫，奔湍錯問漁津；林杪懸泉，樵路悮迷桃洞。聽到鸝聲鶯囀，闌檻春濃；狎將鷺嶼鷗汀，谿塘夏静。平臺曲曲，策杖搴芳；危磴層層，牽蘿小憩。隔簾瀑挂，寒濤倒瀉練光；揺扇風微，午枕自尋酣睡。擁書燒燭，棋局慵敲；擊鋏抱琴，畫圖罷展。擕鐺鬭茗，渴懷大似鴻漸；揮麈清譚，瀟灑寧慚遥集。避喧朱户，甃覆冬醅；覽勝蒼巉，室聞梵磬。隨處竹牀木榻，幽勝長移；翻嫌佛幌僧龕，逃禪帶癖。

兹者，言招逸侣，聊遣良辰。池館飛觴，湖干薄醉。海榴開盡，離離實綻丹珠；岸柳横遮，淺淺交垂碧玉。蓮房粉冷，嬌香一任撲衣；桂楫渡迎，鼓柑齊歌破浪。駕虹隄以攬煙岫，嶺麓浮青；燦暮靄而變朝嵐，川原幻紫。空潭印月，桐陰斜護孤航；怪石眠雲，薜黛踏穿雙屐。蒹葭浦晴霞錦簇，蟬噪初聆；紅蓼灘蘸緑屏圍，蕉叢欲繞。俗氛洗去，遁居莫羨棲丘；野趣偏佳，列坐何妨藉草。苔茵環席，禽唤烹茶。樹翠拂筵，猿啼深塢。吹出落梅，笛弄休負歡娱；讀來餐菊，騷辭非無激楚。繁絃低引，咽亂疏砧。酹盞頻傾，謳停急拍。澗瀨渾疑謝墅，樂伴夜遊星河。恍泛張槎，競傳仙吏。

復分新韻，倚和共酬。盤中摘字正嚴，句裏標奇不易。鷄壇名宿，抛筆窮思；鳳閣英流，沉吟殊苦。豪興忽馳天際，今宵獨讓先生；霏屑妙解世間，雅事足留千古。觀其笑詠，直可探囊；散作璇璣，定能照乘。瓊瑶映耀，尺沼亦疊狂瀾；巖壑争妍，擲地豈同細響？心花舒豔，軟媚皆删；意蕊常怡，安排最巧。彈指衆驚綺語，元白敢望後塵；丸泥封就詩城，郊島甘爲退步。樓題黄鶴，已在上頭；峯是太華，更攀絶頂。把賞應濯薇露，虚窗試剪銀缸。勸賓且酌蘭醪，酒數戲同金谷。

時康熙癸酉重陽後一日，三韓受業吴一元拜題於燕臺寄園之玨青閣。

玨青閣秋集詩序

即用詩盤中原字。

軟塵撲面，誰尋攬勝池亭；破笠逢秋，那是消愁泉石。問金臺于郊畔，眼逐煙濃；吹玉笛而梅開，衣緑霜薄。蘭成在客，魂飛夢裏啼鶯；太白思家，腸斷牀頭明月。藉舞裙與歌扇，豈結余歡；覓梵榻共僧龕，總殊吾願。繁絃急拍，寧支旅夕蕭條；薜磴蘿房，莫負天涯嘯傲。非求佳境，安洗萍蹤；最愛寄園，真多豔景。怪峯秀島，横穿蓮葉光中；緑水紅闌，灣到桃花深處。巖東孤艇，遥渡蒲津；屋上長虹，忽行樹杪。深小山之叢桂，亂蕊飄珠；覆曲岸以垂榴，晴霞迷鷺。溪奔潭映，涉來望變蒼茫；洞接岡圍，繞去路疑錯誤。況更主人情重，餐列銅盤；夫子才高，賦空瑶斝。乘車友過，倒屣出絮仙辭；攪睡鸝喧，倚枕起翻宿唱。敲局時聆砧響，留賓縱聽灘聲。踏屐迎春，投綸逃夏。朱雲檻折，憑窺封草常新；張翰魚肥，漫羡釣竿可把。性躭僻地，心泛虚航。解帶且繫芳辰，烹葵剪蕙；搔髮頻牽雅趣，駕棹舒帆。載酒詠楚騷，湖波環碧；移居臨陶徑，野菊招黄。好遁信耐蓬蒿，離憂自拋丘壑。鼓琴擊鋏，百城苦擁藏書；刻燭彈棋，四海爭傳麗句。向已名存鳳沼，題滿鷄林；今者休沐微閑，良朋遐集。華屏懸練，登樓恍似江南；冷岫棲嵐，攀樹都忘塞北。從教俗氛凈掃，禽雀亦伴清幽；何嫌積垢刪除，澗嶼仍供灑脱。梧桐滴翠，還弄妍暉；鴻雁邀寒，交停殘瀨。昏濤激蕩，嶺低窗户星河；落木蕭疏，院簇蒹葭露浦。我論逸態，妬昨宵銀浪浮槎；如展酣遊，試此朝蘆汀喚鶴。茶鐺解渴，茗暈初圓；醑酌催筵，嬌謳正囀。娱事盡歸綺緒，放狂任入葩壇。竹墅鷗塘，懶抹龍眠圖畫；禪燈寺磬，慵償佛印談謔。平原盞滿瓊醪，豪興當知不淺；松雪襟霏藻屑，老抱世覺無雙。

戲瑩幻語，足勸青觴；約鬬奇詩，匆攜丹篆。紫薇庭下，細柳堂前。數字尚減一千，五言欲排十六。衆方揖席，巧讓璇璣；韻復窮神，險同競病。易促半簾斜照，砌暗駒陰；輕擲午幌西風，谷窮猿咽。先生舉酷笑就，揮指偏豪。妙絶錦囊，英流皆爲退步；獨標古調，飲侶齊罷沉吟。拂頂偕驚，搴裳静讀。分其尺霧，瀑雨將散層霄；得浴餘甘，姿骨定香三日。門灝賞慚謝朓，貧厭茅容。筆閣徒觀，研燒難遣。許隨末坐，聊聞川嶽羅胸；大愜舊懷，敢擲泥沙作引。

新安受業汪灝拜識於燕山之寄園。

一集

舒軟翔郊在且聯鳴標淺心翼調石和松其
漏燒娱庭適灘意筆半咽尋爲梭紫邀上苔
鐺山塞怪飲鴈臨豔鷄逢茵作罣波那譚是
投皆汀于步流僧耀生日印黛露環曲許牽
拍綻間蒼年沼飛妍碧兀泛徒白時谷野
天菊面繁響更隨英磬午撲都舫孤愛胸

野菊繁英綻，閒庭挹露輕。孤汀耀日白，半舫兀天清。石拍蒼波咽，山尋紫黛迎。妍譚時泛愛，撲面更牽情。飛罣邀僧步，投梭印谷聲。于郊午磬響，曲沼碧流横。環谷苔茵碧，翔鳴鴈翼輕。鷄譚和午漏，松響泛汀清。孤磬波心印，半山僧面迎。燒鐺聊適意，剪菊且娱情。露白舒庭豔，天低咽塞聲。臨流尋沼上，怪石淺灘横。

二集

望笠星濃前蘚層小而招探書甦六珠下牀泥塵家交落足總把骨踏病漸共裙雙折馳

可展裏磴詩裛啼囊列與人疏雲多暈蘿梅成秋攢繫翻明燦頭烏封衆草花謝霞同舊
襟求燭眠砌雨西張塢挂字藉翠樓載際空敢聞删朱破郭積浦友鴻危屣亂覆簇

探秋人共可，小屐踏泥輕。蘚砌攢花燦，星烏挹雨清。疏襟招翠把，雙足望塵迎。封草漸前列，囊詩繫舊情。眠雲甦病骨，落笠謝同聲。蘿磴層層下，霞翻珠暈横。雙鴻翻雨亂，空浦落花清。破塢雲霞簇，同人笠屣迎。多慚覆西郭疏蘿挂，危樓積翠輕。謝病删交際，求聞藉友聲。塵泥封舊砌，折屐踏秋横。載共，敢望朱張情。

三　集

塵居佛處行狂慵樵十帆好宦避唱峯靄攬
巧起聆仙未屋刻田展島忘璣貧太性丘揖
遁地渴寒鬢非蘭拾斜三蕙睡千龕存正除
言去夏緣柄璇繞減安耐宵此玆練平分院
酹苦幌散深抛昨原徑蒿柳中到蓬煙媚
畫戒沙嘉留退圖衲奇暗大一甕堪窩嬌

田居非好遁，蘭楫去帆輕。夏屋分斜靄，狂沙攬太清。三峯千佛繞，十島散仙迎。渴睡慵宵起，安貧減宦情。平平存末論，刻刻耐寒聲。拾蕙聆樵唱，忘言麈柄横。蓬蒿留一徑，到處行窩輕。退院龕煙暗，平原甕醑清。奇峯寒練展，大地畫圖迎。刻苦除嬌媚，抛緣正性情。三丘存衲戒，分島散樵聲。嘉遁深堪耐，中宵佛幌横。

四　集

南險陰泣趣者浮勸穿絶往龍促尚絜愜歸
觴汎歌春嘵出四瀟怡遺嘯池能寧楚涉酌
瀾城良憂潤銀余百高駕觀路迷不覺緒辰
漫傾復杖殘刹湍境無離拂局筍幻喧從老
憩拙河知頂就子攜客酬遊潭佳向得已
岫登自古懷黄滑今吾抱翰鶩雪陶引寄

歸懷余自愜，滑路引車輕。涉趣長歌嘵，登高寄嘯清。漫遊攜杖往，憩險促觴迎。佳境迷吾向，良辰遺子情。筍穿楚楚出，河潤瀟瀟聲。古岫浮陰抱，從今拂頂横。老抱容吾拙，高懷寧自輕。春陰浮岫潤，覺路向潭清。古刹傾觴酌，南池勸駕迎。攜歸余得趣，就緒子怡情。涉險穿湍出，離憂絮泣聲。時陸百年侍御訃至。汎瀾觀局幻，絶頂銀河橫。

五集

瀉絃砧伴涯倒興變先澗條集堂忽如綺晉
虹蓮結俗之錦羅逸謳谿抄檻叢葭接壑房
擾洗蘆酣抹細洞誤魚擁瀑講灣粉神急魚
雅閣嫌戲巖妬丹争園錯態譁藻霧衣巉闌
榻語鸝隄雀直茗躭虚健羈裳棲入撩桂
罷餘沉混支茅吹世園著停最荇昏才鬬

結伴丹谿入，叢條抹霧輕。吹蘆茅榻擁，鬬茗澗砧清。著急衣裳倒，争先洞壑迎。神昏躭錯誤，腸俗妬才情。細講嫌譁語，雅謳罷綺聲。詠餘支逸態，巖瀑瀉隄橫。

羈棲綺語細，粉榻停謳輕。魚戲蓮房擾，巖巉澗瀉清。虚堂羅雀集，丹檻籠鸝迎。混俗沉酣興，撩衣晉接情。闌灣洞閣變，瀑倒蒹葭聲。世態嫌圓健，錦谿荇藻橫。

六集

朝户以狎屑垂弄烹灑蔭主思逐藏句掃瀨
簾丸獨鷺棋鷗賓華酷欲囀醉鶴茫倚闗朋
勝漁霏干塘豪催霄夫尺棹室鋏銅摘玉當
梧筵竹濤華金薄墅擲曳光脱寂任隊吟憑
蓼滴晴航柑彈肥揮冬方静期館綻濯禽
懶嶼葉盤敲榴緑歡蕩亦鮮偏岡常將競

蓼館敲棋静，朝禽囀弄輕。緑催梧葉脱，晴掃竹光清。鷺嶼憑濤狎，鷗塘蕩棹迎。金丸將逐隊，玉尺亦闗情。鶴墅垂榴蔭，漁航曳瀨聲。當筵揮欲滴，彈鋏任縱横。彈棋偏競勝，蓽户薄肥輕。濯緣梧岡滴，干霄竹墅清。搴簾鷗鷺狎，掃室賓朋迎。静寂常思懶，豪華亦縱情。倚吟霏玉屑，櫛句擲金聲。歡醉冬醅灑，烹鮮鼓柑横。

七集

誰排坐蟬酒寺餐研缺數夢鳳泊翅激鶯況

欒風門新嶺蹤桐茶攀揖頻暮移盡讀征葵
騷窗桃琴盞海過木題林圍麗後仍醪疊蕭
秀甘笛賞景夜辭開旋津蕉我月燈北水冷
瑶眼紅妨泉舉問枕懸齊斷遐魂羨喚恍
韻鴉麓噪席似樹傳姿葩解消梢岸嵐湖

桃開鶯喚後，誰羨麗姿輕。旅況懸缸冷，征魂暮笛清。騷辭激水讀，酒席排燈迎。枕斷津門夢，琴移海岸情。樹梢蟬疊韻，湖泊鴉齊聲。蕭寺新葩秀，林嵐過眼横。甘泉懸嶺麓，紅樹噪蟬輕。暮景葵餐過，騷魂蕉夢清。題門誰研賞，旅泊我攀迎。數覓遐蹤問，頻消冷眼情。鴉圍風解翅，月笛夜傳聲。舉盞茶醪盡，瑶湖坐席横。

八　集

映瓊窮屏償夕液事鞭元微諂浴負科浪剩
搔覽瞥梵真願吏薇暉浄道蕊照約休篆堅
敞五艇所愁癖摇隱易釣駒滿笑氛淘護豈

放來宿髮傲川蒲策乘亭擊猿東厭遥霜帶
扇香垢教皋攬業隔竿蘸妙嚴侶指幽江
壇勿綸枯何聽名難殊奔芳信偕渡禪定

遥眺東暉滿，奔駒蘸浴輕。薇屏護幽敞，蒲扇摇芳清。搔髮霜綸剩，渡川浪蕊迎。逃禪堅帶癖，偕隱豈殊情。道侶供瓊液，梵壇放妙聲。亭皋來信宿，攬艇釣竿横。營營何所事，笑指科名輕。浄業淘氛垢，真香篆妙清。乘堅鞭厭策，隔渡艇遥迎。傲吏休教謟，枯禪易定情。難償五岳願，愁聽窮猿聲。勿負綸竿約，嚴江夕照横。

癸酉九月四日同人宴集玒青閣秋霖驟注偶憶滿城風雨近重陽句因摘滕王閣序字集七言排律序唯七陽韻獨多韻盡而止共得二十韻

天中海日駐扶桑，照檻高秋射水光。東睇明虹縈極浦，西臨萬笏列崇岡。廣交共贈庭蘭佩，逸韻時摇野桂芳。鶴嶼千迴窮景物，漁汀一帶接榆楊。江山作客途如舊，館舍娱賓食是將。壯志上書遥控越，虚襟下座出迎王。休悲關月迷人白，已見園華對影黄。何處洪鐘聲徹殿，誰家老樹緑盈隍。深樽滿酌羣言暢，雅奏成懽友誼長。引起層霞淩島渚，捲來昏霧斷津梁。青流涸澤萍齊落，翠度新亭竹可當。雨閣寒煙凝晚暮，風簾飛電故猖狂。投閑帝里銷三夏，屈指君門換幾霜。聳翼孤鸞徐散彩，騰霄尺鯉敢分嘗。無心趨勢安南阮，托興微吟訪盛唐。繡榻曲終鴻撲陣，仙筵舞罷鳳鳴陽。空多雁序呼都遠，寧望龍鍾遇益昌。清慕珠泉知具美，潔慚玉軫賦其相。披帷以外俱名勝，游眄而今豈等常？重九登臺非易得，他年猶數五雲鄉。

集字詩難于自然，更難于精切，況排體對仗難工，卷舒難一氣乎？斯篇字字是閣上景，字字是閣上雨，字字是重陽前閣上雨景。吾夫子于片晷間集成，絶不爲四難所縛。舉座起舞，無有繼而和之者，安得不推爲絶唱？金壇受業于漢翔拜題。

校記

〔一〕喙　當作『啄』。

〔二〕原本實録十首。

〔三〕乾隆本此處以下子目依次爲寄園集字詩、歸隱詩、夏日吟，與原本排序有異。

〔四〕詩題原無，據上文趙吉士詩夏日吟小序及原本目次補，以示分別。

〔五〕詩題原無，據上文趙吉士詩夏日吟小序及原本目次補。

〔六〕詩題原無，據上文趙吉士詩夏日吟小序及原本目次補。

〔七〕詩題原無，據上文趙吉士詩夏日吟小序及原本目次補。

〔八〕詩題原無，據上文趙吉士詩夏日吟小序及原本目次補。

〔九〕詩題原無，據上文趙吉士詩夏日吟小序及原本目次補。

〔一〇〕荇萊　據文意，當作「荇菜」。

〔一一〕酒爈　當作「酒壚」。

〔一二〕擘窩　當作「擘窠」。

〔一三〕長戔　據文意，當作「長箋」。

〔一四〕檥榜　據文意，當作「檥榜」。

卷五

燕山秋吟

燕山秋吟序

神京西望，聳列翠屏，自居庸以至太行，相距千里，起伏蜿蜒，綿亘不絶。其中有勝地焉，巖岫幽深，林木疏秀，幾於徑路絶而煙雲通，且多紺宇琳宫，連霄插漢。或衍平麓，或踞高巔，遠近逶迤，上下登頓，有漸引人以入勝者。予竊怪夫都人士日逐逐於飄塵積穢中，焦灼其心思，卷跼其形體，每遇翠巘當前，丹梯峙後，非不欲往從之，而鞅掌勞神，猥云無暇。即暇矣，而婆娑庭户，究未聞動籃輿之興、舉蠟屐之遊者。然則何時而有縱目騁懷之樂也？人生百年，勝遊寧幾，而隨地汩没如此，亦大可哀矣。

吾師漸岸先生，少自黄山來天目，稟其靈淑之氣，風骨峻起，神明屹然。壯而宦遊，所歷在在有名山勝境供其嘯歌，是以宏覽曠觀，非復與一丘一壑者等。邇歲以來，暫辭青瑣，蕭散江湖，則又憩金、焦，逾泰岱，襟袖之間並攬南北之勝。及其復至漁陽，則屏迹蓼莊，有田野之趣而無車馬之喧。雖仲長統之樂志，不是過也。兹秋至都下，舍於郭外僧寮。越數日，即肩輿入山，遍遊名刹。所至多流連今昔，即事詠懷，有各體詩一帙，題曰『燕山秋吟』，亦可謂具物外之煙霞，抒胸中之礧磈者矣。夫以都人士所終身不一至之西山，而先生猶夷燕息其内，飽歷其晦明朝暮、雨風雲靄之狀，固可以山間之所有，傲紫闥黄扉之所未有矣。然先生夷猶燕息之地，即都人士終身想慕而不一至者，則更有人不得而忌，即忌而不得奪者焉，豈不愜生平之大願也哉！

其爲詩也，刻畫排奡類昌黎，而縱橫變化、獨往獨來，則又得少陵之遺意。蓋先生負不羈之才與其沛然之氣，縱筆所如，無復拘礙，而平日沉酣書卷風騷，而降爲漢魏，爲三唐，莫不貫穿研究，故能萃其精華，以成此一家言也，亦詩人之傑已。昔人論詩文必藉江山之助。先生閲歷名勝以發爲文藻，其工妙絶倫者，山靈有以詔之也。世人無此曠懷，安得有此佳製歟？然則是吟也，於以見先生之雅尚，必遇佳山水而始油然灑然耳，於塵俗乎何涗焉？

時庚午冬日，受業朱星渚拜題於燕臺旅次。

燕山秋吟序

十年龍塞，五過燕臺。客路三千，愁絶望鄉之曲；軟塵十丈，驚傳去國之歌。立雪門前，關情師弟；停雲湖上，佇望友生。驂期世兄時寓西湖。訪京洛之游蹤，半是平原賓客；問寄園之佳勝，還疑渡口漁人。每對景以茫茫，輒臨風而悵悵。琬琰見賞，圭璧同珍。吾夫子夙標仙骨，生具勝襟。昔爲廊廟夔龍，今作山林園綺。三十年梧岡花掖，諫草常多；數千里野店旂亭，新題欲徧。途置鄭莊之驛，往來但寄詩筒；句盈李賀之囊，收拾都成錦字。

兹者，薄遊北地，偶憩燕山。藤杖芒鞋，逢僧即主；竹牀茗碗，作客如家。蠟屐探奇，吞吐而瓌辭綺合；籃輿選勝，笑談而藻思雲飛。托梵宫蘭若以陶情，李鄴侯本是煙霞之骨；向白石青山而寄傲，謝幼輿依然丘壑之姿。半榻松風，琴調緑綺；滿庭花雨，硯拂紅絲。撫往迹以流連，抒素心而嘯詠，莫不情深一往，句就八叉。月落屋梁，間有懷人之什；雲移潭影，每多紀勝之篇。句必窮力而追新，聲傳金石；情須極貌以寫物，韻叶宫商。長歌以續短歌，爲胸中之草木山川獨開生面；勝事而兼勝具，使筆底之風雲月露洗盡浮華。魚鳥冷而相親，俯仰都成陳迹；泉石紛而在玩，新裁別有化工。峯秀學山，近看雲霞四罩；瀾翻筆海，寧止溪澗細流？具此曠懷，直與杜甫夔州之吟崢嶸千古；抒其鴻藻，豈僅孫綽天台之賦璀璨一時。

元遥美探驪，幸邀窺豹。舉頭見日，今幸杖履追隨；搔首問天，得共琴尊問答。敬題數語，用誌簡端。聊學少文四壁之游，敢云元宴三都之序。

康熙庚午重九後二日，三韓受業吴一元拜題於燕山見一軒。

寓草橋慈廕寺 有序

庚午夏，羈棲蓼莊，伻來，知兄又吕以新任同守解晉餉三十萬進都，勞之甚，苦之甚，予兼程北行慰問，訂晤慈廕寺中。止隔層城，急欲見未能即見，徘徊夕陽下，八絶寫意。

燕雲近接太行西，愁聽深林謝豹啼。遠念家山青萬疊，雪窗同嚼凍齏齏。

雁秋矯翅未圖南，林壑争招我自慚。破驛荒村風露下，穿殘芒屩遠來探。

五日山程過草橋，同株接萼慰來朝。東西好夢分頭得，蕭寺鏗鐘應麗樵。

弱鬢新霜换舊青，魂驚勘閲觸雷霆。何如少日長汀寺，風雨藜牀共一燈。寺近舍下，同兄髫年讀書處。

皇城到眼隔重闉，行笈半肩入寺門。契闊二周難見面，長思拊背問寒温。

槐影低昂一徑深，冷然孤磬出叢林。垂檐空碧多靈草，靡蔓長縈逐客心。

半空碧瓦俯雕甍，賜額多年未落成。十萬黄金揮内豎，白頭野衲説崇禎。明季發帑建此寺。

水隔山遮赴考堂，牛車運鞘戒嚴裝。願成騑服長相倚，終日隨行夾路傍。

旱甚大雨驟降喜而賦此

旱暵頻憂聖，蠲除屢布昭。神漿滋浥注，豐澤洗煩熇。黑螟潛思嗹，玄冥近可邀。蟻宫封穴户，鳩婦逐巖椒。氣降殘磩潤，煙升爛石燒。龍山傳鼓角，康谷聽笳簫。陰曀森三伏，湫瀏濇九霄。阿香宵攬轡，河伯曉揚鑣。掣電增瞋恚，轟雷厲迅飆。雲奔羊足舞，瓶滴馬騣飄。落響陵崩谷，長號海湧潮。水衣徼浣濯，山帶束嶕嶢。大小天同漏，横由土不焦。繞牀先著屐，越陌必乘橇。過去波瀾闊，曝來麥粟漂。猋飛聲颯颯，瀑瀉冷瀟瀟。合窳獸方見，山海經：剡山有獸，名合窳，見則天下大水。灌壇令就招。震淩翔石燕，凍澍肆風猋。轉眩盈溝澮，從容理蓑襶。浮漚饑雀啄，健滴亂魚跳。舊澗新流溢，千村百果饒。囊雲絶巘頁，審雨古槐標。古槐中蟻穴，署曰『審雨堂』。喜見盈疇廡，不勞抱甕澆。援琴將奏曲，破塊早乘條。生養資時輔，陰陽賴燮調。逢年慶沃壤，饁畝刈良苗。

子中和尚從五臺受戒來慈廕演法

衣傳迦葉遞相仍，頓悟能參最上乘。寶相莊嚴振象教，法雲廕覆肆名稱。塵埃難惹菩提樹，癡暗誰燃智慧燈。淡薄儒門收不住，道安受業佛圖澄。

楚僧方石歸故山贈行

來此阿蘭若，苾蒭自爾馨。白衣沾露白，青眼看山青。梵座逢狂屈，儒林得什澄。洞庭將脱屣，石室景瞿硎。

家玉峯少宰挈榼過慈廕寺遠訪念前後同譜諸公止吾兩人白頭相對信宿禪榻而别長句奉贈以誌我慨

吾宗十有五，同朝敦同譜。升沉七弟兄，愛周、婁仙、浮山、聲伯、武昔、玉峯、爾玉。靈光推吏部。後來一仲容，目下方行取。晉襄。鬼籙登其四，爾合、玉譜、采岳、襄文。放逐何足數。閬仙、秋谷及予三人。我獨喜山公，吴越藉綏撫。水利饒白蘇，更能破合柱。内召司馬堂，杜門香一炷。時情競膏脂，公力追龐古。淡列清班中，通簡勤握吐。慈侍太夫人，温凊忘寒暑。訪予草橋西，高軒過梵宇。果餌盈車箱，豚蹄陳酒脯。客不速者三，朱竹垞、汪棣園兩太史適至，過午先别。素瓷傳花乳。坦懷絶嫌猜，妍譚日亭午。公駕税華胥，鼾睡吼鼉鼓。一枕熟黄粱，蘧然夢栩栩。信宿歸槐廳，予復隱松塢。

寄沽河司倉 有序

汪農部我長以留放舊糧，羈潞六載，近和予金焦二十詠，載入匏繫初集中遠寄。予感其意，六章奉懷，不知陳陳相因，時閲之，尚能爲我一開青眼否？

白首孤危甚，悲君觸駭機。何堪旅盡逆，即欲遁難肥。朝罷傷衣赭，夢回悔着緋。自安真有術，立意嫁人非。

塵土何年了，爲文以自怡。高吟冰雪句，寄和金焦詩。匏繫閒園老，蓬飄大塊吹。歸休苦不早，那用合時宜。

鄉居分兩縣，止隔一河梁。車斗難量載，粃糠苦簸颺。悼亡敲古缶，愛少弄新璋。悲泣雜歡笑，蝸廬恣洸洋。

一的集千弩，寸心萬慮攢。非遷已是謫，有守卻無官。未得閒拖履，難容早挂冠。蔞蒿沾水爚，尚復念吴酸。

重聽寧相礙，腐盲世孰倫。十年堆積貯，一手放陳因。在後鑒前轍，從新指舊困。長安羈縶久，誰爲爾傾身？

辛苦黄沙路，儃佪碧樹秋。司倉空守府，借箸慣持籌。送舊幾人去，出陳六載留。故山今有約，驢背拽歸舟。潞河船多用驢牽。

依韻荅謝六律　汪浩然

羈縻將七載，跬步即危機。骨肉久秦越，親朋漠瘠肥。排牆無皂白，得路有朱緋。虎兕曾歌野，應知吾道非。

元白多遷謫，心期各曠怡。郵筒無異調，尺幅若聯詩。給諫數貽詩，兩地賡和，每多同句。秋氣淒同感，春風豔别吹。休休亭久負，非是昧三宜。

罷歸奚足異，疲豈爲津梁？在塞匪躬瘁，寧饑耻飽颺。舊僚操斗斛，新任綰銅璋。今日大方在，寧無嘆望洋？

倉門一席地，長日羽林攢。百萬放同吏，五年前是官。紫宸瞻北極，白首泣南冠。功罪何容冀，旁觀只鼻酸。凡禁旅領米者莫不爲予歎息，甚有泣下者。

君健翔高翮，吾衰敢比倫？許丞原乞罷，巷伯豈無因？出世宜丘壑，前生欠廪囷。倘逢圓澤問，現在此危身。

瓊報方初夏，鴻來又杪秋。給諫一年三惠遠札，前後詩二十餘章。寸心懸末弩，千里耿前籌。積貯問餘幾，羈棲慰去留。舊交徒海内，誰負壑藏舟？

五更出慈廕寺門口占

未曉車騎先絡繹，羈人早躡遊山屐。何山山翠染茅檐，城柝菴鐘聲合拍。

同僧文璽過門頭村宿山麓

坦步尋西麓，門頭第一村。佳城傳馬冢，精舍聚鷄園。選柹充新茗，摧枯煮晚餐。浮空横碧靄，住處得翁源。

舊役從楊侍御止齋邸中來備陳侍御艱窘狀亦佳話也詩以懷之

行行齋馬可能肥？馬不秣豆謂齋馬。幾次囊封入禁闈。煮菜充饑疏肉食，僦錢出質及朝衣。烏棲柏樹南牀近，霜布蘭臺白簡飛。縱是孤危終際會，無虚老友盼巖扉。

山中得胡中書鹿亭手簡及適可軒詩憶公車初入都同先尊道南光禄公宿滕公寺今寺尚巋然無一僧司香火感賦二律寄鹿亭

曾共西山采石芝，攀登遠憶少年時。交深暫入淮南幕，公司鹺兩淮，延予入署。耆舊長傳甬上詩。公録刻四明先輩詩成集。父執漸由非畏友，臣清嗣質有佳兒。朗吟新句尋陳迹，泉下樽前繫我思。

四松垂廕老猶存，尚覺空王氣象尊。立壁劃開鷗鷺影，砌蟲叫破薜蘿門。雲堂久閉殘僧去，箋版虚懸獨座昏。簌簌褰帷吾友在，傷心舊事向誰論？

王子白民設帳都城懷我山居有今夜分看何地月帝鄉不住故人車之句即用原韻簡報

巖棲無伴舊交疏，三管隨來日校書。坦坦履幽荆棘絶，冥冥息影網羅除。百錢自挂常攜杖，長鋏空彈可有車。莫侈帝鄉秋月好，平分一半到僧廬。

住萬安禪林四絶 俗名黄公菴。

長楣廿載不支門，待我來修見一軒。羡爾山僧無事事，困眠饑飯過朝昏。寺門晝夜開者廿載。

明光熹間，有隱君子建軒于萬安寺，左額曰『見一』，久廢。予新之，爲往來居停，始用門楣啓閉。

禪林結架即吾廬，薙髪垂髿共一初。晨起窺園樵汲罷，閒窗又課髫童書。

山嵐斜入佛龕青，接竹量松上石亭。亭外鷯鷯羣整翮，齊飛喧聒下雲汀。

何人鬡髾唤南菴，謦咳流香到碧潭。願服長松修妙藥，皮毛不爛普明龕。

小飲見一軒山嶁

無數峯陰度酒巵，勝情勝具勝兒時。龕前美蔭垂雙蓋，兩松千尺挺立，山中僅見。檻外浮空立一錐。八里莊塔當前。涉澗排碕狂曳踵，啼煙嘯雨冷侵肌。舞筵落葉隨僧散，石蕊花叢任指麾。

遊延壽菴鮑宮監墓極弘敞

清曉躡雲岑，秋意滿晴壑。煙靄馬前迎，鞭箠判叢薄。迴複景萬殊，投閒暫棲泊。空堂佛面昏，塵埃暗瓔絡。化城傍佳城，磬珞窮疏鑿。銘功署穹碑，瑺焰太薰爍。官民恣攫拏，何惡不可作？此心忽冷然，石泉奏天樂。山僧茹葷辛，客子甘藜藿。揮手謝時賢，世味無可嚼。

從見一軒徑路直躡山巔

早尋禪寂入香林，夾路秋陰窄徑深。白幹鏤花張翠幕，丹楓積葉布黃金。流泉噴玉鳴天樂，飛籟哦松鼓石琴。立馬看山山萬疊，暫移半榻憩嶜岑。

獻櫻 有序

寺園遍植朱櫻，立夏前御尉取以獻新，每顆給錢百。然如時而實者亦止數十顆耳。特記其事。

千株朱實曜林皋，珠貫星繁緼赤膏。爲道年年三四月，百錢一顆進含桃。

夜坐山樓受僧心朗齋供

銜葉覆霜翅，晚飛鶩鷓鴣。山空萬籟寂，月冷小樓孤。磁勺評茶荈，土銼茹瓠蘆。絶無陶陸至，一笑亦堪圖。

坐石聽泉僧佐賢設供四絶

魚敲曉梵清，馬踏霜華滑。翠靄半空收，稜稜露瘦骨。

靈泉石縫穿，坐石數雲片。松古草長青，空濛呈萬變。

何處傳聲響，泠泠出伏莽。洗吾芥蒂胸，千古此心賞。

逢僧僧借榻，茶餌充觴榼。何地打包來，容吾早挂褡。

香山寺二律

幾曾牲玉列西封，荒隧殘垣緑蘚濃。半壑鐘魚傳梵唄，孤僧杖鉢踏雲松。奔泉落響尋丹井，積翠凝光簇乳峯。石磴直躋王奈苑，浮空煙靄變山容。

喬松夾路覆流泉，香界盤虚一徑穿。貝葉曇花傳白馬，慈雲法雨覆青蓮。風幡自動空壇浄，瓢笠長隨疊嶂遷。趺坐深陰翠靄裏，脱然世網得枯禪。

坐棋盤石題句

仙家坐隱亦争奪，頑石何曾知死活？爛盡樵人幾斧柯，何勞入局聯瓜葛？

卧佛寺

層巖夾磴路，小竇出泉香。古檜千章老，娑羅雙樹光。吾將苦跋涉，佛亦疲津梁。坐卧多奇賞，石盤數丈方。

長嘯倚空碧，閒攜一石鐺。雲奇峯崫崒，松老架縱横。分到憂埋地，離來騷問天。窮吾目力處，獨鳥破山煙。

遊洪光寺有僧南音譚許刻知是吴人字自求爲解山和尚高足

碎路蜿蜒曳足遲，聲光觸處我忘疲。暫持禪偈遊緇社，得備將迎對赤髭。一座毗盧千佛繞，九盤鷲嶺萬松滋。法分南北傳心印，今日迦衣更與誰？

苦行頭陀願修廢寺勖之

托鉢僧行脚，隨緣無住著。莫悲瓦礫場，有時工丹雘。

碧雲寺二律

巖房竹嶼繞花汀，萬緑深深蠟屐停。眼下今人來古寺，案前舊衲譯新經。亂峯拜石除袍笏，細水通流洗鉢瓶〔一〕。中涓多金揮不盡，樓臺紺碧阨山靈。

石溪齒齒淺深沙，天翠遥迎谷口霞。鶴錫雙棲争岱麓，葉花競秀畀袈裟。梵王近闕宜莊麗，羈客隨僧亦静嘉。權豎當年殫土木，慈悲不羡爾豪華。

登碧雲寺巔歸時觀魚池上

放眼皇居在，平疇百耦耘。巢喧將宿鳥，石泊未歸雲。輦伏禪關肅，山泉御苑分。誰投橋上餌，魚樂自爲羣。

新　寺

碧甃紺林六十年，寺建自崇禎初年。峥嶸翁仲卧荒煙。生初原未安絲縷，死後何須錮石廛。巨刹長鄰宫監墓，高流近入御溝泉。齋鐘法磬無休歇，戒定堂中默照禪。

新寺高樓眺御園作

霞衫雲紅簇曙暉，苑牆咫尺覲天威。禪關最上瞻黄屋，客屐難前避綺扉。攢鹿崟峨遊麌麌，恬鱗瀺灂戲微微。秋深舞葉浮橑外，山嶁時揮玉帳旗。

晏公祠

松塀堪枕藉，絶壑水拖藍。三教苔龕合，五經石室函。鼉龍聞梵放，魚鳥與禪參。天末雲波泛，心空歇晚驂。

曉登龍泉廢寺山頂

捷足空盤屐屢遷，藤蘿礙路互縈纏。覆焦夢斷藏隍鹿，焚石心驚突隙煙。時隔山茅舍一炬，可憐。懸溜激湍哀澗畔，大星送曉晃峯巔。恍同卅載遊黄海，躋勝何曾減昔年？

宿弘教禪林

絶頂蟬關路屈蟠，雲開半麓萬峯攢。何人擁錫黄金地，有客攜筇白玉欄。月魄淩空寒石骨，苔紋引緑補山瘢。隨時齋粥躭閒寂，煨芋圍爐對懶殘。

遊東麓望御園不敢近玉泉金山諸勝歷歷在目長歌記之

林麓蒼黝絶塵滓，匹馬閒尋不肯駛。商飆故向凸凹號，吹落霜楓半天紫。浄土香臺到處幽，翬飛岌立千崖裏。丹青金碧空中浮，古洞谽谺水迤邐。覺花慧草呈靈奇，懸螺擁髻何秀峙。半壁嵯峨摩穹蒼，雲幕霞城屯樹壘。山開復合青泥凝，那得仙緣服石髓？鵁鶄鸕鷀高下棲，葭菼菱荷雜蓀芷。跳珠碎玉引縠紋，磷磷齒齒更瀰瀰。穿鑿雕鏤最玲瓏，反失天然丘壑美。翁仲崢嶸齊分班，老僧指點誇華侈。勝國舊事逐春花，多少熱心冷如水。深隧荒榛羊虎眠，垝垣殘礎盡廢址。飛泉裂帛石滲金，遊人不敢移杖履。秋蟬聲急催槐黄，翠叢綺陌横墟市。

贈山中老圃

塢收兼谷採，藜糗日羹唅。雞犬逢人傲，桑麻着雨甘。霜横荷蓧杖，雲滿摘疏籃。灌溉歸來暮，看山不厭貪。

偃　松

千年砢磊傍嵯峨，愛爾菁葱雨露柯。老大難容空曲折，青蒼欲滴漫婆娑。蜿蜒出蟄振鱗拆，偃仰迎人按頂摩。響落山濤哀萬壑，靈巖趺坐日伽陀。

靈鷲寺遠眺

騁望天全闊，平皋獵騎回。雲深孤鳥没，樹杪一僧來。踵踏膝雙聳，頭童心半孩。山坳何處刹，煙外暝鐘催。

過杏子口

丹林殘照逼，是處吐奇葩。絶岫雲爲幕，深山寺即家。柏交留徑窄，石破溜紋斜。樹樹繁榛栗，傳餐手自撾。

從善應寺登盧師臺半嶺作

緩轡入嵐光，瘦影摇秋樹。菁林隔谷鐘，香雲覆法雨。梵相博换奇，玉佩雜繡黼。古佛不踟趺，危坐習中土。出寺轉坡陁，又過一雲塢。肅肅楸槐路，離離瓜芋圃。老檜逼空青，怪蔓挂蒿柱。崎嶇縈石梯，飲澗奔猰貐。崖罅紛珠纓，泉紳散萬縷。滑瀉聲泠泠，漱齒出其齵。此中絶駭機，牧豎不吾侮。繁響萬山來，仰天弄松麈。

過善應寺寺僧索題廡下羅漢口占絶句贈之

豎拂拈搥全指點，破柴踏碓盡心傳。昌黎海外無知己，亦復留衣别大顛。

秘魔崖

絶磴盤旋入窈冥，竇泉清滴聽泠泠。舟痕尚識東西岸，雲氣常隨大小青。大青、小青，二龍名。亂石叢中雙繫履，一株松下獨繙經。莊嚴梵相傳遺製，露坐空天擁繡屏。古佛、阿難、迦葉三像，唐天寶遺製，今坐風露中。

過盧師山到龍潭作

巉巖疊嶂何巀嶭，千墟百雉塵數撮。虚空翠靄上下翻，半塢鐘來高樹末。捫蘿誅棘躡層巔，去天一握天光鮮。縹緲幢幡净色界，洗耳深湫枕流眠。蟬聯鵰剪山起伏，足音止處聞琴筑。泉簾低垂挂千珠，層軒飛閣慈雲宿。

重過表忠寺感賦

是處貂璫冢，巋然俯梵宮。錐金疑電發，髹綵厭雷同。舊衲遺雙塔，重遊剩一翁。昔日同遊諸君子俱作古，僧亦不存。瘦筇吾不用，贈爾起疲癃。寺中老僧朝鏡不能從行，以筇遺之。

寺門蟠松

風雨任催殘，甘心老屈蟠。扶摇不肯起，總是怕高寒。

喜老僧佐賢新來住持滕公寺

古樵林落下，喜爾尚敦龐。竹翠分懸瀑，山嵐渡斷矼。鷗梟翻貝葉，龍象守纓幢。爲嘆勞勞者，蜂鑽故紙窗。

予囑抃孫南行未得進庚午北闈痛哭山棲詩以勉之

纔離襁褓甫成人，未試憤歸氣益振。小子名心無太熱，幾多老學半邅迍。

徹姪副榜報至寄以二絶

三載燕山苦騖馳，何曾絳帳得師資？雖然未備充庭物，也傍秋叢挂一枝。

猶兒最愛仲容能，試罷居然列宿應。母出山中甘小草，英聲看爾再飛騰。

王宛先孝廉訪予萬安禪林信宿還都以七言十絶贈行

關上征衣未掃埃，曉星驢背幾程來。秦庭何處尋張禄，叔也能寒賈莫哀。宛先易姓，入籍遼陽。

分手京園更四秋，鹿鳴傳宴最風流。漫漫沙路單衣冷，可記當年出塞愁？

從來嘗試孰成功，拚死驚休苦砥礱。轉睞冬餘餘幾日，看花上苑待春融。

坐穿木榻住遼東，藺足重關亦自雄。念我深山無舊伴，遠尋殘靄亂菁中。

乍領聲容異昔時，江淮拔萃久心知。高吟麗句如霞綺，弁我遊山半月詩。予燕山秋吟，宛先四六爲序。

五更魚鼓趁天光，小缶煙霏菜粥香。雲外丹梯高萬仞，攀躋未及莫飛揚。

師弟無家兩苦饑，傳經那得絳紗帷。向南泣血空中灑，嗣子零丁待解推。宛先同業師侯薇屏就館吴陵，備嘗艱苦，辛酉爲予賞拔，始入都門。

一枝棣萼傍鴒原，萬里鑾煙老弟昆。拜表相依來輦下，團圞兩姓話寒温。宛先令兄入家弟靖士粤幕十年，聞今冬相隨拜表入都。

蟬脱西巖久絶聲，正當閒處着餘生。喜人入彀憐兒子，空自嘔心泣短檠。宛先與三兒景行莫逆，兒削籍後仍杜門湖上讀書。

赤蟹輪囷佐濁醪，團臍已擘復持螯。别來多少傷心事，譚到更深續玉膏。

玉華别院

諸峯迴合裹禪房，三面朱殷對石牀。初瀉寒泉沙路白，深藏叢桂苑花黄。寺内收藏御花有洞。

昔年香積分中貴，今日清齋缺十方。榆柳參天聲夾道，橋南潭北盡王莊。

俯瞰金門隔莽蒼，灌叢離窖土生香。聲傳磬響尋花路，日冷松陰覆竹房。噴石清流摇淺碧，盈疇晚穗卧深黄。赭林到處山顔醉，我亦澆胸舉一觴。

遥奠張子韶 有序

庚午秋深，予棲息萬安禪院，兒景行家問以子韶訃音報，予賦詩代哭，六載交情，盡此二十四韻中。子韶有靈，當鑒我哀忱于泉壤也。

辰秋潞浦兩分岐，遠别停雲幾詠思。半世磨研難問世，多時篆刻反違時。交高勿用妍辭騁，心巧徒爲拙目嗤。予觸雷霆誰可告，爾輸肝膽獨相披。霜簾雪牖年長逝，月窟風檐數屢奇。小子髫年羣受業，姪景徹、兒景行、孫繼抃俱列門下。老夫一日愧稱師。夜光乍現珠投劍，桂魄沉埋鏡蓋巵。脱簡陳編眉不展，吞聲茹嘆涕常垂。屏居直欲追張載，過界頻來見趙咨。戊辰避迹蓼莊，子韶時來慰問。芒屩亂山容縱佚，蕭齋四壁苦貧羸。友吾于昔真吾友，知我之深勝我知。漆闥養疴東海岸，緇林遁迹北巖陲。時羈息燕山，子韶訃至。千絲爛斷含香死，三刖刑餘抱璞悲。月冷空閨勤藥餌，病憐久卧損膏脂。緋衣晝勃窗中氣，布被斜遮牖下尸。風雨夜臺傳鬼籙，煙霞古屋撤臯比。子韶同兒讀書處。譜經曾記無功述，子韶和予酒政篇，爲時傳誦。銘頌寧慚有道碑。鳶蟻争餐何厚薄，荀楊淪没自醇疵。寄樽沃酹三千里，奠酒濘汙五尺陂。忍飾黄腸藏穸宅，願乘白馬踐喪帷。夢尋蹊路寒藤挂，愁聽山陽短笛吹。蘋藻待歸雙稚女，子韶四郎爲予姪充思壻，三郎爲予子景行壻。琴書早付四佳兒。懷縑未弔號茅絰，執紼纔揮淚綆縻。屬纊遺言遥念及，燕山越水隔天涯。

同抃孫過海藏寺方丈

升虚穿石瘦，到處歇伽藍。疊砌成廬冢，燃灰建塔龕。糲餐猶努力，一味亦分甘。鍊就山癯骨，無幽不可探。

登畠菴絶頂

山山蒼翠擁層樓，叢樹掩圍洞壑幽。石甃華蟲傳古識，木埭丹堊守荒丘。葱菁落蔭枝盤架，莽蕁横遮水伏流。俯視京都塵幾聚，碧空香霧海天浮。

深巖一衲寢食此中五載叩之不應知其矢念靡他也識之

默坐静諸魔，起居巖曲阿。苦鑽石可透，成鏡磚難磨。叢桂堆金粟，飛泉挂玉梭。法門原不二，心賞止維摩。

早過後菴

碧洗秋山浄，空天宿霧披。清湍穿石巧，陰洞出雲遲。蔬徑斜停鷺，茅檐静伏鵙。千峯隨指顧，對此樂羈縻。

歷覽證果龍廣諸寺吴公攜榼至同宿清涼禪院

振櫂秋陰裏，煙嵐第幾重。滄桑千劫火，南北六禪宗。寶座誰揮麈，空門亦築墉。剎內竟有作住宅者。人迷紅葉路，寺隱碧霞峯。静諷繙清唄，横撞拭巨鐘。祇園十笏得，瞿舍五燈逢。默悟豎吾指，真參豁我胸。旛幢大内賜，碑碣勝朝封。猶説行宫駐，難留御輦蹤。連屏開鷲麓，匹練挂鴻溶。雲覆豢龍鉢，烏棲護駕松。眠鷗分客夢，聚鴿減僧供。戰野鳴三籟，争秋泣亂蟲。驅鼯摘熟果，逐鹿取新茸。墓域成高壘，緇流作老農。山腰穿線縷，谷口響笙鏞。古塔風鈴語，嘉畬石碓舂。瀑飛寒玉濺，日麗碎金鎔。鳥下乘牛背，沙深印虎蹤。老藤纏壽櫟，絶壁瀉驚淙。何處施矰弋，免勞設網罿。猿哀相叫嘯，魚樂任唅喁。訪舊扶筇至，問奇載酒從。燒燔充餌餅，敝緼代紉縫。吴公攜榼至，見予衣敝，即爲補縫。巖壑渾無恙，攀躋不復慵。歡然方外契，杖履得從容。

憩巖刹疲甚得家郵有感肩輿而還

崖仄無人迹，妙聲演法筵。倦欹危石坐，醉割片雲眠。家既散千指，吾終老一廛。家郵謂山僮以無食四散。心虚減脚力，急唤筍輿前。

憩小天寧寺過午吴公喜飲山半壺欹酒傾代爲惋惜

疲馬難躋暫解韉，僧樓借榻對山眠。峯顛亂落磨鋋石，谷口長漂裂帛泉。磬定時聞齋後偈，樽空不入醉中禪。折茅鑿壁誰家屋，幾處銼鑼簇午煙。

登圓通寺 舊平坡寺最上，里許爲寶珠洞。

干霄老樹萬枝繁，遠蔭巖泉觸石喧。碧漢蒼岑多少寺，白雲紅葉兩三村。牀前雙髻龍供役，山囟千饞鬼築垣。一飽分來僧鉢飯，饑烏近攫下經旛。

戲答牧豎

芒鞋信步出山嬉，牧豎問予何所攜。止此一身無長物，前年賣盡舊猷癡。

坐翠華亭

本來性相自如如，棲迹空門禮體疏。祇覺香光圞色界，絶無塵土染衣裾。法筵何日呈龍象，經藏多年蝕蠹魚。松幹干霄陰蔽地，羊腸鳥道上精廬。

勝水寺

横絶逼天柱，盤紆幾路灣。晴虹飲古澗，磊石壓童山。碧落紺宫外，翠微黄葉間。幽尋隨地好，不復計榛菅。

過功德廢寺

輦路空傳說，焚餘剩一丘。殘僧支被寺，舊雨作新秋。聲影争迎馬，沙痕細狎鷗。板菴勸募使，尚能跳躍不？

從中峯菴而下歷慈應崇壽宣化諸廢寺作

獨曳笻枝上石梯，巉巖下壓寺樓低。幾多碧水蒼葭路，半在青門一徑西。
昔日精藍一個無，空天何處覓潛夫。碧巖紅樹秋屏裏，背手斜陽看畫圖。
泉咽鳥啼過塢深，遥看輦路入煙岑。攜來箄籧饔餐足，石炭初燃溉釜鬵。
露濃曉布濕荆榛，踏石穿湍走緑筠。最是傷心秋老日，萬山風雨一羈人。

遊法海寺僧龍宇留齋

領略雲林意，霜高看綺叢。畫屏堆繡繪，秋色放春紅。六葉敷金地，四山繞夢中。寺基因夢山環繞而建。幽尋入淨苑，蒼翠鬱巖巄。

寶相金咨地，窮泉朽壞隈。松仁猿攫取，霜信雁傳來。客供分香積，山炊掃葉堆。緑池堪澡漱，早已絶雰埃。

渾河

渾河即桑乾河，悍湍怒濤，長落不測，人行板橋多目懾足慄，山遊畏途也。過橋二里許至棗園，爲桃源村。村前有洞，是昔人避兵處。時秋水忽漲，予臨河而返，未詣其勝，以五言三絶記之。

蕭晨方霷霸，大地爲之晦。高足跨危津，退難進亦悔。

急流翻赤雪，洶湧漢津傾。爲問南來者，何人敢獨清？

沸聲摇兩岸，動我望洋歎。問渡無漁人，花源從此判。

由木市口登翠微山憩承恩寺

層層丹碧上，鏤刻起玲瓏。挂壁斜醺麗，簞山萬葉紅。馬蹄難駁踏，鈴舌漫丁東。飽喫胡麻飯,緣崖剪棘叢。穠纖蔥薈翳,列剎亂紅遮。承瀑敲新火,分光咀斷霞。儀來金粟影,出現優曇華。飛挂何方錫,棲遑是處家。秋谷蒹葭老,誰爲宛在人。重喬垂晚實,五粒出新仁。山步藤爲杖,煙炊石作薪。悄然雲水外,止剩一僧親。落日澹林塢,浮雲翳帝畿。雙峯開畫幌,列嶂擁屏幃。廣殿劖山骨,清泉浣地衣。身心躭一寂,寧復習脂韋。

廣應廢寺

大殿千楹食萬緇,今朝一衲缺晨炊。石泉長洗空山骨,那得松陰覆碧池?

石景山題壁四絶句

重陰布靉靆,石氣團青靄。縈棧踐藤梯,空天起磝礌。

竹柏雜成林,天空上下深。默然無一語,谷鳥逐人吟。

絶壁晴雲裊，孤僧行木杪。不知山幾層，樵唱落天表。
盤餐供筍蕨，諷誦拂栴檀。坡谷留佳句，秃筆寫巑岏。

登金閣寺 閣在石景山絶頂。

人方成天巧，虚靈久鑿頑。渾河翻濁浪，白塔踞蒼山。塊石穿千竅，横空竪一鬟。孤危能不倚，突兀穹蒼間。
清商迫素節，客興亦凋傷。修嶺松標秀，迴陂蒟蒻香。雲羅低補衲，石角亂褰裳。歷覽無停屐，宵鐘扣上方。

山中日食糲餈寺僧忽以玉泉新米見餉索詩題見一軒壁即事四律

窮秋黄落倍酸悽，僧鉢分來半糝藜。翠柏幾層山徑僻，白雲一塢寺門迷。叢林久絶饘䊢伴，岧嶺時來鶴錫棲。龍樹馬鳴開慧日，法雲爲我覆新題。
閒來静覺碩人寬，井渫斜通灌藥欄。白粲新春吹玉粒，紫瓊初獻織霜紈。空巖石墜松撑柱，半塢雲封路曲蟠。長日共僧分一榻，看搴柿栗繫黄團。

秋來別我我心驚，撚斷吟髭又幾莖。峭壁深苔呈繡繢，空巖細響奏竽笙。餘齡作客猶依寺，白首爲僧不到城。正值寒霜初降候，豐山昨日九鐘鳴。

兩載梧陰隔獸樽，蠅聲空自泣虞翻。雲蒼雨碧娱羈旅，雪白山青静夢魂。『雪白山青』題額至今尚懸西山佛堂。涕唾初離成永落，形神俱寂植深根。我生故態猶狂甚，匹馬高吟過野村。

散步萬安山麓

半空峭崿立森森，岫幌雲關已倦尋。午夢未回桐影轉，赤黄斜射采淪陰。

金山口

危崖牢搆屋，砌畔聽蛩秋。老圃饒瓜瓞，深山半癭瘤。土垣移石甃，玉水入金溝。旅行無一店，爲我裹乾餱。

經舊果園

卉腓誰問種，莫辨雜花名。雁去書難繫，鷗眠夢不驚。賞音時選石，坐隱不推枰。叢篠深菁裏，雲堂出梵聲。

山中馮編修懿生書來以詩簡報

半嶺遥傳驛使梅，啓封乍閲旅顔開。湖山有夢還三竺，冰雪無緣到五臺。夏間欲遊五臺，肩輿已具，因小恙而止。最喜酣遊愁日落，不嫌遠簡怕人來。板輿久御家園裏，那復馳情紫禁隈。

四弟俊士齎晉表進都過巖棲别予回署四律贈行

至情不可耐，别淚已雙傾。存殁談耆舊，賢勞念弟兄。時端兄自平定解餉方旋，靖士弟將齎粤表至。連牀三日卧，匹馬萬山行。長記禪棲地，石泉瀹茗清。

努力戎裝肅，三旬自裹糧。征魂旋舊市，馳驛返平陽。俸薄銷殘日，官閒守十霜。妻兒何足戀，白髮老高堂。

馳驅十日路，拜表入長安。雲半雁行斷，山空節候寒。吾衰宜澹寂，爾話更辛酸。傷五弟畋、斂二姪之殁。寄語諸兄弟，乘時莫挂冠。

進朝傳釋褐，空染御爐煙。乙丑武榜，四弟先報鼎甲，乃傳臚第二。黄白家山隔，瘦肥手筆懸。弟善書。頻揮風樹淚，獨耐雪霜天。莫苦多累累，誰來繞膝前？

遁迹山莊久與世絶君弘黄子將令叔仙壇使君命遠至予復通音問於都下詩以誌愧並簡復之

静看長鬐舞柳梢，雁飛晉木落衡茅。遠分裘葛宜冬夏，使君以狐皮纖葛見遺。卧理湖山玩卦爻。交有爻峯、卦嶺。千里相思難命駕，半生未面止神交。予從未與使君會面，手札時及。自慚一矢驚猿鶴，蕙路塵深岳獻嘲。

山莊丙夜得王子白民手書兼寄和詩仍疊前韻簡報

甕牖霜花結綺疏，重燃宿火展來書。放歸四載猶羈旅，閑坐荒庭不掃除。可記寒溪回剡棹，白民欲從予舟南旋，以留館都門不果。長思薄板出關車。白民同抃孫乘牛車就試居庸。醉呼勃海隨行幕，長者何人是濕廬。白民居停龔樞部邸中。

載次前韻寄復　　王治皡

老逐風塵旅鬢疏，經年兩得細行書。其如鑷白懷人遠，無那郵詩竟歲除。颯飄天涯傳藥裹，蹉跎封事指征車。登臨安石寧辭費，準待春明就直廬。

簡報汪棣園太史

獨着吟鞭嘯九秋，暬岑邃谷任宣遊。文何雋永精心出，太史房稿爲世傳誦。老更清狂故態留。羊虎踣空悲石甕，耶律丞相墓在甕山下。桂蘭燕好試瓷甌。高樓百尺君高卧，誰折修篁作葉舟。

恭賦趙太夫子燕山秋吟

門晚　汪　薇

晴山萬疊薊門秋，獨許高人汗漫遊。鹿夢久忘蕉葉覆，鴻飛那更爪痕留。孤村倚仗逢霜樹，野寺題詩對茗甌。回首金焦煙水隔，應憐白露滴漁舟。

坐飲石上寫意

空濤翻半壑，隔水奏篪篢。舉斝傾酇白，周禮酒正注：「酇」與「醝」通，即今白醝酒也。臨池寫硬黄。窺人長割席，遠客久移牀。飲啄易爲適，何勞假羽翔？

予憶諸同垣有詩相如何都掌垣次韻遠簡奉答一律

六載囊封帝語温，諫坡直上獨匡言。桐鄉遺愛傳黄耇，梧掖一星傍紫垣。東閣風情長不歿，老臣器局至今存。庾亳薦何次道器苟足副老臣。前年遁迹藏春塢，時過三山訪舊園。

寄懷趙老掌科年世臺　　京江　何金蘭

行蹤何處話寒温，玉尺傳來重一言。選勝題詩鎸北固，懷人回首憶東垣。浮沉無那紅塵軟，聚散肯教白眼存。舌在賜環應不遠，莫因惆悵賦梁園。

獨詠山阿久絶塵想家少宰書來有身隱焉文語聽流泉活活嘯歌復不能廢即事發興一律寄復

雙丸晝夜擲巖西，半載羈離笑語暌。信脚踏紅雙不借，傾頭呼白一偏提。身名俱隱文焉用，入俗渾忘古與稽。石畔泉喧心愈寂，長箋過眼付詩奚。

重陽登見一軒山樓作

佳節何曾載酒肴，一筇直上撥藤梢。觸羅願遂蜘蛛隱，剪舌空離鴝鵒巢。那有催租人敗興，任從落帽客貽嘲。滿林秋葉初堆錦，似杜鵑花發晚苞。

萬安山寺題壁

樹杪飛晴瀑，空中挂絡瓔。人同濠上勝，池比習家清。鳳髻雙鬟擁，牛蓑一笛横。窮猿攀絶巘，長嘯二三聲。

古刹人蹤絶，香煙暗佛瓔。逼霜鷹力勁，挹露蟬音清。半偈緇林諷，一枝白氣横。光天何處雨，石磴漱松聲。

次韻報孫古喤傳臚代簡以悉近況

恩放歸廬將四載，秋風不復憶蓴魚。蘳蘳早整回船鼓，碌碌宜乘下澤車。從此不須投縞紵，而今止合伴犁鋤。遂初有願同公逐，煙蔦雲松共卜居。

羈人南北無拘繫，萬頃潛波縱涸魚。緩步何妨隨蠟屐，徐來不復困金車。養砂候火時安鼎，耨月耕煙自把鋤。撒手浩歌辭世網，深山猿鶴守茅居。

原　唱　　嘉善　孫　鉌

廿年不見恒夫面，水擊常飛南北魚。三載糾彈時對仗，兩河巡歷獨登車。抗言國是非援黨，感激君恩自荷鋤。若泛扁舟相問訊，垂垂白髮草堂居。

先生矯矯雲間鳳，賤子悠悠濠上魚。少不如人曾負弩，老之將至久懸車。草堂每愛忘憂植，花樹仍將非種鋤。公是安西清獻後，還將琴鶴伴閒居。

別西山朝鏡佐賢心朗諸上人

糲粢同玉屑，一飯互招邀。折阪垂瓜瓣，長鑱種藥苗。羊腸盤樹杪，馬鬣簇山腰。三月羈棲客，甘心耐寂寥。

空翠延蒼壁，精藍隱石叢。留衣別海上，解帶鎮山中。峭澗千秋雪，敦丘一畝宫。鹿門採藥去，不復見龐公。

次韻簡復王濦廬 有序

予山棲江泛，行止尚得自由。今寄迹西巖蓼莊，閉户高吟，蠲憂忘疾，絶不作歸想。自來受累親朋，兹以辭謝親朋爲快；半生不暇眠食，兹得從容眠食爲安。無求此世，不忤于人，正樂之不疲耳。濦廬雖貧士乎，然田園未荒，衣食粗可自給，乃長羈北道，依人作客，而又無耑主，年近懸車，心同轉轂，殊未見其可也。予次和二律勸歸，四明山水可樂，胡自苦京塵而不覺？若謂予以己之所不欲者强濦廬，請以質之竹垞、護城、蘅圃、鹿亭、貢山諸君子。

山雨寒吹曉梵鐘，繡屏萬疊翠重重。不因屈作求伸蠖，終用潛爲老伏龍。慢世長卿游已倦，鑿山康樂興方濃。莫將老淚揮塵路，赤堇空蟠舊徑松。

行無人處一聲鐘，知落空山第幾重。正在提壺傾緑蟻，卻來拄杖作蒼龍。登樓四望歸思減，懷刺難投客恨濃。鄮下應劉零落盡，誰爲東道卧雲松？

辛未秋日寄懷恒翁老先生正

慈谿　王治皞

薊丘聽徹曉霜鐘，目斷驚飆雲樹重。爛熳英華真繡虎，沉冥蹤迹是神龍。幾時草閣青尊共，着處名山詩興濃。攜杖臨風衿珮遠，銜情清切倚長松。

林卧遥集

林卧遥集敍

裴逸民著崇有論，樂令不然之，世莫有定論，予以爲皆非也。夫有之不可執以爲有，猶無之不可執以爲無也。如以爲無，則當前者固已有物矣；苟以爲有，則我有物，而物又有有乎？我者遞相有，至於不可勝計，而究孰得而有之？必有之爲有，是商王之寶玉衣也。必無之爲無，是梁、陳二主之買身也。不亦大惑乎？君子知夫天地古今皆寄也，故其心亦常寄之於若無若有之間，動静消息，恒與造物者游而無有能窮之者。

余與趙恒夫先生交垂三十載，迹其生平，殆寄心於若無若有之間者乎？辛未七月，余再入都門，見先生自西山和答于章雲中翰四律，偶和以寄正，先生逸興湧出，更端盡致，至十疊未已。浩瀚離奇，若長江之出三峽而下也；若夏雲之遇風，層見迭變而起也。且遺書曰：『近詩與頗豪，即百律無難。』亦雄矣哉！余嘗謂古人和詩，大都和意而不和韻，和韻之來，盛於中、晚。顧三復先生詩，韻艱而能易，章多而能變，體極純而思彌放。其於山川景物之所觸，歲時物我境遇之感興，無不歛之韻内而躍出於筆端。技至此，僚之丸、秋之奕矣。雖然，世未必知先生詩；即有知焉者，亦未必知先生之所以爲詩：蓋先生無所不寄焉者也。先生少志經濟，其在晉，深謀積慮者六七年，卒爲國家除西鄙之隱憂。甫入省垣一期，而被論去國，人咸爲之惜而先生澹然忘之。先生故籍新安之海陽，已去而西湖而當湖而苕溪、真州，隨所之而安焉。先生好合既翕，子孫繩繩，極天倫之樂，顧别營林泉於京師之西南郭而居之，若將終身。既忽復遁迹於西山無何有之鄉，登降咿哦，得一韻疊和不已。彼其心，初不見有韻也，亦豈見有詩乎？寄焉而已。唯以之爲寄，故我能窮韻而韻不能窮我也。嗚呼！入乎仕宦而以仕宦爲寄，生乎桑梓而以桑梓爲寄，樂乎室家，逸乎丘園，而以室家、丘園爲寄，若無若有，遇焉而不留，渾然而並化。其於是詩之疊韻乎否乎？余不得而知之，即先生亦不得而知之矣。

吴興夏駰宛來氏拜題於都城旅邸。

予讀黄門趙先生林卧遥集，不勝慨然而歎，蓋歎人之汩没於富貴而不知返也。皇皇焉日從事於車塵馬足間，曉鐘初動，夜漏已沉，猶不安枕貼席，則雖自己面目，尚不知其何如，而暇一嘯一吟，吐性靈於風雲，暢寄懷於花鳥哉！而不知此其爲大夢也。夫人一日間，何時無興會？何時無懷抱？何時無性情感發？而俗物敗人，悼喪一生，雖復醉飽宴樂，反之一心，毫無自得之趣，不大可哀也哉！

先生負豪氣，初宰晉陽，平交山百年逋寇，至今俎豆三晉。久歷農曹，大農相倚如左右手。及御試入諫垣，丰采議論，直聲震天下。未幾，以河案解組，先生歸田掃迹，籃輿蠟屐遨遊山水間，所至輒吟哦徜徉，若將終身焉。無日不樂，無樂不詩，固非戚戚於順逆得喪者可同日道也。

今天子以河臣特薦召用先生，先生雖捧檄出山，仍塞實高吟，不聞户以外事，乃復出其生平之奇，寸錙累積，以四韻疊至六百餘律。言無複意，句無疊見。標新撰異，發前古所未發，是可知天下之才原無窮盡，而破鼓之皮，已陳之後，無不可雕鏤塗澤，發文人之藻思，以振大雅元音。嗚呼！觀止矣。

天地間無日無文，風雲寒暑，山川花草，今日不同往日，後日又不同今日。人之一身，或喜或愕，或歌或泣，無一不假之詩以自見，而利達之念存之中，欣戚之情見之外，則幽花好鳥，佳境良辰，交臂失之矣。然則先生之詩也，余固賞其富且博也，而其所以致此富且博者，先生未之告也，余則已知之矣。

癸酉臘之八日，煙霞隱者拜題於寄園之新又堂。

序

盧、劉贈答之篇，並傳文苑；元、白倡和之作，競美藝林。自是以來，相沿遂廣，然讀松陵之集，僅止數章；即稽長慶之詩，無過百韻。何則？菁華之才易竭，病競之調難工也。而況累牘連篇，都依原韻；引商刻羽，疊運奇思。既玉潤而珠輝，復水窮而雲起。能無焚硯，敢復揮毫乎？

惟我黃門趙老先生，靈鍾川嶽，思入風雲。操玉秤於樓頭，誰爲勁敵；探驪珠于席上，世號長城。啓二酉之藏，流連鉛槧；開萬青之閣，吟詠松梧。雖朝回之餘，時操斑管；在林卧之際，亦拂烏箋。固已接武少陵，追蹤大雅矣。猶謂雲霞縱麗，有目偕觀；岱華雖高，能遊可陟。自命千秋以上，耻居第二之流。韻祗五聲，集成千律。尋變赴節，恒以數而見鮮；推陳出新，翻因熟而生巧。

請陳其美，約有數端：伐別述懷，寄遥情於芍藥；登山臨水，託雅製于葡萄。座有潘楊，藉之以申故舊；門多名士，資之以佐壺觴。詠物則弘農山海之經，紀年則荆楚歲時之記。何妨倒讀，效織錦之迴環；以下遽集中諸體。故犯雙聲，炫蜃樓之重疊。且也經以五色，緯以八音。尺寸無訛，允堪修鳳。銖兩悉稱，其仰淩雲。法備九章，才高一石。秉化工之筆，草木驅使而無遺；兼詞客之長，單雙拈來而咸當。質之于古，固屬新聲；求之於今，洵爲絶調。張茂先鑿空而出，獨闢靈奇；周公瑾顧曲而歌，必無錯誤。此之謂矣，何以加焉？若其遺韻，尤見精思。敢效管窺，有同蠡測。樓居百尺，探奇不負春秋；樓字韻。書擁千箱，欣賞無非魚雅。書字韻。心存魏闕，長懷半部之經綸；綸字韻。家近黄山，且醉羣賢之樽酒。樽字韻。人誇荊玉，終輸鮫海一枝之珊瑚；家擅雅歌，還遜鈞天三日之弦管。執蒼水之簡，何殊緑字赤文；捫曹江之碑，真是色絲幼婦。被。

客居殘臘，時届小年。欲祭賈島之詩，難尋蘭陵之酒。寒爐煨芋，啓郵筒而春滿簾櫳；短炬攢花，披詩卷而喜生顔色。昔窺其半，已近禁臠；今覽其全，如遊仙嶠。不揣固陋，聊誌頌颺。神哉技乎，寧愧倚樓之號；瞠乎後矣，空慚扣鉢之名。敝齋名『扣鉢』。珍此棗棃，藏諸篋衍。

同學眷晚生汪光被頓首拜撰。

予與恒夫初莫識，閲邸抄交城令平寇事，曰：『此能吏也。』既予主銓政，於兄爾合僉憲寓相值，見其長身玉立，儀容修偉，識爲非常人，私詢爾合曰：『豪傑爲誰？』曰：『吾宗恒夫，名吉士者是。』即席定交聯譜，旋補農曹。時用兵不規規鎖計，凡建白惟大本是圖，究食足餉裕而賦無加。上察其才，令修賦役全書、鹽漕通考，成，上嘉之。予謂爾合曰：『恒夫真才士也。』丙寅言官缺，御試保和殿，識論昌明〔一一〕，條議闕達，擢户垣。丰采稜稜，而氣量寬和。每敷奏，得大體。予又曰：『此名諫官也。』尤長於詩賦，每相示，雖尺壁小璣，吾珍之，曰：『殆又大雅名流歟！』及閲萬青閣古今文，長篇短什，無體不備，悉臻其玅。如乘鉅艦泛滄溟，茫乎不知其涯際也。曰：『此古大家宗工國手，豈近世修詞之士比？』緣以勘河，累投閒黄山、白嶽間，蹤迹不可得。予嘆曰：『宧，寓物也。既歸其主，則耳目手足，卷爲己有。鴻鵠舉也，横絶四海而莫之能羈；蛟騰虎躍，不可繮鎖，變化離合，難以方物矣。』

今上憐勘閲諸臣，先起大宗伯佛公，繼起大司空熊公，及恒夫需補到邸。他人得此，未有能澹然者。乃恒夫寄迹西巖，下帷鍵關，不見一人，熒熒篝燈，徹夜聲不輟。予訝曰：『此經生學究當日風流儁宕之概安在哉！』日月藏精，則晝夜繼照矣；騏驥伏櫪，則千萬里往矣。玉人之琢也，窮切磋則美器出；女之績也，絲分而日治之則大帛成。乃知經生學究所以成其爲國手宗工也。且豪傑應世，如飆動雲流，弗拘一轍。玉剖而良，桂伐而芳。士不遭跌，其節未見也。故有非常之功必有非常之議，有非常之議必有非常之合。而跌者率奮彼媕婀附時，捨立身之長策，徒以自固者寧少乎？然一跌竟不復振，主上棄之如腐鼠，誠見其莫有濟也。恒夫强毅有立，即不出，出即犖犖；即不隱，隱即冥冥。若神龍然，可以泥蟠，可以天飛，能潛能見，能上能下，斯足貴也。

林卧遥集韻止二十字，衍爲千首。纍纍如珠貫，盡祛鉛華，自見本真。又其搆思綿密，造語精深，筆有檢制而詞不漫施。如堅城不可下，鐵壘不可攻，吾畏之。夫人以身盛心，以心盛智，一人一心，一心一智。一人不能當十人之視，而一視不止十人；一心不能當十心之度，而一智足窮萬事。譬之月圓千樹而同光，風吞百巖而共響：以本之初者一也。車轂行千里而不滯，其軸自若；聖人應萬變而不窮，其道固在。孔子曰：『可與立，未可與權。』言通變合道之難也。

予戲之曰：『楊雄云壯夫不爲，蓋小技雕蟲能令完玉殘，巨木腐，老始悔之。吾今竊厭是而吾弟顧歆豔之耶？』恒夫曰：『郢曲洋洋，秦聲嗚嗚，亦各自寫胸臆耳。』予笑曰：『人有言，儒生勝俗士，通人勝儒生，文人鴻儒又勝通人。向謂吾弟爲能吏，爲才士，爲經生，爲通人。自今觀之，殆鴻儒歟？』恒夫曰：『兄其哂我哉！』

仙湖愚兄士麟頓首拜撰。

後跋

詩有和韻，古未聞也；有之，自唐始。唐人賡和，有次韻、用韻、依韻之别。依韻者，同此一韻中也。用韻者，用其韻不拘其序。次韻則效其序矣。王、杜諸公和賈詩，和意不和韻。至元微之『春深何處好』諸篇，聯章疊韻，極才人之致。嗣是而贈答往復，絢爛簡編。然千餘年來，亦卒未有和至百千首者；有之，自今日之林臥遥集始。

林臥遥集者，給諫恒夫趙先生自山莊和答于章雲中翰四律，而觸緒懷人，即景賦物，酒闌燈灺，月夕花晨，偶有所感，輒於四律發之。詞軒軒乎霞舉也，意飄飄乎淩雲也，音泠泠乎鏗金戛玉也。壯懷雋思，萬變不窮，不自知其盈千律矣。

余弱冠聞先生名，如九霄威鳳，無以慰覯止。比者偶遊冀北，竊意得奉光儀。而先生避喧養素，排雲翮於西山層嶺間，末由追杖履，心益怦怦不能釋然。先生不與人易接，而先生之詩播在藝林，可誦也。不遇其人，遇其所歌詠者，尋繹吟翫，恍如覩登山涉水之懷，朋友文章之樂。而一唱三嘆之餘，望美人於千里，溯蒼葭于一方，又時寓江湖廊廟之心，祠墓家園之感。即其性情，可微會矣，奚必以不親炙先生爲悵哉！余自嗟淪落不遇於時，往往學爲詩賦以抒其隱，先生欣賞不置，且以林卧編相示，若以予爲可與讀先生之詩也者。故余嘗謂無相知之雅，即日事酬酢，祇曰濫交。若心與神期，雖千里如一室也，況翰墨之光昭天壤者哉！

先生負經濟才，平寇交山，佐籌計，相對仗，讀彈文，聲振天下，非宏抱之小試可指數者乎。顧其意如不及，題所搆别墅曰『寄園』。觴詠徘徊，悠然自得，此其寓意遥深，固已籠天地於形内，釋物我於偕忘矣，夫何有於詞章之學之戔戔者！況詩特著述之一爾，是集又詩之一爾，烏足以測先生！乃即是以觀，而一氣卷舒，襟期邈曠，固不問前之人不能創也，亦不懼後之人不能繼也。立於前古後今之際，而獨見其奇，吾烏乎測先生哉！而先生曰：『非奇也，吾寄也。』

吴興後學嚴允弘謹跋。

辛未秋日索居山莊章雲于子懷我四律泥金書箋遠寄踵和請正兼促予孫

繼抃南歸

乍鳴白雨失巖樓，撰杖閒行戀舊游。酣戰䖝蝸空角觸，慣含水弩竟渡流。聯吟頓有東陽瘦，沈約和何遜詩曰：『余雖無東陽之才，而有東陽之瘦矣。』僑寓終難北邸留。艤棹津門歸去好，鱠肥尊熟未殘秋。

誰爲羈客拂埃塵，片箑涼颸冷且真。紫禁同聲傳古調，元稹喜韓舍人詩，有紫禁古調贈句。青山獨寤遁幽人。交章千載雙盲腐，患難餘生一欠伸。

念爾花磚趨走勩，幾多黄卷展麻綸。醉中得趣不求餘，長倚蒿牀老謫居。滅燭且拋無鬼論，杜門欲續絶交書。香巖紅蓼穿青髻，石壁蒼苔結綺疏。委脚曲肱無世事，侍童忽報到雙魚。

山莊遁迹共誰論？剩得殘書幾篋存。銀錯金鈎郵麗句，冰清玉潤愧孱孫。知君屢負翻棋局，時以棋譜郵致。樂我孤吟注酒樽。岐路人行羣畏虎，倀魂昨夜嘯荒墩。

夏子宛來入都正值渾河秋漲予未能北渡一晤宛來亦不我過乃和予和章雲四律見尤即韻郵復以當晤言

舊春分路帶江樓，呼籲重尋直北游。庚午二月，予以追封事北征，别宛來於儀真帶江樓下。車轂枕邊鳴獨夜，風波陸海湧奔流。西山退結殘僧伴，北闕難容逐客留。何幸恩膏偏下及，羈棲不負兩年秋。

傳爾孤征踏軟塵，馬蹄驢背失天真。花津無路通漁父，蓮幕誰家作主人。丹鼎坎離沙慣養，熊經吐納鳥時伸。宛來向工黄白之術，近一變至道，留心玄門。白蘋碧浪穿樵谷，緑笠青蓑展釣綸。

桂秋恰值閏之餘，誰過渾河詢起居。嘔出心肝長吉句，白殘鬚鬢遂良書。宛來索書作晉遊，有『年近杖鄉付，生涯子雙屐』之語，正足悲也。多情久苦相知累，擯迹空驚會面疏。莫想舊游山右好，奔波難潤轍中魚。

高齊兩擅古今論，足刖心傷舌枉存。春老花飛悲姊妹，竹深粉退長兒孫。故人磬折難分俸，國老舟旋一合樽。聞太少宰俱招飲，情盡杯中物矣。已採落英成美醞，何時惠過半山墩。

山莊詠懷仍疊前韻寄于夏二子

十丈塵高暗市樓，公卿偏樂此中游。已收浩氣歸雲壑，敢縱冰心逐水流。碧蘚青山終入華，赤松黄石舊封留。空天月出浮煙翠，玉露淒清浣素秋。

土銼竹几絶纖塵，名可常聞企法真。司隸共爲公輔器，喜臺垣二王子内陞。典型兩失老成人。時梁、吴兩相國訃至。雙丸轂轉催衰白，一枕槐安恣屈伸。開卷閉門賢聖邇，五經今日又紛綸。

半世浮名轉盼餘，菊籬斜繞小蓬居。規摹點畫臨碑勒，築場時于土中得石碣。捃摭丘墳校壁書。竹葉頻傾顔頰赤，霜根屢鑷口髭疏。清池沙汭含雲錦，幾陣紅鮮玩妾魚。

舊事無人可細論，故交零落有誰存。喑啞夜潰重瞳子，清白今傳疆項孫。時楊虎臣令孫過山莊，信宿還里。巖厂自然安几硯，石窪恰好置罍樽。生還得傍高山隱，呼月招松擁小墩。

再簡四律以悉羈人山居逸事

霜鐘何處撞煙樓，朝士紛趨我夢遊。衮衮雲濤翻日晷，峨峨石砥壅川流。碧潭水漲公無渡，宛來以水漲，竟不能赴山莊之約。黄口庭羅客不留。雨歇東皋猶滴瀝，芊芊盈畝黍禾秋。

今曩繁華一閧塵，消磨且盡獨留真。寸心得失誰知己，過口甘酸勿問人。青壁月高形影肖，黄粱夢斷膝腰伸。長思秘閣陳言日，端版何能着白綸。

巑岏半是補天餘，得此雲林我隱居。棐几壺傾千日酒，松窗月印一牀書。羈單偶憶西園聚，高直誰容北海疏？舍下古巖環舊墅，石潭長蓄放生魚。漸溪繞寒舍，魚樂水中，長落不去，予署曰『放生潭』，今四十年矣。

溪父園公兩較論，高人遺築至今存。予寓西山舊軒，名『見一』，爲啓、禎時隱君子所搆，有記。老能琢句酬諸子，遠未分甘抱十孫。抃生八年後，予連得九小孫。不苦吚哦橫警枕，共還淳樸飲抔樽。山僧禪定無聞見，松下跏趺廕緑墩。

中秋前二日坐月見一軒高樓作仍疊前韻

誰隨老子據南樓，拂黛擎蒼供卧游。清漏頻催銀漢上，浩波早逐玉霄流。展翎仙鶴聲空過，冥迹雲鴻爪不留。花嶼香深圍菊嶂，暮砧斷續警邊秋。

素心原不涅緇塵，絶卻嫌猜守我真。廣殿風清尋桂子，間關月渡唤蘆人。千峯立戟空攢簇，一壑灣環静引伸。午夜卧餘殘夢續，退身那復綰丹綸。時予誥封已恩復。

冷吟閒醉夢回餘，聊搆香山履道居。寂寂不聞人問字，便便止有腹藏書。甘心放逐朋僚絶，薄宦東西骨肉疏。予同懷兄弟三人皆遠宦晉、粤。三失自傷時痛哭，未能槁死愧皋魚。

久已無人對榻論，郵來尺一許多存。偶然醉酒呼中聖，誰復題碑署外孫。破寺僧雛喧粥鼓，時作佛事達旦。荒陂牧豎競匏樽。經營隱趣氛埃絶，高柳叢篁翳菊墩。

抃孫南歸再疊前韻寫意並懷諸知己寄兒曹

谷口松風響石樓，脱身無累獨天游。籠牛早幸除前靮，牽犢何妨飲上流。藥鼎長尋茅許去，懷長逸、高隱、赤山和尚。酒壚難共阮嵇留。指孫古喤、魏子存諸君。故山蟋蟀悲丘壟，我亦心傷白露秋。

空天飛礫破流塵，吴市逃名訪子真。時吴古逸別予赴白門訪道羊山。碧樹紅燈傳勝事，寄園夜懸樹燈酣飲。黄花緑酒載何人。蜀中司馬游難倦，懷王偉度。樓上元龍氣不伸。指錢朗亭。家問頻頻來少宰，幾時補衮掌絲綸。

童年勿負此三餘，米貴長安不易居。倚鍛難邀中散顧，有訪我蓼莊，不得一晤，悵然而返者。籠鵝已換右軍書。抃學書於姜子西溟。無慚柳下甘三黜，有負蘭陵恧二疏。紗帳傳經師訓好，講堂昨日雀銜魚。抃受業於棣園汪太史，時轉部郎。

赤眉青犢忍重論，簪笏雖傳已不存。甲寅，新安盗起，寒家劫掠一空。當愧質威真父子，可能瓘玠作翁孫。灘中偶逐黄蛇劍，時東鹿宗人以古劍見惠。闕下誰開白獸樽。卻羨山鄰漁牧伴，酣歌爛醉卧花墩。

七疊前韻寄復宛來並致章雲

歡笑隨人薄谷樓，合鯖羞向五侯游。谷永、樓護爲五侯上客。青堆古閣空三造，湖州東佛閣三造不成。烏戍耆儒第一流。烏戍即烏鎮。解去朝簪容我懶，釀成麯蘗爲君留。書空雁序橫天路，叫入蘆花斷岸秋。

麈尾頻揮蛛網塵，横斜竹柏寫清真。山山慣見曾來客，日日新逢未面人。葦白蘆黄楓未赤，魂清骨冷興方伸。三公不入狂奴眼，雙石長垂百尺綸。

嵐潤煙籠積雨餘，横拖雲帶裊巖居。山腰叢桂堆紅粟，屋角芭蕉展緑書。活計如今真冷澹，人緣自此更生疏。市朝機穽無尋處，大壑深深縱巨魚。

少年意氣且休論，川逝雲流頃刻存。莫向江沙哀屈賈，敢因荆益料曹孫。遠行熊館跧千里，近笑豚蹄酒半樽。百疊翠屏天半峙，藤蘿月上映香墩。

八疊前韻寄復章雲並致宛來

虛空結搆唇爲樓，徙倚何堪賦遠游。風隔爐奩凝霧直，日穿石隙滲金流。讒入頓畏於菟過，懶婦頻驚絡緯留。不歷冰霜難久耐，質慚蒲柳已先秋。

苔茵曳緑隔沙塵，拄頰看山意獨真。玉樹空埋黄壤裏，傷五弟雙姪之亡。金閨豈戀白頭人？

半生萍梗誰傾倒，晚景桑榆未吐伸。莫對雲煙馳輦轂，亭池疏鑿亦經綸。

負郭青黄數畝餘，長攜蓑笠瀼西居。果然夏竦能工賦，又見于敷好讀書。蜨翅翾飛鄉夢

熟，晨星摇落故交疏。桑門擁錫宣幽鍵，珠藏三乘較魯魚。

土羹畫餅莫争論，瞥眼豪華一息存。仰盼銀灣占婺女，遠從文石織天孫。行逢老衲投方

杖，就養高年賜上樽。冷壑疏泉凝翠靄，叢林北向倚南墩。

晉州守陳執齋同年受謗不白求援于予羈人愛莫可助九疊前韻寄慰

鏷錞夜落舊營樓，留箭錞營在晉州南五十里。皛舄長依鉅鹿游。少日高文傳古處，執齋有古處集行世。歷年過化識名流。鼓山西峙青青矗，滹水縈城曲曲留。下石彎弓誰剖白，難衰勁草

闘窮秋。

長懸坐榻積梁塵，我友無如孺子真。聊爾燒丹親姹女，不妨使酒狎賢人。三言未解龐葱

喻，九辨空爲楚客伸。煦濕沫濡終若涸，何如網漏勿彌綸。

姚江江外近沽餘，欸乃何時渡故居。繞髮未陳三死罪，圍城誰射一封書。累來白玷簧言巧，拂去青蠅法網疏。此日冀公生羽翼，脱空早化北溟魚。

從空羅織畏深論，平恕于張可得存。誰散黄金迎主父，□□□□□□□。因餐脱粟怨公孫。禍起於故人。曲陽冰腹霜朝渡，□□□□處□曾經過。卻月波心雪夜樽。執齋訪予交城，泛雪卻月湖。田舍何人空嫵媚，已無封樹弔空墩。魏徵係晉州曲陽人，河遷，墓已不存，堆土誌之而已。

景通景徹二猶子南歸十疊前韻贈行並寄吾家諸老幼

我亦能詩愧倚樓，故山長憶阿戎游。東西入夢分頭住，天水尋源一派流。子落算盤除又進，數、徹兩中副車，從行革而又復。心同轉磨去還留。意行偕爾歸鄉井，萸菊三江賞雁秋。

空山嗜静謝喧塵，舉世誰容爾率真。若亦安知非國土，我由未免是鄉人。瞻烏野哭巾常墊，度履要歡脚已伸。理學誰堪繩祖武，願將道德共爲綸。先東山公爲有明理學倡。

霜深兩鬢白無餘，喜汝南行返舊居。脱穎而無鑽故紙，伐毛我欲破羣書。莫嫌同氣恩情薄，自是忘機禮意疏。□未能除妻已遠，何人沽酒换金魚。

星散諸昆不忍論，寒村耆舊幾人存。老將曳杖鄉而國，□欲平山子又孫。書解窮愁無閣筆，酒澆塊壘屢傾樽。看來雙眼空青白，時負秋暄坐一墩。

寓萬安禪林疊韻至十一寫意

倦眠半榻閟當樓，無事向禽五嶽游。天遣青□排□入，巖垂白練捲簾流。耆英難老瑶華折，瑶華麻花，服食可致長壽。田父頻邀草具留。寄語生平舊知己，近來獨覺性情秋。

禪版蒲團静劫塵，覆焦夢鹿幻成真。青鞋皂帽誅茅客，破笠長鑱種菜人。擊響未終叉手應，吟肩雙聳皺眉伸。三年不作簪纓思，卻夢黄扉擁紫綸。

自傷抱蔓摘瓜餘，法雨香雲貝葉居。但唱嗚嗚長獨樂，何心咄咄向空書。酒牀滴罷頭巾漉，琴軫抽來手操疏。半嶺□然聞遠嘯，懶箋爾雅釋蟲魚。

舊事何堪仔細論，京華冠蓋孰長存。空絲百尺攀髯叟，重穎盈疇獲稻孫。岐路歌驪淒别曲，深秋湛菊對離樽。時蓼莊父老送予入都。摩挲銅狄滄桑更，蒙轂還留太古墩。盧遨求仙事。

山棲秋尋疊韻至十二感懷作

烏柏霜紅爍綺樓，拖煙抹雨恣閑游。氣含素白空潭潔，峯割陰晴積翠流。近岸魚沉雙屐饗，攀巖履脱蔓藤留。持螯把酒黄花裹，淒緊商飆耐勁秋。門垂五柳掃囂塵，那得柴桑獨任真。鄰舍詠諧頻説鬼，夢鄉迢遞不逢人。英餐金蕊原非落，菊衰謝而後落英，安有可餐之味？或云：落，始也；落英即始開之花耳。閆厄黄楊豈易伸？豪氣難除狂態作，蘆中鼓枻轉迴綸。

舊好難終歎耳餘，窮安陳巷老嬰居。中郎默識柯亭竹，叔夜誰傳石室書。飛白鴻篇空草草，凋榮風櫛漸疏疏。山歌村笛娱衰景，何苦雕蟲伴蠹魚。

後生風吻莫輕論，碩果難留萬一存。何處孤斟尋阿姥，不聞一飯報王孫。卅區朔望趨槐市，時徹、循諸姪俱列學舍。百味陰陽酌桂樽。駱賓王詩：『春朝桂樽樽百味。』蘇子瞻詩：『稻垂麥仰陰陽見。』摵摵疏林聲陸續，坐看鼪鼬穴殘墩。

花月吟 有序

九月三日晤于子章雲、夏子宛來於舊邸，章雲出花月吟質正，云是公家少宰囑仿唐子畏體作也。過蒙稱許，謂勝於子畏，兼述少宰歎服予詩，公宜和以相慰。宛來曰：『和韻一不自然，通篇爲減色，古人難之，故不以此擅長。』予笑應之曰：

『予爲其難者可乎？』章雲寄懷詩，予疊至四十八律，興猶未已，此獨不可踵而和耶？衝口成吟，爲致少宰，以當面晤。

花輝玉蕚月淩樓，問月評花徹夜游。花霧朣朧殘月度，月波蕩漾落花流。多情月姊花容瘦，解語花姑月佩留。愬月長歌花競秀，月臨花嶼雁行秋。

花枝拂月裊香塵，月色花姿共一真。探月花驚棲宿鳥，看花月傍旅行人。月邀花步尋難遍，花簇月眉曲不伸。退谷誰爲花月主，花洲月渡夜投綸。

秋老花殘菊月餘，月初纔別浣花居。曾繙月樣花王譜，新檢花叢月老書。抃孫新婚歸里。衰草殘花沙月白，曉風斜月野花疏。練光縈月花溪碎，呑月唼花蹬刺魚。

聞盡心花對月論，花身月魄兩温存。花朝月夜餐雲母，芝生石上，雲爲之覆，曰雲母。秋採食之，令人壽。月窟花房繞竹孫。急擊花鈴催月御，高磨月鏡印花樽。撚花弄月憐尤惜，重疊花陰罩月墩。

重陽後二日更深至蓼莊吴古逸南行不果先據山樓家蓼天老人率諸郎攜樽就飲醉疊前韻記事

雁落霜高笛一樓，何人清嘯月中遊。香分雷莢金芽展，風曳蘭膏玉淚流。持杖將車羣從侍，脱簪墮珥醉髡留。古逸大醉，即下榻樓前。芒鞋踏遍燕山路，白荻丹楓報晚秋。

洗空宦迹廿年塵，狂態難除懶果真。樂守嚴棲堪佚老，肯拋田舍趁忙人。勿忘有事烏乎正，偶屈無名可不伸。長憶辰春廷鞫日，天威咫尺聽嚴綸。

空牀一薦坐無餘，甕牖蓬門曲巷居。絶壁松聲繙貝梵，空天雁足展蟲書。千山頓令雙眸豁，萬木今同兩鬢疏。記得秋風看樹鬣，青蓑撥棹網苕魚。己卯，僦居苕上，網魚碧浪湖中。

戴笠乘車勿復論，今人古道賴君存。心知劉尹難推謝，感念嵇生久愧孫。古逸爲予同門方月江父執，譚及丁酉闈事，深愠錢繩庵出山，每爲亡友淚落。桐帽椶鞋尋野衲，菊羹蓴菜佐山樽。苔荒三徑新留迹，露蟋煙燐藉草墩。

獨步山尋看落葉作

霜醞寒光醉竹樓，佛前揖客上方遊。沙鳴馬鬣陰煙罩，葉脱蝦鬚暗響流。垂白牢騷無可遣，殘紅冷落不堪留。松窗藜榻容高枕，緑酒黄花稻蟹秋。石澗崎嶇絶馬塵，獨尋仙伯學棲真。空林殘葉迷岐路，絶壑寒濤迫浪人。病思秦聲終不改，哀吟楚些向誰伸。黄庭戊己頻烹煉，道藏新通十二綸。眠餐無恙盡波餘，三徑蓬蒿仲尉居。歷遍山川司馬記，傳來忠佞史狐書。寒童琴縮擔簦怯，孤磬鏗鏘落響疏。爲問陽岐村下路，何人寄膾籠生魚。鄉井傳書呼犬子，山廚執爨倩猢孫。旗槍舞罷傾磁鵬飛鷃決兩難論，騰躍扶摇性各存。杓，榾柮煨殘酌瘿樽。滇楚近來烽燧息，海天萬里静煙墩。

吴古逸手札至喜其尚留渾河未歸也詩以招之

蒼岑緑樹擁紅樓，蓬户朱門共一遊。人物品題勞月旦，門庭蕭寂景風流。僧扉不啓猶閒佇，客騎思歸又小留。箬笠蘿衣青竹杖，悲歌變徵海天秋。

薜蘿山鬼暗黃塵，偃月爐中息息真。擲地可成金石響，投林長謝斗筲人。於菟搏兔牙方鋸，猵狚懸崖臂半伸。巡勘又宣天子詔，河隄修築繼張綸。宋天聖年間，張綸抗疏築串場河隄，至今賴之。時上命户、兵、工三部侍郎博公濟、李公米地、徐公廷璽同靳舊總河輔勘河。

醉憩花陰睡美餘，悠然泉石得閒居。挖開香土藏花窖，坐嗅旃檀晤梵書。身懶拜趨原不賤，客譚奔競止宜疏。露葵青嫩菰頭白，剖瘿分甘食木魚。椶筍名木魚，時僧人齋供甚盛。

泉咽山深忍更論，寄來手札爾音存。父書徒讀奢無子，祖笏長傳簪是孫。驟雨敲窗停履屐，層嵐環堵潤琴樽。亂峯孤月愁羈客，瑤草斑璘作繡墩。古逸有令先祖手書左漢，長留行笈。

同吳古逸竟日山遊宿永壽寺作

甫白同登舊酒樓，招攜遠續昔賢遊。老猿偏向人前嘯，空瀑遥傳樹杪流。谷口逃名長棄置，湖心入夢尚勾留。閒敲小磬開樵徑，古冢嘶風石馬秋。

趺坐勞君掃席塵，虛空漱嗽反吾真。舌存勿復譚時事，心息故應作散人。水上然犀無不照，泥中屈蠖敢求伸。恩波一旦來荒谷，父老歡傳出綍綸。時恩免幾省錢糧。

衰草寒沙落照餘，佩壺躡屩叩山居。終年乞米貧存帖，古逸摹魯公真迹，重價不售。長日扶犁老學書。不是孤笻遊躅倦，何緣雙屐到門疏。壯心白首銷多少，近午齋僧聽鐸魚。清言浄業共譚論，静聽真乘止爾存。地骨蒸芝雲作母，土膏含露芥爲孫。蒼髯偃作支離叟，緑蟻傾殘爛熳樽。杖策斜穿麋鹿徑，秋來緑盡舊苔墩。

吴古逸攜高足毛香令晚來山居翌午話别即用前韻贈行

雲外山遮一半樓，何當陶謝與同遊。陽烏陰兔丹霄劃，玉露金飆碧落流。長嘯思君巖畔立，孤燈過我夜深留。花龕相對僧窗下，雪柏霜松共耐秋。飲不盈蕉斷麴塵，棲遲丘壑足韜真。精廬早落雙鳧舄，古逸明季曾作令。空谷新來兩玉人。瓶口長緘宜老守，枕肱久曲又思伸。住賓莫怪山廚儉，我已腰鐮采組綸。組，海苔；綸，鹿角菜。行李半肩剽掠餘，毛生途遇暴客，以空囊幸免。昨宵浄梵得安居。人前蠟就登山屐，背上温殘挂角書。古逸善書。心畫精工懸筆勁，手譚苦想落聲疏。予與毛生對奕。汝南吟雪申詩禁，白戰無譏獺祭魚。時山中夜雪。六如五蘊總空論，風雪寒龕佛火存。拄笏趨蹌呼石丈，流徽婉轉採桐孫。槐安不理臨南郡，瓠落難容剖大樽。爲問巖棲何處是，清溪一曲繞薇墩。

家閬仙太常謫遼陽手札忽自北至感賦四律兼懷關外王江二子

晨昏分集漢城樓，遼殿外城謂之漢城，中立看樓，朝集南市，夕集北市。關外霜威墐客遊。馬蹴陰溝山北向，人跧木葉水西流。木葉爲長白山高峯。宜黄僦宅甘遷謫，管邴依王久滯留。遥念温涼殊氣候，荻花可共發深秋。宛仙入籍遼東，因有『依王』之句。

夜中刁斗聽沙塵，婦孺長睽認不真。時攜眷屬赴遼。霜遍華巔羈逐客，青回白眼泣宗人。憂來蹙額行吟老，譚到傷心灑血伸。念汝臨淵何所羡，娟嬛獨立展微綸。

香城分手兩年餘，己巳王正，别閬仙於南西門外趙公菴。雪窖冰天絶塞居。公薦預催千里駕，四家斷送一函書。閬仙與馬、鹿兩侍御，高郎中同時出關。爾今嚴譴貧兼病，我久屏居懶復疏。長日閉門餐餺飥，可曾飽吃混同魚？

唾壺擊碎不堪論，蹭蹬餘生用拙存。誰則象賢稱令子，可能繩武作文孫。一川霧縠皺紅鞅，四壁煙鬟習緑樽。莫指投荒長白遠，小遼水溯扣河墩。渾河名小遼水，源出塞外扣河墩。

九月晦日獨遊思歸宿罕山延壽寺作

晝角聲殘古驛樓，脱身縱向北巖遊。霞城張幕紅全罩，冰塹垂簾凍不流。月晦今宵蓂已盡，冬來旬日葉難留。九月十八日立冬。蕭然獨步誰堪語，蟬咽虹藏又四秋。

開到珠茶迴絶塵，山茶六種，其一寳珠茶，十月開至來年春暮，山中亦不多得。幽尋獨得物華真。空留白髮爲還客，止剩青山作故人。魚鳥偕遊神自王，耕樵頻課氣長伸。外家屈指今存幾，時得廣陵諸妻弟字。成長相悲盧子綸。盧綸送姨弟裴均詩：『相悲得成長，同是外家恩。』

夾路松濤百頃餘，蘇灣阮曲子雲居。山棲又樂歸田賦，家圃猶傳種樹書。嚼蠟人情看爛熟，附羶仕路願稀疏。冥鴻遠引無留瓜，羞作江湖逐隊魚。

茗碗丹爐静比論，蒲團坐煖默存存。香園善水尋真侶，雪竇雲門見法孫。桐水尚思回綱櫂，蘭亭長憶曲流樽。近看剛鐵墳前石，泉響空巖漱六墩。罕山有大監剛炳墓，靖難兵起，能把百斤鐵鎗破陣，明成祖每呼『剛鐵』。今墓前立有六石墩，以永樂時賜鐵坐凡六也。

懷黃 有序

予甲寅春暮入黃山，裹糧作半月遊。四月朔，宿文殊院。更深，忽放白光，置身銀世界中，山鳥齊鳴，諸峯了了，生平得未曾有。移時一無所見，今十八年矣。近友人以黃山記遊寄正。夫茲山巖壑松石之奇，朝夕變色，今昔異狀，出人意表，雖善繪，妙處不傳也。予閱山記夥矣，誰盡其勝者？既未能盡其勝，又烏乎記？山有舊題額曰『到者方知』，又曰『豈有此理』，又曰『不可思議』，得此十二字，千百篇遊記可炬也。偶觸予心，用疊前韻懷之。要不過憶當年吾目之所及，吾足之所到，以誌昔遊而已，亦安能盡茲山之萬一哉！

山瀰溟渤空濤湧，僧學猱猿絕壁留。一杖撥開瑤草徑，涼生三伏已深秋。紫石文虹窺澗飲，青鸞翠靄逐巖流。摩雲直躡谷中樓，珠闕瓊臺得縱遊。名都定鼎來天子，立石拖紳拜聖人。石丈孤聳，冠裳特立，儼然尼丘，指曰孔子峯，予拜其下。古壁苔封玉簡塵，丹山碧水好尋真。書堂傍寺清潭近，傳說逃名有鄭綸。鄭師山先生卻聘隱此，築室祥符寺畔，至今釣石尚存。巖窔玲瓏時萬變，松虬蟠結老無伸。

虛空皴染半留餘，雲幟霞標擁梵居。邃洞不知秦歲月，空門安事漢詩書。泉根觱沸塵心淨，山骨蒼寒世味疏。菜甲茶槍僧供好，六時清響吼鐘魚。天工巧琢破庸論，臼竈長留藥不存。蓮母婆娑攜九子，蓮峯中立，爲衆蓮母，光明頂居其下，小岫聚如菡萏，曰九子也。石人傴僂弄諸孫。石人峯即老人峯，慈光至此二十里。清泉直瀉千秋谷，丹液遥傾五玉樽。憑仗鞋尖難遍踏，雲深空盼錦霞墩。山中錦霞洞有仙墩，可望而不可即。

再懷黄疊韻

可是崑崙十二樓，攢峯疊巘舊曾游。猿蹲岫頂呼松渡，雲過山椒學水流。蒌翳多年紅术出，採樵無路紫芝留。半空笙筑喧天樂，六月平添萬頃秋。寺門誰掃落花塵，松谷雲深景趣真。山錫黄名留帝迹，我吟白句問仙人。黄山題詩自李謫仙起。劃開削壁丹砂瀉，界破空巖素練伸。猿接蛇盤陰洞合，蘿龕香篆展煙綸。峻嶒玉立百千餘，洗竹剝桑隱者居。挂瀑有聲皆薄激，薄而爲雷，激而爲霆。圍屏無石不圖書。仙燈晃朗迎還送，蓮瓣芬葩密復疏。隔絶深巖難棧度，毿毿松檜蔭龜魚。龜魚石距蓮花峯數十步，深巖四絶，從無人到。

煙封苔鎖静推論，留得仙棋一局存。棋石峯有枰方正，仙人對奕處。天半松林峯名。摇馬鬛，硔中石筍長龍孫。硔在石筍峯下，罄人間所有物象，松石無不備具。流來香髓分金液，持去瓊漿飲玉樽。軒轅至湯池，見玉壺，持歸石室，飲瓊漿昇天，出周書異記。我亦暮年思屏迹，凝嵐積翠潤雲墩。

三懷黄 有序

于子章雲曰：『綸伸孫墩，韻之最枯者，疊至七十六章，古今倡和所少。兹懷黄八律，自然渾合，足爲山靈寫照，且無一重意複句。正如黄河水從天注，浩乎莫知其所止，韻盡矣乎未也？』予曰：『黄山以峯名者三十六，析之爲三百六十，再析之三千六百、三萬六千，無一松一石不耐人思。思無窮，詩亦無窮，安有盡乎？』因疊前韻，復作懷黄八章。

四圍青翠罥丹樓，壁立千尋浙上游。無火寒泉長鼎沸，不花雜樹盡葩流。深松鶯石聲聲囀，松谷鶯石時聞其囀。曲澗鳴絃褭褭留。横石如琴，水沸琴上有聲，爲鳴絃澗。天際雲行多變幻，懷黄入夢恰逢秋。

繡嶺紅泉隔世塵，何須遠暮潁陽真。天都石室高千仞，帝子仙蹤止一人。海内無山觀已止，徐霞客游歷徧天下，對人云：『登黄山，天下無山，觀止矣。』山中布海志方伸。予游黄山見佛光，而未見鋪海。柳宗元有『吾聞九疑好，夙志今欲伸』之句，予又何時得伸此志也？雙溪齒齒傳曹阮，咫尺煙波獨藹綸。

經幢梵鼓放參餘，百級砂巖架樹居。禽樂分迎前後海，苔花半蝕古今書。淩雲古檜盤離健，絶壁温揿捲木疏。樹木剥之，可卷作甑盤等器。俯仰陰晴山鸛巧，石中長水養巢魚。山鵲有長水石，於巢中養魚。

叫絶咄空未易論，心眸了了夢魂存。盪胸雲湧蓮中蕊，繞膝峯羅乳下孫。願挹仙瓢分玉液，不揭土鼓飲汙樽。天然石瑑留泉厂，晞髮皴肌沐燠墩。

四懷黄疊韻

峯羅巘峙拱僧樓，可記蒼茫夢裏遊。石腹松穿山骨斲，巒頭瀑瀉練光流。龍髯織就纖纖長，馬迹印深顆顆留。俱軒轅山中遺迹。海黑江黄雙到眼，木蓮開落自春秋。樹大如拱，花葉皆九出，惟黄山獨有。

鍊塊蒸砂久去塵，往來多半是羣真。仙源曲徑通香谷，石丈長年作老人。鐵笛横吹三弄去，銀罌斜壓一肩伸。登雲梯，一道人嵌石壁中吹笛。程聾老攜具至，呼之同飲，如夢中事矣。無凹拔足憑空度，挽葛攀茆若轉綸。寒骨悽神股慄餘，一僧挂衲老巢居。丹梯古蘚封遺篆，玉笈真言秘素書。爛日掀霞峯攫搏，耕煙織翠樹森疏。鏘鏘暗響流何處，亂石騰空駭躍魚。掀眉蹲足口難論，滴水凝膏玉髓存。三竺五臺稱仲氏，九華雙目作曾孫。螭頭長傍呼龍石，山有四足魚，螭首，疑其龍也。峭壁題曰『呼龍石』。苔脉遥分引液樽。有苔脉出清泉一線，晝夜盈石樽，用周一僧題曰引液。蒼豹斑龍空壁嘯，懸藤垂蔦曳危墩。

江子辰六寄書遠候疊前韻寄意

點檢瑶篇入選樓，廣陵曾共酒人遊。辰六童試，予有文字之知。高文不愧雄褒侶，大雅居然顧陸流。風雨荎鐘山鬼嘯，往還尺牘别魂留。瓣香久負南豐拜，訪我江皋又兩秋。清嘯江山不雜塵，城南小築在儀真。辰六岳翁吴園次有江山清嘯閣及予城南小築，俱在真州，辰六時時過訪。將歸鏡曲題狂客，敢繼湘纍作怨人。末路崎嶇曾久歷，壯心礧磈幾時伸。雖然未整還鄉旆，忍負家聲墮世綸？時予以追封事北行。舊賓已散罷官餘，詹尹何勞卜我居。塞竇年餘嫌過客，挑燈夜午答來書。難平積恨簫聲怨，未報深恩劍術疏。寄問均州江刺史，梁間可剩舊懸魚？

三一溪深遠討論，雷塘月觀舊家存。辰六由新安遷廣陵，入籍黔中。向來名士推諸葛，自幼聖童識長孫。可到黄山聽響雪，辰六庚午曾歸故里。常懷碧浪飲窪樽。園次出守湖州，辰六在幕。璚巖翠壁攀緣絶，遲爾高吟嘯半墩。

辰六和韻寄慰仍疊四章簡報

哀笳曉咽帝城樓，匹馬驍騰縱轡遊。曼倩何妨工謔浪，叔文真不墜風流。璽書禁篽頻褒錫，猿鶴空山獨慰留。一自論文淮幕後，依稀舊雨卅餘秋。予識辰六於辛丑之冬。

嵯櫱長輿早出塵，馳驅幸勿喪其真。江離辟芷行吟客，赤岸青山載酒人。向日蹉跎差足慰，三年汩没一時伸。縱横詞氣同元結，金紫應加良牧綸。

擁衾酣睡曉鐘餘，懶拙甘尋水石居。老子已忘鐘鼎夢，大夫早上治安書。人中爽爽真蕭散，阿大羅羅特坦疏。薄罄一餐將遠意，幾時攜榼挈長魚。曾囑猶子循招辰六至京邸一飯。

細雨孤探孰可論，懷人荒谷意空存。誰傳眉目追先輩，羞鑷鬚髯問小孫。冰玉寒依江閣月，懷辰六令岳園次。龜魚夜泛雪堂樽。釀王作金銀龜魚，浮沉酒中。東坡在黄州，鄰近四五郡送酒，合置一器，謂之『雪堂義樽』。膏肓久入煙霞癖，息跰棲心憩石墩。

禪棲獨慰 有序

遁迹荒藍，樵牧爲伍，既無諱忌，自絶排擠。都中家問至，有議羈人久不歸里者。我已忘世，而世不我忘，將何處托足耶？鴻飛冥冥，高隱難及，予愧入山不深矣。賦此寫意。

松翻寒浪撼岑樓，掉尾泥塗放浪遊。蓮社方開眉暈皺，麯車甫過口涎流。雙鬟挽黛空巖裊，丫髻拖青絶壁留。煙織山皴圖畫妙，新增一段水雲秋。

禪枝四静久無塵，興趣悠然自藴真。獨夜正長詩破睡，百年過半老隨人。聲聲姑惡哀難訴，嗷嗷伯勞怨未伸。得遂故園歸隱願，羈臣痛哭拜王綸。時有上傳令放歸者各安業遂生，毋得飛誣排陷，讀之感泣。

夢入華胥鼾卧餘，竹罌石銚傍禪居。扶藜鹿苑披殘衲，分火鷄窗校舊書。輦下交遊今已絶，龕前嘯詠未曾疏。山癯不復嬰塵網，卷帙頻翻槁壁魚。

閒心且就老僧論，剪韭炊粱石竈存。絲罥羅張纏喜母，霜悽露冷咽虹孫。虹孫，蟋蟀也。更裝收淚投鉛筑，伏櫪長歌擊唾樽。雨洗亭皋舒翠縷，狨啼白晝踞高墩。

出西山口以雨止宿家蓼天自怡園中即景四律

數峯深處隱誰樓，石路頻過未眺遊。雲幕孤巒青半露，柏披古雪翠斜流。縱非元亮容高卧，孰是任安肯獨留。絶口無言惟飲酒，敢分臧否作陽秋？

孤直巖松已脱塵，可能蒼健得全真。任呼漫浪爲聱叟，且鑿垣坯作遁人。若爲盲聾無可告，故將雷電向空伸。久攜瓢笠辭簪笏，歸泊桐江老一綸。

鋒稜刓盡養恬餘，到處園林可寄居。數載人離青瑣闥，頹齡心悟紫陽書。耑工趨避翻成錯，已絶逢迎願見疏。猶記寶公禪榻宿，同嘗白下鱠殘魚。己未，同蓼天次郎連城姪寓金陵。

擿藻無人可揆論，牀前剩有老莊存。玉鳩近肅羅耆舊，竹馬歡迎拜穉孫。紫石丹楹侵碧蘚，白頭紅燭映青樽。萬峯插笏蒼冥裏，土竈柴門傍戍墩。

靜息蓼莊頗適我持姪過疊韻賦懷示之

雲巒排列簇高樓，登頓忘疲振倦遊。青鬢久斑時務拙，白駒難繫歲華流。無容奮舌千言掃，空復煎心百卷留。石榻臨窗嵐翠滴，冷看鷗鴨横淩秋。

難逃佛劫與仙塵，晦迹多年獨葆真。爲圃爲農安問世，呼牛呼馬敢尤人？素濤烹雪雙團展，青鏤驚雷側理伸。晉武以側理紙賜張華。樵爨傍山棲宿得，空天散綺布霞綸。

香妙燈青夜誦餘，飄然羈客久離居。不逢孺子空懸榻，可是潛夫獨著書。莊列寓言多詆訕，籍伶酒隱自清疏。已甘粗糲饜藜藿，爲爾新沽尺半魚。

百城坐擁恣探論，冰雪殘編臭味存。御廩關中頒赤子，陝中饑，發粟賑之。穹廬塞外款烏孫。時哈爾哈納款。白頭尚未扶鳩杖，黄目何曾宴象樽。酌於中而清明於外，爲黄目。薄海争傳天子詔，龍沙戍火撤邊墩。

十月十日景從改葬先曾祖母景行浙歸襄事四章代哀寄示兩兒

霞綺煙霏天繪樓，萬青閣已倒，今復新之。長汀屯浦獨帆遊。谽谺響谷周遭擁，嗚咽寒灘曲折流。掘肂楄殘藏幹碎，漆燈爇久篆文留。埋魂弔月悲黄壤，透骨泉侵五十秋。曾祖母辛巳葬右源，乃爲水蟻侵蝕，新改窀穸于東皋，已恨其遲。

清湍濯爾舊纓塵，心苦窮年爍泰真。蕉鹿存亡渾是夢，楚弓得失不關人。鐵驪雖駑鞭仍著，寒甃方沉綆又伸。紼翣交横扶櫬哭，焚黄重展頌新綸。是年先人同予誥封，及兩兒俱叨恩復。
宗親會葬泣冬餘，拜奠靈輀卜穸居。白幘烏巾南北叟，青囊玉髓廖曾書。細尋山脉陰陽合，莫誤巒頭指點疏。封樹更營高燥穸，奔騰沙水舞緋魚。
界水藏風不忍論，沉埋金碗可長存。久捐玉骨穿蜉蝣，新易桐棺見裔孫。五世丘塋封馬鬣，一祠俎豆奠犧樽。何時展省東皋路，螭首龜趺列賜墩。

徹通兩姪攜抃孫南歸值衎御衢三姪赴試武林止衢入泮同舟旋里賦此勉慰

列嶂青青舊有樓，少年結伴武林遊。孤皋玉立嵌空矗，南北皋兩峯已屺其一〔三〕。三浙瀾迴浩渺流。古壘猶存烽燧息，唐越國公汪華兵駐古城，爲寒舍屏山。豐碑未蝕姓名留。祠堂老樹雙排列，長護村門半壑秋。
家住天都近市廛，鄉耆無恙總情真。忽來犢鼻當壚婦，時徹姪納妾歸家。近别鷄鳴待漏人。九月别家少宰于都門。雜樹葱青森以挺，好山蜒蜿引而伸。耕巖釣瀨從吾好，不挽軺車覓羽綸。
罷試羞歸痛哭餘，講堂舊傍古巖居。五車無負丁年學，三管時勤乙夜書。畢竟標鮮羣秀出，胡爲潦倒歎荒疏？龍分頭腹難爲尾，管邴何曾勝子魚？

家世簪纓屈指論，海陽故址儼然存。蘋蘩采薦宗文母，榛栗修虔嗣御孫。時抃孫同新婦歸里廟見。蘭若敲魚齊放梵，竹林浮蟻共傳樽。甘泉雙湧寒橋畔，接縷多年絶釣墩。寒舍海陽橋左右雙泉水甚甘，遊鱗咸集，癸巳奉禁後，絶無垂綸者。

晚寓萬安禪林曉返蓼莊作

花邊坐嘯夜登樓，拘束全拋浪出遊。去我嶔巇消磈礧，任他坎陷不還流。雲皴畫嶂山容靚，月冷花巢鳥夢留。丘壑於今應卧穩，久躭岑寂豈驚秋？

香龕罥網佛蒙塵，塵世何能躋聖真。拱立途逢高隱士，住持寺换舊僧人。心中丹石無容轉，髮上華巔不復伸。豫栗充饑隨地採〔四〕，荒厨供客待漁綸。

蕭蕭易水和歌餘，落葉成堆伴瑟居。奇字誰從揚子學，故人可見翟公書。買山還客誅茅慣，乞米殘僧住寺疏。野哭秋旻愁不遣，小車轂轆釣寒魚。

寒窗剪燭自評論，龍尾鼠鬚木榻存。河澗毛詩傳鄭衆〔五〕，陽城聖教受顓孫。餘生經濟營三徑，半世聲名盡一樽。曉起斜穿雲壑去，牧童吹笛上高墩。

秋山偶集 有序

古逸過我曰：『予讀林卧遥集，一百五十八律，全無複句，各具精思，詩之能事畢矣。近有以數目、顏色、權度、衡量、八音等字集成諸體者，若公强迴筆端，收束思路，彙諸體爲一，斯稱創格。其數則一、二、三、四、五、六、七、八、九、十、百、千、萬、億也，其色則黄、赤、青、白、黑、紅、紫、碧、緑、翠、藍也，其度則半、分、寸、尺、丈、竿、尋也，其權則斤、兩、錢、分、毫、釐、絲、忽、微、纖、沙、塵也，其量則石、斛、斗、升、合、勺、抄、撮、圭、粟、顆也，其音則金、石、絲、竹、匏、土、革、木也，其韻則依前所次樓、遊、流、留、秋、塵、真、人、伸、綸、餘、居、書、疏、魚、論、存、孫、樽、墩也，共八十三字，用四律收之，可乎？』予曰：『何爲不可？山居苦無書讀，正好藉此推敲，搜我半日枯腸，亦旅嘯樂事，然未免見譏雕蟲，爲大方哂矣，請爲子賦之。』

長辭紫禁卧山樓，斗室盤旋萬里遊。方丈雙趺金粟現，寸圭半晷赤烏流。翠微紅藥尋晨肇，黄石白衣嗣鄴留。七寶合成修月户，斧斤開幞九天秋。

遠落秋毫幾撮塵，伽藍匏繫抱玄真。雲霞升降遥迎路，沙石縈回曲引人。黄耳應聲書忽達，青蠅獨弔恨難伸。絲絲冷雨皴空碧，勺水纖波不下綸。

綠陰欹枕黑甜餘，竿尺頻來十畝居。百卷續全焦革譜，八分割就蔡邕書。泉簾曳白蠙璣濺，柿顆翻紅灌木疏。習習清風生兩腋，飯抄雲子嗜嘉魚。

二六休將四大論，酒癡錢癖兩無存。雙分青白翻眸子，不億雲仍拜耳孫。慣住一花千葉裏，常持三雅五經樽。三雅、五經皆酒器。犛氂萬緒傾愁斛，竹籟琅琅出土墩。

出山麓看冬賽宿自怡園古逸對奕香令吹簫頓忘此身作寓公也詩以記事

雲深古箐鎖朱樓，水曲山坳杖履遊。錦飾鞍韉看馬駛，香生笠轂擁車流。青泉新釀糟牀瀉，紫陌殘泥屐齒留。天不炎涼無氣候，莫悲團扇別深秋。

撾鼓搴旗起獵塵，桑麻樂事本來真。畫牆薜荔園新築，芸閣縹緗論古人。摟挽僊緪迎又送，機關傀儡屈還伸。窮堅老壯千秋事，渭北淮南總一綸。時搬演諸雜劇。

生天不願舐丹餘，種竹編籬小有居。堊帚掃成飛白字，醬瓿用覆太玄書。樵蘇得脱籠樊累，塵垢何嫌櫛沐疏。莫趁渾河貪口食，請看摇曳上竿魚。

杖頭挂百獨參論，葉嶼花潭一一存。長憶尋梅攜鶴子，敢饕肉食厭簞孫。手譚落着無翻局，尸祝分司不越樽。何意空山僧半竄，得聞絲竹謝家墩？

酣遊方倦甫歸山寺孫山人大鏞過訪以悼友文見質予留酌話舊愴然有感

遮門松蓋護花樓，客過何須更結游。荷鍤山腰黄獨藍，囊雲谷口翠微流。傍欄紫砌蛩聲咽，掩徑蒼苔鳥迹留。叢桂無忘招隱約，長林蘿穩嶺猿秋。

諸君玉骨化爲塵，冢石苔衣點染真。曾向陳根悲宿草，更憐古鬼積新人。高菰村、何相如兩掌科，許亦蒼、家爾玉兩侍御，相繼作古。鳥棲蘭薄聲空訴，鶴立山楹脛獨伸。巾襪全拋遊繡谷，馳黄走碧踏青綸。

鬢秃眉攢百感餘，行蹤無定亦鷃居。緑葵紫蓼商山饌，緗帙縹囊鄴架書。家遠頓忘閒處老，交深自向淡中疏。空王慧火銷灰劫，珠絡花幢伴粥魚。

爾無驚我發狂論，聚石圍爐指點存。覆甕休輕傖父左，張燈恰值故人孫。未能澹茹除葷血，聊復深杯搱簋樽。泉下棲神潛闥閉，石光煙色慘臺墩。

馬子高陵爲江均州幕友閱予遥集吟次四律介江子寄正詞旨清麗可與言詩予雖不識面實懷其人倚和答之

纖雨悽酸冷畫樓，半窗安枕少文游。抽思綺合心花簇，轉眼冰閒鬢雪流。鄰下應劉人已散，山中角季老空留。裹書束劍南來客，輦路浮沉幾度秋。

破寒霜屩走京塵，未面何勞結分真。好我傾心懷舊雨，聞聲肅介正陳人。春葩折贈交新綈，毫素横披意獨伸。金石相宜傳雅叶，嶰谿取竹得泠綸。

分攜三管夢花餘，輦轂依人念野居。桑落時傾清濁釀，松滋閒勘典墳書。懸鶉躧履游囊澀，飲谷棲巖客屐疏。此日長安知己少，無歌甯角歎馮魚。

開徑人過抵掌論，眉間喜見白毛存。長含麗藻揮鉛筆，願學騷宗禘雅孫。小異閒吟搜僻句，馬異學詩盧仝體，尚險怪，時人謂之大同小異。自然醉卧罄殘樽。馬自然飲一石，經時醉卧，自號酒狂。蘧廬蒉芮鍬鐮具，攜爾同芰樸樕墩。

秋山再集 有序

予以近詩寄正江子辰六，復札云：『夫子新詠，獵精摛藻，春葩爛然，愈出愈奇，引人入勝。因歎五岳之外更有三山，四海之外更有九環，尋繹洵無止境。再讀秋山偶集，非精思異采，不足以副此創調，然絶無彫鏤痕也。集字渾成至此，遠出坡、谷上，況小子漫無詩學者乎？隨欲倚和，思之至再，竟爾閣筆，才不相假如是。』予謂辰六過于稱許，益滋我愧。適一覺、五藴兩上人，鶴夢羽士過訪山居求詩，予吟興正不可闕，非限字限韻無以檢束心思，即六集限字相贈，以代譚宗闡法，將數目、色目及權度衡量音韻諸目咸爲攝入，庶更爲八十三字，另開一生面也。仍寄辰六並馬子高陵和教，知必有出予意想外者矣。

霜籜風竿響滿樓，長皈丈六祇園游。懸匏忽落分甘苦，隕石新翻任轉流。八洞三山瑶草拾，七燈雙樹妙香留。緑波碧色沙塵革，征雁蘆銜静廩秋。

花窟精藍浄梵塵，業分黑白悟明真。萬天洲島遊仙枕，道家有萬天。四壁墳丘續古人。巖挂素絲珠顆落，蝸縈紫石篆紋伸。韓梅兩福無尋處，解脱輕于五兩綸。

撮爾毫光朗照餘，叢霄十二列仙居。金丹九轉硃砂鼎，竹管千行咫尺書。斗絶青巖僧勸輟，盤空翠棧客來疏。黄斤赤菆山庖足，黄斤，葛菜。赤菆，蓮實。洗勺鮮烹白小魚。

三升百斛縱清論，藹綬綺錢徑曲存。寸蝕緗縑魚作蠹，半抄圭合鶴呼孫。白旄長飾牛氂仗，偶見警趯，前導者經過莊外。紅友頻斟瘿木樽。一粟纖微彌淨土，十方供億向蒲墩。蒲團，古名蒲墩。

秋山三集

萬軸書攤玉尺樓，寸心忽冷絶三游。游俠、游説、游行，爲三游。空山石點山争響，八水花香水倒流。楓赤二毛天共醉，月明三勺影同留。長持杯斛心爲億，斜漢虹升獨餞秋。

能藏粒粟破微塵，嚼蕊餐芝半采真。極望青蒼千百頃，平分紫翠兩三人。十尋雉堞香雲擁，九醞松醪玉瀝伸。一匊一襜歸沐晚，采來藍緑染新綸。

纖雲革盡露芒餘，石丈當窗木侍居。酌斗合匏閒樂聖，撮今抄古老躭書。積氂毁玉傷圭玷，闊目遺珠歎網疏。金碧絲垂勤紡績，土牀切莫照饞魚。饞魚多脂，照紡績則暗，照宴樂則明。何事斤斤與俗論，含毫虞七筆精存。虞世南行七，唐太宗常呼之。叢竿彀玃哀猿父，蓬顆龍鍾簇竹孫。四黑成盧呼五木，六清浮白佐三樽。連錢荇罨瓊沙浄，葉積紅黄織錦墩。

秋山四集

露微月黑獨升樓，方寸雲山恣億游。二氣斗沖雙劍出，千峯輪轉萬星流。纔尋石漱徜徉去，忽怕沙含躑躅留。土釜陶匏傾百斛，暮砧四起冷吟秋。

白毫散彩浄根塵，九館瑯璈禮七真。三慧革心憑竹榻，六時緘口對金人。青衫白鬢林間老，紫蕤黄盧石上伸。十丈秋潭沉粟顆，竿頭翡翠没纖綸。

山黛横遮暮藹餘，緑錢貫串水中居。五千道笈長生訣，八萬禪條浄業書。細撮葠枝分土木，横抄勺柄别蒲疏。刀圭合就調關尺，莫羨琴高跨赤魚。

郢斲般斤巧勿論，垂髫貫蝨一輪存。林遊已預諸猶子，宅相將成兩外孫。予嫡姪三十餘。妹適程門，止有二甥。對案銀燈摇鶴焰，隔籬絲管促蘭樽。金風吹萬秋藍好，澗碧山紅半髦墩。

秋山五集

六逸齊升太白樓，不勞伐木鑿山遊。千竿青翠叢林滴，十笏縱横梵唄流。無恙方兄耆使授，平提注子麯生留。纖纖圭臬時占斗，紅顆鮮甜半過秋。如錢錦石革微塵，五藥三芝採列真。金匱撮成億載事，尺擘分照兩閒人。黑頭寸舉飛毫旋，藍尾方揚冪勺伸。終老糟丘三百斛，不堪紫綬拜黄綸。二宗梵住八禪餘，白足赤髭丈室居。绿醑分匏躭旅酌，碧窗合火静抄書。萬聲竹雨檀欒好，九穗禾雲穎粟疏。一石留髡須痛飲，願陪君子食驪魚。奚斤强識善譚論，用成語。蘿徑虚齋四壁存。忽見摩銅東壩薊，遠尋索粟泰山孫。川巖逸響傳絲竹，沙石清光蘸土樽。重九菊開殷七七，花香併入崤巃墩。

秋山六集

楓翻萬赤泛紅樓，億是錢江绿浪游。撮棘穿籬長補闕，疏泉剞木兩承流。碧梧翠竹高尋丈，紫蔓青藤半挽留。刁斗無聲羣偃革，纖驪蹀躞自秋秋。琢粟竊藍翩拂塵，秋扈竊藍，爲九扈之一。巖姿側露一峯真。匏巴汎瑟魚潛聽，中散揮絃鬼授人。蘿月斜升圭竇白，勺泉四瀉石衣伸。五巖螺髻巃毫析，沙岸持竿續寸綸。

黄金忽賜百斤餘，誰似二疏返故居。一斛醉眠千日酒，三都抄輯十年書。杼機織罷操絲切，刀尺聲微搗練疏。土釜泉甘香飯顆，不須彈鋏嘆無魚。

七尺勞人莫更論，事常八九喪吾存。䲛魚唯唯分妻妾，土蚔詵詵蟄子孫。二頃青黄田負郭，六瓶麯櫱榻横樽。合煎喙角除黧黑，綺樹芬葩料玉墩。

秋山七集

霜升碧漢白盈樓，藍縷一僧赤脚遊。石篆金錢苔蔓緑，崖懸瀑布練光流。半牀兔魄纖纖入，雙屐蜂窩齒齒留。九谷八溪風土别，兩逢木落薊門秋。

笠轂長驅革六塵，風生七碗斛瑕真。掉頭置笏尋山隱，斂手推枰出局人。沙磧微茫青陸衍，煙絲展轉夕霏伸。圭田二頃班仁粟，籩豆新登鹿角綸。

珠林顆顆是丹餘，百丈靈巖鑿穴居。舞勺能工修竹詠，揮毫忽億撮襟書。千斤賜寶從游夥，五斗名伶世調疏。取舍雚然分黑白，難兼我欲是熊魚。

圓匏無口莫譏論，卷舌收聲默默存。三徑斜開迎稚子，四函分給合羣孫。紅黄萬葉埋僧徑，蒼翠千竿罨客樽。尺布寸分花萼散，十年空盼紫荆墩。予同懷兄弟五人俱各異地。

秋日刈穫畢過陳生青望課蒙館東君留飲菊池觀釣漫賦

山黛横遮歛小樓，團沙旋繞斷鴻遊。玲瓏菊蕊金英燦，徙倚桐陰玉露流。耦及十千終歲賴，人剛五六一亭留。巖葩煙蔦相虧蔽，翠屺横開錦樹秋。
難堪胼胝逐勞塵，課督桑農悃款真。三立到今無一建，孤吟此日有同人。投林老獴哀鳴去，擇木翔禽拂翮伸。隔水雲歸迷翠嶂，花溪列坐漫收綸。
朱黄閒勘午窗餘，鳥下蒼崖噪客居。問答難窮神滅論，臨摹欲絶血嘔書。青望臨鍾帖酷似。員池竹折青光碎，偃蓋松園翠實疏。秋水横空天一碧，石鐘清響扣桐魚。
苦口長疲從者論，一堂傳習古人存。二方自昔難兄弟，萬石于今敬子孫。蟋蟀悲吟催剪尺，蟾蜍渴飲罄壘樽。李適之有玉蟾蜍杯。遊塵撲面林菁黑，深岸沙翻郭索墩。

獨遊寫意

一徑灣環上翠樓，單行那得陸皮遊。石羅劍戟當門立，泉織紈綃繞檻流。歷宦多艱方斷客，歸田負約又稽留。瓜棚荳架編籬好，絡緯哀吟小苑秋。

萬劫忙催日出塵，我今獨醉樂全真。留連芳杜棲遲客，荒誕聱齖漫浪人。霜劍水珠花谷簇，薜帷蘿幌繡巖伸。車驅何處來冠蓋，陽鱎無勞早扱綸。

闍黎鐘罷散齋餘，小築香叢半畝居。若爲鼪深精劍術，翻因病劇熟醫書。光分嶂翠尋花路，緑轉庭陰覆綷疏。讀罷九章千古恨，空憐騷骨葬江魚。

舊雨飄零忍復論，蕭然抱膝獨操存。潔身未可輕文子，辱佞何曾讓愍孫。火出石薪然土竈，花生酒樹貯金樽。新篁密把殘林補，繚翠縈青織繡墩。

同吴古逸山行遊諸寺作

雖非仙客好居樓，薜徑苔梯幾遍遊。丈石蒼黄開畫障，纖鱗千百泳清流。棲巖匿影安眠食，伐竹芟繁審去留。無數煙霞歸洞壑，萬山殊響急深秋。

玲玲玉佩響仙塵，一寸泥丸聚九真。古逸精於玄門。山服荔裳尋逸侶，布襦白帽祀先人。時值先忌。洪濤湧碧深松瀉，古雪吞聲大壑伸。風引雨絲千百縷，幾多紅采發吹綸。

未熟黄粱一夢餘，低牆短圃舊農居。侏儒未讀三冬史，學究終慚半部書。野哭多因岐路灑，山棲不與古樵疏。横斜藻荇溪清淺，雪片銀花二寸魚。

滄桑變更總休論，歸爾靈光獨爾存。舉手山頭留鶴駕，負暄檐下數鷄孫。心花發後勞斑管，諫草焚餘隔獸樽。俗態懶親躭野趣，珠旒霧縠飾仙墩。

汪子采臣赴任都門間道過訪蓼莊留飲三日索予林卧韻贈别然已次至二百律矣腸未枯也

繡徑苔深近水樓，洞簫長笛泛觴遊。半空石鏃奔殊響，夾徑蓴絲挽洑流。久閉雙扉吾獨卧，長横一榻汝淹留。縱譚對伏陳封事，不覲天顔又六秋。

馬蹄駸駸蹴輕塵，過訪湖頭賀季真。蚓曲蛇蟠穿獨步，山殽草跋慰羈人。三千里外鄉音熟，十五年來府幕伸。采臣經歷衢州十五載，今陞司城。南北各天分水旱，此地苦旱，采臣至，方知南中苦雨。金錢百萬下温綸。時發帑金百萬賑三秦。

牆東方宅頗贏餘，訪戴尋嵇到我居。匹馬山行金絡騎，一封家報紫泥書。時囑采臣入都，寄先人及予誥封歸里。頻言官小操心苦，翻覺交深見面疏。問遺人來勞繼粟，呼童酌醴鱠生魚。

傳疑得共故人論，手集羣書爾腹存。采臣善書，能一録不忘。負郭無田蘇季子，采臣同予祖居海陽舊墅，伊父未曾以半畝遺之。屏居謝客實王孫。同敲石火炊紅粒，少時采臣從予讀書岳半，同操爨竈，無一僕相隨。樂挹金醅泛碧樽。還記掃苔安硯席，書堂深柳隔林墩。

同古逸遊萬安山麓作

半空嵌壁出危樓，手判縈叢躡足遊。松偃層巖蒼翠滴，石然隔嶺白煙流。風蓑雨屐長相伴，瑶草瓊沙過不留。我亦天涯悲久竄，愁聽雙杵擣衣秋。

勳名瞥眼已灰塵，煮石蒸丹採鍊真。百世下爲千載士，萬峯中隱一山人。巖龕僧定忘喧寂，谷口雲隮任縮伸。寺圃長留猿鶴尋，龍鬚雁齒結香綸。龍鬚、雁齒皆草名。

栽芋編蘆儘有餘，韜沉聊爾買山居。龜㭨久作支牀石，雷震難摇倚柱書。溪帶横拖雲裊繞，峯圭逼露樹凋疏。落樵收束初然鼎，摘得纖枝暫貫魚。

龜鑽蓍祝兩無論，石户雲房處處存。炊飯成糜窺父客，含飴受哺抱童孫。琳瑯雪液瘖春釀，瀲灩霞光簇野樽。偶遇道人陶八二，埋棋湧土已成墩。

秋尋值雨即晴醉卧僧廬作

匿影空山卧破樓，閒中偶共許詢遊。周圍楓老翻紅雪，古壑松高瀉碧流。槐路垂陰蜩蟪噪，菊籬放蕊蝶蜂留。蒼巖盡作青天色，四壁寒生鳥鼠秋。烏薪吐焰濤聲沸，白雨傾盆電線伸。記得京園名輩集，清譚雅論各紛綸。振衣抖擻舊遊塵，薙草分花野趣真。透徹溪光翻岸樹，零星鳥語唤歸人。幽探半倦據梧餘，石徑斜穿薜荔居。野鳥登筵爭剩果，山鼯入室穴殘書。迴谿複嶂相招隱，百榼千鍾莫放疏。若木花明天四照，赤光如火見丹魚。披薜空庵獨自論，上方下榻一僧存。南柯卧夢喧齊女，蟬名齊女。銀海懸珠炙角孫。在耳廓中間開口者三脉之會，名曰角孫。石可爲薪無滅竈，蘆堪咋酒未圍樽。支頤拄頰塵勞謝，偃曝終朝戀舊墩。

采臣司城伻來山中借書因詢巖棲近況賦此以報兼簡在都諸昆季

無數村煙上驛僂，吟鞭到處足山遊。月輪初湧霞紋裂，翠岫空遮石髓流。茗碗時傾花乳亂，糟牀夜滴麯香留。半窗睡起初披衲，鶩捲陳柯一葉秋。誰憐蹩□日衝塵，俯仰艱虞失本真。半世何堪三劇職，中城又屈一勞人。捉刀篆刻秦章健，濡墨揮毫蜀紙伸。采臣鐵筆、毛錐稱雙絶。莫蹙雙眉悲日暮，更還亦得五花綸。

山資饉足已無餘，五色煙封少廣居。玉匱來探真秘笈，石倉遠覓舊藏書。多年拙宦貧猶赤，少日同聲老復疏。白板雙扉懸竹杪，韜精遵養伴禽魚。多時閉户罷高論，失志聲名不復存。三樹聯枝長接蕊，一經課子復貽孫。鍊心文武黄金鼎，隨意温寒白玉樽。晉武帝時鮮卑所貢，容酒斗餘，温寒各隨人意。遥憶諸昆留輦下，何人命坐紫花墩？

秋山八集

古巖雲黑壓經樓，八九鳴鳩拂羽遊。紫嶂斜遮凝積翠，紅橋横截湧奔流。十尋飛瀑峯頭瀉，幾顆殘星屋角留。煙蔦雲松方丈外，商飆薦爽響蛩秋。杷土揚沙起堁塵，何如樵斧釣竿真？青芻白飯賓無雜，碧蕊黄藤谷有人。醫濁半生心自億，趦趄寸進步微伸。稱絲毫末釐然具，宛轉支機細織綸。緑醽百斛灑無餘，静聽絃匏出燕居。早革纖塵弘六度，重燃宿火讀殘書。七年鑽木穿盤石，五幔牽絲出鏤疏。時長孫女適符尹汪掌科四子明經倬爲室。撮粟餐麻三四合，斗升小水潤枯魚。簸兩掂斤静忖論，幾時萬選一錢存。判年鍵閣抄三史，尺幅横經課二孫。掄、揀二孫各授一經。

鴻薈馬藍分蝨勺，金鹽玉豉侑華樽。圭峯忽露呈蒼赤，苔繡千層緑蔓墩。

寓自怡園題壁

漱蘚縈沙綴詠樓，花林夾岸道真遊。黄道真，武陵人，即桃花源捕魚者。高春轉磨烏西逝，斜漢傾波斗北流。醳㪚銷聲冠蓋絶，扶犁在手笠蓑留。松棚竹架躭安枕，一水清漪碧玉秋。

萬扇蕉天廕緑塵，伐樵採箬把鋤真。綿蠻鳥任譏彈我，蹳剌魚如謔浪人。得句投囊吟骨聳，負薪給食擔肩伸。久同麋鹿甘林壑，何事鸞龍賁紫綸？

暫假山阿一畝餘，反因多難得安居。禹碑自古呈龍畫，蝸壁何人辨蝶書。寢迹釣耕忘痒痺，冥棲箕潁樂單疏。磬聲初歇林禽下，霜落溪清羨躍魚。

穉子能文可與論，石叢空聳舊園存。蒿牀近喜譚田父，竹笥遥思遺女孫。時女孫出閣。峯頂泉來天抱甕，松根影過月移樽。灌園運甓叢篁下，野鼬文貍出壞墩。

同西巖僧憩石亭對飲伻攜家問及除書至

岑壑懸淙注聳樓，逍遥莽蒼蒼，仄聲。任嬉遊。浮雲萬變天難問，瞥電孤生歲易流。石髪松衣山蘊藉，盤飧瓢飲客羈留。鹿門采藥悠然去，勿戀菱叢麥穗秋。

不堪牛馬耐京塵，澹泊心甘味始真。分翠來青長住客，西山亭軒名。萬松三竺未歸人。齋牀瀑隔林端響，巖窔雲從石囪伸。蒼蘚盈階松檜冷，百憂展轉藹抽綸。

垂鈎水岸釣王餘，樂此羈孤四壁居。身隱胡然瞻兩闕，山亭望朝堂，歷歷在目。伻來忽爾見除書。壬申七月廿五，從兒掣兵部督捕郎。詩從郊島分寒瘦，字向谷坡辨密疏。一自賦歸賓散後，雀羅門裏絶歌魚。

鷄窗角角聽玄論，錦石奇松几案存。師亦何常經授父，宗焉敢亢硯留孫。尋僧共蠟登山屐，速客頻傾對雨樽。竹韻松聲傳麓足，紅亭半倚薜蘿墩。

來爽樓四望斐然成詠

羲風庾月静憑樓，筋力雖衰尚雅遊。花嶼支笻迎積靄，石虹息駕玩圜流〔六〕。翠衿紅嘴愁鸜鵒，黄口金衣舞栗留。詩注疏：黄鸝也。自愧蒼蒼松栝老，縱然憔悴不先秋。

斷岸晴沙撒玉塵，柴桑老伴自高真。伯機喜對支離叟，僧佑當非率爾人。窈窕泉簾旋復折，紛披雲葉卷還伸。赤光萬縷晨霞舉，散綺浮霄舞彩綸。

寒燈夜課樂冬餘，隱谷棲林久窟居。長笛一聲驚旅夢，斷鴻千里帶家書。山青愈獻魋顏醜，風急翻催鵠髮疏。釣得華魴無處劊，折殘箬葉好包魚。

難辨傖儜置勿論，狂奴舊態我猶存。索來舊艾三年畜，長就新篁幾世孫。寸管續成高士傳，深杯莫厭故人樽。忌途可畏甘蹭蹬，不斷離腸曲繞墩。

懷桐洲石瀨 有序

予家海陽，每就試武林，道嚴瀨，必綰綷臺下〔七〕，掇蘋野薦，朗吟『山高水長』，覺羊裘釣絲長留苔磴蘚石間。先生清風萬古，真足廉頑立懦。光武少與先生遊，及即位，白頭故人以諫議屈之，其曰『咄咄子陵』，又曰『吾竟不能下汝』，亦早知先生不爲之用矣。懷仁輔義，自不阿諛順旨，先生樂隱之心已决于變姓名之日，非其君不事，非其友不交，宜其一來遽返也。予宦遊卅載，竟至放歸，異日綠蓑煙浪，肅拜祠前，得無汗背泚顙乎？兒景行郵呈登釣壇詩，心有所觸，賦此寄正先生，以代一奠。

三公豈換遂高樓，樓爲元總管羅公廷玉建。商雒依然綺夏遊。纁幣盈輪空物色，釣絲千尺獨臨流。菜傭嫌少仍求益，老子遺榮不肯留。欸乃一聲江水緑，濺濺石瀨月涵秋。

七里灘聲浣俗塵，瓣香長揖景高真。披裘傲睨新天子，撫腹温存舊故人。箕踞空牀猶熟視，胼胝老足已雙伸。眼寬世窄層臺上，簸弄煙波穩把綸。

四壁蒼雲陟眺餘，山光叢簇富春居。狂奴北舍方瞋目，癡漢西臺尚奉書。九鼎旌干招隱逸，一磯煙月愜高疏。清風吹冷淩煙閣，卧石横竿豈在魚？

冠賈馮吴未足論，雲臺湮滅釣臺存。一來早已勞三反，遺像今猶拜萬孫。馬浦龍巖迷蘚徑，錦峯繡嶺酹椒樽。皆嚴陵地名。高蹤止有先生獨，羞過嚴陵百仞墩。

附　景行過釣壇詩

窄窄羊裘老釣竿，雙巖翠滴月江寒。故人止剩先生在，客宿還從帝座觀。空弄雙丸輪赤白，長磨一硯耗支干。眠鷗笑我無停棹，來往匆匆過石灘。

林卧遥集倡自章雲于中翰，家君興會所至，借題發揮，踵其韻至二百五十二律，已鏤版行世。予小子頃復自故里還杭，兩過釣壇，寄呈近詩，家君仍用前韻懷桐洲石瀨，囑予小子維舟桐水，拜正嚴先生臺下。雲山浮動，與江濤相起伏，皆先生之靈所鍾也。彼紛紛爲聲利而來者，流連山紆水迴間，亦足滌胸中塵累矣。因勒之石，以誌不忘。壬申夏日，男景行百拜識。

寓西巖萬安古寺題壁

縈紆石磴躡巉樓，擁錫旃檀物外遊。洞口絮飛雲遠絡，峯頭玉碎瀑懸流。山顏赭盡天爲醉，竹汗青餘古可留。風剪寒郊紛萬葉，百蟲聲咽黯然秋。

簾幕繼縿隔旅塵，案羅永草配丁真。丁覘與智永同時善書，世號『丁真永草』。山膚水豢棲遲客，欲傺沉藏棄置人。晚角初吹千淚落，寒泉一瀉百哀伸。白頭不復勞青盼，蓑笠能甘傲綬綸。

息瘃深山倦卧餘，下帷束皙久閒居。龍拏鳳跋鐘胡字，鷹跱鸞驚索蔡書。原自無堪甘守拙，多因慣懶習成疏。僧廬偶憩憑紅檻，爾我相忘樂似魚。

盛年已過不堪論，人俗無侵夜氣存。憐愛于今鍾少子，嫁婚何日畢重孫。香雲紈縵露檀樾，花雨繽紛雜鬱樽。草長波浮同一緑，蒼藤老樹抱孤墩。

出西巖訪吴古逸于竹隱僧廬

夾岸陰森露半樓，瘦童羸馬獨山遊。何年偃蓋松釵古，到處鳴珂篠韻流。慈室燈殘斜月補，瞿曇梵放妙香留。石牀雲冷猿清嘯，霜漏聲沉鼓角秋。松風近拂層登塵，斷碣遺文省識真。捫蝨縱譚經世略，聞鷄蹴醒拯時人。詩豪蕩宕吟濤湧，草聖横斜滑砥伸。石鏃金機方縱送，空天臯雁避繒繳。不多諫草愧焚餘，久杜柴扉號霧居。暗向龕燈勤補衲，獨裁蒲葉細編書。鬚眉轉古心幽曠，齒髮難齊貌瘦疏。萬卷書城南面擁，此生甘作老蟫魚。失馬亡羊總莫論，泉瓢山屐一身存。豐碑妄冀傳千祀，寒食何曾見一孫？西山瑠墓俱署穹碑。雙樹煙光籠淨梵，叢林花瓣落深樽。洪濤南下桑乾水，魚鯿斜懸曬午墩。

山居老衲索詩口占成詠

香燧蟲絲罥舊樓，旅魂遥夜續心遊。戒衣破綻紉還碎，募鉢因緣寓半流。弋者弓繒鷩峙立，鷴立不移處，因名峙立。潤之雨露老扶留。藤爲扶留。羣峯起伏相迎送，翠冷沙明磧氣秋。袈裟緝薜不棲塵，勝概難描畫逼真。香榭花龕高蹈客，雪山金粟再來人。鴉圍斜繞疏林暗，雁陣横衝萬翅伸。林壑翔棲甘放逐，敢方廣受謝簪綸。

持鉢蘭臯接瀑餘，榻前蕉展緑天居。牽雲曳雪成高詠，思誤耐訛讀異書。桑路人歸機杼轉，雨村夜静杵砧疏。遊閒久已同禪衲，香積分飡獨飯魚。

世路嶔巇憒莫論，空懷古意獨存存。數年子女依彪父，一郡孩童盡薛孫。時得吾郡曹公祖手書，因及之。閴寂僧寮曾下榻，殷勤村釀已盈樽。山深永絶公卿迹，抱膝高吟老此墩。

梵樓玩月毛香令攜古逸書同一覺五藴兩上人至浮槎縱飲送歸

獨夜人登月午樓，忽然賓從遠陪遊。爲觥不敬多浮白，特罰深杯恣歡流。客自何來三不速，臣今已去五難留。香巖矗矗殘虹挂，織緯酸吟廓落秋。

松風掃石絶纖塵，久别鵷行屐步真。霧結煙霏虚白室，山棲水泊陸沉人。給園花向龕前發，祇苑錫從麓半伸。出處總關天下計，南陽耒亦富陽綸。

小溪抱甕灌園餘，葛蔓荒苔晝剎居。望古空藏遥集志，懷人忽見近來書。浮喧兩謝悁勞釋，懶癖相忘禮數疏。腮曝丹池遭點額，龍門既退亦凡魚。

卑之可有甚高論，反恐心膠失所存。獨立不私庭訓子，流傳猶及耳聞孫。偶然躩步抛山屩，又復乘桴酌月樽。幾簇峯青雲樹外，樵童墾發兔狐墩。

秋暮寄寓山寺香令別予先歸賦此爲贈

岐路鐘鏗何處樓，繒雲歸繞曲阿遊。丹丸半墜溶金碎，翠壁横空瀉鏡流。捕虎逐麇臣已老，乘車彈鋏客難留。飽經霜信蛩吟澀，萬仞孤筇趁好秋。

山路華茵碾作塵，霜砧牧笛聽來真。舊交已絶同年輩，當路新推後起人。萬木枓喬花窟隱，千峯環衛竹兜伸。月明秋浦煙波裊，紫蓼蒼葭獨放綸。

石壓濃嵐十頃餘，崩湍壞壁古樵居。穿巖破衲褰雲補，出檻甘蕉帶露書。步壑探泉來遠遠，據梧聽雨滴疏疏。青鞋白袷扶藜便，不用晨昏啓鑰魚。

墨浪空翻古可論，挂枝風息夜箄存。有財難棄哀家督，雖遠寧忘款户孫。外國名，出呂氏春秋。雲谷盍簪花壓帽，綺疏傾蓋蟻浮樽。遠來對語披心曲，玉水泠泠細漱墩。

獨憩山閣即事有懷四律

誰銜蘆度雨村樓，候雁酸吟接羽遊。脱臂饑鷹翀健翮，拋繮渴驥逐奔流。石嵌泉冷孤筇曳，睡足聲鼾好夢留。雲水無蹤何處覓，亂蟬聲裹島松秋。

幾間茅屋遠氛塵，不住泉林賞未真。渴睡無慚高卧士，沉酣誰似獨醒人。佛崖砈硉呼猿守，磴坂崆峴學蟥伸。自是同遊遲物色，狂奴豈戀舊江綸？深交屈指略無餘，梵帝輪王祇鷲居。心薄項騅空逐鹿，腹藏秦火未焚書。静看雨滌山容媚，莫挽秋歸葉色疏。絲網鸕鷀同一願，側身注目察淵魚。羈傖羞向世人論，款款生平此獨存。家傍佛龕依梵住，寺鄰瑺冢奠僧孫。西山古刹半爲俗家占住，而瑺冢纍纍，俱僧爲拜掃。羹藜唅糗甘艱食，吹角嗚絃促别樽。偶曳長裾彈短鋏，楓林落日赭秋墩。

重陽登來爽閣賦懷

傷心怕上近花樓，席帽藤鞭壙埌遊。粉堞周圍千翠擁，香山拱揖萬青流。英滄菊蕊玲瓏碎，露泫萸枝次第留。煙嶂分光來几席，蒲黄楓冷石泉秋。林阿蕭撼浄無塵，帽落龍山舉止真。籬下圍成黄菊幛，叢中望見白衣人。青莎闊步無修飾，玄杖羸肩有欠伸。蟋蟀聲寒鍼指冷，溪翁何事漫掩綸。瓢笠長攜樂有餘，菊叢移坐傍花居。佩囊行路晨消厄，插鬢歸家夜讀書。豪氣頓因孤憤減，少年自與老人疏。興酣酩酊酬筋力，野饌分飡白白魚。咀嚼莫饕鷄肋岸幘霜天把酒論，他鄉野菊故吾存。竹籬欒采同元亮，壟斷慚登異季孫。

味，尖團共劈蟹螯樽。家山萬疊浮雲隔，薙草披沙露坐墩。

緩步山麓登寺樓有懷忽古逸同李梅谷過訪喜而賦此

鬱陶俄頃散虛樓，樹伴山來客枕遊。候雁南征雲北逐，奔駒西逝水東流。出溪日歛魚標漾，近塢沙深虎迹留。僧臘漸高禪寂裏，經房蘚漬石牀秋。

松帚頻揮酒榼塵，一無可戀愛山真。偶然避地爲羈客，不覺離家作老人。夜喜何來燈穟密，朝愁難遣鬢絲伸。迎門捲幔分苔席，笑向花陰握翠綸。

芋區桑圃尚留餘，雀啄偏來小小居。舊事新譚如話夢，故山屢躡似繙書。應劉近別朋簪失，嵇呂愆期酒伴疏。曉徑煙籠雲甃石，方罶歷岸守沉魚。

夢蝶譚鷄領妙論，初開香窖舊叢存。情人遠訪三生石，玉牒傳來幾代孫。止水不波無冪井，萬花圍席共浮樽。自從上苑抽簪後，長日扶藜嘯蓼墩。

酣遊西巖諸名勝晚歸率賦

巖翠方濃滴古樓，驅羸曲路苦吟遊。苔粘樹瘿霞紋鏤，瀑濺峯腰石縫流。歷世聲名雙轂轉，横窗氣焰一燈留。孤高剩有蒼髯叟，終歲青青不肯秋。頻開硯匣不封塵，描入新詩畫片真。放眼層巖增險句，藏頭僻塢避時人。心羞托鉢言詞拙，眉展當筵笑謔伸。無縫天衣誰手織，九霞散綺曳光綸。雲湧煙皴態有餘，何妨分洞伴猿居。白鬚道士聆仙語，緑鬢山童習梵書。泉石清音經峽咽，松篁碎影隔簾疏。飛潛各自窮高下，繒繳何由到鳥魚。名山創見獲奇論，荆棘深叢舊徑存。石髓無緣飡叔夜，金丸長日逐韓孫。珠傾玉注巡花盞，杉贅楠瘤劃木樽。心力空抛無可用，負暄曝背向陽墩。

吴李兩子別予山寺適姪至得家報率賦

雲隨馬足到山樓，仗轡看天自在遊。竹屋燈青香縷結，蘿牀霜白夜光流。多情繾綣資餘論，未別踟躕願少留。石壘灘頭蠎蠣屋，僧茅殘月可憐秋。

出山松柏化爲塵，單酌相邀況味真。共學久辭同舍客，故交已絶舊時人。無分賢聖千鍾少，高擲梟盧五指伸。我比山僧尤澹寂，難簪白髮側巾綸。

浮霄河漢没無餘，澗户巖扉獨僻居。癡叔牀頭曾讀易，偷兒笥腹早藏書。紛糾百感增孤憤，長久深交在一疏。石湧寒風翻雪浪，蘆花出入網鮮魚。

天高無語迴難論，胎息深深黑處存。揮筆狂言堪示姪，枚、徹二姪南來。抛家漫叟又增孫。時數兒生一子于真州。酸心何處風樓笛，延首重開月徑樽。買小斜川陶令住，緑蘿飛翠覆叢墩。

過寄園宿豇青閣即還山寺作

疲馬愁過石砌樓，花叢放醉趁歡遊。周墻睥睨煙鬟裊，浮磬鏗鏘谷口流。今日郎官員再備，當年父執老誰留。時從兒新授兵部郎。忽來雙屐巖扉下，小閣寒砧獨卧秋。

翠壁拖帷燕舞塵，觀魚聽鳥趣偏真。偶攜白墮尋狂客，猶指青蒲認舊人。送友虎溪三笑別，繫書雁路寸心伸。直鈎不入熊羆夢，虚老虹竿守渭綸。

半熟黄粱一夢餘，纍松石竈卧香居。風簾月碓呈天繪，洞户巖扉露石書。酒壑長傾塵網破，菊叢暫補槿籬疏。恩讎未報空彈鋏，寶鍔銜英佩鮨魚。

閑日歡尋静者論，荒山茅屋幾家存。心旌遠挂千秋剽，手澤長遺百世孫。真衲逃禪常卧寺，老人扶病强同樽。琴師奕友都星散，剪薙芟蓬細斵墩。

還山寺古逸攜樽候松下同予酌月

傳書雙燕會花樓，企磴攀林謝客遊。細織苔茵風碎剪，空梭瀑布雪長流。皋鳴羽客翻然去，岸立天翁慣久留。匹馬孤行青石路，瘦寒詩句冷于秋。

古苔膠砌不留塵，欒爾疏狂野態真。躞蹀鳴車悲困驥，鈎輈啼曉泣歸人。一嚬不假容常歛，三黜無尤氣轉伸。涼夜月波浮醉頰，幽探巖竇擷香綸。

蒼然鬢髮已無餘，柳徑藤階水巷居。曾向秦封尋古碣，難從漢篋記亡書。竈然不肯因人熟，竇塞何嫌見吏疏。穩睡方辭顛倒夢，鷩川那得有恬魚。

茗酒縱横恣意論，荼布疊布一藜存。擔薪疾誦羞翁子，綿蕞無譁聖叔蓀。纔向龕燈攻梵誦，又來林窟挹陶樽。嬴驂往返鷩鷗夢，月照灣南水露墩。

懷棲霞寺 有序

棲霞石菴和尚將歸里門，發願募修建初寺，感念舊事，贈以四章。此韻予已次至三百律矣，石菴毋謂癡叔饒舌。

團圞夜話小溪樓，記得題詩贈二遊。皮日休遊任、徐二宅，作二遊詩。予避地唐棲，火傳、有枚兩卓子常爲地主。蠟屐何時還白岳，把茅久已住清流。壬辰，唐棲諸君請石菴住持清流禪寺。禪心不礙吟囊富，浄業寧爲世網留。細雨涼飆蘋末起，晚蟬翳砌嘒深秋。

看梅繡谷舞香塵，尊宿宗風戒律真。咒鉢吞針花感夢，拈槌豎拂語驚人。珠光妙相慈雲蔭，金吼空門梵響伸。無負吾家冬夏日，織烏萬古吐紅綸。

傳言種柳十圍餘，曾侍先君奈苑居。悲樂分傳韓白句，古今難積約雲書。沈約、范雲各貯萬卷。時故里丘墟，藏書俱成灰燼。親朋早識從前誤，叔姪翻驚別後疏。記泊唐棲煙水岸，頻攜罛罶取名魚。

盤餐草草憶豪論，雅集雲深幾客存。唐棲諸子酌我雲深草堂。長曳青藤貧衲子，短披白髮老宗孫。雙林亂滴花溪雨，一棹歡聯水閣樽。玄度難忘支遁侶，棲霞月冷古梅墩。

家蓼天招飲自怡園感賦

翠幄横遮洞口樓，竹籬斜出板橋遊。放言莊老心花簇，高詠詩騷墨浪流。好友相思頻命駕，名山作主暫攀留。繁霜一夜凋蒼翠，羈客空傷露井秋。

瓊靡供峙掬珠塵，贈策班荆契自真。隔岸蓬蒿長一丈，小谿舴艋載三人。煙苗雨甲盤飧具，胹鼈炰羔綺饌伸。躡履霜橋勞遠過，霓旌遥憶護黄綸。時家人迎誥命歸。

松筠清健傲霜餘，棲鳥巡檐覓舊居。泉石長攀逋客駕，藤蘿細束洞仙書。浮家江浙鴻音斷，兩月不得南中信。遊宦東西棣蕚疏。予兄弟俱宦遊晉、粤。咋口呑聲憂懼外，砂泉清淺種紅魚。

從先莫向後生論，留得酸寒古貌存。爲目用鰕來水母，水母俗名海蜇，以鰕爲目。卑身舉案玩公孫。南海勤竹名曰公孫枝，不盈尺，舉以爲案，足供近玩。夢遊偶坐千人石，卯飲時傾百斛樽。一徑松杉頻揭趾，芟蒿斬棘露沙墩。

仲冬古逸奠墓畢攜餘樽過訪山居劇譚寫意

蒼蒼煙樹遠藏樓，碕岸眠雲任意遊。跌蕩獵精翻謔浪，鏗鏘琢句競風流。雪膠古洞人蹤印，沙壿寒灘鶴步留。谿瀑有聲陶俗慮，壁峯森聳冷菰秋。

松帚空驅石上塵，光分翠嶂隱山真。踐殘首脊焚芻狗，剖出篔簹抱竹人。竹節中有物長數寸，如人形，曰『竹人』。錫帶三褫何足戀，折腰五斗可能伸。古逸作令，曾三起復。是真孝子公無愧，伏冢悲號竺道綸。竺彌字道綸，父畏雷，至天陰輒伏墳悲哭。

一丘可竊亦生餘，挂樹紅藤立壁居。氛霧皴山摹古畫，綴蝸盤砌篆新書。不知老至形容變，恐爲孤棲故舊疏。髮短心長吾舌在，忍拋歲月狎禽魚。

百卷縹緗恣品論，遥遥望古聖言存。長研司馬千秋鑒，不負軒轅萬世孫。偶逐兒童喧路鼓，時邀父老酌衢樽。狐嘷廢壘沉雲黑，花擁懸崖水抱墩。

宿西巖古寺喜僧方石過訪率賦

荒苔緑蔓最深樓，元結多時漫浪遊。萬竹陰森摇漢碧，千山蒼翠抱村流。敢誇投老閒身健，竊喜餘生一己留。榛曲不迷行熟路，笳吹寒磧鐵衣秋。過眼空縈野馬塵，華胥入夢醉鄉真。桃源晉魏渾忘世，栗里羲皇儘有人。短飽長饑皆欲死，枉尋直尺總難伸。買山西麓慚充隱，槲笠椶衣擷翠綸。翠綸，香草，孫綽海賦。石路松陰鶴夢餘，煙蘿問閣我能居。園無隙地猶栽樹，囊少餘錢尚買書。年大自然心懶癖，地閒長與俗乖疏。甘心趺坐蒲團老，鎮日禪關聽梵魚。深山好共什澄論，杯宴歡餘硯北存。落落長松凌十丈，森森立竹列千孫。塞門不漫懷中刺，獨飲誰傾座上樽。歷盡艱辛方出坎，調猿弄虎坐龕墩。

同方石訪止庵和尚宿自怡園

楓栝垂陰暝畫樓，遍參禪宿伴雲遊。松高北岫俄移嶺，水注東溪忽倒流。鼎鼎百年何偪側，閒閒十畝足容留。瘞殤遠訃雙垂淚，九月二十五日，景行長子繼揆九歲而殤。忍聽凋殘玉樹秋。

泉繞丹爐浣藥塵，空天一色雁行真。埋魂偶影深棲客，羈羽沉鱗窟伏人。歷世難容狂也肆，冥居敢用卷爲伸。踏花香騎來幽谷，水檻山罏捧玉綸。蘄德中副郎嵩人齎誥封至山居。

蓼風葭露競秋餘，桐巷編籬隔岸居。水沼山樽修藥圃，澗唇巖腹曝農書。松枝度臘青還韻，梅萼經冬老更疏。石壁流淙清響落，雲潭湧出虎斑魚。魚文如虎。

雌黄發口聽君論，橡飯菁羹半甕存。客驛穿墉驚逆旅，梵筵索哺縱饞孫。蓼天老人作佛事，邀予主齋，先一夜宿山麓，有戒心。黄梅獨印心傳鉢，赤臂長伸手捧樽。思向玉霄峯頂望，真雲早降碧瑶墩。司馬承禎曰：『吾居玉霄峯，東望當有真雲降于瑶石。』

渡河訪古逸不遇坐石酌月宿其竹閣作

停輿坐嘯此君樓，石瀨雲溪縱眺遊。争牽灣艇穿碎路，掬沙礪齒漱寒流。提壺有約山爲客，折簡誰招月獨留。數載巖棲身已懶，尚堪作賦送窮秋。

機忘自是厭喧塵，椶笠看山意獨真。宦業長傳文谷水，予曾作令晉陽，今祠名宦。仙源莫問武陵人。苔茵半爲封姨展，石髮多因月額伸。旦日雨爲月額雨，如織垂絲。止愛高眠慵曉起，焚書瘞筆懶持綸。

空囊自笑一錢餘，澗户山窗寂寂居。菡萏風清香席硯，松槐葉展蔭圖書。紅雲遠映青梧落，白屋長留紫禁疏。客況天涯寥落久，多年廢簏蠹蟫魚。

身退何人歲宴論，吴詩：『歲宴坐論功，自有思臣者。』空園老樹百年存。琴書有托猶傳子，簿籍忘名不辨孫。洞户長扃誰啓鐍，巖花暴發待呼樽。偶披寸翰流芬藻，叢桂修篁隔水墩。

古逸香令各出近作質正即景四詠

芝闕初開蕙作樓，歸來二仲願陪遊。頽崖𡾰谷沉根露，斷梗浮萍濁浪流。寒榻聯吟新句穩，野蔬近摘舊賓留。山尋是處憑雙屐，纔遣春還又解秋。元微之有遣春、解秋詩。

角巾漉酒洗花塵，敲句揮毫各寫真。長夜蛩聲偏傍枕，空牀月魄獨親人。郊酸叉澀風情薄，吕放嵇疏逸興伸。劍鋏空彈無可告，腰鐮約我薙山綸。

桔槔聲罷力田餘，遁迹多年選僻居。作史長慚牛馬走，開緘懶荅鳳龍書。汝南吴蒼遺矯慎書云：『審能騎龍弄鳳，非狐兔燕雀所敢及謀。』慎不荅。止看雨過千山滌，忽覺秋歸萬葉疏。重疊煙屏圍石澗，鳴皋獨鶴羡遊魚。

新辭合拍妙難論，違面三句念念存。玉海集傳張景胤，張融著玉海集傳自父敷〔八〕，敷字景胤。金城圖獻趙翁孫。盍簪錦磧新投轄，移席花叢屢舉樽。小海歌殘河女續，漱天雲雨響江墩。伍子胥死忠，國人作小海唱。曹娥死孝，國人作河女歌。夏統向賈充扣舷歌二曲，激水漱天，雲雨響集。時二君別予遊錢唐，因及此。

獨酌寫懷四律

蜿折山腰曲抱樓，嗜奇忘險放心遊。側身户外青蠅滿，張日壺中緑蟻流。楊子亭空奇莫問，翟公門冷客誰留。孤吟不覺成哀響，白蓼蒼葭水國秋。

香杉古蘚淨衣塵，逸士猶傳漢嶠真。法勝何妨我用我，道難止以人望平聲。人。諸葛恪曰：「以道望人則難，以人望人則易。」體疏意放心能達，身退名藏理獨伸。魴鯉躍鱗山溜滴，息深默守曳長綸。

寥廓風煙一嘯餘，三年裹足杜門居。意行即到無勞駕，夢路長通不寄書。童耄故鄉生死半，弟兄遠宦笑言疏。伯兄解餉，三弟、四弟齎表前後抵都至山居，三年各得一晤。揮殘老淚悲風木，薄祭逢時薦菽魚。

喜吾舌在得長論，雪檜霜松老尚存。雨止還呼悲逐婦，林深遠竄怕尖孫。石狗俗名尖孫，猴畏其食，竄深林中。横枝豔發花窺户，亭午陰移緑罨樽。數頃濕銀寒欲結，空波細嚙小溪墩。

孫大鏞營葬畢攜家報同兩上人過我酌月漫賦

霜鐘聲斷上方樓，心浄長攜二遠遊。儒棗垂塋光肆應，石晉朝趙令公塋有儒棗樹，婆娑異常，望光者指其家必昌，令公果由太原守拜相。葛蕉廕檻緑旁流。荒郊步屧常延佇，歧路分襟且暫留。茅屋雲封佳客到，迴潭密篠静含秋。

不將白鬢染黄塵，對飲陶然得趣真。烏啄盈囷充食客，犬狺當户作閽人。霜華甫咽枯腸潤，霜華，茗名。蘆酒分嘗一吸伸。遥念爲郎才具淺，可堪三署綰通綸。景從補督捕郎，協理東一西二兩司。

帶索榮公樂有餘，巖軒闃寂閲諸居。水瀰驛路艱泥屐，月卧芸窗潤竹書。藍菊英揉霜辨碎，碧梧葉落露光疏。心香爇後參初放，妙辨彫譚出伏魚。

舌戰方鏖抵掌論，德鄰文友素心存。清譚競習何平叔，補綴書成褚少孫。薜荔孤岑猿嘯月，藤蘿疏檻客環樽。幽巖獨灑投荒淚，草殁先塋失舊墩。大鏞祖塋在西山麓，有失業者。

大鏞邀遊平坡諸勝下榻山居

山椒巖嵲出遺樓，籃舁淩虛快我遊。石浪翻空摇翠嶂，月波泛碧漾清流。馬盤細路花鬟斂，蘚殁殘碑古意留。早晚深巖分節氣，猿聲愴慘萬峯秋。

珠光璀璨不昏塵，爾我荒狂本色真。抱鋏吹竽同乞食，碎琴操瑟總干人。花潭盥漱衰顔展，綺陌低徊蹇步伸。嚴瀨渭濱分隱見，遥遥周漢繫雙綸。

子猶淪落況其餘，多謝扶笻訪舊居。光憲長傳磨盾集，孫。化基久著止戈書。趙。同人獨喜君恬曠，何地堪容我慢疏？事滿寸心長不決，逡巡失水盼梁魚。董京辭孫楚詩：『盼彼梁魚，逡巡倒尾。沉吟不決，忽然失水。』

對牀揮麈郭裴論，破的清言雋永存。房老青幃懷孽子，家公白髮弄慈孫。鶴翎初展先飛錫，石液分流各洗樽。殘日山陰松翠冷，隔溪紅蓼擁沙墩。

自怡園還寓寫懷四律

粘天蒼翠翳横樓，栩栩魂交夢蝶遊。灌莽繚垣花石甃，縈盤接町縠紋流。不辭白薄深杯罰，爲募青精一鉢留。荷鍤久除纒鎖累，耕餘早獲蟹螺秋。荀子注：蟹螺者宜禾，言高地也。

石煙花霧浄遊塵，北竹南桐景物真。李伯魚贈張説詩：『北竹青桐北，南桐絲竹南。』避草濾蟲嚴戒律，棲林遁谷利幽人。是貧非病吾何憊，將隱焉文我自伸。學稼明農原不易，翛然脱屣視圭綸。

弔心棲影霍然餘，竄逐初歸敢定居。履畝蓑穮分種秫，踞牀科跣獨攤書。敢因半世癡頑慣，一任三冬筆硯疏。傳説鱗潛雷不畏，赤文無羽避兵魚。

精心獨對聖賢論，少日封靡百不存。烏兔迫人驚暮齒，嬰孩催老畏多孫。蒲筵緑醑斟康爵，秬鬯明禋奠卣樽。時蓼天招予陪祭歸。巖半何來鸞鳳嘯，手持寒錫卓禪墩。

同吴古逸邀僧方石遊山寺題壁

石角峯稜半簇樓，雙童一馬快陪遊。瓊波蕩漾雲輧現，瑶草紛披玉乳流。彌勒同龕禪誦静，維摩共座佛燈留。青山對我忙迎送，秀木昏煙磧月秋。

臘高夏滿脱蹤塵，指方石。懶病嵇康任達真。訪戴迴舟空帶月，迎王入座早驚人。梧岡竹埤鸞聲噦，桂術蘭街馬首伸。舊榻長懸爲爾下，高眠晚沐脱絛綸。

辭粟黔婁富有餘，棲遲林屋似巢居。籒斯繼世摹蟲篆，徐衛相從學漆書。古逸以善書名。鐘響五更寒漏盡，月沉孤角曉星疏。鄉關迢遞三千里，僻地何曾斷雁魚。

稽首薰心白佛論，禿殘雙鬢幾絲存。新炊忘箪糜留客，再摘提筐果索孫。古逸家渾河，二子五孫。坐酌縹醪傾雅爵，熟蒸黃獨洗瑶樽。已安吾拙知希貴，負汲同歸憩近墩。

蓼天邀遊山寺縱博快飲忽汪農部我長札至具道旅居苦況爲之傷心罷席疾次四律慰之

瘦藤扶病躡雲樓，水曲蜂陰歷歷遊。破刹鏗鐘山四應，高松偃蓋翠横流。可堪鷄肋尊拳試，那得猪肝一片留。峯列劍鋩愁不割，蘆葩菱角滿潭秋。

雲溪邃僻不生塵，狂客東歸況味真。芒屩疾趨蓬户宿，蒼天迫老白頭人。揮殘麈尾琅玕吐，腼熟熊蹯七箸伸。席有熊掌。軒冕難交黃叔度，李膺訪黃徵君，郭秦曰：『子以軒冕交，安得見也？』縕袍那復曳絑綸？

銷聲束影五年餘，近復窮棲浄室居。我長借寓雙林寺。鐵斛空量千艇粟，桐圭斜壓半窗書。細磨白玷讒夫熾，盡散黃金食客疏。飛鉢浮杯蓬液近，可能持咒取龍魚？

榮華轉瞬可無論，水曲山坳寂寞存。小室簾衣遮内寵，我長攜如君住潞河。兩家竹馬鬧雛孫。裊爐旋轉呼瓊罗，罗，音測，骰子。簪珥横斜倒玉樽。冒雨行吟圖畫裏，金猊石狗嘯崖墩。

壬申守歲西巖漫賦

綵幡頒勝五龍樓，百戲駢羅倒騎遊。雀舞彤庭蝕木綴，鵂傳紫禁珮聲流。開筵爆竹迎年飲，繞閣燃燈卜夜留。疊鼓頻催人易老，誰如椿歷八千秋？

兒童笳鼓競街塵，玉几清香供聖真。夢裏唱酬來死友，山中晉接對芒人。歸山汲孺褊心罷，阿世孫弘曲學伸。竹徑斜開招舊隱，無容解茘易紺綸。

奪得重茵五十餘，譚經過訪侍中居。藜牀守歲持禪偈，雲版傳聲誦道書。拄谷撐崖松老大，號山步壑石粗疏。水光蕩漾層巒上，古甃冰開入饌魚。

朝光空向日邊論，壺玉冰心喜獨存。晃朗天開宜逐疫，婆娑醉舞未扶孫。雲門瑞靄占三朔，露井屠蘇浸滿樽。自到西巖鋤藥後，更無一客過寒墩。

癸酉元日古逸昆仲過我手譚賭飲即事四律

蒼壁垂青廕梵樓，獨醒喜共酒民遊。少時賓從都星散，浮世年光半浪流。何事王尊驅折坂，不禁阮瑀憶陳留。一溪水色揺新碧，禿鬢空寒颯颯秋。

多年京輦阻趨塵，翻愛支離養性真。舊客已辭彈鋏伴，寒山最喜解纓人。石枰坐隱樵柯爛，松麈聲鏖舌本伸。久謝斕斑長被褐，鸞坡忽聽再宣綸。時靳河督疏薦，奉有再議之旨。

燕畿引筑和歌餘，勝地何曾鬱鬱居。伏草冥搜時得句，景德間，隱士楊抃每欲作詩，即伏草中，冥搜得句，急躍而出。鶩鸞殊縱刻成書。神交不苦形骸隔，目刮無嗤涉獵疏。石浪山光圖書裏，逍遥長逝樂濠魚。

試瀑茶壚聽客論，一村淳樸古風存。青山疊疊棲支許，白社頻頻過董孫。著作郎孫楚數就白社與董京語。獻頌長傳庭下燎，建言誰發殿中樽。採花長醖孤斟好，阿姥空留賣酒墩。

緩轡尋春宿僧方石山齋賦

浮空海日湧孤樓，方外招尋茗酒遊。殘雪新消分徑曲，冰澌已化壯河流。扶筇石鹵晴雲度，結屋峯巔暮靄留。聯轡山行窮所歷，銀灣澹澹月籠秋。

揚堁方高不弭塵，薾然疲役損乎真。千山一枕還鄉夢，五載單棲去國人。鵬翮遥從雲路展，春心暗向草叢伸。開林法藏除煩鬧，那問黄扉孰掌綸？

燭塌河傾夜午餘，菰蘆孑孑老禪居。秋蛇春蚓傳心畫，七緯三墳辨僞書。燒遍草痕花寂寞，斸殘山骨石空疏。茅廬犬吠人歸後，道向湖心學炙魚。

慧心了義不多論，愧未能狂兀傲存。丈室跏趺宣浄梵，寸編句讀課昆孫。馬嘶斷岸呼星艇，旗颭離亭酌罍樽。世念泠然甘寢迹，支頤坦腹曝陽墩。

獨卧寺樓大鏞同止菴和尚至喜而賦此

天半星稀轉角樓，倚松披薜遂初遊。鍊光銀海珠常轉，漱液華池水逆流。曲几團蒲貧衲供，浮嵐暝翠好山留。窗前丘壑呈圖畫，宛是牙連海島秋。

鏡光未拂不辭塵，何事吹竽久混真。半刺通名驚一座，雙趺入定拜千人。雲穿烏兔天波瀉，風捲琅玕地籟伸。蒼翠遥迎空嶂合，淺灘漁笛挂蘆綸。

殘漏孤光萬籟餘，蕭然衡巷棘林居。青山好遁長埋照，白首冥棲止讀書。雨浣風梳留瓣少，蜂憨蝶懶採花疏。抽簪守素躭安枕，掩室徜徉雅以魚。復樸時聆大雅論，頻年襟袖佛香存。荆山痛哭誰憐卞，虞坂長鳴獨向孫。折竹引泉歸晚竈，藉糟流液入行樽。蒙莊樗櫟天年老，期爾禪棲谷口墩。

春日獨遊古逸來別予亦束裝南歸矣賦此記之

天末晴虹貫晚樓，層峯獨杖一笻遊。鐘聲近逐山光墜，塔影斜隨月亮流。素綆將垂方汲引，長裾未曳且停留。埋名久令時人棄，庾信心傷兩鬢秋。浩歌蓬篳息凡塵，昨夜雙親入夢真。攘臂羞稱高賴子，染鬚强作少年人。凍開蕙轉鶯吭滑，草軟沙柔驥足伸。爲問環瀛清淺幾，六螭飛谷散朱綸。蜂爭花蕊蝶分餘，野衲梯雲絶巘居。新恨漸增懷舊事，去人已遠寄來書。心玄守寂黄芽簇，頭白搔多黑髮疏。謝客空山耕垡老，鄉思忽憶是鱸魚。頻抽繭緒細攀論，蒿目同官幾箇存？夢召玉樓悲李賀，香令毛子少年力學，忽然病歿，爲之心傷。預營石槨愧楊孫。時贊弟還里，囑其于葩莊爲予建生塋。長藜曳足聲傳谷，短棹迎潮浪蘸樽。茶竈筆牀横小艇，煙中撒網繫灘墩。贊弟由錢江還里。

大鏞設帳西巖别我萬安禪寺四律寫懷

竹梧深處寺南樓，無復長懷一刺遊。塞雁銜蘆雲影亂，砌蟲絮月露光流。皮今去矣毛安附？脣既亡乎齒曷留？半世難醫山水癖，不禁蕭瑟女牆秋。

那堪商吹拂流塵，浄几焚香禮法真。萍梗已抛長溜水，蕣華還笑暫時人。風簾雲碓山行慣，茶塢糟牀旅嘯伸。高足儒門傳習久，建言從祀始王綸。王綸謚章敏，建康人，紹興進士，常建言孔門弟子及後世諸儒有功斯文者皆得從祀。

鶴汀鳧渚嘯歌餘，穹谷偏宜静者居。棋槊相娱留扂養，槧鉛獨握校經書。雀羅舊葦辭纓組，蟬脱荒巖絶戚疏。步履長慵階蘚滿，邅沙伏礫戲遊魚。

容我清閒豈易論，禪龕香篆客氈存。斑衣願作嬰兒戲，大鏞年六十七，母八十九。蔬食無慚晚暮孫。楊震不荅州郡禮命數十年，人謂之晚暮，子孫蔬食。老態霜堆簪上髮，寒更漏促掌中樽。半山蔓草荒先壟，濕霧昏霾慘廢墩。大鏞祖塋在西山麓，久失業，今清出。

阮山人介孫子大鏞過訪即席賦

山勢騰岔音搴，輕舉貌。壯嘯樓，桑村柳岸輞川遊。鷄窗徙几譚方劇，馬策敲扉淚獨流。阮山人善推算，得傳于先母舅。霜迹横斜人影渡，足音高下谷心留。涼湍嚙石清聲咽，廢壘煙昏别浦秋。

掃壁留題一硯塵，野觴款洽客情真。吟蟲怨鳥傷心伴，退谷藏溪肆志人。難説昨非今則是，敢云小詘大能伸。晚煙縷縷凝衣桁，翠捲陳柯發繡綸。

松蓋當門廕有餘，山中深入得茅居。哀鴻譜出羈臣苦，征雁揮成逐客書。巖半聲傳光不用，壚邊醉卧體原疏。林皋緑樹紅橋露，湖涸新烹主簿魚。漢時城淪爲湖，有主簿魚，皆人所化。

怨嘆勞歌可不論，香泉印月冷光存。梁懸一榻延高士，山幔空亭會遠孫。習懶多年删晚課，藏身到處乞餘樽。謝公故址荆公住，千載名同屬我墩。王荆公住謝墩，曰：『姓異名同，此墩今應屬我。』

溪行數里坐山巖小酌戴月而歸

浮屠倒影入空樓，懶着宵鞭戒旅遊。幾鳥翔棲忙蝶訴，雙鷗滅没逐波流。盤供野饌山庖
儉，閣瘞荒榛石礎留。蕙帶麻襦雲外伴，繩牀卧聽杵聲秋。
牆角花垂掃帽塵，形癯服古野言真。巖龕梵夾留遷客，圭竇蘭缸伴鞠人。榾柮煨殘山竈
熱，轆轤響罷石泉伸。村春帶雨煙光簇，丁步斯干下月綸。立石溪中渡人爲丁步。
九辨哀吟涕淚餘，香巖深處數椽居。山皴水石供遊覽，恩放林泉別簡書。筆冢瘞成傷老
大，硯田耕盡笑空疏。舊璫莫話前朝事，陵寢傷心出玉魚。
朋斜丁屈總無論，譚笑阮公白眼存。繡閣穿針憐小女，蓬廬鬬草鬧諸孫。馬尋村旆傾紅
友，蝶趁林花繞翠樽。浪迹未酬懷土願，荒塋長護舊松墩。

予搆數椽于山寺大鏞同家蓼天過訪邀遊諸勝晚歸憩新居作

劈開巖腹架層樓，騎從無多屈曲遊。雨過千山重疊翠，碧涵一壑淺深流。荒唐縱意甘拋
擲，敞莌惝恍，集韻。高吟任滯留。偶搆茅廬陶縱好，風梧水蓼故園秋。

莊嚴浄土本無塵，磬響寒清入耳真。鷄鬪醢中空聚蚋，蛙喧井底枉撩人。羊腸曲折千盤度，鳥道縈紆一縷伸。拂榻窮山躭寂静，當年何事客紛綸。

鏗鐘斷續五更餘，忌諱何曾到野居。眉不能伸安故轍，篋雖久破剩殘書。臨邛病免琴心嫿，易浦風寒匕首疏。石湧雲光兼水白，蘆洲歸食足乎魚。

棄擲多年勿復論，霜空漁笛一蓑存。四難不伐貧原憲，三禮無違孝仲孫。蓼天生養死葬，克盡孝道，以先塋搆訟，大鏞挺身相爲，有魯連高風，士論壯之。荏冉年華雙轉轂，團圞燈火共開樽。鳥依密樹偏饒舌，徒倚書窗月上墩。

予十五載未歸山居雖樂墓奠未伸大鏞須我祭胙感懷四律

捫天長嘯倚高樓，匹馬空山亦壯遊。拾得斷樵燃石鼎，收來遺籜煮川流。磨礱到老心彌苦，篆刻終年目固留。巖曲月斜清響激，蕭蕭蘆荻帶蟬秋。

花開綺陌照芳塵，時態懶隨長認真。眼白誰青難免俗，心冰不熱豈因人？掃開石徑征驂過，撥去巖雲月御伸。瀑水嵐煙行迹少，如何榷税到漁綸？

樹陰長覆半窗餘，簦笈忙趨五畝居。坐石時領三雅酒，懷人先發百函書。田中兔脱株空守，天外鴻冥弋者疏。幾載免官還舊路，心傷不敢問勞魚。杜門長與古人論，孤枕低衾夜氣存。石路遠來參玉版，絲聲早已採枝孫。指下絲聲妙處，惟琴爲然。汲泉可似三危露，三危，山名。水之美者，無過三危之露。萬安寺門一井水甚甘。殷薦誰陳四瀆樽。五岳爲豆，四瀆爲樽。黄白山深難久隱，仙溪浄緑静涵墩。

將歸里山僧攀留甚堅賦詩見意

筋力纔衰懶上樓，舊交零落少同遊。雨聯斷岫山新沐，蒲密荒溪水漫流。剩下縹緗饑鼠囓，頻來樵汲老僧留。經壇幢影真蕭寂，溪浸巖根老樹秋。紅泉聲裏洗泥塵，種薙栽莎獨養真。逮耇堅留無狀子，逮，及也；老人面色如垢曰『逮』。耇，出漢書，指山僧言。盱衡不作可憐人。野蔬供飯葷辛斷，草榻叢談視聽伸。地僻久忘車馬迹，慚將簪笏換竿綸。

龕壁燈煙夜午餘，茅堂時共老僧居。曾將齏臼題佳句，敢以醬瓿覆好書。半嶺禽喧林果落，荒巖刹閉磬聲疏。佛光四布飛花雨，月映清潭看擲魚。歸日無期屈指論，雲松舊徑客蹤存。半餐何必過丘嫂，楚元王傳：過共丘嫂食。丘，空也。兄亡空有嫂也。一飯寧須進孽孫。韓王信傳：故韓襄王孽孫。孽，謂庶也。天漏蝸涎長絡壁，山深鵑淚淺傾樽。泉經曲澗聲偏韻，萬緑叢陰簇故墩。

山中聞召用報歸里俶裝北行感懷四律

猿啼鵑怨怕當樓，款段長驅世外遊。久事巖耕甘好遁，忍抛井甃逐時流。爬梳更整遺簪盍，拂拭重看故劍留。推轂難邀明聖盼，烏沉兔缺幾多秋。予與熊尚書達都掌科，以靳督遺疏，具薦發部再議，奉旨：『熊一瀟、趙吉士俱着照原品降三級用。』

風捲行旌拂路塵，久遊鄉語聽難真。煙波漠漠迎前浦，車馬勞勞老此人。失足敢誇羈馽脱，駭機似挽桔槔伸。餘生又復嬰塵網，既退何堪奉帝綸？

丘壑閒緣嘯詠餘，煙蓑雨屐別蓬居。治裝怕攬登車轡，解薜愁看勸駕書。遺牘方深知己感，行鑣又向好山疏。仲長園閉終難卧，慚愧于今到鳥魚。

五年投劾罷彈論，柳篋蠹章久不存。題殿何曾思魯直，薦人乃復辱公孫。三言成虎讒銷骨，一曲歌驪淚滿樽。放逐孤蹤蒙齒録，辟書何意展山墩？

寄懷汪我長農部

霜笳月笛冷津樓，爾亦何辜此獨遊。莫恨回車驚九折，尚思得瓠渡中流。陳因浄放千倉浄，遷逐難還八載留。謗讟騰空銷骨髓，蛩聲螢影可憐秋。

我住蒼山避世塵，屋梁月落憶清真。詣曹何必非男子，飲酒還須近婦人。陽羨買田堪自老，開州辨謗孰爲伸。唐開州久抑不伸，爲辨謗略三篇。燕歌楚奏均悲憤，盆覆誰宣日下綸。

灞岸分攜客淚餘，吹瓊爇桂潞河居。戊辰夏，予次潞河，我長送别舟次，予竟未一過其寓。誰憐立壁歸無屋，尚喜行囊寄有書。驛路塵沙多潦倒，老年蓬鬢漸稀疏。坐貽謗缺終蒙垢，消爛甘爲釁鑊魚。

澆書攤飯費思論，剩得空囊一我存。側席儲胥頻試吏，過庭傳習又貽孫。息勞獨憩婆娑樹，歡飲誰傾沆瀣樽。魑魅欺人翻白浪，舟經惡石碎江墩。

寄懷孫古喤傳臚

難覓長安舊妓樓，憶騎瘦馬六街遊。圍爐烹雪香波沸，對几分光蠟液流。久絶塵樊甘跌宕，不嬰時網樂遲留。吟船摇曳雙溪裏，霜壓愁髯幾鬢秋。

記得何門許掃塵，聲名畫餅竟誰真。營生羞作膏粱士，陸機詩：『善哉膏粱士，榮生奥且博。』好色愁成病渴人。採硯溪心金線露，端溪石脉理黄者謂之『金線紋』。挑錢梁脊晝又伸。橋灣壘浪漁磯出，枕漱長投石上綸。

京輦分襟廿載餘，問奇時訪子雲居。謁選都城時無日不聚。臚傳早已陳三策，間歲方纔見一書。

潡浦征橈常繹絡，語溪夢路不生疏。杜陵詠罷雙揮淚，静向花龕伴鐸魚。

殷勤素謁忍重論，舊侣南翔只半存。胸次何曾忘醉李，眼中久不見髯孫。東坡詩：『短李髯孫眼中見。』松扉返照依苔井，蘿幄垂陰覆石樽。寂寞杉青無處問，離離草蔓嘉禾墩。嘉興府城北四里杉青堰後，即吴時生嘉禾之地。宋張黨同嘉禾墩詩：『廢興無處問，空詠草離離。』

别蓼莊由西巖至萬安禪院作

長空翠阜傍重樓，馬兀深寒半麓遊。立壁風迴環珮響，虚檐雨注冰去聲。澌流。霜紈已展花紋織，月幌重搴素魄留。止恐低扉軒轡礙，松杉晝暝石林秋。

深松密竹隔煙塵，恕我疏頑野態真。入世快心無幾事，有生好友是何人。雲歸斷岫千鬟擁，水漲平沙萬練伸。退谷久成終隱計，無因更縮半通綸。

堯肥酒熟餕神餘，社屋比鄰數世居。勿用炊舂忙甑碓，頓忘寢飯事詩書。驚捫瘦骨霜髯古，笑對孱顏暮齒疏。谷口難尋終老約，宛然南浦載人魚。舟名『人魚』。

摩腹空思静較論，長垂法戒寸編存。及瓜屢爽歸何日，行李斜添伴有孫。試馬迴縈盤蟻蛭，畫蛇曲折舞鷄樽。山當斷處煙初合，倚遍松窗月上墩。

促駕入都漫賦

風雨鷄窗卧一樓，多年舉手謝賓遊。頻揮老淚零珠滴，屢轉雙眸亂汞流。公等豈宜高閣束，吾僚不復小山留。臨岐又背柴關路，憑弔騷人獨踐秋。

四大由來等幻塵，能忘聲利款言真。時賢竊比真慚古，旅伴初交莫靠人。雨笠煙蓑農具足，萍齏豆粥酒杯伸。頻敲如意消孤憤，矯首蒼天岸我綸。

綠圃殘英泣雨餘，溪光巖影戀雲居。撚鬚叉手時安字，拭眦嘔心夜展書。入世自招猿鶴怨，出山長與薜蘿疏。半空飛布琅玕碎，躍碧騰青舞大魚。

終今杜口寂無論，春水幾竿岸緑存。石逆波心支一柱，峯羅懷抱拱千孫。勿收井幕投空轄，且坐松陰置野樽。煙雨驅羸忙客路，叢祠棘堠半因墩。

古逸遠行過禪棲夜話賦此贈别

戍角寒吹欲曙樓，山盤野饌快攜遊。臣門闤茸心如水，佛藏精深誦若流。野驥翻愁華廐勒，佳賓不厭儉庖留。鶯花久負春三月，欲挽深紅染素秋。

月明岐路斷行塵，歷過遊蹤記不真。老衲何曾忘世態，精廬豈復隱畸人？盍簪熛闕千薪積，傳鉢緇林一指伸。兔死犬烹淮浦在，伊誰冷漂弔韓綸？

生天不願舐丹餘，矗矗松筠侍舊居。親死勿歡毛義檄，自雄空載惠施書。心知甘井泉先竭，足躡窮巖伴愈疏。鳥道摩雲蒼靄殁，行庖無路薦嘉魚。

入刹荒涼不暇論，重尋老衲一無存。偶人歸岸姍桃梗，巨菜沉埋餽芥孫。廣州人以巨菜爲鹹菹，埋地三十年，遞相餽遺，名曰『芥菹』。帶雨花泥粘野屐，環巖翠岱濺遊樽。任心行坐忘疲茶，水榭山郵兩傍墩。

别萬安禪院題壁

蜂黄蝶粉亂穿樓，簦笈崎嶇快獨遊。懶静枕山問境界，清狂縱酒病風流。雨牆暝色丹青失，雲壑姱容紫翠留。心苦難醫章句癖，言泉激浪四筵秋。

半壑清漪不受塵，我來岸幘驗天真。浮留藤似棲遲客，磊砢松如偃蹇人。芒屩多因叢路破，蒲團静覺篆香伸。住山羈客非遺世，莘渭長隨耒與綸。

聲利薰人盡腐餘，干霄松柏矗霞居。禰衡字漫通家刺，顧愷名呼拜父書。何幸相逢心縷結，那堪幾别鬢絲疏。石欄窈窕花枝簇，鷺立連拳攫細魚。

厚福庸庸何足論，霜蓬難變舊根存。清留匹絹猶詢父，智扣空囊不累孫。紅淚雙垂傾玉碗，薛靈芸别父母以玉碗承淚，皆爲紅色。白茅相藉薦瓊樽。半生心事波濤湧，幾度經過灩澦墩。

由萬安禪院至九蓮庵將入都作

四山楓桰隱瓊樓，鵬鶚高低快各遊。筆硯同窗多舊鬼，簪纓當路半時流。雲霞局幻終朝散，騶從裝成信宿留。遠眺蒼茫煙水暮，静含萬籟客心秋。

何勞磬折混泥塵，仙路翱翔禮九真。疲馬不忘高下步，荒郵遍歷去來人。鏘金鏗玉篇章貴，驟墨馳毫意興伸。閒事經營無定課，灌餘又下小池綸。宦情每爲羈遊減，世事多因卧病疏。小小壑丘心賞久，沙盆豢養百頭魚。髀肉消無悲裹革，牀金盡向喜囊書。酣遊蠟就登山屐，送别傾殘上馬樽。一線桑乾幽冀繞，環城睥睨曲隨墩。生還此日夢中論，破壁青燈故我存。難必交情非鮑管，可能將略是吴孫。

贈王孝廉 有序

宛先占籍關東，癸酉赴都會試，謁予寄園，讀書獨倚樓，閱林卧遥集，謂次韻而至四百八律，無剩意矣。予曰：『即事寫懷，意不可盡，更賦以贈君，亦何異初倡時也？』

紅橋小徑踱低樓，早赴公車轂下遊。源注蘆溝雙水匯，醫巫閭山源有二，俱注蘆溝入海。海環蓮島萬灘流。萬灘在復州衛，有蓮島濱海。當年負笈題橋去，今日擔簦下榻留。縱目南雲歸尚遠，羈魂常繞錫山秋。

落照征驂起路塵，叩關請講執經真。孤吟此日添詩伴，沉飲而今恕醉人。隱霧誰知玄豹伏，發聲喜聽蟄雷伸。幼安木榻終年坐，築室虹螺採海綸。虹、螺，兩山名，昔因其勢築長城。登臺風月笑譚餘，大隱何嫌輦道居。我已恬然超物議，君先試可獻賢書。離羈奔驥鞭繮脱，健翮搴鸞網弋疏。小澗清泉供盥濯，空天騰起出罾魚。

佳句忻逢好客論，當年旅伴剩誰存。時名大震羣尊李，李經，金朝錦州人，作詩極刻苦，名大震，當時目爲太白再生。夜讀何勤獨憶孫。李商隱詩：『因思王大訪山陰，頗憶孫三勤夜讀。』霧布雲連尋舊路，遼陽有布霧山、連雲島。松黄薤白對寒樽。霞披石澗衣巾潤，竹翠苔花半蔓墩。

頑石纍纍一經張子玉侯指點便成名勝是不可無詩記之

緑蔓成帷網碧樓，爾攜一劍薊門遊。匠心穿鑿峯形舞，巧手經營石浪流。赴辟無殊東部到，張紘赴孫權辟，權呼東部而不名。乞歸翻苦曲江留。海山方寸千層出，不禁寒生笛裏秋。淒鏘玉磬静昏塵，岸脅嶙峋假亦真。石丈留莊堪醒酒，花姑移檻好迎人。驊騮失路霜蹄蹶，鷹鶻乘風雪爪伸。佩紫懷黄終作祟，何如一壑理煙綸。伏枕空牀萬響餘，破羅時到翟公居。卧廬日食天家俸，排闥時窺禁籞書。玉局對譚人事絶，花瓷潑乳俗緣疏。軟紅屢踏春陰去，穿鑿横塘學種魚。寸心久展共揚論，排石探巖指點存。何事迴舟空訪戴，已從别路急追孫。宋之問有『别路追孫楚』句，玉侯行止不能自由，每于别路邀至。頻來不厭家常飯，促去難終座上樽。叢棘糾纏芟莫盡，忽添無數好峯墩。

采臣同姪徹循過我新搆山居知抃將進都喜而賦此

憑檻看山懶下樓，嫣紅柔緑媚春遊。雲濤疊疊林端泛，泉脉潺潺石隙流。草樹叢駢何蓊薆，兔烏轉轂不停留。桑麻屋舍連巖壑，黛色横空九點秋。寄歡古壑豈同塵，藉爾深情接托真。蹻足頓驚殘病骨，探囊羞作老慳人。心旌獨省分勞逸，膝席相迎半屈伸。放曠無拘長自在，碧波捩柂夜抛綸。亂山揮麈嘯歌餘，蕭瑟江關庾信居。偶爾闍成投足地，可能著就等身書。頻斟我復貪醨薄，數見君無厭闊疏。半麓煙霏摇翠靄，近看閑溜駛文魚。敢張唇吻恣譚論，半落餘生故我存。夷簡自然超衆子，慧龍果爾勝他孫。王榆以其孫慧龍爲諸孫之龍。蕉團蒲笠長隨錫，薺莢榆錢亂撲樽。沙路塵蹤難覓伴，離魂仍繞舊時墩。

水漲渾河訪我者絶迹連城姪獵歸餽魚兔古逸招鶴夢羽士同兩客至縱博竟日

古潭空影碧涵樓，石徑松軒獨自遊。患難餘齡驚虎咥，砰磅趋漲激巖流。老慵趨世無交涉，静願依僧尚逗留。獨坐閒安真有味，不嫌蒼鬢數經秋。

蓬萊清淺幾揚塵，玉札金文景上真。坐席忽來新到客，登樓又少去年人。常同古逸、香令登閣，今香令故矣。煙嵐蒸雨蒼苔滑，莪蓼攀松翠蔓伸。霞幔石虹溪響咽，半天風月羡孤綸。

萬疊雲峯指顧餘，吾生難得此窮居。門前久絶時人屐，燈下尤看細字書。步步山情頻展轉，勞勞世態盡稀疏。呼鷹舉網長漁獵，無事筌蹄獲兔魚。

瀟灑閒身得縱論，多年尚幸汝曹存。庭槐近廕東西屋，園果分嘗大小孫。北浦奔波時艤棹，南枝放蕊急飛樽。夾階流水松陰合，樹廕紅亭草覆墩。

山居題壁示古逸

菰蘆風雨夜深樓，六載金門散昔遊。落魄髮從愁裏白，傷心淚向語前流。繁花引蔓蜂猶戀，斷簡慵開蠹半留。干進無情甘退谷，單羸病骨冷知秋。

薜衣長絶九衢塵，淡水交情老更真。莫道是非無定論，果然行止不由人。久離京輦簪裾別，甫躡巖關履屐伸。獨立淒涼清笛迴，月明斜出緑灣綸。

酌醴焚枯嘯旅餘，陰森竹柏覆匏居。千山月冷宵傳柝，半閣燈殘卧擁書。絶嶠峯煙笳鼓静，時得三弟粤西家報，山寇已平。空天飛宿網羅疏。松陰長覆鷄豚社，繞岸深溪獺趁魚。

洞壑留賓剪燭論，庾村謝墅得長存。飭裝早已淩霜霰，採藥何常挈子孫。舉止風流應側帽，別離黯淡懶傳樽。亭臯無恙堪投老，掃徑鋤畦細灌墩。

北上次西巖作

出岫閒雲晚抱樓，西巖三度屢經遊。縹緗萬帙書城擁，瀾汎千層學海流。慣卧花龕僧面熟，頻攀石級馬蹄留。好山堪隱不須買，深夜風清枕簟秋。

長持慧水濯清塵，羣動何能泊我真。老友傾心頻下榻，家僮趨熱慣投人。久役諸奴，半叛而去。聲名未立琴空碎，寢食無求鋏不伸。擺落世情堪石隱，忽傳巖半到明綸。

古壁留題灑墨餘，渚煙溪月伴柴居。桓榮且莫誇稽古，賈誼終須哭上書。世路逢迎原自拙，朝廷記憶未曾疏。官休我幸全天放，那得長爲縱壑魚？

帝閽未得上書論，説客貂裘敝尚存。鳳翥自成丹穴種，龍媒不愧渥窪孫。何須泛愛歡投轄，時復孤吟罷舉樽。狐冢貛溪緣薜荔，煙波漾日浸隤墩。

寓萬安禪院南中書至置而不答賦此寫懷

青岑雲外聳雙樓，退谷長尋鹿豕遊。徑僻難容班馬騁，天空故縱亂雲流。三千里外音難寄，六十年過曆不留。愛此山菴安飲啄，茫茫煙水荻蘆秋。

倏然空界静喧塵，林下誰何罷是真。昔日髦耆都作鬼，當年童孺盡成人。平隄舊柳垂垂發，削壁孤雲裊裊伸。要路多年無共事，可堪入世問簪綸。

殘花歷亂表春餘，萬疊雲蘿護隱居。不斷離腸愁握手，强干俗事怕回書。長驅蹇瘠程難記，遠念凋零老更疏。逝水奔波空不返，横流何處穩潛魚。

身外窮通不復論，蝸廬軀坎且媮存。擔薪疾讀朱翁子，雅坐投壺祭弟孫。祭遵字弟孫。渴飲瓊漿青玉碗，笑擎丹液紫霞樽。長空雁影留寒水，林落寒株簇古墩。

哭五弟廣侯竑 有序

癸酉四月廿三夜，酣眠見心軒，與五弟手譚，弟曰：『見林卧遥集次至四百餘律，必傳于世，弟與吾兄終此一局，亦欲得詩，其見許乎？』予頓忘五弟殁故里五年餘也，恍然覺悟，悲歎泣下，賦此補誄，辰與酹酒奠之。

悲旌舒卷讀書樓，對奕空思玉局遊。一死五生魂不隔，予同懷六人，五弟先作古。感今追昔淚長流。新塋可有青松拱，隔歲曾無宿草留。故國尚虚蒿里餞，芝焚蕙隕北邙秋。

繐帳飄零罩素塵，他生緣會弟兄真。爲儒未得詩書力，聞道能超富貴人。夢見無心歡汝在，魂交有意待吾伸。池邊春草今何在，遥慟孤墳涕泫綸。

一朝千古露晞餘，寂莫泉臺何處居。拭淚窺窗悲故筆，摧肝啓篋泣遺書。鴒原永訣從兹始，花萼初殘自此疏。國子聲傳天下口，黄衫引拾玉符魚。李迪朝歸，夢一黄衫人引至一户中，有人曰：『未來須待玉魚符下。』醒後入朝，道上見一玉魚，收之至家，把玩終日，忽省前語，果數日而逝。

雁夜鶯春共席論，棋聲久絶石枰存。不名而逝悲無禄，一版相招幸抱孫。吾弟有孫，勝長吉遠矣。慈母徹幃啼拂柩，四兒扶第淚盈樽。老兄當日遭排擯，弟殁于戊辰正月六日，予正在風波中。

二月十六罷官，聞弟訃。絮酒何年奠故墩？

過西麓下榻自怡園主人遠適賦詩遲其來

題徧西巖寺寺樓，籃舁陶縱逐歡遊。花燒石路紅全罩，苔織霞岑緑暗流。舌戰方鏖機盡露，心耕自課種長留。香泉洗鉢雲遮檻，瑶草瓊沙繡谷秋。

馬足新拋驛路塵，心情冷澹樂天真。『冷澹病心情』，香山句也。長依浄梵爲逋客，久變朝官作野人。泥飲酣眠磐石穩，炊彫半飽篆煙伸。莫誇芝蕨輕周漢，淮渭難留兩釣綸。

落日青山涕淚餘，生還淹迹枕荒居。若非意外遭浮議，安得身閒讀我書？木茹草耕陳畚掲，村籬花墅耨蕪疏。小園石壘松雲嶺，軟碧池涵繡尾魚。

風呻雨喟快吾論，蚓竅蠅聲不必存。幸得小同遺腹子，香令亡後産一兒。長傳百世本枝孫。

華鐘圍繞高低級，酘酒分傳上下樽。重醖謂之酘酒。逆旅荒涼新識少，舊林喬木繞疏墩。

渾浦舟次戴月網魚作

竹潊蘆汀繞浦樓，清潭棹響短長遊。夕陽隱映煙霞活，斷岸青蒼島嶼流。夾岸霞明漁網撤，迴波月湧溜紋留。閒中吟散那堪賞，半醉心狂不奈秋。

松龕蟲篆佛頭塵，石塔殘經字不真。縹緲雲霞肥遁侶，徘徊峯嶂苦吟人。雨淋萬燐光難滅，竹裊寒煙焰莫伸。久已忘名機頓息，頭顱多日織霜綸。

我醉陶然樂有餘，荒山破屋傍僧居。退身自貴羞干祿，移老尋閒愛著書。石級難攀多險滑，緇林不飾任頑疏。秋潭垂餌蘆中宿，取適娱心豈在魚？

禽言猿嘯對誰論，電掣餘光半不存。沙岸披蓑排網罟，盧洲爇火聚兒孫。香龕寂坐披長褐，宴幄橫開酌大樽。安得籍康彈與酌？含煙洗露卧幽墩。

賦得楊柳含煙灞岸春 楊巨源句。

梢頭垂緑拂粧樓，灞岸新鶯唤客遊。果爾王恭多愛悦，宛然張緒舊風流。顰煙縈月柔腸斷，眉黛橫山積翠留。青眼含情頻遠眺，離人牽惹一天秋。

曉來折贈起征塵，宫女蛾眉畫不真。多少柔絲縈恨意，萬千長縷綰愁人。迷離輕縠波紋縐，婀娜纖腰舞態伸。煙水雲山飄泊慣，月斜荒浦静垂綸。

粧點青春作態餘，村煙幾縷緑溪居。潭心浄後懸絲影，鯉腹開時見尺書。薄宦今同殘月落，舊交仰歎曉星疏。北方苦澇南愁旱，撒網難堪竭澤魚。

雨濯風翻難具論，千絲金嫩娉婷存。朋來不速留三益，王宛先、汪紫滄、張允符適至。老去長隨伴一孫。螗懶鶯慵猶翳葉，餳稀粥冷且停樽。顛狂可好陪輕薄，緑抱村橋翠擁墩。

前　題

長隄摇曳覆青樓，近水陰森繡轂遊。絮落絲飛蒼幕罩，煙挼霧撚緑光流。梯生鬱鬱攀還折，涕泫浪浪去又留。夾道蔭溝紛旖旎，依稀猶見漢南秋。『昔年楊柳，依依漢南』出枯樹賦。

簾幕横開掃席塵，舞腰無力起眠真。千尋緑浪翻空翠，十里穠陰庇遠人。低骨遊絲攔燕舞，亂摇斜月挽蛇伸。分攜客路愁霜鬢，羈縶餘生脱帽綸。

章臺新樣畫眉餘，疊浪毶毶紫陌居。細柳留屯周太尉，蠻腰傳唱白尚書。迴文字密絲長織，團扇歌殘縷曲疏。翠幄成陰鋪石砌，有時弋雁復烹魚。

攀枝穿葉兩無論，幾許離人眼淚存。曲陌春嬉愁少婦，上林蟲篆兆公孫。枝垂羽驛催征騎，緑泛旗亭暗酒樽。無數柔情遮不住，紅欄曲曲漾篁墩。

賦得繞樓多修竹 白香山句。

小築牆東水向樓，歡同少壯竹林遊。拂簾影亂寒冰響，掃壁煙籠碎玉流。雲裊書窗枝半礙，月臨藥檻葉先留。臨池披拂波全緑，嘯入叢篁萬籟秋。

石壇空掃絶纖塵，霜籜風條玉立真。青簡能傳今古事，緑陰藉庇往來人。干雲有態横斜舞，含露無聲裊娍伸。樓外深篁吟客倚，纖竿籊籊作魚綸。

千波輕泛翠光餘，一簇檀欒好護居。莫笑元耆鬆贈杖，願從無恤剖遺書。盤根礙石藩籬擁，直幹淩雲粉澤疏。幸得仙壇長倚徙，青陰覆砌静觀魚。

獨抱貞心孰可論，紫莖錦籜此君存。流音嶰谷呼慈母，慈母山産簫竹，伶倫采竹嶰谷，即此。扶老員池庇弱孫。邛竹高節實中，狀如人，謂之『扶老』。鐘鐸和聲傳午漏，林巒擷翠倒芳樽。梢雲早已棲鸞鳳，折節何妨掃石墩。

前　題

碧光籠冪竟無樓，練實垂英待鳳遊。騎杖化龍歸葛水，染斑揮淚灑湘流。清聲淅瀝虚心出，紫籜飄零勁節留。宜雨宜煙離立好，含風曳玉雜敲秋。

自然瀟灑出凡塵，玉潤湘川本質真。翠實成林娱野性，青筠繞岫廕遊人。聲傳遠邇琅玕碎，影舞參差篠簜伸。碧色葱蘢風響亂，溪光染緑紡文綸。

密黯幽芳把握餘，煙絲翠縷織蓬居。鸞翔直曳青瑶簡，鳳翥横披緑玉書。繞徑陰垂苔色嫩，遮門復落葉聲疏。森然庭砌文光動，一壑浮天躍巨魚。

淇水江干兩勿論，縹枝剩得淚痕存。開窗濕翠侵書帙，出砌新叢長子孫。四面琳璆欄倚玉，數升椑榼客飛樽。蓴絲柳帶同鮮碧，痛飲歌騷側卧墩。

向攜抃孫肄業西巖萬安禪院偶王宛先孝廉汪紫滄明經夏西山張允符文學前後來都應鄉會試因命抃孫同諸君共學寄園適心朗上人至邸賦此記之

戎戎萬緑拱雙樓，塞竇城西厭宦遊。羞弄毛錐鑽故紙，懶持書刺謁名流。雌雄未辨三年學，丹墨長研百卷留。山嘯川吟知己在，横天雲路雁賓秋。

摛藻縹囊務去塵，自然眼耳得清真。玄津澡漱三空室，緑水蒹葭宛在人。應制功名愁坎坷，下帷帖括企舒伸。玉階遲爾賢良對，泉石雖香罷采綸。

心賞難期鬢下餘，蒲荷面面簇舟居。釋門舊伴鴛鴻侶，梵篆今傳牝牡書。月印層波光的的，風翻古柳影疏疏。壞牆不禁飛花入，小沼時看舊放魚。

少年難再勿重論，竹屋寒燈幼學存。魯壁經傳藏博士，蕭庭兒戲見曾孫。傷心莫話從前事，舉手重傾未盡樽。隨意攀登縈客袂，空巖急溜瀉蘆墩。

秋夜山月正明訪古逸于河岸謾賦四律

煙村石徑曲通樓，閒逐溪雲信脚遊。霜篁横鋪簾影舞，月瓢斜挂釣湍流。小山桂老香逾熾，大樹聲高葉尚留。晚静庭空人寂寂，蓼風蕭瑟野塘秋。

小灣流水浣詩塵，哦雪�簾解識真。勸爾歸耕無二頃，陪予遊讌恰三人。雲來有約山光引，花睡忘言鳥語伸。樂此溪干長豁眼，月殘半壁不收綸。

月度花陰一瞬餘，亂山孤磬訪龕居。重尋昨夜斟殘酒，細譯童年讀了書。露頂流涎甘懶散，捫蘿踐澗任頑疏。南康狂士頻摩手，啖客新香出石魚。

鷄占鏡卜總無論，圓笠長蓑一杖存。争事留金嗤長子，象賢遺笏念來孫。呼童漫掃蓬蒿徑，遲客新開薜荔樽。竹裏鳴泉風景好，纔過西埭又東墩。

感舊有懷題西巖寺壁

雙鳩相對話松樓，翠暝煙深罷讌遊。佞佛掃龕幢影亂，報讎試劍夜光流。衣冠簡樸删時調，視履春容挽古留。險徑蘿纏巖屋下，山孤月冷碧溪秋。

落落孤懷久脱塵，酣眠無夢寢方真。誰除世態容狂客，且徇時緣近俗人。童子掃門躬自鞠，先生隱几脚常伸。參天松檜闌紺宇，重疊山雲軟素綸。

枯腸羸骨雪霜餘，傍竹雙扉隔塢居。對簿頻勞廷尉問，戊辰，勘河復命，廷鞫兩日，再發九卿會審。肩頭任重擔何力，鬢脚掀開白更疏。水漲分編曾佐史臣書。丙寅，同詞林諸公纂修會典者二年。山溪青岸没，緑蒲鋪面翳羣魚。

狂來醉後勿多論，氣咽聲吞骯髒存。知己信心文季友，都門予曾殯殮胡質明户部、周計百太守。能言升座半千孫。頻揮逸士松枝麈，獨酌幽人竹葉樽。老我山中娱筆硯，石牀松殿傍篁墩。

山行即事

千林晴色裊孤樓，翠竇煙巖委曲遊。深洞明霞青靄湧，晴溪落月白煙流。手譚合局枰無設，目攝驚心駕不留。野外閒身宜縱酒，餐芝採蕨佩茱秋。安閒儘可藏吾拙，怨憊何須待世伸。萬頃銀濤浮翠壁，光分疊嶂舞花綸。洗空斯世六情塵，有盡形骸本不真。老屋飄零留故我，同官冷落更何人。邀翠迎青一覽餘，巖深谷冷愛樵居。山頭松學虬龍舞，沙面禽工篆籀書。漁浦風高波浪闊，石壇秋老柳槐疏。香泉洗鉢雲迷檻，縱棹乘流急萬魚。捫舌長喑不復論，青衫淚漬舊痕存。時懷令伯終劉養，敢冀升卿字詡孫。拂壁叢箐搖亂夢，浮天訇訇洗愁樽。緑陰隙裏紅亭出，鼯嘯猿呼戀破墩。

古逸招飲河湄醉賦

聲聲寒柝出譙樓，孤客心摧倦宦遊。覆幕深雲瀰大壑，傾盆驟雨集新流。桑榆收拾閒身健，鷄黍招邀半榻留。莫讀離騷箋楚些，銷魂千古泣商秋。巖腰香刹緑無塵，斷碣流傳半失真。寺鎖煙霞花作幔，門堆粳稻鳥依人。幾聲石磬枯禪覺，無語山僧浄梵伸。夾道紅泉穿樹腹，魚吹細浪不驚綸。

海烽此日静秦餘，亂石疏花小徑居。遠害止須長謝事，驅愁惟有縱觀書。客來荒筆巾衫古，路入孤村井臼疏。澗籟時聞仙子曲，跳波觸岸出文魚。

青蒼百變色難論，繪入新詩山意存。心粹人分珍味目，穆贇兄弟一心和粹，世以珍味目之。手文我舉小同孫。鄭康成與孫並丁卯生，手文似己，因名小同。予舉五孫，顒與予先後同庚。碧欄早映朦朧月，白墮頻傾上下樽。欲踏釣船蓬底睡，榜人斜繫夕陽墩。

憶鶴 有序

寄園雙鶴，養之三年，羽翮既長，翻然高騫，莫知所向，固知淩霄之姿，不肯久爲人耳目玩也。感而賦此，併以招之。

清響聞天傍玉樓，雙雙遥引碧雲遊。高翔頓爾淩風展，斂翼何時拂澗流。羞共羣鷄争飲啄，肯同家鶩任拘留？沖霄遠背青田去，唳月披霜處處秋。

飲谷猶嫌染俗塵，竟遊碧落伴仙真。孤山無復招逋客，昨夜何曾夢羽人？矯翅乘空雙影斷，齊聲警露九霄伸。蘭巖天步横霜路，沼畔長懷巧拂綸。

嘹唳煙光顧慕餘，霜毛雪骨九皋居。若非丹禁從鸞舞，料向青天代雁書。赤頰年深標格好，蒼雯路斷稻粱疏。雲中獵鏃歸何處，沙印行蹤罷啄魚。誰從橋畔聽玄論，毛羽襹纚不復存。張平子賦：『披毛羽之襹纚。』陽烏時鳴將和子，胎禽舒翼定生孫。歸看華表纍纍冢，立飲瑶池灩灩樽。倘憶花林明月好，三山且勿戀雲墩。

憶鶴詩跋

裳如菊淡，神飛太液歌聲；田帶芝香，夢繞武溪流水。聽嶺頭之笙響，羣羨爲仙；傍湖上之梅花，曾呼作子。奈彼志凌霄漢，豈甘久戀牢籠？遼海洪波，瞬息便成千載；美人翠黛，月明空恨三更。固凡禽難與争姿，而羽族羣推獨立者也。

夫子愛伊高潔，伴己孤清。偶豢一雙，並馴三歲。素衣飄緲，玻璃夜夜光翻；朱頂晶瑩，瑪瑙時時紅溼。朝回偶唤，齊解迎人；醉後相隨，真如揖客。飛入千條疏柳，雪剪雙擎；棲殘滿澗濃煙，銀丸兩點。自非情同清獻，焚香静荅瑶琴；多應皎比光逢，量士長陪玉尺。

何意霜魂冰魄，不屑紅塵；龍躍鳳蹌，竟還碧落。張山人招之莫返，目斷彭城；齊辨士放而不歸，影空楚國。好音寥寂，何爲冷我園林；皓翅依稀，將欲問誰消息？當此秋風健翮，鸞鳳長吟；濁浪横空，鯤鵬欲化。耳每聞瀟瀟落葉，恰疑仙步來遲；迹未臨曲曲寒汀，也覺玄衣猶曳。題辭誌感，誰獨無情；念昔悲今，云胡不歎？此憶鶴之作所由來矣。獨是吟成擊鉢，識者固訝爲奇；妙絶探驪，騷人咸謝其拙。心平愛矣，世共知之。奈何一韻疊五百篇，猶增餘勇；四詩和三兩帙，尚富雄文。石氏珊瑚，彌覺後來居上；南朝金粉，自當退舍潛逃。此即巧極累棋，難分絶技。縱云工如刻棘，敢擬精思。灝也欲釋手而未能，似米顛袖中奇石；歎此音于觀止，是秦庭夢裏鈞天。用急揮我兔毫，聊以續夫貂尾云。

同里受業江灝紫滄拜識于燕京寄園。

別雲從潘比部將三十年近在京邸僅一面再晤于蘄文襄公北頂苫廬因連牀作兩夜清話次韻贈之

山翠横遮壓角樓，松林拂袖並肩遊。僦居隔塋里許，予兩人步行申奠。寒沙眯目荒荒白，曲岸澌聲楚楚流。未置融樽誰是主，空延弘閣客難留。深譚舊事燈煙燼，白荻聲連大壑秋。

松影横窗掃隙塵，欣逢披豁對吾真。百年此日營新壟，卅載今宵對舊人。破屋不妨羈夢共，儉庖亦覺客懷伸。餘生何幸重攜手，曉掬清泉濯帽綸。

半世豪華止腐餘，禪龕月黑對牀居。已之果爾心無慍，行矣何曾手一書。乍見自然驚老瘦，重逢幸勿笑迂疏。我投閒散真堪隱，掉尾清波舊放魚。

馮唐已老復何論，用王維酬范郎中結句〔九〕。睽隔年多臭味存。短髮橫披充野衲，衰鬚半白挽頑孫。療兒急索西洋米，雲從公子病，索予西洋米醫之。沽酒空慚北海樽。冷我宦情聲利絶，衝泥走馬過亭墩。

仲冬十七日王明廷方伯吴北海觀察于章雲内翰胡鹿亭中書前後過寄園登䂂青閣面對西巘右眺太行山峯了然在目賦四律寄懷

抽簪偃仰小岑樓，薄宦蹉跎罷壯遊。萬壑松濤浮翠壁，空巖石竇瀉紅流。藥欄窈窕歡投足，饌具單寒强款留。荆棘塞門從二仲，井梧飄盡久無秋。

薜衣蕙帶迥離塵，懶態頹唐竟逼真。檻外寒山千百疊，樓中好友兩三人。詩懷近向風波老，旅況翻從患難伸。度勝山公勤且慎，如何又捧此嚴綸。家少宰近經處分，今又奉察議之旨。

祇憑詩酒了冬餘，勿剪蓬蒿仲蔚居。擊鉢高吟叉手和，夢椽大筆面牆書。諸君唱和畢，鹿亭、章雲即書壁。莫嗟知己當朝少，竊幸投閒見客疏。到處雲山成卧隱，不歸何必憶鱸魚。

清言破的絶迂論，廿載同官止爾存。當年農部同寅惟北海尚存。頓見畫圖呈近麓，幾多培塿視諸孫。閒看秃樹無留葉，久釀繧醪有剩樽。再入都城猶謝客，薊門新築舊花墩。

弔毛香令秀才 有序

香令死及周矣，遺腹得一子，妻復從之地下。予過讀書舊寺館，晤其尊人，泣數行下，弔以四章。

天上何年搆玉樓，修文長吉挈同遊。魂埋自此歸無着，水怒爲之立不流。香令家住渾河岸。想爾形神猶未隔，把來詩句可長留。霜鈴月戟哀清夜，斷續關山笛裹秋。

委骨空山一窟塵，眉峯額月細描真。風標絶世原英物，爽朗如君故可人。時不利兮名小就，命之短矣志無伸。西巖蠟屐尋新壟，酹酒吞聲淚溼綸。

清譚對案每更餘，常共僧寮上下居。白玷同磨勤補過，皂囊共展縱攤書。静參生死空爲幻，閒覺塵氛老漸疏。長憶敝帷蕭寺裹，孤檠風雨聽鐘魚。

聲咽寒空静剖論，墓廬宿草已無存。甥真舅似傷無母，父苦兒亡幸見孫。經帳荒涼雲入幕，梵筵冷寂月臨樽。我曾過此三投宿，羅幕成帷網寺墩。

萬安寺主僧留宿見一軒渾河將凍步月有懷

波動深清碎岸樓，孤行我亦快羈遊。殘籬久破山嵐補，隙壁新穿月亮流。偶影暫因龕火熱，閒行苦被主僧留。了無過客同精舍，默默心空數磬秋。

占住溪山謝世塵，纖雲搴盡露穹真。趺跏不逐幡幢影，衣鉢當爲記授人。熟讀屈騷無可訴，空彈馮鋏向誰伸。吾家家範惟琴鶴，何事簪纓稱組綸。

採薙盈筐細雨餘，葭湄還往賦閒居。北方習慣諳傖調，蠻語聞來勝秘書。坦坦心田無缺陷，便便腹笥不空疏。長篙點破菰蒲月，獨坐霜墩拾凍魚。

世事心諳口不論，當年廚顧有誰存。一瓢樂飲賢顔子，數仞難窺毀叔孫。荒榻何勞君枉駕，濁醪最喜客留樽。攀松曳竹山禽樂，静聽寒鳴戀舊墩。

曉登梵樓遠望即事感懷

秀巒晴黛裊孤樓，更拂林花並馬遊。斜轉梵輪幢影亂，側看天漢曙光流。雁旋南浦分還合，雲斷孤岑去復留。籬破遠容寒翠入，横飛積雪玉關秋。

馬蹄到處踏行塵，自笑狂來野性真。久樂歸田充大隱，誰從去國憫勞人。林難露相煙光罩，花欲言情鳥語伸。周漢遺蹤今在否，渭濱淮水展雙綸。

煙水空濛夕照餘，斜穿小徑隔籬居。孤懷痛飲茅柴酒，一介遥傳咫尺書。老樹禽喧孤嶼靜，荒山霜落萬枝疏。粟瓶茶筅淄流共，撒網徒扛看捕魚。

誰聽狂奴酒後論，石鐺瓦鉢一牀存。受書細督顓蒙課，摘果分嘗弱小孫。童子伯鸞然冷竈，大兒文舉注空樽。松槐空蔭無僧寺，菜圃桑畦灌晚墩。

癸酉除夕

同人寄園守歲，次舊韻，倣歐陽公詠雪白戰體，禁用「椒花」「柏葉」「卜竈」「浴湯」「華燈」「綵勝」「籸盆」「粉窩」「團圞」「穰鬧」「撒豆」「迎儺」「嫁樹」「爆竹」「劍綵」「珮聲」「放雀」「獻鴣」「祈穀」「磔鷄」「商陸」「屠蘇」「仙木」「桃符」「祭詩」「燃草」「噀酒」「譚經」「折松」「枝舞」「花旙」「印鹿」「馬賣」「獃癡」「送窮」「鬼驅」「倀童」「鏤五」「色燒」「千張」「噉辛」「菜服」「桃湯」「蒼术」「滔白」「獸樽」「長命」「爵五」「薰盤」等字，違者罰以梅花酒數。

萬山排闥逼寒樓，光簇朋簪快夜遊。倏忽星回春嗣續，須臾旦復歲周流。明年老伴誰强健？廿載羈棲且滯留。謝事縱然除病惱，將春反覺性情秋。

霜漏敲催輾路塵，諠譁怕擾静中真。雙燈照壁歸無夢，分歲圍爐守有人。時同坐者，鉄嶺王宛先，代州馮敬南，海寧張昆詒，金壇于楚樗，烏程夏西山，太倉唐百谷，嘉興倪丹成，休寧汪紫滄，延慶，家獻玉及從、行二兒，揀、授兩孫。逋負全清雙耳浄，逢迎不慣老腰伸。山癯已息繁華想，也率兒曹拜玉綸。

殘臘幾時頃刻餘，家家兒女祝康居。萬聲雷震驚冬蟄，八體龍跳焕壁書。竹石清輝圍硯席，松槐翠色映窗疏。牀頭絳蠟催春信，開甕何時出凍魚。

�旭循環總莫論，四時倏爾已無存。東西薄宦羈兄弟，吴越分棲長子孫。服藥駐顔誰得歲，藏鬮作戲亂傾樽。斜尋石砌敲冰腹，餘臘煙籠古柏墩。

甲戌元日

攢炬成花瑞靄樓，夢魂戀舊續心遊。插瓶松鬣迎薰舞，畫版馗睛盼歲流。蒲榻盍簪人不速，席門回轍刺無留。殘寒乍别三微著，景色呈新卜有秋。

曙風輕拂日輪塵，褚孟初逢指點真。陳釀醉留新歲客，滑餳膠合隔年人。瓊膏曉候重精降，重精，鳥名，元日至，餄以瓊膏，出摭言。春氣潛從寸管伸。插漢千峯遥揖讓，恕吾箕踞不簪綸。庭燎待旦餞迎餘，空擲年光老寄居。且喜陳人留故我，又抛舊曆换新書。梅癯小徑香猶熾，節軟殘宵臘忽疏。階下看兒趨陛急，朝天隊裏響金魚。亦曾抗疏大廷論，竊幸餘生老健存。家隔三江如許路，父傳五世幾多孫。翠鬟也喜呈新頌，藍尾頻斟酌古樽。星倒天河留屋角，何人與宴坐花墩？

韻無險易，疊押則思窘，窘則不奥而俚。禁體八詠，純以白描，仍用舊韻，押至六百九十二首之後，不但語無重複，且字字鮮新。先生襟度不凡，其思致筆力乃復别有天地，是豈世之僅以風雅稱能者乎？余難效顰，不免爲老婢聲矣。良常後學于鈺雋楚樗氏謹跋。

疊韻至七百律不窮不複，雖夫子才大，亦足驗古今文心之無盡。夫詩寫性情，必剽竊古人字句以闘靡，我之性情失矣。禁體八章，無一陳言習句，筆端直與眉山、劍南頡頏，則其性情有獨至也。夫詩未有不原性情而卓然自立者也。甲戌人日，東海受業張曾裕謹識。

雲描露刻，自古難工；風影水聲，于今莫畫。不持寸鐵，長驅草木之兵；只挺雙拳，已搗鶯花之壘。乃倣歐陽詠雪，重尋東坡聚星。洗盡胭脂，名葩耀日；鋤殘榛莽，怪石干霄。海上樓臺，排出金扉玉檻；鏡中花鳥，寫成笑雨啼煙。真羣歎爲奇哉，可無起而和者。新安受業汪灝拜跋。

遥集四韻，疊至七百律，此從來風雅詞人所不經見者，覺松陵唱和，徒見卑靡耳。禁體詩獨抒性情，藻思奇句，字字驚人，雖一枝片玉，皆可爲藝苑之楷模也。甲戌人日，門年眷姪胡德邁頓首謹識。

唐人和韻詩，長慶松陵爲盛，然直數和止耳。白戰體則歐公偶然創之，坡翁因而效之，亦未聞其限韻也。我太夫子林卧遥集四韻輒至七百餘首，今又以禁體作除夕、元旦詩，各得四律，誠能易古人之難且能兼古人之奇矣。門下晚學生廣武馮㙐敬跋。

甲戌元夕寄園促席方罷偕于子楚欅夏子酉山王子宛先汪子紫滄及揀授二孫步月燈市于中翰章雲邀飲古藤書屋踏歌歸漏三下矣禁用上元習見語次韻紀事

一曲新翻出酒樓，春來六日趁人遊。初十日立春。青驄豸繡紅燈擁，紫陌蠶飼白粥流。坐嘯三休叢桂老，寄園有叢桂小山。居停五易古藤留。自嗤舊物堅牢甚，歡譙輪傳四十秋。章雲新寓爲金文通甲午舊邸，遞傳龔芝麓宗伯、何蕤音侍御、朱錫鬯太史以及于中翰，五易主矣。予俱叨飲其中，爲之誌感。

屧步香街火照塵，聲光爛熳幻而真。是誰手撥邊關調，我亦肩摩市井人。閶闔魚龍千百變，胡同簫管寸長伸。花輿絡繹隨行騎，風遞硝煙罩帽綸。

夜踏光天薄醉餘，嬉春睞盻別高居。闐塵匝地迷人海，謔浪周圍聽説書。度曲静嫌街鼓鬧，卜年背嘆歲燈疏。剪羅疊玉忙童稚，水映璃瓶舞赭魚。

萬光吐焰鑿空論，晃朗人天一我存。分到橘奴傳軟節，拾來荔子撒童孫。踏殘圓暈朦朧月，傾倒方壺瀲灩樽。曉角尚分殘夜漏，松脂沃郁爇香墩。

詩格隨時而變，宋之不能追唐，猶唐之不能追漢魏也。能自成一家言，又何唐宋、漢魏之別哉！近刻意摹唐者，字句非唐不用，即典故在唐以後者，亦俱不用。噫！何其固也。唐人方言『遮莫』，杜詩『遮莫鄰鷄下五更』；又象牙爲『白暗』，犀角爲『黑暗』，杜詩『黑暗通蠻貨』，皆前詩未見也。太白蜀道難，賀季真曰『子真謫仙人』，又見烏夜啼云：『此詩真可泣鬼神矣。』杜贈李詩云：『四明有狂客，號爾謫仙人。落筆驚風雨，詩成泣鬼神。』即其時事，何嘗不摭之於詩？恒夫先生息趼京園，藻思綺合，麗辭泉湧，隨事疊韻，珠玉生於字裏，雖方言甚俚，一入筆中，何非妙境？元夕四律，無句不研，此夕新緒，又何曾一句落此夕故套？鏤巧追新，得未曾有。先生真能自成一家言哉！余不揣，亦復同諸君和韻，然遲速天懸，工拙壤隔，才固不相强也。良常後學于鈺雋楚樗氏頓首拜跋。

時漏初刻，月色如銀，門外金鼓喧闐，市上小兒已紛紛徵逐。予方兀坐室中，適寄園夫子偕諸君子併率兩孫已從六街燈火踏月而歸，歸途過予古藤書屋，予邀入留飲。酒數巡，因追論自曩昔及今飲此地者，經四十年矣，而地主凡五易姓，獨古藤一架，杈椏似鐵，相對依然，爲感慨低徊，良久乃散。越日，元夕詩成，仍疊前韻，計此韻已疊至七百餘首，而夫子則翻新標異，用之不窮。近如除夜、元旦詩，亦依此四韻，其『椒盤』『柏葉』等字禁勿用，純以廬陵白戰體抒寫性靈，傑句奇思，俱出人意表。今讀是詩而禁例體製復然，夫時令題固宜避俗，但恐一切避去，便覺意境寂寥。而夫子詩中，既不着一『星毬』『火樹』『鶴市』『鰲山』及『踏歌』『撾鼓』等字樣，反多用里井時事以發爲異彩，所謂嬉笑怒駡皆成文也。其大意全在撫今追昔，借古藤書屋寄慨筆端，總是其胸中眼中之真情真景，然則夫子之過予寓與予之邀夫子飲，雖適然事，抑亦夫子之詩之一助乎？然他人縱有此情景而疊韻至七百餘首，又復限於禁例，瞻顧徬徨，未必不江郎才盡也。金沙受業于漢翔謹識。

春日出西便門宿萬安禪院古逸過譚漫賦

半麓煙橫郭外樓，峯青最喜舊人遊。香車轣轆光塵輾，綺岫嵌空翠靄流。草合敦丘人迹絶，沙深襄岸鳥蹤留。石牀高枕羈魂繞，月綵盈輪古驛秋。

敢將簪珮等緇塵，石谷長羈隱是真。誰道蓬茅終斷客，止慚猿鶴不留人。牀頭臘蟻須臾盡，石面苔衣次第伸。田父招要頻致款，坐移岸脅理殘綸。

心甘褐糲不多餘，柳徑茅莊亦廣居。自釀新醨藏舊甕，獨揩冷眼看殘書。朋儕久絶門長閉，榮辱無干慮漸疏。羽鎩何曾思更翥，長憐貪餌少完魚。

連朝並榻共清論，鶴塢松林小築存。老圃偏憐嬌姊妹，空門亦樂好兒孫。潛尋理窟開千卷，急破愁城醉一樽。柳蔭長條供妙舞，蒼崖落照水橫墩。

渡渾河訪古逸山人作

笛聲嘹喨近高樓，偶坐輕車下澤遊。一二羈驢遥踏雪，兩三舴艋慣乘流。誰知我者猶相待，盍賦歸乎具少留。奇石疊成丘壑幻，小山螺髻淡橫秋。

難堪縱步踏飛塵，確然表異喪其真。石泊煙絲纔挂眼，河掀雪浪正愁人。久拋綬笏心無累，止賸簞瓢樂獨伸。我向巖西尋大隱，孤笻摇曳戴方綸。

草色初青没燒餘，千峯四壁一菴居。復人手簡常隨筆，寫景新詩不事書。陡磴難登嗟坎坷，神皋獨嘯樂虚疏。儀文半爲林泉簡，撿石深溪驚伏魚。

結舌多年敢復論，招提冷落一僧存。回車輒哭窮途阮，載筆誰留入幕孫。冰解餘寒潛入座，梅殘剩影瘦橫樽。百凡坦素趨承簡，金谷銅駝委莽墩。

春遊賦懷 有序

甲戌寒食前一日，偕丹陽葛柬之，金壇于樗鄉、蘧齋章雲，海寧張洵安，桐鄉朱漢源，三韓王宛先，烏程夏酉山，吴門戴雲奏，休寧汪紫蒼及章雲兩郎、揀授二小孫步行出右安門，過目耕園，踏青南浦，歸集五蘊僧人蘭若，訂遊西山，仍次遥集韻，賦二十四章。

漸岸恒夫趙吉士撰。

清渠柳亞拂孤樓，西麓垂青盻客遊。槐燧何曾收舊火，榆錢早已覆新流。横斜草徑黄更緑，九十春光去不留。丘壟漸增人未減，風情宛似去年秋。予徂歲九月曾寓寺中。

松谷風生舞翠塵，峯奇雲變見來真。紅衣昨夜飄殘縷，青眼從今看破人。鶯弄新聲花底滑，風梭亂絮柳梢伸。草香沙煖邙山下，一紙飛鳶曳細綸。

青蒼野望蔦蘿餘，王囿之旁梵帝居。偶召同人分冷食，莫嗟下第棄殘書。時葛、張、王三君同兒行俱落第。多年放逐閶難叫，一水縈紆路不疏。蹴踘鞦韆誰點景，閒看依岸小遊魚。

酸辛風味向誰論，意興隤然愧獨存。從少持杯傳座董，董勛飲酒從少者起，因號『傳座』，時諸小郎俱從遊。養閒題句拂衣孫。孫冕詩：『莫待朝廷差致仕，蚤謀泉石養閒身。』避人坐嘯峯千朵，寬步追尋酒一樽。高插青簾招客飲，黄壚斜傍老園墩。

前　題

午爨煙濃日麗樓，幾多繡轂恣歡遊。擘開翠嶂胸前盪，湧出清泉足下流。塔鐸傳聲松鬣舞，僧庖治具菜根留。平疇蔓草遮荒壟，風景闌珊緑野秋。

花照鳴驄柳曳塵，誰家祭掃淚痕真。孤行慣作投林客，甘載長羈拜墓人。草屩盤旋由徑出，籃輿伊軋向空伸。丹霞爛熳都成綺，山亦科頭側戴綸。

日痕澹澹露華餘，土軟莎晴簇野居。鏡古懶編人物考，浪游欲輯職方書。入山路窄穿雲暝，隔浦煙沉挂木疏。幾箇榜人乾岸上，看懸緵罭羨多魚。

好惡真難一定論，風波歷盡故吾存。木奴久絶千頭李，寒家橘林荒廢久矣。嘯客遥聞半嶺孫。石路嵯峨疲老驥，山峯絡繹促游樽。長隄日蔽高高樹，宿草心傷露溼墩。

前　題

琴劍長懸古佛樓，予行囊半留寺中。酒壚時挂百錢游。春花依舊人偏老，逝水無波恨共流。

儡傀難平茅又塞，頭顱未秃雪長留。向空好鳥攀枝話，野意先傳碧樹秋。竹塢雙飛水隔塵，春光瀲灩醉心真。座間不慣逢時語，輦下翻容避世人。浮白行吟泉響和，步青流盻杖頭伸。舊春今日移文到，羞折長腰綰半綸。下馬紅亭酹酒餘，花籬四繞石壇居。柴門絮罥三眠柳，棱榻燈傳六度書。籍醉已酣猶帶慎，嵇心方放自能疏。寺僧五蘊别予載餘。松林搒砌三間屋，寬鑿平池好養魚。赤松黄石總難論，且喜酣游老伴存。節及清明剛二日，人兼元凱從雙孫。同游十六人。纍纍古冢飛錢紙，點點殘花蘸石樽。數載巖棲塵累謝，佛光長護九蓮墩。離寺三里許爲九蓮菴。

前　題

居然拾級上層樓，柳嫩花新壯旅游。籬破遠容山翠入，凍開乍見水光流。爨煙泣雨時時有，畫舫青驄處處留。鬱抱難舒泥醉好，寸心端欲質千秋。一灣流水浣詩塵，丘壑周旋野況真。對影成雙慚有我，夢天無二强爲人。乍寒乍暖春光幻，時下時高地軸伸。排列巖巒嚴部伍，挂空瀑織百千綸。

初試紅爐茗戰餘，縈迴樹石罅中居。縱游名圃穿山溜，閒坐空牀閲梵書。緩步任教嗤脱略，長酣久已習頑疏。河流幾曲縈歸馬，鼓棹飛橈看捕魚。

屏居我已畏深論，骯髒年來久不存。小友歡逢煨芋子，道人口教賣魚孫。茗花舉舉烘蹲獸，酒滴泠泠灌鬱樽。雲樹翻空天作幕，野橋分路過亭墩。

前題

飛瀑山椒直上樓，句廉句音鉤，謂水岸曲而有廉稜也嶠路昔曾遊。紛綸世態陰晴變，險薄人心灩澦流。渴驥奔溪寧少待，迅駒過隙可能留。村墟晝静迷花氣，習習風生兩腋秋。

水白山青我絶塵，吹花冷雨暗香真。繡林翠阜藏煙棹，綵索紅毬鬧市人。減讀長存雙眼力，狂吟不覺兩肩伸。多年謝客無修飾，兀坐煙津展幘綸。

鶯花半老禁煙餘，粥冷餳香傍杏居。方寸空空無恨事，古今了了有成書。山垂素練晴雲裊，門枕清流古木疏。溪蔌急需松葉煮，誰攜斗酒贈雙魚？

佳客他鄉好共論，悽然懷抱可堪存。逢人締結無兄弟，蓋世皋牢萬子孫。春杪寒廬耆舊札，燈前冷節夜深樽。虚庭雜樹交相結，泉石皆香月滿墩。

前題

編籬獨隱寺西樓，小棹隨波似客游。石囟雲裳垂半麓，峯尖瀑布挂雙流。看山山上山經看，留客客中客易留。屈曲清泉長繞砌，石壇僧過薜蘿秋。

紫陌驊騮暗客塵，勞勞罄控泊吾真。駬馬曰罄，止馬曰控。舞腰歌舌歡詞伯，席地幕天匯酒人。壩决忽驚壅水逝，杯停又見落花伸。淺黄輕碧柔條好，畫檻横斜舞翠綸。

藜湌敢嘆食無餘，匏繫終今卧瑟居。心不任勞頑鈍叟，手何妨拙老蒼書。半生蹭蹬甘三黜，萬事蹒跚坐一疏。記得當年頻啓奏，紅橋詔許網生魚。

合是三休不更論，舊題詩處壁無存。梭抛未入金閨藉，盧仝下第，旅中有『亂投機杼錯抛梭』之句，時諸人失意南歸。殤瘵遥悲乳下孫。真州家問至，㪍兒次子殤。雲亂簇成縑繫樹，花香低度路行樽。漁舟欸乃紅亭外，弱柳新篁繞水墩。

先生以遥集原韻首倡，和者方搦管，先生不經思索，疊成二十四章，同人閣筆。以四韻而次至千首，此亦安足盡先生之奇耶？古來詩多者，至李、杜、蘇、陸而止，求之集中，未嘗見此。豈非天才爛熳，古今嘆爲獨絶者乎？浣手捧誦，益深望洋之嘆。後學瑯琊葛筠識。

七步八叉，古不多見，然疊韻而至九百餘首之後，雖甚敏，未必不束手也。先生偕同人出，賦成二十四章，無一字襲人牙後慧，即有追風逐電之才，安得不咋舌而呼奇絶耶？君苗焚研，信乎不謬。良常後學于鈺俊謹跋。

煙霞罩日，石澗籠陰，一觴一詠，便成絶妙好辭。他人衹供游覽，先生皆學問之所在，人工耶？天巧耶？辭峯飆豎，筆海横流，吾無以測之矣。海昌後學張曾禔識。

東風拂地，煙景撩人。通逸響于近郊，接芳陰于南浦。逢僧即主，藉草成茵，高步煙霞，叉手嘯詠。時逢一百五日，疊成二十四章。無峯不是璆琳，有水皆成藻繪。雲間日下，風雨争飛；陸海潘江，魚龍百變。雖爲遣興之作，實是必傳之詩。怖甚真龍，慚深白豕。同輩固應閣筆，共學嘆爲奇觀。三韓受業吴一元拜跋。

春暮上旬八日，黄門先生踏青南浦，同遊十六人，少長困憊，獨先生雅詠酣游，睨天發藻，衹覺蒼苔碧漪，殘花零落，紅白可數，先生之興不與俱敗也。嗟乎！沈、謝、應、劉猶多累句，先生冰雪一編，顧盼成之，千載心在，敢作尋常酬唱觀耶？烏戍晚學夏荀慈拜跋。

水邊多麗，魂消三月長安；市上無煙，節報明朝寒食。尋東風于蕭寺，人醉桃花；問流水于秦源，情深芳草。倘非吟成七字，何由樂寫三春？獨怪天際河流，忽倒傾于星宿；海中蜃氣，倏變幻乎樓臺。陡成廿四之章，幾滿一千之韻，同人齊訝，舉座停吟。灝也捧讀三終，都忘此身在客；抄拈四壁，更驚滿屋皆金。可大張拾翠之軍，願徧贈踏青之侶。受業紫滄汪灝拜跋。

元稹作『春深何處好』二十篇，並用『家』『花』『車』『斜』四字爲韻，詩多次韻始此。然未有春遊賦懷，疊至千律而構思險刻，造語精圓，尚能曲盡心手之妙，愈出愈奇如斯也。雖作者森起，邈然寡儔，大匠揮斤，羣工固應斂手，恨未得追隨杖履，惟把讀以當卧遊。門年小姪胡德邁敬跋。

葛東之張詢安兩孝廉下帷寄園落第南歸詩以贈行

晨昏揚榷狃青樓，鎩羽南歸倦北游。莫訝唾餘多上第，誰憐康了半名流。曉星驢背兼程到，午夜鷄窗兩月留。丹液仙翁今不在，空傳韻語擅陽秋。

拋卻金臺十丈塵，露鈔雪纂讀書真。海瓊梅竹長傳世，葛仙長庚號海瓊子，善篆、隸，猶妙梅、竹。仲蔚蓬蒿又沒人。綠蟻深杯中夜泛，青螺半麓六時伸。勒紅曳白羣拋紵，花樣難同錯紡綸。

剩雨殘陽疊嶂餘，諸君暫伴我閒居。金閨轉盼通名籍，天祿逡巡校秘書。困爾三場無坦率，疲人八股莫荒疏。看花得意尋常事，點額空悲失水魚。

心燈獨照與誰論，冷月空堂二子存。囊日袋中猶有吕，同時山外已無孫。三人快語披餘緒，一夢歸魂醉晚樽。淚落枕邊冰塊結，真愁難寄瘞頹墩。

甲戌春暮同學程子香升進都過訪寄園憶程子辛酉別予廣陵闢署入幕臨汀今十四載矣次贈四律誌感

泛棹文溪醉謝樓，汀郡有謝公樓。徘徊花幕傍人遊。蠻音慣向蓮峯習，墨浪空翻柘浦流。半夜青燈紅淚灑，傷又生業師、令兄奕先、予弟廣侯之亡。幾莖黑髮白鬚留。小山鶴鷺驚相認，記別邗關十四秋。

沾衣冷雨細于塵，下榻荒園兩意真。共學西湖稱畏友，重遊北道訪陳人。算來畏壘經多少，罷去名場任屈伸。乞得閒居長自在，蒼顏難認舊巾綸。

十年作幕手無餘，九曲依然老巷居。昔年予同香升讀書杭城九曲巷館，地數易主，而香升祖居尚存。破篋無錢頻賣字，薄田盡棄尚留書。甌閩水碧羈留慣，黃白山青眺覽疏。香升歸里數年，僅一登眺。何幸香林容子我，汲泉深井煮池魚。

石瀨泉鳴向客論，雲松煙蔦老園存。招麾不受君如汲，喜愠全無我愧孫。竹閣柢梧巖隙樹，松窗斟酌夜深樽。紅簾畫室無塵事，狼籍飛花覆荔墩。

春暮過萬安禪院漫賦題壁

浮生暫寄上方樓，小憩松寥世外遊。露篳半攤巖屋冷，月瓢斜泛釣湍流。蹉跎宦路閒堪補，剿襲陳言古不留。石壁花光呈色想，夕陽返照亂松秋。

荒磬敲空世路塵，本無雜想我心真。深紅淺紫花嫣客，嘯雨啼煙鳥伴人。海角低垂星眼露，風尖橫掃月眉伸。亞枝葉覆雙林下，衫履全抛不戴綸。

盤折千峯暮藹餘，松�伴我此中居。長閒度日翻丘索，晚暮娛心玩畫書。豈有詼諧遮老醜？聊將矍鑠破狂疏。長思若上三間屋，自斸蘆根煮鱖魚。

梵夾齋心獨自論，峯迴澗複薜蘿存。治書往受濟南伏，學易長傳東武孫。孫虞受易于子家。柳影亂穿人迹石，星光斜拂路行樽。平泉久已埋荆棘，石礎全移屋後墩。

夏午李子南枝訪我京園因下榻焉長安米貴正不易居促駕入晉幕次四韻贈行

紅榴緑篠半垂樓，昂首南天憶舊遊。躡屩何緣離故幕，渡河時復弔清流。終年疲病逢君起，十日清譚爲我留。咫尺皇居甘老懶，松門五月冷于秋。寄園内有松門。

蔓草荒煙滿臉塵，長驅驛路喪吾真。菰城碧浪容遷客，南枝卜居苕上。蓮幕青氈剩逸人。詩不斷吟隨意寫，老猶能健放懷伸。勞勞何事來燕邸，苕霅溪深失釣綸。

憂患多生識字餘，難堪半世寄人居。莫羞老幕悲殘客，且快頹齡解讀書。重疊千山鄉夢繞，凋零雙鬢故交疏。家貧遊遠無聊賴，待汲西江涸轍魚。

永夜挑燈子細論，少年同硯是誰存。飲醇不必躭紅友，衣帛偏宜着只孫。只孫，華言一色衣也。羈客離家猶卜築，舊賓含笑半停樽。藥欄行處披花朵，鷈叫鼪啼傍嘯墩。

秋日山居寫懷

半潭水浸夕陽樓，一枕羲唐快卧遊。過眼繁華奔電閃，關心節序斷雲流。樂羊得謗書盈篋，司馬投閒壁四留。竹嶼分香無客到，静中花鳥自成秋。

奔趨久慣混緇塵，讓我無營獨任真。蘭蕙香沾雙屐齒，薜蘿陰翳一閒人。名山作主羈懷減，古寺分廛客况伸。發興新詩題滿壁，莫翻醉墨汙纓綸。

兀坐荒山樂有餘，經年風雨閉禪居。譚深白業能甘寂，眼暗紅燈不廢書。始願固奢今漸減，初交雖澹老無疏。津迷衹覺煙波闊，敢向綸竿乞活魚。

數杯軟飽且休論，栗里人歸菊徑存。扶出青藤空谷老，移來白石鬱林孫。山中息影留三載，籬外尋花盡一樽。獨立看雲千百變，幾聲雁落荻蘆墩。

讀羊山馬長逸高隱手書賦此簡報因懷山間殁存諸子

羊山倒影入孤樓，幽勝疑從畫裏遊。時局不妨朝暮變，日光倏爾古今流。正須客罷連牀語，那得公來下榻留。相國頻徵仍遁迹，時明中堂相招入都，不赴約。摇花蕩月幾經秋。

誰惜空花委路塵，先生獨得完其真。寒山嘯旅譚玄客，破屋焚香學易人。鑽仰自精心力到，逢迎久絶眼光伸。長灘清咽空天瀉，蒲蒻深深把一綸。

款户幽花弄影餘，南陽高卧豈懷居？鳥鳴暗换新春舌，雁落遥投隔歲書。少日良朋多寂寞，老年豪興漸凋疏。深林寺外鐘聲隱，手校科蟲自辨魚。

斷續溪聲召客論，青青山色六朝存。傳經豈讓韋長孺？定樂真同祖孝孫。帶雨鋤泥新種竹，臨池聽瀑更移樽。桔槔不斷千巖響，方外清譚老謝墩。

睡起家蓼天過訪寫懷題延虚閣壁

幾許花枝覆卧樓，鶯嬌藹老騁春遊。桔槔亂轉高山溜，舴艋斜經空隙流。荒榻不懸吾獨睡，儉庖無備客頻留。憑欄月上羣峯白，萬恨傷心到處秋。

松風静拭北窗塵，舊雨重逢意倍真。高樹垂陰遮梵座，陡巖落石憩遊人。柴關久閉喧囂隔，竹徑新鋤響籟伸。殘照含煙天半碧，蘆花萬頃把孤綸。

浩然物表不求餘，冷寂柴扉伴衲居。逋叟自甘長晦迹，醉樵那復問徵書。親鄰慣啚趨承簡，嗔愛全忘叫笑疏。次第牙籤懸鄴架，展開殘帙字行魚。

款款何來座上論，精言鑒古屈莊存。四時温飽憐臧獲，萬石醇龐育子孫。雙鳥露棲新種樹，同人罄發舊藏樽。山農翻羡無知識，糠覈充饑獨倚墩。

喜方石上人過萬安禪居

壁立花深翡翠樓，殘鶯喚客及時遊。横溪放鶴菰蘆響，野艇撈魚荇藻流。登眺從心雙屐在，守攻了局一枰留。呼伻急挈遊山具，霧雨凝寒夏亦秋。

半世親知盡陌塵，清譚敬爾貌言真。偶來小隱南鑾客，喜對浮僧上古人。病後心情猶未減，懶來禮數不須伸。白頭諫議終難屈，七里長懷石瀨綸。

參天松檜漢唐餘，雲岫何須僦屋居？净梵有時羅肉食，名僧亦復講儒書。百年古樹驚奇崛，兩架蒼藤汰冗疏。吹笛高樓山翠破，蒻蒲深處樂羣魚。

酒癖詩狂總莫論，空慚齒髮暮年存。萬山采緑猶驅牧，一老樵青尚負孫。邀客同穿新蠟屐，招舟共泛遡流樽。昔時華屋今遊鹿，陌上黄雲覆翠墩。

汪紫滄設帳棣園農部邸中王宛先遠遊言歸無日山居寄懷二子

寄傲何妨老一樓，太行了了憶曾遊。遠山翠嶼煙中没，近郭閒雲樹外流。獨飲願隨天共醉，遲眠翻惱月難留。扶風絳帳依然在，破硯田耕富有秋。

秋潭小水隔纖塵，痛飲居然得趣真。萬里遠嗟行路客，五更怕念入朝人。詩囊適興愁堪遣，藥裹關心病不伸。拙劣自甘長避世，欹斜席帽舞輕綸。

定後殘經罷講餘，渚煙沙竹亦成居。焦心雁足傳來字，病眼蠅頭耐細書。無願自然諸事懶，浪遊不覺故山疏。川光蕩漾鋪羅綺，攜得金刀鱠錦魚。

齒牙藉藉聽餘論，懶拙難堪愧我存。誰向江湖尋散客，每逢松雪憶王孫。有書朗讀鐘鳴夜，無事孤斟旅次樽。何限心思疲八股，藏修終不老家墩。

春盡山行書感

與爾扶攜共上樓，巖凹投足樂偕遊。金衣旋舞從空下，木杓單行不斷流。到老終焉慚老到，留春又復怯春留。柳梢放眼垂青盼，舞月籠煙豔豔秋。

雜想全删不受塵，虚堂淡月景偏真。煙霞許伴安眠客，書卷能忙古老人。高卧三竿醒復醉，遊絲百尺裊還伸。聽松敲竹機關絶，懷爾幽思岸野綸。

莽蒼荒臯遠眺餘，蒿蓬繞徑愛窮居。舊山半是經行路，滿架猶多未讀書。寂坐不知時令改，枯禪長與堠程疏。藏頭數載無人識，自幸深溪網漏魚。

世情薄劣復何論，寥落空巖一我存。且摘名花供老眼，又嘗新果擲頑孫。深林竹曳敲羣玉，曲陌茸香簇野樽。緑暗千山春事謝，箕棲潁飲樂蒼墩。

山中草廬新成適李南枝赴山右即寄太原同守大兄平陽戎府四弟

煙霞新繞最深樓，屏卻籃輿不浪遊。坐閲冰天寒玉結，行看雲壑浪花流。亂山徑絶樵難到，斷岸漁歸棹尚留。爲報晉中兄與弟，年來憔悴久悲秋。

齋居遠謝市朝塵，正樂單樓寂寞真。厭鬧曾抛持世略，慎交不近好名人。客中築舍良非易，廢後還朝那得伸。老去吾生機已息，柴門曳杖岸方綸。

荒煙古樹水村餘，地僻何須覓隱居。海北有鷗縈別夢，天南無雁寄來書。可堪霜鬢垂垂白，尚幸塵機漸漸疏。步屧緩歸樵路捷，賓僚斷絶樂禽魚。

饌具方羅待客論，微言不絶此心存。對眠峽口聯元白，長嘯蘇門會阮孫。紫陌青衫空有淚，黄門白獸久無樽。身閒已斷清華夢，坐擁山雲卧半墩。

夏夜坐見一軒偶作

野水浮階樹架樓，藥欄繞徑恣人遊。那堪孤月摇青幌，獨曳輕槎泛碧流。樵塢漁村多舊識，射堂踘圃不長留。勝國王駙馬舊園，今成荒丘。窗明小犬驚花影，可耐長天盡作秋。

藏書架上半封塵，坐守丹爐獨鍊真。開口不勞譚世事，掩門何敢薄今人。團團好月窗前白，簇簇新茸雨後伸。茗酒相招方外契，河干自分老漁綸。

既飽無求不願餘，山人安穩住山居。多年息影抛時務，半夜張燈静讀書。避地長閒宜用拙，訂交耐久轉成疏。蛙鳴兩部銷三夏，鼓吹前除駭鳥魚。

數載羈孤詎可論？·别情歸思不堪存。蒼黄陡絶無樵牧，清白長傳有子孫。月轉簾開風掃座，泉深浪静夜浮樽。莫驚枕裏聲春撞，口外河流隔此墩。

寄園荒蕪多載時復修葺爲退隱地賦此寫懷

禁漏頻敲小角樓，華胥不遠我常遊。孤吟澤畔騷聲咽，旅嘯山巔逸響流。每苦從時多俯仰，如何避地尚淹留。年來得遂終焉計，桂老萸殘別有秋。

漠漠黄沙戰野塵，羈單反得藴吾真。登朝故老誰懷舊，盈篋新詩不示人。斷續蛩吟蟬共咽，玲瓏竹舞月同伸。花姑石丈長相伴，巖畔涼雲覆葛綸。

此心自足不求餘，三徑蕭條五畝居。偶爾留賓甘旅食，縱然慣客怕家書。我慚築舍年兼月，自笑干時拙且疏。但覺身閒酬應簡，呼童酌醴更烹魚。

升沉世事豈堪論？百喚誰應默默存。每到開緘懷老友，常因執筆憶髫孫。寄園扁額大半爲抃孫手書。一池藻暈晴浮石，幾樹槐煙暮繞樽。羃羃松陰塵土隔，時人不與我爭墩。

甲戌四月十三日讌集江南辛酉同榜于寄園馮敬南壅以世誼招來陪飲 長洲陸澹成肯堂、高郵吴幼日世燾、歙縣汪思白薇、婁縣姚起陶弘緒、上元胡孟行任輿、如皋石半林爲崧、休寧戴晉生錫蕃、盱眙李竹巖符瑞、句容趙孚蒼昌祚、無爲謝又石舉安、建平王介眉功遜、上元金憲臣鋐、泰州王雲孫孫驍、無錫華紫瀾宗源、蕪湖霍景成雲集、吴縣吕彦昭戩穀、江陰朱繡夫廷錦、宣城梅耦長庚、安慶劉維嘉弘謨、貴池章錫九永祚、宜興湯撰臣汝諧、潛山强繼文彦昭、江都高于山天驥、丹徒霍恕循秉仁、歙縣程笠澤淞、崑山朱道源緒濂、江陰高吕玉璜、金壇馮賓谷昕、無錫高仙令洪、當塗金蕙崖一蘭、太倉王迪文原博、金壇于虞叶舜枚〔一〇〕。

杏林春色正當樓，攬轡看花北闕遊。脱穎羣然登宦路，時公車者俱得簡選。投簪我未謝時流。芸窗摩揣三江隔，蒻席招邀即午留。兩世淵源情不泛，由來桂發晚香秋。

冠喜新彈手拂塵，多年臭味素心真。鵬飛閬苑誇羣彦，鼇占瀛洲已數人。幾樹鶯殘春事謝，一天離緒晚禽伸。漫言策蹇南山去，共幸青紺帶半綸。

年來閉户謝交餘，正藉同聲慰索居。跋涉遠愁風雨路，咿唔重讀古今書。一朝新敬先賓僕，千日閒愁斂散疏。楸褐高譚家食好，不須彈鋏遠歌魚。

名場得失總無論，漫向山妻問舌存。諸子大才堪國士，老夫小草愧門孫。江南繡壤千層樹，冀北花軒一日樽。猶是當年投轄地，笙歌如舊遏雲墩。乙丑曾宴諸君于園中，今十載矣。

別吴古逸僧方石獨歸題壁

矗矗松杉高過樓，依然舊徑得重遊。種花細雨隨風灑，試茗新煙隔竹流。近寺擊鐘知客到，遠僧托鉢冀人留。峯尖劍列回雲碎，露砌莎隄獨感秋。

果然鶴骨隔凡塵，傳説公來恐未真。白業豁開今古恨，紅亭祖餞別離人。入門石徑紆偏好，對客松容瘦故伸。湧出清泉垂翠壁，花分繡谷結香綸。

一茅蓋頂更無餘，曉鉢雙檠傍刹居。索火快吟王孟句，倚窗熟讀老莊書。剛腸久屈孤行怯，病骨高撑萬慮疏。重疊波光浮翠閣，魚乎忘水水忘魚。

廣陵散絶那堪論？石室藏書亦不存。補缺衛宮憐少子，跨驢覓食訪諸孫。白松尚剩經冬翠，紅友頻傾過午樽。佳客莫驚林屋遠，寒煙咫尺鎖荒墩。

散步萬安山麓古逸過譚偶成

曉櫛宵吟客此樓，煙嵐深處縱行遊。風簾雲碓臨空壑，畫檻雕軒俯曲流。鶴印平沙罡步换，蝸旋古壁篆形留。冢碑已作横橋石，莽莽葭蘆浦外秋。

匹馬何曾踏市塵，從容攬轡得尋真。生來素具林泉癖，獨幸長離市井人。我豁雙眸難自覩，君留積恨待誰伸？山峯繹絡隨遊騎，飛瀑聲喧散萬綸。

鄴架分編百軸餘，昨宵夢到故園居。當年海陽故里藏書甚富，甲寅付之一炬，今積漸搆集，不及十之三。畢生不厭從吾好，累月窮搜著我書。時輯寄園寄所寄將成。耕鑿自矜貧賤貴，仰鑽敢與聖賢疏？渾河水漲羣鱗集，網得吴淞巨口魚。

古今轉眄事難論，漢馬秦灰久不存。願結蒼髯成勝友，閒看紫槐長枝孫。素餐頓飽常移步，殘客頻來亦設樽。苔蘚滿階行徑少，蕪菁朱剪没園墩〔一一〕。

雨窗睡起喜于㮮鄉汪紫滄訪余山中觸感有賦

疏花粲粲映前樓，誰解歡尋古刹遊。燕幕飛雲譚往夢，丁謝泛海，誤至烏衣國，國王令謝入飛雲軒。還歸，謝作札繫燕尾，曰：『誤到華胥夢裏來。』蟻堂審雨集新流。舊賓别去今猶在，新月撩人夜尚留。相見不須驚我老，客愁早掩一蓬秋。

狼藉花飛衮衮塵，青燈促膝兩君真。儉庖瑟縮慚留客，羈路艱辛怕問人。廿載宦情春夢斷，崇朝雲氣午山伸。茶鐺池畔枯松燎，飯飼魚苗共側綸。

蜂蝶分争午餂餘，短籬幽院阮家居。廟壖下馬看秦篆，佛牒巡筵釋具書。歲月傷心空荏苒，親朋瞥眼半稀疏。碧梧繞檻聲聲雨，古調深彈出浦魚。

過去光陰竟莫論，參苓服食冀長存。韜沉慣熟能忘我，句讀分明冀課孫。時揀、授兩孫受業紫滄。滿院松槐摇碎影，隔林花鳥勸深樽。僧廬高卧無朝客，戢羽藏鱗老一墩。

重過萬安禪寺題小閣

何處丹梯上舊樓，頻生野趣縱行遊。空天谷響入横吹，半麓芸香水暗流。亂石叢中孤客憩，落紅深處一僧留。微吟薄醉閒居好，風月雙清夜夜秋。

蕭然半榻久凝塵，涉世浮言未必真。不事逢迎甘守拙，何緣俯仰漫隨人？懸崖瀑白千層落，古鼎煙青一縷伸。布帢芒鞋遊幾遍，逃名誰復罥朝綸？

空庭花落獨吟餘，野衲忙來慰敝居。白拂時麾齋鉢飯，丹龕日誦梵筵書。量嫌小户心先醉，足側層巖老不疏。樂此丘樊無世事，頻沽清酤煮河魚。

茫茫遺緒迹難論，斷碣蟠螭古篆存。偶借冠纓摹楚叔，誰傳劍器舞公孫。出林殘絮堆春臼，卜夕盤筵疊侑樽。雨後紅亭新夢破，離巢宿鳥隱花墩。

蓼莊春興

碧梧翠竹繞晴樓，剩有圖書足卧遊。春思不隨花片落，羈心長逐月光流。雲噓泉咽經聲碎，徑曲巖深磬響留。曉起林嵐含夜雨，單行顧盻鬢絲秋。

花謝春郊委翠塵，藏名野築守吾真。身閒不作朱扉夢，吟穩長聯白社人。署壁翟公今昔異，賦歸陶令是非伸。繞門苔蘚氛囂絶，濃緑横枝半壓綸。

庭槐布葉晚陰餘，風雨經年閉小居。竹篋不留投客刺，松窗閒寫寄僧書。無求援手前程阻，久絶同聲後進疏。宴坐徜徉真適意，槐塘舉燭且叉魚。

舊事淒涼不忍論，人間譽毁兩無存。風姨屢妬枝垂子，石丈時呼竹抱孫。岸柳低眠迎客屐，山花簇豔罩春樽。半空雲幕千峯失，樵斧丁丁響近墩。

孤吟示及門二三子兼寄諸姪

孤吟直上夕陽樓，載酒芭蕉石畔遊。疊嶂雲深人獨卧，空山徑斷水交流。蜂聲轉向花房鬧，塘影長隨月窟留。漸老風情殘燭焰，傷心莫説故園秋。

馬耳雙尖觸市塵，何如林卧息機真。晚煙深處長埋寺，孤月行時獨戀人。舊事怕君連夜説，虚名畏爾向朝伸。年來閉户交遊絶，久解冠簪任絶綸。

西巖無伴寂寥餘，北道何常不可居。竹屋山深雲幕席，芸窗雨打水淋書。金扉翠牖僧留慣，饘粥酸齏客到疏。雁向煙霞低處落，臨池響絶食萍魚。

猿鶴空山可與論，秋毫春管得長存。諸賢從我非門客，猶子多兒是户孫。同學數人分入幕，舊遊幾處屢開樽。髀生不復思騎馬，曝背茅檐憩獨墩。

新夏程香升夏宛來過從立占四律

愁思難經怯上樓，佐譚以茗快清遊。叢篁旦晚翻新籜，峭壁將迎繞舊流。觸石分波舟側過，揮杯輪飲客歡留。竹孫長作花王伴，坐守吟城可敵秋。

已歸那復走京塵，遠念窮交二子真。薄劣世情難出險，紆徊山路僅通人。倚吟久慣雙肩聳，援溺何曾雙手伸。時宛來爲陸、施兩生累害，求援莫救，賦此誌愧。過眼繁華如電掣，不堪沐髮冠新綸。

空天寥闊獨吟餘，寂寂孤棲戀野居。有意投閒宜縱酒，暫時小住亦攜書。精藍久閉偏容懶，佳客新來不厭疏。叢竹半添秋徑密，泉香水暖跳溪魚。

公等何來與我論，園居僻寂舊賓存。推敲奕譜争高手，檢校農書課從孫。萬感已多星入鬢，殘宵無幾月浮樽。浪遊到處皆名勝，安事西山戀此墩？

從西山暫返寄園又裕再姪同戴汪二子到天寧寺迎予塔下

風松響弄管絃樓，性嗜登臨敢廢遊。塔影空懸人影倒，凡塔影皆倒，人若東行，影必西走，南北亦然。水光不定月光流。舍中舊客三君至，苔上殘碑二代留。碑多元、明諸先輩題名。倭紙攤開磨墨汁，偶然試筆露垂秋。

空庭槐雨浄朝塵，乍晤鄉親絮語真。薜荔幾尋横古壁，煙波萬頃澹勞人。青來粉堞峯移徙，緑暗紅欄翠引伸。時駕筍輿遊藥徑，仰看半側帽檐綸。

陡閣淩空百尺餘，溪行看竹到幽居。長慚昨歲吴公薦，可上當年賈誼書。侒佛未宣三藏秘，致身敢怨九重疏？還山白首心情懶，不愛翻經愛木魚。

蚓蛇鷄鶴豈同論？物各鍾靈氣並存。懸榻忽然來孺子，造門又復見重孫。枝纏窄路花粘屐，瀑落巉崖水拂樽。瓶裏雙蓮堪作供，籃輿聊過佛前墩。

秋日冒雨到蓼莊有作

籬尖小徑曲通樓，我亦淒然感舊遊。山雨不停千嶂合，瀑聲散布百泉流。甘心放逐隨時過，恣意幽尋到處留。蘆葉全黄楓半赤，香風兩岸正宜秋。

日日東華踏軟塵，何如局外看山真。梗飄久入他州籍，兒景從及孫抃俱籍延慶。萍聚歡逢故國人。砥礪多年心轉細，眠餐無恙氣長伸。涼天愁伴淒鏘月，爛醉狂歌擲帽綸。

清齋熟睡遺懷餘，小榻斜簾對曲居。細掃陶籬開捷徑，亂翻鄴架閱殘書。客來懶見身差健，事少無營世漸疏。水上樓臺疑罨畫，臨池看躍放生魚。

忘憂長對麯生論，鷄黍慇勤日過存。米芴拜呼新石丈，王輿參謁老篁孫。徹檠鼠子翻詩案，舉燭蛾兒撲酒樽。樂此巖林棲大隱，青蘿屋外綠莎墩。

山中得寄園同人暨諸孫札代柬卻寄

軟履輕衫躡石樓，蔣家一徑許同遊。看山絢爛吟鞭裊，題壁淋漓醉墨流。歸夢非遥今夜到，還家有約隔年留。砌蟲叫徹沿溪路，月静人孤易感秋。

世事翻新過即塵，雙開冷眼静觀真。遥呼江畔蘆中圭，敢薄淮陰跨下人。讀未等身心不死，思常待旦脚頻伸。舊知獨喜孤琴好，指撥清聲發妙綸。

深杯不厭半醺餘，懶向漁人問卜居。太史競誇新賜翰，時上試翰苑諸公，各賜御書。放臣空貯舊編書。奉敕修漕運、鹽法二書，告成未徹。菲材無用真堪棄，聖澤難邀尚未疏。石鼎茶煙留客好，波光萬疊樂多魚。

繞枕溪聲旦夕論，檀林擁錫舊僧存。信其鳴矣猶求友，誰則領之不辨孫。野爨燒殘紅葉火，郊遊挈到赤霞樽。吾生此日心機息，看竹思君倚故墩。

夏日山居得家問卒成四律報之

槿籬沙徑水邊樓，匹馬空山縱我遊。百片蕉陰分酒緑，半潭波意漾雲流。高峯獨夜長移影，曉月孤光不易留。漫瀉離憂箋楚些，涼生几席暑成秋。

敲冰三伏絶囂塵，酬應全删意反真。高卧對誰譚舊事，開緘又復問來人。流泉石髮披還長，夜雨溪毛剪復伸。竊幸投閒多著作，廿年虚負舊簪綸。

好鳥關關話雨餘，山翁久愛習池居。魚罾蟹籪舟中伴，蟲迹蝸涎壁上書。最惜空花無數落，不嫌密友近來疏。藥欄行處披雲朵，瓷甕醽香煮筍魚。息肩深麓絶閒論，淡話無多古樸存。絺綌自然矜慣習，茨粱今漸報曾孫。山中跋涉將三載，松下攀留止一樽。遍歷長林無棘刺，周遭半是緑叢墩。

散步寄園適二洪子來別遠憶故友程子非二

長槐細柳傍南樓，窄徑紆迴石脊遊。聯絡峯巒雲幕罩，晶熒草樹露光流。呼羣雁陣沙頭列，隔塢鐘聲水面留。別酒無多人易醉，菰蒲瑟瑟響新秋。橫窗蕉扇緑無塵，辭劇安閒樂我真。霜鬢粉鬚難老口，冰心鐵面不凡人。盡除酬酢風情澹，久謝將迎簡傲伸。小徑攜笻尋鹿迹，幾多芳萼吐鮮綸。倚杖聽泉遺興餘，好閒聊以客爲居。倦遊懶寄平安字，遠宦難郵咫尺書。畏事長思緘口好，避人不覺折腰疏。高眠塞竇聽檐溜，今日超然脱網魚。燕麥兔葵無復論，舊交永別故墟存。負薪南塢誰尋許，許宣平。鼓棹西江不識孫。孫緬。最怕風波生末路，止宜酩酊竟深樽。軒前寂寞藤蘿影，依舊從容過月墩。

于中翰章雲需次九年不調深以旅食京華爲苦作寄園雜詠賦懷因次韻奉慰

屢伴詞臣直禁樓，迴翔綸閣綴文遊。上林旅雁酸嘶去，内苑宵螢熠耀流。去國懷歸甘放逐，登朝需次苦淹留。梧桐花下君來慰，相對開窗看碧秋。

太息吾冠久委塵，近來謝客懶能真。青闈碧樹雙吟鬢，玉瑣金坡一舍人。我不耐官翻自笑，君頻乞米可能伸。回思薇省編書日，屢躡仙班聽紫綸。

家具單車載有餘，何堪輦下九移居。消愁不斷杯中物，撥悶時翻架上書。弄瓦三年嬌女長，牽裾十載老親疏。看人撒網終難結，晴浦波摇亦羡魚。

軒昂恣爾吐餘論，父執多人愧我存。甫跨星橋稱女壻，尚存簪笏進昆孫。亂山争入留雲檻，曲水歡浮問月樽。握筆真能懸指腕，截蒲封楮寫池墩。

吴古逸過山居手譚賭飲喜而賦此

扶藜載酒躡晴樓，步屧穿林百匝遊。野簌嫩香横浦溆，巖杉澗篠俯洪流。半生薄宦空撈摝，一到名山且滯留。舊日同年今已盡，獨餘白髮嘯高秋。

趨市忙忙日望塵，何如老懶得全真。愁來不肯抛詩卷，病起依然伴酒人。蠟炬高燒紅焰續，蕉旗半展緑光伸。三蒼爾雅同時著，字統相傳誦戚綸。戚綸，宋真宗時定部韻者。去忌固應鉗口好，避嫌今已見人疏。此中幽僻真宜隱，翠鬣紅鬐數沼魚。寥泬秋山眺有餘，無錢尚可借僧居。汲來井渫移爐爚，憩就林陰摘葉書。林鳩暮燕向空論，苔滿荒階客過存。對着偶輸聊讓子，半醺猶健不扶孫。籬邊棘蔓纏遊袂，池畔荷香沁夜樽。露冷高梧斜曉月，朮肥芝秀故山墩。

秋日海陽數客過山居譚鄉里事憐予孤寂而不知予深厭其鬧也賦此解嘲

霞光四繞擁朱樓，我借豪吟幾度遊。破刹荒涼破衲住，亂山磊砢亂泉流。僧分一偈竿頭進，客躡深巖屐齒留。回首當時騎竹日，行年六十又三秋。宦業都成掃去塵，支頤高閣看山真。市聲雜遝譁巖屋，蠻語侏㒧聒里人。魚樂水光潛復躍，蛇懸杯影曲還伸。長憐蝸角爭無已，岸幘佯狂舞鬢綸。纍纍柑柿摘霜餘，碧嶂清湍繞我居。五頃田荒誰荷鍤，小樓瓦漏孰移書。何堪疾首雙眉皺，未免傷心兩鬢疏。石丈臨流無客過，羣來驚散一河魚。

同鄉遠慰互持論，積毁難堪骨尚存。軟爛分嘗餐腐乳，修纖顧影舞篁孫。隨身行李書三篋，投老生涯酒一樽。伯仲分羈頭總白，茅廬不辨舊時墩。

得端兄家問望予補官甚切非予志也因書山中近況以報

畫角嗚嗚咽雉樓，好山今日趁晴遊。向僧分榻邀花伴，移石支鐺接瀑流。默繹五經慵句讀，坐酣三酒樂停留。詩情畫意羅清玩，蕉葉書殘數幅秋。

粉窗翠幕絶聲塵，自樂無營見道真。我已甘爲林卧士，誰堪苦逐宦遊人。竹光輕薄隨風散，苔意氤緣向石伸。局外旁觀長袖手，敢誇秘閣贊皇綸。

半生萬念已灰餘，寂寞閒官好隱居。藥檢舊囊方屢試，詩來新伴句重書。葭莩散影殘將落，棠棣分枝老復疏。一枕閒眠删世事，貪饕憐爾上鈎魚。

耳食時人盡目論，眼中知己是誰存。疏林暑薄過餘子，峭岸波深挈弱孫。竊喜牆東堪避世，遠勞巖窟更移樽。藤荒竹暗蒼蒼路，粧點山園翠作墩。

新秋吴古逸僧方石遠訪共傷毛子香令過其故居有感賦此

冒暑山尋憩半樓，疲童瘦馬任行遊。得時青蘚方延蔓，出峽洪濤復横流。窗隙自然通野馬，塵也。籬尖一任舞扶留。藤也。枳門棘巷猶如舊，無限清愁葉葉秋。

鑒湖一曲久埃塵，誰識風流賀季真。下榻依然心上客，時吴古逸、僧方石前後到。彈琴永别眼中人。毛香令善琴，今作古矣。久安僻地柴關閉，樂得高眠布被伸。薙盡白頭歸白業，旬餘又復長霜綸。

石爛空山墮落餘，我來執帚掃蓬居。芸窗半已蛛絲罥，塵榻頻來鳥迹書。山縱嵯峨容爾躡，泉方壅塞唤僧疏。長思董子傳繁露，桐木雕成請雨魚。時亢旱，山中禱雨。

蒼黄舊事對誰論，漢闕秦陵幾處存。廉吏無慚楊震子，吴古逸。高僧不愧遠公孫。僧方石。轆轤細引田田水，瓻甀遥盛面面樽。共倚篷窗聽夜雨，角巾嘯起卧孤墩。

三兒景行下第歸杜門苦讀憐其志勉以詩

細雨孤燈夜午樓，空勞負笈上京遊。豎儒那得無雙士，小子終慚第一流。斗覺科名輕可捨，量來文字久能留。莫將英氣消磨盡，預葺倉箱卜有秋。

八載青袍未洗塵，行自削籍後，丁卯至今初會試。屬文敢以贋爲真？嗟予莫逐回天諫，嘆爾今爲落第人。刖足堪傷惟有泣，囊錐不脱向誰伸。曰歸豈向青山老，褐釋何年聽玉綸。

殘編手目勘讎餘〔一二〕，又返西湖覓故居。二子早聯歸去棹，行兒同葛東之、張詢安聯棹南歸。三旬頃閲寄來書。莫愁壯大功名晚，止怕荒蕪學業疏。以蠹埋頭尋故紙，無鱗無鬣也稱魚。

傷心消骨忍重論，屈指梧垣疏幾存。宦路長睽兄與弟，大兄解餉，四弟齎表，俱于都門把晤。文場空薦子兼孫。行兒、抃孫鄉會卷分校，肯薦未售。無心出處雲歸岫，轉眼升沉月過樽。莫以儒酸空自局，淒風苦雨老湖墩。

豔體詩 有序

于子樗鄉閨詞獨擅其妙，謂余林卧遥集無格不備，而少『香奩體』。偶詠以補其缺。然未能作脂粉語，掩袖低聲，曲盡其態也。

羞花無語出粧樓，新試鞋尖小院遊。雲髻半偏眉月掃，玉釵斜墜臉霞流。求凰錦字迴文續，睡鴨銅爐熾篆留。弱不禁風愁獨倚，含情斂怨一簾秋。

繡閣春融舞豔塵，巫山雨斷夢難真。傷鸞恨鴿嬌癡態，病沈愁潘薄命人。玉指初調琴韻合，銀簧自炙笛聲伸。嫣然笑語歌屏畔，閒嚙殘絨刺翠綸。枕暈初潮倦繡餘，風傳蘭麝繞花居。鞦韆怕綰春來索，鸜鵒斜窺鏡裏書。秋水涵愁青眼斂，遠山入黛翠眉疏。香心正似芭蕉卷，獨倚雕欄自飯魚。蕭閒簾閣獨思論，淺笑深顰瘦影存。獨珥華裾移錦障，雙調纖笋操桐孫。舞餘羞顫低垂袖，曲罷嬌憨淺捧樽。綴繡停針愁擁面，花陰小語倚香墩。

賦得端午臨中夏 唐玄宗句。

九疊青蒼繞郡樓，秦淮渡口錦帆遊。己未，金陵過午節。公投湘浦天難問，我讀騷經淚橫流。霞爛一簾頭雪映，絲紛五色臂紗留。衝波躍浪争先後，水底魚龍夜夜秋。午雨時傾浣艾塵，奪標水滸駕龍真。江波痛哭婆娑女，柳菀空懷蔭暍人。山鬼誰爲騷客續，湘纍不向直臣伸。莫將競渡當兒戲，萬古忠心繫綵綸。正當中夏日長餘，兒女新裝炫陸居。主辱未能歸楚璧，寃沉時念絶秦書。麥秋梅夏懸星曜，細葛香羅熇暑疏。腸裏靈均魂不死，傷心敢食汨羅魚？

争棹江心萬口論，懷沙永弔魄長存。雞鳴頓憶田嬰子，鬻畚歡留鎮惡孫。如許綵絲纏柏枕，幾多簫鼓鬧蒲樽。披襟拂簟迎涼好，霡雨時來潤礎墩。

每從西山還寄園輒流連數日猿鶴招我又復耑往漫興書示山僧

長戀山棲懶下樓，蓬蒿有徑獨行遊。嵐浮碧嶂翻新翠，門鎖青筠繞舊流。月缺又圓雲忽蔽，花飛終墜色難留。驅車壚畔懷嵇阮，石上泉聲瀉素秋。

小園萬緑静埃塵，一幅雲林畫逼真。竇塞久疏當路伴，遁肥不答式廬人。年來未出門投一刺。山迎曲檻峯皆拱，樹壓叢臺翠未伸。午夢難成鴉唤破，何堪降用捧新綸？

未曉星疏鼓角餘，到城又復憶巖居。步榈屧躡幽尋屐，梵篆疑翻未讀書。即不向人商出處，亦當擇客别親疏。買山有約今能遂，此日方爲縱壑魚。

好句誰能副昔論，聲光盈紙得長存。清虚霞舉來煙客，南北宗分授法孫。地僻縈蘿圍古屋，更深燒燭對殘樽。巃嵸頓失層雲裹，竹榻松寮傍老墩。

新秋寄園漫興

老樹横遮獨倚樓，扶藜載酒恣歡遊。堂懸巨鑒千花入，簾隔重欄萬緑流。雨織青空鴉翅重，雲翻碧浪雁聲留。自甘迂懶無迎送，不耐人情向背秋。

雙屐縱遊無不到，一官再左未堪伸。赤欄舒腕閒眠起，草草年光秃鬢綸。那有花津隔世塵，耳邊消息聽誰真。青浮緑蕩消兹夏，水淬山磨老此人。

退隱林泉學有餘，月張故址作新居。寄園爲勝國月張舊址。墨池半被長藤蔓，粉壁還期大筆書。胡鹿亭、程香升、汪采臣時來書壁。皆醉安知天夢夢，獨狂正樂我疏疏。蒼煙白露縈荊棘，得逐浮沉樂鳥魚。

蒼黄舊事不堪論，雪縷霜絲秃復存。砌就小山叢桂畔，移來文石鬱林孫。秋聲瀏亮風樓笛，夜火青熒雨屋樽。淺水殘籬棲隱好，考槃獨卧碩人墩。

巖居即事

青簾摇曳夕陽棲，水抱山圍到處遊。枯柏有枝時墮落，野萍無蒂任漂流。樹傳鳥樂蛩聲和，風舞花姬月姊留。寬綽雲林容我住，空明緑浦映清秋。蟬翼淒鳴輕且半，麓幽棲不受塵，倚松小憩客心真。酸鹹以外滋珍味，枯淡之中得放人。蟬翼淒鳴輕且薄，蛸絲機巧引而伸。相期露飲蘆汀畔，時釀新蒭漉白綸。

竹榻藤牀渴睡餘，翛然物表寄僧居。無消遣處狂呼飲，不耐煩時默念書。早欲歸田甘老懶，今方學圃戒蕪疏。偶然習得陶公法，閑鑿寬池好種魚。

嗟悲嘆老向誰論，重疊巖巒罨畫存。簾隙迎歸歡稚子，僧雛禪誦課童孫。長思出處無多夢，不問閒忙總一樽。營我菟裘隨地築，幾層花樹密圍墩。

山行帶月返萬安禪院醉作

草没河隄緑暗樓，幔亭走馬踏花遊。月明古驛星光隱，漏盡寒窗燭淚流。老樹不知何代種，舊賓今有幾人留。歌當斷續悲風起，愁絶山陽笛裏秋。

敢攖時網恩勞塵，手把殘編味自真。入世迂疏難入世，爲人棄置易爲人。白頭樂向青山老，紅友狂呼皓月伸。心緒何堪遭組織，冷吟閒詠日抽綸。

荒籃偪側兩弓餘，暫借浮僧草榻居。願卧西巖尋舊隱，愁來北闕看除書。不隨俯仰因人熱，一任浮沉樂我疏。清福閒情何易得，操綸引起半車魚。

年矢世棋都不論，東籬黄菊故應存。能爲白眼看嵇喜，安得蒼頭薦次孫？李善字次孫。一壑松濤浮浄梵，半林蟬響閙孤樽。空山萬疊秋光拭，水繞魚莊第幾墩？

秋日山居獨酌醉題寺壁即寄樗鄉紫滄二子

青山萬點半横樓，此日重來理昔遊。老力尚堪長甕溉，歸心已逐小溪流。藤蘿蔓路冠爲挂，風雨殘燈夢易留。晚白菜肥供大嚼，雙林吹笛早延秋。

潯陽谷口早離塵，梅鄭長傳兩子真。種柳自甘蓮作社，尋花時見鶴迎入。名山繹絡心旌引，好句推敲腹稿伸。客到無魚供晚飯，又來横浦坐投綸。

泥香屐齒落花餘，誰伴荒巖丈室居。醥酎酤醪千日酒，草行楷篆八分書。空天露浣苔衣溼，峭岸風饕柳帶疏。那得篙師扶出水，紅裳雙袒識人魚。

長年牢落好誰論，幾客相邀屢過存。鳥痛分棲將送子，鶴鳴矯翅欲生孫。興豪肆意遊千嶂，量窄驚心酌大樽。高座放參僧可語，月明雁度荻花墩。

家蓼天招宿自怡園同吴古逸分賦

古壁紓青碎入樓，挑包止揀好山遊。浮沙缺月朦朧上，出澗清泉散漫流。辛苦梁春頭不就，殷勤陶饌髩難留。客來不速雙移榻，斷續啼螿寂歷秋。

小閣斜曛舞隙塵，典墳静對自清真。五年久别逢今雨，三日猶香坐此人。信脚往來心力足，昂頭顧盼眼光伸。紅亭半隱青篁裏，積翠浮藍亂舞綸。

甫别華胥夢破餘，遠來重宿故人居。孤燈午夜吟新句，冷雨寒窗讀異書。遥磬發聲離寺小，短笻代步躡山疏。攜壺緑壑真堪賞，嘉味何須丙穴魚？

墮茵飄溷兩無論，感子山行遠慰存。蒙館聲喧師判弟，梵宫香積祖傳孫。載來庾廩非官俸，釀好酤醪是上樽。林屋幾層圍寶相，葦叢枯倒寺前墩。

前寄園漫興未盡寂居況味再補四律

竹外清池竹裏樓，十松三徑獨閒遊。莫嗟舊友晨星没，祇覺新秋夜火流。閒冷真堪存我拙，浮沉何用待人留。解衣徙倚超臺上，瘦骨蟬輕脱幾秋。

石巖焦捲緑天塵，泠雨孤燈講肄真。藤放青蒼纏古木，烏分赤白喚家人。漾簾槐影層層裊，織石茶煙縷縷伸。沽到茅柴難得醉，頻登山閣舞花綸。

半赭酡顏潦倒餘，隔籬一犬護柴居。苦心不憚高聲讀，老眼無妨大字書。向日同官誰復念，舊時好友自當疏。小山掃石清泠出，水面圍洋看逝魚。

長日敲詩自考論，吟雖苦甚樂偏存。帝京三載紅塵客，祖壟千山白髮孫。氈蝕墊塵留老蠹，花慳石瘦伴空樽。匡牀塊坐心無着，苔路遮籬護一墩。

賦得七夕今宵看碧霄 林傑句。有序

甲戌七夕，同于樗鄉、章雲、胡鹿亭、朱漢源、唐百谷、汪紫滄、兄景從、孫繼揀繼授飲寄園分賦。

纖手針穿乞巧樓，星房月帳鵲橋遊。鏤成花様瓜堪剖，墜下金梭火已流。隔歲重歡愁易別，終宵殘夢曉鷄留。銀潢清淺誰相問，桂嫩香傳早晚秋。

波深滄海復揚塵，百斛清醪降總真。王方平位爲總真真人。組幕輟機縈別緒，吹笙駕鶴謝時人。

絳河半曙慶雲現，弦月斜光喜鵲伸。早起新粧頻拂鏡，抛梭懶織剩殘綸。

蕭颯涼生祭杍餘，娥輪宛轉渡河居。嚴更向月看新魄，卓午分庭曝舊書。綵結花樓衣早挂，絲縈蛛合網無疏。羽車扈從西南至，鵲蓋翻空馬似魚。

彌年相望各思論，駿軏逶迤兩意存。霞路奔龍邀月姊，天梭分錦織雲孫。歡逢七夕無分漢，笑度雙星有合樽。歲閏秋遲佳會晚，又愁明日隔河墩。

春日過蓼莊吴古逸孫大鏞僧方石家蓼天舊友畢集歡談竟夜乃不知興至而成詩

峭壁浮嵐澹抹樓，飛花繞路贈同遊。夢魂奔走天人路，方寸波瀾晝夜流。好月行空高盼睞，名山作主暫邀留。縈灘曲瀨逍遥甚，春事闌珊意已秋。

溼雲半護緑窗塵，一髮遥山入眼真。早識頭顱非貴骨，無煩罄控作勞人。西家求飽東牀住，左手持螯右盞伸。栗里新歸松下卧，軟吹香飯煮菰綸。

朋簪詩酒了三餘，盍亦從吾汶上居？樹影織成無墨畫，桐絲彈出有聲書。小溪淺溜流殘白，纖柳低垂舞冗疏。竊喜官閒忙不到，臨深俯濯嘯龍魚。

舌敝唇亡且勿論，舊遊零落數君存。班荆坐地歡求友，把耒躬耕暇抱孫。自笑官卑長戀闕，不嫌量窄競呼樽。紫苞紅萼花遊遍，瓦礫堆成繡綺墩。

春遊晚返西巖恰遇家蓼天攜諸子弟邀古逸大鏞僧方石來訪一時渾忘主客喜而有作

萬樹春紅壓翠樓，騁懷無日不山遊。雨絲灑落花梢淚，泉脉遥來竹徑流。僻路頻驚車馬到，絶交尚喜友朋留。沉疴養寂年光逝，變我朱顔豈待秋？

泉蘿静寂不凝塵，養拙心甘葆我真。康節自然觀有主，林宗何事慟無人？煙嵐斷處山腰瘦，波浪恬餘塔影伸。高卧全忘當世事，沙溪煙樹隱漁綸。

悟道齋心清夜餘，避名最喜遠山居。隋珠還讓銷明草，秦火無焚種樹書。津柳鴉藏圍已十，路槐蟲蝕葉全疏。有財不負方能施，何處溪翁獻棄魚。

百年彈指偶推論，漉酒高吟種柳存。蘭玉一庭佳子弟，鉢瓶五戒好兒孫。蕉心不展甘成露，竹醉難扶緑拂樽。屢枉高軒連夕話，交柯四布蔽層墩。

晚宿自怡園寫懷示蓼天

信手推窗月入樓，青青顧盼迓人遊。驚心夢路還鄉怯，瞥眼霜花逐鬢流。未向遠公蓮社去，暫隨山簡習池留。國恩左降官堪隱，自覺今秋老去秋。

勳名過眼已灰塵，得道居然芰季真。月過朱欄花列陣，風翻緑浪柳牽人。村醪甚釃心先醉，客屐方停首已伸。强半光陰銷静裏，路逢細雨墊巾綸。

支頤坦腹朗吟餘，夾徑陰森快獨居。無圃種蕉堪學字，有池潑墨好臨書。故鄉屢入羈人夢，過客無驚地主疏。繞砌新青香滿屋，叢篁落響散羣魚。

别來情緒不堪論，茶舍花扉依舊存。無力提攜慚小友，有時襁褓弄孩孫。興酣一杖撑危殿，飲滿雙拳鬭巨樽。長嘯風傳聲荅瓮，茅齋歸向北山墩。

西巖雨夜偶作

何寺鐘聲度暝樓，幾年夏日憶曾遊。難堪破屋層層漏，止覺横池處處流。引我入門千佛列，送予出谷一僧留。清湍碧嶂招人隱，蓮葉淩霜早悴秋。

浪迹猶然未絶塵，沉酣趣得酒中真。荒丘旅嘯長爲客，老屋行歌剩有人。哀壑流聲松籟和，妙香繞座梵音伸。未殘肌骨溪光沁，兀傲煙波隱一綸。

韜沉吏隱閒偏拍，浮足了一生餘，冷豔花光繞燕居。門隔織簾精卜易，架堆鋟版勒成書。好，膠漆朋遊近反疏。橋下流澌翻碎玉，洋洋自樂洿池魚。

羣蛙一巷縱横論，曲曲茆堂竹樹存。清德誰爲楊震後，祖風深愧魏徵孫。時偶閲先光禄文水公日記。百家共味歡同井，三載酣眠醉萬樽。古木無人翁仲倒，荒山煙雨滿空墩。

山居春步

疊翠層嵐溼曉樓，春山春樹促春遊。花篩小雨香爲薄，煙卧荒汀澮不流。好景催詩閒領取，精藍迎客樂延留。經墟陟麓幽尋慣，轉盻重來又五秋。

布衣空拂帝京塵，琴僕從客笑語真。時雨頻來蘇病骨，好山常願卧羈人。久無筋力腰難折，絶少將迎手懶伸。留此澄泓孫楚漱，不材敢復玷簪綸？

遠寺孤鐘隱隱餘，西巖巖畔竹林居。偶同王右軍臨帖，恰似東方朔學書。處世何能無舛錯，杜門不復厭迂疏。丹池頷點愁流血，百丈波深縱大魚。

狂懷何可對人論，一飯隨緣鉢不存。夢路偶然逢骨肉，宦遊那得爲兒孫。山深碎砌催行屐，石畔晴光漾旅樽。複磴空懸攀陟慣，草痕將緑上花墩。

西巖晏公祠松竹甚茂詩以記之

花竹成行繞小樓，山腰青簇載吾遊。一斑豹采黄霾隱，千頃雲濤碧落流。彼叟支離髯屢舞，此君静古節堅留。煙扉半麓摇空翠，策馬閒行獨嘯秋。

禪宫那得有埃塵，棲息無營樂自真。極浦雲低横雁字，空天野闊小行人。笋鞭隔路穿牆出，松蓋當門向石伸。蕩漾波紋添夏爽，花飛半閣挂殘綸。

何堪升斗羡嬴餘，三伏深巖此好居。皴染山川横卷畫，淋漓牆壁漏痕書。紫薇爛漫香偏久〔一三〕，朱李陰翳子尚疏。短屐踏殘莎草路，臨溪彎弩射前魚。

炙背南軒把卷論，寒榛斷礎殿空存。玉漿漱練傳仙術，花雨繽紛護法孫。幾樹新陰剛覆座，一庭静影正當樽。豪吟不覺高懷發，遥指青簾賣酒墩。

空山久居幾同野衲近村閒行不問風雨喜成四律

晨鐘夕唄是何樓，山僻無名好處遊。竹閣垂青遥列岫，松門舞鬣近乘流。犬眠柴洴村童逐，錫卓巖巔野衲留。月隱星光方燦爛，荒菴砌冷夜蛩秋。

口酌巖泉骨不塵，流來字眼聽難真。騾篩新雨寒初夏，久痞醇醪醉故人。金刹千層山翠擁，茅廬幾處爨煙伸。那知緑戰紅酣久，抽盡南交萬卉綸。

病瘳春後樂遊餘，多感朋簪慰獨居。惠敏久迷尋友夢，康濤已寓絶交書。馳驅宦路心無熱，長久交情老不疏。喜有山風來汎掃，燒薪煖酒煮塘魚。

殘詩獨向曉叢論，近列青蒼曲檻存。安得醉吟聯四友？自然清隱得三孫。夸人每發無稽話，旋室頻開不速樽。時伴牧童騎犢醉，長風短雨過村墩。

寒山空寂過者絶稀代柬招于樗鄉汪紫滄

海雲將雨過園樓，蕭槭柴關斷客遊。雪浪催冰寒不散，蠟燈凝淚熱還流。鳥鳴竹徑心全澹，衲出松關月半留。遲爾相招猿鶴伴，斷碑荒草亂山秋。

仙家洞壑迥離塵，鐵骨支撑意獨真。君畏棘荆叢裏路，我成山水窟中人。空檐雨下蛛絲重，僻徑沙埋鳥喙伸。漸覺此生爲客慣，從容拂拭舊冠綸。

五更鐘響夢殘餘，雪屋松窗架樹居。巖厂藏身同廣廈，梵音入耳譯奇書。蟻浮綺席杯棬數，虎嘯荒山負戴疏。非惠非莊咸有我，濠梁攜手樂鯈魚。

別久空思秉燭論，鄉關好友幾人存？兩都賦作傳彪子，六世書藏授抃孫。蠟屐盤旋山麓樹，盆瓊錯落雨前樽。何時來遂看山約，繞屋寒梅擁雪墩。

將返寄園書懷示西巖老衲

孤燈寂照夜深樓，夢徑依然得獨遊。開到鼠姑花結局，移來犢角翠交流。閒官最喜林泉話，真隱何曾市井留。老衲逢予頻指點，蘆蓴歸去正當秋〔一四〕。

得道依然隔兩塵，身猶是假更誰真？何堪潦倒羸疏客，尚作經營慘澹人。理窟書城摇筆破，糟丘麯部望簾伸。自慚今日投簪晚，晝省何心耀組綸。

京輦長潛獨卧餘，枯枝復茂鵲移居。梧垣自愧全無補，棘院空勞五上書。壬辰至甲辰，五上公車不第。幾載韜沉遷客遠，餘生蹭蹬逐臣疏。閒園可樂堪終老，水闊能容徑尺魚。

詩囊且共小奚論，團舍松陰棐几存。酌酒自能驅瘧鬼，編籬正好護鷄孫。風梳亭角花飛幕，雲擁廊腰月入樽。寂歷紙窗人半醉，荳棚瓜蔓接槐墩。

夏雨兼旬甘者苦之感而作

鐘響沉深出暝樓，山峯晦没浴豨遊。長檐溜瀉高天合，危閣盆傾四壁流。槅眼紙穿多隙漏，牆頭泥爛不遮留。半空老雨垂垂下，三夏冰涼已晚秋。

苔茵洗浄絶纖塵，聽溜階前興會真。蜂息衙中嗤蟻穴，雷鳴天半出鮫人。昏黄晝暗山頭失，黑白雲聯雨脚伸。小圃一圍棲大隱，深深蒲蒻把微綸。

深泥驅犢踝無餘，廿日霪霖半潦居。下溼縈滋三徑草，苦黴糜爛一牀書。有無客到門長閉，霶霈聲篩漏不疏。煙罩菰叢迷細路，横池藻荇化新魚。

麥粟漂流總不論，馬鬃數滴一瓶存。雨濡緑葉翻榴子，風散青畦擺稻孫。滴瀝急催鲂鯽飯，淋漓頻速醁醽樽。長空潑墨天無色，我亦揚鞭辨石墩。旱鞭陰石，雨鞭陽石。

立夏前一日同人寄園送春有用曲牌名于句中者余嗤其俚漫以詞名備是韻一體

渡江雲鎖最高樓，燭影摇紅憶舊遊。花發沁園春夢懶，燕歸梁隙暗香流。西河白雪催人別，南浦陽關引客留。安得東風齊着力，柳含煙隔撼庭秋。渡江雲　最高樓　燭影摇紅　憶舊遊　花發沁園春　燕歸梁　暗香　西河　白雪　南浦　陽關引　東風齊着力　柳含煙　撼庭秋

爛醉花陰步月塵，紅窗睡起露華真。難忘玉女留仙珮，長爲桃源憶故人。白苧隔簾聽獨惱，青衫溼袖恨誰伸。闌干偏繫裙腰草，空惜垂絲釣帽綸。醉花陰　步月　紅窗睡　露華　意難忘　玉女留仙珮　桃源憶故人　白苧　隔簾聽　青衫溼　玉闌干　繫裙腰　垂絲釣

長夢江南二月餘，鷓鴣天氣探春居。浪淘沙岸風迎笛，月照梨花影弄書。過澗歇愁多麗散，踏莎行憶少年疏。臨江仙去珠簾捲，月棹孤舟懶餌魚。夢江南　鷓鴣天　探春　浪淘沙　月照梨花　過澗歇　多麗　踏莎行　憶少年　臨江仙　珠簾捲　明月棹孤舟

金門樂世那堪論，漫喜遷鶯入塞存。長惜瓊花迷女冠，倦尋芳草憶王孫。疏簾淡月陽臺路，短拍紗窗恨苑樽。莫過秦樓追別怨，風中柳絮笛家墩。謁金門　樂世　喜遷鶯　入塞　惜瓊花

女冠子　倦尋芳　尋芳草　憶王孫　疏簾淡月　陽臺路　短拍　紗窗恨　過秦樓　別怨　風中柳　笛家

西巖得兒子從札促入都城感而有賦

聲聲哀柝繞城樓，濩落多年跌宕遊。樹擁千峯藏古塔，川來一柱障狂流。遠汀漁火深更起，隔寺鐘聲半塢留。白鳥迴翔迎過客，霜繁露重一林秋。

草色全青委路塵，金門索米隱方真。擔簦北向投京路，飛錫西來放梵人。健讀殘編蟲語和，耐心獨瘖雀羅伸。花溪柳徑蒼蒼去，我已頽然醉墮綸。

槐影深深過午餘，薜蘿纏褭一茅居。往還時帶平安字，言動曾隨左右書。予在垣中曾侍班載餘。

石伴煙霞遊半熟，客來巖谷面生疏。花茵草薦松爲幄，赤脚平灘獨罶魚。

半生一夢醒何論，筆陣詩壇舊壘存。任達何如嵇叔夜，引年竊比史祺孫。翻因客久難旋旆，每苦愁多屢舉樽。薜徑幽尋今復別，殘書剩紙積成墩。

夏日寓西巖禪寺戲作拗體

花竹成行羅前樓，我曾夢寐鈞天遊。雲浪空翻谷川合，星光倒注河漢流。百卷殘編古今具，五更高枕魂夢留。長灘清咽瀉不斷，慘慘慽慽隕衰秋。學劍學書已無補，爲農爲圃誰能伸。壘壘秋蔓懸石翠，幾多白黑頭顱綸。春歸花踐羸蹄塵，身名幻泡總不真。羞爲尋常腐爛語，肯作軟美嚅呪人。臥鑪步兵心原素，問周易千古餘，精舍趺蒲苾蒭居。移情大海發妙操，著作名山藏傳書。慎，倚鍛中散意久疏。曰歸投身潛輂下，巖罅迅湍絶遊魚。臭朽蟫斷百年露，臆開胸堪誰論，元明殘碑贔屓存。累心都盡謝慶緒，直道猶行房喬孫。簡，鼉藏塞博長夜樽。翻車戽水農事亟，薜荔深深盤牆墩。

將以補次別西巖深懷猿鳥之愧信筆書示古逸方石

風吹客夢落岑樓，振腕長林正雅遊。小水近從巖隙出，孤雲偏向馬前流。月明何事逶迤去，柯古翻因曲折留。細柳叢蒲人獨卧，老蒼羞見鬢毛秋。何妨兀傲避風塵，得趣幽然自藴真。高壁藤蘿遮古屋，舊山松桂待歸人。不嫌菲饌留僧飲，莫怪狂言向客伸。聖主何曾思諫諍，小臣長愧更冠綸。

高峯吐月蔽虧餘，棘壁藤檐抱硯居。愧列閒官留散地，時補學正。幸除疢疾卻方書。雨前飛雹牀頭爛，漏盡殘星屋角疏。我亦臨江思杜孝，截筒觸岸寄生魚。

近時泉石許誰論，苔絶行蹤老竹存。散秩何妨遊國子，暮齡又喜見曾孫。傳來密意蜂攢蕊，引我豪懷蟻泛樽。未得林中收橡栗，胡麻空出小山墩。

西巖棲息時與漁父爲伍將入都城觸景依依聊用寫懷

新築書臺傍刹樓，市粳村酒小山遊。一僧杖錫投林去，四壁嵐煙倒壑流。康節車來羣隸喜，鄭莊驛設舊賓留。多年宦業今何補，去燕歸鴻荏苒秋。

何堪七尺委泥塵，舊夢繁華幻不真。山衲一瓢尋酒伴，煙汀半棹載詩人。餘生耕鑿孤臣老，飽食蔬鮮逆旅伸。羨爾漁翁無別事，一枚園笠半竿綸。

不足何堪奉有餘，百錢日給下簾居。耕耘自課安農事，點畫全訛改塾書。右觸左蠻争不歇，塒鷄櫪馬老無疏。一竿獨向河橋立，取樂吾心豈取魚？

永夜鐘殘子細論，隨身詩草舊囊存。誰延高士如徐孺，安得聖童似長孫？歷歷川原還獵騎，融融風日製遊樽。桃蹊李徑春多少，爲惜殘紅掃作墩。

余家所藏右軍修禊圖題詠最多汪紫滄作迴文一詞于帙寄余山中索和余笑曰是增吾林卧集中一格也搦管應之即書卷末

墩移暗緑樹翻樓，水蘸開花伴燕遊。樽蟻漱芳蘭欄倚，鐸魚敲夜梵音流。孫扶竹杖青錢挂，鶴駐雲峯紫駕留。存我故歡尋日永，論春祓禊共吟秋。

魚遊數渚遠浮塵，曲水香菴寄迹真。疏葉細枝花弄影，密林纖語鳥親人。書藏舊壁光今古，練挂空巖白縮伸。居此樂尋春事謝，餘生半握一竿綸。

綸竿一握半生餘，謝事春尋樂此居。伸縮白巖空挂練，古今光壁舊藏書。人親鳥路纖林密，影弄花枝細葉疏。真迹寄菴香水曲，塵浮遠渚數遊魚。

秋吟共禊祓春論，永日尋歡故我存。留駕紫峯雲駐鶴，挂錢青杖竹扶孫。流音梵夜敲魚鐸，倚檻蘭芳漱蟻樽。遊燕伴花開蘸水，樓翻樹緑暗移墩。

秋日方石邀余過西巖新寺高樓大鏞古逸以次至酒酣縱譚西漢事即席紀之以詩

興酣隨衲上高樓，到處山尋好即遊。稚子灌花時繞檻，老夫洗藥早臨流。埋頭坐雨無迎送，縱目看雲失去留。數載心慵長謝客，單牀溜滴黯然秋。

澹風化日絶纖塵，心迹均泯等一真。可惜庸庸遲暮景，尚慚碌碌古今人。瓜期已過歸無日，蔗境難逢老不伸。久脱京華奔走阨，飄然雲水握孤綸。

星星兩鬢秃無餘，還壁何人隔宅居。舊館同官誰儤值，空巖一老尚攤書。月殘旅路鷄聲亂，雲斷秋山雁影疏。酒醒茅堂風行響，藻翻流浪看跳魚。

偶然尊酒許重論，架壑疏丘舊徑存。崛起蕭曹由掾屬，暴興劉項失王孫。無嫌僻寺荒涼榻，且進行廚淡薄樽。僧屋參差依亂石，芭蕉路冷溼秋墩。

寄園秋興 有小序

偶欲用藥名備一格，每苦古人以同音字相代，如『相思意已深，白紙書難托』，薏苡、白芷失其本來，未工也。戲成四律，用藥凡八十二種，稍加剪裁，期無痕迹。笑示座客曰：『余非驅使草木，聊寫胸臆耳。諸君試勿視本草，一一暗點出各名，以博一粲，何如？』

天南落雁市門樓，泉石逍遥草屋遊。錦地白花藤杖滑，汗衫紫葛蜜香流。千年艾秀客無患，百兩金兼王不留。通脱自然忘益智，會當歸卧隔山秋。天南星 落雁木 市門土 石逍遥 屋遊 錦地羅 白花藤 仙人杖 滑石 汗衫 紫葛 蜜香 千年艾 無患子 百兩金 王不留行 通脱 自然銅 益智子 當歸 隔山

步峯黄白間紅塵，石髓胡麻可降真。狗尾狼牙揮鬼督，龍鬚鹿角待仙人。仲思但把長生遂，安石何須遠志伸？欲煉丹砂騎海馬，湖山奈戀鱖魚綸。千步峯 黄白 石髓 胡麻 降真 狗尾 狼牙 鬼督郵 龍鬚 鹿角 仙人掌 仲思 長生 安石榴 遠志 丹砂 海馬 山奈 鱖魚

芍藥芙蓉百一餘，寄居長傍石松居。胭脂獨用金盤浣，蝌斗懸鈎木筆書。雲母露零桐淚滴，水精簾淡竹煙疏。那甘遂我河邊興，千里相思恨醉魚。芍藥 芙蓉 太一餘糧 寄居蟲 石松 胭脂 獨用 紫背金盤 蝌斗 懸鈎 木筆 雲母 露水 梧桐淚 水精 簾箔 淡竹 甘遂 河邊木 千里光 相思子 醉魚草

小兒羣把白頭論，桂下車前百部存。方解使君呼杜父，特生巧婦識王孫。金莖難遇桃花

石，甘露聊傾竹葉樽。燭燼預知防撥火，松蘿野菊憶吾墩。小兒羣　白頭翁　柱下土　車前　百部　方解　使君子　杜父魚　特生　巧婦　王孫　金莖子　桃花石　甘露　竹葉　獨燼〔一五〕　預知　撥火木　松蘿　野菊

月下與吴古逸孫大鏞酣談舊事不覺達曙四律記之

譚深夜月白林樓，曲岸平崗客共遊。竹影横斜三徑繞，市聲浩蕩五更流。及今解事吾將老，自昔能人爾尚留。泥滑幽尋愁小立，黄花冷笑合悲秋。

秋清岐路少行塵，自煸春芽茗味真。客自遠來聯宿好，我能擇善友端人。山禽卧看蒼雲渡，塞雁遥從碧漢伸。屏去藥囊身轉健，層崖側望數霞綸。

山鷄數促曉光餘，有客遥尋老學居。豈意頹齡勞道路，何堪久病事詩書。多因喜極翻添淚，自是交深不厭疏。窗竹弄秋偏寂歷，苔深緑岸好藏魚。

舊事今須徹夜論，姓名出口已心存。平反允協方稱子，古逸昔年司李蜀中有聲。賢智凋零復見孫。造次難炊雲母飯，逡巡且盡麯生樽。剪蔬開甕留嘉客，遥路青蘋繞砌墩。

秋暮赴西巖上人之招經過自怡園作

四圍花壓一孤樓，約我閒尋即勝遊。好月頓從松頂出，清泉遥自石中流。雲連古壁僧房隱，霜滿邊關雁路留。風雨荒涼重九後，客懷怕見菊業秋。羞將白髮染黄塵，羡老先生古道真。寺廢久無延客衲，山深應有避名人。魚迎逝水川光駛，馬走斜陽樹影伸。我已超然時局外，荷鋤自采北山綸。幾多篇什盡焚餘，花謝空庭愛瑟居。叢桂方開金作粟，古蕉半展碧留書。宦情久冷心偏懶，時髦慵趨老更疏。屢躡石梁跨捷足，泉香水煖跳潛魚。呵壁呼天對影論，舊栽松柏幾株存。鸞龍不愧賢兄弟，蟻蝨長傳世子孫。有限浮名餘破楮，無邊野興剩殘樽。閉門熟睡行蹤斷，抱膝清吟嘯石墩。

雨次蓼莊書舍

南面書城擁小樓，蕩胸遥對萬峯遊。半肩汲水滋庭碧，長日疏泉接澗流。客到翻疑花有約，山尋正賴雨相留。家園萬里愁眉外，況值蒹葭白露秋。

暖風吹雨浥輕塵，懶慢無營意思真。何必傷心嗟往事，且須放眼看新人。宦情本熾今方澹，筆力隨年老欲伸。度曲圍棋聊免俗，超然世外脱巾綸。

眼放青光一尺餘，我能暇食庶安居。林中雜憩飛鳴鳥，架上分編甲乙書。于世無求甘老懶，是人不見恕狂疏。池邊苔徑當窗闢，水冷聲清藻翳魚。

雨滴蕉桐葉上論，懷人不寐意空存。支機遠問君平卜，醒酒誰還德裕孫。松蓋團圞遮午夢，槿籬殘缺過鄰樽。寵從頓失層雲裏，竹榻花寮傍老墩。

初夏山中對月古逸攜樽過飲

雲覆蒼苔別有樓，尋詩争向此中遊。垂楊飛布千山雪，靈瀑空懸萬古流。過眼青峯心欲住，依人皓魄夜難留。長林高枕除忙熱，石上泉聲帶雨秋。

虛亭月上甃無塵，鷄黍邀賓愛客真。春老草深沽酒市，僧歸路響採樵人。不朝久負君恩渥，已退難將吏事伸。狼藉花飛誰省記，叢蒲細柳發新綸。

山園步屧晚涼餘，穿遍松杉到竹居。竈煮香粳同飽飯，爐烹苦茗獨傭書。蟬鳴不識吾心碎，樹老渾如我髮疏。小巷閉門心自遠，盤飧簡略止蔬魚。

泛梗飄萍不足論，偶然訪舊故人存。受滄何處尋仁祖，齎酒前來醉孝孫。好客忘形頻促膝，寒宵對話又開樽。灘聲赴壑如相競，深柳書堂傍澗墩。

喜茗上朱聞斯漢源來候余山中夜坐述懷

愁思難堪不上樓，時時着屐獨閒遊。高低樹斷嵐光出，遠近山聯翠浪流。招月空巖人愈寂，迎花小酌客都留。同來古刹聽經坐，一壑終年黯淡秋。

暝鼓方終破曉塵，歸田有願拂衣真。遠來半是離鄉客，住久寧同驀路人。離菊花開斜徑豔，山根水擁小灣伸。班荊揮塵無停屣，隨意閒遊白氎綸。

茗聲夜沸罷琴餘，事事高閒静者居。光隱深宵烏渴睡，蝕殘寸紙蠹攻書。山閒澹寂容吾傲，竹舞殷勤怪我疏。昧旦無眠閒步好，横池積水見針魚。

桃洞羞將晉魏論，仙臺古迹到今存。疑同訪越三生夢，那問逃秦幾代孫。月黑呼伻增蠟炬，山寒速客滿瓔樽。禪門付與僧難閉，籬外梅枝半出墩。

秋步

木彴横空招到處，層崖樹隱樓。過橋時復繞溪遊。鵲聲遞囀投林舞，魚沫空吞逆浪流。木彴横空招客渡，杖藜伴我爲花留。羈縈北道傷遲暮，可是文園病渴秋。

漁蓑樵笠心偏菰，煙蘆雨浄行塵。退谷幽棲意況真。康節原非偏霸學，敏中大是耐官人。

石乳初開溜壁餘，林煙巖翠帶茅居。有家反斷平安信，無客翻多問候書。門杜厭聽人剥啄，官閒一任我粗疏。水光日夜浮高屋，海岸虚空舞大魚。

與世相疏勿復論，半生豪氣已無存。怒啼且止鳩呼婦，時夜而鳴鶴弄孫。口訥不譚天下事，飲酣未罄手中樽。百年忽過留喬木，草蔓煙荒弔廢墩。

見心軒偕汪紫滄雨窗語懷

蒼蒼煙樹抗高樓，慰我孤蹤共爾遊。倚閣無言僧看雨，隔溪落影樹臨流。生來竟被因循誤，老去何堪苟且留。腸底車輪昏旦轉，一天雲鎖兩眉秋。

硬雨衝來破軟塵，新聲聒耳瀉天真。繁雲遮斷漁樵路，老驥酸嘶飼秣人。旅嘯長羈團聚少，童心到老笑顰伸。我生宦拙無干進，散髮多時不上綸。

自識頹齡逝水餘，長逃世網樂窮居。高眠省事藏予拙，小病長閒撰我書。詩莫浪傳心自得，學猶時習老無疏。醉琴正復逢陶縱，野服何須更佩魚。

徹夜挑燈痛快論，風簾雨幕共温存。寒蔬列案滄雲子，修竹穿籬長稺孫。官罷偶然來舊客，廚荒幸勿笑空樽。山居自得棲遲樂，且上荒榛望六墩。

將赴蓼莊李南枝于樗鄉汪紫滄送余右安門外留宿增壽寺賦

峯青斜繞小松樓，細草幽花郭外遊。水鏡倒懸天地合，書城坐擁古今流。聊吟正賴三君在，不飲空教半夜留。塵尾拂筵除世慮，閒庭泉石四時秋。

心源早已浄煩塵，静悟勳名總不真。獨得何心于適俗，孤棲無念以干人。山迴水複千村繞，鳥道蛇盤匹馬伸。世態炎涼春復夏，長憐花謝對殘綸。

石卧空山積蘚餘，數年閒寂樂幽居。桓榮致力誇稽古，賈誼傷心哭上書。一別頓驚鬢鬢改，重來遠憶歲時疏。我曾撒網紅橋上，朝服懷歸大小魚。

家鄉往事共君論，剩得耆英幾個存。壯歲未曾勤教子，暮年何幸屢添孫。催時纔罷商閒事，縱博無眠進夜樽。次第山遊寧草草，驊騮直繫舊籬墩。

喜方石上人過訪萬安禪院

巖居同住一孤樓，枉駕曾爲古寺遊。大塊雨從何處落，小山水向此中流。亂撾社鼓兒童走，痛飲村醪父老留。客鬢成絲垂幾縷，詩情冷瘦各吟秋。

風清竹塢浄無塵，終歲怡然樂我真。敢薄僧非天下士，可知佛亦世間人。蒼波石觸鷗盟解，碧漢雲歸雁字伸。何意惠休來問訊，科頭不復戴冠綸。

雪纂霜鈔夜半餘，殘鐘静夜度僧居。嫗來授我懷中策，客到投予袖裏書。默讀無聲心静寂，思歸不寐夢稀疏。出山又怕人多忌，頻淰魂驚避網魚。

揮殘老淚可堪論，過去繁華瞬不存。巖桂鬭芬移月種，嶧桐破老長枝孫。陳人不復諳時務，小户何堪舉大樽。溝壑廢臣收汲孺，灰心嗚咽别巖墩。

客有詢余西山勝概者詩以答之

層巖羅列拜僧樓，日落空山一騎遊。翠擁青攢分遠岫，石言花笑引纖流。鴉歸古木殘聲咽，蘚護豐碑舊迹留。茶熟呼伻抛野火，虛堂過雨夜深秋。

迎旭清芳未觸塵，西巖風土記須真。窮猿絶巘宵啼月，饑虎荒郊晝咥人。縹緲煙深林半裊，喧豗雨後枕前伸。小山不復棲中隱，草緑前除結翠綸。

燈爐譚經夜漏餘，精藍遠傍碧巔居。蛩聲響徹花間砌，螢火光浮帳裏書。自喜老慵家累減，那愁客謝世情疏。羈鰥久入僧禪定，緇衲深龕繫木魚。

棘端楮葉巧無論，留此清光我獨存。蕉鹿驚殘猶是夢，籜龍突長又生孫。何須泛愛歡投轄，時復孤吟罷舉樽。石路嵯峨疲老驥，萬峯近隔寺門墩。

小春見心軒即事

題詩獨上舊時樓，野戍荒郵縱我遊。古壁雲深斜岸出，横溪水漲落樵流。小春十月兼寒燠，老衲千峯任去留。屢夢鄉園歸未得，黄蘆紫葦一天秋。

嚴霜夜洗太虛塵，勿事馳驅喪我真。禮數難拘方外士，繁華已醒夢中人。自甘隱遁何須出，幸免沉埋敢望伸。鏤骨酸辛空灑淚，殘燈煜煜吐寒綸。

驛路霜深脱木餘，何堪鬱鬱久離居。荒山舊衲三更磬，古寺羈人半夜書。豈有詼諧遮老醜，聊將矍鑠破孤疏。葉吟花舞清光泛，碧水潛波躍巨魚。

寂寥旅況復何論，過眼榮衰不足存。兼善由身而及國，一經授子又傳孫。白茅細裹三冬竹，緑蟻初浮半夜樽。短策長隨山翠逕，尚憐石丈卧煙墩。

春日蓼莊漫興

萬樹排青更有樓，三三五五榼壺遊。聯吟旋刻林間竹，分茗新烹洞底流。梁上燕來知社近，籬中花發喜春留。清溪直瀉奔寒玉，蘿壑凝光冷欲秋。

心空那復染緇塵，自喜天機爛熳真。身退已無簪組念，書來猶憶薜蘿人。貌非我舊童心在，文亦吾猶老氣伸。茅舍水田村落外，芹齋半帶紫芽綸。

路隔皇畿四舍餘，雖然旅食亦家居。醒來静理還鄉夢，客久愁郵憶别書。竊幸半生無蹭蹬，尚存三徑不蕪疏。空山鳥奏傳琴筑，石瀨圓波息躍魚。

吾衰甚矣夢中論，結習難忘筆硯存。帳設經傳高弟子，哺含飴弄小嬌孫。山行莫騁遊春馬，客到時開泛月樽。散秩久無人束縛，自穿籬徑憩松墩。

遥哭故友程非二 名守，號蝕庵，歙人。

傷心赴召玉爲樓，時念黄峯癸丑遊。遺集全編誰剞劂，一棺數載尚飄流。偶披畫像長相見，戊戌謝文侯寫予兩人觀瀑黄山圖。久絶人琴永不留。老淚傾來檐溜瀉，可憐泉路隔千秋。

音容化作北邙塵，冷落幽情子獨真。剩有殘旌題處士，慚無故劍贈亡人。吟魂響絶聲猶咽，燐火光摇焰不伸。話别殷勤懷漸石，予己未冬服闋，非二送予歙浦。煙波難覓舊竿綸。

半熟黄粱一夢餘，老兄遺蜕竟焉居。訃聞誰檢囊中草，音絶長懷别後書。莫悲少日功名薄，止恨頹齡會晤疏。記得維舟長夜話，月中粉版看跳魚。

懸河有口聽高論，白雪聯吟止我存。甲午新安白雪樓社集，廿六人屈指僅留一我，可嘆也。仆碣未磨全點畫，荒墳可拜好兒孫。留賓剪韭譚陳話，爲母烹鷄續夜樽。長憶當年多著作，筆尖退落瘗成墩。

秋山閒行經毛子香令聯吟處有懷作

泉落空巖高樹柏瘦松疏簇梵樓，一肩輿坐亂山遊。殘籬不補花光漏，老樹翻空月亮流。鹿門先輩人何在，簪笏羈縻負此秋。

翠巘埋名行躅響，我來破刹舊僧留。浪遊到處增詩料，酣飲晕然中聖人。洗盡凡間入骨塵，何曾一日少清真。同披袖褶眠壚次，我復陶然不戴綸。

我甘遠遁抽身斷，青山終老宿緣伸。半歷楓天兼棗地，頻看嵐字帶煙書。荒園砌冷斷蛩餘，雲石蕭然小築居。鄉井到今稱孝行，截簡塞草遠投魚。

早，爾竟長暌見面疏。慮患孤臣悲孽子，心傷大父撫支孫。香令遺腹又殤，乃祖撫養族子。朋斜丁屈總無論，嘆汝風流忽不存。別墅西巖誰葺理，删書退筆瘞峯墩。山垂素練飛晴瀑，梅簇寒香樸野樽。

寄居山舍接友札促余至都且詰以蓼莊風景者書以答之並示古逸

菱荇溪中孤棹處處雲峯面面樓，喜無一事泛觴遊。煙迷錦嶼埋叢薄，水漲瓊巖洩急流。林鳩石燕蒼蒼路，徙倚斜陽萬壘秋。響，蒹葭影裏老漁留。

林間着屐藉花塵，肴核鮮新見意真。絲竹娱心留散客，鷄豚賽飲鬧鄉人。亦吟亦醉閑中得，無恨無愁静裏伸。水碓聲喧風細細，魚遊正樂忽驚綸。

茅屋何堪雨溜餘，入山便爾樂山居。增予鄉思三更月，破我羈愁一卷書。嘔出丹心知己少，秃殘白髮故恩疏。浮蹤是處身堪寄，半壑猶藏徑尺魚。

松侯楮國總無論，舊侶無多幾箇存。訪道尊儒時選佛，扶親抱子又攜孫。懶從坦路争馳轂，不向中衢浪置樽。襏襫驅牛沮没踝，古牆磧礫久平墩。

冬日見心軒偶示同遊

四圍山氣遠浮樓，仿佛湘靈汗漫遊。燈結空花寒焰吐，茶翻緑浪沸聲流。殘年愈覺冬餘促，長夜應當雪後留。眼屢揩摩光不減，迅哉一瞬已千秋。

誰掃寒窗蔽榻塵，營營萬慮泊吾真。息爐久絶燒鉛客，攬轡誰爲贈策人。面北多年頭九叩，指南此日説重伸。我來尚復潛京輦，獨醉高吟岸白綸。

重論舊話到更餘，好月孤臨且露居。冬入畫圖留老樹，雪消爐火潤殘書。重燃不復因人熱，遠害何妨結客疏。登眺幸無虚古迹，九虹橋畔好觀魚。臨淮濠梁，莊子觀魚處。

從古傳來有定論，千年青史是非存。不須毒解婆娑石，早已寒消猞猁孫。啓沃長睽心上事，酕醄且盡眼前樽。漁榔夜和孤僧磬，深栅閒眠擁寺墩。

同方石訪古逸山居

適然攜榼就君樓，一路垂鞭信馬遊。作勢推敲詩已就，不分清濁飲如流。吹笳向曉圍初解，弄笛深宵月正留。客子孤懷難在夜，柳蒲柔脆可禁秋。

落筆何曾一點塵，果能味道自棲真。亂山到處無常寓，古寺行來止兩人。吟苦廿年詩思老，心安多日病懷伸。暮齡抱僻甘丘壑，再到漁灣整釣綸。

深更小雨局殘餘，坐隱何人共閣居。我苦深文秦不炬，夢探秘穴禹留書。干之非分情難遣，好以無尤數反疏。隔岸流光傳夜燐，時臨濁水網渾魚。

午夜敲詩酌茗論，仙靈羽化迹還存。四遊遍歷江河海，三世全交祖子孫。行徑是僧猶帶髮，到門非客亦呼樽。隔溪霜葉堆成錦，龍虎豐碑卧繡墩。

秋日西巖僧舍讀毛子行九新詩每句俱疊二字或再用疊字因廣其體一句三用疊字極所至由二四五疊至疊十二字爲一句戲幻所致何妨爲變體詩中另存一格

矗矗岧岧爽爽樓，行行處處浪遊遊。山山澮澮溶溶岫，壑壑濺濺曲曲流。燕燕喃喃還悵悵，花花款款且留留。融融洩洩醄醄醉，灑灑瀟瀟度度秋。秋秋秋色冷秋塵，閑日閑閑閑味真。夜夜夜深看夜月，山山山外訪山人。亭亭松蓋亭亭立，嫋嫋楊枝嫋嫋伸。灘外灘灘灘更遠，朝朝朝起把朝論。朝朝暮暮日光餘，小小禪齋小小居。着着着棋先着着，書書書法學書書。家家稼滿家家樂，木木枝删木木疏。最笑行行杭行平行去術，敲魚魚歇鮮魚魚。囂囂多口謾嗤論，十三口。磊磊巖根碣石存。九石。雷軸轟轟催電女，七車。機絲戀戀織雲孫。八系。熒熒螢火侵簾幕，九火。淼淼冰紋照酒樽。七水。林木森森圍我榻，十木。澆澆香澗繞牆墩。十二土。

詩以言志，無事逞奇尚巳，顧疊律至千，如搆萬畝之宫，一味平蕪曠野，豈若縋幽鑿險，踏日穿雲？女媧有補天手，何妨煉五色石也？每體四律，離奇燦爛，俱極自然，亦見年伯天才橫溢，無所不可之意。若謂不可無一，不可有二，斯則信然。婁東年眷姪唐孫華拜跋。

宛來夏徵君駰予三十年好友也逝于苕上寄詩哭之以當一奠

徂春話别狃青樓，入幕蕪關羨壯遊。沈子長垣榷税，宛來同行。屢向人誇真作手，那知天召舊名流。蓋棺雪水殘編佚，題壁交山故筆留。江岸俶裝旋梓里，風頹裘秃馬秋秋。

劍懸牀壁蒯緱塵，宛來客交城，終年鑄一劍，晝夜攜之。意思深長面目真。久苦生爲行客子，今知死是息機人。徵君玉陛君先棄，貢士金臺士不伸。壁隙風攢燈影閃，魂來依舊岸儒綸。

半世行囊那得餘，苕溪茅屋老村居。剛成疊韻先摛序，予林卧初唱，宛來作序。未别多時屢寄書。六十二年春夢破，三千餘里舊交疏。泣君不忍深更睡，哀誄南郵作雁魚。

老淚揮殘不復論，先生傲骨可長存。行吟淚灑投江屈，作賦聲傳擲地孫。誰與推敲商筆硯，料難嘯詠對罍樽。彭鏗何術頹齡駐，幽轎斜銜落照墩。

李南枝汪紫滄訪余山庵雨夜觀先東山公墨迹及先祖父題跋憮然有作

幽棲旬日幾登樓，訪舊還來踐舊遊。苦詠多時心蕊發，躭書永夜眼花流。漏痕釵脚千秋在，金篆銀鈎一卷留。瀑布聲飛喧不寂，羣山落響競高秋。

潑墨空書掃壁塵，孤燈夜雨認來真。乍開細擬當年筆，重見翻疑未面人。點畫傳神心迹露，鋒鋩透紙墨光伸。换鵝濡髮尋常事，想到先公側帽綸。

氣静神虚慧有餘，由來搦管度閒居。數傳裝軸同珪璧，兩客探囊炫畫書。正恐文高滋俗妬，多因墨妙入時疏。石呈鬼怪疑相攫，萬仞溪深細數魚。

莫將名迹等閒論，百世家聲一目存。草隸真行兼篆籀，高曾祖父及兒孫。抃、掞兩孫穉齡能書大字。歡呼野饌烹山蕨，急買香醪泛水樽。環坐更深渾不倦，都忘階溜接鄰墩。

春雨喜吴古逸金大鏞過訪見一軒

村煙點點半横樓，濟勝依稀紀夢遊。白日忽經新雨暗，渾河乍見濁濤流。山餚野蔌隨時辦，戲蝶奔蜂愛客留。一杖千峯雙屐響，春林寒逼晚風秋。

風吹暗雨雨如塵，無恙青山對我真。松厂雲埋藏逸客，柴門茗煸候騷人。老僧説法花容笑，高座譚玄麈尾伸。胸次清幽淘洗盡，廉纖催長紫芽綸。

驚心花落惜春餘，名刹長留我輩居。勘閲空勞懲舊事，編摩無益繹前書。雲遮僻谷逃喧濁，竹舞空庭伴散疏。漫笑禪棲甘冷寂，碧池新浪趁嬉魚。

功名早已付時論，籬蒻當門小築存。久擲官書忘耗日，雙鈎閣帖課蒙孫。雲嵐半壑同千古，客主三人共一樽。行迹稀疏苔蘚滿，可堪白首卧茅墩。

蓼莊閑步與同人賦懷

鄉心正爾怯高樓，緑樹丹崖放眼遊。芝草叢生青澗合，櫻桃初噉紫漿流。老妻長念牛衣泣，名士誰來馬廐留。翠柏陰森分硯席，蜀葵冉冉隔簾秋。

掃盡羣山屐底塵，盱衡妙語發天真。老年屈指經過事，要路平心後起人。折葉浮沉歸夢好，行窩安樂小車伸。細蘗亂荇輕漚沫，釣艇咿啞放晚綸。

山花瑟瑟小紅餘，笑指雲莊是舊居。昔日蘭臺曾抗疏，今朝璧水未觀書。料來學圃心無用，算到窺園計已疏。積雨新晴湖面闊，尚堪爲客薦嘉魚。

長披短髮共君論，坐老空窗木榻存。不及其愚推武子，克繩厥祖敬文孫。碧欄獨倚留殘照，紅友相傾有剩樽。好鳥未歸山漸暝，花溪竹箐繞斜墩。

初秋同方石分韻

誰倩雲煙結蜃樓，幽尋每共老僧遊。百端交集情何已，一往孤吟淚易流。名路乍抛叢桂引，宦途已倦好峯留。空山殊響俱清越，梧葉蟬聲早作秋。

佛龕屢掃不凝塵，禪話無多澹愈真。静操桐孫移鬼骨，頻呼石丈拜顛人。雲隨半麓叢林落，月自空山下界伸。寶座拈花供一笑，迎風香篆散煙綸。

吟苦都從血淚餘，蕭然瓢笠伴巖居。老猶甚健難忘酒，閒若真忙不廢書。樹密樵歸全杳渺，山荒客到半稀疏。蒲團長日同支許，身是前僧愛木魚。

祖意西來難具論，荒山刹壞舊鐘存。袈裟愛結科頭客，拄杖看傳削髮孫。枯柳低垂斜岸屋，孤蓬横曳小山樽。傷心舊迹淪榛莽，無數流萍夾水墩。

歲暮暫返寄園與同人飲𤥭青閣迴憶舊客四座頓殊呵凍成詩略誌時序之感

爲看西巖搆小樓，懶陪冠蓋帝京遊。客分聚散星争没，事悵消磨水迅流。翻覆人情雙鬢改，蹉跎宦路廿年留。吴雲越樹殘陽下，一笛横吹萬頃秋。

齋居無念息勞塵，多謝諸公厚道真。晉魏世間難覓子，羲皇枕上豈無人？荒涼蘇郭田難買，寂寞原門席不伸。終老京園無捷徑，今朝安事客紛綸？

日邊老屋數間餘，萬疊雲煙繞獨居。乳潑新茶翻緑玉，光摩老眼閲丹書。偶然興到譚方劇，竊幸朋來樂未疏。林角縱然雙闕近，安能逐隊作遊魚？

爐圍畫閣聽餘論，隔歲同人止兩存。史笥經箱師訓弟，越清杭劇祖傳孫。客來竟以牀爲座，興到何妨石作樽。汲路近窺籬落外，紅橋緩渡緑溪墩。

宛先王孝廉自晉中攜姬赴燕邸值大雪單車出關以錫山圖索句知不忘故里也詩以贈别

巖突瓊沙亂撲樓，又攜閨秀遠陪遊。囊書乞米心旌曳，騷筆填詞淚墨流。慧水無家招爾住，乳峯有婦盼君留。宛先久贅關東。霜橋曉渡輪蹄滑，白草黃雲出塞秋。

斜陽馬首疾驅塵，幾度羈棲對我真。愁絶五更風雪候，夢回萬里别離人。攢眉問舌情難遣，刖足傷心鬱不伸。賴有香閨雙婦豔，畫眉粧次理文綸。

醫閭占籍十年餘，辟地誅茅揜久居。淚落暗傷南北路，車單難載古今書。懸知獨學文心苦，祇嘆同人笑面疏。喜我廚牀隨地設，重來小邸不歌魚。

甲戌仲冬十二夜偕熊司空從長新店乘月抵良鄉醉飲旅邸題壁

荒天哀角下星樓，兩兩肩輿趁月遊。冷面冰皴穿古驛，吟髭霜綴踏寒流。弄丸技巧公安拙，過界塵趨我暫留。易水餘悲聲變羽，禿殘老樹幾多秋。

四望光天浄戍塵，憂虞共歷久彌真。同行分卧長新店，對面吞聲兩舊人。三載羈縻虚此薦，予同熊公以靳河督遺疏薦白候補。六年屈抑盼誰伸。側身當日青蠅滿，豈料循環有轉綸？

坎風釀雪斂寒餘，絮絮長譚野店居。諫匭久抛原給事，征僑閒卧舊尚書。未推我轂綏空挽，已盍予簪髪不疏。破驛貧廚甘澹薄，慚無兼味薦冰魚。

升沉往事兩心論，眼下清光爾我存。預訂花源娛末路，對譚梓里數雛孫。停驂且飽當壚飯，破凍聊傾隔夜樽。踏盡冰霜新旭出，淺灘古岸擁蘆墩。

次和恒夫給諫月夜旅吟題壁四律

南州熊一瀟稿

舊雨情深趙倚樓，南行勘閲慨同遊。月明荒落層雲散，雁渡乾河暗影流。風雪幾經絲鬢改，冰霜各抱寸心留。雙輿破凍傳清響，轉覺清光勝九秋。

同心不隔別離塵，重渡桑乾兩意真。草店漫愁迴舊夢，冰輪偏愛照陳人。誰鞭烏兔成今昔，卻笑龍蛇任屈伸。才大如公天海闊，雲雷原自卜經綸。

寒冬過半歲之餘，促膝渾忘逆旅居。對酒便拚千日醉，披襟不羨十年書。焚餘賈疏心猶壯，病後嵇狂性更疏。最羨仙源塵俗斷，當前飛躍自鳶魚。恒夫話蓼莊別業最爲幽勝。

傷心舊緒那堪論，雪後松筠喜並存。杜老苦吟當諫諍，恒夫林臥韻疊至千律。龐公真隱庇兒孫。山廚易飽同圍火，譙漏頻催更舉樽。乘興不須頻蠟屐，藍輿屢過半山墩。

司空熊公久臥輦下，家給諫遁迹西巖、蓼莊間，雖需次同而相見疏。冬餘適有固節之行，月夜聯吟，俯仰舊事，感慨係之。何地無月？何月無景？閒冷如兩君子，坡仙後又添一詩話矣。至八律之筆力豪宕，無一懈句，無一湊字，氣骨高妙，有目共見。予何贅爲？仙湖趙士麟玉峯拜跋。

鄉路心歸許細論，梁溪煙雨畫圖存。草廬未得依丘壟，麥飯何年獻子孫。立馬看山千萬疊，停車買醉兩三樽。遥知踏雪扶紅袖，緩步低鬟怯過墩。

久住蓼莊不到西巖者數月重過見一軒感賦

門巷蕭疏舊草樓，好山都是昔時遊。親朋大半摶沙散，歲月何堪逝水流。敝舌猶存將有待，孤身未死不虚留。蒼顔自顧皤然老，夢冷蘆花隔水秋。

玉泉飛瀑洗空塵，一入名山面目真。歸步每忘行去路，宦遊時念過來人。蟬嘶高樹聲猶咽，雁拍横波翅不伸。種菜澆畦閒裏鬧，尚留秋水待垂綸。

雙鬢無多半白餘，非鄉亦復慣羈居。時躭一枕遊仙夢，長伴孤龕念佛書。家食自甘官位屈，林棲敢説宦情疏？叢榛蒙密河干覆，古穴空空伏老魚。

頻揮麈尾聽玄論，僧壁留題手筆存。燁燁星懸真浄友，森森玉立老篁孫。鞋穿不必鳩爲杖，瓢挂何須瓠作樽。樸遫山居無禮數，扶笻彳亍度前墩。

返寄園暇日命圃丁芟補花木偶作

小小池塘曲曲樓，槖駝聊喜伴孤遊。一天驟雨蘇繁卉，四壁飛湍匯濁流。南國花開休憶念，西山眼到便登留。晚紅遠照棠梨白，未暑迎風作素秋。

耳目長年絶坌塵，我疏且懶得其真。盤根髯叟無今態，解意麯生是可人。雙硯推敲緇髮白，一瓢飲啜曲肱伸。煙扉半麓摇空翠，昂首高天岸葛綸。

山脊迴紆緩步餘，共披荆棘剪茅居。松門竟日編詩史，柳篋何年草諫書。漫掃殘紅遮徑曲，好栽新緑補籬疏。小園方闢慚充隱，雖過濠梁不羨魚。

江毫染墨據牀論，得爾來時稍慰存。植得嫦娥牡丹陪豔友，芍藥。移來竹穉伴桐孫。無聲細雨牽離夢，數架垂絲繞午樽。門杜全無車騎到，馬薪叢雜久埋墩。

棲迹西巖有以次補來告者答以四作

天外峯青競到樓，忘年灑落得優遊。何勞鳥語呼殘夢，肯逐螢光照横流。左掖皂囊曾謇諤，東廳蒼玉漫淹留。尺書忍促衰容老，木脱空山雁影秋。

廣陌輪蹄蹴冷塵，素心靜對久彌真。偶然薄醉能驅悶，縱是微官亦縛人。老至自傷牙齒落，棲卑安冀羽毛伸。幸而清興閒中得，薄靄輕霏隱釣綸。

蓴食長陂荷蓧餘，好山環繞水雲居。馬蹄困敝鳴虞坂，牛角灣環挂漢書。客興方濃譚逾穆，宦情本少計原疏。由來體放無牽掣，離檻窮猿脱餌魚。

多年艱苦向誰論，傲骨何妨晚暮存。敢斥爲卿羞子弟，實慚干禄競兒孫。山鄉拚結鷄豚社，野祭頻傾瓦甒樽。官不我拘真自在，月鈎高挂釣魚墩。

甲戌除夕同李南枝于樗鄉王宛先傅巖朱漢源汪紫滄張銓侯玉侯潘若千侯來英唐百谷蔣鄭賢兒景從孫繼揀繼搢繼授守歲

盤巖雪壓白浮樓，年比修鱗赴壑遊。老去漸看兒女大，夜分潛惜歲時流。團圞傳坐拈先飲，熚烞消寒徹旦留。眼盼春來風不冷，如何風冷甚於秋。

看掃虹梁匝歲塵，梅開雪後益清真。三更早鬧新年鼓，雙燭平看兩載人。酒聖驅魔長索舞，吟魂候祭小筵伸。磨礱到此今方暇，那復宵征露溼綸。

廣座熺光飲福餘，異鄉雖客亦家居。忙懸立壁新符篆，盡擲馳年舊曆書。過客莫嫌投轄晚，時流竊喜到門疏。丹砂煉就無輕食，炰鱉冰廚更鱠魚。

鄉心幾處罄宵論，家問紛來敝篋存。石鼓金臺庚歷甲，予庚午赴都，今五載矣。錢塘鐵甕子攜孫。時大兒道敳移寓京口，三兒景行家於杭。漫嗤老色粘蓬鬢，尚剩年光簇雪樽。峭崿燃薪天半白，歡迎陽鬌拜雲墩。

乙亥元日

羞簪花勝上春樓，折向松坡踏凍遊。對面叢峯迎雪舞，試衣穉子愜年流。放鳩屋角盤旋去，浮蟻罍心瀲灩留。卷舌畏人添一懶，雙眸冷判作陽秋。

快耳聲聲圜市塵，我無時忌素心真。賜醽未與元正席，響爆空驚昨夜人。梅黶粧從花窖出，菜辛煖自地爐伸。紛紛世路誇裘馬，僻地剛容岸醉綸。

橫氈列坐劇譚餘，微暖潛薰軟客居。重疊杯盤霑婦孺，往來簫鼓罷詩書。左遷莫怪趨朝懶，反刺休尤賀節疏。銘柏無人來奪席，何心希指賜袍魚。

傳生酒遞向天論，無替家聲二獻存。吻爽嗚珂趨仲子，邃明執勺舞三孫。羣瞻凍雪鎔鴛瓦，獨擁寒爐隔獸樽。自顧霜巔私祝絶，任人桃梗疊成墩。

上元前五日招李梅崖基和姚陟山淳燾楊令鴻懋緒吳北海元萊四大參飲寄園吳公未到

青峯矗矗拱霜樓，車騎無譁過我遊。巘雪光迎霞路舞，地雷響逐日輪流。冰廚甚儉慚爲主，蠟屐將歸挽復留。梅崖、陟山將别，因令鴻後到，又合飲。永晝可無嫌冷寂，周遭小築四時秋。

塵海藏身獨絶塵，遺情塵外逸心真。九關合掣雙分榷，庚申冬，梅崖差臨清，予差廣陵，同時出都。一榜齊年兩剩人。辛卯，浙榜留都者止陟山及予。岵屺空瞻頻遠陟，令鴻服闋還朝候補。龍蛇暫蟄已同伸。新彈又得歡連茹，何暇煙津理罟綸。

曲檻斜陽客醉餘，喜扳梅萼話茅居。我愁未遣驅之酒，君癖難醫藥以書。梅崖藏書甚富。幾任外臺猶久候，三方老伴敢相疏？燭圍初夜喧燈市，禁漏頻敲放鑰魚。

倒屣傾筐亹亹論，老生腐爛可無存。雙峯不愧元之後，三葉長傳伯起孫。華莢十生先插箸，繁光未綴早留樽。吳公何事忘前約，遲駕重來醉我墩。

元夕 有序

檇李張銓侯元煒、玉侯淑，金沙于樗鄉釬俊，南昌李南枝更生，苕水胡納言汝聽、潘若千養汪，四明沈弱侯紹竑，錫山王傅巖齋，維揚程振千世英，同里朱希言昜、戴晉生錫蕃、汪紫滄灝、兒景從集飲寄園，時振千以測字著名，諸子争相問事。更深踏月，余兀坐未出，即事四律。

仙樂穿雲下禁樓，風光又是一年遊。星攢銅市欺清晝，鼓試花棚賽亂流。玉漏催筵華月滿，香車匝路麗人留。笙歌不擾吾心曲，短笛孤笳別樣秋。

鈎簾雜坐浄浮塵，鑒裏衣冠看逼真。堂懸方圓兩鑒。三五夜圍千炬燭，團圞月合八方人。霄光頓被燈輪奪，寒焰頻依火樹伸。憶賜瓊筵分次第，蟬貂炫服敢紛綸。時禁：漢官三品以下不得服貂裘、猞猁孫。

遺柑四座半酣餘，更喜雄譚鬧我居。休咎未徵先測字，死生難料遠傳書。觥流臘釀聲猶凍，調記新翻曲不疏。珠幰玉輪門外路，踏歌争擁舞龍魚。

猜謎分鬮總莫論，任教逐隊放言存。靚粧玩月歸迎卜，駘背嬉春出襁孫。喜我嘯歌留永夜，厭人絃索圂清樽。懸知挈伴行遊處，萬炬光流紫焰墩。

詠節序能不襲古人，難矣；若歲有新作，微獨擺落古人，絶無複意，則更難；況疊韻千律，强弩之餘，竟穿七札，難之尤難者。老年伯縋幽鑿險，句句驚人，又能瀟灑跳脱，不覺其難。金白嶽自驚其文云：『大丈夫當爲其難者。』此足當之。門年眷姪胡德邁評。

乙亥人日，河陽夫子以除夕、元旦二詩見示，如瑶臺仙子，瀟灑出塵。收燈日，捧誦恒夫先生十二律，格調蒼渾，命意清新，又如造淩雲高手，銖兩悉稱，真伯仲也。千律之餘復饒奇思雋句，黄門其詩中之豪哉！雙溪汪光被鴈山氏拜跋。

歲時題易套易俗，自應擺脱一切。若復句紬字釋，神理亦終索然。吾太夫子矯矯拔俗，語必生造，絶無琢鏤之痕。詩濤既洶，詩骨更聳，故能發詩家所未發。門下晚學胡任輿拜識。

吾弟屏居高卧，車馬敲門定不譍，所以會萃百家而獨成其爲恒夫之詩。愚兄士麟跋。

家長兄太原將南歸以懷吾里古巖詩寄閲余亦愴然作故國思遂成四律

波際摇摇水面樓，繞溪煙樹雁凫遊。溜垂古壁懸針健，錐畫平川倒塔流。三徑未荒兄復隱，五峯高峙我今留。西巖五峯長峙几案前。花崗竹嶼家園裏，雁路横斜慘澹秋。

廟貌巋然拜俗塵，瓣香亦復達吾真。花源别後津難問，棋局終時世换人。還古斯文兹尚在，巖畔建還古書院。六州偏霸到今伸。巖上越國王廟。澄潭更喜鬚眉照，留我儒冠共濯綸。

泥香草軟值春餘，野水流沙映竹居。幾處别離增夜夢，予卧燕山，家兄弟宦遊晉、粤諸地。遠來存殁念鄉書。時再姪繼武故，三弟又得曾孫。入山自覺抽身晚，閉户何嫌見客疏。憶坐高橋虹影卧，澄波千尺數行魚。

某丘某水敢輕論，故里梅花幾樹存。千指連炊盈子姓，一家比屋長支孫。竹扉那得容車騎，石隙無妨作杓樽。何日松濤眠午枕，奇峯萬疊繞雲墩。

于子樗鄉客余寄園兩載今春入令鴻楊分臬幕束裝赴天雄詩以贈别

霜鐘聽斷寺西樓，一硯晨昏輟衍遊。最喜老兄敦古道，肯隨時輩逐頽流？糟翻夜溜心先醉，柳駐行驂夢不留。長憶辰春波浪闊，爲吾感惻獨懷秋。戊辰春，諸客俱散，樗鄉尚周旋左右。高車絡繹輾京塵，出入徒行興趣真。趺坐半龕禪誦子，磨穿一榻讀書人。浮沉逆旅何時竟，埋没窮年可得伸。遲爾十三松浪裏，倒騎烏犍戴方綸。話到樵樓二鼓餘，夜深風雨小窗居。縱無久卧中山酒，尚有消憂半篋書。我隱頓忘時局改，君行愈覺故交疏。平生入幕多羈縶，策馬澶淵不羨魚。開州爲莊子垂釣處。縱横掉舌日雄論，爾我形骸可不存。石友聯歡延舊幕，金閨懸盼弄呱孫。傷心莫記從前事，分手重傾未盡樽。沙麓依然來鎖鑰，高呼叔子慘河墩。令鴻繼難弟今掌分臬大名。

得三弟安侯粤西家問感賦時弟移駐懷集已十五載

髫齡共學擁青樓，意氣平生事俠遊。通籍卅年猿臂老，去家萬里鶺音流。粤山瘴厲愁髯秃，春草池塘倩夢留。俸減寒官難飽食，值朝議減武職俸。歸耕自課豈無秋？曾收齊嶽舊煙塵，齊嶽，懷集大山也，土寇披猖，弟剿之。家問遥郵達爾真。宦後弟兄都未面，别來童孺盡成人。秩遷老日身翻暇，仇雪多年恨已伸。高卧吾廬歸隱好，古巖臺畔握微綸。

淚別邗關一紀餘，予辛酉司榷廣陵，弟別，赴粵西任。可曾半日得寧居？逆知辛苦無甘食，先問平安再展書。慣耐驅馳忙裏過，那堪手足老來疏。繡江冰井鸞煙繞，論罪何須養鱷魚？梧州府東有鱷魚池，昔扶南王范尋養鱷千頭，投罪人以飽魚腹，凡註誤者魚皆不食，即赦之。

鬢疏齒豁對誰論，夙昔豪華那復存。鄉井有家猶久客，弟昆惟爾獨多孫。產傳雙角珠三斛，皮績勾芒酒百樽。陸州白羊山勾芒木皮可績布，以之易酒。聞説枕戈時待旦，勞勞虎帳守營墩。

吹篪吟 有序

又吕伯兄南歸，自蒼崖繞道來都，聚首寄園兼旬。熟食前五日，余偕張銓侯、李南枝、隆吉、于愣鄉、朱希言、戴晉生、汪紫滄、漢佩、勉之，姪壻程叔度，弟右功，姪允若，仲子景從，兄子道元，孫繼授、繼揀餞彰義門外三教庵作。

可復來燕躡市樓，老懷更悵少年遊。告歸心遂煙霞癖，賦別魂驚節序流。瘦馬初程尋店早，單車輕載怕裝留。園花未發人先去，春仲餘寒勝晚秋。

南旋驛樹起行塵，雁序分棲飲啄真。藉草難堪岐路酌，歸田冀作耦耕人。誰言官罷身無用，但得名留志已伸。時平定紳士爲兄立去思碑。柳緑鶯啼春夢遠，桃花新水待淘綸。

萬户兒啼卧轍餘，蒼巖繞到古園居。家僮重促喧車騎，行李難攜剩劍書。六載不嫌官局冷，今朝正樂世情疏。交歡老日終無間，春甕醽香飽筍魚。

篪鳴塤動喜重論，鄉里耆英若箇存？先到古巖尋老伴，早還舊墅督諸孫。上賓辭幕愁分手，稚子牽衣勸別樽。況我弟兄難久聚，斜陽白髮遠山墩。

贈汪明經紫滄 有序

紫滄及弟晨刲股療父，兩幼弟昂、昇復戳指刲臂療晨，雖旌表不及，而亦不爲功令所禁止，鄉里稱孝友焉。癸酉，紫滄入都，設帳新又堂，爲予孫揀、授師，偶出諸君贈句，因賦于末。

號穹刺血灑空樓，情摯何辭白刃遊？不問人言敦獨行，頓還天性挽頹流。芝生卧榻泉長涌，鵲散寒原夢易留。更恨孤征頻太息，倚閭淚溼又三秋。

圖書四壁障浮塵，懷古情深對子真。屈首暫充鄉進士，揚眉終慰太夫人。有孚出血兒心苦，不顧完膚弟願伸。璧水金臺風景好，定將破褐博簪紱。

啜菽終年歡有餘，弟兄風雨掩門居。長懸馬帳横師席，不愧鱣堂讀父書。心倚玉山冰鑒瑩，身來人海騎塵疏。賦聲擲地傳金石，肯作編中老蠹魚。孤懷羞與世人論，習氣消除可復存。辛苦半生耕破硯，磨礱卒歲督頑孫。無嫌藜藿加餐飯，時舉茅柴對飲樽。定識求忠移汝孝，黃麻何日到山墩？

憶西湖

香靄紛披潤舵樓，碧岑環互鑒中遊。平浮萬雉東西目，横截長虹裏外流。畫鼓方從青舫出，翠輿又向白隄留。别來好夢縈波上，紅藕花深幾許秋。

常挹清泉浣我塵，隨時野薦瓣香真。柳金梨雪成殊友，鶴子梅妻作散人。半壁平章嬉不了，兩朝少保屈難伸。當年苦讀藏靈鷲，永日何曾一戴綸。丁亥、戊子，予讀書靈隱五松房。

煙梭横織練光餘，夾道松陰擁翠居。山後雲封陶器冢，僧智圓與林和靖爲友，臨化飲陶器，葬後山因名。歲寒蘚蝕石巖書。歲寒巖石壁斗絶，坡公篆書三大字隱見在目。鏡涵磴閣翻無已，屏簇雲霞舞不疏。花港閒尋生趣好，波波水面戲游魚。

十峯雙澗不須論，題遍殘詩幾壁存。去塔長傳陰子淑，湖中舊有三塔，弘治間陰公去之，建湖心亭。廢園尚憶史徽孫。史園爲宋史徽孫别業。汲泉鑽火烹黃柏，瀉玉流金泛綠樽。一樹棠梨蘇小墓，錦塘簫鼓鬧梅墩。

再憶西湖

長扶殘醉上湖樓，夢踏雙隄續舊遊。山壓紅牆圍綠樹，雲垂朱閣印青流。曼姬拂石隨花坐，過客停驂傍水留。岸上人家簾幕捲，荷花十里桂三秋。

蓮汀蓉岸淨無塵，圖畫參差看逼真。廬墓鶴歸林處士，刺杭衣換李山人。殘鶯巧囀簧聲滑，逸騎驕嘶玉沫伸。紫翠蒼黄時百變，六橋花柳舞長綸。

溜玉空山縷注餘，香風拂座藕花居。長存身後精魂石，靜認生前手指書。羌笛菱歌時斷續，煙葑露葦自蕭疏。醉茵雜坐揮譚麈，我憶南屏舊鯽魚。

誰到孤山抵掌論，荒涼古冢硯簪存。楊髡掘逋老墓，止有端硯、玉簪。杖藜追訪留遺像，朝霞洞石壁上有羅漢六尊，若鏤刻而成，吴越王夢十二人杖藜來謁，因補刻，合十八尊。衣鉢流傳到嫡孫。法相寺長耳和尚真身尚在，至今衣鉢相傳。煙雨低迷殘蘚路，管絃四繞畫橋樽。我曾嘯詠冰壺裏，碎石光瑩瑪瑙墩。

遊西湖者，人必有詩，詩必數首，陳陳相因，恐煙波西子，未免有唐突之嫌矣。先生八詩才豔春葩，筆垂秋露，如遊仙境，如讀異書，是不屑拾人牙後慧者。仍用千律原韻，何出奇之無窮也！余欲勒之南北兩峯間，爲苧蘿人一開生面，亦詩壇中一則佳話。雙溪汪光被鴈山氏拜跋。

四韻詩疊至千首，觀止矣！乃餘興飈發，復爲西湖詩，一憶再憶，思入無涯，瞬息而南溟，而北溟，不知其幾千里也。湖光山色，鳥語花香，設景都在人眼前，而造語卻出人意表。後有作者，能無崔顥題詩之一憾乎？金沙受業于漢翔跋。

人情少之所歷，恒老而不能忘。寄園夫子宦遊垂三十載，近雖寄興林泉，尚未遂東山之卧，宜其於鶴子梅妻，戀戀不已也。曾裕樗散無似，黽勉謁選，風塵茫茫，不知息機奚日。將來紅藕花深之夢，視夫子更當何如？乙亥初夏，西湖受業張曾裕拜識。

八章體堅而氣逸，味永而意沉，不似予之輕率粗淺也。恒夫憶西湖耶？恐西湖得此，更憶恒夫不置耳。僊湖愚兄士麟拜跋。

先生憶舊情殷，懷鄉意切。譜成越調，雖殊莊舃之吟；曲按楚音，亦豈鍾儀之奏？然而管華璀璨，非誇朔地燕支；詞藻淋漓，乍灑南朝金粉。言念西泠故轍，向爲東道主人。春暖蘇隄，柳裊絲絲浪碧；秋空錢弩，潮鳴滾滾江青。觀滄海而登樓，坐落賓王桂子；對孤亭而呼鶴，吟殘處士梅妻。樂事無邊，漫寄鼓吹畫鵲；勝情如昨，誰搴風月芳洲。四韻叶宫商，隱度靈巖峯頂；八章從律吕，遥飛明聖湖干。在作者自當卧遊，即觀者應難嗣響。不亦三竺晴嵐絙彩，六橋繡壤增妍也乎？他日者，倩月傳辭，早有猿猱夙駕；將雲通意，爲招麋鹿迎軒。公有意乎，寧無載往；僕恐後也，請效前驅。雙溪姻侍生戴紱拜。

蘇子瞻在海南，屏除萬緣，獨喜作詩。子由謂其精深華妙，不見衰憊之氣。然自和陶諸作外，可約略計也。仲父給諫公林卧遥集韻和至千律，如水涌山矗，一往莫禦，百折不窮。憶西湖八章，用韻天成，神采流露，斯亦古人所未有。若乃慷慨鬱勃，不能自禁，弔屈抑之孤忠，誅權倖于已死，微指所托，考之東坡集中，同不同又何如也？讀是卷者，亦可廢書而三歎已。乙亥四月下浣，姪俞謹跋。

余杭人也，生京師，五省廬墓，居僅五閲月耳。每至，僦居湖湄僧舍，水光山色，領略殆盡。年來躑躅軟紅間，六橋三竺，空結夢游。讀寄園先生詩，繪景摛詞，天然工妙，儼與香山、玉局並峙，令我鄉思轉深。至疊韻累千，如抽獨繭，如解連環，則又發古人所未發。愧襟顔塵俗未能操管踵後，三復斯篇，徒增詠嘆。乙亥清和晦日，仁和龔翔麟拜題。

憶虎丘

春紅頻醉竺公樓，佳麗招人錦纜遊。石爲聽經頭屢點，軒當拱極翠分流。新建萬歲樓，爲悟石軒舊址。橫岡虎卧金芒冷，滄海龍歸劍影留。幾度東風吳苑夢，憶蕁何事待深秋。

水湧靈池香灑塵，真娘應笑色非真。漫尋斤斧開雙壁，誰痛林皋瘞五人？裙縷屐痕雲欲曳，鶯啼燕語態空伸。翠樓魂斷香羅帕，舞徧紅杉簇緑綸。

西郭橫塘七里餘，蘇臺花雨護禪居。浮屠檐擺排牙鐸，殘碣藤圈透背書。山署魯公石刻。頑石憨泉心不死，蓮池鶴澗夢無疏。飛紅夾路氛埃盡，遺冢荒涼冷玉魚。

霸業銷沉不忍論，雨鐘煙笛廣場存。西施直作申胥敵，季札何慚泰伯孫？欄楯淩雲擢客屐，轆轤汲月貯僧樽。幾時結屋羣峯上，碧樹銀塘曲挽墩。

再懷虎丘

長憶環丘爚茗樓，山穿海湧幾優游。攀躋殿閣笙歌沸，襟帶江湖日月流。畫鷁維時常百醉，翠華過處亦重留。聖駕南巡，甲子、丁卯兩登虎阜。不知聽法當年鬼，蘿薜披來幾百秋。

碧天雲盡萬峯塵，始信冰輪魄果真。半夜孤腔聽一髮，空山片石坐千人。帆牆渡口昏鴉集，煙樹城頭罨畫伸。汲路危梁齋供近，苔侵十丈冷泉綸。

寺逼層巒百仞餘，青殘翠禿冷僧居。鐵花吐秀回仙馭，貝葉翻香護御書。臺上清涼曾獨立，橋邊斟酌久相疏。石綱遺恨傳朱勔，盆島依然蓄小魚。

蘿月當軒聽静論，吴兒歌管古今存。萬人空殉夫差女，二墅難傳法護孫。王珣別號「法護」，有東西二墅，捨爲寺。新夢每依開士榻，殘詩猶泣廣文樽。予過虎丘，下榻同年程翼蒼舍，倡和有詩，今三十餘載矣。南天不出雲霄外，引我秋心到虎墩。

洞庭明月，鄧尉梅花，視虎阜不啻齊、晉、邾、莒矣。然姑蘇遊屐，近者頻及。龍冷劍光，虎餘金氣，牽人魂夢，大率居多。獨怪用千律疊韻，字字自然，似江山巨靈逆知，預爲佈置，春花秋月，各極清嚴。又爲千人一片石，大開生面，正不必孤吟長嘯，置身玄墓層巒，放舟七十二峯煙浪間也。年眷門姪胡德邁拜跋。

虎丘詩夥矣，非弔闔閭葬地，即稱短簿祠堂，貽笑山靈，豈勝指屈？吾夫子春憶秋憶，各成四律，寓感慨於豔麗之中，藏箴規于嘆羡之外。豈但春葩奪目，秋歌媚耳，令讀者一往魂消，要自流連心目，正襟肅然，斯一吟詠間，真爲有關世教。晉中受業王奂曾拜跋。

小山突起平疇，蒼林紺宇，隱現在目。班草班荆，濯纓濯足，無乎不宜。夫子以八章寫照，匪云資遊覽者一慨詩之靈秀，正足與兹山並峙。金壇受業李欽式拜跋。

生憎麋苑，長爲弔古之場；才説虎丘，便屬消魂之地。而乃夢牽裙屐，體近香奩；輿壓鶯花，詞光彩箧。千章韻疊，揮來片石于人；七步詩成，描出横塘七里。倘教洗耳，無煩秋半清歌；如令點頭，不待可中説法。四律八律，赤麟廚真足飽餐；一吟再吟，黄鶴樓永當搥碎。同里受業汪灝拜跋。

太夫子迹寄燕臺，夢牽吴岫，豪情逸興，觸景成詩，宜乎林卧千疊中，又以八律擅長也。所異者，白公隄畔，短簿祠前，鬟描蘭葉，裙染墨花，未免脂粉汙我山靈。兹獨俯仰纏綿，别有氣骨，總不類世之詠虎丘者絢爛其笙歌風物已也，超前絶後，誰曰不然？海寧門下晚學陳麟謹跋。

憶東山 有序

東山去休寧城北七里許，先祖子常公讀書其麓，因以自號。余不到兹山者十六載矣，每追祖德，不禁悵悵。里人來，道及山木鬱然。憶兹山，正以景吾祖也。

錦屏疊疊護書樓，繫馬空山敢縱遊。黯黯雲行無定向，滔滔川逝不迴流。雜花籬隙香頻採，獨樹牆西老尚留。絃酒棲尋無俗韻，松濤悵别十多秋。

静掃寒窗蔽榻塵，讀書種子本然真。林原自僻留羈伴，月亦留情照散人。富貴何常來是儻，公私早判屈還伸。空巖獨卧忘爲客，泉瀑飛來灑葛綸。

我今識字感秦餘，藏我名山豈易居？積歲未看東谷月，幾時歸讀北堂書。憂輕最幸無官累，事省何嫌歷世疏。春老花滋呈繡褥，頻添藻荇護文魚。

儒宗百世更堪論，天水淵源一脉存。叩閣探懷傳竹牒，守祠累葉拜雲孫。是非再定春秋筆，吾祖有春秋屬辭行世。俎豆虔陳伏臘樽。憶到東山尋故址，榿塍芋隴隔茅墩。

憶松蘿

多年不上寄蘿樓，山上樓名。杖策常思半麓遊。疊嶂雲深新緑翳，精籃月滿素光流。傳來冷剎分今古，剩下殘山幾别留。昨夢寒泉危石好，春櫻紅盡麥風秋。

落紅半作溝中塵，我覺幽棲事事真。地僻翻多揮麈客，山深長戀下帷人。懸攀峯角春藤絡，斜挂村頭酒旆伸。笑彼揭竿兒戲日，妖氛四起瀆華綸。先大夫避亂是山，寇汙以僞職，不從，因被拘縶，大兵恢復，方得脱歸。

幾回捫腹苦吟餘，水斷山圍有故居。飲罷欹眠千嶂月，夢回健讀一牀書。棘絲蔓徑僧行少，松蓋遮門客到疏。我記從容丘壑裏，雨添野港樂蛙魚。

蒙陰滇洞向誰論，峯頂茶香種尚存。草屋浮僧分半隱，絮衣野叟襁孤孫。縱横風雨摧殘燭，狼藉花香撲晚樽。何日埋頭酣睡足，蕭蕭竹柏夜鳴墩。

又航裴太史過訪寄園雨窗手談漫賦

簇簇峯青雨入樓，閉門我自樂孤遊。積年樹老從新緑，繞屋泉香照舊流。簟展雙紋甘渴睡，書攤四面足歡留。荆扉喜到金閨彦，一局縱横戰奕秋。

茶話清新不雜塵，羈魂冷落道心真。巖花寂歷愁迎客，谷鳥呷嚶静喚人。且逐爛柯身半隱，敢言賭郡志全伸。渾忘石甃通泉路，急溜侵階欲把綸。

座客紛綸笑謔餘，高槐四蔭樂幽居。先争一着輸殘局，後斂雙奩罷戰書。坐隱不須分勝負，敲枰何必問親疏。近看布陣饒新趣，方罫閒遊黑白魚。

動静方圓那可論，松陰花影一枰存。村莊何處聞姑婦，瓜葛無勞問子孫。百感愁深横塞笛，聯吟淺酌半山樽。紆情永日傳聲響，落落星敷燦一墩。

憶岱宗〔一六〕

摩空岱影蕩霞樓，十六年來四度遊。庚申、壬戌、己巳、庚午俱得縱遊。雲壓滄溟烘赤日，河穿赤巘射黄流。無言豈有天書降，久渴何勞禪草留。石徑紆迴摧短屐，光摇萬尺水簾秋。山西懸水飛瀉，縷縷如簾。

崎嶇不逼筍輿塵，窈窕芝童導養真。雨坂雲封傳古事，金泥玉檢屬何人。齊鄒大小峯頭判，日月東西地底伸。記得仙鷄初破曉，山光空碧氣彌綸。

屈曲盤空萬仞餘，刺天峯插半天居。蒼茫已失吴閶練，摩勒猶傳太室書。橋召仙人容我跨，泉呼玉女待誰疏。青煙點點供遊眼，露出鰲簪隱海魚。

漢柏唐槐孰比論，大夫老死丈人存。尼山足下長爲父，玉帝牀東小立孫。寶石多生芝草洞，醴泉滿酌竹溪樽。餘生有願參名嶽，谷飲何時稷下墩。

再憶

點黛鎔金結蜃樓，秦封漢畤踵軒遊。雕窩烽作奔濤湧，雕窩山在嶽頂四十五里。龍峪泉從絶頂流。山有大小龍峪。袖揖蓬山胸次蕩，杯翻海水眼前留。老懷敢負青山諾，失約天孫又六秋。

虞夏周秦一簇塵，短長探策是誰真。何來緑綺彈弦客，難覓黄丸鍊藥人。耀曰碑鎸倉頡篆，擎天手駭巨靈伸。當年火照風雷上，山靄成霞吐萬綸。庚申冬仲，四鼓登岱，奉高李梅友使君備百炬照行。

壇墠煙銷坎瘞餘，帝庭峻極碧霞居。飛仙側見懸崖影，逐客長留斷碣書。李斯篆碑尚存廿九字。

眼闊敢言天下小，峯高直與域中疏。鞭來石立無文字，一炬灰殘滅魯魚。

滄桑幾易總無論，獨立巖巖氣象存。汶泗洙沂成疊帶，龜蒙凫嶧侍羣孫。嗚鷄觀下搴雲杖，迴馬峯前落照樽。舊句雕鑱凝黛色，半空長傍紫霞墩。余游泰山詩八首，萊蕪令勒之石。

從幼讀書至『小天下』，輒神溯久之。及往來南北路，馬足未達泰安，先一日已見雲表蒼翠色。雖七十二君遺蹤難尋，而秦碑漢碣巋然尚在，恨未一見也。大人性好搜奇，未曾一日廢歌嘯。庚申游岱九章，萊蕪令肖巖李公鎸石已久，近林卧疊韻千律，西子湖頭、闔閭冢畔，觸緒輒爲追憶，况岱宗舊識有不入夢想者乎！八章脱稿，適予小子分巡濟北，用踵萊令後，摩勒片石，聊表大人不忘五嶽夙志，並使車塵馬迹時時惕目，對是詩即如聆庭訓也。康熙乙亥秋日，男景從百拜識。

六月朔日二兒景從赴分巡濟北任寄園泣别詩以勵之

雲翳横山樹壓樓，團圞邸樂羈遊。浮名未足從吾好，别淚何堪向我流。檄足娱親增義喜，賓都隨幕一髫留。朱子漢源次早追去。從今絺雨凉三伏，麥壠青青獨耐秋。

静掃心苗半點塵，須忘疲茶勵清真。大僚半屬關東籍，小子長爲冀北人。長愧父風無足拂，勉供臣職可堪伸。儼然齊魯尊瞻視，溽暑何能不戴綸。

黄梅節盡苦炎餘，宣武門東老築居。吾已灰心抛吏事，兒當努力習刑書。宦情初歷無如慎，世故深諳切勿疏。七十二泉疏濬好，潔清倍昔富蒲魚。

雪泥鴻爪不堪論，寧獨天倫一樂存。官拜山東親孔子，河穿濟北謁天孫。連鑣隊壯長行旆，出郭人傾握别樽。好讀千秋廉吏傳，名留召杜署碑墩。

憶新安江

時移煙樹渡村樓，浦溆沿洄放浪遊。古塔雲深窮闊覽，峭巖珠瀑挂懸流。一川返照波明滅，兩岸浮青棹去留。我夢疑聞清瑟響，危檣影帶落峯秋。

水隨雲度緑無塵，鷄犬煙村認不真。往返茶鹽波上客，東西樵牧渡頭人。山青石白嵐光繞，棹唱漁歌曲調伸。茅屋數椽香霧窟，屢移笭箵不投綸。

晴醺雨醉客愁餘，重到花溪探舊居。桑柘何曾離活計，漁樵從不問除書。南天龍樹心摧折，東道盤飧意儉疏。三百灘高懸急瀑，水清沙白數遊魚。

遺話蕭梁不必論，好山好水本來存。屠牛血灑將軍冢，射蜃波平太守孫。（晉龍驤將軍越國公祖家在淳安水次，程忠壯公爲新安太守後，有射蜃湖，俱屬新安江云。）一味初嘗林下筍，三分淺酌岸傍樽。（家居時，每同諸君飲古城彼岸下。）勞人莫怪歸家晚，久擬裝囊返故墩。

憶古城巖

古巖翠接萬青樓，訪衲尋碑野寺遊。木杓空橫循舊路，山溪急溜漲新流。漁歌日向煙中落，塔影遥從石上留。羈客未歸心已醉，鵝峯紅樹晚香秋。

帶雨村春隔壒塵，尋幽步步得天真。枰翻黑白難終局，山上有棋盤石。魚樂升沉不避人。魚聚放生潭，水長落不去。寺角鈴喧官柳舞，山腰雲豁女牆伸。退耕剩得長鑱在，瑶草瓊田織繡綸。

竹塢茶煙過午餘，青峯附郭擁溪居。開堂半日供僧饌，卧榻長年讀父書。數日屢驚鄉夢雜，多年止覺故山疏。自甘退隱逢迎絶，今後方爲縱壑魚。

消沉霸業孰追論，止剩珠旒玉珮存。巖爲越國公保障六州舊址。山水情深招老伴，鄉園别久長多孫。撥開沙石移煙棹，布下雲嵐罩竹樽。分付漸干溪上石，好排魚鳥蓼花墩。

憶茗水

畫橋西北水浮樓，挂席茗中亦快遊。大小山横叢桂路，東西瀼向草堂流。看花曲檻時閑立，聽雨横窗又小留。浮玉溪前頻入夢，一汀寒影亂煙秋。

天目浮波絶點塵，陰晴百變畫圖真。疏籬犬吠新生月，古渡花迎逆旅人。隔岸斷槁漁艇穩〔一七〕，横村小店酒旗伸。碧瀾堂外溶溶雨，渥露宵零透野綸。

泉出金沙盥漱餘，衆峯環繞此中居。煙波難覓當時釣，松雪猶傳舊日書。杳杳鶴皋樵不到，冥冥鴻路弋何疏。風爐莫羡烹鷹爪，春水桃花足鱖魚。

錦繡山川筆好論，淩空蒼翠望中存。洲邊耕讀聯婚媾，柁尾風濤蓄子孫。夜雨荒林橫罨畫，孤亭隔浦泛窪樽。扣弦縱望塵心浄，嫩草鮮花簇砌墩。

憶海陽萬青閣

芙蓉萬朵鎖書樓，一日家居百度遊。雲浄山光何晃朗，花濃露氣更紛流。魚依密藻屯還散，鳥渡層陰落復留。紙帳繩牀燈火後，蕭條斷岸故鄉秋。

林間着屐藉花塵，老穉情親樸且真。絃管娱心歡座客，雞豚賽飲鬧鄉人。醉煙菀柳金絲曳，嘯雪叢篁玉珮伸。水碓風喧聲細細，魚遊正樂忽驚綸。

不厭簞瓢樂有餘，荒村終老閉門居。聖賢清濁黄壚酒，丹墨縱横鄴架書。翠竹白沙腸半繞，朱櫻緑笋味全疏。無溪到眼聲先到，籬落懸罾禁打魚。

深深鄉思向誰論，爲問高年幾箇存。官左降來留一我，兒南歸後育雙孫。長簦短屐抛鳩杖，硬餅酸齏佐蟻樽。料得重闌明月好，夜深移照舊園墩。

憶廣陵

碧水涵空漾畫樓，傷心夢覺十年遊。笛牀花幕清歌颺，估舶官檣濁浪流。九域人家排岸住，六朝峯色隔江留。放船落日平隄去，篷底淮山叢桂秋。

兩城佳麗膩衣塵，士女風流到眼真。日暮管絃殘醉客，夜深燈火未歸人。渡龍那得波長湧，跨鶴何曾願盡伸。浪説竹西歌吹盛，浣紗今尚有遺綸。

市廛大半劫灰餘，誰管紅樓薄倖居。聚飲時聞秦歙話，逢場雜講竈鹽書。三千殿脚金鈿冷，廿四橋頭錦纜疏。岡卧九龍何處是，桃花水漲捕湖魚。

摩娑銅狄可堪論，殘甓遺釵久不存。螢苑燐光消粉黛，雷塘麥飯絶兒孫。屢吟何遜梅花句，時宴韓公芍藥樽。十載戰場重豔冶，長憐石馬仆荒墩。

憶白嶽

雲光四罩麗金樓，坐竹兜輿絶頂遊。鸜鵒石前龍跳舞，珍珠簾上玉篩流。烏銜帝像焚無爇，像爲烏銜泥所塑，殿兩火，一髮不毁。楠守天門老不留。千年石楠近枯矣。積翠太清時側佇，雙巖紅樹爲誰秋。

峻極干霄迥不塵，何緣到此伴仙真。年年插笏朝天柱，步步垂紳拜老人。獨聳雲浮蒼髻矗，三姑玉立翠螺伸。幾經步屧難遊遍，急整家山舊角綸。

慶曆傳來香火餘，白雲長護帝城居。玄帝殿額曰『雲裏帝城』。爐峯千尺淩霄漢，霞洞多年蘊道書。掃壁標題湮點畫，予己亥讀書岳半，題壁猶存。緣梯捫陟久生疏。難忘垂釣桃花澗，樂在吾心不在魚。

拔地奇峯不可論，峨眉人去石牀存。山中邋遢道人坐石牀化去，人從峨眉見之。巨靈手劈無年月，羽客家傳有子孫。碧瓦遥看懸鐵屋，黄庭熟讀酌瑶樽。薜衣蠟屐空青裏，直上摩雲卧一墩。

贈胡侍御鹿亭 有序

庚子五上公車，寓同門道南胡公邸。公有子弱齡殤，慟甚。予曰：『無慟，此非公子，公有佳公子，「一枝吹折一枝生」，盍詠劉賓客句乎？』未幾，鹿亭生，公曰：『前言大驗，但願兒長，敢冀兒佳？』予贈詩有『襁葆聞啼聲，留眼看婚宦』句。越十五載，甲寅六月，公殁於鄞。十月，鹿亭以事晤予禾中，眉宇軒舉，咄咄逼人，公不死矣。甲戌冬，鹿亭由紫薇郎擢侍御，邸中連舉二子。乙亥，巡視北城，奸猾斂迹。時過寄園，話及前因，竟同隔世，鹿亭索予林卧韻記之。嗟乎！人生如輕塵棲弱草，那得長存？同門諸子零落殆盡，亦無繼起者，而我見鹿亭祖孫三代，又自見曾孫，幸矣。予以著作自娱，信口浪談，絕無拘忌，人世進退得失，了不挂胸臆，心頗自適，不又幸乎？記此爲鹿亭慰，且慰公黄壤，予亦因以自慰云。

丹陛鳴鞭肅禁樓，爐煙細裊隼旟遊。行行檢院驄花耀，獄獄雄班豸繡流。畿北霜稜期月可，角東晝錦老親留〔一八〕。司聽不愧爲君耳，珥筆登車夾道秋。

憶昔烏臺舊避塵，質威父子本清真。頻來不訝生疏客，舊事偏諏棄置人。屬和殘編爲子續，怕吟累句向君伸。手持諫筆箴王闕，擢贊機樞早秉綸。

朝罷從容攬轡餘，衣香久惹五雲居。晚歸客邸頻臨字，一退班行即讀書。執簡長隨黄閣後，鳴珂近與紫薇疏。蘭臺密勿真清要，鷺羽懸車細察魚。

老生爛話可羞論，丹地青蒲喜爾存。心凜四知師伯起，腹蟠萬卷踵陶孫。銀鞍顧盼新行馬，鐵筆縱横舊賜樽。我實無才慚父客，倒冠落珮醉横墩。

採术雜詠〔一九〕

壬申端午以目病自蓼莊移寓西巖静攝半月矣景徽景循兩姪隨從兒來汪子采臣程二資林長繼至即席賦懷十二律

寂寂人上方鐘漏盡，遊夢不驚魂。置瓮誰收廣，投筒共弔原。山留延客鶴，庭蓄報時猿。寂寂人蹤斷，從無市井喧。

又值天中節，山榴一半然。誰頒鐘乳煉，難覓綵絲纏。風颮雲湍湧，日開雨脚懸。時大雨傾盆而日光如舊。比鄰呈角黍，盤勺裊新煙。

看花竟是霧，目晾手頻揩。浄梵深藏好，層巖漸入佳。合歡童帶索，續命衲持齋。樵子肩方釋，誰擔一谷柴。

興宗惡已鎮，毋丸截鬼丹。拭花難去翳，禁火更加餐。砍竹收神水，灣弓射粉團。山行石路仄，不敢跨高鞍。

勿復攖時累，卷舒踵甯蘧。蒼蠅空集筆，黄犬遠傳書。撾鼓驅瘟會，奪幖競水車。驚濤天外落，獨樂守林於。

兩姪同兒到，又來程與汪。分餐九子粽，羣沐五枝湯。綵笋蟲皃繡，蓬門蒲艾裝。午餘僧供罷，合掌禮空王。

同是未歸客，遠來涉險巇。紫金合未就，蒼耳採來遲。陌路簪花勝，山溪泛羽巵。居然老衲子，築舍西巖陲。

煙霏酣晚照，曳尾泥塗中。三匝哀姑惡，一枝宿女工。女工，即鷦鷯。閃鞭拖紫貝，連鼓戰豐隆。萬壑青圍屋，蘢蔥山不童。

何須剪五線，勿用避兵繪。錢奉贏三百，瀝餘止二升。孤心驚下石，隻手挽懸藤。充節羅鵝鶩，山厨已爛蒸。

數馬投嵐翠，林游屬阮南。不堪吾有七，勿速客來三。鹿徑通桑塢，雞園傍石龕。諸君無早散，痛飲百花潭。

守拙躭安枕，而今遁正嘉。雲行驚卧犬，樹密引歸鴉。急瀑飛林落，殘陽挽石霞。隔溪煙靄裏，茅舍幾人家。

竹裏行厨餉，人來谷口逢。高低猶雅步，左右孰先容。葱白連鬚切，桑黄帶耳舂。蹇驢橋畔走，莫笑老龍鍾。

偶次西巖得繡臣戴太史手札一律簡報

小園觴詠幾年華，夢想音塵萬堞遮。説苑譚叢摛鳳藻，句枝韻牒縱春葩。陳人不敢當前輩，太史真無愧大家。桑梓藉公爲領袖，鷄碑妙麗後生誇。

月步壟上

竹坡松嶺接，怪石何崚嶒。雲葉飄銀礫，月波湧玉繩。息心全斷俗，行脚半同僧。餉榼停阡陌，喜看御麥登。以其曾經進御，故曰御麥。

步送古逸出山古月庵老尼獻茗啜畢騎歸

輕煙細雨着疏花，石澗陰森長緑莎。送别河梁花幔展，招人野店酒簾斜。扶持出藉蒼筤杖，控勒歸乘白鼻騧。爚茗麻茹長指爪〔二〇〕，笑看海水幾揚沙。

山莊懷黄子正都掌科

五載京華别，援繩挽日車。松梅長作社，槐柳已成衙。午夜潛焚草，低聲助把麻。瑰奇真獨絶，風氣變聲牙。東坡薦山谷表云：『瑰奇之文，絶妙當世。』辛未分闈所拔皆知名士。

寄祝程孚夏司城尊堂壽

黄海泛洪波，近撼紫陽紫。己未夏家居，赤光罥舊市。呼僮駕葉舟，順流艤率水。先公次菰廬，羸骸方柴毁。迎予苫塊前，中堂肅祭軹。燕髀共猩唇，麟角兼鳳嘴。蒸禋竭其誠，椒奠進饘酏。予點主合龕，執筆長幼跪。壯夫徒自傷，君時方稚齒。瞥電十四年，流駒一何駛。忽傳壽母篇，徽音素所企。累葉襲簪纓，夢想鳴珂里。尊堂古延陵，儉素謝華靡。夜月聽鳴機，青燈照棐几。晨昏顧遺雛，鞠育無異視。鬢黑霜眉長，操作話桑梓。偶逢急客來，促兒歸噬指。畫荻夜和丸，課讀無時已。姜被共一牀，唐棣垂萼蕊。值兹菊花秋，六十周甲子。華廡列曾玄，姻親半許史。緑蟻瀉銀缸，斑斕雜羅綺。笙歌何喧闐，賓從趨珠履。長君擅詞壇，仲氏負韊矢。羣季聯翩出，諸孫更秀峙。軒軒司城公，策馬燕山使。六時傍青驄，令行且禁止。菽水歡慈顔，有禄不期侈。小邸築西畿，相去尺有咫。兒曹頻往還，尺一郵谷底。茶笋雜海珍，慇勤惠羈子。羈子隱蓼莊，高卧古巖趾。放逐絶賓遊，四年别諫匭。居然山澤癯，行歌時曳屣。寄視吐長吟，渾河同瀰瀰。贈詩公卿多，清言風穆耳。板輿幾時迎，有閒母不倚。鑾龍褒龍光，故里千林喜。

鄒平成昭其夫子伻來山居敬呈二律寄候

杜陵掃徑久逃名，長白青蒼骨歷城。邑之長白山爲夫子讀書處。七子同門予後死，方月江猶、胡道南文學、張書乘華、楊秋遠翥、朱啓莊廷獻、范石虹崗六君皆作古，惟予尚存。百年一老我先生。夫子高曾以下，壽皆百歲，夫子今亦七旬餘矣。從容獨適攻書史，隨意閒行課織耕。儒訓君恩都未報，空懷溧尉古人情。

方胡楊范共朱張，小子同稱弟子行。久脱羈韁真曠放，長傳保障舊循良。夫子以太原同守罷歸。東家藏壁金絲響，師門近聖人居。北面登龍玉尺量。張素存玉書相國、馬野臣世俊、華鵝湖亦祥、葉訒菴、方藹三鼎元，俱方學士丁酉所拔。陸澹成肯堂、黄硯芝夢麟兩鼎元，亦爲予門太史馮懿生雲驌辛酉所拔，皆于夫子有淵源誼。四十二年師範在，何曾躬拜鄭公鄉？予竟未登夫子之堂，亦一恨事。

古逸獨飲予與香令對奕古逸曰勞心不如爽口也予戲嘲之

莫誇酒聖奕猶賢，百斛何如一著先。坐飲不勞長荷鍤，手譚勝爾口流涎。

坐雨溪樓古逸攜兩高足至痛飲達旦

游倦橫眠八尺牀，山溪小閣對寒光。隨宜饌客羊延祖，次第傳經馬季長。響浪疑鐘敲不歇，霤檐似漏滴相當。峯飛樹舞連雲嶠，喜我無堪減百忙。

次徹姪虎丘作

一水空庭碧，扁舟郭外尋。青精炊玉甑，香閣隱珠林。顧曲矜年少，行歌賽夜深。高人誰捨宅，長者布黃金。

山居寫懷

神仙富貴兩蹉跎，寂寂羅門鳥雀多。賈誼長遷時痛哭，謝安坐嘯慣風波。玉淵菱線穿磈石，瓊巘泉珠濺幔坡。禪定無言參一指，誰堪聽筑和高歌。

壬申冬日昭其成夫子遠郵手輯梁鄒景物志兼示像讚敬賦四十四韻述懷

絳帳懸何地，梁鄒毗歷城。岱宗封兖鎮，海岸接蓬瀛。賴有甄陶在，可無鄙吝萌。山川大邑考，景物寸編成。偕隱於陵子，遺經老伏生。兔柴仙可會，魚柳水常傾。古栗老還健，聖泉涸復盈。白溝秋盪漾，黄岫勢峥嶸。佛迹空山現，仙燈半夜迎。月河修禊事，石塔出經聲。雲氣彌長白，流痕驗小清。兔柴至小清，皆鄒平名勝。兩年三望嶽，予戊辰罷歸，己巳、庚午寄迹蓼莊，三望嶽而未登。千里未瞻衡。夫子築圃，題曰『瞻衡』。予去師門千里，未遂拜瞻之願。任達真希阮，長齡豈羡彭？及耆不曳杖，未艾預營塋。庚戌，夫子五旬，預作生壙。自爾天心總，總，合也，出潛夫論。毋爲世網攖。爛柯傳惠愛，夫子作令三衢。懸甕頌廉貞。夫子同守太原。眼語青流盼，髯頎白數莖。心花長焕發，手卷獨携擎。寫照鬚眉動，圖形器量宏。西河北海繼，南郭東陵並。閉户精思獨，著書眼力明。繞籬餐菊蕊，命駕啜蓴羹。夫子時游南浙，近方歸老。不苦多情累，寧爲好爵縈？數尋巖瀨釣，時索泰山祊。久已抛軒冕，何須變姓名。花溪漱碎石，翠岫採寒榮。半世窮鑽仰，畢生抒悃誠。傷心羈北路，屈指罷南征。予十五年未還故里。彈論世情薄，薦章心曲明。時靳總河遺疏，有『吉士無辜受累，爲人指摘』等語。是非終有定，寵辱本無驚。終願買山隱，勿勞趣治行。棄書焚筆硯，過險出巖坑。脱去籠頭犢，寬然掉尾鯨。牀頭王湛易，谷口子真耕。止覺心猶壯，何曾氣不平？可無姗寂寂，正復守硜硜。自是笏難置，敢云鼎有鐺？慚非真國士，願作老田更。鳳不高岡翽，蟲空繞砌鳴。無由瞻道範，未及訊來伻。師遣伻訊，予山中不得一晤。老得行吾意，師今移我情。挑燈呈手牘，撥墨展心旌。踏雪携琴去，長翔羽翮輕。

留宿廣慧寺率賦

半山雪氣壓苔牆，馬過峯移向背忙。筆陣方鏖攻説郭〔一一〕，硯田作苦富書倉。馬牛伏櫪皈雙樹，僧俗同參坐一牀。冷月涵光波萬頃，松根晚爨細廚香。

山步

半壑分松影，閒行杖一藜。冥鴻辭弋矰，斥鷃樂枌棲。雲幕陰纔轉，峯稜露不齊。幾多煙草路，半在壞樓西。

古逸同僧方石留宿山寺

精鑿山中有，何須列綺肴。瓦爐煨冷炙，土炕藉新茅。擁錫雲曇現，賃舂杵臼交。琴彈松石裏，猿鶴莫相嘲。

還　家

病身憔悴返江潭，世事于今已飽諳。遊宦廿年安旅食，住家數日怪鄉譚。笑看羣稚成行戲，坐對寒荆一肉甘。不審山移何日到，林來獻愧澗呈慚。

賦得一回相見一回老喜晤伯兄于燕山同登狃青閣作

使車重駕太原騶，庚午、癸酉，兩解京餉。我獨賢勞敢怨尤。止剩頹齡雙白首，難留少日舊蒼頭。可無愧怍全天樂，久絶貪饞號四休。草率盤餐同下榻，髭鬚對染老風流。

暫停征策扣巖扃，共倚危欄聽鐸鈴。千里塵沙馳驛騎，一庭花萼廕原鴒。鄉關問舊多爲鬼，晉粤分疆散若星。三弟駐粤西，四弟駐平陽。輕旭淡煙吟眺好，遥天南指萬峯青。

癸酉清明

掃墓荒郊野饌羅，新泉試茗客頻過。晴川岸草滋新雨，冷日山光發舊柯。煮熟麥稷成醴酪，採來齊萊避蚊蛾〔二二〕。殿前鑽火誰先得，鈴鐸傳聲想玉珂。

伯兄解餉交部畢還平定署立意告歸予留敷姪伴行黯然賦別

風沙撼舞目難瘳，遞運金車困宦遊。五馬長嘶來往勸，一燈分照別離愁。世爲兄弟歡聯榻，遠陟關津苦裹餱。寄語猶兒歸莫急，行裝暫爲老親留。

家玉峯兄書來勸駕賦此簡報

廿年京輦調相同，分手僧廬馬復東。少宰幾時方曳履，孤臣無日不傷弓。同枝久許聯滇越，注考安希改下中。疏懶遠慚嵇叔夜，久無寸札到山公。

玉山静鑒獨持衡，清厲甄明冠六卿。太母百年猶健飯，老臣再命乃調羹。崇卑縱判新班秩，優劣何分老弟兄。久伴漁樵難遽出，敢堅笑傲卻弓旌。

陳令尹過訪宿山居

矮堂横竹樹，行幰駐前軒。莫怪庖廚薄，無勞禮數煩。露濃芒履濕，石裂乳泉温。月出虚巖白，空湍萬葉奔。

偶感

潛身蘿薜裏，老淚獨無從。園灌長流水，寺遮向後峯。鬢絲何可織，愁緒不堪縫。久已垂雙翅，胡然怒一衝？

王宛先同姪我持過山徑小酌譚故鄉事感懷晉粤兄弟

傳來老稚死生忙，懶拭衰顏對鏡光。醉聖消愁尋麯蘗，詩魔引病入膏肓。莫愁危棧難魚貫，最怕高風斷雁行。叔夜縱然慵懶甚，彈琴鍊鍛也遑遑。

未晚行五十里

已遂歸田計，何緣又北征。孤城寒角斷，千嶂一燈明。故國輕離別，舊交半死生。旅裝午夜起，前去有長程。

秋征

西梵蹉跎客，可堪澤畔吟。羈心懸兩地，獨夜聽孤碪。葵藿晨餐足，桑杉古刹深。愁苗催老大，花落不歸林。

自渾河入西巖舍舟而陸作

傷心行舊路，山漏促鐘鳴。汲水千山動，揚帆兩岸更。空巖捫乳溜，破墓畏鋤聲。駐馬分岐路，冷然孤客情。

新構山居古逸移樽賦懷

少日親朋半逝波，流光催鬢鬢全皤。老無面目還鄉井，閒有心情伴薜蘿。溝壑未填收汲孺，屋垣不治愧蕭何。正愁蔬茗難留客，蓬蓽勞君載酒過。

感事示同遊

流光不暫住，迫促成衰翁。敢望歸秦璧，任從失楚弓。尚能工飲噉，或可免疲癃。有勝無難濟，捫危獨躡空。

狂歌還痛哭，自怪老頭容。欹石纏懸蔓，曲樓避偃松。如何猿脱檻，又復鳥投籠。村酒沽來易，頻澆磊磈胸。

題山居壁

長年托鉢向誰攀，僻徑孤笻自往還。久已拂衣辭鳳闕，何妨卜築老燕山？碧澗波澄潭底露，蒼巖雲破石門關。塵情遮斷夤緣絶，捐扇何曾望賜環？

贈方石和尚

經臺傳惠遠，對我説南宗。不必三撾鼓，偶然一扣鐘。蟬聲咽細柳，鶴淚灑橫松。家業先疇在，呼童伴雨舂。

老來

老來狂未減，官罷興偏增。專己吾何敢，因人我不能。無勞冠二寸，正戀酒三升。杖策山尋好，雲峯隔幾層。

探泉山麓

艱虞悲往事，重話更傷心〔二三〕。舊路長羈滯，頽顔久老蒼。泉喧心曠放，巖陟足周章。

何處尋仙局，子聲落石牀。

山　居

山居無長物，雲月是家私。老枕躭癡夢，巧蛛織亂絲。鳥啼人醒後，花發露濃時。自喜幽棲僻，時流那得知。

殘虹挂絶壁，結搆在何峯。隔岸深溪棹，斜陽古路蛩。單牀欹亂雨，高卧數疏鐘。我亦倦游客，長從塵外蹤。

花塢脱羈縶，予懷罄所宣。放泉驚鹿夢，漱石攪鷗眠。那得憂埋地，絶無騷問天。嵌空心廩慄，高望已怡然。

築毛香令墳感賦

月明新冢更淒清，空勒豐碑記姓名。蘚覆石牀賓徑斷，夜臺難覓苦吟魂。

柏巖禪院

息影空山裏，愁聞鄰笛聲。孤蛩吟曲砌，好鳥話前榮。屋梠之兩頭起者爲榮，屋翼也。香鼎纏煙縷，泉筒溜茗鐺。蕭疏名位外，澹月石房清。

宿西巖新搆山居

萬壑雲埋晦迹深，蕭齋不許客來尋。半山煙雨跏趺久，清磬聲聲發道心。

山遊次韻

山空增野趣，瀑雨聽蕉鳴。客至題詩壁，僧敲避虎鉦。機鋒鏖戰舌，慧駕督心耕。壞道殘游屐，鶯聲落石枰。

遊翠巖古寺

是處憑雙屐，捫蘿到梵宫。無風煙鬱茀，不琢石玲瓏。曉漲横汀白，花燒夾路紅。分光開翠嶂，流沫聽懸淙。

住寄園偶賦

自幸閑安免餒寒，苔深嵐嫩我心寬。煎殘膏火龔生夭，巖樹枝高早挂冠。
陶廬謝墅兩堪攀，半落巖花映老顏。真隱不須離輦轂，藏身人海亦商山。

夜坐有所思山窗忽曙

一笻雙屐罷，茶會結禪居。静聽知更雀，無勞代漏魚。未言情繾綣，欲卧意躊躇。月影當
階直，藤蘿挂壁疏。

夏五出西巖次渾河古逸留飲

縣樓翳嶠翠，空瀑濯椒丘。峯矗疑山立，水渾似土流。石林聲瀝瀝，煙塹徑幽幽。轟飲成
忙事，横題擘石榴。

妙峯寺過午

香刹聳霄路，凌空天半身。千山今早沐，衆卉一時新。樵踏雲端路，鳥銜樹外塵。巖扉逢

二遠，鐺具付饔人。

望抃孫來都肄業不至值癸酉夏五朔爲抃二十初度賦詩以勵

嘆汝荒文苑，將無滅裂耘。萬殊傳陸賦，陸機廿歲作文賦。五色布韓雲。韓琦二十登第唱名，五色雲見。既失三年學，終爲岐路分。能如仲郢母，嚼膽助見勤。

季夏五日小孫抃招同括蒼汪其兩端遼水王宛先一元海昌陳澹成世培陳履仁麟北平于司瀛棨新安汪紫滄灝汪瑜也士瑾會文寄園喜賦一律

石潭雨過水痕清，客集槐軒倒屣迎。逐便分題無約束，隨宜布席任縱橫。時流搦管追先輩，老宿嘔心畏後生。小子何緣陪下座，可能慘澹共經營。

望日同會諸公再課寄園喜夏酉山荀慈從聖水至汪搢書紳文自天都來次前韻記之

破甕牀頭酒味清，主人簡略省逢迎。瀾飛瀑布言泉湧，鋒挺瑶壇筆陣横。家傍齊雲峯五老，人來浙水石三生。下帷帖括心勞甚，輸我焚香易四營。

望後一日夏子宛來西山王子宛先汪子紫滄其兩紳文痛飲新又堂西山首唱即次其韻

青綸縟組自蕭森，翠柏長垂十畝陰。昨夜空天臨月蝕，十五夜護月。今朝大地奮雷音。遥來最喜高軒過，曲庇長幨大廈深。半榻酣眠呼不出，醉髡何處覓遺簪。

癸酉抃孫以後學同朱漢源汪紫滄張允符汪瑜也應北闈鄉試賦此勖之

秋色平分玉露漙，青衫未浣瘦童顏。糊名帖括甘籠絡，覓舉編摩析肺肝。一幅疏簾殘竹晃，通宵畫角敝氈寒。深深鎖院誰知己，淡墨千人立馬看。

癸酉十月廿日同潘雲從比部王宛先孝廉奠靳文襄公宿德勝門外北頂翌日送殯長新店次蘆溝橋作

傍城斜徑度河干，昇輼晴郊骨未寒。事定闔棺公目瞑，情平對簿我心酸。戊辰河案，同佛司農、熊司空、董制府、于總河與公廷審乾清門。蘆溝曉月催行旐，易水流澌濺白冠。虔拜幽宫芻一束，淚痕灑落湧奔湍。

數年未展故情歡，送殯霜天夜已殘。白簡流聲曾擲地，黄泉無恨莫題棺。兒孫蒲伏哀苫席，老稚輪流鎖井欄。近塋一井，村人鎖欄賣水。會葬同哀梁棟折，瓣香沃酹泣桑乾。

贈煙霞隱者 有序

歲庚子，予寓都城峨眉古寺。西陵顧子瞿甫每行必以乩鸞隨，偶焚其符，有青老人降焉，懸筆畫沙，云梁上君子來窺公室。予急返書齋，偷兒逾牆走，棄所竊於路，予心異之。當時，程子奕先、徐子敬庵與予同老人唱和，有詩成帙，今三十四年矣。癸酉秋，候補寄園舊邸，夏西山、王宛先二子從焉，暇日偶焚前符，乩輒動，自署『煙霞隱者』，積日夜所著詩文富甚。問青老人何在，竟不知所向矣。予屬作寄園十二月詩並贈予一序。胡子鹿亭代書於壁，閲之，字字鮮新，絶無煙火氣，固知靈性長存，不共朝市磨滅也。詢姓氏，言而復止者再。二子虔求，復書『茗柯』二字，與西山鄉情頗篤，知爲茗上凌忠愍公也。公諱義渠，甲申殉難，服緋正笏，觸柱流血，焚生平著述，繫帛絶吭死。予生也晚，未識公面，邂逅爐香杯茗間，前輩典型不遠，安可無詩記之？公有『集義仍須養浩然』句，因次以六律。時同座者：姜西溟宸英，潘雲從見龍，何屺瞻焯，于章雲漢翔，朱漢源星渚，王其百量，慶五豐來，張玉侯淑，胡鹿亭德邁，錢蓼滑兆沆，汪采臣炳、紫滄灝，洪雨平雲行、待臣力行、韜文炳行，夏酉山嗣荀，王宛先一元，予壻戴廷獻嘉猷、姪仲琳珣、子景從並書之。

遐蹤屈駕小堂前，好月同邀筆墨緣。勝代孤忠枯血淚，吟壇毅魄快盤旋。憑空結構何鏗爾，轉盼滄桑亦慘然。運肘縱横無不可，先生豈肯作頑仙？

隔世難逢忽眼前，葦間終曲聽延緣。靈符初化虬鸞降，懸筆中停羽駕旋。迪以鬼神思儼若，臨之天帝想胡然。清譚頓豁人心目，無路相從不學仙。

公豈無因至我前？精魂默默結塵緣。烏錐分手東西立，蟻磨雙扶左右旋。化蝶逍遥方嗒爾，御風倏忽已泠然。竹筒久向牀頭置，躍出門楣顯筆仙。

龍蛇飛舞綺窗前，高隱煙霞絶世緣。北闕雉經無展轉，西園鸞集任回旋。是非立判推先見，禍福相依覩未然。正氣不磨長自在，十洲遥降紫霞仙。

浣手雙扶卻復前，今生静理夙因緣。同時束手難匡救，一死卸肩亦斡旋〔二四〕。未免有情聯復爾，若云無鬼豈其然？驚人警句開天趣，不獨青蓮是謫仙。

忠魂長往自無前，隱几相尋亦勝緣。青節不隨人俯仰，丹衷曰與我周旋。穿緋搢笏巖巖甚，觸柱焚書凜凜然。泉路溟茫公獨寤，何須服餌作神仙。

同于章雲内翰是程侍御胡鹿亭中書王宛先孝廉汪紫滄明經夏酉山文學用乩題賦寒林落葉以霜夜紅于二月花爲韻韻各一絶〔二五〕

空枝倒影挂方塘，樹杪高疏漏素光。樵爨拾歸山骨露，紅橋忽白一天霜。

亂山起伏峯重疊，狐帽貂裘閒步屧。高柳長槐㾖庇疏，當窗試茗燒殘葉。

寒枝無剩好山空，老樹孤根嘯野風。飄落湘簾堆石砌，頻添獸炭一爐紅。

殘黄捲盡亂焚枯，悲谷羲車到日晡。烏鵲愁無棲宿計，老夫夢覺已于于。

籬壁繽翻蘇客睡，寒聲蕭颯神爲悴。隔溪犬趁吠蒼黄，掃徑燒鐺童子二。

風力何如獨擊鶻，遥從阮曲游林窟。紛紛不必嘆飄零，亂舞層檐遮缺月。

半空飄雨任横斜，止剩深松覆舊家。舞筆詩成頻拂拭，沙中旋轉手生花。

二　疊

游屐雙擎過曲塘，水紋破碎繪天光。空林樸樕聲相向，略彴橫溪踏曉霜。
懷抱千峯紛折疊，石欄沙步印行屧。蜘蛛懸網吐檐絲，林隙斜飛罥敗葉。
長條無復舞晴空，零落翻飛逐北風。宫裏傳來多少葉，横溝堆滿不流紅。
漠漠煙寒萬壑枯，荒林騎馬日將晡。行廚終日燒乾脆，鋤草長畦別蔓于。蔓于，蕕草。
落木敲窗無穩睡，霜天風勁形神悴。柳何須五徑非三，人月孤行清影二。
秃枝露立難遮鶻，殘葉穿籬鋪石窟。疑是飛泉雜雨聲，疏林澹蕩吐纖月。
寒樹鴉歸點點斜，忽驚葉響趁山家。半空飛舞輕難下，急束庭籬護舊花。

三　疊

山禽驚客翳林塘，細踐苔痕曳綠光。嘆爾豪華飄若葉，倏然消化瓦溝霜。
行脚僧包新打疊，閒游踏破尋山屧。霜清日午木聲乾，苔徑青蒼埋槁葉。

飄落頻頻眼界空，閣鈴細響急寒風。殘黄鋪地氍毹厚，徑窄何曾踏爛紅。

歸根繹絡立摧枯，草閣煙深失曉晡。摇曳隨風無不到，萬千堆積瘗軒于。軒于，臭草。

深杯添茗妨清睡，枯乾飀飀增客悴。那得長青耐歲寒，森森百箇松株二。

撼樹風高驚病鶻，扶簸直入煙霞窟。嚴霜幾陣禿山毛，入座半規誰抹月〔二六〕。

孤村葦路雪風斜，黄葉翠微第幾家。木末霜高摇落甚，半弓隙地亦栽花。

四　疊

飄飄亂雨灑寒塘，短日朝來射冷光。摇落不歸甘四散，笑予殘鬢尚留霜。

窗前鳥語兩三疊，苦讀何人勤斫㔩。古壑風高響白楊，寒聲滴瀝催黄葉。

陳緑新黄總一空，故林難戀趁霜風。幾多擁塞無行路，轉盼之間野燒紅。

詩忙酒亂各搜枯，不速朋來坐至晡。游續竹林思二阮，蛩然足響過雙于。章雲、是程、兩于子後到。

寒柯鳥啄驚酣睡，摇曳空巖寒木悴。誰似逍遥沈慶之，無人時與馬成二。

虬條失蔭悲蒼鶻，萬點風翻雲水窟。猶憶青青在晚秋，小春又挂長橋月。
乍別殘枝一半斜，隨風墮落到人家。杜關不許羊欣過，恐碎園中滿徑花。

贈張進士南旋 有序

張子昆詒以外艱服闋，赴都候選，同行兒傳習獨倚樓下，聞高堂病，即日俶裝獨歸。孝哉張子！嚙指痛心，感召自神，肯須臾緩耶？賦二律贈別。

荒廚粗糲共，殘臘到春天。行笈方三月，歸囊止一肩。遠來酬宿好，同學課精研。月茗分清夜，離懷亦黯然。

倚閭空望母，釋褐未除官。聞命心如擣，言歸路不難。燈青愁影偶，霜白怯行單。驛舍誰相迓，何曾客寢安？

癸酉季冬朔于子楚樗北來下榻寄園感念舊事賦贈四律

忽驚天外到，相見接餘歡。按劍牀幾剥，盍簪冠不彈。趁程勞蓐食，適館樂泥蟠。重憶辰春事，今宵應鼻酸。

彈指六年别，歡然枉駕過。解推知己少，險薄閲人多。老樹飛寒瀑，蒼巖泛白波。逍遥易水上，局外任悲歌。

門杜輪蹄謝，心空萬冗删。吾安田舍拙，客怪主人閒。開甕嘗陳釀，薙丫露假山。澹然人事遠，與汝共疏頑。

出山何不可，其奈怯趨時？久喜逢迎簡，那堪趨走疲？生今敦古誼，求友得師資。酬倡無虚日，風情嗣陸皮。

春曉出城過增壽寺題壁

荷插携壺去，藏名畏世傳。人忙十字路，月暗五更天。花笑禽蜂鬧，鶯歌桃杏然。殘僧緣不了，半座説枯禪。

胡鹿亭中書移樽寄園與東之詢安宛先及予兒景行話别東之首倡予次其韻

到門山屐破新青，半日閒行路幾經。延客久無雙鶴立，寄園雙鶴飛去，莫知所向。懸乩尚有一鸞停。鹿亭喜扶鸞。席門歡聚呼紅友，水面浮游數白萍。白魚名白萍。南國朋儕翹首待，勞勞話別短長亭。

十年高卧舊氈青，未入明光老一經。盛饌邀賓羅水陸，荒墩屬我愧居停。錢江遠隔千山夢，遼海遥浮萬葉萍。不得中郎精鑒別，空留椽笛守柯亭。

小園雜樹早葱青，通籍何年尚帶經。縱是鵬飛猶六息，何堪駒逝已無停？驪珠項下驚齏粉，薪蠟堂前擣韭萍。攜酌不須勞地主，同游山谷四休亭。

屈指春歸草幾青，可憐皓首尚窮經。多年服餌人難老，念載丹鉛手不停。駿骨空披千里鬣，鴨茵長藉一池萍。楝花風信何時到，匹馬殘陽數驛亭。

嶧庵汪老年翁以倉糧受累羈潞河者八載今得歸新安故里約過寄園言別次余曼翁韻賦四律贈行

患難餘生又幾年，荒涼逆旅卧籬邊。六時寂寞增孤憤，八載羈離任左遷。故國知交多下世，同僚飾説竟欺天。白頭削籍歸何日，骯髒難堪衆目憐。

春去花殘歷亂飛，家人絮語鍵雙扉。叨恩臚唱懸黄敕，獲罪杼投着赭衣。安冀身長傳瓠白，想來色美食糠肥。河隄新柳垂垂長，青眼看君皓首歸。

遲爾荒園踏落花，淹留轂下我忘家。宮生磨蝎宜多謗，手螯鈎蛇不復誇。繡簜長傳虞帝竹，青門好種邵侯瓜。鶯花是處催人老，羸馬西驅落日斜。

悲公老淚落成河，畏路真同大小峨。不復縱譚攖世忌，漫將積恨向空歌。東西二潞悲紅粒，黃白千峯覆緑蓑。歸去鄉人驚老瘦，傷心益悔讀書多。

寄園雅集賦得孟夏草木長

草色浮穹蒼，萬聲響花谷。解簪謝塵緣，抽繹快健讀。枕漱籬落間，抱甕灌叢竹。斷續悲泉琴，石隙蕉煙簇。身退樂孤高，城根卜幽築。芽甲漸華敷，莪蒿罥疏木。曲徑坐文茵，修籬盤矮屋。向旭別暄涼，發榮任遲速。葩卉互鮮新，在在觸心目。迴複萬峯青，山翠遥可掬。

松槐夾路深，巖綺粲虚谷。堊壁題琅玕，仰面歡疾讀。好鳥啄殘叢，石瘦穿籬竹。春老別花歸，紅飛緑簇簇。香林蝶蜂忙，深雲護小築。博塞孰稱雄？我久拋五木。蒼頭懶芟薙，蓬茅高于屋。薄饌具魚蔬，客來總不速。萬峯秀重重，延眺紛游目。水色涵天光，青蒼手自掬。

負約慚向禽，塞竇棲愚谷。蹭蹬嘆吾衰，高眠書懶讀。前除花藥深，碧梧廕翠竹。雙槐匝地陰，新蓬青一簇。狼籍雨篩簾，我圃及時築。潤曲咽泉聲，參天十圍木。雷響黑雲屯，樺泥補漏屋。仕路久蹉跎，可無忌太速。萬岫橫山巔，清真豁雙目。同坐蒼靄中，水月真堪掬。

花萼秀庭除，竊比王官谷。何事乘蒲韉，挂角行且讀。夾道排松槐，後堂乏絲竹。了了見太行，幾許雲霞簇。披蓑負長鑱，春杵勤版築。紅欄一徑分，長藤挂古木。延客繫舟居，擬是思光屋。深井響轆轤，機心何太速。我懼聾于官，誰復屬耳目？沽酒盛村瓷，快飲盈一掬。

送姪廷發同其舅氏程香升之任連城

燕邸愁分手，驪歌入酒巵。甥真能似舅，姪敢謂猶兒。作宰良非易，使民不忍欺。三年期報最，人地恰相宜。

王宛先下第南歸未果初夏游晉陽還遼水次韻贈慰

南棹何曾返，西行又麥秋。路遥勞旅夢，花落數離愁。策馬歸偏緩，干人意獨稠。太行多少驛，新句徧山樓。垂首閒園裏，驚看髮早秋。屩簦纏别恨，貧病伴歸愁。籬隙紅藤裊，松門翠幄稠。窗禽憐客去，叫老舊書樓。

程子禹門赴補中書以倡和詩見寄用次原韻

兩家家住海陽濱，帶水縈紆隔市塵。黄白山深潛逐客，犀魚佩響起羈臣。宋霍瑞友再起中書科，命服紫犀銀魚。紫薇值閣袍重染，紅藥翻階褐又新。我亦無端彈劾去，重來怕見立朝人。十六年來老漸濱，誰爲還客拂冠塵？蓴鱸久作三休客，蟣蝨猶留一小臣。當日愁聞投劾去，今朝喜見賜環新。蒼天矜視驕勞别，萋菲心傷太甚人。

程子孚夏經歷黔中賦此贈行

塞竇容予懶，俶裝念爾忙。一軍參幕府，萬里宦黔陽。别酒傾岐路，行旌過故鄉。多年疏菽水，亦足慰高堂。

甲戌仲冬十二夜同李南枝于㮮鄉汪紫滄侯來英唐百谷潘若千寄園踏月南枝首唱余次其韻

檐步白相映，忘疲興未頹。勿嫌二簋儉，不速三人來。夜漏敲鄉思，寒聲歛嘯臺。燈窗纏薜荔，門向槿籬開。

前題和紫滄韻

嚴柝傳更箭，霜花結白髭。人參玉版座，時餐冬笋。幕列蓮花池。香篆空聞後，茶槍半展時。光天寒破睡，浄水凍軍持。

雲林虧蔽萬聲清，反側愁予待啓明。予先睡，不寐。凍瓦裂成金谷響，寒蟾曳去玉山行。君投静幕扶持薄，我列閒曹去就輕。譚劇時揮長柄麈，深更窗白擁書城。

甲戌嘉平廿日立春次章雲韻

一年頭尾兩延春，左宦遥呼拜黼宸。冬盡昨宵將獻歲，臘殘今日未終旬。寒知協律時開子，菜愛堆盤節受辛。斗柄東迴天意换，陳人也迓物華新。

寰中日昨共鞭春，綵勝斜簪集禁宸。纖管飛灰纔頃刻，細腰擊鼓已兼旬。月歸樹嫁花萌甲，氣淑風條味變辛。舊曆翻殘無半頁，土牛釵燕一時新。

最喜頹齡又入春，慚無一得佐光宸。驚心市爆喧中夜，轉瞬鄉儺舞下旬。敢以苦吟嘲老杜，不妨酣醉作迂辛。從兹凍解龍池後，花笑鶯歌點綴新。

旅食燕山已五春，静看兩大會中宸。吏争青幘招三素，酒酌黄柑釀十旬。偶爾迎陽吹管籥，何曾導月挹庚辛？韶光戀戀階中樹，梅發寒香晚更新。

乙亥十月成夫子遠訪燕邸兼旬東歸賦此誌别

忽報山東二騎過，遠乘夫子歷關河。鞠躬手挽童顔粲，對話心融老眼摩。四十五年師弟少，千三百里驛郵多。但期面命常來此，國杖頻頻破雀羅。時夫子年七十五。

贈馮楚瞻兆張 有序

馮子精岐黄術，丙寅秋，予病幾不起，服馮子藥而痊，當時五言贈行稿失矣。乙亥冬，馮子復來京師，以所刻錦囊秘録惠教，予贈言已入集中，蓋欲以獨得于心者公之世人也，其書必傳。夫醫有名而不良者，有無名而良者，馮子殆兼之矣。

携琴來帝里，名已聞諸侯。肱不勞三折，病仍戒小瘳。林深杏廣種，井鑿橘盈疇。原無書可讀，意解不旁搜。

萬青閣詩餘

邁陂塘

羊山訪長逸先生，時兒景行肄業山中。

甚江聲、遠來山麓，到門剩有漁艇。黄花落盡楓林赤，又了一年秋景。扁舟興，嘆數載、浮家浮宅渾無定。時寄家茗雪間。重開蔣徑。愛聽小兒曹，書聲嘹喨，永夜伴燈影。　移情處，已謝當年簿領，甌圓淺泛清茗。絳紗女樂終爲累，不若先生囊磬。離此境，曾記得、舊時病飲蘇躭井。今來有幸。喜月地霜天，巒煙嶂雨，供我輩吟詠。

雲僊引

同鄭雲植、李分虎薄暮登虎丘，宿萃勝閣。

喚起真娘，呼來短簿，欣逢孫阮同登。南山赤，夕陽明。當年五人憤懣，衮衮秋江流不平。搔首畫欄孤錐，玉立萬堞煙凝。　一池誰判淄澠看，老樹枯藤引佛燈。洗去塵埃，凄涼多少，冷我宦情。客夢甫回，疏磬斷續，若個譚經鬼夜聽。可中亭下，千人石上，謖謖松聲。

摇江

京口渡江懷古，用李分虎原調。

捲盡秋濤，金焦劃斷煙光闊。六朝景物付滄波，無路尋吴越。天末青山一抹，是何人、錦袍坐月。夕陽斜照江樹，荒涼海雲殘缺。　風挾山鳴，魚龍噴薄飛晴雪。遥看南北兩三峯，長嘯江流咽。着我中泠片葉，頃刻間、穩過百折。浪遊無了，對此茫茫，自然愁絶。

揚州慢

遊平山堂。

霜岸粧樓，草橋畫舫，隔林幾處煙鐘。望江南無數，碧浪瀉雲峯。盧陵子、搆堂以後，春風楊柳，歲歲啼紅。到而今、欄檻依然，半倚晴空。　何方歌吹，杜郎夢斷竹西中。想北海荒陵，東山老檜，曲徑遥通。已是小陽春候，猶留得、半壑秋容。嘆劉蘇難再，風流誰繼遺蹤？

十二時

借寓山陽黄蘭巖副使園，公子大宗移尊賦贈。

面重湖、淺隄栽柳，小舫尋幽堪纜。同踏葉，赤欄橋畔，幾處亭臺行遍。千日疏渠，萬夫舁石，做就溪山幻。因下榻、得住爲佳，晴雨一窗，添得吟香詩卷。外臺人，角巾嘯詠，往事風流雲散。少長後昆，樂爲地主，總是烏衣彦。載至尊醉月，客愁減了一半。記舊遊，名家金谷，轉眼滄桑都換。江北江南，園林無恙，近在淮陰岸。把手同舒嘯，低徊大河雲晚。

暗香

題閣公再彭妻梅圖。

玉聯環斷，彭公檢遺篋，得玉環愛玩，墮地忽碎，遂有悼亡之戚。嘆青綾幛撤，一蒲非昨。一蒲菴爲彭公夫人所搆。舉案無人，硯北窗南意蕭索。孫楚情文交至，憶冰姿、倩描藤角。萼緑華、應是前身，蝶夢此時覺。清酌，倚吟閣。伴紙帳昏燈，枝横香幕。慰君寂寞，不在溪邊與籬落。令子銅龍應詔，時百詩應聘入都。正滿樹、五花將着。勝孤山、林處士，不添唳鶴。

百字令

壽張子虞山尊慈撒太君。

紗帷壽母，是麻姑仙侣，向人間謫。繡幰當年隨五馬，百粤山川曾歷。夢感香蘅，歌聞寡鵠，苦節同松柏。珠擎掌上，挑燈口授篇帙。即今海内知名，門盈車騎，簪脱供賓客。處士星輝依寶婺，長照北堂華席。萊袖承歡，潘輿笑御，百歲非難得。八旬設帨，桃花持比顔色。

白苧

戊午小春廿九日雪霽，會葬閻封君十里塘。陸去肆國博邀過墓祠，同劉六階主政、程婁東、蔣荆名、楊屺瞻諸子席地暢飲。

脱征衣，借山館，小春過了。新阡會葬，十里横塘路杳。坐輕篼、曉風迎面冷茸帽。昨夜六花飛，看一色、野田鋪縞。相逢素車，都是長淮舊好。陸氏莊、主人邀飲期同到。林杪，蕭疏敗葉，掩映閒門，呼童除徑，裙屐團圞藉草。醉紅友陶然，接䍦誰倒。荒郊良會，勝綺席張燈，舞衣歌調。野色寒光，破我羈懷，又墮殘照。煙暝高城，歸趁飛鴉小。

大酺

己未重三，偕曹秋岳司農，楊靖調銀臺，劉海門，同鄉灊柱掌垣、黃伯和太史、龔蘅圃主政、龔半千、周雪客、邵得愚諸子，家采嶽、襄文清涼山修禊，並過隱僊菴二知園，漏二下始歸。

肯負春光，蘭亭又、誰用、鼠鬚蠶繭。石城潮響荅，喜王裴張樂，清譚混混。指點紅粧，酡顔未睡，牆外垂絲一半。逢花須留客，問偏提有幾，頻斟冰碗。且翛望空天，三山風起，落帆江岸。　繞城如疋練。是雲樹、都入遊人眼。還曳履、林間花院，眄睞風煙，兩黃鸝、啼殘欲斷。六代繁華歇，萬屋下、千陰圓淺。剩得吾曹高詠，隱僊何處，忽聽馬嘶芳甸，仰看參横斗轉。

綺羅香

秦淮午日。

艾結天中，絲牽夏五，又見篁新梅熟。屈子江潭，何事浪投魚腹。漫尋他、千載騷魂，誰知我、多時蒿目。盛張燈、似上元時，繡簾畫舫春長續。　問江潮添幾尺，十二鐙船過，兩邊絲竹。蕤鼓中撾，愁聽教坊遺曲。歎水嬉、剩得繁華，念匡坐、已忘馳逐。照眼來、隔院榴花，一枝聊免俗。時久謝客。

龍吟曲

潞水寓園二闋。戊辰五月。

春歸何事懊惱，槐陰匝地新鴉噪。桑樞停轍，花檻留雨，夢迴清曉。昔日黃門，今日青門，種瓜多少？看斜陽古路，參差萬堞，羈人且登眺。　又是端陽近了，新蘆細柳城根繞。苔荒薜古，花深竹暗，舊園誰掃？桓笛數聲，謝屐幾兩，何堪草草。一別紫禁青蒲，還家今苦不蚤。

衮衮塵沙較小，野色蒼茫路杳渺。空青曳緑，亂紅摇碧，都付殘照。半道柴桑，千里蓴鱸，鳥勸歸好。喜羣嬰繞膝，解語學步，方纔離襁褓。　雲絮吹來漸少，放開青眼看人老。蕭蕭短髮，愁根不絶，傷我懷抱。北郭東籬，西園南浦，儘堪舒嘯。從兹布襪芒鞋，桃花流水一棹。

聲聲慢

蓼莊鄉居，過午節，簡劉子端鴻臚。

泉聲漱玉，竹葉浮金，年年高會花茵。今日獨醒香蒲，静弔騷魂。且看絲纏角黍，小兒女、釵釧紛紛。莫太息，交情此時見，雀應羅門。　重午明年何處？嘆流光一瞬，誰識寒温？散髮披襟，湘簟早展雙紋。荒鷄聲本不惡，着先鞭、轉讓劉琨。無一事，對青山寂寞黄昏。

秋霽

草堂詩餘于此調列朱希真檃括東坡前赤壁賦，予和原調，集賦字填一闋。

蒼茫千頃水空赤，目瞬山光共色。流不長清，亦如寄哀樂，各懷今昔。登舟釃泣，縱泛星海止此葉。吾喜淩虚，舉杯獨接，月且飛白。　望京江驟破，怨東風，笑曹武，悲烏無所適。斯須戍卒，盡波逝露下，天風吹坐席。有懷彼美，斗酒相歌，嗚嗚取之，壁上觀，又何横絶。蘭籍莫問主客。

賀新郎

草堂詩餘于此調列宋謙父檃括東坡後赤壁賦，予和原調，集賦字填一闋。

月出山横渚。過江來，止見半壁，有客相與。坡霜落葦安魚網，巨細遊鱗盡舉。高呼酒，人無小户。長嘯一聲上下肅，夜如何其，久將謀去。泥中薄清露。　湧起西風悲日暮。巖幽岸斷，復從舟，孤行幾處。我攀巉谷登不得，俯仰臨流反顧。望子攜歸須降步。鶴夢不驚翅自攝，長留東皋荅予語。脱履就睡，適然悟。〔二七〕

憶舊遊

集醉翁亭記字填詞。

望瑯琊秀蔚，霜白蒼巖，泉瀉幽聲。高峯翳出日，少時賓從至，雜錯風亭。不識故山歸路，絶壑野僧行。雲影變朝陽，四游魚樂，深樹禽鳴。　頽顔應酣飲，呼竹溪六客，陳蔌交觥。最喜繁陰，去中之意自得，不醉而醒。散髮香林，上下石亂水能清。此翁知爲誰？歐陽太守號廬陵。

臨江仙

前題集記字。

雲不出山山漸翳，僧廬應在峯陰。芳霏雜樹轉文禽。幽泉瀉暮壑，風日變朝林。此去爲誰開此宴，聞聲歡樂同心。高亭呼白客來臨。暝歸喧醉石，溪路已深深。

蝶戀花

前題集記字。

白石芳巖環野樹。六七溪翁，喧雜漁歌錯。陰壑香深衆鳥呼，坐間絲竹清聲作。奕射林泉誰勝負？攜酒酣游，醉絶西陵路。水木蒼蒼雲漸散，行人回望諸山暮。

萬青閣詩餘跋

自將軍女郎之説起，詞家專以香豔爲正派。予嘗不服其論，偉然丈夫，何至粉面脂唇、掩袖低聲、盡態極妍，作兒女形狀耶？然有周、秦，不可無辛、蘇，自屬兩派，未得交譏，顧命題何如耳。今讀天羽先生詞，蒼涼宕折，感慨係之，使我神情開滌，眉宇飛揚，自是英雄本色。

山陽同學弟張養重虞山氏敬題。

校　記

〔一〕瓴　據文意，當作「瓴」。
〔二〕識　疑作「議」。
〔三〕屺　據文意，當作「圮」。
〔四〕豫　據文意，當作「橡」。
〔五〕河澗　據文意，當作「河間」。
〔六〕虹　據文意，當作「矼」。
〔七〕縡　據文意，當作「縡」。
〔八〕此處所注有誤，張敷乃張融祖父輩。
〔九〕范　王維集作「苑」。
〔一〇〕于虞叶　當作「于叶虞」。
〔一一〕朱　據文意，當作「未」。

〔一二〕目　據文意，當作『自』。

〔一三〕偏　據文意，當作『偏』。

〔一四〕蘆　據文意，當作『鱸』。

〔一五〕獨燼　當作『燭燼』。

〔一六〕本題下『摩空岱影蕩霞樓』至『潔清倍昔富蒲魚』原缺，據乾隆本補。

〔一七〕槁　疑作『橋』。

〔一八〕角　據文意，當作『甬』。

〔一九〕採术雜詠一卷原本無，據乾隆本補。

〔二〇〕茹　據文意，當作『姑』。

〔二一〕郭　疑作『郛』。

〔二二〕齊萊　據文意，當作『薺菜』。

〔二三〕傷心　依詩韻，當作『心傷』。

〔二四〕幹　據文意，當作『斡』。

〔二五〕霜夜　當作『霜葉』。

〔二六〕誰　疑作『惟』。

〔二七〕賀新郎詞上下片結尾皆爲兩句三言，此處不符，疑有誤。